T0154702

Stadttagebücher

Hans Dieter Schaal

Stadttagebücher

Edition Axel Menges

© 2010 Edition Axel Menges, Stuttgart/London
ISBN 978-3-936681-31-4

Druckvorstufe: Reinhard Truckenmüller
Druck und Bindearbeiten: Graspo CZ, a.s., Zlín,
Tschechische Republik

Lektorat: Dorothea Duwe, Renate Hehr,
Nora Krehl-von Mühlendahl, Verena Schaal
Design: Axel Menges
Layout: Helga Danz

Inhalt

Zu diesem Buch

Wer lag nicht als Kind auf dem Fußboden seines Zimmers über eine Weltkarte gebeugt und träumte von langen, abenteuerlichen Reisen? Der kleine Zeigefinger diente als Motorrad, Auto, Schiff, Flugzeug oder Heißluftballon, er fuhr den Amazonas hinauf, sprang hinunter nach Rio de Janeiro, träumte sich hinein in dunkle, verräucherte Hafenspelunken, schipperte an Florida vorbei, hinauf nach New York und Boston, sprang weiter nach San Francisco und Schanghai, machte Station auf Sumatra, Borneo oder Tahiti.

Wer verschlang nicht als Jugendlicher Bücher über die Entdecker und Abenteurer dieser Welt, Marco Polo, Christoph Kolumbus, Roald Amundsen, Jack London, Herman Melville, Jules Verne, Karl May und Ernest Hemingway? Meine Weltreisen dauerten keine 80 Tage, mir genügten Stunden, manchmal sogar Minuten.

In meinem großen Weltatlas waren neben den Karten auch Schwarzweißphotos von fremden Ländern und Städten abgedruckt. Ich konnte mich als Kind problemlos in die Hauptstraßen Mexiko-Citys hineinversetzen, mich auf einem Aussichtsberg über Hongkong oder in einer der Treppengassen von Benares, die zum heiligen Fluß hinunterführt, wiederfinden. Wenn ich lange genug auf ein Photo starrte, hörte ich auch die Straßengeräusche, die Rufe der Menschen und das leise Plätschern des Wassers.

Jahre später wurde die Kinoleinwand zu meinem Ausblickfenster. Ich berauschte mich an langen Kamerafahrten durch amerikanische Metropolen, staunte über den magischen Glanz des Broadways und über die beängstigende Düsternis der nebligen Dockanlagen von Manhattan und San Francisco. Überall schien das Unheil zu lauern. Humphrey Bogart, Edward Robinson und James Cagney verkörperten für mich die abgebrühten Großstadtprofis, die manchmal nur durch kühle, überaus schöne Blondinen aus der Ruhe gebracht wurden. Auch die Filme Alfred Hitchcocks traten in mein Leben und führten nicht unbedingt dazu, daß ich Städte weiterhin als etwas Abenteuerlich-Romantisches sehen konnte. Sehr viel später begann ich, selbst zu reisen. Meine Kreise blieben zunächst klein und beschränkten sich auf Deutschland. Die Realität hielt unbequeme Züge und trostlose Hotelzimmer für mich bereit. Viele Städte machten es mir nicht einfach, sie hatten nicht auf mich gewartet und wollten nicht unbedingt von mir betrachtet werden. Oft empfand ich den Gang durch die Gassen und Straßen als abweisend und kalt. Aber meine Neugier und mein Wissensdurst überwogen, kämpften die unwirtlichen Anfechtungen nieder, so daß ich am Ende jeder Reise eine reiche Erlebnis- und Bilderbeute mitbringen konnte.

Dann kamen die anderen europäischen Länder und Städte hinzu. Florenz, Venedig, Mailand, Straßburg, Wien, Madrid, Paris und London öffneten sich für mich einen Spalt breit. Ich erlebte die Stadtrealitäten als einsamer Reisender, oft waren die Portiers in den kleinen Hotels meine einzigen Gesprächspartner.

Als Architekturstudent gewöhnte ich mir einen professionelleren Stadtblick an, durchstrich die Häusermeere als werdender Kenner, ordnete in Gedanken viele Fassadendetails historisch genau ein, kannte mich mit den diversen Baustilen aus und studierte die berühmten Architekturen der Kirchen, Rathäuser und Schlösser in der trügerischen Hoffnung, einmal ähnlich gewichtige Bauten errichten zu können.

Schon früh begann ich damit, das Gesehene zu photographieren und zu zeichnen. Abends brachte ich meine Stadtgedanken in langatmigen Sätzen zu Papier.

Oft beschränkte ich mich nicht auf die Wiedergabe der heutigen Zustände, sondern begann, die architektonischen Situationen weiterzudenken, auszubauen, umzuformulieren. Ich verhielt mich weniger wie ein exakter Wissenschaftler, eher wie ein Träumer, dem die Realität nur als Ausgangsbasis für seine Phantasien dient. In meiner Vorstellung wuchsen die Häuser in die Höhe, wurden dicker oder dünner, bekamen Arme und Beine, schlugen aus, trieben Knospen und Blüten. Andere verfielen zu Ruinen, wurden von Erde begraben und bildeten unterirdische, dunkle Höhlensysteme. Ich neigte dazu, den Begriff »Fassade« wörtlich zu nehmen, in den Hausansichten Gesichter zu erkennen, in den Fenstern Augen und den Hauseingängen Münder oder weibliche Geschlechtsteile. Ja, natürlich wurden dann alle Türme schnell zu männlichen Fortpflanzungsorganen, und die ganze Stadt erhielt eine erotisch-triebhafte Komponente.

In den Jahren nach meinem Architekturstudium kämpfte ich erfolgreich gegen eine ständig drohende Ernüchterung meiner Stadt- und Architekturgedanken an. Dazu trug die Tatsache bei, daß sich der Architekturalltag als banal herausstellte und ich keine meiner Ideen realsisieren konnte. Mir blieben das Zeichnen und Schreiben. Mit der Zeit allerdings öffneten sich für mich zwei Tätigkeitsbereiche, die mehr auf Phantasie setzten: das Bühnenbild und die Ausstellungsgestaltungen. Ein besonderer Glücksfall trat für mich ein, als 1981 die berühmte DDR-Opernregisseurin Ruth Berghaus mit mir in Kontakt trat. Andere Theaterleute hatten sie auf meine Bücher – vor allem *Wege und Wegräume* und die *Architektonischen Situationen* – aufmerksam gemacht.

In den folgenden zehn Jahren konnte ich die Bühnenbilder zu ihren international stattfindenden Produktionen entwerfen. So erhielt ich beruflich die Möglichkeit, mich wochenlang in Berlin, Paris, Brüssel, Zürich, Wien, Dresden, Rom, Neapel, New York und Cleveland aufzuhalten. Da ich nicht ständig im Theater zu tun hatte, blieb mir viel Zeit, die legendären Städte genauer zu studieren und zu erwandern. Aus dem damals entstandenen Material – Photos, Zeichnungen, Skizzen und Texte – versuchte ich 1996, nach dem Tod von Ruth Berghaus, mein erstes »Stadtbuch« zusammenzustellen. Aus irgendeinem Grund – wahrscheinlich lag es an der Fülle des Materials – gelang mir das Vorhaben nicht, und ich legte die Sache beiseite.

Ein konkretes Erlebnis brachte mich dazu, das Thema erneut aufzugreifen. Dieses Mal allerdings unter anderen Vorzeichen, mit einer veränderten Methode. Am 11. September 2001 hatte ich meinen Rückflug von San Francisco, wo ich in den Tagen zuvor mit den Werkstätten an dem Opernprojekt *Saint François d'Assise* gearbeitet hatte, nach Berlin gebucht. Am frühen Morgen rief mich Valentina Simi, die am Opernhaus für die Organisation unserer Reisen zuständig war, an und teilte mir mit, daß etwas Furchtbares, Katastrophales passiert sei. In den Stunden danach saß ich allein und verängstigt auf der Bettkante eines kleinen Hotels in der Nähe des Opernhauses und beobachtete im Fernsehen die New Yorker Ereignisse.

Mit dem Bewußtsein, am Ende meiner Tage angekommen zu sein, legte ich ein Blatt Papier auf die Knie, nahm einen Stift in die Hand und begann zu schreiben. Ich notierte Datum und Stunde. Gewiß, schon oft hatte ich in irgendeiner Stadt Datum und Stunde notiert, aber noch nie hatten diese Angaben eine derartige Bedeutung wie an diesem sonnigen Septembermorgen in San Francisco. Ich nahm mir vor, ab jetzt über meine Reisen und Stadterlebnisse nur noch in Form eines Tagebuchs zu schreiben. Und damit stand mir plötzlich die Lösung meines Problems klar vor Augen. Das Tagebuch war der Schüssel.

Die Seiten wuchsen und wuchsen. Ich konnte meine früheren Aufzeichnungen seit 1995 mitverwenden. Ab jetzt ließ ich meine Gedanken ohne strenge, logische

Konsequenzen hin- und herspringen wie frei gelassene Känguruhs. Gedanken-splitter sollte sich an Gedankensplitter reihen, frei, losgelöst, ganz dem schwere-losen Gehirnkosmos angepaßt. Einzig die Zeit, der Zeitfluß, die Zeitangaben und meine Bewegungen im Raum bildeten das Koordinatennetz im Hintergrund.

Was ist eine Stadt? Für den einen verkörpert sie die Hölle. Der rumänisch-fran-zösische Philosoph Cioran notiert: »Kaum auf der Straße, rufe ich aus: Wie per-fekt ist doch diese Parodie der Hölle!« Oder: »Kann man sich einen Städter vor-stellen, der nicht die Seele eines Mörders besitzt?«

Andere betrachten das Phänomen positiver. Cees Nooteboom, der große nie-derländische Reiseschriftsteller, umschreibt das Problem, indem er summarisch zusammenfaßt: »Denn woraus besteht eine Stadt? Aus allem, was in ihr gesagt, geträumt, zerstört, geschehen ist. Aus dem Gebauten, Verschwundenen, dem Geträumten, das nie verwirklicht wurde. Aus dem Lebenden und dem Toten. Aus den Holzhäusern, die abgerissen wurden oder verbrannten, den Palästen, die hier hätten stehen können ... Eine Stadt, das sind alle Worte, die dort je gesprochen wurden, ein unaufhörliches, nie endendes Murmeln, Flüstern, Singen und Schre-ien, das durch die Jahrhunderte hier ertönte und wieder verwehte ... Die Stadt ist ein Buch, der Spaziergänger sein Leser. Er kann auf jeder beliebigen Seite begin-nen, vor- und zurückgehen in Raum und Zeit. Das Buch hat vielleicht einen Beginn, aber noch lange kein Ende. Seine Wörter – das sind Giebelsteine, Baugru-ben, Namen, Jahreszahlen, Bilder ...«

Jeder Stadtbenutzer und Stadtbewohner erlebt sein Umfeld in anderer Weise. Die Stadt prägt Biographien. Für jedes Kind, das hier aufwächst, wird sie zur Heimat, zum lebenslang wirkenden Sehnsuchtsort. Die Perspektiven und Bilder gleichen sich nie. Es gibt keine objektive Stadt, es gibt nur die subjektiv erlebte, in das einzelne Ich hineinprojizierte Stadt. Die Realität besteht aus Milliarden von Steinen, Fenstern, Türen, Balken, Stahlträgern, Kacheln, Treppenstufen, Fassa-den, Dächern, Schornsteinen, Türmen, Gassen, Straßen, Plätzen, Menschen und Sätzen. Niemand hat je alle Details gesehen. Jeder Besucher, Bewohner und Be-nutzer einer Stadt kennt nur einen winzigen Ausschnitt des Gesamtkosmos. In jedem Kopf lebt ein anderes Bild. Die Stadt als Gesamtheit bleibt eine Fiktion. Ich selbst wähle meine subjektiven Eindrücke aus (oder die Bilder wählen mich aus?), sammle die Beobachtungen und trage sie in mein Logbuch, das hier ein Tagebuch ist, ein. Jeder Leser kann meine Gedanken und Sätze mit den eigenen Erlebnissen und Erkenntnissen vergleichen. Nie werden sich identische Spiege-lungen ergeben, nur Ähnlichkeiten sind möglich, mehr nicht.

Auf meinen Reisen und Stadtaufenthalten habe ich gelernt: Es gibt in Würde gealterte, vornehme Städte, es gibt zu stark geschminkte, aufgetakelte Städte, es gibt elegante und melancholische Städte, protzige und himmelstürmende Städte, es gibt behäbig-bürgerliche und langweilig-verschlafene Städte, es gibt Städte, die lügen, und ehrliche Städte, es gibt Städte voller Rabauken, Schläger- und Mörder-Städte, die von Schönheitsköniginnen bewohnt werden. Es gibt hektisch-überfüllte und leer-ausgestorbene Städte, es gibt verfallende Ruinenstädte und Wolkenkratzerstädte, es gibt modern-science-fictionhafte und biblisch-alte Städte. Es gibt mittelalterliche Städte und Oasenstädte. Es gibt Show-Städte und Attrap-pen-Städte. Es gibt grüne Städte und steinerne Städte. Es gibt Gebirgsstädte und Bankenstädte. Es gibt neureiche Städte und arrogant-abweisende Städte. Es gibt romantisch-malerische Städte und stinkende Industriestädte. Es gibt gefährliche Slumstädte, und es gibt von Polizei und Militär kontrollierte Städte. Es gibt Bor-dellstädte und Badestädte. Es gibt Vergnügungsstädte und Beerdigungsstädte. Es gibt Städte, die im eigenen Müll ersticken, und Städte, die unter Wassermangel leiden. Es gibt Mafiastädte und Touristenstädte. Es gibt Rentnerstädte und Städte mit vielen Kindern. Es gibt Totenstädte und von Vulkanasche verschüttete Städte. Es gibt verbrannte Städte und kriegszerstörte Städte. Es gibt religiös-heilige Städte und Städte, die ausschließlich von Fanatikern bewohnt werden. Es gibt Städte mit Rechtsverkehr und Städte mit Linksverkehr. Es gibt europäische Städte, afrikanische, amerikanische, kanadische, kolumbianische, brasilianische, indische, koreanische, thailändische, russische, mongolische, chinesische und japanische Städte ...

Und es gibt untergegangene Städte, die wie mythische Wolken in unserem Gedächtnis schweben. Dazu gehören Babylon, Alexandria, Troja, Mykene, Karthago, Byzanz und Pompeji.

Manche Städte hat es nie wirklich gegeben. Ich denke vor allem an das himmlische Jerusalem. Es gehört zu den Urträumen der Menschen, sich Städte vorzustellen, die dem Paradies gleichen und ein friedliches, konfliktarmes Leben von der Geburt bis zum Tod ermöglichen. Märchenstädte wie aus Tausendundeiner Nacht, die weder Arbeit noch Not oder Krankheiten kennen. Träume, Träume.

Die Realität der Städte bestand in Wirklichkeit über die Jahrhunderte immer nur aus harten Kämpfen ums Dasein, aus Belagerungen, Überfällen, Plünderungen, Brandschatzungen, Mord und Vergewaltigung. Viele Städte verwandelten sich in mauerumstandene Burganlagen und im Laufe der Zeit in regelrechte Festungen. Damals konnte es sein, daß sich Bewohner dieser Städte innerhalb der Mauern sicherer fühlten als außerhalb. Man sprach davon, daß Stadtluft »frei mache«.

Erst in der Mitte des 19.Jahrhunderts begann man damit, die Stadtmauern abzutragen, da langsam größere Staatseinheiten entstanden und die Verteidigung an die neuen, oft weit von den Städten entfernten Grenzen verlagert wurde. Jetzt, im Zuge der Industrialisierung und des zunehmenden bürgerlichen Reichtums, begannen sich manche Städte in trostlose Mietskasernensiedlungen (London und Berlin) oder in vergnügungssüchtige Schönheiten zu verwandeln, allen voran Wien und Paris. Daß die Zeit der großen, oft totalen Stadtzerstörungen noch bevorstand, ahnte damals niemand. Während des Zweiten Weltkriegs wurden in Europa so viele Großstädte zerstört wie noch nie in der Geschichte. Zunächst griffen deutsche Flugzeuge Städte in England und Spanien an, später vernichteten alliierte Bomber fast alle deutschen Großstädte, allen voran Berlin, Dresden, Nürnberg, München, Frankfurt, Köln, Essen und Hamburg.

Von heute aus gesehen, wirkt es fast wie ein Wunder, daß die wichtigsten Metropolen Europas – Paris, Rom, Madrid, Brüssel, Amsterdam, Kopenhagen, Sankt Petersburg und Moskau – die Kriegszeiten nahezu unbeschadet überstanden haben.

Wie sehr die Zerstörung deutscher Städte das Selbstbewußtsein und das Gedächtnis der Nation dauerhaft ausgelöscht hat, spüren wir bis heute. Der Fluch meiner Generation bestand darin, zwischen Ruinen und dürftig erneuerten Gebäuden aufwachsen zu müssen. Die berühmten Architekturen der großen deutschen Metropolen sind für alle Zeiten verschwunden. Manche Rekonstruktionen wirken hilflos und erinnern an verzweifelte Versuche, das Endgültige nicht wahrhaben zu wollen. Die Dresdner Frauenkirche sieht heute zwischen den teilweise immer noch schwarzgebrannten Schloß- und Akademiebauten aus wie eine luftig aufgeschäumte Sahnetorte, die allerdings bereits schon wieder Schimmel angesetzt hat. Der geplante Berliner Schloßaufbau kommt mir vor wie die Klonung eines Toten. Architektur des Golem. Nosferatu und Frankenstein lassen grüßen.

Die meisten Städte der Welt stellen heute Mischungen aus vielen Einzelaspekten dar, aus historischen Gebäuden, modernen Funktionsbauten, alten und neuen

Wohnanlagen, üppig wuchernden Verkehrsflächen und versteckten Friedhöfen. Bäume werden nur widerwillig geduldet, da sie als Blätterproduzenten Mühe und Arbeit machen. Parks verkommen immer mehr zu Gefahrenzonen, die vor allem von jugendlichen Vandalen, Arbeitslosen, Fixern, Strichern und Prostituierten frequentiert werden. Überhaupt nehmen die städtischen Gefahren – vor allem abends und nachts – zu. Heute ist das Leben auf dem Land, in Dörfern und Kleinstädten meist sicherer als in Großstädten.

Nur selten sind architektonische Besonderheiten in das moderne Stadtgefüge eingestreut. Ein barockes Schloß, ein Bahnhof aus den 1920er Jahren oder ein modernes Museum. Städtische Eindeutigkeit – wie in Venedig, Rom, New York oder Las Vegas – findet sich in den wenigsten Fällen.

Mich interessiert neben der Vielfalt das wirklich Charakteristische, das Unverwechselbare der Städte, die ich länger besucht habe. Mit mancher Stadt – vor allem in Italien – verbindet sich für mich eine lange Beziehungsgeschichte, andere sehe ich zum ersten Mal (San Francisco, Moskau, Sankt Petersburg, Tartu, Tel Aviv, Jerusalem, Singapur). Ich beschreibe meine Ankunft, das Kennenlernen und das Abschiednehmen. Einige Städte wachsen mir ans Herz, zu anderen kann ich kaum eine Beziehung aufbauen.

Ich schaue mir die Gebäude, Straßen, Plätze, Märkte, Fußgängerzonen, Malls und die Menschen an, lasse die Oberflächen auf mich wirken, spüre den Atmosphären nach. Manchmal überfällt mich die Angst, dann wieder fühle ich mich beglückt und bereichert.

Gefahrenzonen, drohende Überfälle, unheimliche Stadtränder. Vornehme Geschäftsleute und betrunkene Penner. Shoppende Frauen, kichernde Mädchen und herumstolzierende junge Männer. Liebespaare. Stadttage und Stadtnächte. Licht und Atmosphäre. Personen tauchen auf, führen mich herum, erklären mir die Stadt und verwandeln sie für mich zu einem ganz besonderen Erlebnis, weit weg von Fassaden, Marktplätzen und Kirchen. Am intensivsten erlebte ich diese Form der Stadteroberung in Moskau.

Die klassischen städtebaulichen Probleme – Topographie, Verkehr, Luft, Wasser, Ver- und Entsorgung, Überbevölkerung, Ökologie – verdränge ich. Andere Autoren mögen sich damit auseinandersetzen.

Ich bin Erlebender und Beobachter. Meine Kamera trage ich meist bei mir. Häuser und Straßen kann ich leicht photographieren, vor dem Abbilden von Menschen habe ich eine gewisse Scheu, auch vor dem Skizzieren und Zeichnen in aller Öffentlichkeit.

Ich frage mich: Wie wirkt eine Stadt auf mich? Gibt es so etwas wie ein unverwechselbares Gesicht der Stadt, eine Individualität? Läßt sie sich personalisieren? Ist sie eine Frau, ein Mann, ein Greis? An diesem Punkt berühren sich meine Interessen mit den Sehnsüchten ganz normaler Touristen. Ich spreche von den berühmten Orten innerhalb einer Stadt, von den touristischen Postkartenansichten, die sich leicht einprägen und die durch ihre Vervielfältigung zum kollektiven Gedächtnis der ganzen Welt gehören.

Alte Städte haben es in diesem Zusammenhang natürlich leichter als neue. Seit Jahrhunderten erzählen sich die Menschen ihre selbsterlebten, gehörten oder gelesenen Geschichten darüber. Berufsmäßige Mythenbeschreiber – wie Historiker, Philosophen, Reiseschriftsteller und Dichter – haben diese Geschichten teilweise miterfunden und mitformuliert. Ich denke an Herodot, Vergil, Giacomo Casanova, Carlo Goldoni, Daniel Defoe, Johann Wolfgang von Goethe, Wilhelm Raabe, Walter Benjamin, Jorge Luis Borges, James Joyce, Gaston Bachelard, Italo Calvino, Michel Butor …

Manche Städte wurden von literarischen Texten geradezu verherrlicht und damit unsterblich gemacht: Paris von Honoré de Balzac, Victor Hugo und Emil Zola, London von Charles Dickens, Sankt Petersburg von Andrej Belyj, Moskau von Boris Pasternak und Michail Bulgakow, Oslo von Knut Hamsun, New York von John Dos Passos, Lissabon von Fernando Pessoa, Wien von Joseph Roth, Prag von Franz Kafka, Triest von Italo Svevo, Berlin von Alfred Döblin, Danzig von Günter Grass, Lübeck von Thomas Mann ...

Später kamen die Filmemacher hinzu: Louis Buñuel und Pedro Almodovar verherrlichen Madrid, Aki Kaurismäki Helsinki, François Truffaut und Louis Malle Paris, Afred Hitchcock London, Ingmar Bergman Stockholm, Chantal Ackermann Brüssel, Lucchino Visconti Venedig, Federico Fellini Rom und Woody Allen verherrlicht Manhattan ...

Bildhauer, Maler, Komponisten und Architekten ergänzen das Bild. Alle zusammen erweitern das Bewußtsein, das Gedächtnis und den Mythos der Städte. Je mehr von ihnen in einer Stadt gelebt und gewirkt haben, um so bedeutender war und ist sie immer noch.

Heute ergänzen Reiseprospekte und Werbetexte die Bilder dieser Städte. »Ein Wochenende in Paris ... in London ... in New York ...« Metropolen, die nirgendwo erwähnt werden, haben es schwer. Vielleicht existieren sie in Wirklichkeit gar nicht.

An dieser Stelle möchte ich meine Vorbemerkungen abbrechen und all derer gedenken, die in den nachfolgenden Texten auftauchen und mitspielen werden. Viele der »handelnden Personen« wissen darüber Bescheid, manche jedoch werden sich erst beim Lesen entdecken und vielleicht darüber verwundert sein.

Alle Gespräche wurden aus dem Gedächtnis aufgeschrieben. Sie wollen keine Protokolle sein. Manchen Gesprächsverlauf habe ich verfremdet, manchmal auch frei erfunden. Gewisse Ereignisse haben in Wirklichkeit vielleicht so nicht stattgefunden. Die Wahrheit ist bekanntlich relativ. Jeder kennt das aus eigenen Erzählungen. Bei wiederholtem Erzählen beginnt man, Geschichten auszubauen und umzuformen, irgendwann sind sie kaum wiederzuerkennen. Federico Fellini, der in seinen Filmen fast immer autobiographische Geschichten verarbeitete, nannte sich »einen Lügner, aber einen aufrichtigen.«

Allen, die mir bei der Entstehung dieses Buchs, durch Lob und Kritik, durch Anregungen und Korrekturen, geholfen haben, möchte ich an dieser Stelle danken. Vor allem den mehr oder weniger freiwilligen Mitspielern in der ganzen Welt: Arila, Marie-Luise, Verena, Renata, Ksenia, Anna, Valentina, Wolfgang, Katrin, Juri 1 und 2, Nicolas, Eva, Johannes, Olga, Mascha, Olya, Andrea, Pamela, Colleen, Alex, Madeleine, Larry, Alexander, Valerie, Miss Mo ...

Besonders danke ich natürlich meiner Frau, die geduldig und gewissenhaft alle meine Texte immer wieder durchgelesen hat, genauso dem Lektoratsteam der Edition Menges – allen voran Dorothea Duwe –, das mir mit seiner Genauigkeit (und zahlreichen Kürzungsvorschlägen) viel geholfen hat. Meinem Verleger Axel Menges und meiner Verlegerin Dorothea Duwe danke ich für den Mut, ein solches Werk in ihr Programm aufzunehmen.

Hans Dieter Schaal
im August 2009

Rom

Rom, 18. Februar 1995

»Bitte schnallen Sie sich wieder an und bringen Sie Ihre Sitze in eine aufrechte Position. In zehn Minuten werden wir auf dem Flughafen Leonardo da Vinci-Fiumicino landen ... Please fasten your seat belt and ...«

Wie zur Einstimmung auf meine erneute Ankunft in Rom fliegt die Linienmaschine aus Berlin eine weite Schleife über den Lago di Bracciano, Cerveteri und Ostia. Am Fenster sitzend, sehe ich unter mir den weiten, sandigen Bogen der Trennungslinie zwischen Meer und Land auftauchen. Ferien- und Wochenendhäuser überwuchern den Küstenbereich und blicken mit ihren Fenstern, Terrassen und Balkonen erwartungsvoll in die leere, glitzernde Ferne, die nur graublaue Wasserwüste und Himmel kennt. Auf den hellen Strandabschnitten des Lido del Faro erkenne ich bunt gestreifte Umkleidekabinen, die hier unbenutzt, im kühlen Februarwind flatternd, überwintern. Weit und breit keine Badegäste, keine spielenden Kinder und keine Sandburgen, nur kreuzende Möwen und das weiße Schaumgekräusel der Brandung hauchen dem Luftbild etwas Leben ein.

Landeinwärts, vor den dunstigen Sabiner Bergen, sehe ich jetzt die nicht enden wollende Baumasse Roms, im gleichen Moment empfinde ich dieses vogelgleiche, fast mühelose Einschweben in eine der berühmtesten Städte der Welt als besonderes Privileg.

Am Gate werde ich von einem Fahrer der Agentur Neumann abgeholt. Er gibt sich durch ein Schild, das meinen Namen trägt, zu erkennen. Nachdem wir uns begrüßt haben, gehen wir zu einer schwarzen Limousine, die er im Parkhaus abgestellt hat.

Ich lasse mich auf dem bequemen Rücksitz nieder und nehme mir vor, die Fahrt über die Autostrada hinein in die Stadt zu genießen.

Der römische Veranstaltungsagent Neumann hatte letztes Jahr meine große Ausstellungsinszenierung zum Thema »Kino–Movie–Cinema« im Berliner Martin-Gropius-Bau gesehen. Besonders gefiel ihm dabei die erste Präsentation des umfangreichen Marlene-Dietrich-Nachlasses im zentralen Lichthof. Ich hatte dafür den schneeweißen »Shanghai-Express« aus dem gleichnamigen Joseph-von-Sternberg-Film (Paramount, 1932) nachbauen lassen. Durch die Waggonfenster sahen die Besucher auf Kleider, Briefe, Photos, Schminkschatullen und Koffer des berühmtesten deutschen Hollywoodstars. Genau diese Inszenierung will Neumann jetzt von mir im römischen Palazzo dell'Esposizioni nachbauen lassen.

Da sich meine Italienischkenntnisse auf wenige Sätze beschränken, versickert das Gespräch zwischen mir und dem im schwarzen Anzug sehr vornehm aussehenden einheimischen Fahrer nach kurzer Zeit. Während in meiner Vorstellung noch Wolken schweben, die Weite des Himmels und der Blick auf die Stadt aus luftiger Höhe nachwirken, schaue ich nach draußen und lasse die neuen Bilder in mich hineinfallen: das graue Band der Straße, die entgegenkommenden Autos, dahinter ausgetrocknete, abrutschgefährdete Böschungen und ärmlich-ruinöse landwirtschaftliche Anwesen, umstellt von Wellblechschuppen und faulenden Misthaufen, ab und zu klapprige Autos vor Staubwolken, räudige Hunde, die an windschiefen Telegraphenmasten schnüffeln, ins Leere pickende Hühner und alte, schwarz gekleidete Frauen – ist es immer wieder die gleiche? –, die Büschel trockener Äste vor sich hertragen wie Kleinkinder.

Dann tauchen erste Industriehallen, Werkhöfe, Parkplätze, Einfamilienhäuser, Wohnsiedlungen, schließlich mehrgeschossige Wohnblocks und Einkaufszentren auf. Warum sich in Rom an den breiten Einfallstraßen so viele große, nachts strahlend hell leuchtende Lampenläden angesiedelt haben, war mir immer ein

Rätsel – eines von vielen. Nachdem wir zum wiederholten Male von laut hupenden Autos überholt werden und im Inneren der Kabinen wild gestikulierende Fahrer beobachten, überkommt mich zunehmend mein altes Rom-Gefühl. Ja, ich erinnere mich.

Langsam setzt sich die Stadt zusammen. Mir fällt Jean-Marie Straubs Moses-und-Aron-Film ein. Besonders das langsame Eindringen in die Stadt Rom zu Beginn des Schwarzweißfilms ist eindrucksvoll. Metamorphose: langsame Verwandlung einer Landschaft in Architektur, Natur geht in Gebautes über. Irgendwann überwiegen die Steine, Fassaden, Wände, Dächer, Mauern und Ruinen. Mit ihnen bricht die Geschichte herein, ein Vorgang, der in Rom alltäglich ist. Dazu erklingt Schönbergs Musik.

1976 kam ich zum ersten Mal nach Rom. Ein dreimonatiges Villa-Massimo-Stipendium, das ich als Maler und Zeichner erhielt, ermöglichte mir den Aufenthalt in der ewigen Stadt, die ich eigentlich nie wirklich sehen wollte. Obwohl meine Schulzeit schon über zehn Jahre zurücklag, verspürte ich noch immer eine heftige Abneigung gegen alles Lateinische. Schließlich hatte ich mich damit neun Jahre erfolglos herumschlagen müssen. Auch ödeten mich Abbildungen römischer Architekturen und Skulpturen an, die ich vor allem aus den Lehrbüchern kannte. Mich hungerte nach heutigem Leben und aktueller Kunst. Das Eintauchen in eine Stadt wie Rom kam mir vor wie ein Rückschritt, wie die Vertiefung in eine Kunstwelt, die ein für alle Mal untergegangen ist.

Kurz vor der Abreise nach Rom wurde damals in meiner Heimatstadt Ulm eine Ausstellung mit dem Titel »Ulm-Neu« eröffnet. Ich zeigte darin utopisch-architektonische Vorschläge zur Neugestaltung der Ulmer Innenstadt, die ich zusammen mit dem Designer Frank Hess ausgedacht hatte. Uns störte vor allem der lieblos-schnelle Wiederaufbau Ulms nach dem Krieg. Die Stadt war in den letzten beiden Kriegsjahren durch alliierte Luftangriffe zu 80 Prozent zerstört worden. Eigentlich hätte sich durch diesen Umstand eine Verbindung zu Rom herstellen lassen. Bekanntlich wurde auch diese einst so legendäre Stadt mehrfach zerstört und geplündert. Andererseits kann der »Sacco di Roma« nicht mit den Luftangriffen im Zweiten Weltkrieg verglichen werden.

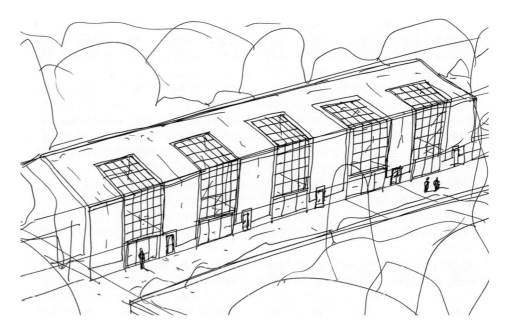

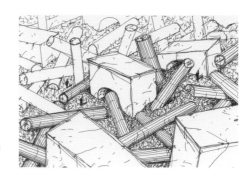

Die Ausstellung provozierte viele Ulmer Bürger. Bestimmt hatten wir die neuralgischen Punkte genau getroffen. Eigentlich wäre ich jetzt, nach dem Abschluß der Ulmer Arbeiten, lieber nach Amerika – vor allem nach New York – aufgebrochen als nach Rom. In mir wirkte keine Italiensehnsucht wie in Winckelmann, Schinkel, Semper, Klenze, Goethe, den Nazarenern, Thorwaldsen, Feuerbach, Böcklin oder Thomas Mann.

»Rom. Bei diesem Namen hört alles Träumen auf, da fängt die Selbsterkenntnis an«, schrieb Anselm Feuerbach 1857 aus Rom. Italien bedeutete für manche Künstler: Begegnung mit ihren Idealen und Vorbildern aus der klassischen Antike und der Renaissance, für andere, die unter der Enge und Spießigkeit in Deutschland litten: lockeres, sinnlich-fröhliches Leben mit Gartenfesten, Wein, Weib und Gesang.

Schinkels Entwürfe in Glienicke und Potsdam verschmolzen diese Träume hoch im Norden, dem Land der Gotik, architektonisch miteinander. Lockere, leichte Pergolen, aus klassischen Säulen und Pfeilern geformt, Lauben mit Weinranken, davor heitere Brunnen und Blicköffnungen ins weite, gepflegte Arkadien der märkischen Landschaft. Bühnenbilder für sommerlich-glückliche Tage.

Vor kurzem hatte ich wieder einmal Gelegenheit, das Thorwaldsen-Museum in Kopenhagen zu besuchen. Dieser klassizistische Bildhauer verbrachte fast das ganze Leben in Rom und ließ in seinen Marmorfiguren die griechisch-römische Klassik aufleben als sei sie die einzig mögliche künstlerische Ausdrucksweise überhaupt. Am Lebensende, bei seiner Rückkehr nach Kopenhagen, wurde er von seinen Zeitgenossen gefeiert wie ein römischer Kaiser nach erfolgreicher Schlacht. Das Museum ist auch heute noch ein ideales Studienobjekt für eine Zeit, die unerschütterlich an Winckelmanns Klassikdefinition von »edler Einfalt und stiller Größe« glaubte. Obwohl die antiken Götter längst abgedankt hatten und als heidnische Verirrungen nur noch in Geschichtsbüchern und marmornen Figuren weiterlebten, galt der antike Gestaltungskanon wie ein ehernes Gesetzbuch. Das Museum wurde am Ende zum neuen Tempel und der Künstler selbst, beigesetzt im Innenhof, zum anbetungswürdigen Gott.

Thomas Mann hatte sich am Ende des 19.Jahrhunderts zusammen mit seinem Bruder Heinrich in einer Pension südlich von Rom, in Palestrina, einquartiert. Sie planten, gemeinsam, dort ihre eigene Familiengeschichte unter dem Titel *Buddenbrooks* aufzuschreiben. Heinrich verlor bald die Lust daran, und Thomas brachte das Projekt allein zu Ende. Daß er mit dem Untergang der einst erfolgreichen Lübecker Kaufmannsfamilie zugleich auch das Ende der klassischen Ideale und der Geborgenheit in Familie und Staat beschrieb, paßte vielen Zeitgenossen nicht.

Der Roman erschien 1900; im gleichen Jahr starb Giuseppe Verdi. Die alte Ordnung war endgültig dahin, dafür etablierten sich neue Ideale. Italien wurde zur romantischen Fluchtburg des neu aufkommenden Tourismus. Viele Intellektuelle trafen sich im Sommer auf Capri. Hier verliebte sich der junge Walter Benjamin in die lettisch-russische Revolutionärin Asja Lacis und entdeckte dabei für sich den Kommunismus. In den 1950er Jahren fanden die Wirtschaftswunder-Westdeutschen an dem Land Gefallen, fuhren mit ihren ersten »selbstverdienten« Autos nach Venedig, Jesolo, Rimini, Rom, Neapel, Positano, Ischia und vor allem nach Capri. Dort sahen sie die Sonne glutrot im Meer versinken, tranken auf Terrassen Chianti und summten die gängigen Schlager nach. Aus dem Land der Klassik war ein Land der kleinbürgerlichen Träume geworden. Für mich als Schüler ein Grund mehr, darüber die Nase zu rümpfen. Erst durch die Filme Federico Fellinis wurde ich auf das heutige Italien aufmerksam und damit auf eine Welt, die nichts mehr mit den trockenen Lateinbüchern und der kitschigen Capri-Romantik zu tun hatte und mich durch ihre anarchische Andersartigkeit faszinierte. Plötzlich sah ich die fröhliche Vitalität des heutigen italienischen Lebens und war begeistert!

So nahm ich das Stipendium trotz aller Bedenken an und machte mich auf den Weg nach Rom, in der Hoffnung, die Wirklichkeit möge einige Überraschungen für mich bereithalten.

Der Schnitt konnte kaum heftiger sein. Plötzlich bewohnte ich ein eigenes Atelierhaus, das groß genug war, mehrere Familien unterzubringen. Ein riesiges Nordfenster beleuchtete eine viel zu große Arbeitsfläche. Hier war genug Raum, um Makartsche Riesenschinken zu malen oder Plastiken im Arno-Breker-Format zu bildhauern. Schließlich stammt die Idee der Villa Massimo aus dem 19. Jahrhundert. Vorbild dafür war die Villa Medici, in der die berühmtesten französischen Künstler, etwa Hector Berlioz, für ein Jahr wohnen und arbeiten durften. Nicht nur das Atelier selbst, sondern auch die zahlreichen Wohn- und Schlafräume, die auf zwei Etagen verteilt lagen, schüchterten mich ein. Mulmige Angst war mein ständiger Begleiter.

Von der Küche im Obergeschoß aus konnte man eine begraste Terrasse betreten. Zum Essen setzte ich mich manchmal hierher und blickte in den Park, der mit seiner üppigen Vegetation versuchte, die lärmige Stadt vor mir zu verbergen. Da die Ateliers als Reihenhäuser gebaut waren, lagen auch die Terrassen nebeneinander. Mein direkter Nachbar war 1976 der damals noch völlig unbekannte Anselm Kiefer. Leider verhielt er sich mir gegenüber ziemlich arrogant und abweisend, so daß wir beim ersten Versuch, ein gemeinsames Abendessen auf der Terrasse einzunehmen, in einen Streit gerieten, der zur Folge hatte, daß er sein Atelierfenster verhing und die nächsten Monate kein Wort mehr mit mir sprach. Der Streit hatte übrigens das Haupthaus unserer Anlage, die eigentliche Villa Massimo, zum Thema. Ich vertrat die Auffassung, daß es in der psychologischen Wirkung einen Unterschied mache, ob vor dem Haupteingang eines Hauses, einer Villa oder einer Kirche Treppen zu überwinden seien, oder ob man als Besucher ebenerdig hineingehen könne. Kiefer meinte, das sei völlig gleichgültig, beharrte stur auf seiner Meinung und beschimpfte mich als Ignoranten.

Aus der Ferne habe ich später seinen Aufstieg zum Weltruhm beobachtet, bin ihm jedoch nie mehr begegnet. Keine Ahnung, was er heute über unser architektonisches Problem denkt. Allerdings kam mir sein bildnerisches Suhlen im faschistoid-germanischen Mythensumpf von Anfang an verdächtig vor. Kein Wunder, daß amerikanische Sammler alle Vorurteile gegenüber Deutschland in seinen Werken wiederfinden und sie als Beweisstücke für unsere germanisch-wilde Irrationalität kaufen. Es ist dieselbe Ursuppe, aus der Gespenster wie Hitler, Goebbels, Göring, Riefenstahl und Breker hervorgegangen sind – das jedenfalls denken diese Sammler.

Zunächst machte ich mich mit meiner unmittelbaren Umgebung vertraut. Der Park der Villa Massimo stellte für mich eine erste Offenbarung dar. Das lag zum einen an der üppigen südlichen Vegetation, den Zypressen, Pinien, Steineichen, Olivenbäumen, den Weinranken, Oleander- und Buchsbaumbüschen und dem intensiven, fast schon berauschenden Duft, der von ihnen ausging, zum anderen an den Marmorfiguren, Steintischen und Bänken, Vasen, Brunnen und Ruinen, die man als Spaziergänger plötzlich hinter Hecken und Büschen mit leichtem Erschrecken entdeckte. Sie waren die eigentlichen Bewohner des Gartens, stumm und starr standen sie da, mit offenen Mündern, erhobenen Armen, sofern sie überhaupt Köpfe und Arme besaßen, bei Tag und Nacht, bei Sonne und Regen. Viele

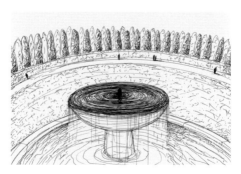

bestanden nur aus einem Rumpf mit Bein- und Armansätzen. Die sinnlichen Körperbereiche zeigten sich dadurch besonders elementar.

Durch die paradiesisch-üppige Vegetation angelockt, sammelten sich hier alle Vögel der Umgebung. Aus den Bäumen drang tagsüber fröhliches Gezwitscher, nur beim Auftauchen von Katzen änderte sich die Tonlage, und kurze Warnpfiffe überwogen. An heißen Tagen erweiterte sich das Naturkonzert mit dem Zirpen der Grillen. Es gab auch zwei Hunde, die Eigentum der Direktorin waren: Aja und Tinka, zwei pechschwarze Labradore, die ständig mit ihrem Übergewicht zu kämpfen hatten. Sie waren so liebebedürftig, daß sie jeden Tag von einer Küchentür zur nächsten wandern mußten, immer mit jenem traurig-erwartungsvollen, vierlidrigen Augenaufschlag, der selbst die hartgesottensten Zeitgenossen weich werden ließ und zu einer milden Essensgabe bewegte. Natürlich hing im Torbereich der Villa immer ein Zettel mit der Bitte, weder Hunde noch Katzen zu füttern. Aber bekanntlich gehören Künstler allgemein zu jenen Charakteren, die Gehorsam verachten und Gesetzesbrüche, als Widerstand gegen die Gesellschaft, zum täglichen Aufbau ihres Selbstbewußtseins benötigen. So gesehen, war der Kreislauf des Unheils vorprogrammiert, und Aja und Tinka nahmen weiterhin zu.

Einziger Vorteil an ihren dicken Bäuchen war die daraus resultierende Trägheit, die sie meist daran hinderte, Jagd auf ständig neu auftauchende, wildernde Katzen zu machen. Nur morgens, wenn sie noch hungrig durch die Büsche strichen, sah man sie manchmal schnellen Schrittes hinter einer Katze herlaufen. Aber meist waren die kleinen Tiger wendiger und entkamen über Mauern oder Baumstämme.

Mich beeindruckte der Park so sehr, daß ich nach wenigen Tagen begann, mich näher und tiefer mit dem Thema zu beschäftigen. Bisher hatte ich mich künstlerisch mit dem Gegensatzpaar »Landschaft und Architektur« auseinandergesetzt, aber nicht mit umzäunten oder ummauerten, künstlich-künstlerisch angelegten Gärten oder größeren Parkanlagen. In den Wochen danach besuchte ich, wie berauscht und zunehmend begeistert, alle wichtigen Gärten und Parks der Stadt und fuhr auch hinaus nach Tivoli zur Villa d'Este. Ein neues Fenster hatte sich aufgetan, völlig unerwartet, mitten im einst so verachteten Gebiet der »Lateiner«.

Die Stadt Rom selbst nahm ich mir natürlich als Forschungs- und Beobachtungsobjekt ebenfalls vor. Wie ein architekturhistorisch interessierter Ethnologe stieg ich fast jeden Tag morgens an der Piazza Bologna in den Bus, der über die Via Nomentana, vorbei an der Porta Pia, der Piazza della Repubblicca und dem Quirinalspalast in die Innenstadt hineinfuhr, und studierte – neben den Gärten und Parks – einen bestimmten Bereich der Stadt mit seinen Plätzen, Treppen, Kirchen, Häusern, Gassen, Brunnen, Denkmälern, Mauern, Bodenbelägen, Ruinen, Geschäften, Bewohnern und Passanten. Nebenbei besuchte ich fast alle Andenken- und Postkartenläden, die ich sah. Mich faszinierte der normierte, tausendfach vervielfältigte Postkartenblick auf Petersdom, Forum Romanum, Trajansäule oder Kolosseum.

Später, im Atelier legte ich meine Beutestücke in Feldern auf dem Boden aus. Manchmal baute ich auch ganze Türme und Paläste daraus. Manche Postkarten zerschnitt ich in Fragmente, setzte sie wie fremdartige Puzzles neu zusammen oder klebte daraus surreale Stadt-Collagen. Mich interessierte die Stadt als einprägsames Bühnenbild. Rom – das entdeckte ich plötzlich – ist eine Fundgrube für städtebauliche Inszenierungsideen. Italiener haben wie ihre Vorfahren, die Römer der Antike, einen starken Hang zum Repräsentativ-Theatralischen. Fassaden, Plätze und Brunnen werden als Bühnen des Alltags benutzt.

Neben den reinen Wahrnehmungsuntersuchungen interessierte mich das Thema »Tourismus«. Schreibend und zeichnend näherte ich mich den berühmten Gebäuden Roms an. Was fasziniert die Menschen am Petersplatz, was an der Engelsburg und dem Kolosseum? Die verbreitetsten Ansichtskarten zeigen auch die populärsten Architekturen. Millionenfach werden diese Bilder jede Woche in die ganze Welt verschickt. Reisende Bildarchitekturen, die später weltweit auf Bücherborden, Kaminsimsen, Kommoden, Schränken und Nachttischen stehen.

In meinen Gedanken bedeckten die Postkarten Kirchenfassaden und Platzflächen. Obsessiv ließ meine Phantasie die gesamte sichtbare Welt mit Postkarten überwuchern.

Rom war nach München die erste große Weltstadt, in der ich mich länger aufhielt. Ich empfand die Stadt vom ersten Tag an als aggressiv, bedrohlich, anarchistisch, aber auch südlich vital. Der Verkehr brodelte, die Leute verhielten sich laut, schrien, schimpften, versuchten den Verkehrslärm zu übertönen, gaben an, andere lungerten bedrohlich herum, so daß mich beim Vorbeigehen oft ein mulmiges Gefühl beschlich.

Bereits in den ersten Tagen war ich Zeuge eines Handtaschenraubs im Bus. Der junge Täter sprang an einer Haltestelle aus dem Bus, rannte mit der geraubten Tasche über die Kreuzung und war sofort im Gewirr der Gassen verschwunden. Die beraubte Frau schrie, fuchtelte mit den Armen, jammerte hilflos und verzweifelt.

1981, während meines zweiten Aufenthalts in Rom, wurde mein Auto sechsmal – einmal im Monat – aufgebrochen und von Dieben durchsucht. Da ich nichts Wichtiges darin liegen hatte, hielt sich der Schaden in Grenzen.

Ich bin sicher, daß es in Rom die meisten Kleinganoven der Welt gibt. Oft habe ich sie selbst beobachtet, junge Männer zwischen achtzehn und fünfundzwanzig, Typen wie aus Pasolini-Filmen.

Jeder meiner Freunde und Bekannten ist mindestens einmal beklaut oder beraubt worden. Die damalige Direktorin Frau Dr. Wolken wurde am hellen Tag auf einem ihrer Wege von der Bank zur Villa Massimo mit Pistole und Schlag auf den Kopf überfallen. Die Beute des Räubers war nicht klein. Vor allen Bankeingängen stehen bewaffnete Polizisten, auch vor vielen besseren Wohn-Apartmenthäusern. Wie locker in Rom mit der Gewalt und mit Waffen umgegangen wird, macht auch ein Vorfall deutlich, der sich vor einigen Jahren im Park der Villa Massimo ereignete. Bocciaspieler wurden plötzlich von umliegenden Hausbalkonen aus beschossen. Kenner zeigten mir die Einschußlöcher in den Stämmen der Zypressen und Pinien. Ob es sich bei dieser Schießerei um die Tat verärgerter Anwohner oder um einen Terroranschlag handelte, ließ sich nicht ermitteln. Ernstlich verletzt wurde niemand, und die eingeschaltete Polizei konnte keine Klarheit in die Vorgänge bringen.

Daß ich 1981 ein zweites Mal nach Rom ging, war ein Fehler. Vielleicht hätte ich das zweite sechsmonatige Stipendium, das ich jetzt als Architekt erhielt, ablehnen und dafür wirklich nach New York aufbrechen sollen. Allerdings fehlte mir dafür das Geld. Das Villa-Massimo-Stipendium war immerhin mit einer monatlichen Zahlung von 1 800 DM verbunden. Das viele Geld konnte nur auf einer bestimmten Bank in der Nähe der Villa abgehoben werden. Frau Dr. Wolken achtete auf strenge Disziplin. Es herrschte Anwesenheitspflicht. Wer länger wegfahren wollte, mußte das in ihrem Büro melden.

In einem Gespräch mit ihr hatte ich vorgeschlagen, der Staat solle die Villa Massimo verkaufen, sich dafür ein Künstler-Kreuzfahrtschiff zulegen und mit den Ausgewählten jedes Jahr zu einer Weltreise aufbrechen. Natürlich erntete ich für diesen Vorschlag nur ein müdes Lächeln. Inzwischen wußte ich, daß die Villa Massimo keine Idylle ist und daß es innerhalb der bunt zusammengewürfelten Künstlerkolonie fast nur Streit, Eifersüchteleien, Neid und Haß gab. Genau be-

trachtet, war es die Hölle. Obwohl ich mich mit dem einen oder anderen Künstlerkollegen in meinen römischen Tagen anfreundete – mit dem Maler Thomas Kaminski, dem Schriftsteller Peter Eigner, dem Komponisten Anton Plate und der Malerin Ilse Baumgart, habe ich später – bis auf Ilse – niemanden wieder gesprochen und getroffen.

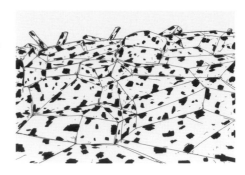

Die gegenseitigen Vernichtungsurteile waren hart und kamen unvermittelt schroff. Oft wurde man im Vorbeigehen – nach kurzem Blick durch die offene Ateliertür – abgeurteilt:»Was machst du nur für eine Scheiße!«

Jeder hielt sich für den Größten. Als Architekt war man außerdem – von Natur aus – das letzte »Arschloch«, ein »Verräter der Kunst-Sache«, eine »Nutte«, die sich den »Bauherren an den Sack« wirft. Abends, wenn der Alkoholspiegel stieg, konnte es lebensgefährlich sein, die Ateliertür offenzulassen.

Rolf Dieter Brinkmann hat in seinem *Römischen Tagebuch* die Atmosphäre sehr genau beschrieben. Ich teile mit ihm die Haßliebe zu Italien, zur Stadt Rom und zur Villa Massimo: »Also zuerst das Atelier: fleckig, groß und leer, nichts für mich zum arbeiten, Namensschmiererein an der Eingangstür, ich denke, ich habe das schäbigste hier bekommen, verwohnt, grauer verblaßter Anstrich. – Aber ich dachte auch, daß die Bildenden, Schönen Künstler alle irgendwie größenwahnsinnig sein müßten mit ihren Räumen ... Wieder durch den Park auf dem Kiesweg vorbei an verstümmelten Gestalten zwischen den Büschen, ohne Kopf, durchgehauene Arme oder zerfressene Steinrümpfe, Pinien, die mit Zement ausgefüllt sind, streunende Katzen ...«

Sein nörgelnder, mißmutiger Haßgesang auf Rom, Olevano und Italien allgemein nimmt kein Ende. Nichts paßte ihm, während er die Texte zwischen Oktober 1972 und Januar 1973 schrieb. Er fühlte sich hier einsam und unwohl. Ob es ihm in Köln, seiner Heimatstadt, besser gefallen hat?

Rolf Dieter Brinkmann ist 1975 mit 35 Jahren bei einem Verkehrsunfall in London ums Leben gekommen. Ich lernte später den Maler Hans Peter Münch kennen, der mir erzählte, daß er der letzte Begleiter Brinkmanns in London gewesen sei und neben ihm ging, als er, ziemlich angetrunken, plötzlich auf die Straße torkelte und von dem Außenspiegel eines Autos erfaßt wurde. Vielleicht war er auch vom Linksverkehr verwirrt.

Ja, die Toten. Ingeborg Bachmann war 1973 in Rom gestorben. Im gleichen Jahr, als Brinkmann starb, geschah jener Mord, der uns alle am meisten erschütterte: Es war in der Nacht vom 2. auf den 3. November 1975, als der berühmte Filmemacher und Dichter Pier Paolo Pasolini von einem römischen Strichjungen am Strand von Ostia erschlagen wurde. Wir redeten immer wieder über die drei Toten und versuchten, Einzelheiten über die Umstände ihres Sterbens zu erfahren. Allzuviel brachten wir allerdings nicht heraus. Der Mörder Pasolinis wurde bald nach der Tat gefaßt, da er mit dem roten Sportwagen Pasolinis durch Ostia kurvte. Die Polizei fragte ihn nach der Verhaftung, ob er gewußt habe, wen er da erschlagen und mit dem Auto mehrfach überfahren habe: »Nein«, antwortete der junge Mann, »ich habe es nicht gewußt, es ist mir auch gleichgültig. Wer sich mir gegenüber so verächtlich und brutal verhält, hat nur den Tod verdient. Ich bereue nichts, auch jetzt, nachdem ich weiß, wer der Ermordete ist!« Die Antwort könnte von Camus' »Fremden« stammen.

Eines Abends saß ich im Garten der Villa Massimo zwei Stunden neben Toni Kienlechner, einer guten Freundin Ingeborg Bachmanns. Ilse hatte sie eingeladen. Als ich sie über die letzten Tage der Dichterin befragte, erhielt ich nur barsche Antworten. Offensichtlich wollte sie nicht darüber sprechen. Vielleicht hatte sie auch zuviel Wein getrunken, um sich klar zu erinnern.

Bekannten aus dem Pasolini-Kreis bin ich nie begegnet. Manchmal fuhren wir abends mit dem Auto durch die Stricherstraßen am Bahnhof Termini, Via Vicenza, Via Marghera und Via Milazzo. Dort standen diese jungen Männer, die Pasolini so liebte. Sie sahen genauso aus wie in seinen Filmen. Daneben lag die Straße der Transvestiten. Bisher hatte ich immer gedacht, daß es solche Realitäten nur im Film gäbe. Hier waren sie echt, jede Nacht.

Irgendwann entdeckte ich die dicken Prostituierten vor ihren offenen Feuern beim Kolosseum und an der Ring-Autobahn. Im Vorbeifahren beobachtete ich Fernfahrer, die anhielten und mit den Frauen in den Büschen verschwanden.

Fellini und Pasolini haben diese Welten genau beschrieben. Überhaupt Fellini: Ich hättc ihn gern kennengelernt. 1976 drehte er gerade in Cinecittà seinen *Casanova*-Film. Vom ersten Tag meines Aufenthalts an versuchte ich, über Frau Dr. Wolken eine Einladung in die Studios zu erhalten. Leider dauerte die Genehmigung zu lange, und ich kam erst dorthin, als der Film schon abgedreht war. Etwas traurig streifte ich mit meinem privaten Studioführer durch die leeren Set-Aufbauten in der berühmten Halle 5, in der Fellini alle seine Filme realisiert hat. Ein riesiger antiker Kopf, der im Film während eines venezianischen Festes zu Beginn der Handlung aus dem Wasser aufsteigt und dann wieder darin versinkt, stand noch an einem ausgetrockneten Wasserbecken im Freien, dahinter wölbte sich ein schäbiger, auf Beton gemalter Wolkenhimmel. Gras umwucherte die Szene meterhoch. Alle übrigen Venedig-Aufbauten – Rialtobrücke, Teile des Markusplatzes und der Campanile – waren schon abgerissen und in den Müllcontainern verschwunden.

Später las ich in einem Filmbuch etwas über die Geschichte Cinecittàs nach. Dabei erfuhr ich, daß Mussolini der Anreger und Gründer war. In seinem Auftrag errichtete der Architekt Carlo Roncoroni zwischen Januar 1936 und April 1937 den Studiokomplex an der Via Tuscolana in nur 475 Tagen. Von den beiden Söhnen des Duce, die als Direktoren und Produzenten eingesetzt waren, tat sich vor allem Vittorio Mussolini hervor und förderte die bedeutendsten Filmregisseure Italiens – allen voran Rossellini und Fellini.

Erst nach dem Krieg allerdings, in den 1950er Jahren, blühte Cinecittà zum Hollywood am Tiber auf. In dieser Zeit entstanden hier William Wylers berühmter Film *Quo vadis* (1959), de Sicas *Stazione Termini* (1953), Fellinis *La dolce vita* (1960) und Pasolinis *Accattone* (1961).

Seit meinem Besuch in Cinecittà bin ich ein Fan von Filmstädten und Filmstudios. Immer wieder baute ich ähnliche Situationen in meine Landschafts- und Gartenentwürfe ein. Allerdings ergab sich bisher nie eine Möglichkeit, meine Vorschläge in die Realität umzusetzen. Ich finde, daß wir hier – ähnlich wie in der Theaterwelt – viel über Erscheinungsform und Bildhaftigkeit von Architektur lernen können. Gebäude und Städte lassen sich heute ihr Aussehen fast ausschließlich durch technisch-wirtschaftliche Möglichkeiten und Funktionen diktieren. Auswüchse in Phantasie- und Kunstbereiche bleiben tabu und werden den Parallelwelten »Film und Theater« überlassen. Warum nur? Die temporär gebauten Architekturen könnten unsere Stadtrealität am ehrlichsten ergänzen. Erweiterungen und Überhöhungen mit surrealer Wirkung. Zaubertricks mitten in der gewohnten Umgebung.

Gebaute Bildfallen und merkwürdige Verherrlichungen: Als zweite Welt würde sich die Filmmythologie mit ihren Handlungen und berühmten Figuren über die Alltagsbanalität der Fußgängerzonen, Plätze und Kaufhäuser stülpen. Die Zeiten der Königs- und Politikerdenkmäler, dcr Kriegshelden-Gedenkstätten, der Weltkriegsdenkmäler und der Heiligenfiguren sind endgültig vorbei. Unsere neuen

Götter und Göttinnen kommen aus der Welt des Films, des Fernsehens und des Theaters. Bilder von Erfindern, Wissenschaftlern und Künstlern könnten die entstandene Leere zusätzlich ausfüllen.

Vor *Casanova* hat Fellini 1971 einen Film über Rom gedreht: *Roma*, die Verherrlichung seiner Stadt und deren Bewohner. »Für einen Filmmenschen ist Rom der ideale Hintergrund, verfertigt von der besten Filmgesellschaft der Welt. Alle Dekorationen, die man für alle Filme eines Lebens braucht, sind hier vereinigt.« Dies sagte Fellini über Rom, drehte jedoch kaum eine Szene seines Films in der realen Stadt. Selbst das grandiose Verkehrschaos auf der Ringautobahn läßt er in Cinécitta nachbauen und sagt dazu: »Die Fiktion kann eine treffendere Wahrheit erzeugen, als die alltägliche, die wir vor Augen haben. Authentisch muß nur die innere Bewegung sein.«

Fellini, der mit neorealistischen Volksstück-Filmen begann, verliebte sich im Laufe der Jahre in die Künstlichkeit der Stadt, vor allem die der Stadt Rom, und wollte sie am Ende noch übertreffen. Der naiv-archaische Urzustand interessierte ihn. Vielleicht war es der märchenhaft-varietéartige Traum einer Stadt, die es so nie gab (Las Vegas ist nicht weit entfernt!).

»Das ist die Stadt Rom«, könnte der Zauberer Fellini geflüstert und dabei mit seinem Zauberstab auf die toten Ruinenmauern gedeutet haben. Plötzlich brechen aus den zerfallenden Wänden all die skurrilen Männer und Frauen, die Kinder und Greise, die Fellinis *Roma* bevölkern. Daß er seine Laiendarsteller während der Dreharbeiten immer nur Zahlen und nie die Texte sprechen ließ, ist eine andere Sache. Trotz späterer Nachsynchronisation blüht die Stadt so authentisch zwischen Traum und Wirklichkeit, zwischen Kinderwelt und sich auflösender Vorstellung eines sich erinnernden Greises auf, als wäre sie immer so gewesen.

Zu Nino Rotas genial-beiläufiger Musik tanzen die Bilder vorbei und formen die Stadt zu einem Panoptikum aus absurden, aber dennoch liebenswerten Lebensentwürfen, aus verrückten Männern und liebesstollen Frauen, aus Nonnen und Lebemännern, aus Sündern und Heiligen, aus pubertierenden Jungen und scheuen Mädchen, aus dickbusigen Prostituierten und bigotten, immer kranken Mammas.

Vergangenheit und Zukunft. Fellini, der Regisseur, versteht sich als Reiseführer durch das Labyrinth der Ichs und der Straßen, durch die Stadt des Sichtbaren und Unsichtbaren, durch Erlebtes und Gewünschtes, durch Ängste, Alpträume und Glücksvorstellungen. Er zeigt nur, erklärt nichts. Niemand vor ihm hat die Fontana di Trevi zu dem Leben erweckt, das in ihr steckt: Plötzlich, weit nach Mitternacht, während alle Römer und Touristen in ihren Betten liegen, platzt die Fassade des Palazzo Poli auf. Neptun-Poseidon erwacht auf seinem Muschelwagen, der von Meerespferden gezogen wird, zum Leben, ringsum räkeln sich nackte Steinfrauen lasziv im herabstürzenden Wasser. Venus Anita Ekberg steigt zu ihnen in das breite, nicht sehr tiefe Brunnenbecken und fügt sich mit ihrem schwarzen, trägerlosen Abendkleid in die uralte Szene ein. Neptun-Poseidon blickt zufrieden auf ihren gewaltigen Busen und ihre wallenden langen, blonden Haare.

Der einsame Klatschkolumnist Marcello Rubini (Marcello Mastroianni), der gern ein richtiger Schriftsteller werden würde, schaut irritiert-staunend zu. Unterwasserscheinwerfer beleuchten die Szene. Stadtmythologie begegnet Filmmythologie, mitten im heutigen Rom.

Doch auch hier die kleine Fälschung: Selbst das Brunnenbecken mit dem fallenden Wasser ließ Fellini in Cinécitta nachbauen, genauso übrigens wie die Via Veneto. Daß sich dadurch die Produktionskosten seiner Filme von Anfang an auf einem Rekordniveau bewegten, versteht sich von selbst. Immer wieder zeigt uns Fellini in *Roma* das Einbrechen mythologischer Bilder in die heutige Stadt.

»Geh nach Hause, Federico!« sagt Anna Magnani im Abspann des Films zu Fellini. Er hatte sie an ihrer Haustür erwartet und gefragt, was sie über Rom denke, sie, die für ihn Rom verkörpert wie keine zweite Schauspielerin. »Geh nach Hause, Federico!« antwortet sie und bleibt ihm die Antwort schuldig. Ist ein schönerer Filmschluß denkbar?

Letzte Woche habe ich mir zur Vorbereitung auf Rom mal wieder *Satyricon*, Fellinis Film aus dem Jahr 1969, angeschaut. Ich konnte mich nicht mehr so recht an die Bilder erinnern. Jetzt weiß ich auch warum. Hier hat sich Fellini noch weiter zurückgeträumt, in das Rom der Antike. Leider sind die Dialoge ziemlich unerträglich, auch die Handlung erschloß sich mir nicht. Ich hatte die Geschichte verdrängt. Rom als heutige Stadt kommt in *Satyricon* nur indirekt vor, meistens in Form von Cinecittà-Innenräumen. Die Nähe zum Kostüm- und Pappmaché-Schinken ist schon sehr groß, genauso wie bei *Casanova* leider auch.

Das alles schreibe ich am Abend des 18. Februar 1995 in einem römischen Hotelzimmer auf. Erinnerungen überlagern mein heutiges Stadtbild. Ich kann Rom nicht mehr unbelastet und frei sehen, vielleicht konnte ich das noch nie.

Heute Mittag, auf der Fahrt vom Flughafen zum Hotel, hat mich der Fahrer zuerst in der Agentur abgeliefert. Sie residiert in der Nähe der Piazza del Campidoglio, in einem schönen, alten Palazzo. Ich steige mit meinem Koffer die Treppe zum ersten Stock hoch. Mir wäre es lieber gewesen, zuerst im Hotel einzuchecken, aber der Fahrer hatte die Anweisung, mich hier abzusetzen.

Herr Neumann begrüßt mich sehr freundlich und stellt mich seinen Mitarbeiterinnen vor. Da es gerade Mittagszeit ist, werde ich sofort zum Essen eingeladen. Wir sitzen alle um einen langen, schmalen Tisch in einem Seitenraum des Büros. Rechts vier junge, attraktive Damen – aus Japan, Australien, Brasilien und Italien – und links vier Damen – aus Amerika, Indien, Rußland und Frankreich –, an einem Kopfende Herr Neumann, am anderen ich. Nach einigen allgemeinen Sätzen, wendet sich Herr Neumann an mich und fragt mit lauter, etwas schnarrender Stimme: »Herrrr Architekkt, wiee gefääällt es Iiihnen in Roooom?« Ich muß meine Geschichte von den beiden Aufenthalten in der Villa Massimo erzählen, zunächst auf deutsch, dann auf englisch, so gut es geht. Die Damen essen Spaghetti, hören zu, lächeln ab und zu und schweigen. Nur wir Männer sprechen. Herr Neumann berichtet von seinen Projekten, vor allem davon, daß er alle wichtigen Welttourneen von Pina Bausch organisiert hat. Seine Agentur ist im Theater- und Konzertbereich tätig, mit Ausstellungen hatte er bisher kaum zu tun (vielleicht ist dies seine erste?).

Nach dem Essen fahren wir gemeinsam zu meinem Hotel, das unweit der Stazione Termini an der Via Nazionale liegt. Mein Zimmerfenster hält mir einen malerischen Blick bereit, mit üppigem Garten, Dachlandschaft und römischem Opernhaus. Nachdem ich eingecheckt und mein Gepäck im Zimmer abgestellt habe, gehen wir in den Palazzo delle Esposizioni hinüber, der ebenfalls in der Via Nazionale liegt, und schauen uns noch einmal die Ausstellungssäle an. Ich war vor einigen Monaten schon einmal hier und hatte damals alles besichtigt und aufgemessen. Dieses Mal bringe ich die fertigen Pläne mit. Leider können wir nicht die Hauptsäle im Erdgeschoß bespielen, sondern müssen uns mit dem Untergeschoß zufriedengeben. Aber auch diese schneeweißen Räume mit ihren gewölbten Decken und marmornen Fußböden sind wohlproportioniert und gut benutzbar. Selbst die Treppe vom Erdgeschoß hinunter zu unserer Ebene ist imposant. Marlene Dietrich wäre hier bestimmt gern aufgetreten.

Herr Neumann stimmt fast allen meinen Vorschlägen zu, was sehr angenehm ist. Nur den weißen Rolls-Royce, den ich für das Treppen-Entrée eingeplant habe,

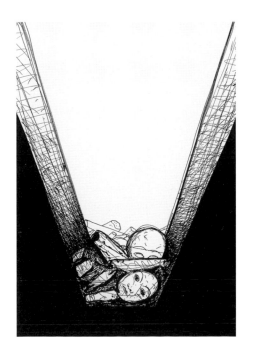

lehnt er als zu teuer ab. Ich wollte darin die Koffer Marlenes ausstellen. Herr Neumann achtet vor allem auf die Kosten, das ist klar. Schließlich ist er Geschäftsmann. Später treffen wir mehrere Herren in einem Nebenzimmer des Museums. Es sind wohl die Chefs einiger Produktionsfirmen. Ich erkläre ihnen die Pläne. Heiße Diskussionen brechen los. Leider verstehe ich sehr wenig, obwohl jetzt eine etwa 50jährige Dolmetscherin – Renata –, die meine Assistentin werden soll, neben mir Platz genommen hat. Da jedoch zu viel und zu schnell geredet wird, kann sie mir nicht alles übersetzen. Manchmal frage ich nach, dann gibt sie mir eine kurze Zusammenfassung.

Die Herren rauchen alle und werden immer lauter. Manchmal geht Herr Neumann mit seiner schnarrenden Stimme dazwischen, es wird für einen Moment ruhiger, aber dann bricht das italienische Durcheinander wieder los. Mir gefällt die Szene sehr. Gern hätte ich sie gefilmt, wenn ich eine Kamera dabeigehabt hätte.

Irgendwann erklärt mir Herr Neumann, alles sei jetzt geklärt. Wir verabschieden uns voneinander. Morgen abend will er mit mir zum Essen gehen. Zurück bleibt nur meine neue Assistentin. Gemeinsam gehen wir in ein ihr bekanntes Lokal. Hier gibt mir Renata eine ausführliche Zusammenfassung des Theaterstücks, das ich gerade gesehen und erlebt habe.

Im Mittelpunkt des Dramas stand keine Liebesgeschichte, sondern der schnöde Mammon. Herr Neumann inszenierte als Autor und Regisseur eine Versteigerung und spielte dabei die sechs Herren gegeneinander aus. Frei nach Pirandello könnte man formulieren: »Sechs Personen suchen einen Auftrag ...« Derjenige erhielt ihn, der das billigste Angebot machte. Während es bei Sotheby's um die Steigerung des Preises für ein Kunstwerk in immer höhere Sphären geht, zog Herr Neumann die Geschichte genau umgekehrt auf. Er gab sich erst zufrieden, als der absolute finanzielle Tiefpunkt erreicht war. Eigentliches Ziel wäre vielleicht die Kostenlosigkeit, die Schenkung oder Stiftung gewesen. Aber um so weit zu gehen, hätte Herr Neumann die Herren mit anderen Dingen (Bestechung) oder mit Druckmitteln (Erpressung) locken oder in die Ecke treiben müssen. Vielleicht ist der Produktionspreis jetzt so niedrig, daß die Firmen draufzahlen müssen. Ich habe die genaue Summe nicht erfahren.

Auf jeden Fall wurde ich Zeuge italienisch-chaotischer Verhandlungskunst. Nach ihrer temperamentvollen Nacherzählung plaudern Renata und ich allgemein über Italien, Rom, das deutsche und das italienische Wesen. »Jeder Italiener«, sagt sie, »hat mindestens zwei Jobs. Daneben muß er sich um seine Familie und seine (immer kranke) Mamma kümmern. Im Herzen sind wir alle Anarchisten, rechte oder linke. Geboren zum Ungehorsam. Deswegen war die faschistische Zeit bei uns nicht so schlimm wie bei euch in Deutschland.« Danach reden wir über das italienische Kino.

Plötzlich konfrontiert mich Renata mit einer Aussage, die mich elektrisiert: »Ich war fast 15 Jahre lang eine enge Mitarbeiterin Federico Fellinis. Mädchen für alles. Bei allen seinen wichtigen Filmproduktionen war ich dabei. Die schönste Zeit meines Lebens. Mein Leben. Mir fehlt Federico heute sehr. Seit seinem Tod ist Rom nicht mehr wie früher, nicht mehr so lustig, nicht mehr so traurig, leerer eben.«

Renata nimmt einen kräftigen Schluck aus ihrem mit Rotwein gefüllten Glas, schließt für einen Moment genüßlich die Augen, wischt sich danach mit der Serviette über ihre roten Lippen und fügt elegisch hinzu: »Morgen zeige ich dir Federicos Lieblingslokal. Dann kommst du mit zu mir nach Hause. Ich habe dort Schachteln voller Photos, die ich während der Dreharbeiten geknipst habe. Weißt du, Federico lebte während der Drehzeiten erst richtig auf. Diese Phasen waren für ihn rauschende, nicht enden wollende Feste. Er haßte das Ende der Dreharbeiten und zögerte den Schluß solange er konnte hinaus, sehr zum Leidwesen seiner Produzenten.«

In der Gasse draußen vor dem Fenster ist es inzwischen dunkel geworden. Das gelbe Licht der Straßenlampen beleuchtet den ockerfarbenen Putz auf dem Haus gegenüber. Warum der riesige Feuchtigkeitsfleck auf der Wandfläche die Form Australiens hat, verstehe ich nicht. Die Stadtrealität setzt mich auf eine vollkommen falsche Ermittlungsspur. Schließlich geht es mir darum, in das Rätsel der Stadt Rom einzudringen und nicht in Gedanken nach Australien abzuschweifen.

Rom, 19.Februar 1995

Den Vormittag habe ich für mich. Am Nachmittag will ich mich mit Renata und einem jungen italienischen Architekten treffen, der die Aufbauarbeiten im März leiten wird. Da ich ihn noch nicht kenne bin ich sehr gespannt.

In meinem Hotelzimmer überlege ich mir, was mir die Stadt heute bedeutet. Bevor ich den Stift in die Hand nehme und schreibe, lasse ich meinen Blick kreisen. An den Wänden hängen einige gerahmte Stadt-Veduten, bekannte Stellen: Vatikan, Engelsburg und Campo de' Fiori. Im Fenster das reale Collagen-Bild. Dazu die typischen Stadtgeräusche, gedämpft zwar, aber deutlich zu hören: das Brummen der Autos, das Dröhnen der Busse, dazwischen das Aufheulen von Motorrädern und Vespas. Manchmal die Rufe und Schreie von Menschen.

Heute orientiert sich kein Maler, Bildhauer oder Architekt mehr an der Antike und der Renaissance. Diese Zeiten sind ein für allemal vorbei. Es ist fast unglaublich: Viele Jahrhunderte lang war Rom der religiöse und künstlerische Fluchtpunkt schlechthin (jedenfalls der westlich-christlichen Welt). Architekten, Bildhauer und Maler nahmen die Antike so ernst, daß sie auch als Archäologen und Kunstwissenschaftler arbeiteten, die Objekte ihrer Sehnsucht vermaßen, kopierten und abzeichneten. Wie Thorwaldsen, Klenze, Schinkel und alle ihre Zeitgenossen. Ein Schauder der Ehrfurcht durchzuckte sie beim Anblick der Laokoon-Gruppe, des Apoll von Belvedere oder des Kolosseums. Für uns heute liegt diese Zeit der klassischen Ideale so weit zurück, daß wir nur matt (vielleicht auch etwas neidvoll) darüber lächeln können. Die Ideale haben sich verschoben. Alles Akademische und damit Erlernbare hat seine Gültigkeit verloren. Seit Beginn des 20.Jahrhunderts werden das Experiment und die Suche nach neuen Ausdrucksmöglichkeiten als oberstes Ziel betrachtet. Die Moderne definiert sich als Labor, als Werkstatt der Bilder und Erfahrungen. Neue Techniken, Ausdrucksmöglichkeiten und Medien helfen dabei.

Die moderne Stadt Rom liegt im Durchschnitt 6 Meter höher als die antike. In den sechs Meter hohen Ablagerungen der Vergangenheit aus Knochen, Schutt, Trümmern und Müll klaffen zahlreiche archäologische Grabungslöcher wie offene Wunden. Im Grunde ist Rom eine ruinös-blutende Friedhofslandschaft, in der nur die Menschen, ihre technischen Geräte und die Autos wirklich heutig sind. Selbst die Bäume und Pflanzen wirken wie üppiges historisches Wurzelwerk, das aus der Antike in die Gegenwart herübergewachsen ist. Vielleicht bergen die immergrünen Nadelwolken der Pinien im Innersten noch den Staub von Wagenrennen und Gladiatorenkämpfen.

Beim Gehen über den Asphalt glaube ich, die Schreie der christlichen Märtyrer zu hören, die sich einst in den Katakomben unter der Stadt versteckt hielten. Manche von ihnen wurden hungrigen Löwen zum Fraß vorgeworfen, oder man

kreuzte sie. Immer wieder starren mich die dunklen Augenhöhlen leerer Ruinenfenster an. Marmorbögen erinnern an antike Heldentaten, die von heute aus gesehen nicht sehr heldenhaft waren.

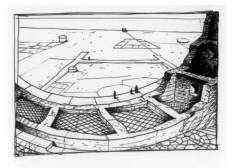

Vielleicht ist die ständige, penetrante Anwesenheit von jahrtausendealter Geschichte, von Verwesung, Zerfall und Tod der Grund dafür, daß sich die heutigen Bewohner Roms besonders laut und temperamentvoll verhalten. Männer stolzieren mit arrogantem Gesichtsausdruck über die Bürgersteige, sie haben sich herausgeputzt und wollen eine gute Figur machen, dabei greifen sie sich häufig zwischen die Beine und kontrollieren, ob ihr Geschlecht noch an Ort und Stelle ist.

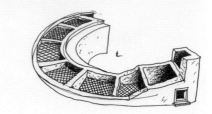

Frauen übertreiben mit schrill-strenger Kleidung, hohen Schuhabsätzen und schrägem Makeup ihren Sexappeal ins Aggressive. Das ist ein Grund dafür, daß italienische Männer gern Touristinnen aus Deutschland, Frankreich, England und Schweden jagen. Sie wirken naiver, leichter zugänglich und verhalten sich nicht ganz so abweisend wie ihre leidgeprüften italienischen Geschlechtsgenossinnen.

Da mir im Augenblick nicht mehr zum Thema »Rom« einfällt, lege ich den Stift zur Seite und verlasse mein Zimmer. Ich wandere die Via Nazionale hinunter bis zum Foro di Trajano. Eigentlich will ich die mächtigen Ruinen nur von der Straße aus besichtigen, um meine Erinnerungen aufzufrischen. Plötzlich stehe ich in der Eingangshalle, magisch angezogen vom antiken Geist, kaufe mir ein Ticket und betrete die Ruinenanlage. Meterdicke Klinkerbögen überspannen mich. Durch Fensteröffnungen in der Wölbung sehe ich den blauen Februarhimmel. Dann trete ich hinaus auf die Terrassengänge und lasse den antiken Platz, der wie immer tiefer liegt als das umgebende Straßenniveau, auf mich wirken. Ein Flickenteppich aus Marmorplatten, bloßer Erde, Säulenstümpfen und Treppenresten. Spuren wie Indizien, archäologisches Puzzle.

Tatort. Hier wurde einst gehandelt, eingekauft, gefeilscht und diskutiert. Nur die Steinfragmente haben überlebt. Hätten Archäologen hier nicht in der Erde gegraben, würden wir nichts davon sehen. Auf manchen Tafeln stehen Nachrichten aus antiken Zeiten. Ob die eingemeißelten Sätze der Wahrheit entsprechen oder falsche Botschaften vermitteln und lügenhaft die verflossene Zeit überhöhen – wer weiß es? Ich sehe in ihnen steinerne Briefe von Menschen, die längst verwest und zu Staub zerfallen sind. Sie haben einmal gelebt ...

Am Fuße der Trajanssäule beobachte ich Katzen, die sich in der Frühlingssonne räkeln. Sie interessieren sich nicht für den 200 Meter langen Bilderfries vom Krieg Kaiser Trajans mit den Dakern (wer immer das war), der sich spiralförmig vom Fuß bis zur Spitze der 38 Meter hohen Säule hochzieht. Beim Näherkommen bemerke ich, daß die Katzen zu mir herübersehen. Eine von ihnen übernimmt die Aufgabe, mich zu fixieren. Als mich ihr stechender, jahrtausendealter Blick trifft, fühle ich mich sofort durchschaut, bleibe stehen und bekenne mich schuldig (wofür?). Die Katzen erscheinen mir wie unheimliche Beobachter aus einer anderen Welt, aus einer anderen Zeit. Ob sich die antiken Römer und Römerinnen gar in Katzen verwandelt haben, die nachts ihren (römischen) Tiger-Vorgesetzten von unseren Aktivitäten berichten? Vielleicht haben sie Macht über unser Leben und bestimmen in einsamen Beschlüssen den Tag unseres Todes ...

Jedenfalls wirkt ihre träge Ruhe auf mich provozierend. Sie tun immer so, als gäbe es auf der Welt nichts anderes, als in der Sonne zu liegen und zu schlafen. Ich bin mir sicher, ein derartiges Verhalten kann nur tarnendes Ablenkungsmanöver sein.

Nach einer Stunde verlasse ich die antike Architekturanlage und tauche wieder in die stinkende, lärmende Stadt von heute ein. An der Piazza Venezia werfe ich einen Blick auf das Monumento Nazionale a Vittorio Emanuele II, mit dem ich mich zu Villa-Massimo-Zeiten etwas spöttisch auseinandergesetzt habe. Zu Recht bezeichnet der römische Volksmund die bauliche Mißgeburt als »Schreibmaschine« oder »Klappergebiß«.

Während in Deutschland nach der nationalen Einigung im 19.Jahrhundert überall pathetische Bismarcktürme wie Pilze aus dem Boden wuchsen, waren es in Italien Denkmäler für Garibaldi und Vittorio Emanuele II, dem ersten König des vereinten Italiens. Ich weiß nicht, ob im *Guinness-Buch der Rekorde* auch das größte Denkmal der Welt verzeichnet ist, wenn nicht, könnte ich dieses maßlose Ungeheuer vorschlagen. Wie grandios und bildmächtig ist dagegen die New Yorker *Statue of Liberty*! Bestimmt gibt es Künstler (Bildhauer und Architekten), die das Monument entworfen und in ihm ihr Hauptwerk gesehen haben. Vielleicht waren sie der Meinung, damit in das Pantheon der ewig gültigen Kunst-Großtaten aufgestiegen zu sein. Leider haben sie sich dabei mächtig verhoben. Herausgekommen ist bei ihrer Schöpfung nur eine lächerlich-peinliche, hochstaplerische, steinerne Geburtstagstorte, die in ihrer Ästhetik eindeutig die Grenze zum Kitsch überschreitet und mit ihrer unfreiwilligen Komik zur Denkmalskarikatur mutiert. Die Einheit Italiens eine Lachnummer, eine von Asterix und Obelix aufgetürmte Babylonische Turm-Verwirrung?

Im Palazzo Venezia, dem einstigen Regierungssitz Mussolinis, ist heute das römische »Kunstgewerbe-Museum« untergebracht. Natürlich schaute ich mir damals, in meinen Villa-Massimo-Tagen, auch dieses Ungeheuer an, schlich an unzähligen, riesigen Gobelins vorbei, betrachtete die monumentalen, dunkelbraunen Möbel, die dem Duce als Objekte seines repräsentativen Regierungsbühnenbilds dienten, und verließ das Gemäuer in der Hoffnung, daß derartige Zeiten nicht wiederkehren mögen.

Danach zwinge ich mich dazu, in die Via dei Fori Imperiali einzubiegen und einen Blick auf das Colosseo, das ein Mitstipendiat, der inzwischen verstorbene Lyriker Rainer Malkowski, in einem Gedicht als »Blut-Schüssel« bezeichnete, zu werfen. Es wundert nicht, daß vor allem die Faschisten unter Mussolini die antike

Größe und Bedeutung Roms wieder auferstehen lassen wollten. In jener Zeit wurde die Via dei Fori Imperiali als Aufmarschplatz geplant und quer über das Aus-grabungsfeld gebaut. Daß demnächst daraus eine Fußgängerzone werden soll, gehört zur Ironie der Geschichte. Zahlende Touristen aus der ganzen Welt, die sich hier an diesem geschichtsträchtigen Ort Bildung und Erbauung erhoffen, treten an die Stelle einstiger machthungriger und sendungsbewußter Welteroberer.

Direkt neben mir öffnet sich jetzt das traurige Trümmerfeld des Foro Romano. Wie oft stand ich schon vor diesen abgenagten Mauerknochen und versuchte, mir die glorreichen Zeiten des antiken Roms vorzustellen. Hier also lag einst das Zentrum des gewaltigen Römischen Reiches! Auch wenn ich meine ganze Phantasie aufwende: Ich kann mir kaum ein Bild davon machen.

Mir erschien die Stadtwunde immer so blutend und krebszerfressen, daß ich den Zustand vor der Ausgrabung herbeisehnte. Bekanntlich weideten bis zu Piranesis Zeiten hier Kühe auf sanften Hügelwiesen, und die höchsten Trümmerteile stießen nur zaghaft in den römischen Alltag hinein. Jahrhundertelang beschränkten sich Grabungen auf die Suche nach Marmorfiguren und kleineren antiken Resten. Erst mit dem Deutschen Winckelmann kamen umfangreichere, wissenschaftliche Grabungen in Mode. Später wurden Lehrstühle für Archäologie in ganz Europa eingerichtet, und Professoren durchschnüffelten mit ihren Helfern die römische Erde nach architektonischen Spuren. Allmählich tauchte in Zeichnungen und Modellen die antike Pracht wieder auf. Allerdings verzichtete man auf den realen Wiederaufbau.

Eines ist klar: Die einstige Weltstadt und das heute Ausgrabungsfeld haben nichts miteinander zu tun. Rom war eine monumentale, farbenprächtige Stadt. Fast alle wichtigen Gebäude hatten Marmor-Außenhäute. Die inneren Baumaterialien Klinker und Beton waren kaum zu sehen. Rom war eine vergnügungssüchtige Stadt. Wer seine Tage nicht in einer der riesigen Bäderanlagen verbrachte, lauschte vielleicht den Politikerreden auf einem der Plätze in der Innenstadt oder besuchte ein Wagenrennen im Circus Maximus. Jeden Tag wurde ein neues Spektakel geboten.

Von den Kriegen, die ständig rings um das Mittelmeer geführt wurden, merkte man hier nicht allzuviel. Ruinen spielten – ganz im Gegensatz zu heute – während der Kaiserzeit im klassischen Stadtbild Roms keine Rolle.

Hinter mir donnert der Verkehr vorbei, die Fahrer der Touristenbusse suchen nach Parkplätzen, biegen dabei in Gassen ein, die viel zu eng für sie sind. Zischend öffnen sich die Bustüren, und Menschentrauben quetschen sich durch enge Spalten aus lackiertem Blech, Chrom und Pinienstämmen. Kaum haben sie etwas Raum gewonnen, umschwirren Postkartenverkäufer ihre Körper wie Erynnien. Reisebegleiterinnen entfalten rote Erkennungsschirme und erheben ihre Stimmen, um von der Geschichte des Ortes zu berichten:»Wir befinden uns an der wichtigsten Stelle des antiken Rom. Von hier aus wurde das gesamte Römische Reich verwaltet. Hier hielten Caesar und Cicero ihre Reden. Und hier befindet sich auch das Grab des Romulus, der als Namensgeber der Stadt in die Geschichte eingegangen ist.«

Bei diesen Worten lassen die Touristen aus aller Welt ihre Blicke über das Ruinenfeld kreisen, die meisten von ihnen halten Digitalkameras hoch und photographieren den Friedhof in ihr künstliches Gedächtnis hinein. Blitzlichter flammen auf, und ehrfurchtsvoll verstummen die Gespräche. Fast alle Schlösser, Parlamentsgebäude, Justizpaläste und Museen der Welt, in Paris, Berlin, Sankt Petersburg, Moskau, Madrid, London, Boston, Washington und Sydney, die im 19.Jahrhundert errichtet worden sind, nahmen die römische Antike (neben der griechi-

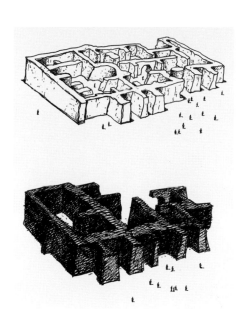

schen) zum Vorbild. Wälder aus Marmorsäulen wucherten über die Kontinente, darüber schwebten Giebelfelder mit pathetischen Reliefs, und darunter saßen kräftige, machthungrige Sockel, die ewig gültige Werte symbolisierten. Hier, in diesem Trümmerfeld, liegt der Ursprung.

Nachdenklich gestimmt gehe ich zurück über die Via dei Fori Imperiali zur Piazza Venezia und biege in die Straßenschlucht des Corso ein. Diese Straße könnte die Champs-Elyssées der Stadt Rom sein, die Pracht-Achse, der städtebauliche Höhepunkt. Leider ist sie seit Jahren nur noch eine stinkende, mit dem blauen Dunst der Abgase gefüllte Schlucht zwischen zwei Häuserfluchten, die an der Piazza del Popolo ihren Anfang nimmt und auf der Piazza Venezia endet.

Schnell wende ich mich nach Westen und tauche in die Altstadtgassen ein. Mein Ziel ist die Piazza Navona. Die Sonne scheint frühlingshaft verhalten und malt ihre Licht- und Schattenbilder auf die fleckigen Fassaden. Via del Muratte, Via Pastini, Via del Rotonda ... Hin und wieder fällt mein Blick durch einen Spalt zwischen zwei Häusern in einen verträumten Innenhof. In den Wänden stecken auch hier römische Architekturfragmente, ab und zu leuchtet ein Marmorkopf auf, eine Hand, ein Fuß. Ruinen in Ruinen in Ruinen. Ich höre Frauen nach ihren Kindern rufen, sehe eine dicke, schwarz gekleidete Frau auf einen Teppich einschlagen und beobachte zwei Männer, die in sich versunken und schweigend in einem dämmrigen Spelunkenraum vor einer halbleeren Rotweinflasche sitzen, jetzt, am Vormittag. Mit hohlen Blicken starren sie vor sich hin, als wollten sie die Katzen vom Trajansforum imitieren.

Inzwischen sind auch meine eigenen Erinnerungen zu Ruinen geworden. Erinnerungsruinen. Ruinenerinnerungen. Die Schichten überlagern sich. Ich kann nicht mehr sagen, wann sich die einzelnen Bilder eingebrannt haben. Jeder Schritt löst ein Bilder-Gewitter aus. Jeder Schritt läßt eine neue Ruine in mein Bewußtsein hineinstürzen. Schon seit Jahren beschäftige ich mich mit dem Thema Ruine. Ich habe Ruinen immer wieder in meine Zeichnungen, Skizzen und architektonischen Entwürfe eingebaut. Sie faszinieren mich ebenso wie Baustellen.

Beides sind Bauzustände des Übergangs: des Nicht-mehr und des Noch-nicht. So gesehen, war und ist Rom für mich eigentlich ein ideales Studienobjekt.

Auch Piranesi liebte Ruinen. Er war geradezu von ihnen besessen. Der gebürtige Venezianer hatte einen ganz eigenen Blick auf die Stadt Rom. Zunächst war da der Gedanke der Gebäudeerfassung, der Bauaufnahme. Allerdings hätten Photographien etwas anderes wiedergegeben. Piranesi war nur bedingt Realist, sein Blick enthält vom ersten Moment an eine phantastisch-surreale Komponente. Trotzdem waren seine Radierungen bei adligen Reisenden als Andenkenblätter sehr beliebt, den heutigen Postkarten vergleichbar. Aber mit diesem kommerziellen Erfolg begnügte sich der Künstler nicht. Er drang ins Innere der römischen Erde, der Mauern und der Fundamente vor, schaute mit Röntgenaugen durch Zeitschichten hindurch, stellte sie in endlos vervielfältigten Reihungen dar, in Auftürmungen und beängstigenden Übertreibungen. Jeder Betrachter, der seine »Carceri« betritt, wird sich in ihnen verirren. Wo beginnen sie, wo sind sie zu Ende? Gibt es überhaupt ein Ende? Von heute aus gesehen, glaubt man in den Radierungen Vorahnungen der kommenden Metropolenzeit zu erkennen, die Verlorenheit der modernen Stadtbewohner, ihre Anonymität, ihre Einsamkeit. Wie schattenhafte Lemuren erscheinen die Menschen auf Treppen, in Türen, unter Torbögen. Längst ist die Schönheit der Architektur in ein Terrorsystem umgeschlagen. Visionär läßt Piranesi die schönen Säulen-, Pfeiler- und Bogenreihungen zu Raumungeheuern auswuchern, die sich – wie in einem Spiegellabyrinth – in grausame architektonische Urwaldfallen verwandeln, die keinen hier Lebenden (sie wurden hier geboren, verbringen hier ihr Leben und werden hier sterben – sie kennen keine andere Welt) jemals wieder freigeben werden. Er zeigt, wie nah Verherrlichung und Horror beieinanderliegen. Piranesis Visionen sind Negativ-Utopien, Bilder des Zuendedenkens, vielleicht auch zynische Zuspitzungen dessen, was architektonisch überhaupt vorstellbar ist. Parallelwelten: Wir wissen heute aus mikroskopischen Vergrößerungen, daß wir derartige Labyrinthe in uns tragen – Knochen-, Gewebe-, Nerven–, Gehirn-, Denk-Strukturen – und es daher nur eine Frage des Blickwinkels ist, ob wir uns innerhalb oder außerhalb des eigenen Labyrinths fühlen und bewegen.

Vielleicht haben Piranesis Darstellungen auch einen romantischen Charakter. Allerdings beschreiben sie keine religiöse Harmonie, sondern eher absurd-bizarres Scheitern, Verfall und Tod, wie Caspar David Friedrich in seinem Gemälde *Die gescheiterte Hoffnung*. Auch Beethovens Florestan kann ich mir in den »Carceri« gut vorstellen. »Gott welch Dunkel hier!« Der Weg zu den modernen Literaturszenarien von Franz Kafka, Jorge Luis Borges oder Stephen King ist nicht mehr weit.

In meinen Villa-Massimo-Tagen ließ ich mich natürlich ebenfalls von Piranesi inspirieren und drang mit meinen Überlegungen, Skizzen und Zeichnungen – halb Archäologe, halb Pathologe – in den römischen Stadtkörper ein. Hinzu kam für mich die Entdeckung der unzähligen, kilometerlangen Katakomben, die mir endgültig den Weg in den Körper der Stadt öffneten. Ob ich dabei in Gehirnregionen oder eher in den Verdauungstrakt eindrang, darüber war ich mir nicht ganz klar. Möglicherweise glich mein Vorgehen mehr einem Arzt bei der Darmspiegelung als einem Psychiater, der einen Patienten vor sich auf der Couch liegen hat.

Zwar integrierten die römischen Machthaber immer wieder fremde Götter eroberter Volksstämme in ihr Weltbild – ein großer Teil des Götterhimmels stammte bekanntlich aus Griechenland und war Importware, aber vor der neu aufkommenden, monotheistischen Religion der Christen hatten sie große Angst. Oscar Wilde schildert diese Angst eindrucksvoll in seinem Theaterstück *Salome*, das Anfang des 20. Jahrhunderts Richard Strauss zu seiner expressiv-dekadenten Oper anregte.

Herodes, der römische Tetrarch von Judäa, hält Jochanaan – Johannes den Täufer – in einer Zisterne gefangen, um ihn daran zu hindern, daß er weiter über Jesus predigt und die römische Besatzermacht als verkommen und zum Untergang geweiht anprangert. Bekanntlich läßt sich Herodes von seiner Stieftochter Salome so lange becircen, bis er der Enthauptung des Jochanaan zustimmt. Entsetzt über seine eigene Schwäche, gibt er den Befehl, auch Salome zu töten.

Mit ähnlicher Angst reagierten die römischen Kaiser auf das Erscheinen der Jünger Petrus und Paulus in Rom. Beide wurden, nachdem sie öffentlich die neue Religion gepredigt hatten, hingerichtet. Ihre Anhänger mußten sich heimlich treffen. Sie kamen auf die Idee, unterirdische Gänge zu graben, der weiche Tuffstein machte es möglich. Mit der Zeit entstanden so mehrgeschossige – piranesihafte – Maulwurfsstädte von unvorstellbarer Ausdehnung, viele Hunderte Kilometer lang. Hier beerdigten sie ihre Toten, und hier hielten sie ihre Gottesdienste ab.

Daß Kaiser Konstantin die christliche Religion zu Beginn des vierten Jahrhunderts schließlich anerkannte und sie sogar zur Staatsreligion erklärte, kam einer epochalen Wende gleich. Mit dem Auftauchen der einstigen religiösen Untergrundkämpfer in den Straßen Roms begann auch der Zerfall der Stadt. Konstantin verließ Rom, zog nach Byzanz und formte daraus Konstantinopel. Das Machtzentrum Rom hatte keine Mitte mehr, und erst als die neue Religion das Papsttum erfand, erstarkte die Stadt erneut.

Die Christen richteten sich in den römischen Tempeln ein, beseitigten die ihrer Meinung nach heidnischen Götterbilder und installierten ihre christlichen Symbole. Mit missionarischer Intoleranz besetzten sie die einst verhaßten Gebäude. Manche nicht umfunktionierten Architekturen verfielen und wurden als Steinbrüche und Müllhalden mißbraucht. Über Jahrhunderte erwuchs aus den ärmlichen Anfängen des Christentums eine prunkvolle Staatsreligion mit reichen Päpsten und Bischöfen, die wie von Gott eingesetzte Monarchen ihre Anhänger regierten und regieren.

Noch heute gibt es in Rom mehr (katholische) Kirchen als Tage im Jahr. Die meisten Katakomben haben sich erhalten – wahrscheinlich war es zu umständlich, sie zuzuschütten und zu zerstören – und werden als Kuriositäten den Touristen vorgeführt: Catacombe di Priscilla, Catacombe di San Callisto, Catacombe di San Sebastiano, Catacombe di Domitilla ...

Wie einst Bosio, der 18jährige Römer, der 1593 die zwischendurch vergessenen Katakomben durch einen Zufall wiederentdeckte, stieg ich mit leichtem Schauder in die künstlich beleuchteten Gänge hinab, wo immer ich einen Zugang fand. Da ich weder Kerzen noch eine Taschenlampe bei mir hatte, beschlich mich dort manchmal die Angst vor einem Stromausfall. In der absoluten Dunkelheit hätte ich mich verirrt und wäre zwischen all den Gräbern, Sarkophagen und christlichen Wandmalereien endgültig in den Nekropolen, die vielleicht Piranesis »Carceri« sind, verlorengegangen.

Träumerisch gehe ich weiter durch die Altstadt, heute, am 19.Februar 1995. Plötzlich bricht die Gasse ab, und ich stehe auf der Piazza Navona. Wann ich den Platz zum ersten Mal gesehen habe, weiß ich nicht mehr, wahrscheinlich 1976, während meines ersten Romaufenthalts. Das ist jetzt also fast 20 Jahre her.

In Rom gibt es unzählige Plätze, verkehrslärmige, touristenüberströmte und weniger bekannte, stille, lauschige. Viele davon kenne ich, habe sie studiert und photographiert: Piazza Campidoglio, Piazza San Pietro, Piazza del Popolo, Piazza Rotonda, Piazza dei Cinquecento, Piazza del Quirinale, Piazza Porto San Paolo, Piazza Farnese, Piazza di Campo de' Fiori, Piazza Venezia, Piazza Colonna, Piazza Sant' Anastasia, Piazza Mattei, Piazza dei Partigiani, Piazza Flavio Biondo ...

Wie immer erlebe ich das Hinaustreten auf die Platzfläche als Befreiung. Das Chaos der engen Gassen liegt hinter mir. Die Piazza Navona wird mit ihrer merkwürdigen, langgezogenen Form für mich zu einer Lichtung. Ich weiß, daß diese Form auf ein Stadion – das Stadion Domitians als Teil des Marsfelds – zurückgeht, das sich in antiken Zeiten hier befand. Über den steinernen Sitzstufen wurden im 15.Jahrhundert dreigeschossige Häuser errichtet. Zur gleichen Zeit bedeckte man den Platz mit Steinplatten und verlegte den römischen Haupt-Markt vom Fuß des kapitolinischen Hügels hierher. Davor versank der Platz in Staub und Dreck. Natürlich kenne ich viele frühe Abbildungen, auch den Stich Piranesis. Auf ihnen sieht man das Marktgeschehen, aber auch die Feste, die hier gefeiert worden sind. Manchmal wurde die gesamte Piazza unter Wasser gesetzt und von Schiffen befahren. Abends fanden dann – fast wie in Las Vegas – Feuerwerke statt.

Heute sieht der Platz ganz normal belebt aus, der übliche marode, römische Charme. Links und rechts Cafés und Restaurants, einige Läden und dazwischen Palazzi und Kirchen. Die Sonne fällt schräg ein, läßt eine Hälfte des Platzes im Schatten, die andere im Licht erscheinen. Durch ihre Länge bietet die Piazza Navona Raum für drei Brunnen, zwei kleinere an den beiden Endpunkten und einen monumentalen von Bernini, die Fontana dei Quattro Fiumi, in der Mitte. Über dem zentralen Brunnenbecken lümmeln vier monströse, sich stark verrenkende Barockfiguren, die Nil, Donau, Rio de la Plata und Ganges darstellen sollen. Mitten aus diesem Steinfiguren-Ballett wächst ein felsiger Travertin-Sockel, auf dem fast zirkushaft ein ägyptischer Obelisk balanciert. Steinerne Palmen, Agavenblätter und Fische ergänzen das Bild zum weltumspannenden Vorgang.

Brunnen mit üppigen Wasserspielen und Steinfiguren gehörten während der Barockzeit zum normalen Verschönerungsprogramm Roms. Meistens waren Päpste die Auftraggeber. Man wollte das Volk unterhalten und gefügig machen (ganz wie im antiken Rom). Die Tatsache, daß hier keine religiösen Themen – keine Maria, kein Gekreuzigter, kein Märtyrer – , sondern nur weltliche Themen dargestellt wurden, ist bemerkenswert.

Alle römischen Obelisken stammen aus Ägypten und wurden unter großem Aufwand zu Zeiten von Antonius und Kleopatra, als das afrikanische Land römische Provinz war, nach Rom geschafft. Die fremdartigen, immer aus einem einzigen Steinblock (Rosengranit) herausgehauenen schmalen und langen, raketenartigen Skulpturen waren ursprünglich dem Sonnengott Amun Re geweiht und symbolisierten somit vor allem das Licht. Durch die Aufstellung in einer fremden, andersartigen Kultur verloren sie ihre ursprüngliche Bedeutung und wurden zu dekorativ-rätselhaften Zitaten. Kein Christ glaubte an die ägyptischen Götter, und niemand konnte die eingemeißelten Hieroglyphen lesen.

Alle Café- und Restaurantbetreiber ringsum haben bereits ihre Stühle und Tische ins Freie gestellt. Auch die Sonnenschirme stehen bereit, Schatten zu spenden. Allerdings befinden sich viele von ihnen im unentfalteten, verpuppten Zustand. Zum längeren Sitzen im Freien ist es noch zu kühl. Wenige Touristen bevölkern die Szene und photographieren in alle Richtungen. Durch ihre typische Freizeitkleidung und ihr neugieriges Verhalten gleicht sich diese Spezies auf der ganzen Welt. Manchmal habe ich das Gefühl, immer der gleichen Gruppe zu begegnen.

Nachdem ich den Platz mehrfach auf und ab gegangen bin (unauffällig, mit dem gespielten Blick des Gleichgültigen, der wie ein Einheimischer jedes Detail kennt), wende ich mich Richtung Süden, überquere die Piazza di Sant'Andrea della Valle und schaue kurz in eine barocke Kirche hinein, deren Portaltor – besser gesagt, ein Türflügel im großen Seitentor – offen steht und mich so einladend anlockt. Im Gegensatz zu evangelischen Kirchen haben katholische tagsüber, wie man weiß, immer geöffnet.

Ich setze mich auf eine harte, unbequeme Holzbank und schließe die Augen. Der Heiligenzauber um mich herum interessiert mich wenig. In welcher Großstadt der Welt hat man schon die Möglichkeit, kostenlos alle 100 Meter in hotelhallengroße, geschmückte, ruhige und sichere Räume mit Sitzmöglichkeiten eintreten zu können? Der Straßenlärm brummt hier leise, weit entfernt. Vielleicht läßt sich nur so, mit diesem für jeden benutzbaren Stadt-Luxus, das Chaos überleben.

Ich beobachte die immer anwesenden alten, schwarz gekleideten Italienerinnen – Männer kommen weitaus seltener, deswegen sterben sie auch in Italien früher! –, sie zünden lange, dünne Kerzen an, die sie auf die ganz von weißem, abgetropftem Wachs überkrusteten Metallflächen zu den übrigen brennenden Kerzen stellen und sinken danach auf Betbrettern nieder. Murmelnd versuchen sie, mit dem Jenseits Kontakt aufzunehmen. Vielleicht beten sie auch gegen Schmerzen und Krankheiten an oder leiern ihre täglichen Rosenkränze vor sich hin.

In einem Café am Campo de' Fiori treffe ich Renata mit dem jungen Architekten. Wir finden einen Tisch direkt am Fenster mit Blick auf den malerischen Platz hinaus. Ich zeige wieder meine Pläne, und wir sprechen alle anstehenden Probleme durch. Allein käme ich weder mit dem Palazzo dell'Esposizioni noch mit dem italienischen Ausschreibungswesen und der Produktionsfirma zurecht. Deshalb bin ich Herrn Neumann sehr dankbar, daß er mir diesen sehr sympathisch und fähig wirkenden Architekten zur Verfügung stellt. Renata dolmetscht unser Gespräch. Langsam geraten wir in eine redselige Stimmung. Die Sätze fliegen hin und her. Beide sind in Rom geboren, erfahre ich. Natürlich heißt der junge, etwa 30jährige Mann Massimo, wie könnte es anders sein. Ich frage ihn, ob er ein eigenes Büro betreibt. Er antwortet: »Na ja, als Büro würde ich das nicht bezeichnen, eher als Büroecke, ein Arbeitsplatz eben. Es ist sehr schwer, in Rom als Architekt Fuß zu fassen. Alles geht über Beziehungen. Man muß jemanden kennen, der jemanden kennt, der jemanden kennt ... Ich halte mich mit kleinen Bauleitungen – wie unser Projekt – über Wasser. Manchmal kann ich ein Bad in einem alten Palazzo umbauen oder einen kleinen Laden einrichten. Etwas wirklich Eigenes habe ich noch nie gebaut. Die meisten meiner Studienkollegen haben Italien verlassen und arbeiten heute in Norwegen, Irland oder Australien. Aber ich möchte gern in Rom bleiben. Das ist meine Stadt, meine Welt. Mal sehen, wie lange ich durchhalte.«

Ich berichte von unserer Berliner Ausstellung, die beide nicht gesehen haben, und von Marlene Dietrich, die sie natürlich als Filmstar kennen, über deren Leben und Werk sie jedoch wenig wissen. Ein Grund mehr, die Ausstellung in Rom zu zeigen, denke ich. Gemeinsam blicken wir auf Schwarzweißphotos, die ich ihnen in einem aufgeschlagenen Katalog zeige. Marlene blickt zurück mit ihren kalten, hochmütig schönen Augen. Als ich erwähne, daß Giorgio Armani einen Raum in Berlin gestaltet und beigesteuert hat, sind sie erstaunt und erfreut. Es ist bekannt, daß sich Armani in vielen Details seines Stils auf den berühmten deutschen Hollywoodstar beruft. Er ließ sich bei zahlreichen seiner Kreationen von Marlene inspirieren. Leider bin ich ihm letztes Jahr nicht persönlich begegnet, da er erst zur Eröffnung nach Berlin kam und ich zu diesem Zeitpunkt (wie immer) bereits abgereist war.

Jetzt wird also der »Shanghai-Express« bald auch in Rom zu sehen sein, ein Neubau, da der Transport von Berlin nach Rom zu teuer gewesen wäre. Herr Neumann hat sich für die römische Ausstellung den poetischen Titel »Marlene Dietrich – Il Volo dell'Angelo« ausgedacht.

Nach zwei Stunden brechen wir auf. Renata begleitet mich noch ein Stück und zeigt mir das Lieblingsrestaurant Fellinis, an dem ich nichts Besonderes entdecken kann. Danach kehre ich ins Hotel zurück. Die Zeit bis zum abendlichen Treffen mit Herrn Neumann in Trastevere verbringe ich mit Schreiben und Zeichnen.

Als ich später mit dem Taxi im verabredeten Restaurant eintreffe, sitzt Herr Neumann schon an einem Tisch und telefoniert mit dem Handy. Er gibt mir ein Zeichen, und ich setze mich ihm gegenüber. Nachdem wir bestellt haben, erzählt er mir weiter von seinen weltweiten Projekten und fragt mich nach meinen Arbeiten, den Ausstellungen und Bühnenbildern. Manchmal streifen wir im Gespräch gemeinsame Bekannte, Regisseure und Museumsdirektoren: »Name-dropping« heißt das Spiel, das jeder kennt. Natürlich ist ihm auch Ruth Berghaus ein Begriff. Er verehrt sie genauso wie ich. Ob er je eine Inszenierung von ihr gesehen hat, ist allerdings nicht herauszubekommen. Wahrscheinlich weiß er auch nicht, daß sie gerade im Sterben liegt. Ich erwähne es nicht.

So gefällt mir das Gespräch wesentlich besser als in seinem Büro, dort fühlte ich mich etwas ausgestellt vor den Damen. Während es draußen in Trastevere vor dem Fenster langsam dunkel wird, füllt sich das Lokal mehr und mehr. Der In-

nenraum mit den weißgedeckten Tischen und den vornehm-zurückhaltenden
Obern sieht elegant und dennoch einladend aus, eine Mischung, die nur Italienern
gelingt! Niemand beherrscht das öffentliche Essen so sehr wie die Italiener. Es
hat Form und ist trotzdem von einer großen Lockerheit.

Gegen 10.00 Uhr klingelt wieder das Telefon von Herrn Neumann.
»Pronto ... aaa ... Du bist das mein Schatz! Gut angekommen in New York?« Zu
mir gewandt flüstert er: »Das ist meine Tochter ... Und, wie war der Flug? ... Gut,
schön ... Und das Wetter ... Sonne ... das ist gut ... und vergiß nicht, gleich morgen
Tante Ruthi zu besuchen, vergiß das nicht ... ich umarme dich!«

Er lehnt sich zurück und sagt stolz: »Meine Tochter wird die Agentur in New
York übernehmen, jedenfalls in einigen Jahren. Jetzt studiert und lernt sie noch,
vor allem Sprachen ...«

Auf diese Weise erfahre ich, daß Herr Neumann Dependancen in New York,
Rio de Janeiro, Singapur und Tokio hat. Ich bin beeindruckt.

Nachts sitze ich am offenen Fenster meines Hotelzimmers, blättere in einem
Buch mit dem Titel *Deutsche Briefe aus Italien* und lese bei Winckelmann: »Ich
bin gesund und gesunder als ich in Deutschland gewesen bin, frei und vergnügt,
und ich kann sagen, ich habe in Italien allererst anfangen zu leben ...«

Schön, wer das von sich behaupten kann. Ich möchte hier nicht länger leben
und wohnen. Es ist zwar schön, manchmal in die Stadt zurückzukommen, aber
selbst als bekennender Ruinen-Fan ist mir die Stadt zu verwest und zu laut. Eigentlich gibt es in Rom nur ein einziges Gebäude aus römischer Zeit, das nicht
als halbzerfallene Ruine auf uns gekommen ist: das Pantheon. Heute nachmittag
bin ich daran vorbeigekommen, auf dem Weg zur Piazza Navona.

Schon bei meinem ersten Besuch dieses Gebäudes war ich von der gewaltigen,
klaren Formensprache stark beeindruckt. Leider ist es in christlicher Zeit von
überflüssigen Altären, Gräbern und Kruzifixen überkrustet worden. Wer sich diese Dinge wegdenkt und ganz auf die Grundstruktur des Raumes konzentriert, ist
überwältigt.

Der Bau hat einen kreisförmigen Grundriß mit einem Durchmesser von 43,20
Metern. Da die Gesamthöhe des Raums das gleiche Maß besitzt, wäre es möglich,
dem Bau eine Kugel einzufügen. Allerdings ist nur seine obere Hälfte halbkugel-
förmig, als Kuppel ausgebildet, die untere wurde als Zylinder aus senkrechten
Wänden errichtet. Das Geniale und Einmalige des Raumes sehe ich in seiner
Fensterlosigkeit; es gibt nur eine einzige Lichtöffnung in der Decke: ein 6 Meter
großes Loch. Der Himmel erscheint darin mit ziehenden Wolken, Sonne und
Mond. Tagsüber wandert – wenn die Sonne scheint – ein runder Lichtfleck über
den Fußboden, die gebogene Wand hoch und verformt sich dabei zu einem Oval.
Camera obscura mit kosmischen Dimensionen.

Absoluter Höhepunkt meiner Pantheon-Erlebnisse war ein Regentag. Durch
den Aufwind gebremst, schweben die Regentropfen nur halb so schnell nach unten wie im Freien. Man glaubt, einen Zeitlupenfilm zu sehen. Genial! Gern hätte
ich einmal einen ganzen Tag und eine ganze Nacht im Inneren verbracht. Allein
im Patheon, im Dunkeln bei Vollmond, eine faszinierende, aufregende Vorstellung!

In der Realität ist das Gebäude nachts verschlossen, aber davor – auf der
Piazza Rotonda – brodelt das heutige italienische Leben. Junge Männer, ihre
Freundinnen auf dem Rücksitz der Vespas und Mopeds, versammeln sich am zen-
tralen Brunnen, der wie üblich einen ägyptischen Obelisken als Bekrönung trägt.
Später rücken die Paare enger zusammen. Die jungen Männer lassen sich dann
auf dem runden Brunnenrand nieder, im hohlen Dreieck ihrer gespreizten Beine

stehen ihre Mädchen, in fester männlicher Umklammerung. Diese Haltung der Liebespaare ist in Italien sehr verbreitet.

Rom, 20. Februar 1995

Wieder schönes, sonniges Wetter. Heute vormittag will ich Renata zu Hause besuchen. Sie wohnt in der Nähe der Piazza Navona, in der Via del Governo Vecchio. Dieses Mal gehe ich die laute, stinkende Via del Quirinale hinunter Richtung Innenstadt. Als ich auf dem Platz vor dem Palazzo del Quirinale ankomme, fällt mir mein einziger Besuch in diesem Gebäude ein, das normalerweise nicht öffentlich zugänglich ist, da hier der italienische Staatspräsident residiert.

Während eines meiner Aufenthalte in der Villa Massimo wurden im Palazzo del Quirinale die aus dem Meer vor Sizilien geborgenen Skulpturen von Riace ausgestellt. Vor allem ein lebensgroßer bronzener Krieger galt als Sensation. Der Andrang war damals so groß, daß man stundenlang in einer Schlange warten mußte. Da war sie wieder, jene perfekte Klassik, etwas angemodert von Algen und Muschelsaugstellen, aber immer noch überzeugend und kraftvoll. Michelangelo, Bernini, Thorwaldsen und Schadow hätten ihre Freude gehabt. In Gedanken male ich mir aus, was der Boden unter uns noch alles verborgen hält.

Über die Via della Panetteria und die Via del Lavatore winde ich mich zur Piazza di Trevi hinunter. Wie immer stehen so viele Touristen vor dem flachen Brunnenbecken der Fontana di Trevi, daß fast nichts davon zu sehen ist. Dennoch bin ich gleich wieder verzaubert. Die Idee, eine Hausfassade zur Brunnenkaskade mit künstlichen Felsen und Steinfiguren umzugestalten, ist schon genial!

In ihrer engen Zweizimmerwohnung im Dachgeschoß blättert Renata schwärmerisch die Photos, deren Ränder ganz abgegriffen sind, auf den Tisch. Auf fast allen ist Federico Fellini zu sehen, von vorne, von hinten, verwackelt, unscharf, halb von einem Baum verdeckt, in seinem Regiestuhl dösend, gestikulierend, gähnend – immer mit temperamentvoller, subjektiv betroffener Unruhe aufgenommen. Ich glaube, Renata ist noch immer ganz verliebt in den Regisseur. Jetzt erst betrachte ich sie genauer. Eine herb-resolute, nicht sehr schlanke, etwa 50jährige Frau mit groben Gesichtszügen und kurzen blonden, etwas ungepflegten Haaren (ganz entfernt erinnert sie an Giulietta Masina). Auf ihr Äußeres scheint sie nicht sehr viel Wert zu legen.

Die Wohnung gleicht einer Studentenbude mit alten, abgenutzten Möbeln. In der Küche türmt sich das seit Wochen nicht abgespülte Geschirr. Nur mit Mühe kann sie in diesem Chaos einen Kaffee für uns kochen. Natürlich würde ich sie gern nach ihrem Leben fragen, aber dafür kennen wir uns zu wenig, außerdem kommt mir die Fellini-Geschichte zu heikel, vielleicht auch tragisch vor. Auf jeden Fall scheint sie hier allein zu leben.

»Woher kannst du eigentlich so gut deutsch?«, frage ich etwas allgemein, nachdem ich den Blick aus ihrem Fenster in eine enge Gasse als »schön« und »romantisch« bezeichnet habe.

Sie antwortet: »Ich habe die Sprache studiert, an der Universität. Außerdem gibt es familiäre Verbindungen nach Deutschland. Meine Großmutter stammte aus Nürnberg ... Aber irgendwann mußte ich mein Studium abbrechen ... Das ist eine andere Geschichte ... Jetzt bin ich hier.«

Erneut gießt sie mir Kaffee in die Tasse, wobei ihre Hände leicht zittern. Vielleicht ist ihre forsche Art nur aufgesetzt, denke ich jetzt. Plötzlich schaut mich Renata erwartungsvoll fragend an und platzt heraus: »Hast du Lust, mit mir in die

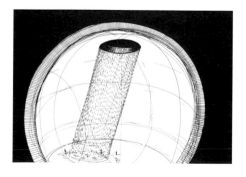

kommunistische Parteizentrale zu kommen. Sie ist im Erdgeschoß des Nebenhauses untergebracht. Ich arbeite dort als Sekretärin und Aktivistin.«

Als sie mein Erschrecken bemerkt, fügt sie schnell hinzu: »Das muß natürlich nicht sein. War nur so ein spontaner Gedanke.« Vielleicht will sie meine politische Einstellung testen und hält mich möglicherweise für einen alten 68er oder gar für einen Kommunisten, weil ich zweimal mit Ruth Berghaus in der ehemaligen DDR gearbeitet habe.

In mir steigt der Gedanke auf, daß ihre Wohnung vielleicht zu 68er-Zeiten als Terroristen-Unterschlupf gedient hat. Neugierig halte ich nach Klappen und Geheimtüren in der Wand Ausschau, kann jedoch nichts Verdächtiges entdecken. Meine Phantasie ist beflügelt, ich sehe Renata als Liebhaberin eines wilden, später erschossenen Rote-Brigade-Kämpfers. Vielleicht wurde hier an diesem Tisch beschlossen, daß Aldo Moro sterben müsse, vielleicht ...

In diesem Moment lassen sich vor dem Fenster zwei Tauben nieder und gurren aufgekratzt. Möglicherweise trägt eine von beiden am dünnen Fuß, dicht über der Kralle, eine geheime Nachricht, die Renata, sobald ich die Wohnung verlassen habe, in ihrer Küche entschlüsseln muß. Ob Fellini wußte, daß seine Mitarbeiterin eine überzeugte Kommunistin und alte Kämpferin war? Wahrscheinlich hätte es ihn überhaupt nicht interessiert.

Etwas verwirrt verabschiede ich mich von Renata und lasse mich durch die Gassen der Altstadt treiben. Meine Gedanken schweifen ab, Bilder aus der Zeit um 1968 wirbeln durch meinen Kopf: Ich sehe die Leichen von Hans Martin Schleyer und Aldo Moro vor mir und denke an die politisch aufgeheizten Zeiten zurück, die ich als Architekturstudent in Hannover und Stuttgart erlebt habe. Inzwischen sind die damaligen Ereignisse Gegenstand von Erzählungen, Romanen, Autobiographien, Filmen und historischen Debatten geworden. Jeder Beteiligte schildert die Zeit aus seiner subjektiven Sicht.

Über dem Schaufenster der kommunistischen Parteizentrale, an der ich jetzt vorbeikomme, hängt eine rote Fahne, wie es sich gehört, allerdings müde und schlaff, da in der engen Gasse Windstille herrscht. Elegisch gestimmt, wandere ich ziellos weiter durch die Stadt. Als neben mir die üblichen Markenläden – Prada, Armani, Gucci, Dior – auftauchen, weiß ich, daß ich mich der Scala di Spagna nähere. Der Kapitalismus leuchtet mit seinen eleganten Kleidern, verführerischen Taschen und Hüten genauso wie in *Ninotschka*, einem meiner Lieblingsfilme von Ernst Lubitsch. Wie immer, zu jeder Jahreszeit, bei jedem Wetter – sitzen junge Menschen in bunten T-Shirts, ihre Rucksäcke neben sich, auf der berühmten Treppe. Gruppen haben sich gebildet, hin und wieder spielt jemand Gitarre, andere begleiten den Musikanten singend. Jugendherbergsstimmung, vielleicht auch Pfadfinder-Lager oder Woodstock, je nach Sehweise.

Ich erspare mir den Aufstieg und biege in die Via Condotti ein. Immer wieder wende ich mich um und sehe die Treppe wie eine in die Schräge gekippte Platzfläche zwischen den Häuserfronten liegen. Am oberen Rand des begehbaren Stadt-Bühnenbilds ragen die zwei Türme der Kirche Trinità dei Monti in den blauen Februarhimmel hinein, als wollten sie einen Schwur in Form des »Victory«-Zeichens ablegen. Der davorstehende Obelisk wirkt fast wie ein Irrtum, seine Aufstellung an dieser Stelle wäre nicht nötig gewesen, andererseits gehört er zum Denkmalprogramm der Stadt. Und wieder denke ich: So muß eine Stadt geplant werden! Wichtig sind Achsen, die auf architektonische Höhepunkte zusteuern! Als Blickziele dienten früher Kirchen- und Palastfassaden, Bögen, Fontänen oder Obelisken. Treppen waren und sind seltener, deswegen besonders wirkungsvoll! Wie ein versteinerter, später von Bildhauern bearbeiteter und abgetreppter Lavafluß ergießt sich die Treppe vom Monte Pincio herab in die tiefer gelegene Altstadt. Daß dort unten, am Fuße der Treppe, ein mit Wasser gefülltes Steinboot steht, ist nicht gerade logisch, dafür vielleicht jedoch »poetisch« spielerisch-surreal.

Der Weg durch die Via Condotti führt mich am berühmten Café Greco vorbei. In jenen Tagen, als ich noch in der Villa Massimo wohnte, habe ich mich manchmal dazu gezwungen, hier einen Kaffee zu trinken. Das fiel mir nicht leicht, da der Raum auch damals schon vor allem von Touristen besetzt war. Einst hatte er eine kulturgeschichtliche Bedeutung. In jedem Reiseführer ist zu lesen, daß auf diesen Stühlen und Bänken früher so berühmte Menschen wie Goethe, Tischbein, Schopenhauer und Gogol saßen.

Im Sommer 1976 verbreitete sich in der Villa Massimo das Gerücht, daß der legendäre, metaphysische Maler Giorgio de Chirico in der Nähe der Scala di Spagna wohnen und manchmal das Café besuchen würde. Neugierig schaute ich mich damals um, konnte ihn jedoch nie entdecken. Zwei Jahre später – das meldeten Zeitungen und Fernsehen – ist de Chirico im Alter von fast 90 Jahren in Rom gestorben. Immer noch bewundere ich seine Gemälde und stelle mir vor, wie er nachts auf der Suche nach Bildmotiven durch Rom spaziert. Zwischen 2.00 und 5.00 Uhr morgens, während die Touristen in ihren Hotelbetten schliefen, sahen die steinernen Pferde und Figuren auf der Piazza Navona fast so einsam aus wie auf seinen Gemälden. Er mußte nur noch ein scharfes Mittagslicht hinzufügen (Licht ist eine Erfindung des menschlichen Auges!), und schon stellte sich die kosmische Einsamkeit her, die seine Bildszenen so charakteristisch macht.

In gewisser Weise war de Chirico der Gegenspieler Fellinis. Hier die Einsamkeit der klassischen Dinge, dort das aus allen Nähten platzende Leben zwischen Ruinen und lärmender Metropole des 20.Jahrhunderts. Es gibt ein Gemälde von Renato Guttuso, auf dem er alle seine Künstlerfreunde als Gäste im Café Greco dargestellt hat, unter ihnen sitzen auch Giorgio de Chirico und Guttuso selbst: eine Olympier-Versammlung als Kaffeekränzchen, Walhalla mit Kuchen und Schlagsahne!

Ein anderer, fast mythisch verklärter französisch-italienischer Künstler war der rätselhafte Maler Balthus, der damals – so sagte man uns – noch Direktor der Französischen Akademie in der Villa Medici war. Diese Villa liegt in der Nähe der Scala di Spagna. Einige meiner Mitstipendiaten sind manchmal zu Ausstellungseröffnungen in die Villa Medici gegangen. Ob sie Balthus je gesehen haben, weiß ich nicht. Ich jedenfalls bin ihm nie begegnet, obwohl ich manchmal auch die Villa und vor allem deren Park besucht habe. Als deutsche Stipendiaten hatten wir kein Problem, dort eingelassen zu werden.

An der Via del Corso angekommen, steige ich in einen Bus, der über die Piazza del Popolo zur Via Flaminia hinausfährt. Mein Ziel ist die Villa Giulia. Durch das Stadttor an der Piazza del Popolo sind früher die meisten Romreisenden aus dem Norden angekommen. Bestimmt waren viele überrascht von der merkwürdigen Kirchen-Verdoppelung. Wie gespaltene siamesische Architektur-Zwillinge markieren die beiden vollkommen gleichen barocken Kirchenbauten den Beginn der Via del Corso. Von der Platzmitte aus gesehen, wirkt dieser Empfang wie ein städtebaulicher Rorschach-Test.

Goethe kam nicht weit und bezog direkt in der Via del Corso eine Wohnung. Heute möchte niemand freiwillig in dieser höllisch lauten und stinkenden Straße wohnen. Bei der Ponte del Risorgimento steige ich aus dem Bus und gehe ein Stück die Viale Bruno hoch. Nach kurzer Wegstrecke biege ich nach rechts in einen grüneren, weniger verkehrslärmigen Bereich der Stadt ein. Die Villa Giulia, in der heute das Etruskische Museum untergebracht ist, erschien mir schon bei

meinem ersten Besuch, 1976, als zeitlos ideal-schönes Gebäudeensemble. Die klare Eleganz der Formensprache, die Tor- und Arkadendurchblicke von einem Innenhof-Garten zum nächsten, entsprechen auch heute noch genau meinem Traum von der harmonischen Verbindung zwischen Architektur und Landschaft, zwischen Architektur und Natur.

Papst Julius III. ließ die Renaissance-Villa zwischen 1550 und 1555 als Sommerresidenz erbauen. Schon erstaunlich, daß die Anlage so problemlos in ein Museum umfunktioniert werden konnte.

Nach dem Gang durch die Säle, Kabinette und Bogenreihungen setze ich mich im Garten auf eine Bank und lasse meine Rom-Gedanken schweifen. Durch ihre archaisch-fröhliche Naivität ist mir die etruskische Kunst viel zugänglicher als die römische. Hier gibt es kein übertriebenes Pathos und keine auf Ewigkeit zielende, marmorne Würde. 1976 fuhr ich nach Cerveteri hinaus, zu jener berühmten etruskischen Hügelgrabanlage, die einige Kilometer nördlich von Ostia liegt, und bewunderte die in den Tuffstein eingeritzten Relief-Wohnungen. Alle Alltagsgegenstände schienen in diesem Totenreich von den Wänden eingesogen worden zu sein. Nur schwache Abdrücke davon waren noch zu erkennen.

Da in Italien die immergrüne Vegetation überwiegt – vor allem Zypressen und Pinien sind sehr verbreitet –, sehen Gärten und Parks auch um diese Jahreszeit erfreulich frisch und nicht so skelettig-abgenagt aus wie bei uns. Selbst die Februarsonne hat heute eine gewisse Kraft, so daß ich die Vorteile des Südens in vollen Zügen genießen kann. Ich lehne mich zurück, schließe die Augen und beginne, mich zu erinnern. Wie Schliemann in Troja könnte ich von Rom 1, Rom 2, Rom 3, Rom 4 ... sprechen. Je nachdem, in welche Erinnerungsschicht ich eintauche, jedesmal sehe ich andere, neue und alte Bilder. Da sind die verschiedenen Parks in Rom und bei Rom, die Villa Doria Pamphili, die Villa Farnesina, die Villa Borghese, die Villa Adriana und die Villa d'Este. Ich denke an manchen Sonntagnachmittag, den ich dort verbracht habe, auf einer Bank sitzend oder auch im Gras lagernd wie die zahlreichen italienischen Familien um mich herum. Oft war ich allein dort, manchmal begleiteten mich Freunde, die aus Deutschland zu Besuch gekommen waren. Natürlich hatte es sich unter ihnen herumgesprochen, daß ich in Rom ein riesiges, mehr oder weniger leerstehendes Haus bewohnte.

Eines Tages kam mein alter Studienfreund Armin, der die Architektur schon vor Jahren aufgegeben hatte und inzwischen erfolgreich selbstentworfene Mode in einer eigenen Boutique auf Ibiza verkaufte. Er rief mich an und sagte, daß er ganz in der Nähe in der Wohnung eines Bekannten, der verreist sei, wohne (er wollte deswegen mein üppiges Raumangebot nicht nutzen). Wir verabredeten uns für den Abend. Da sich am gleichen Nachmittag auch noch meine Cousine Eka aus Stuttgart angekündigt hatte, war ich ganz schön aus meinem alltäglichen Rhythmus geworfen.

Nachdem ich Eka die Villa Massimo, das Atelier und den Garten gezeigt hatte, machten wir uns am Abend auf den Weg zu Armin. Nach zwanzig Minuten Fußweg fanden wir die genannte Adresse, klingelten und stiegen bis ins oberste Geschoß des fünfstöckigen Hauses hinauf, wo uns eine riesige, altertümlich eingerichtete Penthouse-Wohnung mit mehreren eingegrünten Terrassen erwartete. Armin hatte auf einer Terrasse einen Tisch gedeckt, an dem wir uns im Abendlicht zum Essen niederließen. Er sprach über seine Erlebnisse in Indien – von dort bezog er die Stoffe – und von New York, wo er gerade dabei war, eine Dependence-Boutique einzurichten.

Langsam wurde es dunkel. Irgendwann fragte ich ihn: »Was sind das eigentlich für merkwürdige Pflanzen, die hier um uns herum wachsen?«

»Weißt du das wirklich nicht?«, antwortete er. »Du kennst doch bestimmt meine Hippie-Devise: »High sein und frei sein! Mehr brauche ich nicht zum Leben. Natürlich sind das Hanfpflanzen, du Ignorant!«

Eka grinste. Ich brach ein Blatt ab und zerrieb es zwischen meinen Fingern. Jetzt erst fiel mir auf, daß Armin selbst schon ziemlich bekifft war und unablässig kicherte. Er hatte seine Haare zu einem kleinen Pferdeschwanz gebunden, wie es seit Karl Lagerfeld unter Modeschöpfern üblich war. Als ich auf seiner Stirn den indischen Punkt wahrnahm – bisher hatte ich ihn bewußt oder unbewußt übersehen –, wurde mir klar, daß er inzwischen mit »seinem Buddhismus« Ernst gemacht hatte.

»Ja, es stimmt, ich habe mich in Indien in ein Kloster eingekauft. Jetzt besitze ich dort eine eigene Mönchszelle, in die ich jederzeit zurückkehren kann. Im Jahr halte ich mich mindestens drei Monate dort zum Meditieren auf. Die Oberin des Klosters sagte eines Tages zu mir: ›Du mußt ab jetzt abstinent leben! Kein Alkohol, keine Frauen und keine Männer mehr. No Sex!‹ Ich legte das Gelöbnis ab.«

Ich entgegnete: »Was ist mit Hedda, was mit Stuart?« Ich wußte, daß Armin nach seiner gescheiterten Ehe mit Hedda seit 20 Jahren mit einem Mann aus New York – eben diesem Stuart – zusammenlebte.

»Ich habe mein Gelöbnis nicht gebrochen.«

»Und das Haschen?«

»Davon hat die Oberin nichts gesagt. Aber vielleicht gebe ich es auch noch auf. Ich muß mich von allem Irdischen befreien, das spüre ich.«

Solche Sätze von Bekehrten, von Religiös-Gewordenen, regen mich immer auf. Sie kratzen und rütteln kräftig an meiner Toleranzgrenze. Ich spürte Aggressionen in mir aufsteigen und ärgerte mich über mich selbst. Um mir nicht noch mehr Sätze in dieser Richtung anhören zu müssen, wechselte ich das Thema und fragte Armin: »Wie sieht eigentlich deine neue Kollektion aus? Kannst du uns etwas davon zeigen?«

Armin darauf: »Ja, das ist eine Superidee. Wir haben doch Eka. Sie kann alle meine neuen Kleider nach und nach anziehen. Wir machen einfach eine kleine Modeschau für Dich!« Eka zierte sich zunächst etwas, dann spielte sie jedoch mit. Eigentlich war sie die ideale Besetzung für die folgende Szene: Sie sah gut aus, hatte die beste Figur und war im Augenblick zu jeder Untat bereit, da sie in Scheidung lebte. Allerdings gab es bereits einen »Neuen« in ihrem Leben, ihren Psychiater, wie sich das heute gehört. Kennen wir diese Konstellation nicht aus zahlreichen Woody-Allen-Filmen?! Das peinlich Dumme an Klischees ist, daß sie oft stimmen und die Wahrheit treffend-genau, wenn auch etwas verkürzt, beschreiben ... Die beiden verschwanden. Ich machte es mir auf einer Liege bequem und kam mir inzwischen vor wie Kaiser Nero. Ringsum war Rom niedergebrannt, der feuerrote Himmel hatte sich inzwischen in eine schwarze Asche-Nacht verwandelt. Unter den versunkenen Dächern schliefen die meisten Römer bei ihren Römerinnen oder langweilten sich gerade vor irgendeiner aufgekratzten Berlusconi-Show, die im Fernsehen gezeigt wurde.

Dann begann die Vorführung. Alle drei Minuten kam Eka in einem neuen Kleid durch die hell erleuchtete Tür. Wir klatschten in die Hände und freuten uns. Armins Entwürfe erschienen mir sehr blumig und hippiehaft-bunt. Ehrlich gesagt: nicht ganz meine Richtung, aber unter Freunden versucht man, Differenzen mit Wohlwollen zu übersehen. Erst gegen 4.00 Uhr früh hatten wir alle Klamotten durch. Erschöpft verließen Eka und ich unseren Modeschöpfer.

Durch vollkommen ausgestorbene Straßen wanderten wir in Richtung Villa Massimo zurück. Plötzlich, als wir halb dösend um eine Ecke bogen, sahen wir vier Männer, die Gewehre in den Kofferraum eines Autos luden. Sie schreckten kurz auf, als sie uns sahen, und legten schnell eine Decke über die Waffen. Wir wechselten vorsichtshalber die Straßenseite und gingen etwas zügiger. Im Rücken spürte ich ihre Blicke, und als ängstlicher Mensch dachte ich: Gleich kracht ein Schuß, und wir sinken blutüberströmt auf den Asphalt (Beseitigung unliebsamer Zeugen!). Aber nichts dergleichen geschah, ich hörte nur ganz entfernt den dumpfen Schlag des niederklappenden Kofferraumdeckels, ansonsten herrschte Stille, tödliche Stille ...

Bis heute weiß ich nicht, ob wir Terroristen oder Jäger bei der Vorbereitung ihrer fragwürdigen Tat beobachtet haben.

Um mich auf meinen erneuten Aufenthalt in Rom einzustimmen, habe ich mir letzte Woche zum wiederholten Male Roberto Rossellinis Film *Rom, offene Stadt* aus dem Jahr 1945 angesehen. Im Vorspann wird Federico Fellini als Koautor am Drehbuch genannt. Wieder bin ich tief beeindruckt von der Intensität der Bilder und der Schauspielkunst Anna Magnanis und Aldo Fabrizis. Obwohl die tragische Handlung in Rom spielt, ist leider von der Stadt wenig zu sehen. Kein klassisches Ruinen-Gebäude taucht auf, kein Brunnen, kein Platz. Alles südlich Malerische bleibt ausgespart. Nur einmal erkennt man das markante Vielbogengebäude aus dem faschistischen Stadtteil E.U.R., und in der allerletzten Einstellung – nach der tragischen Erschießung des Priesters – schwenkt die Kamera über die Altstadt-Dächer Roms, und in der Ferne wölbt sich die Kuppel des Petersdoms aus dem Dunst. Der Film schildert den heldenhaften Kampf einer italienischen Widerstandsgruppe gegen die deutsche Besatzungsmacht. Während die Römer als freiheitsliebend und charakterstark erscheinen, werden die Deutschen als perverse Rauschgiftsüchtige dargestellt, die in arroganter Selbstüberschätzung nur die Unterdrückung und Erniedrigung braver römischer Bürger im Sinn haben.

Langsam wird es kühler im Garten der Villa Giulia. Ich packe meinen Zeichenblock ein und breche auf. Eine Weile stelle ich mich auf eine über der Piazza del Popolo gelegene Terrasse und betrachte den höllischen Verkehr der römischen Rush-hour.

Rom ist für viele Menschen der Mittelpunkt der Welt gewesen. Vielleicht auch die schönste Stadt, die sie je gesehen haben. In jedem Fall schwang immer etwas Erhabenes mit bei der Nennung dieses Städtenamens. Mich haben in Rom – neben den Gärten, Parks und Plätzen – eher die kleinen Dinge beeindruckt. Das Kinderkarussell auf einem kleinen Platz, dem Pincio etwa. Unvergeßlich geblieben sind mir auch Sonntagnachmittage auf dem Gianicolo. Das ist einer der sieben Hügel Roms, südlich des Vatikans. Eine breite Straße führt zu dem großen, asphaltierten, von hohen Eukalyptusbäumen verschatteten Parkplatz auf der Paßhöhe. Von hier oben hat man einen wunderbaren Blick über die Stadt. Oft beobachtete ich, neben Limonade-, Luftballon- und Eisverkäufern, einen Puppenspieler. Auf dem heruntergeklappten Heck seines kleinen, klapprigen Lieferwagens baute er in wenigen Minuten ein Theater auf. Es besaß eine buntbemalte Fassade, einen Bühnenausschnitt in der Größe eines normalen, querliegenden Reisekoffers und einen roten Samtvorhang. Unsichtbar dahinter agierend und seine Stimme ständig verändernd, führte er ein Potpourri berühmter Stücke auf. Kaum stand das Theater da, saßen zwanzig kreischende und lachende Kinder auf dem Boden und riefen nach Pinocchio oder dem Räuberhauptmann. Kasperle verdrosch einen Piraten, rettete eine Prinzessin vor dem drohenden Krokodil, flog auf einem Teppich davon, wurde von einer Großmutter beschimpft, erdolchte einen Wolf und legte sich mit den sieben Zwergen an. Während die Figuren über den Bühnenrand klapperten und der Samtvorhang hin und her wehte, entstand das Theater neu,

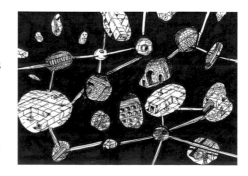

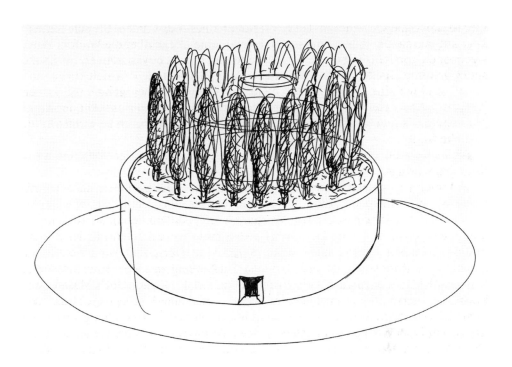

frisch, witzig und anarchisch. Die Kinder jauchzten, riefen den Figuren Warnungen zu, zupften sie am Ärmel und bewarfen sich gegenseitig mit Eiskugeln. Auf dünnen Campingstühlen sitzend, wachten im Hintergrund Großmütter über das Geschehen, die Väter rauchten, auf Bänken liegend, Zigaretten, und die Mütter unterhielten sich miteinander im Schatten der Bäume.

Während die Kinder klatschten und lachten, standen nicht weit entfernt von ihnen an der Platzbrüstung junge Männer, hielten die Hände als Schalltrichter vor ihre Münder und brüllten mit aller Kraft: »Giulio! Stefano! Massimo!« Zunächst war mir das Geschehen unverständlich. Wem riefen sie? Ich konnte niemanden sehen. Erst als ich näherkam, entdeckte ich am weinbewachsenen Hang einige 100 Meter tiefer einen großen, mauer- und stacheldrahtgesicherten Gefängniskomplex, und leise hörte ich aus den winzigen, vergitterten Zellenfenstern die Antwort des Freundes oder Bruders: »Felice«! »Giacomo«! Über der Szene rauschten die Blätter der Eukalyptusbäume und zwischen den dunkelgrünen Nadel-Wolken der Pinien zeigten die steilen Finger der Zypressen beharrlich zum Himmel als wollten sie sagen: »Denkt an die Götter! Vergeßt sie nicht!«

Während ich mir diese Erlebnisse vergegenwärtige, würde ich jetzt gerne Ottorino Respighis *Pini di Roma* und *Le Fontane di Roma*, jene wunderbaren, spätimpressionistischen Tonmalereien, hören, die ich so liebe. Aber leider erklingt unter mir nur vielstimmiger Motorenlärm. Manchmal habe ich das Gefühl, Römer kaufen ausschließlich Autos oder Vespas, die auch ordentlich laut sind. Wer nicht gehört wird, lebt nicht!

Gegen Abend verlasse ich meine Beobachterstellung über der Piazza del Popolo und wandere weiter Richtung Vatikan. Am Castel Sant'Angelo – der Engelsburg – mache ich kurz halt, denke an meine Beschäftigung mit diesem massigen, runden Baukörper, der einst als Mausoleum für Kaiser Hadrian errichtet und später zur Fluchtburg der Päpste ausgebaut worden war. Während meiner Zeit in der Villa Massimo zeichnete ich eine Bildsequenz über den zylindrischen Bau, der als Mausoleum mit einem Zypressenkranz bepflanzt war. Natürlich denke ich auch an Tosca, die sich in Puccinis Oper am Ende von der Zinnenterrasse in den Tod stürzt. Da ich die päpstlichen Prunkräume und die Folterkeller bereits kenne, verzichte ich heute auf einen Besuch und gehe weiter. Dafür biege ich in die Via della Conciliazione ein, die als Achse genau auf San Pietro in Vaticano, den Petersdom, zuführt. Die Straße ist von Andenkenläden gesäumt. Schaufenster und die auf dem Bürgersteig stehenden Auslagen quellen über: Postkarten, Kruzifixe, Madonnen, Engel, Heiligenbilder und kleine Nachbildungen berühmter römischer Bauten, vor allem natürlich der Petersdom selbst, als Aschenbecher etwa, das Kolosseum als Blumenvase und das Pantheon als Tischlampe. Die Innenräume des Ladens gleichen glitzernden Tropfsteinhöhlen, alle Wände sind mit Reliquien und Andenken bedeckt, von den Decken hängen Engel, religiöse Lampen, christliche Fahnen und Wimpel. Nur so, aus Marmor-, Alabaster- und Gipsstaub geformt, sind die Monumentalbauten, Statuen und Obelisken in Koffern und Schachteln verpackbar, nur so kann man sie mit nach Hause nehmen, der restlichen Familie und den Freunden zeigen. Später, Jahre nach dem Besuch in Rom, dienen sie als Gedächtnisstützen. Jedesmal, wenn der Blick sie streift, tauchen die schönen römischen Tage als Erinnerungsbilder auf. Zu meinen Villa-Massimo-Zeiten kaufte ich eine ganze Andenken-Nippes-Sammlung zusammen. Die kindliche Art, sich berühmte Architekturen anzueignen, begeisterte mich. Auch jene kleinen, gläsernen Halbkugeln, die mit Flüssigkeit und Schnee gefüllt sind, liebe ich. Einmal auf den Kopf gestellt und zurück in die normale Lage gebracht, rieseln Schneeflocken über einen Miniatur-Petersdom und verwandeln ihn in ein märchenhaftes Traumschloß.

Einen kleinen Abguß des Bernini-Engels, der als Bekrönung über der Engelsburg schwebt, schenkte ich 1983 Ruth Berghaus während unserer Arbeit an der Oper *Die Trojaner* von Hector Berlioz in Zeuthen. Ich dachte damals daran, die Figur in unser Bühnenbild einzubauen, allerdings gaben wir den Gedanken später auf, und so mußte sich der Abguß mit einem Platz auf einem Bücherbord begnügen. In den *Trojanern* wird übrigens der Gründungsmythos der Stadt Rom beschrieben. Nach seiner Flucht aus dem brennenden Troja kommt Aeneas, der Sohn des Anchines und der Göttin Aphrodite, über Karthago – dort spielt sich die tragische Liebesgeschichte zwischen ihm und Dido ab – nach Italien und gründet zum Abschluß seiner »Odyssee« die antike Stadt »Roma«. Dies ist allerdings eine sehr vereinfachte Darstellung, denn in der Geschichte gibt es weitaus mehr Verwicklungen und Personen, vor allem natürlich Romulus, Remus und die säugende Wölfin. Dennoch wird klar, daß mit der *Aeneis* von Vergil, in der dieser Mythos beschrieben wird, Rom als das neue Troja in der Weltgeschichte installiert werden sollte.

In einem meiner Entwürfe leuchtete die Schrift »Roma« über dem Bildhorizont, als befänden wir uns in einem Las-Vegas- oder Hollywood-Hotel. Daß bei der Buchstabenumkehr von »Roma« das Wort »Amor« entsteht, wunderte mich etwas, aber andererseits kam mir diese Erkenntnis wie eine Entschlüsselung vor.

Während ich jetzt im Februar 1995 an den Schaufenstern der Andenkenläden vorbeischlendere, steigen Erinnerungsbilder ganz anderer Art in mir auf: Plötzlich sitze ich im Konzertsaal der berühmten Santa Cecilia und schaue Leonard Bernstein beim Dirigieren seiner monumentalen zweiten Symphonie zu, einem religiösen Werk mit gewaltigem Chor und bombastischen Klängen. Da wir – Verena und ich – damals Plätze in der zweiten Reihe hatten, konnte ich den legendären Komponisten und Dirigenten die ganze Zeit aus der Nähe beobachten. Die Musik schien ein Teil seines Körpers zu sein, sie stieg aus seinem Innersten auf und floß über die temperamentvoll bewegten Arme in den Raum hinaus. Das Orchester

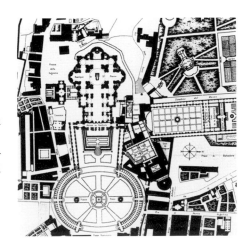

brachte zu Gehör, was sich in ihm musikalisch ereignete. Steigerten sich die Emotionen, machte Bernstein seine berühmten Luftsprünge, wurde die Musik traurig, ließ er die Arme hängen, und Tränen liefen über seine zerfurchten Wangen. Anschließend wischte er sich mit einem großen, weißen Taschentuch über das Gesicht. Der Dirigent als faszinierender, moderner Schamane!

Hingerissen von soviel Intensität, sprang das Publikum am Ende des Konzerts auf – wir mit –, und ein Bravo-Geschrei brach los, wie ich es nie wieder nach einem Konzert erlebt habe. Bernstein weinte gerührt vor Freude.

Die fernen Bernstein-Klänge im Ohr, betrete ich jetzt die Piazza San Pietro. Wie oft war ich schon hier, und wie oft gab ich mir Mühe, San Pietro in Vaticano, den Petersdom, Michelangelos Kuppel und den ovalen Platz davor, jene berühmte Raumschöpfung Berninis mit den gewaltigen Kolonnaden schön zu finden! Ich verstehe zwar die Gestik: Zwei steinerne Arme wollen mich freudig in Empfang nehmen, aber ich empfinde diese Geste auch heute – wie jedesmal, wenn ich hierherkomme – als aggressiv und autoritär. Plötzlich erscheinen mir die Kolonnaden wie Zangen und der ganze Platz als riesige Falle. Kaum bin ich eingetreten, schließen sich die Zangenbügel vielleicht, zerquetschen mich mit einem knackig kurzen Griff, schieben mich gierig in das offenstehende Maul-Portal, hinein in den monumentalen Dom-Magen, wo ich, bespritzt mit ätzenden Weihwassersekreten und eingenebelt in zersetzende Gase, langsam von der katholischen Kirche verdaut werde.

Mutig und mit dem Gedanken, daß ich wahrscheinlich nicht so schmackhaft bin wie eine Auster, ein gekochter Lobster oder ein Heiliger, gehe ich weiter und stelle mich in die Mitte des Platzes zu dem Obelisken, die hier aufragt wie der Zeiger einer riesigen, uralten Sonnenuhr. Wie benommen drehe ich mich um die eigene Achse, blinzle gegen das Sonnenlicht an, drehe mich geblendet weiter und beginne in einem beinahe verzweifelten Anfall von Genauigkeit, die Säulen und die Figuren auf den Simsen ringsum zu zählen: Es sind genau 140! Säule, Sims, Figur ... Säule, Sims, Figur ... Säule, Sims, Figur ... einhundertvierzigmal fast immer die gleiche Haltung, die gleiche Gestik. Sind es Jünger, Heilige, Märtyrer, Propheten, versteinerte Gläubige?

Von hier unten verschwimmen die Körper aus Travertin zu Silhouetten, die Gesichter bleiben für die nicht mit einem Fernglas bewaffneten Augen unidentifizierbar. Menschliche Figuren als ornamentaler Bauschmuck. Ein uraltes, wenn auch ziemlich absurd-surreales Thema! Im Reiseführer lese ich, daß der querliegende Platz 42 Meter lang und 196 Meter breit ist. Ich könnte mit meinen Schritten die Maße überprüfen, ziehe es jedoch vor, den Angaben zu vertrauen. Außer dem Obelisken, der hier an diesem Ort natürlich ein goldenes Kreuz als Bekrönung trägt, das in Wirklichkeit als Blitzableiter dient, stehen in den beiden Brennpunkten der Ellipse barocke Brunnen. Obelisken wurden früher häufig von Blitzen getroffen. Berühmt ist die Spaltung des Piazza-del-Popolo-Obelisken durch einen derartigen Vorfall!

Im Gegensatz zur langwierigen Baugeschichte des Petersdoms, hatte Gianlorenzo Bernini das Glück, die Piazza San Pietro innerhalb von drei Jahren – zwischen 1664 und 1667 – planen und bauen zu können. Dadurch wirkt sie heute so einheitlich und besitzt keine Störungen und Fehler. Während die Renaissance klare, einfache Formen und axial-symmetrische Ordnungen liebte, werden jetzt, im Zeitalter des Barock, manieristisch-raffinierte Kompositionen bevorzugt. Deswegen hat der Platz keine Kreisform, sondern ist zur Ellipse verzerrt, und deswegen liegt auch vor der Fassade des Doms keine Fläche in Form eines regelmäßigen, ruhigen Quadrats, sondern ein Trapez, das sich zum Dom hin perspektivisch verjüngt. Durch seine Größe wirkt die Platzfläche wie ein Open-Air-Theater. Erst bei den öffentlichen Auftritten des Papstes füllt sich die Fläche mit Menschen, und über Mikrophone erklingt dann die brüchig-alte Stimme des gerade amtierenden Kirchenfürsten: »... urbi et orbi ...«

Mein Blick schwenkt an den Säulenreihen, Brunnen und Touristen vorbei, hinüber zur Fassade des Doms. Während ich mich ihr langsam nähere, sehe ich Michelangelos Kuppel darüber schweben wie einen aufgehenden (oder untergehenden) Mond. Kühle Kirchenluft schlägt mir beim Betreten der gewaltigen religiösen Höhle entgegen. Mein Blick wird nach oben gerissen. Ich taumele. Schwindel. Schwindel. Viel Größeres läßt sich kaum denken: Monumentale Pfeiler, Säulen, Pilaster, Bögen und Kuppelmulden kreisen über mir wie von einem Orkan aufgewühlte architektonische Wellen. Der Raum will überwältigen. Beim Anblick des verkrümmten, extravaganten Baldachins, den ebenfalls Bernini für seinen Papst entworfen hat, denke ich an Schlangengezüngel. Zwischen vier aufgeblähten Boas (haben sie gerade ungläubige Antichristen verschlungen?) thront der Altar, unter dem tief in der Erde das Grab des Apostels Petrus liegen soll. Kaiser Konstantin ließ, wie man weiß, über seiner Begräbnisstätte eine Basilika errichten, die später beim Bau des jetzigen Petersdoms abgebrochen wurde. Ob sich das Grab des Apostels wirklich hier befindet, ist bis heute nicht geklärt.

Beim Herumwandern zwischen den Pfeilern und der Betrachtung von Nebenaltären, Heiligenfiguren und Beichtstühlen fällt mir Richard Wagners Tannhäuser ein, der nach Rom pilgert, um beim Papst Vergebung zu erbitten. Nur weil er sich im Venusberg der sinnlichen Liebe hingab, glaubt er, ein verdammter Sünder zu sein. Die Absolution wird ihm nicht erteilt. Als gebrochener Mann kehrt er in seine Heimat zurück, um dort zu sterben. Mit dieser Oper hat der heidnisch-pantheistische Musik-Erotiker Wagner gezeigt, wieviel menschen-, sinnen- und frauenfeindliches Potential in der christlichen Religion steckt.

Plötzlich stehe ich in einer Seitenkapelle vor Michelangelos *Pietà*. Sie rührt mich auch heute, obwohl ich es schon ziemlich absurd finde, daß Mutter und Sohn gleich alt dargestellt sind. Vielleicht ist diese surreale Zeitverschiebung in Wirklichkeit eine Meditation über »Zeit« und »Gleichzeitigkeit« allgemein, wer weiß? Heute, im Zeitalter der Photographie und des Films, sind solche Gegenüberstellungen (im Bild) für uns nichts Ungewöhnliches mehr.

Seit ein Geistesgestörter 1972 auf die *Pietà* einschlug, wird sie durch eine Panzerglasscheibe geschützt. Vom einstigen Attentat ist heute nichts mehr zu sehen, alle Spuren wurden beseitigt, die Skulptur perfekt restauriert.

Natürlich bin ich vor 20 Jahren mit dem Aufzug auch auf das Dach des Petersdoms hinaufgefahren und habe Michelangelos Domkuppel aus der Nähe betrachtet. Vor allem faszinierte mich die raffinierte Zweischaligkeit der Konstruktion, die Brunelleschi beim Florentiner Dom erfunden hatte. Daß es hier oben auf der Dachterrasse, neben aller Architekturkunst sogar eine Toilettenanlage gibt – vielleicht die heiligste in der ganzen Stadt –, fand ich bemerkenswert.

Während ich den Dom wieder verlasse und auf die Stadt zustrebe, fällt mir ein, daß ich 1981 zusammen mit Verena, die einige Wochen lang bei mir in der Villa Massimo wohnte, eine Papst-Audienz besuchen konnte. Frau Dr. Wolken hatte uns eine Einladung zu dieser wöchentlich stattfindenden Veranstaltung besorgt. Sie fand in einem eigens dafür gebauten modernen Saal auf dem Vatikangelände statt. Damals befand sich Karol Woytila auf dem Höhepunkt seines Ruhmes. Sein Reisefieber hatte ihn in der ganzen Welt populär gemacht. Als er leibhaftig den Saal betrat, tobte das anwesende Publikum, Applaus und hysterische Schreie erfüllten den Raum, als sei Mick Jagger mit seinen »Rolling Stones« auf der Bühne erschienen.

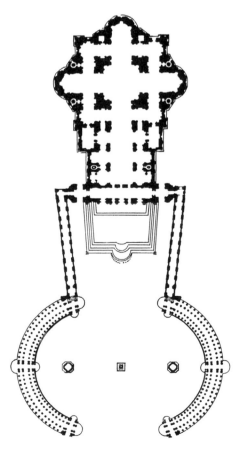

Der Papst ging langsam auf den roten, in der Mittelachse des Saales leicht erhöht stehenden Thronsessel zu, setzte sich in aller Ruhe, zupfte seinen weißen, seidenglänzenden Umhang zurecht und begrüßte dann mit leiser Stimme, die über ein Mikrophon verstärkt war, umständlich und langwierig alle anwesenden Gruppen. Aufjohlen und Kreischen war die Antwort aus dem Saal. Besonders witzig benahm sich eine Nonnen-Formation aus Amerika, die sofort nach ihrer Nennung Fahnen schwenkte und einen Choral anstimmte. Habe ich unter ihnen nicht Whoopi Goldberg entdeckt? Der Heilige Vater bedankte sich brav und verschmitzt. Eine leichte, sympathisch wirkende Ironie begleitete alle seine Äußerungen, Gesten und Handlungen. Ich hatte den Eindruck, daß er als idealer Selbstdarsteller das Bad in der Menge genoß.

Die Direktübertragungen seiner Sterbetage und der Moment des Todes, nachts, als das Licht seines Fensters im Vatikan gelöscht wurde, rührte die ganze Welt. Auch ich konnte mich der Wirkung dieser öffentlichen Sterbeinszenierung, die ich am Fernsehgerät in Attenweiler erlebte, nicht entziehen.

Langsam schlendere ich zum Hotel zurück. Ja, denke ich, wenn ich im 19. Jahrhundert gelebt hätte, wäre für mich Rom bestimmt eine wichtige Stadt gewesen. Hier hätte ich Vorbilder für meine kommenden Architekturentwürfe gefunden. Aber heute, am Ende des 20. Jahrhunderts, empfinde ich mein römisches Stadtwissen, meine Erinnerungsablagerungen eher als lästig: Was soll ich mit all den ruinösen Klassizismen und Barockformationen in meinem Bewußtsein anfangen? Schon dem zynischen Spötter Mark Twain gingen Antike und Renaissance auf die Nerven. Ende des 19. Jahrhunderts schrieb er während einer Italienreise:

»Ist denn hier alles von Michelangelo entworfen, die Stadt, die Landschaft, der Tiber und der Comer See?«

Um den penetrant vergangenheitslastigen Orten und Plätzen Roms zu entkommen, machten wir bei meinem zweiten Aufenthalt in der Villa Massimo, als ich ein Auto dabeihatte, oft Ausflüge in die Umgebung Roms, an den Braccianer See, nach Tivoli oder nach Ostia ans Meer. Da die meisten Stipendiaten kein Auto besaßen, war es kein Problem, Begleitung zu finden. Jeder war dankbar, dem unzeitgemäßen Gefängnis zu entfliehen.

Der Schriftsteller Peter Eigner bevorzugte zusammen mit seiner zauberhaften französischen Freundin Francine den FKK-Strand, der einige Kilometer südlich von Ostia lag. Peter, der mehrere Romane bei Rowohlt veröffentlicht hatte, war ein bulliger, leicht französisch aussehender Typ mit Schnauzbart, der gern aß und trank. Daß Francine in Paris als Polizisten-Prostituierte arbeitete, konnte ich eigentlich nie recht glauben. Aber sie erzählte in ihrem charmant-gebrochenen Deutsch immer wieder davon und schwärmte geradezu von ihrem Beruf. Peter sprach sie, nachdem er erfuhr, daß er das Villa-Massimo-Stipendium gewonnen hatte, in Paris, wo er seit einigen Jahren lebte, auf der Straße als völlig Fremde an und bat sie, ihn nach Rom zu begleiten. Sie stimmte sofort zu. Schon erstaunlich, was es alles gibt.

Thomas Kaminski, der abstrakte Struktur-Maler, bevorzugte den Albaner See. Dort stand an einem lauschigen Ufer-Parkplatz eine romantische Restaurantbude, halb Wohnwagen, halb Villino, in der ein lustiger, dickbäuchiger Wirt Spanferkel über dem offenen Feuer so lange drehte, bis sie jene dunkelbraune, knusprige Färbung annahmen, die uns allen so gefiel und schmeckte. Während des abendlichen Essens sahen wir oben auf dem Berg die päpstliche Sommerresidenz Castel Gandolfo im Sonnenuntergang verglühen.

Die Fahrt nach Tivoli und der Besuch der Villa d' Este gehörte zu meinen Klassikern. Ich weiß nicht mehr, wie oft ich mit Besuchern und Gästen anderer Stipendiaten dorthin gefahren bin. Die Strecke kannte ich fast im Schlaf. Vor allem ein nächtlicher Spaziergang, vorbei an den festlich beleuchteten Springbrunnen, Kaskadenwänden, Wasserfällen, Teichen und Seebecken, ließ sich nicht mehr steigern. Plötzlich spielte auch das Alter der Anlage keine Rolle mehr, sie schien uns allen so zeitlos schön wie Franz Liszts Klavierkomposition *Im Garten der Villa d' Este*, die ich damals für mich entdeckte. Auf dem Parkplatz in Tivoli, in der Nähe der Gärten, hatten wir uns im Laufe der Zeit mit einem skurrilen, armen, selbsternannten Parkplatzwächter angefreundet. Immer, wenn wir kamen, tauchte er schlürfend auf und winkte uns mit spärlichen, etwas müden Gesten in eine leere Parklücke ein. Ich versuchte dann ein Gespräch mit ihm, aber die wenigen Worte, die aus seinem alten, fast zahnlosen Mund herauskamen, waren schwer verständlich. Ich ahnte, daß er in einem Bretterverschlag an der Gartenmauer, hinter vertrockneten Blättern und Müll lebte. Für den kleinen Geldbetrag, den ich ihm jedesmal gab, bedankte er sich überglücklich. Als ich gegen Ende meines Aufenthalts in Rom, kurz vor der Rückfahrt nach Deutschland, mein Auto ein letztes Mal bei ihm abstellte und ihm mitteilte, daß ich nicht wiederkäme, brach der alte Mann in Tränen aus. Gerührt und von Mitleid überwältigt, standen wir um ihn herum und versuchten, ihn zu trösten. Alle mußten wir jetzt mit den Tränen kämpfen. Das ist Italien, wie ich es liebe!

Warum ich jetzt an das Kino denke, das in der Nähe der Villa Massimo in der Viale delle Province lag, kann ich nicht genau sagen. Gedanken und Erinnerungen kommen und gehen, wie sie wollen, wir haben nur bedingt Einfluß auf ihr Erscheinen und Verschwinden.

Da es in den Atelierhäusern der Villa Massimo keine Fernseher gab, ging ich manchmal in dieses Kino, um mir irgendwelche Filme anzuschauen, deren Handlungen ich – wegen meiner mangelnden Sprachkenntnisse – kaum verstand. Es war ein Kino, wie es Federico Fellini gefallen hätte. Die Besucher redeten laut und rauchten, was das Zeug hielt, Kinder spielten auf den Gängen, Mütter gaben ihre Anweisungen. Manchmal stritt sich ein Paar lautstark, ganz wie in einem Fellini-Film. Eine Besonderheit des Kinosaals bestand darin, daß man im Sommer das Dach wie bei einem Cabrio auffahren konnte. Durch das Deckenloch zog der Rauch ab, und ich konnte die Sterne und den Mond sehen. Meist wurden irgendwelche Trivialfilme – Liebesschnulzen, Ehedramen, Krimis oder Abenteuergeschichten – gezeigt. Nie Fellini, ganz zu schweigen von Antonioni. Eine ähnliche Stimmung herrschte auch bei den sommerlichen Freilicht-Filmaufführungen am Kolosseum, die ich ebenfalls gern besuchte. Plötzlich erschien das antike Ungeheuer, diese »Blutschüssel«, in einem ganz anderen Licht. Die gesamte Via di San Gregorio, die von Süden auf das Kolosseum zuführt, war dann für den Verkehr gesperrt und mit Stuhlreihen gefüllt. Eine riesige, weiße Leinwand spannte sich quer über die Straße wie ein großes Segel. In Gedanken sah ich uns vom Boden abheben und davonschweben, aber die berühmte Stimme des unverletzlichen, englischen Geheimagenten hielt mich zurück am Boden: »... My name is Bond, James Bond ...«

Meine Rom-Erinnerungen sprudeln weiter (vielleicht komme ich wegen James Bond darauf): Eines Tages, während meines ersten Rom-Aufenthalts, 1976, rief mich Frau Dr. Wolken an und sagte: »Gerade hat mich die saudische Botschaft angerufen und gefragt, ob wir einen Architekten als Stipendiaten hätten. Sie sind doch auch Architekt?«

Ich darauf: »Ja, das stimmt!«

Sie weiter: »Sind Sie bereit, einen saudischen Besucher zu empfangen, der ein gewisses Anliegen hat, über das ich allerdings nicht genau Bescheid weiß?«

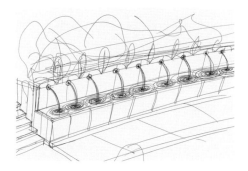

Ich: »Ich bin nicht sicher ... eher nicht ... Oder, warten Sie mal, warum eigentlich nicht? Vielleicht wird es ganz interessant. Eigentlich bin ich ganz neugierig darauf. Wann soll das sein?«

Sie: »Jetzt gleich, in einer Stunde.«

Ich: »Gut, ich werde da sein.«

Ich legte den Hörer auf und ging etwas nervös im Atelier auf und ab. Über mir dieses riesige Glasfenster, das mich seit Wochen deprimierte.

Tatsächlich klingelte es nach einer Stunde an meiner Tür, und ich ließ einen seriösen, mit dunklem Anzug, weißem Hemd und dezenter Krawatte bekleideten Herrn ein. Der Herr verbeugte sich:

»Gestatten, daß ich mich vorstelle: Ich bin Mister Bensuri, Diplomat im Dienste des Saudischen Königshauses.«

Ich: »Bitte setzen Sie sich.«

Irgendwie kam mir sein Auftritt kabarettistisch vor. Wahrscheinlich, dachte ich, ist das ein Hochstapler, vielleicht ein Betrüger, wer weiß.

»Darf ich Ihnen etwas zu trinken anbieten?« Ohne die Antwort abzuwarten, holte ich Mineralwasser aus dem Kühlschrank und stellte Flasche und Glas vor den seltsamen Gast auf den etwas zu niedrigen Ateliertisch. Draußen herrschte mal wieder diese dumpfe, lastende Sommerhitze, die jede Bewegung im Freien und in der Stadt zur Qual werden ließ.

Der Herr nahm einen kleinen Schluck, setzte sich aufrecht in den Sessel und begann mit seiner Ansprache in einer Mischung aus Deutsch und Englisch:

»We are planning in Riad ... einen Zoo und suchen for that einen Planer ... May you help us, and können ... Sie so etwas für uns übernehmen?«

Jetzt war ich mir sicher: Der Mann wollte mich auf den Arm nehmen. Wieso kam er überhaupt hierher?! Ich überlegte kurz und antwortete dann ironisch:

»Ja, gerne. Gibt es schon Vorstellungen darüber? Wir könnten doch ein Giraffenhaus in Form des Ulmer Münsters errichten. Kennen Sie diese Kirche?«
Etwas konsterniert schaute mich der vornehme Herr an und antwortete: »Yes, ich habe davon gehört.«

Plötzlich merkte ich, daß er unruhig wurde. Nach wenigen Sekunden fuhr er fort:

»There is also a project for a ... einer Verschattungsanlage. We need ... dafür riesige Zelte, die sich öffnen und schließen können.«

Ich: »Das wäre etwas für Professor Frei Otto in Stuttgart.« Er: »Yes, ich habe von ihm gehört. But I need ... a design dafür.«

Ich zeigte ihm einige meiner Zeichnungen, worauf der Diplomat immer schweigsamer wurde. Natürlich hätte ich gern gewußt, was ihm durch den Kopf ging. Plötzlich stand er auf, verabschiedete sich abrupt – so, als habe er seinen Fehler erkannt – , entschuldigte sich, verbeugte sich mehrfach, strebte der Tür zu und verschwand. Ich habe nie mehr etwas von ihm gehört. Bis heute weiß ich nicht, ob der Diplomat einen wirklichen Auftrag für mich in der Tasche hatte oder nicht. Die Szene bleibt mir rätselhaft. Würde ich sie jetzt noch einmal erleben, nähme ich sie ernster.

An jenem Abend brach ein höllisches Gewitter los. Ich saß die halbe Nacht im Atelier und sah mir die Blitze durch das große Fenster an. Immer wieder peitschten Sturmböen die Zypressen in eine bedrohliche Schräglage. Regen prasselte mit solcher Wucht auf die schrägen Glasflächen, daß ich manchmal befürchtete, das Glas würde zerbrechen. Ich malte mir aus, wie eine Zypresse auf mein Atelier stürzt, Mauern zertrümmert und mich unter sich begräbt. Aber nichts dergleichen geschah. Zypressen, Mauern und Gläser hielten den Naturgewalten stand.

Rom, 21. Februar 1995

Der Himmel hat sich bewölkt, nicht so stark wie damals bei jenem Gewitter, eher in angenehm-dezentem Grau. Am Nachmittag werde ich nach Deutschland zurückfliegen. Es stehen keine Termine mehr an, und ich frage mich, wo ich heute noch hingehen soll? Erst im April, wenn der größte Teil meiner Ausstellungsarchitektur im Palazzo dell' Esposizioni aufgebaut ist, werde ich zurückkommen. Zunächst setze ich mich an meinen Tisch im Hotelzimmer und schreibe.

Manchmal gehört es zu den schönsten Momenten mitten in einer fremden Stadt, zu sitzen, umgeben von tapezierten Hotelzimmerwänden, und nicht hinauszugehen auf die Straßen, sich zu verweigern. Ich drehe den Stuhl in Richtung Fenster, öffne einen Flügel und höre mir das lärmige Brodeln aus der Ferne an. Jetzt ist es an der Zeit, denke ich, diese Verweigerung, wenn auch nur für eine Stunde, auszuleben. Mein Blick kreist über die Wände, registriert die dort hängenden Bilder und bleibt am Fensterausschnitt hängen. Nach kurzer Zeit schließe ich die Augen und lausche dem Hörspiel, das die Stadt Rom zum Thema hat. Es dauert nur wenige, untätige, ganz dem Hören gewidmete Sekunden, und schon tauchen sie wieder auf, die Erinnerungsbilder und fast vergessenen Szenen, die sich in Rom ereignet haben.

Eines Tages, es muß im Sommer 1981 gewesen sein, klingelte mein Atelier-Telefon, und Frau Dr. Wolken kündigte einen Journalisten der *Süddeutschen Zeitung* an, der ein Interview mit mir machen wolle, wie sie sagte. Nachdem ich etwas widerwillig zugestimmt hatte, erschien der Mann. Er war so jung, daß mir die Sache wieder etwas suspekt vorkam. Nach einigen Fragen gab der Besucher zu, daß er Kunstgeschichtsstudent in München sei und versuchen wolle, dieses Interview an die Zeitung zu verkaufen. Na ja, immerhin war er ehrlich.

Frager: »Sie sind jetzt bereits vier Monate in Rom, wie gefällt es Ihnen in der ewigen Stadt?«

Ich: »Manchmal fühle ich mich hier fehl am Platz.«

Frager: »Beschreiben Sie mir bitte Ihr Rom-Gefühl genauer.«

Ich: »Im Grunde ist Rom für mich eine apokalyptische Stadt. Hier geht alles unter, nichts Neues entsteht. Die Stadt stellt sich mir als riesiger Friedhof dar, mit aufgerissenen Gräbern, freigelegten Skeletten, Haus- und Kirchenruinen. Die heutigen Menschen leben darin wie Zombies, die meine Phantasie bedrängen wie in einem Alptraum. Rom, ein antikes Hiroshima, nur ereignete sich der Atomschlag über Jahrhunderte. Die Stadt verwest still vor sich hin.«

Frager: »Sie steigern sich ja in die Beschreibung einer Höllenlandschaft hinein.«

Ich: »Warum nicht? Gibt es ein bigotteres Land? Abends sehe ich bei der Rückkehr aus der Stadt die Liebespaare in den kleinen Fiats. Wahrscheinlich wurde die Hälfte der italienischen Bevölkerung in Cinquecentos gezeugt, weil zu Hause die Mammas auf die angeblich guten Sitten achten. Dazu die unzähligen Kleinkriminellen, die Taschendiebe und die Mafia und ...«

Frager: »Das kann ich an keine Zeitung verkaufen. Haben Sie nichts Positives?«

Ich: »Warum bin ich hier? Soll ich wieder bauen wie Michelangelo, Sansovino, Bernini, Borromini oder Palladio? Soll ich wieder zeichnen wie Piranesi? Soll ich künstliche Ruinen errichten oder Gärten anlegen?«

Frager: »Ich sehe hier im Atelier einige Parkentwürfe herumliegen.«

Ich: »Ja, das ist mein aktuelles Thema.«

Frager: »Ist das nicht eher etwas für alte Omas und Spießer?«

Ich: »Das dachte ich früher auch. Jetzt sehe ich darin Zukunftsperspektiven.

Mich faszinieren die Parkprogramme und Geschichten, die sich Architekten und Künstler früher dafür ausgedacht haben. Also hat mein Romaufenthalt doch einen Sinn, oder?«

Frager: »Sind es nicht immer die gleichen Geschichten aus Mythologie und Religion?«

Ich: »Genau, es sind immer die gleichen, wie in Hollywood auch. Aber seit dem 15. Jahrhundert überwiegen die heidnisch-mythologischen gegenüber den religiösen Themen, die es vorher gab. Das interessiert mich.«

Frager: »Was ist daran aktuell?«

Ich: »Man muß die Geschichten weiterdenken und Themen für heute entwickeln. Genauso wie bei Romanen, Drehbüchern, gemalten oder gebauten Dingen auch. Parks haben den Vorteil, daß man sie bei einem Spaziergang durchwandern kann, ich meine, man ruht dabei nicht passiv im Zuschauersessel. Beim Herumgehen setzen sich mögliche Szenen und Bilder im Einklang oder im Kontrast mit Landschafts- und Naturelementen zusammen, bilden eine Einheit und zerfallen wieder, nachdem man die Zone passiert hat.«

Frager: »Sehr spannend, so etwas interessiert unsere Leser bestimmt. Ich glaube, daraus kann ich etwas machen ... Danke für den Kaffee. Wo ist denn bei Ihnen der Entsafter?«

Das war die letzte Frage des Studenten, der den Journalisten spielte. Nachdem er meine Toilette benutzt hatte, entschwand er auf Nimmerwiedersehen. Ich glaube nicht, daß das Interview je erschienen ist.

Nach dem Schreiben packe ich meinen Koffer, checke an der Hotelrezeption bei einem sehr vornehmen, leicht arroganten Herrn an der Kasse aus, deponiere mein Gepäck und schlendere zur Stazione Termini hinüber. Auf dem Weg schaue ich, ob es heute eine Vorstellung im Opernhaus gibt, aber wie fast immer findet keine statt. Das Ankündigungsfeld neben dem Haupteingang blickt mich leer und trostlos an. Eine Reihe von angeschimmelten Reißnägeln umschlängelt das freie Mittelfeld wie eine Ameisenstraße. Kleinere Plakatreste unter den Nägeln wirken wie Blattfragmente, die von den Tieren gerade zernagt wurden.

Bei einem der kleinen fliegenden Händler am Straßenrand kaufe ich ein völlig überteuertes Kokosnuß-Stück, schaue mir danach die Auslagen der Bouquinisten an, erwerbe ein Buch über die römischen Katakomben, betrachte noch eine Weile das Kommen und Gehen in der zeitlos schönen Stazione Termini und kehre in mein Hotel zurück.

Lange habe ich meine Stadt-Verweigerung nicht durchgehalten. Heute wird mich der Fahrer von Herrn Neumann nicht mehr abholen, dieses Privileg gab es nur bei der ersten und zweiten Ankunft. Danach mußte ich für mich selbst sorgen. Ich bestelle mir ein Taxi und lasse mich zum Flughafen hinausfahren.

Venedig

Venedig, 10. September 1996

Leider fliegt die Maschine aus München keinen großen Bogen über die Laguna und den Golfo di Venezia. Statt dessen zieht unter uns das trostlose Industrie-Gewürfel von Mestre vorüber, mit düster vor sich hin schmauchenden Schornsteinen, lieblosen Fabrikblöcken und metallisch-glänzenden Umspannanlagen. Auf den Straßenbändern, die an den organisch geformten, von oben wie Gewebe-Querschnitte aussehenden Wasserfeldern der Laguna hinziehen, herrscht reger Autoverkehr.

Während des Sinkflugs erkenne ich in der Ferne die roten Ziegeldächer Venedigs und die zahlreichen Kirchtürme, die aus dem Stadtkörper hervorstechen wie Markierungen eines wissenschaftlichen Experiments, rings um die Stadt die polierte, spiegelglänzende Wasserfläche.

Schon bei diesem ersten Blick von oben wird dem Besucher die Einmaligkeit der Lage bewußt: eine bebaute Insel, im Meer schwimmend wie eine Fata Morgana, ideal als Hauptstadt der Gondeln, Masken, Geheimtüren, der erotischen Ausschweifungen und Vergnügungen, der Zauberpaläste und architektonischen Untergangsspiele. Natürlich hätte ich auch mit dem Zug oder mit dem Auto anreisen und mich über die lange Zubringerbrücke, die den temperamentvollen Namen Ponte della Libertà trägt, annähern können. Aber ich denke, die Entscheidung für das Flugzeug war richtig. Die einzig wahre Alternative wäre das Schiff gewesen, aber dafür fehlen mir Zeit und Muße.

Nach der Landung auf dem Flughafen Marco Polo am Nordrand der Laguna und der Erlösung des Gepäcks aus der Anonymität der Förderbandschleife, schlendere ich an den kritisch blickenden Zollbeamten vorbei zum Hafenbecken, das direkt neben der Ankunftshalle liegt. An der Mole warten schaukelnd Taxi-Schiffe und kleine Fährboot-Busse. Ich wähle eine Linie aus, die den Markusplatz zum Ziel hat. Um mich herum laut lachende Touristen, die mit riesigen Koffern und Rucksäcken bewaffnet über Stadtplänen grübeln, wahrscheinlich auf der Suche nach der genauen Lage ihrer Hotels. Ich quetsche mich mit meiner Tasche dazwischen und finde sogar noch einen freien Sitzplatz. Englische, schwedische, tschechische, spanische, arabische, japanische, russische und französische Satzfetzen. Manchmal kann ich ein Wort verstehen, der Rest bleibt internationales, globales Gemurmel.

Nach kurzem Tuten der Schiffssirene wirft der Kapitän seinen dröhnend-tuckernden Dieselmotor an und gibt Gas. Kaum haben wir das Ufer verlassen – es versinkt hinter uns in der blauen, so romantisch aussehenden Dieselrauchwolke – stellt sich bei mir ein Gefühl von Freiheit und Glück ein, das mich immer dann befällt, wenn mir frischer Seewind ins Gesicht bläst. Das tanzende Glitzern der Sonnenreflexe auf den kleinen, kurzen Wellen wirkt auf mich wie eine Erlösung, plötzlich erscheint mir das Leben so leicht, wie der mühelose Flug der Möwen, die das Boot bis in die Stadt hinein begleiten, dabei ihre kleinen Köpfe hin und her wenden und neugierig jede Bewegung der Passagiere beobachten. Mein Blick fällt auf die weiße Gischtlinie, die am Bug mit einem Keil beginnt und sich nach einiger Zeit in parallele Wellenlinien auflöst, die immer niedriger werdend, den Ufern vereinzelt auftauchender Inseln, Vorboten der eigentlichen Stadt, zustreben.

Dort sehe ich die ersten italienischen Wohnhäuser, alt, mit feuchtem, abplatzendem Putz, von Weinranken umwuchert. Murano, die Glasbläserinsel, einst hierher verlegt, weil ständig lodernde Feuer immer wieder Brände in der Stadt ausgelöst hatten, Vignole und Sant'Erasmo, die Gemüseinseln, Lazzaretto Nuovo, die ehemalige Quarantänestation, Torcello und Burgano. Kleine schwimmende Siedlungen, Miniatur-Venedigs, Klone der berühmten Stadt.

Aus Gärten und Innenhöfen quellen sommerlich grüne Baumkronen. An manchen Blätterspitzen allerdings zeigen sich bereits gelbe Verfärbungen, der Herbst ist nicht mehr fern.

Wir umschippern die Giardini Pubblici. Hinter Zypressen und Pinien erkenne ich den deutschen, daneben den japanischen und gegenüber den französischen Biennale-Pavillon. Dorthin werde ich morgen gehen, um den Aufbau unserer Ausstellungsarchitektur zu überwachen. Als mein Blick auf den Lido fällt, der mit seiner langgestreckten Form die freie Sicht hinaus auf das Adriatische Meer verdeckt, denke ich kurz an Gustav von Aschenbach, jenen gescheiterten, todkranken Schriftsteller, den Thomas Mann in seiner Novelle *Tod in Venedig,* mit dem Schiff aus Triest kommend, in die Stadt einfahren läßt.

Natürlich ist Venedig auch eine Stadt zum Sterben, eine faulende Friedhofsinsel, ein Böcklinsches Jenseitstor, aber heute will ich davon nichts wissen und versuche, die Melancholie, die fast jeden Besucher beim Anblick der eigentlichen Stadtsilhouette befällt, zu verscheuchen und die einmalige städtebauliche Schönheit zu genießen. Venedig ist ein urbanistisches Wunder, ein Realität gewordener Traum, Stadtverklärung und Stadtverirrung in einem. Jede andere städtische Ansammlung der Welt verkümmert daneben zum häßlich-banalen Steinhaufen.

Plötzlich fällt mir auf, daß alle Touristen um mich herum verstummt sind, kein polyglottes Gemurmel mehr, nur hin und wieder das leise Surren von Kameras und das Aufhellen von Blitzlichtern. Staunend und atemlos starren fast alle das Wunder an. Schließlich erreichen wir, von kollektivem Blickrausch benommen, die Piazzetta mit dem Palazzo Ducale, dem Dogenpalast, und die Libreria Sansoviniana. Über die schwankenden Holzplanken des Zugangsstegs betrete ich festen Märchenboden. Heute, da ich die Disney-Worlds, Epcot und Las Vegas kenne, kommt mir der weltberühmte Platz wie eine Vorformulierung aktueller Vergnügungsstadt-Bühnenbilder vor. Geschädigt und erschöpft von nicht enden wollender Häßlichkeit, die unsere heutigen Städte beherrscht, atme ich tief durch und bin mir sicher: Architektonische Schönheit ist möglich, Venedig schwimmt als Beweis durch unser Bewußtsein, bleibt das nicht zu überbietende Vergleichsbild.

Als Architekt, Landschaftsgestalter und Bühnenbildner des 20.Jahrhunderts (und 21.Jahrhunderts) kann ich hier nur mit staunend-offenem Mund und bewundernd-weit aufgerissenen Augen dastehen. Schon der Bodenbelag der Piazzetta aus Natursteinplatten mit den breiten weiß eingelegten Linienmustern ist hinreißend gestaltet. Wo in der Welt gibt es ähnliche Situationen?

Nach Süden öffnet sich der Platz direkt zum Bacino di San Marco, hier, an der steinernen Mole, schaukeln schwarz lackierte Gondeln an gestriften Masten unruhig auf und ab. Ihre Bewegungen erinnern daran, daß sie lieber draußen über das Wasser gleiten würden, als gefesselt an diesem Ort zu verharren.

Ich habe Glück, daß es heute nicht regnet, die Sonne von einem blauen Himmel herunterscheint und die Palladio-Kirche San Giorgio Maggiore, die einige 100 Meter von der Piazzetta entfernt im Wasser des Bacino schwimmt, mit ihrem Licht so verklärt, als sei sie gerade frischgeboren aus den Fluten aufgetaucht. Die Plazierung der Kirche und ihres Campaniles ist genauso genial wie die der *Statue of Liberty* im New Yorker Hafenbecken.

Zwei Säulen ragen neben mir auf wie fremdartige Zeichen. Es sind weder Fahnen- noch Schiffsmasten, sondern hohe Sockel für zwei rätselhafte Objekte: Auf einer Säule hat sich ein geflügelter Löwe niedergelassen, auch er unruhig, fast zum Sprung in die Tiefe bereit; auf der zweiten Säule steht eine menschliche Figur, die von einem Krokodil begleitet wird. Natürlich haben beide Objekte symbolische Bedeutung: Der Löwe ist das Wappentier Venedigs (der Markus-Löwe), und die Figur gegenüber stellt den heiligen Theodor dar, der vor dem heiligen Markus Schutzpatron der Stadt war.

Sprachlos starre ich jetzt auf die Fassade des Dogenpalasts. Schon als ich ihn das erste Mal gesehen habe, erinnerte er mich an ein Märchenschloß aus Tausendundeiner Nacht. Ein seltsamer Bau: Der schwere, marmorne, weitgehend geschlossene Baukörper sitzt oben, die leichten, fast verspielten Säulenkolonnaden der Trägerzone liegen darunter. In die geometrische Flächen-Musterung der Fassade scheinen Morgenland und Abendland eingehäkelt worden zu sein. Auch die ornamentale Zinnenreihung auf dem Dach, die sich wie ein Scherenschnitt gegen den Himmel abzeichnet, kommt mir in ihrer Formensprache angenehm fremdartig vor. Geniales Flirren der Bedeutungsebenen und Wirkungskräfte.

Der Dogenpalast verkörperte das Machtzentrum des einstigen Stadtstaates. Nach seiner Wahl durfte der Doge, der hier wohnte und residierte, die Räume nur mit Zustimmung seines Rates verlassen und hatte sich ganz seiner Führungstätigkeit zu widmen. Das war ein Grund dafür, daß sich viele Adlige der Stadt davor fürchteten, zum Dogen gewählt zu werden.

Venedig war im Mittelalter einer der erfolgreichsten Stadtstaaten Europas. Hier trafen die staatseigenen Handelsschiffe aus dem nahen und fernen Osten ein, hier wurden die wertvollsten Stoffe, Brokat und Seide, und die begehrtesten Gewürze, Pfeffer und Muskat, verkauft. Ein imposanteres Bühnenbild für Schiffsankünfte und Staatsempfänge läßt sich nicht vorstellen. Daß am selben Ort, auf der Piazzetta, auch Märkte abgehalten und Glücksspiele veranstaltet wurden, spricht für den Realitätssinn der Venezianer. Die gelegentlichen Hinrichtungen, die zwischen den beiden Säulen durchgeführt wurden, sorgten für makabren Nervenkitzel. Schließlich gehörten sie früher zur allgemeinen Volksunterhaltung.

Langsam gehe ich weiter und betrete die Piazza San Marco. Unter dem am Knickpunkt der beiden Plätze aufragenden Campanile bleibe ich stehen und drehe mich um meine eigene Achse. Ich kann mich kaum satt sehen und bin glücklich, den berühmtesten Platz der Welt einmal wieder mit eigenen Augen zu sehen, mein Erinnerungsbild mit der Realität zu vergleichen.

Es gibt meiner Meinung nach zwei Extremisten unter den Städten der Welt: New York und Venedig. Beide liegen am Meer und haben oder hatten bedeutende Häfen. Eine Zeitlang dachte ich daran, ein Buch nur über diese beiden Städte zu schreiben. Daß New York heute ein wirtschaftlich-blühendes, kapitalistisch-aggressives, superreiches Weltzentrumsdasein beschieden ist und Venedig als leere, fast tote Stadthülle nur durch den Tourismus überlebt, gehört zu den allgemein bekannten Tatsachen. Unglaublicher Reichtum erlaubte es den Stadtführern Venedigs, der Welt zu beweisen, daß eine Lagunenstadt, gebaut auf Millionen kräftiger Eichenstämme, alle bisherigen Städte an Glanz und Illusion übertreffen kann. Natürlich waren die Kanäle von Amsterdam und Delft bekannt und berühmt, aber eine Stadt, deren Straßen fast alle aus Wasserflächen bestehen, hatte Europa bisher noch nicht gesehen.

Wie ein frühes Las Vegas zog die prachtvolle Traumstadt Lebemänner, Lebefrauen, Maler, Dichter und Komponisten an. Alle glaubten, hier das malerischste, inspirierendste und romantischste Lebensbühnenbild zu finden. Manche erinnerten sich daran, daß der legendärste aller Liebhaber – Giacomo Casanova – hier geboren wurde. Die qualvollen Monate im berüchtigten Bleikammergefängnis des Dogenpalasts, die er durchleiden mußte, paßten allerdings weniger in das festliche Bild, schon eher das Abenteuer seiner geglückten Flucht.

Nach Meinung aller Vergnügungssüchtigen drohte in Venedig kein langweiliger Alltag, keine öde Leere. Hier wurde rund um die Uhr gefeiert und gespielt (wie in Las Vegas). Das ganze Jahr über konnte man kostümiert und maskiert auf die Plätze und in die Cafés gehen, es wurde immer etwas geboten, von Empfängen, Festen, Bällen, Umzügen bis zu erotischen Orgien in vornehmen Etablissements. Um 1800 übten in der Lagunenstadt 20000 Kurtisanen ihr Gewerbe aus. Zur gleichen Zeit waren hier 130000 Einwohner registriert (einschließlich der Damen des horizontalen Gewerbes). Heute leben hier übrigens nur noch 60000 Einwohner, und es werden Jahr für Jahr weniger.

Bis zur Mitte des 19. Jahrhunderts gehörten die Venedig-Reisenden vor allem der europäischen Aristokratie an, danach mischte sich auch bürgerliches Publikum darunter. Auf der Hochzeitsreise verbrachten viele Paare in Venedig ihre erste gemeinsame Nacht im Ehebett eines Hotels. Manche bisher brav behütete Bürgerstochter – ich spreche vom ausgehenden 19. Jahrhundert – erfuhr in dieser Stadt, unaufgeklärt wie sie war, zum ersten Mal, was Sexualität in Wirklichkeit bedeutet und wie brutal Männer sein können.

Bei der Recherche für ein Buchprojekt, das den Vergleich der Städte Venedig und New York zum Thema haben sollte, sammelte ich jede Menge Material. Es gibt im Laufe der Jahrhunderte kaum einen berühmten Künstler, der nicht Venedig besucht hätte: Michel de Montaigne, Jean-Jacques Rousseau, Johann Wolfgang von Goethe, Lord Byron, Shelley, Henri Stendhal, George Sand und Alfred de Musset, Richard Wagner, Eleonora Duse und Gabriele d'Annunzio, Mark Twain, Henry James, Marcel Proust, Thomas Mann, Hermann Hesse, Boris Pasternak, Ernest Hemingway und Joseph Brodsky. Jeder äußerte sich zu Venedig, beschrieb seine Eindrücke und Erlebnisse. Man könnte eine ganze Bibliothek nur mit Büchern über Venedig-Impressionen zusammenstellen. Da mich die verschiedenen Sehweisen interessieren, ein für mich unerschöpfliches Thema.

Rousseau war hingerissen von italienischer Musik. Als er sich 1743 in Venedig aufhielt, besuchte er jeden Morgen eine Messe, nur um die bezaubernden Stimmen der Sängerinnen zu hören. Abends ließ er sich mit der Gondel ins Teatro San Crisostomo fahren und träumte, allein in einer Loge sitzend, von seinen zukünftigen Werken. Goethe wanderte beglückt durch die engen Gassen, blickte vom Lido hinaus aufs offene Mittelmeer, besuchte abends eines der venezianischen Theater und begeisterte sich für Stücke des Venezianers Goldoni. Den einzigen Makel der Stadt erkannte er im stinkenden Dreck, den er in vielen Gassen, auf Plätzen und Höfen liegen sah. Lord Byron verliebte sich gleich mehrfach in Venedig, nicht nur in die Stadt, sondern auch in diverse schöne Venezianerinnen.

Zusammen mit seinem Dichterfreund Shelley ließ er sich im Jahre 1818 mit dem Schiff Pferde auf den Lido bringen, und gemeinsam galoppierten sie über den damals noch leeren, 11 Kilometer langen Sandstrand. Auch als Schwimmer tat er sich hervor. Ein Wettschwimmen vom Lido zur Riva degli Schiavoni konnte er überlegen gewinnen. Alle Mitbewerber machten vorzeitig schlapp.

Richard Wagner verbrachte die letzten Monate seines Lebens, vom September 1882 bis zu seinem Tod am 13. Februar 1883, in einem der alten Palazzi am Canale Grande – dem Palazzo Vendramin-Calerghi. Vierzehn großzügige Räume standen dem Komponisten zur Verfügung, die er, immer fröstelnd, wahrscheinlich deswegen auswählte, weil das Gebäude über eine moderne Heizungsanlage verfügte. Ein romantischer Abschiedsort für ihn, aber auch sehr undeutsch. Keine seiner Opern spielt in Venedig. Die Ironie des Schicksals will es, daß heute im gleichen Palast das städtische Spielkasino und ein Nachtklub untergebracht sind!

Eigentlich könnte Venedig ein idealer Spielort für Opern sein. Aber in Wirklichkeit gibt es nicht viele Werke, die in dieser Stadt angesiedelt sind. Gioachino Rossinis *Otello* (*Otello, ossia il moro di Venezia*, 1816) gehört dazu, ganz wie es die Vorlage Shakespeares verlangt. Verdi und sein Librettist Boito hielten sich jedoch nicht daran, kürzten den Teil, der in Venedig vorgesehen war, und verlegten die Eifersuchtstragödie ganz auf die Insel Zypern.

Benjamin Brittens späte Oper *Death in Venice* habe ich noch nie gesehen und gehört. Vielleicht eignet sich die manchmal auch kitschige Traumstadt mehr als Schauplatz für Operetten, *Eine Nacht in Venedig* etwa oder *Hoffmanns Erzählungen* ...

Gondeln mit aufgetakelten Soubretten schippern durchs Bild, trällern ihre Arien, wiegen sich zu: »Schöne Nacht, oh Liebesnacht, sei unseren Träumen gewogen! ... Nacht, süßer als der Tag! ... Oh schöne Liebesnacht ...«

Verlangen, Verlangen ... die Sehnsucht treibt uns hierher, die Sehnsucht nach Liebe und Glück. Am Ende wird der Tod stehen ...

Eine verführerische Rheinnixe, die sich hierher verirrt hat, um eine Rolle in Bayreuth zu ergattern, versetzt den alten Wagner in seine letzte Aufwallung ... Ehefrau Cosima ertappt ihn ... Die Geliebte ist abgereist oder hat sich mit einem reichen italienischen Industriellen der Modebranche nach Mailand abgesetzt ... viele Endspiele mit operettenhaftem Flair sind denkbar ... Melodramen des Untergangs ...

Es verwundert nicht, daß die Impressionisten – allen voran Monet und Sisley – begeisterte Anhänger des venezianischen Lichtes waren. Sie stellten vor allem die nebulös-flaumigen Oberflächen der Lagunenstadt dar, wie es ihrer Weltanschauung entsprach, und übersahen dabei die melancholische Grundierung der Atmosphäre mit charmantem Optimismus. Diesen dekadent-depressiven Verfallsaspekt der Stadt arbeiteten dafür die Symbolisten und die von Natur aus zur Traurigkeit neigenden Lyriker heraus: Maurice Maeterlinck, Rainer Maria Rilke, Hugo von Hofmannsthal, Daphne du Maurier, Ezra Pound und Joseph Brodsky, von dem das folgende Zitat stammt: »... und zweitens eignet sich diese Stadt nicht als Museum, da sie selbst ein Kunstwerk ist, und zwar das größte Meisterwerk, das unsere Gattung hervorgebracht hat. Man erweckt ein Gemälde nicht zum Leben, geschweige denn eine Statue. Man läßt sie in Ruhe, man schützt sie vor Vandalen – zu deren Horden man durchaus selbst gehören mag.«

Wahrheitssuchende Philosophen dagegen entdeckten viel Fragwürdiges in der venezianischen Architektur. Georg Simmel formulierte 1907 seine Skepsis in einem Essay über den Canale Grande: »Jedes innerlich wahre Kunstwerk, so phantastisch und subjektiv es sei, spricht irgendeine Art und Weise aus, auf die das Leben möglich ist. Fährt man aber den Canale Grande entlang, so weiß man: wie das Leben auch sei – so jedenfalls kann es nicht sein.« Simmel glaubte in Venedig nur die »lügenhafte Schönheit der Maske« zu erkennen.

Mit dieser fragwürdigen Doppeldeutigkeit, dieser attrappenhaft-lügnerischen Todessüchtigkeit hatte Thomas Mann kein Problem. Im Gegenteil: Sie schien ihm das genau richtige Umfeld für seinen in Venedig sterbenden Helden Gustav von Aschenbach zu sein: »Die Atmosphäre der Stadt, diesen leis faulingen Geruch von Meer und Sumpf, den zu fliehen es ihn so sehr gedrängt hatte – er atmete ihn jetzt in tiefen, zärtlich schmerzlichen Zügen. War es möglich, daß er nicht gewußt, nicht bedacht hatte, wie sehr sein Herz an dem allem hing? ... Was er als so schwer erträglich, ja zuweilen als völlig unleidlich empfand, war offenbar der Gedanke, daß er Venedig nie wiedersehen solle, daß dies ein Abschied für immer sei. Denn da sich zum zweiten Male gezeigt hatte, daß die Stadt ihn krank mache, da er sie zum zweiten Male Hals über Kopf zu verlassen gezwungen war, so hatte er sie ja fortan als einen ihm unmöglichen und verbotenen Aufenthalt zu betrachten, dem er nicht gewachsen war und den wieder aufzusuchen sinnlos gewesen wäre ...«

Jahrzehnte später übersetzte der Regisseur Luchino Visconti den Text in grandiose Filmbilder. Aus dem Schriftsteller Gustav von Aschenbach war ein Komponist geworden, der die Züge Gustav Mahlers trägt. Elegische Klänge aus dessen Symphonien untermalen die melancholische Untergangsgeschichte.

Selbst ein so harter Mann wie Ernest Hemingway schwärmte von Venedig. Er schrieb hier Ende der 1940er Jahre bei einem längeren Aufenthalt den Roman *Über den Fluß und in die Wälder*, in dem seine – tatsächlich erlebte – Liebe zu einer jungen Venezianerin im Zentrum steht. »Es ist eine sonderbare, knifflige Stadt, und von irgendeinem zu einem anderen gegebenen Punkt zu gelangen, ist amüsanter als ein Kreuzworträtsel zu lösen ...«

Patricia Highsmith siedelte in Venedig eines ihrer schönsten Bücher an: *Venedig kann so kalt sein,* und heute benutzt Donna Leon die maroden Kanäle, Gassen und Plätze als Hintergrund für ihre Krimis.

Der vor kurzem gestorbene Maler Emilio Vedova verbrachte fast sein ganzes Leben in der Lagunenstadt, genauso wie der Komponist Luigi Nono. Ich werde später noch näher auf diese Künstler eingehen. Daß Igor Strawinski sich neben Sergej Diaghilew auf der venezianischen Friedhofsinsel, der Isola di San Michele, hat begraben lassen, obwohl er in New York gestorben ist, bleibt bemerkenswert. Was war der Grund? Die Stadt? Die Dankbarkeit gegenüber seinem alten Ballettfreund? Oder war er der Meinung, dieser Friedhof sei der weltweit schönste?

Mein Hotelzimmer hatte ich von Deutschland aus gebucht. Ein äußerst strenger, gelackter Empfangschef nimmt meine Personalien auf. Während er schreibt, betrachte ich einen Kronleuchter, der über ihm schwebt und sich in mehreren wandhohen, goldgerahmten Spiegeln vervielfältigt. Durch die Fenster der Eingangshalle sehe ich auf eine kleine Gondelversammlung hinaus. Die merkwürdigen, raubvogelartigen Bugverzierungen bewegen sich gegeneinander, wippen vor und zurück, schaukeln gleichzeitig hin und her – ganz so, als wollten sie ein Ballett aufführen. Nachdem ich mich Minuten später bei dem Empfangschef beschwere, weil das mir zugewiesene Zimmer direkt neben dem Aufzug liegt und für mich wegen der Geräuschbelästigungen nicht akzeptabel ist, verliert er kurz etwas von seiner Grandezza und händigt mir erst nach längerer Diskussion, fast widerwillig, einen anderen Schlüssel aus. Dieses Mal habe ich Glück. Der mir so wichtige Blick über die Dächer im fünften Stock ist tatsächlich – wie versprochen – großartig, außerdem kann ich sogar auf einen schmalen Balkon hinaustreten und in eine enge Gasse hinunterschauen. Wenn ich jetzt noch von Nachbargeräuschen, fremden Gesprächen und Fernsehgeplärr verschont bleibe, bin ich rundum zufrieden. Froh über diese Lösung, packe ich meine Sachen aus, lege mich aufs Bett und lasse meine Venedig-Gedanken treiben. Mein Arbeitstag in den Giardini beginnt erst morgen.

An der Wand des Hotelzimmers hängen einige gerahmte Schwarzweißphotos, die ein Venedig aus früheren Tagen zeigen. Gondolieri mit Strohhüten helfen korpulenten Damen beim Einsteigen in die wackligen, länglich-schmalen Schiffe. Daneben eine Gondelregatta, Frauen an einem Brunnen, im Hintergrund Fischer beim Netzeflicken, eine Prozession, badende Knaben – italienisches, in sich ruhendes Leben, einfach und selbstbewußt. Mein Blick saugt sich für eine Weile in jedes Bild hinein.

Gedankenverloren nehme ich Teil an längst untergegangenem Leben. Durch die offene Balkontür höre ich als Untermalung emsiges Fußgetrappel auf den Steinplatten, das aus der tief eingeschnittenen Gassenschlucht zu mir emporsteigt, dazu Gesprächsfetzen und manchmal lautes Frauenlachen.

Jeder hat seine eigene Venedig-Beziehungsgeschichte. Meine begann mit achtzehn, damals,1961, besuchte ich die Stadt zum ersten Mal. Ich hatte an Oskar Kokoschkas Salzburger Sommerakademie die Maler Franz Schwarz und Emilio Vedova kennengelernt. Mit Franz freundete ich mich an, er war etwas älter als ich, hatte gerade in Stuttgart sein Abitur bestanden und studierte seit kurzem an der Venezianer Kunstakademie. Am Ende des Sommers fuhren wir gemeinsam mit dem Zug von München aus über den Brenner in die Lagunenstadt. Ich konnte für wenig Geld im gleichen kühlen, feuchten Haus wie er wohnen. Eine alte, korpulente, immer in Schwarz gekleidete Frau betreute uns als Vermieterin und Wirtin. In ihrer Küche lief Tag und Nacht der Fernseher, daneben hatte sie eine Art Hauskapelle eingerichtet, die, wie die Laube in einem Pfarrhausgarten, mit einem Kranz künstlicher Efeublätter verziert war. Darunter stand eine bunte Madonnenfigur, spärlich beleuchtet von einem ewigen Licht, das seine Energie aus der Steckdose bezog. Ich war mir sicher, daß sie sich, sobald wir die Küche verlassen hatten, auf das primitive Querbrett vor dem Altar kniete, einen Rosenkranz nach dem anderen für ihren verstorbenen Mann betete und daneben aus den Augenwinkeln das Unterhaltungsprogramm im Fernsehen verfolgte. Im ganzen Haus roch es immer nach Spaghetti und Weihrauch, typisch italienisch eben.

Eines Tages besuchten wir Emilio Vedova, den italienischen Jackson Pollock, in seinem Kirchen-Atelier und bewunderten die wilden, abstrakten Gemälde des eigenwilligen Mannes, der mit seinem wehenden Vollbart aussah wie Rübezahl. Er behandelte seine Leinwände, die aussahen wie nervös-expressive Aufzeichnungen von Gefechtsereignissen, als dreidimensionale Objekte und baute aus ihnen Zelte, Häuser, Türme und manchmal ganze Städte. Vielleicht, dachte ich beim Anblick der zerstückelten Farboberflächen, geben die Bilder auch das Reflexionschaos spiegelnder Sonnenstrahlen auf dem Wasser wieder, nachdem ein Rennboot durch den Canale Grande gerast war.

Mit meinem Freund Franz, der ein Jahr später das Studium der Malerei aufgab und zur Medizin überwechselte, erwanderte ich damals die ganze Stadt. Uns interessierten vor allem die venezianischen Maler der Vergangenheit. Gemeinsam begeisterten wir uns für Carpaccio, Giorgione, Bellini, Tizian, Tintoretto, Tiepolo und Guardi. Stundenlang saßen wir vor Gemälden in der Galleria dell'Accademia und studierten jedes Detail. Mir hatten es vor allem die Bilderzählungen Carpaccios angetan, Franz war ein Anhänger Tizians. Damals spielte ich noch mit dem Gedanken, Maler zu werden. Die Architektur interessierte mich zwar auch schon, sie kam mir jedoch zu eindeutig und konkret vor. Das Zwischenreich des Entwurfs, der Zeichnung, des Noch-Nicht fesselte mich mehr.

Venedig stand am Anfang. Ich glaube, daß ich mir deswegen bis heute, bei allen Architekturen, Objekten und Räumen, die ich entwerfe, immer eine spiegelnde Wasserfläche davor denke – mein Venedig-Effekt, den ich bisher selten in die Realität übersetzen konnte.

Gegen Abend saßen wir oft mit Kunststudenten aus Amerika, Frankreich und Spanien, alles Kommilitonen von Franz, diskutierend, in den Cafés der Fondamenta Zattere herum. Uns gegenüber, auf der anderen Seite des Canale spiegelte sich die Isola della Giudecca im Wasser. Mit einer spanischen Kunststudentin – einer Malerin – freundeten wir uns damals an. Ein Jahr später besuchten wir sie in Madrid; diese Stadt stand auf meiner Wunschliste ganz oben, schon wegen Goya, den ich von allen Künstlern, neben Picasso, am meisten verehrte und verehre.

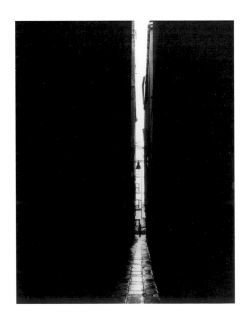

In jenen Tagen benutzte ich Venedig nebenher auch zur Selbsterkundung und Selbstüberprüfung. Ohne mir vorher darüber im klaren gewesen zu sein, erkannte ich bald, daß diese Stadt eine ideale Umgebung darstellt, den eigenen ästhetischen Standort zu suchen, vielleicht auch zu bestimmen. Das lag natürlich daran, daß sich hier viele extreme, mich faszinierende Realitätsschichten überlagern: die Architektur, der Städtebau, die Natur (vor allem in Form von Wasser und Himmel), die Museen, die bildende Kunst, die Kirchen, das Theater und die Oper, das Treiben der Touristen und das normale italienische Alltagsleben.

Schon früh distanzierte ich mich von Simmels –, den ich tief verehre – Verurteilung der Stadt und sah genau in der Verhüllung, Verkleidung und in der Vortäuschung schöner falscher Tatsachen, in der Architekturlüge, der Inszenierung zweiter und dritter Schichten eine Chance. Was ist das Bühnenbild schon anderes?

Am Ende zählt die Atmosphäre, das entstehende, uns verzaubernde Bild! Die Frage nach Wahrheit und Lüge in der Architektur ist müßig, genauso wie in der Malerei und Bildhauerei auch. Entweder wird das neu Erschaffene über den Umweg der Fiktion, der Behauptung und der Lüge irgendwann zur Wahrheit, oder es bleibt unwichtig, marginal. Obwohl ich wußte und weiß, daß die Marmorfassaden der Palazzi am Canale Grande nur aufgeklebt sind wie künstlich-unechte Bärte oder Masken und dahinter ganz normale Ziegelbauten stecken, werde ich diese Gebäude nicht verachten. Das unkostümierte Leben mit der nackten, häßlich-banalen Stadtwirklichkeit kennen wir zur Genüge aus unseren heutigen Fußgängerzonen. Der Canale Grande bleibt in meiner Vorstellung die grandiose, vielleicht übertriebene, Verherrlichung einer städtischen Hauptstraße.

Natürlich hatte ich mit Venedig auch meine Beziehungskrisen. In kritischen Lebensphasen kann die Stadt einem ganz schön auf die Nerven gehen und das Gemüt ramponieren. Zuviel Schönheit wirkt dann plötzlich aufdringlich, vorlaut, arrogant, verächtlich und zynisch. Es stellt sich kein Gleichklang zwischen der eigenen Befindlichkeit und der Stadtatmosphäre her. Mich überfiel dieser Zustand im Herbst 1978, als ich für cin paar Tage aus Florenz, wo ich mich zu einem dreimonatigen Stipendium in der Villa Romana aufhielt, in die Lagunen-

stadt kam. Mit der Absicht, die mir bekannte städtische Schönheit zu genießen, hatte ich mich in einem winzigen Hotelzimmer an der Riva dei Sette Martiri eingemietet. Doch kaum hatte ich die Zimmertür hinter mir geschlossen und mich an das geöffnete Fenster gestellt, überfiel mich eine grenzenlose Melancholie.

Vor mir öffnete sich die weite Wasserfläche des Canale di San Marco, am Horizont zog der Lido vorbei, und davor spiegelte sich die Kirche San Giorgio Maggiore im Wasser. Am Blick kann es also nicht gelegen haben, daß ich mich elend fühlte. Tagsüber ging ich nach draußen, lungerte allein an der Mole herum, betrachtete die gutgelaunten, lachenden Touristen, die ununterbrochen photographierten. Was trieb sie dazu, vor dem Palazzo Ducale und der Basilica di San Marco Stellung zu beziehen und sich gegenseitig davor zu photographieren? Wollten sie einen Beweis für ihre reale Anwesenheit vor dem berühmten Objekt oder nur ein Beutestück ihrer teuren Reise? Der Vorgang hatte – vor allem bei japanischen Besuchern – immer etwas rituell Archaisches. Plötzlich wurde der touristische Ort zu einer religiösen Verehrungsstelle, einem auratisch umstrahlten Heiligtum. Vielleicht spürten die Photographierenden etwas davon und wollten den Glanz auf digitalem Wege verewigen: ich und die berühmte Stelle. Hier auf der Photographie kann jeder andere Mensch etwas von dieser Beziehungsgeschichte sehen. Gleichzeitig wendet sich der Vorgang auch gegen den unwiederholbaren, unumkehrbaren Fluß der Zeit und damit gegen den Tod, ganz wie ihn Susan Sontag in ihrem großartigen Buch *Über die Fotografie* beschrieben hat. Jede Photographie wird unter diesem Aspekt zur Siegertrophäe gegen die Vergänglichkeit.

Ich beneidete die Touristen um ihre gute Laune. Sie konnten sich miteinander unterhalten, sich gegenseitig auf Besonderheiten hinweisen, ihre Gedanken austauschen, Wein trinken und lustig sein. Wer, fragte ich mich, lacht schon mit sich selbst?

Die Septembersonne brannte so warm auf das Pflaster, daß ich ungern während der Mittagszeit durch die brütend heißen Gassen laufen wollte. So machte ich mich erst später auf den Weg, ließ mich treiben, verirrte mich absichtlich und suchte dann abends mühsam den Rückweg zum Hotel. Nach kurzer Zeit stellte sich bei mir ein Übersättigungszustand ein, ich begann die Gassen, Plätze und Kanäle zu verfluchen, war ungerecht zu jeder Fassade, zu jedem Detail. Schlechtgelaunt saß ich stundenlang in der goldglänzenden Basilica di San Marco herum und hätte am liebsten die Kuppeln in die Luft gesprengt.

Abends und nachts zeichnete ich in meiner Kammer: Menschen, Fassaden, Kuppeln, Frauen, Männer, Kinder, Priester, Touristen, Gesichter, Fenster, Türen, Schiffe, Spiegelungen, Träume. Aggressiv zerschnitt ich Postkarten, flutete das Teatro La Fenice und den Dogenpalast, stellte mir die ganze Stadt in ertrunkenem Zustand vor, erst fünf, dann zehn und schließlich 100 Meter unter der Meeresoberfläche. Ich dachte mir Filme und Theaterstücke aus, die in Venedig spielen, schrieb einige Szenen, brach dann wieder ab, lauschte dem Schritte-Getrappel und den Stimmen draußen auf der Riva degli Schiavoni. Zu allem Überfluß leuchtete auch noch der Vollmond durch mein offenes Fenster vom schwarzblauen Himmel.

18 Jahre später. Ein anderes Hotelzimmer in der Nähe der Piazza San Marco. Heute, 10. September 1996. Wieder liege ich auf einem gemieteten Bett. Wieder höre ich draußen Fußgängergetrappel. Die Sonne scheint.

Vor zwei Jahren erhielt ich einen Anruf aus dem Ruhrgebiet mit der Anfrage, ob ich Lust hätte, den Deutschen Pavillon für die Architektur-Biennale 1996 zu gestalten. Thema der Ausstellung sollte die IBA-Emscherpark sein. Natürlich sagte ich sofort zu und fuhr nach Gelsenkirchen, um mich mit Professor Ganser, dem Leiter der IBA, und Professor Wachten, dem Kurator des Pavillons, zu treffen. Wir wurden uns schnell einig, und in den folgenden Monaten erarbeitete ich ein Konzept für die Ausstellung. Mir wurde sogar eine eigene Mitarbeiterin zur Verfügung gestellt, Colleen. Sie übernahm vor allem organisatorische Aufgaben, zeigte mir jedoch auch alle wichtigen Architekturen, die in den letzten Jahren im Ruhrgebiet errichtet worden waren. Nach jahrzehntelangem Raubbau an der Natur, bedingt durch die Kohleförderung und die Stahlproduktion, stand die Internationale Bauausstellung (IBA) Emscherpark für nachhaltige, sanfte Renaturierung des einst berüchtigten, stinkenden und rauchenden Ruhrgebiets.

Ich entwarf eine weiße, gebaute Welle, die sich wie eine zweite, neue Naturhaut über einen künstlichen, schwarzen Kohleblock schwingt (echte Kohle war tabu, warum auch immer). In einem aufgeschnittenen Balken des stilisierten Baugerüsts, das sich über der Welle ausbreitete, konnten Besucher in Augenhöhe wechselnde Dia-Bilder aktueller IBA-Projekte betrachten. Rings um mein saalgroßes Hauptobjekt stellte ich in den anderen, kleineren Räumen Modelle, Photos und Pläne aus.

Inzwischen hatte ich eine exakte Planung und eine Ausschreibung durchgeführt, die Produktionsfirma ermittelt und den Bau in Deutschland überwacht. In den letzten Tagen wurden die vorgefertigten Elemente nach Venedig angeliefert und im Deutschen Pavillon aufgebaut. Colleen hält sich bereits seit einer Woche in den Giardini auf.

Bevor ich endgültig in meinen Tagträumen versinke, raffe ich mich auf und fahre mit dem Aufzug in die Hotelhalle hinunter. Als ich auf die Drehtür zugehe, kommen mir einige bekannte deutsche Filmschauspieler entgegen, allen voran Gottfried John und Heino Ferch. Ich weiß, daß gestern auf dem Lido die berühmten Filmfestspiele von Venedig begonnen haben. Allerdings war mir nicht klar, daß ich heute schon dem Geschehen so nah sein würde. Ich besaß eine Einladung zur Uraufführung des neuen Films *Der Unhold* von Volker Schlöndorff und plante aus diesem Anlaß in den nächsten Tagen einen Besuch der Festspiele.

Es ist für mich als Filmanhänger immer wieder ein merkwürdiges Erlebnis, Schauspielern und Schauspielerinnen, die ich in Filmen schon oft gesehen habe, in der Realität gegenüberzustehen. Plötzlich platzt die Fiktionsblase auf, und ich muß erkennen, daß diese Menschen ganz normale Touristen mit Taschen und Koffern sind, die in ganz normalen Hotels einchecken und später mit ihren ganz normalen Körpern und Gesichtern durch die Gassen Venedigs streifen werden. Der Vorgang ist ernüchternd und erheiternd zugleich. Ja, sie sehen genauso aus wie im Film oder: Im Film sehen sie aber besser aus als in der Realität. Ich kann mich entscheiden ... Als ich die Piazza San Marco aufs neue betrete, setzt bereits die Dämmerung ein. Genau die richtige Zeit, mich durch das Stadtlabyrinth treiben zu lassen. Da ich heute nicht als Tourist, sondern als Architekt und Ausstellungsgestalter in Venedig bin, fühle ich mich gut und in völligem Einklang mit der romantischen Schönheit der Stadt.

Venedig, 11. September 1996

Wieder ein schöner, sonniger Tag. Heute mache ich mich auf den Weg zum Biennale-Gelände. Allerdings lasse ich mir Zeit und schlendere langsam über die Piazza San Marco, betrachte die Bogengänge ringsum und die Fassade der Basilica di San Marco. Der leicht trapezförmige Platz ist 175 Meter lang. Durch den monströsen Campanile auf der Südseite erhält er leider ein leichtes Übergewicht und droht nach rechts, Richtung Süden, wegzukippen.

Wie ein fünffacher Triumphbogen lockt mich die Kirchenfassade an. Ich betrete den goldenen Höhlenbau, lasse mich verzaubern von den Mosaikfeldern auf Fußböden und in Deckenkuppeln und stelle mir vor, wie schön diese Bildtechnik auch in heutigen Gebäuden und Räumen aussehen würde. Vorbei am Palazzo Ducale biege ich in die Riva degli Schiavoni ein, die sich in einer horizontweiten, vollendeten Bogenform bis zu den Giardini hinunterzieht. Wunderbare steinerne Grenzlinie zwischen Land und Wasser. Bei der Schiffsanlegestation San Zaccaria Danieli bleibe ich eine Weile stehen und beobachte das Ausladen eines Gemüseschiffes. Laut rufende junge Männer in Jeans und Unterhemden bekleidet, reichen sich die gefüllten Holzkisten gegenseitig zu, bis sie schließlich am Ende der Kette in einem großen Schubkarren abgestellt werden. Das sind Vorgänge, denke ich, wie sie auch schon vor Jahrhunderten nicht anders aussahen.

Natürlich bin ich nicht der einzige Beobachter, zahlreiche Touristen photographieren begeistert die Szene, und die jungen Männer spielen ihre Rollen noch eitler und selbstbewußter als zuvor. In diesem Moment taucht aus einem engen Kanal, der sich zwischen zwei Hausfassaden an dieser Stelle ins Freie, drängt eine Totengondel auf. Dort, wo sonst Liebespaare mit verklärt-glücklichen Gesichtern in den Kissen sitzen, ist jetzt ein schwarzer Sarg aufgebahrt, davor und dahinter liegen Blumengebinde und einige Lorbeerkränze. Als die Gondel unter unserer Brücke hindurchfährt, verstummen die Gespräche, die jungen Männer unterbrechen ihre Ausladetätigkeit und bekreuzigen sich andachtsvoll.

Weiter an der Ufermole entlanggehend, bemerke ich ein großes, weißes Kreuzfahrtschiff, das sich langsam in das Bacino di San Marco hineinschiebt. Staunend betrachte ich das Schauspiel. Bisher war ich der Meinung, daß hier die Wassertiefe für derartige Schiffe nicht ausreichen würde. Plötzlich entdecke ich auf dem obersten Deck zwei Damen beim Tennisspielen. Während die imposanteste Stadtsilhouette der Welt an ihrer Seite auftaucht, haben sie nichts anderes zu tun, als Bälle über ein Netz zu schlagen. Dieser Snobismus ist kaum zu überbieten, finde ich.

Kurz nach dem Ende der Riva dei Sette Martiri beginnen auf der linken Seite die Giardini Pubblici. Der freundliche Pförtner am Parktor läßt mich problemlos passieren, nachdem ich ihm meine Funktion erklärt habe. Im Deutschen Pavillon angekommen, begrüße ich die schwäbischen Handwerker, die ich aus Deutschland kenne, und Colleen, die mit lauter Stimme das Geschehen dirigiert.

Colleen stammt übrigens aus Detroit. Um ihre internationale Collagen-Herkunft habe ich sie von Anfang an beneidet: Sie hat eine italienische Großmutter, einen Großvater aus Polen, Verwandte in Dublin und Deutschland. Nach einem Studium der politischen Wissenschaften in verschiedenen Städten Europas blieb sie in Deutschland hängen. Sie ist Anfang 30, nicht sehr groß, temperamentvoll und quirlig. Charakteristisch an ihrem Aussehen sind die Haare: Ihr Gesicht wird von einem nach allen Seiten gleichmäßig weit abstehenden, dunkelbraunen Haarkissen umrahmt.

Beim Rundgang durch die Räume kann ich nichts entdecken, was meinen Planungen widerspricht. Zufrieden gehe ich hinaus in den Park und schaue mich auf dem Gelände um. Leider ist der Deutsche Pavillon kein Schmuckstück. Von außen sieht ihm jeder Besucher seine Erbauungszeit an: pseudoklassizistische Nazi-Architektur der groben Sorte. Aber auch die anderen Länder-Pavillons sind nicht viel besser. Nur der österreichische von Joseph Hoffmann fällt aus dem Rahmen. Die Melange aus Jugendstil, Wiener Art déco und Neuer Sachlichkeit ist typisch für das Spätwerk dieses Architekten.

Im Schatten alter Steineichen, Pinien und Zypressen wird überall gewerkelt und geklopft.

Neben uns steht der Japanische Pavillon. Dort erinnert eine makabere Installation an die aktuelle Erdbebenkatastrophe von Kobe. Schmale, raumhohe, von den Decken herabhängende Photos, einstürzender Häuser, reale Trümmerberge und Schreie von Verschütteten, die über versteckte Lautsprecher in den Raum dringen, verbreiten eine Atmosphäre der Bedrohung.

Das übergeordnete Thema der Architektur-Biennale lautet in diesem Jahr »Der Architekt als Seismograph«. Dieses Motto haben die japanischen Ausstellungsmacher wörtlich genommen und mit ihrer Installation eine beklemmende Bildmeditation über die Verletzbarkeit von Architektur und menschlichem Leben gebaut. Ein einziger starker Erdstoß genügt, um die ganze Herrlichkeit einer Stadt in Schutt und Asche zu legen und viele Bewohner darunter zu begraben!

Im Französischen Pavillon begegnet mir dagegen eine harmlos-dekorative Architekturwelt, modische Wohn-Interieurs, bescheiden und angenehm, mit einem gewissen Charme, wie ich es von diesem Land nicht anders erwartet habe. Ich frage mich allerdings, wo zwischen all den netten Möbel-, Lampen- und Tapetenansammlungen die seismographischen Erschütterungen bleiben.

Einige Pinien, Zypressen und Steineichen weiter steht der amerikanische Pavillon, in dem dieses Jahr Disney-Architektur – vor allem von Michael Graves – gezeigt wird. Obwohl ich einige Sympathie für die bunten, infantil-archaischen Entwürfe dieses Architekten empfinde und sie in die Rubrik »Pop-Architektur« einordnen würde, frage ich mich auch hier: Könnte es sein, daß die seismischen Ausschläge auf dem Transatlantikflug verlorengegangen sind?

Voller Witz blickt mich die Installation im Niederländischen Pavillon an. Tausende kleine, hölzerne Kinderhausmodelle sind hier zu einem fast raumhohen, zerklüfteten Gebirge aufgeschüttet worden. Am Ende der Evolution wird die Erdoberfläche nur noch aus einer einzigen architektonischen Verkrustung bestehen. Die ehemals lieblichen Naturlandschaften sind zur Zivilisationswüste verkommen.

Abends sitzen wir hinter dem Deutschen Pavillon auf einer kleinen Wiese in Liegestühlen, blinzeln hinaus auf das Wasser der Véneta, essen Pizza, trinken Wein, plaudern und beobachten Vaporettos, die gemütlich vorbeituckern. Später kommt der Leiter der Biennale, Hans Hollein, vorbei, befragt uns nach dem Stand der Dinge und lobt unsere Installation, jedenfalls das, was von ihr bisher zu sehen ist. Schließlich könnte man meine große, weiße Landschaftswelle auch als Tsunami-Woge deuten – damit läge auch ich im geforderten Spektrum des seismisch Zulässigen. Allerdings wäre mir diese Katastrophen-Interpretation nicht sehr willkommen, da es sich bei meiner Welle in Wirklichkeit um eine heilsame, renaturierende Überschwappung des verschandelten Ruhrgebiets handelt. Ich würde mich gerne ausführlicher mit Hans Hollein unterhalten, aber er verläßt uns bald wieder, um die übrigen Pavillons zu besuchen. In einem längeren Gespräch hätte ich ihm davon erzählen können, wie sehr mich seine Ausstellungsinszenierungen und Architekturinstallationen, die ich während meiner Studentenzeit gesehen habe, beeindruckt haben. Hollein war für mich ein Pionier dessen, was ich gern sein wollte: ein Künstler, der mit seinen Entwürfen Architektur, Kunst, Ausstellung, Theater, Film, Photographie und Naturlandschaft miteinander in Einklang bringt.

Als ich zu Beginn der 1970er Jahre selbst aktiv in das Geschehen eingriff, stießen meine inszenierten Kunst- und Themenausstellungen – etwa zum Thema »Ulmer Münster«, »Bodensee« und »Tourismus« in Ulm und Stuttgart – auf einiges Befremden. In Deutschland gab es kaum Künstler, die sich in ähnlich avantgardistische Bereiche hinauswagten. Immer noch galt es, Grenzen einzuhalten, Disziplinen zu wahren. Inzwischen haben sich die Zeiten gründlich geändert. Es gehört zum guten Ton, Grenzen zu sprengen, dem »Cross-over« zu huldigen und sich architektonisch-künstlerisch nicht festlegen zu lassen. Viele Kreative – darunter immer mehr Frauen – haben sich unter dem Sammelbegriff »Szenographie« gesammelt und werfen ihre Entwürfe in Massen auf den gefräßigen Markt der Museen und Messen. Ich hätte gerne mit Hollein über diese Entwicklungen diskutiert, aber da er längst im Japanischen Pavillon verschwunden war, teile ich Colleen und den schwäbischen Handwerkern meine Gedanken mit. Mit schläfrigen Blicken lauschen sie mir geduldig und schweigen danach ausführlich.

Venedig, 12. September 1996

Da die Arbeiten im Pavillon so gut vorankommen, werde ich erst heute abend wieder in die Giardinis hinausgehen und mich tagsüber mit der Stadt beschäftigen.

An der Station San Marco Giardinetti besteige ich ein Vaporetto und lasse mich den Canale Grande hinauf bis zum Bahnhof Santa Lucia fahren. 3 Kilometer ist die venezianische Wasserhauptstraße lang und 30 bis 60 Meter breit. Größere Schiffe konnten hier nie kreuzen. Vielleicht ist die geringe Wassertiefe auch ein Grund dafür, daß die flach im Wasser liegenden Gondeln entwickelt wurden. Neben den Spiegel- und Glitzereffekten des Wassers ist natürlich die vollkommene Abwesenheit von Autos das Sensationelle an dieser Mainstreet. Das Schiff – als Vaporetto, Wassertaxi oder Gondel – bleibt die einzige Fortbewegungsmöglichkeit. Theoretisch könnte man den Canale Grande auch schwimmend durchqueren, aber niemand wagt aus gesundheitlichen Gründen ein derartiges Experiment. Wahrscheinlich ist es auch polizeilich verboten.

Die mamornen, vornehm reliefierten Seitenwände der berühmten, wie ein spiegelverkehrtes S geformten Straße wirken zwar prächtig, aber auch arrogant abweisend. Es sind die repräsentativen Palazzi einst wohlhabender und einflußreicher venezianischer Familien. Keine Schaufenster laden zum Besuch der Häuser ein, nur kleine Anlegestege für Motorboote oder Gondeln strecken zurückhaltend ihre kargen Fühlerflächen in den Wasserbereich aus. Wenn sich ein Hotel oder ein Spielcasino in den alten Gemäuern eingerichtet hat, ist der Landesteg etwas freundlicher gestaltet. Aus dem Canale Grande ist im Laufe der Zeit keine normale Avenue, keine Pracht-Einkaufsstraße wie die Champs-Elyssées mit breiten Fußgängerbereichen und Alleebäumen, kein Ring wie in Wien, kein Broadway, keine 5th Avenue mit legendären Marken-Shops geworden. Heute haben sich hier reiche Hollywoodschauspieler, erfolgreiche Pop-Musiker und Manager ihre Zweit- oder Drittwohnungen gekauft, von den ursprünglich ansässigen venezianischen Familien konnten sich nur wenige halten, die meisten waren aus Verarmungsgründen gezwungen, ihren Besitz aufzugeben.

Es ist schon merkwürdig, während sich fast alle an Flüssen, Seen und Meeren gelegenen Städte mit Kaimauern, Wallanlagen und Überflutungswiesen gegen das Eindringen des Wassers geschützt haben, wurde dieser Überschwemmungszustand in Venedig von Anfang an gewollt und geschätzt. Plötzlich erscheint die normalerweise als Katastrophe angesehene Überschwemmung als verherrlichendes Stadtideal.

Man muß zugeben, daß die Fortbewegung mit einem Boot und einem Schiff viel schöner und romantischer ist als mit dem Fahrrad, Motorrad oder Auto. Vielleicht stellt Venedig heute eine realistische Zukunftsvision dar. Bei Anstieg des Meeresspiegels müssen viele große Weltstädte auf Schiffsverkehr umstellen, allen voran New York, San Francisco, Amsterdam, Singapur und Sydney.

Auf halber Strecke taucht die Rialtobrücke auf, die in einem einzigen eleganten Bogen den Canale überspannt. Ihr Architekt – der nicht weiter bekannte Antonio da Ponte – stach bei einem Wettbewerb im 16. Jahrhundert immerhin so berühmte Künstler wie Michelangelo, Palladio, Sansovino und Scamozzi aus. Bis ins 19. Jahrhundert hinein war die Rialtobrücke die einzige Verbindung zwischen den beiden Stadthälften San Marco und San Polo – Santa Croce. Danach erst wurden die Accademia-Brücke und die Ponte degli Scalzi am Bahnhof gebaut. Bei früheren Venedigbesuchen hielt ich mich abends gern auf den breiten Stufen der Rialtobrücke auf, beobachtete Touristen und Einheimische beim Feilschen, Einkaufen und Photographieren. Bis ins 18. Jahrhundert hinein gab es viele mit Läden bebaute Brücken in Europa, vor allem in Paris und London. Berühmt ist die

auch heute noch funktionstüchtige Ponte Vecchio in Florenz. Mir gefallen die Ladenbrücken besonders gut, sie heben sich aus dem eingemauerten Stadtalltag heraus und scheinen zwischen Steinen, Luft und Wasser zu schweben.

Abends gehe ich, wie geplant, hinaus zu den Giardini und schaue mir die Fortschritte beim Aufbau der Ausstellung an. Für den nächsten Tag verabrede ich mich mit Colleen. Gemeinsam wollen wir die Filmfestspiele auf dem Lido besuchen.

Venedig, 13. September 1996

Während meiner Tätigkeit für die Stiftung Deutsche Kinemathek hatte ich letztes Jahr in den Babelsberger Filmstudios Volker Schlöndorff kennengelernt und ihn manchmal auf dem Set seines neu entstehenden Films *Der Unhold* besucht. Damals schrieb ich gerade ein Buch mit dem Titel *Learning from Hollywood*, das sich vor allem mit Filmarchitektur auseinandersetzt. Inzwischen ist das Buch fertig und seit vier Wochen auf dem Markt. Da auch Photos der *Unhold*-Aufbauten darin vorkommen und Schlöndorff somit direkt betroffen ist, will ich ihm jetzt in Venedig persönlich ein druckfrisches Exemplar überreichen.

Am Nachmittag fahren wir – Colleen und ich – bei strahlendem Sonnenschein mit dem Vaporetto hinüber zum Lido und wandern von der Anlegestelle quer über die Insel zur Strandpromenade. Da wir noch zu früh sind, mieten wir uns eine kleine Strandhütte mit zwei Liegestühlen und legen uns auf die faule Haut. Siestastimmung. Viel Betrieb herrscht nicht. Nur ab und zu gehen Mütter und Kinder in Badekleidung an uns vorüber und suchen mit gesenkten Köpfen den Strand nach Muscheln und anderen Fundstücken ab. Telephonierende Männer sitzen auf Steinen oder Stühlen, die nackten Füße im Wasser. Das mobile Telephonieren ist inzwischen zu einem italienischen Volkssport geworden. Für mich ist dieser Strandabschnitt von besonderer Bedeutung, da er zum Hotel Des Bains gehört, das direkt hinter uns liegt. Viel erinnert allerdings nicht mehr an Thomas Mann und Luchino Visconti, ihre Beschäftigung mit dem Hotel und dem *Tod in Venedig* liegen zu lange zurück. Nur das Hotelgebäude selbst ist noch das gleiche, alle anderen Bauten, vor allem die Strandhütten, Sonnenschirme und Liegestühle sind längst moderneren Exemplaren ihrer Gattung gewichen.

Ich schließe die Augen, lausche dem sanften Geplätscher der hier doch recht zaghaften Brandung, versuche mir Tadzio vorzustellen, obwohl mich seine polnische Familie viel mehr interessiert hätte, vielleicht auch die gestrenge Gouvernante. Nicht jeder blickt eben gern hinter wohlgeformten Tadzios und gut gekleideten, jungen Kellnern her. Nach zwei geruhsamen Stunden brechen wir auf, trinken noch auf der Terrasse des Hotels Des Bains Kaffee und schlendern danach weiter den Lido hoch, manchmal am Strand, dann wieder auf der Uferpromenade. In der Ferne sehen wir den beflaggten Palazzo del Cinema auftauchen. Hier werden die Wettbewerbsfilme gezeigt. Immer mehr gewichtige Menschen wuseln um uns herum und verbreiten eine aufgeregte, erwartungsvolle Stimmung. Unser Ziel ist das noch etwas weiter entfernte, im maurischen Stil errichtete Hotel Excelsior (es war übrigens das erste Grand Hotel am Lido und ist 50 Jahre älter als das Hotel Des Bains). Hier sollen wir, so lautet die Verabredung, um 18.00 Uhr unsere offiziellen Eintrittskarten erhalten und Schlöndorff treffen.

Etwas nervös betreten wir die vornehme Hotelhalle. Befrackte Kellner mit Silbertabletts und schlanke Organisationsdamen in Kostümen stehen zwischen den Marmorsäulen und warten darauf, von Hilfesuchenden angesprochen zu werden. Da unsere Kleidung nicht sehr festlich ist, drücken wir uns schnell an ihnen vorbei, um auf die Terrasse zu gelangen, die uns als genauer Treffpunkt genannt worden ist. Im Vorbeigehen erkenne ich immer wieder das Gesicht eines berühmten Filmschauspielers oder einer noch berühmteren Filmschauspielerin. War das nicht Sophia Loren und der dort drüben Clint Eastwood? Wir schämen uns fast, völlig unbekannt zu sein. Aber das läßt sich im Augenblick nicht ändern. Am liebsten hätte ich den alten venezianischen Brauch wiederauferstehen lassen und mir eine Maske vor das Gesicht gebunden. Endlich entdecke ich den großen Tisch auf der Terrasse, an dem alle Schauspieler des *Unhold*-Films sitzen, jedenfalls fast alle: Ich bemerke sofort, daß der Hauptdarsteller John Malkowich fehlt. Auch Volker Schlöndorff ist nicht zu sehen. Eine freundliche Dame am Kopfende des Tisches scheint unser Anliegen zu erraten, vielleicht kennt sie mich auch aus Babelsberg, jedenfalls spricht sie mich an und erlöst mich aus der Anonymität. Lachend händigt sie mir die beiden Eintrittskarten aus und sagt: »Volker Schlöndorff erwartet Sie in der Hotelbar, dort hinten!« Sie weist ins Innere der Halle. Plötzlich fühle ich mich vollkommen fehl am Platz. Am liebsten würde auf der Stelle fliehen, aber die Neugier hält mich zurück. Wer weiß, was wir jetzt noch erleben werden?! Ich bedanke mich, und etwas verlegen machen wir uns auf den Weg Richtung Hotelbar. Endlich in der hintersten, dunkelsten Ecke des holzvertäfelten Raumes spüren wir den weltberühmten Regisseur auf. Er scheint hocherfreut zu sein, als er mich sieht, und begrüßt uns überschwenglich. Ich überreiche ihm mein Buch. Er blättert darin, lobt es und legt es zurück auf den Bartresen.

Schlöndorff: »Sie können mich jetzt begleiten. Es ist Zeit. Wir müssen hinüber zur Aufführung!«

Etwas erschreckt über das Angebot, allerdings auch geschmeichelt, machen wir uns auf den Weg. Als wir an seinen Schauspielern, die in der Halle warten, vorbeikommen, setzen wir uns unauffällig von der Gruppe ab und gehen allein weiter. Auf den roten Teppich gehören wir wahrhaftig nicht!

Der riesige Zuschauerraum ist gut besetzt, als wir ihn betreten. Wir haben zwei angenehme Plätze im vorderen Bereich. Als Schlöndorff mit seiner Crew eintritt und in der reservierten Reihe Platz nimmt, klatschen die Zuschauer. Ich freue mich für ihn und bin stolz, gerade noch mit ihm geplaudert zu haben. Dann dunkelt der Saal ein, und der Film beginnt. Es gibt bei diesen Anlässen kein Vorprogramm und keine Reklame.

Schon bald merke ich, daß mit dem Film etwas nicht stimmt, und nach einer halben Stunde bin ich mir sicher: Hier wird die Nazi-Zeit etwas zu malerisch dargestellt. Noch in Babelsberg hatte ich die Szenenbilder von Ezio Frigerio bewundert, aber jetzt im Film erscheinen sie mir irgendwie zu künstlich-theatralisch. Ich habe die Romanvorlage – Michel Tourniers *Der Erlkönig* – nie gelesen, kannte bisher nicht einmal den Autor. Die Schauspieler, die Göring oder Goebbels mimen, sind zwar mutig, aber auch überheblich. Geht das überhaupt? Selbst John Malkowich, den ich sonst als Schauspieler sehr schätze, trifft den Ton – er spielt hier die Figur des Abel – nicht genau. Schade.

Nach der Aufführung gibt es nur spärlichen Applaus. Kein Zweifel: *Der Unhold* war durchgefallen. Ich hätte mich wirklich über einen Erfolg Volker Schlöndorffs gefreut! Während ich klatsche, denke ich an seine früheren Filme, die ich verehre und bewundere: *Der junge Törless*, *Der Fangschuss*, *Die Blechtrommel* und *Homo faber*. Vielleicht ist es gut, ab und zu Filme zu machen und anzuschauen, die aus irgendeinem Grund nicht ganz geglückt sind, dann erst stellt man fest, wie schwierig es ist, einen rundum stimmigen Film zu produzieren. Alles muß sich fügen – Handlung, Dialoge, Darsteller, Set, Kostüme, Maske, Licht, Kamera, Musik, Schnittrhythmus.

Venedig, 14. September 1996

Die Arbeit im Biennale-Pavillon geht weiter. Wir beginnen heute damit, Photos aufzuhängen und Objekte einzurichten. Am Nachmittag steht plötzlich Sir Norman Foster im Eingang. Er kam mit seinem Privatjet aus London herübergeflogen. Ich begrüße ihn freundlich und führe ihn durch unsere Räume. Der Grund seines Besuches besteht darin, daß wir eines seiner wichtigen Projekte in Deutschland – den Umbau der Zeche Zollverein – im zweiten Ausstellungsraum ausführlich mit Modellen und Photos vorstellen. Er steht vor seinem hier dokumentierten Werk und scheint sehr zufrieden zu sein. Auch die zahlreichen Tanzphotos, die im Innenraum der Zechengebläsehalle aufgenommen worden sind, scheinen ihm zu gefallen. Er lobt uns alle in seiner vornehm-englischen Art und entschwindet wieder.

Am Abend besuchen wir – Kunibert Wachten, Colleen und ich – den bekannten Städtebauprofessor Marco De Michelis in seiner imposanten Altbauwohnung am Canale Grande. Er ist mit Prof. Wachten befreundet. Ich bin natürlich froh, endlich einmal eine venezianische Wohnung von jemandem sehen zu dürfen, der in dieser Stadt geboren und aufgewachsen ist. Eigentlich wirken die großzügigen Räume im zweiten Obergeschoß ganz normal, nur der Blick aus den Wohnzimmerfenstern, hinaus auf den abendlichen Canale Grande ist ungewöhnlich, einmalig und umwerfend schön. Marco De Michelis berichtet während des Essens von seiner Kindheit in Venedig und von seinen Erlebnissen mit den Wasserstraßen: »Es ist wirklich erstaunlich, aber meines Wissens ist noch nie ein Passant – weder ein einheimischer, noch ein fremder – in einen Kanal gefallen und ertrunken, ob-wohl es an keinem der Kanäle Geländer gibt. Nur die Brücken sind mit Brüstungen versehen.« Wir wundern uns alle darüber, und er erzählt weiter, während er alte Venedigphotos auf den Tisch blättert: »Früher wurde in den Kanälen auch gebadet. Hier, auf diesem Photo sieht man planschende Knaben bei der Rialtobrücke. Ich selbst habe das Baden nicht mehr erlebt. Jeder, der heute mit dem Wasser in Berührung käme oder es gar tränke, würde sofort krank werden und sterben. Eines der Hauptprobleme Venedigs bleibt die Entsorgung der Fäkalien und der verschmutzten Abfälle.«

Wir phantasieren über Müllberge und sonstige menschliche Ausscheidungen, überbieten uns gegenseitig in der Erfindung düsterer Endzeitbilder. »Vielleicht werden irgendwann nur noch die Ratten hier wohnen. Wenn der Wasserspiegel des Meeres weiter steigt, geht Venedig endgültig unter. Durch die Erderwärmung sind 1 bis 2 Meter Anstieg in den nächsten 50 Jahren nicht ausgeschlossen. Dann müssen die Bewohner die Erdgeschosse vermauern, und Venedig ist nur noch ab dem ersten Stockwerk benutzbar, wenn überhaupt.«

Venedig, 15. September 1996

Die Ausstellung ist fertig. Am Nachmittag fliegen die Handwerker zurück nach Stuttgart und werden erst im November zum Abbau wiederkommen. Heute findet die Eröffnung statt. Um dem Presserummel und dem Eröffnungsgeschmuse aus dem Weg zu gehen, meide ich das Gelände der Biennale am Vormittag und lasse mich durch die Umgebung des Arsenalgeländes treiben. Leider kann man die einstige Werft nicht betreten, da sie teilweise militärisch genutzt wird. Vom 14. bis zum Ende des 18. Jahrhunderts entstanden hier alle Schiffe für die Kriegs- und Handelsflotte Venedigs. Ich stelle mir die riesigen Rohbauten der Schiffskörper vor, die aussahen wie vielrippige Brustkörbe von Walen oder Sauriern. Bestimmt war die Luft erfüllt von Teer- und Leimgerüchen, von einem vielstimmigen Klopfkonzert, das klang, als würden tausend Schlagzeuger ihre Instrumente gleichzeitig bearbeiten. Jede Woche wurde ein frischbeplanktes, nagelneues, in bunter Farbe leuchtendes Schiff über schwere Balken zu Wasser gelassen, dazu murmelten Priester ihre Gebete, und die Arbeiter träumten von Fahrten in den fernen Orient.

Erst am Nachmittag, nachdem die offiziellen Reden verhallt sind, wage ich mich hinaus auf das Biennalegelände. Colleen hat die Stellung allein gehalten und berichtet, daß alles gut gelaufen sei. »Die meisten Besucher haben sich positiv geäußert«, sagt sie und fügt hinzu: »Manche allerdings sind auch etwas befremdet gewesen und haben deine Installation nicht verstanden. Na ja, das bist du ja gewohnt. Den großen Preis als bester Pavillon hat übrigens der japanische für die Kobe-Installation erhalten.« Bestimmt eine gute Entscheidung, denke ich und blicke durch das Haupttor hinaus auf das Treiben der neugierigen Besucher.

Gegen Abend spazieren Professor Wachten, Colleen und ich zurück in die Stadt. Die beiden wollen unbedingt, daß ich sie zu einer Veranstaltung in der deutschen Niederlassung begleite. Nur widerwillig und grummelnd komme ich mit. Unterwegs sitzen wir eine Weile in einem Straßencafé, genießen die Septembersonne und beobachten vorbeiflanierende Touristen. Ein unerschöpfliches Thema: Gesichter, Gesichter … es macht Spaß, Mutmaßungen über die einzelnen Lebensentwürfe anzustellen. Am schwersten fällt uns die Zuordnung bei den Japanern. Auf ihren Gesichtern können wir kein individuelles Schicksal ablesen, auch wäre es mir unmöglich zu raten, welchen Beruf sie ausüben.

Es ist bereits dunkel, als wir in dem angestrebten, großen Saal des Palazzos, der in der Nähe der Rialtobrücke liegt, eintreffen. Eigentlich möchte ich sofort umkehren und fliehen, als ich die hundertköpfige Menschenansammlung unter Kronleuchtern und Stuckdecken sehe. Aber meine beiden Begleiter halten mich zurück und bestehen darauf, daß ich dableibe. Warum nur?

Nicht einmal der Anlaß der Versammlung ist mir klar. Das Wort »Empfang« fällt. Wer empfängt hier wen? Ich werde es nie erfahren. Ringsum stehen festlich gekleidete Menschen, halten Sektgläser in der Hand und plaudern krampfhaftfröhlich-gewichtig miteinander. Das ist gesellschaftliches Leben, sage ich mir und wende mich in einem erneuten Fluchtversuch dem rettenden Ausgang zu. In diesem Moment erhebt ein bekannter deutscher Politiker seine Stimme. Worüber redet er? Ich verstehe kein Wort! Einige Minuten lang gebe ich dem Mann eine wirkliche Chance, dann verlasse ich, innerlich fluchend, endgültig die Veranstaltung und schleiche mich hinaus in die nächtliche Stadt.

Allein nehme ich das Vaporetto, überquere den Canale Grande und steige an der Station San Marco Giardinetti aus. Jetzt erst wird mir bewußt, daß Mitternacht schon lange vorbei ist. Weit und breit keine Menschen mehr … eine Wohltat, eine Befreiung … ich atme auf … ich atme durch …

An der Piazza San Marco angekommen, kann ich es kaum glauben: Ich habe sie ganz für mich allein, selbst die beiden kleinen Orchester, die allabendlich zur Unterhaltung der Cafégäste bekannte Melodien aus Operetten fiedeln, sind verstummt, alle Schaufenster der edlen Luxusläden unter den Arkaden sind mit Scherengittern und Holztafeln verschlossen. Wenn jetzt ein Dieb von der Lust auf goldene Armringe oder teure Marzipankuchen überfallen würde, hätte er einige Mühe, den Dingen seiner Sehnsucht näherzukommen. Auch die Taubenarmee, die tagsüber die Piazza als Flugplatz benutzt, sich auf den Schultern der Touristen, Frauen- und Kinderköpfen niederläßt, gierig darauf, gefüttert und photographiert zu werden, hat sich in ihre Kasernennester zurückgezogen. Wo sie wohl versteckt liegen?

Ich begebe mich in die Mitte des Platzes, drehe mich mehrmals um die eigene Achse und stelle mir vor, eine Filmkamera zu sein (das geht!). Mit halbgeschlossenen Lidern sehe ich die Arkadenreihen an mir vorbeiziehen, Bogen an Bogen an Bogen. Plötzlich erscheint mir die Architektur wie ein perforiertes Filmband, 24 Bilder pro Sekunde. Sie beginnt zu leben, die Säulen verformen und drehen sich, tanzen Walzer und Tango. Langsam wird mir schwindlig, ich stocke und vergewissere mich, daß ich bei meinen seltsamen Übungen von niemandem beobachtet werde.

Venedig, 16. September 1996

Ich packe meinen Koffer und fliege zurück nach Deutschland. Erst im November werde ich zum Abbau wiederkommen.

Venedig, 3. November 1996

Während des Fluges von München nach Venedig lese ich im Reiseführer und frische meine Kenntnisse über die Entstehungsgeschichte der Stadt auf. Dabei lerne ich, daß Bewohner des Festlands die vor allem aus Sümpfen und kleinen Inseln bestehende Laguna Veneta als schützenden Rückzugsbereich nutzten und um 500 nach Christus begannen, den sicheren Fluchtort zur Siedlung auszubauen. Heute breitet sich das Stadtgebiet Venedigs mit 150 Kanälen, 400 Brücken und 100 Plätzen auf 7,5 Quadratkilometern aus. Jedes Jahr, lese ich, fallen 10 000 000 Touristen in die Lagunenstadt ein.

Daß Venedig überhaupt noch zu sehen und nicht längst im Sumpf der Lagune untergegangen ist, grenzt an ein Wunder. Trotz des gewaltigen Stützenwaldes aus Holzstämmen, der sich als Fundament unter der Stadt ausbreitet, versank die Stadt allein in den letzten 20 Jahren um 10 Zentimeter im Schlick. Hochgerechnet ergeben sich daraus 1 Meter Sinktiefe in 200 Jahren und 7,5 Meter in den 1500 Jahren, seitdem Venedig existiert.

Allerdings bestand die Stadt noch um 1400 – lese ich – aus Holzgebäuden und wog daher erheblich weniger als in der Zeit danach, als die Häuser in Ziegel und Marmor gebaut wurden.

Dieses Mal wohne ich in einem anderen Hotel, in der Nähe des Canale Grande. Wieder habe ich einen malerischen Blick über die rote Dachlandschaft. Das Zimmer gefällt mir auf Anhieb so gut, daß ich mich hier am liebsten den ganzen Winter über einquartieren würde. Dann könnte ich endlich einmal die berühmten, touristenarmen Nebelzeiten studieren, die starken Regenfälle und vielleicht eine wirkliche Überschwemmung erleben.

Am Nachmittag fahre ich mit dem Vaporetto zu den Giardini hinaus. Wunderbare Herbststimmung. Weiße Sonne und leicht verfärbte Bäume, nicht so stark wie bei uns in Deutschland, aber trotzdem wahrnehmbar. Die Handwerker arbeiten bereits und haben mit dem Abbau der Installation begonnen. Im Winter und Frühjahr wird der Pavillon – wie alle Länderpavillons – leer stehen, erst im Sommer zur Kunst-Biennale kommt das Leben zurück. Die Architektur-Biennale findet nur alle vier Jahre statt, wie die Documenta in Kassel.

Venedig, 4. November 1996

Venedig. Venedig. Venezia. Irgendwie muß ich beim Wort »Venedig« immer an Venen denken und damit auch an Arterien. An fließendes, pulsierendes Blut. Hin und her, vor und zurück. Kreisend. Kreisläufe.

Heute mache ich mich auf den Weg zum ehemaligen Teatro La Fenice. Ich will schauen, was aus dem Ort geworden ist. Im September hatte ich keine Zeit für einen Besuch gefunden. Nach jahrelangen Restaurierungsarbeiten ist das legendäre Opernhaus am 29. Januar dieses Jahres kurz vor der feierlichen Einweihung zum zweiten Mal abgebrannt. Die Medien sprachen von Machenschaften der Mafia, unkten und vermuteten: Geschäftemacherei ... Rache ... Genaues wurde nie bekannt, wenn man von dem fadenscheinigen Erklärungsversuch »Kurzschluß« absieht. Das Teatro La Fenice galt neben der Scala in Mailand und dem Teatro di San Carlo in Neapel als das schönste Opernhaus Italiens.

Durch eine Spalte im provisorischen Bauzaun sehe ich die schwarzverbrannte Ruine. Nur noch wenige Mauern stehen senkrecht, davor türmt sich ein trauriger Trümmerberg auf. Wandstücke, verkohlte Balken, Stuckfragmente. Aus einer Lücke ragt die Hand eines Engels, hilferufend, wie die Hand eines verschütteten Kindes. Am liebsten würde ich mich anschleichen und sie ergreifen. Aber das Ruinengelände ist so gut gesichert, daß es mir unmöglich ist, dort einzudringen. Etwa eine halbe Stunde starre ich auf den Schuttberg und stelle mir den goldenen Innenraum vor, den ich zwar aus Abbildungen kenne, in Wirklichkeit jedoch nie betreten habe.

Als ich in Paris an *Wozzeck* arbeitete, hatte ich die Abrißarbeiten an der Bastille photographiert, dort, wo das neue Opernhaus später errichtet werden sollte. Ich habe später versucht, Motive davon in mein Bühnenbild einzubauen. Ruinen ziehen mich magisch an.

Im 18. und 19. Jahrhundert war es vergnügungssüchtigen Besuchern Venedigs möglich, zwischen 18 Opernhäusern auszuwählen. Die Verbindung von Theater mit Musik und Gesang erwies sich als zukunftsträchtige italienische Erfindung. Am Anfang stand Monteverdis berühmte *L'incoronazione di Poppea*, die 1642 in Venedigs Teatro San Giovanni e San Paolo Weltpremiere hatte.

Das Teatro La Fenice wurde 1792 eröffnet. An dem Bauwettbewerb nahmen 29 Architekten teil. Giovanni Antonio Selva, der Sieger, errichtete den Neubau in nur 18 Monaten. 1836 brannte das Theater zum ersten Mal ab. In den Jahren danach wurde es nach den gleichen Plänen wieder aufgebaut. Zahlreiche Uraufführungen mit Werken von Gioacchino Rossini, Gaetano Donizetti und Giuseppe Verdi fanden hier statt. Franz Werfel beschreibt die Erfolge und Niederlagen Verdis in seinem anrührenden, etwas sentimentalen Roman *Giuseppe Verdi*. Vor allem das Drama um *La Traviata*, die am 3. März 1853 im Teatro La Fenice Premiere hatte, bleibt erinnerungswürdig. Die Oper fiel beim Publikum durch. Verdi nahm die Niederlage gelassen und pflanzte auf seinem Gut Sant' Agata eine Trauerweide zum Andenken an diesen Tag.

Abends fahre ich wieder hinaus zu den Giardini. Die Hälfte meiner Architektur ragt jetzt als bizarre Trümmerlandschaft aus dem Baucontainer, den die Handwerker vor dem Pavillon aufgestellt haben. Schon wieder Ruinen, jetzt absichtlich herbeigeführt. Auch kein schlechtes Bild. Ringsum ähnlich destruktives Tun.

Die Kritiken über unseren Pavillon waren übrigens weitgehend negativ. Kaum einer verstand, was ich wollte. Schade.

Morgen werde ich mal wieder hinaus zum Lido fahren und noch einmal auf den Spuren Viscontis wandeln.

Venedig, 5. November 1996

Erste Nebel liegen morgens und abends über den Kanälen. Genau die Stimmung, die ich mir gewünscht habe. Wie geplant, lasse ich mich von einem Vaporetto zum Lido hinausbringen. Das dunstige Wasser, die im Nebel versinkende Silhouette der Altstadt, die Anlegestelle, der Weg quer über die Insel bis zum Hotel Des Bains – inzwischen durchdeklinierte, tief in mein Gehirn eingebrannte Bilder, die mich gleichzeitig bewegen und beruhigen. Venedig, spüre ich zum wiederholten Male, ist eine Stadt des Endes und nicht des Beginns. Wer heute hierher kommt, betritt die Vergangenheit, nicht die Zukunft. Vielleicht existiert die Stadt in Wirklichkeit längst nicht mehr, und wir sehen nur noch ihren Widerschein. Wer tiefer vordringt, verliert sich in einem Spiegellabyrinth, das langsam im Meer versinkt.

Von der leeren Hotelterrasse blicke ich hinaus auf das Adriatische Meer. Auf dem fast ausgestorbenen Strand entdecke ich nur einen einzigen Spaziergänger in der Ferne. Darüber ein grauer, wolkenloser Himmel. Wenige schlechtgelaunte Möwen kreischen vorbei. Jetzt erst bemerke ich die verschlossenen Hotelfensterläden. Nur an einer Stelle entdecke ich beim Umhergehen eine Öffnung. Neugierig drücke ich meine Nase an der Scheibe platt und versuche, im Inneren etwas zu erkennen. Da alle Kronleuchter während der Winterruhezeit ausgeschaltet sind, kann ich nicht viel sehen. Nur schemenhaft zeichnen sich altertümliche Sitzgruppen, Stühle und Tische ab.

Aus meinem Reiseführer weiß ich, daß das Hotel Des Bains im Jahr 1905 erbaut worden ist und sofort nach seiner Eröffnung reiche Familien mit ihrem Gefolge aus ganz Europa angezogen hat. Auch der etwas dekadente Dandy Thomas Mann mit seiner Frau Katia war unter ihnen. Während seines Aufenthalts begegnete der Schriftsteller tatsächlich jenem jungen Mann, dem er später den Namen Tadzio gab. In Wirklichkeit hieß er, wie man heute weiß, Wladyslaw Moes und war ein polnischer Adliger.

Als Luchino Visconti Jahrzehnte später durch ganz Europa reiste, um einen Darsteller für die Rolle des Tadzio zu finden, wurde er erst nach unzähligen Vorsprechterminen in Stockholm fündig. Sein Auserwählter war der erst 15jährige Björn Andresen. Für seine Dreharbeiten 1970 mietete der Regisseur ein halbes Jahr lang das gesamte Hotel. Ich habe mir den Film *Tod in Venedig* letzte Woche noch einmal angesehen und war beeindruckt wie immer.

Zunächst bleibt Venedig im Film eine ferne, blaudunstige Kulisse. Der Komponist Gustav von Aschenbach nähert sich dem Lido mit einem weißen Dampfschiff, später mit der Gondel. Sein großer, schwarzer Koffer, der die deutlichen Initialen seines Namens trägt, liegt wie ein Sarg die ganze Zeit neben ihm. Im Hotel angekommen, nimmt seine verschlossene Einsamkeit beklemmende Formen an. Unfähig zu jeder Kontaktaufnahme, irrt er durch die Flure und Salons. Im Speisesaal lauscht er, inmitten vornehmer, kinderreicher Familien aus Polen, Rußland, Frankreich und Italien sitzend, einem Salonorchester, das seichte Melodien aus Operetten und Opern intoniert. Über ihm hängen Kronleuchter wie bedrohlich leuchtende Tropfsteine von der Decke, schwere Plüschmöbel und Palmen verbreiten eine etwas verspätete Belle-Epoque-Atmosphäre, die mondän, aber auch drückend schwül wirkt.

Da Aschenbach weiterhin schweigt, sich ganz auf das Hören und Schauen verlegt, nimmt er nur mit Blicken Kontakt zu seiner Umgebung auf. Irgendwann bleibt dieser Blick an dem androgynen Knaben Tadzio hängen. Wie ein Engel aus dem Jenseits erwidert der Junge die Blicke des todkranken Komponisten und zieht ihn langsam in jene Gegenwelt hinüber, aus der es keine Rückkehr gibt. Die

lange Schlußeinstellung des Films gehört zu den eindrucksvollsten, die Visconti je gedreht hat. Von weit oben, aus der Vogelperspektive, schauen wir Gustav von Aschenbach beim Sterben zu. Müde, matt und schlaff hängt er in einem weißen Liegestuhl am Strand, umgeben von Umkleidekabinen und spielenden Kindern. Ab und zu geht eine Familie durchs Bild. Niemand beachtet sein Sterben. Es erfolgt in aller Öffentlichkeit, am Rande des Meeres, in der Nähe jener Stadt, die vielleicht die schönste der Welt ist, umgeben von einer edlen, vornehmen, reichen, eiskalten, zum Untergang verurteilten Gesellschaft. Bald wird der Erste Weltkrieg ausbrechen und halb Europa in Schutt und Asche legen. Danach beginnt die Zeit der Massen und der Touristenströme.

Ich drücke mich noch eine Weile auf der verlassenen Hotelterrasse herum und wundere mich, daß ich von keinem Wächter mit Hund vertrieben werde. Schließlich könnte ich ein Dieb sein. Aber niemand taucht auf, niemand verdächtigt oder verhaftet mich. In aller Ruhe kann ich mich meinen Ortsstudien widmen.

Etwas erschöpft setze ich mich auf die Terrassenstufen und blicke in Richtung Adria. Meine Gedanken schweifen wie so oft ab und lassen die Erinnerung an einen Ausflug im Jahr 1987 nach Neapel und Capri in meinem Bewußtsein aufsteigen. Damals sollte unser Ost-Berliner *Wozzeck* im Teatro di San Carlo als Gastspiel gezeigt werden. Ich wurde zur Vorplanung zusammen mit dem technischen Direktor der Staatsoper und einem Stasi-Offizier, der die Aufgabe hatte, uns zu überwachen, auf den Flug nach Neapel geschickt. Alles lief gut, auch die etwas mühsamen Gespräche im Theater, bis zu dem Morgen, an dem wir drei beschlossen, einen Schiffsausflug nach Capri zu unternehmen. Den herrlichen Sonnentag im Frühherbst werde ich nie vergessen. Gemeinsam bestiegen wir die Schnellbootfähre, die uns auf die malerische Insel hinüberbringen sollte. Ganz benommen von soviel mediterraner Schönheit kamen wir im Hafen von Capri an und begannen bald darauf eine Wanderung, die uns bis zum felsigen Gipfel der gebirgigen Insel führte. Auf dem Weg gerieten der Stasi-Offizier und ich in einen sich langsam steigernden Streit. Ich konfrontierte den armen DDR-Staatsdiener mit den provozierenden Sätzen: »Ist das nicht ein wunderschönes Land hier, Italien und die Insel Capri! Jeder hat sein Auskommen, ein Konto auf der Bank, kann in Ruhe seine Kinder aufziehen und wird nicht von der Stasi überwacht! Schöner ist es nur noch in der Schweiz. Dort ist die Landschaft ähnlich malerisch, aber die Menschen sind noch viel reicher!«

Er: »Warum erzählen Sie mir das? Ich will es nicht hören und will es nicht wissen!«

Ich: »Schauen Sie sich um! Könnte es sein, daß bei Ihnen manches schiefläuft? Es gibt keine Reisefreiheit, außer für Stasi-Offiziere ...«

Er schnappte wütend nach Luft. »Hören Sie auf! Was soll das?«

Ich: »Ist doch die Wahrheit, oder?!«

Er blieb stehen, seine Augen funkelten haßerfüllt, wahrscheinlich überlegte er sich in diesem Moment, daß es nur eines einzigen kleinen Stoßes bedürfe, um mich, den Klassenfeind, über die Klippen in die Tiefe zu befördern, und während ich nach einem sicheren Rettungsgriff Ausschau hielt, fauchte er am Rande des Nervenzusammenbruchs:

»Ich verstehe nicht, daß eine so bedeutende Frau wie Ruth Berghaus mit Ihnen zusammenarbeiten kann! Unglaublich! Empörend!«

Atemlos stampfte er vor mir den Berg hoch und vermied danach jedes weitere Gespräch. Ich hatte sein Weltbild in den Grundfesten erschüttert, und jetzt überlegte er sich die Konsequenzen. Rache! Rache! Wäre ich DDR-Bürger gewesen, hätten meine Sätze bestimmt zwei bis fünf Jahre Bautzen nach sich gezogen, aber als Besitzer eines West-Passes konnte er mich weder anklagen, noch verhaften. Allerdings hätte ich gegen zwei Tage Gefängnis nichts einzuwenden gehabt. Ich wäre danach um eine Erfahrung reicher gewesen.

Der technische Direktor hielt sich die ganze Zeit über weit entfernt von uns, wahrscheinlich, um später behaupten zu können, kein Wort von der Auseinandersetzung gehört zu haben. »Ich weiß nichts von einer Diskussion, von welcher Auseinandersetzung reden Sie ...?!«

Wieder heute: Am Nachmittag, bevor ich wieder zur Altstadt hinüberfahre, setze ich mich eine Weile in ein Restaurant bei der Anlegestelle. Vor dem Fenster beobachte ich eine Ansammlung junger Männer, die ganz unzeitgemäß mit schwarzen Capes bekleidet sind. Der Wirt erzählt mir, daß diese jungen Männer Kadettenanwärter seien, die auf der Insel San Giorgio Maggiore ausgebildet werden, um später einmal als Kapitäne die Weltmeere zu befahren. Mit verschränkten Armen steht er am Fenster und ist ganz stolz auf seine jungen italienischen Landsleute. Mir kommt die kleine Versammlung eher vor wie die inszenierte Realität einer Filmszene – so ist das, wenn man zu viele Filme gesehen hat, immer drängt sich ein Filmbild mit Vergleichsangeboten dazwischen.

Erst bei Dunkelheit kehre ich zum Canale Grande zurück. Wieder breitet sich leichter Nebel aus. Venedig bei Nacht. Plötzlich leuchten die schwimmenden, bescheiden gestalteten Vaporetto-Wartehäuschen wie kleine Schloßpavillons vor den dunklen Marmorfassaden. Im schwarzen Wasser spiegeln sich ihre Neon-Helligkeiten als in die Tiefe stürzende Lichtblöcke, am Rande zerfasert von unermüdlich hin- und herschaukelnden Wellen. Wasserzungen lecken schmatzend an veralgten Pontons, steinernen Molen und bemoosten Treppen. Berührungslinien. Berührungszonen. Sehnsüchte.

Vaporettos tuckern von Anleger zu Anleger, speien die wenigen nächtlichen Passagiere aus und nehmen neue in sich auf.

Venedig, 6. November 1996

Nebel verklärt jetzt morgens bereits die ganze Stadt. Während ich aus dem Fenster schaue und die zauberhaften Lichtspiele beobachte, fällt mir ein Fernsehfilm über den Komponisten Luigi Nono ein, den ich vor einigen Wochen gesehen habe. Wo alles im Wasser schwimmt, gibt es – nach seiner Aussage – nichts Eindeutiges, alles verändert sich ununterbrochen, jede Architektur, jede Wolke, jede Farbe. Die Luft flimmert, die Wände flimmern, auch das Bewußtsein flimmert. Strahlen und Punkte werden hin- und hergeworfen, gehören nie ganz zu einer Stelle.

Nono: »Hier, in diesem Zustand der diffusen Lichtreflexe lag meine Hauptinspirationsquelle.« Noten wie Lichtpunkte. Kompositionen dicht über dem Wasser, zum Leben erweckt vom Licht der Sonne.

Ja, denke ich, es muß schön sein, sich nur über Klänge auszudrücken, die den Raum durchdringen und erfüllen, ohne ihn zu verletzen und nachhaltig zu verändern!

Wieder gehe ich los und lasse mich durch die Gassen treiben. Wie nah sich manche Häuser gegenüberstehen! Beim Eindringen in die Raumspalten überkommt mich zuweilen die Angst, von den Fassaden zerdrückt zu werden. Die Himmelsritzen sind – so scheint es mir – oft nicht breiter als mein Zeichenblock. Beim Hochblicken sehe ich Wolken ziehen und hin und wieder eine Möwe vorbeischießen. Sekundenkurz. Sogar die Tauben vermeiden es, in diese Fallen hinabzutauchen. Dann, nach bedrohlichen Zuspitzungen und Verdüsterungen, öffnet sich die Gasse plötzlich zu einem kleinen Platz mit Kanal und malerischer Brücke. Selten sehe und höre ich Einheimische in den Eingängen stehen. Hat sich das quirlige italienische Leben nach Neapel oder Palermo zurückgezogen?

In manchen Kanälen liegt das Wasser wie spiegelndes Glas, in das die Realität der gemauerten Häuser lautlos einschneidet. Wie Echobilder wiederholen sich die Fenster, Türen, Bögen, Wände und Dächer. Was in der durchgehbaren Sphäre der Stadt senkrecht aufragt, hängt im Spiegelbild nach unten, steht auf dem Kopf. Es gibt sie, die zweite Realität, den doppelten Boden, das Bild hinter dem Bild. Dann fährt vielleicht eine Gondel vorbei und verschaukelt die zweite, kopfunter hängende Realität zu weichen, amöbenförmigen Bildpartikeln, die eine Zeitlang im Licht funkeln, um sich wenig später wieder zu beruhigen und zu dem alten, glatten Spiegelbild zurückzukehren. Es ist nicht verwunderlich, daß Venedig früher auch für die Produktion seiner Spiegel in ganz Europa berühmt war.

Ich setze mich auf einen Stein in der Nähe einer kleinen Kirche und lasse meine Gedanken spielen, gespannt, ob mir die Lichtreflexe auch zu den kreativen Ideen verhelfen wie Luigi Nono. Noch nie erschien mir das Wort »Reflexion« so bildhaft einleuchtend, ich »reflektiere« die Bilder der Stadt, lasse sie in meinem Gehirn funkeln, und schon blitzen die ersten Erkenntnisse auf. Stadt, sage ich mir zum wiederholten Mal, ist das absolut Künstliche, die Krönung der Zivilisation, das höchste kulturelle Produkt unseres Gemeinschaftsinns. Schön, schön ... aber wohin haben sich unsere Ausdrucksmöglichkeiten entwickelt? Es war soviel denkbar, Venedig ist ein Beispiel dafür ..., daß am Ende als einziger gemeinsamer Nenner ein trostloser Funktionalismus steht, wer hätte das gedacht? Auch heute ist theoretisch fast alles möglich. Die meisten Menschen träumen von einem »Mehr«, einem »Venedig«-Überbau, einem »Happy-End«, aber die Realität verweigert sich, spart an den falschen Stellen, überläßt trivialen Bauhaien das Geschehen und bringt nur städtebauliche Langeweile hervor. So sind wir gezwungen, Museen zu besuchen, unsere Engel in alten Kirchen zu begrüßen, dort, in diesen steinernen Raumschiffen warten sie seit Jahrhunderten auf unsere bewundernden Blicke. Uns, den Enttäuschten und Unzufriedenen, bleiben daneben nur die virtuellen Bilder, die Hollywoodfilme und die Reisen zu den märchenhaften Orten, die irgendwann im Schlick versunken sein werden.

Irgendwann schläft mein Gedankenfluß ein, vernebelt sich zu einem unklaren Brei. Jetzt stehe ich vor der Entscheidung: Entweder überlasse ich mich dem Schlaf – ein nicht ungefährlicher Zustand auf meinem Stein, nahe dem Wasser – oder ich stehe auf und gehe weiter durch das Gassenlabyrinth. Im Augenblick erscheint mir Bewegung passender zu sein. Einer plötzlichen Intuition nachgebend, verfolge ich eine ältere Frau, die mit eiligen Schritten gerade an mir vorbeigegangen ist. Das kann keine Touristin sein, denke ich, Touristen gehen immer sehr viel langsamer, bleiben an jeder Hausecke stehen, blicken nach oben, nach unten, nach links und rechts – ein Repertoire an Bewegungen, das ein Einheimischer selten im Programm hat. Die Frau trägt eine gefüllte Einkaufstüte, aus deren Öffnung Lauchblätter ragen. Ich beschleunige meinen Gang und passe mich der Geschwindigkeit der Frau an. Vielleicht, denke ich, ist es eine Schriftstellerin, Donna Leon etwa oder eine Musikerin, vielleicht Laurie Anderson, alles Menschen, die hier wohnen, wie ich weiß. Auf diese Weise komme ich durch mir bisher fremde Gassen und entdecke sogar einige Hausfrauen beim Wäscheaufhängen. Selbst Kinder beim Himmel-und-Hölle-Spielen versperren mir einmal den Weg. Irgendwann verschwindet die Frau in einem dunklen Hauseingang. Wie ein Detektiv studiere ich die Klingelschilder. Leider kann ich keinen mir bekannten Namen entdecken.

Langsam lasse ich mich weitertreiben. Irgendwann mündet jeder Weg auf die Piazza San Marco. Nach all diesen Gassenschlitzen und labyrinthischen Höhlengängen, nach all diesen städtischen Hirnwindungen, welch eine Befreiung.

Die Arkadengänge nehmen mich auf und rahmen die Bilder der Platzfläche mit ihrem eleganten Rhytmus. Ich staune über das Dämmerlicht in den meisten Cafés und Läden. Eigentlich könnte ich heute einmal auf den Campanile hinauffahren, geht es mir durch den Kopf, aber als ich den ebenerdigen Kassenraum betrete und die vielen Touristen dort stehen sehe, gebe ich mein Vorhaben auf. Die übermäßige Höhe des Turms – er ist mit über 100 Metern das höchste Gebäude der Stadt – erinnert mich daran, daß er im übertragenen Sinne natürlich auch ein Leuchtturm war. Man sollte ihn aus der Ferne, vor der Einfahrt in die Laguna, schon erkennen.

Dicht hinter dem Campanile liegt das Museo Archeologico Nazionale di Venezia, das ich bisher ebenfalls noch nie besucht habe. Da ich kein Reiseschriftsteller bin, der alles Sehenswerte abhaken muß, und außerdem die Ausgrabungen Roms sowie die von Pompeji und Neapel zur Genüge kenne, muß ich also kein schlechtes Gewissen haben, wenn ich mir diese Sehenswürdigkeit erspare.

Auf der Piazzetta stehend, studiere ich jetzt in aller Ruhe die Fassade der Libreria Sansoviniana, die in vielen Büchern auch als Biblioteca Marciana bezeichnet wird. Ich denke an jene Katastrophe, die sich während des Baues ereignet hat. 30 Jahre lang plante und arbeitete der aus Florenz stammende Baumeister Jacopo Tatti, der Sansovino genannt wurde, an diesem Gebäude. In der Nacht vom 18. auf den 19. Dezember 1545 stürzte ein Teil der Wölbung über dem großen Bibliothekssaal ein. Sansovino wurde, ohne daß man die genaue Ursache des Unglücks kannte, kurzerhand ins Gefängnis geworfen und schwer mißhandelt. Nur der Fürsprache seiner Freunde Tizian und Aretino war es zu verdanken, daß er nach wenigen Wochen wieder freikam. Eine Untersuchungskommission stellte später fest, daß mehrere Kanonenschüsse, die zur Begrüßung einer ausländischen Besucherdelegation abgefeuert worden waren, zum Einsturz geführt hatten. Außer-

dem wurden mehrere Bauarbeiter ermittelt, die die Stützen unter den Gewölben zu früh entfernt hatten.

Ich studiere die Säulenordnung der Fassade, lasse meinen Blick, wie eine Kamera, über die vertikal stehende Marmorlandschaft aus Bögen, Simsen, Balustraden, Vor- und Rücksprüngen wandern. Schade, daß die Zeiten der Säulen vorbei sind. Von einem fast krankhaften, momentanen Konservatismus befallen, den ich an mir hasse, denke ich kurz: Gebäudegliederungen wie diese besitzen einige Vorteile. Sie spiegeln unseren menschlichen Körper wider, dessen Maßverhältnisse und dessen Gliederung (daher dieses Wort!), vielleicht auch unser Denken. Als utopische Gegenbewegung lasse ich in Gedanken aus dem Dach des Gebäudes eine wilde, gläserne Eisformation wachsen, die nachts leuchtet wie ein Bergkristall und sich im Wasser der Laguna zwischen den schwarzen Gondeln spiegelt wie ein gelandetes Raumschiff.

Danach gehe ich zurück auf die Piazza San Marco und setze mich an einen Cafétisch im Freien. Selbst um diese Jahreszeit kann man auf der Sonnenseite der Piazza noch draußen sitzen. Auf einer Tafel an der Gebäudewand lese ich, daß hier 1683 die erste Bottega del Caffè eingerichtet worden war. Ein Jahrhundert später gab es allein auf dem Markusplatz vierundzwanzig Kaffeehäuser. Eine neue Mode hatte sich entwickelt. Das Café war tagsüber zum wichtigsten Kommunikationsort geworden, hier verabredete und traf man sich. Im Jahr 1750 schrieb Carlo Goldoni seine berühmte Komödie *Das Kaffeehaus* (*La bottega del caffè*).

In der weißen Herbstsonne sitzend, blinzle ich hinüber zum Palazzo Ducale. Ich muß gestehen, daß ich ihn vor Jahren nur einmal betreten und mir damals das größte Leinwandgemälde der Welt – es mißt 7 mal 22 Meter – von Jacopo Tintoretto angeschaut habe. Es hängt am Kopfende des Hauptversammlungssaals und stellt ein vielköpfiges Paradies dar. Mich faszinierte daran, daß es aus der Ferne aussieht wie ein Jackson Pollock.

Während meines ersten Aufenthalts besuchte ich auch das Tintoretto-Museum in der Scuola Grande di San Rocco. Unvergeßlich sind mir die Besucher, die Spiegel vor sich hertrugen und hineinblickten, um die Gemälde Tintorettos an der Decke bewundern zu können. Kunst im (Rück-)Spiegel! Das hatte ich bisher noch nicht gesehen. Ich weiß nicht, ob es diese Einrichtung heute noch genauso gibt. Überhaupt faszinieren mich Gemälde an Raumdecken immer wieder. Das überwältigendste Deckenbild, das ich je gesehen habe, stammt allerdings weder von Tintoretto, noch von Michelangelo, sondern von Tiepolo und befindet sich in der Residenz von Würzburg. Während Bilder an der Wand immer Fenster-Assoziationen auslösen – ein Motiv, mit dem vor allem in der pompejianischen Malerei gespielt wurde – , denke ich bei Deckenbildern an aufgeplatzte Räume, an Darstellungen fiktiver Himmel. Gemälde am Boden dagegen sind selten, wenn sie vorkommen, dann nur als begehbare Mosaike. Warum wurden Höllenbilder nie in den Boden gegraben oder in Kellerschlünde vertieft?

Am Nachmittag fahre ich mit dem Schiff zur Giudecca hinüber und schaue mir die Chiesa di San Giorgio Maggiore von Andrea Palladio an. Besonders der Blick aus dem Innenraum hinaus über das unmittelbar vor dem Eingang sich ausbreitende Wasser ist unvergeßlich. Hier in Venedig erhält das Wort »Kirchenschiff« eine ganz neue Bedeutung! In der Ferne schwimmt die barocke Chiesa Santa Maria della Salute mit ihrer markanten Kuppel und betont die Mündung des Canale Grande. Bevor sie gebaut wurde, stand hier das venezianische Zollamt, das jedem einfahrenden Schiff – genauer: seinem Kapitän – eine stattliche Gebühr abverlangte.

Venedig, 7. November 1996

Zum letzten Mal wandere ich in die Giardini hinaus. Alle Objekte, Modelle und Photos sind in große Holzkisten verpackt. Mit Transportschiffen werden sie heute zum Bahnhof gefahren. Meine Ausstellungsarchitektur liegt zersägt in den Containern. Bald werden Müllschiffe anlanden und die Trümmer abholen. Ich verabschiede mich etwas elegisch von meinen Handwerkern und gehe allein in die Stadt zurück.

Auf dem Weg denke ich an einen der merkwürdigsten aller Filme über Venedig, den ich mir vor einigen Wochen angeschaut habe: *Wenn die Gondeln Trauer tragen* aus dem Jahr 1973 von Nicolas Roeg. Immer wieder taucht im Verlauf des Films der Canale Grande auf, schön vernebelt, herbstlich, später winterlich. Hin und wieder wird eine Leiche aus dem Wasser gezogen. Ein Mörder treibt in der Stadt sein Unwesen. Der Film beginnt damit, daß die kleine Tochter des Hauptpaars, Julie Christie und Donald Sutherland, in einem englischen Parksee ertrinkt. So zieht sich das Sterben im Wasser als Leitmotiv durch den ganzen Thriller. Vor allem die eigenartige Schnitt-Technik paßt gut zu Venedig. Es gibt keine logische Zeitabfolge der Bilder. Die Zukunft geschieht in der Vergangenheit und die Vergangenheit in der Zukunft. Gegenwart wird zum Transit-Medium, durchsichtig wie Wasser.

Venedig, 8. November 1996

Heute ist ein besonderer Tag: Endlich ist es soweit; die halbe Piazza San Marco steht unter Wasser. Seitlich entdecke ich Holzstege, die über Nacht aufgebaut worden sind. Jetzt erst wird mir klar, daß die Piazza San Marco im Grunde auf Meeresniveau gebaut wurde, nur wenige Zentimeter trennen die beiden Ebenen voneinander. Sobald der Meeresspiegel auch nur leicht ansteigt, wird die Platzfläche überflutet.

Die meisten Caféhaus-Betreiber haben ihre Stühle draußen stehenlassen. Einige Kunden sitzen in aller Ruhe an den Tischen, lesen Zeitung und trinken ihren Cappuccino. Das Wasser endet dicht unter ihren Sitzflächen. Ihre Füsse haben sie mit Gummistiefeln geschützt. Als ich amüsiert an dem vollkommen unaufgeregten, in sich ruhenden Bild vorbeigehe, klingelt das Telefon einer Frau, die im Wasser sitzt. Sie meldet sich mit dem üblichen: »Pronto!«

Wieder einmal beschleicht mich das Gefühl, nicht in der Realität, sondern in einem Film zu leben.

Venedig, 9. November 1996

Hotelzimmer, morgens. Blick über die Dächer. In der Ferne die weite Wasserfläche zwischen Giudecca und Lido. Nach alter Gewohnheit lege ich den Stadtplan auf den Tisch, drehe ihn so, daß er der Blickrichtung aus dem Fenster entspricht, und studiere die Struktur der Kanäle und Gassen. Mir fällt auf, daß die Gesamtform der Stadt einem Fisch ähnlich sieht, der von Osten nach Westen schwimmt und gerade einen Köder – den Hauptbahnhof – verschluckt hat. Die Angelschnur ist die Bahnlinie nach Mestre und weiter nach Vicenza. Die Schwanzflosse wird von Arsenale und Giardini geformt. Vielleicht ist die Isola della Giudecca ein junger Fisch, der sich am Bauch der Mutter in Deckung hält. So interpretiert, wird der Canale Grande mit seiner gewundenen Form zum Darm des

(Mutter-)Fisches. Städtebaulich gesehen, ist die Bahnlinie vom Festland die einzige gerade Linie, die auf ein Gewirr von krummen, gebogenen und geknickten Gassen und Kanälen trifft. Diese Stadt ist nicht auf Passage hin strukturiert, sie hat die Tendenz zum in sich ruhenden Labyrinth, wie die meisten mittelalterlichen Siedlungen. Wer hierher kommt, will bleiben, sich einlassen mit dem Steinwesen, sich verlieren im Gassengewirr und nirgendwo anders hin.

Am Nachmittag fahre ich mit dem Vaporetto zur Galleria dell'Accademia hinüber und besuche das Museum zum ersten Mal wieder seit meiner Studentenzeit. Nachdem ich eine Zeitlang im Carpaccio-Saal gesessen und mir die erzählfreudigen Bilder dieses wunderbaren Malers angeschaut habe – *Der Traum der Heiligen Ursula*, *Heilige Ursula entsteigt dem Schiff in Köln* und vor allem *Das Wunder der Reliquie vom wahren Kreuz* mit der Darstellung des Canale Grande und der noch hölzernen Rialtobrücke aus dem Jahr 1495 –, nach all diesen Bilder-Fenstern gehe ich hinüber in den Giorgione-Saal und betrachte lange sein Gemälde *Das Gewitter* aus dem Jahr 1506. Mich hat dieses Bild immer fasziniert und beschäftigt. Vielleicht liegt sein Reiz in der letztlich nicht ganz zu entschlüsselnden Rätselhaftigkeit. Schläfrig-paradiesischer Siesta-Dämmerzustand, zwischen Nachmittag und Abend. Freie Naturlandschaft in der Nähe einer Stadt. Ein Gewitter zieht auf. Wahrscheinlich ist es schwül. Die Frau rechts hat sich nackt ausgezogen und sitzt auf einem weißen Handtuch, ein weiteres Tuch liegt über ihren Schultern. Auf ihren Armen trägt sie ein kleines Kind, das sie an ihre Brust zum Säugen drückt. Eine Merkwürdigkeit der Szene besteht darin, daß die Frau ihren Blick uns, den Betrachtern, zuwendet, als wären wir gerade aus dem Dickicht hervorgetreten und hätten sie in diesem Moment entdeckt. Am linken Bildrand lehnt ein Jüngling gelassen und ruhig an einem langen Stab. Er schaut zu der Frau hinüber. Ist er der Vater des Kindes oder der Bruder dieser Frau, ein fremder Hirte oder gar ein sie bewachender Soldat? Sein Gesichtsausdruck ist freundlich, aber auch lustvoll. Im Hintergrund sieht man eine Stadt und eine Brücke. Die steil aufragenden Säulen in der Nähe des Mannes wirken wie Sinnbilder der männlichen Potenz. In einem Kunstführer lese ich etwas von »Zigeunerin und Soldat« und von »Adam und Eva«. Niemand kennt die genaue Bedeutung.

Die venezianischen Stadtansichten von Canaletto nehme ich mir als letztes vor. Wäre Venedig im Zweiten Weltkrieg zerstört und dem Erdboden gleichgemacht worden, hätten rekonstruierende Architekten die Stadt – wie in Warschau und Dresden auch – nach seinen Gemälden wieder neu aufbauen können. Seine liebevoll-genaue Art, Architektur darzustellen, bleibt unübertroffen. Canaletto wurde in Venedig geboren, wie Casanova. Er hat das scharfe und das neblig-weiche Licht der Lagunenstadt bereits als Kind in sich aufgesogen, früh die Architekturspiegelungen im Wasser gesehen und diese verinnerlichten Bilder mit auf seine Reisen genommen. Seine Augen waren unbestechlich und erfaßten fast photographisch genau das alltägliche Geschehen vor den Häusern, die vorbeifahrenden Kutschen, die feilschenden Marktfrauen, die verschlafenen Diener und die spielenden Kinder. Als ehemaliger Theatermaler hatte er ein Gespür für Stadt-Bühnenbilder. Daß die Gemälde trotz der verschiedenen Orte, an denen er sich aufhielt und arbeitete, immer auch etwas leicht venezianisch Verklärtes in sich tragen, macht sie so besonders beliebt und attraktiv. Jedes Objekt – Fassaden, Menschen, Bäume – wird von einem scharfem, meist sommerlich-nachmittäglichem Seitenlicht getroffen und wirft tiefe Schatten. Es ist der Moment der größten Raumhaltigkeit, den Canaletto mit illusionistischer Lust auskostet. Keiner vor und keiner nach ihm konnte Hausfassaden so kraftvoll und virtuos lebendig malen. Er beherrschte die Wirkungen von Perspektive und Lichteinfall vollkommen. Die Himmel über seinen Städten haben eine unglaubliche Tiefe. Sanfte, weiche Wolken bilden den äußersten Gegensatz zu den harten Architekturlinien. Und dann die Wasserspiegelungen! Er ist ein Meister dieser zweiten, kopfunter hängenden Gegenwelt. Eines fällt mir heute bei Canaletto auf: Durch seine Himmel fliegen keine Vögel, sie sind vollkommen leer. Vielleicht wird dadurch jene Metaphysik der Luft betont, die uns auch heute an Venedig so fasziniert.

Venedig, 10. November 1996

Schon während meines Aufenthalts im September kam ich jeden Tag an dem berühmten Olivetti-Laden vorbei, den Carlo Scarpa in den 1960er Jahren ausgebaut und eingerichtet hat. Der kleine Laden liegt ganz in der Nähe der Piazza San Marco. Scarpa war Professor an der venezianischen Akademie und hat Generationen von Architekten beeinflußt. Auch ich gehöre zu jenen Menschen, die von seinem geistvollen Entwerfen gelernt haben, obwohl ich ihm nie persönlich begegnet bin. Mein erstes Scarpa-Erlebnis hatte ich in den 1970er Jahren, als ich eher zufällig das Castel Vecchio in Verona besuchte und für mich entdeckte. Damals war mir der Name Scarpa noch kein Begriff. Begeistert kaufte ich mir Bücher und informierte mich genau über sein Werk. Scarpa hatte das Museum bereits 1958 entworfen und gebaut. Als ich es sah, gehörte es demnach nicht zu den neuesten Einrichtungen seiner Art in Italien. In faszinierender Weise trafen hier mittelalterliche Architektur und modernes Design aufeinander. Im neu entstandenen Spannungsfeld erwachten die Gemälde und Skulpturen aus Gotik und Renaissance zu völlig neuem Leben. Ich erkannte mit einem Male, welches Potential in einem derartigen Dialog steckt. Plötzlich erschien das Mittelalter utopisch modern und die Moderne archaisch-kraftvoll, manchmal war es auch umgekehrt. Unvergeßlich ist mir bis heute das auf einer Betonplatte über dem Eingang schwebende Reiterstandbild des Cangrande della Scala! Scarpa suchte keine Unterwürfigkeit den historischen Kunstwerken gegenüber, er wollte sich mit seinen Einbauten selbstbewußt einmischen. Manchmal ruhig, dann wieder effektvoll-theatralisch.

Aus der Berührung zweier Zeiten, Zonen und Schichten entwickelte er einen regelrechten Begegnungskult. Da trifft nicht einfach das eine auf das andere, es gab genau definierte, oft mit Stahlbändern markierte Grenzen, Lücken, Versprünge und Schattenfugen in allen erdenklichen Abmessungen. Auch Materialwechsel betonten die verschiedenen Einzelbereiche. Jeder Satz wurde eindeutig zu Ende formuliert. Punkt, Komma, Gedankenstrich. Poetische Klarheit war sein oberstes Ziel. Im frühen venezianischen Olivetti-Laden konnte ich alle typischen Scarpa-Motive wiedererkennen, kleiner als in Verona, bescheidener, aber eindeutig. Im Vorbeigehen entdeckte ich immer neue Details, an der Eingangstür, am Fensterrahmen, an der Treppe. Heute schlendere ich noch einmal an den Schaufenstern entlang und bewundere die Entwurfsdetails ein letztes Mal. Danach kehre ich zum Hotel zurück, packe meine Koffer und schleppe sie zur Anlegestelle. Elegische Vaporettofahrt zum Flughafen Venedig Marco Polo. Die Vorbeifahrt an den Giardini und an den diversen Inseln der Laguna erlebe ich wie einen rückwärts laufenden Film.

Das Flugzeug startet Richtung Osten, dreht eine südliche Schleife, dabei sehe ich die Lagunenstadt wie einen leicht reliefierten Stadtplan unter mir liegen. Ich habe mehr Glück als bei der Ankunft. Diesen Blick hatten die Reisenden im 19.Jahrhundert nicht. Die Raum-Zeit-Kapsel »Flugzeug« läßt mich, wie immer, aus der Zeit kippen. Mein Zustand gehört nicht mehr zu dieser Welt, Schwerkraft und alle Raum-Sicherheiten weichen einem allgemeinen Schwebezustand, der dem modernen Glückzustand sehr nahekommt. Am liebsten würde ich als Raumfahrer immer so weiterschweben, Deckenbilder durchdringen, Engel liebkosen, Monde streifen und die blaue Erdkugel aus der Ferne betrachten.

Ich stelle mir Venedig als schwimmendes Schiff vor, das über die Weltmeere gleitet. Irgendwann hebt es ab und fliegt als Raumschiff durch das All.

Ich blicke aus dem kleinen, ovalen Flugzeugfenster und lasse Venedig langsam im Dunst versinken. Große, weiße Wolken löschen die Lagunenstadt endgültig aus. Dann tauchen die ersten schneebedeckten Gipfel der Alpen auf. Ich schließe die Augen und höre die Stimmen der Menschen auf der Piazza San Marco, das Plätschern des Wassers an der Mole, und ich sehe die elegant-melancholischen Gondeln durch die Kanäle schwimmen. Der Vollmond steigt über den Dächern auf, spiegelt sich in der windstillen Laguna, und ganz entfernt glaube ich, das »O sole mio« eines von Berufs wegen liebeskranken Gondoliere zu vernehmen.

Die Geheimnisse der Stadt bleiben ungelöst. Vielleicht könnte ich wie Greta Garbo als Königin Christine sagen: »... Ach, ich möchte mir all diese Dinge einprägen ...Vielleicht warst du nur eine Illusion ...«

Warschau

Warschau, 24.November 1996

Am Nachmittag auf dem Flughafen von Warschau – »Fryderyk Chopin«, auch »Okecie« genannt – gelandet. Das Wetter ist grau und diesig. Spätherbststimmung. Vielleicht liegt der erste Schnee in der Luft.

Das Ankunftsgebäude kenne ich bereits von zwei Besuchen im letzten Jahr. Es hat den ruppigen Charme aller Ost-Flughäfen, schmucklos, mäßig funktional. Der neue Kapitalismus zeigt sich in den üblichen Shops. Liebloser Durchgangsort, der nicht neugierig macht. Passanten und Reisende mit Taschen und Koffern wie überall auf der Welt, etwas grauer und leiser vielleicht. Eine amerikanische Touristengruppe würde hier mit ihrem lauten Lachen und Reden stark auffallen.

Leider bin ich ganz auf mich allein gestellt, niemand holt mich ab, den ganzen Aufenthalt mußte ich selbst organisieren.

Von einem gesprächigen Taxifahrer, der zu meiner Überraschung sogar deutsch spricht, lasse ich mich zu meinem Hotel in der Krolewska-Straße bringen. Er gibt mir sofort seine Visitenkarte und will Geschäfte machen.

»Sie können mich jederzeit anrufen, ich bin sofort da.«

Da ich nicht unhöflich schweigen will, frage ich ihn nach der Stimmung im Lande. »Schlecht, aber optimistisch ... wir sind froh, daß alles vorbei ist und wir jetzt die Chance zu einem freien Leben haben ... wir verdienen alle zu wenig Geld ... Leben ist teuer ... besonders auf dem Land gibt es viel Armut ... auch hier ... die Rentner ... und dann die Kriminalität ... jeder sichert seine Wohnung doppelt und dreifach ... daß Karol Wojtyla Papst in Rom ist, freut uns natürlich ... fast jeder Pole ist katholisch ... ich gehe mit meiner Familie jeden Sonntag zur Messe, jeden ... unser Land hat soviel gelitten ... Jesus Christus ...«

Während er redet, murmelt, brummelt, philosophiert und nach Worten sucht, schaue ich mir die tristen Plattenbauten an, die draußen hinter kahlen Bäumen vorbeiziehen. Unter dem Rückspiegel vor der Windschutzscheibe baumelt eine kleine Madonnenfigur und lauscht dem Monolog des Fahrers.

»Warschau war eine schöne Stadt ... das Paris an der Weichsel ... früher ... vor dem Zweiten Weltkrieg ... vor der Zerstörung ... heute leben fast 2 000 000 Menschen hier ... jeder Pole träumt von Warschau ... hier arbeiten ... keiner will auf dem Land bleiben ... es herrscht großer Wohnungsmangel... ich selbst wohne mit meiner Familie dort drüben ... eng, sehr eng ... mit Frau und zwei Kindern.«

Er zeigt hinüber zu den Plattenbauten. »Meine Frau arbeitet auch ... die Kinder sind im Hort ... der hat bis abends um 8.00 Uhr geöffnet ... wenn wir wollen, können wir sie auch über Nacht dort lassen ... das kostet ... natürlich extra.«

Wir nähern uns dem Zentrum. Jetzt, am frühen Nachmittag, ist der Verkehr stark, aber nicht chaotisch. Plötzlich stellt er die Frage, die in Wirklichkeit eine Feststellung ist: »Sie sind ... aus Deutschland?«

»Ja«, sage ich kleinlaut, »aus Berlin.« Beide wissen wir für kurze Zeit nicht, was wir reden sollen. In mir hat der Taxifahrer also einen Menschen neben sich, der einem Volk entstammt, das sein geliebtes Polen überfallen, okkupiert und zerstört hat. Mein Vater, denkt er, war vielleicht dabei, als vor 50 Jahren fast ganz Warschau dem Erdboden gleichgemacht wurde. Möglicherweise hat er bei den Deportationen der polnischen Juden nach Treblinka und Auschwitz geholfen.

Ich könnte ihm davon berichten, daß sich meine Eltern tatsächlich hier in Warschau 1942 kennengelernt haben – er ein junger Stabsarzt, sie eine schnell ausgebildete Hilfskrankenschwester – , daß ich das Ergebnis ihrer Liebesbeziehung wurde und 1943 in Ulm zur Welt kam, das alles hätte ich ihm gestehen müssen, aber natürlich schweige ich, bin froh darüber, daß er keine weiteren Fragen stellt, und schaue stumm hinaus auf die Plattenbauten und die neuen, blau schimmernden Stahl-Glas-Hochhäuser, die unförmig und aggressiv aus dem steinernen Stadtkörper auftauchen.

Irgendwann durchbricht der Taxifahrer unser Schweigen und sagt: »Vor zehn Jahren fuhren wir eine Zeitlang jede Woche nach Berlin, um dort unsere Dinge zu verkaufen ... aber es hat sich nicht gelohnt ... das Auto ... das Benzin.«

Dann kommen wir am berühmtesten und zugleich umstrittensten Gebäude Warschaus, dem stalinistischen Kulturpalast, vorbei, und ich frage meinen Fahrer: »Was sagen Sie heute zum Kulturpalast, gefällt er Ihnen?«

»Ach, wissen Sie ... wir sind alle gespalten ... er erinnert uns an die schlimmen kommunistischen Zeiten ... an russische Bevormundung ... an Zwangsarbeit und Unterdrückung ... an die Paraden am 1. Mai und die militärische Besatzungszeit ... jetzt ist der Turm unser Stadtzeichen geworden ... jeder Tourist fragt danach, will ihn besuchen und besteigen ... eigentlich ist er ganz schön, finde ich ... gehört zu unserem Leben wie unsere Eltern, unsere Großeltern, unsere Gräber auf dem Cmentarz-Powazkowski-Friedhof und unsere Heiligen ... eine Selbstverständlichkeit ... so ist das ... wir haben sonst eben nicht viel ... die wiederaufgebaute Altstadt noch ... waren Sie schon dort?«

»Ja, letztes Jahr, bei meinem ersten Besuch in Warschau. Wirklich sehr schön.« Das sage ich fast förmlich und bin ihm dankbar dafür, daß er nicht weiter in meiner Herkunft herumstochert, mich in Frieden läßt und versucht, die neue Zeit ohne Haß zu leben. Aus dem Augenwinkel sehe ich, daß er sogar lächelt.

Als wir die Hotelvorfahrt erreichen, bin ich ganz erleichtert. Ich gebe ihm mehr Zloty, als auf dem Taxameter angegeben, außerdem stecke ich ihm noch einen Dollar zu, worüber er sich sehr freut.

Vor über einem Jahr war ich zum ersten Mal in Warschau. Damals besuchte ich mit Historikern vom Haus der Geschichte aus Bonn die beiden Städte Warschau und Danzig. Wir wollten unsere von mir gestaltete und zunächst in Bonn gezeigte Ausstellung »Annäherungen: Deutsche und Polen, 1945–1995« nach Polen bringen und suchten dafür geeignete Museen.

Während sich das Projekt in Danzig zerschlug, wird es jetzt im Warschauer Unabhängigkeitsmuseum stattfinden. Jetzt bin ich hierhergekommen, um den Aufbau dort zu leiten.

Schon bei meinem ersten Besuch im letzten Sommer ging ich voller Neugier durch die Stadt. Als im Westen Aufgewachsener hielten sich meine Kenntnisse vom Leben »hinter dem Eisernen Vorhang« in Grenzen. Nur Prag, Budapest und Ost-Berlin kannte ich. Durch meine Zusammenarbeit mit Ruth Berghaus kam ich zwischen 1982 und 1989 oft in die DDR, lernte dort viele Menschen kennen und erhielt dadurch mehr Einblick in das sozialistisch geprägte Leben. Alles wirkte auf mich damals exotisch, beklemmend, aber auch spannend. Bisher konnte ich mir, der ich früher vor allem unter amerikanischen, manchmal auch französischen Einflüssen stand, ein derartiges Leben überhaupt nicht vorstellen. Eigentlich taten mir alle im Osten lebenden Menschen leid, sie mußten sich von einer einzigen Partei gängeln lassen, standen unter permanenter Überwachung der Stasi, konnten sich nicht frei äußern und wurden am Reisen gehindert. Fast alle menschlichen Grundrechte galten für sie nicht.

Das bildhafte Symbol der Trennung beider Welten war die »Mauer«, die sich als häßliche, letztlich unüberwindbare Grenze quer durch Deutschland zog. Wie oft ging ich in West-Berlin an diesem monströsen, irgendwie auch lächerlich-hilflosen Beton-Gartenzaun entlang, beobachtete die tödlich-strengen Grenzpolizisten und die lebhaften anarchistisch kreuz und quer grabenden Karnickel im Todesstreifen.

Seit 1989 ist jetzt alles anders, wahrscheinlich auch besser. Gorbatschow und Kohl einigten sich darauf, den sozialistischen Teil Deutschlands aufzulösen und die Wiedervereinigung in die Wege zu leiten. Jetzt gelten für alle die gleichen Grundrechte, und jeder kann verreisen, wohin er will, vorausgesetzt er hat das nötige Geld dazu. Es war die einzige wirkliche Revolution, die ich in meinem Leben – wenn auch nur indirekt – erlebt habe.

Polen kenne ich erst seit einem Jahr. Es gibt also kaum nostalgische Erinnerungen, die meine Impressionen überlagern, verklären oder gar entstellen könnten. Schon beim ersten Besuch Warschaus war ich überrascht von der lebhaften Fröhlichkeit der Menschen, besonders im Universitätsviertel, auf der Krakowskie Przedmiescie-Straße. Überall Cafés mit jungen, diskutierenden Studenten und Studentinnen, ganz wie auf dem Boulevard Saint-Michel.

Das war jedoch nur ein Aspekt der Stadt. Der andere rief in mir ein dumpfes DDR-Echo wach, verursacht vor allem durch die sozialistische Stadtarchitektur, die mit ihrem Plattenbau-Einheitsbrei ähnlich spießig daherkam. Auch die ärmliche Kleidung vieler Passanten und die trostlose Lieblosigkeit mancher Schaufenster fügte sich da nahtlos ein. Bestimmt hatten die jungen Menschen weniger Probleme mit der neuen Zeit als die älteren. Ich glaubte es den Gesichtern anzusehen, wie ernst sie einst den Sozialismus genommen haben. Diese älteren, etwas verbissen dreinschauenden Männer, die mir in ihren schwarzen Kunstlederjacken entgegenkamen, hielten bis vor kurzem – da war ich mir sicher – auf Parteiversammlungen flammende Reden gegen den kapitalistischen Klassenfeind, jetzt waren sie gezwungen, an Armani-Läden vorbeizugehen und ihre Haare in den Rückspiegeln glänzender Mercedes-Limousinen zu kontrollieren. Der Klassenfeind hat die Macht übernommen, welche Erniedrigung müssen sie ertragen!

In kommunistischen Zeiten war jede Form von Individualismus verpönt. Der sozialistische Mensch mußte sich in selbstloser Solidarität dem Gesamt-Volkskörper unterordnen, ganz wie zur Zeit des Faschismus. Der Staat bildete fiktiv eine einzige große Familie, ein gleichgeschaltetes Kollektiv. Kritik war nicht erwünscht. Viele Menschen allerdings, vor allem die sensiblen Künstler, ertrugen diese repressiven Gängelungen nicht, litten unter Depressionen, psychotischen Minderwertigkeitsgefühlen und Verfolgungsängsten. Wer mutig und entschlossen war, ging ins Exil. Im Westen konnte man seine Persönlichkeit in Freiheit entfalten, niemand wurde zum verschlüsselten Ausdruck gezwungen, (fast) alles war sagbar, ob allerdings jemand zuhörte, war eine andere Frage.

In den kommunistischen Ländern des Ostblocks diktierte der Staat die Ästhetik des künstlerischen Ausdrucks. Berühmt wurde in der DDR der »Bitterfelder Weg«, der von Schriftstellern den sozialistischen Realismus forderte, klar verständliche Werke, die auch ein Arbeiter lesen konnte. Eine Zensurbehörde wachte über die Einhaltung dieser Maxime.

Im Bereich der Architektur verhielt es sich ähnlich. Die Richtlinien wurden ebenfalls von staatlicher Seite festgelegt. Private Ausdruckswege blieben ausgeschlossen. Wer die Sprache der Bauten bestimmt, hat die Macht. Das wußten Tyrannen, Diktatoren, Könige und sozialistische Parteiführer zu allen Zeiten. Auch Hitler drückte sich gern in Gebäuden und Aufmarschplätzen aus, dabei hielt er sich an klassische Vorbilder, jedenfalls an das, was er darunter verstand. Stalin dachte ähnlich. Bei Wohngebäuden wurden die Richtlinien und Forderungen allerdings auf ein Minimum heruntergeschraubt; vorgegeben von Fünfjahresplänen zählte vor allem die Quantität, sozialistischer Realismus eben.

Dieses Mal wohne ich in einem großen, neuen Hotel direkt am Pilsudskiego-Platz. Mein angenehmes Zimmer im vierten Stock hat ein Panoramafenster, das sich dem Platz zuwendet. Staunend stehe ich hinter dem leicht gefärbten, sprossenlosen Sonnenschutzglas und blicke auf die gewaltige, leere Steinplattenfläche, die auf drei Seiten von Straßen eingefaßt wird. Ein idealer Aufmarschplatz für Kundgebungen zum 1. Mai und andere Massenveranstaltungen!

Am Ende der Fläche, Richtung Norden, ragt das Baugebirge der polnischen Nationaloper auf. Links davon wölben sich die hohen, alten, jetzt kahlen Bäume des Ogród-Saski-Parks über die Ruinenreste eines Palais, das hier bis zu seiner Zerstörung im Zweiten Weltkrieg einmal stand. In den ernsten Bogengängen der einstigen gräflichen Vorfahrt halten heute Soldaten Wache am Grab des »Unbekannten Soldaten«.

Die östliche Seite des Pilsudskiego-Platzes wird von einer Architektur bestimmt, die das 19. Jahrhundert nachahmt. Aus meinem Blickwinkel sehe ich einen Teil der blechgedeckten Dachlandschaft über den stattlichen Fassaden mit Kaminen und Fernsehantennen. Große Reklameflächen erinnern daran, daß Polen jetzt ein kapitalistisches Land ist, in dem jeder seine Waren laut, schrill und übertrieben bunt anpreisen darf.

Vor den Gebäuden fließt der Verkehr auf der Szackiego-Straße in beiden Richtungen und rahmt den Platz, der mir in diesem Moment wegen seiner Leere erscheint wie Malewitschs *Weißes Quadrat auf weißer Fläche*. Radikale Auslöschung von Natur. Vielleicht würde hier, nach Entfernung der Steinplatten, in kurzer Zeit ein üppiger Urwald wuchern ...

Als ich später auf die Straße hinaustrete, beginnt es zu schneien. Mein erster Schnee in diesem Jahr. Beim Überqueren des leicht überzuckerten, weiß angehauchten Platzes kommen mir meine Malewitsch-Überlegungen noch wahrer und richtiger vor als vor einer halben Stunde.

Auf direktem Weg gehe ich zu dem Ruinendenkmal hinüber und schaue mir die Soldaten aus der Nähe an. Stramm und starr stehen sie zu zweit neben einer urnenartigen Schale, aus der hohe, gelbe Gasflammen züngeln. Frische Kränze liegen vor schwarzpolierten Granitstelen mit polnischen Inschriften, deren Bedeutung ich nur erahnen kann;

»... 1863–1921 ... Cieszyn-Skoczow ... Ostroleka ... Zadworze ... Deblin ... Minsk ... Cycow ... Bialystok ... Seiny ... Minsk-Litewski ... Bytom ... Katowyce ... Anny ...« Der Marschall, nach dem der Platz hier benannt wurde, führte Polen 1918 in die langersehnte Unabhängigkeit, wie ich im Reiseführer lese. Sie währte jedoch nur bis zum Überfall der Deutschen im Jahr 1939.

Im Sommer 1944, nach dem 63 Tage dauernden, mutig-verzweifelten Aufstand der Warschauer Untergrundarmee – der »Armia Krajowa« – gegen die deutsche Besatzung, zerstörte Hitlers Armee auf Befehl Himmlers die gesamte Innenstadt Warschaus. 250 000 Polen verloren ihr Leben. Nur ein Stadtbereich auf der gegenüberliegenden, östlichen Weichselseite – Praga – überlebte die haß- und racheerfüllte faschistische Vernichtungswut, da hier bereits die Russen auf die Übernahme Warschaus warteten. Daß sie nicht in die Kämpfe eingriffen und den Aufständischen halfen, bleibt bis heute ein Stachel im Verhältnis zwischen den beiden Staaten.

Die Vernichtung der Hauptstadt ist die größte Erniedrigung, die einem Volk zugefügt werden kann. Selbstbewußtsein, Erinnerungvermögen und über Jahrhunderte architektonisch-gewachsener nationaler Stolz sind mit einem Male ausgelöscht. Danach gibt es nur zwei Wege der Erneuerung: Entweder die Überlebenden rekonstruieren das einmal Gewesene mit größter Genauigkeit, oder sie suchen den Neuanfang mit einer völlig anderen, moderneren Stadtarchitektur. In Warschau wurde vor allem im Bereich der Altstadt der erste Weg gewählt. Das innerste, wahre Gesicht der Stadt sollte wieder entstehen und künftigen Generationen die altbewährte Identität zurückgeben. Der Vorgang ist zwar verständlich, aber dennoch merkwürdig, da Verlust und Tod einfach negiert und überbaut werden. Leichenschauhaus, architektonisches Wachsfigurenkabinett oder tatsächliche Reanimation von Gebäudeleichen?

Für mich, der ich das Alte nicht kenne, erscheint die Fälschung der Geschichte nicht so gravierend. Nachkommenden Generationen wird das neue Alte irgendwann als das wirkliche Alte erscheinen, somit aus dem Bereich der Fälschung herauswachsen und zur Wahrheit mutieren.

Mein Blick kehrt zum ewigen Feuer zurück, und ich schaue mir die jungen Soldaten genauer an. Blasse, bäuerliche Gesichter. Sie haben das alte Warschau nicht gekannt, besitzen keine Erinnerung an die ursprüngliche Altstadt. Ihre Augen wirken leer, ganz nach innen gekehrt. Sie scheinen ihre Umgebung nicht wahrzunehmen. Die linken Arme halten sie angewinkelt, auf den Handflächen ruhen die Holzschäfte ihrer Gewehre. Die metallisch glänzenden Läufe lehnen an ihren Schultern. Die rechten Arme hängen untätig am Körper herunter.

Warschau, 25. November 1996

Heute morgen sehe ich nach dem Aufziehen der Vorhänge eine dichte Schneedecke über dem Pilsudskiego-Platz liegen. Fußgänger haben mit ihren Schritten diagonale Spuren ins Weiß getreten und damit aus meinem monumentalen Malewitsch-Bild einen verrutschten Mondrian geschaffen. Auf den Asphaltflächen der Straßen rings um den Platz ist der Schnee durch den Autoverkehr stark verschmutzt, teilweise auch schon ganz verschwunden. An den Rändern begleiten schmale, langgezogene Schneematsch-Aufhäufungen, die inzwischen mehr braun als weiß sind, den Straßenverlauf. Das Nationaltheater am Horizont wirkt durch seine dunstige Nebelumhüllung heute morgen wie ein heiliger Götterberg (Olymp, Matterhorn oder Mount Everest?).

Im Frühstücksraum sehe ich einige westliche Geschäftsmänner in dunklen Anzügen, weißen Hemden und Krawatten. Natürlich führen sie jetzt schon in berlinerischen, schwäbischen oder bayerischen Dialekten bedeutende Gespräche mit ihren Geschäftspartnern über Handys. Je nach Ausladung ihrer Gesten glaube ich zu erkennen, wie umfangreich ihre Vorhaben sind. Der Osten ist zu einem interessanten Expansionsgebiet geworden. Noch sind nicht alle Reviere verteilt.

Mit hochgeschlagenem Mantelkragen mache ich mich auf den Weg zum Unabhängigkeitsmuseum. Wieder überquere ich den Pilsudskiego-Platz und beteilige mich an der Zerstörung des perfekten Malewitsch-Gemäldes, indem ich die Diagonale wähle.

Aus der Nähe wirkt das Nationaltheater noch einschüchternder als aus der Ferne. Schroff steigen die Felswände neben mir in die Höhe, und die fernen Gipfelzinnen des Bühnenturms verlieren sich in den Wolken. Im Vorbeigehen schaue ich mir die Farbphotos in den Schaukästen an und bin entsetzt über die fragwürdige Ästhetik: Pappmaché-Felsen und dünne, windige Bühnenbildaufbauten, netzartige Bäume mit aufgeklebten Blättern drehen mir den künstlerischen Magen um. Auch die Kostüme und Personenarrangements entsprechen nicht gerade unserem westlichen Schönheitsideal. Mit einer kleinen inneren Gefühlsübung, einer Rolle rückwärts, zwinge ich mich dazu, tolerant zu bleiben.

Hinter dem Theater stoße ich auf einen Straßenzug, der mir vorkommt wie ein Spielfilm-Set zum Thema »Häuserkampf im Zweiten Weltkrieg«. Rohe, dreigeschossige Klinkerwände, sandsteinumrahmte Fenster, zersplitterte Gläser. Alle Steinflächen sind übersät mit größeren und kleineren Einschüssen – in die Senkrechte gekippte Mondlandschaften.

Wie gebannt schaue ich mich um. Plötzlich glaube ich, Maschinengewehrsalven und schweren Kanonendonner zu hören. Es würde mich nicht wundern, in den schwarzen Fensterlöchern Scharfschützen zu entdecken.

Ich stelle mir vor, die Amerikaner hätten, um das Ende des Zweiten Weltkriegs zu erzwingen, statt Hiroshima und Nagasaki Berlin und Warschau für ihren Atombombenangriff gewählt. Durch Zufall hätte ich überlebt und ginge jetzt als hautkrebszerfressener Krüppel durch die Ruinenstadt, um irgendwo, dort hinten vielleicht, zwischen den beiden Brandmauern, endgültig zu sterben. Ich schließe meine Augen und lasse das Bildecho langsam in mir versinken. Als ich sie öffne, fällt mein Blick auf eine viergeschossige Plattenbausiedlung, die meine Nerven wieder beruhigt. Vor allem die gartenartigen Innen- und Zwischenhöfe, mit den Spuren ganz normalen Lebens, zeigen mir, daß ich mich in keine falsche Zeit verirrt habe.

Ein Krähenschwarm hat sich auf Kinderrutschen und bunten Klettergerüsten niedergelassen. Zwischen Schnee- und Rostflecken kleben Herbstblätter auf den Windschutzscheiben der hier abgestellten, verbeulten Trabis und Ladas. Vor einer aufklaffenden Kühlerhaube, die aussieht wie das verwesende Maul eines (sowjetischen) Sauriers, entdecke ich einen ganzen Berg leerer Wodkaflaschen. Über dem Flaschenberg starrt mich eine gleichmäßig in die Hauswände gestanzte Fensterarmee an. Die meisten Gläser wirken schwarz und spiegeln die leeren Äste der Hofbäume wieder. Nur manchmal entdecke ich gehäkelte Vorhänge und die Blätter von frisch polierten Gummibäumen dahinter. Nirgendwo ein Mensch. Die einzige lebendige Bewegung, die ich wahrnehme, geht von den Vögeln, den krächzenden Krähen und von einer Spatzenhorde aus, die den Boden nach Eßbarem absucht und laut zirpend davonfliegt, als ich vorbeikomme.

Unser Museum liegt merkwürdigerweise mitten auf einer Verkehrsinsel, die als schmaler augenförmiger Wiesenstreifen zwischen dem in beiden Richtungen fließenden Verkehr im Asphalt ausgespart worden ist. Da es keine eigene Ampelanlage gibt, komme ich nur mit Mühe auf die grüne Insel hinüber. Das zentrale Eingangstor ist leider verschlossen. Nach längerem Suchen gelingt es mir schließlich, die Klinke einer Nebentür niederzudrücken und einzutreten. Im Haus ist es noch kälter als draußen. Fröstelnd steige ich eine früher bestimmt elegante Holztreppe in der Annahme hoch, daß sich die Ausstellungsräume im Obergeschoß – der einstigen Beletage – befinden.

Zu meiner Überraschung tauche ich in einem hohen, ovalen Vestibül-Saal auf, der mich in Form und Verzierung an Wiener Jugendstilbauten erinnert. Vielleicht wohnte hier einst ein polnischer Adliger, der im Sommer mit seiner Familie und französischem Kindermädchen nach Venedig in das Hotel Des Bains reiste, um dort seine Ferien zu verbringen. Oder ein reicher jüdischer Bankier ließ das Palais einst errichten. Später, zur Nazi-Zeit, wurde die ganze Familie vielleicht enteignet, nach Auschwitz deportiert und dort vergast. Ich will nicht schon wieder an Auschwitz und all die anderen furchtbaren Orte in Polen denken.

Meine kurzen Betrachtungen finden ein abruptes Ende mit dem Auftritt einer älteren, in einen dicken Pelzmantel gehüllten Frau, die hinter einem verdorrten Palmenstrauch, wo sie wahrscheinlich versteckt saß, hervortritt und mich mit

meinem Namen in gebrochenem Deutsch begrüßt. »Ich heiße Eva ... und bin ab jetzt immer für Sie da ... kann jederzeit Kaffee kochen oder ... Material ... Besorgungen machen.«

Überrascht von soviel Freundlichkeit, erscheint mir das Gebäude trotz der eisigen Kälte einladender und vertrauter als noch vor wenigen Minuten. Mit Eva erhält es eine menschliche Seele, und plötzlich habe ich den Eindruck, die Räume, Säle und Mauern könnten sprechen. Bestimmt weiß sie, welche Gefahren hier lauern und wie es zu dieser merkwürdigen, etwas verlorenen Insellage kam.

Ich bedanke mich höflich und sage: »Ein schönes Gebäude! Ein richtiges Palais! Wer hat hier früher gewohnt?«

»Ich ... weiß es nicht ... leider ... vielleicht kann ich mich erkundigen. Ich weiß nur, daß hier früher ... bevor das Unabhängigkeitsmuseum einzog, das Archäologische Museum untergebracht war.«

Während sie spricht, verbeugt sie sich unterwürfig und scheu vor mir. Ob sie schlechte Erfahrungen mit Deutschen gemacht hat? Das Ende des Krieges kann sie nur als kleines Kind erlebt haben. Vielleicht kamen ihre Eltern während der »Armia Krajowa« ums Leben?

Um nicht gleich ins Zentrum meines Interesses vorzudringen, lenke ich ab und frage: »Ist unsere Ausstellungsarchitektur aus Bonn bereits eingetroffen?«

»Ja, sie liegt dort drin«, erwidert die polnische Eva und zeigt auf eine verschlossene Tür.

Vorsichtig und erwartungsvoll drücke ich die Klinke nieder und bleibe wie angewurzelt vor Schreck und Entsetzen unter dem Türrahmen stehen. Meine Augen nehmen ein Bild wahr, das ich einfach nicht glauben will: Im Hauptsaal des Gebäudes, der früher bestimmt der Festsaal war, sehe ich einen schneeweißen Trümmerberg liegen, der mich spontan an Caspar David Friedrichs *Gescheiterte Hoffnung* erinnert und eher wenig mit meiner einstigen Ausstellungsarchitektur in Bonn zu tun hat. (Der Eisschollenberg stellt in gewisser Weise das Gegenteil dar.)

Nachdem ich meinen ersten Schock überwunden habe, gehe ich in den Saal hinein und umkreise den Trümmerberg wie ein hungriger Geier das gerade aufgespürte Aas. Ich gebe zu, daß ich Probleme liebe, da ich dann gezwungen bin, Lösungen zu finden. Als Architekt ist man vor allem Problemlöser, das lerne ich jeden Tag aufs neue. Schnell weicht deswegen meine Verzweiflung einer mutigen, unternehmungslustigen Freude.

Seelenruhig betrachte ich die übrigen Räume, schaue aus dem Fenster und beobachte den uns umfließenden, starken Verkehr. Es schneit schon wieder. Trübes, nebliges Spätherbstwetter, beginnender Winter. Alle Autos haben ihre Lichter eingeschaltet. Nur noch wenige nasse Blätter hängen an den Ästen der umstehenden Bäume. Gerade als ich wieder in den Vestibül-Saal hinaustrete, kommen meine Handwerker aus Deutschland verabredungsgemäß – es sind die gleichen wie in Venedig – die Treppe herauf. Ich lasse mir meinen Schreck nicht anmerken und begrüße sie freundlich. Eva lebt auf, endlich hat sie etwas zu tun. Hinter der vertrockneten Palme steigt der Dampf frisch gebrühten Tees auf.

Gemeinsam umstehen wir den Trümmerberg und skandieren wie ein antiker Chor: »Wir werden das schon schaffen ... wir werden das schon schaffen ... wir werden das schon schaffen ... Packen wir's an.«

Eine Weile helfe ich den Männern beim Sortieren und Zuordnen der Trümmer. Da sich jedoch meine handwerklichen Fähigkeiten in Grenzen halten – meine Stärke liegt mehr im Entwerfen und Zeichnen – , verlasse ich das Museum am Nachmittag und mache mich auf den Weg zur Altstadt.

Selbst bei diesem frostigen Wetter begegne ich geführten Touristengruppen aus der ganzen Welt, unter ihnen auch Amerikaner und Japaner, die Polen als ein exotisches, postkommunistisches Ziel für sich entdeckt haben. Ihnen allen geht es wie mir: Sie wollen den Ort des Geschehens leibhaftig anschauen. Hier also ereigneten sich die Dinge, hier wurde gekämpft und gestorben, hier wurde zerstört, verfolgt und ermordet, und hier wurden endgültig Faschismus und Kommunismus besiegt.

Wieder staune ich über die Perfektion der polnischen Restauratoren. Sie stiegen mit dieser Leistung zu Weltruhm auf. Canalettos gemalte Stadtansichten dienten ihnen als Vorlage.

Ich wandere durch die Gassen, folge einer geführten Gruppe, lausche den deutschen Ausführungen einer Kunstgeschichtsstudentin und schaue mir dann allein den ehemaligen Marktplatz – den Rynek Starego Miasta – an.

Ich könnte keine Fassade, keine Ecke, kein Fenster, keine Tür, keine Traufzone benennen, die mir nicht echt und damit historisch vorkäme. Selbst das Kopfsteinpflaster scheint schon Jahrhunderte überdauert zu haben. Ich glaube, der Haupttrick der Restauratoren bestand darin, die Alterung gleich mit in die Farbmischung aufgenommen zu haben: In jedes Ocker, Rosa und Senfbraun wurde eine Portion Staubgrau gemischt. Selbst Nässeflecken sind in die Fassadenfächen eingearbeitet. Die Pflastersteine werden aus alten, unzerstörten Stadtzonen stammen.

Seit 1980 steht die rekonstruierte Altstadt Warschaus in der UNESCO-Liste des Weltkulturerbes. Ich weiß nicht, ob es schon einmal etwas Vergleichbares gab.

Danach entdecke ich ein kleines, originelles Stadtmuseum, das in einem der rekonstruierten Gebäude untergebracht ist. Mich beeindruckt vor allem ein großes, dunkelbraunes Holzmodell der historischen Stadt. Ich liebe solche Modelle, könnte mich stundenlang darüber beugen, die Häuser, Dächer, Kirchen, Türme, Gassen, Plätze, Schlösser und Parks studieren.

Als Kontrastprogramm im nächsten Raum: die schockierenden Photos der zerstörten Stadt. 85 Prozent der Gebäude liegen 1945 in Schutt und Asche. Fast die Hälfte der Warschauer Bevölkerung kam während des Zweiten Weltkriegs ums Leben, darunter 350000 Juden!

Leider finde ich keine Abteilung, die sich mit den aktuellen Ereignissen seit 1989 befaßt. Ich könnte mir ein spannendes Museum vorstellen, das sich auf die kommunistische Zeit – mit Stalinbüsten und Sowjetfahnen – konzentriert und ausführlich die Ereignisse seit 1989 darstellt. Natürlich wäre ein großer Raum der Solidarnosc-Bewegung gewidmet. Am liebsten würde ich diese Idee jemand Einflußreicherem in Warschau vorschlagen, aber ich kenne ja bis jetzt außer dem Taxifahrer und Eva niemanden. Bestimmt wird es bald ein eigenes Jüdisches Museum geben, das ist auch wichtig, aber der Gesamtüberblick wäre – glaube ich – noch wichtiger.

Obwohl die Ausstellungsarchitektur in diesem Stadtmuseum in einigen Räumen avantgardistisch-künstlerische Züge trägt, kann ich wenig Hinweise auf heutige in Warschau lebende Künstler entdecken. Warum nur?

Auf einer Bank in der Nähe eines Fensters mit Blick auf den Marktplatz sitzend, überlege ich mir, welche Bedeutung polnische Kultur bisher für mich hatte. Als erstes fällt mir Tadeusz Kantor mit seinem Krakauer Theater »Cricot« ein. Ich kannte und bewunderte den Theaterkünstler schon als Schüler in Ulm und hatte auch einmal, während einer Klassenfahrt nach Berlin, die Möglichkeit, ein Gastspiel seines berühmt-absurden Stückes *Die Schulklasse* zu sehen. In einer wahnwitzigen Zeitcollage berichten Alte und Junge aus ihrem Leben. Tote stehen neben Lebendigen, Nichtgeborene neben Erschossenen. Das Klassenzimmer erscheint wie ein längst untergegangenes U-Boot, vielleicht auch eine Labor-Zelle, in der verpuppt mit vergangenem und zukünftigem Leben experimentiert wird. Die Grausamkeiten und Verzweiflungen eines ganzen Jahrhunderts sind in diesem engen, vergammelten Klassenzimmer versammelt.

Und dann natürlich Roman Polanski, der im Krakauer Ghetto aufwuchs und fliehen konnte, als Vater und Mutter verhaftet und nach Auschwitz deportiert wurden. Besonders seine frühen absurden Kurzfilme – *Zwei Männer und ein Schrank, Der Dicke und der Dünne* – und sein erster langer Spielfilm *Das Messer im Wasser* haben mich als Student stark beeindruckt. Ihn interessierten immer die bösartigen Abgründe der menschlichen Psyche, die Verirrungen, Abstrusitäten und Machtspiele – viele Szenen wären bestimmt ohne seine deprimierenden Kindheitserlebnisse in ihrer scharfen Bissigkeit nicht denkbar. Das absurd Surreale scheint dem polnischen Wesen sehr nahe zu kommen.

Einer meiner Lieblingsfilme stammt von Andrzej Wajda, dem anderen großen polnischen Filmregisseur: *Asche und Diamant.*

Dann fällt mir ein, daß auch Billy Wilder gebürtiger Pole war: Er kam als Samuel Wilder 1906 in einem winzigen Dorf namens Sucha zur Welt, wo seine Eltern eine Gastwirtschaft betrieben. Bereits 1910 allerdings wanderte die Familie aus und ließ sich in Wien nieder. Inwieweit seine in Hollywood entstandenen Filme polnische Wurzeln haben, wage ich nicht zu beurteilen. Der scharf ausgefeilte, immer treffende jüdische Witz seiner Dialoge jedoch hat bestimmt mit seiner Herkunft zu tun.

In der Literatur würde ich als erstes Witold Gombrowicz mit seinen *Tagebüchern* nennen. Erschütternd, wie er in seiner Exilanten-Verzweiflung, geplagt von Heimweh und Einsamkeit, über Kunst und Museen reflektiert. 1953 schreibt er: »Ich glaube nicht an die Malerei! Musikern sage ich immer: Ich glaube nicht an die Musik!« Nach einem Besuch im Museo Nacional de Bellas Artes notiert er: »Ich atmete Apathie, buntschillernd zwischen Ekel, Unlust, Rebellion, Mut und Widersinn ... Nicht zum ersten Mal sehe ich, wie das Antlitz der Kunst die Gesichter lebendiger Menschen auslöscht. Wer geht denn auch ins Museum?«

Für sein absurdes Theaterstück *Yvonne* habe ich im Flämischen Theater Amsterdam vor einigen Jahren das Bühnenbild entworfen (Guy Joosten führte Regie). Gombrowicz hatte *Yvonne* 1935 im Alter von 31 Jahren in Warschau geschrieben und veröffentlicht, aber erst 1957 wurde das Stück in Krakau uraufgeführt. 24 Jahre lang – von 1939 bis 1963 – lebte der Dichter in Buenos Aires im Exil. 1969 ist er in Vence (Frankreich) gestorben. Eine typisch polnische Biographie des 20. Jahrhunderts!

Schon als Schüler kaufte ich mir jedes Buch, das der bekannte Übersetzer Karl Dedecius herausbrachte. Er war in Westdeutschland der wichtigste Vermittler polnischer Literatur. Besonders seine Gedichtbände sind mir unvergeßlich. Ohne ihn hätte ich nicht so früh etwas von Czeslaw Milosz, Tadeusz Rózewicz, Zbigniew Herbert und Wislawa Szymborska gehört und gelesen.

Literarisches Bindeglied zwischen Deutschland und Polen schlechthin ist heute natürlich die *Blechtrommel* von Günter Grass. Auch dieser Roman, dessen wichtigste Kapitel in Danzig spielen, arbeitet stark mit absurd-surrealen Mitteln. In ihm wird die Geschichte des Zweiten Weltkriegs aus der Perspektive eines verwachsenen Zwergen-Krüppels erzählt. Ein Schelmenroman barocken Ausmaßes.

Eine besondere Affinität besitze ich auch zu polnischen Komponisten, weniger allerdings zu Chopin – seine Kompositionen waren mir immer zu gepflegt-elegant. Am wichtigsten sind mir heute Penderecki und Gorecki. Bei beiden kommt

eine andere wichtige Charaktereigenschaft der polnischen Kultur zum Ausdruck: die tiefe, fast romantische katholische Religiosität!

Nachdem ich das kleine Stadtmuseum verlassen habe, entdecke ich am Marktplatz ein kleines Literaturmuseum. Allerdings stelle ich beim Durchgehen fest, daß ich über die dort ausgestellten, national wichtigen Dichter herzlich wenig weiß. Im Mittelpunkt steht Adam Mickiewicz mit seinem Epos *Pan Tadeusz*. Einige Gegenstände aus der Entstehungszeit zeigen mir, wie schwierig der Umgang mit Literatur in Museen und Ausstellungen ist.

Das Ziel unseres Ausstellungsprojekts in Warschau besteht natürlich darin, Polen und Deutsche einander näherzubringen. Vorurteile, wie sie zum Beispiel in dem Begriff »polnische Wirtschaft« zum Ausdruck kommen, geistern immer noch durch unseren Wortschatz.

Man kann das Geschehene nicht ungeschehen machen, aber man kann dem anderen Volk, das jetzt – nach dem Verschwinden der DDR – wieder unser direkter Nachbar ist, von unserer Kultur erzählen, von unseren Idealen und Sehnsüchten. Politik schafft nur die Grundbedingungen des gesellschaftlichen Miteinanders, den Rest muß jeder einzelne für sich erarbeiten.

Die wichtigste Ikone im deutsch-polnischen Verhältnis stellt jenes Photo dar, das Willy Brandt 1970 beim Kniefall vor dem Ehrenmal an der Gedenkstätte des Warschauer Ghettos zeigt. Mit dieser Geste wurde nach jahrzehntelanger Vereisung endlich ein Zeichen der Verzeihung gesetzt. Die langsame Annäherung, die in der Zeit nach 1989 zur endgültigen Aussöhnung zwischen den beiden Ländern führte, begann.

Das gilt vor allem für Westdeutschland. Für die DDR war Polen längst zu einem wichtigen »Bruderland« geworden, das in der Zeit nach dem Mauerbau 1961 und dem Wegfall des Visumzwangs als Ferienland immer beliebter wurde.

Ich kann mich noch gut an die Zeitungs- und Fernsehberichte über den Brandt-Besuch erinnern, auch an das zustimmende Gefühl, das ich dabei empfand. Es ist klar, daß wir – die Historiker und ich – das Brandt-Photo in den Mittelpunkt unserer Ausstellungsinszenierung stellen (fast wie ein modernes Altarbild).

Nach einer halben Stunde verlasse ich das Literaturmuseum wieder, bedaure zum wiederholten Mal, daß ich kein Wort polnisch spreche, und trete hinaus ins Freie, auf den historischen Marktplatz, der in Wirklichkeit nicht sehr historisch ist. Leichter Schneefall verzaubert Häuser und Altstadt ins Märchenhafte. Ich denke an all jene einst berühmten, während des Krieges untergegangenen Altstädte, die sich fast wie Urbilder des städtischen Wohnens in unser (Photo-)Gedächtnis gegraben haben: Krakau, Warschau, Danzig, Breslau, Dresden, Prag, Nürnberg, Köln, Ulm ... Obwohl ich nicht über Phantasiemangel klagen kann, gelingt es mir nicht, mir das Trümmerfeld vorzustellen, das sich hier vor 50 Jahren ausbreitete.

Langsam gehe ich weiter, kreise durch die Gassen und stelle fest, daß der Kernbereich der Altstadt eigentlich ziemlich klein ist, außer dem Marktplatz und dem Zamkowy-Platz vor dem Schloß – dem Palac Pod Blacha – gibt es höchstens zehn Gassen, die das Gebiet durchkreuzen.

Wie jeder anständige Tourist schaue ich mir die Klinker-Stadtmauer an, zeichne sie und mache einige Photos. Welche Teile der Mauern und Türme wirklich alt sind, kann ich nicht klar erkennen, es wird auch nirgendwo erläutert. Bewußte Verwischung der wahren Sachverhalte.

Abends stehe ich wieder eine Weile auf dem Platz vor meinem Hotel und beobachte die beiden jungen Soldaten am »Denkmal des Unbekannten Soldaten«. Als es dunkel ist, mache ich Photos, unauffällig, aus der Hüfte. Meine Schuhsohlen berühren die polierten Schnittflächen schwerer Granitplatten. Gern würde ich jetzt Strümpfe und Schuhe ausziehen und mit nackten Füßen über die Platten gehen. Ich beuge mich nach unten und betaste mit den Fingerspitzen den Boden. Eisige, nasse Kälte. Asphalt, denke ich, ist ein typischer Straßenbelag, irgendwo alters- und charakterlos, gut benutzbar zum Autofahren. Betonflächen dagegen sind unsympathischer. Dieser künstliche, von Zement zusammmengehaltene Kunststein, dieses Konglomerat, fügt sich in jede Form. Man kann daraus Bunker, Kugeln, Wohnhäuser oder Stalinköpfe gießen. Der Alterungsprozeß von Beton verläuft unangenehm und häßlich.

Dagegen die Granitplatten: Vor Jahrmillionen befanden sie sich in einem flüssigen Zustand, wurden bei tektonischen Verschiebungen zusammengepreßt und aufgeworfen, ein Gemenge aus Feldspat, Quarz und Glimmer. Das verbreitetste Tiefengestein der Erde. Später, als die Menschen in der Lage waren, Blöcke aus Granitsteinbrüchen zu schlagen, wurden diese zu Kopfsteinpflaster, Platzbelägen, Säulen, Giebeln und Fassadenplatten verarbeitet, zu Skulpturen, Gartenmöbeln und Brunnen. Ihre Härte trotzt jeder Witterung, die normalen Alterungsprozesse verlaufen harmonisch und schön – sofern sie nicht durch Kanoneneinschläge oder Sprengungen vorzeitig gestört werden. Albert Speer und Adolf Hitler schwärmten von ihren mit Granitplatten verkleideten Bauten im Ruinenzustand.

Das alles geht mir durch den Kopf, während ich den jungen Soldaten beim Dastehen zuschaue. Sie berühren mit ihren Stiefelsohlen die gleichen Granit-Bodenplatten wie ich. Ich male mir aus, wie sie durch ihr tagelanges Dastehen langsam selbst zu Granit versteinern und sich in Denkmäler verwandeln.

Warschau, 26. November 1996

Bevor ich mich erneut zum Unabhängigkeitsmuseum aufmache, besuche ich heute die Galeria Zacheta, die in einem prächtigen Stadtpalais, direkt neben meinem

Hotel, eingerichtet wurde. Ob dieses auffallend schöne Gebäude im Krieg ebenfalls zerstört und inzwischen originalgetreu wiederaufgebaut worden ist – wie die Nationaloper – , kann ich nicht genau ermitteln. Auch in meinem Reiseführer steht darüber nichts.

Leider ist die ständige Sammlung mit berühmten Bildern von Picasso, Cézanne, Max Ernst, Léger und Lichtenstein im Augenblick nicht zu sehen, statt dessen werden in den hohen, weißen, lichtdurchfluteten Ausstellungsräumen die Werke einiger zeitgenössischer polnischer Künstler gezeigt. Am meisten beeindruckt mich die Inszenierung einer pompösen Beerdigung. In der Mitte des größten Saals, steht, umgeben von einem Blumenmeer, ein übergroßer Sarg auf einem länglichen, pyramidenförmigen Sockel. Die polnischen Inschriften auf den Kranzschleifen kann ich leider nicht entziffern, ich vermute jedoch, daß hier die Geschichte aufgebahrt liegt, vielleicht auch die Kunst der vergangenen, stalinistischen Jahre, beides ist denkbar.

Mir gefällt die Idee, Beerdigungen für Ideen und Dinge durchzuführen. Ich stelle mir auf dem Pilsudskiego-Platz ein riesiges Grabdenkmal mit der Aufschrift vor: »Hier wurde das kommunistische System zur endgültigen Ruhe gebettet! 1.Januar 1990. Möge es nie wieder auferstehen: die Volksrepublik Polen!«

Gleiches wäre auch in Berlin denkbar, etwa im Bereich der ehemaligen Reichskanzlei: »Hier ruht das faschistische System! Sommer 1945. Ein erlöstes Volk gedenkt der Schrecken und Greueltaten mit Abscheu und Verachtung!«

Oder am Brandenburger Tor: »Hier wurde die Deutsche Demokratische Republik beerdigt! Sie ruhe in Frieden! Herbst 1989! Ein vereinigtes Deutschland!«

Auf einer Tafel im Treppenhaus lese ich mehrsprachig, daß dieses Gebäude zwischen 1899 und 1903 als Warschauer Kunstverein errichtet wurde. Man hatte damals Großes vor mit der polnischen Kunst. Auf einer zweiten Tafel steht, daß an dieser Stelle 1922 der erste Präsident der Republik Polen, Gabriel Narutowicz, ermordet wurde. Ein merkwürdiger Ort für einen politischen Mord!

Nach diesem Kunsterlebnis schlage ich einen neuen, mir bisher unbekannten Weg, quer durch den Ogród-Saski-Park, zum Unabhängigkeitmuseum ein. Ich beobachte alte Frauen mit Plastiktüten, die in Abfallkörben nach Brauchbarem suchen.

Auf einer mehrsprachigen Tafel lese ich, daß am Kopfende des Parks, am Pilsudskiego-Platz der Palac Saski – der Sachsenpalast – stand und daß der Park selbst sehr bedeutend sei. Er wurde als französischer Garten von einem gewissen Tylman van Gameren im 18.Jahrhundert entworfen und angelegt. Zitate aus verschiedenen anderen Gärten – auch aus Tivoli – sind in das Parkprogramm eingearbeitet. Europäische Bild-Netzwerke, auch damals schon!

Die Handwerker im Museum sind seit dem frühen Morgen fleißig und begrüßen mich recht optimistisch. Tatsächlich sehe ich bereits einige Architekturteile an den richtigen Orten stehen. Erstaunlich! Bis zum Abend wird sich das Chaos aufgelöst haben, vermute ich. Die Sache war also halb so schlimm. Entspannt setze ich mich zu Frau Eva an den klapprigen Campingtisch, trinke mit ihr Tee und bestaune das geblümte Plastiktischtuch, das so optimistisch mit blauen und roten Blumen übersät ist.

»Ich habe gerade das Kunstvereinsgebäude besucht. Ein schönes Palais!« »Ja«, erwidert Eva, »Warschau war einmal eine wunderbare Stadt, früher ... früher ...« Ich schaue sie an und wage es nicht so richtig, sie nach ihrer Lebenssituation zu befragen. Sie scheint meine Neugier zu ahnen und fährt lächelnd fort:

»Eigentlich bin ich Dozentin an der Universität für deutsche Sprache ... Meine Kinder sind schon erwachsen ... die Tochter ist verheiratet ... bald werde ich

Großmutter ... Mein Mann ist vor zwei Jahren gestorben ... Jetzt muß ich meine freie Zeit hier verbringen, damit ich über die Runden komme ... Wenn es geht, hat in Warschau jeder zwei oder drei Jobs ... Sonst reicht das Geld nicht.«

Sie erzählt zögerlich. Jetzt, da ich länger neben ihr sitze, bemerke ich, daß sie früher bestimmt einmal eine schöne Frau war (ist sie natürlich heute immer noch!).

»Mein Mann hat bei der Armee gedient. Berufssoldat ... Da hat man nicht viel Geld verdient. Außerdem ist das Leben beim Militär ungesund ... Hier, in Polen, herrscht allgemeine Wehrpflicht, jeder Mann zwischen 20 und 50 muß dienen ... Waren Sie schon einmal in unserem Armeemuseum?«

»Nein«, antworte ich und setze nach: »Da werde ich morgen hingehen.«

»Auch unser Unabhängigkeitsmuseum, hier in diesem Gebäude, war ein spannendes Museum, das sich mit unserer politischen Vergangenheit beschäftigte, allerdings unter rein sozialistischen Gesichtspunkten. Aber inzwischen paßte es nicht mehr in die veränderte Landschaft. Vor kurzem ist alles weggeworfen worden, die Photos, Fahnen und Orden. Jetzt sucht man eine neue Funktion. Unklar, wohin der Weg führt. Hoffentlich wird das Gebäude nicht verkauft, an eine Versicherung oder eine Bank, wer weiß. Es fehlt an allem: an Holz, Wänden, Farben, Lampen, Sockel, Bilderrahmen und Glas, vor allem an Geld!«

Ich verspreche ihr, daß wir nach Ausstellungsende das ganze Material hierlassen werden. Es wäre ein Jammer, die Architektur auf den Müll zu werfen – wie bei uns üblich.

Langsam beschleicht mich der Verdacht, daß diese Frau in Wirklichkeit die Direktorin dieses Museums war oder ist. Allerdings gibt es da auch noch einen Mann mit weißem Hemd und Krawatte, fällt mir in diesem Moment ein. Er kam gestern kurz vorbei, betrat einen Nebenraum – vielleicht sein Büro? – im ersten Stock, telefonierte – ich hörte seine Stimme durch den offenen Türspalt –, grüßte und verschwand kommentarlos wieder. Ich könnte Eva danach fragen, aber vielleicht wird sie traurig, wenn sie mir davon erzählen muß, daß sie einmal – und jetzt nicht mehr –, wer weiß. Also schweige ich.

Später, nach dem Tee, breche ich auf, wandere weiter durch die Stadt und gehe direkt zum Armeemuseum. Mein Schreck ist groß, als ich das Gebäude-Ungeheuer vor mir sehe. Hatte ausgerechnet dieser gewaltige Steinklotz mit tief eingeschnittenen Fenstern, monumentalen Säulen und Giebeln den Krieg unverletzt überstanden?

Auf dem Grünstreifen vor der Fassade stehen Panzer und Flakgeschütze wie grüngrau gefleckte metallische Drachen, die ihre offenen Schlünde und rohrartigen Zungen aggressiv auf mich richten. Beim Näherkommen glaube ich, von Feuergeschossen empfangen zu werden. Aber die martialischen Tiere bleiben stumm, wahrscheinlich sind sie längst tot, ausgeschlachtet und für den harmlosen Museumsaufenthalt präpariert. Bevor ich das Gebäude betrete, umkreise ich es und gehe dabei durch eine ganze Stadt aus Militärfahrzeugen – russische und polnische Jeeps, Lkws, Abschußrampen, Kanonen in allen Größen, Raketen, U-Boote und Schiffe. Ein innerstädtisches Schiffsdeck, beladen mit Gewalt und Brutalität.

Es ist schon merkwürdig, daß diese todbringenden Waffen auf viele Menschen immer noch magisch anziehend wirken. In den Museumsräumen begegne ich vor allem älteren Männern in Begleitung ihrer Enkel. Mit leuchtenden Augen berichten die Großväter von ihren kriegerischen Abenteuern, betasten glücklich die verschrammten Stahlflächen, bücken sich unter Geschützrohre, steigen mutig in U-Boot-Öffnungen und lassen sich von rotgesichtigen Knaben bewundern.

Ja, so könnte das wahre Leben aussehen, flackert es durch die kindlichen Gehirne, auch ihre Augen leuchten, und sie sind stolz darauf, solche Großväter zu

besitzen. Das waren noch Zeiten, da haben wir es dem Russen und dem Deutschen gezeigt. Mütter mit Töchtern sind selten.

Ermattet kehre ich abends in mein Hotel zurück und schalte das polnische Fernsehen ein. Ab und zu schaue ich aus dem Fenster. Es hat wieder zu schneien begonnen. Spät in der Nacht wird ein richtiger Schneesturm daraus.

Ich versuche, mir zu vergegenwärtigen, wie die Stadt wohl zur Nazi-Zeit aussah, und denke an Ernst Lubitschs *To be or not to be*, einen Film, der 1941 in Hollywood entstand. Lubitsch kannte die Situation nur durch Erzählungen von Emigranten, aus Wochenschaubildern und Photos. Er selbst hatte seine Heimatstadt Berlin bereits in den 1920er Jahren verlassen und ist nie dorthin zurückgekehrt.

Vor allem der Anfang des Films ist witzig: Zu den Bildern florierender Läden in Warschaus Hauptstraßen werden des Lokalkolorits wegen die polnischen Namen der Besitzer aufgezählt: Lubinski, Kubinski, Lominski, Rosanzki, Posnanzki und Maslowski.

Schnitt: Wir sehen die zerstörten, rauchenden Ladenruinen, und wieder hört man die Stimme aus dem Off die Namen der Besitzer, jetzt als Litanei wie bei einem Nachruf, heruntergebetet: Lubinski, Kubinski, Lominski, Rosanzki, Posnanzki, Maslowski ...

Unglaublich, wie es Lubitsch in wenigen Minuten gelingt, die Kurzfassung eines polnischen Geschichtsabschnitts in Szene zu setzen, der wahrhaftig alles andere als witzig war. Eine weltgeschichtliche Farce. Tragisch und absurd.

Allerdings war sowohl die intakte wie auch die zerstörte Warschauer Straße ein Produkt phantasievoller Hollywood-Szenenbildner; ob sie der Realität glich, kann ich natürlich nicht beurteilen.

Zum wiederholten Male gehe ich jetzt die Krakowaskie-Przedmiescie-Straße hinauf, schaue mir die Läden an und lese tatsächlich ähnliche Namen wie in dem Film: Lubinski, Kubinski, Lominski, Rozanzki, Posnanzki, Maslowski. Für mein Sprachempfinden haben die häufigen »Is« der Namensenden etwas Sympathisches. Vielleicht sind es charmante Verkleinerungsformen, wer weiß?

Warschau, 27. November 1996

Heute scheint die Sonne, es ist nicht mehr ganz so kalt. Beim Blick aus dem Fenster sehe ich, daß der Schnee weitgehend geschmolzen ist, nur noch wenige weiße Flecken liegen am Platzrand und auf den Wiesen des Parks.

Ich bin immer froh darüber, wenn ich Hotelzimmer mit informativen Ausblicken bewohnen kann: Dieses Stadt-Bühnenbild, gerahmt von meinem Fenster, mit großer Platzfläche, Opernhaus und Denkmal kommt mir plötzlich ideal zusammengestellt vor. Ein steinerner Blumenstrauß, ein monumentales Stilleben, nicht schön, aber in seiner surreal-absurden Komposition sehr anregend.

In Gedanken sehe ich Soldaten aufmarschieren, Schnitt: Singende Kindergruppen, die mit ihren 1.-Mai-Fähnchen winken, treten auf, Schnitt: Der Platz ist vollgestellt mit Raketen, Schnitt: Unzählige Paare tanzen bei einem riesigen Sommerfest. Die Musik erklingt aus scheppernden Lautsprechertrichtern. Spät in der Nacht kracht ein Feuerwerk über dem Opernhaus in den schwarzblauen Himmel, später schweben Tausende Fallschirmspringer, die aussehen wie von innen leuchtende Quallen, aus der wolkenverhangenen Dunkelheit herab. Nach der turbulenten, Purzelbaum schlagenden Landung beobachte ich, daß sich Paare bilden und zu einer gewaltigen Massenhochzeit aufstellen. Um Mitternacht werden zehntausend Paare gleichzeitig auf diesem Platz getraut. Der Fortbestand Polens ist damit gesichert ...

Erst am Nachmittag werde ich ins Unabhängigkeitsmuseum gehen und mir zuvor das ehemalige Ghetto-Gelände und den Kulturpalast anschauen.

Auf dem Weg zu meinen beiden Zielen durchquere ich die geschäftige Innenstadt, die aussieht wie alle nach dem Krieg erbauten Innenstädte Europas. Frauen kommen mir mit gefüllten Einkaufstüten entgegen, wegen des grellen Lichts tragen die meisten von ihnen dunkle Sonnenbrillen.

Schon aus der Ferne ist der Kulturpalast mit seiner eigentümlichen, gotisch-alpinen Form wie eine verirrte Aufgipfelung zu erkennen. Ein blaudunstiges Matterhorn mitten im Flachland, ein künstlicher Eisberg, der alle Blicke auf sich zieht.

Die sowjetischen Planer und Erbauer dieses Monstrums scheinen alles, was sie bisher an Architektur kannten, in diesen Babylonischen Turm hineingesteckt zu haben. Er wirkt wie die übertriebene Aufhäufung aller Kinderträume: gestapelte Würfel und Geschosse, Zinnen, Türmchen und Fenster in allen Größen, Terrassen auf vielen Ebenen, Dachgärten, Fialen und Rosetten wie an Kathedralen, himmelstürmende Linien, die raketenartig ins Weltall hinauszielen. Außerdem klingen in dieser Collage Erinnerungen an Loire-Schlösser, Kreml-Bauten, Big Ben mit der typischen Uhr, Eiffelturm (die Fernsehantenne auf der Spitze) und das Empire State Building an.

In Manhattan würde der an den Wolken kratzende Kulturpalast nicht besonders auffallen, aber hier, in diesem architektonischen Flachland, kommt er zu einer Wirkung wie ein monumentaler Findling, der von gewaltigen eiszeitlichen Gletschern hierher geschoben wurde. Als einsamer Solitär erhält er im heutigen Warschau die symbolische Bedeutung eines pathetischen Denkmals, das ursprünglich den neuen, sozialistischen Menschen gewidmet worden war und jetzt nach einer neuen Aufgabe sucht. Das Gebäude hat trotzig den Zusammenbruch des Kommunismus erlebt und überragt jetzt den aufblühenden Kapitalismus mit selbstbewußter Würde und sowjetischem Chic.

Ich wage den Vergleich mit den großen gotischen Kathedralen in Chartres, Paris, Köln, Prag, Ulm und Mailand. Auch sie ragen wie grandiose, in Stein gehauene, Bild gewordene, untergegangene Weltanschauungen in unsere Zeit hinein und begeistern in ihrem nahezu unfaßlichen Optimismus jeden Besucher aufs neue. Wir können sie als Dinosaurier menschlicher Verirrung interpretieren oder als Denkmäler ferner, euphorisch gestimmter Zeiten, Schlösser humanen Aufschwungs, gottgeweihte Denkgebäude oder wahnwitzige Irrenanstalten, je nach Standpunkt und Gemütsverfassung.

Beim Näherkommen habe ich das Gefühl, langsam mit der Eigernordwand konfrontiert zu werden. Gotisches und Science-fictionhaftes stürzt auf mich ein. Meine Blicke schießen in die Höhe, können sich kaum am Boden halten. Dadurch, daß der Bau so einsam auf einer riesigen Parkplatzfläche steht, wirkt er noch größer und höher, als er in Wirklichkeit ist. Mit 230 Metern übertrifft er das Ulmer Münster immerhin um 69 Meter.

Daß der grausame Diktator Stalin auf die Idee kam, dem besetzten Polen ein derartiges »Geschenk« zu machen, ist schon beachtlich, in jeder Hinsicht – positiv wie negativ. War dieses »Geschenk« ein »Trojanisches Pferd« oder eine »wohltätige Bereicherung«? Wer waren die Bauarbeiter, Russen oder Polen? Wurden sie zur Arbeit gezwungen, oder hat man sie ordentlich bezahlt? Wo gibt es Ähnliches? Die Amerikaner haben Berlin nur die Kongreßhalle – die »Schwangere Auster« – geschenkt, die Jahre später teilweise einstürzte und inzwischen wiederaufgebaut worden ist, die übrige Hilfe für das zerstörte Westdeutschland kam in Form des Marshallplans, der mit Geld die deutsche Wirtschaft wieder ankurbelte. Außerdem milderten Care-Pakete anfangs die Not der Bevölkerung. Amerikanische Kultur sickerte vor allem über Radiosender (AFN) und Kinos bei uns ein.

Besetzten Gebieten seine eigene, hier fremde Kultur überzustülpen, hat allerdings Tradition. Vor allem die Römer waren darin Meister. In Deutschland begegnen wir auch heute noch in vielen Städten an Rhein und Neckar ihren Bautcn oder wenigstens den Resten davon. In Stein errichtete Amphitheater, Prätorien und Tempel waren hier zuvor nicht bekannt.

Hitler plante, im eroberten, unterworfenen Rußland Repliken deutscher Städte zu errichten. Das mittelalterliche Nürnberg in den Steppen und schneeverwehten Birkenwäldern Sibiriens? Rothenburg im Kaukasus? Köln statt Nowosibirsk? Freiburg statt Alma Ata? Merkwürdige Vorstellung, die in mancher Hinsicht an die Vorgänge in Las Vegas erinnert.

Ich umkreise nach gewohnter Methode den Sockel des Kulturpalasts und blicke immer wieder nach oben. Für einen Wolkenkratzer-Bergsteiger wäre der Bau ein ideales Kletterobjekt, denke ich, für einen Wolkenkratzer-Fallschirmspringer dagegen weniger: Er liefe Gefahr, von einer der zahlreichen Zinnen und Fialen aufgespießt zu werden. Für einen sportlichen Treppenläufer stellt der Kulturpalast bestimmt ein Eldorado dar.

Ich könnte mir gut vorstellen, im 40. Stockwerk zu wohnen. Allerdings weiß ich nicht einmal genau, ob hier überhaupt Geschosse als normale Wohnungen genutzt werden. Wenn ja, waren sie früher sicher nur leitenden Funktionären vorbehalten. Im Kulturpalast – lese ich im Reiseführer – gibt es, auf 42 Etagen verteilt, insgesamt 3288 Räume und 33 Fahrstühle. In dem 1 000 000 Kubikmeter umbauten Raum sind zwei Museen, vier Theater, 14 Auditorien, ein Ballsaal, ein Schwimmbad mit einer Tribüne für 500 Zuschauer und ein gigantischer Kongreßsaal mit 3200 Plätzen untergebracht.

Neben dem polnischen Fernsehen, dem Goethe-Institut, dem PEN-Club, dem polnischen UNESCO-Komitee, der Warschauer Universität und der polnischen Aka-demie der Wissenschaften mit zahlreichen Seminar- und Ausstellungsräumen wurden in den letzten Jahren immer mehr Räume an Privatunternehmen als Büros vermietet – schließlich muß der ehemals ganz der Kultur gewidmete Palast auch im kapitalistischen Sinn finanziert und unterhalten werden. Ein Glück, denke ich jetzt, daß es bei den Wirren 1989/90 vom aufgebrachten Volk – als Denkmal der russisch-kommunistischen Okkupation – nicht in die Luft gesprengt wurde.

Ich betrete das pompös-marmorne Foyer, kaufe mir an einer zwischen schweren Pfeilern eingebauten Kasse ein Ticket und fahre mit dem Aufzug bis ins 30. Stockwerk hoch. Beim Rundblick aus luftiger Höhe sehe ich, wie flach die Landschaft tatsächlich ist, auf der sich Warschau ausbreitet. Keine Hügel, keine Berge. Aus dem Häusermeer ragen nur wenige Kirchtürme und Hochhäuser hervor. Mein Blick folgt dem leicht mäandernden Wasserlauf der Weichsel. Dort hinten, am östlichen Horizont, breiten sich die Weiten Rußlands aus.

Die Feinde Polens kamen früher aus allen Richtungen. Kaum ein anderes Land Europas mußte im Laufe der Jahrhunderte so viele Eroberer und Unterdrücker erleiden wie Polen. Immer wieder wurde das Land geteilt, verschenkt, verschachert. Warum nur? Diese Stadt hier haben die Deutschen zerstört. Ich überlege: Wurden je in der Menschheitsgeschichte so viele Städte dem Erdboden gleichgemacht wie in den letzten beiden Jahren des Zweiten Weltkriegs? Kiel, Hamburg, Lübeck, Bremen, Berlin, Rostock, Stralsund, Dresden, Leipzig, Kassel, Hannover,

Köln, Dortmund, Essen, Bonn, Mainz, Frankfurt, Mannheim, Nürnberg, München, Ulm, Stuttgart, Augsburg, Karlruhe, Freiburg und Friedrichshafen. Nur Städte mit weniger als 50 000 Einwohnern blieben von den alliierten Bombern verschont. Außerdem Wiesbaden und Heidelberg, dort wollten die Amerikaner mit ihrer Nachkriegsverwaltung einziehen ...

Die meisten Metropolen überlebten die Katastrophe, mit Wunden zwar, aber in ihren wichtigsten Straßenzügen und Bauten unversehrt: Paris, Brüssel, Amsterdam, Kopenhagen, Oslo, Helsinki, Prag, Budapest, Wien (hier kam es noch zu Kämpfen mit den vorrückenden Russen), Athen, Rom, Mailand, Barcelona, Madrid, Lissabon, Sankt Petersburg und Moskau, die amerikanischen und kanadischen Städte auch. (So weit reichte die Schlagkraft der deutschen Armee nicht, Gott sei Dank!)

Für mich hatte der Stadtname Warschau immer einen traurigen Klang, vielleicht lag es daran, daß wir im Westen den »Warschauer Pakt« als Inbegriff der sowjetischen Militärbedrohung empfunden haben. In Gedanken sah ich früher dort Raketenwälder stehen, die Spitzen auf Westdeutschland gerichtet – während des Kalten Krieges ein gängiges Bild, oft in den Zeitungen beschrieben und von den damaligen Wochenschauen im Kino mit Bildern unterfüttert.

In Wirklichkeit geht der Name Warschau auf eine Sage zurück: Der Fischer Wars liebte seine Freundin Sawa (eine Romeo-und-Julia-Geschichte). Eines Tages erschien den beiden eine Meerjungfrau, die ihnen befahl, an dieser Stelle der Weichsel eine Stadt zu gründen ...

Auf dem Weg zum Ghetto komme ich wieder über den Parkplatz, der sich mit seiner Asphaltfläche rings um den Kulturpalast ausdehnt. Im Augenblick wird ein Weihnachtsmarkt aufgebaut. Ich beobachte im Vorbeigehen Männer, die Buden zusammenzimmern, und Frauen, die kitschige Engel und Spieluhren auspacken.

Mein Weg führt mich nach Norden, die verkehrsreiche Wladyslawa-Anders-Straße hinauf bis zum Mirow-Muranow-Viertel. Nachdem ich den Ogród-Saski-Park passiert habe, biege ich nach links in die Mordechaja-Anielewicza-Straße ein und sehe bald danach das heute leergeräumte Gelände des ehemaligen Ghettos liegen. Dort, wo früher die Menschen Hunger leidend, von deutschen Soldaten, SS-Aufsehern und Krankheiten gequält, auf engem Raum zusammengepfercht leben mußten, um später, am Ende ihrer Kräfte, deportiert und in die Gaskammern von Auschwitz geschickt zu werden, dehnt sich jetzt ein karger Park aus. Keine Ruine, kein Straßenrest erinnert an die vergangenen Grausamkeiten. Selbst die Wege- und Straßenverläufe fielen der Nachkriegs-Städteplanung zum Opfer, ringsum trostlos-graues Plattenbau-Warschau.

Die Stille und das Schweigen des Ortes tragen fast zynische Züge. Ich habe das Gefühl, die Luft müßte mit Weinen, Schreien und Schluchzen erfüllt sein. Statt dessen nur ferner Verkehrslärm und manchmal das rauhe Krächzen einer (vermutlich russischen) Krähe. Als ich das Denkmal erreiche, an dem Willy Brandt zu jenem berühmten Kniefall niedergesunken ist, erkenne ich sofort die Steinplatten und Inschriften wieder. Mein Photogedächtnis funktioniert.

Ein vetrockneter Kranz und einige Blumenreste zeigen mir, daß in den letzten Tagen keine Gedenkveranstaltung stattgefunden hat. Auf den nassen Simsen und Borden des Denkmals liegen kleine Steine wie sie von Juden niedergelegt werden, die Gräber und Gedenkstätten ihrer Angehörigen besuchen. Mich hat diese einfache Geste schon immer beeindruckt. Jeder Stein wirkt auf mich wie ein Wegzeichen: Hier bist du auf dem richtigen Weg, geh weiter bis zum nächsten Stein, dann links und später rechts. Irgendwann wirst du ankommen, dann sehen wir uns wieder ...

Ich denke an die anrührenden Erzählungen Isaac Bashevis Singers, der im Haus Nummer 10, in der Krochmalma, einer Straße im Warschauer Judenviertel (noch lange bevor das kleine, später das große Ghetto eingerichtet wurden), seine Jugend verbrachte.

»Ich bin in drei toten Sprachen aufgewachsen«, schreibt er und fährt fort »Hebräisch, Aramäisch und Jiddisch (manche halten letzteres nicht einmal für eine Sprache) – und in einer Kultur, die sich in Altbabylon entwickelt hat, der des Talmuds. Obwohl meine Vorfahren sich vor 600 oder 700 Jahren in Polen niedergelassen hatten, kannte ich nur ein paar Worte der polnischen Sprache.«

Singers Vater war Rabbiner. Er selbst wanderte 1935 mit 31 Jahren nach Amerika aus und starb 1991 in Miami als amerikanischer Staatsbürger. 1978 war er mit dem Literaturnobelpreis ausgezeichnet worden.

Auf dem Weg zum Unabhängigkeitsmuseum mache ich noch einmal einen Umweg am Opernhaus vorbei, das eigentlich Teatr Wielki heißt, was nichts anderes bedeutet als »großes Theater«. Jetzt erst wird mir klar, daß der monumentale, klassizistische Bau seine Rückseite dem Pilsudskiego-Platz zuwendet und die Eingangsfront nach Norden zeigt. In seiner kubischen Formensprache, seinen gewaltigen Säulenordnungen und vor allem seinem mit Rundbögen verzierten Bühnenturm erinnert mich der Bau an Boullées Revolutionsentwürfe. Wie das Gebäude vor der Zerstörung im Jahr 1939 aussah, weiß ich nicht, so wie es jetzt dasteht, trägt es viele Merkmale des stalinistischen Stils seiner Wiederaufbauzeit zwischen 1951 und 1965.

Da ich eine offene Portaltüre sehe, gehe ich hinein. Im Eingangsfoyer hat sich eine kleine Touristengruppe um eine polnische, im schwarzen Kostüm elegant aussehende Führerin versammelt, die in diesem Moment mit ihren Ausführungen beginnt. Ich stelle mich dazu und lausche den Sätzen, ohne ein einziges Wort zu verstehen. Die Fremdartigkeit der Sprache gefällt mir, sie erweckt in mir eine eigentümliche Sehnsucht, fast ein Heimweh. Ich folge der Gruppe in das pompöse Hauptfoyer. Von soviel Marmorprotz bin natürlich auch ich überwältigt und stimme in den allgemeinen Aaaaundooooo-Chor ein. Ein schwarzer Säulenwald spiegelt sich im blankpolierten Marmorfußboden. Wir scheinen auf einer Glasplatte zu schweben, vielleicht hätten wir Schlittschuhe unter unsere Füße schnallen sollen – so eisflächig-rutschig und glatt kommt mir der edle Boden vor. Dann folgt der Zuschauerraum. Seine Größe ist überwältigend, atemberaubend. Aus den begeisterten Sätzen und Gesten unserer Führerin glaube ich einen Superlativ herauszuhören: Bestimmt ist dieser Raum der größte Opernsaal der westlichen Welt! Eine gewaltige, stützenlose, hölzerne Höhle, nur für den Klang menschlicher Gesangsstimmen und eines begleitenden Orchesters geschaffen. Schade, daß im Augenblick keine Probe stattfindet. Ein schwerer, roter Samtvorhang verschließt den Bühnenraum. Wie immer fasziniert mich diese Verhüllung, dieses Verborgenbleiben des eigentlichen Bildes. Das Rätsel bleibt ungelöst, die Wahrheit hinter dem Vorhang eine Vermutung.

Im Unabhängigkeitsmuseum kommt der Ausstellungsaufbau gut voran. Die eingetroffenen Historiker aus Bonn können unsere Sorgen, die wir am Anfang hatten, nicht nachvollziehen. Nach der Arbeit gehen wir gemeinsam in die Altstadt zum Essen. Gemütliches, fast zu gemütliches Ambiente mit dunklen Möbeln, Eichenbalken an der Decke und Kerzenlicht. Das Holz ist echt, aber Alter und Patina sind vorgetäuscht. Wir sprechen über die Rekonstruktion alter Städte, über Wahrheit und Fälschung, über Deutschland und Polen.

Warschau, 28.November 1996

Mein letzter Tag in Warschau. Ich lasse mich ziellos durch die Stadt treiben, betrete einige Kaufhäuser, fahre Rolltreppen hoch und hinunter, schaue mir die ausgelegten Waren an, studiere die Preise und rechne die Zloty in Euro um. Erst 2010 wird die Währung umgestellt.

Obwohl ich mich in den modernsten Läden umschaue, erinnert mich manches Schaufenster und manche Dekoration immer noch an typische Ost-Arrangements in der ehemaligen DDR. Ich kann nicht genau sagen, woran es liegt: Sind es die Materialien, manche Waren – bunte Plastiktischtücher, künstliche Blumen und jede Menge Brautkleider –, oder ist es die Beleuchtung?

Die nagelneuen Malls, die inzwischen vor allem in der Nähe des Hauptbahnhofs entstanden sind, unterscheiden sich allerdings kaum von den entsprechenden Einrichtungen in Köln, Düsseldorf, Essen, Berlin, Magdeburg oder Leipzig. Überall deutsche Markennamen. Langsam beschleicht mich das Gefühl, daß Polen ein zweites Mal überfallen wurde, jetzt von den Managern und Geschäftemachern westdeutscher Handelsketten.

Ich denke an die Polenmärkte, die nach der Wende, Anfang der 1990er Jahre, in Berlin aus dem Boden schossen und die auch mein Flughafen-Taxifahrer mit seinen Waren aufsuchte. Manchmal bin ich zwischen den Ständen und aufgeklappten Pkws herumgewandert und habe mich gefragt, wer in aller Welt diese gehäkelten Decken, Kristallschalen und Kruzifixe kaufen soll? In dieser Zeit sank das Polen-Image unter den Deutschen auf einen Tiefpunkt. Viele Westdeutsche und Berliner hielten die Polen für potentielle Autodiebe, Schlitzohren und Gauner. Umgekehrt gesehen, galten wir Deutsche unter den Polen als knallharte, gefährliche, immer auf den eigenen Vorteil bedachte Kapitalisten.

Inzwischen haben sich die gegenseitigen Vorurteile etwas abgebaut, und jeder Pole, der unsere Ausstellung gesehen hat, wird anschließend hoffentlich etwas besser über die Deutschen denken ... und umgekehrt!

Anschließend gehe ich ein letztes Mal durch unsere fast fertige Ausstellung, verabschiede mich von allen, auch von Eva am Eingangstisch, wünsche ihr alles Gute, verlasse das Unabhängigkeitsmuseum, packe im Hotel meinen Koffer, bezahle, bestelle ein Taxi und lasse mich zum Flughafen fahren. Der Fahrer heute bleibt während der ganzen Fahrt schweigsam. Mein Blick streift über seine schütteren Haare, über das Armaturenbrett, wo zwischen Radioknöpfen und Zigarettenanzünder das Photo seiner Familie klemmt. Silbergerahmt schaut mich eine hübsche, schwarzhaarige Frau an, die den Arm um ein freundliches, kleines Mädchen gelegt hat, das mich verschmitzt anlächelt, daneben baumelt die übliche, handgroße Kunststoff-Madonna. Bei jedem Bremsvorgang, vor allem an den Ampeln, knallt die bunte Figur gegen das Armaturenbrett. Sobald der Wagen beschleunigt, schwingt die Madonna zurück in den Raum und schaukelt dann hin und her bis zum nächsten Halt. Eigentlich, denke ich, sollten heilige Figuren schweben können und nicht von Ketten oder Schnüren in der Luft gehalten werden müssen. Na gut, es sind ja nur Abbilder, Fälschungen, keine echten Heiligen, sage ich mir entschuldigend.

Talismänner, Talisfrauen, Talisheilige – vielleicht steckt in ihrem Inneren auch mehr: ein Dolch oder ein Spray gegen Räuber beispielsweise.

Vieles habe ich nicht gesehen: die Regierungsbauten, die Schlösser und Paläste, die Parks und die übrigen Museen. Im Grunde kenne ich das ganze Land kaum. Impressionen. Oberflächen. Kurze Einblicke. Kommunismus – Sozialismus – kollektiver Besitz – Katholizismus – Kapitalismus – Privatbesitz – Wirtschaft. Ob der Taxifahrer Besitzer des Autos ist, in dem er mich jetzt zum Flughafen fährt?

Draußen ziehen die vertrauten Plattenbauten vorbei. Wem sie wohl heute gehören? Die Fassaden und Oberflächen sind eine Sache, die dahinter und darunter liegenden Geheimnisse bleiben mir unbekannt.

Ein diesiger, trüber Novembertag, ohne Schnee. Heute Abend werde ich wieder in Berlin sein.

Ich schließe die Augen und denke an unsere Reise nach Danzig vor einem Jahr. Wir streiften durch die alte Stadt an der Ostsee, die ich bisher nur aus der *Blechtrommel* kannte, aus dem Roman und aus Schlöndorffs wunderbarem Film.

Damals wollte ich unbedingt die ehemalige Leninwerft besichtigen und möglicherweise Lech Walesa kennenlernen. Als wir uns dem Eingangstor der Werft näherten, überkam mich das Gefühl, einem weltgeschichtlichen Ort ganz nahe zu sein. Hier, auf dieser Werft, fanden jene berühmten Arbeiterunruhen statt, die 1980 zur Gründung der »unabhängigen und freien Gewerkschaft Solidarität« – der Solidarnosc – führten.

Eine rauhe Frau, früher Mitglied der Bewegung, versetzte uns mit einer nostalgischen Führung durch die inzwischen stillgelegte Werft in eine elegische Stimmung. Riesige Kranarme hingen schlaff und untätig an den Hafenbecken herum. Nur die Möwen verhielten sich wie immer, schossen kreischend durch den Sommerhimmel und suchten nach Nahrungs- und Beutestücken. Ihr Leben hatte sich kaum verändert.

Beim gemeinsamen Kaffee in einer der ehemaligen Solidarnosc-Holzhütten erzählte uns die Frau in gebrochenem Deutsch von den damaligen Vorgängen, von den Gefahren, den Opfern und den Siegen.

In meiner Vorstellung tauchten all die pathetischen Revolutionsbilder auf, die ich bisher gesehen hatte: entschlossen blickende Männer und Frauen, die mit roten Fahnen der vermeintlich glücklichen Zukunft zustrebten, Filmbilder von Sergej Eisenstein und den aufständischen Matrosen in Sankt Petersburg, aber auch die wenigen Gebäude der Revolutionsarchitekten aus den Moskauer 1920er Jahren, die ich so bewundere. Alle ihre Ziele und Werte waren jetzt untergegangen, alle ihre Kämpfe, ihre Leiden und Qualen stellten sich als vergeblich heraus, die Zukunft der Welt gehört ab jetzt mit Haut und Haaren dem Kapitalismus, er hält die Kreisläufe der Wirtschaft am Leben, er kommt dem darwinistischen Urkampf der Evolution am nächsten.

Während unser Gespräch allmählich verstummte und jeder von uns seinen eigenen Gedanken nachhing, blickte ich aus dem Fenster und sah in der Ferne, zwischen den Kranarmen und Werkshallen, die Ostsee in der Abendsonne glitzern.

Es gibt sie also wirklich: die Geschichte. Nach den Ereignissen beginnt die Zeit der Erzählungen, der Gedenktage, der Denkmäler und der Ausstellungen.

Lech Walesa arbeitete bereits an vorderster Front daran: Er hielt sich im Augenblick zu einer Vortragsreise in den USA auf, deswegen konnten wir ihn nicht treffen.

Das Gelände draußen wirkte vollkommen ausgestorben. Niemand arbeitete mehr hier. Alle Werktätigen, alle ehemaligen Solidarnosc-Mitglieder waren inzwischen arbeitslos und blickten in eine düstere Zukunft. Manche begannen bereits, den alten Zeiten nachzutrauern.

Ich öffne die Augen und versuche, etwas von der Landschaft unter mir zu erkennen. Aber die Wolkendecke ist immer noch dicht geschlossen. So kann ich nur ahnen, daß dort unten Masuren, Breslau, Oder und Neiße vorbeiziehen.

Singapur
Kuala Lumpur

Singapur, 20. März 1999

Am Tisch eines klimatisierten Hotelzimmers in Singapur sitzend, versuche ich, meine Gedanken zu ordnen: Vor wenigen Stunden, um 15.35 Uhr Ortszeit, landete unsere Maschine auf dem Changi-Airport. Aus dem Niemandsland und der Zeitlosigkeit des Fluges hineingeboren in ein tropisches Terrarium, unwirklich und übertrieben, ist mir mein Zeitgefühl abhanden gekommen. Morgens, abends? Ich weiß es nicht mehr. Durch das Fenster fällt Tageslicht, also stimmen die Zahlen auf dem digitalen Anzeigefeld unter dem spiegelnden Fernsehschirm. Größer könnte der Schnitt nicht sein. Erddrehung, Klima- und Zeitzonen – ich habe mich aus meinem normalen Rhythmus herausgelöst, die Erdkugel einmal halb umkreist, genauer gesagt: Ich habe mich kreisen lassen, passiv und duldsam dem Geschehen ausgeliefert. Es war mein erster wirklich langer Flug, 13 Stunden in der Luft, über Kontinente und Meere schwebend, außerhalb jeder Zivilisation, fernab der Städte und Museen.

Asien – jetzt sitze ich mittendrin, wie betäubt, benommen von soviel Zeitverlust oder Zeitgewinn, wer weiß es genau? Vielleicht schwebe und kreise ich innerlich immer noch weiter, hänge über China, Japan, Australien ...

Neben mir stehen ein ganz normales Telephon und ein ganz normales Fernsehgerät, hinter mir erwartet mich ein schneeweißes, frisch bezogenes Bett – ich berühre die Gegenstände, ja, es gibt sie tatsächlich, auch mich gibt es tatsächlich. Ich sehe mich im Spiegel, etwas zerknittert, unrasiert, mit müden Augen, aber real, jedenfalls gehe ich davon aus. Ich spüre meinen Körper auf einem Stuhl sitzen, auf einem Stuhl in Singapur, in Singapur ...

Gestern hielt ich mich noch in Berlin auf, flog am Nachmittag nach Amsterdam und stieg dort am Abend in eine Maschine nach Singapur um. Der Flug dauerte von 20.30 bis 15.35 Uhr am nächsten, dem heutigen Tag. Nach europäischer Zeit war es für mich bei der Landung erst 8.30 Uhr.

Da ich bisher auf meinen kürzeren Flügen immer in der Economy Class gesessen und die Probleme mit meinen langen Beinen irgendwie verdrängt habe, war der unvermeidlich lange, eine ganze Nacht dauernde Aufenthalt an Bord in dieser Klasse für mich schon in der Vorstellung eine Qual. Durch einen Zufall und die Freundlichkeit der Stewardeß hatte ich Glück. Im hinteren Bereich des ausgebuchten Singapur-Airlines-Jumbos entdeckte ich einen Kranken, der auf einer Liege über die drei letzten, seitlichen Reihen festgeschnallt war. Daneben blickten mich drei leere Sitze aufnahmebereit an. Nach dem Start fragte ich die für meinen Bereich zuständige Stewardeß, ob ich mich dort hinsetzen dürfe. Mit asiatisch-rätselhaftem Lächeln nickte die Dame, sah darin kein Problem, und so verbrachte ich die ganze Nacht neben dem stummen, an beiden Armen und Beinen eingegipsten, asiatisch aussehenden Verletzten, konnte mich ausstrecken und schlafen, soweit das in dieser halbsitzenden Stellung überhaupt möglich war.

Im Traum sah ich die Stewardeß den von Kopf bis Fuß eingegipsten, im Rollstuhl festgeschnallten Kranken durch einen tropischen Park schieben, ab und zu flüsterte sie ihm etwas in ein schwarzes Loch, das sich in seinem Ohrbereich zwischen den weißen Binden öffnete wie eine kleine Höhle, in der winzige Kolibris wohnen. Ich begleitete die beiden mit einem Sonnenschirm, den ich über sie halten mußte, was mir einige Mühe bereitete ...

Als ich aufwachte, stellte die Stewardeß ein Frühstückstablett auf den Klapptisch vor mir, und etwas verwirrt begann ich, Kaffee zu trinken und mein Brötchen mit Butter zu bestreichen. Dann stand ich auf und schaute aus einem Fenster. Unter uns schwere, tropische Wolken, die meinen neugierigen Blick auf die

Meerenge von Malakka und die Insel Sumatra behinderten. Kein Regenwald, kein Meer. Mein erster Besuch in Asien begann mit einer nebligen Verhüllung. Wie gerne hätte ich das üppige tropische Blätterdach und vielleicht das gutmütige Gesicht eines Orang-Utans gesehen. Dafür nur Wolken, keine Palmen und Papageien, keine Pagoden und Moscheen.

Nachdem ich mich etwas enttäuscht wieder gesetzt und angeschnallt hatte, begann der ruhige Sinkflug. Vermutlich rissen die Wolken plötzlich auf, und ich hätte zwischen weißgrauen Wattefetzen jene Stadt liegen sehen, die mit ihren gläsernen Hochhäusern ganz der Gegenwart gehört, in der die Geldströme üppig fließen und sich niemand mit antiken Ruinen herumschlagen muß – da ich jedoch nicht am Fenster saß, blieb mir nur der Blick auf den leise stöhnenden Verletzten neben mir. Nach dem ruhigen Ausrollen des Jumbos folgten die Glasgänge zum Ausgangsgate, die harmlos-freundliche Paßkontrolle, das Baggage (Re-)Claim und die klimatisierte, weitläufige Haupthalle des futuristischen Changi-Airports.

Miss Mo hielt das große Schild mit meinem Namen so deutlich hoch, daß ich sie nicht verfehlen konnte. Es sah aus, als wolle sie, die mich überhaupt noch nicht kannte, Reklame für mich machen. Ich ging direkt auf sie zu und wollte ihr die Hand geben, sie wich jedoch etwas zurück und verbeugte sich förmlich vor mir wie eine japanische Tempeldienerin. Ich freute mich trotzdem darüber, von einer Einheimischen begrüßt zu werden, obwohl ich nicht genau hätte sagen können, ob sie Chinesin oder Malaiin ist. Daß die meisten Einwohner Singapurs aus anderen asiatischen Ländern eingewandert sind, hatte ich schon in meinem Reiseführer gelesen.

Miss Mo ist eine schlanke, mittelgroße, nicht mehr ganz junge, sehr strenge Frau mit ausgeprägten weiblichen Formen. Ihre dunklen Haare trägt sie glatt gekämmt. Auf dem Hinterkopf sitzt ein kleines Haarknäuel, das aussieht wie ein Vogelnest. Ihr Gesicht ist hell geschminkt, nicht weiß, aber bestimmt heller als ihre natürliche Haut.

Auf mich wirken geschminkte Frauen immer besonders abweisend und künstlich. Die extremsten Schminkmasken habe ich bisher in England und Amerika gesehen. Ich denke, diese Frauen wollen ihr wahres Gesicht verbergen, wie orthodoxe Jüdinnen oder Musliminnen ihre natürlichen Haare. Dieser Anblick bleibt nur den privat-intimen Momenten vorbehalten, wie bei uns die Enthüllung der Schamhaare. Das enge, leicht blumig gemusterte Kostüm, das Miss Mo trägt, paßt zu ihrer militärischen Art sich auszudrücken. Direkten Augenkontakt vermeidet sie, meist hält sie ihre engen Augenschlitze fast ganz geschlossen, nur selten erkenne ich Fragmente ihrer Pupillen. Sie blitzen und funkeln dann aus der Nacht hinter den herabgelassenen Visieren hervor wie die fixierenden Augenpunkte eines Tigers, der in einer dunklen, engen Kiste gefangen gehalten wird.

Als sie vor mir mit energischen Schritten herging, sah ich in ihr eine Geschäftsfrau, die mitten im erfolgreichen Berufsleben steht und keinen Wert auf Privatsphäre oder Männerkontakte legt. Daß sie als Angestellte des Goethe-Instituts Gäste aus Deutschland betreuen muß, würde man auf den ersten Blick nicht vermuten. Aber sie beherrscht unsere Sprache so gut, daß sie einen Beruf daraus machen konnte.

Beim Verlassen der supermodernen Haupthalle traf mich die berüchtigte tropische Luftfeuchtigkeit so unverschämt schwül und drückend, daß ich schon fast lachen mußte. Es kam mir vor, als träte ich unter eine riesige Glasglocke, in der die Sauna-Heizung auf das Maximum eingestellt ist.

Die Luft blieb nicht zurückhaltend und dienend wie bei uns, sondern sie drängte sich auf, legte sich über das Gesicht, die Haare, den ganzen Körper und drückte sich in jede Hautspalte. Beim Einatmen empfand ich sie zunächst als so unangenehm aufdringlich wie eine ungewollte Obzönität. Aber nach zehn Atemzügen hatte ich mich bereits daran gewöhnt und fühlte mich in sanfte, feuchtwarme Watte eingehüllt, eingebettet.

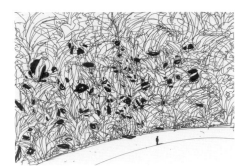

Rings um den Parkplatz des Flughafens sah ich eine paradiesische Vegetation: Palmen, tropische Riesenblätterpflanzen, Blumen in allen Größen und Farben. Ich hörte Vogelschreie, die ich sonst nur aus dem Zoo kannte. Vielleicht waren es Papageien.

Wir stiegen in den klimatisierten VW-Bus des Goethe-Instituts, und ein livrierter chinesischer (?) Fahrer brachte uns in die Innenstadt zum Hotel New Otani, 177 River Valley Road. In Singapur herrscht nach alter englischer Kolonialsitte Linksverkehr, der sich geruhsam vorwärtsbewegt. Niemand will gegen herrschende Vorschriften verstoßen, denn das kann teuer werden, wie ich gelesen habe.

Miss Mo, die mit einem gewissen Abstand sehr aufrecht, fast steif neben mir saß, begann während der Fahrt in perfektem Deutsch ihren Vortrag, den sie bestimmt schon unzählige Male gehalten hatte: »...Singapur ist ein moderner Stadtstaat, der früher zum Wahlkönigtum Malaysia gehörte und seit 1965 selbständig ist. Hier wohnen über vier Millionen Menschen aus 48 verschiedenen, meistens asiatischen Ländern, vor allem Chinesen, Thailänder, Malaien und Inder.«

Ich mußte überhaupt nichts fragen, Miss Mo hatte bestimmt einen Reiseführer verschluckt oder ihn auswendig gelernt, denke ich, ihre Stimme klang so einförmig wie ein Automat.

»Singapur ist die sauberste und sicherste Stadt Asiens. Vor allem ausländische Firmen wußten und wissen diesen Vorteil zu schätzen. Ziel der Staatsgründer war es, die Stadt so sauber und sicher zu machen, daß selbst Frauen – natürlich vor allem die Frauen der ausländischen Investoren und Banker – die ganze Nacht allein durch die Straßen gehen können, ohne daß ihnen etwas passiert ...«

Während sie redete, zogen draußen weiße Häuser vorbei, davor schwankten lange, würdige Palmwedel im schwachen Wind. Alle Passanten waren sehr ordentlich gekleidet, die Frauen in bunten Kostümen oder Saris, die Männer meist in dunklen Hosen und weißen Hemden, nur wenige trugen den legeren, amerikanisch angehauchten Freizeitlook.

Da Singapur zu den reichsten Städten der Welt gehört, wirkte das Straßenbild auch so wertvoll und gepflegt wie eine vielzimmerige Millionärsvilla. Selbst die Asphaltflächen mit ihren weißen Markierungen waren frisch poliert, bestimmt hygienisch einwandfrei und desinfiziert. Kein Haus befand sich in einem ruinösen Zerfallszustand.

Neu, alles neu, aber nicht so gigantisch und einschüchternd wie New York, sondern in angenehmen Dimensionen und mit sehr viel Grün. Singapur ist eine reine Gartenstadt, vielleicht die erste, die ich wirklich zu sehen bekomme.

»Ich weiß«, setzte Miss Mo ihre Ausführungen, die eigentlich Belehrungen waren, fort, »ich weiß, daß über viele Gesetze Singapurs in Europa gelacht und gelästert wird. Und ich weiß, daß viele Europäer in unserer Erziehungsdemokratie einen Überwachungsstaat sehen, der viel zu hart mit seinen Bewohnern umgeht. Aber in Wirklichkeit leben wir alle gern hier, respektieren und achten die Regierung. Den meisten geht es gut, und es gibt kaum Arbeitslosigkeit. Wer sich anständig verhält, hat auch nichts zu befürchten.

Hier ist zum Beispiel das Rauchen in öffentlichen Gebäuden und klimatisierten Restaurants streng untersagt ... Eine unachtsam weggeworfene Zigarettenkippe kostet 1000 Dollar Strafe ... 1000 Dollar kann auch das Verschmutzen von Gehwegen und Straßen – mit Kaugummis etwa – kosten. Wer in ausgeschilderten

Unterführungen nicht vom Fahrrad steigt, muß ebenfalls 1000 Dollar Strafe zahlen, wenn er dabei erwischt wird. Das falsche Überqueren der Straßen – man darf sie als Fußgänger nur im Zebrastreifenbereich betreten – kostet 50 Dollar.«

Ich schaute meinen weiblichen Fremdenführer-Automaten von der Seite an und überlegte, wo der Ein- und Ausschaltknopf zu finden sein könnte. Nein, ihre Stimme störte mich nicht, auch nicht Miss Mo insgesamt. Eigentlich gefiel sie mir immer besser, je länger sie sprach. Mein Blick schwenkte vom Hinterkopf des Fahrers zu ihrem Profil, und plötzlich kam ich mir vor wie James Bond. Ich dachte an seinen Erfinder Mister Fleming, der vielleicht hier einst auf einer Terrasse am Meer gesessen und beim Anblick der Brandung von diesen merkwürdigen Geheimagenten-Abenteuern geträumt hatte. Ob Miss Mo eine Abgesandte des von ihm und mir bekämpften, international agierenden Bösewichts war oder eine harmlose Angehörige des mit England sympathisierenden Singapur-Geheimdienstes, das mußte ich noch herausbekommen. Im schlimmsten Fall war sie eine von den Russen präparierte weibliche Falle ...

Während unser Fahrer seelenruhig durch die Stadt kurvte, meine gedanklichen Abschweifungen wie Bildstörungen durch die realen Impressionen flackerten, wagte ich es, Miss Mo anzublicken und eine Frage zu stellen: »Und wer überwacht die Einhaltung all dieser Vorschriften?«

Daß Miss Mo ein wirklicher Mensch war, merkte ich an ihrer prompten Antwort (allerdings könnte auch ein Automat so programmiert sein, daß er vernünftige Antworten gibt, schoß es mir durch den Kopf): »Die Polizei und eigenes Überwachungspersonal. Aber bereits die Androhung der Strafen genügt, um Singapur sicher zu machen. Jeder Einwohner freut sich über die Sauberkeit und beteiligt sich gern am Fortbestand dieses Traumes. Wir wissen, wie gefährlich die Zustände in manchen amerikanischen Städten sind, deswegen empfinden wir Dankbarkeit und lieben unser Land.«

Vielleicht, dachte ich kurz, gehört Miss Mo selbst diesem Überwachungssystem an. Jetzt erklärt sie mir die Spielregeln, und in den nächsten Tagen beobachtet sie, ob ich auch folgsam bin. Möglicherweise birgt ihr Haarnest auf dem Hinterkopf ein Abhör-Mikrophon und einen Minisender, wer weiß.

Aus eigener Erfahrung kenne ich bisher nur die Bespitzelungen in der ehemaligen DDR. Jedes Hotelzimmer war damals verwanzt, und ich bin sicher, daß auch heute noch mein gewichtiges, nächtliches Husten, auch das Schnarchen im Hotel Berlin und im Leipziger Hotel Astoria als Tonspulen in der Berliner Stasi-Dokumentationszentrale aufbewahrt werden, samt meiner Akte aus den Ruth-Berghaus-Zeiten (die ich bisher nicht eingesehen habe). Bei uns im vereinigten Nach-wende-Deutschland erfolgt die perfekte Überwachung heute ganz demokratisch durch das Steueramt. Dort werden anhand von Belegen jede Reisebewegung, jeder Buchkauf und jede Hotelübernachtung registriert. Straffrei bleibt jeder, der die Regeln erfüllt, auch wenn er lautstark darüber schimpft. Nur derjenige, der sein Geld – am Steueramt vorbei – in die Schweiz oder nach Liechtenstein schafft, wird von der Steuerfahndung verfolgt und nach der Ertappung kräftig bestraft. Nebenbei hat bei uns in den letzten Jahren eine schleichende, immer mehr um sich greifende Singapurisierung der Stadtverwaltungen und der Ordnungsämter eingesetzt: Seit kurzem ist das Rauchen in öffentlichen Gebäuden (und Gaststätten) ebenfalls verboten, auch das Wegwerfen von Zigarettenkippen und Müll in Fußgängerzonen wird nicht mehr einfach straflos toleriert. Noch sind die Geldsummen, die bei Vergehen bezahlt werden müssen, weit geringer als in Singapur, aber es ist nur eine Frage der Zeit, bis auch sie – als lukrative städtische Einnahmequelle – drastisch erhöht werden.

Nachdem wir in die Innenstadt eingefahren waren, verstummte der weibliche Erklärungsautomat neben mir, und ich konnte in aller Ruhe hinausschauen. Selbst hier, in der verdichteten Zone, kam mir die Stadt vor wie ein botanischer Garten. Ich war begeistert. »Unglaublich, was hier alles wächst und wuchert!« Das sagte ich zu Miss Mo und wollte damit besonders freundlich zu ihr sein, aber sie blieb reserviert, obwohl sie bestimmt meine Begeisterung für das Resultat ihrer Ausführungen hielt. Kühl erwiderte sie: »Wir sind stolz auf die gepflegten Grünanlagen.«

Kaum zu glauben: An den Straßenrändern und auf Brückenbrüstungen blühen Orchideen in allen Größen und Farben. Wo sich bei uns in Europa öde Industrie-höfe, unwirtliche Abstellflächen und trostlose Parkplätze ausbreiten würden, er-freut hier niedrig gemähter englischer Rasen die Augen.

Nur die Hochhäuser, die jetzt auftauchten, sahen aus wie bei uns auch, über-stiegen selten das ästhetische Mittelmaß anderer Weltstädte, trotzdem wirkte die Gesamtatmosphäre – mit den Menschen, dem Verkehr, den Parks, den Bäumen und Pflanzen, den Häusern, Straßen und den Wasserflächen – sehr harmonisch, frisch und lebendig.

Bevor ich aus meinem Hotelzimmer wieder hinunter in die Halle gehe, um mich mit dem Leiter des Singapurer Goethe-Instituts – Dr. Blömeke – zu treffen, packe ich meinen Koffer aus und lege die Pläne, Photos und Skizzen unserer »Prometheus«-Ausstellung zurecht. Der eigentliche Anlaß meiner Asienreise besteht darin, ein Museum zu finden, das unsere Ausstellung als Übernahme zei-gen will. Wir werden in den nächsten Tagen mit einigen Direktoren sprechen, die Dr. Blömeke darauf vorbereitet hat. Eine konkrete Zusage gibt es bisher von kei-nem Museum.

Die »Prometheus«-Ausstellung war ein Projekt, das, vom Deutschen Histori-schen Museum in Berlin initiiert, letztes Jahr mit großem Erfolg in der alten, im-posanten Gebläsehalle der Zeche Saarbrücken-Völklingen gezeigt worden ist. Prometheus gilt als Symbol für die ständige Neuerschaffung des Menschen durch sich selbst. Es gab über Jahrhunderte Leitbilder, die zur Orientierung dafür dien-ten: Menschen-Ideale aus den Zeiten des Animismus, der Mythologie, der Reli-gion, der Photographie, des Films, Fernsehens, der Pop-Kultur und der Werbung. In der Ausstellung standen griechische und römische Plastiken christlicher Men-schenbilder – Jesus-, Marien-, Heiligendarstellungen – gegenüber, Porträtgemälden von Leonardo da Vinci, Ingres und Picasso, den Bildern aus heutigen Spiel- und Werbefilmen. Gewagte Konfrontationen sollten dem Besucher erhellende Bild-erlebnisse vermitteln, die er in dieser Zusammenstellung bisher noch nie gesehen hat: Jesus begegnet Batman, Herkules begegnet Marlene Dietrich, Mona Lisa begegnet Claudia Schiffer, der klassische Diskuswerfer begegnet Arnold Schwar-zenegger.

Uns interessierten mögliche Konstanten und Verwandlungen. Was ist ein Held, wie werde ich ein Held, brauchen wir überhaupt Helden? Wodurch zeichne-ten sich die Schönheitsideale der verschiedenen Epochen aus? Wie verhielt sich die Bevölkerung gegenüber den Idealen? Ließ sie sich terrorisieren, indem sie ähnlichem Aussehen, ähnlichen Körpermaßen, ähnlichen Gedanken und Helden-taten nachstrebte, litt sie darunter, oder genoß sie die Schönheiten, Vollkommen-heiten und Taten als außerhalb des eigenen Horizonts stehende Bilder und Ideale problemlos? Am Schluß der Ausstellung wurden die Themen »Menschen-Züch-tung« und »Menschen-Klonen« angesprochen. Allgemeingültige und interessie-rende Themen also, im Grunde geeignet für »Weltausstellungen« und »Expos«.

Neben dem Goethe-Institut in Singapur interessieren sich noch weitere Goethe-Institute weltweit dafür: Tel Aviv, Rio de Janeiro, New York und Tokio.

Als wir am Flughafen ins Auto gestiegen waren, hatte sich der Himmel bewölkt. Kaum am Hotel angekommen, setzte kräftiger Tropenregen ein. Von einem Moment zum anderen platzte er aus den tief hängenden Wolken heraus. Die hellen Grünzonen verfärbten sich in Sekunden zu saftigen, dunklen, sattgrünen Blattkissen. Nirgendwo entstanden Pfützen oder kleine Seen, Stadtlandschaften und Natur waren auf den Platzregen eingestellt, hatten ihn vielleicht erwartet. Miss Mo erläuterte beim Aussteigen: »Das wird jeden Tag so sein. Fast immer zur gleichen Zeit beginnt es heftig zu regnen. Normalerweise dauert der Regenguß eine halbe Stunde, danach scheint wieder die Sonne.«

Jetzt schwebe ich frisch geduscht und rasiert aus dem 12. Stock mit einer gläsernen Aufzugskabine in die Hotelhalle hinunter, durchquere dabei einen zweigeschossigen Restaurant- und Frühstücksbereich mit viel Palmengrün und einigen Wasserspielen. Im Gegensatz zu meinem Zimmer, das nach internationalem Standard eingerichtet ist und in Europa oder Amerika genauso aussehen würde, gibt sich die Hotelhalle alle Mühe, asiatisches Flair zu verbreiten. Ich sehe einen großen, hinterleuchteten Drachen, wie wir ihn aus China-Restaurants kennen, dazu Löwenplastiken, die daran erinnern sollen, daß der Löwe das Symboltier Singapurs ist – Singapur-Löwenstadt.

Auch die Beleuchtungskörper, die von der Decke hängen, bedienen mit ihrer Erscheinungsform als Lampions manche Asien-Klischee-Vorstellungen eines international Reisenden.

»Ich schlage vor ...«, beginnt Dr. Blömeke nach kurzer, sachlicher Begrüßung, »daß wir unseren Stadtrundgang mit Chinatown beginnen. Dort liegt gewissermaßen die Urzelle der modernen Stadt, wenn man von den malaiischen Wurzeln der Insel absieht.«

»Schön«, antworte ich und bin ganz begierig, die mir unbekannte Umgebung genauer kennenzulernen.

Hier, in dieser Stadt, habe ich die Möglichkeit, bei Null zu beginnen. Als unbeschriebenes Blatt besitze ich keine persönlichen Erinnerungen und kaum Vorkenntnisse – wenn man von der Lektüre einiger Bücher, Reiseführer und dem Anschauen mancher Filmberichte im Fernsehen absieht. Ich kenne auch nichts Vergleichbares: weder Bangkok, Schanghai, Peking noch Tokio.

Während wir zu dritt in der unglaublich dämpfigen Nachregen-Wärme loswandern – die Luft scheint mir jetzt noch feuchter zu sein als vorher und hat sich in keiner Weise durch den Regen abgekühlt –, schaue ich Miss Mo wieder von der Seite an. Auch jetzt beim Gehen hält sie den Kopf so gerade auf ihrem Körper, als müßte sie einen Sack Reis oder eine Wasserschale balancieren. Ich würde sie gerne fragen, ob sie hier geboren und aufgewachsen ist, aber das erscheint mir verfrüht und unhöflich, also stelle ich mir nur vor, daß sie zu Singapur gehört wie die Palmen ringsum.

Dr. Blömeke dagegen – ein Deutscher Anfang 50 – gibt sich weltmännisch lässig, fast ein wenig britisch. Seine Haltung ist leicht gebeugt und unverkrampft. Er scheint sich überall zu Hause zu fühlen, könnte auch Diplomat sein. Gestern Tokio oder Berlin, heute Singapur, morgen Kasachstan oder New York, ein Stadt- und Lebensprofi. Wir überqueren den Singapore River, die Pickering Street und betreten Chinatown.

Vor den gläsernen Bürohochhäusern der Verwaltungscity, die jetzt das Abendlicht reflektieren und dadurch aussehen wie zu Türmen aufgestapelte Goldbarren, stehen die niedrigen, zwei bis dreigeschossigen chinesischen Häuser so geduckt da, als würden sie sich über ihre Ärmlichkeit schämen.

Dr. Blömeke erläutert: »Fast wären diese Häuser in den letzten Jahren abgerissen worden. Dann schaltete sich die alles scharf überwachende Regierung ein und investierte 50 000 000 Dollar, um die alten Häuser zu erhalten und zu renovieren. Ich denke, die Investition hat sich gelohnt. Touristen bewundern den Stadtteil, weil er noch etwas widerspiegelt von der Zeit, als die großen Schiffe am Hafen Waren aus der ganzen Welt anlieferten und Kulis die Kisten zu ihren Bestellern in China- oder Indiantown geschleppt haben wie in Schanghai oder Hongkong auch. Auf 2 Quadratkilometern wohnten hier im 19. Jahrhundert über 75 000 Chinesen.

Architektonisch ist Chinatown eine Mischung aus traditioneller chinesischer und englischer Bauweise. Ohne die britische Kolonial-Bauordnung gäbe es die durchgehenden Kolonnaden im Erdgeschoß nicht. Heute ist der Hafenbetrieb nicht mehr so romantisch und wird fast ausschließlich über Container abgewickelt. Inzwischen hat Singapur Rotterdam den Rang abgelaufen und ist der größte Containerhafen der Welt geworden.«

Ich: »Vor kurzem habe ich ein Buch über Sir Thomas Stamford Raffles oder eigentlich über seine zweite Ehefrau gelesen. Dadurch weiß ich ein wenig über die Entstehungsgeschichte Singapurs Bescheid.«

Dr. Blömeke: »Ja, Raffles ist hier natürlich eine Galionsfigur. Mit ihm beginnt die moderne Geschichte der einstigen, versumpften Urwaldinsel. Er kaufte den Ort 1819 für die britische East Indian Company, für die er tätig war. Damals wohnten hier höchstens 300 Menschen. 50 Jahre lang rodeten indische Sträflinge den Urwald, legten Straßen und Kanäle an. Bereits 1911 lebten 250 000 Menschen in Singapur. Heute sind es über 4 000 000.«

Im Gegensatz zu anderen Chinatowns, die ich inzwischen kenne (London, Amsterdam, New York) bin ich über das zurückhaltende Straßenleben etwas enttäuscht. Nur wenige Händler, die apathisch auf Stühlen sitzen, haben ihre Waren unter den Kolonnaden ausgebreitet und aufgehängt. Ab und zu kommt Bewegung in ihre oft voluminösen Körper, vor allem dann, wenn sie mit Fliegenklatschen ein kleines Opfer erlegen und es anschließend mit einer flüchtig-beiläufigen Geste vom Wachstuch ihres Beistelltisches wischen.

Im Vorbeigehen kann ich in die neonbeleuchteten Hinterräume hineinschauen. Manchmal sitzen dort Mütter mit Kindern oder ältere Menschen vor einem flimmernden Fernsehschirm. Über ihnen kreist meist ein großer Ventilator an der Decke und setzt die brütende Luft in kühlende Bewegung um.

Am liebsten würde ich mich jetzt auch unter so eine Luftdusche stellen, denn inzwischen merke ich, daß ich völlig durchnäßt bin und mir der Schweiß von der Stirn rinnt.

Dr. Blömeke: »Die öffentlichen Garküchen wurden vor einigen Jahren durch die Regierung aus hygienischen Gründen verboten. Deswegen ist das Straßenleben in Chinatown etwas verkümmert. Früher ging es hier natürlich viel wilder, malerischer und lebhafter zu!«

Schade, für mich fällt damit ein Schatten auf den möglicherweise doch übertriebenen Ordnungswahn der Staatslenker Singapurs.

Ich bleibe vor einem Haus stehen und schaue es mir genauer an. Dr. Blömeke ahnt meine Fragen und sagt: »Unten befanden sich immer die Läden, Büros und Lager, in den Obergeschossen wurde gelebt.«

Ich: »Ja, diesen Haustyp gab es in allen Händlerstädten: in Venedig, Genua, Neapel, Hamburg, Lübeck, Boston und New York.«

Jetzt erst fallen mir die zahlreichen metallischen Klimakästen auf, die an den Seiten- und Rückwänden der Häuser kleben wie kubistische Schwalbennester. Offensichtlich wurden sie alle nachträglich hier angebracht.

Während wir auf der nördlichen Halbkugel der Erde einen großen Teil unserer Energie für Heizung benötigen, ist es hier die Kühlung, die Unmengen an Strom verbraucht. Offensichtlich sind wir Menschen weder für die eine noch die andere Klimazone wirklich geeignet. Um ohne großen zusätzlichen Energieaufwand zu leben, bliebe nur ein schmaler Streifen der Erdoberfläche übrig.

Als wir über die South Bridge Street wieder in die Nähe des Singapore River kommen, jetzt mehr in der Nähe der Marina Bay, setzt die Dämmerung ein, und die von innen leuchtenden Hochhäuser, die am Boat Quai aufragen, spiegeln sich romantisch im Wasser. In den Büros wird immer noch gearbeitet.

Für eine Weile lassen wir uns auf einer blitzblanken Steinbank am Fuße eines supermodernen Wolkenkratzers nieder und genießen das science-fictionhafte, fast utopische Bild. Plötzlich komme ich mir vor wie in einem Raumschiff, Lichtjahre von der Erde entfernt, in einem zweiten, anderen Leben. Miss Mo ist vielleicht die geklonte Doppelgängerin einer Person gleichen Namens, die im Jahr 1999 in Singapur gelebt hat. Und ich? Das ist ganz normal, Captain Blömeke, murmle ich in die goldenen Wasserreflexe hinein und fühle mich, trotz Schweißnässe, sehr wohl in meinem Raumschiff, das nur aus Zukunft besteht und das Wort »Vergangenheit« noch nie gehört hat. Es war eine schöne Idee von Jules Verne, die Pläne einer ganzen Stadt zu zeichnen, einer Stadt mit tropischer Vegetation, Stränden und braunhäutigen, malaiischen Frauen. Ich jedenfalls ziehe diesen Ort dem Aufenthalt am Meeresgrund vor.

Die Dämmerungszeit ist hier sehr kurz. Über uns wölbt sich ein wolkenloser, tropischer Nachthimmel, Sterne funkeln, und dort hinten, am Horizont, glaube ich die blaue Erdkugel zu erkennen. Schön sieht sie aus ... wunderschön.

Ringsum eilige Fußgänger, keine Angler und auf der Wiese nirgendwo lagernde Müßiggänger. Vielleicht ist das Betreten des Rasens verboten. Ich frage mich, ob wir jetzt überwacht werden, und halte nach Videokameras Ausschau. Aber entweder sind sie gut getarnt oder tatsächlich nicht vorhanden, ich kann jedenfalls keine Kamera entdecken. Bliebe Miss Mos Haarknäuel auf dem Hinterkopf ...

Als ich weiterhin verträumt und verzaubert ins Wasser blicke, das ganz aus künstlichen Lichtwellen zu bestehen scheint, fällt mir eine Geschichte ein, die ich vor kurzem über Singapur gelesen habe. Helmut Newton, der berühmte Photograph, dem ich einmal während des Aufbaus unserer »Berlin-Berlin«-Ausstellung 1986 im Martin-Gropius-Bau persönlich begegnet bin – er machte damals einige Photos im Lichthof – , berichtet in seiner »Autobiographie« von dieser Stadt, in der er einige Jahre während des Zweiten Weltkriegs gelebt hat.

Um als Jude den Verfolgungen der Nazis entkommen zu können, kaufte ihm seine Mutter eine Schiffspassage nach Schanghai. Vollkommen allein machte sich der 16jährige aus Berlin über Triest, wo er den Ozeanliner bestieg, auf den Weg nach Asien. Während in Deutschland viele seiner jüdischen Angehörigen, Freunde und Freundinnen nach Auschwitz deportiert wurden, vertrieb er sich seine Zeit auf dem Schiffsdeck mit amourösen Abenteuern. Bei einem Zwischenstopp in Singapur beschloß er, nicht weiterzufahren, sondern hier zu bleiben. Er fand einen Photographen, dem er bei der Arbeit helfen konnte. Die Gefahren, die durch japanische Angriffe über Stadt und Land hereinbrachen, ignorierte er, statt dessen amüsierte er sich in der freien Zeit mit seiner älteren, wohlhabenden chinesischen Geliebten. Für ihn eine der glücklichsten Lebensphasen! Schanghai als Fluchtziel hatte er längst aufgegeben. Irgendwann, kurz vor Ende des Krieges, wurde er auf einem Schiff, das im Hafen von Singapur vor Anker lag – zusammen mit anderen Ausländern – interniert und nach Australien gebracht. In Sydney und später in Paris begann seine eigentliche Karriere als Modephotograph.

Dr. Blömeke erklärt mir, wahrscheinlich um meine Bildung zu verbessern: »Es gibt in Singapur keinerlei Bodenschätze, die Stadt ist ganz auf die globale Wirtschaft und ihre Handelsströme eingerichtet. In den letzten Jahrzehnten wurde Geld aus der ganzen Welt mit günstigen Steuer- und Zinssätzen hierher gelockt.

Der Computerboom brachte ebenfalls Reichtum, aber seit einigen Jahren spielen neue Technologien eine zunehmende Rolle. Im Augenblick wird ein neuer Stadtteil gebaut, der sich unter dem Namen »Biopolis« der Biotechnologie-Forschung widmen soll. Die besten Naturwissenschaftler aus der ganzen Welt werden mit idealen Laborbedingungen – es gibt zum Beispiel keinerlei einschränkenden Gesetze in der Genforschung – und sehr guter Bezahlung angelockt. Jede neue Erkenntnis soll umgehend wirtschaftlich genutzt werden.«

Solange Dr. Blömeke spricht, schweigt Miss Mo beharrlich und blickt mit leeren Augen in die Ferne.

»Ich schlage vor, daß wir jetzt zum Hotel Raffles gehen und dort etwas essen. Das Hotel wurde in den letzten Jahren aufwendig restauriert und sieht, nach längerer Zeit der Vernachlässigung, heute wieder wunderbar aus. Echter englischer Kolonialstil!«

Miss Mo nutzt den Aufbruch und sagt: »Ich würde mich gerne verabschieden und komme morgen früh zu Ihrem Hotel, um 10.00 Uhr, ist das in Ordnung?«
»Ja«, antworte ich, »ich warte unten in der Halle. Vielen Dank.«

Ihre Höflichkeit hat mich bereits angesteckt, am liebsten würde ich mich dreimal verbeugen und rätselhaft lächeln (keine Ahnung, ob mir das gelingt?). Nachdem sie von einem U-Bahn-Eingang verschluckt worden ist, brechen Dr. Blömeke und ich ohne sie auf.

Schon die schneeweiße, dreigeschossige Eingangsfassade mit dem dezenten Giebelvorsprung und der säulenbestandenen Vorfahrt beeindruckt mich. Hochstämmige Palmen bewachen das Hotel Raffles ringsum und geben ihm das passende tropische Flair. Dr. Blömeke kann wahrscheinlich alle seine Gäste mit einem Besuch im Restaurant dieses Hotels beeindrucken.

»Hier haben viele Berühmtheiten gewohnt: Somerset Maugham, Rudyard Kipling, Charlie Chaplin, Indira Gandhi, Noel Coward und Hermann Hesse. Wer heute hier absteigt, weiß ich nicht, wahrscheinlich nur reiche Leute aus Amerika und Europa. Jedenfalls keine Gäste des armen Goethe-Instituts.«

Ich schaue mich ganz verzaubert um und höre mich sagen: »Auf einem Balkon im Hotel Raffles sitzen, kühlen Orangensaft trinken, in die rauschenden Palmenblätter blicken, zeichnen und schreiben ... ja, das wäre schön.«

Wir haben uns inzwischen in weißen Korbstühlen auf einer überdachten Terrasse, die sich zu einem weitläufigen Innenhof-Garten hin öffnet, niedergelassen. Ringsum weiße Bogengänge, romantische Lampionbeleuchtung, Palmen und rauschende Springbrunnen.

Dr. Blömeke studiert die Speisekarte, spricht jedoch nebenher weiter mit mir und erklärt: »Als das Hotel am Ende des 19. Jahrhunderts gebaut wurde, lag es noch mitten im Urwald, und manchmal schlichen nachts die Tiger ums Haus. Es gibt Besucher, die glauben, daß hier Mister Raffles gewohnt habe. Das stimmt jedoch nicht, er ist ja bereits 1826 mit 45 Jahren gestorben und hat sich alles in allem auch nur ein Jahr in der Gegend aufgehalten. Er würde sich heute bestimmt sehr darüber wundern, was aus seinem Handelsposten, den er 1819 dem Sultan Hussein Shah von Johor abgekauft hatte, geworden ist.«

Wir bestellen ein chinesisches Menü mit Haifischflossensuppe, Frühlingsrollen, Krabbenklößchen, Reis, Huhn und Garnelen, lehnen uns zurück und plaudern weiter über das Land und die Stadt. Die chinesische Küche gehört bekanntlich zu den besten und raffiniertesten der Welt. Leider werde ich nicht mit Stäbchen essen können, da mir die Technik dafür fehlt. Vielleicht sollte ich mir eine Übungsstunde von Miss Mo geben lassen.

Zwei Tische hinter Dr. Blömeke sitzt eine größere Hochzeitsgesellschaft. Die Braut ganz in Weiß, der Bräutigam ganz in Schwarz. Im fahlen Kunstlicht sehe ich die glänzenden Gesichter des dunkelhäutigen Brautpaars. Immer wieder leuchten Blitzlichter auf. Ich staune, wie ruhig sich die Gesellschaft verhält, kein lautes Lachen oder Kreischen, nur verhaltenes, fast bescheidenes Gemurmel.

Ich frage Dr. Blömeke: »Wie lange leben Sie schon in Singapur?«

Er antwortet: »Seit drei Jahren bin ich hier. Vorher leitete ich das Goethe-Institut in Tokio. Das war natürlich etwas aufregender. Aber Singapur ist auch interessant, vor allem wegen des Zusammenlebens vieler Nationalitäten und damit vieler Religionen. Es gibt hier Buddhisten, Taoisten, Moslems, Konfuzianer, Hindus, Juden und Christen. Ein staatlich festgelegtes religiöses Harmoniegesetz erzwingt das friedliche Miteinander. Zwei Feiertage jeder Religion wurden in den Jahresablauf eingebaut, sie gelten für alle Inselbewohner. Chinesen stellen heute mit 76 Prozent den größten Bevölkerungsanteil. Dazu kommen 15 Prozent Malaien, 6 Prozent Inder, Pakistani, Bangladeschi und Ceylonesen, außerdem leben hier Araber, Armenier und Vietnamesen. Neben ihren Heimatsprachen können die meisten Singapur-Einwohner englisch oder besser, was sie unter dieser Sprache verstehen, viele nennen es ›singlisch‹. Die Führungsschicht des Landes besteht aus katholischen Chinesen. Der Direktor des National Museum of Singapore, den wir morgen besuchen, stammt auch aus dieser Gesellschaftsschicht.«

Durch seine Ausführungen komme ich ins Grübeln und sage: »Eigentlich eine richtige Welt-Labor-Situation, vielleicht das entscheidene Experiment der Zukunft. Wenn viele Religionsgemeinschaften zusammenleben wollen, muß jeder einzelne zurückstecken, kann auf keinen Fall den Alleinrichtigkeitsanspruch für sich einfordern. Was Sie erzählen, klingt sehr einleuchtend – jemand Übergeordnetes muß die Regeln des Zusammenlebens bestimmen – zwei Feiertage pro Religion – eine kluge Lösung, finde ich. Gab es denn schon einmal Reibereien zwischen den einzelnen Ethnien und Konfessionen?«

Dr. Blömeke: »Ja, natürlich, das konnte nicht ausbleiben. Soweit ich weiß, kam es zuletzt im Sommer 1964 zu Straßenschlachten zwischen Malaien und Chinesen mit fast 500 Verletzten und über 20 Toten. Der Grund dafür war, daß sich die Malaien gegenüber den Chinesen benachteiligt fühlten. Damals gehörte allerdings Singapur noch zu Malaysia. Übrigens kam es auch in Kuala Lumpur 1969 zu Rassenkrawallen zwischen den beiden Ethnien. Hunderte von Menschen starben, und der nationale Notstand wurde ausgerufen. Erst die Armee konnte die Kämpfe niederschlagen. Nach den Unruhen wanderten viele chinesische Familien nach Singapur und in westliche Länder aus. In Singapur selbst ist es – soviel ich weiß – in den letzten Jahrzehnten ruhig geblieben. Das liegt natürlich vor allem daran, daß es den meisten Menschen wirtschaftlich gut geht und daß alle Religionen von der Regierung in gleicher Weise respektiert werden.«

Ich lehne mich zurück, blicke nach oben zu den kreisenden Ventilatoren, dann durch die weißen Arkadenbögen hinaus in die dunkelblaue tropische Nacht. Die Palmen rascheln, und die riesigen Blätter der Bananenstauden ragen in den Himmel wie die Schwerter gefährlicher Urwaldkrieger.

Plötzlich unterbricht Dr. Blömeke unsere kurze Gesprächspause mit einer Bemerkung, die mich hochschrecken läßt: »Ich hätte gern, daß Sie morgen gegen Abend einen Vortrag im Goethe-Institut über Ihre Arbeiten halten.«

Natürlich kann er nicht wissen, daß mich ein derartiger Wunsch immer trifft wie ein scharf geschliffenes Bananenstauden-Schwert. Als scheuer und zurückhaltender Mensch fürchte ich nichts so sehr wie einen öffentlichen Vortrag. Was soll ich dem guten Mann antworten, ohne ihn vor den Kopf zu stoßen? Soll ich ich ihm direkt die Wahrheit sagen, soll ich sie in Geschenkpapier verpacken oder ausweichend antworten? Wieder höre ich mich einige Sätze sagen, die irgendwo dazwischen liegen: »Vielen Dank für das Angebot. Aber leider bin ich kein großer Redner und würde mich gerne um einen Vortrag drücken. Gibt es keine andere Möglichkeit, mich für Ihre Gastfreundschaft zu bedanken?«

Dr. Blömeke denkt kurz nach und erwidert dann zu meiner Überraschung: »Doch, die gibt es schon. Wir drehen die Sache einfach um und besuchen morgen und übermorgen alle Menschen, die vielleicht zu Ihrem Vortrag gekommen wären. Es sind nicht sehr viele.« Erfreut stimme ich seinem Vorschlag zu.

Spät in der Nacht bringt mich mein Gastgeber mit dem Taxi zum Hotel zurück. Hundemüde falle ich ins Bett, ohne noch aus dem Fenster geschaut oder gar den Fernseher eingeschaltet zu haben. Meine erste Nacht in Singapur.

Singapur, 21. März 1999

Der Blick aus dem Fenster am Morgen überrascht mich. Ringsum stehen Hochhäuser wie in Houston oder Frankfurt auch. Ich hatte sie gestern an meinem Ankunftstag nicht so richtig zur Kenntnis genommen. Jetzt also sehe ich sie. »Du bist in Singapur«, sage ich mir, fühle mich kurz wie ein globaler Odysseus, verscheuche den Gedanken, weil er mir zu größenwahnsinnig vorkommt, und entdecke, nachdem ich mich etwas vorgebeugt habe, in der Tiefe jene Palmen und Bananenstauden, die mich wieder in die tropische Realität zurückholen. Diese Pflanzen verlassen ihren Ort nie, einmal als Samen angeflogen und in der Erde festgebissen, schlagen sie ihre Wurzeln und leben bis zu ihrem Ende an der gleichen Stelle, es sei denn, ein Gärtner gräbt sie aus und gibt ihnen einen neuen Lebensraum.

Nach alter Gewohnheit breite ich den Stadtplan auf dem Boden aus und studiere die Stadtstruktur. Eine unförmige Insel, entfernt an Venedig erinnernd. Nur eine schmale Wasserzone trennt die Insel Singapur vom Festland und damit von Malaysia. Ansonsten ringsum Meere: die South China Sea und die Selat Melaka, die Meerenge von Malakka. Die großen Inseln im Süden und Osten Singapurs – Sumatra, Borneo und Java – wecken in mir uralte Sehnsüchte. Wie oft schon träumte ich mich als Jugendlicher, über Atlanten und Photobücher gebeugt, in die Regenwälder dieser Inseln hinein?! Gern würde ich sie in den nächsten Wochen besuchen, Landschaften, Wälder, Strände, Dörfer, Städte, Menschen und Tiere mit eigenen Augen betrachten – aber jetzt bin ich erst einmal hier, in Singapur.

Die Karte zeigt mir, wie günstig der Stadtstaat liegt. Es ist schon erstaunlich, daß es keine militärisch-strategischen Gründe mehr sind, die Singapur so wichtig machen, sondern rein wirtschaftlich-verkehrstechnische. Früher, zu Zeiten der Weltkolonialisierung, wurden hier noch brutale Verteilungsschlachten, vor allem zwischen Engländern und Holländern, geführt. Außerdem bedrohten Piraten den aufkommenden Handelsverkehr. Obwohl es heute eine kleine Armee mit 50 000 Mann gibt, ging und geht von Singapur keine Bedrohung für andere Länder aus. Gerade wegen der Winzigkeit des Stadtstaats bleibt der enorme, selbst geschaffene Erfolg bemerkenswert. Hier wird das Gegenteil dessen bewiesen, was die Globalisierungsverehrer predigen: Nur im Zusammenschluß kleinerer Einheiten zu immer größeren – bei Firmen genauso wie bei Staaten (Europa etwa) – könne ein optimaler Gewinn erzielt werden.

Die Stadtstruktur Singapurs selbst wird bestimmt durch zwei Flüsse – den Singapore River und den Kallang River. Eine geordnete Planung kann ich beim Blick auf den Stadtgrundriß kaum entdecken, die Straßenverläufe scheinen eine Mischung aus chaotisch Gewachsenem und manchmal auch absichtsvoll Geordnetem zu sein. Nur im inneren Stadtbereich gibt es Tendenzen zu Achsen und regelmäßig verlaufende Straßenstrukturen. Ansonsten: kein Stadtkern, keine Entwicklungslinien, fast gleichmäßig verteilte Stadtelemente ohne Höhe- und Tiefpunkte.

Etwas fällt mir auf: Am härtesten schneidet im Süden die Singapore Railway Station mit ihren Gleisanlagen, die parallel zum Empire Dock ausgerichtet sind, in das Stadtgebilde ein.

Pünktlich um 10.00 Uhr erwartet mich Miss Mo in der Hotelhalle. Wir fahren zunächst ins Goethe-Institut. Dort werde ich allen möglichen Leuten vorgestellt, außerdem schaue ich mir die Studienräume und die Bibliothek an.

Danach brechen wir zu dritt – Dr. Blömeke, Miss Mo und ich – auf und fahren gemeinsam zum Singapore History Museum. Unterwegs frage ich nach dem vermutlichen Ablauf unserer Gespräche. Dr. Blömeke antwortet: »Erst einmal unterhalten wir uns allgemein, die üblichen Höflichkeitsfloskeln, dann stellen wir uns vor, nur kurz. Chinesen sind nicht sehr gesprächig, sie schweigen lieber. Es wird nicht einfach sein, irgend etwas aus ihnen herauszubekommen, weder eine Meinung noch eine Entscheidung. Ich habe mit dem Direktor im Vorfeld telefoniert und er hat mir sein großes Interesse an der »Prometheus«-Ausstellung signalisiert. Danach können Sie ihm Pläne und Photos aus Saarbrücken zeigen. Die Gespräche werden in Englisch geführt. Das ist doch für Sie kein Problem, oder?«

»Na ja«, sage ich, »mein Englisch ist nicht besonders brillant. Vielleicht wäre es nicht schlecht, wenn Sie mich vorstellen würden, danach kann ich ein paar Sätze über meine Arbeiten allgemein, dann über unsere »Prometheus«-Ausstellung sagen. Photos und Pläne habe ich dabei. Wenn mir ein englisches Wort fehlt, werden Sie oder Miss Mo mir bestimmt helfen.« »Kein Problem.«

Das Singapore History Museum ist schon wieder so ein umwerfend schönes, weißes Kolonialgebäude wie das Hotel Raffles. Beim Vorfahren denke ich begeistert: Der englische Kolonialstil hat wirklich etwas Betörendes! Meist stehen die imposanten Gebäude in üppigen Parks und leuchten wie selbstbewußte Schlösser durch das verschwenderische Grün. So auch hier.

Ganz Malaysia und damit auch Singapur waren das 19. und das halbe 20. Jahrhundert britische Kronkolonie. Alle älteren Repräsentationsbauten der Stadt, aber auch die großzügigen Grünanlagen stammen aus dieser europäisch geprägten Zeit. Seit dem Abzug der Engländer – am 30. August 1957 – ist, so scheint mir, kein neuer, wirklich eigenständiger Architekturstil entstanden.

Obwohl dem Land ein kommunistisches Terrorregime wie in den Nachbarstaaten Vietnam und Kambodscha erspart blieb, entwickelte sich auf dem Gebiet des Bauens nichts Neues. Man orientiert sich beim Städtebau und in der Architektur weiterhin an den westlichen Industrienationen.

Nach kurzer Wartezeit in einem Vorzimmer werden wir vom Direktor des Museums, einem dicken, glatzköpfigen Mann mit Nickelbrille, der zwischen 50 und 60 Jahre alt sein mag, herzlich begrüßt. Seine freundliche, fast unterwürfige Art, irritiert mich. Er unterspielt seine leitende Funktion mit Gesten der Machtlosigkeit und signalisiert bereits vor Beginn der Gespräche, daß er im Grunde nichts für uns machen kann, seltsam!

Gemeinsam betreten wir einen großen Saal im ersten Stock. Hier haben sich zehn Mitarbeiter des Museums um einen ausladenden Besprechungstisch versammelt. Der Direktor setzt sich an das Kopfende und bittet uns, auf der gegenüberliegenden Seite Platz zu nehmen. Der Raum zwischen den einzelnen Personen ist so groß, daß er auf fast lächerliche Weise zur Hauptperson aufsteigt.

Alle lächeln vielversprechend. Dann hält der Direktor eine lange Rede in englisch-chinesischer Sprache – wahrscheinlich jenem berüchtigten »singlisch«. Mir fällt es schwer, etwas davon zu verstehen. Hilflos blicke ich zu Miss Mo hinüber, die auf dem Stuhl neben mir sitzt, wie immer aufrecht und steif, als hätte sie einen Bambusstock verschluckt. Hin und wieder, viel zu selten, flüstert sie mir eine kurze Zusammenfassung des Gesagten ins Ohr.

Aus den Übersetzungsfragmenten schließe ich, daß der Direktor seine Freude über unsere Ankunft in diesem, von ihm geleiteten Museum zum Ausdruck bringt, uns willkommen heißt und danach betont, wie sehr er das ferne Deutschland bewundert, vor allem wegen seiner Dichter und Denker, daß er große Probleme sieht, wenig Geld zur Verfügung hat und so weiter – Dinge, die jeder Museumsdirektor (außer vielleicht im Getty Center in Los Angeles) bei solchen Anlässen von sich gibt.

Dr. Blömeke stellt mich, wie besprochen, anschließend kurz vor, betont die Wichtigkeit dieses großartigen Museums hier, dessen Bedeutung in Singapur nicht hoch genug eingeschätzt werden kann, wahrscheinlich sollte man in ihm den wichtigsten Kulturträger des Stadtstaats überhaupt sehen, dann lenkt er vorsichtig zu unserem »Prometheus«-Projekt über und sagt etwas pathetisch: »Ich glaube, die Zeit ist jetzt gekommen, der interessierten Öffentlichkeit Singapurs die westliche Kultur nahezubringen. Diese Ausstellung kann als einmalige Gelegenheit gesehen werden, die wichtigsten und stilprägendsten Bilder der Kunstgeschichte aus Vergangenheit und Gegenwart real zu studieren. Es werden zwar keine Originale gezeigt, aber die Repliken und Reproduktionen sind so perfekt, daß jeder ihre Qualität und ihre Aura erkennen kann.

Wie wir alle wissen, gibt es in Singapur keine klare kulturelle Identität. Das Selbstbild wird bestimmt durch die zahlreich anwesenden Ethnien und Religionen. Aber das brauche ich Ihnen eigentlich nicht zu sagen. Sie wissen es selbst viel besser!«

Die Chinesen nicken heftig mit den Köpfen und lächeln noch intensiver als zuvor.

Dr. Blömeke fährt fort: »Mit dieser wirklich wichtigen Ausstellung könnten wir eine Diskussion anstoßen und vielleicht eine ganze Generation von Künstlern anregen, neue, identitätsstiftende Werke zu schaffen, die Ost und West miteinander verbinden.«

Ich schaue ihn von der Seite an und staune über seine Sätze. Es sind genau die Gedanken, die mir auch durch den Kopf spuken. Wir hatten sie beim Abendessen im Hotel Raffles angesprochen, aber nicht zu Ende diskutiert.

Dr. Blömeke spricht weiter: »Ich stelle Ihnen jetzt hiermit den Gestalter dieser Ausstellung vor, der sich freuen würde, Ihnen den »Prometheus« näherzubringen!«

Gegen die Brillanz und Versiertheit des Goethe-Institutsleiters fallen natürlich meine Ausführungen etwas ab. Ich zeige den Mitarbeitern und dem Direktor meine Pläne, erkläre die einzelnen Themen der Ausstellung und sage ein paar Sätze zur Gestaltung. Als ich die Photos herumreiche, beugen sich alle weiterhin heftig nickend und lächelnd darüber.

Miss Mo übersetzt meine Worte ins Chinesische. Kaum zu glauben, wie die eigenen Sätze in dieser wirklich sehr fremdartigen Sprache klingen! Ich bin beeindruckt, von mir selbst und natürlich von Miss Mo, die jetzt, bei aller förmlichen Steifheit, zum ersten Mal ihre ganzen Fähigkeiten und damit auch ihren spröden Charme aufdeckt.

Plötzlich schießt mir der Gedanke durch den Kopf, daß der Museumsdirektor ein Bösewicht aus einem James-Bond-Film sein könnte. Vielleicht drückt Dr. No demnächst auf den Knopf, den ich vor ihm auf der Tischplatte entdecke, die Wand hinter mir wird sich öffnen, und wilde, hungrige Tiger werden sich auf mich stürzen. Schon spüre ich den Schlag ihrer Pranken, mein Blut spritzt in den Raum, ich verliere das Bewußtsein. Im ohnmächtigen Umsinken nehme ich wahr, daß die anderen Personen unverletzt sind und mich mit weit aufgerissenen Augen anstarren – mein letztes Bild von dieser Welt ...

In Wirklichkeit bleibt die Situation entspannt und asiatisch freundlich. Dr. Blömeke wirft ab und zu kommentierende Sätze in englischer Sprache dazwischen und ergänzt meine Ausführungen zu einem internationalen Kauderwelsch, das ich gern auf Tonband aufgezeichnet hätte. Außenstehende würden sich beim Anhören des Dokuments später sicher köstlich amüsieren! Es könnte ja sein, daß es diese Aufzeichnung tatsächlich gibt, denn nach wie vor bin ich der Meinung, daß im Haarnest von Miss Mo ein kleines Mikrophon mit integriertem Tonbandgerät steckt.

Die Chinesen lächeln und nicken zustimmend. Wahrscheinlich haben sie so etwas Seltsames wie unsere Ausstellung noch nie gesehen. Nach ungefähr einer Stunde laden sie uns kommentarlos, und ohne die Tiger in den Raum gelassen zu haben, auf einen Rundgang durch das Museum ein. Wie Dr. Blömeke vorausgesagt hat, bleibt ihre Meinung über das Vorgestellte im Schweigen des Raumes, der jetzt allein zurückbleibt, versteckt.

Unter einer Glaskuppel in der Haupthalle erläutert der Direktor: »Das Singapore History Museum wurde 1887 zu Ehren des Thronjubiläums von Königin Victoria eröffnet und gilt heute als schönstes Beispiel englischer Kolonialarchitektur. Wir erzählen hier die Geschichte der Stadt und des Landes, natürlich vor allem seit der Gründung durch Sir Stamford Raffles. Einige wenige Exponate sollen auch die schwierige Zeit davor darstellen. Leider ist die Technik des Museums etwas marode, dadurch sind wir gezwungen, nächstes oder übernächstes Jahr für die Renovierung zu schließen. Eine Neueröffnung ist erst im Jahr 2006 geplant.« Miss Mo übersetzt mir das Gesagte leise ins Ohr.

Keine gute Voraussetzung für unser Ausstellungsprojekt. Oder doch? Man wird sehen. Wir wandern durch die Räume. Englische Möbel und Landschaftsbilder verbreiten eine etwas langweilige, gediegene Atmosphäre. In einem abgedunkelten Raum wird uns ein Film über die Entwicklung Singapurs gezeigt. Im Mittelpunkt steht ein 77jähriger Mann, der hier geboren wurde und sein ganzes Leben in dieser Stadt verbracht hat. Seine Erzählungen von den Veränderungen der Stadt sind sehr anrührend und eindrucksvoll. Im nachfolgenden Raum, der vor allem der Malakka-Kunst gewidmet ist, bleibt Miss Mo stehen und will, daß ich mir die Dinge genauer anschaue. »Das ist die Kunst der Ureinwohner, Malaien aus dem Malakka-Gebiet: Johor-Bahru, Batu Pahat, Melaka, Seremban und Klang.«

Ich sehe vor allem dunkelbraune, fast schwarze, schwere Möbel, wie ich sie aus manchen China-Restaurants in Deutschland kenne. Meine Begeisterung hält sich in Grenzen.

Was gefällt Miss Mo daran? Hat es mit ihrer Herkunft zu tun? Neuere Exponate und Kunstwerke kann ich nicht entdecken. Nach 1900 klafft eine große Lücke. Ich verstehe, daß im 20. Jahrhundert noch keine eigene, selbstbewußte Kunst und Kultur in Singapur entstanden sind. Mich fasziniert diese Leere und Offenheit.

Der wirtschaftliche Erfolg Singapurs ist eine Sache, aber es fehlt der künstlerische Überbau. Uns sind weder Maler noch Schriftsteller aus dieser Region bekannt. Gibt es sie überhaupt?

Ich frage Miss Mo, und sie antwortet: »Ja, natürlich gibt es auch hier Maler und Schriftsteller. Sie sind wahrscheinlich in Europa noch nicht bekannt. Das wird sich in den nächsten Jahren bestimmt ändern. Übrigens kauft der Staat viele Kunstwerke auf dem Weltmarkt. Sie werden möglicherweise nach der Renovierung des Museums hier ausgestellt. Auf vielen großen Plätzen der Stadt stehen heute bereits Plastiken von Henry Moore, Salvador Dalí, Fernando Botero und Roy Lichtenstein. Hier gibt es eben alles. Was wir nicht selbst produzieren können, wird eingekauft.«

Anschließend gehen wir in ein Gebäude, das an die Rückseite des Museums angebaut worden ist. Hier werden Wechselausstellungen gezeigt. Zu meiner Überraschung finden wir uns in einer frech gestalteten Ausstellung über »Coca Cola« wieder. Viele der neuen Imperialisten und Welteroberer arbeiten nicht mehr mit Waffen, sondern mit Objekten des Genusses und der Verführung und mit Geld. Größer könnte der Schnitt nicht sein.

Wenn es zu einer Übernahme käme, würde unsere Ausstellung in diesen Sälen gezeigt werden. Ich schaue mich genauer um, suche nach Steckdosen und studiere das Beleuchtungssystem. Die klimatischen Verhältnisse sind nur mäßig gut, es herrschen höhere Raumtemperaturen als im Hauptgebäude.

Wir verabschieden uns freundlich, allerdings ohne zu erfahren, ob »Prometheus« hier gezeigt werden kann oder nicht. Der Transportaufwand ist schon sehr groß. Aber ich finde, daß er sich lohnen würde.

Nach unserem Museumsbesuch unternehmen wir eine Stadtrundfahrt durch die Hafenzone und verschiedene Wohngebiete. Wieder bin ich begeistert von dem Überfluß an Grün. Später biegt unser Fahrer, Dr. Blömeke persönlich, in die berühmteste aller Einkaufstrassen Singapurs – die Orchard Road – ein und stellt das Auto in einem weiß getünchten und dadurch sehr freundlich aussehenden Parkhaus ab.

Wir durchqueren lautlos sich öffnende Automatik-Glastüren und treten in die gewaltige, von metallisch glitzernden Rolltreppen durchkreuzte Innenhalle der Ngee Ann City. Kühle, frische Luft umfängt uns, als wären wir in den Dom von Notre Dame oder in einen nordisch-schattigen Wald eingetreten.

Statt religiöser Erbauung oder naturverklärter Erholung suchen die Menschen hier ihr Glück im Konsum. Es gibt einfach alles, was der moderne Mensch begehrt: Armani-Anzüge, Versace-Kleider, Zara-Kostüme, Gucci-Mäntel, modische Schuhe und Taschen, Waschmaschinen, Fernsehgeräte, Computer, Photoapparate, Digitalfilmkameras und supermoderne Laptops. Das Angebot übersteigt in Qualität und Menge alles, was ich bisher gesehen habe. Ein Märchenschloß, bis zur Decke angefüllt mit Schätzen der Moderne. Jeder kann sie betrachten und bewundern. Jeder kann sie auch erwerben und nach Hause tragen, vorausgesetzt er besitzt das nötige Kapital. Jeder muß die gleichen Preise bezahlen. Vor den Konsumobjekten (wie vor den Verkehrsampeln) sind alle Menschen gleich (erstes Gebot!).

Hier in diesem tropisch-heiß-feuchten Klima bedeuten klimatisierte Innenräume natürlich viel mehr als bei uns oder in Amerika; sie stellen einen Luxus dar, den sich einfache Leute nicht leisten können. Für mein Klimagefühl allerdings sind die Temperaturen viel zu niedrig eingestellt. Ich beginne zu frieren. Wir setzen uns in ein kleines Café und betrachten die Passanten. Jedem Gesicht kann man sein Herkunftsland zuordnen. Am malerischsten sind die Inderinnen mit ihren bunten, bodenlangen Saris angezogen.

Als ich mich umdrehe, entdecke ich im hinteren Bereich des Cafés einige Schülerinnen. Miss Mo, die meinem Blick gefolgt ist, erläutert: »Es gibt viele Schüler und Schülerinnen, die hier ihre Nachmittage verbringen. In den klimatisierten Ecken ist es angenehmer als bei ihnen zu Hause. Sie schreiben hier ihre Aufsätze und erledigen die restlichen Hausaufgaben.«

Inzwischen hat sich Dr. Blömeke verabschiedet und Miss Mo den Autoschlüssel übergeben. Wir werden ihn am Abend wieder treffen und gemeinsam zu einem Architekten am Stadtrand hinausfahren.

Nachdem ich meiner Bewunderung für diesen Konsumtempel Ausdruck verliehen habe, erklärt mir Miss Mo: »Als nächstes treffen wir eine Frau, die sich mit Architektur beschäftigt und sehr an europäischen Entwicklungen auf diesem Gebiet interessiert ist.«

Gemeinsam gehen wir zum Auto zurück und fahren wieder durch die inzwischen stärker belebte Stadt. Am liebsten würde ich mich stundenlang durch die von Palmen überragten und verschatteten Straßen chauffieren lassen und das tropische Leben in mich hineinsaugen. Schließlich biegt Miss Mo gekonnt auf einen kleinen Parkplatz in der Nähe des Farrer Parks ein. Auf einem Schild lese ich etwas von »privat« und von einem »Club«, kann jedoch nicht erkennen, um welche Art »Club« es sich handelt.

Wir durchqueren eine gemütlich eingerichtete, im Augenblick jedoch unbevölkerte Clubhaus-Lobby, die mich sofort an cricketspielende Engländer und blasse Damen beim Nachmittagstee denken läßt. Als mein Blick auf einen offenen Kamin am Kopfende des Raumes fällt, frage ich mich, wozu man so etwas in einer tropischen, nahe dem Äquator liegenden Stadt wie Singapur benötigt. Bestimmt war er noch nie im Einsatz und dient eher nostalgisch-dekorativen Zwecken. Schließlich ist die Temperatur im ganzen Land noch nie unter 23 Grad gesunken.

Durch eine offenstehende Tür erreichen wir eine kleine Terrasse, die mit weißen Tischen, Stühlen und Sonnenschirmen möbliert ist. Die angrenzende flache und weite, kurz gemähte Rasenfläche dient sicher irgendwelchen Ballspielen – Cricket, Hockey oder Fußball? Ich erkenne weiße Linien und Markierungen, allerdings keine Tore oder sonstige Geräte, die mir bekannt vorkommen. Im Augenblick döst die gepflegte Wiese leer und unbenutzt vor sich hin.

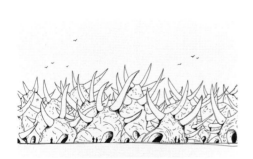

Miss Mo steuert auf einen Tisch zu, an dem eine einzelne, elegant gekleidete Dame sitzt, die mich, als wir herantreten, einladend anlächelt. Ich werde vorgestellt, und Miss Mo nennt auch den Namen der Dame, den ich allerdings nicht verstehe. Wir nehmen Platz und bestellen bei einem weiß livrierten, malaiischen Ober, der lautlos herangetreten war, unsere Getränke. Die Dame lehnt sich zurück, blickt mir forschend in die Augen und eröffnet das Gespräch in englischer Sprache mit der Bekanntgabe ihrer Meinung: »I love Europa. Leider hindern mich meine Geschäfte daran, jedes Jahr einmal dorthin zu reisen. Deswegen nutze ich jede Gelegenheit, die sich mir – dank Miss Mo – bietet, die Gäste des Goethe-Instituts kennenzulernen. Ich betreibe in Singapur das führende Einrichtungshaus und habe gehört, daß Sie Architekt sind, Ausstellungen und Bühnenbilder entwerfen.«

»Ja, das stimmt.«

Irgendwie schüchtert mich die sehr selbstbewußte, gut aussehende Frau ein. Aus ihrem Gesicht schließe ich, daß sie das Produkt einer Völkervermischung sein muß: Vielleicht war ihre Mutter Chinesin und der Vater Engländer oder umgekehrt.

»Erzählen Sie mir etwas über die neuesten Tendenzen der Architektur und des Designs in Deutschland.«

O Gott, denke ich, da bin ich nicht die richtige Auskunftsperson. Aber ich will höflich bleiben und antworte: »Eigentlich ändern sich die Moden ständig, und viele Richtungen existieren gleichzeitig. Gestern gab es noch die Postmoderne ...«

»Kalter Kaffee«, wirft die Dame ein, und ich rede etwas erschreckt weiter: »Heute gibt es den Destruktivismus, den Konstruktivismus, die Kistenbauer der Neuen Einfachheit, die Funktionalisten, die grünen Bio-Organiker ...«

»Aha, das ist ja ein reiches Angebot. Architektur muß lebendig bleiben, finde ich. Es gibt nichts Schlimmeres als eingeschlafene, veraltete Stile«, sagt die Dame, die bestimmt in einem schönen, konservativen Kolonialstilhaus wohnt. Nachdenklich schlürft sie an ihrer Teetasse, schiebt dann ihre große Sonnenbrille auf die Stirn, wie es alle modischen Frauen auf der ganzen Welt tun, schaut mich fixierend an und stellt mir die Examensfrage: »Welcher Richtung gehören Sie denn an?« In meiner Verwirrung suche ich die Photos unserer Ausstellung und einiger Bühnenbilder aus meiner Tasche und lege sie auf den Tisch. »Sagen Sie selbst, wo ich hingehöre. Schauen Sie sich die Photos an.«

Sie blättert und lächelt. »Sieht ja interessant aus. Kennen sie Zaha Hadid und Daniel Libeskind?«

»Ja, natürlich ... also ich kenne sie nicht persönlich. Oder doch, das stimmt nicht, Libeskind bin ich Berlin schon zweimal begegnet, aber von ›kennen‹ kann keine Rede sein..«

»Sie sind zu bescheiden, Ihre Sachen sind gut, wie ich sehe, sehr gut.«

Dieses Lob schmeichelt mir natürlich. Gerne würde ich ihr Geschäft besichtigen und schauen, was dort verkauft wird. Aber ich halte mich zurück.

Miss Mo sitzt neben mir wie ein aufgerichtetes Türblatt und beobachtet die Szene aus ihren herabgelassenen Visieraugen. Was sie wohl denkt? Plötzlich und völlig unerwartet steht die Dame auf und sagt zum Abschied: »Tut mir leid, ich muß wieder los. Viel Erfolg für Ihr Projekt. Ich komme auf jeden Fall zur Eröffnung der Ausstellung.« Dann entschwebt sie durch den Clubraum.

Inzwischen ist noch eine junge Frau mit ihrem Kleinkind auf der Terrasse eingetroffen und hat sich einige Tische von uns entfernt niedergelassen. Ihrem Aussehen nach ist sie Europäerin, wahrscheinlich Engländerin.

Alleingelassen mit Miss Mo, nutze ich die Gelegenheit und wage es, sie nach ihrer Herkunft und ihrer Familie zu befragen. Erstaunlicherweise antwortet sie und weicht mir nicht aus:

»Meine Eltern waren beide Chinesen. Kurz nachdem ich in Schanghai geboren wurde, wanderten sie nach Singapur aus. Mein Vater fand dort Arbeit. Ich selbst lernte meine leibliche Mutter nie kennen, da sie während der Kriegshandlungen – als ich noch ein Säugling war – im Zweiten Weltkrieg von den Japanern ermordet worden ist. Hier in Singapur. Es muß für sie furchtbar gewesen sein. Mit Vergewaltigungen und sadistischen Quälereien. Seitdem hasse ich alles, was aus Japan kommt. Mein Vater und ich überlebten das Massaker und die brutale Gewaltherrschaft der Japaner über Singapur und Malaysia, die von 1942 bis 1945 dauerte. Die Greueltaten der Japaner vor allem gegenüber Chinesen und Malaien sind vergleichbar mit den Verbrechen der Nazis gegenüber den Juden in Europa. Die Japaner waren die Nazis des fernen Ostens, keinen Deut besser, vielleicht noch schlimmer. Auch sie haben den Krieg verloren und mußten kapitulieren wie die Deutschen. Mein Vater hat später wieder geheiratet, eine Malaiin aus dem Malakka-Gebiet. Meine Kindheit verbrachte ich in Singapur, bin hier zur Schule gegangen und habe danach an der Universität Sprachen studiert. Zwei Jahre lang lebte ich sogar in Deutschland, vor allem in München. Ich liebe die bayerischen Alpen und Neuschwanstein – das schönste Gebäude, das ich je in meinem Leben gesehen habe.«

Während Miss Mo spricht, beobachte ich ihr Gesicht und ihre Hände. Da sie ihre Geschichte bestimmt schon hundertmal erzählt hat, kommen mir alle Gesten und Sätze stereotyp, wie einstudiert vor. Es gelingt ihr einfach nicht, ganz normal zu sein, aus jedem Satz wird eine automatische Ansage.

Ich könnte ihr erzählen, daß ich im gleichen Alter erleben mußte, wie eine englische Brandbombe unser Haus in Ulm traf und wir mit knapper Not aus dem Keller des brennenden, in sich zusammenstürzenden Hauses fliehen konnten. Natürlich kann ich mich nicht daran erinnern, da ich zum Zeitpunkt der Ereignisse ein Säugling war und die Geschichte nur aus Erzählungen kenne.

»Leben Vater und Stiefmutter noch?«

»Ja, beide. Aber mein Vater ist krank, ich muß für ihn sorgen, da meine Stiefmutter dazu nicht mehr in der Lage ist.«

Ich sehe sie in Gedanken Hausarbeit für die beiden Alten machen, sie verdient das Geld für den gemeinsamen Unterhalt, für Essen und Miete. Jetzt verstehe ich ihre Lage besser und bin dankbar für ihre Offenheit.

In diesem Moment setzt wieder kräftiger Regen ein, die großen Tropfen trommeln auf unser Sonnenschirmdach als wollten sie es zerschießen, aber das dicke Segeltuch hält der Attacke stand. Am Schirmrand stürzt Wasser in Strömen herab. Wir sitzen mit einem Mal in einem Haus, das aus Wasserwänden besteht. Durch das vertikal gestreifte Wasserfall-Strömen hindurch sehe ich die Nachbar-Wasserhäuser und beobachte das Zerspritzen der aufprallenden Tropfen-Geschosse auf den Steinplatten. Ich genieße den Geruch des Wassers und lausche den Naturgeräuschen. Wie immer ist es mir rätselhaft und schwer vorstellbar, daß solche Wassermengen, bevor sie als Regen losbrechen, am Himmel in Form von Wolken schweben können.

Da wir in diesem Tosen nicht mehr reden können, schweigen wir beide. Ich glaube, mich inzwischen an das tropische Klima gewöhnt zu haben. Jedenfalls schwitze ich kaum noch und fühle mich eigentlich sehr wohl in der feuchten Wärme. Die Temperaturen bleiben in Singapur das ganze Jahr über konstant und pendeln immer um 30 Grad. Dadurch gibt es in der Natur kaum Veränderungen und keine Jahreszeiten, wenn man von den Regen- und Trockenphasen absieht. Nur die Luftfeuchtigkeit schwankt, manchmal liegt sie bei 96 Prozent, im Durchschnitt bei 85 Prozent. Ein einziger, endloser Sommer!

Abends fahren wir – Dr. Blömeke, Miss Mo und ich – verabredungsgemäß mit dem Auto stadtauswärts zu einem Architekten namens James Hill. Der Bewegungsradius in Singapur hält sich in engen Grenzen, da die Insel nur 42 Kilometer lang und 23 Kilometer breit ist. Nach einer halbstündigen Fahrt erreichen wir einen Berghang, kurven auf einer schmalen Schotterstraße durch Palmenhaine und tropisches Buschwerk in die Höhe und biegen schließlich in eine verwunschen gelegene Siedlung ein, die nur aus alten Fachwerkhäusern zu bestehen scheint.

Dr. Blömeke: »Das sind alte Malakka-Häuser. Ein wunderbares, schön renoviertes Wohngebiet, in dem früher Einheimische wohnten und sich heute vor allem Künster angesiedelt haben: Schriftsteller, Maler und Architekten.«

Als wir das Auto unter einem Vordach abstellen, ist es bereits dunkel. Ringsum rauschen und schwanken riesige Palmen vor dem dunkelblauen Tropenhimmel. Ich höre seltsam-exotisches Vogelgeschrei, das hier noch intensiver klingt als in der Stadt, da alle Nebengeräusche fehlen. Wir steigen eine steile Treppe hinauf. Oben angekommen, empfängt uns ein etwa 40jähriger Mann mit europäischem Aussehen.

»Hallo, I am James«, sagt er fast amerikanisch jovial und streckt mir einladend die Hand entgegen. Seine Freundlichkeit wirkt offen und ehrlich. Er scheint sich wirklich über den Besuch zu freuen. »Hier wohnte früher eine malakkische Handwerkerfamilie, unten befand sich die Werkstatt und oben, im ersten Stock, lagen die Wohnräume für die Familie. Ich glaube, er war Schreiner und Zimmermann. Wahrscheinlich hat er das Haus auch selbst gebaut.«

Während er in gutem Deutsch redet, wandern wir durch die Räume. Alle Holzteile sind dunkelbraun, fast schwarz, alle Wände weiß gestrichen.

»Ein Holzfachwerk. Die Wände wurden aus weidenähnlichen Ästen geflochten und mit Lehm bestrichen. Darüber liegt eine dünne, weiß bemalte Putzschicht. Klassische malaiische Wohnhausarchitektur, wie sie in Singapur nur noch in dieser Siedlung anzutreffen ist. Ich habe die Häuser mit Freunden zusammen gekauft und restauriert.«

Nach dem Hausrundgang lassen wir uns im etwa 10 x 10 Meter großen Wohnzimmer in bequemen, schwarz lackierten Korbmöbeln nieder. Über uns die offene Dachkonstruktion, ringsum Fachwerk und weiße Wandflächen, alternierend in regelmäßigem Rhythmus. In seiner Strenge erinnert mich der Raum an klassische japanische Schiebewandbauten, wie ich sie aus Büchern kenne.

Ein riesiger, von der Decke hängender Ventilator mit fast 3 Metern Durchmesser läßt die Luft im Raum angenehm kühl wirken. Einige Flügel des durchgehenden Fensterbandes stehen offen, und draußen im Freien sehe ich die rauschenden Palmen wieder, jetzt aus einer anderen, höheren Perspektive. Kokosnüsse und Datteln wachsen in Griffnähe, vom Zimmerlicht aus der Dunkelheit herausgeleuchtet.

Begeistert von soviel tropischer Atmosphäre wünsche ich mir sofort, hier für länger – oder doch wenigstens für die nächsten Wochen – wohnen zu können. Sofort beschleicht mich – wie immer in Momenten, die keine Steigerung mehr zulassen – das Gefühl, angekommen zu sein. James Hill hat auf dem Tisch einige seiner Bücher ausgebreitet. Ich staune nicht schlecht. » Hier liegen meine Werke. Ich habe schon viel gebaut. Eigentlich stamme ich aus Sydney und betreibe in Singapur nur mein Nebenbüro mit 30 Mitarbeitern. Sie kommen aus der ganzen Welt: aus Amerika, der Schweiz, Frankreich, Deutschland, Japan und Malaysia.«

Während er spricht, blättere ich die Seiten um und bin sprachlos: Kein Zweifel, er hat die schönsten Hotels im indonesischen Archipel entworfen, die ich mir vorstellen kann. Holzbauten mit Anklängen an regionale Baustile, oft eingeschossig mit üppigen Garten- und Poolanlagen. Wahrscheinlich romantische Refugien für die ganz Reichen der Welt.

»Da ich so viele Baustellen zu beaufsichtigen habe, besitze ich ein eigenes Flugzeug und fliege zweimal in der Woche damit von Insel zu Insel. Kennst du keine qualifizierten, jungen Architekten? Ich suche dringend neue Mitarbeiter! I am looking for women and gay boys, they are the better architects, I think!« Ich versprach ihm, mich in Europa umzuhorchen.

»In Singapur selbst habe ich leider nicht viel zu tun. Nur ein neuer Zooeingang ist in Planung!«

Während ich in den großformatigen Photobänden blättere, huschen Geckos über den Tisch, auch über mein Buch. Mit ihren ruckartigen Bewegungen und ihren minutenlangen Erstarrungsphasen sehen sie aus wie ferngesteuerte Wesen, deren Mechanik noch nicht ganz ausgefeilt ist. Am verblüffendsten sind ihre Kletterkünste. Dank einer subtilen Saugnapftechnik an Fingern und Zehen können sie senkrechte Wände hochgehen und mühelos an der Decke hängen. Ich kenne sie aus Rom. Wie gering ihre Berührungsängste gegenüber Menschen sind, merke ich, als sich ein Tier über meine Schuhe bewegt und dort sogar länger verweilt.

Statt der exotischen Vogelschreie erklingt jetzt durch das offene, nächtliche Fenster lautes Grillen- und Zikadengezirp, das mir vorkommt wie eine stimmungsvolle Filmmusik. Dazu singt Dr. Blömeke das Loblied auf James Hill und erklärt ihn zum bedeutendsten Architekten Indonesiens und Singapurs.

Miss Mo schweigt und versucht nicht einmal, sich an dem Gespräch oder dem Singen zu beteiligen. Ich weiß wirklich nicht, was sie über die Architektur von James denkt. Wie abwesend erstarrt sie manchmal für Minuten, als sei sie ein Gecko, dann wieder steht sie abrupt auf, geht in die Küche hinaus und bringt einige Zeit später Erdnüsse, Chips oder Mineralwasser mit. Ihre Bewegungsabläufe sind so routiniert, daß ich vermute, die James-Hill-Besuche gehören zum Standardprogramm des Goethe-Instituts. Miss Mo kennt hier jedes Regal, jede Schublade, jedes Versteck – so scheint es mir. Was ich bisher schon geahnt hatte, bewahrheitet sich jetzt: Sie hat die Tendenz zur Sklavin, unterwirft sich gern. Eine geborene Tempeldienerin, eine mittelalterliche Geisha, mitten im Reich des hemmungslos-modernen Fortschritts.

Hill weiter: »Gestern bin ich aus Adelaide zurückgekommen, ich habe dort das Bühnenbild für eine neue *Othello*-Produktion entworfen.«

Erschöpft lehnt er sich zurück und sinniert: »Ja, ich habe viel erreicht. Trotzdem würde ich jetzt am liebsten nur noch Bühnenbilder entwerfen. Dem Theater gehört meine ganze Liebe. In Singapur ist die europäische Oper nahezu unbekannt, es gibt kein einziges Opernhaus. Für mich eine kulturelle Wüste, ein Niemandsland. Ich beneide dich um die Möglichkeiten, Opern-Bühnenbilder in Berlin, Wien, Zürich, Paris und San Francisco zu entwerfen. Nirgendwo auf der Welt werden so viele Opernhäuser wie bei euch in Deutschland am Leben erhalten. Ein Paradies, finde ich. Bisher war ich nur einmal dort und würde gern jedes Jahr nach Berlin oder Paris fliegen. Aber leider fehlt mir die Zeit dafür.«

Sprachlos lausche ich seinen Ausführungen und überlege, ob ich mit ihm tauschen will, vielleicht für ein oder zwei Jahre, aber bestimmt nicht für immer.

Während wir in Europa mit kulturellen Überfütterungserscheinungen kämpfen, leidet er an der Sehnsucht nach klassischer Kultur.

»Das Heimweh zieht mich zurück in meine Heimat, zu meinen Wurzeln.«

Wobei er mit Heimat die einstige Verbrecher- und Gefangeneninsel Australien meint. Immerhin steht in Sydney das berühmteste moderne Opernhaus der Welt, gebaut vom dänischen Architekten Jørn Utzon. Elegisch blickt er aus dem Fenster.

Dr. Blömeke ist stolz, mir dieses Erlebnis verschafft zu haben. Miss Mo schweigt verbissen und ausdauernd. Ich schaue an die Decke und versuche zu erkennen, wo sich die Geckos gerade aufhalten.

Singapur, 22. März 1999

Spät wurde ich gestern ins Hotel zurückgebracht. Ich schaute noch eine Weile aus dem nächtlichen Fenster, machte einige Photos der umliegenden Hochhäuser und schaltete dann das Fernsehgerät ein. Nach längerem Zappen blieb ich an einer Sendung hängen, die darüber berichtete, daß es in Singapur eine zu geringe Geburtenrate gebe, ähnlich wie in Europa.

Die Singapurer müssen soviel arbeiten, daß sie keine Zeit haben, passende Partner zu finden. Die Regierung hat jetzt staatlich geförderte Kennenlern-Cafés eingerichtet. Der Bericht zeigt einige Paare, die sich zum ersten Mal treffen. Erwartungsgemäß bleibt die Atmosphäre sehr reserviert und kühl, Gespräche holpern von einem Allgemeinplatz zum nächsten. Jetzt wird überlegt, das staatliche

Pornographieverbot etwas zu lockern, um so die Menschen zur Fortpflanzung anzuregen. (Das gleiche Prinzip wenden Chinesen bei den Pandabären an.)

Heute gehört mir der Vormittag ganz allein. Ziellos wandere ich durch die Stadt, überquere Plätze mit Denkmälern des Staatsgründers Sir Stamford Raffles und anderer bedeutender Persönlichkeiten, ich sehe die Victoria Memorial Hall, den Sri Mariamman Hindu Temple, die Armenian Apostolic Church, den Supreme Court, die Hajjah Fatima Moschee und den Kong Meng San Phor Kark See Temple, Touristenprogramm eben.

Am Nachmittag holt mich Miss Mo mit dem Auto des Goethe-Instituts zu einem gemeinsamen Besuch der Singapore Zoological Gardens ab. Wir müssen einige Kilometer Richtung Norden fahren. Gleich neben dem Parkplatz des Zoos entdecken wir James Hills Baugrube für den neuen Eingang, mehr ist leider noch nicht zu erkennen. Auf einer großen Bautafel lesen wir seinen Namen. Die Zoological Gardens, die es erst seit 1973 gibt, werden in allen Reiseführern wegen ihrer raffinierten Wegeführung gelobt. Ich bin gespannt.

Hier in dieser fruchtbar-üppigen, allerdings einst sumpfigen Gegend scheint es ein Kinderspiel zu sein, einen attraktiven Tierpark anzulegen. Tatsächlich erwartet uns ein tropisches Paradies mit Palmenwäldern, Schilfplantagen und tropischen Staudengärten.

Meist liegen die Tiergehege etwas tiefer als die Besucherwege, so daß kein Zaun zwischen beiden Parteien notwendig ist. Dezent versteckt angelegte Wasserläufe trennen uns von den Gefahren der Wildnis. In keinem Moment hat man das Gefühl, durch ein vergittertes Tiergefängnis zu gehen. Mehr Offenheit in Sachen Zoo ist kaum denkbar. Manchmal führen Holzstege über die Gehege, und von versteckten Terrassen aus können wir die fast ungestörten Tiere beobachten wie bei einer Safari in freier Wildbahn.

Endlich begegne ich den Orang-Utans, die ich beim Anflug auf die Stadt so vermißt habe. Sie lächeln mich verschmitzt an, während sie träge, an frisch gepflückten Blättern kauend, von Ast zu Ast schaukeln.

Wir kämpfen uns immer tiefer in die Bananenstauden-Wälder und Mangrovenverschlingungen hinein, sind davon genauso begeistert wie meine äffischen Freunde und leben unsere eigenen Urwaldgelüste in einem Maße aus, wie ich es bisher nicht kannte. Jede Berührung mit den gewaltigen Blättern löst in mir fast erotische Gefühle aus. Urwaldsinnlichkeiten, allerdings staatlich abgesichert, ohne die Gefahr plötzlich auftauchender Schlangen oder gefährlicher Reptilien. Entschärftes Paradies.

Miss Mo geht dicht hinter mir, aufrecht wie eine Giraffe, und wundert sich über meine zunehmende Begeisterung. Ihr zurückhaltendes Dienerinnen-Temperament verbietet es ihr, Einspruch zu erheben. Still erträgt sie meine expressionistischen Ausrufe, die klingen wie: »Oooo!« oder »Groooßaaartig!« und »Tollll!« Später, auf unserem emotional etwas abgekühlten Rückweg, lese ich auf einer Tafel, daß der Zoo auch manchmal nachts geöffnet hat. Miss Mo erläutert sachlich: »Der Nachtzoo ist die neueste Attraktion der Stadt. Ein großer Erfolg. Ich war selbst noch nie dort!«

Am Nachmittag fahren wir in die Stadt zurück, und Miss Mo stellt mich noch anderen Singapurern, Singapuresen, Singapuristen ... vor, die alle – möglicherweise – zu meinem Vortrag gekommen wären. Zunächst hält sie vor einer Schneiderei. Wir gehen hinein, und sofort bricht im Innenraum Unruhe aus. Chinesen, Malaien und einige indische Frauen laufen durcheinander, andere bewahren Ruhe, sitzen vor ihren Nähmaschinen oder haben Schnittmuster auf dem Boden ausgebreitet.

In einem Hinterzimmer werde ich von einer üppigen Inderin begrüßt, die in ihrem blauen Sari wunderschön aussieht. Im Gegensatz zu manchen ihrer Angestellten verströmt sie ausgeglichene Ruhe, als hätte sie zwei Stunden Meditation hinter sich. Miss Mo erklärt ihr, wer ich bin. Die Frau zeigt auf eine Gruppe gerahmter Photos an der Wand und sagt in einer Mischung aus gebrochenem Deutsch und Englisch: »Sind sie nicht unglaublich schön, diese Gebäude? Mein Heimatdorf in Indien.«

»Ja«, antworte ich etwas zu wortkarg und denke: Es sind wirklich schöne weiße Kubenhäuser, die sich in verträumten, seerosenbewachsenen Teichen spiegeln.

Dann erhebt sich die Inderin umständlich und winkt mir zu. »Kommen Sie, folgen Sie mir!«

Ich schaue Miss Mo an, sie nickt ebenfalls, und wir gehen gemeinsam noch tiefer ins Haus hinein. Plötzlich stehen wir vor einem Glashaus, das die Hälfte eines verschatteten Hinterhofgartens einnimmt. Unzählige bunte Schmetterlinge flattern hinter den Scheiben, zwischen Blüten und Blättern herum wie kleine, verzauberte Engel. Ich bin begeistert und bedanke mich bei der Inderin. Beim Hinausgehen überlege ich mir, was wohl geschehen wäre, wenn ich in einer ganz anderen Kultur aufgewachsen wäre. Vielleicht würde ich heute Schmetterlingshäuser bauen und verträumte indische Teichgärten entwerfen, wer weiß ...

Einige Straßen weiter klingeln wir bei einem Zahnarzt, der seinem Aussehen nach aus China stammt. Von seiner Assistentin herbeigerufen, kommt er uns auf dem schmalen, neonbeleuchteten Flur seiner Praxis entgegen. Durch halb geöffnete Türen sehe ich in seine Behandlungszimmer hinein. Die gleichen aseptischen, drehbaren Folterstühle, die gleichen grellen Operationslampen – abstoßende Klinikräume, die in mir sofort Schmerz-Alpträume auslösen. Gott sei Dank (besser: Buddha sei Dank), daß ich nur zum Vergnügen hier bin und mich jetzt nicht unter eine zahnärztliche Bohrmaschine legen und mich quälen lassen muß. Das Wartezimmer, an dem wir jetzt vorbeikommen, ist brechend voll, wieder die übliche bunte Völkermischung. Trotzdem nimmt sich der Zahnarzt Zeit und führt uns ruhig lächelnd bis zum Ende des Flurs, öffnet mit seinem Ellenbogen eine Tür und bittet uns einzutreten.

»Eigentlich habe ich keine Zeit«, erklärt er uns in gebrochenem Englisch – wahrscheinlich wieder dieses berüchtigte »Singlisch«, »aber kommen Sie, ich will Ihnen etwas zeigen.«

Jetzt entdecke ich in der Mitte des kleinen Zimmers, dessen Fenster mit Bambusjalousien verschlossen sind, durch die schmale, parallele Lichtstreifen einfallen, ein abgedecktes Objekt, das aussieht wie ein Miniatur-Mount-Everest-Modell. Er bittet uns, näher zu kommen, zieht das weiße Tuch weg, und zum Vorschein kommt ein überraschendes Architekturmodell.

»Und – wie gefällt es Ihnen?«, fragt er mich mit geheimnisvollem Lächeln. Ich schaue mir das Modell genauer an. Viele winzige Zimmer bilden eine Art Berg. Treppen verbinden die einzelnen Etagen miteinander.

»Mein neues Wohnhaus! Ich lasse es gerade an einem Berg im Norden Singapurs bauen.«

Ich staune: »Es sieht schön aus!« Mir ist nicht ganz klar, wozu dieser Mann so viele Zimmer braucht. Hat er so viele Frauen oder so viele Kinder oder ...

»Ich brauche so viele Zimmer, weil ich mich jede Stunde in einem anderen aufhalten will. Vierundzwanzig Stunden, vierundzwanzig Zimmer. Ein Zimmer für 8.00 Uhr, ein Zimmer für 13.00 Uhr, ein Zimmer für 20.00 Uhr ...«

Ich: »Sie wechseln auch nachts?«

»Ich will es versuchen. Noch ist das Haus nicht fertig. Vielleicht schlafe ich nur jede Nacht in einem anderen Zimmer und wechsle nicht zu jeder Stunde.«

»Unterscheiden sich die Zimmer voneinander?«

»Ja, jedes Zimmer hat für mich eine andere Bedeutung. Ich bin Buddhist. Wenn ich mit dem Haus fertig bin, will ich ringsum einen großen Garten anlegen. Er wird mein Lebenswerk sein. Ich habe weder Frau noch Kinder.«

Mit den Augen gehe ich durch die Räume, die ich von außen erkennen kann. Das ganze Gebäude scheint in Holz geplant zu sein. Vielleicht will der Arzt mit seinem Haus ein buddhistisches Kloster gründen und hier im Alter mit Gleichgesinnten nur noch meditieren. Abgeschlossen von der Welt, auf der ständigen Wanderung durch die Zimmer, erreicht er dann vielleicht die von Buddha geforderte Befreiung von allen menschlichen Leidenschaften, die Schuld tragen an unserem unablässigen Leiden. Das Nirwana erwartet ihn im letzten Zimmer.

Leider verabschiedet sich der Arzt schnell wieder von uns und muß zurück an seine Arbeit. Deswegen kann ich ihn nicht nach den tieferen Beweggründen seiner merkwürdigen Planungen fragen. Die freundlich lächelnde Assistentin begleitet uns zur Ausgangstür.

Gegen Abend gehen wir ins Goethe-Institut und holen Dr. Blömeke ab. Er will mit uns chinesisch essen gehen. »Vom Museum gibt es übrigens noch keine Nachricht. Ich habe kein gutes Gefühl!«

Während Dr. Blömeke die Speisekarte studiert und ein »interessantes Menü« zusammenstellt, schaue ich mich in dem unwirtlichen Lokal um. Schneeweiße Wände lassen es aussehen wie ein frisch abgespritztes Schlachthaus, zahlreiche nackte Neonröhren an der Decke verbreiten das sachliche, unromantische Licht eines Großraumbüros. Weil die Klimaanlage wahrscheinlich auf unter 14 Grad eingestellt ist, friere ich wie in einem Kühlhaus.

Dr. Blömeke erläutert: »Für die Menschen hier ist Kälte der größte Luxus, den es gibt. Wahrscheinlich könnte man mit einem Schnee- oder Eishaus große Besuchermassen anziehen. Schneestürme sind für die Inselbewohner so exotisch wie für uns ein tropischer Regenwald.«

Danach reden wir noch einmal über Singapur allgemein.

Dr. Blömeke berichtet: »Der Stadtstaat Singapur wird geführt wie ein modernes, kapitalistisches Wirtschaftsunternehmen. Der Erfolg ist so groß, daß jedes Jahr ein Überschuß von 8 Milliarden Dollar erwirtschaftet wird. Noch nie hatte Singapur Schulden! Es gibt auch ein ganz gutes soziales Netz. Richtige Armut kommt so gut wie nicht vor.«

Langsam versinke ich wieder in meine Träumereien und höre die Stimme des Goethe-Institutsleiters nur noch aus großer Ferne. Kaum zu glauben, denke ich, daß so etwas wie Singapur auf dieser Erdkugel existiert ... vom sumpfigen Urwald-Kaff ... zum Piratenstützpunkt ... zum kolonialen Außenposten ... zum blühenden Handels- und Wissenschaftszentrum ... mit Niederlassungen aller Banken der Welt ...

Singapur und Kuala Lumpur, 23. März 1999

Heute endet mein eigentlicher Singapur-Aufenthalt. Ich hatte einen Flug nach Jakarta geplant, aber die Mitarbeiter des Goethe-Instituts und vor allem Dr. Blömeke rieten mir von einem solchen Ausflug ab. »Jakarta gehört heute zu den gefährlichsten Städten der Welt. Jeden Tag gibt es dort Überfälle und Bombenanschläge. Ein Land voller Spannungen, nicht geeignet für einen touristischen Kurztrip.«

Ich: »Was ist mit Sumatra oder Borneo?«

Dr. Blömeke: »Warum fliegen Sie nicht einfach nach Kuala Lumpur, der Hauptstadt von Malaysia?! Die Entfernung ist nicht so groß.«

Ich: »Kann ich auch auf anderem Weg dorthin gelangen?«

»Ja, natürlich, mit der Eisenbahn. Es gibt einen berühmten Zug, der jeden Nachmittag in Singapur startet und über Kuala Lumpur bis nach Bangkok fährt.«

»Eine Art Shanghai-Express?«

»Genau!«

Miss Mo besorgt mir das Bahn-Ticket. Zurück will ich das Flugzeug nehmen und die Ankunftszeit in Singapur so wählen, daß ich direkt Anschluß an meinen Flug nach Amsterdam habe.

Der Vormittag gehört mir allein. Ich lasse mich durch die Umgebung treiben – den Central Park, die Stamford Road, die Hill Street – , danach packe ich meine Sachen und warte mit der Tasche in der Hotelhalle auf Miss Mo, die mich mit dem Auto des Goethe-Instituts zur Singapore Railway Station bringen will. Als wir dort ankommen, bin ich überrascht, ein Gebäude anzutreffen, das deutliche Spuren des Verfalls aufweist. Die Fassadenfarbe ist fleckig und an einigen Stellen abgeplatzt, manche Fensterscheiben sind zersprungen und von der Dachtraufe hängt eine marode Wasserrinne. Ich hätte nicht gedacht, daß so etwas in Singapur möglich ist.

Miss Mo erklärt entschuldigend, als sie meine Überraschung bemerkt: »Das kommt daher, daß der Bahnhof exterritorial liegt und zu Malaysia gehört. Die Stadtverwaltung Singapurs hat keinen Zugriff auf das Gebäude und muß mit dem jetzigen Zustand leben. Ein Schandfleck für die Stadt.«

Das sehe ich natürlich ganz anders. Mich rührt der nostalgische Verfallscharme des stattlichen Gebäudes aus dem 19.Jahrhundert, und ich empfinde seine Ungepflegtheit mitten im übercleanen Singapur wie eine Wohltat.

Da mein Zug erst in einer Stunde abfährt, setzen wir uns auf eine Bank in der hohen, fast kirchenähnlichen Haupthalle des Bahnhofs. Vor der Kasse, die viel zu klein im Sockelbereich der einzigen geschlossenen Wand eingelassen ist, warten einige Menschen mit Gepäck. Darüber starrt eine stehengebliebene große Uhr ins Leere. Ein alter Malaie kehrt den fleckigen Boden; sein Besen erfaßt zerknüllte Zeitungen, Dosen und Glassplitter. Mit extrem langsamen Bewegungen schiebt er die Dinge auf eine Schaufel und kippt sie in eine größere Mülltüte. Ich habe den Eindruck, daß manche Singapurer Bürger diesen Bahnhof vielleicht manchmal aufsuchen, um zu erleben, wie das ist, wenn man Müll einfach wegwirft. Hier in dieser Halle gelten die harten Gesetze und Strafen nicht. So würde es wahrscheinlich in der ganzen Stadt aussehen, gäbe es die staatlichen Vorschriften nicht.

Miss Mo beobachtet den kehrenden Malaien mit zunehmender Entrüstung. Wahrscheinlich ist es ihr peinlich, daß ich diese Szene in ihrer Stadt zu sehen bekomme. Ich wundere mich, daß sie nicht aufsteht und geht oder mich bittet, den Ort zu wechseln. Aber sie verhält sich ruhig, sitzt steil und aufrecht wie immer. Hin und wieder kläfft ein Hund. Die Echos im Raum geben der Hundestimme eine Bedeutung, die ihr nicht zusteht. Dann wieder krächzt eine Ansage durch unsichtbare Lautsprecher. Ich verstehe kein Wort. Miss Mo übersetzt nicht, also werden es keine neuen Informationen sein, die meine Abreise betreffen.

Als mein Blick auf den Fahrplan fällt, der hinter uns an der Wand hängt, muß ich lachen: Es gibt nur einen einzigen Eintrag, eben für den Zug »Singapur–Bangkok«. Alle zwei Tage kommt der Gegenzug in Singapur an. Mehr Bahnverkehr gibt es nicht.

Da wir nicht so richtig wissen, was noch zu besprechen wäre, und wir beide ahnen, daß es in diesem Leben keine zweite Begegnung geben wird – es sei denn,

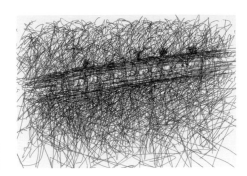

der unwahrscheinliche Fall einer tatsächlich stattfindenden »Prometheus«-Ausstellung in Singapur tritt ein– , schweigen wir und beobachten die langsam eintreffenden Passagiere.

Immer wieder öffnet sich die Eingangsschwingtür mit einem aufheulenden Quietschen, und eine ganze Sippe – Opas, Omas, Eltern, jede Menge Kinder, Gepäckberge, dazu in Holzkäfigen gackernde Hühner und krächzende Gänse – bricht lärmend in die Halle ein. Mit großem Gezeter durchquert die Gruppe den Raum und verschwindet kurz darauf durch die Bahnsteigtür.

Plötzlich glaubt Miss Mo, sich verabschieden zu müssen. Sie steht auf und gibt mir die Hand. Ich bedanke mich für alles und lade sie nach Deutschland ein, wohl wissend, daß sie in den nächsten Jahren keine größere Reise plant. Als sie aus der Schwingtür stakst, wieder steil und steif wie eine Fahnenstange, die sich in eine chinesische Frau verwandelt hat und die Treppenstufen zu ihrem Auto hinuntersteigt, bin ich doch traurig. Ein heftiges Einsamkeitsgefühl überfällt mich.

Als psychische Gegenmaßnahme versuche ich, meinen inneren Zustand so schnell wie möglich von Kommunikation ganz auf Beobachtung und stummes Erleben umzustellen.

Die letzte gemeinsame Viertelstunde stellt sich mir im Rückblick als Einübungsphase dar. Ab jetzt bin ich nur noch Empfangsstation, gesendet wird nicht mehr. Ich nehme meine Tasche, gehe hinaus auf den belebten Bahnsteig, der unter der schwül-warmen Hitze vor sich hinbrütet, und mische mich unter die wartenden Passagiere, bemüht, meinen Gesichtsausdruck so passiv und desinteressiert zu gestalten, als würde ich diesen Zug jede Woche dreimal benutzen.

»Singapur–Bangkok« steht in großen Lettern auf den zerbeulten Außenflächen der 20 Waggons. (Die Zahl ist geschätzt, zum Zählen bin ich zu träge.)

Langsam gehe ich durch eine laut redende und lachende Menschenmenge, die zwischen Gepäckbergen auf die Abfahrt wartet, und suche nach dem Erste-Klasse-Abteil. Durch die Zugfenster sehe ich in karge, mit einfachen Holzbänken möblierte Abteile hinein.

Immer wieder komme ich an Familien vorbei, die mit lautem Geschrei Koffer durch die offenen Zugfenster ins Innere reichen, manchmal auch Kleinkinder, Hühner und Gänse, gefolgt von Vesperkörben mit Obst und Gemüse. Ein Bahnsteigleben, vital und lebensprall, wie ich es nur aus Süditalien kenne und schon lange nicht mehr gesehen habe.

Zwei Tage und zwei Nächte dauert die Fahrt von Singapur bis Bangkok, nach Kuala Lumpur sind es nur fünf bis sieben Stunden. Der Erste-Klasse-Waggon steht an der Spitze des Zuges, direkt hinter der Lokomotive. Ich steige durch die offenstehende Tür ein und werde sofort von einem weiß livrierten, malaiischen Steward in Empfang genommen. Er führt mich in ein bequem aussehendes Großraumabteil mit beige bezogenen, dick gepolsterten Sitzen. Ich wähle einen Einzelplatz am Fenster, der Steward hievt meine Tasche ins Gepäcknetz. Bevor ich mich niederlasse, gehe ich noch einmal mit ihm zur Tür und schaue hinaus auf den Bahnsteig. Die Stimmung scheint auf dem Höhepunkt angekommen zu sein, schließlich steht die Abfahrt unmittelbar bevor. Sie ist für 15.00 Uhr Ortszeit angesetzt. Jetzt erst sehe ich, daß unser Waggon von außen als einziger silbermetallic glänzt, die übrigen Wagen sind in graugrüner, fast militärischer Tarnfarbe angestrichen.

Wie eine scharfe, hitzeglühende Grenzmauer zwischen Abfahrenden und in Singapur Zurückbleibenden schneidet die Waggonwand die Wartenden in zwei Gruppen. Aus allen Abteilfenstern, die sich dem Bahnsteig zuwenden, quellen halbe Körper, Köpfe und fuchtelnde Arme. Von meiner Position aus wirkt der

Zug wie ein monumental vergrößerter Tausendfüßler, besser: wie ein Tausend-armer. Die auf dem Bahnsteig stehenden Menschen sind mit ihren ganzen Körpern zu sehen, sofern sie sich nicht gegenseitig verdecken und somit für meinen Blick zu einem krakenartigen Wesen verschmelzen, das mit seinen zahlreichen Fangarmen in alle Himmelsrichtungen winkt.

Die Fenster in unserem Großraumabteil sind alle geschlossen, möglicherweise lassen sie sich überhaupt nicht öffnen. Der Vorteil liegt auf der Hand: Unser Raum ist auf eine angenehme Temperatur herunterklimatisiert.

Ich schaue mich um. Vor mir sitzt ein dunkelhäutiger, glatzköpfiger, etwa 50jähriger Inder in weißem Tropenanzug. Rechts von mir ein vornehmes, älteres englisches Ehepaar, beide in Khakikleidung. Zwei Reihen davor turtelt ein junges chinesisches Liebespärchen, vielleicht befinden sie sich auf ihrer Hochzeitsreise.

Vier malaiische Geschäftsmänner haben am einzigen Tisch des Großraumab-teils, einige Reihen hinter mir, Platz genommen und diskutieren irgendwelche Tabellen, die sie auf ihrem Laptop-Bildschirm betrachten. Sie sprechen leise, fast tuschelnd.

Einer der vier erinnert mich an einen James-Bond-Bösewicht. Ob sich hier ein Unheil zusammenbraut? Meine Abenteuerlust regt sich. Plötzlich flackert vor meinem geistigen Auge Joseph von Sternbergs »Shanghai-Lily« vorbei. Ich bin mir nicht sicher, ob ich ihr gern begegnen würde ...

An der vorderen Abteilwand, neben Ein- und Ausgang, steht ein Fernsehgerät auf einer erhöhten Konsole. Vielleicht werden uns später Filme gezeigt (ob der *Shanghai Express* als Film hier überhaupt bekannt ist?). Ich bin gespannt. Hinter der Wand, etwas abgetrennt vom eigentlichen Abteil, liegt die kleine Küche des Stewards, daneben der »restroom«.

Irgendwann höre ich Pfiffe, und der Zug setzt sich in Bewegung. Nach weni-gen Kilometern allerdings hält er bereits wieder, wir haben die Grenzstation Singapur–Malaysia erreicht. Ich sehe ein Heer von Zöllnern, Polizisten und Sol-daten auf dem Bahnsteig stehen. Die meisten Passagiere müssen – wie ich beob-achte – den Zug verlassen und werden zu einem langgestreckten, gelb angestri-chenen Zollgebäude geführt. Vor einer kleinen Tür bildet sich sofort eine lange Schlange. Später kommen die Kontrollierten durch eine andere, am Ende des Hauses liegende Tür wieder heraus und kehren zum Zug zurück.

Unser Steward erklärt, daß wir – die Insassen des Erste-Klasse-Waggons – sit-zen bleiben dürfen und separat überprüft werden. Nach einer halben Stunde tau-chen zwei strenge, uniformierte Malaien auf und wollen unsere Pässe sehen. Sie überfliegen die Daten nur kurz und geben das Dokument dann kommentarlos, ohne Stempel zurück. Kein Reisender muß seinen Koffer öffnen. Ungefähr eine Stunde später geht es weiter.

Inzwischen hat sich die Bewölkung verdichtet, und ich sehe über den unend-lich weiten Palmenplantagen, die auf mich wie Urwälder wirken, im Norden, Westen und Süden immer wieder Blitze aufleuchten. Trotz dieses Naturschau-spiels werden mir langsam die Augen schwer, ich döse vor mich hin und komme mir im Halbschlaf jetzt wirklich vor wie im *Shanghai Express*. Es läßt sich nicht mehr verhindern, denke ich, irgendwann wird die Tür aufgehen und Marlene Dietrich betritt, verkleidet als Shanghai-Lily (in ihrer Begleitung Miss Mo), den Raum. Wenn ich Pech habe, hält sie mich für Captain Doc Harvey, lockt mich aus dem Abteil, erinnert mich an meine früheren Versprechungen, und das Unglück nimmt aufs neue seinen Lauf.

Diese Hure, schimpfe ich, hält sich für einen Engel – dabei war sie es, die mich verraten und betrogen hat – , und jetzt behauptet sie, mich nur eifersüchtig ge-

macht zu haben, um mich endgültig an sich zu ketten. Ich sei ihre große Liebe. Na ja, Lügnerin bleibt Lügnerin. Dann fällt mir ein, daß sie wahrscheinlich nicht auf dieser Strecke ihr Unwesen treibt. Ihr Revier liegt zwischen Peking und Schanghai, außerdem ist das schon lange, sehr lange her – damals in den 1920er Jahren, während des chinesischen Bürgerkriegs ...

Ab und zu schreckt mich der Steward mit der Frage nach möglichen Wünschen auf. Ein erstes Glas Orange Juice habe ich bereits leergetrunken. Jetzt stellt er ein zweites vor mich hin, wieder eisgekühlt.

Draußen verfinstert sich das Wetter ungewöhnlich schnell. So starke und tiefe Dunkelheit am Nachmittag habe ich in den letzten Tagen nicht beobachtet. Der Steward schaltet die Innenraumbeleuchtung ein. Bei jedem Blitz zuckt das künstliche Licht zusammen als hätte es Angst vor seinem großen Bruder am Himmel.

Plötzlich und unvermittelt bricht ein unglaublich heftiges Unwetter los, viel stärker als die Regenfälle, die ich bisher kenne. Der Zug verlangsamt seine Fahrt, und eine halbe Stunde später bleibt er abrupt stehen.

Die Tropfen, vermischt mit Hagelkörnern, prasseln auf das Zugdach wie Meteorschwärme. Nach einer Stunde Wartezeit werden die Passagiere unruhig und fragen nach, wann die Fahrt fortgesetzt wird. Natürlich weiß unser Steward auch nicht mehr als wir, so etwas wie ein Bordtelefon scheint es nicht zu geben.

Wiederum eine Stunde später krächzt eine Stimme durch die Lautsprecher, die uns mitteilt, daß es unmöglich sei, heute weiterzufahren, die ganze Strecke sei überflutet, wir müssen hier stehen bleiben, vielleicht die ganze Nacht. Inzwischen ist es draußen vollkommen dunkel geworden, die Blitze zucken durch den schwarzblauen Nachthimmel wie Risse in einer zerbrechenden Himmelsschale. Hinter der Nacht brodelt das eigentliche, glühende, explodierende Universum und spuckt sein grelles Feuer durch die sich immer aufs neue öffnende Himmelsspalte.

Merkwürdigerweise freue ich mich über das Ereignis, ich komme mir vor wie in einem Abenteuer, male mir einen Trupp Aufständischer aus, der unseren Zug durch eine absichtlich herbeigeführte Überschwemmung zum Stehenbleiben gezwungen hat, jetzt bald mit Waffen im Anschlag durch die Gänge kommen und uns ausrauben wird. Endlich erlebe ich etwas Ungewöhnliches, unerwartet Gefährliches (ich, der ich so leicht und schnell Angst bekomme!), sitze mitten im Urwald fest, nichts geht mehr voran, nichts zurück. Ringsum werden vielleicht bald die Wälder brennen, die James-Bond-Bösewichte den Countdown herbeischießen und die Shanghai-Lilys über uns Männer herfallen wie ausgehungerte Heuschrecken. Schon entdecke ich an der Abteildecke Prozessionen von Geckos, gefolgt von gierigen, unruhigen Ameisen. Sie warten nur darauf, sich über unsere gemeuchelten, leblosen Körper herzumachen und das noch warme Fleisch zu fressen.

Vielleicht kommen auch meine einstigen Freunde, die Orang-Utans, aus ihren Baumverstecken, klettern über den festgefahrenen, langsam im Sumpf versinkenden Zug, zertrümmern spielerisch die Fensterscheiben und turnen über Holzbänke und Polstermöbel auf der Suche nach Freßbarem. Dann folgen die gefährlichen Tiger, springen mit großen Sätzen ins Zuginnere und zerfleischen die noch halb lebendigen Passagiere. Mein letzter Blick, den ich als Sehender auf die Welt werfe, erfaßt ein aus den Fugen geratenes Paradies. Während ein Tiger gerade beginnt, meine rechte Hand abzubeißen, sehe ich draußen vor dem Fenster riesige Schmetterlinge vorbeiflattern. Ihre Gesichter tragen menschliche Züge. Sind es nicht jene Zollbeamten, die noch vor Stunden unsere Pässe kontrolliert haben?

Zu meiner Überraschung singen sie im Chor jenes Lied, das ich von vielen internationalen Flughäfen her kenne: »It is against the law to smoke in this wood ... it is against the law to smoke in this wood ...«

Ich sehe den Zug, eingewachsen von Schlingpflanzen, vergessen mitten im Urwald. Erst nach Jahren wird eine Entdeckergruppe darauf stoßen und sensationelle Photos der bleichen Gerippe machen, die wir inzwischen geworden sind. Unter unseren Bänken haben Schlangen ihre Nester gebaut, und Papageien wohnen in den Gepäcknetzen. Auf dem Zugdach brüten Geier und lauern auf frisches Aas. Als eine Fernsehsendung über den Fund berichtet, sind die Menschen entsetzt und fragen sich: Wie war so etwas möglich? Mitten in unserer hochzivilisierten Welt bleibt ein Zug im Urwald stecken, wird eine Zeitlang gesucht, dann aufgegeben und schließlich vergessen ...

Noch sind wir am Leben, sitzen im klimatisierten Trockenen und werden mit Getränken versorgt. Aber wie lange noch?

Zunächst bleibt die Atmosphäre im Abteil ruhig und gelassen, die meisten Mitreisenden haben vielleicht Ähnliches schon einmal erlebt. Der Fernseher in der Ecke, auf dem banale indische Werbespots flimmern, funktioniert noch eine Weile, irgendwann allerdings – wahrscheinlich nach einem Blitzeinschlag – gibt er seinen Geist auf, und der Bildschirm verfinstert sich wie die tropische Nacht draußen.

Jetzt verteilt der Steward Sandwiches und Mineralwasser an alle Passagiere der ersten Klasse. Während wir auf den mit Käse belegten Broten herumkauen, beobachte ich, daß er nicht mehr so ruhig ist wie zuvor. Seine Finger zittern. Als ich mich umdrehe, erkenne ich den Grund: Hinter der Tür zu den anderen Abteilen hat sich eine kleine Menschenmenge versammelt und drückt sich die Nasen an der ovalen Fensterscheibe platt. Wäre die Tür nicht verschlossen – das nehme ich jedenfalls an –, würden die aufgebrachten Neugierigen bestimmt unser Abteil stürmen und die Küchenbestände plündern. In meiner Phantasie sehe ich mich bereits vom Mob gelyncht, mit einem Dolch im Bauch auf dem Boden liegen, nach Luft schnappen und langsam verbluten. Als ich meinen letzten Röchler ausstoße, reißt mir der Pöbel das Sandwich aus den Zähnen und verteilt es untereinander. Jetzt erst entdecke ich, daß die anderen Erste-Klasse-Passagiere ebenfalls ermordet zwischen den gepolsterten Bänken liegen.

Ein Eisenbahnzug ist für die Bewegung geschaffen. Er hat durch Landschaften, Wälder, Dörfer und Städte zu fahren. Nur manchmal muß er an geplanten Stationen halten. Seine Bestimmung ist das Unterwegssein, der Transport von Raum, Zeit, Menschen und Gepäck.

Ein am falschen Ort festsitzender Eisenbahnzug ist demnach ein Widerspruch in sich selbst. Mit dem andauernden Halt bleibt nicht nur die Bewegung aus, sondern auch das Zerfließen der Zeit. Mich würde es nicht wundern, wenn alle Uhren der Passagiere nach und nach stehen blieben. Ich spüre meinen Körper, sein Festgefahrensein gemeinsam mit dem Zug. Mein Bewußtsein kreist um einen Ort, den ich nicht kenne. Draußen vor dem Fenster liegt das absolut Unbekannte. Mein Herz schlägt, und meine Atmung funktioniert im gewohnten Rhythmus. Trotzdem habe ich das Gefühl, daß meine Odyssee ins Straucheln geraten ist. Welche Prüfung steht mir wohl bevor?

Nichts ist wie es war: Das englische Paar liest nicht mehr gemeinsam in einer Zeitung, der Inder vor mir addiert keine Zahlenkolonnen mehr, dem chinesischen Pärchen ist das Turteln vergangen, die malaiischen Geschäftsmänner scheinen das Interesse an ihren Statistiken und Tabellen verloren zu haben. Mit einem Mal kommt mir unser Abteil vor wie von Edward Kienholz in Plastik gegossen. Statt Köpfen tragen alle Passagiere Aquarien mit lebendigen Goldfischen. Goldfische, Goldfische ... Goldfinger ...vielleicht wäre ein Besuch von Shanghai-Lily doch interessanter gewesen ...

Gegen 23.00 Uhr meldet sich der Lautsprecher mit Knack- und Pfeiftönen wieder zurück. Aha, denke ich, jetzt haben die Aufständischen doch die Macht übernommen. Vielleicht sind es fundamentalistische Al Kaida-Anhänger, verirrte Kommunisten oder nur einfache Piraten, keine Ahnung, dann höre ich die Stimme eines fernen Unbekannten sagen: »In one hourrr ... some buses ... arrrriving ... you cannnn drive with theeem to the next staaatiooon!«

Offensichtlich hat unsere Bahnfahrt tatsächlich ein Ende, und das nächste Kapitel meines malaiischen Abenteuers wird bald beginnen. Wie weit sind wir von Kuala Lumpur entfernt? Niemand weiß es. Ich stelle mich an die offene Zugtür und blicke in die Tropennacht hinaus. Inzwischen hat der Regen aufgehört, Blitze zucken nur noch ganz selten und weit entfernt über den Horizont.

Vor mir sehe ich weit und breit keine Straße, nicht einmal einen Trampelpfad. Jedesmal wenn sich das Bild vor mir für eine Sekunde aufhellt, versuche ich, Einzelheiten zu erkennen. Aber da ist nichts. Nur Stämme, Palmwedel, Farne, Bananenstauden und Lianen. Manchmal fragt mich einer meiner Mitpassagiere, als wäre ich der spähende Kundschafter unserer Gruppe: »Anything new?«

»No, nothing«, antworte ich und starre weiter hinaus ins Dunkel, gewöhne meine Augen langsam an die Schwärze, suche alle Schattierungen ab, kann mit der Zeit Blätter und Einzelbäume voneinander unterscheiden und nehme jedes Knacken als mögliches Zeichen der Annäherung fremder Wesen wahr. Kaum zu glauben, daß in diesem undurchdringlichen Urwald irgendwann Autoscheinwerfer oder sonstige menschliche Lebenszeichen auftauchen sollen.

Nach einer zähen Stunde drängelt sich plötzlich ein Chinese in weißem Leinenanzug an mir vorbei, den ich bisher noch nicht gesehen habe (vielleicht ein blinder Passagier in der ersten Klasse?), steigt die Außentreppe des Zuges hinunter, läßt sich in den aufgeweichten Dreck fallen und rutscht laut kichernd die steile, nasse Grasböschung hinab. Unten angekommen, lacht er laut auf – vielleicht weil sein Anzug jetzt braun verschmiert ist – und verschwindet im Urwald. Ich sehe seinen Rücken immer wieder zwischen den Stämmen aufblitzen. Dann ist er verschwunden.

Wahrscheinlich sind ihm die seltsam langwierigen Zugerlebnisse in den Kopf gestiegen, und jetzt ist er verrückt geworden! Was will er dort draußen im Urwald, mitten in der Nacht? Vielleicht höre ich bald seinen letzten Aufschrei, wenn er vom Tiger gepackt ins Unterholz geschleppt wird.

Wider Erwarten entdecke ich lange nach Mitternacht bewegte Lichter im Urwald und signalisiere meinen Leidensgenossen die neuesten Entwicklungen. Aufgeregt stürzen sie zu mir auf die Aussichtsplattform und starren, dicht aneinander gedrängt, ins Dunkel. Und tatsächlich: Da sind sie, die Busse, einer nach dem anderen trifft ein, ich erkenne bestimmt zehn Scheinwerferpaare zwischen den Kokospalmenstämmen.

Die beinahe Toten bewegen sich wieder, packen ihre Koffer und Taschen, ziehen ihre Jacken an und setzen ihre Mützen oder Tropenhelme auf.

Der Stillstand scheint überwunden, die Zeit mit ihrem Strömen und Fließen kehrt in die Körper zurück. Erwartungsvoll drängeln die Passagiere zur Ausgangstür. Einer nach dem anderen lassen sie sich die Außentreppe, die mehr eine Leiter ist, hinab. Manchen gelingt das Absteigen problemlos, andere stolpern, fallen hin, rutschen aus.

Als ich den Zug entlangschaue, sehe ich, daß eine allgemeine Massenflucht begonnen hat. Im weißen Licht, das aus den Zugfenstern und -türen dringt, zeichnen sich die Umrisse Hunderter von Menschen ab, die über die Böschung in den Wald hinunterrutschen. Mit der geheimnisvollen, tropischen Urwaldstille ist es vorbei. Geschrei, Lachen, Schimpfen, Fluchen und lautes Husten erfüllen die Nacht.

Irgendwann schließe ich mich der allgemeinen Bewegung an, nehme meine Tasche und rutsche ebenfalls abwärts, stolpere hinter dem englischen Khakipaar her und finde nach 200 Metern Urwald tatsächlich einen alten, zerbeulten Bus, der mit laufendem Motor auf einer Art Feldweg wartet. Kaum sind wir eingestiegen, gibt der Fahrer Gas und rast ohne jede Vorwarnung los, dabei fallen alle gerade Eingestiegenen – ich mittendrin – durcheinander. Mühsam hangeln wir uns an Stangen hoch und suchen, hin und her geworfen wie Strandgut in der Brandung, einen Sitzplatz.

Soweit ich sehe, wurde niemand verletzt. Warum der Fahrer jetzt, zu diesem Zeitpunkt, als der Bus nur halbvoll war, losgefahren ist, bleibt ein Rätsel. Wahrscheinlich ist er betrunken, hat sein Zeit- und Ortsgefühl verloren, folgte einer inneren Dämonenstimme, die ihm befal: »Fahr jetzt los, sofort!«

Der Bus donnert über Stock und Stein, durch Löcher, über Beulen, Felsbrocken, Äste, Stämme und Hügel. Als Straße kann man diese Fahrpiste nicht bezeichnen, vielleicht handelt es sich um einen abgelegenen Trampelpfad, der nur selten benutzt wird. Unser Fahrer nimmt kein Hindernis ernst, drückt das Gaspedal durch, als befände er sich auf einer neu asphaltierten Autobahn.

Wir werden ständig von einer Ecke in die andere geworfen. Ich klammere mich an zwei Stangen fest und hoffe nur, daß die Bank, auf der ich sitze, fest verankert ist. Natürlich sehe ich mich in Gedanken schon wieder gegen das Busdach knallen, auf dem Boden hin- und herrollen wie eine leere Bierdose und aus allen möglichen Wunden bluten.

Inzwischen hat es auch wieder zu regnen begonnen, die Wasserschlieren und ein unregelmäßig arbeitender Scheibenwischer behindern die Sicht des Fahrers stark. Im auf und ab schaukelnden Scheinwerferlicht seiner Busbeleuchtung tauchen immer neue Hindernisse auf, die für mich aussehen wie gespenstische Urwaldgeister. Ja, jetzt bin ich sicher, dieser Fahrer ist ein Botschafter der Hölle, ein Diener des uns fremden Urwaldgottes, der Menschenopfer fordert. Wahrscheinlich arbeitet er mit dem Zugführer und dem Steward Hand in Hand, sie stecken alle unter einer Decke. Der stehende Zug, die Überschwemmung, das gewittrige Unwetter – alles eiskalt kalkulierte Strategien, um an dampfendes Frischblut zu kommen. Gleich wird unser Bus in eine finstere Höhle einbiegen und Pluto, oder wie der vampirisch-kannibalische Kerl hier heißen mag, nimmt uns fiebernd in Empfang, um gierig den ersten Biß zu tun ...

Als Silhouetten sehe ich zwei Reihen vor mir das vollkommen verstummte englische Khakipaar hin- und herpendeln wie zwei aneinandergekettete Rettungsbojen bei heftigem Sturm. Das chinesische Hochzeitspärchen ist verschwunden, (ob sie im Zug zurückgeblieben sind?). Der vornehme Inder sitzt in der zweiten Reihe, direkt hinter dem Chauffeur.

Nach einer Stunde Fahrt blitzen Lichter durch die Bäume, erst vereinzelt, später in Reihen und Zusammenballungen, eine beleuchtete Landstraße schält sich aus der Nacht, dann einzelne ärmliche Häuser, schließlich eine hell strahlende Tankstelle. Unmittelbar dahinter biegt unser Bus in eine weitläufige Großhaltestelle ein. Unter lausigen Vordächern stehen zahlreiche andere Busse im grellen Neonlicht wie geparkte Riesenlarven. Menschen mit Taschen, Koffern und Haustieren lungern auf Bänken herum. Manche schlafen auf dem Fußboden, andere starren mit leeren Augen vor sich hin.

Hilflos schaue ich mich um, nachdem ich etwas benommen unserer Blechdose enttaumelt bin. Plötzlich entdecke ich einen Taxistand. Ich trete zu einem alten, zahnlosen Chinesen, der an einem Campingtisch sitzt, Zeitung liest und hier offensichtlich Regie führt.

Ich frage: »To Kuala Lumpur, how much?«

»100 Dollars.«

Ich überlege und sage dann: »80 Dollars.«

Er antwortet: »Okay« und winkt eines der Autos her. Ich lasse mich auf den Rücksitz fallen, nachdem ich meine Tasche im Kofferraum verstaut und dem malaiischen Fahrer mein Hotel in Kuala Lumpur – das Dorset Regency – genannt habe.

Ringsum pechschwarze Tropennacht. Der Kontrast könnte nicht größer sein: aus der stürmisch-gefährlichen Geisterbahnfahrt hinein in dieses bequeme, fast luxuriöse Taxi mit eigenem Chauffeur und dem ruhigen Dahingleiten auf asphaltierten, hindernislosen Straßen. Irgendwann biegt der Malaie auf die Autobahn ein, und dort lese ich auf einem großen, hell beleuchteten Verkehrsschild: »Kuala Lumpur 80 Kilometer«.

Ich stelle mich auf eine Stunde Autofahrt ein. Meine Uhr zeigt halb vier Uhr morgens. Bald wird es im Osten über den Palmwäldern dämmern. Der Fahrer hat das Radio eingeschaltet, und leise Tanzmusik dudelt aus dem Lautsprecher. Obwohl die Atmosphäre mehr als beruhigend ist, rührt sich schon wieder meine überschüssige Phantasie. Ich versuche eine Zeitlang, mich gegen ein langsam aufkeimendes, mulmiges Gefühl zu wehren. Aber es wächst und wächst, gegen meinen Willen.

Mag sein, daß die verdächtig harmlose Musik schuld ist oder das Schweigen des Fahrers, mein ständiger Blick auf seinen Hinterkopf, die pechschwarze Nacht vor den Fenstern oder die zu dieser ungewöhnlichen Zeit fast leere Autobahn – wie immer gebiert die Nacht ihre Ungeheuer. Ich kenne das Land nicht, Miss Mo ist weit weg, und ich kann nicht genau einschätzen, ob einsame, nächtliche Taxifahrten hier gefährlich sind oder nicht. Bestimmt wären sie weder in Moskau, Jakarta, Johannesburg, Rio de Janeiro oder Los Angeles South zu empfehlen. Aber in Malaysia?

In jedem Fall wäre es für den Malaien ein Kinderspiel, mich Wehrlosen in einen vorbereiteten Hinterhalt zu kutschieren und dort unter Beihilfe seiner bewaffneten, gewaltbereiten Freunde auszurauben. Jetzt warte ich nur noch auf die Umsetzung der Tat. Ich bin mir sicher, daß sie unmittelbar bevorsteht, deswegen beginne ich, meine Kreditkarten in den Schuhen zu verstecken. Soll er mein Geld haben, nicht jedoch meine Kreditkarten.

Plötzlich hat der Malaie sein Handy am Ohr und flüstert irgendwelche Sätze hinein. Kurz und bündig. Gut, ich bin bereit. Soll kommen, was kommen muß.

Nachdem sie mir alles abgenommen haben, werden mich die Malaien fesseln und in einen Sumpf werfen. Ich sehe meinen Körper mit den versteckten Kreditkarten langsam versinken, erst die Füße, dann die Beine, der Unterkörper, der Rumpf, der Hals. Schließlich kann ich nicht mehr atmen, sehe gerade noch über die dampfende Fläche des Sumpfes und dann ... dann ... das Bild verfinstert sich, ich werfe verzweifelt meinen Kopf in den Nacken, aber alles nützt nichts. Es ist aus ... aus ... ewige Nacht ...

Zu meiner Überraschung biegt der Malaie in keinen Parkplatz oder Feldweg ab, er fährt ganz ruhig auf der Autobahn weiter. Ich starre auf seinen Nacken, versuche im Rückspiegel seine Augen zu erkennen, aber der Winkel ist zu ungünstig, ich kann nur ein Stück Autobahn und Scheinwerferfragmente erkennen. Als sich der Himmel langsam rot verfärbt und ich merke, daß wir uns der Millionenstadt nähern, schwindet mein Angstgefühl.

Beim Auftauchen der ersten Stadthäuser glaube ich, meinen Ohren nicht zu trauen: Der Malaie singt, leise zunächst, dann immer lauter und deutlicher.

Ich frage ihn: »What kind of a song is that?«

Er antwortet freundlich und lächelt mich so gut es geht an: »Quite an old children's song ... me knowing from former times ... malaysian cradlesong ... my wife is pregnant ... one month from now I will be a daddy ...«

Jetzt erst merke ich, wie ungerecht ich ihm gegenüber war, er entpuppt sich als sympathischer Kerl, vollkommen vertrauenerweckend. Er singt weiter, noch lauter und fröhlicher als zuvor. Wenn ich nicht so unmusikalisch wäre, hätte ich gute Lust, den Refrain mitzusummen.

Problemlos bringt er mich zum Hotel, und während er meine Tasche auslädt, frage ich ihn, was es kosten würde, mich den ganzen nächsten Tag durch die Stadt zu fahren, soweit ist mein Vertrauen in ihn inzwischen gestiegen. »50 Dollar«, antwortet er wie aus der Pistole geschossen. Das kommt mir für einen ganzen Tag nicht übertrieben vor, und wir verabreden uns für 10.00 Uhr.

Kuala Lumpur, 24. März 1999

Nach kurzer Nacht, aber einem ausgiebigen malaiischen Frühstück gehe ich morgens in die Hotelhalle hinunter. Schon von weitem sehe ich meinen Fahrer unter dem Vordach stehen. Ich freue mich, trete zu ihm und begrüße ihn wie einen alten Freund. Als erstes Wunschziel nenne ich ihm das berühmteste moderne Bauwerk der Stadt: die Petronas Twin Towers. Ich konnte sie bereits aus meinem Hotelzimmerfenster sehen und bewundern. Wie eine supermoderne, metallische Fata Morgana funkeln die beiden Raketenfinger aus der im Morgendunst verklärten Stadt. Alle Moscheenkuppeln und Minarette verkümmern daneben zu kleinen, hervorstechenden Nadeln in einem gehäkelten Kissen.

Wir steigen ein, und er beginnt sofort mit seiner Stadtführung. An der Routine merke ich, daß er solche Touren schon oft gemacht hat.

»You know ... what ›Kuala Lumpur‹ means?«

»No.«

»It means muddy riverside ... because Sungai Gombak and Sungai Kelang flow together here ...«

»Does the place still exist?«

»Yes ... me showing later ... today city ... there stand most beautiful mosque of town ... Masjid Jame ... in 1857 two Chinese ... Ah Sze Keledek and Hei Siew ... discover a jungle clearing in muddy riverside ... and built up little trade station ... supply for workingmen in tin-mines ... close to here ... lots of them come ... lots die of tropical diseases ... others later ... Chinese king of all brothels Yap Ah Loy first town commander ... he stay when the britains change Malaysia into crown colony ... now indipendent ... no more Britains ... since 1896 Kuala Lumpur capital of Malaysian federation ...«

»Exiting story. The wildwest-movies teach us in Germany much more about illegal circumstances during the californian goldrush than about the conditions here in Thailand, Malaysia and Indonesia. I just come from Singapore following Sir Stamford Raffles' trails.«

»Yes, Raffles I know ... he not beeing here ... before Britains we had Dutchmen.« . Während wir reden, sehe ich draußen Palmen vorbeiziehen. Über vielen Straßen hängt ein dichtes Blätterdach. Kuala Lumpur scheint eine ähnlich grüne Gartenstadt zu sein wie Singapur.

Dann hält unser Auto vor den Petronas Twin Towers. Ich steige aus und bin sofort überwältigt. Was für ein wunderschönes Gebäude! Mein Fahrer reicht mir ein Faltblatt und sagt ganz stolz: »Towers 451 Meters high ... tallest building in Malaysia! ... You can go up by elevator ... I wait here.«

Auf dem Faltblatt wird die ungeheure Höhe bestätigt – man kann sie auch in jedem Reiseführer nachlesen. Wie klein würde daneben das Empire State Building erscheinen! Noch immer bricht sich das Morgenlicht in den silbrigen Metallplatten der Fassaden. Die Türme scheinen massiv aus Zinn gegossen zu sein. Außer Metall und Glas treten keine anderen Materialien in Erscheinung. Detailformen und Verkleidung erinnern mich an das Chrysler Building in New York, aber auch an Naturformen wie Knospen oder Maiskolben. Die Idee, keinen Solitär wie die meisten amerikanischen Wolkenkratzer – außer dem World Trade Center in New York – zu errichten, sondern einen Doppelturm wie bei manchen gotischen Kathedralen – Notre Dame in Paris etwa – , beeindruckt mich besonders. Plötzlich kommen mir alle Einzeltürme verloren, verlassen und einsam vor.

Die Petronas Twin Towers stehen beieinander wie zwei alte Freunde, oder handelt es sich um ein Liebespaar, ein Denkmal für die gesellige Zweisamkeit, zwei Riesen-Minarette, auf deren Plattformen in wolkiger Höhe Muezzine fünfmal am Tag zum Gebet aufrufen? Eine markante Brücke in schwindelerregender Höhe zwischen den beiden Türmen erregt mein besonderes Interesse. Ich erinnere mich daran, daß eine waghalsige »James-Bond«-Filmszene an dieser »Skybridge« spielt.

Wie von meinem Fahrer empfohlen, betrete ich jetzt – während er draußen wartet – die pompöse Eingangshalle am Fuß der Türme und kaufe mir ein Ticket für die Aufzugsfahrt. Nur ein Turm ist bisher bezogen und zu besichtigen. Der zweite befindet sich noch im Ausbaustadium. Vielleicht wurden bisher auch noch nicht genügend Mieter gefunden.

Mit einer Gruppe chinesischer Touristen werde ich in einer verspiegelten Kabine in die Höhe geschossen. Sekunden später öffnet sich die Aufzugstür lautlos, und wir betreten ein Aussichtsrestaurant mit ringsum laufendem Panoramafenster. Ungeheuerer Perspektivenwechsel.

Unter mir ein heftiges Gewürfel aus verschieden hohen Gebäuden. Ob es hier eine allgemeingültige Bauordnung gibt? Zwischen den Häuserschluchten quillt üppiges Grün hervor, allerdings übersteigt die Vegetation selten die 10- bis 15-Meter-Marke. 100 Meter hohe Mammutbäume wachsen hier nicht.

Da die Verglasung sehr dick ist, stehen wir in vollkommener Stille, und wären da nicht die Flüstergeräusche der Chinesen und das Geschirrgeklapper aus der Restaurantküche, kämen wir uns vor wie in einem ausgestorbenen Wolkenpalast oder einem Schweigekloster für Engel.

Ich kreise mehrmals am Fenster entlang, photographiere in jede Richtung und nehme gleichzeitig das Stadtbild in mich auf. So reich der Überblick auch ist – er bleibt trotz allem sehr allgemein, formlos und im Grunde auch nichtssagend. Häuser stehen beieinander, Dächer werden als Abstellorte für Klimaanlagen benutzt; das eigentliche Leben in den Straßen entzieht sich unseren Blicken. Vielleicht sind Städte nicht dafür gebaut, von oben betrachtet zu werden?!

Türme und Aussichtsplattformen verführen zu gottgleichen Gefühlen, zu Größenwahnanfällen, man glaubt, über den Dingen zu stehen, nichts mehr ernst nehmen zu müssen und dem buddhistischen Ziel der Auslöschung aller weltlichen Begierden ganz nahe gekommen zu sein. Manchmal blitzt in diesen Turm-Momenten auch der Gedanke auf, daß ein Sprung in die Tiefe die Befreiung und Erlösung bringen könnte.

Als ich wieder auf dem Boden der Realität lande, bin ich ganz froh darüber. Allerdings besteht diese Realität hier aus einem monumentalen, mehrgeschossigen Einkaufszentrum, einer Mall mit all den üblichen Markenläden: Armani, Gucci, Dior, Boss ... die Namen leuchten wie heutige Götterbilder (Götzenbilder), auf den Altären liegen in hellem Neonlicht Krawatten, Hosen, Jacketts, Kleider, Schuhe, Taschen, Flaschen und Hüte wie Ikonen, Heiligenfiguren und Reliquien. Statt Kerzen opfern wir an den Kassenaltären unsere Dollars. Die eleganten, schick geschminkten Priesterinnen überreichen uns danach die angebeteten Gegenstände – oder Teile davon – in großen Tüten. Jeder Passant kann darauf lesen, welchem Gott und welcher Göttin wir einen Besuch abgestattet haben.

Ich schwebe durch die Einkaufskirche und gelange nach längerer Wanderung in eine moderne, stark von der Geometrie geprägte Gartenanlage mit ausgedehnten Wasserflächen, Wasserspielen, Rasenflächen und Palmenhainen. Ich staune darüber, wieviel Menschen sich hier aufhalten. Manche haben sich im Baumschatten niedergelassen und spielen mit ihren Kindern, andere sitzen ermattet auf sauberen Bänken und dösen vor sich hin.

Zu meinem Fahrer zurückgekehrt, muß ich ihm natürlich berichten, wie ich meine Besichtigungstour fand. »Great! Wonderful view! Admit I didn't buy anything!«, höre ich mich sagen und fühle mich kurz wie ein amerikanischer Tourist, dessen Ausrufe sich auf »Great! Great! Great!« beschränken.
Die nächsten Ziele überlasse ich meinem Guide.

Er steuert zunächst jenen »schlammigen Zusammenfluß« an, der auch heute noch die Stadtmitte markiert. Das von weitem sichtbare Zeichen dafür ist die mit 100 Meter höchste Fahnenstange der Welt, an der in schwindelerregender Höhe die malaiische Nationalflagge weht.

An der Jalan Tun Perak hält er, ich steige aus, gehe ein Stück Richtung Masjid-Jame-Moschee und schaue mir das Gebäude an. Eigentlich wundert es mich, daß Malaysia ein islamisches Land ist. Im Grunde würde ich hier eher Hindus, Buddhisten oder Konfuzianer erwarten, aber schon vor Jahrhunderten wurde der Islam zur Staatsreligion erklärt, über die Hälfte aller Bewohner des Landes betet seither zu Allah und bekennt sich zu seinem Propheten Mohammed. In Indonesien – lese ich später im Reiseführer – leben die meisten Muslime der Welt.

Ich betrachte die drei goldenen Kuppeln und die zwei Minarette, bewundere die kunstvolle Ornamentik der Fassade und den verzierten Brunnen im Vorhof, erinnere mich daran, daß der Islam – wie das Judentum, im Gegensatz zum Christentum – jede Bilddarstellung religiöser Szenen oder gar Allahs ablehnt, trete unter das Eingangstor, verweile dort kurz und wende mich dann den würdigen Kokospalmen zu, die ich als Ungläubiger in Ruhe anschauen und sogar berühren darf. Natürlich will ich die wenigen Betenden nicht stören, die ich von draußen in der kargen Moschee-Halle bei ihrem Niederbeugen Richtung Mekka (hier nach Nordwesten, nicht – wie bei uns – nach Südosten!) beobachte.

Als ich zum Wagen zurückkomme, frage ich meinen Fahrer: »Are you a Moslem?«

Er antwortet stolz: »Yes, of course ... Islam is our national religion.«

»And you keep all religious orders?«

»Sure ... never pork ... no alcohol ... no plays at money ... no affairs ... I even went on pilgrimage to Mekka ... three years ago ...«

Er läßt den Motor an und spricht nicht weiter. Irgend etwas wollte er noch sagen, aber er lächelt nur sanft, senkt etwas länger als normal seine dunklen Augenlider, öffnet sie wieder und fährt los, weiter durch die Stadt. Inzwischen ist mir sein dunkelbraunes Gesicht schon so vertraut, daß ich ihn gern nach seinem Namen fragen würde, aber ich unterdrücke die Frage und belasse unsere Bekanntschaft weiter im Anonym-Namenlosen. Statt dessen wechsle ich das Thema und sage: »Our newspapers often tell about enormous punishments against drugdealers.«

»Yes ... that is a big problem ... Dealers are condemmed to death ... some German tourists were hanged already ... therefore ... drugs are strictly prohibited ... mostly they come from Thailand ... there cultivations ... In the past there was the opium, nowadays ... I think ... heroin is the main problem ... »makes you addicted ... horrible ... I prefer praying to Allah ... for my family and me ...«

In diesem Moment fährt er an einem Tempel vorbei, in den gerade mit bunten Saris bekleidete Frauen eintreten.

Ich bitte ihn: »Please, would you stop for a moment. I want to have a look. Which religion belong these women to?«

»Hindus ... that a hinduistic temple ...«

Er bremst, stößt sogar ein Stück zurück und parkt in eine Lücke zwischen zwei Autos ein. Ohne das Taxi verlassen zu müssen, habe ich von hier aus einen guten Blick auf die Szene.

Die Frauen steigen die wenigen hölzernen Stufen zum Eingang hoch, ziehen ihre Schuhe aus und treten barfuß in den eigentlichen Tempelraum ein. Rechts und links von der Tür hängen bunte Blumenkränze. Jede Frau nimmt sich einen davon und hängt sich ihn um den Hals.

Ich frage laut: »Which god they may adore here? Brahma, Vishnu, Shiva or one of the thousands of others?«

Mein Guide schüttelt den Kopf: »I don't know.«

»Everybody may practise his own religion here, although there is a national official religion?«

»Yes, possible ... in Kuala Lumpur we have konfuzian temples ... buddhistic temples ... and even christian churches ...«

Ob es in Kuala Lumpur ähnliche religiöse Regelungen wie in Singapur gibt, bleibt mir unklar. Die malerische Schuhansammlung im Vorbereich des Tempels hätte ich gern photographiert, aber natürlich wage nicht hinüberzugehen. Ob später jede Frau ihre eigenen Schuhe wiederfindet?

Erst beim Weiterfahren fällt mir auf, wie fremdartig und vergessen der hinduistische Tempel in dieser modernen, von Stahl-Glas-Häusern geprägten Umgebung aussieht. Steinzeit und Science-fiction, Mittelalter und Moderne!

Nur die zeitlosen Kokospalmen scheinen mit ihren trockenen Wedeln und ruppigen Stämmen verbindend auf das Gesamtbild einzuwirken. Alle Kirchen und Tempel behaupten ein störrisches Zurück, öffnen sich höhlenartig in archaisch-religiöse Urzustände, die mit dem menschlichen Unterbewußtsein und seinen mythischen Träumen zu tun haben. Ob die Verehrung höherer Wesen, ob Religionen der menschlichen Seele angeboren sind? In jedem Fall gehören Erdbewohner, die an nichts glauben und zu keinem Gott beten, einer Minderheit an. Vielleicht hat diese Minderheit die Stahl-Glas-Häuser ringsum gebaut, die so optimistisch-materialistisch in eine wirtschaftlich blühende Zukunft schauen, wer weiß. Sie scheinen an das irdische Glück und den persönlichen Erfolg ohne religiösen Überbau zu glauben. Oder täusche ich mich, und beide Aspekte gehören hier zusammen wie Yin und Yang, wie Himmel und Erde, wie Mann und Frau, wie Tag und Nacht?

Mein Blick schwenkt von den Hochhäusern über den Hindu-Tempel wieder zu den Kokospalmen zurück, und ich empfinde ihr Dastehen wie einen lautlosen Kommentar zu meinen Überlegungen: Wir sind Teile der Natur – scheinen sie zu flüstern – , werden geboren, wachsen, produzieren Samen und Nachwuchs, sterben nach der uns gegebenen Zeit ab und werden zu Erde. Mehr ist da nicht. Das ist alles.

Als nächstes nenne ich meinem Fahrer die National Art Gallery, die am Rand des größten und ältesten Stadtparks – dem Taman Tasik Perdana – liegt, als Wunschziel. Unterwegs frage ich ihn: »Are there problems in living together between Malaysians, Indians and Chinese people?«

Er antwortet: »We Malaysians are the aborigines here. Our problem are immigrants ... since about fifty years we get less and less ... now there are more Indians, Chineses, Tamiles ... Chinese people very hardworking and rich ... Malaysians more living in the country with no money ... we don't love towns very much ... now just industry and computers ... this big problem ... nobody knows how develops ...«

Beim Einfahren auf den Parkplatz frage ich ihn: »Don't you want to visit the museum with me?«

»No ... no ... me no museum ... ten years ago I visit ... nice ... very beautiful ... I have to pray now ...«

Er zeigt mir im Kofferraum seinen eingerollten Gebetsteppich. Gerne würde ich ihm zuschauen, aber das wäre bestimmt unfreundlich und unhöflich, also gehe ich alleine los. Ich kaufe mir ein Ticket und wandere durch die Museumssäle, die aussehen wie bei uns auch. Es handelt sich um kein reines Kunstmuseum, mehr um eine Mischung aus Völkerkunde- und Kunstgewerbemuseum. Im Gegensatz zu Singapur wird hier sehr viel Nationales, vor allem Malakka-Kunst (manchmal wird von Melaka-, dann wieder von Malakka-Kunst gesprochen) und Kunstgewerbe ausgestellt. Die Regierung und die maßgebliche Führungsschicht scheinen ein großes Interesse daran zu haben, Malaysia als ein uraltes, selbständiges Land mit eigener Kultur zu präsentieren.

Die »Orang Asli«, die Ureinwohner, sind im Museum gelandet. Ob das ein Zeichen der hohen Wertschätzung oder des endgültigen Untergangs ist, bleibt dahingestellt.

Ein großes Museumsthema sind die ursprünglichen Religionen, vor allem der Animismus. Wie in allen alten Zivilisationen spielten auch bei den »Orang Asli« die Geister eine große Rolle. Sie wohnten nach ihrer Vorstellung in jedem Stein, jedem Busch, jedem Baum, jedem Fluß, jedem See und jedem Berg.

In einem Film, den ich mir mit englischer Untertitelung anschaue, berichtet eine alte Frau vom gefährlichen Nachtwind. Man muß ihn, sagt sie, besonders fürchten, denn mit ihm bewegen sich die Geister – vor allem natürlich die bösen – von einem Ort zum anderen! Der Nachtwind ist die Haupt-Geister-Autobahn.

Als Mittler zwischen Diesseits und Jenseits fungiert der »Bomoh«, eine Mischung aus Zauberkundigem und Medizinmann (kann auch eine Frau sein). Es ist wichtig, ihn (oder sie) beim Hausbau zu konsultieren, ohne ihn ist das Unglück vorprogrammiert. Natürlich hilft er (oder sie) auch bei Krankheiten.

Im vorletzten Raum des Museums stoße ich auf eine Erklärung des Begriffs »Amok«, von dem ich bisher noch nie etwas gehört habe: Im 19.Jahrhundert tauchten in Malaysia immer wieder Menschen auf, die mit dem lauten Ruf »Amok! Amok!« durch die Straßen rannten und jedem, der sich ihnen in den Weg stellte, ihren Dolch – den »Kris« – in den Leib rammten. Jedesmal starben bei diesen Amokläufen bis zu 20 Menschen. Am Ende brachte sich der Täter selbst um. Es muß eine richtige Mode gewesen sein, die Reiseschriftsteller und Zeitungen auf der ganzen Welt beschäftigte.

Im letzten Raum des Museums erfahre ich auch etwas über die malaiische Literatur, von der ich bisher überhaupt nichts wußte: 1926 erschien der erste moderne malaiische Roman von Syed Sheik Ahmad al Hadi unter dem Titel *Die Geschichte der Faridah Hanum*.

Nach einer Stunde verlasse ich das Museum wieder und setze mich an einen Tisch im Gartenpavillon des Parks. Kaum habe ich mir eine Tasse Kaffee bestellt, bricht wieder der bekannte Tropenregen über die Stadt herab. Mit unglaublicher Heftigkeit stürzt das Wasser aus den Wolken. Innerhalb weniger Minuten strömt und quillt es in Wasserfallstärke über Dächer und Dachrinnen. Ich sitze mit anderen Gästen im Trockenen und genieße das Schauspiel wie eine gelungene Darbietung der fremden Naturgötter.

»Gut gemacht!« würde ich gerne ausrufen und dazu vor Begeisterung in die Hände klatschen. Natürlich verhalte ich mich in Wirklichkeit ruhig, rühre meinen Kaffee um und spiele den Gelassenen. Schließlich will ich nicht in einer malaiischen Psychiatrie mein Leben beenden.

Zu meinem Fahrer zurückgekehrt, lasse ich mir den Bahnhof zeigen, an dem ich eigentlich heute nacht hätte ankommen sollen. Im Gegensatz zum Bahnhof in Singapur ist die Railway Station von Kuala Lumpur ein strahlendes, frisch gepflegtes, weiß angestrichenes, architektonisches Kunstwerk aus der Zeit der Jahrhundertwende, ganz im britischen Kolonialstil errichtet, mit formalen Anklängen an sarazenische Kuppeln, muslimische Minarette und englische Landschlösser. Eine Baucollage, in frischem Weiß erstrahlend, die mein Architektenherz und meine Künstleraugen erfreut.

Ich steige aus, überquere die verkehrsreiche Straße und schaue mir die Bahnhofshalle von innen an. Sie erinnert mich sofort an die altehrwürdige Victoria Station in London! Die gleichen verzierten, gußeisernen Konstruktionen, die gleichen Fachwerk-Stahlbögen, die gleichen Zinnen, Türmchen, Bogengänge und Steinfiguren. Auch das holzvertäfelte, mit würdigen dunkelbraunen Holzmöbeln eingerichtete Bahnhofsrestaurant erinnert mich mehr an ein Londoner Pub als eine malaiische Gaststätte (obwohl ich nicht genau weiß, wie eine malaiische Gaststätte aussieht, vielleicht malakkisch?).

Die nächsten Ziele überlasse ich meinem Fahrer. Voller Stolz steuert er eine malaiische Nationalgedenkstätte an. Offensichtlich ein beliebter Touristenort. Ich bin – glaube ich – der einzige Europäer unter den Besuchern.

Das Denkmal selbst – ein Steinungeheuer aus Sockelstufen, Figuren, Reliefs und Inschriftentafeln wie überall auf der Welt – wurde zur Erinnerung an die Ereignisse während des Zweiten Weltkriegs errichtet. Mein Taxi-Guide erklärt mir, was ich bereits im Reiseführer gelesen habe: »With this memorial we think of the second-worldwar-victims and of the horrible Japan actions ... many Malaysians had to die ... America made Japan to surrender ... later our victory over communistic fighters ...«

Außerdem stehen im Park Denkmäler für die zwölf Sultane des Landes.

»I think ... today Malaysia the only country in the world ... also United Arabic Emirates ... having a kingdom on election ... every five years one out of nine Sultans is elected to be the king ...«

»You love your Sultans?«

»Yes, very much ... love the king and adore him ... he is very modern.«

Schon merkwürdig, daß eine derartige Regierungsform zu so radikalen Erneuerungen in der Lage ist.

Danach bringt mich mein Fahrer zum Busbahnhof von Kuala Lumpur. »Here a good ... exiting place ... Malaysian life ...«

Ich steige wieder aus und setze mich für eine halbe Stunde auf eine Bank mitten in die etwas versiffte, stark abgenutzte Stahlbeton-Haupthalle. Sie ist erfüllt mit unvorstellbarem Lärm, Hundegebell, Lautsprecherdurchsagen und den Ausdünstungen tausender Passagiere. Die Menschen, oft in Sippen- oder Familienformationen, rennen durcheinander, tragen Säcke, Taschen und Tierkäfige, die wenigsten haben Koffer. Manche sitzen und liegen auf einfachen Bänken oder auf dem Boden. Ein alter, zahnloser Mann führt eine meckernde, ständig Kot aussondernde Ziege neben sich. Größere Tiere – wie Kühe, Elefanten oder Giraffen – kann ich nirgendwo entdecken.

Die Abfahrtsplattformen befinden sich unten auf Straßenniveau, die Wartehalle liegt darüber und schützt die Ein- und Aussteigenden vor zuviel Sonneneinstrahlung und Regen. Zwischen den Bänken führen steile Treppen zu den Bussen hinunter.

Offensichtlich ist der Bus die meistverwendete Fahrmöglichkeit, um die abgelegenen Dörfer der Umgebung und des Berglandes zu erreichen. Ich frage mich, ob diesem Chaos eine mehr oder weniger verläßliche Fahrplanstruktur zugrunde liegt?!

Nach diesem lärmigen Erlebnis glaube ich, vorerst genügend herumgefahren zu sein, und lasse mich von meinem Guide zum Hotel zurückbringen. Ich bezahle ihn und gebe ihm reichlich Trinkgeld, worüber er sich freut und seinen überschwenglichen Dank ausspricht. Es fehlt nur noch, daß er mir mitteilt, für mich, den »Ungläubigen«, bei Allah ein gutes Wort einzulegen – andererseits, warum nicht, man weiß ja nie.

Nach einer Stunde Ruhepause gehe ich noch einmal los in Richtung Chinatown, die nicht weit entfernt von meinem Hotel liegt. Im Reiseführer habe ich gelesen, daß es dort einen Nachtmarkt gibt, der jetzt, um die Abendzeit, beginnen muß. Schon als ich in die ersten Straßen des chinesischen Stadtviertels einbiege, sehe ich, daß es hier nicht ganz so ordentlich wie in Singapur zugeht. Das lärmige Chaos unterscheidet sich wenig von der Atmosphäre im Busbahnhof.

Die meisten der zwei- bis viergeschossigen, gemauerten Häuser scheinen älteren Datums zu sein, wirken verbraucht, manchmal auch baufällig. Sie werden offensichtlich vor allem zum Wohnen, weniger zum Arbeiten oder als Verkaufsort benutzt, da sich fast alles, was ich jetzt zu sehen bekomme, im freien Straßenraum abspielt. Vor jedem Haus brodeln und rauchen Garküchen. (Hier sind sie noch zugelassen.) Wok-Blechschalen in allen Größen werden über offenen Feuern hin- und hergerüttelt. Auf Holzblöcken sehe ich Frauen, die Gemüse zerschneiden, und Männer, die Hühner und Enten in kleine Portionen zerhacken. Chinesen müssen ihr Essen in kleinen Portionen vorbereitet bekommen, damit sie es mit ihren Stäbchen fassen können.

Die Straße ist eine einzige Küche, ein einziges, gemeinsames Wohn- und Eßzimmer! Nur manchmal wird der Eßbereich von eingestreuten Verkaufsständen für Obst, Gemüse, Fleisch, Muscheln und Fisch unterbrochen. Ein wirklich toller Anblick! So etwas habe ich bisher in dieser Wildheit noch nie gesehen!

Auf den Bürgersteigen sitzen ganze Familien, entweder auf dem Boden oder auf wackligen Hockern, und löffeln aus Näpfen ihre Suppen oder picken elegant mit den Stäbchen im Angebot der zahlreich herumstehenden Schalen nach pikanten Kleinigkeiten. Dazwischen spielende Kinder und dösende Alte. Jeder scheint sich am allgemeinen Essen beteiligen zu dürfen. Ich sehe niemanden, der bezahlt. Die Luft des gesamten Straßenraums ist mit wunderbaren Gerüchen erfüllt.
Ich lasse mich treiben. Nach einer Stunde erreiche ich den Central-Nachtmarkt. Auch dort herrscht Hochbetrieb. Jetzt sehe ich auch Menschen, die ihre Waren bezahlen. Ich wundere mich, daß ich in diesem Chaos nicht eine Sekunde von Angst befallen werde.

Essende und satte Menschen sind auf der ganzen Welt meist ungefährlich. Andererseits leben ärmere Menschen mehr öffentlich, auf Straßen, Gassen und Plätzen. Je wohlhabender sie werden, um so mehr ziehen sie sich zurück und verbarrikadieren sich in ihren Villen und Penthäusern. In den Zwischenräumen kann es gefährlich werden.

Erschöpft falle ich nachts in mein Hotelbett. Vorher photographiere ich natürlich noch den Blick auf die Stadt.

Kuala Lumpur und Singapur, 25. März 1999

Mit dem Taxi lasse ich mich zum Flughafen von Kuala Lumpur bringen. Schon die Straße dorthin sieht aus wie eine Landebahn für übergroße Jumbo-Jets. Zum Bau wurde eine breite Schneise in den Urwald geschlagen, der hier wahrscheinlich auch eine Kokospalmenplantage ist. Kurz vor dem Flughafengelände, nachdem die ersten Antennenmasten und Landebahn-Lichtanlagen auftauchen, weitet sich das gerodete Gelände stadtteilgroß. Eine gewaltige Baustelle mit unzähligen Krantürmen, die aussehen wie abgenagte Mammutbaumstämme, zieht meine Blicke auf sich. Inmitten der unfertigen Baugruben, Betonmauerstücke, Bauwagen, Bürocontainer, Mischmaschinen steht eine riesige, neue und fertig aussehende Moschee wie ein Palast aus Tausendundeiner Nacht. Der gesamte Bau scheint mit seinen Kuppeln und Minaretten größer zu sein als der Petersdom und die Hagia Sophia zusammen. Schließlich muß man der Welt – vor allem den ausländischen Reisenden – zeigen, welche Weltreligion die mächtigste ist! Keine Frage: Wer die größten Kirchen und Tempel vorzuweisen hat, muß im Besitz der Wahrheit und damit in direktem Kontakt mit der obersten, göttlichen Instanz stehen!

Der malaiische Taxifahrer erläutert sachlich, aber mit stolzgeschwellter Bruststimme: »Here they construct Malaysia's new hightech-center, the largest one on our globe, including the most efficient computers ever been built.«

Ich wundere mich für einen kurzen Moment: eine riesige Moschee als modernstes und größtes Computerzentrum der Welt? Warum nicht? Eine gute Tarnung oder ein heißer Tip des bedeutendsten »Bomoh« unter den »Orang-Aslis«, bestimmt ein sehr populärer Fernsehstar in Malaysia!

Mein Blick schweift über die Baustelle, den Urwald ringsum und den auftauchenden Flughafen, und wieder bin ich enttäuscht, in den Bäumen keinen meiner Freunde zu entdecken. Was würden sie wohl sagen über all diese technische Zukunftsgläubigkeit ihrer in Städten wohnenden Zeitgenossen? Er, der vom Aussterben bedrohte Orang-Utang, braucht die Computer nicht, auch keine Flugzeuge und Fernsehgeräte, er, der sanfte Urwaldbewohner, würde gern diese aggressive Spezies, die sich »Menschen« nennt und behauptet, von ihnen – den Affen – abzustammen, aus der Welt schaffen und in Ruhe seine Familie in den Bäumen aufziehen. Mehr ist da nicht, sagt er, der große Philosoph, mehr ist da wirklich nicht, ihr macht euch etwas vor, erliegt falschen Illusionen.

Noch nie habe ich so einen großen und modernen Flughafen gesehen. Er wurde erst vor kurzem eröffnet und soll wahrscheinlich Singapur Konkurrenz machen. Als ich in die Halle eintrete, komme ich mir vor wie eine kleine Ameise. Nur wenige Fluggäste haben sich außer mir eingefunden. Offensichtlich wird er erst in vielen Jahren ausgelastet sein. Problemlos werde ich von elegant kostümierten Damen der Malaysia Airlines eingecheckt und durch die Sicherheitskontrolle gelotst. Man freut sich über jeden Gast, der hier auftaucht. Ich genieße die lächelnd-freundliche Vorzugsbehandlung und denke mit Schrecken an europäische Massenabfertigungen, wie etwa in London-Heathrow.

Mit den wenigen anderen Fluggästen schwebe ich durch spiegelglänzende, frisch polierte Hallen, deren weite, leichte Dächer zu fliegen scheinen.

Um die ausufernde Größe immer wieder zu brechen, haben die Architekten (Japaner unter der Leitung von Kisho Kurokawa, wie ich inzwischen weiß) gläserne Innenhöfe eingeplant, die mit Bambus-Urwäldern gefüllt sind. Schöner, spannender Gegensatz zwischen clean leergefegten, klimatisierten Hallen und üppigen Gartenhöfen, die allerdings unbetretbar sind.

Der Flug von Kuala-Lumpur nach Singapur kommt mir wie der Sprung einer Heuschrecke von einem Flughafen zum anderen vor. In der Luft denke ich an meine Abenteuer mit der gescheiterten Bahnfahrt zurück, an Miss Mo, die nicht auftauchende Shanghai-Lily, die im Urwald verbliebenen Aufständischen, die »Orang- Aslis«, die »Bohmos« und die Science-fiction-Ideale der malaiischen Sultan-Könige.

Nach zwei Stunden Warten auf dem Singapurer Flughafen steige ich in den Jumbo-Jet nach Amsterdam. Leider habe ich auf dem Rückflug nicht soviel Glück wie beim Hinflug. Kein Verletzter weit und breit. Alle Plätze sind ausgebucht.

Es ist furchtbar. Ich klemme mit meinen langen Beinen zwischen den Sitzen und halte den langen Flug kaum aus. Fast die ganze Nacht über gehe ich im Flur auf und ab. Wie gerädert komme ich in Amsterdam an. Dann der Umstieg ins Flugzeug nach Berlin. Benommen komme ich dort an.

Wenige Tage später, ich habe mich gerade akklimatisiert und wieder auf die europäische Zeit umgestellt, erreicht mich ein Anruf von Herrn Dr. Blömeke, in dem er mir mitteilt, daß unsere »Prometheus«-Ausstellung nicht in Singapur gezeigt werden kann. Die Chinesen haben das Projekt freundlich abgelehnt. Er vermutet, daß ihnen zuviel nackte Menschen – vor allem die Gipsfiguren aus der Antike und die Gemälde der Renaissancezeit – gezeigt werden. Und Nacktheit öffentlich zu zeigen, ist in Asien – vor allem in Singapur und China – ein Tabu. So werde ich also Miss Mo wahrscheinlich nie wiedersehen.

Tel Aviv
Jerusalem

Tel Aviv, 18. April 2000

Heute bin ich von München nach Tel Aviv geflogen. Wieder dieser übergenaue Eincheckvorgang – es ist mein dritter Israelflug – mit Fragen nach dem Grund der Reise, diese unangenehmen, an Mißtrauen grenzenden Fragen, die ich zwar verstehen kann, aber zugleich auch als feindlich und aggressiv empfinde: Worte wie Waffen. Während der Prozedur im separaten, schwer bewaffneten, nur für Israelflüge gebauten Terminal beobachte ich die anderen Reisenden. Israelis werden rücksichtsvoller behandelt als wir Deutschen. Niemand besucht dieses Land unbefangen.

Als das Flugzeug in der Luft schwebt und ruhig Kurs auf Tel Aviv hält, fällt mein Blick auf den nackten Unterarm einer älteren Frau, die auf der anderen Seite des Ganges sitzt. Knapp über dem Handgelenk entdecke ich auf ihrer dünnen, blassen, von einem filigranen Faltennetz überzogenen Haut eine tätowierte Nummer. Mein Atem stockt vor Schreck, ich lege alle deutschsprachigen Zeitungen und Bücher, die ich mitgebracht habe, eng an meine Seite, mit der Schrift nach unten, damit niemand meine Lektüre sehen kann. Immer wieder blicke ich hinüber zu dem Arm. Die Frau hat ihr Gesicht abgewendet. Ich stelle mir ihr Leben vor, ihre Qualen als Kind in Auschwitz oder Theresienstadt. Bestimmt hat sie ihre Eltern verloren und ist durch die Hölle gegangen. Warum sie jetzt Deutschland besucht hat, werde ich nie erfahren.

Eine Reihe vor dieser Frau, die während des ganzen Fluges so intensiv schläft, als müsse sie viele durchwachte Nächte nachholen, sitzt ein orthodoxer Jude mit seiner Frau und seinen zwei Kindern. Alle vier sind schwarzgekleidet. Der Mann trägt an beiden Schläfen die berühmten Locken, die wie Korkenzieher über seine Ohren herabhängen, auch sein kleiner Sohn ist bereits damit ausgestattet. Die Ehefrau verbirgt ihre Haare unter einer Perücke – das nehme ich jedenfalls an –, wie es das jüdische Gesetz vorschreibt.

Direkt vor der Familie flimmert ein aus der Decke heruntergeklappter Fernsehbildschirm. Während des ganzen Fluges liest der Mann in einem Gebetbuch, das er dicht vor sein Gesicht hält. Seine Religion verbietet ihm das Fernsehen, soviel ich weiß. Sein kleiner, etwa achtjähriger Sohn schielt immer wieder – wahrscheinlich trotz strengen väterlichen Verbots – zu den bewegten Bildern hoch. Jedesmal, wenn der Vater den Blick des Kleinen bemerkt, ohrfeigt er ihn, kurz darauf schielt der Junge wieder zum Flimmerbild hoch. Die Attraktion des Zeichentrickfilms ist doch größer als die der Religion!

Als ich im letzten Herbst ein Auto am Tel Aviver Ben-Gurion-Flughafen mietete, stand ich im Büro einer jungen Frau gegenüber, die ihr Namensschild deutlich sichtbar auf der Bluse befestigt hatte, ich mußte den Namen immer wieder lesen und konnte meine Augen kaum davon abwenden. Sie hieß »Racheli Lemberg«. Der Name erschreckte mich. Racheli, dachte ich, so hießen viele der ermordeten Mädchen. Racheli, Racheli, wie ein Echo klang es durch mein Bewußtsein. Mir war es peinlich zu sagen, daß ich aus Deutschland komme, aber die junge Frau schien meine Herkunft nicht weiter zu stören. Sie konnte diese Information meinem Führerschein entnehmen, es ließ sich also nicht verschweigen. Ganz ruhig gab sie mir die Autoschlüssel und wies mich darauf hin, daß ich mit dem Leihwagen, der eine Tel Aviver Nummer trug, nicht in das West-Jordanland und in den Gaza-Streifen fahren dürfe.

»No, I understand«, sagte ich, wußte in diesem Moment jedoch nicht, daß meine Aussage zu einer Lüge werden würde.

Auch heute betrete ich das gleiche Büro der Autovermietung. Racheli Lemberg ist nicht anwesend, eine andere, etwas fülligere Frau bedient mich, genauso sachlich und geschäftsmäßig-freundlich wie Racheli Lemberg. Ich vergesse sogar, ihr Namensschild zu lesen.

Angenehme, frühsommerliche Temperaturen, ein warmer, nach Meer riechender Wind, der aus Westen zu mir herüberbläst, lassen mich sofort in jene mediterrane Stimmung verfallen, die alles nordisch Schwere und Melancholische vergessen läßt. Und natürlich stehen hier auch meine Lieblingsbäume, die Palmen, keine hohen, schlanken, sondern gedrungene, erdverbundene Exemplare. Im Vorübergehen streiche ich mit den Handflächen über ihre rauhen Stämme, aus deren ruppigen Schuppen trockene Haarbüschel ragen wie kleine Pferdeschwänze, und am liebsten würde ich zu ihnen sagen, wie ich es einmal in einem russischen Film gesehen habe (dort waren es allerdings keine Palmen, sondern Birken): »Da seid ihr ja, meine Lieben.«

Aber natürlich sage ich nichts, schließlich will ich nicht unangenehm auffallen. Nachdem ich mein Gepäck im Auto verstaut habe, mutig aus dem Parkplatz gebogen bin und mich in den starken Verkehr auf der Autobahn eingeordnet habe, fühle ich mich sofort wie zu Hause in diesem Land. Die Orientierung ist leicht: Richtung Westen führt die vierspurige Straße nach Tel Aviv und zum Mittelmeer, Richtung Osten nach Jerusalem und zum Toten Meer.

Beim ersten Mal wurde ich noch von Amos Dolav, dem israelischen Leiter des Tel Aviver Goethe-Instituts, abgeholt. Bereits beim zweiten Mal war ich auf mich allein gestellt. Die 23 Kilometer lange Fahrt vom Flughafen Ben Gurion in die einzige Millionenstadt Israels hinein bis zum Hotel ist mir inzwischen bekannt, fast geläufig. Ich lasse das Autofenster herab und atme durch. Allerdings werden Gestank und Lärm bald so lästig, daß ich das Fenster wieder schließen muß. Der Verkehr hier unterscheidet sich kaum vom lärmigen Straßenchaos anderer mediterraner Metropolen.

Während in München noch regnerisch-kaltes Frühjahrswetter herrschte, scheint hier in Israel die Sonne von einem strahlend blauen Himmel. Das Thermometer im Auto zeigt eine Außentemperatur von 27 Grad an.

Links und rechts der Autobahn ziehen flache, teilweise landwirtschaftlich genutzte Felder vorüber. Kurz vor Tel Aviv kreuze ich in Yehuda die Nord-Süd-Autobahn (mehr große Überlandstraßen gibt es in dem kleinen Land nicht), danach beginnt die Stadt zögernd mit lausigen, von bunten Reklametafeln überragten Schuppen, mit Hühnerställen und kleinen, staubigen Werkstätten, mit flachen Industrie- und Lagergebäuden. Die Bilder unterscheiden sich kaum von Rom, Athen, Barcelona oder Lissabon. In der Ferne stechen die Hochhäuser der Tel Aviver Innenstadt in den Frühsommerhimmel.

Ich wähle die Einfahrt über die Südstadt und damit über Jaffa. Jetzt, am Nachmittag herrscht hier reges Markttreiben auf den Straßen, aber auch geruhsames Vorsichhindösen. Im Gegensatz zur Tel Aviver Innenstadt leben hier viele Araber, dadurch wirkt der Stadtteil malerischer und gelassener, nicht ganz so modernhektisch.

Später beim Eindringen in die dichteren Zonen der Stadt spüre ich wieder jenen Hauch von deutschem »Bauhaus«, für den Tel Aviv weltberühmt ist und der mir schon bei meinem ersten Besuch so vertraut vorkam. Kubische, weiße Häuser ohne Walmdach, mit benutzbaren Dachterrassen, manchmal mit Balkonen und runden Erkern. Beim Anblick dieser Häuser wird klar, daß ihr funktionaler und ästhetischer Ursprung eher im Mittelmeerraum als im kühlen Norden lag. Le Corbusier schwärmte bekanntlich für nordafrikanische Bauten und Ozeanliner.

Heute säumen diese Bauten ganze Straßenzüge Tel Avivs und bilden manchmal kleinere Siedlungen und Stadtteile. Allerdings verbergen oft hohe Eukalyptusbäume und Palmen ihren maroden Zustand – der Putz bröckelt und platzt ab, Fenster sind zersprungen oder mit kitschigen Kunststoffplatten verblendet, vom Weiß der Ursprungszeit ist nicht mehr viel zu sehen, schäbiges, oft übermaltes und repariertes Grau, manchmal auch Ocker überwiegen.

Die übrigen Gebäude der Stadt, auch die bildbeherrschenden Hochhäuser, sehen genauso banal und nichtssagend aus wie überall in der Welt. Manche geben sich gläsern-spiegelnd, andere stählern-schroff, manche haben runde Balkone, andere bleiben flachbrüstig und streng. Es gibt gewaltige, vielfenstrige Rechteckblöcke, runde Türme und verspielte prismatische Exemplare. Die städtebauliche Wirkung ist unentschlossen, ein Freistil-Durcheinander, das für jeden Geschmack etwas bereithält. Nicht ein Gebäude sticht durch besondere Qualität hervor. Wenn man die sensationelle Lage der Stadt direkt am Mittelmeer bedenkt, bleibt die Stadtarchitektur insgesamt enttäuschend, ungestaltet und chaotisch. Der radikalen Schönheit des Meeres steht eine häßliche Stadtsilhouette gegenüber, die sich kaum von einer amerikanischen Durchschnittsmetropole wie Dallas oder Houston unterscheidet. Es gibt keine Steigerungen, keine ästhetischen Höhepunkte, weder in Form eines Mastes noch eines Platzes, einer Siedlung, eines herausragenden Turmes. Die Bauhaus-Ansätze sind längst vergessen, und nur wenige der großen jüdischen Architekten des 20. Jahrhunderts haben hier spektakuläre Werke realisiert.

Erich Mendelsohn verbrachte in Palästina von 1934 bis 1941 eine kreative Zeit. Allerdings bevorzugte er Jerusalem, wo er auch wohnte und sein Büro unterhielt. Er verachtete die Bauhaus-Architekturen Tel Avivs. Sein Ideal bestand in einer Verbindung aus örtlichen arabischen Baustilen und harter Moderne. Plötzlich verkleidete dieser einstige Utopist aus Berlin seine Gebäude mit Naturstein! Nach kleineren Exilanten-Wohnhäusern erhielt er den Auftrag, die Hebräische Universität, das Hadassah-Universitätshospital und das Regierungskrankenhaus in Jerusalem zu planen und zu errichten. Hebräisch, die Umgangssprache in Israel, lernte er allerdings nie.

Dieses Mal wohne ich im neuen, luxuriösen Hochhaushotel David Intercontinental, das inzwischen zum Sponsor unseres Projekts – der »Prometheus«-Ausstellung – geworden ist. Es liegt in der Nähe des Strandes im südlichen Teil Tel Avivs, über den mancher Stadtbewohner die Nase rümpft. Am Fuß des Hotels breiten sich die Parkplätze des Busbahnhofs aus, nicht unbedingt Anlagen, die für städtische Eleganz stehen.

Ich checke am großzügigen Empfangsschalter ein, werfe einen Blick in die mondäne, marmorne Halle, bewundere die Wandteppiche und die reichen israelischen Familien, die sich hier mit ihren Verwandten aus der ganzen Welt treffen, nehme den Aufzug in den zwölften Stock, packe in meinem schönen, großen Zimmer kurz aus, sehe, daß der Glastisch, auf dem ich arbeiten will, naß ist – das liegt an der hohen Luftfeuchtigkeit – , werfe einen Blick aus dem Panoramafenster auf Meer und Stadt, fahre dann mit dem Aufzug wieder hinunter in die Halle und treffe mich dort mit Amos Dolav und Hans-Jürgen Nagel, dem deutschen Leiter des Goethe-Instituts.

Amos ist ein schlanker, drahtiger etwa 40jähriger Mann mit strengen, markant-intellektuellen Gesichtszügen. Braune Haut gibt ihm ein leicht orientalisches Aussehen. Er wirkt auf mich freundlich, sehr gewandt, überintelligent – er spricht acht Sprachen fließend – und dadurch manchmal etwas sarkastisch oder zynisch. Herr Nagel dagegen wird schon Mitte 50 sein. Seine leicht gebeugte Körperhaltung strahlt etwas Unzufrieden-Verbittertes aus. Alles, was er sagt, deutet auf unerfüllte Träume hin. Ob es die eigene Heimatlosigkeit ist, die ihn so melancho-

lisch macht, oder die hoffnungslos verfahrenen politischen Verhältnisse Israels
und die damit verbundenen Gefahren für das eigene Leben, weiß ich nicht.

Hans-Jürgen Nagel steht auf und begrüßt mich mit den Worten: »Schalom.
Herzlich willkommen in Tel Aviv. Ich hoffe, es gefällt Ihnen im neuen Hotel!?«

Ich: »Das Hotel ist großartig, so vornehm habe ich schon lange nicht mehr
gewohnt. Und dann die Nähe zum Strand. Ich werde heute abend schwimmen
gehen.«

Nagel: »Es gibt, soviel ich weiß, auch einen Hotelpool.«

Ich: »Ich habe ihn von oben gesehen. Aber da sitzen mir zu viele ältere Damen.
Ich werde nicht so gern beim Schwimmen beobachtet.«

Nagel: »Verstehe.«

Ich: »Wie geht es mit unseren Arbeiten voran?«

Amos schaltet sich ein: »Ich war gestern draußen in den Ausstellungshallen. Es
sieht gut aus. Die meisten Architekturen stehen bereits. Aber wir haben ja noch
zwei Wochen Zeit bis zur Eröffnung. Sie werden am Montag bestimmt hinausfahren!«

Ringsum wird hebräisch und englisch gesprochen. Schade, daß ich die jüdische
Umgangssprache nicht verstehe. Ich höre sie gern, liebe ihren Klang, ihre Sprach-
musik.

Während das Prometheus-Projekt in Singapur gescheitert ist, sah es damit in
Tel Aviv von Anfang an besser aus. Schließlich gehören wir einem ähnlichen
Kulturkreis an. Hindernisse im Vorfeld gab es jede Menge, auch den üblichen
Geldmangel, aber dank des unermüdlichen Einsatzes von Herrn Nagel und seinen
guten Beziehungen kam die Realisation schließlich zustande. Weltweit wird Tel
Aviv die einzige Auslandsstation bleiben. Außer Singapur haben in den letzten
Wochen auch Rio de Janeiro und Tokio abgesagt. Vor allem der Transportauf-
wand erschien diesen Ländern zu groß und damit zu teuer.

Herr Nagel fand in Tel Aviv schnell die passenden Räume. Wie es sich herausstellte, wartete die Stadt schon lange auf ein Projekt, mit dem die geplante kulturelle Nutzung des seit Jahren leerstehenden älteren Teils eines monumentalen
Elektrizitätswerks aus den 1930er Jahren am nördlichen Stadtrand Tel Avivs initiiert werden konnte.

Beim letzten Besuch in Israel im vergangenen Herbst hatte ich mir Produktionsfirmen angeschaut und schließlich – über die übliche Ausschreibung – eine geeignete und kostengünstige ausgewählt. Aus Deutschland brachte ich einen eigenen Bauleiter – den Berliner Bernd-Michael Weisheit – mit. Er betreute das Projekt zusammen mit Christian Axt auch schon im saarländischen Völklingen und kennt alle Details.

Am Montag will ich hinausfahren und den Stand des Ausstellungsaufbaus besichtigen. Vorerst habe ich das ganze Wochenende Zeit für mich und mein Filmprojekt, an dem ich im Augenblick arbeite. Schon nach meinem ersten Besuch in Israel vor einem Jahr hatte ich die Idee, hier einen Spielfilm anzusiedeln. Mich verfolgen Filmideen in jeder Stadt. Manchmal denke ich, daß alles, was ich hier aufschreibe, zu spannenden Filmen verarbeitet werden könnte.

Als Amos Dolav letztes Jahr erwähnte, daß er im Nebenberuf israelischer Film-Offizier sei und alle Filmprojekte, die in Israel geplant würden, von ihm bearbeitet und genehmigt werden müssen, stand die alte Idee plötzlich wieder vor mir. Amos erklärte: »Wer in Deutschland etwa 1 000 000 Euro Fördergelder erhält, kann vom israelischen Kulturministerium – über mich – noch einmal soviel Zuschuß erwarten, vorausgesetzt der Film wird später vor allem in Israel produziert.« Das war natürlich ein starker Anreiz für mich. Außerdem hatte ich mich in die Landschaften Israels – das Jordantal, das Tote Meer und die Wüsten – verliebt und mir sofort dazu eine Filmhandlung ausgedacht. In den letzten Monaten verfaßte ich ein Drehbuch mit dem Titel *Die Archäologin* und reichte es, in der Hoffnung auf Fördermittel, beim Filmboard in Berlin ein, ohne allerdings bisher eine Antwort erhalten zu haben.

Bei meinem letzten Israelbesuch war ich schon einmal quer durchs Land gefahren und hatte einige Orte ausgewählt, die mir besonders bildmächtig und für meinen Handlungsverlauf günstig erschienen. Außerdem ließ ich mich von Amos Dolav über bekannte Filmschauspieler und -schauspielerinnen Israels informieren. Jetzt will ich den Sprung in die Realität versuchen.

Hier mein Plot in Kurzfassung: Eine deutsche Wissenschaftlerin – die 40jährige Archäologin Prof. Dr. Hannah Schneider – erhält die Möglichkeit zu einem längeren Grabungsaufenthalt im israelischen Caesarea. Beruflich erfolgreich, fand sie bisher kein privates Glück. Alle Beziehungen waren zerbrochen. In ihrer typischen Intellektuellenkrise ist sie jetzt offen für alles, selbst für eine radikale Abkehr von ihrem bisherigen Leben. Bei ihrer Ankunft auf dem Flughafen Ben-Gurion wird sie vom zehn Jahre jüngeren John abgeholt, der ab jetzt ihr ständiger Begleiter ist. Er bleibt den ganzen Film über eine ominöse Gestalt, vielleicht ihre Traumfigur, vielleicht ihr Verhängnis. Ein Körpermensch, mehr Abenteurer und Ganove als Gentleman, kräftig, wortkarg, leicht schmierig und voller Rätsel. Jeden Tag erzählt er ihr eine neue Geschichte über seine Herkunft. Zwischen den beiden entwickelt sich ein Liebesverhältnis, wobei Hannah wesentlich engagierter ist als John. Er verhält sich eher abweisend und seltsam, scheint ein Doppelleben zu führen. Merkwürdige – auch erotische – Machtspiele. Eines Tages ist er verschwunden, und sie begibt sich auf die Suche nach ihm, dabei dringt sie immer tiefer in die orientalische Welt ein. Erst fahndet sie in Tel Aviv, dann in Jerusalem und Jericho nach ihm. Schließlich findet sie ihn in einem abgelegen Beduinencamp. Allerdings hat sie ihn damit auch – unwissentlich – an den Mossad verraten, da sie inzwischen selbst verfolgt wird. Die beiden fliehen in die Wüste, werden jedoch wenige Tage später vom Militär gestellt. John kommt bei einer Schießerei ums Leben, und sie wird verhaftet. Im Gefängnis erfährt sie, daß John eine

israelische Mutter und einen arabischen Vater hatte, in dieser Zwischenwelt aufwuchs und sich später als Doppelagent engagierte. Letztlich überwog sein Haß auf Israel, und er arbeitete für die Hamas an Attentatsvorbereitungen gegen führende Knesseth-Politiker.

Enttäuscht, verzweifelt, traurig und schwanger fliegt Hannah zurück nach Berlin. Als Rahmenhandlung erzählt sie ihrem jetzt vierjährigen Sohn von diesen Erlebnissen.

In Deutschland hatte ich die Schauspielerin Madeleine kennengelernt, die ich mir in der Hauptrolle vorstellen kann. Sie verkörpert in ihrem Aussehen die beiden mir wichtigen Aspekte auf perfekte Weise: Sie ist einerseits eine sensibel-intelligente, etwas zur Herbheit neigende Frau, andererseits können in ihren Gesichtszügen und Augen auch Leidenschaften aufflackern. Genaugenommen geht es mir um die Darstellung langsamer Verwandlungen. John entwickelt sich im Laufe des Filmes vom eher harmlosen, nichtssagenden Körpermenschen zum Unheil bringenden Todesengel, der sich in radikale religiös-politische Phantasien, die er als Schweiger nie richtig ausspricht, verstrickt und hineinsteigert; sie entwickelt sich von einer unzufriedenen, intellektuell überfütterten deutschen Wissenschaftlerin zu einer leidenschaftlich liebenden Träumerin, die beinahe im Orient verlorengeht.

Die bei beiden existierende Grundneugier für die jeweils andere Welt wird gleichzeitig überschattet von einem Grundhaß, der vielleicht in ihrer Herkunft und Erziehung seinen Ursprung hat. Hannahs Wurzeln liegen im westlich-christlichen, Johns zunächst im jüdischen, später im islamistisch-palästinensischen Kulturkreis. Jesus gegen Mohammed, Gott gegen Allah.

Madeleine wird morgen eintreffen, und zusammen mit Bernd-Michael planen wir, quer durch das Land zu fahren, um die genauen Drehorte zu bestimmen und geplante Szenen in einer Photoreihe vorzubereiten.

Im Augenblick herrscht relative Ruhe im Land, und wir können – glaube ich – fast alle Ziele problemlos ansteuern. Da sich das kleine Israel mit seinen 7 000 000 Einwohnern ständig bedroht fühlt von den umgebenden 22 muslimisch-arabischen Staaten mit ihren insgesamt 280 000 000 Einwohnern, überwiegt normalerweise ein fast paranoider Zustand der Angst. Israel ist schwer bewaffnet, verfügt über eine der besten und schlagkräftigsten Armeen des Nahen Ostens und besitzt außerdem Atomwaffen. Selbst junge Frauen müssen hier Militärdienst leisten.

Schon bei meinen letzten Besuchen hatte ich das Gefühl, in ein vom Militär (und von den Rabbinern) geführtes Land zu kommen. Hier werden Soldaten und Soldatinnen, Offiziere und Generäle noch verehrt und geachtet wie bei uns vor dem Zweiten Weltkrieg. Eine mir völlig fremde Gesellschaft.

Nachdem ich mich von meinen Gastgebern in der Hotelhalle verabschiedet habe, hole ich aus dem Zimmer meine Badesachen und gehe hinunter an den Strand. Da es schon dunkel wird, liegen nicht mehr viele Menschen im Sand. Ich wate langsam ins Meer hinein. Die Brandungswellen kommen mir in sanftem Rhythmus entgegen. Immer, wenn sie gegen meine Beine schlagen, muß ich mich etwas vorbeugen, um nicht aus dem Gleichgewicht zu geraten. Irgendwann lasse ich mich fallen und schwimme einige Züge hinaus ins offene Mittelmeer.

Später beobachte ich ein Patrouillenboot mit vier israelischen Soldaten, die in den großen Steinen der Wellenbrecher nach möglichen Bomben suchen. Sie benutzen dafür starke Scheinwerfer. Ein gespenstisches Bild der Vorsicht und der Angst. Tagsüber wandern schwerbewaffnete israelische Soldaten mit Maschinengewehren im Anschlag zwischen den am Strand liegenden Badegästen hindurch.

Das hatte ich im letzten Sommer gesehen. Ab und zu donnert ein Hubschrauber über die Szene.

Amos erklärte mir bei meinem letzten Besuch: »Das Judentum bestimmt die Politik und das wirtschaftliche Leben. Hier in Tel Aviv kann man leben. Aber auf dem Land, in Jerusalem oder in den Siedlungen nicht. Dort ist es furchtbar!

Am schlimmsten sind die Orthodoxen mit ihren schwarzen Kaftanen, sie haben sich vor allem in Jerusalem niedergelassen! Man sollte in jedem Fall den Stadtteil Mea Shearim meiden! Dort kann ich es inzwischen keinen Tag mehr aushalten! Die Orthodoxen leisten keinen Wehrdienst, bezahlen keine Steuern, sind weitgehend von Arbeit befreit und werden vom Staat mit ihren oft kinderrreichen Familien über die Sozialhilfe finanziert. Dafür führen sie ein strenges, am Talmud orientiertes Leben. Sie gelten als Schriftgelehrte, obwohl sie Laien sind und keinerlei Pflichten – wie etwa Schulunterricht – haben. Sie machen 10 bis 15 Prozent der Bevölkerung aus. Eine schwere Belastung für den Staatshaushalt, verstärkt auch dadurch, daß sie im Grunde den Staat Israel ablehnen, weil sie der Meinung sind, eine eigene Staatsgründung sei erst nach der Ankunft des Messias zulässig.«

Später sitze ich in meinem Hotelzimmer am Fenster, beobachte den nächtlichen Stadtverkehr, das Meer und den sternenlosen Nachthimmel. Ab und zu schwebt ein blinkendes Flugzeug im Sinkflug durch das Bild. Im Reiseführer lese ich, daß es bei den Juden keine kirchliche Organisation und Hierarchie wie bei den Christen gibt. Jeder Mensch ist vor Gott direkt verantwortlich. Rabbiner gelten als fromme Gelehrte, die Gemeindemitglieder beraten. Mehr nicht. Das Judentum kennt keine Missionierung. Allerdings wächst jeder Jude – man ist Jude von Geburt, wenn die Mutter Jüdin ist – mit dem Bewußtsein auf, einem auserwählten Volk anzugehören, das einen speziellen, nur seinem Volk möglichen »Bund« mit Gott geschlossen hat. Von den großen Weltreligionen sind die Juden mit Abstand die kleinste Gruppierung. Sie bringen es gerade mal auf 15000000 Mitglieder. Dagegen erscheinen die Christen mit ihren zwei Milliarden weit in der Überzahl. Zum Taoismus und Konfuzianismus bekennen sich 1,5 Milliarden, zum Hinduismus 900000000, zum Islam 700000000 und zum Buddhismus 550000000 Menschen.

Israel ist ein Einwanderungsland, das Juden aus allen Ländern der Welt – der Diaspora – offensteht. Jeder Jude hat das Recht, Israeli zu werden.

Direkt unter mir steht wie vergessen zwischen Busbahnhof und Strand eine kleine Moschee mit einem filigranen Minarett. Auf beiden Seiten fließt starker Verkehr an den steinernen Mauern vorbei. Eigensinnig behauptet diese Kirche inmitten der jüdischen Stadt die Anwesenheit einer anderen Religion, des Islam. Ich weiß nicht, ob die Moschee noch benutzt wird, und werde sie in den nächsten Tagen beobachten.

Tel Aviv, 19. April 2000

12.00 Uhr: Madeleine trifft ein. Ich begrüße sie in der Hotelhalle. Nachdem sie ihr Zimmer aufgesucht und sich umgezogen hat, treffen wir uns eine halbe Stunde später wieder in der Halle.

Zu dritt – Madeleine, Bernd-Michael und ich – fahren wir Richtung Jerusalem, das nur 45 Autominuten von Tel Aviv entfernt liegt. Bernd-Michael hält sich bereits seit drei Wochen in Israel auf, kennt inzwischen die Innenstadt Tel Avivs auswendig, auch diverse Restaurants und Kneipen. Mit seinem langen Pferdeschwanz erinnert er mich an alte Hippie-Zeiten.

Madeleine ist zum ersten Mal in Israel. Sie trägt ihre schwarzen Haare kurz und hat für unseren Ausflug ein langes, weißes Kleid angezogen, dessen Saum fast den Boden berührt. Aus der Ferne könnte man sie für eine Nomadin halten, fehlt nur noch ein Kopftuch oder eine andere orientalische Bedeckung der Haare.

Nach einer kleinen touristischen Runde durch den mittelalterlichen Hafenbereich von Jaffa biegen wir auf die Autobahn ein, passieren den Flughafen Ben Gurion, kommen wieder an den flachen, grünen Feldern vorbei und steuern direkt auf die Judäischen Berge zu, die sich in sanften, von leichtem Dunst verklärten Wölbungen aus der Ebene erheben.

Während Tel Aviv auf Meeresniveau liegt, kann man bei Jerusalem fast von einer Bergstadt sprechen, immerhin müssen wir jetzt 800 Meter Höhenunterschied überwinden.

In Serpentinen führt die Straße an gelblichen Jurafelsen vorbei, an kargen Wiesenschrägen mit Olivenplantagen und parallel zu den Hängen aufgeschichteten Natursteinmauern, die das Abrutschen der Erde verhindern sollen. Vom Meer und der hektischen Betriebsamkeit einer Millionenstadt kommend, tauchen wir langsam in versteinerte Geschichtsregionen ein. Niemand würde sich wundern, hier Esel- oder Kameltreibern mit ihren biblisch langsamen Tieren zu begegnen. Aber die Hänge sind – bis auf wenige grasende Ziegen – leer und ausgestorben. Noch herrscht nicht die brütende Hitze des Sommers, aber man ahnt sie schon.

Plötzlich taucht die Stadt auf. Im Gegensatz zu Tel Aviv wirkt Jerusalem schon auf den ersten Blick mittelalterlich stolz und strahlt die herbe Schönheit einer arabischen Siedlung aus. Alle Häuser sind mit Jurasteinen verkleidet, dadurch entsteht ein homogenes Stadtbild, das naturhaft gewachsen, aber auch steinzeitlich aussieht. Die muslimischen Wohnhausarchitekturen bevorzugen introvertierte Innenhöfe und kleine Außenfenster. Sie stehen dicht beieinander und lassen nur schmale, verschattete Gassen zum Durchgehen und Handeln frei. Keine mediterrane, weiße Stadt, eher eine Bergfestung, getarnt und aus der Ferne kaum zu erkennen.

Als ich Jerusalem letztes Jahr zum ersten Mal sah, spürte ich ein Glücksgefühl, wie ich es im Zusammenhang mit Städten bisher noch nie empfunden hatte. Die Stadt ist ein heiliger Mythos, der Sehnsuchtsort vieler religiöser Suchender, ein antikes Hollywood. Hier entstanden Religionen mit ihren Mythenbildern, Illusionen und Jenseitsträumen, die heute noch am Leben sind. Dafür wurde die Stadt erobert, zerstört und wieder aufgebaut. Zwölfmal im Laufe der Jahrhunderte lag Jerusalem in Schutt und Asche. Nach städtebaulich-objektiven Gesichtspunkten ist die Stadt weit weniger wertvoll: Es gibt kaum Wasser auf der kargen, hügeligen Hochebene über dem Kidrontal, man findet hier keine Bodenschätze, außerdem kann man die Lage weder als verkehrsgünstig noch als strategisch vorteilhaft bezeichnen. Die Ursache des Mythos ist fast ausschließlich im Ideellen und in den tragischen Turbulenzen der fast 3000jährigen Geschichte zu suchen.

Vielleicht trug gerade die verquere topographische Situation – außer den spirituellen und historischen Ereignissen – dazu bei, aus Jerusalem einen heiligen Wallfahrtsort, eine überirdische Stadt nahe dem »himmlischen Jerusalem« zu machen. Viele der 300 000 Stadtbewohner sind heute aktiv für ihre Kirchen oder für die Regierung tätig, die restliche Bevölkerung lebt vom Fremdenverkehr und ist damit Nutznießer der großen Pilgerströme.

Um meine Reisebegleiter etwas zu provozieren, sage ich: »Ich bin heute der Meinung, daß Jerusalem eine der verrücktesten Städte der Welt überhaupt ist. Ein religiöses Irrenhaus. Wer das Wesen der Menschen – die psychischen Abgründe, metaphysischen Sehnsüchte und die Glückserfüllungsträume – studieren will, ist hier am richtigen Ort. Auf die gleiche Stufe würde ich, wenn auch pervertiert ins Spielerische – neben Hollywood – nur noch Las Vegas setzen.«

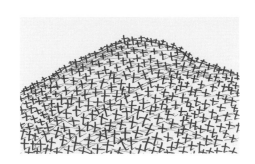

Madeleine schaut mich groß an: »Du immer mit deinen Übertreibungen! Und überhaupt: Was sollen die Vergleiche mit Hollywood und Las Vegas?!«

Um mich zu wehren, setze ich dagegen: »Ich liebe solche Vergleiche eben, weil ich glaube, daß sich die Menschen im Laufe der Jahrhunderte in ihren Sehnsüchten und Wünschen nicht viel verändert haben. Nur mit der Idee des Monotheismus konnten die Nomadenstämme befriedet und ruhiggestellt werden. Das hat der Prophet Mohammed schon großartig gemacht. Heute gleicht auch Hollywood die Menschheitsträume einander weltweit an und beruhigt vielleicht so das Aggressionspotential unter den Menschen. Wenn alle an Marylin Monroe oder Madonna glauben, gibt es Frieden.«

»Das ist doch nicht dein Ernst, oder?«

»Warum nicht, vielleicht glauben sie irgendwann auch an dich.«

Madeleine weiß nicht, ob sie sich geschmeichelt fühlen oder wütend werden soll. Trotzig blickt sie hinaus. Nicht jeder kann mit meiner Ironie etwas anfangen.

Bernd-Michael hat sich auf dem Rücksitz quergelegt, verfolgt den Stadtfilm vor den Fenstern mit Interesse und schweigt. Als nüchterner Berliner hält er mich sowieso für einen Spinner. Eigentlich sollte ich meinen Redefluß jetzt stoppen, ich spüre es, aber leider spreche ich weiter und ziehe den Unmut meiner mir ausgelieferten Reisegenossen auf mich: »Wer einmal die jüdischen Shabbat-Betenden an der Klagemauer, die zur Al-Aqsa-Moschee und zum Felsendom eilenden Muslime oder die laut singenden Teilnehmer an einer christlichen Prozession auf der Via Dolorosa gesehen hat, wird sich für immer darüber wundern, daß es überhaupt noch vernünftige, klar denkende Menschen auf der Welt gibt. Jeder Religionsfanatiker glaubt sich im Besitz der Wahrheit und hält die anderen für Falschgläubige. Ein kleiner Funke genügt, und das Feuer des Hasses entzündet sich in Mord und Totschlag. Über Jahrhundert entwickelten sich daraus Kriege, Kreuzzüge und Völkermorde. Heute wachen junge israelische Soldaten, das Maschinengewehr im Anschlag, darüber, daß niemand auf die Andersgläubigen losgeht. Trotzdem lassen sich manchmal Selbstmordattentate nicht vermeiden. Die letzte weltgeschichtliche Wahnsinnstat – der Holocaust – ging von unseren Regionen aus und suchte ihre Begründung in der hochmütigen Rassentheorie der Nationalsozialisten. Der Faschismus, neben dem Kommunismus die letzte, furchtbarste Religionsgründung des 20. Jahrhunderts, überholte die bisherigen Wahnsinnstaten mit grausamem Fanatismus und Tötungsmaschinerien, wie sie bisher die Erde noch nicht gesehen hatte.«

Madeleine verzieht ihr Gesicht immer mehr und wirft etwas bissig dazwischen:

»Was sagst du da: Jetzt sind also auch noch Faschismus und Kommunismus Religionen? Darüber müssen wir ein anderes Mal reden. Wann erreichen wir die berühmte alte Stadtmauer?«

»Wir fahren gerade durch die Vorortbereiche, bald sind wir da.«

Um die anderen nicht noch mehr zu nerven, führe ich meinen Monolog, nach außen schweigend, innerlich weiter: Hier also ereignete sich das Leben von Jesus Christus, das wir aus der Bibel kennen. Hier wurde er verraten, gefangengenommen und gekreuzigt, hier liegen Golgatha und sein Grab mit der darüber errichteten Grabeskirche. Um seine religiösen Ideen in der Welt zu verbreiten, hatte Jesus die geniale Idee der zwölf Jünger, die sich nach seinem gewaltsamen Tod rund um das Mittelmeer verteilten und seine Lehren so erfolgreich verbreiteten, daß heute noch viele Menschen daran glauben. Er selbst hat kein Wort aufgeschrieben, keinen Zettel und kein handschriftliches Testament hinterlassen. Bekanntlich war Jesus ein Jude, der von der damals gültigen jüdischen Lehre abwich, sie umdeutete und sich selbst zum Messias – zu Gottes Sohn – erklärte. Die Wurzeln beider Religionen – der jüdischen und der christlichen – liegen in der Bibel. Beide glauben an den einen, unteilbaren Gott, an Jahwe. Allerdings berufen sich die Juden ausschließlich auf das Alte Testament, ihre Thora. Das Neue Testament und Jesus Christus spielen für sie keine Rolle. Nach ihrer Meinung wird der Messias erst kommen.

Das zentrale Heiligtum der Juden ist die Klagemauer. Daß auch die Muslime, neben Mekka und Medina, im Felsendom und in der Al-Aqsa-Moschee, die beide auf einer erhöhten Fläche über der Klagemauer liegen, ihre Haupheiligtümer sehen, trägt zum täglichen Konfliktpotential erheblich bei.

Nach muslimischer Vorstellung reiste ihr Prophet Mohammed am Ende seines Lebens von Mekka nach Jerusalem, landete wundersam an der Stelle, auf der heute die Al-Aqsa-Moschee steht, und ritt mit seiner Stute vom daneben liegenden Felsen – dem heutigen Felsendom – gen Himmel.

Juden und Muslime mußten und müssen sich an ein strenges Bilderverbot halten – jegliche Darstellung des menschlichen Körpers war und ist tabu –, nur das Christentum entfaltete eine überreiche Bildersprache, um seine Lehre zu erläutern und mit bunten Comics unter das früher weitgehend analphabetische Volk zu bringen.

Während wir durch die neu gebauten, heute ausschließlich von Juden bewohnten Vororte Jerusalems fahren, werden wir schließlich alle drei von soviel Geschichts- und Religionshaltigkeit der Stadtumgebung ergriffen und schweigen. Um so größer ist unser Entsetzen, als wir auf einer Kreuzung, die wir überqueren, Zeuge eines Zusammenstoßes werden. Ich sehe, wie die Fahrerin eines kleinen Pkws durch den Aufprall gegen ein anderes, plötzlich abbremsendes Auto auf Lenkrad und Windschutzscheibe ihres eigenen Wagens geschleudert wird. Wir halten mit anderen Autos neben ihr an. Ein Mann, vielleicht ein Arzt, öffnet die Tür auf der Fahrerseite und kümmert sich um die Verletzte. Ihr benommener Blick, der, wie aus der Ferne kommend, auch mich kurz streift, erschreckt mich wie eine Botschaft aus dem Jenseits. Plötzlich habe ich das Gefühl, die Frau sei gegen eine Zeitmauer geprallt und befindet sich jetzt in ihrem benommenen Zustand an jenem anderen Ort, für den Jerusalem steht, an einem jenseitig biblischen, ganz aus dem Jetzt herausgekippten. Über die schöne, weiße Stirn der Frau rinnt Blut, wenig, aber gut sichtbar. In diesem Moment nähert sich mit lautem Sirenengeheul ein Krankenwagen, kurz darauf liegt die Verletzte auf einer Bahre und wird weggetragen. Der Verkehr fließt weiter, als sei nichts geschehen.

Um den Vorfall zu überspielen, beginne ich erneut, den beiden anderen meine bisher angelesenen Kenntnisse der Stadtgeschichte zu erzählen.

»Bis 1967 gehörte die Altstadt Jerusalems zu Jordanien. Die Grenze verlief hier unmittelbar vor der Stadtmauer. Am 7. Juni 1967 drangen israelische Truppen in den alten arabischen Stadtbereich ein. Bald darauf erklärte die israelische Regierung Jerusalem zur Hauptstadt des Landes und zum Sitz des Parlaments, der Knesseth. Allerdings verurteilte fast die ganze Welt diese kriegerisch-räuberische Aktion und verweigerte ihre Anerkennung. Ich glaube, das junge Land Israel wollte unbedingt die uralte Stadt Jerusalem als Hauptstadt besitzen. Damit sollte dem Land und der ganzen Welt das Gefühl vermittelt werden, daß Israel selbst ein uraltes Land ist, das es schon immer gab und das niemals aufgehört hat zu existieren.«

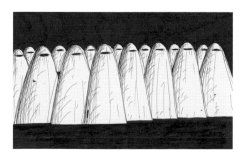

Madeleine, deren zunehmend schlechte Laune ich verschuldet habe, rafft sich auf und sagt: »Ja, ich habe während des Fluges auch im Reiseführer geblättert. Aber so ganz klar war mir der Sachverhalt nicht. Ist ja auch egal: Ich jedenfalls finde es wunderbar hier. Heute morgen noch in München und jetzt mitten in Israel, nahe dem Orient, toll!«

Über die Yafo Street nähern wir uns der Stadtmauer. Eigentlich will ich nicht in die Altstadt hineinfahren, aber aus irgendeinem Grund biege ich trotzdem in das Yafo Gate ein, wahrscheinlich hat mich ein Schild mit der Aufschrift »Parking space« dazu verführt. Sofort nach dem Durchqueren des Tores bereue ich meine Entscheidung, denn ich finde mich in einem engen Mauer- und Gassengewirr wieder. Nur unmittelbar hinter dem Tor öffnet sich neben einer Kirche eine kleine, offene Platzfläche, die allerdings in zwei Reihen dicht zugeparkt ist. Ohne zu zögern, versuche ich ein fast aussichtsloses, mühsames Wendemanöver. In diesem Moment tritt ein freundlicher Araber in weitem Umhang und orientalischer Kopfbedeckung an mein offenes Fahrerfenster und redet mich mit einer tiefen, schnarrenden Stimme an: »You arrre looook forrr a parrrking place? Please comme witha meeee, I show youuu, wherrre youuu caaan finda a parrrking place. Comme witha meee, come witha meee.«

Irgendwie habe ich kein gutes Gefühl, aber ich folge ihm im Schrittempo, nachdem mich Madeleine und Bernd-Michael darin bestärkt haben. Gemächlich trottet der Araber vor mir her und weist mich nach wenigen Metern auf einen Stellplatz direkt vor einem Laden ein. Ich parke und wir steigen aus. Neugierig schaut er uns an und murmelt geheimnisvoll: »I havvve a loooook on yourrr carrr. This isss my shooop. Pleese comme witha meee.«

Er führt uns eine schmale Treppe hinunter in einen Andenkenladen. Wir gehen mit, ohne Widerstand zu leisten, mehr aus Höflichkeit als dem eigenen Willen folgend. Der gewölbte, fast kryptaartige Innenraum des Ladens ist angefüllt mit Regalen, Vitrinen und Verkaufstischen. Mein Blick schwenkt über Wasserpfeifen, Vasen, Teppiche, Tücher, Gläser, Aschenbecher, Reiseführer, Postkarten, Andenken, Ketten, Ringe und Steine. An der Abwesenheit von Kreuzen, Marien- und Jesus-Darstellungen erkennen wir die muslimische Religionszugehörigkeit des Besitzers.

Wir schauen uns interessiert, manchmal auch amüsiert um und wollen dann wieder gehen. Aber so einfach ist das nicht. Der Araber steht vor dem Ausgang und versperrt uns den Weg, halb freundlich grinsend, halb drohend. Jetzt erst wird mir klar: Bevor wir nicht etwas gekauft haben, läßt er uns nicht mehr hinaus. Das ist unsere Parkgebühr. Wir sind seine Gefangenen. Also suchen wir uns Dinge aus. Zunächst Postkarten, dann einige Bücher und etwas Schmuck. Penetrant bedrängt er uns weiter. Erst als wir eine Kaufsumme um die 100 Dollar zusammen haben, gibt er seine bedrohliche Haltung auf. Die ganze Zeit über hat er Madeleine angestarrt. Irgendwann kommt er zu mir her und flüstert mir ins Ohr: »Sheee iiis aaaa very beauuutifulll wooooman.«

Ich darauf: »Yes, I know.«

Er: »Verrrry beauuutifulll, verrry beauuutifulll.«

Mir ist nicht ganz klar, ob er mir Madeleine abkaufen will oder was er mit seinen Beteuerungen bezweckt. Die ganze Situation wirkt langsam unheimlich auf mich. Süßlich grinsend, kassiert er das Geld und verzieht sich dann in die rückwärtigen Räume seines höhlenartigen Geschäfts. Im Neonlicht entdecken wir dort hinten eine kaffeeschlürfende alte Frau – seine Mutter, Großmutter oder Schwiegermutter?

Er beachtet uns nicht weiter, entläßt uns in die Freiheit. Etwas verängstigt steigen wir die Treppe zur Straße hoch und machen uns auf den Weg durch das enge

Gassenlabyrinth der Altstadt. Unser Ziel ist die Klagemauer. Hoffentlich ist unser Auto später noch da und hat sich nicht verflüchtigt wie ein fliegender Teppich.

Wie alle arabischen Städte ist auch die Jerusalemer Altstadt in einzelne Viertel aufgeteilt: das christliche, das jüdische, das arabisch-muslimische und das armenische. Jetzt scheinen wir durch das arabisch-muslimische zu gehen, denn alle Gassen werden als Marktort – eine frühe Mall? – benutzt. Die braunhäutigen Araber sitzen ruhig und gelassen in malerischen Umhängen vor bunten Gewürzauslagen, die uns in allen denkbaren Farben aus halb geöffneten Leinensäcken entgegenleuchten. Eine verführerische Duftwolke jagt die nächste. Je tiefer ich in diese orientalische Farbenpracht eindringe, um so mehr kommt es mir vor, als würde ich durch eine Kunstausstellung der radikalen, abstrakten Art gehen: Gewürzfarbflächen wie ästhetische Formulierungen. Konzentration auf einzelne Aspekte: Muskat-, Zimt- und Pfefferfelder.

Laut sage ich zu meinen Begleitern: »In Wirklichkeit ist die Erfindung der abstrakten Kunst durch Kandinsky zu Beginn des 20.Jahrhunderts eine westliche Illusion, im arabisch-muslimischen Kulturkreis gab es sie immer, jahrhunderte-, jahrtausendelang.«

Madeleine und Bernd-Michael schauen mich etwas verwirrt an. Na gut, denke ich, ich habe jetzt keine Lust, meinen ganzen Gedankengang zu erläutern. Es ist eben nicht einfach, gemeinsam zu verreisen. Jeder schleppt seine ganze Vergangenheit mit sich herum, jeder befindet sich an einem anderen Punkt seiner Entwicklung, jeder hat eine andere Art, sich auszudrücken, jeder interessiert sich für andere Bilder, für Läden oder Menschen, für Gewürze oder Kunst, jeder hat eine andere Art von Humor, jeder besitzt eine andere Toleranzgrenze. Entweder man reduziert seine persönlichen Äußerungen auf ein Minimum, oder man läuft immer Gefahr, Spannungen und Streitereien zu verursachen.

Ich schalte wieder ganz auf Augenschmaus und versuche die Bilder zu genießen, die sich vor und neben mir entfalten. Zwischen den Gewürzläden breiten sich auch die Auslagen der Teppichhändler, Wasserpfeifen- und Andenkenverkäufer aus. Vor allem die Teppiche mit ihren glühenden Rottönen sprechen mich an. Aus heutiger Perspektive betrachtet, sehen sie aus wie Kompositionen von Klee, Mondrian oder Rothko. Manche Muster existieren bereits seit Jahrhunderten. Auch die Keramikwölbungen der Wasserpfeifen sind übersät mit blauen, schwarzen oder roten Ornamenten, die auf mich wirken wie arabische Schriftzeichen. Schade, daß ich von dieser Schrift so wenig Ahnung habe, mir ist nicht ein einziger Buchstabe bekannt.

Touristen aus aller Welt gehen vor und hinter uns. Es läßt sich nicht leugnen: Die Araber spielen hier Araber für moderne Digitalkameras. Jeder will später zu Hause von den malerischen arabischen Märkten berichten und Bilder zeigen. Ab und zu stoßen wir auf schwer bewaffnete israelische Soldaten. Die jungen Männer und Frauen in Uniformen stehen meist an Gassenenden und Wegkreuzungen, damit sie einen besseren Überblick haben und verdächtige Vorgänge rechtzeitig erkennen können.

Bevor wir den Klagemauer-Platz betreten, müssen wir ein militärisch streng bewachtes Metall-Sensor-Tor wie am Flughafen passieren. Zum Mythos der Stadt Jerusalem gehört der Mythos der »Klagemauer«. Wie oft hatte ich mir gewünscht, sie einmal leibhaftig zu sehen. Letztes Jahr, als ich zum ersten Mal hier war, erfüllte sich der Traum, und ich muß gestehen, daß ich mich der Wirkung – auch als Nichtjude – kaum entziehen konnte. Den schrägen, mit Steinplatten belegten Platz vor der Mauer, der für die strenggläubigen Juden die Bedeutung einer Synagoge hat, können Touristen nur bis etwa 20 Meter vor dem eigentlichen Betbereich betreten, danach verwehrt ein Holzzaun das Weiterkommen.

Langsam gehen wir den Platz hinunter, durchqueren Touristengruppen und jüdische Familien, blicken nach oben, sehen die goldene Kuppel der Al-Aqsa-Moschee leuchten und betrachten unauffällig, aber neugierig die betenden Juden. Links die Männer, rechts die Frauen. Mir fällt auf, daß die Männer viel fanatischer und ernster beten als die Frauen. Sie wippen mit dem Kopf wie Autisten vor und zurück, was für unsere Augen eher nervös wirkt. Im rechten Frauenbereich entdecke ich Gruppen von Plaudernden und Lachenden. Sie sitzen auf Gartenstühlen in der Sonne und genießen den Tag. Das wäre im linken, männlichen Teil undenkbar. Zu meinen Begleitern sage ich: »Hier wird man bestimmt keinen Film drehen dürfen.« Madeleine erwidert: »Muß ja nicht sein. Uns bleiben die Landschaften.«

Wieder wandle ich mich zum Fremdenführer und sage: »Bis 1967 standen hier arabische Altstadthäuser. Erst nach der Eroberung dieses Stadtteils rissen die Juden die enteigneten Häuser ab und legten diesen für sie so wichtigen Platz an.« Ich knüpfe noch einmal an meine Kunstgedanken an, die ich vorhin geäußert habe, und sage: »Schon irre, diese Mauer! Nichts lenkt hier ab. Das ist Konzentration pur, auf das Wesentliche, den unsichtbaren Gott, Jahwe – den Namen dürfen Juden übrigens nie aussprechen. Die kahle Mauer als Ikone, nahe dem Gemälde Malewitschs *Weißes Quadrat auf weißer Fläche*! Ich habe einmal das Bühnenbild zu Arnold Schönbergs *Moses und Aron* in Berlin entworfen. Eine tolle Oper. Darin wird der Konflikt zwischen Moses, dem Bilderverächter, und seinem Bruder Aron, dem populistischen Bilderzulasser, geschildert. Bekanntlich siegt der radikale Moses mit seinem Gebot: ›Du sollst dir kein Bildnis machen‹, und Aron stirbt.

Vielleicht hat im Westen, vor allem in Hollywood und Las Vegas, Aron nachträglich gesiegt, dafür sind die unerbittlichen Gedanken von Moses in die Orthodoxen gefahren. Übrigens habe ich in den letzten Monaten gelernt, daß der Begriff ›Klagemauer‹ christlich-abfälliger Terminologie entstammt. Die Juden nennen die Mauer einfach ›Western Wall‹.

Wir starren die Mauer weiter an, jetzt schweigend, vielleicht auch sprachlos geworden. Jeder Kalkquader trägt die Male der Jahrhunderte. Versteinerte, aufgeschichtete Zeit. In sich ruhendes, letztlich schweigend verborgenes, unbetretbares Religionsgehäuse. Wer direkt vor den im unteren Bereich sehr großen, bis zu 50 Tonnen schweren Steinen steht, die ohne Mörtel übereinander geschichtet wurden, sieht nichts anderes mehr von der Welt als diese Steinoberfläche. Im oberen Bereich werden die Steine kleiner, und die 12 Meter hohe Mauer verliert hier ihre gewaltige Anmutung, wird leichter und luftiger. Unter der Erde setzt sich die Mauer fort. Ein großer Teil ist noch nicht ausgegraben.

Auf Lippenhöhe zieht sich eine polierte Zone quer über die Mauer wie eine rätselhafte Schneckenspur. Kleine Papierröllchen stecken in den Ritzen zwischen den Quadern. Ob sie nachts jemand entfernt? Nur der untere Mauerbereich wird benutzt, der Rest scheint unberührt. Niemand kommt auf die Idee, mit Leitern hochzuklettern und eine höher gelegene Gebetszone zu erschließen. Aus manchen nie berührten Ritzen wachsen grüne Pflanzenbüschel.

Während die Muslime den Freitag besonders ehren und sich an diesem Tag im Felsendom und in der Al-Aqsa-Moschee versammeln, ist es bei den Juden der Samstag – der Shabbat –, der allerdings bereits am Freitagabend während des Sonnenuntergangs beginnt. Zu dieser Stunde versammeln sich an der Klagemauer die meisten Gläubigen.

Orthodoxe Familien eilen im Laufschritt – warum gehen sie nicht langsam? –, bekleidet mit schwarzen Anzügen, Mänteln und dicken Pelzmützen, herbei. Über dem Arm oder um den Hals haben sie ihren schwarzweiß gestriften Tallit, den Gebetsschal, gelegt. Natürlich gibt es unter den Betenden auch Juden in Alltagskleidung, sogar Soldaten und Soldatinnen.

Bevor wir den Platz wieder verlassen, gebe ich meine Kenntnisse weiter preis, die natürlich in jedem Reiseführer nachzulesen sind: »Einmal im Jahr findet auf dem Klagemauer-Platz das Gelöbnis der Soldaten und Soldatinnen statt. Früher versammelte man sich dafür auf dem Bergrücken von Masada. Jedem neuen Soldaten und jeder neuen Soldatin werden während der Feierlichkeit beim gemeinsamen Gebet ein Gewehr und eine Thora übergeben.«

Auf dem Rückweg zum Auto überqueren wir die Via Dolorosa, die vom Stephanstor durch das arabische und christliche Viertel nach Golgatha und zur Grabeskirche führt. Wir beobachten eine Gruppe christlicher Pilger – ich glaube es sind Amerikaner –, die schwere Holzkreuze mit sich schleppen. Die Szene entbehrt nicht einer gewissen Komik, das muß ich leider zugeben. Das Verrückte an Jerusalem ist die sichtbare Anwesenheit der drei wichtigsten monotheistischen Weltreligionen. Wenn die Sache nicht so bitterernst wäre, könnte man den Wahnwitz auch sehen wie Federico Fellini, Ephraim Kishon oder Woody Allen – mit Ironie und viel Liebe zu den individuellen Verirrungen. Dann würde sich die Stadt in ein riesiges Theater verwandeln – übrigens lehnen die Mohammedaner Theater ab, in ihrer Kultur gab es auch keine Amphitheater, nur Moscheen –, alle Gassen und Plätze bekämen die Bedeutung von Bühnen, und wir könnten lachen über die Verkleidungen der chassidischen Juden, die fröhlich singend auf uns zukommen, oder über die Prozession armenischer kirchlicher Würdenträger mit dem Kabbas voran, der seinen goldenen Stab immer wieder auf den Boden stößt, als wolle er die Standfestigkeit der Erde überprüfen – dabei wackelt sein Fes, den er auf dem Haupt trägt, bedenklich.

Jugendgruppen aus den Kibbuzim, grün gekleidete Waisenmädchen, Nonnen, Mönche, Hippies, Christen – alles, was sich an Lebensentwürfen und religiösen Weltanschauungen denken läßt, betritt hier die Stadtbühne und stellt seine Gedanken öffentlich aus. Dazwischen Körbe tragende arabische Frauen mit bestickten Beduinenkleidern und dunkelhäutige muslimische Männer in ihren an Nachthemden erinnernden Umhängen.

Ringsum läuten Glocken und rufen Muezzins zum Gebet. Zuschauer des Geschehens sind Touristen aus aller Welt. Sie stehen staunend, mit offenen Mündern und knipsbereiten Kameras in den Gassen, sitzen auf Treppen und in den Cafés. Ihre Weltanschauung ist die Neugier auf Fremdes, Malerisches und Photogenes. Von außen betrachtet, denken manche vielleicht, haben alle Religionen etwas Lächerliches an sich, aber andererseits geben sie auch Halt und schützen die hilflosen Menschen vor der Unendlichkeit des Weltalls und der beliebigen Zufälligkeit des individuellen Schicksals. Jede Religion ist ein Gedankengebäude, das Erklärungen und Begründungen für fast alle Rätsel der Welt und des Lebens bereithält.

Auf dem Rückweg zu unserem Auto steigen wir eine steinerne Treppe zwischen zwei eng stehenden Häusern hoch, in der Hoffnung, auf die berühmte Dachlandschaft Jerusalems hinaufzugelangen. Wir haben Glück und stehen nach einigen Drehungen, Windungen und Tordurchgängen tatsächlich hier oben. Ein Meer von niedrigen Mauern, Terrassenfragmenten, von Kuppeln, Bögen und Türmen, Fenstern, Türen und Ruinenfragmenten breitet sich in alle Himmelsrichtungen vor uns aus. Mir fällt auf, daß es kaum Antennen und Kamine gibt.

Die Temperaturen sinken hier auch im Dezember und Januar kaum unter 18 Grad. Man muß demnach nie heizen. Allerdings weiß ich auch – das war im letzten Winter so: Es gibt Ausnahmen, und alle zehn Jahre kommen Tage mit Schneefall vor. Die Sensation ist so groß, daß alle Israelis aufbrechen und ihre Hauptstadt in weißem Winterkleid sehen wollen. Regelmäßig bricht dann der Verkehr im ganzen Land zusammen.

Kaum zu glauben, daß zwischen den Mauern die Abgründe der schmalen Gassenschluchten eingeschnitten sind. Von hier oben wirkt die Steinfläche homogen geschlossen wie ein felsiges Hochplateau. Die meisten Dächer wirken unbelebt und leer, nur manchmal sehen wir Frauen bei der Hausarbeit, umgeben von spielenden Kindern.

Klar und deutlich wölbt sich in der Ferne die goldene Kuppel des Felsendoms aus dem steinernen Meer. Sie scheint wie eine glühende Sonnenkugel über die Stadtlandschaft zu rollen.

Ich hole den Stadtplan aus meiner Tasche, falte ihn auf und breite ihn auf einer niedrigen Mauer vor uns aus. Darüber gebeugt, vergleichen wir die Planstrukturen mit der Realität. Jetzt erst erkenne ich, wie klein die mauerumfaßte Altstadt im Grunde ist. In alten Idealdarstellungen, die ich aus meinen Architekturgeschichtsbüchern kenne, wurde der Stadtgrundriß Jerusalems – als Spiegelbild des himmlischen Jerusalems – oft zum Kreis stilisiert. Kaum einer der mittelalterlichen Kartenzeichner hatte die Stadt je mit eigenen Augen gesehen, es sei denn, er war Teilnehmer einer Kreuzritter-Pilgerreise, die in Wirklichkeit eine Kreuzritter-Kriegsreise war und fast immer das Ziel verfolgte, die Stadt aus der Hand Andersgläubiger zu befreien.

Heute legt sich um den Altstadtkern ein ausgedehnter, steinerner Bauteppich mit modernen, manchmal auch höheren Wohnhäusern. Neue Stadtteile sind entstanden: Sheikh Jarrah, Sanhedria, Romema, Rehavia, Neve Granot, Kiryat Shmuel, Komeiyut und Siloah.

»Wir fahren jetzt in dieser Richtung weiter«, sage ich und zeige nach Osten. »Hinter den Hügeln und Bergen liegen das Tote Meer und Jericho.«

Unser Auto steht tatsächlich noch am gleichen Ort, wo wir es verlassen haben. Der Parkplatz-Araber ist weit und breit nicht zu sehen, Gott, Jahwe, Allah sei Dank!

Wir steigen ein und verlassen die Altstadt. Auch im Rückspiegel sehe ich unseren Quälgeist nicht mehr auftauchen. Etwas befreit und erlöst kurve ich durch das mittelalterliche Stadttor und biege nach rechts ab. Wir fahren an der Stadtmauer die Hativat-Hatzanhanim und die Suleiman Street entlang, tauchen langsam in das tief eingeschnittene Kidrontal hinunter. Rechts über uns wächst jetzt die gewaltige Mauer, die das Felsendom-Plateau abstützt, in die Höhe, darüber wieder die goldene Kuppel, links der Garten Gethsemane und der Ölberg – Golgatha – , an dessen Hängen die Kreuzigung Jesu Christi stattgefunden haben soll. Während der christliche Friedhof am Olivenberg grün und einladend wirkt, breitet sich an den Hängen, die rechts von uns zur Altstadt hin abfallen, das gewaltig große Steinfeld des Jüdischen Friedhofs aus. Tausende karger Steinblöcke markieren die Gräber, und nach jüdischer Sitte liegen kleinere Kieselsteine, vereinzelt oder zu Bergen hochgetürmt, auf den waagerechten Grabplatten. Angehörige bringen bei einem Friedhofsbesuch keine Blumen, sondern Steine mit. Nirgends ein Baum, kein Schatten, gleißend helles Licht. Unerbittlich, radikal. Die Landschaft wirkt so verlassen und abgestorben wie die Mondoberfläche zur Mittagszeit.

Hier hat Steven Spielberg Anfang und Schluß seines Filmes *Schindlers Liste* gedreht. Man sieht die Hände Überlebender, die Steine auf Gräber legen. Im Hintergrund die Stadtmauer Jerusalems.

Kaum sind wir aus dem Kidrontal aufgetaucht und haben die Paßhöhe der Jerichostraße erreicht, beginnen die arabischen Vororte. Sofort ändert sich das Stadtbild, die Straßen werden staubig und die Geschäfte am Straßenrand ärmlich. Palästinensergebiet.

Ab und zu sehen wir die mit Wachttürmen versehenen, schwer bewaffneten, modernen Forts der jüdischen Siedler, die in ihrer Militarisierung wie gebaute Provokationen wirken. Im palästinensischen nördlichen Westjordanland leben heute illegal, jedoch vom israelischen Staat geduldet, 180000 jüdische Siedler. Sie sind nach Meinung vieler Israelis und Israelkenner Haupthinderungsgrund für einen dauerhaften Frieden zwischen Israelis und Palästinensern.

Nach wenigen staubigen Kilometern ändert sich das Bild wieder. Die Straße wird weit und breit. Ein elegantes, der Natur vollkommen angepaßtes, neu gebautes Asphaltband, auf dem das Autofahren Spaß macht, öffnet sich in eine wahnwitzig schöne Landschaft hinein. Die einstige Hauptverbindung zwischen Jerusalem und Amman gehört heute bestimmt zu den eindrucksvollsten Straßen der Welt!

Hier soll eine wichtige Szene meines Filmes spielen. Hannah begibt sich auf die Suche nach dem verschwundenen John und dringt dabei immer tiefer in den Orient ein. Ich zitiere aus meinem Drehbuch:

»Szene 52: Autofahrt. Die Archäologin fährt allein im Auto ... Hinter diesem Bergrücken öffnet sich das Gebiet der Palästinenser ... Wir betreten eine andere Zeit, die Wüste beginnt. Keine flache Wüste, sondern eine gebirgige Hügelwüste. Aufgeworfene Riesenleiber aus Stein wölben sich staubig, heiß und ohne jede Vegetation gegen den blauen Himmel. Außer einsamen kleinen, lausigen Nomadencamps, die hinter kahlen Felsbrocken versteckt liegen, ist nichts zu sehen ... Die Archäologin schaut nach links und rechts, überall sucht sie nach John, obwohl sie weiß, daß er sich hier, in der Nähe der Straße, nicht aufhalten wird. Plötzlich entdeckt sie ein Kamel. Es liegt am Straßenrand und kaut vor sich hin. Der Besitzer hat sich im Schatten eines Felsens niedergelassen. Nach einiger Zeit wird die Straße abschüssig und fällt in Serpentinen langsam hinunter ins Jordantal, 400 Meter unter dem Meeresspiegel. Von plus 800 Metern auf minus 400 Meter! Laute, traurige Musik aus dem Radio begleitet die Fahrt ... Im Tal angekommen, trifft Hannah auf eine einsame Tankstelle, die einzige weit und breit. Rechts führt die Straße nach Süden, zum Toten Meer und in die Wüste Negev, links den Jordan in nördlicher Richtung hinauf nach Jericho, Nazareth und geradeaus nach Jordanien. In der Nähe der Tankstelle, im Schatten dreier Palmen, sieht sie wieder ein Kamel liegen. Sie holt ihren Photoapparat aus dem Auto und geht zu dem Kamel hin. Hochmütig vor sich hinkauend, schaut das Tier in das Objektiv.«

Wir halten an der gleichen Tankstelle wie Hannah, sehen das gleiche Kamel, und ich versuche, eine mögliche Filmszene mit Madeleine zu stellen. Bernd-Michael hilft mir dabei. Ein Araber verkleidet Madeleine zur Palästinenserin, indem er ihr ein Arafat-Tuch um den Kopf bindet. Ich photographiere den Vorgang.

Wir sollten bestickte Beduinenkleider für sie kaufen, das nehme ich mir vor. Ich besitze ein Buch, in dem die verschiedenen malerischen Trachten abgebildet sind. Mich fasziniert die Idee der Verhüllung, auch Kopftücher bei Frauen finde ich interessant. Damit steigert sich ihre Rätselhaftigkeit, ihr Geheimnis. Beim Photographieren glaube ich erneut, daß es Madeleine gut gelingen könnte, die vereiste deutsche Wissenschaftlerin darzustellen, die in Israel langsam auftaut. Schon nach zwei Wochen ist die früher blasse, Brille tragende Frau braungebrannt, ihr Körper blüht auf.

Als ich letztes Jahr hier anhielt, herrschten Temperaturen von fast 50 Grad. Unerträgliche, flirrende Hitze. Heute sind es höchstens 30 Grad, die uns nicht weiter beeindrucken. Wir steigen ins Auto und nehmen am Jordan entlang Kurs auf Jericho. Dieser Fluß entspringt im See Genezareth und endet im Toten Meer. Fast sein gesamter Verlauf markiert heute die Grenze zwischen Israel und Jordanien.

Ab jetzt bewegen wir uns eindeutig in für Leihwagen aus Tel Aviv verbotenen Gebieten. Westbank. Israelisch besetztes Palästinenserland. Der Kitzel in der Magengegend steigt. Alle sitzen wir aufrecht und etwas angespannt in unserem Auto.

Dann taucht in der Ferne jenes grüne Pflanzkissen auf, das die einstige Oasenstadt Jericho ankündigt. Als ich im letzten Jahr dieses Bild zum ersten Mal sah, war ich überwältigt. Meine erste Oase! Wir nähern uns langsam. Die archaische Wucht der Stadterscheinung wird plötzlich durch ein Schild und einen dahinter auftauchenden Rohbau gestört. In großen Buchstaben, mit englischen, hebräischen und arabischen Schriftzeichen, steht dort zu lesen: »Oasis! Hier entsteht die einzige Spielbank des Nahen Ostens!« Wir sind sprachlos.

Ob die Palästinenser von einem Las Vegas am Jordan träumen? Wie kann das sein? Das Glücksspiel ist den Muslimen durch den Propheten Mohammed ausdrücklich verboten worden. Vielleicht wollen sie auch selbst nicht spielen und nur in alter Räubersitte den reichen Juden das Geld aus der Tasche ziehen.

Wir lassen den Neubau rechts liegen und nähern uns jetzt der ältesten Stadt der Welt. Weil es hier immer Süßwasser in ausreichender Menge gab, wachsen rings um die Stadt üppige Plantagen mit Dattelpalmen, Orangenbäumen und Bananenstauden. Entlang der Straßen stehen behäbige Eukalyptusbäume. Eine Zeitlang – zwischen 1994 und 1999 – war Jericho die Hauptstadt der Palästinenser, dann bevorzugte Arafat jedoch Ramallah.

Kurz bevor wir in das Stadtzentrum eindringen, halten wir an einem malerischen Obststand, und Bernd-Michael photographiert mich mit Madeleine vor den bunten Auslagen. Jeder Araber, der hört, daß wir aus Deutschland kommen, ist äußerst freundlich zu uns, lacht, versucht sein bestes Gesicht zu zeigen. Wir haben Mühe, ohne Kaffee mit Frau, Kindern und Großmüttern weiterzukommen. Der Standbesitzer beschenkt uns reichlich mit Orangen und Bananen, füllt den halben Kofferraum mit seinen Erzeugnissen. Am Schluß legt er einen großen Palmwedel mit einer üppigen Datteldolde darüber.

Bei meiner letztjährigen, ersten Fahrt durch Palästinensergebiet wurde ich an einer schwer bewaffneten Straßensperre gestoppt. Der bärtige, mit Maschinengewehr behängte Anführer trat damals an mein Fenster, beäugte mich äußerst mißtrauisch und flößte mir durch sein brutales, offenbar zu jeder Gewalt fähiges Aussehen heftige Angst ein. Ohne viel zu denken, sagte ich jenen Satz, der wie eine Befreiung wirkte: »I come from Germany. My home is Berlin.« Der Palästinenser war zunächst sprachlos, dann rief er alle seine Kumpel zu mir ans Auto und erklärte den anderen, daß ich aus Berlin käme. Wie große Kinder freuten sie sich, klatschten in die Hände, lachten und sagten immer wieder: »Berrliiin, Berrrliiin, Berrrliiin.«

Amos erklärte mir später die Szene: »Leider gibt es einen traurigen Hintergrund. Die Palästinenser lieben Hitler. Er hat mit den Juden das gemacht, was sie am liebsten auch machen würden. Aber leider nur fast. Berlin ist für sie das Symbol einer von Juden befreiten Welt!« Seitdem hat meine Liebe zu den palästinensischen Arabern eine gewisse Trübung erfahren.

Ich werde trotzdem eine längere Filmszene hier in dieser Stadt spielen lassen, da bin ich sicher. Im Drehbuch ist sie schon vorformuliert:

»Szene 53: Die Archäologin allein unterwegs. Einfahrt in Jericho. Sie fragt an einem Obststand nach dem Hotel Eden. Der palästinensische Händler schaut sie komisch an, weil sie als Frau allein unterwegs ist, und zeigt ihr nur widerwillig den Weg. Sie findet das Hotel, parkt in einem Baumschatten und nimmt ihre Tasche aus dem Kofferraum. Mehrere Kinder sind sofort zur Stelle und umringen sie. Sie wollen ihr Gepäck tragen. Das läßt sie nicht zu, gibt aber jedem von ihnen etwas Geld und betritt dann die dösige Hotelhalle. An der Decke kreist der übliche Ventilator und hält die Luft in kühlender Bewegung. Weit und breit ist niemand zu sehen. Sie schlägt auf einen Klingelknopf und wartet. Nach einiger Zeit erscheint ein dunkelhäutiger Araber.

Szene 54: Im Hotelzimmer: Sie steht eine ganze Weile wie verzaubert am Fenster, atmet tief die heiße Luft ein, dann packt sie mit langsamen, trägen Bewegungen ihre Tasche aus und legt die wenigen Kleidungsstücke in den Schrank. Von soviel körperlicher Arbeit erschöpft, läßt sie sich auf das große Bett fallen und starrt an die Decke. Das Licht- und Schattenspiel an den Wänden dringt durch ihre fast geschlossenen Lider in ihr Bewußtsein. Im Halbschlaf wirbeln die Bilder des Tages durch ihren Kopf. Später, nach einer halben Stunde oder Stunde, erwacht sie, stützt sich auf ihren linken Ellenbogen, nimmt einen Stift in die rechte Hand und beginnt, auf ein bereitliegendes, leeres, weißes Blatt Papier zu schreiben: ›Manchmal habe ich das Gefühl, mich in das zu verwandeln, was ich sehe. Ich bin die Wüste. Ich bin John. Ich bin Jericho. Ich bin der Orient. Dabei habe ich nichts getrunken, weder Wasserpfeife noch Opium geraucht. Vielleicht existiere ich überhaupt nicht wirklich, bin eine Fata Morgana, für wen, für mich, für John? Diese Menschen hier kommen mir vor, als würden sie in einer anderen Zeit leben. Vor 1000 Jahren vielleicht. Ich bin zurückgekehrt, habe die Schallmauer durchbrochen. Ich werde dich finden, John.‹«

Wir lassen uns durch die Stadt treiben und suchen ein geeignetes Hotel für diese Szenen. Schließlich entdecken wir es hinter einer eingegrünten Gartenmauer, betreten die Halle und schauen uns um. Ich lasse mich in einen schweren Sessel in der Nähe der Eingangstür fallen, Bernd-Michael setzt sich neben mich. »So, meine liebe Madeleine, du kennst ja mein Drehbuch: Jetzt spiel mir doch mal die Szene vor. Hannah betritt müde und verschwitzt die Halle, geht zur Rezeption und fragt nach einem Zimmer.«

Madeleine: »Soll ich?«

»Ja! Und: Action, bitte!«

Sie geht nach draußen, wartet kurz, kommt dann herein, schwebt auf den Typ an der Rezeption zu. Leider ist er durch unser komisches Verhalten schon so verunsichert, daß er seinen Kollegen aus dem Hinterzimmer – wahrscheinlich den Direktor – gerufen hat. Madeleine steht am Tresen, spielt mit den Prospekten, wendet uns den Rücken zu. Um nicht noch mehr Unruhe zu stiften, rufe ich, ganz in Hollywood-Manier: »Cut! Sehr gut, Madeleine, so ähnlich könnte es gehen!« Die beiden Palästinenser telephonieren jetzt. Vielleicht rufen sie die Polizei. Wir bevorzugen die Flucht, gehen unauffällig hinaus, setzen uns ins Auto und fahren davon.

Inzwischen ist es schon später Nachmittag geworden. In der Nähe des zentralen Stadtplatzes parken wir erneut, steigen aus und schauen uns das rege Markttreiben an. An einem kleinen Stand essen wir einige Fallafel-Kugeln, die hier natürlich wunderbar schmecken. Vor einem Café, in dem nur Männer auf spartanischen Hockern sitzen und gemeinsam Wasserpfeife rauchen, bleiben wir eine Weile stehen. Leider können wir mit Madeleine dort nicht hineingehen. Es herrscht eine merkwürde Stille. Ich höre nur das Schnorcheln des Suds, das Saugen und die Ausblasgeräusche der Männer. Niemand redet.

Beim Weitergehen sehen wir manchmal in tiefe Ladenschluchten hinein und entdecken – wie so oft – in den hintersten, neonbeleuchteten Ecken Frauen mit

Kindern vor plärrenden Fernsehern. Ein gemeinsames Familienleben scheint es in diesen archaisch geprägten Araberfamilien nicht zu geben. Orientalisch. Fremdartig. Altertümlich. Ich hoffe nur, daß hier niemand zur Strafe gesteinigt wird.

Wir steigen erneut ins Auto und verlassen Jericho in Richtung Norden. Am Stadtrand halten wir noch einmal auf dem großen Parkplatz, der sich neben dem wichtigsten Grabungsfeld Jerichos ausbreitet. Hier spielt wieder eine wichtige Szene meines Filmes. Schon etwas ermattet, machen wir uns auf den Weg und schauen die archäologischen Mauerreste an. Das also ist der Ort, an dem einst, im Jahr 1300 vor Christus, die gewaltigen Festungsmauern durch Trompeten zum Einsturz gebracht worden sind. Das jedenfalls berichtet die Bibel. Interessanter Gedanke: Musik als Waffe! Vielleicht war es immer der gleiche Ton, der geblasen wurde. Ich denke an Oskar Matzerath, dessen Gilfstimme Gläser zerspringen ließ. Vor kurzem habe ich von einer Tonkanone gelesen, die gegen moderne Südseepiraten zum Einsatz gebracht wird. Der ausgestrahlte Ton muß so aggressiv sein, daß ihn niemand länger als ein paar Sekunden aushält.

Als wir zum Auto zurückkommen, setzt bereits die Dämmerung ein. Trotzdem wählen wir nicht den direkten Weg zurück nach Tel Aviv, sondern wollen über Nebenstraßen das palästinensische Bergland durchqueren. Irgendwo hinter Tel el-Sultan und Deir Quruntul biegen wir Richtung Ramallah ab. An einigen Kurven der einsamen, gebirgigen Straße halten wir an und machen Photos möglicher Filmszenen. Dabei beleuchte ich Madeleine mit den Autoscheinwerfern, Als mein Blick einmal hinunter in ein tief eingeschnittenes Tal fällt, entdecke ich ein totes, vertrocknetes Kamel. Bedrohliches Zeichen für die natürliche Gefährlichkeit der Wüste.

Kurz bevor endgültige Dunkelheit einsetzt, bemerke ich, daß wir die Orientierung verloren haben. Nirgendwo ein Straßenschild, das uns den Weg nach Ramallah, Jerusalem oder Tel Aviv weist. Die Karte gibt die Situation nur ungenau wieder, jedenfalls habe ich das Gefühl. Längst fahren wir auf keiner Asphaltstraße mehr. Im Scheinwerferkegel meines Autos sehe ich rauhen, lehmigen Belag. Plötzlich tauchen Lichter auf. Bewohntes Gebiet. Wahrscheinlich bin ich irgendwo zwischen Deir Dibwah und Beitin von der Hauptstraße abgekommen. Nach einer Wegbiegung öffnet sich ein abschüssiger Platz, der eine Sackgasse zu sein scheint. Weiß gekalkte, niedrige Bebauung, Mauern, Palmen und zwei armselige Läden, deren hartes Licht verlockend und bedrohlich zugleich auf die staubige Fläche fällt. Nur eine Straßenlampe, deren Mast bedenklich schief hängt, versucht die nächtliche Szene mit allgemeinem, öffentlichen Licht zu erhellen und ihre Bedrohlichkeit zu verscheuchen.

Vor den beiden Läden sitzen auf Stufen und bankähnlichen Steinblöcken einige verhüllte Frauen. Schrecken jagt mir eine Gruppe jugendlicher Männer ein, die auf der gegenüberliegenden Platzfläche, nahe der Stelle, an der wir zum Halten gekommen sind, herumlungern. Es sind die Typen, die wir als Steinewerfer aus dem Fernsehen kennen. Sie fixieren uns sofort kritisch und aggressiv. Schließlich sind wir Eindringlinge in ihr Revier, und mit unserer Tel Aviver Autonummer befinden wir uns in höchster Gefahr, wie mir sofort klar wird. Bei Dunkelheit als Juden in einem solchen Gebiet zu landen, ist selbstmörderisch. Jedes Jahr kommt es bei ähnlichen Situationen zu Plünderungen, Überfällen und Morden. Als sechs dieser Typen langsam auf unser Auto zutrotten, lasziv mit ihren muskulösen Armen spielend, haben wir das Gefühl, in der Falle zu sitzen. Eigentlich hätte ich Gas geben, das Auto herumreißen und fliehen müssen. Irgend etwas läßt mich wie gelähmt verharren, als wäre ich den fixierenden Augen einer großen Giftschlange ausgeliefert. Hypnotisiert bleibe ich passiv am Steuer sitzen. Die Jugendlichen kommen näher, umstellen unser Auto. Madeleine und Bernd-Michael verriegeln ihre Türen von innen, ich höre das Klicken der Verschlüsse. Ich kann nicht genau sagen, welcher Impuls mich leitet, vielleicht ist es die Erinnerung an das einstige Erlebnis an der palästinensischen Straßensperre, vielleicht auch Todesmut – jedenfalls erwache ich aus meiner Erstarrung, öffne meine Fahrertür und steige ganz ruhig aus.

Verblüfft bleiben die Typen stehen und schauen mich mit großen Augen an. Ich nehme meinen ganzen Mut zusammen und sage jenen Spruch, der mir schon einmal geholfen hat: »We are coming from Germany. Our home is Berlin. We want only to drive through your region and now we have troubles with our direction. Can you help us?«

Überrascht schauen sie sich an. Ihre aggressive Körperhaltung wird entspannter, und einer erwidert in gebrochenem Deutsch: »Ich dort gewesen, in Essen und Herne. Du kennen?« »Ja.« »Ich fahren mit euch und zeigen den Weg.«

Trotz dieser erfreulichen Wendung bleibt mein Grundgefühl von einem gewissen Mißtrauen geprägt, und ich versuche, den vermeintlichen Helfer davon zu überzeugen, daß mir eine Wegbeschreibung genügen würde. Schließlich gibt er nach, zeigt in eine bestimmte Richtung, und jetzt erst entdecke ich den hellen Lichtschein, den die große Stadt Jerusalem gegen die abendlichen Wolken wirft. Madeleine entriegelt die Türen, und ich kann wieder einsteigen. Ich lasse den Motor an und fahre langsam los. Durch das offene Fenster bedanke ich mich nochmals: »Thank you very much. You are living in a wonderful landscape. We want to make a film here.«

»A film?«

»Yes, perhaps we come back next year and you can play this scene again for us.«

»Is that possible?«

»Sure, why not?!«

Jetzt lachen alle und winken uns herzlich hinterher.

Natürlich lasse ich Ramallah rechts liegen und steuere nur Jerusalem an. Als wir später die Autobahn nach Tel Aviv finden und ruhig durch die Nacht gleiten, gestehen wir uns gegenseitig ein, heftige Angst gehabt zu haben.

Glücklich erreichen wir spätabends unser Hotel und setzen uns zur Entspannung noch auf die Terrasse eines Fischrestaurants am Strand. Die Brandung klatscht wie immer in sanftem, beruhigendem Rhythmus auf den Sand. Im Halbdunkel sehe ich dort einige Liebespaare liegen, die aus der Ferne wie Strandgut wirken. Über uns schwarzblauer, friedlicher, orientalischer Himmel. Unterwegs hatten wir zwei Arafat-Tücher gekauft und versuchen jetzt, Madeleine eine Kopfbedeckung zu basteln. Es will uns jedoch nicht gelingen. Im Drehbuch geschieht dieser Vorgang in jenem Beduinenlager, tief in der Wüste, in dem Hannah John wiederfindet.

»Szene 58: In der Mitte des Camps brennt ein großes Feuer. Hannah wandert herum, von neugierigen Kindern begleitet. Sie betrachtet die liegenden Kamele, schaut in ihre Augen. Eingestreute Bilder der Alltagstätigkeiten im Nomadencamp.

Männer, Frauen und Kinder. Sie ist zunehmend verzaubert. Dann das gemeinsame Essen. Sprachliches Kauderwelsch. Ein 16jähriger Palästinenserjunge sitzt neben ihr. Nach einiger Zeit wendet er sich ihr zu und fragt sie mit Gesten, ob sie seine Kopfbedeckung haben will. Sie nickt, und er nimmt sie ab. Sie beugt sich nach vorn, und er windet das weiße Tuch um ihren Kopf. Langsam verwandelt sie sich in eine schöne Orientalin. Der Junge steht auf, nimmt sie an die Hand und führt sie zu einem Kamel, das in der Nähe lagert. Er hilft ihr aufzusitzen. Als sie bequem und sicher sitzt, treibt er das Tier an. Umständlich erhebt es sich. Zunächst mit den Hinterbeinen, dann folgen die Vorderbeine. Hannah genießt den schaukelnden Gang des rätselhaften Tieres. Der Junge führt das Kamel mit der fremden Reiterin zunächst um das lodernde Lagerfeuer und die davor sitzende Nomadensippe, danach vergrößert er seine Kreise und geht mit ihr zwischen den Zelten hindurch. Sie hält sich am Sattelgriff fest und lächelt. Hin und wieder sagt der Junge etwas auf Arabisch, das sie nicht versteht. Manchmal kommt er näher und versucht, ihre nackten Füße zu streicheln. Vorsichtig wehrt sie seine Hand ab. Irgendwann kommen sie wieder zum Lagerfeuer. Sie steigt ab, bedankt sich und zieht sich in ihr Zelt zurück. Der Junge beobachtet sie aus der Ferne mit feurigen Augen.«

Tel Aviv, 20. April 2000

Im Hotel gibt es einen Shabbat-Aufzug, der automatisch in jedem Geschoß hält. Schon ein seltsames Gebot, das rechtgläubigen Juden am Shabbat verbietet, irgendeine Tätigkeit auszüben; selbst das Drücken eines Knopfes, das Entzünden eines Streichholzes oder das Drehen eines Autoschlüssels sind verboten.

Heute habe ich beim Frühstück folgende Szene erlebt: Einzelne Reisende blättern in Zeitungen, Paare unterhalten sich leise, Familien sitzen um größere Tische und werfen sich Bemerkungen zu. Tassen- und Geschirrgeklapper. Lachen. Damit sich alle Geräusche nicht vor absoluter Stille ereignen, hat die Hoteldirektion ganz in amerikanischer Manier einen Raumklang installiert, der leise, nichtssagende Musik aus unsichtbaren Lautsprechern einspielt.

Plötzlich springt ein älterer, grauhaariger Mann auf, deutet nach oben zur Decke und schreit erregt in deutscher Sprache: »Ist es meeeglich, die spiiiielen ,Deitschland, Deitschland iiiiber alles' hiiiierr in diiesem Hooootel. Mann soooolltee es veeerrbieten ... man muuuß esss verrbieeten ... ist es meeeglich!?« Beim letzten Satz überschlägt sich seine Stimme vor Empörung und Verzweiflung.

Alle Gespräche verstummen abrupt, und jeder schaut zur Decke, tatsächlich ist die Melodie des Deutschlandlieds deutlich zu vernehmen, allerdings ohne Text. Der Mann fällt zurück auf seinen Stuhl, schüttelt immer wieder den Kopf und murmelt fast wie Sterbender: »Ist es meeeglich. Ist es meeeglich?!« Sein Blick erstarrt, versteinert sitzt er da, krallt seine Hände in die weiße Tischdecke und blickt in die Ferne. Ich würde ihn gerne fragen, welche Geschichte sich hinter seiner Empörung verbirgt, andererseits kann ich sie mir fast denken. Vielleicht hat er Auschwitz, Treblinka oder Theresienstadt durchlitten und überlebt.

Ober rennen durcheinander, jeder versucht, an die Quelle des Unheils zu gelangen, aber die Sache läßt sich nicht stoppen. Nach wenigen Minuten, als die nächste Musiknummer einsetzt, entspannt sich das Gesicht des Empörten, und ringsum setzen die Gespräche wieder ein. Langsam normalisiert sich die Stimmung im Frühstückssaal, Teller und Tassen klappern wieder, Messer schneiden in Brötchen, Kaffee, Tee und Säfte werden geschlürft, und die allgemeinen Gespräche verschmelzen erneut zu jenem behaglichen Gemurmel, das morgens jeden größeren Hotelfrühstücksraum der Welt erfüllt.

Als ich auf dem Weg zum Aufzug in die Eingangshalle hinaustrete, werde ich Zeuge folgender Szene: Eine schöne, elegant gekleidete, etwa 50jährige Frau steht am Empfangstresen. Zwei Manager in schwarzen Anzügen, weißen Hemden und dezenten Krawatten haben sich links und rechts von ihr aufgepflanzt. Ein dritter Manager hinter dem Tresen legt ihr die offensichtlich sehr hohe Rechnung vor und betont wohl zum wiederholten Mal: »If you don't pay immediatly, you have to leave this hotel today. When not, we call the police.« Die Frau erklärt verzweifelt, daß sie heute einen Scheck aus Amerika erwarte und danach ihre Schulden begleichen könne. Die Manager bleiben unerbittlich.

Während ich in den Aufzug steige, fällt mir ein, daß ich selbst letztes Jahr ein ähnliches Erlebnis hatte. Der Manager bat mich damals um meine Kreditkarte. Nach kurzer Zeit kam er zurück und behauptete, meine Karte sei gesperrt, ich solle sofort das Hotel verlassen. Damals half mir Herr Nagel und sagte, das deutsche Goethe-Institut würde so lange für meine Auslagen haften, bis die Sache geklärt sei. Außerdem war ich ja gesponserter Gast in diesem teuren Hotel, es ging also nur um kleinere Ausgaben. Über zahlreiche Telefonate stellte ich dann fest, daß der Manager recht hatte und meine Karte durch ein Versehen von der Bank gesperrt worden war. Da sich genügend Geld auf meinem Konto befand, wurde das Versehen bis zum Nachmittag rückgängig gemacht, der Manager entschuldigte sich und war mit mir zufrieden. Harte kapitalistische Sitten eben. Jeder weiß es: Nur ein kleiner Schritt trennt uns von der Straße, ohne Kreditkarte und Geld sind wir Ausgestoßene. Niemand hat mehr Respekt und Achtung. Mißtrauisch beobachtet uns die Polizei, beim kleinsten Mißgriff werden wir verhaftet. Für mich bedeutete dieses Erlebnis einen Schock, den ich so schnell nicht mehr vergessen werde. Ich habe mir in den Monaten danach mehrere Scheckkarten zugelegt, so daß ich im Notfall immer auf andere umsteigen kann.

Später, als ich Madeleine und Bernd-Michael in der Halle treffe, ist die elegante Frau spurlos verschwunden. Ich werde nie erfahren, ob sie von der Polizei abgeholt wurde oder in ihrem Zimmer gerade versucht, sich das Leben zu nehmen.

Mir fällt Vicky Baums anrührender Roman *Menschen im Hotel ein*, ich denke an Herrn Kringelein, Flämmchen, an die alternde Ballettdiva Grusinskaja, den zynischen Militärknochen Baron Gaigern und den Fabrikbesitzer Preysing. Hotels sind wirklich ideale Handlungsorte für Romane, Filme und Fernsehserien.

Heute wollen wir noch einmal Richtung Jerusalem fahren, uns an der Kreuzung im Jordantal jedoch nach Süden, Richtung Totes Meer, wenden. Das Wetter ist sonnig und angenehm warm.

Wieder Jerusalem, die Straße hinunter ins Jordantal und dann der Abzweig an besagter Tankstelle. Nach wenigen Kilometern tauchen rechts jene Felsformationen auf, in deren Höhlen 1947 ein palästinensischer Hirtenjunge die später berühmt gewordenen Qumran-Schriftrollen gefunden hat. Heute werden sie im Jerusalemer Museum – im Shrine of the Book – gezeigt. Sie gelten als die ältesten Bibelschriftrollen, die je geborgen wurden. Voriges Jahr im August kam ich hier schon einmal vorbei. Damals flirrte die Luft vor Hitze, und ich stellte mir vor, wie man an diesem Ort als flüchtiger Eremit, als Mönch oder Mitglied der Essener-Sekte von Halluzinationen und religiösen Wahnvorstellungen heimgesucht werden konnte.

Vielleicht sind alle Religionen der Welt in Wirklichkeit Produkte überhitzter Wüstentage, Fata Morganas, und alle Wunder der Bibel nur optische Täuschungen in extrem heißen Landschaften? Ich stelle mir Moses vor, der so lange allein auf dem überhitzten Wüstenberg in der Sonne saß, bis er Dornbüsche brennen und Gesetzestafeln vor seinen Augen herumschwirren sah. Oder die zwölf Jünger: Sie starrten so lange auf eine flirrende Wasseroberfläche, bis sie Jesus darüber wandeln sahen. Ich denke auch an die rabiaten Frauen der Bibel, an Salome und Judith. Vielleicht wurden die pubertären Sexualträume Salomes ebenfalls angestachelt durch zuviel Tageshitze. Während ihr Sehnsuchtsopfer Jochanaan in der kühlen Zisterne dahinvegetierte, lag sie tagsüber auf der Sonnenterrasse. Nachts entluden sich ihre aufgestauten Begierden, und sie steigerte sich in blutig-perverse Todesphantasien hinein. Der abgeschlagene Kopf des Propheten, den sie am Ende küßt, weil der lebendige Jochanaan jede Berührung verweigert hat, wird zum nächtlichen Mondopfer, die verursachende Kraft jedoch ist in der Sonnenglut zu suchen.

Auch Judith wird durch die Wüstenhitze zu ihrer Tat angestachelt. Ohne die verwirrende Wirkung des gleißenden Lichtes hätte sie vielleicht niemals den Mut aufgebracht, Holofernes den Kopf abzuschlagen.

Ich überlege, ob ich meinen Reisegefährten von meinen Gedanken berichten soll, aber ich ziehe es vor zu schweigen. Gebannt schauen wir nach draußen und sehen auf der östlichen Seite des Tales die dunstigen Berge Jordaniens auftauchen.

Der Verlauf des Jordan-Flusses ist kaum zu erkennen. Ich habe gelesen, daß ihm in den letzten Jahren unterwegs soviel Wasser entzogen wird, daß das verbleibende Rinnsal kaum noch in der Lage ist, das Tote Meer zu versorgen. Es trocknet langsam aus, und in einigen Jahrzehnten wird es wahrscheinlich ganz verschwunden sein. Als rechts von uns der Bergkegel von Masada auftaucht, frage ich: »Was meint ihr, sollen wir hochfahren? Es gibt eine Seilbahn. Ich war letztes Jahr oben.« Madeleine erwidert nachdenklich: »Also ich würde lieber im Toten Meer schwimmen gehen. Mich interessiert es, die berühmte Wirkung zu überprüfen.« Bernd-Michael ergänzt: »Ich schließe mich an. Berg oder Meer, mir ist alles recht!«

Darauf erzähle ich kurz von meinen Masada-Kenntnissen: »Eigentlich wußte ich bis vor zehn Jahren nichts von Masada. Erst als ich damals zufällig die Uraufführung von George Taboris »Masada«-Stück in Graz erlebte, wurde ich auf die Geschichte aufmerksam. Im Programmheft las ich über die 1000 jüdischen Zeloten, die sich nach der Zerstörung Jerusalems durch die Römer auf der Flucht hier verschanzt hatten. Die Bergfestung schien uneinnehmbar, aber die Juden rechneten nicht mit der Hartnäckigkeit der römischen Belagerer. Mit unglaublichem Arbeitsaufwand bauten römische Soldaten innerhalb von zwei Jahren ein Rampensystem an die weniger steile, rückwärtige Seite des Bergkegels. Kurz bevor die Belagerer in das Bergversteck eindrangen, nahmen sich alle Juden kollektiv das Leben, um nicht in die Hände der verhaßten Römer zu fallen.«

Madeleine: »Eine spannende Geschichte. Ich werde das Stück einmal lesen. Von Tabori kenne ich eigentlich nur *Mein Kampf*. Unglaublich böse und sarkastisch!«

Ich: »Genau. Das ist eben der jüdische Witz, der uns heute so fehlt. Unvergeßlich sein *Wien im Zwielicht*, Hitler als erfolgloser Postkartenmaler und Schwadroneur im Wiener Nachtasyl. Großartig!«

Die Landschaft rings um das Tote Meer gehört zu den radikalsten, die ich je gesehen habe. Totes Meer, Dead Sea – jüdisches Death Valley, ein Tiefpunkt im wahrsten Sinne des Wortes. An keiner Stelle der Erde kommt man als Autofahrer oder Wanderer tiefer unter das Meeresniveau als hier. Auch radikal im Wortsinn: kahl, kahl, soweit das Auge reicht. Monumentale, blasse Kalkfelsen, Abbruch-Verwitterungsböschungen, verworfene Hügel mit Sandablagerungen. Fast monochrom in bleichem, gelblichem Ocker leuchtend. Die Straße zieht unerbittlich, dem Sonnenlicht ausgeliefert, ihre Bahn. Keine Palme spendet Schatten. Hier können keine Tiere noch Pflanzen leben. Diese Welt ist wirklich tot!

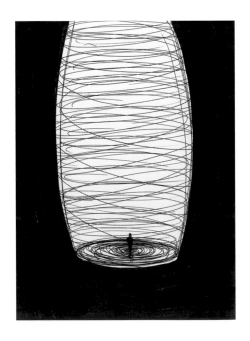

Eine Mondlandschaft, nicht grau, aber genauso ausgestorben. Vielleicht eine Vision wie die Erde in 20 oder 50 Jahren einmal aussehen wird, wenn alle Bodenschätze verheizt und alle Bäume zu Möbeln, Häusern und Papier verarbeitet worden sind.

Im Süden glänzt die Wasserfläche träge und wellenlos wie eine Geleemasse. Fast nirgendwo ist es möglich, an das Ufer des 80 Kilometer langen Meeres zu gelangen. Nur an einigen wenigen Stellen gibt es Parkplätze mit Gebäuden, meist Hotels oder Restaurants. Auf der Hälfte der Ufer-Gesamtstrecke, in Ein Gedi, biegen wir zu einem dieser Parkplätze ab und kaufen uns Badetickets. Nachdem wir unsere Schwimmkleidung angezogen haben, gehen wir hinunter ans Ufer. Unterwegs begegnen wir lehmverschmierten Patienten, die in dunklen Bodenlöchern liegen. Nur ihre Gesichter haben sie ausgespart, die gesamte restliche Haut ist so verdreckt, daß ich an Schweine denken muß, die sich im größten Dreckloch der Gegend suhlen.

Madeleine watet als erste von uns in das unappetitliche, schmierige Meeresnaß, das irgendwie künstlich wirkt. Ich muß mich ziemlich überwinden. Bernd-Michael zögert am längsten. Als ich bis zum Bauchnabel in der widerlich warmen Brühe stehe, überkommt mich ein Ekel, wie ich ihn aus Thermalbädern kenne. Für mich muß Wasser kühl und erfrischend sein. Ich hasse auch Badewannen. Das hier ist eine monumentale Badewanne. Dann lasse ich mich umsinken und stelle fest, daß ich tatsächlich ohne die geringste Schwimmbewegung vom Wasser getragen werde. Um mich herum menschliche Leiber, die wie aufgedunsene Wasserleichen an der Oberfläche treiben. Zehnmal mehr Salz als im Mittelmeer macht dieses Phänomen möglich. Während ich auf dem Rücken im Wasser liege, betrachte ich die blau-dunstigen Berge Moabs, die sich auf der gegenüberliegenden östlichen Seite bis auf eine Höhe von über 1000 Metern erheben. Sie gehören zu Jordanien. Die Grenze zwischen beiden Ländern verläuft genau in der Mitte des Toten Meeres.

Madeleine schwimmt weiter hinaus als wir. Sie begeistert sich am meisten von uns für das Wasser und genießt das merkwürdige Gefühl des Schwebens. Leider liegt meine Kamera im Auto, sonst hätte ich jetzt einige gute Photos machen können. Trotzdem beschließe ich, daß hier keine Filmszene spielen wird, die Landschaft ist mir in diesem Zusammenhang zu touristisch verseucht. Nachdem wir ausführlich geduscht haben, um das Salz von der Haut zu bekommen, steigen wir etwas ermattet in unser Auto und fahren bei voll eingeschalteter Klimaanlage weiter in Richtung Süden. Hinter Sodom sehen wir die Versickerungszone des Meeres, eine weiße Salzwüste, aus der sich immer wieder Salzhügel und Salzsäulen erheben, die mich an die biblischen Ereignisse von Sodom und Gomorrha denken lassen, an Menschen, die zu Salzsäulen erstarren, und an den Extremismus von Gefühlen und Lebensformen. Wilderness of Judäa. Hinter den Bergformationen, die sich im Westen erheben, liegen Hebron und Tel Aviv.

Dann verlassen wir die Salzregionen und dringen in die eigentliche Wüste Negev ein, die ein Teil der Wüste Sinai ist. Steine, Steine, Steine. In den Senken und Mulden liegen sie milliardenfach. Steinmeere. Steinwüsten. Manche kilometerbreite Mulden sehen aus wie Mondkrater, die durch Meteoriteneinschläge entstanden sind. Steine, Steine, Steine. Dazwischen Sand, glühend und unerbittlich. Ab und zu entdecke ich am Fuß steiler Abhänge ausgebrannte Autowracks. Denkmäler mißglückter Ausflüge. Man ließ die Metallskelette einfach liegen. Irgendwann wird der Sand sie bedeckt haben.

Wir halten auf einer Paßhöhe und sind uns einig: Dieses Gebiet ist ideal für unseren Film, wie dafür geschaffen. Ich habe noch nie einen Film gesehen, der hier spielt. Vielleicht ist es auch verboten, hier zu drehen, da weiter südlich die geheimen israelischen Militäranlagen mit Atomwaffen versteckt liegen. Die Sicherungen sind so raffiniert und weitläufig, daß niemand Genaueres darüber weiß. Für uns bleibt ein diffuses Gefühl der Bedrohung: In der schönsten Landschaft schlummern die gefährlichsten Waffen der Welt.

Einmal im Jahr soll es hier so stark regnen, daß gewaltige Flüsse und Wasserfälle aus den Wüstenbergen herabstürzen. Manchmal werden Autos von den Straßen gespült, und Menschen ertrinken in den Fluten. Unvorstellbar, jetzt, in dieser Trockenheit und Hitze, die heute allerdings erträglich ist. Unser nächstes Ziel ist die Universitätsstadt Beersheva, mit über 200 000 Einwohnern die Hauptstadt der Wüste Negev. Wir kämpfen gegen aufkommende Müdigkeit an. Radikale Eintönigkeit hat ihren Preis. Bernd-Michael und ich lösen uns beim Fahren ab. Madeleine besitzt keinen Führerschein.

Am Nachmittag entdecke ich – einige Kilometer hinter Dimona – im Süden eine große Staubwolke. Nach längerem Beobachten identifiziere ich eine Karawane. Eine Reihe von ungefähr 50 Kamelen, einige Esel und Ziegen, dazu Beduinen in langen Gewändern. Ich bin überwältigt. Meine erste Karawane! Da die Beduinen uns entgegenkommen, nehme ich an, daß sie den Markt von Beersheva besucht und dort ihre Waren verkauft haben. Ich hätte ihnen gerne ein Kamel abgekauft, einfach so. Es muß schön sein, mit so einem Tier durch die Wüste zu reiten. Natürlich hätten wir es auch in unserem Film eingesetzt.

Beersheva als Stadt ist gewöhnungsbedürftig. Die Straßen scheinen ausschließlich nach funktionalen Gesichtspunkten angelegt worden zu sein, die Häuser wirken nüchtern und häßlich, nicht besonders südlich oder mediterran. Es gibt kaum malerische Ecken. Eine moderne, geschäftsmäßige Stadt, ohne den Charme einer Oase.

Als wir an der zentralen, staubigen Marktfläche vorbeikommen, sehen wir dort noch Müllberge und Abfalltonnen herumstehen. Der Beduinenmarkt ist das Ereignis der Woche. Schade, daß wir ihn verpaßt haben.

Da die Universität im Reiseführer als bemerkenswert beschrieben wird, steuern wir das Campusgelände an, parken auf einem übergroßen, unwirtlichen Parkplatz und gehen kurz zwischen den Institutsgebäuden herum. Ich: »Das ist ja alles ziemlich ernüchternd. Mich hätte vor allem der Beduinenmarkt interessiert.«

Madeleine: »Wir müssen ihn in jedem Fall in unserem Film einbauen. Er ist bestimmt sensationell.«

Etwas enttäuscht verlassen wir die Stadt in Richtung Süden, tauchen noch weiter in die Wüste Negev ein. Unser Ziel ist Nizzana an der ägyptischen Grenze. Von dort wollen wir auf der israelischen Seite bis zum Gazastreifen hochfahren und Tel Aviv ansteuern. Links und rechts weisen immer wieder Schilder zu Kibbuzzim, die mitten in der Wüste liegen: Haluza, Rehovot und Shivta. Leider taucht keine Karawane mehr auf.

Beim Fahren fällt uns auf, daß wir jetzt gegen Abend vollkommen allein unterwegs sind. Weit und breit kein anderes Auto mehr. Bei Sonnenuntergang erreichen wir die Grenze. Merkwürde Leere und Stille, fast gespenstisch und bedrohlich. Die Station scheint geschlossen zu sein. Wir biegen nach rechts auf die Straße ein, die wir auf der Karte ausgesucht hatten, werden jedoch nach wenigen 100 Metern von einem Schlagbaum, den zwei junge, schwer bewaffnete israelische Soldaten bewachen, aufgehalten. Einer der Soldaten tritt an unser Auto und bittet uns auszusteigen. Der andere sichert den Vorgang mit seinem Maschinengewehr aus etwa 20 Metern Entfernung. Wir befolgen seine Anweisung. Er fragt: »What do you want here?«

»We want to drive on this route to Tel Aviv. We come from Germany and work in Tel Aviv for the Goethe-Institut. We make there an exhibition with the title ›Prometheus‹«

»Very interesting, but you can't drive on this route without a gun.«

Ich bin verblüfft und erwidere: »Okay, then give us a gun and then we can drive.«

»This is very difficult.«

Er geht zu seinem Kameraden hinüber, ohne uns aus den Augen zu verlieren. Nach einem kurzen Wortwechsel kehrt er zurück und teilt uns mit: »We will call our officer. When he accepts, then you can drive.«

»Okay.«

Er geht zurück und verschwindet in seinem mit Sandsäcken gesicherten, bunkerartigen Unterstand. Die Minuten vergehen. Nach einer Viertelstunde kommt er zurück. Inzwischen ist es dunkel geworden. Er tritt freundlich vor uns hin, immer noch das Maschinengewehr im Anschlag.

»Sorry, but the officer doesn't accept the suggestion. You have to drive back and take the normal route to Tel Aviv.«

»Why can we only drive here with a gun?»

»Because the Egypts sometimes shoot on passing cars.«

»And then we have to shoot back?«

»Perhaps.«

Wir verabschieden uns herzlich, und ich bedaure, die Szene nicht gefilmt zu haben. Sie hatte etwas bedrohlich Surreales. Noch nie habe ich mich kriegerischen Handlungen so nah gefühlt, und eigentlich sind wir ganz froh, den Gefahren einer Grenzfahrt nicht wirklich ausgesetzt worden zu sein. Leider müssen wir zurück bis Beersheva und von dort über Qiryat Gat nach Tel Aviv. Erst gegen Mitternacht erreichen wir unser Hotel. Ein anstrengender, ereignisreicher Tag!

Tel Aviv, 21. April 2000

Nach dem Frühstück fahren wir gemeinsam hinaus zum Elektrizitätswerk im nördlichen Stadtteil Bene Beraq. Die Durchquerung der Stadt, vorbei an Hotels und Wohnhochhäusern, an Verwaltungssilos und sonstigen häßlichen Bau-Ungetümen, ist mir von meinen letzten Aufenthalten in Tel Aviv geläufig. Das Auto stellen wir auf einem außerhalb des eigentlichen Firmengeländes gelegenen Parkplatz ab. Er grenzt an einen Fluß, der sich hier, aus dem Landesinnern kommend, ins Meer ergießt. Wahrscheinlich war das kühle Flußwasser der ursprüngliche Grund dafür, daß an dieser Stelle ein Kraftwerk errichtet worden ist. Am Ufer sehe ich einige Angler sitzen, kann jedoch beim Anblick des dürftigen Wasserrinnsals nicht an eine erfolgreiche Fischjagd glauben. Vielleicht sind die Angler in Wirklichkeit getarnte Überwacher und Detektive?

Der gesamte Kraftwerkkomplex ist von mehreren, verschieden hohen Maschendrahtzäunen mit darüber gelegten Stacheldrahtrollen umgeben. Wachttürme mit großen, drehbaren Scheinwerfern, die an den Eckpunkten stehen, geben der Anlage das Aussehen eines Gefängnisses. Selbst zum offenen Meer hin entdecke ich Sicherheitszäune.

Um das Gelände zu betreten, müssen Besucher – so auch wir – eine schwer bewachte Pforte passieren. Jedesmal die gleiche, strenge Prozedur mit Telephonanrufen (wohin nur?), genauen Paßkontrollen und Photogesichtsvergleichen. Obwohl uns die Männer eigentlich kennen müßten, spielen sie immer aufs neue die Unwissenden und behandeln uns wie fremde, möglicherweise gefährliche Eindringlinge.

Das uns zur Verfügung stehende Gebäude – ein Art-déco-Bau aus der Pionierzeit des Landes – steht renoviert und weiß leuchtend mitten auf einer grünen, frisch gemähten Rasenfläche, über die den ganzen Tag ein leichter Wasserregen aus eingebauten Sprinklerdüsen niedergeht. Auf der Wiese, direkt vor dem pompösen Portal, schaukeln schlanke Palmen im Wind. Wir gehen auf das Gebäude zu, wahrscheinlich streng beobachtet von zahlreichen Überwachungskameras, und steigen die breite Eingangstreppe hinauf, die in den Portalbereich eingelassen ist.

Die alte Werkshalle begeistert mich auch heute. Eine Stahlbetonkonstruktion, die sich großzügig, weit und hell über stillgelegte, rostig-rote Maschinenblöcke wölbt. Ein metallisches Adern- und Rohrsystem zieht sich über die Wände wie eine rätselhafte, noch zu entschlüsselnde Riesenzeichnung. Die Kolosse atmen nicht mehr, durch die Rohre fließt kein Blut und kein Strom. Eine Industrie-Mumie.

Im ersten Stock liegt über der Eingangshalle ein Schaltraum – vielleicht das ehemalige Gehirn der Anlage –, der aus Fritz Langs Film *Metropolis* stammen könnte. Unzählige Armaturen, Hebel und Schaltknöpfe wuchern über schneeweißen Marmorplatten vom Boden bis zur Decke. Von einem zentral stehenden Tisch aus konnte ein Ingenieur das Stromentstehungsgeschehen lenken wie ein gottgleicher Feldherr. Durch die halbrunde Grundrißform hat der Raum zusätzlich die Anmutung einer kirchlichen Apsis und spiegelt damit das expressive Technikpathos der Entstehungszeit wider.

Natürlich blinkt heute kein Licht mehr, keine Hebelbewegung würde Folgen haben, keine Anzeigenadel zittert, keine Zahl leuchtet auf, die Armaturen sind tot. Nicht einmal die große, runde Uhr lebt noch, ihre Zeiger sind auf halb eins stehen geblieben.

Einmal habe ich einen Blick auf die Rückseite der Schalterwände geworfen und Tausende von Kabeln entdeckt, die dort wie eng verschlungene Eingeweide schweigend vor sich hin verwesen.

Es war eine gute Idee des Direktors, unseren Vorbereitungsraum hierher zu verlegen. Durch ein milchiges Oberlicht fällt genügend Licht ein, und große Tische in der Mitte ermöglichen es uns, alle wichtigen Pläne darauf auszubreiten. Gemeinsam gehen wir durch die Ausstellungshalle. Die Grundbauten stehen, der Spiegelraum, der Sternenraum mit dem Apoll von Belvedere und einem davor schwebenden Astronauten. Die Venus von Milo, Batman und Christus. Herkules und Marlene Dietrich. Auch die Allee der Comicfiguren ist fertig: von Mickey Mouse bis Onkel Dagobert. Alle Objekte – die Gipsabgüsse, Kunststoff-Figuren und großen Digitalphotos – sind letzte Woche, in Containern verpackt, aus Berlin eingetroffen.

Wir besprechen Details, klären Anschlüsse und überprüfen die wichtigsten Blickachsen. Mir ist es immer besonders wichtig, daß die Besucher auf große, eindrucksvolle Bilder zugehen und von ihnen angezogen werden. Damit erhält jeder Weg ein Ziel, bleibt spannend und verliert sich nicht im beliebigen Einerlei.

Gegen Mittag taucht der Direktor auf und begrüßt uns freundlich. Ein älterer, strenger Herr, der unser Projekt von Anfang an mit viel Wohlwollen unterstützt hat. Ich kenne ihn bereits von meinen letzten Besuchen. Nachdem wir mit ihm durch die neuesten Raumbilder der Ausstellung gegangen sind, lädt er uns zum Essen in die Kantine ein. Wir nehmen gerne an. Auf dem Weg zum separat stehenden Kantinengebäude zeigt er uns einen Bunker, der genau vor unserer Halle, unter der schmucken Wiese, im Boden versteckt liegt. Die Wände des Betoninnenraums, den wir über enge Treppen und zwei luftdicht abschließende Stahltüren betreten, sind weiß gestrichen. Zu unserer Überraschung erkennen wir im harten Neonlicht schwarze jüdische Ritualgegenstände, die so verkohlt aussehen, als hätten sie bereits mehrere Luftangriffe überstanden.

Der Direktor erläutert: »This is our synagogue and our shelter also. In Tel Aviv you can find a shelter under each house. Every day it is possible, that rockets hit them.«

Mich erinnern die rätselhaften Wandobjekte an eine Installation von Joseph Beuys. Ich kann sie genauso wenig verstehen. Geheimbund-Überlegungen. Privat-Mythologie-Gedanken. Nur derjenige, dem die Bedeutungen bekannt sind, gehört dem Bund an.

Wir steigen wieder hinauf auf Wiesen-Niveau, und der Direktor erzählt, wobei er Richtung Meer und Brandung zeigt (ich gebe der Einfachheit halber die nächsten Sätze in Deutsch wieder): »Vor über zehn Jahren wurde das Elektrizitätsgebäude vom Meer her mit einem Schnellboot angegriffen. Aber die wachhabenden Soldaten erschossen alle sechs Palästinenser, bevor sie ihre Handgranaten zünden konnten. Danach wurden die Zäune und Überwachungsanlagen ausgebaut.«

Wir betreten die gut besuchte Kantine, und der Direktor redet weiter: »In Israel sind fast alle Direktoren, Bürgermeister und Minister ehemalige Generäle. Da jeder Neueinwanderer zunächst in der Armee dienen und hebräisch lernen muß, ist die Armee der gesellschaftliche Ort, an dem die Nation zusammenwächst. Ohne die allgemeine Wehrpflicht blieben die verschiedenen Immigrantengruppen aus der ganzen Welt möglicherweise unter sich, ein disparates, nie zusammenwachsendes Menschen- und Gesellschaftskonglomerat wäre die Folge.«

Während des Essens erzählt uns der Direktor seine Lebensgeschichte, die ich ins Drehbuch einarbeiten werde, da sie mir so typisch für das Land vorkommt:

»Ich wurde in Tallinn geboren. Zu Hause sprachen wir estnisch und jiddisch. Später, als die Russen ins Land kamen, wurden wir diskriminiert, mußten russisch lernen. Erste Progrome erschreckten uns zu Tode. Da ich das kommunistische

System haßte, beschloß ich, nach Israel auszuwandern. Vorher studierte ich noch Ingenieurwissenschaften und heiratete. In Israel angekommen, mußten wir beide – meine Frau und ich – zunächst drei Jahre zum Militär, wie alle Neuankömmlinge. In dieser Zeit lernte ich hebräisch, danach habe ich diesen Job bei den israelischen Elektrizitätswerken bekommen. Meine beiden Söhne wurden in Israel geboren und schwärmen heute hemmungslos für Amerika. Sie reden untereinander fast nur englisch. Tagsüber spreche ich hebräisch, abends beim Essen versuchen meine Frau und ich, uns auf jiddisch, manchmal auch estnisch zu unterhalten, meine Söhne reden nur englisch mit uns. Nachts, wenn ich im Bett liege und einschlafen will, weiß ich nicht mehr, wer ich bin und in welcher Sprache ich träumen soll. Israel ist für mich, wie für viele meiner Zeitgenossen, der Definitionsort meiner Identität. Ohne Israel würde sich mein Ich ganz auflösen.«

Wir hören ihm gebannt zu, essen nebenher gebratene Hähnchen mit Reis – koscher oder nicht, wer weiß? – und beobachten ringsum die kauenden Arbeiter und Angestellten des Elektrizitätswerks. Typische Kantinenatmosphäre mit langen Tischen, Ausgabetresen und Abgaberegalen wie überall auf der Welt.

»Ich bin gespannt auf die Reaktionen, die unsere Ausstellung in Israel auslösen wird«, sagt der Direktor und schaut aus dem Fenster. In der Ferne, hinter dem Zaun, sehen wir den Sandstrand an der Stadtsilhouette Tel Avivs vorbeiziehen. Ein Postkartenblick. Schön, friedlich und harmlos.

Am Abend beginnt der Shabbat. Rechtzeitig verlassen wir das Gelände wieder. Nach einer kurzen Ruhepause im Hotel fahren wir – Madeleine, Bernd-Michael und ich – nach Jaffa, wo wir bei Hans-Jürgen Nagel zu Hause eingeladen sind. Nagels Haus liegt auf einem Hügel in der Altstadt von Jaffa. Vor allem für jüdische Intellektuelle und Künstler ist es heute schick, mitten unter Arabern zu wohnen. Jaffa verkörpert als Stadt genau das Gegenteil von Tel Aviv. Die Häuser sind in der Mehrzahl aus Naturstein gebaut und teilweise sehr alt. Es gibt malerische Gassen und Plätzchen, Freitreppen, Türme, Erker, Bazare und enge Cafés. Aus der Ferne wirkt der Stadtteil wie eine alte Seeräuberfestung. Selbst der kleine Hafen, den wir aus Nagels großem Wohnhallenfenster sehen, verströmt die Aura eines romantischen Piratennests.

Nachdem wir die lange, einläufige Steintreppe in den ersten Stock hinaufgestiegen sind, begrüßt uns freundlich lächelnd Nagels indische Ehefrau. Sie ist unglaublich schön, und in ihrem blau gemusterten Sari paßt sie wie angegossen in meine orientalische Stimmung. Daß sich dabei verschiedene Kulturen in meinem Kopf schamlos mischen, ist mir klar, aber in diesem Augenblick vollkommen gleichgültig.

Es sind noch andere Gäste eingeladen. Ich nehme auf einem Bodenkissen Platz neben einem Mann um die 40, der mir sofort erzählt, daß er an der Universität von Beersheva den Lehrstuhl für deutsche Filmwissenschaften inne hat. Ich staune und denke: Was es nicht alles gibt! Er erzählt mir auf englisch, welche Filme er analysiert und kommentiert hat. Sein Spezialgebiet ist die Filmproduktion vor und während der Nazizeit. Mich interessiert vor allem, ob und wie der deutsche Film vor 1933 den Nationalsozialismus vorbereitet hat. Fritz Lang steht im Zentrum: seine *Nibelungen*-Filme, *Metropolis* und *M*.

Leider formuliert er seine Gedanken so kompliziert und labyrinthisch, daß ich ihm kaum folgen kann. Ein typischer, monologisierender Wissenschaftler, der wenig Lust zum Dialog hat. Vielleicht haßt er uns Deutsche auch. Wird hier dem einstigen Antisemitismus ein Antigermanismus entgegengesetzt? Ich habe ein unangenehmes Gefühl und schweige, obwohl ich alle von ihm erwähnten Filme natürlich gut kenne und mich seine Untersuchungsergebnisse brennend interessieren würden. Ich könnte ihm von meiner Arbeit mit der Deutschen Kinemathek in Berlin berichten, vom Entwurf und Bau des Filmmuseums, diversen Aufsätzen über den expressionistischen deutschen Film und über Filmarchitektur. Als wir unseren gestrigen Besuch auf seinem Universitätscampus erwähnen, verzieht er sein Gesicht zu einer Grimasse, wehrt ab und stellt eine Gegenfrage: »Do you know Dan Diner?«

»Yes, the name«, antworte ich, und Amos, der unserem Gespräch gelauscht hat, schaltet sich ein: »Ein faszinierender Mann. Ich will ihn morgen anrufen und ihn darum bitten, im Rahmen unserer Ausstellung einen Vortrag zu halten. Das habe ich seit längerem geplant. Die Universität von Tel Aviv ist nicht so weit von unserem Elektrizitätswerk entfernt. Wir werden ihn besuchen, wenn er im Lande ist.«

Ich bin begeistert über soviel Gastfreundschaft. In der einsetzenden Gesprächspause stehe ich auf und schaue mich um. Wir sitzen in einer doppelgeschossigen Wohnhalle, ein großes Fenster öffnet sich über die Altstadtdächer Jaffas, in der Ferne glänzt das nächtliche Mittelmeer. Teppiche auf dem Boden und an den Wänden geben dem Raum jene orientalische Atmosphäre, die mich schon beim Eintreten verzaubert hat. Außer uns sind noch etwa zehn Gäste versammelt. Madeleine hat wieder ihr langes, weißes Kleid an und sitzt malerisch hingelagert neben einem dunkelhäutigen Mann, der eifrig auf sie einredet.

Einige Gäste helfen Nagels Frau in der Küche und bringen jetzt Tabletts mit belegten Brötchen und orientalischem Beiwerk herein. Wir setzen uns eine Zeitlang an einen größeren Tisch, der im Raumbereich neben der hohen Halle steht. Während des Essens unterhält sich Madeleine mit Nagels Frau. Die beiden passen gut zusammen, denke ich und beobachte sie aus den Augenwinkeln.

Hans-Jürgen Nagel setzt sich neben mich und erzählt: »Nach meinem Studium in Deutschland war ich zunächst Kulturdezernent der Stadt Bonn. Mein Hauptinteresse galt und gilt der Musik. Ich wäre gern Dirigent geworden.«

Ich tröste ihn und sage: »Es ist doch auch nicht schlecht, hier in Tel Aviv Goethe-Institutsleiter zu sein.«

Nagel: »Ja, das stimmt schon. Vorher war ich Institutsleiter in Kalkutta. Dort habe ich auch meine Frau kennengelernt. Heute besteht meine Haupttätigkeit im Sprachunterricht. Die Kultur kommt erst an zweiter Stelle.«

Plötzlich steht er auf und sagt zu mir: »Ich habe uns übrigens morgen bei Hannah Munitz angemeldet. Sie ist die Intendantin des Tel Aviver Opernhauses – das einzige Opernhaus im Nahen Osten. Erst in Kairo steht das nächste. Wir treffen uns um 15.00 Uhr, Leonardo da Vinci Street 28.«

Nachts wandern wir zu dritt noch eine Weile durch die engen Gassen Jaffas, schauen ab und zu von außen in eins der hell erleuchteten Cafés hinein und beobachten die dort lagernden Männer beim Rauchen ihrer Wasserpfeifen.

Tel Aviv, 22. April 2000

Den Vormittag verbringen wir – Bernd-Michael und ich – wieder im Elektrizitätsgebäude und sprechen mit den Handwerkern. Madeleine besucht unterdessen allein die Stadt, vielleicht auch den Strand.

Am Nachmittag stehe ich zur angegebenen Zeit vor dem Opernhaus. Rings um mich lärmiger Stadtverkehr, stinkend und nervig wie überall. Ich stelle mir als Kontrastprogramm die Klanggebäude der Opernkomponisten vor, lege in Gedanken Siegfrieds Tod über das Tuckern, Tosen und Hupen der Autos. In diesem

Moment tritt Herr Nagel neben mich, und gemeinsam gehen wir zum Verwaltungseingang. Die Haupttore des Opernhauses sind verschlossen, im Augenblick scheint es kein Programm zu geben. An der stark gesicherten Pforte fragen wir nach Hannah Munitz. Erst nach zahlreichen Telefonaten werden wir eingelassen. Frau Munitz ist eine fröhliche, nicht mehr ganz junge, sehr opernhafte – man könnte auch sagen operettenhafte – Frau, die uns überschwenglich begrüßt. Die Wände ihres Büros sind mit Aufführungsphotos und Künstlerporträts übersät. Viele tragen schwungvolle Unterschriften und Widmungen. Ich lese berühmte Namen darunter.

Nach einem kurzen Kaffee schlendern wir gemeinsam durch das Haus. Frau Munitz hat sich eine rote Federstola über die Schultern geworfen, Herr Nagel mit seinem verknitterten Jackett wirkt daneben fast bescheiden, wie ein verbummelter Künstler. Ich gehe hinter den beiden, bewundere die Größe von Bühne und Zuschauerraum und staune über die barock-expressiven Foyereinbauten von Ron Arad. Die meisten der hier gezeigten Inszenierungen werden in Europa eingekauft, ganz wenige selbst produziert.

Hannah Munitz: »Nur eine Sache geht in Israel nicht: Richard Wagner bleibt tabu. Unser Grundgesetz verbietet den *Ring des Nibelungen* und alle anderen Werke dieses Komponisten. Auch Richard Strauss wird nicht gern gesehen. Aber es gibt ja genügend andere Opern, die gespielt werden können.«

Ich denke an Daniel Barenboim, der dieses Tabu schon mehrfach durchbrochen und *Siegfrieds Tod* in Jerusalem und Ramallah aufgeführt hat. Ein wirklich mutiger Mann! Vielleicht sollte ich in meinem Film auch Wagner-Musik verwenden, schon der Provokation wegen: Während der Fahrt auf der »schönsten Straße der Welt« erklingt die Ouvertüre zu Lohengrin. Warum nicht?

Abends bin ich mit Madeleine bei Amos Dolav zu Hause eingeladen. Er wohnt in einem zweigeschossigen, weißen Hauskubus, der Teil einer größeren, bauhäuslerischen Siedlung ist. Angenehme, gemütlich-familiäre Atmosphäre. Die Ehefrau von Amos stammt aus Moskau und war früher Tänzerin. Die beiden haben ein gemeinsames Kind. Beim Essen erzählt Amos, nachdem ich ihn danach gefragt habe, etwas wortkarg von seinen diversen Kriegserlebnissen: »Ich war früher Pilot und habe in drei Kriegen gekämpft.«

Ich frage: »Und, hast du schon Menschen erschossen?«

Amos »Ja. Es herrschte Krieg.«

Ich: »Wie viele?«

Amos: »Darüber will ich nicht reden.«

Schweigen.

Amos weiter: »Mein Vater ist bei einem Attentat ums Leben gekommen, er wurde von einer Bombe zerfetzt. Ich habe ihn gesehen.«

Jetzt schweigen wir alle gemeinsam. Dann schlägt Amos vor: »Laß uns über Jerusalem sprechen.«

Ich: »Gut. Aber ich weiß bereits, was du darüber denkst.«

Amos: »Ich hasse diese Stadt. Sie ist reaktionär und furchtbar. Unser Unglück. Tel Aviv dagegen bedeutet unsere Zukunft. Nur hier kann ich leben.«

Ich: »Laß uns über die Archäologin sprechen. Wir haben am Wochenende Spielorte am Toten Meer, in Jericho und in der Wüste Negev angeschaut. Ich brauche noch einen Schauspieler für den John.«

Amos greift nach einigen Ordnern, die hinter ihm im Regal stehen, und zeigt mir mögliche Darsteller, mit Photos aus bisherigen Filmen. Ich staune, daß ich keinen von ihnen kenne. Die israelische Filmproduktion hält sich in engen Grenzen. Wenige Werke erreichen ein internationales Publikum.

Madeleine schaltet sich ein: »Der hier gefällt mir.« Sie deutet auf auf das Photo eines schnauzbärtigen Mannes.

Ich: »Ja, aber eigentlich ist er zu sympathisch. Er müßte fieser sein.«

»Bestimmt kann er auch Fchislinge spielen.«

Amos wendet ein: »Dieser Schauspieler ist sehr bekannt in Israel. Ein Star. Er spielt fast immer den Verführer. Ein Charmeur.«

Ich: »Diese Frauen: Immer suchen sie sich den falschen Mann aus!«

Madeleine: »So ein Quatsch. Auch ein Charmeur kann einen Fiesling spielen.«

Ich: »Aber er bleibt ein Charmeur. Die Frage ist: Will er als Frauenliebling überhaupt einen Fiesling spielen?«

Amos: »Das könnte schon ein Problem sein.«

Ich: »Eben.«

Madeleine: »Ich muß mich ja auch verwandeln. Das könnte er genauso.«

Ich: »Du läßt nicht locker.«

Madeleine: »Nein.«

Tel Aviv, 23. April 2000

Wieder verbringen wir den Vormittag im Elektrizitätswerk. Madeleine begleitet mich. Nachmittags holt uns Amos Dolav ab, und wir fahren zu dritt in die Universität, um Dan Diner zu besuchen. Ich weiß, daß er viele Bücher über historische Themen, vor allem über das Deutschland des 19. und des 20. Jahrhunderts, veröffentlicht hat. Er empfängt uns überaus freundlich. Amos und er duzen sich sofort, obwohl sie sich zum ersten Mal begegnen. Dabei erfahre ich, daß sich in Israel alle Menschen duzen wie in England und Amerika auch.

Amos: »Ja, das ist hier normal. Wir gehören alle zusammen, sind Teil des ›auserwählten Volkes‹.«

Während des Gesprächs sitzen wir in Diners Studierstube, die – wie es sich gehört – vom Boden bis zur Decke mit Büchern vollgestopft ist. Auch auf den Tischen, Stühlen und Sesseln stapeln sich die Bücherberge. Um uns setzen zu können, müssen wir zunächst Plätze freiräumen. Ich fühle mich hier sofort wie zu Hause.

Zunächst erzählen wir Diner von unserer Ausstellung. Er findet das Thema »Menschen-Ideal-Bilder« äußerst spannend und will unbedingt einen Text zu unserem Projekt beitragen. »Vielleicht kann ich ein Seminar für meine Studenten daraus machen. Am besten eine Austauschgeschichte. Wie Sie vielleicht wissen, unterrichte ich in Israel und in Deutschland.«

Leider ist seine Zeit begrenzt, und wir müssen ihn nach einer Stunde wieder verlassen, ohne etwas von seinen eigenen aktuellen Plänen gehört zu haben.

Anschließend setzen wir uns – Madeleine, Amos und ich – in ein Café an der Dizengoff Street und plaudern über Prometheus und die Archäologin. Amos zeigt uns weitere Photos möglicher Darsteller. Zu allen hat er Kontakt und wäre sofort bereit, bei ihnen anzurufen. Ich muß ihn in seinem Eifer fast bremsen, da ich als alter Skeptiker noch nicht an einen Erfolg beim Filmboard in Berlin glaube.

Danach wandern wir durch die Stadt, die Ben Yehuda Street hinauf. An einigen Häusern fallen mir Schrift-Graffiti auf, die mit Schablone und Spray produziert zu sein scheinen: »Confusion« steht dort in großen Lettern. Immer wieder »Confusion«. Ob die Schrift zu einem Kunstprojekt gehört oder nur von einem verwirrten Zeitgenossen auf die Wände gemalt wurde, bleibt unklar.

Am Abend gehen wir – Madeleine und ich – zur Marktgasse in der Nähe unseres Hotels. Hier soll eine wichtige Szene unseres Films spielen, allerdings am Tag, zur Hauptgeschäftszeit. Wo sonst überquellendes Leben herrscht, breitet sich jetzt öde Leere aus. Zwei kleine Bulldozer schieben Müll im Licht ihrer Scheinwerfer zu Bergen auf. Ein Arbeiter spritzt den Asphalt ab. Alle Marktstände sind verschlossen. Der Asphaltboden glänzt und spiegelt das Licht der wenigen nackten Neonröhren, die vereinzelt über der Szene hängen. Katzen streichen durchs Bild. Bestimmt gibt es hier Mäuse und Ratten. Wir sind die einzigen menschlichen Zuschauer.

Im Drehbuch wird die Szene so beschrieben: »John und Hannah in Tel Aviv. Sie tauchen in die Marktgasse ein und werden sofort umschlossen von einem chaotischen, rufenden, lachenden, feilschenden Menschengewirr. Junge und alte Israelis, Armenier, Russen, Ägypter, Afrikaner, Jemeniter. Die ersten Stände sind beladen mit Stoffen und Kleidern, die nächsten mit Obst und Gemüse. John wendet sich nach links, sie folgt ihm in die Gasse der Metzger. Blutige Hühner, Schafe und Hasen hängen an Haken. Männer in weißen Schürzen schlagen auf Knochen ein, ziehen Häute ab und schlitzen Bäuche auf. Danach die Fische. Stände übersät mit großäugigen Fischköpfen. Immer wieder sieht man Händler mit kleineren Flammenwerfern, das Feuer gegen die Fleischklumpen gerichtet. Gespenstische Bilder der Brutalität und Lebensfreude.

Hannah wirkt euphorisch. John geht schneller und schneller, biegt in immer engere Gassen ein. Plötzlich hat sie ihn aus den Augen verloren. Sie irrt allein weiter, zunächst amüsiert und begeistert, dann – nachdem sie ihn nirgendwo mehr entdecken kann – zunehmend ängstlich. Männer sprechen sie an, berühren ihre nackte Schulter, ihren Rücken, versuchen sie zu umarmen. Ein großer, dicker Mann versperrt ihr plötzlich den Weg, packt sie am Arm und zieht sie in einen schmalen Eingang. Sie will sich wehren, gibt jedoch schnell auf und geht widerstandslos mit.«

Während wir an den verschlossenen, schlafenden Ständen vorbeischlendern stelle ich mir die Szene vor, lasse Madeleine allein die Gasse entlanggehen und überlege mir, ob wir nicht noch eine Nachteinstellung einbauen sollten. Vielleicht kann ich mitten in das wilde Tages-Markttreiben hinein immer wieder eine stille Nachtsituation dazwischenschneiden.

Verträumt kehren wir zum Hotel zurück. Es ist Madeleines letzter Abend in Tel Aviv.

Tel Aviv, 24. April 2000

Nach dem Frühstück fahre ich Madeleine zum Flughafen. Ich verspreche ihr, die Photos bald zu schicken, und bin selbst genauso auf das Ergebnis gespannt wie sie.

Auf der Rückfahrt in die Stadt habe ich das Gefühl, schon immer in Tel Aviv zu wohnen. Wie in anderen Städten auch, stelle ich mir vor, hier als Taxifahrer zu arbeiten. Na ja, wenn alle Stricke reißen, keine Ausstellungen und Bühnenbilder, keine Parks und Häuser mehr zu entwerfen sind – allerdings müßte ich zunächst hebräisch lernen ...

Im Elektrizitätswerk stelle ich Figuren auf und richte mit zwei israelischen Handwerkern, die aus Rußland stammen, das Licht ein. Wir liegen gut in der Zeit. Mittags erscheint der Direktor mit zwei Männern aus Haifa, die mich unbedingt sprechen wollen. Sie verwalten in Haifa ein ähnliches leerstehendes E-Werk und wollen, daß ich dafür Umgestaltungsvorschläge entwickle. Hört sich interessant an. Ich verspreche, morgen dorthin zu kommen. Amos will mich begleiten.

Abends mache ich vom Hotel aus einen langen Strandspaziergang, einige Kilometer Richtung Norden, später in der Gegenrichtung zurück. Es ist erstaunlich, aber eigentlich habe ich keine Angst in Tel Aviv. Das Meer beruhigt mich.

Tel Aviv, 25. April 2000

Um 10.00 Uhr treffe ich mich mit Amos in der Hotelhalle. Wir gehen zusammen zu meinem Auto und fahren in Richtung Haifa. Es wird mein erster Besuch dort sein. Wunderbares, sonniges Frühsommerwetter. Ich bin begeistert von der 100 Kilometer langen Uferstraße. Herzliya, Netanya, Hadera. Auf halber Strecke machen wir Halt in Caesarea. Hier spielt ein großer Teil meines Filmes, da Hannah eine Zeitlang diese bedeutende israelische Grabungsstätte leitet. Die Stadt wurde im Jahr 20 v. Chr. von Herodes gegründet und besaß neben dem Hafen ein Amphitheater und ein Forum. Über ein Aquädukt wurde Süßwasser aus den Bergen hergeleitet.

»Szene 28: Ankunft im Camp bei Caesarea am Meer. Einfache Häuser, einige Container und mehrere Zelte. Das eigentliche Ausgrabungsfeld wird von einem großen Sonnensegel überspannt. Ein großer, staubiger Parkplatz. Tagsüber stehen hier Touristenbusse und die Autos der Besucher. Im Sommer ist die Hitze groß, nur gemildert durch den leichten Wind vom Meer, der immer weht.«

»Szene 33: John steht auf und räumt den Tisch ab. Während Hannah langsam – ein mit Wein gefülltes Glas in der Hand – im Zimmer hin- und hergeht, schlendert John hinaus in die Nacht, besteigt einen Jeep, schaltet die Lichter ein und fährt los. Sie wandert allein hinunter zum Strand. Die Touristen des Tages sind verschwunden. Das römische Amphitheater liegt da wie eine schlafende Riesenschildkröte. Sie spaziert an den Brandungswellen entlang. Ab und zu schlingt sich der weiße Schaum um ihre Knöchel. Sie genießt dieses sinnliche Lecken an ihrem Körper. Dann setzt sie sich nieder in den Sand, den Blick starr zum Horizont gerichtet. Die Wellen schlagen zwischen ihre leicht gespreizten Beine, bedecken ihr Geschlecht mit Nässe: Sich mit der Welt, dem Meeresungeheuer zu vereinigen, das ist ihr Ziel in dieser Nacht.«

Im Gegensatz zu Tel Aviv, das aus dem Hebräischen übersetzt »Frühlingshügel« bedeutet, aber in der Ebene erbaut ist – wenn man von Jaffa absieht – , breitet sich die Stadt Haifa an einem Hang aus. In drei Abstufungen ziehen sich die Häuser bis in eine Höhe von 300 Metern den Berg hinauf. Unten, auf Meeresniveau, stehen die Hafeneinrichtungen und die Altstadt, ganz oben die Villen der Wohlhabenden.

Haifa ist eine quirlige Hafenstadt, mit den üblichen Riesenkränen und Containergebirgen. Fast der gesamte Export Israels wird hier abgewickelt. Im Reiseführer lese ich, daß Haifa 375000 Einwohner hat, also nicht einmal halb so groß wie Tel Aviv ist. Da sich Amos gut auskennt, finden wir das Elektrizitätswerk ohne Probleme. Es steht auf der unteren Stadtebene, in der Nähe des Hafenbezirks. Tatsächlich sieht der Gebäudekomplex der Architektur von Tel Aviv sehr ähnlich. Vielleicht wurde er vom gleichen Architekten in den 1930er Jahren errichtet. Bevor wir die Hallen von innen besichtigen können, werden wir in einen niedrigen, neonbeleuchteten Sitzungssaal geleitet. Zehn vornehme Herren in dunklen Anzügen haben sich hier versammelt. Sie begrüßen uns so distanziert freundlich, als kämen wir zu einer tariflichen Gewerkschaftsbesprechung.

Der Direktor hält eine kurze, förmliche Begrüßungsansprache auf hebräisch. Amos übersetzt. Danach wird das Gespräch in Englisch fortgesetzt. Ich schaue mich um, ob noch offiziellere Menschen im Raum sind. Aber ich kann niemanden entdecken. Da ich fast wie ein Staatsgast behandelt werde, setze ich ich mich so aufrecht wie möglich auf meinen Stuhl und schaue bedeutungsvoll in die Runde. Nachdem mich die Herren darum gebeten haben, erzähle ich kurz, was ich in Deutschland so alles gemacht habe. Leider kann ich ihnen weder Bücher noch Photos zeigen. Eigentlich findet das Gespräch für mich völlig überraschend statt. Die Herren nicken immer wieder zustimmend. Sie scheinen mit mir zufrieden zu sein und glauben wohl, einen international kundigen Experten in Sachen E-Werk-Umbauten gefunden zu haben. Daß ich davon wenig Ahnung habe, verschweige ich im Moment fast hochstaplerisch.

Bevor sie mir im einzelnen erklären, was ich zu tun habe, gehen wir hinüber in die Hallen. Die Innenräume sind genauso monumental wie in Tel Aviv, auch hier stehen rostrote Maschinenkörper in langen Reihen untätig herum, auch hier gibt es Schalttafeln und surreale Rohrwucherungen. Der bauliche Zustand scheint einwandfrei, wahrscheinlich ist das Gebäude letztes Jahr renoviert und neu angestrichen worden. Nach dem Rundgang wird mir im Sitzungssaal meine Aufgabe genauer erläutert: »Bitte erstellen Sie in den nächsten Monaten ein Nutzungskonzept für die leerstehenden Hallen. Uns schwebt eine Art Kulturzentrum vor, in dem Konzerte, Ausstellungen, Modeschauen, Theater- und Filmaufführungen stattfinden können. Sie bekommen nächste Woche Pläne nach Deutschland geschickt. Ende des Sommers – den genauen Termin geben wir noch bekannt – bitten wir Sie, Ihre Überlegungen in Haifa vorstellen. Wollen Sie den Auftrag annehmen?«

Etwas förmlich antworte ich: »Vielen Dank für die ehrenvolle Aufgabe. Ich werde ein Konzept entwickeln und Vorschläge für einen modernen Umbau machen. Wie sieht es denn mit der Finanzierung aus?«

»Sie brauchen sich darüber keine Gedanken machen. Wir werden Ihre Vorschläge kalkulieren und danach entscheiden, ob und wie sich die Ideen realisieren lassen.«

Ich dachte natürlich auch an das Honorar. Darüber wurde nicht gesprochen. Bestimmt erhalte ich mit den Plänen ein Angebot. Vielleicht sollte ich das Geld gleich in meinen Film investieren?

Gutgelaunt, wenn auch etwas skeptisch, verlasse ich mit Amos das Gelände. Im Auto frage ich ihn: »Was hälst du von den Vorgängen?«

»Na ja«, sagt er, »wenn politisch nichts dazwischenkommt, meinen diese Herren ihre Sache durchaus ernst. In Deutschland wirst du bestimmt mit den Plänen einen Vertrag in der Post vorfinden, da bin ich sicher.«

Da wir noch Zeit übrig haben – es ist erst früher Nachmittag –, fahren wir nicht auf direktem Weg zurück nach Tel Aviv, sondern machen einen kleinen Ausflug in Richtung Norden und besuchen die alte Kreuzritterstadt Akko. Schon aus der Ferne erkenne ich an den zahlreichen Minaretten, daß diese israelische Stadt weitgehend von muslimischen Arabern bewohnt wird. Wir schlendern in aller Ruhe durch die malerisch engen Marktgassen mit den verführerischen Gewürz-duftwolken und dem südlich farbigen Straßenleben, das meinem Bild vom Orient sehr nahekommt.

Hier scheint die Zeit stillzustehen. Gäbe es keine Autos und Fernseher in den Laden-Hinterzimmern, könnten wir uns jetzt auch durchs Mittelalter bewegen. Im Hafen schaukeln bunte Fischerboote geruhsam vor sich hin, wie vor 1000 Jahren. Weit und breit keine Container oder Kräne. In den Parks lagern auf orientalischen

Teppichen Großfamilien mit weißhaarigen Alten, stolzen Eltern und spielenden Kindern. Angenehme Geräuschkulisse normalen Lebens, ohne Geschrei und lautes Lachen. Einziges Störelement sind ab und zu vorbeikrachende, stinkende Mopeds und Motorräder mit männlichen Jugendlichen. Niemand erhebt jedoch Einspruch gegen sie. Die Menschen wirken zufrieden und ruhig, frei von moderner Hektik, die eine ständige Jagd nach dem Geld mit sich bringt.

Am Abend schauen wir noch einmal in unserer Ausstellung vorbei. Danach begleite ich Amos zum Goethe-Institut. Es ist im Asia House, einem modernen Stahl-Glas-Hochhaus mitten in Tel Avivs Zentrum – in der Weizmann Street –, untergebracht. Obwohl ich schon öfter hier war, schaue ich mir heute die Räume etwas genauer an. In der Mitte liegt eine große Bibliothek, in der erstaunlich viele junge Menschen sitzen und lesen. Beim Studium der Buchrücken entdecke ich die wichtigsten Bücher deutscher Literatur, selbst moderne Autoren sind stark vertreten.

Herr Nagel ist leider schon nach Hause gegangen. Amos muß kurz in dessen Büro hinein, um irgendwelche Unterlagen zu holen. Ich folge ihm, dabei fällt mein Blick auf den mit Partituren gefüllten Glasschrank hinter dem Schreibtisch: Mozarts Klavierkompositionen, Carl-Maria von Webers *Freischütz*, sämtliche Opern Richard Wagners, *Der Ring des Nibelungen*, die Symphonien von Anton Bruckner und Johannes Brahms, von Gustav Mahler und Richard Strauss. Auf dem Arbeitstisch von Amos steht eine aus Holz geschnitzte »elektrische« Birne. Ich erinnere mich an einen letztjährigen Besuch bei dem Direktor aller E-Werke Israels in Tel Aviv, einem älteren, sympathischen Herrn mit weißen Haaren. Früher hat er als General gedient und wohl einige militärische Erfolge errungen, deshalb erhielt er zur Belohnung diesen Job. An den Wochenenden schnitzte er zur Entspannung, aber auch, um sich künstlerisch zu betätigen, elektrische Birnen – zumindest deren äußere Form – in Holz. Sie standen in allen Größen in seinem Büro herum. Wahrscheinlich hat er allen seinen Bekannten und Freunden irgendwann eine selbst geschnitzte Birne geschenkt, so auch Amos.

Tel Aviv, 26. April 2000

Heute morgen sitze ich zwei Stunden lang an meinem Hotelarbeitstisch. Bevor ich den Laptop daraufstellen konnte, mußte ich die nasse Glasplatte mit einem Handtuch abwischen. Die Luftfeuchtigkeit ist hier wirklich sehr hoch. Im Panoramafenster sehe ich das Meer und das Stadtzentrum Tel Avivs. Durch den dunstigen Himmel ziehen immer wieder Flugzeuge auf dem Landeanflug vorbei.

Das Land bleibt ein schwieriger Ort, die Wiederbelebung des Alten Testaments hat sich als Fluch erwiesen. Allah wohnt in den Felsen, Olivenhainen und Gehirnen genauso wie Jahwe. Man kann die gleichzeitige Anwesenheit von Bibel und Moderne, von Talmud und Koran interessant und spannend finden; man kann darin jedoch auch ein unlösbares Problem sehen, eine Bombe, deren finale Explosion nur hinausgezögert wird.

In drei Tagen findet die Eröffnung unserer »Prometheus«-Ausstellung statt. Da ich solche Veranstaltungen meide, werde ich das Land vorher verlassen. Gestern Abend hat sich bei der Aufstellung zweier Christusfiguren ein Problem gezeigt, das ich bisher nicht so ernst genommen habe: Jedesmal wenn ich zum Sockel zurückkehrte, auf dem ich ein Kruzifix abgestellt hatte, war es nicht mehr an seiner Stelle. Ich entdeckte es auf dem Fußboden, mit dem Gesicht zur Wand gedreht. Zunächst dachte ich an einen Zufall, nach dem dritten Mal kam mir die

Sache verdächtig vor, und ich fragte den israelisch-russischen Vorarbeiter nach dem Grund. Er erklärte mir: »Das wird ein Problem hier in Israel geben. Wir Rechtgläubigen erkennen Christus nicht als Messias an. Wir sehen in ihm einen Scharlatan und falschen Propheten, deswegen ist es in Israel verboten, Christus öffentlich auszustellen!«

Ich: »Was wird geschehen?«

»Ich weiß nicht genau. Aber wenn gewisse konservative Politiker diese Ausstellung sehen, wird es Ärger geben, davon bin ich überzeugt.«

Mich interessieren die Toleranzgrenzen einer Gesellschaft. Hier, in diesen Tabuzonen, an den Rändern, definiert sich das allgemeine Kulturbewußtsein einer Nation am eindeutigsten. Ein religiöser Staat wird die Toleranzgrenzen immer enger ziehen als ein demokratisch offener. Es bleibt spannend.

Nach dem Schreiben und Zeichnen fahre ich für zwei Stunden hinaus zu unserer Ausstellung. Wieder steht eine Christusfigur am Boden, die andere wurde mit dem Gesicht zur Wand gedreht. Solange ich mich in Tel Aviv aufhalte, werde ich die Figuren in die richtige Position, auf ihren Sockel stellen. Der Rest der Ausstellung sieht jetzt schon fast fertig aus.

Am Nachmittag mache ich mich allein auf den Weg nach Jerusalem, um die Gedenkstätte Yad Vashem zu besuchen. Die am Stadtrand gelegene Gesamtanlage ist wie ein großer Park gestaltet, mit üppigen Grünflächen, vielen Bäumen und Felsbrocken. Die Einzelgebäude – Museum, Gedenkräume, Archive, Verwaltung – sind so geschickt verteilt, daß sie den Parkcharakter nicht zerstören.

Am Hauptweg, der die Gesamtanlage umgreift, sind Kunstwerke aufgereiht, die an furchtbare Einzelereignisse des Holocausts erinnern. Vor allem ein leerer Eisenbahnwaggon, der auf einer Schiene direkt über dem Abgrund zu schweben scheint und an die Ermordung der 6 000 000 Juden durch die Nationalsozialisten erinnert, beeindruckt mich.

Auf den Grünflächen entlang aller Parkwege stehen die »Bäume der Gerechten«: Allen Menschen, die während des Zweiten Weltkriegs Juden gerettet haben, ist hier ein Ölbaum gewidmet. Am Fuß jedes Stammes liegt ein kleines Namensschild. Beim Lesen der Namen denke ich: Wie gern hätte ich – wenn ich zu dieser Zeit schon auf der Welt gewesen wäre – , einem Juden das Leben gerettet, einem jüdischen Kind vielleicht, einem Mädchen wie Anne Frank! Auch den Baum des Fabrikanten Schindler entdecke ich und lege einen meiner mitgebrachten Kieselsteine auf seine Namensplatte.

Mein weiterer Weg führt mich durch das Museum und die Gedenkhalle mit einer Flamme, die in der Mitte einer großen, grob behauenen Granitfläche brennt. An den Raumwänden hängen Kränze mit Widmungsschleifen bekannter Politiker aus der ganzen Welt.

Am tiefsten beeindruckt mich der in die Erde eingegrabene Gedenkraum für die in den deutschen Konzentrationslagern ermordeten jüdischen Kinder: eine dunkle Natursteinhöhle, die nur von einer einzigen Kerze erhellt wird. Durch ein raffiniertes Spiegelsystem vervielfältigt sich die kleine Flamme unendlich oft im Raum. In endloser Litanei verliest eine Frauenstimme die Namen der Ermordeten. Und wieder denke ich an Racheli Lemberg und Anne Frank ... Immer wenn die Jahreszahl, der Todesort und das Alter des Kindes genannt werden, rinnen mir Tränen über die Wangen. Niemand, der sich in diesem Raum aufhält, kann sich seiner Wirkung entziehen. Leises Schluchzen ist von überallher zu hören.

Als ich wieder ins Freie trete, habe ich Mühe, den Tränenfluß abzustellen. Selten wurde ich so an den Wurzeln meines Gefühls gepackt. Zitternd vor Wut, Trauer und Entsetzen gehe ich weiter. Diesem Volk, das in der Lage war, so etwas zu tun, entstammst du!

Da mir noch Zeit bleibt, fahre ich zum Israel Museum in die Stadt hinüber. Zwei Stunden lang wandere ich durch die weitläufige architektonische Anlage, die sich ähnlich wie Yad Vashem in einem üppigen Park ganz in der Nähe der Knesseth ausbreitet. Mich interessiert vor allem der berühmte Anbau von Frederick Kiesler, einem von mir bewunderten österreichisch-jüdischen Architekten, der einen großen Teil seines Arbeitslebens als Exilant in New York zubringen mußte.

Dieser »Shrine of the Book« wurde dem Tonkrug nachgeformt, in dem die berühmten Qumran-Schriften über Jahrhunderte unentdeckt lagen. Daß hier nur wenige Fragmente als Faksimiles zu sehen sind, hat mit dem unermeßlichen Wert der Originaltexte zu tun, aber auch mit der Tatsache, daß der Vatikan immer versucht hat, eine Veröffentlichung zu verhindern. Nachdem 1990 ein illegaler Raubdruck erschien, beruhigten sich die Gemüter etwas. Im Kern beweisen diese Schriften des Propheten Jesaja, daß es Christen als jüdische Sekte – die Essener – schon lange vor Christus gegeben hat, Christus also nicht der »Erfinder« dieser so erfolgreichen Religion war.

Nach meinem Museumsrundgang finde ich in der Buchhandlung eine Faksimile-Ausgabe der *Speziellen Relativitätstheorie* von Albert Einstein. Im Vorwort lese ich, daß der gesamte Nachlaß des weltberühmten jüdischen Physikers im Archiv der Universität von Jerusalem lagert. Natürlich kann ich nicht widerstehen und kaufe mir das teure, großformatige Buch. Voller Andacht und Bewunderung blättere ich die Seiten durch, staune über die klare, saubere Schrift Einsteins und stelle wieder einmal fest, wie wenig ich davon verstehe, im Grunde überhaupt nichts. Deprimierend! Trotzdem fühle ich mich Einstein sehr nahe, da seine Vorfahren aus Bad Buchau stammen, einem Ort ganz in der Nähe meines Hauptwohnsitzes in Süddeutschland, und auch, weil er in Ulm – meiner eigenen Geburtsstadt – geboren wurde.

Aufgewühlt fahre ich abends zurück nach Tel Aviv und versuche, mich mit einer Strandwanderung zu beruhigen.

Tel Aviv, 27. April 2000

Mein letzter Tag in Tel Aviv. Bevor ich heute hinaus ins Elektriziätswerk fahre, besuche ich noch einmal den Markt.

Fasziniert schaue ich wieder Obst- und Gemüseauslagen, die Fischberge, die gehäuteten Schafe und Hammel, die Schuhfelder und Kleidergebirge an. Ich kaufe zwei Kilo Orangen und zehn Bananen. Beim Weitergehen stelle ich mir vor, ein palästinensischer Selbstmordattentäter würde jetzt seine Bombe zünden. Menschenleiber würden zerfetzt durch die Luft fliegen, gegen Melonen und Orangen klatschen. In Gedanken höre ich die Verletzten schreien. Merkwürdigerweise bin ich selbst unverletzt. Ich spüre nur das fremde, noch warme Blut über mein Gesicht rinnen.

Nachdem ich meine Beute im Auto verstaut habe, fahre ich hinaus zum E-Werk, gehe durch unsere fast fertige Ausstellung und korrigiere noch Kleinigkeiten.

Frau Kretzschmar, die am Deutschen Historischen Museum, dem eigentlichen Veranstalter unseres »Prometheus«, für Ausstellungen zuständig ist, wird heute in Tel Aviv eintreffen. Die wissenschaftliche Leiterin unseres Projekts kommt erst morgen zusammen mit dem Direktor des Deutschen Historischen Museums an. Sie wollen an der Eröffnung teilnehmen.

Tel Aviv, 28. April 2000

Kurz bevor ich mein Zimmer räume, werfe ich noch einmal einen Blick auf Meer und Stadt. Neben der Moschee, die mit ihrem dünnen Minarett direkt unter mir liegt und von der ich immer noch nicht weiß, ob sie wirklich als Bethaus benutzt wird, entdecke ich einen alten Lumpen- und Müllsammler, der mit seinem Eselkarren die Gassen nach Brauchbarem absucht. Anrührendes Bild der Armut mitten in einer reich wirkenden Stadt.

Am Flughafen gebe ich meinen Leihwagen mit unschuldigem Gesicht ab. Ich sage natürlich nicht, daß ich in den besetzten Gebieten war. Auch die Zollkontrolle überstehe ich mühelos. Ich habe meine schlimmen Erfahrungen damit gemacht. Bei meiner ersten Ausreise wurde ich fast verhaftet. Jeder muß seinen Koffer öffnen und Auskunft darüber geben, was er in Israel unternommen und wen er besucht hat. Wer auf die Fragen nicht vorbereitet ist, verstrickt sich schnell in Widersprüche. Das geschah mir vor einem Jahr. Die Sache begann ganz harmlos.

»Wo waren Sie? Für wen arbeiten Sie hier? Wie können Sie das beweisen?«

Da ich keinen Brief des Goethe-Instituts bei mir hatte, glaubte mir die hübsche Soldatin einfach überhaupt nichts. Sie holte Verstärkung.

»Welchen Beruf üben Sie aus? Wie können Sie das beweisen?«

Ich zeigte meinen Paß, meine Visitenkarte, die Bahncard und Miles-and-more-Karte der Lufthansa. Nichts, kein Dokument hatte vor den Damen Beweiskraft. Nach einer halben Stunde war ich soweit: Ich wußte nicht mehr, wer ich bin, woher ich komme, wurde zu einem kümmerlichen Nobody kleingehackt, der hier völlig zu Unrecht steht und einfach nur lästig ist. So schnell geht das. Ich hatte schon viele Gespräche dieser Art erlebt, vor allem an den Grenzen zur ehemaligen DDR, aber dieses Erlebnis überstieg alle bisherigen Erfahrungen. Ich sah mich in einer Falle und glaubte, in allen Punkten schuldig zu sein.

Später wurde mir gesagt, daß solche Verhöre nur dazu dienen herauszubekommen, ob sich der Tourist in den Palästinensergebieten aufgehalten hat oder ob er Kontakt mit Arabern hatte. Hysterische Angst und Verfolgungswahn treiben die Verhörer an.

Ich kam mir damals vor wie in einem Roman von Franz Kafka oder in einer Szene von Max Frisch. Nur mit knapper Not erreichte ich noch mein Flugzeug. Heute geht alles schnell. Meine Antworten sind knapp und gekonnt. Ich führe einen Brief des Goethe-Instituts mit mir, den ich unaufgefordert vorzeige. Offizielle Dokumente beeindrucken die beamtete Gegenseite immer, auch wenn sie gefälscht wären.

In einem Shop kaufe ich mir noch einige hebräische CDs. Mir gefällt die Sprache auch in modernen Popsongs.

Nachbemerkung

Es gab tatsächlich Probleme bei der Eröffnung der Ausstellung. Ein konservativer israelischer Politiker versuchte, sie schließen zu lassen. Nachdem es ihm nicht sofort gelang, machte er eine Eingabe an die Knesseth. Dort wurde sein Antrag allerdings abgelehnt.

Der Besucherandrang hielt sich später sehr in Grenzen. Bestimmt war das abgelegene, stark gesicherte Elektrizitätswerk nicht unbedingt der richtige Ort für ein so großes kulturelles Ereignis.

Mein Drehbuch erhielt ich vor einigen Wochen vom Filmboard mit einer brüsken Ablehnung zurückgeschickt. Ich gab *Die Archäologin* auch noch Margarethe von Trotta, die ich vor kurzem in meinem Verlag kennengelernt hatte, zu lesen. Sie schrieb mir einen langen Brief, dessen Inhalt sich auf eine kurze Tatsache reduzieren läßt: Ihr wird im Drehbuch zuviel geredet! Also betrachte ich dieses Kapitel jetzt als abgeschlossen, lege die Drehbuchblätter in eine Archivschachtel und denke über neue Projekte nach.

Wenige Wochen nach meiner Abreise begann, provoziert durch den Besuch des israelischen Ministerpräsidenten Ariel Sharon auf dem Tempelberg, die neue Intifada mit einer Serie von palästinensischen Bomben- und Selbstmordanschlägen. Die New Yorker Attentate des 11. September 2001 heizten die Aggressivität beider Seiten weiter an. Israel bekämpfte die Hisbollah im Libanon, konnte sich nicht entschließen, die illegalen Siedlungen auf der Westbank zu räumen, und baute schließlich sogar eine hohe Betongrenzmauer, um die Palästinenser noch mehr zu isolieren. Gefährliche Dauerspannungen, die eine erneute Reise in dieses wunderbare Land nicht gerade empfehlenswert machen.

Aus Haifa habe ich nie mehr etwas gehört. Bei mir in Deutschland kamen weder Pläne noch schriftliche Aufträge an. Keine Nachricht, kein Brief, kein Fax, keine Mail. Nur einmal traf ich mich im Herbst 2000, einige Monate nach meiner Rückkehr aus Israel, mit einem Architekten aus Haifa in Berlin. Er hatte mich telephonisch darum gebeten. Wir verabredeten uns im Hotel Savoy zum Kaffee. Ich nahm Ruthi Zuntz mit, eine israelische Künstlerin, die in Berlin lebte und die ich zufällig einige Wochen vorher kennengelernt hatte. Sie sprach hebräisch mit dem mir bisher unbekannten Architekten und übersetzte mir ab und zu einen Satz. Später fragten wir uns beide, was er wohl von mir gewollt haben könnte. Sein Anliegen blieb rätselhaft. Vielleicht hätte er bei einer Auftragserteilung an mich die örtliche Bauleitung in Haifa übernehmen wollen.

Amos traf ich 2004 zufällig vor der Berliner Volksbühne wieder. Er besuchte – wie ich – eine Inszenierung von Marthaler, die er nach Israel einladen wollte. Ansonsten konnte er mir nur berichten, daß seine Frau inzwischen ein zweites Kind geboren hatte. Da weder die Sache mit dem Film klappte noch Haifa Realität wurde, war sein Interesse an mir verlorengegangen. Auch von Herrn Nagel hörte ich nie wieder etwas, genausowenig wie von Bernd-Michael und Madeleine. Alle sind aus meinem Gesichtsfeld verschwunden, als hätten sie nie existiert. Dennoch denke ich oft an das Land, an die einmaligen Landschaften und die merkwürdige Kultur. Heute verstehe ich *Moses und Aron* – natürlich auch Schönberg – besser, außerdem die architektonischen Entwürfe von Daniel Libeskind und Frank Gehry. Sie wollen Symbole schaffen, expressiv-geometrische Architekturkörper mit unterschwelligen Bezügen zu anderen Realitäten, zum Holocaust und zu menschlichen Gefühlen wie Angst, Ekstase, Glück oder Freude.

Lissabon

Lissabon, 5. Juli 2001

Abendflug von Stuttgart über Zürich nach Lissabon. Obwohl ich am Fenster sitze und kaum Bewölkung herrscht, sehe ich beim nächtlichen Landeanflug von der portugiesischen Landschaft unter mir außer Lichtpunkten, die sich manchmal in Haufen zusammenklumpen, dann wieder lange Perlenlinien bilden, nicht allzuviel. Nur die Wasserläufe des Tejo-Deltas schimmern silbrig im blassen Mondlicht.

Nach der Ankunft gehe ich schläfrig durch die überbelichteten Neongänge des Flughafens. Um diese Zeit sind kaum noch Touristen zu sehen. Das Terminal wirkt verlassen und aufgegeben wie nach einer Katastrophe. Putztrupps versuchen, die letzten Spuren des Geschehens wegzuwischen. Apathisch, meinem Schicksal ergeben, warte ich mit wenigen stummen Leidensgenossen auf meinen Koffer.

Als ich aus dem Terminal ins Freie trete, empfängt mich südliche Hitze, allerdings nächtlich gedämpft. Dunkle Palmensilhouetten stehen gegen einen tiefblauen Nachthimmel, von dem ein blasser Halbmond leuchtet. Die Fahrt mit dem Taxi zum Hotel an der Avenida Almirante Reis kenne ich inzwischen schon auswendig, da ich bereits zum sechsten Mal in die Stadt komme und im gleichen Hotel wohne.

Ich lasse mir – wie immer – ein Zimmer im obersten, sechsten Stockwerk geben und öffne gleich nach dem Eintreten das große Fenster, um hinunter auf den Alameda-Platz zu schauen. Der langgezogene, rechteckige Platz wird von einer breiten Verkehrsstraße gekreuzt. Zwei Bushaltestellen und zwei rechteckige Öffnungen mit Treppen in den Untergrund leuchten schweflig gelb. Wartende stehen in den künstlichen Lichtinseln wie Außerirdische. Bald werden sie in einen der Busse steigen, die hier wie Raumfähren andocken und später in der Tiefe der Avenida Almirante Reis verschwinden werden.

Links von mir, am Ende des begrünten Alameda-Platzes, steht das strenge, nachts nur schwach beleuchtete, klassizistische Gebäude der Technischen Hochschule, und am rechten Ende sprudeln im hellen Scheinwerferlicht die Fonte Monumental, die ihren Namen zu Recht tragen. Auch jetzt um diese späte Nachtzeit tosen die Fontänen und Wasserfälle, als gäbe es ein großes Fest zu feiern. Allerdings ist nirgendwo eine Festgesellschaft zu entdecken, ich erkenne nur einige wenige, eng verschlungene Liebespaare, die als diffuse Schattenrisse vor der indirekt angestrahlten Wasserwand stehen.

Nachdem ich das nächtliche Stadtbild in mich aufgenommen habe, schließe ich das Fenster wieder, um der Klimaanlage die Möglichkeit zu geben, ihre kühlende Arbeit zu tun. Später notiere ich diese Zeilen und bereite mich innerlich auf die nächsten Tage vor, die wahrscheinlich anstrengend werden: die letzte Woche vor der Premiere unserer Lissaboner Produktion *Divara – Wasser und Blut*, mit technischen Korrekturen, Beleuchtung und Schlußproben.

Ende 1999 erhielt ich einen Anruf des Regisseurs Christof Nel. Er fragte mich, ob ich Zeit und Lust hätte, mit ihm 2001 eine moderne Oper über die Wiedertäufer von Münster zu machen. Das Libretto hat der portugiesische Literaturnobelpreisträger José Saramago geschrieben, die Musik stammt von Anzio Corghi, einem zeitgenössischen italienischen Komponisten aus Mailand. Ich kannte die historischen Ereignisse aus der Reformationszeit in groben Zügen, hatte früher schon einmal das Theaterstück darüber von Friedrich Dürrenmatt gelesen und im Stadtmuseum Münster die Käfige besichtigt, in deren engen Innenräumen die Missetäter nach ihrem grausamen Foltertod an der Stadtkirche aufgehängt und den Krähen zum Fraß überlassen worden waren.

Natürlich stimmte ich sofort zu. Geschichte, Text und Komposition interessierten mich. Außerdem gehörte Lissabon zu meinen europäischen Lieblingsstädten, und ich sah mich sofort wochenlang durch die engen Altstadtgassen wandern, die Hügel der Stadt hochsteigen und in den romantischen, alten Stadtparks herumdösen. Ursprünglich sollte das Projekt im ehrwürdigen alten Opernhaus – dem Teatro Nacional São Carlos – herauskommen. Nachdem dort (angeblich) plötzlich Terminschwierigkeiten auftraten, wurde unsere Produktion kurzfristig auf das neue Expo-Gelände hinausverlegt. Dort steht ein moderner, imposanter Theaterneubau direkt am Tejo-Ufer. Mir gefielen Lage und Architektur auf Anhieb sehr gut. Andere Produktionsbeteiligte waren enttäuscht und weniger begeistert. Merkwürdigerweise funktionierte mein Bühnenbildkonzept auch im neuen Theater problemlos. Damit hatte ich wirklich Glück!

Bis Mitte der 1970er Jahre lag Lissabon außerhalb meines Reisehorizonts. Die Stadt gehörte für mich zwar zu den europäischen Traumhafenstädten wie Hamburg, Rotterdam, Ostende, Le Havre, Brest, Biarritz, Porto, Barcelona, Marseille, Genua, Neapel und Triest, die ich alle gern einmal besucht und beschrieben hätte, aber die politischen Verhältnisse machten eine reale Reise unmöglich.

Wahrscheinlich ist es der radikale Kontrast zwischen Stadt und Meer, die Konfrontation von weiter Leere und dichter Bebauung, die mich faszinieren und einen besonderen Reiz auf mich ausüben. Wer in einer dieser Städte lebt, kann jeden Tag die Hafenmole oder den Strand entlanggehen, das Gassengewirr und den Verkehrstrubel vergessen, den salzigen Geruch des Meeres einatmen, den freien, windverliebten Flug der Möwen beobachten, sich ganz der horizontweiten, unendlichen Wasserfläche hingeben, die sich jeden Moment in eine andere Stimmung verfärbt. Schiffe kommen an, Schiffe legen ab, und mit ihnen ziehen die Gedanken in die Ferne, zu den entlegensten Ländern und Inseln der Welt. Seefahrerromantik. Abenteuer.

Erst mit der unblutigen »Rote-Nelken-Revolution«, die einen der letzten, fast ein halbes Jahrhundert an der Macht gebliebenen, faschistischen Diktatoren Europas – Oliveira Salazar – am Morgen des 25. April 1974 entmachtete, wurde Portugal und damit Lissabon auch für mich ein Reiseziel, das in den Bereich der realistischen Möglichkeiten rückte. Viele europäische Künstler besangen damals den Sieg des portugiesischen Volkes und die Klugheit des Militärs, das sich gegen den Befehl des Diktators auf die Seite des Volkes gestellt und nicht geschossen hat. Überall in Europa gab es Solidaritätskonzerte, an die ich mich dunkel erinnere.

Dann erschien ein Buch, das mich sofort begeisterte und meinen Entschluß, nach Lissabon zu reisen, verstärkte. 47 Jahre nach dem Tod des Schriftstellers Fernando Pessoa wurde 1982 sein *Buch der Unruhe des Hilfsbuchhalters Bernardo Soares* in Lissabon veröffentlicht. 1985 erschien die deutsche Ausgabe. Nachdem ich die vielen euphorischen Rezensionen in den Zeitungen gelesen hatte, kaufte ich mir das Buch und verschlang es in wenigen Tagen mit zunehmender Bewunderung. Inzwischen ist Pessoa im allgemeinen europäischen Kulturbewußtsein präsent, und kaum ein Reiseführer vergißt, aus seinen Werken zu zitieren und auf seine Lieblingskneipe La Brasileira hinzuweisen.

Mich zog an diesem leisen, autobiographischen Buch vor allem die gelassene Melancholie, mit der sich ein kleiner Buchhalter seine Lebens- und Stadteindrücke von der Seele schrieb, in ihren Bann. Hier wird keine Heldengeschichte erzählt, nichts Wichtiges geschieht, und trotzdem bleibt die Katastrophe monumental. Sie liegt in einem ungelebten Leben, im Kontrast zwischen meerweiten Möglichkeiten und miniaturhaften Realbewegungen innerhalb der Stadt.

»Reisen? Existieren ist reisen genug. Ich fahre von Tag zu Tag wie von Bahnhof zu Bahnhof im Eisenbahnzug meines Körpers oder meines Schicksals und beuge mich über die Straßen und die Plätze, über die Gebärden und die immer gleichen und immer verschiedenen Gesichter, wie eben Landschaften sind ... Das Leben ist das, was wir aus ihm machen. Die Reisen sind die Reisenden. Was wir sehen, ist nicht, was wir sehen, sondern das, was wir sind.«

Das Ich des Autors und die Stadt Lissabon sind die Hauptakteure. »Mein Bewußtsein von der Stadt ist im Innersten mein Bewußtsein von mir selbst.« Ich werde im Laufe meiner Aufzeichnungen immer wieder auf Pessoa zurückkommen. Außer Pessoa kannte ich natürlich auch die Musik des Fado, allerdings nur von CDs, nie hatte ich einen Fado-Sänger oder eine Fado-Sängerin leibhaftig erlebt. Ich glaubte, eine Verwandtschaft zwischen den melancholischen Schriften Pessoas und der bluesartigen Traurigkeit der Fado-Gesänge zu erkennen.

1988 berichteten alle Zeitungen, natürlich auch das Fernsehen, von einem verheerenden Brand, der die gesamte Altstadt Lissabons in Schutt und Asche gelegt haben soll. Natürlich war ich – wie viele andere Zeitgenossen – entsetzt und dachte sofort: Jetzt hast du zu lange getrödelt, und die Stadt, die du besuchen wolltest, gibt es nicht mehr. Aber die Realität hatte nicht ganz so hart zugeschlagen, wie es zunächst den Eindruck machte. Das verheerende Feuer zerstörte »nur« die gesamte Häuserzeile an der Stirnseite der Rua Garrett im Stadtteil Chiado, nicht mehr und nicht weniger. Schlimm genug, aber – wie sich heute zeigt – auch eine große Chance, die alte, verwinkelte und enge Stadtsubstanz zu erneuern und dabei die Infrastruktur zu modernisieren. Bei den Neubau- und Rekonstruktionsmaßnahmen wurde in dieses Gebiet auch eine riesige U-Bahn-Station in die Erde gegraben. Natürlich dachte ich bei den Brandnachrichten sofort an eines der berühmtesten historischen Erdbeben der Welt, das im November 1755 fast die gesamte Stadt zerstört und damit das »goldene Zeitalter« Lissabons, einer Stadt, die vor allem durch die Eroberung von Kolonien reich geworden war, beendet hatte. 40000 Menschen kamen damals ums Leben. Ganz Europa nahm Anteil an der Katastrophe. Goethe und Kleist schrieben Texte darüber.

1996 war es dann soweit. Ich flog zusammen mit Verena nach Lissabon, das *Buch der Unruhe ...* im Gepäck. Wir mieteten uns für vier Tage in einem wunderbar am Parque Eduardo VII gelegenen Hotel ein. Unser geräumiges Zimmer besaß sogar einen Balkon, von dem aus der gesamte Park und die halbe Altstadt zu überblicken waren. Solche Hotelzimmer liebe ich. Der Aufenthalt hatte allerdings nur touristische Zwecke. Keine konkrete Arbeit erwartete mich damals in Lissabon. Ich wollte die Stadt sehen, bevor die großen Umbauten zur Expo 1998 fertig waren.

So begeistert ich von der Stadt, ihrer Topographie, ihrem altmodischen, etwas maroden Charme war, vor allem in den Altstadtbereichen Alfama und Bairro Alto – ein kleines Enttäuschungsgefühl beschlich mich trotz allem beim Anblick des Tejo. Irgendwie hatte ich bisher gedacht, Lissabon läge direkt am Meer. Daß die Brandung des Atlantischen Ozeans in Wirklichkeit außerhalb jeder Hör- und Sehentfernung, noch über 10 Kilometer weit weg in Oreiras und Cascais an Strand und Felsen schlug, war mir bisher nicht bewußt. Beim Studium des Stadtplans und der Landkarte wurde mir klar, warum die Stadtgründer – war es der Grieche Odysseus oder ein römischer Feldherr? – den weiten und sicheren Naturhafen, den der Tejo mit seinem Delta im Laufe der Jahrmillionen ausgespült hatte, nutzten und sich nicht direkt an der sturmgefährdeten Atlantikküste niederließen.

Heute liegen keine Ozeandampfer mehr am Lissaboner Kai vor Anker, wie noch zu Erich Maria Remarques Zeiten, als er die *Nacht in Lissabon* schrieb. Die

große Praça do Comercio öffnet sich zwar zum Wasser, aber das Wasser ist eben nur ein breiter Fluß, auf dessen gegenüberliegender Seite sich sanfte, blaue Hügel erheben. Kleine, weiße Fährschiffe und einige bunte Fischerboote kreuzen die Wasserfläche, mehr nicht. So war und ist das eben. Ich mußte meine Vorstellung korrigieren und sie der Realität anpassen. Dafür unternimmt man ja solche Reisen!

Mir war bisher auch nicht so klar, wie hügelig die Landschaft ist, auf der sich Lissabon ausbreitet. Es werden – wie in Rom – sieben Hügel genannt. Merkwürdige Übereinstimmung. Immer wieder stößt man als Fußgänger in der Altstadt auf steile Treppen oder 100jährige Aufzüge, die als frei stehende Stahlbauwerke in schmalen Häuserschluchten aufragen. Klingende Namen verklären die banale Funktion: Elevador da Bica, Elevador da Gloria, Elevador da Lavra, Elevador da Santa Justa. Dabei wurde mir wieder einmal klar, welch ein tolles Baumotiv frei stehende Aufzüge mitten in Städten sind. Normalerweise werden sie in Hochhäusern versteckt und bieten beim Fahren keine Ausblicke. Als Eingesperrter starrt man für Sekunden oder Minuten auf den Boden oder in die umgebenden, raumerweiternden Spiegel. Hier in Lissabon öffnet sich während des Hochschwebens der Blick über die Stadt und wird zum Überblick. Der Perspektivenwechsel geschieht in Sekunden. Plötzlich schauen wir nicht mehr von unten an den Häusern hoch, sondern von oben – aus der Vogelperspektive – auf die Häuser hinunter. Dachlandschaften, soweit das Auge reicht. Kirchenkuppeln wölben sich über die rote Ziegellandschaft wie die Rücken fremdartiger Tiere, Schildkröten oder Kamele etwa. Dazwischen Turmspitzen, Obelisken, Fernsehantennen und Reklametafeln in allen Größen. Mauersegler schießen, spitze Schreie ausstoßend, mit großer Geschwindigkeit durch den strahlend blauen Himmel, tauchen hinunter in die Gassenschluchten und fliegen mit atemberaubender Eleganz um Hausecken und Aufzugstürme. An steilen, hohen Südwänden nutzen sie den Aufwind und rasen wie Pfeile nach oben, dem Himmel zu. Daß sie während ihrer Flüge auch noch Mücken fangen und verschlingen, ist kaum zu glauben.

Ein anderes Wunder besteht darin, daß sie sich gegenseitig nie berühren oder gegen Hauswände prallen. Nur die großen, spiegelnden Glasflächen moderner Gebäude verwirren die eleganten Flitzer, irritiert halten sie die spiegelnden Flächen für Öffnungen, knallen gegen das Glas und stürzen mit zerschmetterten Schädeln hinunter auf den Asphalt. Wenig später wird eine der zahlreichen Katzen auftauchen und die noch warme Vogelleiche genüßlich verspeisen. Ganz oben auf einem der sieben Hügel angekommen, entdeckte ich eine riesige, die Arme ausbreitende Christusfigur. Sie steht am südlichen Ufer des Tejo, auf einer im Delta schwimmenden, grünen Landzunge. Im Reiseführer las ich, daß die Betonfigur 28 Meter hoch sei und 1959 zum Dank dafür eingeweiht wurde, daß Portugal den Zweiten Weltkrieg relativ glimpflich überstanden hatte. Außerdem erinnert sie daran, daß fast alle Portugiesen katholisch sind.

Lissabon, 6. Juli 2001

Bevor ich heute morgen hinaus zum Expo-Gelände fahre, steige ich in eines der beiden rechteckigen Treppenlöcher auf dem Alameda-Platz hinunter, tauche in die angenehme Kühle der Unterführung ein und nehme die U-Bahn Richtung Zentrum, um bei der Verwaltung des Teatro São Carlos vorbeizuschauen. Auf meinem Weg zum Opernhaus komme ich an Pessoas Lieblingskneipe vorbei, in der bereits um diese Zeit Touristen photographierend herumstehen und an Kaffeetassen nippen. Daß der arme Dichter als Bronzefigur davor im Fußgängerstrom sitzen muß, hat er eigentlich nicht verdient.

In den Gassen und auf den Plätzen in der Nähe des Opernhauses herrscht nicht die laute Heiterkeit italienischer Städte. Es ist merkwürdig still hier, Licht und Schatten wirken nicht fröhlich, sondern verbreiten eine ernste Melancholie, die mich natürlich sofort wieder an Pessoa und den Fado denken läßt. Ich höre und sehe keine Kinder, auch die wenigen Frauen, die in den schattigen Hauseingängen stehen, lachen und reden nicht laut, sondern tuscheln geheimnisvoll wie Verschwörerinnen bei der Vorbereitung eines Attentats. Selbst die raschelnden Palmen wirken in dieser Umgebung wie schwermütige, alte Damen, die von ihrer Jugendzeit träumen.

Künstlereingang, Portiersloge und das Treppenhaus des Theaters fügen sich mit ihrer gravitätischen Düsternis nahtlos in die Gesamtatmosphäre ein. Die Wände sehen greisenhaft alt aus, verschlissene Farben blättern ab, Nässeflecken erinnern an antike Land- und Seekarten. In den höher gelegenen Raumecken hängen 1000jährige, römische Spinnweben, und der Staub auf den Fensterbänken stammt ganz sicher aus maurischen Tagen. Würde mein Blick nicht manchmal auf blinkende Kopiergeräte und Drucker fallen, die ich in kleinen, offen stehenden Nebenkammern entdecke, käme ich niemals auf die Idee, daß ich mich im Jahr 2001 befinde.

Im Flur des zweiten Stocks begegnet mir der technische Direktor, ein seriöser, älterer, grauhaariger, traurig blickender Portugiese, der mich sehr wortkarg, aber freundlich begrüßt. Im Hintergrund sehe ich Alda Giesta, die für uns zuständige, deutsch sprechende Verwaltungsdame, durch die offene Tür am Schreibtisch ihres Zimmers sitzen. Sie winkt mich herein. Da ich kein Portugiesisch beherrsche, kann ich mit dem Rest der Theatermitarbeiter, die alle kein Englisch verstehen, nur über freundliche Blicke und mit Lächeln kommunizieren. Alda beteuert, daß mein Honorar bald in Deutschland eintreffen werde, ich habe nur noch diese und jene Unterschrift zu leisten, dann sei alles in Ordnung und unser Vertrag endgültig geschlossen. Plötzlich taucht meine deutsche Assistentin Nanette auf, fröhlich wie immer. Ich wußte nicht, daß sie ähnliche verwaltungstechnische Probleme hat wie ich. In einer anderen Tür erscheint Thomas, unser Light-Designer aus Wiesbaden. Auch ihm geht es nicht besser. Lachend tauschen wir uns aus, stellen fest, daß die Vorgänge fast identisch sind und sich seit Monaten finanztechnisch nichts bewegt. Nanette könnte gut als hübsches Stubenmädchen in *Hochzeit des Figaro* besetzt werden, eine 30jährige, immer zu einem Spaß aufgelegte Schwäbin, die außerdem vor unbändigem Schaffensdrang nur so strotzt. Thomas gibt den deutschen Hünen. Mit seinen blonden, leicht lockigen, langen Haaren könnte er einen guten Siegfried darstellen. Leider kann er nicht singen, dafür jedoch schönes Licht machen. Einige portugiesische Frauen – vor allem hier in der Verwaltungsabteilung – sind ganz vernarrt in ihn.

Nach einer halbstündigen U-Bahn-Fahrt kommen wir drei am neuen Bahnhof Oriente von Santiago Calatrava auf dem Expo-Gelände an. Von dort sind es noch 400 Meter bis zu unserem Theater. Der Bahnhof gehört inzwischen zu den berühmtesten modernen Bauten Portugals. Vor Jahren habe ich Calatravas erste Bahnstation – die Haltestelle Stadelhof in Zürich – bewundert und sofort erkannt, daß hier jemand vollkommen neu und frei mit dem Material Stahlbeton umgehen kann. Alles Bunkerhafte war verschwunden, die Stützen und Bögen tanzten durch den Raum, als hätte man ihnen frisches Leben eingehaucht.

Auch hier in Lissabon ist ihm das Wunder gelungen: In den Untergeschossen wölben sich mächtige Stützbögen wie die Rippen von Dinosauriern, darüber

erhebt sich ein charmant verspieltes, filigranes, weißes Baugeflecht aus Stahl und Glas, das mich an gotisierendes Geäst und Blattwerk erinnert, eine perfekte Dramaturgie. Die Funktionen des Ankommens und Abfahrens erhalten den Status von etwas Besonderem, eine Kathedrale des Transits, fast mit dem Pathos des 19.Jahrhunderts, allerdings jetzt im Kleid des 21.Jahrhunderts, ganz modern-poetisch und science-fictionhaft.

Dem Bahnhof gegenüber steht ein riesiges Einkaufszentrum, eine Mall, die sich um eine langgezogene, dreigeschossige Halle mit Glasdach ausbreitet. Faszinierend an dem Glasdach ist das Wasser, das Tag und Nacht darüber rieselt. Es soll vor allem an heißen Tagen für Abkühlung sorgen. Neben der sinnvollen Funktion ergibt das sich ständig in Bewegung befindende Wasser auch interessante visuelle Effekte: schlieriger Himmel, verwischte Wolken, gebrochenes Sonnenlicht, unscharfe Schatten. Angedeutete Unterwasserwelten.

Mit gewaltiger städtebaulicher Anstrengung wurden zur Expo nicht nur die Länderpavillons und der Park am Tejo gebaut, sondern auch moderne Wohnanlagen mit Kindergärten und Schulen. 20000 Menschen wohnen jetzt hier und bevölkern Plätze, Straßen, Parks, Cafés, Läden, Einkaufszentrum und Bahnhof.

Die Lage des Geländes am Tejo ist einmalig – weit, offen, luftig und gesund. Ein größerer Gegensatz zur verwinkelten, feucht-modrigen Altstadt läßt sich kaum denken. Für die meisten Pavillons wurden Nachnutzungen gefunden. Wahrscheinlich ist es wenigen Expo-Städten der Welt so perfekt gelungen, durch die Ausstellungsbauten eine tatsächliche Stadtverbesserung zu erreichen.

Im Theater gehen wir zuerst über die Bühne und schauen meine Architektur von vorn (der dem Zuschauer sichtbaren Seite) und von hinten an. Überall klopfen, schieben, kratzen, malen und schrauben Handwerker. Auch der Chef der ausführenden Firma, ein farbiger Marokkaner aus Casablanca, ist anwesend. Natürlich kenne ich ihn bereits von zwei Besuchen in seinem Lissaboner Betrieb. Damals hat er mir erzählt, daß er aus Afrika stamme und als junger Mann nach Portugal ausgewandert sei. Das Opernhaus selbst unterhält keine eigenen Werkstätten und gibt alle Arbeiten nach draußen, ein System, das auch in Italien und Frankreich häufig vorkommt.

Während Nanette noch auf einige Mängel hinweist, schaue ich mir mein Bühnenbild vom Zuschauerraum aus an. Unser Regisseur sitzt mit seiner Frau, die auch seine Mitarbeiterin ist, im Saal. Gemeinsam gehen wir an einem dünnen, transparenten Vorhang entlang, der gerade in dem gesamten, leicht ansteigenden Zuschauerraum angebracht wird. Dahinter soll sich später der Wiedertäufer-Chor verstecken und mit seinen Gesängen die Zuschauer immer wieder erschrecken. Eine gute Idee Christof Nels!

Thomas hat an seinem Schaltpult Platz genommen und richtet das Licht auf der Bühne ein. Heute abend wollen wir mit der Beleuchtung beginnen.

Da ich im Augenblick zum Fortgang der Arbeiten kaum etwas beitragen kann und der Regisseur nichts mit mir zu besprechen hat, gehe ich hinaus ins Freie und schaue mir den Park an.

Eine Zeitlang studiere ich ein Wasserspiel, das mich besonders fasziniert. Aus einer Höhe von 4 Metern fällt Wasser in einem weiten, großen Bogen über eine Länge von 30 Metern. Es landet spritzend und lärmend in einem etwa 50 x 50 Meter großen, nicht sehr tiefen, blau gekachelten Wasserbecken. Passanten können unter dem Wasserbogen auf einem Holzsteg hindurchgehen. Natürlich bleibt dabei niemand ganz trocken, aber das schreckt vor allem Kinder und Jugendliche nicht ab, unter dem glitzernden Wasser zu spielen und herumzutollen. Aus der Ferne sehen die unter dem Wasserfall stehenden und gehenden Menschen für mich aus wie senkrecht im Wasser treibende Fische, leicht verwischt, dunstig schraffiert von den herabstürzenden, sich zunehmend weiß verfärbenden Wasserlinien.

Ich gehe weiter und setze mich später auf eine Bank am Tejo-Ufer, beobachte Spaziergänger und denke über alte und neue Städte nach. Am Horizont die eng bebaute Altstadt, davor die locker stehenden Neubauten. Je breiter und weiter die Hauszwischenräume werden, um so mehr löst sich eine Stadt auf, und irgendwann – bei noch größeren Abständen – gibt es keinen Zusammenhang mehr zwischen den Gebäuden und den dort lebenden Menschen. Ein ähnliches Phänomen läßt sich in der Musik beobachten: Werden die Schweigezonen zwischen den Tönen und Akkorden, zwischen den Themen und Symphoniesätzen zu lang, bricht das Gesamtsystem zusammen und zerfällt in isolierte Klangphänomene.

Gesellschaft, auch die der Stadt, braucht Nähe, Kommunikation, Sicht- und Hörkontakt. Die normale, alltägliche Stimme reicht nur wenige Meter weit; um akustisch größere Distanzen zu überwinden, muß man schreien oder brüllen (es sei denn, man benutzt technische Verstärkungen).

Altstädte vermitteln ein Gefühl von Nähe, gegenseitiger Anteilnahme und von Gesellschaft. Neue Stadtteile können ihr kühles, zur Anonymität neigendes Beieinanderstehen, ihre Distanziertheit kaum verbergen. Jede Familie will für sich sein. Gemeinschaft wächst vor allem auf dem Kinderspielplatz.

Je älter eine Stadt ist, desto mehr Charakter besitzt sie. Es sind natürlich die historischen Gebäude, Kirchen, Klöster, Schlösser, Palazzi, Theater, Denkmäler, Parks, Plätze, die Gassen- und Straßenensembles, die diesen Charakter prägen. Eigensinnig, faltig und oft mit rätselhaften Gesichtern stehen die Gebäude vor uns. Überall Wunden und die Narben schlecht verheilter Verletzungen. Ihre Lebensgeschichten bleiben im Dunkeln. Vielleicht war es so, vielleicht auch anders. Man munkelt – es gab Tragödien, Liebesgeschichten, Geburten und Todesfälle, es gab Kinder, die hier aufwuchsen, und Frauen, die dem Trunk verfielen, es gab einsame Buchhalter und spießige, terroristische Familienväter, die hier wohnten ...

Auf den kleinen Plätzen vor den alten Häusern stehen Denkmäler längst verwester Könige – wann war das, wie lange ist es her? –, einige Schritte weiter stoßen wir auf Brunnen mit seltsamen Heiligenfiguren, die dort still vor sich hinträumen. Niemand kann sich mehr erinnern, wann sie errichtet wurden. Den Tauben ist Geschichte ohnehin gleichgültig, sie landen überall, auf jedem dafür geeigneten Schädel oder Heiligenschein. Hier in Lissabon heißen die charakterbildenden Gebäude, Zonen und Orte: Mosteiro dos Jerónimos in Belém, Castelo de Sao Jorge, Basilica da Estrela, Palácio Nacional de Ajuda, Jardim Botánico, Alfama, Bairro Alto und Baixa.

Das absolut bestimmende, alles in den Schatten stellende Bauwerk allerdings fehlt der Stadt. Es gibt weder eine Akropolis noch ein Pantheon, weder einen gewaltigen Dom, noch ein Empire State Building. Einzig das Castello de São Jorge könnte man als Stadtkrone durchgehen lassen: ein Burgberg mit schrägen, angeböschten Wänden, Aussichtsterrassen, Kanonen und Fernrohren.

Bei unserem ersten Aufenthalt in Lissabon 1996 mieteten wir ein Auto und fuhren hinaus zur gewaltigen Baustelle der Expo. Entlang des Tejo standen noch die halb zerfallenen, vergammelten Lager- und Industriehallen des einstigen Hafenbetriebs. Sie wurden nach und nach alle dem Erdboden gleichgemacht. Hinter hohen Bauzäunen sah man Abrißbirnen gegen Fassadenfragmente knallen. Staubwolken wirbelten durch die Luft und brachten den Flug der Möwen durcheinander.

Riesenkräne drehten sich über Kellergruben und Bodenschächten, Baugerüste wuchsen in den Himmel wie vergrößerte Zeichnungen. Über Treppen und angedeutete Geschoßebenen liefen emsige Arbeiter, die vielleicht in den Jahren zuvor für Billiglöhne in Deutschland gejobbt hatten.

Und dann 1998 die Expo. Schon die Fahrt hinaus zum Gelände war voller Überraschungen. Ich erkannte die Stadt nicht wieder. Fast alle Bauzäune, Baugruben und Kräne waren verschwunden. An ihrer Stelle standen jetzt moderne, helle Wohnhäuser mit großen Fenstern und Balkonen. Zwischen den Häusern grünten offene Parks mit sauberen Wegen, Blumenrabatten und Kinderspielplätzen. Dahinter glänzte das Wasser des Tejo. Das Expo-Gelände, das jetzt »Park der Nationen« heißt, überwältigte mich. Plötzlich hatte die melancholische Altstadt ein modernes Gegenbild erhalten. Leben im Heute, mit heutigen Architekturen war möglich!

Wir schlenderten damals an den Pavillons vorbei und staunten über die Formen der Gebäude. Es gab zwar kein markantes, unverwechselbares Atomium wie in Brüssel, dafür jedoch Türme, Kuben, Kugeln, riesige, freitragende, dünne Betondächer, Zelte, wie gelandete Ufos aussehende Hallen und die neue, 17 Kilometer lange Ponte Vasco da Gama, die das weite Tejo-Delta elegant überspannt. Besonders der phantasievolle Umgang mit Wasser ließ mich immer wieder zum Photoapparat greifen. Es gab originelle Brunnen, Wasserbecken und Wasserfälle, Wasserkaskaden und Wasservorhänge. Manche Anlagen glänzten in purem Weiß, andere waren mit bunten Mosaiken überzogen. Daß ich hier, auf diesem Gelände, einmal selbst arbeiten würde, hätte ich damals natürlich nicht gedacht.

Besonders beeindruckt war ich vom Oceanário, einem der größten Meerwasseraquarien der Welt. So etwas hatte ich bisher noch nie gesehen. Ich kam mir vor wie auf einer Jules-Verne-Expedition, 20 000 Meter unter dem Meeresspiegel. Kathedralgroß erschien mir das gewaltige Wasserbecken, in dem exotische Fische in allen Formen und Abmessungen friedlich miteinander um eine imaginäre Mitte kreisten. Durch ein gläsernes Oberlicht fiel echtes Sonnenlicht ein und hellte das gesamte bläuliche Wasservolumen so auf, daß alles Leben darin deutlich sichtbar wurde.

Als Besucher wanderte man auf spiralförmigen Wegen an ovalen Fenstern vorbei, die immer wieder den Blick ins Aquariuminnere freigeben. Im Trockenen, vor den dicken Gläsern stehend, vergaß ich mein Leben auf der Erdoberfläche und bildete mir ein, wie ein Taucher, lebendiger Teil dieses Unterwasser-Universums zu sein. Ich schwamm mit riesigen Heringsschwärmen. Ab und zu zuckte der Körper synchron zusammen, ein Vorgang, der mich jedesmal, wenn ich ihn sehe, aufs neue erschreckt und rührt. Rochen schwebten vorüber wie elegant-geruhsame Kardinäle in langen Roben, oder sind es eher Richter? Silbrige, flinke Fische umtänzelten meinen Körper, ohne ihn je zu berühren. Manchmal begegnete mir ein arrogantes, langnasiges Wesen, das mich voller Verachtung fixierte. Wären da nicht einige stromlinienförmige Haie gewesen, die mir eine gewisse Angst einjagten, hätte ich das Aquarium als ein Paradies bezeichnen können. Als ich auf der untersten Ebene, quasi auf dem Meeresgrund, angekommen war, konnte ich beim Blick nach oben zum Glasdach die Sonnenstrahlen in das Wasser eindringen sehen. Die exakten Lichtlinien schossen sichtbar durch das gesamte Wasservolumen wie leuchtende Neonröhren und kamen erst auf dem felsig-sandigen Boden als Lichtpunkte zu ihrem Ende.

Wie verzaubert wanderten wir danach von einem Pavillon zum anderen, bewunderten die Schätze Afrikas, die Wälder Finnlands und bestaunten die Disney-World-Zitate in der amerikanischen Landesblase. Besonders die Inszenierung des Isländischen Pavillons grub sich tief in mein Langzeitgedächtnis ein. Der abgedunkelte, schwarze Innenraum war in seiner Grundfläche halbiert, eine Hälfte wurde von einem echten See eingenommen, die andere von einer Terrasse mit Liegestühlen. Wir Besucher sahen hinter der Wasserfläche, am Saalende, riesige Landschaftsprojektionen mit Meer, Hochebenen, Gletscher- und Schneeflächen, Wolkengebirgen und Vulkanausbrüchen, Bilder, die sich im Wasser spiegelten und damit in ihrer Wirkung steigerten.

Von soviel neuen Eindrücken ermattet, saßen wir abends in einem Restaurant am Hafenbecken des Expo-Geländes und schauten einem phantastischen Spektakel zu. Auf Schiffen und Flößen zog eine surreale Prozession mit übergroßen, künstlichen Nashörnern, Giraffen und Elefanten an uns vorbei. Wahrscheinlich befanden sich im Innern der Tiernachbildungen Menschen, die einzelne Glieder – auch die Köpfe und Schwänze – bewegen konnten. Daneben schwangen sich, den Luftraum wie Vögel benutzend, waghalsige Akrobaten an fast unsichtbaren Seilen durch den offenen Raum. Später gab es ein Feuerwerk mit Leuchtraketen, explodierenden Lichtkaskaden, Sternentstehungen und Sternverglühungen, die Anfang und Ende des Universums wie im Zeitraffer als glitzerndes und funkelndes Spiel in den schwarzblauen Lissaboner Nachthimmel malten. Einzig die brennenden Schiffe, die zum Abschluß des Festes in das Hafenbecken einfuhren, irritierten mit ihrer zerstörerischen Bildmacht die bisherige Fröhlichkeit. Glühende Strohgarben fielen zischend ins Wasser, Rauchwolken stiegen auf und verhüllten die Riesentiere. Die Spiegelungen im dunklen Wasser verdoppelten das Sehvergnügen, und ich kam mir vor wie in einem Zwischenreich, jenseits der Realität und der normal wirkenden Naturkräfte.

Während mir all diese Erinnerungen durch den Kopf gehen, stehe ich auf und gehe weiter durch das heutige Expo-Gelände. Eigentlich hat sich nicht viel verändert in den letzten drei Jahren. Die Gebäude sehen immer noch gut und frisch aus, ich kann kaum Gebrauchsspuren entdecken. Als ich am ehemaligen Portugiesischen Pavillon von Alvaro Siza vorbeikomme, lese ich auf einem Plakat neben dem Eingang unter dem wunderbar leichten, geschwungenen Betondach, daß im Innern gerade eine Ausstellung über Oscar Niemeyer gezeigt wird. Da ich noch ein bißchen Zeit habe, gehe ich sofort zur Kasse und kaufe mir ein Ticket.

Niemeyer gehört zu den letzten lebenden Architekturheroen der Moderne und wird demnächst 100 Jahre alt. Vor allem die liebevoll gestalteten Modelle begeistern mich. Es gibt wenig Architekten auf der Welt, die soviel bauen durften wie Niemeyer. Bereits mit 30 Jahren konnte er, zusammen mit Lucio Costa, das Gebäude des brasilianischen Erziehungsministeriums in Rio de Janeiro realisieren, danach folgte wie in einem Schaffensrausch ein originelles Gebäude dem nächsten.

Eigentlich bin ich überrrascht, wie modern, frisch, mutig und jugendlich schwungvoll Niemeyers Formen auch heute noch wirken. Viele Bauten strahlen neben einer gehörigen Portion James-Bond-Romantik hemmungslosen Optimismus und sinnliche Lebensfreude aus. Keine Infragestellungen, keine intellektuellen Skrupel. Die fast naive Leichtigkeit des Seins, verspielt wie ein Walzer und expressiv wie ein leuchtendes Sonnenblumenfeld. Natürlich kenne ich die meisten Projekte aus Zeitschriften und Büchern. Brasilia mußten wir als Architekturstudenten auswendig lernen.

Berauscht von soviel fremder Kreativität, überfällt mich beim Hinausgehen plötzlich eine tiefe Melancholie, und ich beneide Niemeyer um sein Glück. Als psychische Gegenbewegung beginnen sich meine eigenen Architekturphantasien zu regen – sind es wirklich eigene? –, und am liebsten würde ich mich gleich an meinen Arbeitstisch setzen, Häuser, Theater, Kathedralen und ganze Städte aufzeichnen.

Manche Menschen halten sich genau zur richtigen Zeit am richtigen Ort auf, werfen die richtigen Ideen zum richtigen Zeitpunkt in die Realität hinein, werden von ihren Zeitgenossen nicht in Frage gestellt und können sich – wie Oscar Niemeyer – bedingungslos verwirklichen. Andere fühlen sich ihr Leben lang am falschen Ort, in der falschen Zeit und reden mit ihren Zeitgenossen wie durch eine Glasscheibe hindurch. Jede Bemühung um einen direkten Kontakt wird sinnlos bleiben. Das kreative Leben ist zum Exildasein in einer Raumblase mit anderer Zeit verdammt. Pessoa bleibt ein erschreckendes Beispiel.

Um mich zu beruhigen, mische ich mich unter die Flaneure am Tejo-Ufer und blicke hinaus auf das teilnahmslose Wasser. Die üblichen weißen Möwen ziehen kreischend ihre Flugbahnen. Manchmal stürzt ein Vogel ganz nah an mir vorbei und fixiert mich kurz im Flug.

Café reiht sich hier an Café. Menschen sitzen da, rühren in ihren Tassen und Gläsern, plaudern, als sei die Welt in Ordnung. Besonders Mütter mit ihren kleinen Kindern verbreiten diese Stimmung. Das Leben genügt ihnen so, wie es ist.

In einer zweiten, weiter vom Wasser entfernten Zone breiten sich kleinere, liebevoll angelegte Gärten aus. Auf weichen Rindenmulchwegen schlendere ich durch Palmenhaine, zwischen üppigen Bananenstauden-Alleen hindurch auf geflochtene Hütten zu, komme an Bächen und ruhig daliegenden, kleinen Tümpeln und Seen vorbei.

Langsam fühle ich mich wieder besser. Landschaft und Natur bringen mich immer ins Lot. Wenn ich Blätter sehe, staune ich über deren einfache Anmut und übe mich in zurückhaltender Bescheidenheit. Das Pendel schlägt in Richtung Innenwelt. Auf einer versteckten Bank, umgeben von riesigen Bananenblättern, gebe ich mich der wortlosen Entsagung hin, allerdings nur für wenige Minuten, dann fällt mir ein, daß ich eigentlich ins Theater zurückgehen sollte. Thomas ist bestimmt bald fertig mit seiner Lichteinrichtung.

Auf dem Weg zum Theater denke ich über Religion und unsere Wiedertäufer-Oper nach. Im 16.Jahrhundert litten die südlichen Länder Europas – vor allem Italien, Spanien und Portugal – unter der Inquisition und blieben vom Protestantismus weitgehend unberührt. Zur gleichen Zeit kämpften die nördlichen Länder mit den Entartungen der Reformation.

Schlimmstes Beispiel hierfür sind die Wiedertäufer in Münster. Sie übernahmen 1534 unter ihrem Anführer Jan van Leyden und seiner Ehefrau Divara die Macht in Münster und wollten die Stadt mit ihren Bewohnern zu einer Art urchristlichen Gemeinde umformen. Zunächst schufen sie das Eigentum ab, dann die Institution der Ehe. Jeder konnte mit soviel Frauen zusammenleben, wie er wollte. Begründungen dafür finden sich wohl in der Bibel.

Was zunächst wie eine humane christlich-frühkommunistische Revolution aussah, entartete rasch zu einem Terrorregime. Die Stadttore wurden geschlossen, Andersdenkende verfolgt und ermordet. Jan van Leyden rief sich zum König des neuen Jerusalem aus. Divara versuchte vergeblich, seine zunehmend radikale Brutalität zu mildern.

Als die Stadt 1535 von königlichen Truppen eingekreist und belagert wurde, verschlimmerte sich die Lage für die Bewohner mit jedem Tag. Es gab nichts mehr zu essen, und die Willkür der Anführer schreckte vor keiner Grausamkeit zurück. Nach dem Sieg der Regierungstruppen ermordeten die eindringenden Soldaten fast alle Einwohner Münsters und richteten die Anführer der Wiedertäufer auf dem Marktplatz öffentlich hin. Zwei Jahre lang hatte der Spuk gedauert.

Mir gehen meine Treffen mit Christof Nel durch den Kopf. Ich hatte bereits 1996 eine Produktion an der Staatsoper in Stuttgart mit ihm gemacht, zwei Stücke an einem Abend: *Blaubart* von Belà Bartok und *Der Untergang des Hauses Usher* von Claude Debussy. Die zentrale Bühnenbildidee bestand damals darin, daß wir beide Stücke im gleichen Raum ansiedelten. In dieser poetisch-verkohlten Ruine fing Blaubart seine Frauen und woben Debussys Figuren ihre Untergangsspinnennetze. Unterbewußtseinsarchitektur. Erinnerung, Traum, Ungeborenes und Totes zugleich. Für die Zuschauer blieb das Gehäuse eine Zeitlang geöffnet, danach schloß es sich wieder wie eine Muschel. *Divara* ist unsere zweite gemeinsame Arbeit.

Christof Nel ist ein typisch deutscher Regisseur, grüblerisch und humorlos. Ihn interessieren an den Handlungen und Opernfiguren vor allem die psychischen Abgründe. Neurosen, Ängste, Traumata und die daraus resultierenden Handlungsweisen sind seine Lieblingsthemen. Eigentlich arbeitet er wie ein Psychiater und geht immer davon aus, daß er es in der Opernliteratur nur mit Kranken zu tun hat. Erstaunlicherweise wird er mit dieser Methode in fast allen Werken fündig. Die handelnden Personen aller großen Opernwerke sind völlig überdreht, krankhaft eifersüchtig oder der Liebe verfallen, sie wollen sterben, um erlöst zu werden. So gesehen, ist die Oper *Divara* ein ideales Stück für ihn. Ein Irrenhaus der religiösen Übertreibung. Ein Wahngebilde der höheren Art. Die Protagonisten verlassen jeden realistischen Pragmatismus, wollen paradiesische, menschenwürdige Zustände heraufbeschwören – ähnlich den Vorgängen während der französischen, russischen und deutschen Revolutionen – und enden in Terror, Grausamkeiten, Massenmorden, Auschwitz und Kriegen.

Zunächst hatte ich eine komplizierte Raumcollage für das Stück entwickelt, aber Christof entschied sich schließlich für eine einfache Lösung: einen kühlen, weißen, labyrinthischen Raum, der als Werkstatt, Kirche oder Gaskammer interpretiert werden kann.

Als ich im Theater ankomme, haben Christof und Thomas schon die ersten Lichteinstellungen gefunden. Ich beteilige mich, so gut es geht. (Deutsche Regisseure zeichnen sich vor allem dadurch aus, daß sie alles selbst bestimmen wollen, diktatorische Macht ausüben und damit ihrer eigenen, meist linken politischen Einstellung meuchlings in den Rücken fallen! Das Theater: der undemokratischste Ort der Welt!) Ich beteilige mich also schweigend und passiv, manchmal nickend oder brummend – in Wirklichkeit will der alleinherrschende Regisseur nur gelobt werden –, einige Stunden an der Suche nach gutem, expressivem Licht, dann fahre ich erschöpft mit der U-Bahn zurück in mein Hotel.

Lissabon, 7. Juli 2001

Heute wird den ganzen Tag über beleuchtet, von 9.00 bis 23.00 Uhr. Das ist hart, vor allem für die Sehorgane. Aus Erfahrung weiß ich, daß nach fünf Stunden die Augen zu schmerzen beginnen und der Aufenthalt im Theater zur reinen Qual wird. Christof hat eine bessere Kondition als ich. Unermüdlich wie ein Mount-Everest-Bezwinger kämpft er um Nuancen, hier ein Tupfer, dort ein kleiner Schatten – das Publikum wird begeistert sein! Ich vertrete beim Licht eher die Meinung, daß zunächst 10 bis 20 starke Grundeinstellungen gefunden werden müssen, danach kann die Feinarbeit beginnen. Die meisten Regisseure arbeiten jedoch chronologisch, bleiben manchmal an einer Stelle stundenlang hängen, werden ungeduldig und wütend. Am Ende landen sie bei 100 bis 200 verschiedenen Stimmungen, eine Anzahl, die ich für total übertrieben halte.

Da ich einige Reihen hinter dem Regisseur im Dunkeln Platz genommen habe, kann ich manchmal unauffällig die Augen schließen und mich meinen Tagträumereien, die man im Theater eigentlich als Nachtträumereien bezeichnen muß, hingeben. Bei dieser Gelegenheit fällt mir ein, daß innerhalb des Theaters nicht nur demokratische Strukturen aufgelöst werden, sondern auch Begriffe wie Tag und Nacht, Innen und Außen. Alle Theaterräume (Zuschauer- und Bühnenraum) sind fensterlos. Hier wird alles neu erschaffen: das Licht, das Klima und das Leben. Traumblasen der absoluten Künstlichkeit!

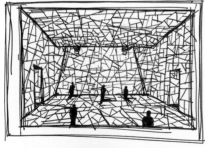

Ich erinnere mich an meine zweite Reise mit Christof Nel nach Lissabon im Februar dieses Jahres. Nach stundenlangen Besprechungen im Opernhaus fuhren wir beide abends mit der Fähre über den Tejo nach Almada. Dort setzten wir uns in eine urige, nur von Portugiesen besuchte Hafenkneipe und aßen Meeresfrüchte. Auf dem gekachelten Steinfußboden lag etwas Sägemehl, die Tische bestanden aus grob gezimmertem, dunkel gebeiztem Holz. Nur die großen Spiegel an den weißen Wänden nahmen dem Raum etwas von seiner harten Eindeutigkeit und irritierten mit ihrem Illusionismus die Sinne. Grelle, von der Decke hängende Neonröhren ließen keinen Zweifel an der herben Realität. Seemannsromantik war hier nicht gefragt.

Unser Gespräch kreiste natürlich um Divara, Münster und Lissabon. Christof hatte bisher weder José Saramago noch Anzio Corghi kennengelernt. Er berichtete: »Sie wollen beide zur Premiere kommen.«

Ich: »Schade, dann werde ich sie nicht kennenlernen. Vor allem Saramago würde mich interessieren.«

Christof: »Ich finde das Stück immer schwieriger. Das ist oft so bei Thesenhandlungen. Der Weg ins Unheil ist fast zu eindeutig, und die Figuren bleiben ziemlich blaß.«

Ich: »Aber die Geschichte ist schon irre. Vor allem, weil sie nicht erfunden wurde und sich tatsächlich zugetragen hat. Man muß sich vorstellen: hier, diese

Leute um uns herum, alles brave Katholiken, werden plötzlich von einem Irren aufgewiegelt und gründen eine extreme Sekte, etwas anderes ist es ja nicht.« Christof: »Genau, wie eine Sekte, das waren auch die frühen Christen. Eine jüdische Sekte. Ich frage mich, was Menschen immer wieder in diese Gedanken-Käfige, Religionsabgründe und Verirrungen treibt. Vielleicht ist das Stück eine Frage? Als moralische Veranstaltung kann ich es nicht leiden!«

Wir schauten uns um, betrachteten die Gesichter der Männer, der Frauen. Hartes Stimmengewirr. Babys quengelten. Unter einem Tisch hatte sich eine kleine Kinderschar versammelt, geduckt und kichernd. Zwischen den Knien der Erwachsenen sahen sie aus wie eine Miniatur-Verschwörergruppe.

Vor dem Kneipenfenster senkte sich langsam Dunkelheit über die Stadt und den Tejo. Ich sah Fähren ankommen und abfahren. Hafenbetrieb. Möwen, meine Freunde oder meine Feinde?

Später, im Hotelzimmer sitzend, blätterte ich in meinem Pessoa-Buch und strich mir folgende, jetzt sehr passende Stelle an: »Ja, es ist der Sonnenuntergang. Gemächlich und zerstreut gelange ich ans Ende der Rua da Alfándega, und als mir der große Platz am Flußufer, der Terreiro do Paco, entgegenleuchtet, erblicke ich deutlich die Sonnenlosigkeit des Himmels im Westen. Dieser Himmel ist bläulich und spielt vom Grünlichen ins Hellgraue hinüber; auf der linken Seite über den Bergen des anderen Tejo-Ufers duckt sich bräunlicher Nebel, der wie totes Rosa gefärbt ist ...«

Schweigend standen Christof Nel und ich nachts auf der Fähre nebeneinander. Die Altstadt schaukelte langsam auf uns zu. Hell leuchtete der Anlegersteg, den das Schiff ansteuerte. Nachts wirkten die großen Palmen an der Hafenmole wie lebendige Wesen. Die düsteren Zweigwedel bogen sich im Wind hin und her, als würden sie ein Problem erwägen: gehen oder bleiben, gehen oder bleiben. Nach dem Aussteigen hatten wir noch ein kleines gemeinsames Wegstück vor uns. Wir durchquerten die Altstadtgassen im Hafenbereich. Hinter den großen Fenstern der Kneipen sah ich im spärlichen Licht nackter Glühbirnen alte, fast barbusige Frauen, die ihre fetten, nackten Arme um jüngere Männer geschlungen hatten. Düstere Kaschemmenstimmung. Es gab sie noch.

Wir beschlossen, morgen abend ein Fado-Lokal zu besuchen. Der technische Direktor, ein echter Fadist, nannte uns am nächsten Tag eine vielversprechende Adresse.

Bis es soweit war, wanderte ich an jenem Tag allein durch die Stadt, besuchte den großen Stadtfriedhof und den uralten Botanischen Garten. An beiden Orten könnte ich mein ganzes Leben verbringen. Der Cimeterio dos Prazeres, was soviel heißt wie »Friedhof der Vergnügungen«, ist so groß, daß man ihn als eigene Stadt bezeichnen muß. Allerdings sind die Häuser hier etwas kleiner als in der realen Innenstadt, die Mausoleen gleichen Hausmodellen, Kinderhäusern und steinernen Laubentempeln. Das Größte an ihnen sind die Eingangstore, oft bronzene Ungeheuer, die entweder geschlossen sind oder nur einen Spalt breit offen stehen. Niemand, auch ich nicht, würde es wagen, die Tore aufzuklappen und in die modrig-düsteren Innenräume einzutreten. Nur einmal begegnete ich einem Gärtner, der mich kaum beachtete. Der übrige Friedhof schien vollkommen menschenleer zu sein. Versteinertes Leben.

Plötzlich hatte ich das Gefühl, eine riesige Steinplatte sei über die reale Stadt gelegt worden. Ich war, neben dem Gärtner, der einzige Überlebende. Jenseits oder dieseits? Die wenigen Vögel, die ich beobachtete, wollten mir vielleicht etwas mitteilen. Aber ich verstand ihre Botschaft nicht. Ob sie zwischen den beiden Welten hin- und herpendeln?

Im Reiseführer las ich, daß auch Fernando Pessoa 1935 hier ganz bescheiden und unauffällig beerdigt worden ist. Später, nach seiner literarischen Entdeckung, wurde er in ein Ehrengrab auf den Friedhof des Hieronymus-Klosters umgebettet. Auch im Jardim Botanico war ich fast die ganze Zeit allein. Rings um die grüne Oase brodelte die Stadt, hier jedoch, unter den hohen, ehrwürdig ausladenden Bäumen, herrschte schattige Ruhe. Exotische Pflanzen aus allen früheren portugiesischen Kolonien verströmten ein anderes, viel langsameres Zeitmaß als in der übrigen Stadt. Ich setzte mich auf eine Bank und atmete die friedliche Atmosphäre ein in der Hoffnung, sie mir später jederzeit wieder vergegenwärtigen zu können.

Als ein älterer Mann mit schwarzem Anzug, grauem Schnauzbart und vornehmem Spazierstock an mir vorbeitrippelte, fiel mir Professor Kuckuck aus Thomas Manns Roman *Bekenntnisse des Hochstaplers Felix Krull* ein. Ich dachte an das Lissaboner Naturkundemuseum, das darin ausführlich beschrieben wird: »Hinter Glas war ein Stück Meeresboden dargestellt, auf dem frühestes organisches Leben, pflanzliches, zum Teil in einer gewissen Unanständigkeit der Formen, skizzenhaft wucherte. Und gleich daneben sah man Querschnitte von Muscheln aus untersten Erdschichten – hinweggemodert seit Millionen Jahren die kopflosen Weichwesen, denen sie zum Schutze gedient – von so minutiöser Ausarbeitung des Inneren der Gehäuse, daß man sich wunderte, zu welch peinlicher Kunstfertigkeit die Natur es in so alten Tagen gebracht.«

Abends traf ich mich mit Christof. Nachdem wir in einem an der Avenida Liberdade gelegenen Restaurant gegessen hatten, gingen wir gemeinsam über den lärmigen Rossio und die Rua Garrett zum Bairro Alto hinauf, um das empfohlene Fado-Lokal zu suchen. Es lag in der Rua da Geveas, nicht weit vom Teatro Sao Carlos entfernt. Nach längerem Suchen fanden wir die kleine, fast versteckte Eingangstür. Ringsum schien es nur Fado-Lokale zu geben, an jeder Eingangstür hingen Plakate mit Hinweisen auf besondere Fado-Ereignisse.

Gegen 23.00 Uhr traten wir ein. Der mit Menschen dicht gefüllte Raum war nicht groß, vielleicht 4 x 8 Meter, im Hintergrund eine Theke, davor acht lange, parallel stehende, einfache Holztische. Wir hatten Mühe, zwei freie Stühle zu finden. Kaum hatte ich Platz genommen, meine Bestellung aufgegeben, in die traurigen Gesichter der anderen Besucher geblickt, stellte sich bei mir jene Melancholie ein, die zum Erlebnis eines Fado-Abends gehört. In diesem Moment begann eine ältere, zigeunerhaft aussehende Sängerin, begleitet von einem Gitarristen und einem Lautenspieler, ihr herzzerreißendes Lied zu singen. Wie benommen lauschte ich ihrem Gesang. Obwohl ich kein Wort verstand, war mir der Inhalt sofort klar: Ihr Liebhaber war verschwunden, über das Meer davongefahren und wird nie wieder zurückkommen – in diese Stadt Lischboa – Lischboa – Lischboa.

Den Refrain summten alle Anwesenden mit – ich glaube wir waren die einzigen Ausländer. Vorsichtig schaute ich mich um und sah, daß den meisten Gästen Tränen über die Wangen rannen. Unglaublich: Die Menschen versammelten sich hier, um gemeinsam traurig zu sein und zu weinen. Es war keine Verzweiflung, die um sich griff, sondern die pure Melancholie, jene stolze Saudade, die in jedem Portugal-Buch beschrieben wird. Mir fiel ein, daß heute Freitag war, die Zeit, an dem der Shabbat beginnt und die Muslime vom Tempelberg zurückkommen, der Zeitpunkt, an dem früher die Lohntüten verteilt wurden und die Wochenendbesäufnisse begannen. Nach tagelangen Quälereien in Büros, an Werkbänken und Maschinen, auf Landstraßen und Schiffen war die Zeit der Ausschweifungen gekommen. Die einen rannten zur Klagemauer, in die Moscheen und Kirchen, die anderen in die Kneipen und Bordelle. Manche wählten Fado-Lokale, Variétés, Theater oder Kinos. Eine kleine, reiche Minderheit besuchte das Opernhaus und flog hier auf

italienischen Belcanto-Arien durch das watteweiche, glücksversprechende Traumreich der Phantasie.

Danach traten noch ein jüngerer Mann, dann eine ältere, etwas korpulente Sängerin – war es nicht die Wirtin selbst? – und zum Schluß ein uralter, weißbärtiger Greis auf. Die Grundstimmung der Gesänge änderte sich nicht, auch wenn sie manchmal den bluesartigen, langsam stampfenden, wiegenliedhaft einlullenden Grundrhythmus verließen und eine schnellere Gangart einschlugen. Allerdings bemerkte ich nach zwei Stunden die Gleichförmigkeit der Musikwendungen, und eine gewisse Abstumpfung, Langeweile beschlich mich. Als wir das Lokal verließen, hatte ich genug, war gefüllt mit fremder, unentschlüsselter Fado-Traurigkeit. Mehr hätte ich in dieser Nacht davon nicht ertragen.

Spät in der Nacht wanderte ich allein durch die fast ausgestorbenen Straßen zu meinem Hotel zurück. Langsam fielen die Flügel der Traurigkeit wieder von mir ab. Feder für Feder flog die schwarze Stimmung davon. Auf der halben Strecke des Weges fühlte ich mich erlöst wie nach einem überstandenen Abenteuer. Ich dachte an die krampfhafte Lustigkeit unserer Volksmusik. Rumsbums mit Blasmusik, Zither und dumpfer Trommel. Lederhosenromantik mit Wadengeklatsche, im Hintergrund der Tegernsee und die blaue Zugspitze.

Vor Jahren hatte ich einen Film von Wim Wenders über Lissabon gesehen. Ich weiß nicht mehr, wie der genaue Titel lautet. Soweit ich mich erinnere, fährt ein Toningenieur durch die Stadt und versucht, Klänge einzufangen. Der Fado spielt dabei eine wichtige Rolle. Ich muß versuchen, an eine Kopie des Films zu gelangen.

Während mir diese vergangenen Ereignisse und Erlebnisse durch den Kopf flimmern, sitze ich im Theater und beobachte weiter die Lichteinstellungen. Manchmal gebe ich einen Kommentar ab, meist jedoch schweige ich. Christof beginnt, meine Anwesenheit langsam zu vergessen. Er bevorzugt Gespräche mit Nanette oder seiner Frau. Morgen findet die Hauptprobe statt. Ich bin gespannt.

Lissabon, 8. Juli 2001

Zum ersten Mal höre ich die Musik vom Orchester gespielt. Leider überzeugt mich die Komposition nicht übermäßig. Die Handlung wäre schon interessant, vielleicht auch die Texte Saramagos. Trotzdem fehlt der richtige Biß, obwohl unser Dirigent seine Sache wirklich gut macht und auch kraftvolle Spannungsbögen aufbaut.

In der Pause kommt Nels Frau zu mir her und fragt mich: »Und was machen Sie sonst noch so?« Wenn ich diese Frage höre, werde ich jedesmal wütend. Sie packt mich an den psychischen Wurzeln und wirft mich zurück an den Anfang, damals, als ich wirklich noch überhaupt nichts gemacht hatte. »Na ja«, antworte ich, »manchmal ein Bühnenbild hier und da.«

»Aha.«

Danach dreht sie sich um und geht zurück zu ihrem Platz. Offensichtlich weiß sie überhaupt nichts über mich, Christof hat sie nicht informiert. Mein Bühnenbild scheint ihr überhaupt nicht zu gefallen. Jedenfalls vermittelt sie mir dieses Gefühl. Vielleicht war es ein Fehler, sich für diesen einfachen Raum zu entscheiden. Im Dämmerlicht blättere ich in meinen Unterlagen, schaue die Skizzen und Aufzeichnungen durch, die ich mir während der Vorarbeit notiert habe. Da lese ich: »Mischung aus Kirchenraum und Zirkus. Schulungsraum, Wände gefüllt mit Texten und Bibelzitaten, Bildersturm-Wirbel, Taucherkapsel, Wasser, Taufe, das

himmlische Jerusalem entpuppt sich als Irrenanstalt, Gebetsrituale, Ritualmorde, Fußwaschungen, Beichtstühle als Folterstühle und Röntgengeräte, Altäre als Schlachtblöcke, Regale voller Madonnen, U-Boot mit eingebauter Kathedrale, hinter den Kirchenfenstern schwimmen Haie vorbei, Konservendose – langsam verschieben sich die Wände nach innen und schnüren den Raum zu, pressen die Bewohner zu einem blutigen, toten Fleischbrei zusammen.«

Als Nanette sich zu mir gesellt, schrecke ich zusammen. Sie ist fröhlich wie immer. Wenn sie von irgendeinem Problem berichtet, das sie soeben gelöst hat, heitert sich mein Gemüt auf.

Nanette: »So, jetzt habe ich alles im Griff. Der Vorhang funktioniert und läßt sich leicht beiseite ziehen, auch die Jalousie im Raum fährt problemlos rauf und runter. Vor allem: sehr leise! Eigentlich brauchen wir uns jetzt keine Sorgen mehr zu machen.«

Ich: »Ich mache mir keine Sorgen, weil ich weiß, daß du nicht locker läßt, bis ein Problem gelöst ist.«

Nanette: »Das stimmt. Jetzt hätten wir uns eigentlich einen Kaffee verdient. Kommst du mit?«

Vor fünf Wochen, zu Beginn unserer Produktion, verbrachten wir zusammen – Nanette und ich – einen vergnüglichen Tag in der Stadt, besuchten tagsüber den Zoo und abends ein Musicaltheater. Natürlich ist der Zoo von Lissabon eine sehr traurige Angelegenheit. Auch die Elefanten, Giraffen, Nashörner und Affen scheinen von besagter Saudade befallen zu sein. Ich vermute, daß sie nachts, wenn alle Besucher verschwunden sind, gemeinsam ebenfalls Fado-Lieder singen, grunzen, bellen und schnorcheln. Jedenfalls würde ich mich nicht darüber wundern. Das Merkwürdigste an diesem Zoo ist ein großer Tierfriedhof, der sich am Rande der Anlage einen sanften Berg hochzieht. Wir beobachteten eine Gruppe kleiner Mädchen, die zu den Gräbern hingingen und Blumen oder Bonbons auf die Grabplatten legten. Ringsum skurrile Grabsteine mit verkleinerten Nachbildungen von Elefanten, Zebras, Nashörnern und Affen. In großen Buchstaben waren die

Namen der Tiere in den Stein gemeißelt: Bimbo, Ando, Abi, Sacro, Lapa ... Anrührendes Bild des Mitleids und der Trauer.

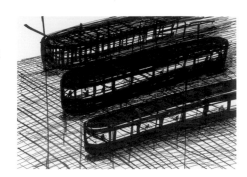

Am Abend ergatterten wir nach langem Anstehen zwei Eintrittskarten zu einem erfolgreichen, immer ausverkauften Musical über die 1999 gestorbene Fado-Königin Amalia Rodrigues, inszeniert vom berühmten Hausregisseur und Intendanten des Theaters Filipe La Féria. Leider eignet sich das Thema nicht besonders für ein Musical, stelle ich bereits kurz nach Beginn des Spektakels fest. Obwohl mit allerlei technischem Schnickschnack – auf- und niederfahrenden Bühnenpodien, einschwebenden Hausteilen von oben – gearbeitet wird, stellt sich bei mir schnell Langeweile ein. Erzählt wird die übliche Biographie fast aller Sänger: Sie stammen aus ärmlichen Verhältnissen, verbringen eine trostlose Kindheit und werden irgendwann entdeckt. So ist das. Frustriert und enttäuscht verlassen wir in der Pause das schöne, alte Teatro Politeama und setzen uns noch eine Weile in ein Straßencafé am Rossio. Vorbeiflanierende Menschen sind manchmal spannender anzuschauen als ein aufgemotztes Theaterspektakel.

Auf dem Rückweg zum Hotel entdecke ich eine Altstadtsituation, die mir besonders gefällt: eine Straßenkurve, die sich steil nach unten oder nach oben biegt, je nachdem, von wo aus man sie betrachtet. Ich halte mich hier fast eine ganze Stunde auf und mache nächtliche Photos. Mitten in der Asphaltfläche glitzern im Laternenlicht die blank polierten Stahlschienen der Straßenbahn. Einer der gelben, von innen leuchtenden Wagen quietscht alle fünf Minuten an mir vorbei, rauf und runter, runter und rauf. Diese alten Straßenbahnen sind weltberühmt und wirken auf mich wie Konservendosen. Innen, zwischen den verschrammten Fensterwänden und den Holzbänken, wird die gute alte Zeit bewahrt. Wer einsteigt, betritt die Vergangenheit der Stadt. Bestimmt ist auch Pessoa hin und wieder damit gefahren.

Lissabon, 9.Juli 2001

Bevor ich zu einer weiteren Probe hinausfahre, lasse ich mich heute vormittag einige Stunden durch die Stadt treiben. Ich nehme mir die Baixa genauer vor, den Stadtteil, der sich zwischen Rossio und der Praça do Comercio ausbreitet. Im Reiseführer lese ich, daß es vor allem dieser Bereich war, der dem großen Erdbeben zum Opfer fiel. Der damalige Außenminister Pombal entwarf, obwohl er mit Architektur bisher nichts zu tun hatte, die jetzige Stadtstruktur der Baixa neu und wurde damit zu einem Pionier der modernen Rasterstadt.

Hier durch diese Gassen – Rua do Ouro, Rua dos Fanqueiros, Rua da Prata, Rua Augusta – , die heute teilweise verkehrsberuhigte Fußgängerzonen sind, flanierte in der ersten Hälfte des 20.Jahrhunderts auch der kleine Büroangestellte Fernando Pessoa und träumte vom Dichterruhm: »Im leichten Nebel des Vorfrühlingsmorgens erwacht schlaftrunken die Baixa, die Unterstadt, und die Sonne geht auf, als ob sie langsam wäre ... Die Läden sind noch nicht geöffnet, außer Milchgeschäfte und Cafés, aber die Ruhe stammt nicht wie an Sonntagen von einer Erstarrung, sie stammt nur von der Ruhe her. Und von Minute zu Minute verlieren die Straßen fühlbar ihre Verlassenheit.«

Ich studiere die liebevoll gestalteten Bodenbeläge, die aus kleinen, verschiedenfarbigen Pflastersteinen gebildet sind. Geometrische Muster begleiten jeden Schritt, wobei mir nicht ganz klar wird, ob der Bodenschmuck meine Gehbewegungen beeinflußt und den Rhythmus diktiert oder ob er nur ornamentales Augenfutter bleibt. Ich neige dazu, den Schmuck als aufdringlich zu bezeichnen, und komme mir vor wie ein Kind, das von Strich zu Strich hüpfen muß, als würde es »Himmel und Hölle« spielen. Natürlich hüpfe ich nicht real, aber gedanklich stehe ich kurz davor. Beim Blick nach unten bemerke ich, wieviel Wert die Portugiesen und Portugiesinnen auf ihre Schuhe legen. Vor allem die schwarzen Lackschuhe der Männer glänzen im morgendlichen Sonnenlicht wie Edelsteine. Ganze Straßenfluchten erkenne ich im Spiegel ihrer Oberflächen. Bei jedem Schritt biegen und stürzen die Häuser zur Seite, als wollten sie Platz machen. An einigen strategisch günstigen Straßenecken sitzen professionelle Schuhputzer. Wer sich von ihnen die Schuhe polieren läßt, muß auf einer Art Thron Platz nehmen. Hier gibt es sie noch, die echten Machos. Stolz und hemmungslos sitzen sie auf diesen hohen Stühlen, lesen Zeitung oder blicken verächtlich in die Runde. Blick-Torreros. Ihre Augen verfolgen hier keine Stiere, sondern hübsche Frauen mit besonders runden Formen. Genauso wie beim Stierkampf bleibt unklar, ob diese Art Männer die Stier-Frauen lieben oder hassen, sehnsüchtig brauchen oder tödlich verachten. Manchmal habe ich den Verdacht, daß die Angst und Abneigung gegenüber dem Jagdobjekt überwiegt und der Ernstfall – Eroberung der Frau, Tötung des Stiers – nie wirklich in Erwägung gezogen wird. Es bleibt beim Vorspiel und der Erdolchung durch den scharfen, überlegenen Blick.

Der Macho bleibt herrischer König über sein Blickrevier, läßt keine Rivalen zu, vernichtet jeden Eindringling mit Verachtung. Seine aggressiv glänzenden Schuhe, die er jederzeit als tödliche Waffe einsetzen könnte, helfen ihm bei seinem Wirken.

Auch der Intendant der Oper, dem ich nur einmal vor fünf Wochen begegnet bin, ist so ein Macho. Bei uns in Deutschland gibt es diesen Männertyp kaum noch. Er würde mit seiner hemmungslosen Arroganz auf den heftigen Widerspruch der weiblichen Gegenseite stoßen und von seinen männlichen Kollegen ausgelacht werden.

Lissabon, 10. Juli 2001

Blick morgens aus dem Hotelzimmerfenster. Auf der Straße unter mir herrscht lärmiger Verkehr, wie immer. Alle Fenster der umliegenden Wohnhäuser sind mit Jalousien verschlossen. Niemand will die Hitze des Tages ungehindert eindringen lassen. Das Leben dahinter spielt sich im Dämmerlicht ab.

Mit dem Aufzug fahre ich hinunter in den Frühstücksraum des Hotels, der im kühlen, fensterlosen Kellergeschoß des Gebäudes untergebracht ist. Als ich mich am kargen Buffet bediene, tritt ein sportlicher, junger Mann durch die Tür, schaut sich forsch um, entdeckt im hinteren Raumbereich eine hübsche, blonde Frau, die gerade in ihrem Obstteller herumstochert, geht mit großen Schritten zu ihrem Tisch und gibt lautstark seine Empfindungen preis: »Jane, du hier, das ist ja eine Überraschung?!«

Sie, genauso laut: »Was für ein Zufall, Steven, du in Lissabon?!«

Er: »Ja, ich habe hier geschäftlich zu tun.«

Sie: »Schon komisch. Da treffen wir uns letzte Woche auf dem Flughafen in Cleveland, und jetzt führt uns der Zufall in Lissabon wieder zusammen.«

Er: »Nächste Woche bin ich in Madrid, aber vorher habe ich noch in Brüssel zu tun.«

Sie: »Setz dich zu mir, Steven.«

Er: »Ja, ich komme sofort. Wer weiß, wo wir uns das nächste Mal sehen.«

Sie: »Also ich habe hier in Lissabon zwei Tage zu tun, dann fliege ich nach

Moskau. Nächste Woche, am Montag, muß ich einen Vortrag in New York halten.«

Nachdem er sich am Buffet bedient hat, setzt sich der junge Mann an den Tisch der Frau, und ihr Gespräch wird etwas ruhiger, schade, denn leider kann ich ihre Sätze nicht mehr verstehen. Ich komme ja auch schon ganz schön in der Weltgeschichte herum, aber gegen diese echten globalen Jungnomaden bin ich ein Waisenknabe, denke ich. Es gibt eben Menschen, die aus beruflichen Gründen jeden Tag von einer Stadt in die nächste geflogen werden. Wie es wohl in solchen Köpfen und Seelen aussieht?

Bevor ich heute zum Theater hinausfahre, wende ich mich in die Gegenrichtung und nehme mir den Stadtteil Belém vor. Schon der große, rechteckige Gartenplatz vor dem Mosteiro dos Jerónimos gefällt mir sehr. Mit einer Längsseite öffnet er sich zum Tejo. Die Mitte wird markiert von einem großen, steinernen Brunnenbecken, der Fonte Lummosa.

Ich setze mich eine Zeitlang auf eine Gartenbank und schaue mich um. Ringsum ist ein wahres Museumsviertel entstanden: das Museu de Arte Popular, das Museu Berardo, das Museu da Marinha und das berühmte Museu da Arqueologia. Während die Hauptfassade des Klostergebäudes mit seiner merkwürdigen Stilmischung aus Gotik und Renaissance etwas schwülstig Richtung Tejo blickt, erhebt sich mir gegenüber, im Westen des Platzgartens, ein moderner Gebäudekomplex, der die Funktion eines Kulturzentrums – des Centro Cultural de Belém – hat.

Nein, alle Museen will ich nicht besuchen. Nur das archäologische, das im Klostergebäude untergebracht ist, betrete ich. In üppigen Raumfluchten sehe ich die üblichen römischen Fundstücke. Sie könnten genausogut in Rom ausgestellt sein. Das Mittelmeer machte es möglich, problemlos Skulpturen, Mosaiken und Kultgegenstände aus Rom hierherzutransportieren. Meine Begeisterung hält sich in Grenzen. Die Klosterkirche mit ihren wunderbaren, allerdings völlig übertriebenen Kreuzgewölben reißt meine Architekturseele dagegen in die Höhe und läßt mich wieder an das überschwengliche Pathos glauben, das alle Kathedralen verströmen. In Gedanken sehe ich sofort Strebepfeiler, dünn wie junge Tannen oder kräftig wie erwachsene Palmstämme aus Wohnzellen und Schiffskabinen wuchern, Kreuzgewölbe fächern sich über ganze Städte wie naturhaft gewachsene Baumkronen. Ich bin zwar hier in Belém, trotzdem denke ich – warum auch immer – an meine Lieblingsbauten in diesem Zusammenhang: das Ulmer Münster und die Moschee von Cordoba mit ihrem fast unendlich erscheinenden Säulenwald.

Während ich durch den kühlen Kreuzgang des Klosters wandele, überlege ich mir ernsthaft, ob ich einmal ein Stück (oder sollte es ein Drehbuch sein?) über zehn verrückte Architekten oder Regisseure schreiben soll. Architekten eignen sich mit ihren Weltverbesserungsvorschlägen genauso für das Theater (und das Kino) wie durchgeknallte Regisseure. Mir fällt in diesem Zusammenhang ein rätselhafter Satz ein, den ich einmal in einem Text von Daniel Libeskind gelesen habe: »Der Architekt ist zweimal Gott!« Man könnte das Wort »Architekt« problemlos durch das Wort »Regisseur« ersetzen.

Lissabon, 11. Juli 2001

Bevor ich am Abend zur Generalprobe hinausfahre, besuche ich tagsüber das Museu de Calouste Sarkis Gulbenkian. Der armenische Ölmagnat vermachte seine gewaltige Kunstsammlung der Stadt als Dank für das Asyl, das ihm Lissabon während des Zweiten Weltkriegs gewährt hatte.

Interessante, weitläufige Anlage aus Gebäuden und Gärten. An der Kasse finde ich einen Prospekt, der für ein Vieira-da-Silva-Museum wirbt. Schade, daß ich erst jetzt darüber lese. Da ich morgen die Stadt wieder verlasse, wird mir keine Zeit bleiben, das Museum zu besuchen. Vielleicht beim nächsten Mal. Früher faszinierte mich diese Malerin sehr. Ich bewunderte ihre in Striche aufgelöste Kunstwelt, die zwar nicht ganz die existentielle Härte Giacomettis erreicht, aber trotzdem visuell aus jener Zwischenzone berichtet, in der Raum, Zeit und subjektive Gedanken noch zu einer Einheit verschmolzen sind. Neben orientalischem Kunsthandwerk sind hier berühmte Gemälde von Rubens, Rembrandt, Frans Hals, Turner, Gainsborough, Manet, Degas, Renoir und Rodin zu sehen. Ich überlege mir, wie es sich anfühlt, alle diese Kunstwerke – wie Mister Gulbenkian – privat besessen zu haben. Täglich ging er an ihnen vorbei, setzte sich manchmal davor und murmelte, flüsterte oder schrie: »Das alles gehört mir!« Öl hatte sich in Geld verwandelt, das Geld wiederum in Kunstwerke.

Auf meinem Weg zur U-Bahn-Station komme ich an einem riesigen Gefängnis vorbei. Hohe Mauern umfassen die Anlage und täuschen mit ihrer weißen Farbe eine Heiterkeit vor, die dem Zweck nicht angemessen ist. Die Welt dahinter bleibt – mitten in der Stadt – im Verborgenen.

Bevor wir die Generalprobe unserer *Divara* anschauen, setze ich mich mit Nanette noch eine Zeitlang in ein Café am Wasser. Wir plaudern über die Stadt, unseren Regisseur, seine Frau und ihre eigene Zukunft. Sie meint: »Am liebsten hätte ich gern alles: eine Familie, drei Kinder, ein Haus, ein Auto und schöne, interessante Bühnenbildaufträge.«

Später gehen wir hinein in in den dunklen, klimatisierten Theaterraum. Plötzlich bedaure ich es, daß unsere Produktion nicht wie geplant im historischen Teatro São Carlos stattfindet. Eigentlich ist die Halle hier viel zu anonym, nichtssagend und charakterlos. Eine Funktionskiste. Es wird keine gute Reibung zwischen meinem Bühnenbild und dem Theater geben.

Nächtlicher Blick aus dem Hotelzimmerfenster. Abschiedsstimmung. »Wir besitzen weder einen Körper noch eine Wahrheit – nicht einmal eine Illusion. Wir sind gespenstische Lügen, schattenhafte Illusionen ... Die Baumreihen entlang der Avenidas blieben von all dem unberührt ...« (Pessoa)

Lissabon, 12. Juli 2001

Wie immer verlasse ich die Stadt vor der Premiere. Heute kommt mir die Fahrt zum Flughafen wirklich wie eine Flucht vor. Merkwürdigerweise sehe ich beim Starten das gesamte Expo-Gelände unter mir liegen. Ich erkenne unseren Theaterbau; dahinter, nur wenige Meter entfernt, breitet sich die weite Wasserfläche des Tejo-Deltas aus.

San Francisco
Las Vegas
Los Angeles

10. August 2002

Wenige Tage vor meinem ersten längeren Amerika-Aufenthalt

Amerika – wie oft habe ich von diesem Land geträumt! Sehnsüchtig saß ich als
Schüler in den Kinos, sah Westernlandschaften, weit, unendlich weit, ritt mit John
Wayne an den surrealen Felsformationen Utahs und Arizonas vorbei, dem Son-
nenuntergang entgegen, hörte am Lagerfeuer Elvis Presley singen und litt mit
James Dean, verliebte mich in Marylin Monroe, ahmte Humphrey Bogarts mürri-
sche Art nach, bewunderte John Huston und Alfred Hitchcock – und überhaupt
Hollywood!

Mit Walt Whitman hätte ich jeden Tag ausrufen können: »Ich singe dich Ame-
rika!« Singen konnte ich allerdings nicht, nur Schlagzeug spielen und Jazzplatten
hören: Louis Armstrong, Benny Goodman, Charly Parker, Gene Grupa und Luis
Bellson. Später entdeckte ich amerikanische Literatur: Edgar Allan Poe, Jack
London, Mark Twain, Henry Thoreau, Tennessee Williams, Eugen O'Neill,
Ernest Hemingway, John Steinbeck, William Faulkner, Truman Capote, Jack
Keruac, Allen Ginsburg und Carson MacCullers.

Die Männer in den Filmen und Erzählungen hießen hier Dean, Eddi, John, Ed,
Ben, George, Chad, Tim, Jo, Will, Al oder Henry, die Frauen Marylou, Winni,
Eve, May oder Mary. Die Gespräche begannen meist mit: »Verdammt, Mann!«
Cops jagten vorbei, und die Raumschiffbesatzung meldete: »Wir haben ein Pro-
blem, Houston!«

Amischlitten mit riesigen Haiflossen als Kotflügel fuhren durchs Bild, als wären sie Flugzeuge. Für die meisten von uns wurde *On the Road* von Jack Keruac
zu einer Bibel. Wer wollte nicht von New York nach San Francisco trampen oder
mit dem Greyhoundbus von Stadt zu Stadt fahren, gleichgesinnte Kumpels neben
sich?

Wer wollte nicht mit dem Motorrad auf der Route 66 quer durch die Staaten
düsen wie später die beiden Hippies Dennis Hopper und Peter Fonda in *Easy
Rider* und dazu Songs von Bob Dylan und Johnny Cash hören?! Erst viel später
entdeckte ich meine eigenen heimatlichen Wurzeln über die Filme von Fritz Lang
und Wolfgang Staudte, die deutsche Romantik und den Expressionismus mit den
etwas wirr-bizarren, tiefschürfenden Seelenzuständen, die Amerikaner für typisch
germanisch und damit für ziemlich verrückt halten.

Amerika verkörperte für mich, dem in der deutschen Provinz Aufgewachsenen,
das ganz Andere, das diesseitig Geschäftstüchtige, das Lebenswütige, das ohne
Metaphysik, ohne Umwege über die Antike und sonstige Geschichtsmüllhalden
auskommt. »Denke einfach«, war die Devise. Zweifel, Skrupel und komplizierte
Denkansätze gehörten in deutsche Universitätsseminare und nicht in die Köpfe
wahrer Amerikaner. Letztlich zählt nur das Heute und die nahe Zukunft.

Für manche meiner gleichaltrigen Zeitgenossen fiel der Blick damals, in den
1950er und -60er Jahren, eher auf Frankreich, dort gab es auch das leichte Leben,
vielleicht mit mehr Charme und Erotik. Amerika – das ahnte ich – war kein Land
der Liebe, eher der rauhen Einsamkeit, in den Städten genauso wie in den Prärien.
Der typische Film-Westernheld wie John Wayne neigte Frauen gegenüber eher
zur Reserviertheit, sie störten seinen Freiheits- und Rächerdrang, wollten ihn – so
mutmaßte er – in die langweilige Seßhaftigkeit, in das ruhige, gemütliche Heim
mit Kindern zwingen. Kam wider seinen Willen das Knistern der Erotik ins Spiel,
verhielt er sich hölzern verklemmt und ungelenk, mögliche Umarmungen blieben
kurz und kumpelhaft. Lange Kußszenen mit ihm waren undenkbar.

Auch Walt Disney, der zur Identität Amerikas soviel beigetragen hat wie kaum ein zweiter, hatte mit ähnlichen Komplexen im Bereich Liebe und Sexualität zu kämpfen wie John Wayne. Es wundert daher nicht, daß er seinen, von uns allen so geliebten Mickey-Mouse-Figuren (fast) kein Geschlecht gab. Sie blieben androgyn wie uns eben Mäuse, Tauben, Krähen, Enten, Hasen und Schwäne erscheinen. Er haßte alle erotischen Anspielungen und war selbst so gehemmt, daß er in seinen Studios verbot, Männer und Frauen im gleichen Raum arbeiten zu lassen. Natürlich störte mich diese Erkenntnis genauso wie der pragmatische, rambohafte Geschäftssinn der Amerikaner, ihr reales, tägliches Goldsuchertum, ihre Verherrlichung irdischer Reichtümer. Dennoch, wer es schaffte, nach Amerika zu kommen und dort Erfolg zu haben, erschien mir wie ein Held. Ich weiß nicht, warum es bei mir solange dauerte, bis ich selbst endlich amerikanischen Boden betrat, vielleicht war es die Angst vor dem Fliegen.

Im Laufe der Jahre – vor allem nach 1984 – habe ich mich immer wieder mit dem Thema »Amerika« auseinandergesetzt und eine Zeitlang auch an einem selbstinitiierten größeren Ausstellungsprojekt, das den Titel »Der amerikanische Traum« tragen sollte, gearbeitet. Leider erblickte die Ausstellung nie das Licht der Welt, und meine Überlegungen ruhen auf Papier skizziert seither in dunklen Archivschachteln.

Während der Vorarbeiten beschäftigte ich mich vor allem mit dem 19. und 20. Jahrhundert, dabei entdeckte ich viele interessante, auch tragische Geschichten. Eine davon hatte mit Franz Schubert zu tun. Ich fand heraus, daß er auf seinem Sterbelager in der Wiener Kettenbrückengasse *Lederstrumpf* gelesen hat und davon träumte, nach Amerika auszuwandern. Schubert, der in seinem realen, so kurzen Leben kaum mehr von der Welt als Wien und eine kleine Ecke Ungarns gesehen hatte, wanderte in Gedanken nach Amerika aus!

James Fenimore Coopers Bücher wurden seit 1824 ins Deutsche übersetzt und hatten einen enormen Einfluß auf das deutsche Geistesleben. Der Held Natty Bampoo (Lederstrumpf) ist ein Zivilisationsflüchtling und wird dem Mohikaner Chingachgook – einem edlen Wilden – gegenübergestellt. Rousseaus Figuren hatten plötzlich amerikanische und indianische Namen!

Von anderen Künstler-Auswanderern, die ihre Träume in die Realität umgesetzt haben, wissen wir, wie die Sache endete: Nikolaus Lenau etwa, der romantische Dichter, kehrte als gebrochener Mann aus Amerika zurück und beendete seine irdischen Tage als Verrückter. Allerdings hatten seine Auswandererträume weniger poetische als vielmehr geschäftliche Gründe und Wurzeln. Ohne es je gesehen zu haben, hatte er ein landwirtschaftliches Anwesen in der Neuen Welt gekauft, das sich später, bei genauerem Hinsehen als Reinfall erwies. Um sein Vermögen gebracht, kehrte er enttäuscht und gebrochen nach Europa zurück.

Dann schon lieber Karl May: Der träumende Lügner betrat das Land, das er so gut zu kennen vorgab, erst spät, nachdem er seine schwülstigen, angeblich selbst erlebten Reise- und Abenteuerberichte — fast 100 Bände — geschrieben hatte. Die realen Indianer sahen in Wirklichkeit doch etwas trostloser aus als in seinen Erzählungen, lebten resigniert, eingesperrt in Reservaten wie Zootiere und ertränkten ihre unrealisierten Lebensträume im Alkohol.

Viele Architekten Europas bewunderten Amerika, wenige besuchten und studierten die Gebäude vor Ort. Als einer der ersten kam Ende des 19. Jahrhunderts Adolf Loos und kehrte als Ornament-Bekämpfer in das ornamentverliebte Wien zurück. Ein Kulturkampf der besonderen Art begann!

In Ermangelung eigener Komponisten konnten die Stars des alten Europa – Giacomo Puccini, Gustav Mahler und Antonín Dvořák – ihre größten Erfolge in

Amerika feiern. Dvořák verbrachte sogar einige Jahre als Direktor des Konservatoriums in New York und komponierte dort, geplagt und zerrissen von Heimweh, sein berühmtestes Werk, die Symphonie *Aus der Neuen Welt*.

Adolf Hitler ist nie als Tourist gereist, schon gar nicht nach Amerika. Er betrat die Großstädte Europas erst, nachdem er sie militärisch besiegt hatte. Washington hätte ihm wahrscheinlich gut gefallen. Der faschistische Diktator bestimmte nicht nur, wie Literatur, Malerei, Bildhauerei, Musik und Film im Nationalsozialismus auszusehen haben, sondern legte auch fest, was unter Architektur zu verstehen sei. Andersdenkende wurden als »entartet« gebrandmarkt, hatten zu schweigen, wurden vertrieben oder umgebracht. Vor allem jüdische Künstler hatten unter seinen kleinkariert-großmäuligen, antisemitischen Rasse-Wahn-Kunst-Vorstellungen zu leiden. Während er auf dem Obersalzberg oder in der Wolfsschanze zum hundertsten Mal Léhars *Lustige Witwe*, d'Alberts *Tiefland* oder Lieder von Richard Strauss auflegen ließ, phantasierte er in langen Monologen über die neue Kultur.

Die architektonische Avantgarde Deutschlands – vor allem aus Bauhaus-Kreisen – sah die Zukunft der Häuser, Städte und der Kunst unter ganz anderen Aspekten. Ein ungleicher Kulturkampf brach aus. Viele der bedeutendsten Architekten erhielten keine Aufträge mehr und mußten neue Wirkungsfelder suchen. Amerika bot sich an.

Walter Gropius, Mies van der Rohe, Marcel Breuer und Erich Mendelsohn wanderten aus. Und sie hatten Erfolg in der Neuen Welt. Von heute aus gesehen, scheint Amerika geradezu auf die neuen, radikalen architektonischen Gedanken aus Deutschland gewartet zu haben. Während Albert Speer in Berlin ein neues, germanisch aufgeblähtes Rom baute, arbeiteten die ehemaligen Bauhaus-Architekten kontinuierlich am Projekt der Moderne weiter, glaubten an Demokratie und Kapitalismus. Für reiche, amerikanische Bauherren entwarfen sie weiße, kubische Villen, für Konzerne Firmenzentralen und Kommunen Verwaltungsgebäude und Museen.

Filmregisseure und Schauspieler hatten nicht alle das gleiche Glück wie die Architekten. Fritz Lang berichtet, daß er von Goebbels das Angebot erhielt, künstlerischer Leiter der deutschen Filmindustrie zu werden. Noch am selben Abend habe er den Zug nach Paris bestiegen und sei geflohen. Ob die Geschichte so der Wahrheit entspricht oder etwas anders verlief, darüber streiten sich die Filmhistoriker bis heute. In Hollywood konnte er einige Filme realisieren, war jedoch wegen seiner herrisch-arroganten Art weder bei Produzenten noch bei Schauspielern sehr beliebt.

Douglas Sirk hatte erst in den 1950er Jahren Erfolg, die Brüder Siodmak paßten sich an. Sie produzierten Kriminal- und Abenteuerfilme.

Am schwersten hatten es die Schauspieler, vor allem wegen ihrer mangelnden Sprachbeherrschung. Marlene Dietrich hielt sich schon seit 1930 in Hollywood auf und drehte ihre großen Filme mit dem Regisseur Joseph von Sternberg zwischen 1930 und 1935. Unglaublich, wie viele Komponisten durch die Nazis aus Europa nach Amerika vertrieben wurden: Das Thema füllt allein ganze Bücher und Ausstellungen.

Dann die Dichter und Schriftsteller: Thomas und Heinrich Mann, Lion Feuchtwanger, Erich Maria Remarque und Carl Zuckmayer. Manche von ihnen ignorierten die Neue Welt – die Gebrüder Mann etwa – und schrieben weiter, als würden sie in Europa leben, andere begeisterten sich für Amerika: Erich Maria Remarque entdeckte sein Herz für Hollywood. Er hatte eine unglückliche Liebesbeziehung mit Marlene Dietrich und heiratete schließlich Charly Chaplins Exfrau. Zuckmayer, der in Amerika eine Farm betrieb, nannte seine Tochter Winnetou. Zwi-

schen harten landwirtschaftlichen Arbeitsphasen dichtete er das später weltberühmt gewordene Theaterstück *Des Teufels General*. Seine lebenspralle und witzige Autobiographie, die er, zurückgekehrt nach Europa, am Fuß des Matterhorns geschrieben hat, trägt den Titel *Als wär's ein Stück von mir*.

Jahre nach dem Zweiten Weltkrieg folgte die nächste Auseinandersetzungswelle mit Amerika: Es gab Amerikafeinde (die Linken und die Individualisten: Ingmar Bergman und Federico Fellini) und Amerikafreunde (Wim Wenders, Michelangelo Antonioni, Wolfgang Petersen und Roland Emmerich). Die kreativ-kritischen Wechselwirkungen zwischen beiden Kulturen halten bis heute an und wären ein unerschöpfliches Ausstellungs- und Buchthema!

Auch meine eigenen Begegnungen mit der amerikanischen Kultur, die ich in den folgenden Tagebüchern beschreibe, gehören hierher. Ich habe das Arbeiten in fremden Ländern immer auch als Möglichkeit betrachtet, eigene Vorstellungen zu überprüfen und fremde Werte zu studieren. Kultur zu besitzen, bedeutet letztlich nichts anderes als eine bestimmte Werteskala verinnerlicht zu haben, die uns mit anderen Menschen verbindet (bei uns die antik-christliche). So gesehen, hat sie im weitesten Sinn auch Ähnlichkeiten mit Religion und Kult. Die Anhänger einer Kultur bilden Glaubensgemeinschaften und grenzen sich gegenüber anderen Gruppierungen ab. Ohne verehrte Kulturgegenstände – eben Kunstwerke (oder Stars und Markennamen) – gibt es keine Kulturkreise. Interessant sind die Grenzen und damit die Toleranzschwellen gegenüber anderen Kulturgruppierungen. Je fanatischer die Gläubigen, um so größer die Gefahren für Andersdenkende. Grenzgebiete entpuppen sich als verminte Gefahrenzonen.

Auf vielen nachfolgenden USA-Reisen lernte ich das Land und die amerikanischen Städte genauer kennen: New York, Washington, Boston, Cleveland, Detroit, Dallas, Houston, Orlando, Tampa und Los Angeles, Las Vegas und Flagstaff. In Florida begeisterte ich mich für Disney-World und Epcot, jenen Wissenschaftspark, der mit seinen originellen Pavillons und Gärten meiner Vorstellung von neuer Architektur und zukünftigen Themen-Gärten sehr nahe kam.

2000 wurde Pamela Rosenberg, die ich aus Frankfurt und Stuttgart kannte, zur neuen Generalintendantin in San Francisco gewählt. Da sie unsere *Trojaner* von Hector Berlioz in Frankfurt (Regie: Ruth Berghaus, Dirigent: Michael Gielen, Bühne: Hans Dieter Schaal, Kostüme: Nina Ritter, Dramaturgie: Klaus Zehelein) für die beste und schönste Inszenierung hielt, die sie je auf einer Opernbühne gesehen hatte, lag es nahe, mich zusammen mit dem Regisseur Nicolas Brieger, Ruth Berghaus war bereits 1996 gestorben, zur Premiere im Herbst 2002 einzuladen. Beide – Intendantin und Regisseur – riefen mich an, und ich sagte natürlich sofort begeistert zu.

Als Eröffnungswerk wählte Pamela zusammen mit Wolfgang Willaschek, ihrem neuen Chefdramaturgen, Olivier Messiaens *Saint François d'Assise* aus. Sehr sinnig, da der heilige Franziskus der Namenspatron San Franciscos ist. Ein gewaltiges religiöses Werk, das sich gut auf Amerika übertragen ließ, schließlich waren es englische Glaubensfanatiker – die Pilgrim Fathers –, die als erste größere Gruppe aus Europa an der Ostküste, in Boston, ankamen und zu den Begründern des neuen Amerika wurden.

Trotzdem mußte das radikal Bohrende dieses fünfstündigen, monumentalen katholischen Klangwerks auch eine irritierende Provokation für die Amerikaner bedeuten. Alle beunruhigenden Aspekte, die an Europa erinnerten, waren wieder da: das humorlos Wilde, sich in der Geschichte Verlierende, das Übertriebene, das Irrationale, das sich mit der Ewigkeit auseinandersetzt, mit dem Urgrund alles

Seienden, mit Gott. Gewaltig klangen die Grundfragen des Lebens an: Wie gehe ich mit meiner Zeit auf Erden um, wie verhalte ich mich gegenüber Gott, wie sterbe ich in Würde? Oper als ritueller Klang-Wolkenkratzer, als Tor ins Jenseits. Daß die Realisation eines solchen Werks viel Geld kostet, so viel, daß eine Aufführung die Mittel und Möglichkeiten jedes Stadttheaters weit übersteigen würden, hat der Komponist vielleicht nicht bedacht. Er ging nicht mit Bescheidenheit ans Werk, sondern mit schwelgender Opulenz.

In Amerika werden Millionärsfamilien das Unternehmen finanzieren. Schon ein merkwürdiger Vorgang: Die Menschen, gegen die sich das Werk letztlich richtet, bezahlen seine Realisierung!

Acht Jahre lang – zwischen 1975 und 1983 – arbeitete der Komponist Olivier Messiaen, geboren 1919, gestorben 1992, im Auftrag Rolf Liebermanns, des damaligen Intendanten der Opéra Garnier, an seinem Hauptwerk. Die Uraufführung des *Saint François* fand am 28.11.1983 in Paris statt. Zunächst dachte Messiaen an eine Christus-Oper, verwarf den Gedanken jedoch und wählte Franz von Assisi zu seinem Helden. Mit ihm konnte er sich besser identifizieren, er, der Heilige, war ein ganz normaler Mensch, der von 1181 bis 1226 in der Gegend um Assisi als Sohn eines wohlhabenden Kaufmanns aufwuchs und später, als junger Erwachsener, aus der Gesellschaft ausstieg, das einfache Leben in und mit der Natur suchte, Anhänger um sich scharte, den Pflanzen und Tieren predigte und dabei das Leiden Christi nachvollziehen wollte. Vor allem der Naturaspekt kam Olivier Messiaen sehr entgegen, da er sich sein Leben lang für Naturklänge, vor allem für Vogelrufe und -gesänge, interessiert hatte. In zahlreichen seiner Kompositionen spielen sie eine zentrale Rolle. Konsequenterweise nimmt die einstündige »Vogelpredigt« der Heiligen in seiner Oper den größten Raum ein.

Der genaue Titel des Werks lautet: *Saint François d'Assise – Franziskanische Szenen in drei Akten und acht Bildern*. 119 Musiker, davon 10 Schlagzeuger und 38 Bläser, zahlreiche exotische Instrumente und ein Chor mit 150 Stimmen sind für eine Aufführung nötig. Geschildert wird der Weg des heiligen Franziskus hinaus aus der Welt der Städte, des Geldes, der Geschäfte, hinein in das Mysterium der Natur, der Schöpfung, des Glaubens, des Hörens. In höchster Ekstase wird Franz stigmatisiert und stirbt schließlich einen glücklichen, heiligen Tod.

Das Werk ist eine fanatische Predigt-Hymne an und über die Natur, ihre Geschöpfe, vor allem die Vögel und ihre menschlichen Verwandten: die Engel. Zudem setzt es sich für eine radikale Bescheidenheit, mit Verzicht auf alle weltlichen Bequemlichkeiten ein. Der Heilige verherrlicht die Ausgestiegenen und Ausgestoßenen, die Aussätzigen und die Obdachlosen. Sie leben seiner Meinung nach näher an der Wahrheit und am Glück als alle Millionäre und Milliardäre. Heilige sind immer Radikale, Terroristen des Geistes, Fundamentalisten, die bis zum Äußersten gehen und ihr Leben dem einmal als wahr erkannten Ideal opfern. Franz von Assisi brachte niemanden um, legte keine Bomben, sondern wanderte still und bescheiden, als göttlicher Narr, immer freundlich und kindlich-fröhlich durch die Landschaften um Assisi. Seine Kraft bezog er aus dem Glauben, der Passivität, dem Verzicht und der Armut. Wie Jesus Christus waren sein Kommunikationsmedium das Gespräch und die Predigt. Er schrieb fast keinen seiner Gedanken selbst auf.

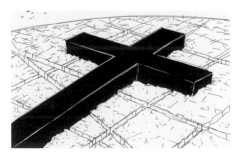

Die Vorbereitungszeit der Messiaen-Produktion zog sich über zwei Jahre hin. Tagelang saßen wir auf Nicolas Briegers Dachterrasse in Wien, hörten uns die Szenen immer wieder an und grübelten über mögliche szenische Lösungen nach.

Eine Woche verbrachten wir – Nicolas, Wolfgang, Andrea und ich – mit dem Werk sogar in einer Gebirgshütte bei Kloster Atmont. Wir besuchten damals die

Klosterbibliothek, unterhielten uns mit dem Abt und studierten das heutige Klosterleben. Allerdings leben in Atmont Benediktinermönche und keine Franziskaner. Ich las zahlreiche Bücher über den Heiligen und den Komponisten. Dabei lernte ich, daß Franz von Assisi auch heute noch eine gewaltige Wirkung auf Katholiken ausübt. Bestimmt wäre es gut gewesen, ein Franziskanerkloster zu besuchen und zu schauen, ob die Mönche und Nonnen heute noch bettelnd und helfend, bekleidet mit einfachen, grobgewebten Kutten und barfuß (in Sandalen) durch die Städte gehen. Ich erinnere mich daran, solche Mönche in Florenz gesehen zu haben.

Von Italienreisen kannte ich auch Assisi und die Orte der Umgebung. Beim Lesen beeindruckte mich der *Sonnengesang* Franz von Assisis am meisten, vielleicht einer der wenigen wirklich authentischen Texte. Darin bezeichnet er Sonne, Mond, Licht, Luft, Wolken, Wasser und Erde als seine Brüder und Schwestern.

Im Frühjahr 2000 kam ich zum ersten Mal – zusammen mit Nicolas und Wolfgang – nach San Francisco, um Bühne, Technik und Werkstätten zu besichtigen. Damals wohnten wir in einem Hotel direkt hinter dem Opernhaus. Hier stiegen vor allem wohlhabende Opernbesucher ab, die teilweise von weither anreisten. In Amerika gibt es nicht so viele Opernhäuser wie in Europa, außer in San Francisco nur in Los Angeles, Chicago, Cleveland (Blossom), Santa Fe, New York und Houston. Eine sehr exklusive Sache also!

Eines Morgens stand ein älteres japanisches Ehepaar neben mir am Frühstücksbuffet. Wie in Amerika üblich, begannen die beiden mit mir zu plaudern und erzählten, daß sie gestern von Tokio nach San Francisco herübergeflogen seien, um *Tosca* zu sehen. »It was great!« Ich gestand ihnen, daß ich gerade an einem Bühnenbild für dieses Opernhaus arbeiten würde. Sie versanken daraufhin vor Bewunderung fast im Boden und äußerten einen merkwürdigen Satz: »Then you must be a millionaire!« Ich war verblüfft. Wieso ich? Sie dachten tatsächlich, daß ich, der ich mir den Luxus erlauben könne, für San Francisco ein Bühnenbild zu entwerfen, in Banknoten schwimmen müsse wie Onkel Dagobert. Ich widersprach natürlich heftig und klärte sie auf, daß ich dafür ein normales Honorar erhalten würde. Das war dem japanischen Paar nicht klar, vielleicht fanden sie es auch enttäuschend profan. Bisher hatten sie bestimmt gedacht: »Wer mit einer so abgehobenen Kunst wie der Oper zu tun hat, lebt von Phantasie und Luft !« Über Geld wird in diesen ätherischen Regionen nicht gesprochen.

Bei meinen ersten Rundgängen durch die Stadt, die in den Reiseführern als die schönste und europäischste Stadt Amerikas beschrieben wird, war ich von den Zuständen und Bildern, die ich sah, entsetzt. Der Operntraumhimmel fand hier sein beängstigendes, deprimierendes Höllen-Gegenbild. Vor allem hinter dem Opernhaus, bei der City Hall und in der Market Street saßen, lagen und lungerten unzählige Obdachlose herum. In jedem Busch schien einer von ihnen zu »wohnen«. Der amerikanische Erfolgs- und Glückstraum war über sie hinweggegangen. Ihre erloschenen Augen starrten ins Leere. Franziskus hätte bestimmt zu ihnen gesprochen, sie als seine Brüder und Schwestern bezeichnet, wäre er auf seinem langen Weg hier vorbeigekommen. Statt dessen gingen tagsüber geschäftsmäßig gekleidete Damen und Herren an ihnen vorbei. Das fremde Unglück ignorierend, zielten sie mit schnellen Schritten auf ferne Punkte: Dort wurden sie zu Verabredungen und Geschäftsterminen erwartet, sie, die Geld in ihren Taschen hatten und Kreditkarten besaßen.

San Francisco ist bei Obdachlosen besonders beliebt, weil in der Stadt die Temperaturen nie unter den Gefrierpunkt sinken und die Bevölkerung als tolerant und wohlhabend gilt. Die erbettelten Cents und Dollars sind lebenswichtig, da in Amerika nur derjenige Sozialhilfe erhält, der eine Adresse nachweisen kann.

Im Reiseführer lese ich später, daß San Francisco mit seinen 750000 Einwohnern eine der reichsten Städte Amerikas ist – das durchschnittliche Haushaltseinkommen pro Jahr liegt bei 86000 Dollar – und daß jeden Tag zwischen 8000 und 14000 Obdachlose unterwegs sind. Viele von ihnen übernachten im Golden Gate Park. Die anderen liegen, lagern, schlafen auf den harten Bürgersteigen der Market Street oder der Nebenstraßen hinter Oper und Rathaus. Ich lese auch, daß der erst 34jährige neue Bürgermeister Gavin Newsom sich zum Ziel gesetzt hat, etwas für die Obdachlosen zu tun. Die Rede ist von Programmen, die städtisch finanzierte Hotels und Wohnungen kostenlos zur Verfügung stellen sollen. Vielleicht gelingt ihm in den nächsten Jahren derselbe Erfolg wie seinem Kollegen in New York.

Ich nahm auf jeden Weg, den ich durch die Stadt ging, einzelne Dollarscheine mit, um sie in die kleinen weißen Joghurtbecher zu werfen, die mir entgegengestreckt wurden. Als Antwort kam mir immer ein gemurmeltes »God bless you« oder »God bless America« entgegen. Fast kam ich mir vor wie ein Schmalspur-Franziskus.

Jetzt, im August und September 2002, plane ich einen sechswöchigen Aufenthalt und will in dieser Zeit die Stadt und ihre Bewohner genauer beobachten und studieren. Auch die Vororte und die Landschaften ringsum stehen auf meinem Programm.

Mitte August 2002 beginnen die Proben, das fast fertige Bühnenbild wird aufgebaut, die Beleuchtung eingerichtet. Der Countdown zu *Saint François* läuft.

15. August 2002

Anreise von Attenweiler nach Stuttgart. Fahrt aus meinem Dorf mit 900 Einwohnern, in dem ich seit über 20 Jahren meinen Hauptwohnsitz habe, über die Schwäbische Alb. Hochsommerliches Wetter. Übernachtung in Flughafennähe. Vorabend-Checkin. Nervöse Vorfreude.

San Francisco, 16. August 2002

Schlecht geschlafen, um 5.00 Uhr aufgestanden und hinüber in die neue Abflughalle geschlendert. Leichtes Gepäck. Strenge Sicherheitskontrollen. Ich muß zweimal durch die Röntgen- und Abtastzone. Die Frau hinter mir zetert laut, weil sie eine große Schere wegwerfen muß.

7.30 Uhr Abflug nach London-Heathrow, dort umgestiegen. Langer Übergangsweg von einem Gate zum anderen, durch endlose Flure, Rolltreppen rauf, Rolltreppen runter, dazwischen Busfahrten, aber die Anschlußzeiten sind so berechnet, daß keine Engpässe entstehen. Gegen 10.30 Uhr startet mein zweigeschossiger Jumbo-Jet Richtung San Francisco.

Andrea, die Kostümbildnerin aus Berlin, sitzt wie geplant im gleichen Flugzeug. Da für uns beide die Businessklasse gebucht wurde, ist der Aufenthalt an Bord sehr angenehm. Ich habe einen Platz am Fenster und kann Wolken und Himmel beobachten.

Der Außenraum scheint vollkommen unbelebt, weder andere Flugzeuge noch Vögel zeigen sich, auch keine Engel. Draußen soll es sehr kalt sein, zwischen minus 40 und 50 Grad, zu kalt für Engel. Ich plaudere mit Andrea über den Gang

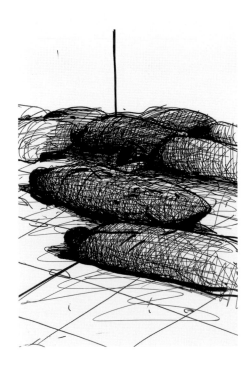

hinweg. Da sie schon oft in San Francisco war, kann sie mich über Details innerhalb des Opernhauses und der Stadt informieren. Für mich ist es der vierte San-Francisco-Flug, für Andrea bestimmt der zwanzigste. Charakter und Verhaltensweisen der Amerikaner sind ein unerschöpfliches Thema. Ich empfinde es als angenehm, mich zur Einstimmung mit einer Kennerin auszutauschen.

Dann schließe ich die Augen und denke an meine früheren Besuche in San Francisco, an die Menschen, die ich dort kennengelernt habe und die ich jetzt wieder treffen werde, an unseren Dirigenten Donald Runnicles, an sein schönes, gemütliches Holzhaus in der Nähe der Marina, an Patrick Markle, den technischen Direktor und späteren Produktionsleiter des Opernhauses, sein einfaches Haus auf einem Hügel über der Bay, an Valentina Simi, die im Opernhaus unsere Flüge und Unterkünfte organisiert, an Larry Klein, den späteren technischen Direktor, mit dem ich stundenlang am Bildschirm saß und konstruktive Details überlegte, an das Opernhaus selbst, die Obdachlosen ringsum und natürlich an die Vorgänge des 11. Septembers 2001, die mich letztes Jahr wie ein Schock trafen. Ich hielt mich an diesem Tag in San Francisco auf und hatte für den Nachmittag meinen Rückflug nach Deutschland geplant. Seither ist die Welt eine andere geworden. Amerika verwandelte sich zurück in jene Rächerrolle, die wir aus *Moby Dick* und den Westernfilmen kennen, überzog die Welt mit einem aggressiven Kampf »gegen das Böse« und verstrickte sich zunehmend in fragwürdige Lügengebäude. Die naive Unschuld war und ist dahin. Auch ich trage die Erlebnisse dieser Tage seither in mir. Ein dunkler Block aus Angst, Wut und Verzweiflung.

Ich staune, wie still und ruhig das riesige Flugzeug in der Luft schwebt, kein Schlingern, Zittern und Beben, nichts. Irgendwann, nach dem Essen, verliere ich das Bewußtsein und schlafe mich für einige Stunden in das Traumreich hinein, in dem es keine Schwerkraft und keine Zeit mehr gibt. Nach fast zwölf Stunden nähern wir uns dem San Francisco International Airport. Grandioser Blick über die Bay, die sich 60 Kilometer tief als gewaltiger Naturhafen ins Landesinnere hineinzieht. An der Ostseite liegen so berühmte Orte wie Berkeley und Oakland, an der Westseite Stanford, Palo Alto und die City von San Francisco.

Wie jeder Tourist, der einen Reiseführer gelesen hat, denke ich an die Siedler, die im 19. Jahrhundert mit Planwagen mühsam von der Ostküste hierher aufbrachen, sich durch gefährliches Indianergebiet kämpfen mußten, ich denke an den Goldrush und an das berühmte Erdbeben von 1906, das fast die gesamte Innenstadt San Franciscos vernichtet hat. In meiner Vorstellung blende ich alle Häuser aus, sehe eine Zeitlang allein die grünen Hügel und die riesige Wasserfläche unter mir. Dann entdecke ich dort vorne, an der Spitze der Landzunge, eine kleine Siedlung, mit der die Stadt vor 150 Jahren ihren Anfang nahm. Alles hätte so schön und harmonisch verlaufen können, der Verwirklichung des kalifornischen Traums einer blühenden Zukunft stand eigentlich nichts mehr im Weg, wenn nicht eines Tages ein Arbeiter General Sutters, der das Land hier vom Gouverneur in Monterey gekauft, erschlossen und urbar gemacht hatte, einen Goldklumpen gefunden und entgegen dem Redeverbot in einem Saloon darüber gesprochen hätte. So ließ sich der Fund nicht mehr verheimlichen, wie ein Lauffeuer verbreitete sich die Nachricht in ganz Amerika, ja über die ganze Welt. Innerhalb weniger Monate überfielen Hunderttausende das Land und verwüsteten es. Sie kamen aus allen Erdteilen. Fast nur Männer. Alle träumten vom schnellen Reichtum.

Sutter zog sich in die Berge zurück und wartete ab. Im Chaos zählte ein Menschenleben nicht mehr viel. Jeder, der einen Goldklumpen gefunden hatte, lief Gefahr, im nächsten Moment ermordet zu werden. Nachdem die leichten Mädchen aufgetaucht und Spielsalons eingerichtet worden waren, verzockten die

Goldfinder ihr Geld oder gaben es großspurig für Liebesdienste aus. Zwischen 1854 und 1880, nach dem Abklingen der chaotischen Verhältnisse, blieb das Land ein Außenseiter innerhalb der neu entstehenden Vereinigten Staaten von Amerika. Ein Verrückter – der selbsternannte Kaiser Norton I. – regierte die Stadt San Francisco.

Sutter selbst, ein strenger Mann, der einst aus der Schweiz einwanderte, Alkohol und Spiel ablehnte, starb völlig verarmt und verzweifelt über den Verlust seines Lebenswerks in Sacramento. Stefan Zweig und Blaise Cendrars beschäftigten sich literarisch mit ihm und machten auf sein tragisches Schicksal aufmerksam.

In großem Bogen schwebt das Flugzeug über die Bay und nähert sich langsam der künstlichen Halbinsel des Flughafen-Rollfelds, 25 Kilometer südlich von Downtown. Mich faszinieren merkwürdige organische Inselformationen direkt neben der Betonpiste, die mich an Neulandgewinnung in Holland erinnern.

Alle Einreiseformalitäten lassen sich überraschend kurz und freundlich abwickeln. Da in meinem Paß ein zeitlich begrenztes Visum abgedruckt ist, erkundigt sich der Beamte interessiert nach meiner Tätigkeit. Nachdem er etwas von »Oper San Francisco« und »Stage-Design« von mir gehört hat, will er in plauderndem Ton mehr wissen, schließlich bringt seine Arbeit soviel Langeweile mit sich, daß er für ein kleines Gespräch dankbar ist.

Aber da mein Wille zur Kommunikation im Augenblick nicht sehr ausgeprägt ist, schläft unser Gespräch schnell wieder ein. Hinter mir warten außerdem Hunderte von Einreisewilligen, die nicht viel Verständnis für derartige Verzögerungen im Ablauf hätten. Der Beamte scheint trotzdem zufrieden mit mir zu sein und äußert leutselig den Wunsch: »I wish you a good time in San Francisco!«

»Thank you very much«, entgegne ich etwas skeptisch. Schon diese Duzerei kommt mir im Augenblick geheuchelt vor. Schließlich hätte mir der Mann auch große Schwierigkeiten machen und mich verhaften lassen können. Bei anderen Einreisen wurde ich schon angebrüllt, wenn ich mit den Fußspitzen die weiße Markierungslinie übertreten hatte, oder es kam vor, daß falsch ausgefüllte Formulare zu harschen Attacken führten. Manchmal dachte ich: das Land der »Freiheit« bewaffnet seine Eingangstore mit stachligen Hindernissen, unwürdigen Schikanen, Überwachungskameras, Fingerabdruckkissen, Photoapparaten und bösartigen Exemplaren ihrer Bevölkerung, die mich an die Eingangstore in die DDR erinnerten, das Land der »Unfreiheit« und der kommunistischen Willkür.

Am Ausgang erwartet uns ein älterer, vornehmer, mit schwarzem Anzug, weißem Hemd und Krawatte bekleideter Fahrer der San Francisco Opera. Er hält ein großes Schild vor sich, auf dem in Fragmenten unsere Namen zu lesen sind: »Dieter ... Andrea ...«. Schon sein Aussehen verwirrt mich: Warum trägt er keine Jeans, kein T-Shirt und keine Baseballmütze auf dem Kopf, wie es sich doch für einen richtigen Amerikaner gehört? Verwirrung, Fragen, Rätsel – gleich als Einstieg.

Da ich vom Flug etwas ermattet bin, kommt mir die Entfernung bis zum Parkhaus etwas weit vor, aber schließlich stehen wir vor einem alten, schönen, weißen Cadillac, den der Fahrer für uns aufschließt. Unser Gepäck ist fast zu umfangreich für den Gepäckschlund des eleganten Wagens.

Wir fahren nach Norden, Richtung Downtown. Das Wetter ist diesig, die Temperatur überraschend kühl. In San Francisco beginnt der Sommer erst im September, das weiß ich. Links und rechts tauchen die ersten riesigen Reklametafeln auf. Alte Bekannte.

Nachdem wir einen bewaldeten Hügel, der die Form einer vergrößerten Kaffeetasse hat, in großem Bogen umfahren haben, öffnet sich der Blick auf Downtown.

An der Anzahl der Wolkenkratzer kann man die Bedeutung einer amerikanischen Stadt ablesen. Es sind hier nicht viele, weniger als in Frankfurt am Main würde ich sagen. Aber San Francisco ist wegen der ständigen Erdbebengefahr befreit vom Wettwerb mit den übrigen amerikanischen Städten. Hier neigen die Stadtplaner eher zu niedriger Bebauung. Im Falle eines Erdbebens sind die Überlebensschancen dann größer.

Da der Highway höher liegt als die Umgebung, blicken wir von schräg oben auf die städtische Landschaft. Flachdächer überwiegen, nur manchmal ragt ein eigenwilliges Giebelhaus aus dem grauen Dachpappenmeer hervor. Die meisten Gebäude wirken nicht sehr stabil, oft wildwesthaft attrappig. Der Verkehr ist inzwischen so dicht geworden, daß er sich fast zu einem Stau verklumpt. Wir kommen nur noch im Schrittempo voran.

Irgendwann – auf der Höhe von Mission-Potrero – biegt der Fahrer rechts ab, kurvt eine gewagte, freischwebende Betonasphaltschleife hinab und taucht in Downtown ein. Hier herrscht nicht die gepflegt-trostlose Unordnung unserer Vorstädte, auf mich wirkt die Atmosphäre eher bedrohlich wie in einem Hollywoodkrimi. Nachts würde ich hier nicht gerne allein herumschlendern. Die angeblich schönste und europäischste Stadt Amerikas zeigt mir als erstes ihre häßliche Rückseite, mit ruppigen Industrieschuppen, kaputten Garagentoren, dazwischen die Schaufenster von Autogeschäften oder Tapetenläden. Mülleimer, parkende Autos, wenig Fußgänger. Aber ich kenne das schon, deswegen hält sich mein Schrecken in Grenzen. South Van Ness Avenue, die jetzt folgt, ist auch nicht gerade ein freundlicher Einstieg in den American way of life, eher die harte Tour. Bunte, etwas abgewrackte Läden links und rechts. Viele Latinos. Graffitis, wo der Blick hinfällt. Dann kreuzen wir die berüchtigte Market Street, und schon sehe ich sie dort wieder stehen, die schwarzen Kiffer und Dealer mit ihren schläfrig-wässrigen Augen, ihren übertrieben bunten Buschhemden, vor den Läden liegen die üblichen Rauschgiftsüchtigen, ihre Gesichter den Häusern zugewendet. Andere torkeln benommen über die Fahrbahn. Apathisch herumhängende Obdachlose wirken auf mich fast beruhigend. Wer hier, in dieser Umgebung wohnt und Kinder großziehen muß, hat es nicht leicht!

Unser Fahrer bremst gekonnt, wenn ein Passant der Kühlerhaube zu nahe tritt, gibt Gas und fährt die Van Ness Avenue weiter hoch in Richtung Norden. Unser weißer Cadillac-Schlitten fällt hier nicht besonders auf, niemand beschimpft und bespuckt uns, keiner wirft Steine gegen unsere Windschutzscheibe, selbst die Outlaws sind tolerant, wie es sich für diese kalifornische Stadt gehört. Plötzlich taucht links das Opernhaus auf, rechts das Civic Center mit der gewaltigen Kuppel der City Hall. Beides Gebäude aus der heroischen Zeit der Stadt, vor dem Zweiten Weltkrieg, steinern und pompös wie der Petersdom in Rom oder das Weiße Haus in Washington. Danach steigt die Straße mit unterschiedlicher Bebauung leicht an. Manche Häuser sind ganz stattlich und repräsentiv, andere gehören eher zur Kategorie »Wildwest«, belassen es bei lausig-niedrigen Attrappenfassaden und verzichten auf die große Geste. Hinter dem Hügel liegt der nördliche Teil der San Francisco Bay mit der ehemaligen Gefangeneninsel Alcatraz. Im Augenblick können wir noch kein Wasser sehen.

Auf alten Photos, die vor der der Erdbeben-Zeit aufgenommen wurden, sind am Ende fast jeder Straßenschlucht große Segelschiffe zu erkennen. San Francisco war einmal eine bedeutende Hafenstadt, das ist bekannt, aber es ist lange her. Heute verkehren von Fisherman's Wharf nur noch einige Fähren nach Sausalito, Alcatraz, Berkeley und Oakland. Die restlichen Piers verfallen nach und nach wie in Manhattan. Selbst die große Militärbasis ist nicht mehr das, was sie einmal war. Die meisten Kasernen und militärischen Hafenbecken erlitten das gleiche Schicksal wie ihre zivilgenutzten Schwester- oder Brüderbecken.

Zunächst bringt der Fahrer Andrea zu ihrem Apartmenthaus in der Pine Street, danach fährt er mich zum Broadway 2000, meiner Adresse für die nächsten Wochen. Ich melde mich bei der Haus-Rezeption an und bin ab jetzt allein, auf mich selbst gestellt. Das Gebäude stellt kein Schmuckstück dar, einer der wenigen Betonklötze in der ganzen Gegend, 12 Stockwerke hoch. Im vornehmen Stadtteil Pacific Heights, der vor allem aus niedrigen, zwei- bis dreigeschossigen, buntbemalten Holzhäusern besteht, wirkt es wie ein Fremdkörper.

Nachdem ich mit dem nicht gerade elegant wirkenden Aufzug in den zehnten Stock hochgefahren bin, den trostlosen Flur zu meiner Apartmenttür hinter mich gebracht und die Tür geöffnet habe, staune ich über die helle, große Einzimmerwohnung, die mich empfängt. Links ein abtrennbarer Schlafbereich, rechts das Bad, davor eine kleine, offene Küche und in der vorderen, beim Fenster liegenden Zone über die ganze Breite ein bequemer Wohnbereich mit ausladenden Sesseln, Fernseher und einem breiten Sofa. Daneben ein runder Eßtisch, der auch als Arbeitstisch geeignet ist, wie ich gleich sehe.

Die eigentliche Sensation des Apartments jedoch ist das gewaltige Panorama-Fenster, das sich zwar nach Norden öffnet, dafür jedoch ein atemberaubendes Bild bereit hält. Links die Golden Gate Bridge, dahinter der Pazifik, vor mir die blaue Bay, die sanften Hügel von Sausalito, weiter rechts Alcatraz. Würden sich nicht Nob Hill und Russian Hill Richtung Osten aus dem Stadtgefüge hochwölben und mir den Blick versperren, könnte ich bis nach Berkeley hinüberschauen.

Während ich meine beiden Koffer abstelle, bin ich sofort bereit, Amerika ganz großartig zu finden, allerdings schleicht sich kurz danach ein neuer Gedanke in mein Gehirn und ich überlege: Das Gebäude wurde bestimmt schon vor über 20 Jahren gebaut, hat also das letzte Erdbeben 1989, bei dem die Bay Bridge teilweise einstürzte und zahlreiche Autofahrer mit in den Tod riß, überstanden, wird also auch das nächste Erdbeben, das ich bestimmt erleben werde, überstehen. Ich schaue mir die Türen an, denn ich habe gehört, daß ich mich im Falle eines Falles unter den Türsturz zu stellen habe. Der Beton sieht stabil und sicher aus. Das beruhigt mich.

Ich gehe zurück zum Fenster, schaue und schaue. Durch Lücken zwischen den Holzhäusern entdecke ich eine im Wind schaukelnde Ansammlung weißer Segel-Dreiecke von Booten und Jachten, die an der Marina vor Anker liegen. Ich staune, daß sich ein Fensterflügel öffnen läßt, beuge mich nach draußen und suche mit den Augen die Häuser unter mir nach Lebenszeichen ab. Aber ich kann keine Bewohner ausmachen, die verbretterten Hüllen, die aussehen wie bunt schraffierte, von Fenstern durchlöcherte Kuben, verschachtelt, hingetupft, weißlich, ocker-farben, manchmal blau, scheinen alle leerzustehen. Eine vornehme und teure Gegend. Wahrscheinlich leben die Bewohner in verschiedenen Städten, pendeln zwischen New York, Miami, Las Vegas und San Francisco. Im Augenblick sind alle ausgeflogen.

Wenn nicht zwischen den Häusern hin und wieder Fragmente von Straßenschluchten mit Autos, die sich bewegen und hin- und hereilenden Menschen sichtbar würden, läge der Gedanke nahe, die Stadt wäre längst ausgestorben. Wenige Bäume mit kugeligen, dichtgrünen Kronen – wahrscheinlich Pinien – ragen zwischen den Häusern auf. Insgesamt entdecke ich nur drei Palmen. Früher dachte ich, San Francisco sei eine südliche Stadt wie Neapel, aber das Klima hier ist eher herb, die Sommer sind neblig-kühl, und der Pazifik ist immer zu kalt, um darin zu baden. Nur wenige Abgehärtete steigen in die eisigen Fluten, das weiß ich von

meinen letzten Besuchen in der Stadt. Schon merkwürdig, daß sich hier in den 1960er Jahren die Hippiebewegung mit ihrer mediterran wirkenden Flowerpower, den schrägen Wohnbooten und ausgefallenen locker-leichten Lebensformen entwickelt hat. Erst weiter südlich, bei Los Angeles, beginnt die in unserem europäischen Sinn südlich-warme Palmen- und Baderegion.

Mein Blick von hier oben aus dem zehnten Stock bleibt summarisch, eine Totale. Das menschliche Auge hat zwar die Möglichkeit, sich auf gewisse Zonen zu konzentrieren, kann das Gesehene aber nicht heranzoomen wie eine Kamera. Der Preis für das Wohnen in dieser Höhe ist eine fremdartige Stille. Ich fühle mich wie im Flugzeug, über den Dingen schwebend. Die Geräusche der Stadt sind kaum zu hören. Bei geschlossenen Fenstern gleichen die Bewegungen der Autos Stummfilmszenen.

San Francisco, 17. August 2002

Um 10.00 Uhr findet auf der Probebühne die Einführungsveranstaltung zu unserem *Saint François* statt. Von meinem Apartmenthaus bis zur Oper gehe ich eine halbe Stunde zu Fuß. Tagsüber wird das kein Problem sein, nachts kommt mir der Weg zu gefährlich vor, deswegen habe ich mir heute vormittag bei der Rezeptionsdame in meinem Apartmenthaus einen Leihwagen und zugleich einen Parkplatz in der hauseigenen Tiefgarage bestellt. Im Laufe des Tages will ich das Auto am Flughafen abholen (um es dort am Ende meines San-Francisco-Aufenthalts auch wieder abzugeben).

An der Pforte des Opernhauses treffe ich mich verabredungsgemäß mit Wolfgang und Nicolas, die sich bereits seit einigen Wochen in der Stadt aufhalten. Auch Andrea kommt rechtzeitig. Jetzt sind wir als Gruppe – Brüder und Schwestern – wieder vollständig und können ans Werk gehen. Die Tatsache, daß in der ehemaligen Goldgräberstadt eines der größten Opernhäuser der Welt steht, das Platz für 4000 Besucher bereithält, entbehrt nicht einer gewissen Komik, vielleicht auch Tragikomik. Die Nachkommen der ehemaligen Glücksritter, die neu Zugewanderten, die homosexuellen Zahnärzte und Anwälte aus dem Stadtteil Castro träumen im ehemaligen Wilden Westen noch heute, in Ermangelung eigener künstlerischer Hervorbringungen, von importierter europäischer Kultur. Die Oper ist hier Museum, Erinnerungs-Arche-Noah und Traumblase in einem.

Die Probebühne liegt nur zwei Häuserblocks vom Opernhaus entfernt, direkt neben dem etwas geschmacklosen Neubau der Symphony-Hall. Im kargen Saal haben sich alle Mitwirkenden der Produktion versammelt. Mein großes Bühnenbildmodell im Maßstab 1:25 thront auf einer Holzkiste, daneben hängen an einer Stellwand die Kostümentwürfe Andreas. Im Hintergrund steht der Probenaufbau. Im Gegensatz zu europäischen Theater-Gewohnheiten, die sich in Probesälen mit Latten-Andeutungen und wenigen nichtssagenden Stellwänden zufriedengeben, beeindruckt mich der amerikanische Probenaufbau durch seine Genauigkeit. Im Grunde wurde das gesamte Bühnenbild ein zweites Mal errichtet. Nur die Oberflächen sind vereinfacht und gröber.

Pamela Rosenberg begrüßt die Anwesenden und stellt alle Mitwirkenden vor. Durch ihre mütterlich-warme Art entsteht schnell eine angenehme, unangestrengte Atmosphäre. Dann spricht Nicolas. Lässig, wie immer, sitzt er auf einem Barhocker und genießt als ehemaliger Schauspieler die Blicke der Zuhörer. Erst zögernd, dann immer fließender formuliert er seine Gedanken zu dem schwierigen Werk auf englisch. Wolfgang erkärt anschließend unsere Interpretation aus dramaturgischer Sicht, und zum Schluß sagt Andrea noch kurz etwas über ihre Kostüme. Plaudernd stehen alle um ihre Entwürfe und um mein Bühnenbildmodell herum, ohne viele Fragen zu stellen.

Es ist ein großer Vorteil, wenn Regisseure selbst aus dem darstellenden Bereich kommen, denn oft genügt es nicht, nur Anweisungen zu erteilen, manchmal muß man die Szenen auch vorspielen. Unsere erste gemeinsame Arbeit entwickelten wir 1989 am Schauspielhaus in Mannheim, *Leonce und Lena* von Georg Büchner. Danach entwarf ich für ihn die Bühnenbilder zu Hans Werner Henzes *Boulevard Solitude* am Opernhaus in Frankfurt am Main und zu *Elektra* von Richard Strauss am Aalto-Theater in Essen. San Francisco ist für mich jetzt der Höhepunkt.

Wolfgang Willaschek kenne ich bereits seit meiner *Tristan*-Arbeit, 1988, an der Staatsoper in Hamburg mit Ruth Berghaus als Regisseurin. Allerdings lernten wir uns erst jetzt bei der Vorarbeit zu *Saint François* näher kennen. Wolfgang hat schon einige Bücher über die wichtigsten Werke der Opernliteratur geschrieben und über Jahre in seinem Fachbereich Studenten unterrichtet. Der Regisseur, mit dem er als Dramaturg am längsten und häufigsten zusammengearbeitet hat, ist Johannes Schaaf. Ich staune immer wieder über sein umfangreiches, jederzeit abrufbares Fachwissen und seine Eloquenz. Berühmt-berüchtigt sind seine Protokolle, die er über alle unsere Gespräche aus dem Gedächtnis in der Nacht oder in den frühen Morgenstunden des nächsten Tages schreibt. Selten weniger als 20 Seiten. Aus jeder Produktion, an der er beteiligt war, muß sich ein dickes Buch erhalten haben.

Die Figur des heiligen Franziskus wird in unserer Produktion von einem Farbigen verkörpert, einem nicht mehr ganz jungen, kräftigen, sehr ernsten Mann mit hellgrauem Bart. Wie fast alle Schwarzen liebt er das Weiße und nennt sich daher Willard White. Auch die übrigen Darsteller sind beeindruckende Persönlichkeiten. Sie stammen aus den verschiedensten Ländern der Welt. Niemand, außer Pamela, wurde in San Francisco geboren (das nehme ich jedenfalls an).

Donald, der Generalmusikdirektor der San Francisco Opera, studierte in seinem Heimatland England, lernte das Dirigentenhandwerk jedoch in Deutschland und wirkte für einige Jahre als Generalmusikdirektor am Opernhaus in Freiburg. Im äußeren Erscheinungsbild hat er etwas von einem Playboy, ist immer fröhlich und gut aufgelegt, braungebrannt und scheint gerade vom Tennisplatz zu kommen. Ich glaube, San Francisco ist seine Stadt.

In einer kurzen Proben-Pause nach zwei Stunden schleichen Andrea und ich uns leise aus dem Raum. Gemeinsam lassen wir uns mit einem Taxi zum Flughafen fahren, um dort meinen Leihwagen abzuholen. Kaum sitze ich hinter dem Steuer des neuen, komfortablen Ford Automatic, überfällt mich ein ganz neues Amerika-Gefühl. Ohne Auto bleiben die Bewegungsradien zu klein, kurzatmig, unepisch, das merke ich jetzt. Freiheit bedeutet in Wirklichkeit, mit dem Auto zu fahren, soweit das Benzin reicht. Amerika ist ein Cinemascope-Breitwandspektakel – jede Windschutzscheibe hat das richtige Format. Selbst die erneute Einfahrt nach San Francisco-Downtown erlebe ich jetzt aus diesem, mir vollkommen neuen Blickwinkel. Euphorisch gestimmt, drehen wir einige Runden über die Highways, nur so, zum Schauen, umkreisen die Stadt, als wollten wir einen Hollywood-Film drehen. Anschließend steuern wir einen großen Supermarkt an, den Andrea von früher her kennt.

Das Warenangebot ist überwältigend. Regale, Tiefkühltruhen und Auslagentische quellen über mit frischem Obst, Gemüse und Salaten. Alle Waren sind sehr malerisch und appetitlich arrangiert. Hell beleuchtete Bildarchitekturen aus Orangen-Pyramiden, Dosentürmen und Regal-Bibliotheken. Tiefkühltruhen strahlen wie Schatztruhen. Es versteht sich von selbst, daß leise Musik aus versteckten Lautsprechern den Einkaufsvorgang zum lustvollen, vergnüglichen Erlebnis machen soll. Je größer die Summe, die an der Kasse am Ausgang bezahlt werden muß, um so schneller der Pulsschlag und um so intensiver das erotisch gestimmte, man könnte fast sagen orgasmusartige Gefühl beim Bezahlen.

Ich bin überrascht und lerne eine ganz neue Seite Amerikas kennen: Wie fortgewischt ist der billige Ramsch, das lausig Attrappenhafte, hier wird nur bedingt gelogen, die Waren scheinen echt, sauber und gesund zu sein. Es könnte sein, daß das äußere Erscheinungsbild tatsächlich der Wahrheit entspricht!

Abends sind wir bei Pamela zum Essen eingeladen: Nicolas, Andrea, Donald, Patrick mit seiner Frau, zwei Assistenten und ich. Merkwürdigerweise ist das meine erste Einladung zu einer Intendantin, die ich je erhalten habe. Ich weiß von den üblichen Premierenfeiern, die jede Theater- und Opernproduktion abschließen. Da ich zu diesem Zeitpunkt längst nicht mehr in den jeweiligen Städten weile, habe ich daran noch nie teilgenommen. Normalerweise lernt man den Intendanten eines Opernhauses nur bei Vertragsabschluß kennen, es kommt auch vor, daß der Verwaltungsdirektor dafür einspringt und der Intendant überhaupt nie auftaucht. Pamela jedenfalls will die Umgangsformen ändern, und das gefällt mir sehr.

Ihre Wohnung liegt nicht weit von meinem Apartmenthaus entfernt, ebenfalls in Pacific Heights, wenige Straßenzüge entfernt. Trotzdem fahre ich mit dem Auto, schließlich bin ich in Amerika, und hier ist das Zu-Fuß-Gehen eher verpönt, wenn nicht gar verdächtig. Der Eingang wirkt vornehm. Es gibt keine Klingeln. Man muß einen Code eingeben, um das Haus betreten zu können, ähnlich wie bei besseren Mehrfamilienwohnhäusern in Paris. Wahrscheinlich hängen außerdem in den Fluren und im Aufzug versteckte Überwachungskameras. Pamela wohnt im ersten Stock. Die Einrichtung ihrer großen Wohnung gleicht den Photos aus Zeitschriften, zusammengestellt von einer begabten Innenarchitektin. Gemütlich und trotzdem repräsentativ. Geschmackvolle Bilder an den Wänden zaubern einen Hauch von Individualität.

Pamela ist eine große, 60jährige, sehr selbstbewußte Frau, die sich ihre Weiblichkeit auf angenehme Weise bewahrt hat. Während wir im Eingangsflur stehen – die anderen Gäste haben sich bereits in den verschiedenen Zimmern verteilt – erzählt sie mir von einer Malerin aus Bregenz, mit der sie befreundet ist. Zwei große Originale der Künstlerin hängen an den Wohnzimmerwänden, dem offenen, funktionstüchtigen Kamin gegenüber. Von den Schlafzimmerwänden herab blicken mich finstere Masken aus Afrika an. Ich vergesse zu fragen, ob sie Erinnerungsstücke an selbsterlebte Reisen sind oder nur Dekorationsobjekte. Amerikaner lieben familiäre Hausaltäre. Hier sind auf engem Raum, für jeden Besucher gut sichtbar, Familienphotos an die Wand geheftet, manchmal auch in silbernen oder goldenen Rahmen edel gefaßt: Vater, Mutter, Oma, Opa, Geschwister, Mann und Kinder. Wer keine eigenen Kinder hat, hängt den Nachwuchs der Schwester oder des Bruders auf. Kinderphotos beweisen die Unschuld des Bewohners, wer Kinder liebt, macht nur anständige Geschäfte. Diese Hausaltäre finden sich in jedem Opernhaus-Büro und natürlich in Pamelas Wohnung. Sie war mit einem wesentlich älteren, aus Griechenland stammenden Musikwissenschaftler in Deutschland verheiratet. Er ist schon vor vielen Jahren gestorben. Ihre beiden Söhne (Zwillinge) sind inzwischen erwachsen und leben in Deutschland.

»Ich wurde in San Francisco geboren. Hier auf diesem Photo kannst du mein Elternhaus sehen. Aufgewachsen bin ich allerdings in Los Angeles, vor allem in Beverly Hills. Mein Vater war General. Er lebt heute in einem Altersheim bei Los Angeles.«

»Dann hat er deinen großen Erfolg, hier in San Francisco General Director des Opernhauses zu werden, noch miterleben können!? Du bist wahrscheinlich die erste Frau auf einem Intendantenposten in Amerika überhaupt, oder?!«

»Ja, das stimmt. Jedenfalls, soviel ich weiß!«

»Und du bist wirklich in Beverly Hills zur Schule gegangen?«

»Ja. Die beiden Zwillingstöchter von James Stewart waren in meiner Klasse, nette Mädels, die allerdings irgendwann der Schule verwiesen wurden, weil sie Alkohol getrunken hatten. In Amerika ist es Jugendlichen bis zu ihrem 21. Lebensjahr streng verboten, Alkohol zu konsumieren, wie du wahrscheinlich weißt!?«

»Und, hast du noch Kontakt zu ihnen?«

»Nein, wir haben uns aus den Augen verloren. Ich weiß nicht, wie ihr Leben weiter verlaufen ist.«

Inzwischen sind die anderen Gäste eingetroffen, und Pamela muß sich auch um sie kümmern. Außerdem hat sie in der Küche zu tun, schließlich will sie uns ein selbstgekochtes Essen auftischen. Irgendwann dürfen wir das mit vielen kleinen Kerzen beleuchtete Eßzimmer betreten und Platz an einem großen, langen Tisch nehmen. Allerdings stockt jetzt die Unterhaltung. Pamela bringt eine Schüssel nach der anderen herein und wehrt jede Hilfe ab. Erst als Donald etwas verspätet eintrifft und einige seiner witzigen Geschichten erzählt, wird es etwas lockerer und lebendiger.

Unser *Saint François d'Assise* wird die erste gemeinsame Spielzeit von Pamela und Donald, der schon seit einigen Jahren als Music Director an der San Francisco Opera arbeitet, eröffnen.

Donald: »Noch sind alle Möglichkeiten offen: Erfolg oder Mißerfolg, laue Aufnahme oder Ablehnung! Ich hoffe allerdings, daß wir die Amerikaner überzeugen werden. Der Vorteil ist, den *Saint François* kennen sie nicht, vom Komponisten Olivier Messiaen haben sie noch nie etwas gehört. Und Neuland interessiert sie, das weiß ich. Schließlich haben sie alle immer noch Goldgräberseelen.«

An diesem Abend sind wir alle voller Hoffnungen. Zu Recht, denn unser *Saint François* wird ein großer, ja überwältigender Erfolg werden, der seine Wellen bis nach New York schlägt, dennoch setzen nach zwei Jahren übermäßigen Gebrauchs deutscher Regisseure und Bühnenbildner gewisse Aversionen ein, und wenig später spricht die Presse vorwiegend skeptisch und genervt vom »German Trash«. Vielleicht hätten Pamela und Wolfgang, der ja als Chefdramaturg wesentlichen Einfluß auf Stück- und Teamauswahl hatte, nicht ausschließlich deutsche Interpretationen bevorzugen sollen und amerikanische Kultur etwas ernster nehmen müssen.

Immer wieder verteidige ich in unserem Team die amerikanische Haltung und nehme die alten Inszenierungen in Schutz. Viele davon habe ich schon gesehen, andere werde ich in den nächsten Wochen besuchen: David Hockneys popbunte *Zauberflöte* und seine märchenhaft-naive *Turandot* (er hat dazu die Ausstattung entworfen), die Uraufführung von *Dead Man Walking*, die ich bei einem meiner Besuche erlebt habe, oder die Uraltproduktionen *Tosca* und *Cavalleria rusticana* von Jean-Pierre Ponelle (Regie und Bühne).

Pamela und Wolfgang sehen das anders. Sie wollen einen harten Schnitt und meinen: »Alle diese amerikanischen Inszenierungen gehören auf den Müll. Wir lassen sie nur widerwillig im Programm.«

Ich: »Aber die Besucher lieben sie, oder?!«

»Ja, das stimmt, aber sie kennen unsere Sehweise noch nicht«, erwidert Wolfgang.

Ich stelle die These auf: »Amerikaner suchen in der Oper den luxuriösen Genuß, sie wollen, daß ihre Sinne und Seelen angenehm berührt werden. Oper ist für sie kein kritischer Erkenntnisort, keine psychologisch-archäologische Grabungssituation, sondern ein schöner Zeitvertreib – ›have a nice afternoon or evening‹ – mit edlem Goldrand. Kunst kann in Amerika immer nur – wie im Film auch – subversiv vorkommen, auf den ersten Blick muß sie unsichtbar bleiben. Die glatte, schöne und Oberfläche, wie das ständige amerikanische Grinsen, bleibt wichtig und entscheidend. Was an Tiefsinn, Wahrheit, Psychologie und Kritik darunter liegt, darf zur Sprache kommen, jedoch nicht die Oberhand gewinnen. Alfred Hitchcock ist ein gutes Beispiel für diese Arbeits- und Denkweise, aber auch Steven Spielberg.«

Wolfgang rümpft die Nase. Von Film versteht er nicht so viel. Ich setze meine Argumentation fort: »Auf uns wirkt diese Herangehensweise verlogen und problematisch-oberflächlich. Kein Wunder, sagen wir, daß alle Amerikaner ständig ihren Psychiater aufsuchen, wie in den Woody-Allen-Filmen.«

Wolfgang schaut mich an und sagt: »Das ist schon richtig. Amerikaner und Amerikanerinnen wirken auf uns meist fröhlich, gut aufgelegt und kontaktfreudig. Man kann mit ihnen über fast alles reden, auch über private Dinge, und eine Stunde später können sie sich an nichts und niemanden mehr erinnern.« Und er fährt fort: »Ein Opernbesuch in San Francisco ist etwas Elitäres. Die Eintrittskarten sind überaus teuer. Daher kommen fast nur die Reichen und Superreichen, kaum Studenten oder gar Schüler. Das wollen wir ändern und auch billige Karten einführen. Mal sehen, ob wir damit Erfolg haben werden.«

Pamela wirft dazwischen: »Ich glaube, unser Hauptproblem sind die Ereignisse vom 11. September letzten Jahres. Das ganze Land steht immer noch unter Schock. Die Reichen sind nicht mehr bereit, soviel Geld wie bisher für die Opernproduktionen zu sponsern. Die Besucherzahlen sind in den letzten Monaten, auch in der Ballettsaison im Winter, über die Hälfte zurückgegangen. Wenn sich dieser Trend fortsetzt, sieht es schlecht aus. Ich brauche ausverkaufte Häuser, um überleben zu können. Ohne dieses unglaubliche Attentat wäre alles viel einfacher und leichter!«

Donald ergänzt: »Früher gab es hier in San Francisco die Hippies. Sie besuchten zwar nie das Opernhaus, bestimmten jedoch den Lebensstil der Stadt, dann kamen die Yuppies, die viel Geld verdienten und sich hin und wieder Opern ansahen. Eine gute Gesellschaftsschicht waren die nachfolgenden Dot.coms, die mit Computerprogrammen Millionen verdienten, BMW- und Mercedes-Cabrios fuhren und das Leben genossen. Jetzt sterben auch sie aus. Mal sehen was danach kommt, jetzt nach dem 11. September. Niemand weiß es. Ich bin gespannt ...«

Plötzlich haben wir alle das Gefühl, nachträglich noch zu wirklichen Opfern der New Yorker Anschläge zu werden. Wahrscheinlich herrscht tatsächlich eine echte Krisenstimmung in diesen Tagen und Monaten. Fast alle fühlen sich gelähmt, das spüre ich, niemand hier in Kalifornien will einen Krieg gegen den Irak und gegen die diffuse, nicht zu ortende Al Kaida. Das jedenfalls betonen alle Theatermitarbeiter, mit denen ich gesprochen habe. In diesen Zustand der gesellschaftlichen Verwirrung hinein, der eine merkwürdig trotzige Zunahme von nationalistischen Äußerungen in Amerika nach sich gezogen hat, wollen wir jetzt ein so sperriges Musikwerk wie den *Saint François* hineinwerfen? Schon eine komische Vorstellung. Wenn die Anschläge religiöse Gründe hatten, wir uns also inmitten eines neuen Religionskriegs befinden, kommt unser *Saint François* zur richtigen Zeit, denke ich, andererseits steigen in mir schon wieder Bedenken auf: Vielleicht beteiligen wir uns indirekt daran und heizen die Aggression an, indem wir den katholischen Standpunkt mit dieser Oper in die amerikanische Welt hinausklingen lassen. Gegen Mitternacht brechen wir auf, und ich darf – wie vorherzusehen war – als einziger »Autobesitzer« im Produktionsteam alle anderen nach Hause fahren. Aber ich mache es gern, schließlich sind sie meine »Brüder« und »Schwestern«.

San Francisco, 18. August 2002

Morgens stelle ich mich wie immer zunächst an das Fenster: ein neblig-diesiger Tag! Erst gegen 10.00 Uhr lichtet sich das Bild, und die Bay wird sichtbar. Ich photographiere die verschiedenen Lichtzustände. Zum Zeichnen eignet sich der Gesamtblick nicht, zu viele Einzelformen verwirren das Bild.

Am großen, runden Eßtisch sitzend, lese ich Wolfgangs Dramaturgen-Texte zu *Saint François*. Sie regen mich zum Zeichnen an. Ich verbinde den Fensterblick mit unserer Oper, lasse riesige Kreuze aus dem Himmel über Dachlandschaft und Bay herabfallen, sie zerschlagen Häuser und Straßen, aufgeschreckte Menschen fliehen aus den Trümmern, bewegen sich wie Ameisen in den Kreuzschatten. Über der Szene kreisen anmutige Vögel; sind es vielleicht Engel?

Wolfgang hat sich einige Bemerkungen und Skizzen von mir für das Programmheft erbeten. Ich blättere in den Programmheften, die er mir mitgegeben hat. Auch ältere sind darunter. Irgendwann lese ich mich fest und stoße immer wieder auf Photos aus früheren Tagen. 20 Jahre lang leitete Pamelas Vorgänger, Lotfi Mansouri, mit großem Erfolg das San Francisco Opera House, ich sehe ihn auf Photos mit Herren des Verwaltungsrats und mit berühmten Sängern abgebildet. Bei meinem ersten Besuch in San Francisco hatten Pamela, Wolfgang und ich einen Termin bei ihm. Nachdem wir sein Zimmer betreten hatten, kam er auf mich zu und sagte: »And you are the famous dramaturg from Germany?«

»No«, erwiderte ich etwas irritiert. »I am the set-designer of *Saint François*. The dramaturg is here, besides me, Mister Willaschek.«

»Ah, you are the famous dramaturg.« Er ging auf Wolfgang zu und schüttelte ihm erfreut die Hand. Wahrscheinlich wußte er nicht einmal, was ein Dramaturg ist. Diesen Beruf gab es bisher in Amerika nicht. Hier arbeiten am Theater und an den Opernhäusern nur Regisseure, Bühnen-, Masken-, Kostümbildner (-innen), Musiker, Darsteller und Produzenten. Braucht man einen Bearbeiter der Stücke oder Libretti, wird ein freier Autor engagiert.

Nach einigen Stunden lege ich Texte und Zeichnungen beiseite, falte den großen mitgebrachten Stadtplan auf, lasse meine Blicke über den Plan streifen, schaue ab und zu aus dem Fenster und arbeite daran, Gesehenes, Gelesenes und Vermutetes mit meinem gegenwärtigen Bewußtsein zu vergleichen, vielleicht auch in Einklang zu bringen – wie ich es in jeder Stadt versuche.

Hatte ich eine Vorstellung von San Francisco, bevor ich zum ersten Mal hierher kam? Natürlich kannte und bewunderte ich die Golden Gate Bridge. Ansonsten wußte ich nicht allzuviel von der Stadt. Vom Opernhaus San Franciscos hatte ich noch nie etwas gehört.

San Francisco bestand in meinem Kopf aus einer diffusen Bilderwolke, in der Szenen aus Hitchcocks *Vertigo* und dem Gefangenenfilm *Alcatraz* mit Burt Lancaster kreisten. Hinzu kamen die Hippies auf ihren Wohnbooten in Sausalito, die Schwulenpaare in Castro und die Studenten in Berkeley, die zwischen 1965 und 1968 dem emigrierten deutschen Philosophen und Soziologen Herbert Marcuse

lauschten, der einst in Deutschland Assistent von Martin Heidegger gewesen war und mit seinem Buch *Der eindimensionale Mensch* Aufsehen erregt und damit die ersten Studentendemonstrationen gegen den Vietnam-Krieg ausgelöst hatte.

Vielleicht wäre ich ohne den Bühnenbild-Auftrag zu *Saint François* nie nach San Francisco geflogen. Auf meiner Sehnsuchtsliste standen eher Los Angeles mit Hollywood, Chicago und Las Vegas. In einer dieser Städte hätte ich gern einige Monate verbracht.

San Francisco ist wie Rom oder Lissabon auf zahlreichen Hügel gebaut. Da wir uns in Amerika befinden, einem Land der Superlative, liegt es auf der Hand, daß sich die Stadtgründer nicht mit sieben Hügeln zufriedengaben, sondern gleich 43 in die engere Wahl nahmen. Beim Annähern merkt man davon noch nicht soviel, erst wer die verschiedenen Straßen einmal abfährt, staunt über manche Berg- und-Talfahrt, die an Achterbahnsituationen erinnert. Jetzt fallen mir die wilden Verfolgungsjagden aus einschlägigen Polizeifilmen ein, die ich früher gesehen habe.

Sofern es die Topographie zuließ, wählten die Stadtgründer geometrische Straßenstrukturen und regelmäßige Raster. Jeder Hügel allerdings brachte das System ins Wanken. Daß es auch hier in San Francisco, wie in anderen Rasterstädten, eine markante Diagonalstörung gibt, ist erstaunlich. Ich spreche von der Market Street! Sie durchschneidet die Stadt so prägend wie der Broadway Manhattan. Im Reiseführer lese ich, daß San Francisco bis 1847 Yerba Buena hieß und nur 450 Einwohner hatte. Erst mit dem einsetzenden Goldrush explodierten die Einwohnerzahlen, und 1850 zählte San Francisco bereits 50 000 Einwohner.

Da wir im Opernhaus im Augenblick nichts zu tun haben, hole ich am Nachmittag Andrea ab, und gemeinsam fahren wir Richtung Süden, die Gough- und die Market Street hoch, zum Portula Drive. Nachdem wir über die Diamond Heights gekommen sind, entdecken wir in der Nähe des Pine Lake Parks eine San Francis Street, halten an, und ich photographiere eine sehr schöne, italienisch angehauchten Wohnanlage, die malerisch zwischen den Bäumen liegt. Wolfgang wird später mein Photo des Straßenschilds im Programmheft abdrucken.

Die kleinen Landhausvillen – wahrscheinlich in den 30er Jahren des 20. Jahrhunderts gebaut – erinnern mich an die Toskana. Vielleicht der verwirklichte Traum eines reich gewordenen, emigrierten italienischen Bauunternehmers. Die Straßen sind echt, die Bäume auch, aber die Häuser? Auch hier beschleicht mich wieder das Gefühl, im falschen Traum angekommen zu sein. Alle Gebäude haben etwas von Irrläufern, von herbeizitierter, fremder Realität. Dadurch wirkt die Atmosphäre geliehen, gekauft und unecht. Hitchcock traf den schwankenden Realitätsboden der Stadt in *Vertigo* schon sehr genau. Immer wieder fragt sich James Stewart – im Film heißt er Scottie Ferguson – , ob er die richtige Frau – Kim Novak alias Madeleine Elster – vor sich hat oder nur eine Fälschung. Nach dem Tod Madeleines entdeckt er am Union Square eine Frau, die ihr aufs Haar gleicht. So könnte die Geschichte weitergehen. Ähnlichkeiten, Täuschungen, Illusionen und Träume.

Manchmal denke ich, nur die Bay und die Golden Gate Bridge sind wirklich echt. Hitchcock läßt zu Recht eine zentrale Szene seines Films am Fuß der Brücke spielen: Madeleine springt in die eisigen Fluten, und Scottie rettet sie vor dem Ertrinken. Ob Hitchcock, der alte Zauberer und Vexierspieler, die Szene allerdings am realen Ort oder im Studio mit einer Rückprojektion der Brücke inszeniert hat, bleibt offen. Ich, der Europäer mit Rom- und Venedigerfahrungen, tappe jetzt also immer wieder in die »Wahrheitsfalle«. Warum nur? In Zukunft werde ich mich zurückhalten. Schließlich kann man nicht davon ausgehen, daß alte Gebäude wahrer sind als neue. In Venedig wurde auch mit Masken und Täuschungen gearbeitet, wie wir wissen.

Anschließend fahren wir den Sload Boulevard hinunter zum Pazifik. Die Häuser am Weg sind kleinbürgerlich. Sie wirken geduckt, fast verschreckt. Der Wind scheint ihre Dächer weggeblasen zu haben. Als wir den Great Highway erreichen, der entlang des Pazifiks führt, ist es schon fast 5.00 Uhr. Eigentlich wollten wir noch den Zoo besuchen, der hier angesiedelt ist, aber leider schließt er genau um diese Zeit.

Wir parken das Auto in Küstennähe und wandern statt dessen am breiten Sandstrand entlang Richtung Norden. Kalter Wind bläst uns ins Gesicht. Die tägliche Nebelfront hängt über dem Cliffhouse-Restaurant, das wir am Horizont vermuten. Frauen spielen mit Hunden, Kinder werfen Äste, lassen Drachen steigen oder suchen nach Muscheln. Über uns kreischen Möwen. Ein Liebespaar hat sich in Decken gehüllt und halb in den Sand eingegraben. Sportliche Menschen joggen vorbei, braun gebrannt, straff-muskulös trainiert. Dicht über der Brandung zieht ein Schwarm Albatrosse an uns vorüber, Richtung Süden. Die großen, dunklen Vögel fliegen schwer und haben Mühe, sich in der Luft zu halten. Kein Badender weit und breit. Draußen beobachten wir Surfer in schwarzer Gummikleidung. Die Brandung ist hier allerdings zu schwach, um auf den Wellen zu reiten. Auf einem einsamen Felsblock, der aus dem Sand ragt, entdecken wir einen Mann, der Trompete bläst. Starr und steif steht er da, Gesicht und Instrument Richtung Meer gerichtet. Der starke Wind muß ihm direkt in die Instrumentenöffnung hineinblasen. Er scheint diese Herausforderung zu genießen. Erst als wir ihm ganz nahe sind, hören wir seine langgezogenen Miles-Davis-artigen Klangkaskaden. Hier gibt es keinen Nachhall, der Wind tötet ihn ab. Neben ihm sitzt ein kleiner Hund mit depressiv eingezogenem Kopf.

Später stoßen wir am Strand auf ein totes Walroß. Es liegt wohl schon seit einigen Tagen dort. Groß und aufgebläht wölbt sich der runde Körper aus dem Sand. Verwesungsgestank. Möwen kreisen darüber, ab und zu, wenn gerade kein Wanderer in der Nähe ist, lassen sie sich auf dem Kadaver nieder und versuchen, ein

Stück totes Fleisch herauszureißen. Der Wind hat Sand zwischen die kurzen Fellhaare geblasen, so daß das Tier von Ferne aussieht wie ein Sandberg.

Ich ziehe die Schuhe aus und gehe mit nackten Füssen durch die Ausläufer der flachen Brandungswellen. Das Meerwasser ist sehr kalt. Wie die meisten übrigen Strandläufer suche auch ich den Sand nach Dingen ab, die das Meer ausgespuckt hat: Muscheln, Krebse, Knochen, Äste, Flaschen, tote Fische und Vögel. Wirklich Spannendes finde ich nicht. Der Wind bläst immer stärker, fährt gierig und wütend in mein Gesicht und in die Haare. Angenehmes Gefühl des direkten Kontaktes mit der Natur.

Wenn wir manchmal unser Schweigen unterbrechen und kurze Sätze austauschen, müssen wir fast brüllen, um den Wind und die Wellengeräusche zu übertönen. Nach einigen Kilometern erreichen wir das Cliffhouse, das auf einer Felsformation balanciert wie eine alte Seeräuberburg und sich kurz aus dem Nebel herausschält. Von historischen Photos, die ich letztes Jahr in einer Galerie bei Sausalito entdeckt hatte, kenne ich das alte, sehr romantische Cliffhouse. Im 19. Jahrhundert stand hier ein Traumpalast mit sensationellen Restaurants und Bädern auf mehreren Terrassenebenen. Das heutige Gebäude ist nicht mehr so prunkvoll, nur noch ein schwacher Abglanz goldener Zeiten. Davor, im Pazifik, auf den Seal Rocks tummeln sich wie immer Seelöwen. Ihr Fell glänzt im Sonnenuntergang. Nachdem wir schweigend das grandiose Naturbild bewundert haben, kehren wir um und wandern zurück zum Parkplatz.

Langsam wird es dunkel. In der Ferne ziehen kleine, blinkende Containerschiffe vorbei. Als wir beim Auto ankommen, herrscht tiefe Dunkelheit. Auf der Küstenstraße fahren wir unter den hellen Lichtkegeln der Straßenlampen hindurch Richtung Fisherman's Wharf. Der Nebel hat sich wieder ausgebreitet, das Cliffhouse und die gesamte Landzunge des Point Lobos verschluckt. In Fishermans Wharf herrscht touristisch-lautes, fröhlich-vitales Treiben. Nur mit Mühe finden wir im Restaurant einen freien Tisch. Andrea erzählt von guten alten Zeiten an der Schaubühne und von ihrer Phase, in der sie zusammen mit einer Freundin versucht hat, in Berlin ein Restaurant aufzubauen. Sie gab irgendwann auf, die Freundin macht heute noch weiter.

In Fishermans Wharf kann jeder interessierte Besucher studieren, was mit einer Hafenstadt geschieht, die eigentlich keine Hafenstadt mehr ist. Der heutige Schiffs-Container-Verkehr zieht an San Francisco vorbei und wird am gegenüberliegenden Ufer der Bay – in Oakland – abgefertigt. Hier in San Francisco hat sich an den Embarcadero-Piers ein reiner Vergnügungspark ausgebreitet – mit unzähligen Restaurants, Cafés und Shops, die Touristenandenken, Muscheln, Trommeln, Radios, Fernseher und Koffer zum Kauf anbieten. Unter lausigen Vordächern warten Krabben und Lobster darauf, vor den Augen der Neugierigen ins kochende Wasser geworfen zu werden. Die gefährlichen Zangen der Tiere sind mit Klebebändern verschlossen, damit niemand verletzt wird. Vor allem kleine Mädchen kreischen laut und entsetzt auf, wenn einer der meist asiatischen Köche einen Lobster aus dem siedenden Wasser angelt, ihn auf ein dickes, von dünnen Linien zerfurchtes Holzbrett legt und mit einem Beilhieb in zwei Hälften spaltet. Als ich mit Wolfgang und Nicolas letztes Jahr einmal hier war, dichtete Wolfgang den albernen Spruch: »Da hopst er, der Lob ... ster!«

Nach dem Essen lassen wir uns durch eine Allee von Straßenmusikern treiben. Alle spielen – singend, trommelnd, gitarrezupfend – gleichzeitig und produzieren einen infernalischen Lärm. Dazu das Kreischen und Lachen der angetrunkenen, aufgekratzten, meist amerikanischen Touristen, die ihren kulinarischen Tagesabschluß genießen. Hier ist es wieder, das Glucksen der Frösche und das Quaken der Enten, an das mich die amerikanische Sprache erinnert. Kinder stopfen gewaltige Mengen Popcorn oder Softeis in sich hinein. Mütter ziehen an ihren Armen, Väter mahnen oder blicken sehnsüchtig auf die Bay hinaus.

An Pier 45 liegt ein U-Boot aus dem Zweiten Weltkrieg. Bei einem der ersten Besuche in San Francisco bin ich zusammen mit Wolfgang und Nicolas in den beängstigend engen stählernen Schiffsleib hinuntergestiegen. Mir ist es unbegreiflich, wie es ein Mensch hier länger als zwei Minuten aushalten kann! An Pier 39 tummelt sich seit 1990 eine Herde von über hundert Seelöwen. Im Reiseführer lese ich, daß es sich ausschließlich um männliche Tiere handelt, die zur Brunftzeit nach Channel Island schwimmen und den Rest des Jahres in San Francisco herumhängen. Den ganzen Tag ringen sie laut brüllend und pöbelnd um einen Platz auf einer der schwimmenden Holzplattformen. Der Kampf ist eigentlich sinnlos und unnötig, denn es ist genügend Platz für alle da.

Touristen aus der ganzen Welt stehen am höher gelegenen Holzgeländer, amüsieren sich, lachen, kichern und photographieren die unflätigen, stinkenden Tiere. Da die Seelöwen freiwillig, ohne Ankettung und Zaun im Hafenbecken leben, überträgt sich ihre rüpelige Lebenslust auf die Betrachter. Die Stimmung ist auch heute Abend ausgelassen und fröhlich!

Spät brechen wir auf, nachdem wir noch eine Weile am Wasser gesessen und in die schwarze Bay hinausgeschaut haben. Ich fahre Andrea nach Hause. Das Autofahren in San Francisco macht übrigens Spaß, ein harmloses Vergnügen, verglichen mit Autofahren in Rom, Neapel, Tel Aviv oder Barcelona. Amerikaner fahren sehr vorsichtig. Viele Haltelinien und Ampelstops führen zu einer langsamen, erzwungen defensiven Fahrweise. Es gilt die Regel: Jeder muß an jeder Straßenkreuzung anhalten. Kommen zwei Autos an, gilt: Wer als erster kam, darf auch als erster weiterfahren. Was geschieht, wenn sie gleichzeitig ankommen? Das strenge Rastersytem der Straßenstruktur in San Francisco macht eine Orientierung – vor allem tagsüber – einfach. Nachts hingegen, wenn die Straßennamen nicht mehr so gut zu lesen sind, ist es schwieriger.

San Francisco, 19. August 2002

Wie immer diesig-nebliges Wetter. Mein Rhythmus wird jetzt sein: morgens lesen und schreiben, dann zur Probe und auf die Bühne, nachmittags in der Stadt etwas anschauen, abends zeichnen, entwerfen und Eindrücke verarbeiten.

Ich habe mir eine Dauerkarte für den Opernparkplatz besorgt. Meist stehen nur wenige Autos auf der maschendrahtumzäunten Asphaltfläche, bei größeren Proben füllt er sich. Fast immer werde ich vom gleichen Wächter begrüßt. Ein smarter Schwarzer, der lässig in der offenen Tür eines großen Lieferwagens herumhängt, ein Bein im Freien, das andere im Auto. Mir ist nicht klar, womit er seine Zeit vertreibt. Vielleicht hört er Radio oder CDs. Oft stehen einige Kumpels bei ihm. Kommen Musikerinnen und Chorsängerinnen vorbei, begrüßt er sie mit Küßchen. Wenn er mich sieht, grummelt er nur kurz und schaut zur Seite. Es ist ihm völlig gleichgültig, wohin ich mein Auto stelle.

Im Theater sehe ich Teile meines Bühnenbilds. Manches sieht schon leicht ramponiert aus. Bei meinen San-Francisco-Besuchen im letzten Jahr bin ich oft zu den Werkstätten hinausgefahren und habe den Fortgang der Arbeiten beobachtet. Die Hallen liegen südlich des Stadtteils Potrero in einem lausigen Industriegebiet. Wie überall auf der Welt ist der Umgangston hier rauh, aber herzlich. Carpentry Shop Foreman Jack Kostelnik und der recht gut deutschsprechende

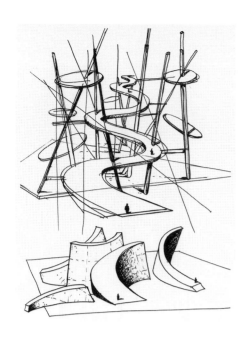

Leiter des Malsaals Jay Kotcher verstehen ihr Handwerk. Die technische Entwicklung meines Entwurfs war ziemlich aufwendig und zog sich über viele Monate hin. Wir zeichneten die Pläne in Attenweiler und bauten ein großes Modell im Maßstab 1:25, mit dem Pamela später einige reiche amerikanische Familien besuchen mußte, um die zur Realisation notwendigen 500 000 Dollar zusammenzubekommen. Jede Opernproduktion in San Francisco wird auf diese Weise über Sponsorengelder finanziert, eine mühsame Arbeit.

Im Grunde ist mein Entwurf ganz einfach: Auf einer vorhandenen Drehscheibe liegt eine Wegserpentine, die als Rampe auf Bühnenniveau beginnt und bis 3,5 Meter ansteigt. Links und rechts der Drehscheibe stehen jeweils zwei schwarze Haustürme mit großen, gazeverspannten Fenstern. Dahinter wird sich der Chor aufhalten und, für das Publikum unsichtbar, singen. Im Hintergrund ragt parallel zur Linie des Orchestergrabens eine 3,5 Meter hohe Kloster-Stadt-Mauer auf, in die zwölf gleich große Türen eingeschnitten sind. Hinter den Türen öffnen sich enge, leere Klosterzellen. Vor der Opérafolie, die den Bühnenbildraum hinter der Klostermauer abschließt, neigen sich zwei hohe, gekippte, schwarze, ebenfalls rampenparallel gebaute Hochhaussilhouetten mit Fenstern über das Bild. Aus dem Schnürboden senken sich im Laufe der Handlung ein riesiges Kreuz, ein Ruinenteil und ein Schneeweg in Form der Wegserpentine herab.

Das Bild macht es möglich, den Weg des heiligen Franziskus aus der Stadt hinaus in die Landschaft symbolisch darzustellen. Zeigt der höchste Serpentinenabschluß Richtung Auditorium, wird die ärmliche Bethöhle des Heiligen, die unter dem Weg eingebaut ist, sichtbar.

Nach meiner Inspektion gehe ich kurz zur Probebühne hinüber. Der schwarze Franziskus singt. Sehr eindrucksvoll. Hinter einem Wandvorsprung entdecke ich unseren Engel – dargestellt von der Sängerin Laura Aikin –, er sitzt im blauen Probenkostüm am Boden, macht Ballettübungen, spreizt die Beine, übt Spagat und singt sich leise ein.

In der Pause kommt Nicolas zu mir und berichtet von einer neuen Idee: »Ich brauche eine fahrbare Glasscheibe für das Aussätzigen-Bild. Franziskus und der Aussätzige müssen zunächst voneinander getrennt sein.

Ich verspreche ihm, ein Objekt zu entwerfen und mit der Technik darüber zu sprechen. Leider beschränken sich unsere Gespräche inzwischen auf diese kurzen Wortwechsel. In Probenzeiten sind Regisseure so versunken in ihre Arbeit, daß sie die Welt außerhalb des Theaters kaum noch wahrnehmen.

Stets sitzt Wolfgang mit am Regietisch, notiert seine Überlegungen und schreibt das übliche Protokoll. Ich würde ihn gern einmal herausreißen und mit ihm redend durch die Stadt gehen. Aber dazu gibt es keine Gelegenheit, denn kaum sind die Proben zu Ende, verkriecht er sich in seinem Dramaturgenzimmer und schreibt und schreibt und schreibt. Ich glaube, er will nicht wirklich wahrnehmen, daß er sich auf einem anderen Erdteil, in einer anderen Kultur, in einer anderen Stadt aufhält. Nur nebenbei erfahre ich, daß er mit Nicolas in den Wochen vor meiner Anwesenheit ein Franziskanerkloster besucht und dort sogar mit dem Prior gesprochen hat. Schade, ich wäre gern dabei gewesen. In Deutschland ist von den katholischen Priestern Amerikas in den Medien oft nur in Zusammenhang mit Kindesmißbrauch die Rede. Um Prozesse zu verhindern, bezahlt die katholische Kirche Amerikas jedes Jahr zweistellige Millionenbeträge an die geschädigten Familien – berichten unsere Medien.

Ich nutze meine offenen Stunden für mich und fahre nachmittags allein mit dem Auto zum Pazifik. Die Fulton Street führt in einer geraden Linie vom Opernhaus bis zum Strand. Auf dem Weg passiere ich den malerischen, in jedem Reiseführer mit bunten Photos abgebildeten Alamo Square und den 5 Kilometer langen Golden Gate Park.

Nur mit großer Mühe und Ausdauer, lese ich im Reiseführer, gelang es dem Parkchef John McLaren, der 56 Jahre lang im Amt blieb, den eigentlich unfruchtbaren, sandigen Wanderdünen-Untergrund mit der Pflanzung von Sträuchern und Bäumen zu besiegen und einen blühenden, grünen Stadtpark zu formen. Das Freizeitangebot darin ist fast unerschöpflich. Es gibt Seen, Bäche, einen Golfplatz, Stadien, Baseballanlagen, Tennisplätze, Bowlingbahnen, Spiel- und Liegewiesen, alle frei betretbar, Konzertarenen, Museen, einen Japanischen und einen Botanischen Garten und 40 Kilometer Wanderwege. Bei meinen letzten Besuchen bin ich zweimal darin länger herumgewandert. Heute ziehe ich den Pazifikwind vor und kehre anschließend in die Stadt zurück.

Bevor ich das Auto wieder auf dem Parkplatz des Opernhauses abstelle, fahre ich kurz zur Market Street hinüber. Aus dem Autofenster heraus wage ich sogar einige Photos. Als Fußgänger wäre mir das Photographieren in dieser Stadtregion unangenehm und peinlich. Bei unserem ersten Besuch in San Francisco vor zwei Jahren bin ich mit Nicolas eines Abends in Chinatown zum Essen gewesen. Ich wollte nachts mit dem Taxi zu unserem Hotel in der Fulton Street zurückfahren. Mir kam der Rückweg durch die Market Street zu gefährlich vor, aber Nicolas spielte den Mutigen. »Hier ist nichts gefährlich! Wir gehen zu Fuß mittendurch! Ich brauche Bewegung!«

Die nächtliche Straße erinnerte mich an Bilder aus amerikanischen Filmen der »schwarzen Serie« oder an die »Terminator«-Filme von David Cameron. Wie Müllsäcke lagen Hunderte von Obdachlosen kreuz und quer auf den Bürgersteigen herum. Dazwischen schliefen vereinzelt Hunde. Manchmal flackerte ein kleines Feuer aus einem Mülleimer, im Hintergrund die verbretterten Schaufenster der aufgegebenen Läden mit grell-bunten Spraybildern. Außer uns keine anderen Passanten, auch kein Durchgangsverkehr mehr. Jeder meidet nachts diese Gegend, sie gehört jetzt ganz den Obdachlosen. Die Market Street ist ihr Schlafzimmer.

Ich hatte Angst. Nicolas ging zügig und tat so, als wäre das alles für ihn normaler Alltag. Wahrscheinlich waren die Obdachlosen so verblüfft über unser Auftauchen, daß sie ganz vergaßen, uns anzupöbeln oder anzubetteln. Vielleicht waren sie einfach auch zu müde, zu betrunken oder zu bekifft. Jedenfalls behielt Nicolas recht. Es geschah uns nichts. Im Reiseführer lese ich später: »Meiden Sie die Market Street zwischen 6th Street und Van Ness Avenue – dort laufen viele Obdachlose und Junkies herum. Wo die Market Street die Castro Street kreuzt, wird es schwul ...«

Heute wage ich sogar noch eine Fahrt durch Tenderloin. Ich verriegele mein Auto und kreuze die Straßen rauf und runter wie ein überwachender Detektiv. Im grellen Neonlicht, das aus verdächtigen Bars fällt, sehe ich kurzberockte Prostituierte auf den Bürgersteigen stehen. In den Türen lehnen aufgemotzt gekleidete, gefährlich aussehende Schwarze, die entweder mit ihren Handys telefonieren oder nur rauchen. Viele Läden wirken aufgegeben, schwere Gitter verhindern das unbefugte Eindringen. Auch hier sind kaum bürgerlich gekleidete Passanten zu entdecken.

Agressive Handlungsszenen erinnern mich wieder an amerikanische Filme, als erstes fällt mir Scorseses *Taxi Driver* ein. Ein Schwarzer packt eine junge weiße Frau am Ärmel, beschimpft und schüttelt sie. Die Frau läßt die Gewalt lethargisch über sich ergehen. Zwei Dealer werden handgreiflich. Einer stößt den anderen in einen schmalen Hausflur. Polizeiautos mit grellen Blinklichtern heulen vorbei.

Jemand mit einer Kapuze auf dem Kopf durchstöbert eine Mülltonne, dicke schwarze Mamas schlagen auf ihre herumtollenden Kinder ein, eine Gruppe Jugendlicher – Latinos, Schwarze und Weiße – lungert vor einem Café herum. Das übliche Outfit, die Jeans hängen herunter bis zu den Knien, T-Shirts mit großen Schriften und umgekehrt aufgesetzte Baseballmützen. Auf einem kleinen Tisch steht ein glitzerndes Kofferradio, aus dem lauter Techno wummert.

Ob es hier in San Francisco auch jene Gangs gibt, die in South Los Angeles die Macht übernommen haben, weiß ich nicht. Die meist 15- bis 25jährigen jungen Männer sind in allen Gesellschaften der Welt das eigentliche Kraft- und Gewaltpotential. Sie kämpfen bei Demonstrationen, Straßenunruhen, Revolten und Kriegen. Wut, Haß, unerfüllte Sehnsüchte und mangelnde Lebensperspektiven treiben sie an den Rand der bürgerlich-geordneten Stadtwelten. Sie finden sich nicht nur in den amerikanischen Metropolen, sondern auch in Caracas, Rio de Janeiro, Mexiko City, Gaza-Stadt, Beirut, Jakarta und in Afrika.

Letztlich ist mir trotz aller Befürchtungen in San Francisco nichts wirklich Gefährliches zugestoßen. Das war in Los Angeles 1995 ganz anders. Damals verfehlten Verena und ich bei der Fahrt vom Flughafen nach Santa Monica die Einfahrt zum Freeway und landeten geradewegs in South Los Angeles. Unglücklicherweise hatten wir von der Autovermietung einen roten italienischen Sportwagen erhalten (angeblich stand kein anderes Auto zur Verfügung). Es dauerte keine Minute, und wir wurden von einem alten Cadillac verfolgt, in dem vier Jugendliche saßen. Ich sah sie im Rückspiegel, alle vier trugen Stoffbänder um die Stirn. Sie fuhren immer wieder so dicht auf, daß sie unser Auto fast berührten. Plötzlich waren sie für einen Moment im Rückspiegel verschwunden, dann tauchten sie neben mir auf, starrten ins Wageninnere, taxierten, ob es sich lohne, uns umzulegen. Von einem Moment zum anderen verloren sie jedoch das Interesse an uns, sie hatten zwei blonde, hübsche Prostituierte am Straßenrand entdeckt, gaben Gas, kurvten hinüber zu ihnen und beachteten uns nicht mehr. Ich bog wenig später in eine Tankstelle ein, erkundigte mich mit ängstlicher Stimme nach dem richtigen Weg, mußte noch einmal an den Typen vorbeifahren und fand schließlich die etwas versteckte Einfahrt zum Freeway. Damals entkamen wir nur knapp einem Überfall, das war mein deutliches Gefühl. Die Prostituierten haben uns das Leben gerettet.

Abends, nach der Probe, fahren wir – das ganze Team – zur Videofirma, die unsere Filme produziert. Nicolas hat bereits drei Wochen mit den Leuten dort gearbeitet, in der Zeit vor meiner Ankunft. Ich bin auf das Ergebnis gespannt. Zum ersten Mal sehe ich neuere kalifornische Architektur. Nicht schlecht. Moderne Raumkörper, frei und locker in eine weitläufige, ältere Industriehalle hineingestreut. Die einzelnen Körper sind gegeneinander verdreht, ein bißchen wie bei Frank Gehry.

Ich denke an meinen Aufenthalt in Santa Monica vor einigen Jahren und an die Gebäude von Frank Gehry, die ich damals besucht habe. An erster Stelle sein Wohnhaus mit dem berühmten Küchenerker, der sich kristallin und hippiehaft aus dem einfachen Gebäude herausbeult. An zweiter Stelle sein Art Center, das an einer Ausfallstraße von Santa Monica liegt. Es wirkte auf mich eigensinnig bewaffnet, behauptete sich als kraftvoller Ort in einer zersplitterten Umgebung, die nur aus zufälligen, ungestalteten Banalitäten bestand.

San Francisco ist für seine nostalgisch-konservative Haltung in Sachen Architektur berühmt. Nur in Los Angeles entstehen neue, interessante Gebäude. Die meisten avantgardistischen, europäischen Architektur-Exilanten lebten und arbeiteten hier. Auch heute gibt es im Süden Kaliforniens, im Gegensatz zum San-Francisco-Gebiet, eine interessante Architekturszene.

Die Filme, die wir im Vorführraum zu sehen bekommen, sind enttäuschend. Ausgangsmaterial ist der zufällig von einem Touristen gedrehte, sehr unscharfe und verwackelte Film des Einsturzes der Assisi-Kirche bei einem Erdbeben vor einigen Jahren. Wir sehen Risse in der Kuppel, dann im Gesicht des Heiligen und schließlich eine gewaltige Staubwolke, die sich in der gesamten Kirche ausbreitet und einige Besucher verschluckt. Herabstürzende Kuppelteile bringen ihnen den Tod. Erinnerungen an den 11. September werden wach. Wahrscheinlich müssen wir mit dem Ergebnis leben, weil die Firma umsonst arbeitet und ihre Filme zum Sponsoring-Programm des Opernhauses gehören.

Nach dem Studiobesuch fahren wir – Nicolas, Wolfgang, Andrea und ich – in die Geary Street zu einem Chinesen, dem Lieblingsrestaurant unseres Regisseurs. Die Fahrt zieht sich hin, da die Geary Street viele Kilometer lang ist. Wir kommen an Japantown und der dort stehenden Betonpagode vorbei, an der University of San Francisco, an verschiedenen Kinos mit dürftigem Art-déco-Bau-Schmuck, an diversen Wal-Marts, immer niedriger werdenden Ramschläden, Kneipen, Restaurants und Imbißbuden. Da wirklich markante Stadtzeichen fehlen, kann ich mich nicht gut orientieren. Auch die Parkplatzsuche gestaltet sich als schwierig. Jeder hat eine andere Meinung darüber, wo jetzt gleich ein Auto wegfahren wird – angespannte Gruppenatmosphäre.

Schließlich können wir uns einigen, stellen mein Auto ab und nehmen in der doppelgeschossigen, neonbeleuchteten Halle des chinesischen Restaurants Platz. Ich bin zum ersten Mal hier. Die anderen scheinen Bescheid zu wissen. Alle äußern wir unsere Enttäuschung über die Filme – allgemeines Grummeln. Erst das Essen heitert die Stimmung auf.

Danach fahre ich die drei nach Hause. Spät erreiche ich mein Apartmenthaus. Mit meiner Fernbedienung kann ich das Garagentor von der Straße aus öffnen. Sobald ich in die Tiefgarage eingefahren bin, schließt sich das Tor hinter mir leise surrend. Jedesmal beschleicht mich ein mulmiges Gefühl, bis ich den Aufzug erreicht habe. Hinter jeder Ecke und hinter jedem Pfeiler vermute ich Al Capone und seine Leute. Da ich unbewaffnet bin, fühle ich mich hilflos. Auch jedem Boxschlag wäre ich ohne viel Gegenwehr ausgeliefert. Wahrscheinlich habe ich zuviel Gangsterfilme gesehen, jedenfalls schlottern mir die Knie, sobald ich aus dem Wagen steige. Erst nachdem ich die Apartmenttür hinter mir geschlossen habe, atme ich auf, setze mich wie gewohnt an das Panoramafenster und genieße vom sicheren Sesselplatz aus den Blick über die nächtlich schimmernde Bay. In gleichmäßigem Rhythmus – alle 30 Sekunden – streift das Licht des Alcatraz-Leuchtturms über das Wasser der Bay und die Häuser der Stadt. In der Ferne höre ich das Tuten der Nebelhörner am Fuß der Golden Gate Bridge.

Später schalte ich zum ersten Mal den Fernseher an. Bisher war er kaputt und ist erst heute von den Haushandwerkern repariert worden. Das amerikanische Fernsehen kommt mir äußerst nervig und zappelig vor. Kurze Einstellungen, hektische Schnitte, dazwischengeschaltete Werbung. Auf der Tonspur werden immer wieder Lachen und Applaus eingeblendet. Als Zuschauer soll man das Gefühl haben, mitten in einem großen, mit Publikum gefüllten Saal zu sitzen. Das »Fernsehen« liefert als Zugabe die Konservendose »Gemeinschaft« gleich mit. Vielleicht ist die Idee gut, aber in ihrer penetranten Künstlichkeit so durchsichtig wie eine falsche Las-Vegas-Fassade. Außerdem taucht die Frage auf, ob sich das Gefühl der Einsamkeit durch dieses akustisch unterfütterte Kollektivleben nicht noch verstärkt.

Natürlich könnte ich das Fernsehen als Studienobjekt der amerikanischen Seele betrachten, aber das wäre in Deutschland genauso über CNN möglich, deswegen schalte ich bald aus und begebe mich wieder an das nächtliche Fenster, öffne den einen Flügel und beuge mich hinaus. Die Häuser sind jetzt fast zu einem einzigen schwarzen Block verschmolzen. Durch den Nebeldunst leuchten Lichtpunkte, manchmal von Straßenlampen gebildet, dann wieder von Fenstern, Reklameschriften oder vorbeifahrenden Autos. Die tastenden Lichtkegel der Autos strahlen Realitätsfragmente an, heben sie ins Sichtbare und lassen sie kurz darauf wieder in der Nacht versinken. Ich denke an die dunklen Humphrey-Bogart-Filme, die aus einer Stadt wie San Francisco ein rätselhaftes Labyrinth machen. In diesen Filmen bleibt die Stadtrealität unentschlüsselt wie in Wirklichkeit. Mein Blick schwenkt nach links, Richtung Westen zur Lichterkette der Golden Gate Bridge. Sie gilt zurecht als schönste Brücke der Welt. Auch jetzt erkenne ich deutlich die kräftigen, turmartigen Pfeiler, die wie zwei Wächter auf beiden Uferseiten stehen, und die Stahlseile, an der die eigentliche Fahrbahn hängt. Der Mond schimmert fahl durch dicke Nebelbänke, die in diesem Moment vom Pazifik her in die Bay hereindrücken. Wieder erklingen die Nebelhörner. Schon bei meinen früheren Aufenthalten in San Francisco habe ich die Brücke bewundert, aus der Ferne, von unten, vom Marina Drive aus, und beim Darüberfahren. Ein Bauwerk, das mich in eine euphorische Stimmung versetzt, einfach schön, leicht, elegant. Als Symbol bleibt eine Brücke, vor allem die Golden Gate Bridge, unübertroffen. Sie steht für Kommunikation und Fortschritt. Da sie so weit und hoch über der Bay schwebt, singt sie auch das Lied der Schwerelosigkeit, des Sieges und des Erfolgs. Jeder kann sie benutzen und an ihrer Ausstrahlung teilnehmen. Sie ist nicht abweisend und verschlossen wie jeder Wolkenkratzer, sie lädt ein, das Leben positiv zu sehen.

San Francisco, 20. August 2002

Zum ersten Mal seit meiner Ankunft in San Francisco scheint die Sonne. Ich mache gleich nach dem Aufstehen Photos aus dem Fenster heraus. Auf den niedrigen Giebeldächern unter mir arbeiten Dachdecker. Waghalsig turnen sie die Firste entlang und hämmern Dachschindeln fest.

Die Fahrt von meinem Apartmenthaus zur Oper kenne ich inzwischen auswendig. Tagsüber liebe ich das Auftauchen aus meinem Garagenschlund, das Einbiegen in die steile Laguna Street und das Überqueren des Broadways, der überhaupt nicht an die berühmte Vergnügungsstraße gleichen Namens in New York erinnert, da hier nur Wohnhäuser mit wohlhabenden Bürgern San Franciscos stehen.

Manche Gebäude, die ich im Vorbeifahren mit meinen Augen streife, würde ich fast als verwirklichte Hausträume bezeichnen. Sie haben etwas von aufgeblühten, vergrößerten Kinderburgen und Puppenschlössern – Disney-Welt für reiche Erwachsene. Weit entfernt von Bauhaus und architektonischer Moderne. Die Laguna Street steigt bis zum kleinen Lafayette Park, der eine Art Paßhöhe bildet, an und fällt danach sanft bis zur Fulton Street hin ab. Unmittelbar nach der Kreuzung Laguna, Geary, an die mit einer Ecke auch Japantown grenzt, komme ich an der Koreanischen Botschaft vorbei (Nord- oder Südkorea? Ich weiß es nicht). Jeden Tag sehe ich davor ein Häufchen asiatischer Menschen versammelt. Brav, mit stoischer Ruhe, demonstrieren sie hier von morgens bis abends. Leider kann ich ihre Transparente nicht entziffern, da sie mit chinesischen (oder koreanischen?) Schriftzeichen beschrieben sind. Ob sie für eine religiöse Sekte, Religionsfreiheit allgemein, gegen das politische System oder nur für eigene Visa kämpfen, weiß ich nicht.

Nach der Botschaft folgt auf der linken Seite der Laguna Street ein schönes, modernes Krankenhaus, das allerdings nicht sehr groß zu sein scheint. Zwischen Turk und Fulton hat die Stadt Wohnhäuser für Schwarze errichtet. Die Bewohner lungern den ganzen Tag auf der Straße herum, machmal sehe ich abends Polizeiautos, die langsam durch die Gegend schleichen, als würden sie jemanden suchen. Einmal beobachtete ich nachts eine Verhaftung, ein Schwarzer wurde in dem Moment, als ich vorbeifuhr, mit Handschellen aus einem hell leuchtenden Hausflur geführt.

An der Kreuzung Golden Gate und Laguna Street schaute ich bei meinem ersten San-Francisco-Besuch eines Sonntagvormittags bei einem Gottesdienst zu, allerdings nur von draußen, durch das große, zur Straße hin durchsichtige Kirchenfenster. Tatsächlich tanzte die ganze Gemeinde, die nur aus Schwarzen bestand, zum Schluß laut singend und ausgelassen fröhlich wie in einem Whoopy-Goldberg-Film. Gott hätte sich bestimmt gefreut, wäre sein Blick auf diese Gemeinde gefallen.

Nachdem ich links in die Fulton Street abgebogen bin, komme ich an einer holzverschindelten Wohnanlage vorbei, die mich an alte Hippie-Zeiten und die einst berühmte Sea Ranch des Architekten Charles Moore erinnert. Zu meiner Studienzeit war dieser Architekt in aller Munde, heute kennt ihn wahrscheinlich niemand mehr. Zweigeschossige romantische Häuser stehen dichtgedrängt um einen schmalen, begrünten Innenhof. Im Erdgeschoß befinden sich die Garagen und die Eingangsbereiche, oben, im ersten Stock wahrscheinlich die Wohn- und Schlafzimmer.

Nachdem ich mein Auto auf dem Opernparkplatz abgestellt habe, gehe ich zur Bühne und schaue, wie weit die Aufbauarbeiten fortgeschritten sind. Meiner Ansicht nach sind wir in zeitlichem Verzug. Vom unfreundlichen Bühnenmeister, der mir immer wieder klarmacht, daß ich eigentlich nichts auf der Bühne verloren habe – er sagt, daß nur von der Gewerkschaft lizensierte Menschen diesen Bereich betreten dürfen –, werde ich erstaunlicherweise beruhigt. Man wird die verlorene Zeit mit einer Nachtschicht einholen, behauptet er.

Die Gewerkschaften sind in Amerika – vor allem im Theaterbereich – sehr stark. Sie haben die Macht, mit Verboten und harten Geldstrafen jeden Theaterbetrieb lahmzulegen. Das hängt wohl auch mit dem kaum vorhandenen sozialen Netz zusammen. Früher gab es intensive Verstrickungen zwischen Gewerkschaften und Unterwelt. Wie die Verhältnisse heute sind, werde ich als Außenstehender kaum in Erfahrung bringen können.

Um mich von den harschen Worten des Bühnenmeisters zu erholen, besuche ich Lori Harrison in ihrem Requisitenzimmer direkt neben der Bühne. Lori ist eine der weniger Frauen im Technikerbereich und für uns ein freundlicher Lichtblick mitten in dieser ruppig-männlichen Kriegszone. Immer gut aufgelegt und zu jeder Schandtat bereit, freut sie sich – im Gegensatz zu den meisten Bühnenarbeitern – über jede Aufgabe, die ihr neu gestellt wird. Je ausgefallener und schwieriger die zu realisierenden Objekte und Vorgänge sind, um so besser ihre Laune. Eine kleine, sympathische, nicht mehr ganz junge, indianisch-jüdisch aussehende, zähe Frau mit prägnantem Charakterprofil. Als begeisterte Radfahrerin trägt sie oft die enganliegende schwarzgelbe Kluft dieser Kaste, die sie aussehen läßt wie einen Feuersalamander. Nachdem ich sie heute gefragt habe, wie es ihr geht, antwortet sie lächelnd: »Very good. Yesterday I got married.«

»These are good news. I wish you the best for your future life! And your husband is also a bycicle-driver?«

»Sure, we know us from driving.«

»I understand.«

Ich wechsle hinüber zur Probebühne und sehe die Szene mit der Glasscheibe und dem Leprösen. Entgegen ersten Befürchtungen funktioniert der Ablauf reibungslos. Überhaupt scheint Nicolas in Höchstform zu sein. Er inszeniert klar, einfach und schnörkellos. Ich hoffe, daß uns hier in Amerika etwas wirklich Gutes gelingt.

Zurück auf der Bühne, treffe ich Donald und den Chordirektor. Beide sind sehr zufrieden mit mir. Sie klopfen immer wieder an die gebauten Bühnenbildelemente und stellen fest: »Everything is built in wood, this will be good for the sound!«

Anschließend fahre ich mit dem Aufzug in den dritten Stock hoch und schaue bei den Verwaltungsdamen vorbei. Valentina Simi, die meine Flüge organisiert und mein Apartment gebucht hat, umarmt mich herzlich. Ich habe ihr goldverpackte Schokolade mitgebracht. Sie bedankt sich dafür amerikanisch-italienisch überschwenglich. Ihre Koje ist ringsum gepflastert mit Postkarten aus der ganzen Welt: Vesuv, Neapel, das Pantheon, der Petersdom, die venezianische Seufzerbrücke, der Eiffelturm und das Matterhorn. Daneben hängt der bereits beschriebene, obligatorische amerikanische Familien-Hausaltar. Kinder, Kinder und nochmals Kinder. Dabei weiß ich nicht einmal, ob Valentina verheiratet ist und eine eigene Familie hat. Ich bedanke mich für das schöne Apartment und schwärme von meinem sensationellen Panoramablick. Das klingt etwas zynisch in dieser fensterlosen Zelle. Bevor ich den Raum wieder verlasse, schaue ich mich um. Außer Valentina sitzen noch acht weitere Damen in separaten, von halbhohen Trennwänden umgebenen, engen Kojen – vier auf jeder Seite. Dazwischen steht als Raumteiler in der Mittelachse ein langer, tischhoher Schrank, der nach beiden Seite mit Schubladen bestückt ist. Dort sind – für jeden gut greifbar – die Akten und Unterlagen untergebracht, die für die Verwaltungsarbeit notwendig sind.

Drei nackte Neonröhren an der Decke verstärken die ohnehin kalte, fast kafkaeske Raumatmosphäre. Ich könnte es keine Stunde hier aushalten, fensterlose Räume lösen bei mir Panikgefühle aus. Hier sollte die Gewerkschaft eingreifen, schlage ich vor, ohne den Wunsch allerdings laut zu äußern, schließlich bin ich Gast hier und sollte mich mit kritischen Bemerkungen zurückhalten.

Das Flursystem des Opernhauses ist ein Thema für sich. Allerdings gleichen sich die Flurlabyrinthe aller Opernhäuser der Welt. Das schlimmste wuchert in der Pariser Opéra Garnier. San Francisco ist jedoch kaum besser. Fensterlos kriechen die Schlünde wie hohle, in Rechteckform gepreßte Schlangen durch das Bauungeheuer. Gerade Wegstücke, abrupte Knicke, kleine Raumerweiterungen mit Kopiergeräten und Schränken, übereinandergestapelten Wassercontainern und Programmhefttürmen. Wer sich auf das Abenteuer einläßt und in die Gänge eintaucht, fühlt sich wie im Gedärm eines Riesentieres. Einziger Trost in der Verlorenheit sind offenstehende Türen, die in regelmäßigem Rhythmus links und rechts auftauchen.

In den neonbeleuchteten, meist fensterlosen Bürohöhlen sehe ich Männer in weißen Hemden und Krawatten oder Frauen in engen Kostümen vor flimmernden Computerbildschirmen sitzen. Vielleicht wird gerade auch telefoniert. Neben jeder Tür hängt ein winziges Namensschild. Ich frage mich, welche Arbeiten diese Menschen hier verrichten. Rätsel über Rätsel. Im übrigen fällt mir immer wieder auf, daß Amerikaner, die einen Job haben, großen Wert auf ihre Kleidung legen. Sobald sie arbeitslos sind oder sich im Urlaub befinden, verwandeln sie sich in legere T-Shirt-Turnschuh-Menschen.

Irgendwann bevor der Flur auf meinem Weg zu Larry und seiner Konstruktionsabteilung das vorletzte Mal nach links abknickt, öffnet sich nach rechts eine Tür in die Perückenabteilung. Jedesmal wenn ich hier vorbeikomme, werfe ich einen Blick hinein und sehe einige Damen und Herren an Haaren herumzupfen. In Regalen stehen und hängen Hunderte von Perücken, schwarze, braune und blonde, mit langen, glatten und kurzen, gekringelten Haaren. In barocken Haaraufbauten sehe ich sogar Segelboot- und Flugzeugmodelle stecken.

Der Perückenfundus kommt mir vor wie der zentrale Ort der geheimnisvollen Identitäts- und vielleicht auch Geschlechtsumwandlung innerhalb des Theaters. Schauspieler, Sänger und Tänzer gehen als normale Alltagsmenschen in diesen Raum hinein und kommen als andere, verzauberte wieder heraus. Sie können sich jeden Tag für ein anderes Ich entscheiden, je nach Rolle, die sie verkörpern, müssen nicht immer die gleiche Person bleiben. Eine Sängerin, die ich am Künstlereingang als normale Person begrüßt habe, tritt mir auf der Bühne, nach ihrer Verwandlung als Gräfin, Kokotte oder Engel entgegen. Oft bin ich irritiert, manchmal auch erschreckt, selten begeistert. Mir haben Masken und Perücken immer Angst gemacht, schon als Kind konnte ich nicht über Clowns lachen, für mich waren das Dämonen, Wesen, die mich überwältigen oder gar auffressen wollten.

Larry sitzt wie immer vor seinem Computer und begrüßt mich knarzig, wie es seine Art ist. Während Patrick die Abteilung leitet, tüftelt Larry die Konstruktionen aus. Ein großer, weißhaariger Mann von ungefähr 60 Jahren, wortkarg, sehr amerikanisch, trotzdem nur mäßig freundlich. Er sucht nicht die oft verlogene schnelle Nähe zum anderen, die viele Theatermenschen bevorzugen. Beide neigen wir zu Distanz und Vorsicht. Ein Hauptproblem unserer Kommunikation bereitet der Slang, den Larry spricht. Sein Amerikanisch ist wirklich kaum verstehbar, er verschluckt die meisten Worte zur Hälfte, nur wenige Silben und Ächzlaute erreichen mein Ohr. Ich ahne dann, was er sagen will. Im Zweifelsfall verständigen wir uns mit dem Zeichenstift.

Auch hinter Larrys Computer türmt sich ein Photo-Altar auf, nicht so umfangreich wie bei Pamela und Valentina, aber genauso informativ. Im Silberrahmen das Photo einer zarten, kleinen Frau. »This is my wife, she has been a dancer in the opera in former times. Her parents are from Italy. And the three boys here are my wonderful sons. We make jazz music together. Have you ever heard from the famous ›Larry-Klein-Jazz-Quartett‹?«

Dann sprechen wir über die einst legendäre Jazzszene in San Francisco.

»There are no jazz clubs anymore in San Francisco. Only in Oakland there is one. Perhaps we can visit this club together in the next weeks?«

»Oh, I will be glad about this. You know I am myself an old jazz drummer.«

»Sure?«

»Yes, it is true, but it's long ago, long ... long.«

Anschließend sprechen wir alle aktuellen Konstruktionsprobleme durch.

Bevor ich mich wieder auf den Weg mache, schaue ich noch bei April Bush vorbei, die für uns zuständige Produktionskoordinatorin. Sie weiß über alle aktuellen Zeitabläufe Bescheid und drückt mir einen neuen Plan in die Hand. Anschließend winde ich mich wieder durch die Gänge zurück und fahre mit dem Aufzug hinunter zur Pforte.

Vor dem Haus treffe ich Alexander, unseren Light-Designer. Er ist vor einigen Tagen in San Francisco eingetroffen, hatte jedoch soviel zu tun, daß er an unseren

Treffen und Ausflügen nicht teilnehmen konnte. Alexander ist ein großer, schlanker, etwas schlaksiger Mann zwischen 50 und 60, der eigentlich Wirtschaftswissenschaften studiert hat und über einen Ferienjob an der Berliner Schaubühne in den Lichtbereich hineingerutscht ist. Heute gehört er weltweit zu den führenden Künstlern auf seinem Gebiet. Er lebt die Hälfte des Jahres bei seiner Familie in Sydney, die restliche Zeit verbringt er bei Theaterproduktionen in Wien, Berlin, Paris, Chicago oder San Francisco. Immer trägt er einen blauverschlissenen Jeansanzug. An seinen glatten, schulterlangen Haaren erkennt man, daß er den Idealen seiner Jugendzeit treu geblieben ist. Da er einer der letzten Raucher im Team ist, muß er nach draußen gehen, um seiner Sucht zu frönen. Dort steht er jetzt qualmend und fragt mich, ob ich mit ihm einen Kaffee trinken gehe. Trotz der trostlosen Umgebung gibt es in der Nähe des Opernhauses zwei, drei Straßen, die eine fast französische Aura verströmen. Dorthin gehen wir und nehmen Platz im eingegrünten Hinterhof eines Cafés. Hier wächst sogar eine Palme, die einzige weit und breit. Um uns herum junge Leute, die aussehen wie Studenten. Vielleicht sind es auch andere Theaterleute oder Tänzer und Tänzerinnen vom Ballettcenter, das in der Nähe liegt. Ich frage Alexander:

»Und, wie geht es voran?«

»Zäh. Eigentlich wollte ich schon weiter sein. Vielleicht kann ich erst morgen fokussieren.«

»Du warst schon öfters in San Francisco?! Wie gefällt dir die Stadt?«

»Ich weiß nicht. Soviel bekomme ich nicht mit. Ich gehe vom Hotel ins Theater und falle spät nachts in mein Bett. Aber an sich bin ich kein großer Freund der Stadt. Der Gegensatz zwischen arm und reich ist viel zu kraß. Und diese Gegend hier ist einfach Scheiße! Sydney gefällt mir wesentlich besser!«

Später schaue ich im Probensaal vorbei und beobachte den Chor, der sich langsam und singend den Serpentinenweg hinaufbewegt, Franziskus und Bruder Leon gehen in der Gegenrichtung, hinaus aus der Stadt.

Nach der Probe lassen wir uns im Theater – es ist inzwischen 22.00 Uhr – die ersten Lichteinstellungen zeigen. Entgegen seinen Befürchtungen ist es Alexander doch gelungen, mit der Fokussierung zu beginnen. Alles sieht sehr gut aus. Gegenseitige Belobigungen.

Jedesmal, wenn ich im Opernhaus sitze, fühle ich mich von irgendeiner Seite kühl angeblasen. Das sind die berüchtigten Klimaanlagen: Ganz Amerika ist untergraben und durchbohrt von einem System unsichtbarer Kanäle, in denen nichts als Luft fließt, kalte, angeblich frische Luft, die durch Schlitze, Spalten und vergitterte Fenster in alle Räume strömt. Klimaanlagen scheinen die ureigenste Erfindung Amerikas zu sein. Was vielleicht einmal, vor allem in heißen Regionen, als Segen begann, endet in einem Fluch. Niemand bleibt von diesem unaufhörlichen Blasen verschont. Es fällt den Eintretenden von allen Seiten an, von oben, von unten, es trifft ihn im Gesicht, im Nacken, im Rücken, auf der Brust, in den unteren Regionen des Körpers. Alles Muffige, Abgestandene soll mit diesem Luftstrom bekämpft werden, in Wirklichkeit dringen bazillengetränkte, künstliche Gerüche ein, die an Krankenhaus, Unterführungen und kalte Kellergewölbe denken lassen. Das Strömen bleibt maschinell gleichförmig, verändert sich niemals und endet erst, wenn die Elektrizität abgeschaltet wird oder der Strom ausfällt.

Wütend denke ich mir Räume aus, die von ihren Abdeckplatten befreit, nur aus Zu- und Abluftrohren bestehen. Wie wild geworden, umschlingen sie sich gegenseitig, ein moderner Urwald, ein Labyrinth, eine metallische Darmverschlingung wie im Film *Brasil*. Aus unzähligen Löchern und Schlitzen brechen künstliche Stürme hervor. Andere Rohröffnungen sind dazu da, eintretende Besucher mit

Haut und Haaren zu verschlingen. Metallkraken, tausendfüßig und tausendarmig. Irgendwann saugen sie ganze Häuser und Städte ein, am Ende fressen die Unersättlichen Sterne und Planeten auf (die wahren schwarzen Löcher!?). Ich sitze auch heute Abend frierend vor Kälte im Zuschauerraum und bedaure, nicht zwei Pullover mit zur Probe genommen zu haben.

Zur Entspannung sehe ich mir nachts wieder einmal Hitchcocks *Vertigo* an. Die Videokassette habe ich aus Deutschland mitgebracht. Erstaunlicherweise steht in jedem Zimmer unter dem Fernsehgerät ein hauseigener Player. Ich nehme mir vor, die einzelnen Spielorte des Films in den nächsten Tagen aufzusuchen.

San Francisco, 21. August 2002

Morgens scheint die Sonne. Der Blick nach Norden über die Bay ist herrlich. Unter der Golden Gate Bridge fährt ein riesiges Containerschiff hindurch, Richtung Oakland. »Hundai« steht in großen Lettern auf dem stählernen Schiffsleib. Den Vormittag nutze ich zu einer Stadtrundfahrt mit dem eigenen Auto. In einer Nebenstraße beobachte ich aus dem Auto heraus ein Obdachlosenpaar, das vor einem verbretterten Schaufenster auf dem Bürgersteig sitzt. Die ziemlich verwahrloste Frau, deren Haare wild in alle Richtungen abstehen, brüllt den unrasierten Mann lautstark an. Er duckt sich unter ihrem Brüll-Orkan zur Seite, als würde er geschlagen, verzichtet jedoch auf Gegenwehr, dazu ist er zu schwach und wohl auch zu betrunken.

Auf meinem Stadtplan habe ich die wichtigsten Spielorte aus Hitchcocks *Vertigo* angekreuzt. Zunächst fahre ich hinauf zum Nob Hill. In 1000 Mason Street steht das Brocklebank-Apartmentgebäude. Hier wohnt Madeleine Elster. Scotti parkt mit seinem Auto mehrmals observierend davor und wartet, bis sie in ihren eleganten Rolls Royce einsteigt und zu den wirren Stadtrunden startet. Er ahnt nicht, daß er Teil eines Mordkomplotts ist und Madeleine ihm, im Auftrag seines angeblichen Freundes, nur etwas vorspielt. Das Gebäude sieht auch heute genauso vornehm und festungshaft aus wie zu Hitchcocks Zeiten. Vor zwei Jahren kam ich oft hierher. Damals wohnte Nicolas im Fairmont Hotel schräg gegenüber. Manchmal saßen wir nachmittags in der düsteren Hotellobby und sprachen über *Saint François*. Nach den Gesprächen wanderten wir abends hinunter zu Fisherman's Wharf und aßen Lobster. Vor allem der Rückweg, den Berg hinauf, wurde für Wolfgang und mich oft zur Qual, da unser Regisseur mehr rannte als ging. Nach Luft ringend, dachte ich: Eigentlich ist San Francisco eine ideale Stadt, um für Bergwanderungen zu trainieren.

Direkt vor dem Fairmont Hotel ragt Grace Cathedral auf, eine bleiche neugotische Kirche aus dem Jahr 1928, die sich Notre Dame in Paris zum Vorbild genommen hat. Hier heiratete einst Marylin Monroe den Baseballspieler Joe DiMaggio, der damals so berühmt war, daß er sogar in Erzählungen von Ernest Hemingway vorkommt. Ich versuche, die wirre Autofahrt Madeleines nachzuvollziehen, allerdings gelingt mir das nur in Ansätzen. Dann halte ich nach dem Haus ihrer Urgroßmutter an der Kreuzung Eddy und Gough Street Ausschau und fahre hoch zum Presidio. Viele Situationen sehen noch genauso aus wie 1958, als Alfred Hitchcock seinen Film gedreht hat. Zum Schluß steuere ich über den Marine Drive wieder einmal den Sockelbereich der Golden Gate Bridge an. Ich bestaune den gewaltigen steinernen Fuß der Golden Gate Bridge und schaue nach oben. Merkwürdig starker Wind bläst vom Pazifik herein. Die Spannweite der Brücke von 2800 Metern kommt mir fast unglaublich vor. Erneut wundere ich mich darüber, daß nur zwei gewaltige, rot (nicht golden!) angestrichene Mastentürme die gespannten Seile halten. Früher gehörten vor allem die Brückenpfeiler und damit auch die *Vertigo*-Stelle zum militärischen Sperrgebiet und waren damit nicht für Touristen zugänglich. Nach jahrelanger Lockerung verschärfte sich die Situation nach dem 11.September wieder. Jetzt kann man bis unter die Pfeiler gehen, wird dabei jedoch von schwer bewaffneten Militärposten beobachtet. Tagsüber verstehen sich die wachhabenden Soldaten auch als Touristenattraktion und lassen sich gern mit den Besuchern aus aller Welt photographieren.

Der starke Wind und die aus dem Pazifik in die Bay hereindrängende Flut wird von Wellenreitern in schwarzen, enganliegenden Gummianzügen ausgenutzt. Todesmutig schießen sie am Fuß der Brücke entlang in die Bay und kurven dann, sobald sich die Bucht erweitert, nach rechts in einen Felsbrockenbereich hinein, der die Aufgabe hat, die Wucht der Wellen zu brechen.

Als ich zum Theater komme und die Bühne betrete, sehe ich, daß noch nichts fertig ist. Am Ende des Tages, gegen 22.00 Uhr, stehen ganze fünf Lichteinstellungen. Eine schwache Ausbeute.

In der Pause, gegen 20.00 Uhr, schauen wir uns die Videoprojektionen erneut an, jetzt am realen Ort, in realer Größe. Seit der Studiovorführung hat sich nichts verbessert. Einzig das Franziskus-Gesicht, abgefilmt von einem Gemälde Giottos, prägt sich mir ein. Der Versuch, ein Erdbeben mit zittrigen Bildern zu simulieren, scheitert kläglich.

San Francisco, 22. August 2002

Wir beginnen bereits um 8.30 Uhr mit der Beleuchtung. Bis gegen 18.00 Uhr sind die ersten drei Bilder fertig, 30 Lichteinstellungen. Alexander hat wirklich ein gutes Gespür dafür, wo die Scheinwerfer stehen und hängen müssen. Es ist das Privileg des Theaters, Tag und Nacht nach Belieben zu simulieren: Gebautes wird ins Dunkel gestellt und dann mit Vorsicht aus der Dunkelheit herausgeleuchtet. Manchmal komme ich mir albern vor, wenn ich daran denke, daß wir im Theater und im Opernhaus unsere Zeit wie spielende Kinder verbringen. Auf hohem Niveau schichten wir Spielburgen auf und beleuchten sie mit unseren großen Taschenlampen. Vielleicht wollen wir alle nicht erwachsen werden. Die Naivität bleibt wichtig. Wer sie verliert, wird verzweifeln.

Ich steige auf die verschiedenen Balkone des Opernhauses hoch und überprüfe den Blick. Von oben sieht meine Bildarchitektur nicht schlecht aus. Eigentlich bin ich ganz zufrieden. Mich erstaunt die tolle Raumakustik: In der letzten Reihe, ganz oben unter der Decke, kann ich noch genau hören, was auf der Bühne gesprochen wird. Mein Blick schwenkt über die leeren Sitzreihen. Sie sehen von hinten aus wie die leeren, verlassenen Kokons von merkwürdigen Tieren. Reihe hinter Reihe. Viertausendmal die gleiche Form, die gleiche Hülle, der gleiche Körperabdruck.

Durch den Zeitverlust wird Nicolas etwas nervös. Das Bühnenbild steht nur noch bis Sonntag, dann haben wir es erst wieder in der letzten Woche vor der Premiere. Dazwischen müssen wir Platz machen für andere Produktionen. Schon sehr knapp, diese Arbeitsweise. In Amerika ist es üblich, das Bühnenbild zu Beginn einer Produktion aufzubauen und zu beleuchten. Bei uns in Europa wird es im allgemeinen erst zwei Wochen vor der Premiere zur technischen Einrichtung aufgebaut und in den darauffolgenden Tagen beleuchtet. Mir gefällt die amerikanische Version eigentlich sehr gut. Jeder Mitwirkende hat die Möglichkeit, den zukünftigen Bühnenbildraum in sich aufzunehmen. Allerdings interessieren sich die Darsteller, weder in Amerika noch in Europa, besonders intensiv für ihre Bühnenumgebung. Kaum ein Sänger, kaum eine Sängerin schaut bei den Beleuchtungsproben vorbei. Mir bleibt ihr Desinteresse vollkommen unverständlich. Ich schaue mir das Endergebnis und damit auch die Arbeit der Darsteller in meinem Raum später natürlich wiederholt an und freue mich darüber, wenn sie gut zur Wirkung kommen.

Andrea hat den ganzen Tag Anproben und taucht nur jede Stunde einmal kurz bei uns auf. Sie wirkt genervt und müde. Ihre Kostümchefin Jenny Green, die alle sehr nett finden, ist dabei, nach Chicago zu wechseln. Die neue Leiterin und bisherige Stellvertreterin scheint nicht ganz so beliebt zu sein.

Abends findet eine musikalische Chorprobe auf der Bühne statt. Es gibt wieder einmal Probleme mit der Gewerkschaft. Sie will, daß wir an unseren Serpentinenweg im höheren Bereich ein Geländer anbauen. Zwei Gewerkschaftsmitglieder filmen den Vorgang als Beweismittel. Der Wunsch nach einem Geländer ist lächerlich und würde natürlich mein Bild völlig zerstören. Ich wehre mich heftig. Am Ende der Probe bleiben Fragen offen. Mal sehen, wie es weitergeht. Vermutlich muß das Theater Strafe zahlen.

Abends lese ich in meinem Apartment einige Seiten in Armistead Maupins *Stadtgeschichten*, die ich mir als Taschenbuch aus Deutschland mitgenommen habe. Eine wunderbar fröhliche Einführung in die Mentalität San Franciscos. Geschildert wird die Geschichte eines unerfahrenen Mädchens, das aus der Provinz nach San Francisco kommt. Sie gerät als erstes an eine jointrauchende Althippie-Vermieterin, die einen sehr kumpelhaften Umgang mit ihren Untermietern pflegt. In zahlreichen mehr oder weniger skurrilen Erlebnissen verliert das Mädchen aus der Provinz langsam seine Unschuld, lernt eine freie, sehr promiskuitive Gesellschaft kennen, in der wohl Homosexuelle überwiegen. Nur ihre Arbeitgeber in den Büros und Kanzleien kommen nicht so gut weg, alle übrigen Bewohner sind liebenswerte, liebeshungrige Zeitgenossen, die an die Stadt und ihre Freiheiten glauben. Die Anrufe der Eltern des Mädchens machen deutlich, wie bigott und verklemmt das übrige Amerika ist. Nur in San Francisco kann sich jeder nach seinem Geschmack austoben, lautet die Botschaft Maupins. Seine Geschichten erschienen vor einigen Jahren als Fortsetzungsroman im *San Francisco Chronicle*, der Tageszeitung, die in der Stadt am meisten verbreitet ist.

Während ich zum Ausklang des Tages wieder an meinem Panoramafenster sitze, kommt mir heute Ruth Berghaus in den Sinn. Es wäre schön, wenn sie noch leben würde und ich mit ihr einmal ganz entspannt über Gott und die Welt reden könnte. Ich bedaure es, von heute aus gesehen, viele Fragen nicht gestellt zu haben. Was sie wohl über San Francisco und über unseren *Saint François* sagen würde? Wahrscheinlich hätte sie dieses Werk nie inszeniert, oder doch? Übrigens konnte sie nicht ein einziges Mal in Amerika arbeiten. Es gab verschiedene Angebote. Einmal flogen wir gemeinsam, ich glaube es war im Jahr 1988, nach Cleveland zum damaligen Chefdirigenten des dortigen, weltberühmten Orchesters, Christoph von Dohnányi. In Blossom, einer Freilichtbühne in der Nähe der Stadt, sollten wir gemeinsam *Moses und Aron* von Arnold Schönberg in Szene setzen. Trotz anregender Gespräche, auch mit Dohnányis damaliger Frau, Anja Silja, kam das Projekt nie zustande. Die möglichen reichen, jüdischen Geldgeber waren entsetzt über Ruths Herkunft aus dem kommunistischen Teil Deutschlands. Damit wollten sie nichts zu tun haben!

San Francisco, 23. August 2002

Vorbei mit den Sonnentagen. Kaltes, trübes Wetter. Nebelverhangene Bay.

Die Beleuchtung soll um 9.00 Uhr beginnen. Der Schneeweg schwebt über dem gebauten Serpentinenweg.

Nicolas ruft nach Technischem Direktor und Intendantin. Beide, Patrick und Pamela, sind schnell im Zuschauerraum und versprechen, etwas Druck zu machen. Gegen 12.00 Uhr können wir eine Stunde lang weiterleuchten. Morgen wird es ähnlich aussehen. Für Sonntag, übermorgen, wurde mehr Zeit versprochen. Heute Nachmittag sind technische Bühnenproben mit dem Engel im Fenster und François auf dem Kreuzbalken angesetzt. Alles funktioniert erstaunlich problemlos. Der Engel muß sich im Aussätzigenbild aus dem Fenster im ersten Stock des rechten Hauses hängen. Die Szene sieht nicht nur gefährlich aus, sie ist es auch. Aber unser Engel ist angeschnallt. Da er nur einen Flügel auf dem Rücken trägt, wäre er auch im Freien nicht flugtauglich. Wer hat schon Engel mit einem Flügel über die Stadt fliegen sehen? Auch der Balken, auf dem Franziskus festgeschnallt wird, wirkt sehr gefährlich.

Nicolas läßt sich zunächst mutig selbst hinauffahren. Der Sänger muß später in über 6 Meter Höhe, auf einer schmalen Fläche stehend, seine schwierigen Passagen singen. Gewagt, akrobatisch!

Den ganzen Tag sitze ich untätig, verurteilt zu passivem Dasein im Zuschauerraum. Ringsum die Stadt und Amerika! Nur einmal wird der Tag für mich unterbrochen: Wolfgang nimmt mich mit in seine Dramaturgenklause. Er wünscht sich einige Skizzen von mir für das Programmheft. Zu uns setzt sich seine neue Mitarbeiterin Claire Myers, eine hübsche, elegant gekleidete Amerikanerin, die mir gleich erzählt, daß sie in Bologna bei Umberto Eco studiert habe. Die beiden zeigen mir alte Programmhefte und Plakate, damit ich eine Vorstellung davon habe, wie so etwas bisher ausgesehen hat. Ich verspreche, demnächst passendes Material mitzubringen.

Vor dem offiziellen Ende der Probe schleiche ich mich aus dem Haus und gehe einkaufen. Auf dem Weg zum Supermarkt biege ich heute kurz auf den Parkplatz der Sankt Mary's Cathedral an der Kreuzung Geary und Gough Street ein. Die Kirche ist mir schon oft aufgefallen, aber ich habe sie nie aus der Nähe besichtigt. Ein schwungvoller Bau, vom Italiener Pier Luigi Nervi in den 1960er Jahren entworfen und gebaut. Vielleicht gibt es sie also doch, die moderne Architektur in San Francisco?

Das Innere umfängt mich mit großer Stille. Ich staune, denn draußen vor den Toren tobt starker Verkehr. Eine ältere Dame kommt auf mich zu und will mir religiöse Hefte verkaufen. Ich nehme ihr eine Brochüre über die Kathedrale ab und setze mich auf eine Bank in der Nähe des Altars. Soweit ich sehe, bin ich allein, keine anderen Besucher halten sich in der Kirche auf. Die enorme Höhe des Innenraums reißt meine Gefühle nach oben, dem Himmel zu. Vier schmale, 60 Meter hohe Fenster, die in alle vier Himmelsrichtungen zeigen, symbolisieren, wie ich in der Broschüre lese, Feuer (Westen), Luft (Norden), Wasser (Osten) und Erde (Süden).

Ergriffen stehe ich auf, denke kurz, eigentlich ist die Institution Kirche mit ihren Gebäuden der Hauptkonkurrent unserer Opernhäuser, genauso traumhaft abgehoben, genauso unerbittlich an etwas glaubend, das es vielleicht nur in unserer Vorstellung gibt, Kultur möglicherweise. Herausgerissen aus dem amerikanischen Alltag, gehe ich langsam alle Seitenaltäre ab, verabschiede mich von der freundlich nickenden Dame und trete wieder hinaus auf den Parkplatz. Mein nächstes Ziel, der Supermarkt, wird das absolute Gegenteil einer Kirche und eines Opernhauses sein, ein irdischer Tempel des Konsums.

Bevor ich losfahre, fällt mein Blick auf einen etwas tiefer am Berg liegenden Sportplatz. Ich erinnere mich, daß Nicolas, Wolfgang und ich an unserem allerersten San-Francisco-Abend im Jahr 2000, beim abendlichen Weg rund um unser Hotel das Flutlicht über der Spielfläche entdeckten, und wir beschlossen neugierig, die Situation aus der Nähe zu betrachten. Eine Stunde lang saßen wir auf den harten Holzbänken der Arena. Unten auf dem Spielfeld probte eine weitgehend aus Schwarzen bestehende Baseballmannschaft ein Spiel, von dem ich keine Ahnung hatte. Es wurden Bälle geworfen, mit Holzschlägern wurde in der Luft herumgefuchtelt, gerannt, gerufen, geschrien und hingefallen. Warum nur?

Heute steuere ich einen Supermarkt an, den ich bei der Marina entdeckt hatte. Hoffentlich ist kein Single-Tag, denke ich. Ich hatte bei Maupin darüber gelesen. Singles beiderlei Geschlechts benutzen die dafür vorgesehene Einkaufszeit zur Partnersuche. Man spricht sich zwischen den Regalen an und macht Dates aus. Als ich eintrete, sehe ich Mütter mit Kindern, einige ältere Paare und schließe daraus, daß keine Gefahr besteht.

Auch dieser Supermarkt ist ein Ereignis, groß wie eine Sporthalle und hell beleuchtet wie ein Operationssaal. Die Botschaft lautet: Hygiene kann nicht mehr gesteigert werden! Zunächst bestaune ich die ausgedehnten Salat- und Obstfelder. Viele Arten, Blätter und Früchte sehe ich zum ersten Mal. Manche sind weit größer, als ich sie bisher kenne. Ob es sich um neue, künstliche Züchtungen handelt, um genmanipulierte Waren? Dosen-Grancanyons, Ananasberge und Bananenwälder schließen sich an. Während ich die ausgewählten Dinge in meinen Einkaufskorb werfe, beobachte ich die übrigen Einkaufenden. Da Marina, neben Pacific Heights, zu den teuren, vornehmen Wohngegenden San Franciscos gehört, scheint das Sparen hier keine Rolle zu spielen. Alle Einkaufswagen sind opulent gefüllt.

Mir fällt auf, daß es hier – im Gegensatz zum übrigen Amerika – kaum Dicke gibt. Die meisten Einkaufenden, Männer wie Frauen, haben sportlich-braungebrannte Körper und tragen nur T-Shirts und Shorts. Bestimmt joggen sie alle abends an der Mole und widmen jede freie Minute des Tages ihrem Bodybuilding. Von soviel Körpervollkommenheit eingeschüchtert, schiebe ich meinen Wagen an Käse-Wurst-Manhattans und Brot-Mount-Everests vorbei in Richtung Kasse. In diesem Supermarkt gibt es nicht zwei oder drei Kassen, sondern mindestens zwanzig. Sie stehen streng hintereinander aufgereiht wie eine Automatenarmee. Um so verblüffter bin ich über die Freundlichkeit der Kassiererin, die mich lächelnd anspricht: »Hi, are you feeling good today?«

»Yes, thank you!«

»Where are you from?«

»I am from Germany, Berlin, you know?!«

»Oh, very nice, no I never have been in Germany, but my sister has been there, in Munich ...«

Sie nimmt sich die Zeit für einen Plausch, während sie meine Waren über das Scannerfeld zieht.

»Your supermarket is very nice«, sage ich freundlich. Sie strahlt über das ganze Gesicht und erwidert:

»The shop is open the whole night!«

Am Ende des kurzen Förderbandes packt ein junger Mann alles, was ich gekauft habe, in mehrere braune Papiertüten und bietet mir an, die Tüten bis zum Auto zu tragen. Ich danke ihm und stelle die schweren Tüten in meinen Einkaufswagen zurück. Glücklich über so viel Freundlichkeit, schiebe ich die Beute alleine zum Auto. Gierig sperrt mein Automatic-Ford sein Kofferraum-Maul auf und verschlingt die Waren, als hätte er seit Wochen nichts mehr zu essen bekommen.

Abends lese ich in meinem Führer: Entlang der Pazifikküste haben bereits vor 7000 Jahren Indianer gesiedelt. Pater Junipero Serra gründet in San Diego 1769 die erste von 25 Missionsstationen. Zu dieser Zeit lebten in der Region, die später einmal Kalifornien heißen wird, ungefähr 300 000 Indianer. Ein Sechstel von ihnen wechselte zum christlichen Glauben über. Bis zu Beginn des 20. Jahrhunderts dezimierte sich die Zahl der Indianer auf etwa 13 000. Heute sollen wieder ungefähr 236 000 von ihnen in Kalifornien leben.

Neben den beiden christlichen Kirchen finden in Kalifornien heute zahlreiche, manchmal recht fragwürdige Sekten reichlich Zulauf. Berüchtigt war ein Prediger namens Jim Jones, der 1978 – ich erinnere mich deutlich an die Berichte darüber – 900 seiner Anhänger in den Massenselbstmord trieb. Auch die Hippiebewegung endete mit den perversen Lehren eines Mörders, dessen Name sich mir für immer eingeprägt hat: Charles Manson und seine Manson-Family. Er hatte sich auf die grausame Ermordung prominenter Persönlichkeiten spezialisiert. Darunter befand sich auch die schwangere Sharon Tate, die Ehefrau Roman Polanskis.

Im Augenblick herrscht in Kalifornien der Körperkult, und die Religionsausübung geschieht an den Fitneßgeräten. Warum soll ich einen Gott, einen fremden Geist verehren – ich bin selbst ein Gott, der einzig wirklich wahre, der einzige, den ich kenne. Niemand soll zwischen mir, der Natur und der Unendlichkeit des Himmels stehen. Ich will bewundert werden, mit meinem Körper, der Geist ist zweitrangig, er hat sowieso nur Unsinn hervorgebracht! Konsequenterweise gibt es neben Jane Fonda auch noch Arnold Schwarzenegger, den einstigen Mister Universum, der demnächst zum Gouverneur des Staates Kalifornien gewählt werden will.

San Francisco, 24. August 2002

Wieder diesiges Wetter, kühl, ab 9.00 Uhr Beleuchtung. Wir kommen gut voran. Ich erfahre, daß auch Sonntag und Montag beleuchtet werden soll. Ein Zeitgeschenk des Hauses, da wir mit so großen Verzögerungen angefangen haben. Leider kann ich nicht länger bleiben, da meine Frau Verena aus Deutschland ankommt und ich für eine Woche aus der Produktion aussteige, um mir amerikanische Landschaften, vor allem Las Vegas, anzuschauen.

Am Nachmittag fahre ich hinaus zum Flughafen. Während ich warte, spiele ich für mich das alte Spiel: Was wäre, wenn plötzlich Lohengrin aus dem Gate auftauchen würde, gefolgt von Al Capone, der mit schicker Melone und schwarzem Anzug heute überhaupt nicht aussieht wie ein Alkoholschieber und Ganove. Was wäre, wenn der heilige Franziskus im Büßergewand in der Haupthalle als Obdachloser verhaftet und abgeführt würde? Ich sehe einen verängstigten Wozzeck vorbeischleichen, der Marie, die als Küchenhilfe bei MacDonalds arbeitet, auflauert und in einer abgelegenen, für keine Überwachungskamera einsichtigen Ecke mit dem Messer ersticht. Alfred Hitchcock betritt die Halle und checkt nach London ein. Dann entdecke ich Aida, die mit großem, folkloristischem Gefolge vorbeizieht. Macbeth, eine Mischung aus Orson Welles und Humphrey Bogart, versteckt sich hinter Pfeilern und ruft über ein am Mantelkragen verborgenes Mikrophon zum Kampf gegen den amerikanischen Präsidenten auf. Othello windet sich im Abflugbereich mit Eifersuchtsqualen auf dem Boden, Passagiere stehen um ihn herum und glauben an einen epileptischen Anfall. Tristan ist alt geworden, er hat Krankheit und Liebe überlebt, sich jetzt wohl in Kalifornien – man vermutet in Beverly Hills (wahrscheinlich trägt er den Schatz der Nibelungen bei sich, denn sonst wäre sein luxuriöses Leben kaum erklärbar) zur Ruhe gesetzt. Jetzt treibt ihn Europa-Heimweh zum Flughafen (vielleicht will er noch einmal das Grab von Isolde besuchen). Indianer dösen in Reservat-Vitrinen, wie in Whisky eingemachte Gurken, vor sich hin. Wenn sich heute ein kostümierter Apachenhäuptling mit Kriegsgeschrei und schwingendem Beil auf seinem Pferd in die Abflughalle stürzen würde, dächte jeder an eine Terroristen-Attacke, Minuten später läge der Indianer blutüberströmt, von Sicherheitsleuten niedergestreckt auf den polierten Granitplatten des Hallenbodens, und Touristen würden Andenkenphotos mit ihren Handys und Digitalkameras knipsen.

Dann taucht Verena im Gate auf. Nach kurzer Stadtrundfahrt biegen wir in die Tiefgarage des Broadway 2000 ein. Wieder dieser Blick über die Stadt. Heute Abend kommt mir die Häuserlandschaft vor wie aus Nebel gebaut, bläulich schwebend. Ich höre das Tuten der Nebelhörner, und bald werden die Lichtstrahlen des Leuchtturms von Alcatraz über Bäume und Dächer streifen.

San Francisco, 25. August 2002

Morgens fahre ich mit Verena nach einer kleinen Runde durch die Innenstadt am Pazifik entlang zu den San Francisco Zoological Gardens. Endlich bin ich einmal rechtzeitig hier. Wie immer ist es nebelig. Wir sind die ersten Besucher und kommen uns zunächst etwas verloren im parkartigen Gelände vor. Später füllen sich die Wege mit Eltern, die ihren Kindern die Tiere zeigen wollen. Regen setzt ein, der allerdings nach einer halben Stunde wieder aufhört.

Im Zoo ist nur die neuere Affenanlage in der Nähe des Eingangs interessant. Der Rest wirkt verlassen und trostlos. Wahrscheinlich gibt es kein Geld. Die Reichen haben den Zoo nicht auf ihrer Sponsorliste.

Wie in jedem Zoo bin ich auch hier gespalten zwischen der Freude darüber, wilde Tiere aus der Nähe sehen zu können und dem Gefühl, durch ein Tiergefängnis zu gehen. Schneeleoparden, Eisbären, Elefanten und Zwergnilpferde hängen gelangweilt zwischen Wasserbecken und Betonwänden herum. Am schlimmsten sind die Könige der Tiere, die Löwen, dran. Wir sehen sie depressiv in ihren Käfigen liegen. Ihr Lebensraum bleibt beschränkt auf wenige Quadratmeter, ihre Blicke starren ins Leere und nehmen uns als Gegenüber nicht wahr. Todtraurige Augen. Keine Lebenslust, kein geducktes Anschleichen mehr, keine Jagd und keine Sprünge auf fliehende Opfer. Immer zur gleichen Tageszeit wirft eine menschliche Hand blutige Fleischklumpen in den Käfig, undefinierbare Klumpen, die zwar nach Fleisch schmecken, jedoch weder atmen noch zucken, die schon lange tot sind und nicht mehr erlegt werden müssen.

Anschließend fahren wir durch die Stadt, die Geary hoch, die berühmten, blumengeschmückten Serpentinen der Lombard Street hinunter, die Columbus Street bis zum Museum of Modern Art, das in Downtown liegt, in der Nähe der Market Street. Hier, im Nordosten, bei der 3rd Street, ist die Market Street noch in Ordnung, keine Obdachlosen, keine verbretterten Läden stören das Stadtbild. Geschäftiges Treiben und edle Kaufhäuser, elegante Menschen, komfortable Limousinen. Das geschäftig pulsierende Zentrum San Franciscos breitet sich um den

Union Square aus, der am Kreuzungspunkt zwischen Geary und Powell Street liegt. Hier stehen die bedeutendsten Kaufhäuser.

Wir stellen unser Auto in einem sehr teuren Parkhaus nahe der Mission Street ab. Früher war die moderne Kunst im War Memorial Veterans Building, direkt neben dem Opernhaus, untergebracht. Vor einigen Jahren entstand das neue, vom Tessiner Architekten Mario Botta entworfene, 60 000 000 Dollar teure Gebäude an der 3rd Street.

Trotz seiner postmodernen, etwas steifen Formensprache wirkt der rote, innen wie ein Pyjama schwarzweiß gestreifte Bau wohltuend kultiviert. Beim Betreten der Halle glaubt der Besucher zunächst, von einer Kathedrale empfangen zu werden. Es sind jedoch weder Betschemel noch Beichtstühle zu entdecken, nur eine ganz banale Ticket-Kasse, mit ganz banalen Amerikanern und Amerikanerinnen dahinter, die freundlich grüßend ganz banale Dollars von uns Besuchern abfordern. Die über mehrere Etagen verteilten Ausstellungsräume verströmen mit ihren weißen Wänden und dem hellbraunen Parkettfußboden in Proportion und Lichtverteilung eine angenehm ruhige Atmosphäre. Das etwas überzogene Baupathos findet nur in der Außenansicht und in der Halle statt.

Im Augenblick wird eine Ausstellung über Yoko Ono, die Witwe John Lennons, gezeigt, eine ziemlich humorlose Fluxus-Künstlerin, mit etwas gesuchten, an den Haaren herbeigezogenen, nahezu unverständlichen, wahrscheinlich feministischen Themen. Ich erinnere mich an einen frühen Documenta-Beitrag der Künstlerin vor über 20 oder 30 Jahren. Sie zeigte damals einen zweistündigen Film, in dem nichts anderes zu sehen war als eine stinknormale Stubenfliege, die auf einem liegenden, nackten Frauenkörper herumspazierte. Die radikale Beschränkung gefiel mir damals sehr, auch der merkwürdige Surrealismus, der sich mit der Zeit einstellte. Als Besucher identifizierte man sich mit der Fliege und erlebte den anonymen Frauenkörper wie eine Landschaft aus Hauthügeln und Haaren.

In den übrigen Ausstellungsräumen des Museums sehen wir Werke von Jackson Pollock, Mark Rothko, Max Ernst, George Grosz, Ernst Ludwig Kirchner, Kurt Schwitters und vor allem Henri Matisse! Ein ganzer Saal ist dem Deutschen Gerhard Richter gewidmet, der mit Bildern aus allen Schaffensperioden vertreten ist: Photorealistisches neben Abstraktem und Aktuellem. Er scheint hier an der Westküste sehr verehrt zu werden.

Besonders stolz ist das Haus auf eine bedeutende Photosammlung. An den Wänden hängen Bilder von Lewis Carroll, den Bauhausmeistern, von Henri Cartier-Bresson und Helmut Newton. Auch die deutschen Photographen aus der Bernd-und-Hilla-Becher-Schule sind opulent vertreten, vor allem Gursky mit großen, überwältigenden Abzügen.

In der Dämmerung verlassen wir Downtown und fahren über die Golden Gate Bridge auf die gegenüberliegende Seite der Bay. Jeden Abend versammeln sich zahlreiche fernblick- und sonnenuntergangssüchtige Touristen auf dem schroffen Felsberg der Golden Gate National Recreation Area und schauen der blaugrauen Nebelbank zu, die langsam die untergehende Sonne verdeckt und sich wie ein lebendiges Pazifik-Wesen in Richtung Golden Gate Bridge und Downtown schiebt.

Jedesmal, wenn ich hier stehe, bin ich aufs Neue beeindruckt vom Blick auf die verglühende Innenstadt San Franciscos, die im Wasser zu schwimmen scheint. Die Golden Gate Bridge sieht von hier oben am prachtvollsten aus. Keine Stadt der Welt hat ein schöneres Stadttor. Ich stelle mir die Ankunft mit dem Schiff vor, ohne sie je selbst erlebt zu haben. Irgendwann verschluckt der Nebel die Stahlseile, das schwebende Asphaltband der Straße und die beiden Pylonen. Die

Lichter der Stadt glimmen auf, und der Himmel verfärbt sich zunehmend blau-schwarz.

Wir wandern die National Recreation Area weiter bis zur vordersten Spitze der Landzunge und setzen uns dort auf die Reste einer Betonfestung. Während des Zweiten Weltkriegs errichtete das amerikanische Militär hier ihren »Westwall« ge-gen einen drohenden japanischen Angriff, der dann schließlich an ganz anderer Stelle, in Pearl Harbour auf Hawaii, erfolgte. Der Pazifik breitet sich vor uns im verlöschenden Tageslicht aus. Eine gewaltige Spiegelfläche. In der Ferne, unsicht-bar weit weg, liegt Japan, der einstige Feind. Wind kommt auf. Albatrosse und Möwen ziehen vorbei. Ab und zu lassen sie sich im Sturzflug hinunter in die Wellen fallen, in der Hoffnung, einen Fisch, der zu nah an die Oberfläche schwimmt, mit ihrem scharfen Schnabel zu packen.

San Francisco, 26. August 2002

Wie geplant, verlassen wir heute San Francisco für zehn Tage. Unser Ziel ist Las Vegas. Nach einem angenehmen einstündigen Flug landet unsere Maschine auf der vor Hitze flimmernden Betonpiste des McCarran International Airport. Beim Aussteigen trifft mich heiße Wüstenluft, nah, eng, fast unverschämt aufdringlich. Hier hat die Klimaanlage im Flughafengebäude einen Sinn. Nach einer kurzen Schalterformalität erhalten wir unseren neuen Leihwagen problemlos. Früher Nachmittag, die Fahrt in die glühende Millionenstadt hinein ist ernüchternd. Erst später, bei einsetzender Abenddämmerung, flammen die Reklametafeln, die Schriften, Bilder und Architektur-Attraktionen im bunten Neonlicht auf und es tritt jene Stimmung ein, die uns gefangennimmt und hinüberträgt in ein Reich, das irgendwo zwischen Traum und Wirklichkeit, zwischen Kindergeburtstag und Hochzeitsparty, zwischen Hollywoodfilm und Weihnachten liegt. Ein Geschenk-paket für die Sinne, eine Überdosis Vergnügen, das jede Langeweile zu verscheu-chen verspricht. Daß hier nur Erwachsene erwünscht sind und Kinder ungern ge-sehen werden, spricht dafür, daß wir uns näher am Sündenbabel aufhalten als es zunächst den Anschein hat. Vielleicht ist das Spielerparadies letztlich doch eine Erfindung des Teufels, und spielwütige Kinder würden sofort mit Haut und Haaren in diesem Sodom und Gomorrha untergehen. Las Vegas wurde eindeutig für die Nacht geschaffen, nicht für den Tag.

Las Vegas, 27. August 2002

1995 kam ich zum ersten Mal in diese Stadt. Damals fuhren wir im Anschluß an einen zehntägigen Santa-Monica-Aufenthalt mit dem Auto quer durch die Wüste Nevada hierher. Unsere Zeitplanung war perfekt, denn die Annäherung an die Stadt geschah genau während der Abenddämmerung. Schon aus der Ferne er-schien sie mir wie eine Fata Morgana, eine völlig unwirkliche, künstlich leuch-tende Oase. Als wir unser Hotel – das »Caesars Palace« – erreichten, hatte sich der Nachthimmel bereits dunkelblau verfärbt. Über den grellbunten Neonrekla-men des Strips, wie die Hauptstraße, der Las Vegas Boulevard, liebevoll genannt wird, strahlten die ersten Sterne. Eine mir völlig neue Art der Romantik strömte auf mich ein. Ich war überwältigt.

Der Strip regte viele amerikanische und europäische Architekten und Architek-turtheoreoretiker zu Reflexionen an. Die europäische Haltung zeichnete sich meis-

tens durch heftige Attacken aus, man verurteilte die dort verbreitete Bildarchitektur als typisch amerikanisch-ramschig, verlogen und falsch. Erst als das Architektenpaar Robert Venturi und Denise Scott Brown 1972 ihr Buch *Learning from Las Vegas* veröffentlichten und darin die zitatenreiche Trivialarchitektur des Strips mit der Ikonographie der italienischen Renaissance verglichen und auf demselben Bedeutungsniveau abhandelten, horchten viele Zeitgenossen empört auf.

Die Blickumkehr war längst fällig und sorgfältig durch die Pop-Art und damit durch Künstler wie Andy Warhol, Roy Lichtenstein und Jasper Johns vorbereitet worden. Warum sollten die Attrappen-Architekturen Roms oder Venedigs wahrer, schöner und besser sein als die amerikanischen Traumformulierungen? Lag es am geistigen Überbau oder am Material? Gewiß, in Italien spielte man noch mit den Gedanken der griechisch-römischen Mythologie, war gebildet, vielleicht auch religiös, man verwendete Marmor und Travertin als Bau- und Skulpturenmaterial, in Las Vegas dagegen überwiegen touristische Highlight-Bilder, Styropor und andere gehärtete Schaumstoffe. Der geistige Überbau bezieht seine Inhalte aus ganz banalen, herbeizitierten, weltlichen Traumorten. Als übertreibende Versammlung der Höhepunkte nimmt sich die Collage selbst auf den Arm und ironisiert das Märchenland.

Nur wenige europäische Architekten ließen sich überzeugen, die meisten beharrten auf ihrer ablehnenden Haltung. Ich gehörte in jenen Jahren zu den Anhängern Venturis und fand viele meiner eigenen Gedanken in seinem Buch wieder. Mich interessierten vor allem die neuen Inhalte, weniger die neue Formen. »Sprechende und erzählende Architektur« nannten wir den neuen Weg, der leider inzwischen kaum noch diskutiert wird. Im 19.Jahrhundert war es bekanntlich üblich, steinerne Engel, Löwen, klassische Götter wie Apoll, Herkules, Aphrodite oder Justitia in die Fassaden der Gebäude zu integrieren. Mit dem Purismus der aufkommenden Moderne und vor allem mit den radikalen Gedanken des Weimar-Dessauer Bauhauses verkümmerte das Erzählelement an Häusern völlig. Die leere weiße Wand wurde zum absoluten Ideal erklärt. Jetzt, mit der neuen amerikanischen Pop-Art-Anregung, boten sich aus dem Bereich der Trivialmythen neue Möglichkeiten und Chancen an, allgemeinverständliche Erzählungen in Fassaden und Parks aufzunehmen. Statt sich durch die neuen Gedanken anregen zu lassen, propagierten die verantwortlichen Stadtbaudirektoren Deutschlands weiterhin ihren nüchternen Funktionalismus, wie sie ihn während des Studiums gelernt hatten. Um die leere Trostlosigkeit der Fassaden nicht übermächtig werden zu lassen, wurde als schlimmstes aller Mittel die »Kunst-am-Bau« erfunden. Arbeitslose Maler und Bildhauer durften ihre meist unverständlichen Werke vor den Eingangstoren öffentlicher Gebäude abstellen: Dürftige Brunnen und Reliefs, ärmliche Stelen und Stangen waren oft das Ergebnis. Demokratisch-unverständliches Einerlei, Potpourri einer diskussionsverdummten Gesellschaft.

Im kapitalistischen Amerika steht die Verführung zum Genuß und damit zum Kauf bei der Gestaltung der Dinge im Vordergrund. Ein gutes Beispiel dafür ist das Werk des Designers Raymond Loewy, der den Amerikanern die sinnlich-erotischsten Autos und Lokomotiven geschenkt hat, die je entworfen wurden. Er ist auch als Erfinder der Coca-Cola-Flasche in die Kunstgeschichte eingegangen. Bewußt spielt die Flaschenform auf den weiblichen Frauenkörper an. Amerika war von Anfang an in Bilder verliebt. Die Kultur der Trapper wurde stark durch den verbreiteten Analphabetismus geprägt. Es wundert daher nicht, daß die Bildererzählung – der Comic strip – in Amerika genauso viele Anhänger gefunden hat wie das Kino. Entwickelt hat sich der Comic strip allerdings – wie so vieles – in Europa. Als William Hearst, der amerikanische Zeitungskönig, auf einer Europareise die Bilderbücher Wilhelm Buschs zum ersten Mal sah, war ihm sofort klar, daß seine Landsleute von dieser komischen Erzählweise begeistert sein würden. Er ließ Comics für alle seine Zeitungen zeichnen, und die Leser bedankten sich damit, daß sie diese Zeitungen in großen Mengen kauften. Es dauerte allerdings bis 1933, dann erst emanzipierten sich die gezeichneten Bilderzählungen von den Zeitungen und wurden in eigenständigen Heften, später auch in Büchern, gedruckt.

Las Vegas kann als eine verführerische Werbeveranstaltung schlechthin gesehen werden. Lockungen ohne Ende, soweit das Auge reicht. Wie auf einem riesigen Jahrmarkt werben die Hotels mit bunten Fest- und Spielarchitekturen. Wer in diese künstliche Welt des Vergnügens eintritt, wird ein anderer, wird ein Zeit- und Bildreisender, der sich durch ein Architekturbilder-Schlaraffenland bewegt.

Jeder Besucher soll hier zufrieden seine Tage vertrödeln können, ohne von Langeweile gequält zu werden. Nirgendwo gibt es Fenster und Uhren. Der Betrieb lebt pausenlos 24 Stunden lang. Nach Huizinga entsteht alle Kultur aus dem Spiel und dem Spieltrieb. Hier in Las Vegas gehen wir also in eine Zeit kurz vor der Erfindung der Kultur zurück, in einen archaischen Zustand. Jedes Hotel ist im Grunde eine riesige Spielhölle, eine Kulturerfindungsmaschine. Es geht um das große Geld, nicht nur der Spieler, sondern auch der Hotelbesitzer. Während des Spielens soll jeder Besucher unbemerkt möglichst viel Geld ausgeben. Es wundert daher nicht, daß am Anfang der Geschichte die Mafia Drahtzieher und Geburtshelfer vieler Hotels war. Nachdem 1931 Nevadas Parlament das Glücksspiel in Las Vegas zugelassen hatte, stieg der Mafia-Boss Bugsy Siegel ganz groß ins Geschäft ein und baute als erstes großes Spielerhotel das »Flamingo«. Nach ihm kamen Moe Dalitz, Gus Greenbaum, Sam Giancana und Anthony Spilotro. Hollywoodgrößen interessierten sich für diese Halbwelt. Berühmt sind die Konzerte und Verstrickungen von Frank Sinatra, Dean Martin und Samy Davis jr.

1966 mietete sich der exzentrische Milliardär Howard Hughes im 9. Stock des »Desert Inn« ein. Nachdem ihn das Hotelmanagement nach einigen Monaten wieder loshaben wollte, kaufte er kurzerhand das ganze Hotel, später auch noch das Hotel »Silver Slipper« gegenüber. Ihn hatte die helle Leuchtreklame auf dem Dach schon lange gestört.

Nachdem wir unser Hotel – das »Excalibur« am südlichen Strip – betreten haben, müssen wir zunächst ein Labyrinth aus glitzernden, zuckendenden, klingelnden und ab und zu Geld speienden Spielautomaten – »einarmige Banditen« genannt – durchqueren. Wahrscheinlich lautet das erste Spiel, das der Ankommende zu spielen hat: Finde die Rezeption und du hast gewonnen!

Später setzen wir die Wanderung durch den Henry Millerschen »klimatisierten Alptraum« fort. Ich komme mir vor wie in einer unterhaltsamen Hölle. Der Anblick bleicher, fetter und spielhungriger Menschen läßt an Bilder von Hieronymus Bosch oder Goya denken. Völlig autistisch beugen sich alte, stark geschminkte Frauen in schrillen, meist roten Kostümen über Geräte, beleuchtet vom bläulichen oder rötlichen Licht, das aus den Maschinen strahlt. Mit einer Hand fingern sie ihre Münzen in die vorgesehenen Schlitze, mit der anderen halten sie große Pappbecher, die entweder mit Cola oder Geldmünzen gefüllt sind. Zwischen den menschlichen Körpern und den verchromten Maschinen scheint ein erotisches Verhältnis zu bestehen. Neben sinnlichen Spielern gibt auch die kühlen, berechnenden, die irgendwann, wenn das System, das sie sich ausgedacht haben, nicht funktioniert, verzweifelt von ihren Barhockern kippen. Alle scheinen im Bann des unsichtbaren Unterweltgottes zu stehen, Mammon, Pluto, der gierige Fürst. Seine Hände sind blutig rot wie fast alle Teppiche hier. Seine Dienerinnen staksen, in knappe Badeanzüge gekleidet, durch die Armee der Süchtigen. Doch kaum ein Mann betrachtet die hervorquellenden Brüste, nur manchmal greift jemand mit abwesendem Blick nach den Getränkebechern, die auf kleinen Tabletts an ihm vorbeischaukeln. Immer neue Säle öffnen sich. Irgendwann habe ich das Gefühl, dieser gekühlten Unterwelt mitten in der Wüste nie mehr entkommen zu können. Ich bewege mich in einem Zustand der Trance, auch ohne zu spielen. Alle sitzen wir in einem Boot, alle gehen wir gemeinsam unter im heißen Sand – die letzten Tage der Menschheit.

Daß das Leben tatsächlich am nächsten Tag weitergeht, der banale Verkehr draußen auf den Straßen weiterfließt, darüber sollte man eigentlich kein Wort verlieren. Der neonbeleuchtete Untergang nachts ist schöner. In Wirklichkeit gibt es nur diese eine Nacht, endlos, für alle Zeiten. Aber es kommt noch mehr: riesige Wettsäle, Raumfluchten mit großen, vornehmen Spieltischen – hier tragen die charmanten Unterweltdiener Smoking und Fliege – und Läden, Restaurants, Cafés, Pools, Theater. Wer genügend Geld hat, kann hier sein ganzes Leben verbringen, ohne je wieder ans Tageslicht zu treten.

Wir gehen den Strip hinauf und hinunter. Wir bewundern ägyptische Pyramiden, das Empire State Building, den Eiffelturm, den Dogenpalast, künstliche Vulkane und echte Palmen. Hier ist Amerika ganz zu sich selbst gekommen. Im Herzen blüht das kindliche Vergnügen an Nachahmung, Das-kann-ich-auch-Gehabe. Was ich nicht besitze, lasse ich mir kopieren. Die Alte Welt aus zweiter Hand, etwas verkleinert wie auf jeder Postkarte, aber irgendwie da, mitten in der Wüste. Das Leben findet auch in der Imitation statt. Es wird geheiratet und geliebt. Theater-Gondoliere singen im »Venice« ihre schnulzigen Lieder, und die Amerikaner lassen sich verzaubern. In Wirklichkeit ist diese Cinécittà auch ein riesiges Kaufhaus. Im Erdgeschoß jedes venezianischen Hauses befinden sich Läden: Armani, Gucci, Prada, Versace, Chanel, Dior, wie auf der ganzen Welt.

Die Ereignisse des 11. Septembers scheinen hier keine Auswirkungen zu haben, fällt mir gerade ein.

Diese Stadt, die zu den jüngsten in ganz Amerika gehört, wächst unglaublich schnell. 1930 lebten hier 5000 Menschen, 1960 waren es bereits 65 000. Heute hat Las Vegas über 2 000 000 Einwohner und jeden Tag werden es mehr. Die 133 000 Hotelzimmer sind ständig zu 90 Prozent belegt. Jedes Jahr kommen fast 40 000 000 Besucher. Damit ist Las Vegas – nach Mekka – die meistbesuchte Stadt auf der Welt. Jedes Jahr beträgt das Gesamteinkommen aus dem Tourismusgeschäft 40 000 000 Dollar. Bei soviel Geld kann sich die Stadt sogar eine Universität leisten, die University of Las Vegas!

Eigentlich wundert es nicht, daß fast alle Hollywoodfilme, die in Las Vegas spielen, mit geplatzten Träumen zu tun haben. Hier treiben Zocker ihr Unwesen, oder verzweifelte, übernächtigte Pleitiers glauben noch morgens um fünf daran, den Jackpot knacken zu können. Nicolas Cage hat 1995 im Film *Leaving Las Vegas* den Strip zum Ort seines Endes gewählt. Hier will er sich zu Tode saufen. Durch sein Delirium flimmern die Neonreklamen wie Botschaften eines höllischen Jenseits. Selbst die Liebe zu einem Callgirl kann ihn nicht mehr von seinem finalen Traum abbringen.

Las Vegas, 28. August 2002

Am Vormittag gehen wir noch einmal in das »Venice«-Hotel, allerdings jetzt, um das Guggenheim-Museum zu besichtigen, das Rem Kolhaas dort angebaut hat. Nach längerer Suche finden wir schließlich den Eingang. Im Gegensatz zum

Kitsch des Hotels, herrscht im neuen Museum, das im Grunde nur aus einem einzigen Raum besteht, der an eine Flugzeughalle erinnert, eine nüchtern-technische Architektursprache. Frank Gehry hat als erste Ausstellung eine witzige Motorradshow hineininszeniert. Neobarock, mit vielen chromblitzenden Wellen, Beulen und spiegelnden Looping-Aufschwüngen.

Angefüllt mit Route-66- und Easy-Rider-Gedanken, gehen wir zu unserem in der Hitze brütendem Auto, steigen ein und verlassen Las Vegas und damit den Staat Nevada Richtung Südosten zu einer kleinen Rundreise durch Arizona, New Mexico, Colorado und Utah. Als erstes Ziel steht der berühmte Hoover-Damm auf unserem Programm. Hier wird das Wasser gesammelt, von dem Las Vegas lebt. Die quellenlose Wüstenstadt ist durstig und unersättlich. Noch vor wenigen Jahren konnte der Bedarf problemlos gedeckt werden. Aber jetzt, nachdem die Stadt ungesunde Größenordnungen erreicht hat, wird das Wasser knapp, und katastrophale Engpässe gehören zu den alltäglichen Angstszenarien der Stadtverantwortlichen.

Alles schien so einfach. Zwischen 1931 und 1935 wurde der gewaltige, 221 Meter hohe Betondamm gebaut, um das Wasser des Colorado River aufzustauen. Seitdem der Wasserspiegel des Flusses kontinuierlich sinkt, füllt sich das Staubecken nur noch unzureichend. Die Höchstmarken des letzten Jahrhunderts bleiben Träume von gestern.

Deswegen müssen die Bewohner von Las Vegas seit einigen Jahren Wasser sparen. Eine herbe Einschränkung der Lebensqualität im Land der Freiheit und in der Stadt der Glücksversprechungen! Inzwischen gibt es strenge Gesetze, die von einer neu geschaffenen Wasserpolizei in permanenten Kontrollfahrten überwacht wird. Wer außerhalb der verordneten Zeiten seinen Rasen sprengt, wird hart bestraft. Der Bau neuer Swimmingpools wurde inzwischen ganz verboten. Eine große Enttäuschung für die poolverliebten Amerikaner!

Las Vegas, 1. September 2002

Nach unserer Rundreise tauchen wir am Nachmittag erneut in das glühend heiße Las Vegas ein und beziehen unser klimatisiertes Zimmer im Hotel »Excalibur«. Die Wüstenhitze flirrt und drückt schwer auf Körper und Gemüt. Alle Bewegungen im Freien bereiten Mühe, sind zäh und kräfteraubend. Schweiß rinnt über Stirn und Rücken. Für kurze Zeit empfinde ich den kühlen Luftstrom aus den berüchtigten Raumritzen als angenehm und erfrischend. Dieses Mal zeigt unser Fenster nach Süden, im Blickfeld liegt die 106 Meter hohe Glaspyramide des Hotels »Luxor«. Nach kurzer Ruhepause ziehen wir los und gehen hinüber nach Ägypten. Die künstlichen Augen der gewaltigen Sphinxnachbildung an der Hotelvorfahrt starren über uns hinweg, hinaus in die Wüste, Richtung Osten, Richtung Ägypten. Da ich noch nie im Land der Pyramiden war, fehlt mir der Vergleich mit der Wirklichkeit.

An vornehmen, dunkelhäutigen Pförtnern vorbei, betreten wir das Innere der Pyramide. In surrealer Umkehrung empfangen uns hier keine engen Steingänge oder Mumienkammern, sondern Wolkenkratzer, die im monumentalen, pyramidenförmigen Hohlraum emporwachsen wie überdimensionale Kristalle. Hinter den unzähligen Hochhausfenstern sehe ich Fragmente hellerleuchteter Spielsäle und Restaurants. Tiefrote Teppiche, ägyptische Statuen und Hieroglyphentapeten zaubern eine Atmosphäre, die an Tutanchamun und Nofretete denken läßt. Wir setzen uns auf eine Steinbank und bewundern die merkwürdige Baucollage.

Erinnerungen an französische Revolutionsarchitekturen von Boullée, an Rom und an eigene Zeichnungen kommmen auf. Mir wird klar, daß hier einiges bewußt durcheinandergebracht wird: Pyramiden sind ursprünglich »Todeskristalle«, wie Ernst Bloch einmal schrieb, Grabmale für Könige, Pharaonen und andere wichtige ägyptische Persönlichkeiten, hier in Las Vegas müssen sie als Symbole für das »Leben« und die »spielerische Unterhaltung« dienen. Erstaunlich, wie einfach und überzeugend diese Umdeutung funktioniert. Im Grunde ist sie eine schallende Ohrfeige an den ernsthaften abendländischen Architekturbedeutungskanon, vielleicht auch eine witzig-harmlose Revolution.

»Anything goes«, könnte am nicht vorhandenen Stadttor von Las Vegas stehen, und der Erfinder des Satzes, der Philosoph Paul Feyerabend, hätte bestimmt seine Freude daran gehabt!

Mit der Öffnung hin zum Geschäft mit dem Tourismus ist den Machern von Las Vegas etwas gelungen, wovon frühere Generationen von Architekten und Bauherren nur träumen konnten: Weder die französischen, noch die russischen und deutschen Revolutionsarchitekten vermochten dauerhafte und sogar kommerziell erfolgreiche Städte, Museen, Gebäude und Ausstellungen zu entwickeln, die überlebensfähig waren. Kaum eine Weltausstellung steht heute noch, lediglich Fragmente haben überlebt. Das Modell Las Vegas bleibt wegen seines Erfolgs revolutionär, epochal wichtig und maßstabsgebend.

Auch unser Hotel »Excalibur« hat seinen eigenen Zauber. Eine mittelalterliche Märchenburg, vieltürmig und zehnmal größer als Neuschwanstein. Schon beim ersten Besuch sind wir durch die mittelalterlichen Gassen mit den Restaurants, den leibhaftigen Jongleuren, Musikern und Zauberern gewandert. Jetzt in der Abenddämmerung leuchten die Zinnentürme der Anlage in Blau, Rot, Orange und Rosa.

Las Vegas, 2. September 2002

Wir setzen den ganzen Tag über unsere Erkundungsgänge fort, treten ins Freie und schlendern den Strip hoch. An der nächsten Straßenecke kommen wir am Hotel »New York–New York« vorbei. Diese Baucollage sieht aus wie leicht verkleinerte Erinnerungssplitter an die letzte New-York-Reise mit Freiheitsstatue, Empire State Building, New York Public Library, Chrysler und Seagram Building. Dazwischen winden sich die abenteuerlichen Wegschleifen einer Achterbahn. Beim Anblick der auffahrenden und niederstürzenden Manhattan-Wagen denke ich: Vielleicht wäre die Idee der Achterbahn als reales Fortbewegungsmittel zwischen den Wolkenkratzern tatsächlich nicht schlecht, besser jedenfalls als die düster-gefährlichen U-Bahnen! In Wirklichkeit werden hier Coney Island und Manhattan vermischt.

Im Laufe des Tages sehen wir uns fast alle Hotels am Strip von innen und von außen an. Längere Zeit verweilen wir vor dem »Mirage« und bewundern den effektvollen künstlichen Vulkanausbruch, der sich mit Feuer und Rauch alle 15 Minuten wiederholt, auch vor »Treasure Island« stehen wir lange und schauen uns den Kampf zwischen verführerisch-lockenden Sirenen und harten Piraten an. Alle zwölf Minuten explodieren Pulverfässer, und Schiffe gehen unter, um kurz darauf wieder neu aufzuerstehen. Das ist »sprechende Architektur« in Vollendung!

Für den Abend haben wir uns Karten zum Cirque-Du-Soleil-Spektakel im Theater des Hotels »Bellagio« gekauft. Das Hotel empfängt uns mit cincr an

Italien erinnernden niedrigen Villenanlage, die malerisch um einen See (dem Comer See?) gruppiert ist. In sanft wechselndem Rhythmus steigen aus der Wasserfläche farbig beleuchtete Fontänen und Wasserwände auf. Pünktlich beginnt die Show vor ausverkauftem Saal. Die ganze Bühne steht unter Wasser. Zu Beginn springen Akrobaten und Akrobatinnen aus dem Schnürboden ins Wasserbecken. Sie machen das so leicht und elegant-spielerisch, als sei dieser Vorgang alltäglich. Danach schwimmen sie kopfunter im Wasser, bewegen tänzerisch ihre Beine durch die Luft, als hätten sie an den Fersen Mund, Nase und Augen. Eine Minute, zwei Minuten, drei, ... sie müssen unter Wasser Atmungsmöglichkeiten haben, denke ich. Danach entwickeln sich Wasserballette wie ich sie aus den Busby-Berkeley-Filmen kenne und liebe.

Las Vegas, 3. September 2002

Morgens packen wir unsere Taschen und checken aus. Zum Schluß unseres Aufenthalts nehmen wir uns noch etwas Ausgefallenes vor, etwas, das für Las Vegas untypisch ist: die »Wynn Collection«, die in einem Gebäudekomplex am nördlichen Ende des Strip untergebracht sein soll.

Steve Wynn gilt heute als König unter den Casinobesitzern von Las Vegas. Ihm gehört neben dem »Bellagio« auch noch das »Treasure Island«. Vielleicht war es seine aus Frankreich stammende Ehefrau, die dem geschäftstüchtigen, smarten 60jährigen amerikanischen Erfolgshelden den Blick auf die europäische Kultur geöffnet hat. Seit einigen Jahren legt er einen Teil seines überschüssigen Kapitals in Originalgemälde der klassischen Moderne an.

Um seine Kulturbeute der Allgemeinheit zugänglich zu machen, hat er vor kurzem ein eigenes Museum im Erdgeschoß seines Verwaltungsgebäudes eingerichtet. Etwas skeptisch betreten wir die protzige Lobby und folgen dem roten Teppich, bis wir den Museumseingang finden. Die eigentlichen Showrooms sind nicht besonders groß. Daß Fußboden und Wände dunkelrot eingefärbt sind, schockiert mich im ersten Moment, aber ich gewöhne mich schnell an die etwas düstere Schatzkammeratmosphäre. Jeder Besucher erhält einen Audioguide. Ich schalte ihn gegen meine sonstige Gewohnheit an und höre Mister Wynn persönlich reden. Nach wenigen Sätzen überträgt sich die Begeisterung des Sammlers auf mich. Ich stehe vor dem ersten Bild: ein liegender Akt von Modigliani. Langsam, fast schleichend tritt etwas ein, was ich nie erwartet hätte. Hier mitten in der Wüste, im Gebäude eines amerikanischen Multimillionärs blüht das Gemälde auf, als sei es für ein Dasein in dieser fremden Welt geschaffen. Angefeuert von Mister Wynn betrachte ich jeden Quadratzentimeter, versenke mich visuell in die Haut des Modells, in sein Gesicht, seine Augen, seine Haare und in das Schicksal des Künstlers.

Vielleicht liegt es an der Überfütterung, die wir in Paris oder Amsterdam etwa, erleben: Ein Monet hängt neben dem anderen, ein van Gogh jagt den nächsten. Hier, in ihrer Vereinzelung, fernab allen Kulturbetriebs, erhalten die Gemälde ihre einmalige und einsame Würde zurück. Auch die anderen Meisterwerke von Cézanne, Gauguin, Picasso und Andy Warhol erklärt der Sammler mit der gleichen euphorischen Anteilnahme. Besonders die Gemälde von Paul Gauguin und Vincent van Gogh gehen mir ans Herz, prägen sich mir ein wie nie zuvor. Die tragischen Passionen der beiden Maler haben hier ihre ferne Wüsten-Andachtskapelle gefunden.

Nachdem wir den Leihwagen abgegeben haben, besteigen wir das Flugzeug zurück nach San Francisco.

San Francisco, 4. September 2002

Schönes Wetter. Langsam beginnt der Sommer in San Francisco. Wir besorgen uns an Fisherman's Wharf Alcatraz-Tickets für den nächsten Tag und schauen bei dieser Gelegenheit noch kurz bei der Seelöwenkolonie vorbei. Anschließend fahren wir über die Golden Gate Bridge einige Meilen nach Norden zu den Muir Woods. Beim Überqueren der Brücke fällt mir heute auf, daß die beiden roten Turmpfeiler aus vier übereinanderstehenden Toren gebildet sind. Die Straße führt durch das unterste Tor.

Das Muir Woods National Monument liegt 24 Kilometer nördlich von San Francisco in einem tief eingeschnittenen Tal, in der Nähe des Pazifiks. Schon das Erlebnis des Eintretens ist unglaublich: Nach wenigen Schritten wird der Blick in die Höhe gerissen wie in einer Kathedrale. Oft habe ich über diese gewaltigen, über 100 Meter hohen Mammutbäume, die Sequoias genannt werden, in Büchern gelesen, sie jedoch nie mit eigenen Augen gesehen. Mit einem gewissen ehrfürchtigen Schauder betrachte ich die über 1000 Jahre alten Riesen, die es nur hier an der kalifornischen Küste gibt. Der Durchmesser mancher Bäume beträgt im unteren Stammbereich über 8 Meter. Nicht selten öffnen sich hier Spalten und Höhlenräume, die man als Besucher betreten kann.

Leider sind wir nicht allein. Wenn das Gequäke der amerikanischen Familien nicht wäre, könnten wir hören, daß der Wald vollkommen still und geräuschlos ist. Hier gibt es fast überhaupt keine Vögel. Der Grund dafür liegt im Mangel an Samen und Insekten. Diese Bäume leben, wie wir auf Texttafeln lesen, nach einem ungewöhnlichen Rhythmus, sie kümmern sich weder um Jahreszeiten noch um Jahre. Nur sehr selten, etwa alle zehn Jahre, samen sie aus. Ranger erzählen, daß diese Bäume auch alle Waldbrände überstehen, da sie nicht brennen. Ihre Rinde soll bis zu 1 Meter dick sein. Ich nehme mir vor, noch öfter hierherzukommen. Vielleicht einmal ganz früh morgens oder spät abends, wenn keine Touristenmassen durch die Gegend plappern und der Pazifiknebel die Baum-Kathedrale romantisch verhüllt.

Im Reiseführer lese ich über den Naturforscher John Muir nach, dem wir es zu verdanken haben, daß dieser Wald nicht abgeholzt wurde. Er setzte sich im 19. Jahrhundert vehement für die Erhaltung der größten Naturwunder an Amerikas Westküste ein, auch für das überwältigende Yosemite-Tal. In diesem Zusammenhang denke ich wieder an Henry Thoreaus *Walden*, ein Buch, das ich auch dieses Mal mit nach Amerika gebracht habe. Er ist ein Schriftsteller, wie Ralph Emerson, der lange vor der deutschen »Grünen«-Bewegung das Leben im Einklang mit der Natur gepredigt hat.

Dann fällt mir eine *Vertigo*-Szene ein, die in den Muir Woods spielt. Scottie macht einen Ausflug mit Madeleine. Sie wandern zwischen den Mammutbaumstämmen hindurch. Irgendwann bleiben sie vor einer riesigen Baumscheibe stehen, in deren Wachstumsringe Jahreszahlen mit besonderen, weit zurückliegenden Ereignissen eingetragen sind. »Columbus ... Unabhängigkeitserklärung« ... Plötzlich sagt Madeleine jenen Satz, der Scottie ziemlich beunruhigt: »An diesem Jahresring wurde ich geboren, und hier, an diesem Ring, bin ich gestorben.«

In der Abenddämmerung fahren wir nach Sausalito hinunter. In einer Seitenstraße besuchen wir eine Photogalerie, die ich schon kenne. Als ich zum ersten Mal hier war, wurde ich beinahe von einem Kaufrausch überfallen. Im letzten Moment konnte ich mich bremsen. Auch heute blättern wir voller Bewunderung und Staunen die unglaublichsten Originalphotos aus der Frühzeit des Films und der Stadt San Francisco durch. Manche Hollywood-Starphotos sind signiert, ich lese Widmungen und Unterschriften von Marlene Dietrich, Greta Garbo, James Stewart, Edward Robinson, Humphrey Bogart, Marylin Monroe und Kim Novak. Die großen, schönen, gerahmten Schwarzweißabzüge kosten ein Vermögen, aber kleinere Photos wären durchaus erschwinglich. Nach einer Stunde reißen wir uns los, ohne etwas gekauft zu haben, und schlendern zum Pier. Hier, an diesem malerischen Anlegesteg, kommen die kleinen Fährschiffe aus San Francisco und Oakland an. Eine Zeitlang sitzen wir an der steinernen Hafenmole, beobachten die Touristen, den Schiffsverkehr, die frechen Möwen und die kleinen, vorsichtigen Krebse, die in witzigem Seitwärtsgang unter kürbisgroßen, grauen Granitsteinen hervorkriechen, kurz sichtbar werden und dann ängstlich wieder unter den Nachbarsteinen verschwinden. In regelmäßigem Abstand schwappen Wellen über Steine und Krebse, aber die kleinen Tierchen haften so fest am Boden, daß ihnen die Wasserbewegungen nichts anhaben können.

Anschließend wandern wir an einem großen Parkplatz vorbei ein Stück weit landeinwärts und schauen uns die früher einmal berühmten, extravaganten Hippie-Wohnboote aus den 1970er Jahren an, die hier noch wie ferne Erinnerungsstücke vor Anker liegen. Es gab davon Hunderte, das habe ich damals gelesen und in Zeitschriften gesehen. Heute schaukeln nur noch wenige Exemplare vor sich hin, die meisten sind wahrscheinlich längst untergegangen oder verheizt worden. Jetzt wirken die schrägen Kreationen etwas veraltet und vergammelt, nur wenige scheinen noch bewohnt zu sein. Vor einem besonders schönen Wohnboot bestaune ich ein kleines, insektenhaftes Wasserflugzeug. Gern hätte ich mich danach erkundigt, wer denn im Haus wohne, aber meine Scheu hält mich zurück.

Abends schreibe und zeichne ich im Apartment. Ich beobachte meinen Gedankenfluß, höre ihm zu wie einem zweiten inneren Wesen. Ideen entstehen eigentlich immer nur, wenn der Fluß stolpert, an Dingen und Bildern hängen bleibt, das zweite Wesen erschrickt. In gewisser Weise ist jede Idee ein Unfall, ein Crash.

San Francisco, 5. September 2002

Verena hat gepackt. Ich werde sie heute zum Flughafen bringen. Vorher fahren wir noch zum Pier 41 und nehmen das Schiff nach Alcatraz. Sonne und sehr viele Touristen. Isola de los Alcatraces – die Insel der Pelikane. Von den Vögeln ist heute nicht mehr allzuviel zu sehen.

Nach wenigen Minuten Überfahrt steigen wir aus und erklimmen, im Troß mit den übrigen Passagieren, den Felsberg, auf dem das einstige Armeegefängnis steht, das zwischen 1934 bis 1962 als Hochsicherheitsgefängnis für die ganz schweren Jungs eingerichtet worden war. Mit einem Audioguide bewaffnet, den es sogar auf deutsch gibt, stapfen wir an den einstigen Käfigen entlang, die sich trostlos und eintönig hintereinanderreihen. Manche Witzbolde photographieren sich gegenseitig als Gefangene. Hier also saßen die berühmtesten Gangster Amerikas ein: Al Capone, Machine Gun Kelly, Doc Barker, Creepy Karpis und Birdman. Im Audioguide ist eine Ausbruchsgeschichte zu hören. Lautes Geschrei, Getrampel und schließlich der Schußwechsel. Keiner konnte je wirklich entkommen. Schon das Schwimmen hinüber nach Downtown hätte niemand, wegen der Kälte des Wassers, überlebt. Heute ist das Gefängnis ein Mythos, genauso wie Al Capone und Hollywood. Das waren noch harte Jungs, die sich wehrten, die hatten Mut. Fast eine Heldengedenkstätte wie der Friedhof von Arlington, auf dem alle Kriegshelden Amerikas beerdigt sind.

Über dem ruppigen Gefängnishof kreisen unverschämt laut schreiende Möwen, in der Ferne höre ich das Golden-Gate-Nebelhorn tuten. Herbe Romantik, ein mitten in der Bay schwimmendes Schicksalsfloß.

Rückfahrt mit dem Schiff und Aufbruch zum Flughafen. Verena fliegt mit der Air France. Wir sind besorgt, ob alles normal ablaufen wird, da die Fluglotsen in Paris streiken. Aber das Fugzeug startet.

Wieder allein, ich zeichne und schreibe meine Gedanken auf. Gehen oder bleiben – seinen eigenen Körper, sein eigenes Ich auf Reisen schicken und beobachten, was mit ihm geschieht. Manchmal empfinde ich das Unterwegssein als eigentliches Lebensgefühl. Es kommt meinem Bewußtsein, keinem Land, keiner Nation und keiner Tradition wirklich anzugehören, sehr entgegen. Ob es so etwas wie »Heimat« wirklich gibt, glaube ich immer weniger. Bestimmt ist sie eine Illusion, die sehr viel mit der eigenen Kindheit, vielleicht auch mit der Sprache zu tun hat, in der man denkt und spricht.

Abends gehe ich zur Probebühne und schaue mir die Schlußszenen unseres *Saint François* an. Der Chorklang ist sehr gut. Die religiöse Intensität des Werkes geht mir manchmal auf die Nerven, dann wieder fasziniert mich diese völlig einseitige Interpretation der Welt. Als Nichtkatholik und ehemaliger, längst aus der Kirche ausgetretener Protestant, der sogar einst konfirmiert wurde, liegt mir Messiaens Welt doch ziemlich fern. Leider bin ich dadurch gezwungen das Werk immer von außen, nie von innen, anzuhören. Nicolas regt sich über die Undiszipliniertheit einzelner Chormitglieder auf. Manche stehen in ihren Alltagskleidern, kaugummikauend, Hände in den Hosentaschen auf der Bühne herum. Ich kann ihn verstehen. Nachts wieder im Apartment geschrieben und gezeichnet.

In Deutschland beginnt jetzt der neue Tag. Neun Stunden Zeitverschiebung. Ich stelle mir vor, mit der Tag-Nachtlinie zu reisen, immer auf der Grenze zwischen den beiden Zuständen zu leben, nie ganz der Nacht und nie ganz dem Tag anzugehören. Vom Raumschiff aus einen Film über diese Linie zu drehen. Dabei fällt mir mein Besuch 1985 in Cap Canaveral ein. Damals sah ich völlig fasziniert auf einer riesigen Leinwand den Direktübertragungen aus der Raumstation zu: Langsam ging die Sonne über der Erdkugel auf, das Mittelmeer zog unter uns vorbei, im Morgenlicht erstrahlend, die griechischen Inseln, dann das Schwarze Meer, Rußland ...

San Francisco, 6. September 2002

Sonne. Blick über die Bay. Gegen 11.00 Uhr fahre ich zum Opernhaus. Als erstes steige ich in Wolfgangs enges Dramaturgen-Kabuff hinauf. Wir sprechen über das Plakat und ein mögliches Franziskus-T-Shirt. Kaum zu glauben: Ist Wolfgang jetzt schon so amerikanisiert, daß er in T-Shirt-Kategorien denkt? Wir studieren die Photos der Beleuchtungsprobe. Am besten gefällt uns ein Photo mit dem Engel, der auf dem Schneeweg steht. Für das T-Shirt wählen wir allerdings ein Modellphoto aus.

Danach habe ich schon wieder Zeit für mich und fahre zum »Exploratorium«, einem modernen Technik-Erlebnis-Museum, das im Palace of Fine Arts untergebracht ist. Eigentlich sollte dieser letzte Restbau der Panama-Pazifik-Ausstellung von 1915 abgerissen werden. Ein privater Mäzen stiftete mehrere Millionen für den Erhalt des bombastischen Pseudo-Rokokobaus, der genausogut in London, Paris oder Madrid stehen könnte. Ein ziemlich verrücktes Museum, das innen aussieht wie ein großes Laboratorium. 700 Ausstellungsstücke, die in Wirklichkeit Versuchsanordnungen sind, ein ideales Spielfeld für Schüler und Schülerinnen, für Eltern und Lehrer. Im Grunde bin ich kein großer Freund interaktiver Museen, aber sie gehören als Idee zum amerikanischen Selbstverständnis wie das Autofahren und das Kaugummikauen. Auch bei uns in Europa nimmt diese Form der spielerischen Didaktik immer mehr zu. Ich beobachte die lachenden Schülergruppen zwischen künstlichen Wasserwirbeln und -strudeln, Geysiren, Dampfwolken und Sandstürmen. Am Ende des Saales kann man in einen »Tactile Dome« eintreten und sich als Blinder in völliger Dunkelheit durch ein Labyrinth tasten. Da ich solche Spiele hasse, wende ich mich wieder dem Ausgang zu. Blindheit gehört für mich – neben der Ganzkörperlähmung – zu den schlimmsten Vorstellungen. Welches Glück, denke ich, ganz normal sehen zu können.

Für einige Stunden kehre ich in mein Apartment zurück und meditiere über das Phänomen der Straßennamen. Broadway, Laguna Street und Van Ness Avenue. Market und Mission Street. Jeder Name löst jetzt in mir ein Bildgefühl aus. Golden Gate Avenue, Turk Street, O'Farrell Street, Eddy Street, Ellis Street, Geary Street, Cedar Street, Post Street, Hemlock Street, Sutter Street, Bush Street, Polk Street, Larkin Street, Leavenworth Street, Jones Street, Powell Street und Stockton Street. Daß die »Golden-Gate«-Bezeichnung, neben der poetischen Situationsumschreibung, auch an »Gold-Rush« erinnert, war mir bisher nicht so richtig bewußt. Straßen, Orte und Bauwerke werden mit ihren Namen zu klar identifizierbaren Persönlichkeiten. Es gibt keine Anonymität mehr. Mit dem Namen werden sie in die Gemeinschaft der Menschen aufgenommen wie neugeborene Kinder mit der Taufe. Der Vorgang hat etwas Elementares und unterscheidet Menschen von Tieren. Wir haben ein Gefühl für unverwechselbare Individualität, wir fordern sie ein, um nicht verlorenzugehen in der Weite der Welt und der kalten, dunklen Unendlichkeit des Universums. Ein archaischer Hauch von Animismus wird dabei spürbar. Wer einen Namen hat, besitzt auch eine Seele und ist damit identifizier- und ansprechbar. Namenlos, anonym in der Fremde zu sterben, ist für die meisten Menschen eine Horrorvision.

Auf der Fahrt zur Probebühne gebe ich meine 15 bisher belichteten Schwarzweißfilme zum Entwickeln und Abziehen in einem Photogeschäft an der Van Ness Avenue ab. Der Speicher meiner Digitalkamera ist auch bald voll. Man kann ihn hier auf CD brennen lassen.

An der Außenwand des Probengebäudes fällt mir ein Cartoonplakat des berühmten New Yorker Cartoonisten Al Hirschfeld auf. Beim genauen Lesen des Textes stelle ich fest, daß im Augenblick eine größere Ausstellung seiner Werke im Gebäude neben dem Opernhaus gezeigt wird. Da ich noch etwas Zeit habe, mache ich den kleinen Umweg und gehe hinein. Seit ich dem Künstler vor einigen Jahren beim Aufbau unseres Filmmuseums im Berliner Sony Center begegnet bin, interessiere ich mich für seine Cartoons. Er war damals schon fast 100 Jahre alt, saß im Rollstuhl und wurde von einer jungen Frau geschoben. Er schaute mich aus seinen verschmitzten Augen an und knurrte einige amerikanische Sätze, die ich allerdings nicht ganz verstand. Später wurde mir erzählt, daß er in jungen Jahren mit einem Stummfilmstar, dessen Namen mir entfallen ist, verheiratet war. Kurz nach dieser, seiner letzten Europa-Rundfahrt, die ihn von London über Paris auch nach Berlin geführt hatte, ist er in New York gestorben. Die Originalzeichnungen hängen an den Wänden der Gänge und in erweiterten Foyerzonen des stattlichen Gebäudes, in dem früher, wie ich bereits erwähnt habe, das Museum für moderne Kunst untergebracht war. Keine besonders ehrwürdige Umgebung. Trotzdem beeindruckt mich sein scharfer, einst weltberühmter Strich, der das Wesentliche einer Person wunderbar deutlich und überspitzt auf den Punkt bringt.

Irgendwo lese ich, daß er einen Zahnarztstuhl als Arbeitsplatz benutzte, sehr passend, da seine witzige Schärfe wirklich etwas Skalpellhaft-Bohrendes hat.

Nach diesem Kunstspaziergang gehe ich hinüber ins Opernhaus und verfolge unsere Probe. Sehr konzentrierte Stimmung. Nicolas hat wirklich einfache, klare und starke Bilder inszeniert.

In der Pause, nach der langwierigen »Vogelpredigt«, fahre ich mit Andrea zum Einkaufen. An der Kasse des Supermarktes steht vor mir ein etwas vergammelter junger Mann, der seine Waren mit einer Scheckkarte bezahlen will. Aber sie funktioniert nicht. Er sagt zur Verkäuferin, seine Bank sei in Germany. Der Geschäftsführer erscheint und bittet den jungen Mann, bei seiner Bank anzurufen. Allen ist klar, daß es sich um eine geklaute Karte handelt. Trotzdem bleiben die Beteiligten gelassen. Irgendwann zieht der junge Mann ohne Ware ab. Hat dieses Mal eben nicht geklappt. Ich überlege, ob die Karte vielleicht unserer Praktikantin Dany gehört. Ihr ist der Geldbeutel vor ein paar Tagen aus dem Rucksack, wahrscheinlich während einer Busfahrt, gestohlen worden.

Zurück zur Probe. Danach fahre ich mit Nicolas, Barbara – seiner Frau, die im Augenblick zu Besuch ist – und Andrea zum üblichen Lieblingschinesen von Nicolas in die Geary Street. Unterwegs und beim Essen erzähle ich von Las Vegas und meiner Rundfahrt. Nicolas hat die Tour vor 20 Jahren auch gemacht. Wir vergleichen unsere Erlebnisse. »Alle zehn Jahre sollten wir auf jeden Fall in die Spielerstadt fliegen«, sagt Nicolas.

»Genau, das stimmt. Vielleicht können wir uns dort einmal treffen. Noch besser wäre es, wenn wir dort einen Theaterauftrag bekämen«, erwidere ich.

»Daran glaubst du doch selber nicht! Mir sind die Amerikaner sowieso suspekt. Meine Abneigung gegen das Land wächst«, stellt Nicolas etwas melancholisch gestimmt fest.

»Schade eigentlich.«

Zunächst ist das Lokal sehr voll, ringsherum schmatzende Chinesen. Gegen 23.00 Uhr stellen wir fest, daß wir die letzten Gäste sind.

San Francisco, 7. September 2002

Morgens scheint wieder die Sonne, viele Segelboote auf der Bay. Es ist Wochenende. Ich schreibe und zeichne. Immer wieder versuche ich, das, was ich von Amerika und San Francisco weiß, mit dem, was ich sehe und erlebe, zu vergleichen. Einzelne Bilder reihen sich aneinander, verknüpfen sich jedoch nicht zu einer klaren Erzählung. Erlebnisse bleiben Bruchstücke. Je mehr ich schreibe, desto unklarer wird mir dies Land, das ich früher so verehrt habe.

Mittags hole ich Andrea in der Post Street ab. Wir wollen heute einen kleinen Ausflug nach Berkeley machen. Beim Verlassen der Stadt über die Bay Bridge fahren wir im Untergeschoß der zweistöckigen, 13,6 Kilometer langen, zwischen 1933 und 1936 errichteten Brücke und haben die Gegenfahrbahn über uns. Der Blick hinaus auf das Wasser ist kaum möglich, da die Brüstungen geschlossen und sehr hoch sind. Später bei der Rückkehr fahren wir oben, haben den Himmel über uns und einen tollen, weiten Blick auf Downtown. Die Brücke ist kein Schmuckstück der Ingenieurskunst und kann durch ihre funktionale Häßlichkeit kaum mit Golden Gate Bridge konkurrieren. Außerdem klebt an ihr seit dem teilweisen Einsturz während des Erdbebens 1989 Blut.

Für mich gehört Berkeley zu den berühmtesten Universitäten der Welt, der Name besitzt einen fast mythischen Klang. Wie oft wird er bei Nobelpreisträger-

Verleihungen genannt! Ich stellte mir das Universitätsgelände als weitläufigen Campus vor, ähnlich wie in Boston, wo ich die Situation von einem früheren Besuch her kenne. Kein Wunder, daß ich von der Realität jetzt enttäuscht werde. In Berkeley fehlt jede Weitläufigkeit, alle Institutsgebäude stehen zwar in einem Parkgelände, das sich in einer Größe von 2 mal 3 Kilometern ausbreitet, aber die Entfernungen unter den Häusern sind so gering, daß eher ein städtisch-durchgrünter Eindruck entsteht. 140 000 Menschen wohnen in Berkeley, 45 000 davon sind Studenten.

Als wir ankommen, herrscht dichter Verkehr. Im Stadion des Campus findet gerade ein Baseballspiel satt, alle größeren Zufahrtsstraßen sind deswegen abgeriegelt. Wir parken in einer Seitenstraße beim Berkeley University Art Museum, einem spitzkantigen Sichtbetonbau von Mario Campi aus dem Jahre 1970. Sofort kaufen wir ein Ticket und betreten neugierig und gespannt das Gebäude. Vor allem die Innenhalle, in die Balkone auf verschiedenen Höhen hineinstechen, überrascht mich durch ihr piranesihaft-verschachteltes Aussehen. Im Zentrum der Sammlungen steht der deutsche Maler Hans Hofmann, von dem ich bisher nichts gehört hatte. Er war wohl, wie ich lese, als Lehrer von Louise Nevelson, Helen Frankenthaler und Larry Rivers wichtig. 1963 schenkte er der Universität 45 seiner Gemälde und Geld für den Museumsbau. Im Augenblick wird eine abenteuerliche Ausstellungsmischung gezeigt: Russische Konstruktivisten und indianische Miniaturmaler der letzten Jahrhunderte begegnen zeitgenössischen amerikanischen Bildhauern.

In einem separaten Erdgeschoßraum entdecken wir außerdem die Kreationen eines zeitgenössischen amerikanischen Bühnenbildners. Er hat grobe, wilde Raumfragmente zusammengeklebt, die einzeln auf hohen Sockeln, ohne Glashauben gezeigt werden. Andrea kramt eine unserer kleinen, etwa 5 Zentimeter hohen Nonnen, die ich irgendwann in Sausalito gekauft und ihr geschenkt habe, aus ihrer Tasche und stellt sie in einem unbemerkten Moment in eines dieser Raummodelle. Mal sehen, ob jemand davon etwas merkt. Amüsiert und etwas schuldbewußt wie nach einem kleinen, geglückten Streich schleichen wir zurück in die Halle und schauen uns mit den unschuldigsten Gesichtern der Welt in einer kleinen Buchhandlung nach interessanten Veröffentlichungen um.

Abends gehe ich allein in die Premiere der diesjährigen Opernsaison. Gespielt wird *Turandot* von Puccini, in der Ausstattung von David Hockney. Eine Wiederaufnahme. Ich bin sehr gespannt.

Normalerweise versteckt sich die reiche Gesellschaft San Franciscos und spielt im Straßenbild keine Rolle. Heute abend kommt sie aus ihren Häusern, luxuriöse Limousinen mit Chauffeuren fahren vor: Schicke Damen in langen, glitzernden Roben und Herren in Smoking steigen aus. Für sie wird hier Oper gespielt. Klar, so war es schon immer. Oper, ein Vergnügen der Reichen, teuer und pompös. Sie sind wohlgeformt, sehr gepflegt, achten auf ihre Ernährung, gehen zum Fitneß und legen sich ab und zu in die Sonne. Wahrscheinlich besuchen sie ihren Frisör jede Woche, wenn nicht sogar jeden Tag. Ich entdecke kaum dicke Menschen.

Turandot wird als buntes Märchen erzählt, dekorativ und naiv. Das gefällt den amerikanischen Besuchern. Sie klatschen oft und freuen sich an Licht, Farben und Arien. Die Dramen, die sich im Inneren der Opernfiguren abspielen, bleiben verborgen. Gerade Turandot, die männermordende Königin, gehört nicht unbedingt zu den harmlosen Operngestalten. Vielleicht ist die bonbonfarbene Verpackung ja auch ein Trick: Die Zuschauer könnten sich erschrecken. Eine Zeitlang kommt es mir so vor, als sei inmitten der Geburtstagstorte ein Giftbeutel versteckt. Mit der Zeit muß ich allerdings feststellen, daß hier kein Gift verborgen

wurde, außer natürlich in der unglaublichen Musik, die mich heftig mit ihren sentimentalen Fingern packt und emotional aufputscht. Ob Hockney je die Inhaltsangabe der Oper gelesen hat?

Das Publikum schlürft die verführerische Musik Puccinis ein, als befände es sich auf einem Sektempfang. Fröhlich plaudernd verlassen die Menschen später das Theater, schreiten hoheitsvoll die breite Außentreppe hinab und winken gravitätisch ihren schwarzen Chauffeursklaven, die langsam und leise vorfahren. Robendamen und Smokingherren verschwinden nach und nach in den dunklen, bequemen Limousinen und entschweben zu ihren luxuriösen Villen.

Nachts fahre ich deprimiert zurück ins Apartment. Vielleicht haben Wolfgang und Pamela doch recht, wenn sie diese Interpretationen ablehnen. Aber ich will ihnen dennoch nicht ganz zustimmen, obwohl ich schon ziemlich verwirrt bin.

Mir geht wieder die andere Seite der Stadt durch den Kopf. Auf fast jeder Verkehrsinsel in Downtown sitzt tagsüber ein Bettler. Meistens lehnt ein Schild mit unbeholfener Aufschrift neben ihm: »... No job! ...« oder » ... Please have a little gift for my daily life ... Thank you ...!« Seit dem 11. September gehört es auch zum guten Umgangsbild der Obdachlosen, eine kleine Nationalflagge mit sich zu tragen. Sie klemmen an geklauten Einkaufswagen, stecken in verbeulten Hüten oder Mützen und in den Wiesenstücken vor den Schlafbüschen.

An der Mole bei Fisherman's Wharf verbirgt sich seit einigen Tagen ein Schwarzer hinter einem mitgebrachten Büschel aus Ästen mit Blättern. Touristen sehen sein Gesicht zwischen dem Blattwerk hindurch blitzen. Mit grimmigen Blicken spielt er den wilden Mann. Das Schild neben ihm trägt die Aufschrift »Bushman«. Viele Touristen freuen sich und photographieren ihn lachend. Zweifellos stellt er eine Attraktion dar. Andere Bettler könnten daraus lernen, daß auch in diesem Berufszweig auf Showeffekte geachtet werden muß. Amerikaner erwarten originelle Leistungen, dann sind sie auch gerne bereit, einen Dollar oder mehr dafür zu bezahlen. Das wußten schon Bertolt Brecht und Kurt Weill, als sie *Die Dreigroschenoper* schrieben.

Die junge Frau, die, in dicke Decken gehüllt an eine Ampelstange gelehnt in der Van Ness Avenue, in der Nähe der Oper, seit Jahren auf dem Boden sitzt, kennt fast jeder Passant. Ihre Besonderheit besteht darin, daß sie von einem Puppenmeer umgeben ist. Auf den Gehweg hat sie einen großen, weißen Pappbecher gestellt, der darauf wartet, mit Münzen gefüttert zu werden. Die meisten Passanten beachten sie kaum noch, da sie inzwischen zum Straßenbild gehört wie die Ampel.

San Francisco, 8. September 2002

Heute herrscht Sonntagswetter. Über der Bay hängt nur wenig Dunst. Nach einigen Arbeitsstunden im Apartment fahre ich am frühen Nachmittag in den Golden Gate Park. Donald Runnicles dirigiert ein großes Open-air-Konzert, eine Idee, die er aus London mitgebracht hat. Jedes Jahr kommen über 20 000 Menschen und lagern friedlich auf den Parkwiesen, um kostenlos Ausschnitten populärer Opern, Operetten und Musicals zuzuhören.

Nachdem ich einen Parkplatz gefunden habe, gehe ich hinüber zur Bühne. Donald lehnt lässig, einen Becher in der Hand, braungebrannt, die Sonnenbrille auf der Stirn, am Bühnengerüst. Die Musiker haben bereits Platz genommen. Ich begrüße Donald und wundere mich über seine Ruhe. »Bist du nicht nervös?« frage ich ihn, worauf er antwortet:

»Warum? Nein, das ist mein Job!«
Ich: » Auf der Wiese sitzen 20 000 erwartungsvolle Menschen.«
Er: »Das ist doch schön. Ich freue mich über den Erfolg.«

Kaum hat er ausgesprochen, stellt er seinen Becher ab und springt leichtfüßig die Treppe zur Bühne hoch, Applaus braust auf. Pamela, die den Conférencier gibt, hat ihn gerade angekündigt.

Zunächst wird gemeinsam *Stars and Stripes* gesungen, eine nationalistische Hymne, bei der sich alle erheben, jetzt natürlich auch in Erinnerung an den 11. September. Danach beginnt das Programm. *Die lustige Witwe*, *Madame Butterfly*, *Porgy and Bess*, *Cats* ... Ich schlendere hinter der Bühne herum und beobachte das Treiben der Kellner und Servierdamen im angrenzenden, schneeweißen Veranstaltungszelt des VIP-Bereichs. Langsam entferne ich mich vom Konzertpodium und lasse mich hinübertreiben zu den Spielfeldern, entdecke im Schatten mächtiger Platanen einige vornehme, ältere Damen, die Kricket spielen, daneben einen gepflegten Tennisplatz, der ebenfalls benutzt wird. Ich staune, daß die sportlichen Schlag- und Klopfgeräusche das Konzert nicht stören, aber die Entfernung scheint groß genug. Ich höre die gedämpften Klänge durch die Büsche und Hecken aus der Ferne wie untermalende Filmmusik. Schließlich lande ich im Botanischen Garten, einer sehr liebevoll gepflegten Anlage, mit alten Bäumen, Farnen und Palmen. Hier ist nichts mehr von der Musik zu hören. Eine Zeitlang setze ich mich auf eine Parkbank unter die üppigen Blätter einer Bananenstaude und studiere, den Kopf nach hinten geneigt, die feine Graphik der parallel aufgereihten Blattadern. Für mich sind diese Blätter perfekte Kunstwerke, die gerahmt in jedem Museum Bewunderer finden würden.

Wieder einer dieser Sonntagnachmittage in einem Großstadtpark, die ich liebe, weil sie so friedlich sind und mir das Gefühl vermitteln, eine lebendige, tolerante Gesellschaft sei möglich. Familien lagern in Baumschatten, Kinder spielen mit Bällen, Eltern reden leise und essen, Opas und Omas dösen, Jogger und Skater ziehen vorbei. Manchmal ein Jongleur oder ein Puppenspieler. Um einen größeren Platz mitten im Park sind einige Museen und kulturelle Einrichtungen angeordnet: das Museumsgebäude der California Academy of Science, ein Naturkundemuseum, dessen Neubau in den nächsten Jahren vom italienischen Architekten Renzo Piano geplant und errichtet wird, das Asian Art Museum, das De Young Museum, das Aquarium und das Planetarium. Ich kaufe mir eine Eintrittskarte für das Naturkundemuseum und wandere eine Stunde lang durch Ansammlungen ausgestopfter Tiere: Leoparden, Zebras, Giraffen, Krokodile, Affen und Schlangen. Besonders eindrucksvoll gestaltet ist der Bereich Evolution. An einer riesigen Wand hängen Tausende Schädel von Affen und Menschen, aber auch von Büffeln und Elefanten. Eine geologische Abteilung befaßt sich mit dem Thema »Erdbeben«. Jede halbe Stunde können die Besucher eine Simulation des Erdbebens von 1906 erleben. Immer, wenn der Höhepunkt des Bebens erreicht ist, vibriert das ganze Haus. Ich höre Kinder schreien und kreischen.

Im Parkgelände vor dem Museum schaue ich eine Weile bei einer Tanzstunde unter Bäumen zu. Ein Tanzlehrer bringt 20 Paaren den Tango bei. Die Musik dazu erklingt aus einem großen Kofferradio. Knirschend bewegen sich die Paare durch den sandigen Kies, darüber beschnittene Platanen. Anrührendes Bild.

Auf dem Rückweg zum Auto, gehe ich noch einmal am Konzert vorbei. Das Publikum lagert immer noch auf der großen Wiese vor der Bühne, zwischen einzelnen Gruppen stehen jetzt Picknickkörbe auf bunten Decken.

San Francisco, 9. September 2002

Wieder ein Sonnentag, allerdings ist es immer nur tagsüber warm, die Nächte bleiben kalt. Mit Nicolas und seiner Frau fahre ich zum Flughafen. Barbara muß zurück nach Wien. Heute gibt es keine Proben. Nach unserer Rückkehr in die Stadt lade ich Nicolas in mein Apartment ein. Er hat es bisher noch nicht gesehen. Am Fenster stehend, sagt er: »Das Haus kann man nicht gerade als eine Schönheit bezeichnen, aber dieser Blick ... unglaublich ...Wie grandios die Golden Gate Bridge aussieht!«

Ich darauf: »Das kann ich mir jeden Tag ansehen. Immer nachmittags kommt diese Nebelbank vom Pazifik herein und verschluckt die Brücke. Dann ertönen die Nebelhörner.«

»Die kenne ich. Toller Klang! So stimmungsvoll!«

Gemeinsam fahren wir mit meinem Auto zum Fuß der Golden Gate Bridge, zur *Vertigo*-Stelle. Wir untersuchen die Mauer-Mole genau.

Nicolas: »So könnte Madeleine gestanden haben ... und ... hier, ganz klar, hier ist sie abgesprungen. Ich bin sicher!« Wir spielen die Szene genau durch. Die wachhabenden Soldaten und einige Touristen beobachten uns skeptisch. Bestimmt halten sie uns für Geisteskranke. Unser Blick schwenkt über das Wasser. Heute haben sich, neben den normalen Surfern, auch einige Wellensegler eingefunden. Sie lassen sich vom starken Wind mit Fallschirmen in die Höhe drücken, fliegen dann, ihre Surfbretter an den Füßen befestigt, in 10, 20, manchmal sogar 50 Meter Höhe durch die Luft, unter der Golden Gate Bridge hindurch. Das Spiel sieht abenteuerlich und gefährlich aus. Mir kommen die Typen latent selbstmörderisch vor. Aber während wir zuschauen, passiert nichts. Danach steigen wir wieder ins Auto, kurven am Presidio hoch und überqueren die Golden Gate Bridge. Drüben angekommen, biegen wir von der Haupt-straße ab und tauchen in einen langen, dunklen, mir bisher unbekannten Tunnel ein.

Nicolas: »Das ist ein Geheimtip ... a secret way ... ich war schon oft hier! Es wird dir gefallen! Wir kommen direkt am Pazifikstrand raus!«

Sprachlos und etwas skeptisch folge ich seinen Anweisungen. Als wir aus der Dunkelheit auftauchen, der blaue Himmel über uns strahlt und die Brandungsgischt in der Ferne zu sehen ist, bin ich begeistert und glücklich. Der Geheimtip hat funktioniert! Nach dem Aussteigen spüren wir erst den starken Wind, der vom Pazifik landeinwärts bläst. In dicke Windjacken gehüllt, wandern wir einen steilen, schmalen Pfad hoch, neben uns niedrig-geduckte Hecken, mageres Gras mit wenig Blumen und verkrümmte Kiefern.

Wie immer geht Nicolas viel zu schnell, ich habe Mühe mitzukommen. Möwen segeln über uns, bleiben manchmal, den Gegenwind ausnutzend, in der Luft stehen, schaukeln hin und her, brechen seitwärts aus, segeln ein Stück weiter, stehen wieder und lassen sich dann abrupt, vorbei an schroffen Felsabbrüchen, in die Tiefe stürzen. Für sie sind Raum, Luft und Wind das reine Vergnügen. Frös-telnd vergrabe ich meine Hände in die Jackentasche, schlage den Kragen hoch und stapfe weiter hinter Nicolas her.

Hin und wieder kommen wir an Maschendrahtzäunen vorbei, die uns daran hindern sollen, über die steilen Abbruchkanten in die Tiefe zu stürzen. Nach einer Stunde lassen wir uns an einer windgeschützten Stelle zwischen zwei Felsbrocken auf dem Boden nieder. Die Sonne kann sofort ihre Wirkung entfalten und wärmt unsere durchgeblasenen Glieder wieder auf. Ich hole aus und frage Nicolas: »Du warst schon oft in Amerika. Wie denkst du heute über das Land und die Menschen?«

Nicolas: »Diese amerikanische Gesellschaft von heute erfüllt alle Vorurteile, die wir über sie haben. Sie ist oberflächlich, geschäftstüchtig, erfolgsorientiert, ohne jeden Tiefgang. Vielleicht basieren alle Umgangsformen auf einem Lügenfundament. Ich habe das Gefühl, daß vor allem die Frauen verkrampft und neurotisch sind. Ständig grinsende, zur Freundlichkeit dressierte Monster, die außer Joggen, Frisör und Job nichts kennen. Ihre Erotik ist unterkühlt, reinlichkeitsorientiert. Es fehlten jeder Charme und jede Offenheit. Die Männer müssen sportlich sein, gut aussehen und Erfolg haben, alles andere interessiert nicht. Die Folge davon ist, daß jeder Amerikaner viele Stunden beim Psychiater verbringt, Männer wie Frauen. Woody Allen hat recht. Es gibt kein normales amerikanisches Leben. Wer nicht zum Psychiater geht, läuft in die Kirche. Diese Gesellschaft ist verklemmt, verheuchelt, bigott, nur an oberflächlichem Vergnügen interessiert.«

Ich: »Das klingt hart! Wer in einem so schönen und faszinierenden Land lebt, muß doch auch positive Eigenschaften haben! Ich kenne hier zu wenige Menschen. Die meisten sind freundlich, aber im Kern gebe ich dir recht: Irgend etwas stimmt nicht! Ich denke mal wieder meine geliebten Hollywoodfilme. Marlene Dietrich paßte mit ihrer manierierten Schönheit gut hierher. Auch Grace Kelly, Katharine Hepburn und Lauren Bacall, alles kalte Schönheiten. Aber es gab auch Humphrey Bogart. Er spielte oft den muffigen Loser, grinste selten, war fast immer wortkarg und unfreundlich. Nur Cary Grant würde ich ausnehmen, er verband als geborener Engländer wunderbar den Charme des alten Europa mit der Knarzigkeit der Amerikaner!«

Nicolas: »Ja, ich weiß darüber Bescheid. Dazu kommt die Brutalität! Mental herrscht hier immer noch das Gesetz des ›Wilden Westens‹: Wer als erster den Colt zieht, überlebt. Der Schnellere bleibt der Sieger. Jeder besitzt eine Waffe. Jeder kann Eindringlinge im eigenen Haus erschießen. Furchtbar! Ich könnte hier auf keinen Fall leben. Zu vieles geht mir auf die Nerven. Nein, nie und nimmer.«

Ich: »Mich würde ein Leben in Amerika eine Zeitlang schon interessieren, obwohl ich die geschwätzige Vertraulichkeit, das Bigotte und übertrieben Cleane auch sehr nervig finde. Vielleicht habe ich jetzt auch schon genügend gesehen und erlebt. In einer Zeitung las ich vor kurzem einen Artikel über die Vorurteile von Amerikanern gegenüber den Deutschen und umgekehrt. Die Quintessenz lautet: Es gibt eine tiefe gegenseitige Abneigung. Amerikaner charakterisieren Deutsche so: Immer, wenn ein Deutscher in Amerika ein neues Haus betritt, beklopft er die Wand und sagt, daß so etwas in Deutschland nicht zulässig wäre. Wahrscheinlich vermutet der Deutsche überall Styropor, Pappe und leicht brennbares Holz.«

Nicolas: »Das ist gut. Und was sagen die Deutschen über die Amerikaner?«

Ich: »Im Prinzip das, was du sagst: Amerikaner sind laut, unsensibel, geschäftstüchtig verlogen-vertrauensselig und oberflächlich. Wir werden von den Amerikanern für kontaktarm und unfreundlich gehalten. Ein Deutscher, sagen sie, redet nur mit Menschen, die er kennt.«

San Francisco, 10. September 2002

Wieder sommerliches, schönes Wetter, morgens schreibe und zeichne ich. Danach führe ich einige Telefongespräche mit Deutschland, wo sich der Tag jetzt bereits dem Abend zuneigt. Komische Vorstellung. Das amerikanische Telefonkartensystem ist eigenartig, funktioniert aber hervorragend. Mit der gekauften Karte erhält man eine Pinnummer, die freigerubbelt werden muß. Wählt man diese Nummer, teilt eine freundliche Automatendame mit, wie hoch das vorhandene Kartenguthaben noch ist, danach kann man die gewünschte Telefonnummer wählen.

Nachmittags in der Oper, es gibt eine längere technische Sitzung mit allen Beteiligten. Thema der großen Runde ist das Aufstellen der Instrumente.

San Francisco, 11. September 2002

Dichter Nebel, ich sehe Bay und Stadt morgens fast gar nicht. Erst nach einigen Stunden bricht die Sonne durch. Heute ist also der Jahrestag der Katastrophe.

Genau vor einem Jahr hielt ich mich zu Vorbereitungsgesprächen unserer Produktion in San Francisco auf. Seit einer Woche wohnte ich im Hotel neben dem Opernhaus, in der Fulton Street. Am Nachmittag des 10. Septembers hatten Nicolas und Andrea San Francisco verlassen. Mein Rückflug mit British Airways über London war für den 11. September um 17.00 Uhr geplant. Am Abend hatte ich meinen Koffer gepackt, im Hotelzimmer noch etwas gelesen und ferngesehen. Ein ganz normaler, ruhiger San-Francisco-Aufenthalt neigte sich seinem Ende entgegen.

Frühmorgens riß mich die Klingel des Telefons aus dem Schlaf. Ich blickte kurz auf die Uhr, es war genau 6.10 Uhr, als ich den Hörer abnahm. »Here is Valentina ... Hans, something terrible has happened, please switch on your television immediately ... you can forget your return to Europe ...«

Erschreckt und verschlafen murmelte ich: »Thank you! I call you back!« Ich legte auf, tastete nach der Fernbedienung und drückte auf den Einschaltknopf. Sprachlos starrte ich auf den Bildschirm. Am unteren Rand des Bildes lief als permanent vorbeifließendes Schriftband der Text: »... America under attack ... America under attack ... America under attack ...!« Eine aufgeregte Reporterstimme, die sich fast überschlug, kommentierte Bilder, die ich bisher nur aus Katastrophenfilmen kannte. Es dauerte wenige Sekunden, dann erst kapierte ich, was vor sich ging. Etwas Ungeheuerliches war geschehen. Das World Trade Center in New York brannte, erst der eine Turm, dann der andere. Immer wieder wurde ein Flugzeug gezeigt, das in die Fassade einschlug. Eine halbe Stunde, nachdem ich eingeschaltet hatte, krachte ein zweites Flugzeug in den Zwillingsturm, riesige Rauchwolken stiegen über Manhattan auf, Flammen schlugen aus den Wolkenkratzern. Ich setzte mich auf die Bettkante, starrte auf den Bildschirm, dachte zunächst an ein Unglück, dann an einen kriegerischen Angriff, und Sekunden später war ich mir sicher: Das ist der Ausbruch des Dritten Weltkrieges! Ich sitze hier in San Francisco hilflos wie eine Laus herum und muß mir im Fernsehen Ereignisse anschauen, die in den nächsten Stunden die Welt verändern, vielleicht auch zerstören werden. Um etwas zu tun, griff ich nach meinem Photoapparat und knipste alle paar Sekunden ein Bild.

»... America under attack ... America under attack ... America under attack ...!« Jetzt stürzte der eine Turm ein, später der zweite. Ungeheure Staub- und Rauchwolken verdüsterten den Himmel über New York. Schreie erfüllten die Luft. Man sah durch die Straßenschluchten fliehende Menschen. Feuerwehrautos heulten vorbei. Mein Herz zuckte und pochte wild. Angst packte mich. Ich hätte gerne mit jemandem gesprochen, aber ich war allein.

»... America under attack ... America under attack ... America under attack ...« Jetzt sitzt du in der Falle, dachte ich, mitten in einer zusammenbrechenden Welt. Ich sah schon mein Hotel brennen, ganz San Francisco im Erdboden verschwinden. Wer greift hier wen an? Wenn es einen Krieg gibt, werden bald auch Atombomben fallen. Wohin? Abschließen mit dem Leben? In Deutschland anrufen? An der Rezeption anrufen? Wozu? Ende ist Ende, warum nicht hier, auf den gepackten Koffern, mitten in Kalifornien ... eigentlich ein schönes Land zum Sterben ...

Ich trat ans Fenster. Die Stadt war wie ausgestorben, kaum Verkehr. Immer neue Bilder tauchten auf. Ich konnte es kaum glauben. Niemand hatte den Überblick. Der Präsident war verschwunden. Neue Angriffsziele wurden genannt, alle Flughäfen Amerikas gesperrt. »America under attack ... America under attack ... America under attack ...!« Inzwischen wurde von Flugzeugentführungen gesprochen und von Al-Kaida-Terroristen. Man nannte Washington als Ziel, das Weiße Haus, das Pentagon. Auch von San Francisco war die Rede, der Golden Gate Bridge, dem Rathaus. Meine Lähmung nahm zu. Langsam wurde es hell. Ein ganz normaler Septembertag, schön und sonnig, zeichnete sich ab. Sprachlos verfolgte ich das Geschehen in New York, sah die verzweifelten Menschen aus den Fenstern in den Tod springen und rechnete jeden Moment mit einem Einschlag in unserer Stadt. Kurz vor 9.00 Uhr Ortszeit begann die Katastrophe in New York, in San Francisco war es zu diesem Zeitpunkt 6.00 Uhr. Wie konnten die Fernsehsender diese Ereignisse so schnell live übertragen? Inzwischen habe ich gelesen, daß es festinstallierte Kameras auf zahlreichen Manhattan-Wolkenkratzern gibt, die permanent Bilder an die Sender übertragen. Auch das World Trade Center hatten sie angepeilt. Kein Problem also, die Katastrophe in Echtzeit jedem amerikanischen Haushalt ins Wohn- oder Schlafzimmer zu übertragen.

Als ich zur Hotelrezeption hinunterging, sah ich auf jeder Treppenstufe ein Notlicht liegen, kleine leuchtende Stäbe ohne Stromanschluß. Auf dem Tresen lehnte ein handgeschriebenes Schild vor einem großen Blumenstrauß. Daneben standen eine kleine amerikanische Flagge und eine brennende Kerze. »We feel with the victims and dependants of New York!« Die Rezeptionsdame saß weinend und schluchzend vor einem kleinen Fernseher und rieb sich die schon ganz rotgeweinten Augen mit einem Taschentuch. Ob sie dort Angehörige besaß? Ich hatte nicht den Mut, sie danach zu fragen.

Später telefonierte ich mit Alexander, der im gleichen Hotel wohnte. Er wußte Bescheid, spielte jedoch den Coolen. »Ja, ich habe es gehört. Gerade telefonierte ich mit meiner Familie in Sydney. Wir können nichts machen. Nur warten. Ich schlafe jetzt weiter. Vielleicht bleibe ich den ganzen Tag im Bett. Wird schon nicht so schlimm sein.« Völlig verstört von seinem Verhalten, starrte ich aus dem Fenster, in Erwartung neuer Katastrophen.

Gegen Mittag ging ich hinüber ins Opernhaus, suchte Valentina, aber das Haus war fast leer, genauso wie die Stadt. Gespenstische Atmosphäre. Nur eine Verwaltungsdame traf ich an. Sie wußte nicht, was sie sagen sollte, auch sie schluchzte nur leise vor sich hin. Gemeinsam versuchten wir telephonisch, Valentina in ihrer Wohnung zu erreichen. Schließlich gelang uns die Verbindung. Valentina schluchzte ebenfalls: »It's so terrible! So terrible! Hans stay at the hotel. We will pay for you, it's no problem. I don't know, when you can fly back to Germany ... It's so terrible ... so terrible!« Ich hatte das Gefühl, die ganze Stadt würde sich in Tränen auflösen und war erfaßt von grenzenlosem Mitleid.

Ja, auch das ist Amerika, dachte ich und ging zurück in mein Zimmer. Stundenlang starrte ich auf den Bildschirm. Es war wie ein Sog. Washington kam wieder ins Bild, das halb zerstörte Pentagon. Rauchende Trümmer. Gesprächsfragmente mit dem Tower. Vermutungen. Vermutungen. Vermutungen ...

Irgendwann tauchte der Präsident wieder auf und sprach einige Worte. Immer neue Bilder der Katastrophe wurden eingespielt. Diese Tage werden in die Geschichte eingehen, da war ich mir sicher, und ich habe sie erlebt.

Am Abend baute sich ein Übertragungswagen des Fernsehens direkt vor unserem Hotel auf, das Kameraobjektiv Richtung Rathauskuppel gerichtet. Im Fernsehen wurde die Zahl der Opfer immer wieder korrigiert, mal nach oben, mal nach unten. Niemand wußte wirklich, wie viele Menschen sich zum Zeitpunkt der Anschläge im World Trade Center aufgehalten hatten. Nachmittags packte ich meine Koffer aus und traf mich am Abend mit Alexander zum Essen.

Die Lähmung hielt auch den nächsten Tag an. Wir wußten nicht, wann die Flughäfen wieder geöffnet werden. Ich versuchte, über mein Reisebüro in Deutschland einen Flug aus einer kanadischen Stadt nach Europa zu buchen. In diesem Fall wäre ich mit einem Leihwagen über Seattle nach Norden gefahren. Aber alle Flüge waren bereits ausgebucht. Nichts zu machen. Als am dritten Tag klar war, daß sich vor einer Woche nichts bewegen würde, beschlossen Alexander und ich, uns ein Auto zu mieten (bei diesem Aufenthalt war ich bis jetzt autofrei) und im Land herumzufahren.

Etwas gemein und deplaziert kamen wir uns schon vor bei der anschließenden Fahrt über das Gebirge, vorbei an Sacramento, bis nach Reno. Ob in der kleinen Spielerstadt vor den Anschlägen mehr los war als jetzt, kann ich nicht beurteilen. Gegen Las Vegas fiel dieser Strip allerdings etwas ab. Reno ist ja auch mehr als Scheidungsparadies berühmt, jedenfalls weiß ich das aus diversen Hollywoodfilmen. In der Hotelhalle beim Einchecken wurden wir Zeuge einer Verhaftung. Zwei Polizisten führten eine 80jährige Dame in Handschellen ab. Ob sie falsch gespielt hatte oder eine Heiratsschwindlerin war, haben wir nie erfahren. Beim abendlichen Spaziergang durch die verschiedenen Spielhöllen und Vergnügungszonen fiel uns keine depressive Stimmung auf: Die Automaten klingelten und surrten, die Spieltische waren dicht umlagert, und aus den Restaurants drang fröhliche Hillbilly-Musik. Selbst von den Fernsehbildschirmen schien die Katastrophe verbannt zu sein, ich konnte nur Pferderennen und Baseballspiele entdecken. Brennende und einstürzende Wolkenkratzer sind schlecht für das Geschäft, das sah ich ein.

Am nächsten Tag gondelten wir weiter durch die Landschaft bis hinunter zum Yosemite-Nationalpark. Unterwegs hielt mir Alexander Vorträge über den Kapitalismus, schließlich wußte er als ehemaliger Wirtschaftsstudent darüber Bescheid: »Man kann es drehen und wenden, wie man will, aber der Kapitalismus ist die erfolgreichste Wirtschaftsform, die es je gab. Noch nie nahmen soviel Menschen am Reichtum teil wie jetzt. Der Kommunismus kann überhaupt nicht funktionieren, weil er der Privatinitiative viel zu wenig Raum läßt.«

Ich: »Das wilde Tier Mensch braucht die Steppe zum Jagen, die Börse als Urwald und Spielsalon. Nur die stärksten Löwen und Tiger setzen sich durch.«

»Nicht alle können oben stehen.«

Ich stellte mir Alexander als 68er vor, der in Berlin zur heißen Zeit bei den Demos dabei war, schaute zu ihm hinüber, sah seine schulterlangen Haare im warmen Fahrtwind wehen und lauschte seinen Kapitalismusgesängen. Draußen breitete sich die unendlich weite Prärie aus, später tauchten die schroffen Felsformationen und die uralten Bäume des Indianerreservats auf.

Jede Stunde schalteten wir die Nachrichten ein und hörten, was es Neues gab. Nach vier Tagen kehrten wir zurück nach San Francisco. Am Montag – einen Tag nach unserer Rückkehr – erhielt ich vom Theater die Nachricht, daß ich heute zurückfliegen könne. Valentina hatte für mich ein Ticket gebucht. Alexander mußte noch zwei weitere Tage warten. Als ich damals zum Flughafen kam, standen dort nur ganz wenige Menschen herum. Das Terminal war fast ausgestorben. Daß meine British-Airways-Maschine am Abend tatsächlich startete, kam mir wie ein Wunder vor. Da die meisten Gestrandeten davon nichts wußten, war sie nur zur Hälfte mit Passagieren gefüllt.

Jetzt also liegen diese Ereignisse ein Jahr zurück. Am Nachmittag fahre ich zum Theater und besuche eine Bühnenprobe. Der ganze Chor ist versammelt, in Originalkostümen. Pamela erscheint, begrüßt alle Anwesenden mit dem Mikrophon in der Hand und hält eine Ansprache über den 11. September. Sie bittet anschließend um eine Schweigeminute. Wir stehen gemeinsam stumm da und gedenken der Opfer. Danach geht die Probe weiter, sehr konzentriert. Leider im Arbeitslicht, gleichmäßig hell ausgeleuchtet wie eine Autowerkstatt.

Die Mönche, die den heiligen Franziskus begleiten (seine Jünger), haben schwierige Passagen zu singen. Manchmal stören mich die vielen Wiederholungen der immer gleichen kompositorischen Wendungen, dann wieder denke ich, daß gerade darin der Reiz dieses Werkes besteht. Die Wiederholung ist ein wesentliches Gestaltungselement des Ritus und der Musik überhaupt. Musikhören ist kein Zustand des Seins, der unser Wissen vermehrt, sondern unseren Körper und unser Gefühl umschmeichelt, aufwühlt, beruhigt und damit zum Klingen bringt. Der Raum, in dem sich Musik ereignet, die absolute Stille, hat auf die Dauer etwas Verschlingendes, nahe dem Tod, dem Nicht-Sein. Das extreme Gegenteil der Stille, der mit ungeheuerlichem, chaotischem Lärm gefüllte Raum, verkörpert dagegen die Hölle, den Psychoterror, die Folter aller Nerven. Die Musik ist so gesehen das angenehme Zwischenfeld, das dem glücklich-erfüllten Leben in Raum und Zeit, in Natur und Zivilisation am nächsten kommt.

In der Pause erzählt mir Dany, unsere Praktikantin, daß der Bus, in dem sie heute morgen zum Theater gefahren ist, um 9.30 Uhr angehalten und der Fahrer um eine Gedenkminute für die Opfer von New York gebeten hat. Wolfgang berichtet von verschärften Sicherheitsmaßnahmen an der Golden Gate Bridge, alle Lkws wurden gestoppt und genau untersucht (woher weiß er, der nie aus seinem Zimmer herauskommt, das nur? Wahrscheinlich aus Radio- oder TV-Berichten).

Andrea fügt eine Geschichte von ihrem Assistenten hinzu, der mit einer Flasche Filmentwickler in den Bus steigen wollte, vom Busfahrer jedoch abgewiesen wurde, da ihm die Flasche zu verdächtig nach Bombe aussah. Später erzählt Pamela davon, daß morgens um 5.30 Uhr für eine Minute alle Straßenampeln auf Rot gestellt worden seien. Aber da es um diese Zeit nicht viel Verkehr in der Stadt gibt, hielt sich die Wirkung in Grenzen. Im Rathaus sollte eine Gedenkveranstaltung ebenfalls um 5.30 Uhr stattfinden. Pamela wurde dazu eingeladen und um einen Sänger gebeten. Das hat sie abgelehnt, weil sich Sänger erst einsingen müssen und frühestens um 11.00 Uhr auftreten können. Man sieht: allgemeine hysterisch-hilflose Anteilnahme! Das Ungeheuerliche läßt sich eben nicht mit roten Ampeln und Gesängen im Rathaus abarbeiten.

Den Abend nach der Probe verbringe ich mit Nicolas, Wolfgang und Pamela in einem Restaurant bei der Oper. Es herrscht eine romantische Kerzenlichtatmosphäre. Pamela erzählt von ihren Problemen mit dem Geld und den Gewerkschaften. Ich wußte bisher nicht, daß sie für alles verantwortlich ist, auch für die gesamte Verwaltung und die Geldbeschaffung. Die Stadt San Francisco bezahlt im Jahr ganze 800000 Dollar an die Oper als Zuschuß, die restlichen 50–70 000 000 muß die Intendantin und Generalmanagerin über Sponsoren auftreiben, für uns nahezu unvorstellbar. Dies bedeutet, daß sie sich jeden Tag mit reichen Leuten treffen und um Geld betteln muß. Leider sind die Reichen im Augenblick sehr zurückhaltend, die Wirtschaft stagniert, die Börsenkurse brechen ein. Ob der 11. September wirklich an allem schuld ist, wie behauptet wird, bleibt offen.

In mein Apartment zurückgekehrt, schalte ich den Fernseher ein. Selbst um Mitternacht werden noch Gedenkveranstaltungen gesendet. Ich sehe und höre mir eine Zeitlang die Lesung aller Opfernamen am Ground Zero in New York an, dann verfolge ich gebannt die Berichte von Überlebenden. Am Ende staune ich über eine pathetisch-nationalistische Erinnerungsveranstaltung, mit riesigen Chören und schwarzen Sängerinnen. Kaum ein Sender, der nicht zum Thema »11. September« Beiträge bringt. Bestimmt hat der Nationalismus in Amerika dieses Jahr enorm zugenommen. Katastrophen schweißen die Gemeinschaft zusammen.

San Francisco, 12. September 2002

Vormittags schreibe und zeichne ich, wie immer. Ich mache mir Gedanken über das Verhältnis der verschiedenen Ethnien in San Francisco. Wenn ich mir die tragische Sklavenvergangenheit der farbigen Bevölkerung vergegenwärtige, habe ich den Eindruck, daß der Zustand zwischen den beiden Bevölkerungsgruppen – schwarz und weiß – in dieser Stadt ganz harmonisch ist. Mag sein, daß die farbige Bevölkerung mehr im Dienstleistungssektor tätig ist – am Flughafen, an der Opernpforte, als Reinigungskräfte –, aber direkte Konfrontationen habe ich nie beobachtet.

Unser Hauptdarsteller ist ein Farbiger, der Star der *Saint-François*-Oper! Trotzdem läßt sich nicht abstreiten, daß unter den Wohnsitzlosen der Market Street mehr Farbige als Weiße sind. Die Aufstiegschancen für Schwarze werden immer noch viel schwerer und härter sein, nehme ich an. Mit Entsetzen lese ich in einem Buch über Las Vegas, daß noch in den 1950er und 1960er Jahren so berühmte Künstler wie Louis Armstrong und Sammy Davis jun. über den Hintereingang zu ihren Shows gelangen und zum Übernachten Hotels am Stadtrand benutzen mußten.

Am Nachmittag fahre ich zum Flughafen und hole Katrin ab, die heute aus New York ankommt. Beinahe verfehlen wir uns, weil ich am falschen Gate warte. Da wir beide ein Handy mit uns tragen, können wir uns schließlich zusammentelephonieren. Ich merke erst jetzt, wie groß das Flughafengelände wirklich ist. Bisher hatte ich nur mit internationalen Flügen zu tun, aber es gibt natürlich auch noch die nationalen Gates.

Katrin kenne ich seit unserer gemeinsamen *Falstaff*-Produktion vor zwei Jahren in Frankfurt. Sie hat Philosophie studiert, arbeitet jetzt als Regisseurin, ist 35 Jahre alt und lebt seit einem Jahr in New York. Obwohl in Amerika geboren – die Mutter ist Amerikanerin, der Vater Schweizer –, wuchs sie in Liechtenstein auf. Wir hatten verabredet, heute mit meinem Auto Richtung Los Angeles zu fahren. Katrin hat dort Verwandte, die wir besuchen wollen. Da wir uns jetzt schon länger nicht mehr gesehen haben, benutzen wir die nächsten Stunden dafür, uns aufeinander einzustimmen und die letzten Neuigkeiten auszutauschen. Durch meine Fehlleistung haben wir viel Zeit verloren, sind jetzt leider etwas spät dran und geraten in die Rush-hour. Natürlich ärgere ich mich darüber. Zwei Stunden lang hängen wir im Stau rum, muffig, gereizt, erst danach lockern sich die Autoschlangen langsam auf und damit auch unsere Stimmung. Katrin erzählt von den Beobachtungen, die sie gestern am 11. September in New York gemacht hat. »Du mußt dir vorstellen ... noch nie, seit es diese Stadt gibt, ist Manhattan angegriffen worden! Bisher hatten alle ... ich auch ... das Gefühl der Unverletzbarkeit, die Stadt galt als Festung, absolut sicher. Kleinere Attentate – auch auf das World Trade

Center – richteten bisher nur geringe Schäden an. Jetzt ist dieses Gefühl der Sicherheit in den Grundfesten erschüttert. Freunde von mir sind nach den Ereignissen aufs Land gezogen. Es herrscht immer noch große Betroffenheit, viel Schmerz und auch Wut. Die nationalen Gefühle blähen sich auf ...«

Ich starre als Fahrer weiter auf die Straße und bin froh, daß wir endlich vorankommen. Katrin hat sich auch gefangen, die Wut über meinen Fehler niedergekämpft und findet langsam zu ihrer quirlig-überdrehten Art zurück. Zierlich und mager sitzt sie neben mir, die Haare kurz geschnitten, die Brille auf ihrer Stupsnase. »Vor kurzem habe ich mir das Loch am Ground Zero angeschaut.« »Warst du eigentlich in New York, als es passierte?«, frage ich.

»Ja, ich war da, aber nicht in der Nähe, trotzdem einer meiner schlimmsten Tage im Leben.«

Draußen endet langsam die Bebauung der San Francisco Area, wir haben die Bay hinter uns gelassen. Die Vegetation nimmt zu und mit ihr unser Gefühl, endlich unterwegs zu sein. Für die Fahrt nach Süden wollen wir die Straße im Landesinneren benutzen und bei der Rückfahrt die Küstenstraße. Nach längerem Schweigen erzähle ich von Hitchcocks *Vertigo*.

»Ich habe mir jetzt fast alle Drehorte in San Francisco angeschaut, natürlich auch die Stelle, an der Madeleine in die Bay springt, unter der Golden Gate Bridge. Ich war einmal allein dort und dann mit Nicolas.«

Katrin: »Ja, die Tour haben wir früher auch einmal gemacht, mein damaliger Freund und ich, Hitchcock-Tourismus.«

Ich: »Eigentlich ein perverser Film, aber ein gutes Thema. Hitchcock war Voyeur wie sein Held Scottie, der Madeleine überwacht und sich dabei in sie verliebt. In einem Interview sagte er, daß es ihm in diesem Film um Nekrophilie ginge.«

Katrin: »Voyeurismus und Nekrophilie, die klassischen Themen der Filme von Alfred Hitchcock! Als Film-Freaks gehören wir doch alle dieser Kaste an, oder? Das wahre Leben ist weit komplizierter und nicht so schön übersichtlich! Hab ich recht?«

»Ja, da hast du recht, wie immer.« Wir fahren weiter bis halb zehn und suchen uns dann ein Motel in San Miquel, auf halber Strecke nach Los Angeles.

Während Katrin an der Rezeption noch ein Bier trinkt und mit ihrem aktuellen Freund in Deutschland telephoniert, schwimme ich ein paar Runden in einem Pool, der im Innenhofgarten des Motels hell leuchtend Badegäste anlockt. Das blaue, stark nach Chlor riechende, etwas angewärmte Wasser bringt zwar keine Erfrischung, aber die Schwimmbewegungen lösen meine vom langen Sitzen im Auto verspannte Muskulatur. Auf dem Rücken treibend wie eine Wasserleiche, sehe ich – ganz Voyeur – von hier aus in die hellen Motelzimmer hinein, beobachte fernsehende und telephonierende Gäste und genieße den tiefblauen kalifornischen Himmel über mir. Manchmal tritt jemand im weißen Bademantel auf den Balkon und bläst blauen Zigarettenrauch in die Luft. Jetzt erst entdecke ich die ersten raschelnden Palmen an der offenen Seite des Innenhofs. Der Süden beginnt.

Los Angeles, 13. September 2002

Am Morgen fahren wir früh los. Noch ist es kühl und diesig. Wir reden über Amerika und das Tagebuchschreiben.

Ich: »Du solltest alles aufschreiben, was du erlebst. Dann können wir später das Geschriebene miteinander vergleichen.«

272

»Daraus schließe ich, daß du selbst alles aufschreibst. Man empfiehlt anderen immer das, was einem im Augenblick guttut.«

»So ein Quatsch.«

Gegen 12.00 Uhr erreichen wir Los Angeles. Auf der Gegenstrecke ein kilometerlanger, fünfspuriger Stau. Wahrscheinlich wollen viele Städter zum Weekend aufs Land fahren. Katrin telephoniert mit ihren Verwandten, und so werden wir ferngesteuert zu den Disney-Studios in Burbank geführt. Katrins Cousin arbeitet dort als Computerfachmann und will uns seinen Wirkungsort zeigen. »Lance ist ein sehr bedeutender Mann im Animationsbereich. Dieses Frühjahr wurde er sogar mit einem Oscar und einer Ehrendoktorwürde für seine Entwicklungen ausgezeichnet. Einen normalen Doktor hatte er vorher schon.«

»Kaum zu glauben, wen du alles kennst! Ich bin gespannt.«

Die Einfahrt nach Los Angeles ist zunächst alles andere als einladend. Nur in der Ferne, auf einem Hügelrücken entdecke ich Palmen, die im Wind schaukeln. Ansonsten zersiedelte Landschaft, vom Verkehr überrollt, stinkend, versmogt. Inzwischen knallt die Sonne auf uns herab, wie es sich für das südliche Kalifornien gehört.

Die telephonische Führung hat Erfolg. Nach einer halben Stunde fahren wir durch das Eingangstor der Walt-Disney-Studios. Der Portier weiß Bescheid und läßt uns passieren. Als Lance aus dem Gebäude auftaucht, erkenne ich in ihm gleich den typischen Computerfreak. Seine Körperhaltung ist gebückt, die Brille, die er trägt, verbirgt nur mäßig die tageslichtscheuen, verkniffenen Augen. Wortkarg und mäßig freundlich nimmt er uns in Empfang.

Zunächst schauen wir uns die Gebäude an: Das ABC Television Building wurde von Aldo Rossi entworfen, ein anderes, in dem auch Lance sitzt, von Frank Gehry und das Hauptverwaltungsgebäude von Michael Graves. Die Architekturen sind alle sehr bunt und kitschig. Am Graves-Haus entdecke ich jene klassisch-ironische Giebelparaphrase, die ich aus vielen Veröffentlichungen kenne: Statt hellenischer Götter stützen die sieben Zwerge das Giebeldreieck!

Bevor wir seinen Arbeitsraum zu sehen bekommen, führt uns Lance widerwillig und muffig zur Disney-Kantine. Vor dem niedrigen, separaten Gebäude steht ein hoher, sich nach oben hin verjüngender Fahnenmast, an dessen Spitze die amerikanische Flagge etwas schlaff in der Mittagshitze herunterhängt. Am Sockel liegen Blumengebinde und Blätterkränze. Hier fand offensichtlich am Tag zuvor eine Zeremonie zum 11. September statt. Katrin und Lance unterhalten sich in breitem Amerikanisch angeregt über Verwandtschaftsthemen und ignorieren mich etwas unhöflich. Ich schaue Lance immer wieder kurz an und überlege, ob er als Nachkomme einst emigrierter Juden Deutsche allgemein verachtet oder gar haßt. Jedenfalls scheint er keinerlei Interesse an meiner Person zu haben. Ich bin Luft für ihn. Er tut so, als sei Katrin allein gekommen. Vielleicht hat er auch Angst vor Werksspionage. Das gegenseitige Klauen neuer Techniken gehört heute wohl zum Alltag. Aber was soll ich hier in der Kantine klauen: die Speisekarte oder einen Löffel?

Anschließend trotten wir gemeinsam hinüber zum Arbeitshaus. Der kleine, vollgerümpelte, fensterlose Raum, den Lance mit einem anderen, etwas jüngeren Mann teilt, ist doch wohl nicht im Ernst seine Arbeitsklause?! Vielleicht ein Ablenkungsmanöver von den eigentlichen Labors? Wer weiß? Mißmutig schiebt Lance ein Tape in den Player und zeigt uns die Bearbeitung normaler Filmbilder zu impressionistischen Kunstwerken, wie von Claude Monet gemalt. In einem zweiten Tape sehen wir einen normaler Mann, der in eine künstliche Computerfigur verwandelt wird, seinem Doppelgänger begegnet, mal mit Perücke, mal mit Glatze.

Lance beschäftigt sich offensichtlich mit virtuellen Gesichtern und ihrer Mimik. Was und wie er genau arbeitet, ist allerdings nicht zu erfahren, alles geheim. Danach schiebt er uns schnell wieder aus dem Kabuff hinaus. An den Flurwänden hängen Photos und Zeichnungen aktuell-geplanter (geheimer) Disneyproduktionen: *Back to the Farm*, *Treasure Planet* und *Funny Car*. Hier wird immer noch von Zeichnungen ausgegangen. Sie stehen am Anfang. Erst danach folgen Animation und Bildbearbeitung.

Beim Hinausgehen werfen wir Blicke in die anderen Räume, deren Türen weit offen stehen. Fast alle sehen gleich aus. Computerfreaks aus der ganzen Welt – Chinesen, Japaner, Koreaner, Mexikaner, Schwarze – werkeln, forschen und erfinden hier ihre kleinen und großen Zaubertricks. Alle Mitarbeiter sind zwischen 20 und 30 Jahre alt. In manchen Räumen entdecke ich Zelte in den Ecken. Zimmerpflanzen und Kochnischen individualisieren die Arbeitszellen. Manche Mitarbeiter scheinen hier zu wohnen.

Auf dem Parkplatz erwartet uns Amber, die Frau von Lance. Wir folgen ihrem schwarzen Geländewagen. Nach einer Viertelstunde erreichen wir ein traumhaft schönes Villengebiet. Zwischen den ein- bis zweigeschossigen Häusern breiten sich gepflegte Wiesen aus, große, alte Bäume – Steineichen, Eukalyptus, Platanen und Palmen – beschatten Bürgersteige, Wiesen, Straßen und Häuser. Nirgends stören Zäune und Mauern das Bild. Fast eine Idylle.

Die Villa von Lance und Amber gehört zu den schönsten der Gegend. Eine Walmdachvilla im spanisch-maurischen Stil, mit romantisch eingewachsenem Innenhof. Und Zimmer scheint es hier genügend zu geben. Sind es zehn oder zwanzig? Nach kurzer Zeit verliere ich den Überblick und gebe das Zählen auf. In jedem Fall besitzt jedes Familienmitglied – Vater, Mutter und zwei halbwüchsige Kinder – zwei bis drei Zimmer. Soviel kann ich erfahren.

Nach dem Rundgang lassen wir uns an einem großen, schwarzbraunen Eßtisch nieder, und Amber erzählt ihre Geschichte. Im Gegensatz zu Lance ist sie sehr freundlich und offen zu uns. Eine attraktive, interessant aussehende Frau, Anfang 40, mit langen, braunen Haaren, dunklen, intensiven Augen und einem schlanken Körper. »My grandfather was a fur-dealer in Hungaria and emigrated from Europe to the United States of America in the early years of 20th century ... My children are learning Hebrew at school ... You never know ... I am an artist ...«

Jetzt erst sehe ich die eindrucksvollen Schwarzweißphotos von Landschaften und Menschen, die gerahmt ringsum an den Wänden hängen. Amber hat Photoalben auf dem Tisch vorbereitet. Wir blättern alle drei darin. Oscarverleihung und Familienausflüge. Amber mit ihren hübschen Kindern. Lance von hinten, Lance von vorne. Amber in Großaufnahme. Sie könnte ihrem Aussehen nach gut ein Filmstar sein.

Nachdem ich sie gefragt habe, wer hier in der Umgebung wohnt, antwortet sie, daß sich hier viele spannende Menschen niedergelassen haben, Filmkomponisten, Schriftsteller, Künstler, aber auch erfolgreiche Ärzte und Anwälte. »I love my neighbourhood very much!« Sie berichtet, daß sie das Haus niemals abschließe, so wenig Angst habe sie. Die Nachbarn würden schon aufpassen.

Später fahren Katrin und ich zu unserem vorbestellten Hotel am Sunset Boulevard. Nach einer kurzen Ruhepause steigen wir wieder ins Auto und kurven durch die Stadt. Wir nehmen uns den Sunset Boulevard vor, steuern zunächst sein lausig-gefährliches Ende im Osten an, kehren um und lassen dann vor uns langsam jene Straße entstehen, die wir aus zahlreichen Filmen kennen und die für uns fast einen Mythos darstellt. Die dramaturgische Steigerung könnte nicht größer sein, 29 Kilometer legendäre Filmgeschichte, kaum zu glauben!

Wie es sich gehört, verlassen wir das Auto nicht ein einziges Mal. In den Drogenhandel und die täglichen Schießereien wollen wir uns nicht einmischen. Erst nachdem der Sunset Boulevard den Hollywood Freeway gekreuzt hat, wird er sicherer. Hier hat sich die Film- und Musikszene angesiedelt, links und rechts der Straße standen in den 1920er Jahren die ersten Studios. Oben am Berg die berühmte HOLLYWOOD-Schrift. Dazwischen Restaurants, Gitarrenläden, versteckte Eingänge in heute noch aktive Tonstudios und Schauspielschulen, ab und zu ein Hotel. Einige Kilometer und Palmenalleen später, in West-Hollywood beginnt der vornehme Teil der Straße. Nördlich verstecken sich die mondänen Villen von Beverly Hills und Bel Air hinter hohen, beschnittenen Hecken. Die Straßen sind sauber und sicher, die Rasenflächen gemäht und gewässert.

Nachdem wir den San Diego Freeway überquert und aus der Ferne das neue Getty Center auf dem Berg bewundert haben, kurven wir in Serpentinen nach Brentwood und Santa Monica hinunter. Jetzt, genau zur richtigen Zeit, geht die Sonne unter. Im Gegenlicht erkennen wir zwischen Palmen und Oleanderbüschen die malerischen Strandhäuser, die als Wohnideale durch viele Zeitschriften und Köpfe spuken. Endlich wird klar, warum die Straße Sunset Boulevard heißt. Für Amerika, das immer bemüht ist, positiv zu denken, ein erstaunlich negativer Name. Aber hier funktioniert das umgekehrte Bild, denn jeder weiß, daß die Gegenrichtung, der mögliche »Sunrise Boulevard«, in die Katastrophe, den gesellschaftlichen Abstieg der Slums führt. Und dort will kein anständiger Amerikaner landen.

Unterwegs sind wir bestimmt auch an der Villa vorbeigekommen, in der Billy Wilder 1950 seinen Film *Sunset Boulevard* gedreht hat. Norma Desmond, der einst berühmte Stummfilmstar, hat sich darin mit ihrem Exregisseur, der jetzt den Butler spielen muß, vergraben. Untergangsvisionen.

Ich zeige Katrin das hohe Mehrfamilienhaus direkt neben einem Golfplatz, in dem die Witwe Joseph von Sternbergs wohnt, und erzähle ihr meine Besuchsgeschichte, die natürlich sehr gut hierher paßt: »Als ich mit Verena 1995 zum ersten Mal nach Los Angeles kam, besuchten wir die einsame Dame. Du weißt, ich bereitete damals gerade eine große Ausstellung im Berliner Martin-Gropius-Bau zum 100jährigen Jubiläum des Mediums Film vor. »Kino-Movie-Cinema« lautete der Titel. Übrigens, hast du diese Ausstellung überhaupt gesehen?«

»Nein, ehrlich gesagt nicht. Damals kannten wir uns noch nicht.«

»Stimmt. Na ja, im Zentrum – dem abgedunkelten Lichthof – wurde zum ersten Mal der neu angekaufte Nachlaß von Marlene Dietrich gezeigt. Meine heimliche Mission in Los Angeles bestand darin, mich in der Wohnung der Witwe nach möglichen Exponaten umzuschauen. Zur verabredeten Zeit fuhren wir in die Tiefgarage des Hauses am Sunset Boulevard ein, wurden von vier schwarzen, uniformierten Sicherheitsmännern durchsucht und durften erst mit dem Aufzug nach oben fahren, als die Zustimmung aus der Wohnung eingetroffen war. Meri empfing uns mit einem weißen Mundschutz. Sie habe Grippe, entschuldigte sie sich. Als ich ihr als Gastgeschenk ein Drehbuch-Faksimile des *Blauen Engel* überreichte, bekam sie einen Wutanfall und brüllte: ›There is no skript of *Blue Angel*!‹ Mit einem großen Bogen schleuderte sie das Buch durch ihre weitläufige Wohnung. Natürlich bekamen wir einen großen Schreck und fragten uns, ob die Dame vielleicht verrückt sei, aber ich erinnerte mich an eine Bemerkung von Hans Helmut Prinzler, dem Leiter der Deutschen Kinemathek: ›Witwenbesuche sind äußerst gefährlich und riskant. Meistens leiden die Frauen unter Einsamkeit, sind verbittert und verhärmt, fühlen sich immer falsch behandelt. Man muß die erste halbe Stunde schweigend durchhalten, danach wird es meistens besser.‹ Also ließ ich mir meine Verstörung nicht anmerken, verhielt mich zurückhaltend und gab der Witwe Zeit, sich an uns zu gewöhnen. Meri war eine große, schlanke Frau von 70 Jahren. Sie hatte den körperlich wesentlich kleineren Joseph von Sternberg Anfang der 1950er Jahre geheiratet und zwei Söhne mit ihm. Ich wußte, daß der Regisseur sein gesamtes Honorar, das er für den *Blauen Engel* erhalten hatte, in moderner Kunst angelegt hatte. Eine berühmte Sammlung mit Bildern von Kirchner, Dix, Grosz, Beckmann und Plastiken von Belling. Niemand hatte einen genauen Überblick, was Meri davon noch besaß, da Sternberg gezwungen war, viele Bilder zu verkaufen, um zu überleben. Nach seiner erfolgreichen Filmzeit zwischen 1930 und 1940 hatte er als Regisseur große Schwierigkeiten, und kein Studio wollte mehr mit ihm zusammenarbeiten. An den Wänden hingen zahlreiche Bilder. Die meisten hatte Sternberg allerdings selbst gemalt. Spätexpressionistische Gemälde mit starker Tendenz zur blauen Farbe. Dazwischen entdeckte ich jedoch auch Werke von Dix, Kirchner und Grosz.

Nachdem ich Meri den Grundriß meiner Ausstellungsgestaltung gezeigt und ihr erklärte hatte, daß ich ein großer Verehrer der Kunst ihres Mannes sei, wurde sie freundlicher und sprach später sogar deutsch mit uns. ›I am a real Engel, because I was geboren in Los Angeles. Ich studierte an der University of Los Angeles Kunstgeschichte. Im Lesesaal des Instituts lernte ich Joseph kennen. Auch er interessierte sich für Kunst!‹

Jetzt hatte sie auch ihren Mundschutz abgenommen, und zum Vorschein kam eine schöne alte Dame. Ihr Gesicht verzog sich allerdings wieder heftig, als sie auf Marlene zu sprechen kam. ›Marlene war ein Teufel. Sie verhexte alle Männer, auch meine beiden Söhne. Nachdem sie in den 60er Jahren einmal mit ihr in St.Moritz beim Skifahren waren, kamen die beiden ganz verliebt zurück. Es war furchtbar. Beinahe hätte ich nicht nur Joseph, sondern auch noch meine Kinder an sie verloren.‹

Neben dem Drehbuch hatte ich ihr auch mein eigenes Buch über Landschaftsgestaltung, *Landscape as Inspiration*, das vor kurzem in England und Amerika herausgekommen war, mitgebracht. Ich fand es zu meiner Überraschung im Regal einer Buchhandlung in Santa Monica und kaufte es sofort. Dieses Buch blätterte sie immer wieder durch und erzählte, daß ihre ganze Liebe heute der Gartenkunst gehöre. Wenn wir mal wieder kämen, würde sie uns die schönsten Gärten von Los Angeles zeigen. Plötzlich war sie wie verwandelt. Zwei Stunden später wollte sie uns fast nicht mehr gehen lassen. Gegen Ende unseres Besuchs fragte ich sie: ›Haben Sie noch Umgang mit anderen Hollywoodberühmtheiten?‹

›Oh ja, letzte Woche traf ich Billy Wilder auf dem Sunset Boulevard.‹
›Und?‹
›Oh, he looks very good!‹

Mehr war nicht zu erfahren. Zurück in Deutschland, erhielt ich einen wunderbar langen Brief von Meri, in dem sie sich herzlich für unseren Besuch bedankte und uns noch einmal einlud.«

Katrin: »Und, seid ihr hingefahren?«
Ich: »Natürlich nicht. Einmal genügt.«
Katrin: »Wir könnten sie doch jetzt besuchen.«
Ich. »Du spinnst. Nie wieder.«

Inzwischen ist es dunkel geworden. Wir parken und gehen am abendlichen Pazifikstrand entlang. Spät nachts kehren wir erschöpft ins Hotel zurück.

Los Angeles, 14. September 2002

Morgens stellt Katrin fest, daß sie gestern ihr Handy bei den Verwandten vergessen hat. Sie macht sich allein, mit meinem Auto, auf den Weg. Ich setze mich so lange ins Zimmer und schreibe. Im Grunde ist Los Angeles eine ähnlich bedeutende Künstlerstadt wie Paris. Unglaublich, wer hier alles gewohnt und gearbeitet hat, freiwillig und unfreiwillig. Mir fallen wieder die Exilanten ein: Thomas und Heinrich Mann, Lion Feuchtwanger, Franz Werfel, Paul Dessau, Bertolt Brecht, Arnold Schönberg, dann die Architekten Richard Neutra und Rudolf Schindler. Alle wichtigen Filmregisseure, Schauspieler und Schauspielerinnen. Walt Disney, Alfred Hitchcock, John Huston und Steven Spielberg ...

Nach der Rückkehr Katrins – mit Handy – fahren wir los. Unser heutiges Ziel ist das neue Getty Center von Richard Meier. Das alte J. P. Getty Museum in Malibu, das einer pompejanischen Villa nachgebildet ist, kannte ich von einem Besuch im Jahr 1995. Die Antike glänzte hier clean und aseptisch wie auf der Intensivstation eines modernen Krankenhauses.

Auf der Fahrt nach Brentwood sehen wir über einigen Straßen riesige Transparente hängen mit der Aufschrift: »*Der Ring des Nibelungen* new at Los Angeles Opera«, dem zweiten Opernhaus an der Westküste. Ich stelle mir amerikanische Besucher vor, die plötzlich die Oper von Richard Wagner wie einen Vorläufer von George Lucas' *Krieg der Sterne* für sich entdecken.

Der berühmte Architekt Richard Meier aus New York hatte mit dem Entwurf des neuen Getty Center den größten Bauauftrag erhalten, der im 20. Jahrhundert vergeben wurde. Die Bausumme soll über einer Milliarde Dollar gelegen haben. Schon erstaunlich, wie die Dollars des einstigen Ölmagnaten J. Paul Getty heute immer noch sprudeln. Mit zwei Milliarden Dollar Stiftungskapital gilt das Getty Center als die reichste Kultureinrichtung der Welt!

Die Ankunft ist perfekt organisiert. Freundliche Hostessen nehmen uns in Empfang. Nachdem wir das Auto abgestellt haben, werden wir zu einer Bergbahn mit supermoderner Tal- und Gipfelstation geleitet. Schon die Annäherung an die Museumsbergstadt ist überwältigend. Meier, dessen Gebäude auf der ganzen Welt in purem Weiß erstrahlen, hat hier zum ersten Mal Naturstein eingesetzt. Aus den Steinsockeln, die mit grob behauenen, ockerfarbenen Travertin- und Kalksteinplatten verkleidet sind, wachsen weiße, im Bauhausstil geformte Baukörper heraus. Der Gedanke an Akropolis und Jerusalem drängt sich auf. Merkwürdige Idee: Kunst residiert in einer Burg, schwebt über der Stadt wie eine kulturelle Wolke. Das Hohe, Heilige klingt an, der Überbau, das Aus-dem-Alltag-Herausgehobene. In demokratischen, antimonarchistischen, gottlosen Zeiten ein seltsamer Anachronismus! Ob hier eine neue Religion der Kunst und des Geldes installiert werden soll? Die hier versammelten Werte sind unvorstellbar hoch!

Wir verbringen den ganzen Tag hier oben, tauchen ab und zu ins Dämmerlicht der Museumsräume ein oder verträumen die restlichen Stunden auf einer der zahlreichen Caféterrassen. Ich bin vor allem von den Außenansichten begeistert und natürlich von den Fernblicken über das Häusermeer, die Villenlandschaften von Beverly Hills und den Pazifik. Die ausgestellte Kunst läßt mich eher kalt.

Ich: »Da hier eigentlich nur alte Kunst ausgestellt wird, war vielleicht das frühere Getty Museum in Malibu doch geeigneter. Ich finde, daß in diese Gebäude besser moderne Kunst passen würde.«

Katrin: »Ich habe schon einige Museen von Richard Meier gesehen und glaube, daß dieser Architekt tolle weiße Plastiken in die Landschaft stellt, dabei jedoch keine guten Innenräume produziert.«

Ich: »Er ist ein Anhänger der fließenden Räume, Raumgrenzen werden aufgelöst, Innenräume gehen ineinander über. Manchmal entstehen fulminante architektonische Kompositionen, Feuerwerke aus weißen Durchblicken, Passepartout-Orgien. Zum Hängen von Bildern sind diese Raumkunstwerke höchst ungeeignet, das finde ich auch. Es fehlt ihnen an Zurückhaltung und Ruhe.«

Katrin: »Wir werden doch nicht einer Meinung sein? Das ist ja langweilig!«

Ich: »Stimmt. Ich würde jetzt auch lieber mit dir streiten.«

Wir bestellen neue Eiskaffees und können auch in den nächsten Stunden keine Meinungsdifferenzen ausmachen. Schade.

Gegen Ende unseres Besuchs – die Sonne versinkt schon langsam im Smog der Riesenstadt Los Angeles – wandern wir noch durch eine Gartenanlage, die zwischen den Gebäuden der Kunstburg angelegt worden ist. Eine Wasserachse mit Quelle, Tümpeln, kleinen Seen, Wildwasserzonen und Wasserfällen, die über Felsbrocken herabstürzen, bildet das Rückgrat der Anlage. Ein stahlplattengesäumter Zickzackweg quert diese Achse mehrmals. Am tiefsten Punkt nimmt ein großer, runder Teich, in dessen Mitte eine Insel mit niedrig geschnittenem Heckenlabyrinth schwimmt, das herabfließende Wasser auf und bringt es spiegelnd zur Ruhe. Sehr poetisch!

In einem Buch, das ich mir später im Museumsbuchladen kaufe, erfahre ich, daß der Gartenarchitekt Robert Irwin heißt und früher Maler war.

Mit der Bahn schweben wir zurück ins Tal. Die Erde, der normale Dreck und Lärm haben uns wieder. Kein Bild hängt in den Bäumen, keine Skulptur steht neben dem Freeway, kunstfreie Zonen, Alltag.

Unser nächstes Ziel ist das Pier von Santa Monica. Leider zieht sich unsere Fahrt, wegen des starken Verkehrs, so lange hin, daß es bereits dunkel ist, als wir dort ankommen.

Abertausende weiß gestrichene Stämme stecken im Boden und tragen den holzbeplankten, breiten, hellgrauen Steg, der sich manchmal platzartig erweitert. Merkwürdige Übergangszone zwischen Stadt und Meer. Ich denke an ein Schiffsdeck, dann wieder an einen absurden Weg, der Richtung Horizont aufbricht, abrupt, weit vor dem Ziel endet. Schiffe legen hier keine an. Dieses Pier dient einzig dem Müßiggang und dem Vergnügen. Nur die Angler, die am Kopfende des einstigen Landungsstegs mit ihren langen Ruten stehen, sehen vielleicht eine sinnvolle Funktion darin, nämlich die, ihrer Beute näher zu kommen. Heute, am Samstagabend, ist das Pier voller Menschen, viele Paare schlendern engumschlungen an den Fish-and-Chips- und Pommes-frites-Buden vorbei, plaudern miteinander, albern herum und lachen, befreien sich von den Erniedrigungen der Woche. Manche steuern den kleinen Vergnügungspark an, der mit Riesenrad und Karussells hinter den Buden hervorleuchtet.

Wir spazieren bis hinaus ans Ende des Piers und schauen eine Zeitlang den Anglern zu. Niemand fängt einen Fisch, solange wir dort sind. Langsam schlendern wir zurück. Schwefliger Nachthimmel, Los Angeles im Spiegel der Wolken.

Späte Rückfahrt zum Hotel, auf dem Sunset Boulevard stehen wir fast eine Stunde im Stau (und das kurz vor Mitternacht). Auch die Bürgersteige sind überfüllt. Aufgekratzte, wild kostümierte, junge Menschen auf der Suche nach Vergnügen. Vor vielen Eingängen, die wahrscheinlich zu Diskotheken gehören, bilden sich Menschentrauben. Zwischen neonblinkenden Gebäuden stehen schwarze Palmensilhouetten und schaukeln sanft im Wind. Über allem der dunkelblaue kalifornische Nachthimmel mit einer schiefhängenden, gelben Mondsichel.

Los Angeles, 15. September 2002

Morgens auf dem Weg zum Frühstück entdecke ich in der Nähe des Pools zwischen blauen Hibiskusblüten einen winzigen Kolibri. Ich schaue ihm eine Weile zu. Seine Flügel schwirren so schnell auf und ab, daß sie für mich wie eine verwischte, leicht gebogene, graue Fläche aussehen. Er steht in der Luft, führt seinen langen, dünnen Schnabel immer wieder in einen Blütenschlund ein, stößt nach einer Weile kurz zurück und nimmt sich die nächste Blüte vor.

Wir haben für 12.00 Uhr eine Bustour zu den Star-Homes in Beverly-Hills gebucht. Pünktlich kreuzt eine Dame in der Hotelhalle auf, die uns abholt. Natürlich sind wir nicht die einzigen Interessenten. Nach fünf weiteren Hotelstops ist der Bus voll. Noch geht es nicht los. Zunächst werden wir zu einem Verteilerparkplatz in der Innenstadt gefahren. Hier müssen wir in einen anderen Bus umsteigen. Nach fast einer Stunde starten wir erst zur eigentlichen Tour. Unsere Nerven sind angespannt. Wie schnell kann ein erhofftes Vergnügen zur Qual werden! Aber es gibt kein Zurück mehr. Die Wagentür schließt sich, und wir sind Gefangene des Fahrers, der sich zugleich als unser Guide entpuppt und ab jetzt ununterbrochen redet. Am Sunset Boulevard – in der Nähe unseres Hotels – beginnt er mit seinen Ausführungen. »Here in this hotel Little Richard had been living for ten years ... this pub is owned by the Blues Brothers ... and this one by Johnny Depp ...«

In West-Hollywood biegt der Kleinbus nach rechts in die grünen, bürgersteiglosen Straßen von Beverly Hills ein. Ab jetzt sehen wir eigentlich nur noch hohe, immergrüne Hecken und Büsche, darüber wölben sich große, schöne alte Bäume. »Here in this villa Elisabeth Taylor is living ... here in this one Brad Pitt ... here Leonardo di Caprio ... here Richard Gere ... and here Madonna ... Behind this high hedge Gregory Peck is living ... some weeks ago he celebrated his 91th birthday ... And there you see the villa of Humphrey Bogart and Lauren Bacall ... here Greta Garbo and there Marlene Dietrich ...«

Menschenleere Straßen, unendlich lange Heckenwände. Niemand darf hier zu Fuß herumgehen. Jedem Autofahrer ist es verboten anzuhalten. So will es das Gesetz. Das einzige moderne Haus dort drüben gehörte Ted Turner und Jane Fonda. Um einen freien Blick aus ihrem Wohnzimmerfenster zu haben, kauften sie den Hügel gegenüber. Er ist immer noch unbebaut. Allerdings wohnt keiner von beiden mehr in der Villa. Sie sind längst geschieden und wohnen jeder für sich allein in New York.

Fast alle anderen Häuser sind im spanisch-maurischen Landhausstil gebaut. Einige wenige erinnern an englische Landsitze oder an Loire-Schlösser. Die amerikanischen Träume der Reichen und Erfolgreichen wenden sich zurück, in die gute alte Zeit. Die Häuser sollen sie vielleicht an warme, erlebnisreiche Ferientage in Europa erinnern.

Schöne, anheimelnde Häuser sind darunter. Manche übertreiben den Blumenschmuck, andere wirken zu groß und dadurch protzig. Kitsch lauert an jeder Ecke. Die Moderne wird hier als das Kalte, Abweisende abgelehnt. Keiner der Stars will damit in seiner Wohnungumgebung zu tun haben. Außer – das habe ich gelesen – Dennis Hopper, der sich ein Haus, außerhalb von Beverly Hills, von Frank Gehry hat bauen lassen. Nach mehreren Stunden kehrt unser Bus wieder zurück zum Sunset Boulevard und setzt uns am Hotel ab. Der Besuch auf dem modernen Olymp ist zu Ende, und der quakende Guide kann die nächsten Opfer quälen. Vielleicht sollten wir auch Mitleid mit ihm haben, da er bestimmt von einer Karriere als Hollywoodstar geträumt hat und jetzt sein Leben als Gescheiterter fristen muß. Jede Fahrt führt ihm sein Unglück aufs neue vor Augen!

Am Nachmittag verlassen wir die Stadt. Auf der Fahrt zum Freeway fahren wir einen kleinen Umweg über die Innenstadt, an den Paramountstudios vorbei. Vom Parkplatz Supermarktes aus photographiere ich die berühmten 16 Meter hohen, einst weißen »HOLLYWOOD« Buchstaben, die seit 1923 dort oben am Berg stehen. Etwas ungepflegt und leicht schief sehen sie heute aus, aber in ihrer Einfachheit entfalten sie immer noch eine magische Wirkung.

Über den Santa Monica Freeway verlassen wir die Stadt am Pazifik entlang, wie geplant. Morgen abend wollen wir wieder in San Francisco sein. Mal sehen, wie weit wir es heute noch auf der Route 101 schaffen. Hinter Santa Barbara legen wir eine kurze Gedenkminute für den deutschen Stummfilmregisseur Friedrich Wilhelm Murnau ein, der auf dieser Küstenstraße am 11.3.1931 bei einem legendären Autounfall mit 43 Jahren ums Leben gekommen ist. Dieser Unfall ist zwar nicht ganz so berühmt wie der von James Dean am 30.9.1955 bei Salinas, aber mindestens genauso spektakulär. Man sagt, Murnau habe einen schönen, jungen Südländer bei sich gehabt. Der Regisseur war homosexuell. Während der Fahrt sei es zu sexuellen Handlungen gekommen. Im Moment des Orgasmus habe Murnau Gas gegeben, sei mit seinem Sportwagen über eine Kurve hinausgerast und zusammen mit seinem Gespielen die steilen Felsen hinab in den Pazifik gestürzt.

In San Obisco haben wir das Gefühl, für heute genug gesehen zu haben, suchen uns ein Hotel, biegen ab vom Freeway und fahren bis zum Pazifikstrand vor. Dort finden wir ein malerisch gelegenes Strandhotel, das uns beiden auf Anhieb gefällt.

Los Angeles, 16. September 2002

Nach einer einstündigen, morgendlichen Strandwanderung fahren wir weiter die Küstenstraße Richtung Norden hoch. Fast alle Dörfer und Städte tragen religiöse Namen: Santa Barbara, Santa Maria, San Obisco, San Simeon und San Francisco. In San Simeon unterbrechen wir die Fahrt und nehmen uns jenen Ort vor, der tragikomischer kaum sein könnte, das Wahnsinnsschloß des einstigen Zeitungskönigs von Amerika, William Randolph Hearst.

Wir parken beim Besucherzentrum und nehmen den Zubringerbus wie alle Touristen. Ringsum nicht sehr beeindruckende, vegetationsarme Hügellandschaft. Nur der Blick auf den Pazifik entschädigt uns für die mangelnden Naturschönheiten.

Die Familie Hearst stammte aus San Francisco. William Randolphs Vater war noch zu Fuß aus dem Mittelwesten hierhergekommen. Mit Silberminen verdiente er ein Vermögen. Bereits als 24jähriger wurde sein einziger Sohn Herausgeber der Tageszeitung *San Francisco Examiner*. William Randolph machte seine Sache so gut, daß er innerhalb weniger Jahre zum wichtigsten Zeitungsmagnaten Amerikas aufstieg. Sein Erfolgsrezept lautete: »Man muß die Sensationsgier der Massen befriedigen.«

Das Land um San Simeon erbte er von seinem Vater. Zwischen 1919 und 1947 baute er dort eine Baucollage wie es sie kein zweites Mal auf der Welt gibt. Bestimmt das größte Privathaus, das je errichtet wurde, weit umfangreicher als Neuschwanstein oder die Paläste der indischen Fürsten. Zur federführenden Architektin wählte er die erste in Amerika erfolgreiche Frau auf diesem Gebiet: Julia Morgan aus San Francisco. Sie wurde dort 1872 geboren und studierte in Europa. Als erste Frau überhaupt legte sie an der Pariser École des Beauxs-Arts ihr Diplom ab. 1905 gründete sie in San Francisco ihr eigenes Büro und konnte dort nach dem Erdbeben 1906 ingesamt 600 Gebäude errichten, alle in dieser eigenartigen Mischung aus spanisch-maurischem und englisch-französischem Baustil. Durch einen Schuß Jugendstil rückte sie die Collagen in die Nähe der Moderne. Fast immer gelang ihr eine pittoreske Romantik, die auch heute noch gefangennimmt. Im Grunde müßte sie viel bekannter sein, finde ich, nachdem ich einige ihrer Häuser in San Francisco und jetzt auch in San Simeon gesehen habe.

Hearst war geprägt von europäischen Eindrücken, kaufte während seiner Reisen alles auf, was er an alter Kunst haben konnte: Gemälde, Plastiken, Möbel, Lampen, Gobelins, Kamine, Treppen, Chorgestühle, Holzdecken und Teppiche. Julia Morgan mußte alle diese Teile einbauen und zu einem Gesamtbild zusammenfügen. In Hearst Castle gibt es eine Casa del Mar, eine Casa del Monte, eine Casa del Sol. In der Casa del Grande, dem Haupthaus, das der Kathedrale von Sevilla nachgebildet ist, wohnte Hearst selbst, wenn er einige Monate im Jahr hier zubrachte.

Das Tragikomische an der ganzen Geschichte besteht in der Tatsache, daß Hearst seine ganzen architektonischen Anstrengungen für eine Frau unternahm, die er möglicherweise etwas überschätzt hatte. Irgendwann lernte der verheiratete Hearst die äußerst mittelmäßige Stummfilmschauspielerin Marion Davies kennen und verliebte sich in sie. Mit allen ihm zur Verfügung stehenden Mitteln versuchte er diese Frau, die leider auch noch lispelte, im neu aufkommenden Tonfilmgeschäft unterzubringen. Solange er in San Simeon weilte, lud er die berühmtesten Hollywoodstars – Regisseure und Schauspieler – zu sich ein, immer in der Hoffnung, Marion bei den großen Produktionen unterbringen zu können. Die Stars nahmen die luxuriösen Einladungen in das kostenlose Grand Hotel Hearst gern an, lachten jedoch insgeheim über den alten Esel.

Als der 25jährige Orson Welles 1940 die Hearstgeschichte mit sich selbst in der Hauptrolle verfilmen wollte, allerdings ohne Marion, verbot ihm Hearst, seine Schloßanlagen als Set-Hintergrund zu benutzen, und Welles mußte unter komplizierten Umständen Ersatzdrehorte finden, die dem Vorbild nahekamen. Da sich Hearst mit dem Film satirisch angegriffen fühlte, überzog er Orson Welles nach der Premiere 1941 mit gerichtlichen Klagen und machte ihm das Leben schwer.

Bei der Führung, an der wir teilnehmen, kommt vor allem im riesigen Speisesaal Begeisterung bei den Besuchern auf: »Here, at this great table Greta Garbo, Cary Grant, Rita Hayworth, Marlene Dietrich and Douglas Fairbanks took their dinner ...« Vor unserem geistigen Auge sehen wir die legendären Stars beim Essen sitzen und erstarren vor Ehrfurcht. Hearst Castle ist heute ein Wallfahrtsort geworden, ein amerikanisches Neuschwanstein.

Später fahren wir weiter an der Küste entlang, Serpentinen hoch, Serpentinen runter, im hellen Sonnenlicht. Irgendwann kommen wir durch das Städtchen Big Sur. Eine lausige, aus rohen Brettern zusammengezimmerte Buchhandlung am Ortseingang macht Reklame mit Henry Miller. Dieser amerikanische Schriftsteller verbrachte hier die letzten Jahrzehnte seines wilden Lebens. Er hat den amerikanischen Traum immer bekämpft. Sein Leben lang wollte er zurück zu den Ursprüngen. Dabei entdeckte er die Sexualität als Tor. Im Orgasmus sah er den wahren Gottesdienst. Früher habe ich seine *Wendekreis*-Bücher verschlungen.

Monterey lassen wir links liegen. Im Vorbeifahren denke ich natürlich an John Steinbeck. Auch Salinas und damit die Unfallstelle von James Dean besuchen wir nicht. Mit Mission San Juan Bautista gehen wir genauso lieblos um, obwohl wir als Verehrer von Alfed Hitchcock eigentlich die Pflicht hätten, auch das Kloster zu besichtigen, da hier eine der Schlüsselszenen des Films *Vertigo* spielt.

Wir halten nur noch einmal an einem breiten Sandstrand und machen eine kurze Wanderung an der Brandung entlang. Draußen in den hohen Wellen beobachten wir wagemutige Surfer, die manchmal über den Wasserbergen erscheinen, dann wieder untertauchen als seien sie für immer vom Meer verschluckt worden. Über uns kreischende Möwen. Ich denke kurz an die »Vogelpredigt« unseres Heiligen und an den Film *Die Vögel* von Alfred Hitchcock.

In der Abenddämmerung biegen wir in eine Tankstelle ein. Neonlicht flammt auf. Gute Stimmung. Noch eine Stunde bis San Francisco. Insgesamt ist die Strecke zwischen Los Angeles und San Francisco 800 Kilometer lang.

In der Stadt beschließen wir, zunächst einen der üblichen Supermärkte anzusteuern. Daß Nicolas in diesem Moment dieselbe Idee hat und auch noch den gleichen Supermarkt auswählt, hätten wir nicht gedacht. Es gibt schon seltsame Zufälle! Natürlich ist die Überraschung groß, als wir aufeinandertreffen. Nicolas nimmt die Sache von der praktischen Seite, lädt seine prall gefüllten Tüten in mein Auto und schlägt den üblichen Chinesen in der Geary Street zum Essen vor. Harter Schnitt, gerade noch flogen Autos, Wellen, Hügel und Möwen an mir vorbei, jetzt tritt mit Nicolas die Realität wieder in mein Leben. »Es ist Zeit, daß du im Theater reinschaust. Das Bühnenbild ist wieder aufgebaut, aber es sieht etwas ramponiert aus, finde ich. An manchen Stellen muß es restauriert werden.«

Ich: »Ja, ich werde mich morgen gleich darum kümmern.« Wegen meiner Abwesenheit beschleicht mich ein schlechtes Gewissen.

Nach einigen Frühlingsrollen wird Nicolas gesprächig: »Ich habe einfach Probleme mit diesem Land. Amerika ist meiner Meinung nach in der Pubertät, vollkommen unerwachsen!«

Ich: »Was ist ein erwachsenes Land?«

Nicolas: »Europa natürlich. Nach zwei Weltkriegen und den ganzen übrigen Katastrophen! Amerikaner sind wie Kinder, genauso unerfahren, betroffen, neugierig und sprunghaft. Das siehst du an den Reaktionen auf den 11. September.« Katrin ist zu müde, um sich einzumischen, auch ich höre mir die Ausführungen kommentarlos an. Später fahre ich Nicolas, zusammen mit seinen Einkaufstüten nach Hause und wir packen unsere Sachen in meinem Apartment aus.

San Francisco, 17. September 2002

Herrliches Wetter, die Bay strahlt. Fernblick. Ich tippe meine Erlebnisse der letzten Tage in den Computer, führe einige Telephonate und fahre dann zur Oper. Beleuchtung. Ende nächster Woche ist das Ziel erreicht, dann findet die Premiere unseres *Saint François d'Assise* statt. Die Spannung steigt. Von 17.00 bis 23.00 Uhr findet die Hauptprobe statt, das ganze Stück im Durchlauf, allerdings nur mit Klavierbegleitung, aber mit Licht und Kostümen. Katrin begleitet mich. Sie versteht sich vor allem gut mit Wolfgang. Das ganze Team sitzt etwas nervös im Zuschauerraum. Nicolas geht unruhig zwischen den Reihen auf und ab. Wird alles funktionieren? Wie sehen die Übergänge aus? Zum ersten Mal kommt alles zusammen: Bühnenbild, Inszenierung, Kostüme, Musik, Gesang und Licht. Jetzt zeigt sich, ob unser Konzept aufgeht.

Anfangs sehen wir das umstrittene Video, an dem Nicolas soviel gearbeitet hat. Ich finde es heute nicht so schlecht, vor allem den Beginn: langsame Kamerafahrt über das Franziskusporträt von Giotto. Erst glaube ich, eine Landschaft zu sehen,

dann tauchen Augen, Lippen, Nase und Ohren auf. Durch die Vergrößerung wirkt das Gesicht verwittert und verwest. Nach einiger Zeit nimmt das Licht hinter der Projektionsgaze an Intensität zu, man sieht Menschen auf dem zentralen Serpentinenweg gehen. Im Hintergrund die schwarzen, gekippten Hausfassaden, schöne, düstere Stimmung. Mit zunehmendem Licht sind auch die Häuser, die den Raum seitlich begrenzen, zu erkennen. Franziskus mit Bruder Leon gehen gegen den Menschenstrom hinaus aus der Stadt.

»Ich habe Angst«, singt Bruder Leon. Er wird diesen Satz im Laufe der Handlung oft wiederholen. Eine bedrohliche Welt, verbrannt und zerstört.

Der unsichtbare, in den Häusern versteckte Chor begleitet das Geschehen mit eindrucksvollen Klang-Clustern und Chorälen. Das dritte Bild: die Aussätzigenszene. Die Glasscheibe gibt es immer noch, und sie funktioniert sehr gut! Oben in einem Hausfenster erscheint jetzt der blaue, einflügelige Engel. Singender Himmel, nahe einem Klangwunder. Im Gegensatz zum Engel müssen die Mönche fast immer die gleichen musikalischen Wendungen intonieren. Gesang und Orchesterklang sind oft voneinander getrennt, fast wie Frage und Antwort. Das hat etwas holzschnittartig Archaisches. Ich denke an mittelalterliche Kirchenmusik und die meditative Wirkung von Gebetsmühlen.

Irgendwann setzt sich Pamela im Zuschauerraum hinter mich. In kleinen Pausen plaudern wir über Los Angeles und meine letzte Reise. Sie erzählt wieder von ihrer Schulzeit in Beverly-Hills. Nach der Probe bemerke ich erst, wie unzufrieden Nicolas mit der Zeitplanung ist. Eigentlich ist er immer mit allem unzufrieden, ich habe ihn nie etwas loben hören, typisch deutsch eben. Er fühlt sich nicht gut behandelt und fordert mehr Beleuchtungszeit. Pamela, Donald und Patrick mischen sich ein. Er muß sich bescheiden, was ihm als faustischem, aufbrausendem Regisseur sehr schwerfällt. Mehr ist nicht drin. In leichter Mißstimmung gehen alle auseinander.

Nachts, an meinem schwarzen Panoramafester stehend, denke ich über Franziskus nach. Seine Existenz, sein Denken und sein Handeln wirken auch heute noch als Provokation, besonders hier, in dieser oberflächlichen, konsumorientierten Welt Amerikas. Er geht hinaus aus den Städten, betritt die Natur, bohrt sich betend in das Innerste der Welt, in das Mysterium des Daseins hinein. Nicht Klärung ist sein Ziel, sondern Verklärung. Er will die Passion nachvollziehen, sucht die Transzendenz, die Welt hinter der Welt, die Wahrheit. Daß für ihn diese Wahrheit in Gott und seinem ewigen Wirken liegt, ist klar.

In unserer Interpretation wird die Welt in ihrem technisch-zivilisatorischen Endzustand gezeigt, eine bleierne Metall-Stadt-Landschaft, versiegelt und verschlossen.

Der sanft ansteigende Serpentinenweg dreht sich immer wieder im Laufe des Stückes, als wolle auch er sich, meditativ, in die Erde hineinbohren. Nicht das Gehen von Ort zu Ort, sondern die Bewegung an Ort und Stelle, das Versenken stehen im Mittelpunkt, Kreuzgangweg. Das eigentliche Ziel ist das Eingraben, die Beerdigung, der Tod.

Auch wenn es unwahrscheinlich klingt, stelle ich fest, daß dieser Vorgang etwas Erotisches an sich hat. Durch die ständigen musikalischen Wiederholungen, denke ich unterschwellig an die Körperbewegungen während des Beischlafs. Pierre Boulez spricht bei dieser Oper – das hat Wolfgang erzählt – von religiöser Pornographie! Auch die erotische Ekstase – der Orgasmus – stellt sich in seiner radikalen Ausschließlichkeit gegen die alltägliche Welt. Die Franzosen sprechen vom »kleinen Tod«, wenn sie den Orgasmus meinen. Die Weltflucht der religiösen Mystik ist nicht weit von der Weltflucht der Liebenden entfernt.

Trotz allem bleibt *Saint François* ein Mysterienspiel. Am Ende droht – neben Verzückung und religiöser Erotik – auch Oberammergau. Und Franziskus stirbt einen langen, langen Operntod. Stellvertretend für uns alle. Da sind sie wieder, die alten Operngrundmotive: Liebe und Tod!

Ich denke, es ist unser großes Verdienst, Kitsch und Oberammergau vermieden zu haben. Bei uns ist das Werk eine ernstzunehmende, auch zeitkritische, Reflexion über das Individuum und die Welt. Die letzten Fragen werden gestellt: Wo komme ich her? Wohin gehe ich? Wie soll ich leben? Was ist der Sinn des Ganzen?

Im Gegensatz zu den meisten Opern, die am Schluß ihre Helden in grandiosen Final-Szenen tragische Tode sterben lassen, so daß jeder Zuschauer mit den Tränen kämpfen muß, verklärt Messiaen den Tod des heiligen Franziskus zum glücklichen »Happy-End«: Er wird erlöst in der Musik, stirbt inmitten der Orchestergraben-Musiker seinen ersehnten Tod in der Nachfolge Jesu Christi. Sein Beten wurde erhört.

Während ich draußen das Nebelhorn an der Golden Gate Bridge höre und dem rhythmischen Lichtstrahl des Leuchtturms von Alcatraz nachschaue, vergesse ich kurz meine angeborene Skepsis und bin – jedenfalls für Momente – ganz zufrieden mit mir, mit Nicolas, mit Andrea, Wolfgang, Alexander, Donald und Olivier Messiaen.

San Francisco, 18. September 2002

Wieder ein Sonnentag mit strahlend blauem Himmel. Jetzt herrscht wirklich Sommer in San Francisco. Heute morgen bin ich aus Neugier mit dem Aufzug ins oberste Stockwerk meines Apartmenthauses gefahren und habe dabei – statt einer vermuteten windigen Dachterrasse – ein jedem Bewohner frei zugängliches kleines Hallenschwimmbad entdeckt.

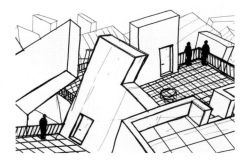

Am Nachmittag fahre ich zur zweiten Klavierhauptprobe ins Opernhaus. Heute achte ich besonders auf das Licht. Alexander hat wirklich gute Stimmungen gefunden. Das einzige, was ich als störend empfinde, ist das Geräusch der Drehbühne. Besonders an den musikalisch leisen Stellen kann man es nicht überhören. Ich spreche mit Larry. Er will versuchen, das Problem zu beheben. Aber ich bin – ehrlich gesagt – skeptisch.

Nach der Probe unterhalte ich mich mit Nicolas. Langsam fällt die angespannte Nervosität von ihm ab.

San Francisco, 19. September 2002

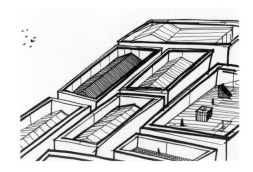

Der wärmste Sonnentag bisher, Blick über die Stadt, wie immer. Die begeisterte Neugier der ersten Tage kann ich nicht mehr empfinden. Nach vier Wochen ist man eben kein Tourist mehr, sondern gehört dazu, ist Teil der Stadt geworden.

Verglichen mit der ausufernden Metropole Los Angeles ist San Fransico im Grunde ein großes Dorf geblieben. Die Einwohnerzahl in Downtown hat nie die Millionengrenze überschritten. Manchmal kommt es mir so vor, als sei Walt Disney hier leitender Stadtplaner gewesen.

Heute findet die Orchesterhauptprobe statt, Beginn 11.00 Uhr. Gebannt höre und schaue ich zu und vergesse dabei fast, daß ich Mitschöpfer der Produktion bin, zu groß ist meine Konzentration. Donald dirigiert unglaublich intensiv. Jede

kleinste Bewegung, Aufschichtung und Verschiebung in der Musik hat er heraus-gearbeitet, aber auch die großen Spannungsbögen stimmen. Das Orchester klingt grandios. Wirklich tolle Musiker! Ich bin überwältigt!

Heute denke ich beim Hören der endlosen Wiederholungen an Brandung. Nach gewissen Zeitabständen (sind es immer die gleichen?) wird die Monotonie unter-brochen, und es kommt zu Steigerungen, die mich an hohe Wellenbrecher erin-nern, danach folgt wieder das Vor und Zurück des normalen Wellenschlags.

Bei der »Vogelpredigt« denke ich erneut an den Film *Die Vögel* von Alfred Hitchcock. Plötzlich sehe ich die Krähen- und Möwenschwärme über die Botega Bay hereinfallen, in Häuser eindringen und Menschen angreifen. Ich vergegen-wärtige mir das ergreifende Schlußbild, in dem der Anwalt aus San Francisco, seine Mutter, die kleine Schwester und seine neue Freundin Melanie Daniels ins Auto verfrachtet, sie durch ein am Boden sitzendes, möglicherweise zur finalen Aggression bereites Vogelheer aus der bedrohten Zone bringt und damit rettet.

Auch über Franziskus kreisen die Vögel. Er hält sie für Botschafter Gottes, genauso wie die Engel. Aber er will nichts mehr von der Welt sehen, verbindet sich die Augen, wird blind. Nur noch seine Ohren sind lebendig und aufnahme-fähig. Durch sie dringen das Gezwitscher der Vögel, der Gesang des Engels und die Musik Olivier Messiaens in seine Seele ein. Am Ende, nachdem der Heilige tot im Orchestergraben liegt und die letzten Töne verklungen sind, frage ich mich, ob Messiaen hier den Tod verherrlicht und darüber das Leben vergessen hat! *Spiel mir das Lied vom Tod*, dieses Mal ins Religiöse gewendet? Ist der heilige Franzis-kus in Wirklichkeit ein predigender Selbstmörder (Selbstmordattentäter) und sein Opfer nur eine verzweifelt-todessüchtige Privatangelegenheit, die möglichst viele andere Menschen mit ins Unheil reißen will?

Nach der Probe fahre ich mit Katrin durch die Stadt. Auch sie ist beeindruckt von der Aufführung, allerdings quälen sie ähnliche Bedenken wie mich.

Der Schnitt könnte nicht größer sein: Erst fünf Stunden quälende, religiöse Seelenarchäologie, danach San Francisco mit quirligem Leben, reichen Shoppern, bettelnden Obdachlosen, bekifften Schwarzen und schrill gekleideten Schwulen.

Am Dolores Mission Park halten wir. Schöne Parkstimmung im Sonnenuntergang. Herumalbernde Jugendliche, ballspielende Kinder, Mütter mit Picknickkörben, dazwischen einige aktenstudierende Geschäftsleute und Liebespaare. Wir setzen uns mitten hinein in das Bild, auf die frisch gemähte Wiese.

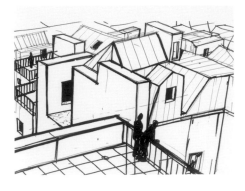

In jeder Taube, die über uns hinwegfliegt, sehe ich im Augenblick einen Botschafter des heiligen Franziskus, gleichzeitig kann ich nicht ausschließen, daß Hitchcock sie geschickt hat, um mich zu erschrecken und zu quälen. Neben mir Katrin, die auf dem Rücken liegt, in die Sonne blinzelt und an einem Grashalm kaut. »Laß uns weiterfahren«, wirft sie in meine Träumerei hinein.

»Wohin?«

»Wir könnten doch nach Castro. Dort gibt es ein tolles altes Kino. Vielleicht wird heute ein witziger Film gezeigt. Ich war früher schon einmal drin!«

»Gute Idee!«

Nach einigen Straßenkreuzungen biegen wir in die Douglas Street ein und entdecken zu unserer Überraschung direkt neben dem Kino einen freien Parkplatz. Dichtes Menschengewimmel. Wir arbeiten uns zum Eingang vor und schauen, was heute gespielt wird. Den Douglas-Fairbanks-Stummfilm *Der schwarze Pirat* kennen wir nicht, um so besser, mal etwas Neues. Vor der Kasse reihen wir uns in die Schlange ein. Aufgekratzte Stimmung ringsum. Vielleicht steht uns ein besonderes Ereignis bevor. Katrin ist die einzige Frau weit und breit. Ich sehe nur Männerpärchen in allen Altersgruppen. Geschminkte und weniger geschminkte Schwule. Manche aufgetakelt zu schrillen Transvestiten, andere sportlich oder ganz bescheiden-bürgerlich gekleidet. Ich komme mir vor wie auf einem anderen Stern.

Das Kinogebäude ist wirklich ungewöhnlich. Schon das Eingangsfoyer empfängt uns mit Art-déco-Schwulst und Phantasie-Kitsch. Dann der Saal selbst: eine riesige Höhle mit 1000 oder mehr roten Samtsitzen, darüber als Raumdecke eine zeltähnliche Kuppel mit Deckengemälde im spanisch-maurischen Stil. Fast alle Plätze sind besetzt, und es herrscht eine so ausgelassene Stimmung, als würde gleich einer der berühmtesten Popstars der Welt auftreten. Dann öffnet sich eine kleine Tür neben dem roten Bühnenvorhang, und Musiker erscheinen. Es sind zwar nur drei, aber immerhin, die Zuschauer toben. Offenbar sind die Musiker berühmt. Das Licht dunkelt ein. Die Musik beginnt, und das Publikum verstummt. Erstaunlich, welch höllischen Lärm drei Musiker – Schlagzeug, Akkordeon, Synthesizer – dank elektronischer Verstärkung produzieren können.

Der Film beginnt. Offensichtlich gibt es in Castro eine große Douglas-Fairbanks-Fangemeinde. Kaum erscheint der Star auf der Leinwand, sind die Leute nicht mehr zu halten, springen auf die Sitze, fuchteln mit den Armen und feuern den smarten, meist nur mit kurzen, weißen Shorts bekleideten Piraten lautstark an. Dazu hämmert der Schlagzeuger seine Riffs in die Trommeln, und der Akkordeonspieler plärrt prasselnde Melodien dazu.

Nach dem Kino gehen wir die nächtliche Douglas Street auf und ab. Um uns herum händchenhaltende und sich küssende Männerpaare.

Katrin erzählt von einem Drehbuchseminar, an dem sie vor Jahren in New York teilgenommen hat. Der Dozent vertrat eine interessante These: »In den frühen Kinofilmen gibt es eine viel schnellere Erzählweise als heute. Im Zeitalter der Computer und des Autoverkehrs ist der Streß so groß geworden, daß die Aufnahmefähigkeit der Zuschauer geschrumpft ist. Daher hat sich auch die Erzählweise der großen Kinofilme verlangsamt.«

»Erstaunlich, ich hätte das Gegenteil erwartet. Aber bezogen auf den *Schwarzen Piraten* könnte die These stimmen.«

In der Nacht habe ich einen Traum: Ich sehe die dunkle Market Street zwischen 3.00 und 4.00 Uhr morgens vor mir. Plötzlich erscheint unser blauer Engel und wandert zwischen den schlafenden Menschensteinen hindurch. Er leuchtet und verbreitet um sich eine blaue Gloriole. Dazu höre ich die himmlische Musik, die Messiaen für den Engel komponiert hat.

San Francisco, 20. September 2002

Sonne und Wärme, wie gestern. Heute abend findet die zweite Orchesterhauptprobe unsercs *Saint François* statt. Katrin bcsucht alte Frcundc in dcr Stadt, und ich mache mich auf den Weg zum Park Presidio Boulevard. Dort habe ich mich mit der Choreographin und Regisseurin Arila Siegert verabredet, die gestern aus Berlin angekommen ist und hier bei Freunden wohnt.

Das Haus, vor dem Arila mich erwartet, sieht sehr romantisch und einladend aus. Zweigeschossig, mit Walmdach, Erker und überdachtem Verandaeingang. Es könnte auch in Zehlendorf oder an den Schwarzwaldhängen bei Freiburg stehen. Obwohl der Park Presidio Boulevard Tag und Nacht stark befahren wird, sind die hier angesiedelten Wohnhäuser durch breite Grünpolster mit Wiesen, Büschen und älteren Bäumen vor dem Lärm so gut geschützt, daß die Verkehrsgeräusche nur noch gedämpft durch das Blattwerk dringen. Arila möchte mich ihren Freunden vorstellen, auf diese Weise kann ich ein ganz normales San-Francisco-Wohnhaus von innen sehen. Bisher kenne ich nur das Haus von Donald und die Wohnung von Pamela. Das ältere Paar empfängt mich mit großer Herzlichkeit. Der 80jährige Mann ist durch eine Krankheit ans Haus gefesselt und bewegt sich nur äußerst ungern. Die fast gleichaltrige Frau, eine ehemalige Tänzerin, ist das Gegenteil, wuselt zwischen Küche und Zimmer hin und her, als wollte sie einen Hausfrauentanz für mich aufführen. Beide führen mich in eine Art Wintergarten. Dort haben sie liebevoll einen Kaffeetisch gedeckt. Auf dem Weg dorthin schaue ich mich natürlich unauffällig um. Im Wohnzimmer stehen altertümlich-verschnörkelte, weiße Möbel. Dicke Teppiche liegen auf den Parkettböden und verschlucken alle Schrittgeräusche. Gemälde an den Wänden erinnern mit ihren Motiven – Schiffe und Landschaften – an das alte Europa. Nirgendwo sehe ich moderne Objekte, weder Vasen, Bilderrahmen, Lampen noch Möbel. Dafür entdecke ich den üblichen Photoaltar, mit Kinderbildern und Ansichtskarten aus der ganzen Welt.

Wir nehmen Platz. Es scheint den beiden wohlzutun, mit uns deutsch sprechen zu können:

Er: »Und, wie gefällt es Ihnen in Amerika.«

Ich: »Das kann ich so kurz nicht beantworten. Die Landschaften in und um San Francisco sind wunderbar.. Die Stadt hat zwei Seiten.«

Er: »Wir lieben diese Stadt und haben hier gern gelebt.«

Ich: »Wo kommen Sie ursprünglich her?«

Er: »Ich wurde im Iran geboren. Mein Vater war zunächst Geschäftsmann, später Diplomat in Ägypten, der Türkei und in Amerika. Ich habe in Dresden Maschinenbau studiert und dort meine Frau kennengelernt. Wir heirateten und wanderten nach Amerika aus. Ich hatte Glück, leitete mehrere Banken, war später auch als Geschäftsmann erfolgreich und lebe in San Francisco mit meiner Familie schon seit über 30 Jahren. Ein wunderbares Land. Eine herrliche Stadt.«

Ich schaue die Frau an, und sie ergänzt: »Ich wurde in Dresden geboren und wollte schon als junges Mädchen zum Ballett. Nach meiner Karriere als Dore-

Hoyer-Tänzerin heiratete ich und kam mit meinem Mann nach Amerika. 30 Jahre lang habe ich in San Francisco ein eigenes Tanzstudio betrieben. Vor kurzem löste ich es auf. Unsere drei Töchter sind alle wohlgeraten. Eine arbeitet als Ärztin, die andere ist Schriftstellerin, die dritte Mutter. Alle lieben wir San Francisco und können uns nicht vorstellen, in einer anderen Stadt zu leben.«

Wir plaudern noch eine Weile über das San-Francisco-Opernhaus, das sie nur im Winter, zu Ballettaufführungen besucht haben, dann verabschieden wir uns wieder. Arila und ich fahren noch für zwei Stunden hinunter zum Pazifik. Da die Sonne kräftig scheint, herrscht hier viel Betrieb. Einige Mutige wagen sich sogar mit den nackten Füßen ins Wasser.

Rechtzeitig finden wir uns zur zweiten Orchesterhauptprobe im Opernhaus ein. Donald dirigiert wieder so intensiv, daß ich mir keine bessere Interpretation vorstellen kann. Nach drei Stunden läßt bei mir allerdings die Aufmerksamkeit nach. Fünf Stunden sind wirklich zu lang, bei aller Liebe. Vielleicht sollte man das Werk auf zwei Tage verteilen.

Mich interessierte beim Entwerfen dieses Bühnenbilds vor allem das Thema der Ortlosigkeit und der Unsichtbarkeit. Es sollte ein Ort entstehen, der zwischen Diesseits und Jenseits liegt, zwischen Kloster und Stadt, zwischen Innen und Außen, zwischen Himmel und Erde. Und er sollte mehr verbergen als zeigen. Denn das zentrale Phänomen jeder Religion ist die Unsichtbarkeit der Mitte, des Eigentlichen. Gott bleibt für immer eine unbeweisbare Behauptung, eine Macht hinter und über aller weltlichen Macht.

Immer wieder spalten sich während des Handlungsverlaufs Zwischenräume auf. Die beiden Häuserfassaden links und rechts, die ja identisch sind, definieren den Zwischenraum als Hauptspielort. Hier kreist der Weg, hier öffnen sich Platz- und Kreuzgangfragmente. Hier ereignet sich die Passion. Den Höhepunkt des Bildes sehe ich im Abheben und Schweben der Schneefläche, die vorher auf dem Weg lag. François tritt in den neu entstandenen Zwischenraum ein. Er bewegt sich zwischen Wegoberfläche und Schneeunterseite, im Niemandsland eines Spiegelbilds, von hier streckt er seine Arme aus und greift mit beiden Händen nach draußen, ins Unvorstellbare, vielleicht ins Jenseits, deswegen – so glaube ich – wird er stigmatisiert. Die Musik versucht, das Transzendieren der Gedanken und des Körpers in Klängen auszudrücken. Auf dem schwebenden Schneebrett bewegt sich der Engel und benutzt dabei die Abspannseile als himmlische Harfe. Es war eine gute Idee von Andrea, den Engel vollkommen blau einzukleiden, als sei er vom Himmel direkt eingefärbt. Gegen das Blau des Tageshimmels geblickt, würde man ihn nicht sehen, er wäre getarnt. In den Städten und Straßen dagegen leuchtet er wie eine außerirdische Erscheinung.

Adorno schreibt über Schubert, seine Kompositionen klängen wie Nachrichten aus dem Jenseits (einer Gegen- oder Parallelwelt). Vielleicht läßt sich das über Messiaen genauso sagen, natürlich auch über die Musik von Bach oder Mozart.

San Francisco, 21. September 2002

Auf dem Weg zu Wolfgangs fensterloser Dramaturgenkammer im vierten Stock sehe ich – als ich aus dem Aufzug trete – plötzlich eine kleine, graue Maus quer über den teppichbelegten Gang eilen und im dunklen Schlitz unter einer Tür verschwinden. Verwundert bleibe ich stehen. Hier, mitten in San Francisco, im vierten Stock des Opernhauses, eine Maus? Später erzähle ich Wolfgang davon, er hat diese kleine Maus zwar noch nicht gesehen, hält ihre Existenz jedoch durchaus für möglich.

Um die Mittagszeit hole ich Arila bei ihren Freunden ab. Gemeinsam mit Katrin fahren wir zum San Francisco Museum of Modern Art in Downtown. Unterwegs kommen wir an einigen Kleinmärkten vorbei, die Privatleute vor ihren Eingangs- oder Garagentüren eingerichtet haben. In San Francisco ist es üblich, vor allem samstags und sonntags, all die Gegenstände, die im Haushalt nicht mehr benötigt werden – Schränke, Tische, Stühle, Teppiche, Lampen, Bücher, CDs, Goldrahmen mit Oma-Photos oder Armeeorden – einfach auf dem Bürgersteig der Allgemeinheit zum Kauf anzubieten. Wir bleiben manchmal stehen und schauen uns die Gegenstände an. Freundlich nicken die Besitzer uns zu. Plötzlich habe ich den Eindruck, diese Häuser hätten sich übergeben, und ihr Mageninhalt liegt jetzt auf dem Bürgersteig ausgebreitet.

Arila kennt das moderne Museum noch nicht. Für mich ist der Gang durch die Räume eine Wiederholung. Nur die Kleesammlung war mir letztes Mal entgangen. Sie wurde vom Erfinder der Antibabypille gestiftet! Auch die Gemälde von Diego Rivera und Frida Kahlo habe ich mir letztes Mal nicht so genau angeschaut. Er war ein kraftvoller, etwas plakativer Maler, sie eine sensible Frauenkünstlerin, die in ihrer privaten Passion christushafte Züge trägt (vielleicht war Christus in Wirklichkeit eine Frau?).

Nach dem Kunstgenuß setzen wir uns eine Weile in die Yerba Buena Gardens, die dem modernen Museum gegenüber liegen. Früher war diese Gegend genauso verkommen wie South Market – das lese ich im Reiseführer –, jetzt gibt es hier saubere Wege, grüne, gemähte Wiesen, Wasserfälle, Seen, Kinderspielplätze und Blumenbeete. Ein richtig schöner, funktionierender Park in der Innenstadt für Geschäftsleute, Mütter, Kinder, Touristen und Leute wie uns. Wir lehnen uns auf einer Bank zurück und blinzeln in die Sonne.

Katrin: »Schon ein seltsames Land, mein Amerika, in dem ich geboren wurde! Land der Freiheit, der Demokratie und der Reichen!«

Ich: »Dieses Land muß alle Regierungssysteme der Welt bekämpfen, die nicht seiner Vorstellung entsprechen. In Europa hat es schließlich geklappt, und die Faschisten mußten ihr Terrorregime aufgeben. Aber in Vietnam? Dort konnten sich die Amerikaner, trotz massivem Einsatz von Waffen, Flugzeugen, Schiffen, Soldaten, Napalmbomben und anderen Grausamkeiten nicht halten. Heute nennt sich das Land ›Sozialistische Republik Vietnam‹ und lebt mit 83 Millionen Menschen noch immer. Aber der größte Witz der Weltgeschichte ist doch der Zusammenbruch des Ostblock-Kommunismus! Ausgerechnet in diesem Land, zu einer Zeit, als kein amerikanischer Soldat angriff, verkündete der oberste Anführer, Michail Gorbatschow, daß es ab jetzt keinen Kommunismus mehr gäbe.«

Katrin: »Das stimmt, die Berliner Mauer fiel, und die DDR wurde erlöst aus sozialistischer Diktatur, ohne daß auch nur ein amerikanischer oder sonstiger Schuß abgegeben worden wäre. Der kalte Krieg hatte zum Ziel geführt, obwohl er längst zu Ende war.«

Ich: »Was lernen wir daraus?«

Katrin: »Man muß nur Geduld haben und warten können. Irgendwann lösen sich viele Dinge von allein.«

Arila: »Ihr habt gut reden. Ich bin in der DDR geboren und aufgewachsen, hatte keine Alternative, mußte dort leben. Wir konnten nirgendwohin reisen und bewunderten und beneideten das freiheitliche Amerika aus der Ferne.«

Katrin: »Vielleicht genügt diese Verlockung aus der Ferne als Waffe. Man muß nur genügend Fernsehbilder aus Las Vegas oder New York in das hinterste

Sibirien senden, irgendwann sind diese armen Leute auch davon überzeugt, daß sie so etwas brauchen und ohne Las Vegas oder New York nicht leben können!«

Ich: »Genau. Die Zeiten militärischer Auseinandersetzungen sind einfach vorbei. Man kann sie nur noch zur Abschreckung und Selbstverteidigung einsetzen, ansonsten müssen andere, vielleicht auch kulturelle Mittel verwendet werden. Theater und Oper als Waffe, auch Literatur, Film, Architektur und bildende Kunst! Schließlich ist die Bibel immer noch eines der wirkmächtigsten Bücher der Welt. Es gab Zeiten, da hatte die Bibel fast das Monopol über die menschlichen Gehirne!«

Katrin: »Was soll denn so ein Quatsch! Willst du wieder mit der Bibel die Welt missionieren?«

Ich: »Nein, ich nicht. Euer Präsident Bush vielleicht, bei seinem Kampf gegen das Böse und die Islamisten. Ich würde lieber mit sanfteren Mitteln kämpfen.«

Arila: »Warum überhaupt kämpfen? Man kann sich doch auch gegenseitig in Ruhe lassen, meditieren und selbst ins Lot kommen. Ich meditiere jeden Morgen zwei Stunden. Meine Ballettfreundin übrigens auch.«

Ich: »Schön für euch.«

Abends um 18.00 Uhr treffe ich mich vor dem Theater mit Wolfgang und dem Regisseur Johannes Schaaf. Katrin ist auch dabei. Arila hat sich abgesetzt und kümmert sich um ihre Freunde. Johannes ist gestern angekommen und bereitet gerade eine Übernahmeproduktion seiner Stuttgarter Inszenierung der *Lady Macbeth von Mensk* von Schostakowitsch vor. Nina Ritter, die dafür Kostüme und Bühnenbild entworfen hat, wird morgen eintreffen.

Johannes, den ich im Frühjahr auf Vermittlung von Wolfgang in Wien kennengelernt habe, will möglicherweise nächstes Jahr *Barber of Seville* von Rossini mit mir als Bühnenbildner hier in San Francisco machen. Das würde mich natürlich sehr freuen, zumal ich ihn sehr bewundere. Von allen Regisseuren, die ich kenne ist er – vor allem mit seinen Filmen – Hollywood am nächsten gekommen. In *Momo* spielte der greise John Huston die Rolle des »lieben Gottes«! Doch jetzt ist zunächst der allgemeine Hunger das Problem. Ich kutschiere die Gruppe durch die ganze Stadt. Johannes und Katrin wollen unbedingt Fisch essen, können sich jedoch auf kein Restaurant einigen. Die Stimmung im Auto wird immer angespannter und aggressiver. Klassisches Demokratieproblem: Jeder macht einen Vorschlag, der kurz danach von der Mehrheit abgelehnt wird. Das Problem wäre noch größer, wenn ich mich an der Entscheidungsfindung beteiligen würde. Erst nach einer zweistündigen, für mich als Fahrer äußerst nervigen Tour quer durch San Francisco, werden wir endlich in Fisherman's Wharf fündig, setzen uns schlechtgelaunt um einen engen Tisch und warten ungeduldig auf das bestellte Essen.

Ich schaue zu Johannes hinüber. Mit seinem weißen, üppig-abstehenden Haarkranz sieht er aus wie ein alter, trauriger Clown, vielleicht auch wie Falstaff, nachdem er gemerkt hat, daß er von den Frauen hereingelegt worden ist. Ein imposanter Charakterkopf. Der hungrige Meister jedoch gibt sich grummelig und schlechtgelaunt, spricht nur mit Katrin, dem offensichtlich einzigen Lichtblick an unserem Tisch.

Wolfgang versucht, wieder seinen alten Lobster-Witz anzubringen. Niemand lacht jedoch darüber. Erst als die echten, verführerisch duftenden Lobster aufgetischt werden, hellt sich die allgemeine Laune wieder auf.

Nachts stehe ich allein an meinem Panoramafenster und schaue hinaus auf die vernebelte Stadt. Jede Minute ertönt das Nebelhorn aus Richtung Golden Gate Bridge. Ich denke an meine baldige Abreise.

San Francisco, 22. September 2002

Wie ein großes, weiches, als Wattewesen getarntes Ungeheuer biegt sich die morgendliche Nebelzunge über Angel Island und Alcatraz. Kleine Schiffe werden von ihr mit Haut und Haaren verschluckt. Meine Schreibversuche geraten etwas lustloser als sonst. Auch das Zeichnen macht keinen Spaß mehr.

Gegen Mittag hole ich Arila bei ihrer Freundin ab. Zusammen mit Katrin fahren wir durch die sonntägliche Stadt. Ich zeige den beiden Grace Cathedral auf dem Nob Hill. Wir parken und gehen kurz in das Hotel Huntington, gegenüber, um in der Halle einen Kaffee zu trinken. An der Rezeption schickt man uns ins Restaurant. Dort erschreckt uns der mit dunkelbraunem Holz getäfelte Raum durch seine Höhlenfinsternis so stark, daß wir sofort wieder auf die Straße flüchten und ins Auto steigen. Ich weise die beiden noch im Vorbeifahren auf das vornehme Wohnhaus von Madeleine aus *Vertigo* hin, danach kurven wir bei Russian Hill die berühmten mit Hortensien geschmückten Serpentinen der Lombard Street hinunter zur Columbus Street. Dort parken wir erneut und wandern im warmen, morgendlichen Sonnenlicht Richtung Downtown. Ich erzähle von Jack Keruac und den anderen Dichtern der Beat-Generation, deren Texte ich früher mit großer Begeisterung gelesen habe. Kurz vor dem Haus von Francis Ford Coppola an der Ecke Kearny und Lombard Street setzen wir uns in ein Café.

Katrin: »Früher habe ich die Filme von Coppola bewundert.«

Ich: »Ja, das war schon ein Genie, obwohl mir der *Pate* immer etwas langweilig vorkam.«

Katrin: »Heute soll Coppola Wein anbauen.«

Ich: »Das habe ich auch gelesen. Dafür macht seine begabte Tochter gute Filme.«

Frisch gestärkt machen wir anschließend eine kurze Wanderung durch Chinatown, die größte außerhalb Asiens. Ich schlage den Reiseführer auf und lese den beiden Damen, die vor mir gehen, den Text darüber vor:

»Über 100 000 Chinesen wohnen hier. Die ersten kamen um 1850 als Eisenbahnarbeiter ...«

Katrin: »Willst du uns im Ernst jetzt aus dem Reiseführer vorlesen?«

Ich: »Gut, ich kann es auch lassen.«

Katrin: »Ich liebe Chinatowns. Sie haben so etwas Authentisches. Diese Leute lassen sich einfach nicht aus ihrem Trott und ihrer Kultur hinauswerfen. Bleiben immer beieinander und fühlen sich dadurch nie in der Fremde.«

Ich: »Man könnte natürlich auch von einem Ghetto sprechen.«

Katrin: »So ein Unsinn. Die Leute sind freiwillig zusammen. Ein Ghetto ist eine von der Stadtregierung verordnete Sache mit der Tendenz zum Gefängnis!«

Ich: »Du hast recht wie immer ... Vor zwei Jahren, zu Beginn meiner San-Francisco-Aufenthalte, war ich oft mit Nicolas und Patrick hier. Patrick bevorzugte ein winziges, ziemlich ruppiges China-Lokal, das aussah wie eine erweiterte Küche ... dort drüben könnte es gewesen sein ... Der Raum duftete, dampfte und schwitzte nach Essen, ringsum saßen schmatzende und rülpsende Chinesen mit glänzenden Gesichtern und dicken Kugelbäuchen. Patrick begrüßte den Wirt mit Handschlag, nannte ihn Ho und sagte zu uns über die Schulter: ›Das ist das beste chinesische Lokal in ganz San Francisco, ein Geheimtip!‹ Der Wirt hörte es und freute sich natürlich darüber sehr. Später nannten wir solche Ausflüge, in Erinnerung an diese ersten Erlebnisse ›Chinese Events‹.«

Katrin entdeckt in diesem Moment eine Gedenktafel für den einstigen chinesisch-amerikanischen Actionfilmstar Bruce Lee, der hier aufwuchs und lebte. Wir bleiben vor dem nichtssagenden Haus stehen und schauen daran hoch. Die Chinesen verehren Lee bis heute als einen, der es geschafft hat. Er muß in jungen Jahren gestorben sein. Eigentlich weiß ich nicht viel über ihn, da diese Art von Filmen nicht zu meinem Interessengebiet gehört.

Auch heute herrscht in Chinatown das typische Menschengewusel wie in allen Chinatowns auf der ganzen Welt. Riesige, meistens rote chinesische Schriftzeichen und blaue Fähnchen schmücken die zahlreichen Ladeneingänge. Wir betreten zum Spaß einen Andenkenshop. Hier sind auf Regalböden, die bis unter die Decke des hohen, neonbeleuchteten Innenraums reichen, unendlich viele Nippes aneinandergereiht und aufgestapelt. Kitsch neben interessanteren Dingen wie Modellen der Golden Gate Bridge, des Empire State Buildings und der Freiheitsstatue. Lampions in allen möglichen Formen und Farben, Poster von Hollywoodschauspielern und Popstars, dazu Postkarten in allen Größen, mit und ohne Goldrand. Am meisten nerven die unförmigen Glasvasen und gehäkelten Deckchen, die Ehrenplätze einnehmen und offensichtlich bei den Verkäufern (und Käufern?) sehr beliebt sind. Neben dem Andenkenladen fällt unser Blick in ein Antiquitätenschaufenster mit Schränken, Sesseln, Tischen und verschnörkelten Truhen in allen möglichen Größen. Die Farben Rot und Schwarz überwiegen.

In diesem Moment biegen wir in eine Marktstraße ein. Vor jedem Ladeneingang haben die Besitzer Stände aufgebaut. Wir schlendern langsam an den Auslagen vorbei. Plötzlich beobachte ich eine Frau, die in eine große Tonne hineingreift und einen riesigen Frosch herausholt – er ist so groß wie zwei Handflächen –, ihn hin und herwendet, vor allem die helle Bauchseite länger betrachtet, dann wieder in die Tonne zurückwirft. Wir treten näher und schauen in die Tonne hinein. Sie ist halb gefüllt mit Fröschen, die dicht übereinander liegen und sich apathisch durcheinanderbewegen. Jetzt erst sehen wir, daß vor jedem Stand derartige Tonnen stehen. Fasziniert und leicht angeekelt beobachten wir die Frauen, wie sie Frösche einkaufen. Die ausgewählte, lebendige Ware steckt der Verkäufer in eine Plastiktüte, verschließt sie mit einer Schlaufe und überreicht sie der Kundin, die ihm das Geld dafür auf den Tresen blättert.

Katrin: »So etwas Ekliges.«

Arila: »Das ist ja Tierquälerei!«

Gern würden wir noch einen der buddhistischen Tempel besuchen, aber da wir andere Pläne haben und die Zeit knapp wird, brechen wir unseren Rundgang ab und gehen zurück zum Auto.

Katrin hat eigene Pläne. Ich setze sie beim Opernhaus ab. Arila zeige ich noch kurz mein Apartment, danach fahren wir beide zu einem älteren Ehepaar, das mich zu sich nach Hause eingeladen hat. Mr. und Mrs. Dutro sind ein Sammlerpaar, das in der 29. Straße wohnt. Ich schaue im Stadtplan nach und finde die Adresse in der Nähe des Golden Gate Park. Der Kontakt zu ihnen kam über die Kinemathek in Berlin zustande. Mr. Dutro war früher ein berühmter Bariton, hat zu Felsensteins Zeiten auch an der Komischen Oper in Berlin gesungen und in den 1960er und 1970er Jahren mit seinen Paraderollen in der ganzen Welt gastiert. Mrs. Dutro hat Kontakt zu vielen berühmten Filmstars und besitzt wohl wichtige Dokumente und Andenken. Wir werden sehen. Bisher kenne ich die beiden nicht persönlich. Sie haben mich mehrmals im Apartment angerufen und mich wieder darum gebeten, sie zu besuchen. Als ich von Arila erzählte, freuten sie sich sehr darüber, uns beide zu sehen.

Zunächst finden wir das Haus nicht, da wir im falschen Straßenstück, jenseits des Golden Gate Park, suchen. Irgendwann wird uns der Fehler bewußt, wir wechseln die Parkseite, und schließlich stehen wir – leicht verspätet – vor der angegebenen Adresse. Kaum sind wir vor dem niedrigen, zweigeschossigen Haus vorgefahren, stürzt uns Mrs. Dutro freudig winkend entgegen, einen kleinen Hund auf dem Arm, der aussieht wie ein weißes Sofakissen. Kurz darauf erscheint Mr. Dutro in der Haustür und schreitet gravitätisch-ernst die Außentreppe herunter.

Mrs. Dutro ist eine immer lächelnde, etwas aufgekratzte, menschenfreundliche Dame um die 70, mit weißblonden Haaren, die sie etwas altdeutsch zu einem geflochtenen Dutt auf dem Hinterkopf zusammengebunden hat. Ihre Lippen leuchten übertrieben rot in einem weißlich geschminkten Gesicht. Auf mich wirkt sie wie die Mischung aus Leni Riefenstahl und einer Hollywoodschauspielerin der 1940er Jahre, gleichzeitig auch wie eine etwas schrille, zeitlose Wohnwagen-Amerikanerin. In jedem Fall sieht sie aus wie ein Zitat, wie die irritierende Collage aus deutschen und amerikanischen Klischees. Mr. Dutro ist bestimmt zehn Jahre älter, ein slawisch dunkler Typ mit schwarzen, glänzenden, straff nach hinten gekämmten Haaren. Seine Gesichtszüge wirken markant, streng, eitel und herrisch. Er bleibt immer ernst, lacht im Gegensatz zu ihr nie.

Nach herzlichem Begrüßungszeremoniell betreten wir das Haus. Schon im Eingangsbereich merke ich, daß wir hier in ein düsteres Privatmuseum eindringen, kinderfreie Zone. Fast alle Fenster sind mit dicken, lichtdichten, cremefarbenen Vorhängen verdeckt, so daß kaum Tageslicht in die Räume eindringen kann. Auf den Parkettböden liegen schwere Teppiche, die jedes Schrittgeräusch verschlucken. Alle Wände sind mit blumigen Tapeten überzogen, davor stehen plüschige Möbel. Auf den Tischen breiten sich flauschige Tischdecken wie weiche Pilzfelder aus. Kronleuchter in verschiedenen Formen und Größen hängen von den Decken und verwandeln die Zimmer in gläserne Tropfsteinhöhlen. Aber das Wesentliche sind natürlich die Bilder an den Wänden und die unzähligen, gerahmten Photos, die auf Simsen, Kommoden und Wandvorsprüngen stehen. Kein Quadratzentimeter, der nicht besetzt wäre von Erinnerungsstücken.

Mir verschlägt es den Atem, ich schaue zu Arila, die ebenfalls überrascht und gleichzeitig amüsiert reagiert.

Ich: »Das ist ja Wahnsinn! Kaum zu glauben!«

Arila: »Großartig! Schön! Umwerfend!«

Mr. Dutro spricht sehr gut deutsch, Mrs. Dutro mittelmäßig, sie mischt ihr amerikanisch mit deutschen Wörtern und Sätzen.

Mrs. Dutro: »Come with mir ... come with mir ...!«

Entschlossen nimmt sie meinen Arm und zieht mich von Zimmer zu Zimmer. Aufrecht und stolz geht Mr. Dutro hinter uns her, ein wahrscheinlich gewohntes Ritual. Ich schaue die Gemälde an den Wänden genauer an. Mich erinnern sie stark an deutsche Nazi-Malerei. Mr. Dutro erläutert fachmännisch: »Yes, this is a famous Künstler aus Dresden, mit dem Namen Müller. Ich zeige Ihnen ... ein Buch, das über Müller erschienen ist. Ich habe für meine Honorare in Germany den gesamten Nachlaß des Künstlers aufgekauft.« Mrs. Dutro umarmt mich und sagt: »Sind sie nicht wundervoll!« Langsam wird mir die Szene unheimlich.

Ich sehe Felslandschaften, Alpines, Seen, Porträts und vor allem nackte, wohlgeformte blonde, deutsche Frauen, photorealistisch gemalt, ziemlich kitschig. Mrs. Dutro zieht mich ins nächste Zimmer und geht auf einen Holzschreibtisch zu: »This was der Schreibtisch of Hermann Göring in Berlin. Ist er nicht wonderfull? Und here a photo of my best Freundin Leni Riefenstahl!«

Ich bin sprachlos und beuge mich über das Photo. Da lese ich in deutlicher Schrift folgende Widmung: »Meiner guten Freundin Mary Dutro, with best wishes! Leni Riefenstahl!« Irritiert schaue ich Arila an. Jetzt habe ich keinen Zweifel mehr: Diese Leute sind wahrscheinlich Neonazis, und ich bin in eine Falle geraten. Aber ganz so einfach ist der Sachverhalt nicht, wie sich in den nächsten Stunden herausstellen wird.

Als ich neben dem angeblichen Schreibtisch von Göring auf einem Sockel den bronzenen Kopf von Lenin entdecke, verwirren sich meine Gedanken zu einem unlösbaren Knäuel. Jetzt bin neugierig und will herausfinden, wo diese Leute politisch wirklich stehen. Gerahmte Briefe von Mick Jagger und Richard Gere, von Marlene Dietrich, Alfred Hitchcock und Madonna versöhnen mich wieder einigermaßen. Was ist das für eine abenteuerliche Mischung?!

Ich frage: »Sie haben hier eine merkwürdige Mischung von Bildern hängen. Interessieren Sie sich für Hitler und das Nazi-Deutschland?« Mrs.Dutro antwortet: »Ach, weißt du, Hans, ich darf dich doch Hans nennen. Ich mag dich, you are so shy ... I love you ... we are interested in the Film- und Popwelt und sammeln Menschen, die damit zu tun haben. We know much of them. Germany for us is a ferne Vergangenheit. After the worldwar I worked for ten years in Wiesbaden bei den Amerikanern. My husband ten years in Ost-Berlin. Anything, was aus Deutschland kommt, ist uns ein Rätsel, we don't understand it. Weder die Politik, the art, noch die Filme. For us gibt es nichts Exotischeres als German films. The Expressionismus, the Faschismus, the DDR, anything is very, very strange for us ... what do you think ...?« Sie wendet sich an ihren Mann. Mr.Dutro weicht aus, windet sich und antwortet schließlich wie zur Entschuldigung: »Wir besitzen auch den Rolls Royce of Yul Brunner. We will drive später zum Italiener damit. Vorher we have a look on my *Tosca* aus dem Bolschoi-Theater in Moskau. Ich war bei dieser Aufführung der Polizeipräsident. Ein wunderbarer Film!«

Auf dem Weg in den Keller, zu seinem Filmraum, fragen die beiden nach meiner Arbeit im Opernhaus. Sie wollen alles genau wissen: Wer macht dort was? Wie heißen die Sänger und Regisseure? Ich kann ihnen nur teilweise Auskunft geben.

Eine Stunde lang sitzen wir dann auf einem bequemen Sofa und schauen uns das russische Video an. Mr. Dutro ist wirklich ein sehr eindrucksvoller Sänger gewesen. Auch als Darsteller machte er eine gute Figur.

Arila: »Vielleicht sind wir beide schon einmal gemeinsam aufgetreten in Ost-Berlin? Ich hatte dort als junge Tänzerin, nach meiner Ausbildung an der Dresdener Palucca-Schule, mein erstes Engagement.«

Mr. Dutro schaut sie lange an und antwortet: »Ja, ich kann mich dunkel erinnern. Vielleicht in *Aida*?«

Arila: »Genau, da habe ich mitgewirkt!«

Mr. Dutro: »Kaum zu glauben! So etwas!«

Anschließend ziehen sich die Dutros kurz zurück und machen sich schick für den Besuch beim Italiener. Gemeinsam schweben wir im weißen Rolls Royce zum Restaurant, das nur ein paar Häuserblocks entfernt liegt. Wir hätten auch gut zu Fuß gehen können.

Während des Essens tauschen Arila und Mr. Dutro weiter gemeinsame Ost-Berlin-Erinnerungen aus. Mir wirft Mrs. Dutro immer wieder ganz verliebte Blicke zu und füstert: »I love you, Hans.« Mit großem Hallo gehen wir auseinander. Ich habe die beiden zur Generalprobe übermorgen in die Oper eingeladen.

San Francisco, 23.September 2002

Langsam wird die Zeit knapp. Am Nachmittag fahren wir – Arila, Katrin und ich – nach Berkeley und wandern ein paar Stunden über den Campus. Die beiden

Damen kennen den Ort noch nicht. Für mich schon die nächste Wiederholung. Es ist Zeit, Abschied zu nehmen. Abends packe ich meine Sachen und zeichne ein wenig.

San Francisco, 24. September 2002

Es wird ernst, elegische Stimmung. Bevor ich um 18.00 Uhr zur Generalprobe ins Opernhaus fahre, kaufe ich mir noch zwei stattliche Koffer in einem Laden an Fisherman's Wharf. In den letzten Wochen hat sich soviel bei mir angesammelt – Zeichnungen, Photos, Postkarten, Andenken, Bücher, Geschenke , daß ich die Dinge unmöglich in einem einzigen Koffer verstauen kann.

Im Eingangsbereich des Opernhauses treffe ich Pamela. Als sie erfährt, daß ich morgen, drei Tage vor der Premiere, nach Deutschland zurückfliege, bekommt sie einen Wutanfall und beginnt zu weinen.

»Das ist meine erste Premiere in San Francisco! Wie kannst du mich da allein lassen? Ich finde das unmöglich, absolut unmöglich!« Ich versuche, ihr meine Haltung zu erklären, aber sie sieht in meiner Abreise eine Distanzierung gegenüber ihrer Arbeit und ist tödlich beleidigt. Schmerzlich berührt, versuche ich mich herauszureden, aber letztlich gelingt es mir nicht. Ich sage ihr, daß ich noch nie an einer Premiere teilgenommen habe. »Das glaube ich nicht«, erwidert sie traurig. Hoffentlich kann sie mir irgendwann mein Verhalten verzeihen. Aber ich muß zurück. In Deutschland wartet ein wichtiger Architekturwettbewerb auf mich. In den letzten zehn Jahren war ich noch nie sechs Wochen lang hintereinander verreist.

Am Künstlereingang treffe ich verabredungsgemäß Mrs. und Mr. Dutro und bringe die beiden in den Zuschauerraum. Danach gehe ich im Gartenhof vor dem Opernhaus auf und ab und beobachte die ankommenden Sänger und Musiker. Es herrscht eine leicht nervöse Stimmung, wie immer in dieser Phase. Donald fährt vor, die Sonnenbrille auf der braungebrannten Stirn. Er strahlt, hat gute Laune und freut sich auf das Dirigieren. Dann erscheint Nicolas, dessen Nervosität wieder zugenommen hat. Arila, Katrin, Roy und Dany stoßen zu uns. Nicolas erteilt seine letzten Anweisungen. Ich sehe den *Saint François* zum letzten Mal. Wieder packen mich die Szenen mit dem Engel am meisten. Im Zuschauerraum ist es überaus kalt. Fluch den Klimaanlagen. Mr. und Mrs. Dutro sehe ich nicht wieder. Sie haben sich am Ende still verdrückt. Vielleicht waren sie auch entsetzt über unsere Interpretation und Ästhetik. Das würde mich nicht wundern.

San Francisco, 25. September 2002

Endgültig gepackt und zum Flughafen gefahren. Ich gebe mein Auto ab und checke ein, Rückflug. Morgen bin ich wieder in Deutschland.

Wien

Ein heißer, schwüler Sommertag. Die kleine Propellermaschine schwankt und tanzt durch die Luft wie ein betrunkener Vogel. Unter mir, vom Fenster zu einem ovalen Bild gerahmt, der Flickenteppich der Landschaft.

In einer Höhe von 5,5 Kilometern – teilt uns der Pilot über den Bordlautsprecher mit – beendet die Maschine ihren Steigflug, biegt in eine waagrechte Flugbahn ein und kommt damit langsam zur Ruhe. Manchmal zittert ihr stählerner Leib noch leicht, aber die großen Tanzbewegungen bleiben jetzt aus. Der Blick hinunter auf unsere gepflegte Kulturlandschaft macht mir mal wieder deutlich, daß es bei uns keine Ungeplantheit und Wildheit mehr gibt. Kein Quadratmeter, der nicht von irgend jemandem benutzt würde, der nicht irgend jemandem gehört.

Die Flüsse bewegen sich zielgenau – schnell in geraden Linien oder weiten Bögen durch die Landschaft wie Autobahnen. Nur selten bleibt mein Blick am Mäander eines naturbelassenen Baches hängen. Er läßt sich Zeit, denke ich, macht Umwege, fließt manchmal zurück, als hätte er sich geirrt. Am Ende wird die Einmündung in einen größeren Fluß stehen. Warum also eilig dorthin gelangen? Lieber hier durch die Wiesen schnüffeln, mit kleinen Krebsen und Forellen spielen, über Steine hüpfen, dabei Wellen und weiße Gischt aufwerfen, sehen, wie die Formen in der Sonne glitzern, in romantischen Buchten dösen, dann weiterschlürfen, sich unter den vorstehenden Wurzeln der Weiden und Birken verstecken, Blätter auf sich schwimmen lassen und das Leben genießen.

Die Landschaft bleibt während des ganzen Fluges in ihrem Charakter gleichförmig. Ab und zu ein Gehöft, ein kleines Dorf. Die größeren Städte – München, Salzburg und Linz –, die unterwegs auftauchen könnten, entziehen sich meinen Blicken. Dafür nähern wir uns den Hängen und Gipfeln der Alpen. Auf manchen Felsformationen liegen selbst jetzt im Sommer vereinzelte Schneeflecken. Obwohl ich schon oft nach Wien geflogen bin, habe ich es selten erlebt, daß die Maschine während des Landeanflugs die Innenstadt überquert. Heute erkenne ich deutlich den Hauptbahnhof, den Heldenplatz, das Kunsthistorische Museum, die Hofburg, das Burgtheater, Rathaus und Parlament, Staatsoper und Ringstraße.

Wie modellhaft-harmlos die berühmten Bauwerke aus der Vogelperspektive aussehen! Kinderspielzeug. Die Vorstellung, daß darin ausgewachsene Menschen leben, fällt schwer.

Wie grüne Wolken-Ausdünstungen quellen die Baumreihen der Ringstraße aus dem städtischen Steinmeer hervor. Am Belvederegarten beißen sich meine Augen fest. Von oben wirkt diese barocke Anlage hochmodern, fast wie eine science-fictionhafte Landebahn für Außerirdische. Daß hier Architektur und Landschaft zur Einheit verschmolzen sind, wird in der Vogelperspektive überdeutlich. Eine Ideallandschaft, großzügig in der geometrischen Gestik, ohne die Kleinkariertheit der übrigen Stadt. Ob Mondrian und Malewitsch je solche Gärten von oben sahen? Bei ihrem Anblick hätten sie bestimmt bemerkt, daß sie ihr Leben lang eigentlich Grundrisse und Grundrißstrukturen von Gärten gemalt haben.

Nach der Landung besteige ich den Bus in die Stadt. Allerdings kostet mich das Eindringen in den Businnenraum eine gewisse Überwindung. Die Stoffe der hochlehnigen Sitze sehen aus, als hätten hier schon Generationen von Passagieren ihre Notdurft hineinverrichtet, alles wirkt fleckig, aussätzig und schamlos. Ich bin froh, daß mich mehrere Stoffschichten schützen. Welcher Alptraum, der Berührung nackt ausgeliefert zu sein!

Vor mir entdecke ich Aschenbecher mit der Aufschrift »Rauchen verboten«. Über das rumpelig-krächzende Dröhnen des Bus-Diesel-Motors legt sich bald das nervös-erwartungsvolle Kichern der Insassen. Telefone klingeln, Treffen werden vereinbart. Draußen, vor den Busfenstern, setzt sich langsam die Stadt zusammen, Reklametafeln und Industriebetriebe tauchen auf, dann ein Wald aus dickbauchig-runden Stahlcontainern, gefüllt mit Benzin und Heizöl. Die Stadt selbst stößt mich – wie jedes Mal – zunächst ab, graue Mietshäuser, der tiefe, gemauerte Abgrund, in dem – wie ich weiß – die unsichtbare »blaue Donau« fließt. Erst als die vertrauten Gebäude – der Stephansdom, das Hotel Imperial, die Karlskirchen-kuppel und das Kunstgewerbemuseum – auftauchen, entsteht die Stadt Wien vor meinen Augen, wie ich sie kenne und liebe.

Vom Air Terminal zum Hotel in der Nähe des Naschmarkts nehme ich mir ein Taxi. Zum ersten Mal habe ich einen Muslimfahrer. Mit seinem gewaltigen, schwarzen Vollbart und seinem bodenlangen, weißen Umhangkleid sieht er sehr imposant aus. Problemlos steuert er das Hotel an. Er scheint die Stadt und ihre Straßen gut zu kennen. Während der Fahrt denke ich daran, daß es Zeiten gab, in denen man von Wien sagte: »Hier beginnt der Balkan«, oder : »Hier beginnt der Orient!« Budapest ist nicht weit entfernt, auch Bukarest, Sofia, das Schwarze Meer, Jugoslawien, die Türkei, Konstantinopel-Istanbul.

Einst belagerten Türken die Stadt, dann wieder gab es eine »Türkenmode«, und die Wiener bewunderten alles Orientalische. Aus dieser Stimmung heraus komponierte Mozart seine »Entführung aus dem Serail«.

Mein kleines Appartementzimmer erschreckt mich zunächst, da keine 10 Meter vor dem Fenster im siebten Stock das Nachbarhaus gebaut wird. Die Handwerker hämmern und sägen mit natürlicher Handwerkerfröhlichkeit. Ich werde sehen, ob ich hier bleibe oder mich nach einer Alternative umschauen muß.

Wien, 18.Juli 2003

Morgens gehe ich zum Theater an der Wien hinüber. Der eigentliche Grund meines Aufenthalts ist eine *Idomeneo*-Produktion im Rahmen des Klangbogen-Festivals. Regie führt wieder Nicolas Brieger, auch Alexander ist dabei, nur die Kostüme hat dieses Mal nicht Andrea, sondern Jorge Jara entworfen. Da Wolfgang noch in San Francisco arbeiten muß, kann er in Wien leider nicht die Dramaturgie betreuen, obwohl er Mozartexperte ist und ein dickes Buch über die Opern des Salzburger Genies geschrieben hat.

Im Theater gibt es die üblichen Probleme: Hier klemmt es, dort ist etwas zu kurz, hier muß eine ungewollte Durchsicht geschlossen, dort ein falscher Versprung ausgebessert werden. Beseitigung der Mängel steht auf meinem Zettel.

Das Theater an der Wien gehört zu den Häusern mit großer Geschichte und Tradition, es wurde zwischen 1798 und 1801 unter Mozarts Textdichter, dem Theaterdirektor Emanuel Schikaneder, erbaut. Zunächst gab es schwere musikalische Kost: Hier fand die Uraufführung von Beethovens *Fidelio* statt. Später wurde das Programm seichter, und viele Wiener Operetten von Johann Strauß, Franz von Suppé, Karl Millöcker, Carl Zeller, Franz Lehár und Emmerich Kálmán erlebten hier ihre Uraufführungen. In den letzten Jahren diente es vor allem als Musicalspielstätte, nur in den sommerlichen Theaterferien steht es dem Festival zur Verfügung. Das Alter des Gebäudes und seine Unzerstörtheit haben zur Folge, daß es an allen Ecken klemmt, knirscht und plüschelt. Ich leide als großer Mensch vor allem unter der engen Bestuhlung. Waren die Menschen vor 200

Jahren wirklich nur halb so groß wie ich? Mir kommen die Sitze vor wie eine Bestuhlung im Liliputreich.

Fluchend quäle ich mich durch die Reihen, schlage mir Knie und Schienbein blau, begrüße Nicolas und Alexander, denke mit Grauen an die nächsten Tage. Nur der Gedanke an die Stadt Wien, die sich ringsum ausbreitet, mich mit ihren wunderbaren Gebäuden und Straßen erwartet, entschädigt und beruhigt mich. Die letzten Wochen unserer Produktion stehen bevor, die Beleuchtungszeiten und die Tage mit den sich endlos wiederholenden Schlußproben. Einerseits ist es für mich als Produktionsbeteiligtem ein Privileg, die Oper so oft hören zu dürfen, andererseits können diese Wiederholungen auch zur Qual und Folter werden. Genauso wie für die Sänger und Sängerinnen, die tausendmal die gleichen Schritte und Gesten ausführen, die gleichen Arien singen, die gleichen Emotionen produzieren müssen, als seien sie programmierte Musikautomaten.

Im Arbeitslicht entfaltet mein Bühnenbild – ein zweigeschossiger, weißer Kubus mit zahlreichen Fensteröffnungen, eingefaßt von einer runden, die Drehbühne am äußeren Rand umgreifenden Mauerrampe – keine große Wirkung. Ich baue, wie immer, stark auf die Lichtkünste von Alexander.

Nach zwei Stunden weiß ich nicht mehr, wie ich sitzen soll, stehe auf, wandere so gut es geht die Gänge auf und ab. Mein Blick schwenkt durch den Zuschauerraum und sucht die Details der Rangbrüstungen ab. Ich muß schon zugeben, daß diese alten Theater einen rätselhaften Zauber verströmen. Wodurch entsteht der Zauber? Die Farben, das gelbliche Beige der Wände und Brüstungen, die Goldverzierungen, das dunkle Rot der Bodenteppiche und Sitzbezüge, der figürliche Bauschmuck und der mythologische Zierat haben bestimmt einen großen Anteil daran. Darüber hinaus scheinen mir die zahlreichen, sichtbaren kleinen Lichtquellen, die natürlich an einstige warme Kerzenbeleuchtung erinnern, einen wichtigen Beitrag zur Raumatmosphäre zu leisten. Für den Gesamteindruck ist jedoch vor allem die Grundform des Zuschauerraums entscheidend: Sie hat die Tendenz zum geschlossenen Kreis, nur ein Segment bleibt für den Ausblick auf die Bühne offen.

Hier, in dieser vier- bis fünfgeschossigen, schloßhofartigen Höhle versammelte sich früher eine Gesellschaft, um sich selbst zu betrachten und zu bewundern, deswegen wenden sich vor allem die beiden seitlichen Rangbalkone gegenseitig zu und haben kaum Sichtbezug zur Bühne. Die Theater- und Operndarbietungen geschahen nur beiläufig, am Rand, bildeten die Untermalungs- und Filmmusik der gesellschaftlichen Versammlung.

Wenn, wie heute, alle Zuschauersitze Richtung Bühne ausgerichtet werden, starren die Zuschauer nur noch auf das Theatergeschehen und nehmen sich gegenseitig ausschließlich als störende Hinterköpfe wahr. Dafür werden die Pausen immer wichtiger. Das allgemeine Anschauen geschieht im Foyer, aber es bleibt auch hier distanziert, voyeuristisch. Man kennt sich nicht. Im Grunde eine Versammlung Fremder.

Die eigentlichen Proben fanden während der letzten Wochen in einer großen Halle statt, die auf dem Gelände der ehemaligen Wiener Filmstudios, weit draußen, hinter Schönbrunn, liegt. Ich war einige Male dort und habe zugeschaut. Für mich ist das immer eine langweilige Zeit, weil ich passiv dabeisitze und wenig Kreatives zur Arbeit beitragen kann. Meine Assistentin Valerie – eine junge Architektin und Bühnenbildnerin aus München – hat mich gut vertreten und unseren anspruchsvollen Regisseur mit Requisiten, Stühlen, passenden Tischen und Netzen versorgt. Jeden Tag kamen, wie sie mir erzählt hat, neue Dinge dazu, andere entfielen. Wie das so ist!

Nach meiner Wanderung durch das Theater an der Wien und meinen Reflexionen über den Charme alter Opernhäuser gehe ich noch einmal auf die Bühne, spreche mit den Arbeitern, bringe zum wiederholten Mal meine Kritikpunkte vor. Immer, wenn ich auf diese Bühne komme, bin ich entsetzt über die räumliche Beengtheit, es gibt weder links noch rechts eine Seitenbühne, nur hinten, im Anlieferungsbereich öffnet sich ein gewisser Stauraum. Aber auch er entspricht in keiner Weise heutigen Erfordernissen. Die Beengtheit hat zur Folge, daß in diesem Theater nur en suite gespielt werden kann. Ein normaler Theaterbetrieb mit täglich wechselnden Stücken wäre undenkbar.

Am hinteren Ausgang, dem Anliefertor, sitzen immer die gleichen Leute, Männer in verschlissenen Overalls, dickbäuchig und rauchend. In breitem Wiener Slang unterhalten sie sich über Politik, Fußball, Autos, die schlechten Arbeitsbedingungen, das kaputte Kreuz, den letzten oder nächsten Urlaub, die Sänger, den Regisseur ... Ich denke sofort an Helmut Qualtinger und seinen *Herrn Karl*. Es sind genauso schroffe, nörgelnd-besserwisserische Typen, die ihre fremdenfeindlichen Sprüche klopfen und alles Übel der Welt, ihr eigenes Unglück eingeschlossen, den »Tschuschen« und den »Piefkes« – das sind wir Deutsche – in die Schuhe schieben. Wer hier hochdeutsch redet, hat bei diesen Arbeitern keinen guten Stand. Gott sei Dank gibt es einen sympathisch-toleranten Bühnenmeister und einen welterfahrenen technischen Betreuer, die zwischen mir und der Crew vermitteln. Wer weiß, was sie über mich sagen, wenn ich das Haus verlassen habe ...

Ja, Wien kann das Paradies sein, wenn man Erfolg hat oder nur zum Genießen in die Stadt gekommen ist, aber es wird zur Hölle, wenn man den Erwartungen nicht entspricht, in das Räderwerk der Kritik gerät und von diversen Zeitungen vernichtet wird. Österreich ist mit seinen 8,1 Millionen Einwohnern ein so winziges Land – fast könnte man von einem Dorf sprechen –, daß niemandem, keinem einzigen Bewohner, etwas zu entgehen scheint. Jeder hat eine Meinung und meist nicht die beste.

Ich denke an Thomas Bernhard und seine Österreich-Beschimpfungen, aber auch an die wortreiche Elfriede Jelinek. Fast alle bedeutenden österreichischen Dichter und Schriftstellerinnen litten und leiden an ihrem Heimatland und lieben es trotzdem. Die Haßliebe scheint ein wesentliches Charakteristikum der Österreicher zu sein.

Ich kenne Wien bestimmt seit 30 Jahren. An meinen ersten Aufenthalt kann ich mich nicht mehr erinnern. Vielleicht liegt er noch länger zurück. Schon immer haben mich der konservative Charme, die Musik- und Theaterbesessenheit der Wiener und der Wien-Touristen beeindruckt.

Im Laufe der Zeit habe ich fast alle Museen, Gedenkhäuser und Gedenkräume – von Mozart, Beethoven, Schubert, Brahms, Freud, Loos, Schönberg und Krenek –, alle öffentlich zugänglichen Stadtpalais, Schlösser und Gärten besucht. Wahrscheinlich pflegt keine andere Stadt der Welt ihre kulturelle Vergangenheit so liebevoll-begeistert wie Wien. An jedem dritten Haus hängt eine Gedenktafel, die an Schnitzler, Hofmannsthal, Grillparzer, Nestroy, Mahler, Berg, Zemlinsky oder Sissi erinnert. Zwischen Staatsoper und Theater an der Wien wurde ein »Walk of Fame« nach dem Vorbild Hollywoods eingerichtet, allerdings verläuft er teilweise unterirdisch in einer langen Fußgängerunterführung und wurde damit ins städtische Unterbewußtsein verdrängt. In der Stadt Sigmund Freuds eine durchaus passende Idee.

Es gibt für mich inzwischen bestimmte Wege, die ich fast rituell abschreite. Heute gehe ich an der Theaterlängsseite die kurze Millöckergasse bis zur linken Wienzeile hoch und nehme mir den Naschmarkt vor. Alle Märkte ziehen mich magisch an. Der über 500 Meter lange, von provisorisch wirkenden Buden gesäumte Naschmarkt – bestimmt der schönste und malerischste der 27 Märkte Wiens – gehört neben dem Markt von Tel Aviv zu meinen Favoriten weltweit.

Ich mische mich unter die mit Körben behängten, einkaufenden Hausfrauen und Hausmänner, die Touristen aus aller Welt und bestaune bunt glänzendes, aufgetürmtes Obst und Gemüse. Jede Auslage wirkt wie eine Naturausstellung, geometrisiert durch Kisten, Schachteln und Kartons. Jede Kiste mit ihrer Füllung sieht aus wie ein verkleinertes Feld. Hinter den Auslagen stehen die Verkäufer und Verkäuferinnen aus Jugoslawien, Ungarn, Griechenland, der Türkei und Österreich. Manche preisen ihre Waren laut an, andere stehen bescheiden im Schatten der ausgefahrenen Markisen. Zwischen die Obst- und Gemüsestände schieben sich Käse- und Gewürzhändler. Am Kopfende des Marktes, in der Nähe der Secession, glitzern auf weißen Eisbergen die glatten, beschuppten Leiber der toten Fische. Riesige Augen glotzen mich an. Würde ich mein Ohr ganz nah an die weit offen stehenden Mäuler halten, könnte ich vielleicht noch die Brandung des Meeres oder die Schreie der Möwen hören.

Samstags wandere ich auch gerne über den sich im Süden, bei der Kettenbrückengasse anschließenden Bauernmarkt. Hier geht es deftiger, Breughelhafter zu: Blut- und Leberwürste, gefüllte Gänsehälse und Speck werden feilgeboten, dazu selbstgebrannte Obstschnäpse.

Noch südlicher, Richtung Schönbrunn schließt sich am Wochenende ein Floh- und Sperrmüllmarkt an, auf dem abenteuerliche Möbel, Alltagsgegenstände, Koffer und Lampen auf Käufer warten.

Nachts sind die Buden mit Toren verschlossen. Das fahle Licht einzelner Neonröhren rieselt über die parallelen Blechwellenlinien, läßt den Markt abweisend und mit seinen gesenkten Metallidern tief schlafend wirken. Kaum zu glauben, daß das erstorbene Leben am nächsten Tag wieder erwachen wird. Hoffentlich bleibt der Markt noch lange erhalten. In den 1920er Jahren gab es schon einmal städtebauliche Bestrebungen, alle grünen Buden abreißen zu lassen und statt dessen einen Prachtboulevard von der Staatsoper bis nach Schönbrunn anzulegen. Heftiger Widerstand der Händler und Anwohner führte dazu, daß der Plan schließlich aufgegeben wurde.

Zum hundertsten Mal stehe ich heute an der Kreuzung Wienzeile-Getreidemarkt-Friedrichstraße und bewundere die goldene Blattkugel, die Joseph Olbrich seiner Secession 1898 aufgesetzt hat. Auf genial überraschende Weise variiert er das Thema »Kuppel« neu. Wenn man Richtung Akademie der Bildenden Künste weitergeht und zurückblickt, steht die Blattkugel irgendwann genau vor Fischer-von-Erlachs Karlskirchen-Kuppel, die sich am anderen Ende des leider heute vollkommen verbauten Karlsplatzes erhebt. Klassische Barockkuppel und Blattkugel verschmelzen zur Einheit, fast sieht es so aus, als ginge die Barockkuppel mit der Jugendstilkugel schwanger.

Kreis und Kugel sind die vollkommensten Formen, die wir kennen. Da sich alle Gestirne (natürlich auch die Erde selbst und viele Früchte, die sie hervorbringt) der Kugelform annähern, verweist jede Kugel-Kuppel in kosmische Dimensionen. Im Reiseführer lese ich, daß die Blattkugel mit vergrößerten, goldenen Lorbeerblättern aus Metall belegt ist und vom Volksmund »goldener Krautkopf« genannt wird. Eine durchaus verständliche Bezeichnung für eine stilisierte Naturform, die in der Nähe des Naschmarkts liegt. Vielleicht sahen und sehen die Gemüse- und Obsthändler in Olbrichs Goldblatt-Kugel auch eine Verherrlichung ihres Marktes – ein Naschmarkt-Denkmal –, wer weiß. Ob sie je den Satz, der ebenfalls in goldenen Lettern unter der Kuppel verewigt wurde, gelesen haben?

»Der Zeit ihre Kunst / Der Kunst ihre Freiheit.« Vielleicht denken sie auch eher: »Der Zeit ihren Krautkopf / Dem Krautkopf seine Freiheit.«

Das klingt nicht sehr geistreich, aber als (neuerfundenes) Wittgensteinsches Sprachspiel könnte man den Satz passieren lassen, denke ich.

Das Gebäude und die Kuppel der Secession wurden 1945 stark beschädigt und in den chaotischen Nachkriegswirren weiter zerstört und geplündert. Wer weiß, wo sich heute noch Originalblätter der Urkugel befinden, vielleicht in Nowosibirsk oder Alma Ata, in Sankt Petersburg oder Moskau? Die Instandsetzung dauerte bis 1964.

Ich gehe weiter Richtung Norden, allerdings ohne in die Unterführung mit dem erwähnten »Walk of Fame« hinunterzusteigen. Auch den Karlsplatz lasse ich mit einer gewissen Verachtung rechts liegen und kann es noch immer nicht fassen, daß in der Stadt Otto Wagners, der die schönsten Wiener Stadtbahn-Stationen, Gebäude und Plätze gebaut hat, so etwas passieren konnte (es gibt von ihm auch für diese Region eine Planung, die nicht berücksichtigt wurde). Der unförmige Brei aus Straßen, Fußgängerzonen, Schienentrassen, Unterführungen, Parkfragmenten und Ausstellungspavillons gehört zu den schlimmsten innerstädtischen Schlachtfeldern, die ich kenne. Hier wurden in der Nachkriegszeit die hehren Ziele des Städtebaus dem Verkehr und anderen notwendigen Funktionen geopfert. Ein Denkmal der Unschlüssigkeit, der Hilflosigkeit und der Selbstlähmung durch demokratische Prozesse. Jede Interessensgruppe scheint sich hier in gleicher Weise durchgesetzt zu haben! Das war in der Zeit, als die Staatsoper gebaut wurde, anders. Damals gab es noch die Monarchie, und Kaiser Franz Joseph verkörperte die letzte, konservativste Instanz.

Natürlich kann sich auch diese Instanz irren. Mit Schaudern denke ich jetzt, als ich den Opernring betrete und die Staatsoper so pompös und eindrucksvoll vor mir auftauchen sehe, an jene Ereignisse, die dazu führten, daß sich einer der beiden Gebäudearchitekten – Eduard van der Nüll – das Leben nahm. Und das alles nur, weil Kaiser Franz Joseph den Kopf schüttelte und sein Mißfallen gegenüber dem Neubau kundtat.

Leider muß ich dem alten Kaiser widersprechen und ihm nachrufen, er habe sich geirrt. Der Bau der Staatsoper ist durchaus gelungen und steht auch heute noch wohlproportioniert, stattlich und stilvollendet am Wiener Opernring! Gewiß, das ist keine Heldentat der Moderne, aber wir befinden uns in der zweiten Hälfte des 19.Jahrhunderts, in der Hochzeit des Historismus. Die Architekten konnten sich damals fast aller vergangenen Baustile bedienen, wichtig war nur, daß diese klar und deutlich ablesbar waren. Unsere beiden damals berühmten und vielbeschäftigten, unglücklichen Wiener Architekten – außer Eduard van der Nüll war es noch sein Kompagnon August von Siccardsburg, der übrigens die Einweihung der Staatsoper auch nur zwei Monate überlebte und an Herzversagen starb – bedienten sich reichlich im Supermarkt der Architekturgeschichte und zitierten Motive aus Romanik, italienischer und französischer Renaissance. Manchmal kommen mir die Natursteinbögen auch maurisch oder türkisch vor. Ägyptisches und Gotisches taucht weniger auf. Durch das tonnengewölbte Hauptdach überwiegt für mich ein leicht französischer Touch und damit ein gewisser romanischer Charme. Vielleicht war dem Kaiser und seinen Zeitgenossen das Gebäude insgesamt, trotz der vielen Zitate, zu eigenwillig und damit zu fremd. Von heute aus gesehen hat es durch seine Strenge sogar moderne Züge. Motive der neu aufkommenden Funktionsbauten »Bahnhof« und »Kaufhaus« klingen an.

Eine beliebte Kritik der Wiener lautete damals: »Der Bau sieht ja aus wie eine versunkene Kiste!« Wobei angefügt werden muß, daß tatsächlich das Niveau der Ringstraße, die ja gleichzeitig entstand, während der Bauarbeiten um 1 Meter angehoben wurde und dem Staatsopernbau die Sockelzone wegfraß. Vielleicht wollte der Kaiser einfach nur eine Art Schloß, ein Schönbrunn für die Oper, warum nicht?! Oder erwartete er mehr einen Tempel der Kunst, mit Säulenreihungen und Tympanon?

Mit der pompösen, kaisergefälligen Formensprache tat sich der berühmteste Architekt seiner Zeit, der Deutsche Gottfried Semper, später etwas leichter, seine Gebäude am Heldenplatz befremdeten den schnauzbärtigen Monarchen wohl nicht so sehr. Jedenfalls überlebte Semper seine Wiener Abenteuer und wurde kein Opfer der bissigen, ewig gestrigen, alles besserwissenden Wiener Bürger. Ich stehe dem Operngebäude gegenüber, mein Blick schwenkt über die Fassade, hoch zu den bronzenen Reitern, die links und rechts der Eingangsfassade das Gebäude zu bewachen scheinen.

Hoffentlich springen die Pferde nicht, denke ich heute, sie würden hart auf dem Opernvorplatz landen, in tausend Stücke zerbrechen und möglicherweise unschuldige, zufällig vorbeigehende Passanten erschlagen. Dann hätten die Zeitungen wieder wochenlang Stoff, um über die schlechten Befestigungen der Skulpturen zu berichten. Wahrscheinlich stammen die verdächtigen Dübel aus russisch-türkisch-vietnamesischer Billigproduktion. Man hätte es wissen müssen. Man hätte es wissen müssen ... Diese »Tschuschen«, und überhaupt sollte man jetzt endlich einmal durchgreifen ... Herr Karl hatte durchaus recht ...

Die Tradition, in Fassaden von Häusern, Palästen und Kirchen figürliche Plastiken zu integrieren, ist uralt. Tierdarstellungen sieht man fast zu allen Zeiten über Türen und Toren. Da man dort keine realen Menschen und Tiere abstellen konnte, übertrug man Bildhauern die Aufgabe, sie in Stein zu meißeln. Mythologie, Religion, Justiz und Theater dienten als Anregungsquelle. Schade, daß diese Tradition verlorengegangen ist, aber dafür haben wir ja heute die Disney-Worlds, den Prater und die Leuchtreklamen der Werbung!

Gegen Ende des Zweiten Weltkriegs wurde die Staatsoper von mehreren Bomben getroffen und schwer zerstört. Zehn Jahre lang dauerten die Instandsetzung und Renovierung. In dieser Zeit diente das Theater an der Wien als Ausweichquartier. Am 5.November 1955 wurde das Haus mit Ludwig van Beethovens *Fidelio* neu eröffnet.

Während ich hier stehe und ab und zu ein Photo mache, erinnere ich mich an die beiden eigenen Bühnenbildarbeiten, die ich in diesem berühmtesten aller Opernhäuser der Welt realisieren konnte. Beide Male führte Ruth Berghaus Regie. 1986 brachten wir zum 60. Geburtstag von Hans Werner Henze sein Ballett *Orpheus* heraus, und vier Jahre später wurde *Fierrabras*, eine bis zu diesem Zeitpunkt weitgehend unbekannte Schubert-Oper, aus dem Theater an der Wien hierher übernommen. Claudio Abbado dirigierte.

Natürlich fanden zu beiden Produktionen zahlreiche Vorbereitungsgespräche in Wien statt. Mit Henze trafen wir uns in Cafés in der Nähe der Staatsoper, allerdings nie im Sacher.

Das erste Zusammentreffen mit Claudio Abbado fand in seinem Staatsopern-Direktionszimmer statt. Mir ist es bis heute in lebhafter Erinnerung, weil mich die fast ungelenke Bescheidenheit des damals berühmtesten Dirigenten der Welt verblüffte.

Eine freundliche Vorzimmerdame nahm uns – Ruth Berghaus, Marie-Luise Strandt und mich – in Empfang und meldete, leise an die gepolsterte Direktionstür klopfend, unser Eintreffen an. Ohne weitere Wartezeit wurden wir vorgelassen. Abbado stand hinter seinem Schreibtisch auf, kam uns mit großen Schritten entgegen, begrüßte zunächst Ruth, die er schon länger kannte, dann Marie-Luise, auch sie kannte er von früheren Begegnungen, und schließlich gab er mir die Hand, verbeugte sich leicht und stellte sich wie ein Unbekannter vor, wahrscheinlich, weil er mich in diesem Moment zum ersten Mal sah: »Abbado«, sagte er flüsternd.

Lächelnd und etwas verunsichert, erwiderte ich, »Ich weiß, wer Sie sind. Jeder kennt Sie.«

Er schmunzelte verschmitzt und bat uns, Platz zu nehmen.Diese bescheiden-zurückhaltende Art behielt er die ganze Produktionszeit über bei. Ein großer, bewundernswerter Mann und Künstler, der nicht viel Aufhebens um seine Person machte. Wahrscheinlich viel zu schade für eine Stadt wie Wien, die sehr auf Äußerlichkeiten, Intrigen und falschen Schein ausgerichtet ist.

Mein nächstes Ziel ist das Museumsquartier. Auf dem Weg komme ich an einem monumentalen Goethedenkmal vorbei. Der große Weimarer Dichterfürst sitzt lässig und bequem in einem Lehnstuhl. Fast scheint es so, als hätte der Bildhauer Edmund Hellmer Mitleid mit ihm gehabt: Genug gedichtet, genug geliebt – jetzt darf sich Goethe für die nächsten Jahrhunderte ausruhen. So gesehen, kann ich die berüchtigten Wiener Kritiker verstehen, die nach der Enthüllung des Monuments im Jahr 1900 den lässigen Umgang mit dem Olympier rügten.

Ich stelle mich vor dem Denkmal auf, betrachte die Granitstufen und den Granitsockel mit der einfachen, in der Tat etwas ruppigen Aufschrift »Goethe«. Sonst nichts, keine Lebensdaten, kein Zitat, keine Ruhmesbekundungen. Natürlich weiß ich nicht, was in Goethes Bronzekopf vor sich geht. Ob er lieber in Wien Kunst studiert hätte statt in Leipzig Juristerei. Wer weiß es? Andererseits stand das Gebäude der Wiener Kunstakademie zu Goethes Zeiten überhaupt noch nicht. Das merkwürdigste Ereignis, das sich Jahre nach Goethes Tod hier abgespielt hat, konnte er noch nicht kennen. An irgendeinem Tag im Jahr 1907 oder 1908 geht ein junger Mann aus Braunau namens Adolf Hitler die Stufen zu dieser Akademie der Künste hoch und überreicht dem Pedell seine Bewerbungsmappe. Monate später holt er sie enttäuscht wieder ab, er war nicht zum Kunststudium zugelassen worden.

Ein denkwürdiges Ereignis der Weltgeschichte, denn hätten sich die Professoren damals erbarmt, wäre dem 20. Jahrhundert viel an Schicksalsrache und Grauen erspart worden, aber diese Weitsicht konnte man von den noch ganz auf den akademisch-strengen Könnenskanon achtenden Professoren nicht verlangen. Hier ging es ja um hohe Kunst und nicht um die Postkartenbilder im Stil eines schmalen Talents!

Dieses schmale Talent entwickelte sich Jahre später zu einem der größten, skrupellosesten, zynischsten und erfolgreichsten Destruktivisten der Menschheitsgeschichte, auf dessen Konto, neben zerstörten Landschaften und Städten, 50 000 000 Tote gingen.

Ich gehe weiter an den schwarz lackierten Gußeisenstangen des Burggarten-Zauns entlang und stehe wenig später vor einem marmornen Mozartdenkmal, das hier unter großen, üppigen Kastanienbäumen auf seine Verehrer wartet. Im Gegensatz zu Goethe, den niemand beachtet, muß ich bei Mozart nicht lange warten, und schon ist er umlagert von einer japanischen Touristengruppe. Ja, denke

ich, so einen wie Mozart gab es in Japan nicht. Lebten und arbeiteten dort überhaupt Komponisten, oder hat das Land nur bienenfleißige Interpreten klassischer Musik, die alle mit großem Eifer am Wiener Konservatorium studiert haben, hervorgebracht?

Jetzt posieren einige Japanerinnen lächelnd auf der untersten Stufe des Denkmalsockels, um von ihren Begleitern photographiert zu werden. Wie wir wissen, sind Japaner auf diesem Gebiet große Meister. Ja, Photoapparate können sie bauen, da gibt es keine Zweifel! Warum photographieren sie sich hier? Wollen sie nur ihre Photoapparate vorführen, oder wollen sie auf dem Photo dokumentieren, daß sie Mozart persönlich begegnet sind? Ist es Größenwahn oder nur dieser merkwürdiger Kitzel »Amadeus ... Amadeus ... Amadeus ...?«

Ich und Wolfgang Amadeus Mozart, ich war ihm ganz nahe, sehr nahe, habe beinahe seinen Körper berührt, wenn auch nur in effigie ... heute abend werde ich – nach einem Konzertbesuch – beim Fernsehen im Hotelzimmer Mozartkugeln zerkauen und runterschlucken. Schokoladenkannibalismus!

Beim Hören von Musik, auch der Musik Mozarts, kommt es zu einer ähnlichen Verschmelzung zwischen dem Ich und der gehörten Musik. Die Töne dringen in den Körper ein wie bei der sexuellen Vereinigung. Ob diese von mir beobachteten Japaner und Japanerinnen solche tiefschürfenden Gedanken haben oder haben werden, sei dahingestellt, der Vorgang des Photographiertwerdens vor dem Denkmal Mozarts bleibt animistisch-kannibalistisch.

So, jetzt drehe ich mich um und lasse die berühmteste Straße Wiens, vielleicht sogar Europas, auf mich wirken: die Ringstraße! Für mich ist sie genauso ein Mythos wie die Champs-Elysées oder die Berliner Straße Unter den Linden. Im Gegensatz zu Paris, wo alle Boulevards schnurgerade geplant wurden, liegt im Gebogensein, im runden Verlauf, im Ring die unverwechselbare Eigenart dieser Prachtstraße. Allerdings ergab sich die Form aus den vorhandenen Festungsanlagen und wurde nicht künstlich geplant. Mitte des 19.Jahrhunderts hatten die alten Wälle, Glacis und Festungsmauern keinen militärischen Sinn mehr. Sie standen der Ausdehnung der völlig überbevölkerten Stadt im Weg. Nach jahrelangen Diskussionen ordnete Kaiser Franz Joseph im Dezember 1857 die Schleifung der Ringmauern an und gab damit den Startschuß zu einem der bedeutendsten Stadtbauprojekte jener Zeit. Viele Architekten – unter ihnen auch Siccardsburg und van der Nüll – beteiligten sich an der Planung. Ein teilweise doppelter, parallel laufender Ring aus Reit- und Flanieralleen wurde angelegt, dazu kam eine sogenannte Lastenstraße. Als erster größerer Bau entstand ab 1861 das Opernhaus.

Mitglieder des Kaiserhauses errichteten entlang der Ringstraße ihre Palais mit dem Ziel, das reiche Bürgertum zu ähnlichen Aktivitäten anzuregen. Obwohl sich die Bautätigkeiten am Prachtboulevard bis nach 1900 hinzogen, wurde das Gesamtkunstwerk bereits am 1.Mai 1865 mit einer pompösen Staatsaktion feierlich eingeweiht. Der Erfolg war überwältigend. Die Straße löste eine Welle der Begeisterung in ganz Europa aus. Alle Fürsten, Bürgermeister und Architekten waren hingerissen und wollten in ihrer Stadt, in ihrem Land, in ihrer Gemeinde jetzt auch eine Ringstraße installieren. Eine neue städtebauliche Mode war entstanden.

Selbst in kleineren Städten wie Ulm und Biberach gibt es heute noch Ringstraßen, die hier Olgastraße und Bismarckring heißen. Aber das Vorbild bleibt natürlich überall unerreicht. Wer hat schon die Möglichkeit, eine Straße mit 57 Metern Breite, mehreren Alleebaumreihen und 4,5 Kilometer Länge bei sich anzulegen? Natürlich dachte man in Wien neben der Prachtentfaltung auch an unruhige Zeiten und ging davon aus, daß mögliche Revolutionäre keine Barrikaden in dieser Größenordung errichten können.

Ich schaue mich um und wundere mich, daß all diese Bäume eigentlich ganz gut aussehen, trotz des ununterbrochenen Verkehrs und der nicht üppigen Sonneneinstrahlung. Wahrscheinlich werden sie alle künstlich gewässert, eine hohe Lebenserwartung haben sie bestimmt nicht. Wie oft mußte man die Bäume bereits erneuern? Ich weiß es nicht.

Die seitliche Bebauung übersteigt – wie in Paris – nie fünf oder sechs Geschosse. An den Fassaden sammeln sich, wie an der Staatsoper, Formzitate aus allen Baustilen, die damals als schön und repräsentativ galten: Griechisch-Römisches, Gotisches, Renaissanciges und Barockes. In jedem Fall sollten leere Fassadenflächen vermieden werden, sie galten als ärmlich und damit proletarisch!

Auf dem Stadtplan sehe ich, daß die Ringstraße eigentlich überhaupt nicht Ringstraße heißt. Etwas irritiert lese ich die Namen der einzelnen Abschnitte: Schottenring, Dr.-Karl-Lueger-Ring, Burgring, Opernring, Kärntner Ring, Schubertring, Parkring und Stubenring. Wer hatte diese unglückliche Idee? Es kommt mir so vor, als hätte man bei diesen Namensgebungen die grandiose städtebauliche Idee zerstückelt und zerstört! Der Mythos »Ringstraße« eine Fiktion?

Außerdem entdecke ich jetzt, daß der Ring im Grunde kein ganzer, geschlossener Ring ist, da im Nordosten das letzte, kurze Stück vom eingesunkenen Donaukanal gebildet wird und daß der ihn begleitende Franz-Josephs-Kai eine gegenläufige, fast zerstörerische Bogenbewegung beschreibt.

Zur Rettung meiner positiven Gedanken bemerke ich beim genauen Blick auf den Stadtplan, daß die Form des nicht ganz vollendeten Rings dem Grundriß alter Opernhäuser entspricht, an Stelle des Donaukanals befände sich hier die Bühne. Plötzlich denke ich an Richard Wagners *Ring des Nibelungen*, der ja gleichzeitig entstanden ist. Der »Ring« lag in der Luft, so scheint es. Daß der Wiener Ring, im Gegensatz zu Wagners »Ring«, unvollendet blieb, eine Öffnung, ein Tor nach draußen besaß, erweist sich von heute aus gesehen als visionär. Und wenn man bedenkt, daß die Öffnung nach Nordosten zeigt, also nicht zurück in die Vergangenheit, in die Makartsche Ringstraßen-Romantik oder nach Schönbrunn, sondern in die Zukunft der Stadt mit UNO-City und Donaupark, staunt man über den (zufälligen) Weitblick der Planer.

Ja, man ist in der Stadt nicht vollkommen gegen alles Neue, es sollte nur außerhalb des Rings liegen, möglichst weit weg, am Horizont, dort, wo nicht jeden Tag der nostalgische Blick darauf fällt, während man im Kaffeehaus seinen Braunen mit Schlagobers trinkt, in seinem Beisl oder beim Heurigen sitzt.

Mit den Klängen von »Siegfrieds Tod« im Ohr überquere ich den Maria-Theresia-Platz, lasse das Kunsthistorische Museum und das Naturkundemuseum links und rechts liegen, kreuze den Museumsplatz und trete durch ein Torhaus in die ehemaligen barocken Hofstallungen ein, die in den letzten Jahren zum modernen Museumsquartier umgebaut worden sind. Die Eröffnung des weltweit größten Museumsareals fand 2001 statt.

Es ist nicht mein erster Besuch in diesem weitläufigen, verkehrsfreien Innenhof, der sich mit seinen neuen Museen wie eine zweite Stadt vor mir öffnet. Auch heute bin ich beeindruckt von der Strenge der Ausstellungskuben, die sich trotzdem leicht und spielerisch über den langgezogenen, rechteckigen Gesamtplatz verteilen. Es war eine glückliche Entscheidung der Jury, 1990 die einstigen Wiener Avantgardearchitekten Laurids und Manfred Ortner – »Haus-Rucker-Co« –, die sich heute »Ortner und Ortner« nennen, den ersten Preis zu verleihen. In der zweiten Hälfte des 20.Jahrhunderts gab es in keiner Stadt der Welt so viele architektonische Avantgardegruppen wie in Wien. Als Architekturstudent in

Hannover und später in Stuttgart zwischen 1965 und 1970 schaute ich immer wieder bewundernd in Zeitschriften nach, welche gewagten Ideen dort entwickelt wurden. »Haus-Rucker-Co« zeichneten Wolkentreppen, Attrappenwände, künstliche Landschaften und provisorische Platzinstallationen, die mich begeisterten. Ihre Gegenspieler, die Gruppe »Coop Himmelb(l)au«, baute Pneustrukturen und Wolkenzelte, die aus Science-fiction-Filmen zu stammen schienen. Andere Formationen hießen »Zünd-up« und »Missing Link«.

Es war eine Bewegung, die viel mit Popmusik (daher auch die Gruppenbildungen) und Pop-Art zu tun hatte. Die neuen Architekten wollten sein wie ihre englisch-amerikanischen Musikervorbilder – die »Beatles«, die »Rolling Stones«, Jimy Hendrix oder Janis Joplin. Neben den Architekturgruppen gab es in Wien auch noch Einzelkämpfer, die mit ähnlichen Mitteln das banale Einerlei der langweiligen Stadtarchitektur – Wien war für sie eine typische Rentnerstadt – bekämpfen wollten. Die »Coop«-Leute prägten den eher fragwürdig provozierenden Satz: »Architektur muß brennen«. Wahrscheinlich meinten sie: Architektur müsse leidenschaftlich und emotional aufgeladen, vielleicht auch expressiv sein! Hans Hollein und Walter Pichler vertraten mehr die düster-rituelle, archaisch-nekrophile Richtung und entsprachen damit der Wiener Seele fast noch mehr, wie ich finde! Hans Hollein inszenierte eine Ausstellung über den »Tod« in Mönchengladbach, die er später mit Variationen auf der Biennale in Venedig wiederholte. Er propagierte eine zweckfreie Architektur. Beide Künstler-Architekten sahen ihre Entwürfe als Kampfansagen gegen den reinen Funktionalismus.

Mehrfach fuhr ich in den 60er und 70er Jahren allein oder mit Freunden nach Wien, schaute mir Ausstellungen in der Galerie nächst Sankt Stephan an und bewunderte Monsignore Maurer, den Dompropst von Sankt Stephan, der sich mutig und selbstlos für die neue Richtung einsetzte.

Günther Feuerstein, ein anderer Propagandist der neuen Richtung, der mit seinen »Clubseminaren« berühmt geworden war, veröffentlichte in den Folgejahren auch einige meiner architektonischen Entwürfe und Bühnenbilder in seiner Wiener Zeitschrift *Transparente*.

Erst mit der Berufung des Luxemburgers Rob Krier an die Technische Universität Wiens erhielt die Bewegung einen Hang zur Postmoderne. Merkwürdigerweise lag diese Entwurfs- und Gedankenrichtung nicht ganz auf der Linie der Wiener. Während heute für jeden Interessierten »Coop Himmelb(l)au« ein Begriff ist, kennt keiner mehr Rob Krier mit seinen verspielt-romantisierenden, konservativen Bauphantasien.

Jetzt hatten also die einstigen Vertreter der architektonischen Avantgardebewegung die Möglichkeit erhalten, das größte Moderne-Kunst-Areal der Welt zu bauen. Das ist schon einmalig und großartig!

Zunächst besuche ich im zentralen Wechselausstellungsgebäude, der ehemaligen Reithalle, eine Ausstellung mit dem Titel »Attack«. Kunst und Krieg. Ein unmögliches, unlösbares Thema, wie ich finde. Beide Aspekte sind kaum miteinander zu vereinbaren. Ich denke an meine 11. September-Erlebnisse, an »... America under attack ... America under attack ...«.

Im Treppenhaus wird die Videoprojektion einer Künstlerin aus Tel Aviv gezeigt: Sie steht nackt am Strand und läßt einen Hulahoop-Reifen aus Stacheldraht um ihre Hüften schwingen. Die Haut reißt zunehmend auf, und Blut fließt an ihrem Körper herab. Na ja.

Goya, Picasso, Beckmann und Dix ist es vielleicht noch gelungen, zu diesem Themenkomplex eindrucksvolle Bilder beizutragen. Trotzdem bleibt auch bei ihnen das Problem der Ästhetisierung von Gewalt nicht aus. Jeder, der ein künstlerisches

Bild produziert, berührt den Bereich der »Schönheit«. Aus Grausamkeiten werden so ästhetische Ereignisse. Selbst *Guernica*, das berühmteste aller Kriegsbilder, kann sich dem nicht entziehen, und jeder Betrachter sieht darin – trotz der dargestellten Zerstörungs- und Tötungsereignisse – ein schönes, großartiges Gemälde!

Anschließend gehe ich hinüber zu dem gewaltigen, fast ganz verschlossenen Museumskubus, in dem die »Sammlung Leopold« ausgestellt wird. Zu meiner Freude entdecke ich im Kellergeschoß eine Ausstellung über meinen speziellen Freund Alfred Kubin. Schon seit Jahren wundere ich mich darüber, daß dieser Künstler im allgemeinen Bewußtsein überhaupt keine Rolle mehr spielt. Ich habe seine surreal-gespenstischen Zeichnungen schon als Schüler verehrt und bewundert. Auch heute tragen mich seine Phantasien wieder hinüber auf »die andere Seite«, wie der Titel seines einzigen Romans lautet. Der Regisseur Johannes Schaaf hat den Text vor Jahren in einen poetisch-surrealen Film übersetzt, den ich jetzt gerne auch einmal wieder sehen würde.

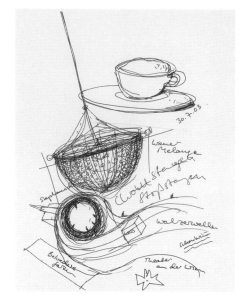

In den oberen Ausstellungsgeschossen begegne ich vielen großartigen Bildern von Klimt, Kokoschka, Gerstl, Boekl und Egon Schiele. Vor allem Klimt, Kokoschka und Schiele spielten für mich früher einmal eine große Rolle. Es muß in den 60er Jahren gewesen sein, als ich eines Tages mit dem Zug von Ulm nach Wien gefahren bin, um mir Originalzeichnungen Egon Schieles in der Albertina anzuschauen. Wahrscheinlich hatte ich mich gerade an der Münchner Universität zum Kunstgeschichtsstudium eingeschrieben. Ich erinnere mich, daß damals Egon Schiele noch als Geheimtip galt und bei weitem nicht so populär war wie heute.

Mutig betrat ich die altehrwürdigen Studiensäle und füllte geduldig die erforderlichen Anträge aus. Unvergeßlich wird mir der Anblick des uniformierten Museumsangestellten bleiben, der mit einem gefüllten Mappenwagen neben mir auftauchte und anschließend die einzelnen Original-Schiele-Zeichnungen und -Aquarelle vor mich hinlegte, diskret einen Schritt zurücktrat und mich überwachend im Auge behielt. Ich beugte mich über die Passepartouts, ohne sie mit der Hand zu berühren, studierte genau Linienführung und Farbauftrag. So war ich ganz dicht dran, fast intim nah an jenen die Obszönität streifenden Frauen- und Mädchendarstellungen, die ich so verehrte. Später ließ ich mir auch noch Klimt- und Kokoschka-Zeichnungen zeigen, staunte dabei nicht schlecht über die Freizügigkeit dieser Künstler. Welcher Mut gehörte damals dazu, intim-erotische Vorgänge so direkt darzustellen! Schiele wurde bekanntlich mehrfach angeklagt und saß sogar einige Tage im Gefängnis.

Kokoschka ist der einzige aus diesem Kreis, den ich persönlich kennenlernte. Das war 1961. Ich war 18 Jahre alt und besuchte die Sommerakademie in Salzburg. Kokoschka hatte sie als »Schule des Sehens« gegründet und kam in jenen Jahren auch täglich hinauf zur Festung, wo Studenten aus aller Welt arbeiten durften. Wir in der Kokoschka-Klasse mußten vor allem Akte malen, nicht in Öl auf Leinwand, sondern mit Wasserfarben auf Papier. In langen Sälen saßen wir im Kreis um einzelne Aktmodelle und mühten uns ab. Zeichnen war verpönt, warum auch immer. Eine Begegnung mit Kokoschka ist mir besonders in Erinnerung geblieben: Ich hatte wieder einmal keine Lust zum Aquarellieren und zeichnete meinen Akt mit Kohle, nahm dann den Pinsel und verschmierte die Figur zu einer schwarzen Silhouette. In dieser Phase trat Kokoschka unbemerkt von hinten an mich heran und sagte vorwurfsvoll: »So, so, ein Schwarzmaler bist du. Komm mal mit!«

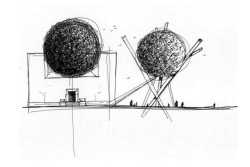

Ich stand auf, er packte mich an den Schultern, drehte mich zum Fenster, riß mich zum Aktmodell herum und dozierte jetzt laut, für alle gut hörbar:

»Na, hast du's jetzt verstand'n?«

»Jaaaa ...!«, murmelte ich kleinlaut, unsicher, ob ich das Richtige verstanden hatte oder nicht. Ehrlich gesagt war mir nicht ganz klar, was er meinte: das Licht, die Schatten, die Bewegung, die Farben? Wahrscheinlich alles zusammen. Es ging um das Sehen, schließlich hieß diese Akademie »Schule des Sehens«! Aber jeder sieht bekanntlich etwas anderes, deswegen kann niemand, auch Kokoschka nicht, seine Art des Sehens auf den anderen übertragen.

Schwarzmaler – das saß. Bestimmt meinte er die Bezeichnung negativ und wollte mich kritisieren. Das wunderte mich um so mehr, da ich einmal in einem Buch über ihn gelesen hatte, daß er sein frühes Wiener Atelier ganz schwarz angemalt hatte, um die Farben seiner Bilder besser wirken zu lassen. Aber ich gebe ja zu: Schwarz und Weiß sind nun mal meine Lieblingsfarben. Ich glaube, daß ich seit diesem Erlebnis mit Kokoschka kaum noch mit Farben experimentiert habe.

Im Alter – immerhin war Oskar Kokoschka zu diesem Zeitpunkt schon 75 Jahre alt – hatte sich der ehemalige Expressionist in einen barocken Impressionisten verwandelt, der Stadtbilder von Wien, Hamburg und Dresden malte, die vor allem aus Farbflecken bestanden. Natürlich bewunderte ich mehr die frühen Werke, seine berühmten Porträts von Adolf Loos, Karl Kraus und Peter Altenberg. Jeder von uns kannte die Geschichte seiner heftigen Liebesbeziehung mit Alma Mahler-Werfel, die er als *Windsbraut* verewigte, ein Bildtitel, den sein Freund Georg Trakl erfunden hatte.

Schon merkwürdig, den einstigen Wildling und Draufgänger als alten, milden Mann zu erleben. Er sah natürlich immer noch imposant aus mit seinem etwas bäuerlichen Gesicht und seinem gewaltigen, jetzt grauhaarigen Schädel. Daß ich sogar die Aufführung eines seiner expressionistischen Stücke – *Orpheus und Eurydike* – im Salzburger Mirabellgarten erleben durfte, war zwar ein Privileg, aber letztlich leider auch ein quälend-furchtbares Erlebnis.

Eines Tages wurde die Aufführung mit Plakaten in den Fluren der Sommerakademie angekündigt. Ich besorgte mir sofort eine Eintrittskarte und war einer

der ersten Gäste an jenem warmen, wolkenlosen Sommerabend. Hinter der zweiten Reihe, in der ich saß, gab es eine Lücke, danach folgten die restlichen Reihen. Langsam füllte sich das Theater, zuletzt kam auch Kokoschka mit seiner Frau Olga und setzte sich direkt hinter mich in die dritte Reihe. Die Aufführung begann. Allmählich wurde mir bewußt – wahrscheinlich ging es allen anderen ebenso –, daß die verquast expressionistische Sprache des jungen Kokoschka nicht mehr erträglich war (war sie es je?). Satz für Satz, Strophe für Strophe schleppte sich die uralte Geschichte dahin. Alles wirkte lächerlich, nicht nur die Darsteller und Darstellerinnen, die den Text bis zum Erbrechen ernst nahmen, sondern auch die Kostüme und Masken. Einzig die Hecken des wunderbaren Gartentheaters blieben, was sie waren, und täuschten kein falsches Pathos vor. Ehrlich gesagt, entpuppte sich die ganze Geschichte als eine einzige Katastrophe. Nach 20 Minuten hörte ich die ersten Menschen hinter mir über den knirschenden Kies fliehen. Ich litt zunehmend, aber mir war die Flucht verwehrt, da ja der Autor direkt hinter mir saß. Als die Vorstellung nach einer guten Stunde überstanden war, merkte ich am tröpfelnden Applaus, daß sich nur noch wenige Zuschauer im Heckentheater befanden. Peinlich berührt verließen wir mit dem Meister zusammen den Ort seines Fiaskos.

Im Museum für Moderne Kunst, das sich im gleichen Quartier befindet, suche ich vor allem nach heutigen Wiener Künstlern. Leider kann ich nicht allzuviel Interessantes entdecken. Im Untergeschoß stoße ich auf alte Bekannte und die Spuren der einstigen Aufbrüche. Da hängen Übermalungsbilder Arnulf Rainers, Blutgemälde Hermann Nitschs, Zeichnungen Walter Pichlers, grausige Photos des Selbstzerstümmelungskünstlers Schwarzkogler, und in eigenen Filmräumen werden die einst aufrührerischen Filme Otto Mühls gezeigt. Mit Schmunzeln denke ich an meine Filmklubzeit während des Architekturstudiums. Oft schauten wir uns die witzig-pornographischen Filme dieses Provokateurs an. Da sah man fröhliche Sexorgien und in allen möglichen Posen, meistens berühmte barocke Brunnen nachstellend, pinkelnde Männer und Frauen. Ja, so war das in den 1960ern!

In der opulenten Museumsbuchhandlung suche ich nach Spuren dieser Zeit und gehe fast ungläubig an der Menge architektonischer Neuerscheinungen entlang. Kaum ein neues Gebäude von Belang, dem nicht sofort eine Veröffentlichung gewidmet wird. Die Avantgarde von heute – Zaha Hadid, Daniel Libeskind, Herzog und de Meuron, Nouvel, Calatrava, Piano – befaßt sich mit Pneus, Schlieren- und Tropfenarchitekturen, stark computerorientiert. Wie modisch doch Architektur (geworden) ist, denke ich, wie flüchtig ihre Gedanken, Seifenblasen, Wolken, die erscheinen und im nächsten Moment wieder verschwunden sind! Ob sich für alle Bücher Käufer finden? Ich kann es kaum glauben! Die einstigen Avantgardezeiten sind mit keiner einzigen Veröffentlichung präsent, vergessen und vorbei. Schmerzliches Gefühl der Vergeblichkeit. Wozu war das alles gut, wenn es im heutigen Bewußtsein keine Rolle mehr spielt? Gewiß »Coop Himmelb(l)au« gibt es heute immer noch. Sie bauen riesige Komplexe auf der ganzen Welt, in München, Dresden und Los Angeles. Der alte Schwung, die alte Wut hat sich erhalten. Sind sie gar die Klassiker von heute? Wie wird die nächste Bewegung aussehen? Wird sie diese einmal erreichten Positionen bekämpfen? Mein Blick bleibt an einem Buchtitel hängen: *Thomas Bernhard – der konservative Anarchist*. Eine gute Bezeichnung, auch für Ernst Jünger, Jean Genet und Céline.

Mir gefällt der innere Widerspruch. Zwei vordergründig nicht zusammengehörende Begriffe werden verschmolzen. Ich spiele mit widersprüchlichen Begriffen in Gedanken weiter: anarchistischer Utopist, utopischer Konservativer, romantischer Raumschiffplaner, historisierender Grüner, ökologischer Betonkopf, vergangenheitshassende Denkmalschützerin, liebevoller Terrorist, nymphomanische Männerhasserin, bodenständiger Flugzeugarchitekt, wasserscheue Schiffsbauerin, mediterraner Nordpolsucher, Bergsteigerin mit Höhenangst, frigide Prostituierte, schwindliger Fallschirmspringer, legasthenische Pilotin, frauenliebender Homosexueller, nordischer Saharabewohner, naive Politikerin, kunstliebender Bilderstürmer, mondsüchtiger Bergwerksgraber, blinde Filmregisseurin, insulärer Pragmatiker, taube Komponistin, autofahrender Träumer, friedliebender General, erotischer Landart-Architekt, theatralische Versteckerin, altruistischer Unternehmer, tierliebender Metzger, wahrheitsliebende Fälscherin, museologischer Erfinder, musikbesessene Eissplitterarchitektin ...

Abends besuche ich die Oper *Macbeth* von Ernest Bloch im Theater an der Wien. Die zweite Produktion des Klangbogenfestivals neben unserem *Idomeneo*.

Wien, 19. Juli 2003

Heute nacht war ich zu müde, um weiterzuschreiben. Jetzt also mehr über diese Inszenierung: Für einige Minuten dachte ich, die Aufführung könnte ganz gut werden. Ich bin immer begierig, Kompositionen zu hören, die ich nicht kenne. Ernest Bloch – ein Schweizer Komponist des 20. Jahrhunderts, der die meiste Zeit seines reifen Lebens in Amerika verbracht hat, er starb als emeritierter Kompositionsprofessor in Berkeley bei San Francisco – hat die Oper *Macbeth* 1904, noch in der Schweiz und in Frankreich lebend, komponiert. Sie blieb sein einziges Werk für die Bühne. Nur wenige Male erschien sie im Laufe der letzten 100 Jahre auf den Spielplänen. Auch Paul Dukas hat nur eine Oper komponiert, *Ariane und Barbe-Bleu*, ebenso wie Gabriel Fauré, *Pénélope*, und Olivier Messiaen, *Saint François*. Sie sind demnach alle keine typischen Opernkomponisten, taten sich schwer mit dem Medium, hatten viele Skrupel und Bedenken.

Die Musik von Bloch klingt interessant, manchmal puccinihaft, dann wieder filmmäßig-effektvoll, meistens sehr gepflegt, angenehm, eher etwas dekadent. Ihr fehlt das Rauh-Brutale, das dem blutigen Stoff angemessen wäre. Die Komposition wirkte auf mich – wie auch die Inszenierung – einschläfernd. Zuviel professionelles Können hemmt die Kreativität, bestimmt trug der Unterrichtsjob viel dazu bei. Genies sind unfolgsamer, brechen ständig aus, erfinden ihre eigenen Gesetze.

Bei Dunkelheit ging ich über den verschlossenen Naschmarkt zurück in mein Appartement. Tiefblauer Nachthimmel. Schöne, friedliche Sommerabendstimmung. Auf dem Bett liegend, lese ich noch einige Seiten in meinem Wiener Stadtführer über die Zeit des Nationalsozialismus. 1938 kam es zum berühmt-berüchtigten »Anschluß«, Wien wird »Reichsgau«. Das großdeutsche Zwischenspiel kostete am Ende 200000 Wienern das Leben. Die Stadt mußte 52 Luftangriffe und 1945 zehn Kampftage im Stadtgebiet erleiden. Dabei wurden 21000 Häuser und 86000 Wohnungen zerstört. 1945 besetzte die Rote Armee Wien. Erst 1955 – nach zehn Besatzungsjahren – feierte die geviertelte Stadt ihre wiedergewonnene Freiheit.

In dem Carol-Reed-Film *Der dritte Mann* mit Orson Welles in der Hauptrolle eines finsteren Penicillin-Schiebers kann man noch heute den Ruinenzustand der Stadt studieren. Wer diese harten Schwarzweißbilder einmal gesehen hat, wird sie nie mehr vergessen. Aus jedem finsteren Hausschatten droht später der in den Katakomben der Stadt lebende Orson Welles aufzutauchen, dazu erklingt jene

Zithermelodie, die sich in unser Hirn bohrt, als wolle sie sich für immer dort einnisten. Das Dubios-Zwiespältige aller Figuren, ihre lauernd-bedrohliche Verschwie-
genheit spüre ich auch heute manchmal, wenn ich mit den Bühnenarbeitern zu tun
habe oder einen echten Wiener Taxifahrer schimpfen höre. Ihre vermeintliche
Gemütlichkeit hat immer einen bösartig-gefährlichen Hans-Moser-Helmut-Qual-
tinger-Aspekt, der mir wie das Salz im charmant-zuckersüßen Braunen mit Schlagobers vorkommt.

Auch in dem Film *Welcome to Vienna*, mit unserem Regisseur Nicolas Brieger
in einer Hauptrolle, wird die Wiener Ruinenzeit dargestellt, allerdings nicht mehr
so authentisch und zeitnah. Aus der heutigen Stadtwirklichkeit sind die Ruinen
ganz verschwunden. Kein zerstörtes Haus ist weit und breit zu entdecken, keine
Einschußlöcher, keine einzige Fassadenverletzung. In Berlin dagegen kenne ich
noch unzählige Häuser mit den Spuren ehemaliger Maschinengewehrsalven, vor
allem im Ostteil der Stadt. Der Wiederaufbau Wiens ist so gut gelungen, daß die
Stadt heute ohne Einschränkung als die schönste (wenn auch konservativste) Metropole Europas bezeichnet werden kann – neben Paris. Mag sein, daß der Rent-
neraspekt in Wien größer ist als in Paris!

Während des Einschlafens dachte ich an die Kämpfe und Auseinandersetzungen, die der Architekt Adolf Loos zu Beginn des 20.Jahrhunderts durchzustehen
hatte. Als sein Gebäude am Michaelerplatz 1911 eingeweiht wurde, brach ein
Proteststurm ohnegleichen über den armen Architekten herein. Der damalige
Gemeinderat Rykl nannte es »ein Scheusal von einem Haus«, andere sprachen
von einem »Haus ohne Augenbrauen« und von einem »Kanalgitter«. Loos nahm
sich daraufhin nicht das Leben wie sein Staatsopernkollege, er liebte den Kampf,
forderte ihn geradezu heraus, vor allem mit seiner berühmten Antihistorismus-
und Antijugendstil-Parole: »Das Ornament ist ein Verbrechen!«

Diese Stadt braucht Skandale, das steht fest. Die öffentliche Meinungsbildung
wird als täglicher Schlagabtausch und Verbalringkampf durchgeführt. Deswegen
ist sie – bei aller Schönheit – auch ein Schlachtfeld. Ich stelle mir den Opernball
vor, all die geschniegelten und geheuchelten Freundlichkeiten und Schmeichelei-
en, die während der Walzerseligkeit ausgetauscht werden. Als Teil der Gesellschaft hat man mitzuspielen, oder aber man geht unter.

Ich drücke mich zunächst vor dem Theater. Valerie achtet schon darauf, daß
alles gutgeht. Sollte es Probleme geben, ruft sie mich bestimmt an. Mein Stadt-
erkundungsweg führt mich wieder zur Ringstraße. Eine Weile stelle ich mich vor
das Hotel Imperial, schaue mir die Fassade, die Vorfahrt und den Eingang an. Ich
weiß, daß Kaiser Franz Joseph ursprünglich den Bau von Hotels an seinem neuen
Prachtboulevard verboten hat.

Ursprünglich wurde das Gebäude als Privatpalais des Herzogs von Württem-
berg errichtet. Er residierte hier einige Monate im Jahr. Erst als man ihm den
Blick in beide Richtungen verbaute, verkaufte er das Palais an einen Geschäftsmann, der es zur Weltausstellung 1873 in ein Hotel umbaute. Der Kaiser schwieg.
Die Zeiten hatten sich geändert. Schnell stieg dieses Hotel zu einer der exklusivs-
ten Adressen der Stadt auf. Berühmte und reiche Menschen aus der ganzen Welt
stiegen hier ab. Daß sich ab 1945 die Russen darin einquartierten, hatte es eigentlich nicht verdient, aber der Kaiser war ja längst tot, auch der Kronprinz, Sara-
jewo lag lange zurück, genauso wie die Katastrophe von Mayerling und der Erste
Weltkrieg.

Jetzt also galt es den Schock des Zweiten Weltkriegs zu überwinden. Pech, daß
man sich auf die falsche Seite geschlagen hatte, aber der Führer stammte nun mal
aus Österreich, daran konnte nicht gerüttelt werden, daß er sich allerdings Linz

zum Alterssitz hatte ausbauen lassen und nicht Wien, ist schon ganz schön unge-recht, selbst von heute aus gesehen! Wahrscheinlich hatte der Größenwahnsinnige einfach genug von den Millionenstädten. Wien gehörte nun also fast den Russen. So ein Pech. Jetzt gingen sie täglich in diesem einst so prunkvollen Hotel ein und aus.

Jedenfalls atmete die ganze Stadt auf, als 1955 der Spuk vorüber war. Dabei fällt mir ein, daß auch Ruth Berghaus 1986 in diesem Hotel wohnte. Manchmal saßen wir nachmittags in einem der plüschigen Salons, tranken Kaffee und be-sprachen den Fortgang unseres *Orpheus*. In einer entlegenen Raumecke redete der Schlagersänger Udo Jürgens gerade auf eine junge Frau ein. Ich beobachtete die beiden aus der Ferne. Die Zimmer oben habe ich leider nie gesehen. Sie hät-ten mich schon interessiert. Heute bleibe ich draußen stehen. Eine gewisse Scheu hält mich vom Eintreten ab. Vielleicht habe ich auch Angst vor der berüchtigten Arroganz der Wiener Pförtner oder Empfangsdamen. Zu dieser hier hausenden Gesellschaft gehöre ich eben nicht.

Ich wende mich wieder Richtung Maria-Theresia-Platz. Mein neues Ziel ist heute das Kunsthistorische Museum. Unterwegs denke ich, während neben mir ein riesiges Schaufenster auftaucht, hinter dessen Scheiben zahlreiche schwarz-glänzende Steinwayflügel auf zahlungskräftige, musikbesessene Käufer warten, warum auch immer, über das Phänomen »Hundertwasser« nach. Es gab in Wien immer auch Künstler, die dem Zeitgeschmack nicht widersprachen, ja ihn gerade-zu ausdrückten: Makart ist unter ihnen bestimmt der berühmteste, aber auch Gustav Klimt mit seinen ornamentverliebten Porträts und Landschaften gehört dazu. Zuletzt erfüllte Friedensreich Hundertwasser die grünwässrigen Phantasien vieler junger Frauen und manch früher Grüner. Daß er bei seinen Eröffnungen oft im Adamskostüm auftrat, machte ihn als Figur bestimmt noch attraktiver.

Ich erinnere mich, daß ich einmal bei meinen frühen Wienbesuchen mutig die Kunstakademie betreten (ohne Bewerbungsmappe!) und nach der Hundertwasser-Klasse gefragt habe. Man erklärte mir den Weg, und nach wenigen Metern stand ich vor einer braunen, mächtigen Holztür mit der Aufschrift, die ich gesucht hatte. Nachdem mein wiederholtes Klopfen ohne Antwort blieb, drückte ich den Tür-griff nieder und trat ein. Zu meiner Überraschung befand ich mich plötzlich in einem tropischen Urwald, der ganze Saal stand voll mit Blumenkübeln, Palmen-blätter bogen sich über mich und dichter Efeu rankte über Holzgitterstrukturen. Staffeleien oder sonstige Malutensilien konnte ich nirgends entdecken. Verblüfft tastete ich mich vor. Leider schien niemand anwesend zu sein, weder ein Student, eine Studentin noch der Meister persönlich. Eine Viertelstunde lang ließ ich die Atmosphäre auf mich wirken, wartete auf Personen, die möglicherweise eintreten würden, dann wandte ich mich wieder der Tür zu, ging die Akademieflure zurück und trat etwas verwirrt in die Straßen Wiens hinaus. So hat sich jetzt für alle Zei-ten die Abwesenheit Hundertwassers, gekoppelt mit der Anwesenheit wilder Natur-gewächse, in mein Gehirn eingebrannt. Natürlich kenne ich inzwischen auch eini-ge seiner Wohn-Märchenschlösser. Vielleicht knüpfen sie an die Gedanken Gau-dís an, aber da mir dessen Schwulst genauso suspekt ist, hält sich meine Begeis-terung in Grenzen.

Erst als ich vor dem Kunsthistorischen Museum stehe, wache ich aus meinen Tagträumereien auf und schaue an dem Gebäude hoch. Bis vor kurzem war die Fassade eingerüstet. Diebe nutzten die günstige Gelegenheit, stiegen im ersten Stock ein und stahlen ganz gezielt nur ein berühmtes Exponat: das Salzfaß von Benvenuto Cellini. Unerkannt – von keiner Überwachungskamera gefilmt – ent-schwanden sie in die Nacht. Jetzt ist ein Teil der Baustellenumhüllung entfernt

und am gegenüberliegenden Gebäude – dem Naturkundemuseum – aufgebaut worden. Ich frage mich, was es dort möglicherweise zu klauen gibt! Vielleicht die kleine, füllige, vollbusige Steinfrau, die den Namen »Venus von Willendorf« erhalten hat und über 26000 Jahre alt sein soll? Die frisch renovierte Fassade des Kunsthistorischen Museums leuchtet in einem hellbeigen Sandsteinton und sieht so neu aus wie die Fassade der Staatsoper. Was in Paris vor Jahren durchgeführt wurde – die Säuberung aller vom Smog schwarz gefressenen öffentlichen Gebäude mit Druckwassergeräten – findet jetzt in Wien statt. Fast hat man das Gefühl, Semper hätte seine Paläste über Nacht neu erbaut, sie strahlen wie am Tag der Eröffnung (jedenfalls stelle ich sie mir zu diesem Zeitpunkt so vor!).

Bekanntlich plante Kaiser Franz Joseph einen ganzen Kranz staatlich repräsentativer Gebäude an der Ringstraße. Während die Staatsoper, die beiden Museen, das Parlament, das Burgtheater, der Justizpalast, das Rathaus, die Universität und die Börse tatsächlich realisiert worden sind, blieben die Kaiserforen (klingt wirklich römisch-bombastisch!), als Bindeglied zu den Hofburgbauten gedacht, Fragment. Statt auf eine häßlich-abgenagte, römisch-wienerische, unvollendete Ruinenlandschaft zu blicken, sieht der heutige Besucher, wenn er über den Heldenplatz Richtung Hofburg geht, auf die Bäume des Volksgartens und die Dachlandschaft des Burgtheaters. Auch Unvollendetes hat Vorzüge!

Nur das Parlamentsgebäude von Theophil Hansen, das zwischen 1873 und 1883 erbaut wurde, erfüllte die Tempelträume mancher Antikenverehrer voll und ganz. Endlich ein Haus, das »Wahrheit und Schönheit« miteinander verband, sagte sich bestimmt der eine oder andere Wiener Latein- und Griechischlehrer. Antike Ideale sind immer gut, sie stehen für Demokratie und werden sich bewähren im Zeitalter des aufkommenden Parlamentarismus. Kaiser Franz Joseph wird schon Schlimmeres verhindern.

Die beiden sich spiegelbildlich gegenüberstehenden Museumsgebäude – Kunsthistorisches Museum und Naturkundemuseum – machen es den Betrachtern nicht ganz so einfach mit der stilistischen Einordnung. Gewiß, sie sind mehr als repräsentativ, bestimmt auch Hauptwerke des Historismus und des »Ringstraßen-Stils«, aber welche antiken Formen und Gesten wollen sie zitieren?

Die Gliederung der gewaltigen Baumasse ist klar und eindeutig. Ein rechteckiger Grundriß, mit zwei von außen unsichtbaren Innenhöfen. Blockbebauung, sonst nichts. Man hatte es sich nicht einfach gemacht. Eine erlauchte Baukommission prüfte die Entwürfe von Heinrich von Ferstel, Theophil Hansen, Moritz von Loehr und Karl von Hasenauer. Aber kein Plan entsprach den hochgesteckten Erwartungen. In der verzweifelten Unentschlossenheit wurde Gottfried Semper nach seiner Meinung gefragt. Am Ende blieb der Auftrag an ihm hängen, und Karl von Hasenauer durfte die Innendekoration zeichnen. Ein riesiger Kuppelaufbau – keine der damals modernen Stahl-Glas-Konstruktionen, eher eine Kirchenbekrönung – betont die Mitte des riesigen Gebäudekomplexes und damit das Hauptportal.

Nüchtern betrachtet, wirkt das Gebäude wie eine Mischung aus Kloster, Schloß, Kaserne und Finanzamt. Durch die gleichmäßige Reihung der hohen Rundbogenfenster erhält es einen leicht maschinellen Fließbandaspekt. Wären da nicht die dazwischengestellten, der Wand vorgeblendeten Säulen und die leicht vorspringenden Eckrisalitbauten, könnte es in seiner Längsrichtung beliebig weit fortgesetzt werden. Durch die auffallende Abwesenheit eines antiken Tempelgiebels und die Reduzierung des Figurenschmucks auf ein Minimum, berührt der Bau in dezenter Weise die sich am Horizont abzeichnende Moderne und ist fast so radikal wie Klenzes Alte Pinakothek in München. Der eigenständige Gebäudetypus

»Museum« war damals noch neu. Als Vorbild diente der Louvre mit seiner Transformation vom Schloß zur öffentlichen Gemäldegalerie.

Kunst eroberte die Führungsetagen, die Kaiser und Könige zogen sich etwas verängstigt und verunsichert zurück. Sie waren durch den jahrhundertelangen Umgang mit Gemälden und Skulpturen gebildet und dekadent genug, jetzt sollte das Volk erzogen werden. Wer sich dem Einfluß großer Kunst aussetzt, muß am Ende genauso edel, weise und gebildet werden wie die Herrscher und Herrscherinnen selbst! Früher bevorzugten die Monarchen, das muß man leider eingestehen, ungebildete, unwissende, etwas dümmliche Untertanen. Damit funktionierte der Betrieb besser. Die Französische Revolution hatte das neue Projekt ausgelöst, das am Ende, in unseren Tagen, mit der allgemeinen Mobilmachung der Arbeitermassen, der Bildungs- und Konsumräusche, der Vergnügungs- und Tourismusarmeen seine Vollendung gefunden hat.

Jetzt, zu Kaiser Franz Josephs Zeiten, begann das Projekt nicht zaghaft, sondern grandios mit diesen Gebäuden und Raumfluchten. Die Gesellschaft sollte durch den architektonisch-pompösen Rahmen davon überzeugt werden, daß die Kunst und damit die Künstler – neben dem Kaiser-König und den klerikalen Würdenträgern – die wirklichen Hohepriester, die eigentlichen Schöpfer und Wahrer kulturell-nationaler Werte waren und sind. Als imaginäre Aura schwebte nach wie vor die Idee des ewig »Guten und Wahren« durch die Ausstellungssäle. Wer sie betrat und durchschritt – so der Glaube von Bauherr und Architekt –, wurde durch die verzauberte Luft, die durch die »Bild-Fenster« eintrat, hypnotisiert, gebildet und erzogen.

Wer heute das marmorne Treppengebirge der Eingangshalle hinaufsteigt, spürt, daß hier der menschliche Prometheuswahn seinen Höhepunkt erreicht hat. Schönheit und Kultur in eisiger Hochgebirgsluft. Ein gebauter Olymp mit gemalten und in Marmor gehauenen Göttern und Göttinnen, umhüllt von duftigen Wolken, nahe dem ewigen Weltall-Rauschen.

Oben angekommen, wirken das alltägliche Leben, der Verkehr vor den Fenstern, die durchwandernden Besucher banal, unwichtig und nebensächlich. Wie komisch kommt mir in einer derartig hehren Umgebung ein Schild mit der Aufschrift »WC« vor! Ist es möglich, in diesem Wolkenkuckucksheim zu pinkeln oder gar größere Geschäfte zu verrichten? Wie kann man nur!

Zeitgleich mit dem Kunsthistorischen Museum wurden in ganz Europa Kunstakademien entworfen und gebaut. Kunst mit ihren angeblich »ewigen Werten« sollte lehrbar und prüfbar sein. Kaum zu glauben, daß diese Akademien nach den Revolutionsgewittern der modernen Kunst immer noch in Betrieb sind und daß sich heute immer noch berühmte Künstler finden, die bereit sind, Kunst zu unterrichten.

Ich denke wieder an den Dieb des Salzfasses und all die Bilderstürmer, die im Laufe der Jahrhunderte diese »ewigen Werte« mit Füßen getreten haben. Wegen seiner Ablehnung an der Wiener Kunstakademie und seiner lebenslangen Wut darüber duldete Adolf Hitler die Bücherverbrennungen zu Beginn seiner Karriere in Berlin und anderen deutschen Städten, die unter seinem Machteinfluß standen. Danach veranstaltete er voller Haß auf den seiner Meinung nach falschen Verlauf der Kunstgeschichte die Ausstellung »Entartete Kunst«! Zeitgleich säuberte er alle Kunstakademien von »falschen Propheten«, propagierte wieder so etwas wie einen neuen Klassizismus und führte mit der Parole »Alles Wahre und Gute kommt nur vom Faschismus« das Land in den grausamsten Krieg, den es je gab. Für die neu-alten Ideale starben Millionen junger Menschen an den Fronten des Zweiten Weltkriegs. Der folgenreichste Bilderstürmer aller Zeiten endete armselig als Selbstmörder im Berliner Führerbunker, wie heute jeder weiß.

Ich betrete also diesen ehrwürdigen Kunsttempel, bezahle an der Kasse neun Euro und werde von der uniformierten Türwärterin eingelassen. Bevor ich besagte gewaltige Treppe in den ersten Stock hochsteige, wende ich mich nach rechts und besuche die ägyptische Abteilung im Erdgeschoß. Ägyptische Kunst hat mich immer begeistert. Sie wirkt – vor allem in der Bildhauerei – auch heute noch unglaublich stark und direkt. Keine italienischen Süßlichkeiten, kein akademisches Gesäusel. Das Menschenbild ist klar, sachlich, stilisiert und – in den erzählenden Bildern – fast comichaft einfach. Einzig die Todesbesessenheit berührt unangenehm. Die alten Ägypter scheinen im Tod das einzige Lebensziel und die einzige Wahrheit gesehen zu haben. Alles andere – Liebe, Essen, Wohnen, Familie, Kinder, Ernten, Rituale – schrumpfte zur Nebensächlichkeit. Beim Weitergehen entdecke ich – neben den üblichen Mumien, Architekturmodellen und Grabbeigaben – Göttinnen der Nacht, der Dämmerung und des Tages. Sonne und Mond greifen mit langen Strahlenfingern in das Alltagsleben ein. Tiermenschen sitzen vor Türen, die oft nur Scheintüren sind. Frauenkörper sind elegant und sinnlich geformt, ihre Gesichter stilisiert-geschminkte Kunstwerke.

Mir fällt auf, daß die alte Aufstellung aus der Zeit um 1900 am eindrucksvollsten ist. Damals versuchte man, ägyptische Kunst wiederzubeleben, sie als wahlverwandt anzuschauen, und bedeckte voller Begeisterung alle Wände mit nachempfundenen ägyptisierenden Malereien. Das lag im Trend der Jugendstilzeit. Architekten und Künstler versuchten mit ihren Naturornamenten ähnliches. Sie interessierte die dadurch entstehende intensive Raumatmosphäre, die sich stark von heutigen Museumskliniken unterscheidet.

Vor den bemalten Wänden stehen bis zu 4 Meter hohe, von dunkelbraunen Holzrahmen strukturierte Vitrinenschränke auf kräftigen Sockeln. Früher konnte man alle Exponate nur vom einfallenden Tageslicht beleuchtet anschauen. Inzwischen wurden überall – auch in die alten Vitrinenschränke – Spots und Strahler eingebaut. Das Tageslicht spielt fast überhaupt keine Rolle mehr.

In den folgenden Räumen wird mit modernen Ganzglasvitrinen experimentiert. Einige Sockel sind aus Milchglas gebaut und von innen beleuchtet. Fast alle Experimente würde ich als mißglückt bezeichnen, sie sind zu aufdringlich, glaube ich. Früher – das weiß ich aus Abbildungen – standen die Exponate viel dichter beieinander. Es herrschte der Charakter von Studiensälen, Archiven und Bibliotheken. Da ich mich selbst immer wieder mit diesen Problemen auseinandersetzen muß, verfalle ich ins Grübeln, ohne allerdings klare Antworten zu finden. Ich merke, daß ich – wie immer – innerlich von konservativen und utopisch-sciencefictionhaften Gedanken und Gefühlen hin- und hergezogen werde.

Anschließend steige ich endlich die marmorne Haupttreppe in den ersten Stock hoch und schlendere durch die fürstlich-pompösen Oberlichtsäle der Gemäldegalerie. Sanftes Licht fällt von oben durch die etwas vergilbten Glasdecken herab. Eigentlich habe ich mich schon immer gewundert, warum diese Art der Belichtung für Gemälde gut sein soll. Mir kommt es so vor, als würden vor allem die Besucher vom hellem Licht getroffen, die Gemälde dagegen, die an den mit farbigen Stoffen bespannten Wänden hängen, verdämmern im Schatten. Außerdem sind diese Wände viel zu hoch, über 10 Meter. Früher hingen die Gemälde in mehreren Etagenzonen übereinander – die berühmt-berüchtigte »Petersburger Hängung« –, heute begnügt man sich meistens mit der Hängung in einer Reihe. Am harmonischsten wirken die Wandproportionen, wenn die Gemälde Monumentalformat annehmen, wie etwa bei Peter Paul Rubens.

Ich überlege, ob ich wirklich gern hier bin. Es gibt keine vergleichbaren Spaziergänge durch so erhabene Räume in einer Stadt. In Kirchen ist es meist kalt und düster, Schlösser sind eben Schlösser ... hier also hängen die Gemälde in solchen Mengen, daß es einem angst und bange wird. Mir fällt mal wieder der zynische Kritiker Witold Gombrowicz ein, der sagte, daß sich in Gemäldegalerien Bilder gegenseitig erschlagen würden und er sie deswegen ablehnen müsse. Diese Behauptung ist nicht ganz falsch. Ich würde mir heute in diesen Räumen auch lieber eine lockerere Mischung aus Bildern, Familiengeschichten, Architektur- und Stadtmodellen, aus Berichten über kriegerische Auseinandersetzungen und stadtpolitische Idealprojekte wünschen. In dieser hermetischen Ansammlung spiegeln die Kunstwerke nur wenig vom teilweise grausamen Verlauf der Zeiten wider, deswegen sind derartige Museen verlogen wie eh und je. Sie haben fast nichts mit der Realität zu tun, gehören eher den Bereichen Fiktion und Religion an. Wahrscheinlich hat man die Gemälde zu allen Zeiten überschätzt, wie Gombrowicz zu Recht meint. Außerdem gehörten sie fast ausschließlich dem kulturellen Bereich der Kaiser und Könige, der Fürsten und Adligen an. Die Kirche benutzte sie schon immer zur Erziehung ihrer Untertanen. Deswegen müßten diese Gemälde heute relativiert und in einen kulturgeschichtlichen Kontext eingebettet werden. Aber mir zuliebe wird man Gewohnheiten nicht aufgeben. Ein Museum ist eben ein Museum, und in einem Museum hat alles so zu bleiben, wie es ist. Das ist das Wesen eines Museums!

Trotzdem liebe ich manchmal das meditative Schreiten entlang den ernsten, goldgerahmten Kunstfenstern, die den Blick öffnen in Märchenwelten und mir zeigen, welche Pinselfertigkeiten vergangene Meister sich einst erarbeitet haben. Ja, dieses Blattwerk hier ist duftig gemalt, dieses Gesicht einmalig in seiner Hautoberfläche, dieser nackte Frauenkörper leuchtet, wie ich noch nie einen Frauenkörper leuchten sah! Und dann die Gesamtkompositionen, wer hat vor diesem Meister schon solche Bildaufbauten hinbekommen! Eine lebenswichtige Erfindung! Genau, es gibt Einzelporträts, Paare, und es gibt Gruppen, die entweder um den gekreuzigten Christus herumstehen, einen Fürsten in Empfang nehmen, einer Madonna huldigen oder sich um geraubte Frauen raufen. Was sich nicht alles darstellen läßt!

Wer ist diese Frau, wer dieser Mann, wer dieses Kind? Namen sind Schall und Rauch, sie stehen zuweilen verschämt auf kleinen Täfelchen unter dem Bild, erklären jedoch nichts, ebensowenig wie die Jahreszahlen. Ein konkretes Datum würde mich mehr beeindrucken. »Venedig, den 3. März 1552, 14.00 Uhr nachmittags« etwa oder »Rom, 8. Oktober 1603, abends nach der Dämmerung«.

Gut, es könnte sich um Fälschungen handeln, das sind wir gewohnt. Jeder Hollywoodfilm ist eine Fälschung, gibt vor, eine Handlung zu erzählen, die so nie stattgefunden hat. Schließlich ist ein Hollywoodfilm kein Dokumentarfilm mit wissenschaftlichem Anspruch! Das gleiche gilt für die berühmten Gemälde im Wiener Kunsthistorischen Museum. Rätsel über Rätsel! Wir werden es nie erfahren, es sei denn, eine geniale Doktorandin stößt auf ein bisher verborgenes Dokument im Archiv des Florentiner Rathauses. Welch ein Zufall, daß es sich dort erhalten hat! Ich sollte mich besser konzentrieren, aber manchmal ist ein Museum auch ein guter Ort, um seinen Tagträumen nachzuhängen und über die anderen Besucher nachzudenken. Warum sind sie wohl hier?

Gewisse Frauen erscheinen mir genauso rätselhaft wie Leonardo da Vincis *Mona Lisa* oder Kim Novak in Hitchcocks *Vertigo*. Wie oft war ich schon hier! Manchmal begegnete ich auch berühmten Besuchern. Ich erinnere mich an einen Sonntag vor vielen Jahren, als ich plötzlich im Breughel-Saal dem Schauspieler Ewald Balser gegenüberstand, den ich aus zahlreichen Filmen kannte. Ich wußte, daß er am Abend im Burgtheater – war es als »Lear«? – auftreten würde, da ich mir eine Eintrittskarte dafür gekauft hatte. Unsere Blicke begegneten sich, er bemerkte, daß ich ihn erkannte, mit einem sanften Lächeln drehte er sich beiseite und ging weiter an den Bildern entlang. Mir leuchtete es ein, daß man sich im Museum am besten auf einen Theaterabend vorbereiten kann – als Schauspieler und als Zuschauer.

Dann steige ich noch ein Geschoß höher und blicke von einem Innenbalkon hinunter in die Haupthalle. Die markante Fußbodenornamentik ist von oben besonders gut zu überblicken. Welcher Stil wird hier zitiert: italienische Renaissance, Barockes, Orientalisches, Afrikanisches, oder sind es eigene Kreationen Sempers (vielleicht auch seines Kompagnons Hasenauer)? Der Stuckmarmor an den Wänden ringsum – in allen möglichen Farbvarianten – begeistert mich plötzlich. Mit einem Male sind alle historisierend-muffigen Assoziationen verschwunden und Gottfried Semper oder Karl von Hasenauer erscheinen mir als moderne Avantgardekünstler. Die Strukturen sehen für mich jetzt aus, wie von Mondrian oder Klee gemalt. Kaum zu glauben!

Auch das gewaltige, von einer Marmorbrüstung umrandete runde Loch im ersten Stock stellt sich mir in diesem Moment als eine großartige Idee der Architekten dar. Hier konzentriert sich die Raumspannung, ein geistiges Auge entsteht, ein vertikaler Strömungskanal. Die Mitte als eine Möglichkeit der geistigen Passage (des Aufwinds? Der schlechten, verbrauchten, mit Kaffeeduft durchzogenen Luft? Der neuen Ideen?), als eine leer gebliebene, ausgesparte, offene, immer wieder neu besetzbare und damit lebendige Zone – das ist ein wirklich schöner Gedanke!

Raum – das sieht man hier – wird zu allen Zeiten anders definiert und okkupiert. Es ist bestimmt nicht verwunderlich, daß ich bei soviel Raumornamentik mal wieder an den Ornamentbekämpfer Adolf Loos denke. Schließlich befinden wir uns hier in Wien auf seinem zentralen Schlachtfeld.

Wahrscheinlich fühlte sich Loos damals mitten in einem ornamentalen (ägyptisierenden) Urwald aus Historismus, Ringstraßen- und Jugendstil-Wucherungen, den es zu roden und abzubrennen galt. Von heute aus gesehen, stellt sich die Frage, ob sein Kampf richtig und notwendig war. Ich glaube, das ornamentlose Bauen hätte sich im Zuge der fortschreitenden Industrialisierung und Kostenminimierung auch von alleine durchgesetzt. Ob man es allerdings als avantgardistische Kunst angesehen hätte, wie zu Zeiten des Bauhauses, bleibt als Frage offen.

Während die Marmor-Ornamente vor meinen Augen ihr Spiel treiben, empfinde ich einmal wieder die leere, weiße Fläche als Bankrotterklärung, als kleinsten gemeinsamen Nenner. Damit kein falscher Eindruck entsteht: Ich bin natürlich ein Loos-Verehrer, dabei habe ich weniger den Ornamentbekämpfer im Blick als vor allem den kraftvollen, materialverliebten Innenarchitekten Loos. Wie einen Wallfahrtsort besuchte ich bei einem meiner früheren Aufenthalte in Wien seine berühmte, noch weitgehend im Originalzustand erhaltene »American Bar« (heute »Kärntner Bar«) mit ihren im oberen Raumbereich umlaufenden Wandspiegeln. Das Motiv wirkt in mir bis heute nach. Ich habe inzwischen selbst zahlreiche Spiegelräume gebaut: im Berliner Film- und Fernsehmuseum und in mehreren Ausstellungen.

Erfüllt von neuen Eindrücken, trete ich Stunden später wieder ins Freie. Die Sonne scheint, Touristen lagern um das Maria-Theresia-Denkmal, das seit 1887 hier steht, verspeisen ihre Vesperbrote, trinken Coca-Cola und wissen wahrscheinlich nichts über die bronzene Frau, die hoch über ihnen thront, umgeben von lebensgroßen Reiterstandbildern und anderen Bronzefiguren.

Bevor ich ins Theater zurückkehre, wandere ich noch ein Stück die Ringstraße hoch, die vor dem Parlament Dr.-K.-Renner-Ring heißt und vor dem Burgtheater ihren Namen in Dr.-K.-Lueger-Ring ändert. Ich heiße hier so, dort so, dort so ... Identitätsspiel in Freudscher Manier. Vielleicht hat diese Straße Probleme mit ihrem Ich und neigt zu einer schizoiden, transegogenen Persönlichkeit ...?

Der große rechteckige Park vor dem Rathaus, das zwischen 1872 und 1883 vom Architekten Friedrich von Schmidt im neugotisch-flämischen Stil (warum auch immer!?) errichtet wurde, diente früher als Exerzierplatz und war anfangs nur mangelhaft befestigt. Nach starkem Regen versanken die Rekruten und ihre herrischen Anführer im Morast. Ein wenig schöner Anblick, sagte der Kaiser und befahl, den Platz zu befestigen. Trotzdem ließ es sich nicht verhindern, daß das einst so glänzende k.u.k.-Reich ganz allmählich und schleichend unterging, im Morast der Kriege und der großen Weltgeschichte. Niemand hat diesen Untergang schöner und anrührender beschrieben als der jüdische Romancier Joseph Roth.

Heute finden auf der leeren Fläche direkt vor dem Rathausportal so wichtige Dinge wie der Weihnachtsmarkt und das Public-Viewing während der Fußballweltmeisterschaft statt. Für mich ein Grund mehr, das Gebiet in großem Bogen zu meiden.

Ich gehe noch weiter bis zur Votivkirche, die mir in ihrer Einheitlichkeit immer gut gefallen hat. Sie wirkt wie aus einem monochromen Stück gegossen. Neugotisch schön. Natürlich denke ich kurz an jenen aufgewiegelten ungarischen Schneider, der einst versuchte, den jungen Kaiser Franz Joseph mit einem Dolch zu ermorden. Er hatte weniger Erfolg (Gott sei Dank!) als jener verwirrte Anarchist, der Kaiserin Sissi am Genfer See Jahrzehnte später mit einer rostigen Feile so schwer verletzte, daß sie starb. Als Dank für das glücklich überlebte Attentat hatte Kaiser Franz Joseph die Votivkirche in Auftrag gegeben.

Auf dem Rückweg schaue ich mir die Photos aktueller Inszenierungen am Burgtheater an und setze mich dann noch eine Zeitlang beim Theseustempel in den Volksgarten. Auf den Stühlen meiner Umgebung ruhen sich alte Damen aus, die sich gepflegt langweilen, wie es sich für anständige alte Wiener Damen gehört.

Leider konnte ich im Burgtheater nie ein Bühnenbild realisieren. Ruth Berghaus engagierte bei ihrer einzigen Arbeit an diesem berühmten Haus meinen Wiener Kollegen Erich Wonder.

Mir fallen meine Besuche in den diversen Beethoven-Gedenkräumen ein. Am eindrücklichsten ist mir seine Heiligenstädter Wohnung in Erinnerung. Mit Erschütterung las ich damals das berühmte »Heiligenstädter Testament«, in dem der Komponist über seine zunehmende Ertaubung berichtete. Der Aufseher spielte die Szene nach: »Schauen Sie hier durch das Fenster. Beethoven saß an seinem Arbeitstisch und dort, keine 100 Meter entfernt, schlug die Kirchenglocke. Er sah ihr Pendeln im Kirchenbogen. Aber er hörte keinen Glockenton mehr. Er hörte ihn nicht. Seine Taubheit war absolut. Wirklich tragisch! Der größte Komponist seiner Zeit hörte nichts mehr!«

Als ich erneut über den Heldenplatz komme, denke ich an Thomas Bernhard und sein böses Theaterstück, das er darüber geschrieben hat. Ich sehe in meiner Vorstellung Hitler auf dem Balkon des heutigen Ephesos-Museums stehen, unter sich ein Menschenmeer, gebildet aus begeisterten Wiener Bürgern und Bürgerinnen, die ihn für »Österreichs Anschluß an das Reich« feiern. Ich stelle mich unter das bronzene Reiterstandbild Prinz Eugens und blinzle gegen das Sonnenlicht. Die Steinmasse der Museen türmt sich vor mir auf wie ein schroffes Felsgebirge.

In Gedanken glaube ich wieder, bombastische und emotional aufpeitschende Klänge zu vernehmen, »Siegfrieds Tod« oder die »Alpensinfonie« von Richard Strauss.

Über die Dächer schieben sich langsam riesige Eisschollen, heftiger Schneefall setzt ein, wenig später erstarrt das Bauungeheuer unter einer dicken Eiskruste und sieht jetzt aus wie der Setaufbau zu Emmerichs Hollywoodfilm *The Day After Tomorrow*.

In einem Buch über Wien habe ich gelesen, daß der Bildhauer dieses Denkmals, Anton Dominik Fernkorn, im Alter verrückt geworden sei und sich in diesem geistesverwirrten Zustand die absurdesten Projekte ausgedacht habe. So soll er jahrelang an einer Brücke über den Atlantik herumgerechnet haben, die nur aus einem Bogen bestehen sollte. Auch von einem Hochhaus, das nur aus einem einzigen Steinblock gemeißelt ist, soll er geträumt haben. Vielleicht sollte ich mich mit diesem Mann einmal näher befassen, das wäre ein gutes Film- oder Theaterthema!

Gegen Abend gehe ich ins Theater an der Wien, um die Beleuchtung mit Nicolas und Alexander abzustimmen. Im Licht sieht mein Bühnenbild schon besser aus. Ich bin ganz zufrieden.

Wien, 28.Juli 2003

Nach einigen Tagen Abwesenheit stürze ich mich ab heute wieder auf das Theater und die Stadt. Ich will bei diesem Wiener Stadttagebuch nicht die Theaterarbeit in den Mittelpunkt stellen. Sie spielt natürlich eine große Rolle in meinem Tagesablauf, dennoch soll ihr nur eine marginale Bedeutung zukommen. Die Beleuchtung heute geht zäh voran. Durch die Enge der Bühne bleiben uns viele Möglichkeiten verwehrt. Nicolas ist – wie immer in dieser Produktionsphase – etwas nervös und scharrt mit den Hufen.

Nach mühsamem Tag im fensterlosen Theater an der Wien schleiche ich mich abends hinaus in die Stadt, wandere wieder hoch zur Ringstraße und wende mich nach rechts – Richtung Osten. Ich habe in meinem Reiseführer gelesen, daß es heute möglich ist, das Museum für Angewandte Kunst bis 22.00 Uhr zu besuchen.

Wieder komme ich am festlich beleuchteten Hotel Imperial vorbei, danach fällt mein Blick in die Schwarzenbergstraße, die sich als breite Stadtschneise Richtung Süden öffnet. In fast Haussmannscher Manier steigen an ihrem nicht allzu weit entfernten Ende und Fluchtpunkt Wasserfontänen in den rötlich-gelben Sonnenuntergangshimmel.

Der Brunnen auf dem Schwarzenbergplatz verdeckt etwas verschämt ein Denkmal, das an die sowjetische Besatzungszeit erinnert. Jeden Sommer experimentiert das Wiener Gartenbauamt auf der Grünfläche im davorliegenden, unbenutzbaren, toten Inselbereich der Verkehrskreuzung mit einer neuen, ungewohnten Vegetation. Letztes Jahr stand hier über Wochen ein hohes Tabakfeld. Natürlich wären normale Kornfelder – Weizen, Gerste, Hafer – ebenfalls denkbar, auch Mais oder Hopfen (dafür bräuchte man allerdings Stangen), genauso wie Blumen- oder Zierkohlpflanzungen. Temporäre Hopfenplanzungen als Platzgestaltung habe ich bereits 1978 bei meinem prämiierten Bundesgartenschauentwurf in Berlin-Britz vorgeschlagen. Leider wurde ich damals durch eine aggressive Kampagne (Stichwort: »Horror-Park«), die ortsansässige Schrebergärtner und *Bild*-Zeitung gemeinsam gegen mich und meine Entwurfskollegen führten, zur Strecke gebracht. Keine meiner Ideen erblickte jemals das Berliner Sonnenlicht!

Als ich gegen 20.00 Uhr vor dem Museum für Angewandte Kunst ankomme, bemerke ich sofort, daß ein besonderes Ereignis bevorsteht. Festlich gekleidete Menschen stehen vor dem hell erleuchteten Eingang. An der Kasse erfahre ich, daß in wenigen Minuten die Eröffnung einer großen »Zaha-Hadid«-Ausstellung stattfinden wird. Als Eröffnungs- und Premierenfeind will ich mich etwas erschrocken schnell wieder aus dem Kassenraum stehlen, überlege es mir jedoch plötzlich anders, kaufe eine Eintrittskarte und gehe hinein.

Die Veranstaltung findet im doppelgeschossigen Lichthof des Museums statt. Ich dränge mich durch die aufgekratzte, sektgläserhaltende Schickimickigesellschaft – wahrscheinlich sind alle wichtigen Architekten und Architektinnen, Designer und Designerinnen Wiens hier versammelt –, steige eine Seitentreppe hoch, lehne mich im ersten Stock an das Geländer und freue mich über meine sichere Ausblicksposition. Lange muß ich nicht warten, dann tritt der Museumsdirektor an ein bereitstehendes, von Scheinwerfern angestrahltes Rednerpult und beginnt mit seinen Ausführungen. Die berühmte Architektin selbst kann ich nirgends entdecken. Nach etwa zehn Minuten öffnet sich im Hintergrund eine Tür, Blitzlichter flammen auf, Kameras blinken – Zaha Hadid, der Star, die erste Königin der Architektur, schwebt mit langem, wehendem, schwarzem Kleid in die Halle.

Alle Besucher hatten diesem Auftritt entgegengefiebert, und jetzt, jetzt ist es soweit – das Objekt ihrer Anbetung und Verehrung erscheint im Scheinwerferlicht. Explosionsartig bricht heftiger Applaus über die Diva herein. Sie läßt sich jedoch nicht beirren, reißt dem Direktor, der seine Rede noch nicht ganz beendet hat, mitten im Satz das Mikrophon aus der Hand und trompetet auf englisch einige Sätze in den Saal, die bestimmt zum Klügsten gehören, was eine Architektin je gesagt hat. Das Publikum erstarrt in ehrfurchtsvollem Schweigen. Leider verstehe ich kein Wort von dem, was unser Star mit tiefer, lauter Stimme von sich gibt. Entweder hat die Dame das Mikrophon zu dicht an den Lippen – der Ton klingt schrill und übersteuert –, oder der Toningenieur, der irgendwo in einem versteckten Studio sitzt, kann sie nicht leiden.

Der Direktor tritt etwas verwirrt, vielleicht auch leicht amüsiert, ans Pult und spricht mit vollkommen normaler Stimme jenen Satz, den man in diesem Moment von ihm erwartet: »Die Ausstellung ist hiermit eröffnet!«

Das allgemeine Palaver setzt ein und klingt für mich auf meinem Balkon wie sanfter Regen. Sektgläser stoßen gegeneinander. Stimmen tröpfeln und plätschern auf Steinplatten, das Echo der nassen Aufschläge erfüllt den Raum. Jetzt erst sehe ich, daß die Zaha-Hadid-Auf-und Abtrittstür auch der Eingang in die Ausstellung ist. Nach und nach verschwinden die Besucher darin, und die Lichthofhalle leert sich. Die Tür ist ein Mund, die Lippen haben sich geöffnet, und die Gesellschaft wird jetzt von den Ausstellungsräumen verdaut. Ich warte noch eine Weile und mache mich dann neugierig ebenfalls auf den Weg in das Zaha-Hadid-Reich.

Nur mühsam gelingt es mir, zwischen den zahlreichen Menschenkörpern hindurch, durch Ritzen und Lücken einen Blick auf die riesigen Modelle, Gemälde und Zeichnungen zu erhaschen. Nach einer halben Stunde verschwinden die Menschen. Wahrscheinlich gibt es irgendwo etwas zu essen!

Jetzt kann ich in aller Ruhe staunen. Natürlich kenne ich die schwungvollen, frühen Gemälde der Architektin schon lange. Ich wußte allerdings nicht, daß sie so groß und bunt sind. Eigentlich, denke ich, ist ihr Ansatz spannend: Durch ihre

Herkunft aus einem orientalischen Land (Irak) trägt sie jenen ornamentalen Kunstwillen in sich, den diese Kultur auszeichnet. Studium und Leben in London haben westliche Enflüsse hinzugefügt.

Ihre heutigen Entwürfe verbreiten einen eigenartigen Optimismus. Selbst der bühnenbildartige Schlußraum – »Eis-Szene« – eine Eiszapfen-Möbel-Landschaft aus Kunststoff gegossen, überzeugt mich. Reumütig nehme ich meine anfänglich skeptischen Gedanken zurück. Vielleicht wäre es besser gewesen, ich hätte die Architektin nicht persönlich gesehen. Ihr Werk jedenfalls, das hier in unglaublicher Fülle ausgebreitet wird, ist großartig und nahezu überwältigend!

Wien, 29. Juli 2003

Von den mühsamen, zeitraubenden Lichtfindungsspielen will ich heute nichts berichten. Auch nicht von der Hauptprobe, obwohl es natürlich über Mozart und seinen *Idomeneo* viel zu sagen gäbe. Vielleicht habe ich morgen mehr Lust dazu. Die Baustelle vor meinem Fenster nervt. Ich werde immer geräuschempfindlicher, stelle ich fest. Während ich jetzt am Abend an meinem Tisch sitze und den Tag überdenke, wird mir ganz schwindlig.

Genau besehen ist Wien ein wirklicher Mythos. In dieser Mythoswolke stecken alle jene Namen aus der Musikwelt, der Dichtkunst, der Malerei und der Architektur, die wir so grenzenlos bewundern. Da sind die Heroen der Wiener Klassik, Haydn, Mozart, Beethoven, da ist der arme Franz Schubert, später kommen Johannes Brahms, Alexander Zemlinsky, Gustav Mahler, Erich Wolfgang Korngold, Arnold Schönberg, Alban Berg und Ernst Krenek dazu, nicht zu vergessen die Operettenkomponisten und Fritz Kreisler mit seinen bösen taubenvergifteten Chansons, dann die Dichter und Schriftsteller – Ferdinand Raimund, Johann Nestroy, Franz Grillparzer, Fritz von Herzmanovsky-Orlando, Arthur Schnitzler, Hugo von Hofmannsthal, Ferdinand Bruckner, Karl Kraus, Peter Altenberg, Robert Musil, Heimito von Doderer, Konrad Bayer Thomas Bernhard und Elfriede Jelinek, außerdem die Philosophen Ernst Mach und Ludwig Wittgenstein.

Der Arzt und Geburtshelfer Ignaz Philipp Semmelweis und der Begründer der Psychoanalyse Sigmund Freud, die Künstler und Architekten der Wiener Secession – Josef Hoffmann, Carl Moll, Koloman Moser und Alfred Roller. Der Architektur-Störer Adolf Loos. Dazu die berühmten Maler und Zeichner Gustav Klimt, Oskar Kokoschka und Egon Schiele. Nicht zu vergessen ihre lebenden und heute wirkenden Nachfahren. Die Stadt brodelt immer noch, ist kreativ wie eh und je.

Mir fallen stimmungsvolle Theaterabende ein, die ich vor Jahren im Theater in der Josefsstadt erlebt habe. Damals sah ich die poetisch-verträumten Einakter des jungen Hugo von Hofmannsthal zum ersten Mal, die melancholischen, genau beobachteten und psychologisch so stimmigen Stücke von Arthur Schnitzler, und ich sah Ödön von Horváths *Geschichten aus dem Wiener Wald*. Jeder Abend eine unvergeßliche Reise in die Seelen der Menschen! Natürlich könnte ich die Stadt auch als monumentale Nekropole bezeichnen, so viele Tote gibt es hier, anonym bestattet in Massengräbern oder ehrenbürgerhaft zur ewigen Ruhe gebettet auf dem Wiener »Zentralfriedhof«, den ich natürlich auch schon mehrfach besucht habe.

Wien, 30. Juli 2003

Die *Idomeneo*-Premiere rückt näher, auch heute wieder Lichteinrichtung und Hauptproben. Bei den Vorarbeiten mußte ich einen Berg von Vorurteilen und schlechten Erinnerungen überwinden, denn für mich verbinden sich keine guten Gedanken und Gefühle mit dieser »opera seria«, die Mozart mit 25 Jahren komponiert hat. Leider hatte ich nämlich das Pech, den bis dahin selten gespielten *Idomeneo* 1962 während meiner erwähnten Zeit als Student an Kokoschkas Sommerakademie in Salzburg zu sehen. Die Festspielaufführung unter der Leitung von Herbert von Karajan im Bühnenbild von Schneider-Siemssen gehört zu den schlimmsten und langweiligsten Opernaufführungen, die ich je gesehen habe: statuarische Bilder in einer Breitwand-Tempel-Landschaft mit zahlreichen Säulen und viel gemaltem Himmel!

Warum es in den letzten Jahren an den europäischen Opernhäusern zu einer Renaissance des fast vergessenen *Idomeneo* kam, ist schwer zu erklären. Musikwissenschaftler, Dramaturgen und Dramaturginnen, manche Dirigenten und Regisseure lieben das Werk aus vielerlei Gründen. Sein Hauptproblem besteht meiner Ansicht nach in der ausufernden Länge. Musikalisch enthält die Oper wunderbar emotionsgeladene Arien, die mit zum Schönsten gehören, was Mozart je komponiert hat (etwa die der gefangenen Ilia zu Beginn: »Wann werden meine bitteren Leiden jemals enden ...«).

Inzwischen wissen wir so viel über das Leben des frühreifen Salzburger Genies, daß wir natürlich auch im *Idomeneo* viel Autobiographisches zu finden glauben. Im Zentrum steht dabei Wolfgang Amadeus Mozarts schwieriges Verhältnis zu seinem Vater (eine Mutter und damit Ehefrau Idomeneos gibt es in der Oper nicht, auch Mozarts eigene Mutter ist bereits drei Jahre vor der Uraufführung des Werkes gestorben!). Im Verlauf der Handlung müßte der Vater – Idomeneo – seinen Sohn – Idamante – wegen eines Gelübdes töten. Es liegt nahe, hierin Parallelen zu Mozarts Vaterverhältnis zu entdecken. Bekanntlich erzog Vater Leopold Mozart seinen Sohn durch strenges Zuchtregiment zu einem Wunderkind und führte sein Produkt zum Geldverdienen wie einen dressierten Affen an vielen Fürstenhäusern Europas vor. Daher ließen sich, im Eingreifen einer höheren Macht und einer geliebten Frau, eben jener Ilia, Mozarts persönliche Befreiungsträume und Selbstbestimmungswünsche erkennen. Idamante wird gerettet und schließlich sogar von einer göttlichen Stimme – »La Voce« – zum Nachfolger seines Vaters – der König von Kreta ist – ernannt.

Diese »Voce« ist ein theaterüblicher Kunstgriff, mit dem am Ende einer tragisch verwickelten Situation – wie ein »deus ex machina« – ein personifiziertes, übergeordnetes, alles beobachtendes System eingreift und das Chaos in ein Happy-End auflöst. Daß diese Macht hier nur »La Voce« heißt, ist schon bemerkenswert, zumal das Libretto von einem Kirchenmann – dem Salzburger Abbbate Giovanni Battista Varesco – stammt; eigentlich müßte Gottes Stimme erklingen (des christlichen Gottes, versteht sich!), oder die Stimme eines göttlichen Pressesprechers, aber wir befinden uns in einer vorchristlichen Zeit, die in der Vorstellung damals lebender Menschen durch griechisch sprechende Götter beherrscht und stasi-ähnlich überwacht wurde.

Die handelnden (gehandelten, behandelten, verhandelten) Personen beschleicht das bedrohliche Gefühl, Spielbälle fremder Mächte – der Naturgewalten, außerirdischer oder imaginierter Götter oder des eigenen Ichs – zu sein. Niemand weiß, wer hier wirklich Herr im Haus ist. »La Voce« spricht, genau beschen, von innen und von außen gleichzeitig, ein unsichtbares, sich plötzlich äußerndes, kretisches

Schloßgespenst, das Angst einflößt und zugleich Mut macht. Alles hängt eben mit allem zusammen und verwandelt sich ständig. Naturgewalten werden zu Göttern, Götter werden zu Stimmen, Stimmen werden zu gequälten Ichs, Ichs werden zu Schloßgespenstern, Schloßgespenster werden zu Frauen, Frauen werden zu Hoffnungen, Hoffnungen werden zu Enttäuschungen, Enttäuschungen werden zu Reisen, Reisen werden zu Ankünften, Ankünfte werden zu Erzählungen, Erzählungen werden zu Träumen, Träume werden zu Staub, Staub wird zu ...

Natürlich ist *Idomeneo* nicht die erste Mozartoper, mit der ich mich auseinandersetze. 1996 entwarf ich das Bühnenbild zur *Zauberflöte* am Hessischen Staatstheater Wiesbaden (Regie: Dominik Neuner), 2005 *Die Zauberflöte* in Tartu (Regie: Arila Siegert); 1999 folgte *Die Entführung aus dem Serail* am Theater Lübeck (Regie: Jürgen Tamchina) und im Jahr 2000 *La Clemenza di Tito* am Theater Ulm (Regie: Arila Siegert). Am witzigsten und erhellendsten fand ich *Die Entführung aus dem Serail*.

Mein Entwurf wurde damals – wahrscheinlich aus Spargründen – von Schlossern des städtischen Gefängnisses in Lübeck zusammengeschweißt, und als die Knastis auf meinen Plänen etwas von »Entführung ...« lasen, wurden sie hellhörig. Mit solchen Dingen läßt sich offenbar doch Geld verdienen, dachten sie und bedauerten erneut, gefaßt und verurteilt worden zu sein.

Mir gefielen besonders die absurd-verdrehten Wortspiele, die Mozart mit großer, gelassener Heiterkeit vertont hat.

Osmin: »Kommt mir nicht näher.«

Belmonte, Pedrillo: »Weg von der Türe.«

Osmin: »Sonst schlag ich drein.«

Belmonte, Pedrillo: »Wir gehen hinein.«

Osmin: »Sonst schlag ich drein.«

Belmonte, Pedrillo: »Wir gehen hinein.«

Osmin: »Marsch fort! Ich schlage drein.«

Belmonte, Pedrillo: »Platz fort! Wir gehen hinein!«

In den nächsten Jahren plane ich Bühnenbilder zu *Cosi fan tutte* (San Francisco), zur *Hochzeit des Figaro* (Mainz) und zu *Don Giovanni* (Berlin). Dann habe ich bald alle Mozartopern – bis auf die ganz frühen – durch!

Unser Inszenierungs- und Bühnenbildkonzept klingt einleuchtend, finde ich: Wir blicken von heute auf das archaisch-mythische Geschehen in Kreta. Ein leeres, vielleicht abgebranntes Theater bildet den Hintergrund – dafür dienen uns die schwarzen, von Technik überkrusteten Wände des Theaters an der Wien. Den zentralen, weißen Hauskubus habe ich an anderer Stelle bereits beschrieben, auch die drehbühnengroße, alles umfassende Rampe. Kreta heute. Überall stehen dort – wie auf dem griechischen Festland – diese halbfertigen Gebäude aus Betonstützen und rohen Geschoßebenen herum, die im Zustand fassadenloser Baustellen bereits wohnlich mit Sesseln, Sofas und Fernsehgeräten bezogen sind. Götter, Dämonen und Ungeheuer flimmern abends über die – selbst von der Straße aus sichtbaren – Bildschirme und tauchen spät nachts in den Träumen der Schläfer auf. Plötzlich zittert der Boden, die Lampen beginnen zu schaukeln, und in der Ferne dröhnt ein Flugzeug im Anflug auf Heraklion vorbei.

Ich erinnere mich an ein Erdbeben, das ich selbst dort einmal erlebt habe. Plötzlich begann eines Nachts das Hotelbett zu zittern und zu beben, nur sekundenlang, aber unvergeßlich. Nervenfäden und Gefühlsantennen spüren heute wie damals ihre Abhängigkeit vom Schicksal, von den Naturkräften und von fremden, dämonischen Mächten. Etwas Unbekanntes arbeitet in uns und um uns. Die Freiheit in Wille und Entscheidung ist und bleibt eine Illusion.

Je öfter ich unseren *Idomeneo* sehe und höre, um so stärker wird mir bewußt, daß hier musikalisch – jedenfalls in gewissen Momenten –, das Innerste der Menschen, ihre psychische Befindlichkeit, ihr Seelenzustand nach außen gekehrt wird (Idomeneo: »Dem Meer entronnen, hab ich ein Meer im Busen, das wilder ist als jenes. Und Neptun wird auch darin niemals aufhören zu toben ...«), allerdings in Mozartscher Rokokomanier, sanft und vorsichtig, ohne modern-expressive Wildheit. Sie gehörte damals noch nicht zur gängigen musikalischen Ausdrucksweise.

Manchmal denke ich, daß Mozart arbeitete wie heutige Hollywoodregisseure: Auch er mußte die Oberfläche gefällig und einfach gestalten, um seine subjektiv erlittenen, in Kunst übersetzten Gefühle darunter grollen zu lassen. Nur manchmal brechen sie nach oben und erschaffen musikalische Momente, die den Atem stocken lassen, wie bei John Huston oder Alfred Hitchcock.

Ich gebe meine Anweisungen auf der Bühne, mache mich anschließend wieder auf den Weg durch die Stadt und besuche das Österreichische Theatermuseum, das in der Nähe der Albertina liegt.

Nachdem ich die liebevoll eingerichteten Gedenkräume für Max Reinhardt, Carl Michael Zierer, Emmerich Kálmán, Josef Kainz, Hugo Thimig und Hermann Bahr bewundert habe, nehme ich mir die hier ausgestellten Bühnenbilder von Teo Otto und Caspar Neher vor. Leider enttäuschen mich die Modelle, Zeichnungen und Entwürfe beider Bühnenkünstler zutiefst. Wie banal, trivial und harmlos sehen ihre Werke aus! Nichts ist zu spüren von der Revolution der modernen Kunst. Alles wirkt brav, bieder wie alltägliche Spießerzimmer. Ich komme mal wieder ins Grübeln und überlege, ob dieser Bereich der bildenden Kunst vielleicht zu Recht übersehen wird. Keine Phantasie, keine Schönheit, keine formalen Erfindungen, keine Experimente, keine Störungen, keine Frechheiten, keine Kraft und keine Erkenntnis!

Übrigens befinden sich heute in diesem Theatermuseum auch einige Modelle von mir. Soviel ich weiß, werden alle Bühnenbildentwürfe, die für die Wiener Staatsoper entstanden sind, in den Museumsfundus aufgenommen. Ob meine Entwürfe einmal genauso harmlos wirken, wenn Besucher sie in 20 oder 50 Jahren anschauen werden? Nur im letzten Raum schrecke ich wie elektrisiert auf. Dort sind Theaterarbeiten des Bildhauers Fritz Wotruba zu sehen. Endlich erkenne ich in den Modellen die Kraft und Wucht, die ich bei den beiden anderen Berufsbühnenbildnern vermißt habe!

Kuben liegen körperhaft übereinander, bedrängen sich gegenseitig, als würden erotische Sehnsüchte in ihnen wirken. Kubenwände, Kubentürme, Kubenräume, Kubenfamilien, Kubenarmeen, Kubenkinder, Kubenstreitereien, Kubenkämpfe. Ich denke an die 1920er Jahre und den Kubismus. An die großartigen Bühnenbilder, die auch damals in Deutschland, Österreich und Frankreich entstanden sind von Künstlern wie Düllberg, Reinking, Moholy-Nagy, Mallet-Stevens, Picasso und Léger.

Beim Hinausgehen teilt mir der Mann an der Kasse mit, daß es ein weiteres Theatermuseum neben dem Dorotheum gibt. Ich nutze die Zeit und gehe sofort hinüber, bin jedoch genauso enttäuscht. Warum gibt man sich damit nicht mehr Mühe? Ich finde, daß die Bühnenbildkunst etwas ganz Wichtiges ist, und verstehe nicht, warum man mit ihr nur so widerwillig und lieblos umgeht. Im Theater nimmt das Bühnenbild den meisten Raum ein. Man schaut stundenlang hinein, sieht die Sänger und Sängerinnen darin herumgehen, beobachtet die Schauspieler und Schauspielerinnen und verfolgt die verschiedenen Lichteinstellungen.

Natürlich tragen die unzähligen mittelmäßig-kunstgewerblichen Bühnenbilder, die landauf, landab zusammengebastelt wurden und werden, zum schlechten Image dieses Kunstbereichs bei. Meine Haltung wird immer radikaler, und ich denke heute: Entweder man betrachtet seine Tätigkeit als Bühnenbildner als (avantgardistische) Kunst (und Architektur) und kämpft für diese Einstellung, oder man wird in den Theateralltagstrivialitäten demokratischer Findungsprozesse verlorengehen und zu Recht nicht weiter beachtet werden.

Wien, 31. Juli 2003

Vor meinem Appartementfenster, auf der Baustelle gegenüber, wird von morgens bis abends gesägt und gehämmert. Nur nachts herrscht wohltuende Stille. Ganz Wien kommt mir im Augenblick wie eine einzige Baustelle vor. Kaum ein Haus, in dem nicht eine Dachwohnung ausgebaut, ein Türbereich oder ein Treppenhaus renoviert wird. Auch auf den Straßen scheint die Bauwut zu toben. Löcher gähnen, Kabel werden versenkt, Holzwände und Gerüste ragen auf, Zebrastreifen bekommen einen neuen Anstrich.

Ich versuche, den Lärm als integralen Bestandteil eines allgemeinen städtischen Umweltkonzertes zu betrachten und zu erleben, rege mich also nicht darüber auf, verlege meine Denk- und Arbeitszeiten in die lärmfreien nächtlichen Zeiträume. Heute morgen steige ich als erstes ein Stockwerk höher und mache einen kleinen Dachspaziergang über neu angelegte Holzstege und -terrassen, die ich vor kurzem durch Zufall entdeckt habe. Mein Blick schwenkt über die weite, bis zum Horizont reichende Dachlandschaft, die aus Zinkblechschrägen, Dachplattenzonen, Mauerstücken, Antennenwäldern, Baumkronen, Kaminaufbauten mit überraschenden Formen und Knicken besteht. Darüber ein blauer Himmel mit wenigen weißen Wolkenkissen. Schwalben ziehen in atemberaubendem Tempo, im Flug spitze Schreie ausstoßend, ihre imaginären Linien durch den Luftraum. Im Süden sehe ich ab und zu ein Flugzeug beim Landeanflug nach Schwechat.

Viele Dachstühle sind zu Wohnungen ausgebaut, große Atelierfenster und eingeschnittene Balkone mit üppigem Grün lassen ein angenehmes Leben dahinter vermuten. Ich mache einige Photos und skizziere die interessantesten Situationen. Vielleicht kann ich ein Motiv davon für *Così fan tutte* in San Francisco verwenden. Im Augenblick stelle ich gerade Material für dieses im nächsten Jahr geplante Projekt zusammen. Auf dem Rückweg zur Treppe bleibe ich eine Weile an einem Geländer stehen, das so nah an die Traufe des Hauses gebaut wurde, daß der Blick in die Tiefe einer Gassenschlucht fällt. Dort unten sieht es so dunkel, feucht und unattraktiv aus wie in einem Berliner Hinterhof. Wer im Erdgeschoß dieser Gebäude leben muß, wird das ganze Jahr über von keinem Sonnenstrahl verwöhnt.

Im Theater ist die Zeit der endlosen Wiederholungen angebrochen. Eine Phase, die ich – wie schon mehrmals betont – nicht sonderlich liebe. Deswegen nutze ich die erste günstige Gelegenheit und stehle mich wieder ins Freie. Auf meinem Weg über den Naschmarkt entdecke ich heute eine kleine Kapelle. Bestimmt bin ich schon oft an ihr vorbeigegangen. Auf einer an der Kapellenseitenwand befestigten Tafel lese ich – neben dem üblichen Gotteslob und der unvermeidlichen Marien-Litanei –, daß unter dem Naschmarkt der Wienfluß und die Stadtbahn verlaufen. Plötzlich glaube ich, Wasser und Verkehr unter mir rauschen zu hören. Mit gewissen Schwindelgefühlen gehe ich weiter.

Alle Märkte – mit oder ohne doppelten Boden – haben eine lebensbejahende Ausstrahlung. Es kommt mir so vor, als befände ich mich hier an der Hauptschlagader der Stadt. Die Marktarchitekturen sind einfach, nah an der Natur, nützlich und ohne Luxus. Eingeschossige Bauten, die ihren sinnlich-provisorischen Charme vor allem den ausgestellten Waren verdanken. Vielleicht sollte der Naschmarkt in Zukunft als Vorbild für Ausstellungen und Museen dienen!

Vorbei an Secession und Staatsoper, biege ich erneut in die Ringstraße ein, die hier Opernring heißt. Mein Ziel ist die Akademie der Bildenden Künste am Schillerplatz. Unterwegs fällt mir die Geschichte jenes denkwürdigen Wiener Theaterabends im Jahr 1881 ein, an dem sich eine Katastrophe ereignete, die den Theaterbetrieb in ganz Europa verändern sollte. Man gab Jacques Offenbachs *Hoffmanns Erzählungen*, das Publikum hatte bereits seine Plätze eingenommen, als der Bühnenmeister den Schalter zum Zünden der Gas-Sofitten-Lampen umlegte. Da seine Handlung keine Folgen hatte, wiederholte er den Vorgang nach einigen Minuten erneut, dabei geschah das Unglück. Das bisher ausgeströmte Gas explodierte. Es kam zu einer verheerenden Verpuffung. Binnen Sekunden standen der Vorhang, die Bühne, das Bühnenbild und sämtliche Instrumente in Flammen. Alle Orchestermusiker und mehrere Hundert Zuschauer kamen im nachfolgenden Feuersturm ums Leben.

Theaterbrände waren damals nicht selten. Bis zur Einführung der elektrischen Beleuchtung wurden Bühnen und Zuschauerräume mit offenem Feuer – erst Kerzen, dann Gasflammen – beleuchtet. Das Problem war den Verantwortlichen also bekannt, aber erst jetzt wurde gehandelt. Die Lösung bestand im Einbau eines Eisernen Vorhangs zwischen Zuschauerraum und Bühne. Erst wenige Minuten vor Spielbeginn wird er hochgezogen und gibt den Blick auf den üblichen roten Samtvorhang frei.

Erfinder des Eisernen Vorhangs waren die beiden Wiener Architekten Ferdinand Fellner und Hermann Gottlieb Helmer, die sich durch den Neubau des Volkstheaters einen Namen gemacht hatten. In den Jahren danach stiegen sie zu den erfolgreichsten Theater- und Konzertsaalbauern aller Zeiten auf. In ganz Europa kam ihr leichter, historisierender Architekturstil gut an. Sie öffneten den bisherigen Ovalgrundriß der höfischen Logentheater zu einem offenen Halbkreis und schufen damit mehr Sichtplätze als bisher. Im Volkstheater fanden fast 2000 Menschen Platz. Heute sind viele ihrer Theater- und Konzertsäle noch in Betrieb und für ihre gute Akustik berühmt: in Hamburg, Zürich, Graz, Wiesbaden und Sofia.

Im Zeitalter der elektrisch-elektronisch betriebenen Bühnenbeleuchtung wäre der Eiserne Vorhang vielleicht überhaupt nicht mehr notwendig. Brände der Wiener Art sind nie wieder vorgekommen. Trotzdem klingt die Wiener Katastrophe immer noch nach. Feuerwehrleute sitzen während jeder Vorstellung in der Nullgasse und beobachten das Geschehen auf der Bühne skeptisch, immer aus feuerpolizeilicher Sicht. Die Theaterbrände von heute finden meistens nach Mitternacht statt.

Dabei fällt mir natürlich jener Frankfurter Opernbrand ein, dem auch ein Teil meines *Trojaner*-Bühnenbilds zum Opfer gefallen ist. Ein frustrierter, finanziell abgebrannter Ex-DDR-Bürger, der gerade von einer längeren Flugreise nach Frankfurt zurückgekehrt war, stieg nachts ins Opernhaus ein, suchte nach Geld und Eßbarem. Nachdem er nichts gefunden hatte, begann er aus Wut damit, Papierkörbe anzuzünden. Der Erfolg war umwerfend. Am anderen Tag stand nur noch eine kokelnde Ruine da. Weder hatte die Sprinkleranlage funktioniert, noch hatte der anwesende Feuerwehrmann etwas von dem Brand bemerkt. Selbst der in

einem der Theaterappartements schlafende berühmte amerikanische Komponist John Cage wunderte sich am Morgen über das Ergebnis. Gewiß, er habe Rauch gerochen, aber von der eigentlichen Katastrophe nichts bemerkt, sein Schlaf sei zu gut und tief gewesen, gab er zu Protokoll.

Friedrich Schiller hat es als Denkmal auf den Platz vor der Wiener Akademie geschafft. Ob seine Aufstellung repräsentativer oder schöner ist als die seines Konkurrenten Johann Wolfgang von Goethe, kann ich nicht mit Sicherheit sagen. Als Dichter bevorzuge ich in jedem Fall Goethe, Schiller ist mir durch übertriebene Schullektüre vermiest worden. Spätere Versuche, seine Werke auf der Bühne anzuschauen, endeten für mich immer in gähnender Langeweile. Unvergeßlich in diesem Zusammenhang ist mir ein Erlebnis mit der berühmten Regisseurin Andrea Breth.

Eines Tages lud sie mich zu sich in ihre Wohnung am Griebnitzsee in Babelsberg ein, um mich als Bühnenbildner zu engagieren. Wir sahen uns bei diesem mißglückten Treffen zum ersten und letzten Mal. Ich mußte auf einem unbequemen Holzstuhl Platz nehmen, und sie begann sofort damit, mir Schillers *Die Verschwörung des Fiesco zu Genua* vorzulesen. Eigentlich dachte ich, sie hätte mich wegen eines Stückes von Tschechow eingeladen, das sie an der Berliner Schaubühne inszenieren sollte. Jetzt also *Fiesco*, warum nicht?! Die Produktion war am Burgtheater geplant.

Mit leiser, monotoner Stimme las die berühmte Regisseurin die verschiedenen Rollen selbst. Sie machte keinen Unterschied zwischen den Personen, betonte nur immer wieder, daß sie hiermit die beste aller möglichen Fiesco-Versionen erarbeitet hätte. Schiller, übrigens, war auch nie zufrieden mit dem Werk und dichtete es mehrfach um. Nach einer halben Stunde schlief mir das Gesicht ein, nach einer Stunde das linke Bein, nach einer weiteren halben Stunde das rechte. Um mich abzulenken, blickte ich immer wieder zum Panoramafenster, beobachtete in Baumkronen landende Vögel und auf der Seefläche vorbeiziehende Schiffe. Langsam wurde mir klar: Die berühmte Regisseurin brauchte ein Publikum. Ich war das Publikum und hätte sie loben sollen, dabei starb ich fast vor quälender Langeweile.

Ab und zu nahm die Meisterin einen kräftigen Schluck aus ihrem Rotweinglas. Nach zwei Stunden hielt ich es nicht mehr aus, stand ohne Entschuldigung auf, verabschiedete mich schroff und machte mich auf den Weg zur nahen S-Bahn-Station. Natürlich hatte ich die Probe nicht bestanden und nie mehr etwas von der Dame gehört. Meine Liebe zu Schiller wurde durch dieses Erlebnis nicht gerade gesteigert.

Zurück nach Wien heute: An Hitler und Hundertwasser denke ich nur kurz, als ich die Treppen zur Akademie hochsteige. Mich interessiert heute die Gemäldegalerie, die hier im 19. Jahrhundert für Studenten eingerichtet worden war, schließlich sollten die zukünftigen Künstler an so berühmte Vorbilder wie Raffael, Tintoretto und Tizian anknüpfen. Seit wann die Galeriesäle öffentlich zugänglich sind, entzieht sich meiner Kenntnis.

Vor einem meiner Lieblingsbilder, dem *Weltgericht* von Hieronymus Bosch, lasse ich mich auf einer Bank nieder. Anfang des 15. Jahrhunderts hat Bosch eine Vision des Weltuntergangs gemalt, die aussieht, als hätte er das grausam-zynische 20. Jahrhundert mit all seinen Katastrophen vorhergesehen: Menschen fallen übereinander her, quälen sich, ziehen einander die Haut ab, kochen die erlegten Feinde in Bottichen über riesigen Feuern und verspeisen sie wie Kannibalen. Männer vergewaltigen Frauen, zwingen sie danach zum Beischlaf mit Fischen und Schweinen.

Der Mensch ist des Menschen Wolf ... Die sadistischen Details sind unglaublich. Woher hatte Bosch diese Phantasie, bezog er seine Bilder aus der Bibel, aus Beobachtungen auf zeitgenössischen Schlachtfeldern oder aus Gerichtsakten? Der Horizont ist feuerrot verfärbt, dicke schweflige Wolken, die aussehen wie verseuchte Giftungeheuer steigen über brennenden Gehöften, Dörfern und Städten am Horizont auf, Luzifers Heerscharen erscheinen am Himmel und fallen über die verbrannte Landschaft her, um die endgültige Auslöschung allen Lebens auf Erden zu vollziehen.

Es gibt keine Rettung mehr. Die Menschen sind zum Tod verurteilte, Unheil bringende Ungeziefer, deren Untergang nicht mehr aufgehalten werden kann. Ein Horrorszenarium, das alle Greueltaten der Nazis in KZs und an den Fronten vorwegzunehmen scheint.

Eichmann schaut zu und gibt seine Anweisungen, Doktor Mengele freut sich über so viel experimentelles Sterben. Wann ist ein Mensch tot? Wenn ihm ein Bein fehlt, das zweite auch, die Arme, das Gehirn, der Kopf? Wir müssen es untersuchen. Na ja, spritzen wir ihm vorher noch diese Flüssigkeit ins Herz, irgendwann wird er schon krepieren ... und heute Abend gehen wir zum Kammermusikabend beim Kommandanten. Schön ist es auf der Welt, wenn man zu den Herrenmenschen gehört ...

Etwas betäubt trete ich wieder ins Freie. Sommertag, mit viel Sonne und angenehmer Wärme. Eigentlich sind Städte im Frühling oder Herbst angenehmer, aber ich will mich nicht beklagen. Außerdem habe ich Wien schon zu jeder Jahreszeit erlebt. Ich lasse mich treiben, wieder über den Ring, an der Hofburg, der Augustinerkirche, dem Josefsplatz mit der Nationalbibliothek und der Winterreitschule vorbei, gelange zum Michaelerplatz mit dem bereits erwähnten Looshaus.

Ich stelle mich vor den bombastischen Marmorfigurenbrunnen an der Ecke der Hofburg – Rudolf Weyrs *Österreichs Herrschermacht zur See* von 1895 – und lasse meinen Blick wie bei der Betrachtung eines Tennisspiels hin und her springen: von der Hofburgfassade zum Looshaus, vom Looshaus zur Hofburg, hin und her, hin und her.

Eigentlich kann ich die damalige Aufregung gut verstehen. Als der Bau zwischen 1909 und 1911 errichtet wurde, lebte Kaiser Franz Joseph noch. Mühsam kämpfte er um den Erhalt seines Großreiches, überall sägten nationalistische Kräfte an seinem Thron und damit am Bestand des Reiches. Wie wir von heute aus wissen, hatten *Die letzten Tage der Menschheit* bereits begonnen, 1916 starb der greise Kaiser, und der Nachfolger, sein Großneffe Karl I., konnte nur noch bis 1918 regieren, mußte dann im Zuge des militärischen Zusammenbruchs das Ende der Monarchie bekanntgeben und hilflos der Bildung einer Republik Österreich zuschauen. In dieser problematischen Phase jetzt also auch noch der Bauaffront, mitten in der Hauptstadt, direkt vor den Schloßfenstern, ein Fehdehandschuh aus Stein, Stahl und Glas!

Gut, der Kaiser besaß allein in der Hofburg 2449 Räume, in die er ohne den Blick auf das Gebäudescheusal hätte ausweichen können, trotzdem blieb dieser Bau für ihn und seine treuen Anhänger eine Unverschämtheit. Dabei hat Adolf Loos – wie immer – seinen luxuriösen Materialfetischismus, der vielleicht auch dem Kaiser gefallen hätte, ins Innere verlegt. Im Treppenhaus glänzen die dunkel polierten Marmorflächen. Kristallspiegel verzaubern die Raumfluchten zu einem Märchenschloß.

Die beiden Käufer des wertvollen Grundstücks am Michaelerplatz, Leopold Goldman und Emanuel Aufricht, schrieben zunächst einen Architektenwettbewerb aus. Adolf Loos lehnte die Teilnahme daran ab, weil er im Wettbewerbswesen »einen Krebsschaden der Baukunst« sah!

Nachdem die Bauherren unter den eingereichten Arbeiten keinen geeigneten Entwurf entdeckten, beauftragten sie Adolf Loos direkt. In den beiden Erdgeschossen erfüllte er noch die Erwartungen seiner Zeitgenossen und verkleidete die Fassaden mit Marmor. Aber in den vier darüber liegenden Geschossen, die als Wohnungen gedacht waren, verzichtete er auf allen Zierat und verwendete für die Fassade nur schlichten Putz.

Eigentlich muß ich den Kritikern von damals Recht geben, diese vier Geschosse wirken auch heute noch etwas unfreundlich und proletarisch. Das Bauamt verweigerte lange die Genehmigung. Erst als Loos Blumenkästen unter den Fenstern in den Obergeschossen vorschlug, stimmten die Beamten zu.

Über die Kohlmarktgasse gelange ich zum Graben und gehe weiter Richtung Stephansdom. Graben und Kärntnerstraße gelten als die Haupteinkaufsstraßen Wiens und wurden vor Jahren vom Autoverkehr befreit, seither sind sie das, was man Fußgängerzonen nennt. Obwohl ich einsehe, daß die Trennung zwischen den beiden Kontrahenten – Autos und Einkaufende – ihr Gutes hat, überfällt mich in allen Fußgängerzonen der Welt ein unangenehmes, bedrängend-bedrohliches Gefühl. Menschen mit gefüllten Einkaufstüten gehen an mir vorbei, in beiden Richtungen. Manche bleiben stehen, begrüßen und unterhalten sich, reden, lachen und erwecken den Anschein, gern in dieser Fußgängerzone zu sein. Ich erinnere mich, daß Ruth Berghaus eines Tages von einer amerikanischen Freundin erzählte, die Wien deswegen liebte, weil sie dort in der Fußgängerzone zu jeder Tages- und Nachtzeit, behängt mit ihrem ganzen wertvollen Schmuck, herumschlendern kann, ohne Angst vor einem Überfall zu haben. Das sei einmalig in der Welt, behauptete die steinreiche Dame. Schon möglich. In Manhattan jedenfalls ginge das nicht!

Auf der Sonnenseite sind die Straßencafés dicht gefüllt. Die mitten im Getrappel Ausruhenden blinzeln in die Sonne oder verstecken ihre Augen hinter dunklen Sonnenbrillen, schieben Kuchenstücke in ihre Münder, rauchen Zigaretten und fühlen sich offensichtlich wohl. Der Platz ist ideal: Man sieht und wird gesehen. Kurz bleibe ich vor der Pestsäule stehen. Als Denkmal erinnert sie an eine Pestepidemie, die im Jahr 1679 über 100 000 Wiener das Leben gekostet hat. Daß der goldene Wolkenwust, der aussieht wie ein überquellender Gugelhupf, von einem italienischen Theateringenieur geformt worden ist, wie ich in meinem Wienführer lese, wundert mich nicht. Katholisches Brimborium der barocken Art. Mit ziemlich aufdringlichen Mitteln mahnt er die Lebenden ... memento mori ... memento mori ...!

Dreimal werde ich angebettelt, bevor ich das Portal des Stephansdoms erreiche. Kurz fällt mein Blick auf das postmodern überfrachtete Haas-Haus von Hans Hollein, das dem gotischen Bau direkt gegenübersteht. Hier tritt eine ähnliche Konfrontation ein wie am Michaelerplatz. Gotik gegen Postmoderne ... Postmoderne gegen Gotik ... Eine Wettkampfsituation, die uns mit einem Schlag bewußt macht, daß Architektur keine klar definierte Kunst ist, die uns Menschen angeboren wird (wie das Schneckenhaus einer Schnecke), sondern jeden Tag neu definiert, erfunden und erstritten werden muß.

Das Menschengedränge geht auch im Dom weiter. Statt Eis- und Postkartenverkäufer nerven hier die Fremdenführer und Fremdenführerinnen, die mit lauter Stimme ihren japanischen, italienischen, französischen und russischen Gästen christliche Ikonographie nahebringen wollen. Trotzdem erfaßt mich der Zauber des Raumes, und neidvoll denke ich an Zeiten zurück, die derartige Bauten hervorbrachten. In Gedanken sehe ich mich in einer Dombauhütte sitzen und Pläne zeichnen. Ringsum hämmern Steinmetze an Fialen und Figuren.

Selbst Adolf Loos nannte die Wiener Domhalle »die weihevollste der Welt«! Gerne würde ich heute auch auf den Turm steigen, aber seitdem ich letztes Mal (beinahe) erlebt habe, wie ein armer Mensch von der Plattform in den Tod sprang – ich kam damals eine Stunde nach dem Vorfall auf den Turm und wurde durch Berichte daran erinnert – habe ich eine Aufstiegssperre.

Nach dem Dombesuch gehe ich langsam durch die engen Altstadtgassen, denke wieder an Wolfgang Amadeus Mozart, dessen Wohnung hier gleich um die Ecke lag, an Ludwig van Beethoven, der von Mißtrauen gepeinigt ständig umzog, an Franz Schubert, der nie eine eigene Wohnung besaß.

Am Stubenring verlasse ich die Altstadt und durchquere den Stadtpark. Über die Wiener Parkanlagen könnte ich ein eigenes Buch schreiben. An erster Stelle würde für mich immer der herrliche Belvedere-Garten stehen, an zweiter der Park von Schönbrunn und an dritter Stelle der Stadtpark.

Für wenige Minuten setze ich mich auf eine Parkbank und erinnere mich an die wenigen Operetten, die ich als Bühnenbildner ausstatten konnte. Dazu gehören so schwierige Werke wie *Das Spitzentuch der Königin* von Johann Strauß Sohn aus dem Jahr 1880 und *Das Land des Lächelns* von Franz Léhar aus dem Jahr 1929, die beide am Dresdner Operettentheater in der Regie von Arila Siegert herauskamen.

Die Walzer von Johann Strauß Sohn, dessen goldenes Denkmal im Stadtpark steht, sind da schon gefälliger. Zu bestimmten Zeiten höre ich gern solche Musik, sie versöhnt wieder mit dem Leben und verleiht ihm Schwung, wenn die Leichtigkeit einmal abhanden gekommen ist. Allerdings bin ich vorsichtig damit, seitdem ich weiß, daß auch Adolf Hitler ähnlich fühlte und dachte.

Vorbei am Kurhaus, strebe ich dem berühmten Konzerthaus zu, in dem ich schon viele spannende Abende erlebt habe. Den merkwürdigsten will ich hier erwähnen. Gemeinsam mit einem riesigen Symphonieorchester trat der berühmte Pianist Friedrich Gulda auf und spielte ein eigenes, monumentales symphonisches Werk, das wie immer bei ihm zwischen Jazz und Klassik angesiedelt war. Ich kannte die Musik von Gulda bereits als Schüler. Die Schallplatten mit seinen Jazzimprovisationen gehörten zu den ersten, die ich mir kaufte. Da ich damals selbst als Schlagzeuger in einem Jazztrio auftrat, sah ich in Gulda einen Kollegen, der es zum Meister gebracht hatte. Mir gefiel sein als revolutionär angesehenes Gleichsetzen von Klassik und Jazz. Jedes seiner Konzerte war zweigeteilt, in der ersten Hälfte spielte er Mozart und Beethoven, in der zweiten eigene Jazzkompositionen. Jetzt also sah ich den Künstler zum ersten Mal live. Er leitete mit einem Türkenmützchen auf dem Kopf vom Flügel aus das Geschehen, seine Lebensgefährtin – eine begnadete Sängerin – thronte im Hintergrund, über dem Orchester wie eine feengleiche Göttin. Sie sang fast die ganze Zeit über, jubilierte engelsgleich und verfiel anschließend in minutenlanges Stöhnen als befände sie sich in einer langwierigen Orgasmuseuphorie. Jetzt also versuchte Gulda, in diesem Spätwerk beide Richtungen – Jazz und selbstkomponierte, klassisch angehauchte Symphonik – miteinander zu verbinden.

Der Konzertsaal war bis auf den letzten Sitz ausverkauft. Schließlich gehörte Gulda zum Wiener Musikerolymp, und neue Stücke von ihm waren Tagesgespräch. Nach zwei Stunden, am Ende des Konzertes, tobte das Publikum begeistert. Das Protagonistenpaar wurde gefeiert und mit Blumensträußen überschüttet. Vielleicht war es Guldas letzter öffentlicher Auftritt. Wenige Monate später ist er, soweit ich mich erinnere, gestorben.

Im Vorbeigehen schaue ich mir das gegenwärtige Programm an. Leider habe ich abends keine Zeit, Konzerte zu besuchen. Ich muß ja im Theater an der Wien zu den abendlichen Proben präsent sein.

Rechts neben dem Konzertsaal liegt das Wiener Konservatorium. Daneben, versteckt in einer kleinen Nebenstraße, das Akademietheater. Auch in diesem Theater konnte ich schon einmal als Bühnenbildner arbeiten. Das Stück hieß *Nacht – Mutter des Tages*. Autor war der Schwede Lars Norén. Regie führte der Flame Guy Joosten. Die Produktion ist vor allem deswegen erwähnenswert, weil die legendäre österreichische Schriftstellerin und Schauspielerin Erika Pluhar die Hauptrolle spielte.

Leider mochte sie mich – im Gegensatz zu Guy – nicht besonders. Immer, wenn sie mich sah, nervte sie mich mit kleinen Wünschen, die meist die Höhe des Küchentisches betrafen, an dem sie während der Aufführung lange Zeit sitzen mußte. An einem Tag war ihr der Tisch 2 Zentimeter zu hoch, am nächsten 3 zu niedrig. Irgendwie konnten wir uns – soweit ich mich erinnere – nie auf ein Idealmaß einigen. Sie schien ihr ganzes Selbstbewußtsein und ihre ganze schauspielerische Kraft aus dem Tisch zu beziehen. Dabei hätte sie diese Marotten und Zicken nicht nötig gehabt, denn ihre Rollengestaltung gelang am Ende völlig überzeugend. Auch die Kritiker waren des Lobes voll.

Mein Bühnenbild beachtete natürlich – wie meistens – niemand besonders, dabei hatte ich wirklich eine gute Idee: Rechts befand sich die Küche, links das für die Handlung notwendige Schlafzimmer. Im Hintergrund eine Tür, darüber ein gläserner Taubenschlag mit echten Tauben, die immer wieder in ihrem Käfig hin und her flatterten. Im Laufe der Handlung verschob sich die kräftige Trennwand zwischen den beiden Raumbereichen ganz langsam nach rechts, so daß am Schluß alle Küchenmöbel fast zerquetscht waren.

Vielleicht war Frau Pluhar auch verletzt darüber, daß Guy und ich die Aufführung unserem gemeinsamen Freund Steve widmeten (so stand es im Programmheft), der als Lightdesigner für diese Produktion engagiert worden war. Er ist eine Woche nach Probenbeginn bei einem Autounfall in Holland mit 38 Jahren ums Leben gekommen!

Wien, 1. August 2003

Unsere *Idomeneo*-Premiere rückt näher und damit die Stunde der Wahrheit. Trotz des Baulärms vor dem Fenster setze ich mich eine Weile an den Arbeitstisch und versuche, meine Stadtgedanken zu ordnen.

Jede Stadt ist aus heutigem Alltag – Jetzt-Zeit, Gegenwart – und Geschichte – Vergangenheit, Ablagerungen – gebaut. In Wien halten sich – wie ich finde – beide Aspekte in einer guten Balance, im Gegensatz zu Rom mit seiner Ruinenlastig- keit und New York mit seiner Zukunftsübertriebenheit! Hinzu kommt bei den Bewohnern, sofern sie in Wien geboren und aufgewachsen sind, dieser einmalige, zwischen Gesang und Ruppigkeit pendelnde Dialekt, der das Hochdeutsche in einer Weise verformt, manchmal auch entstellt, daß man schon von Verfremdung reden muß. Wer sich im Hintergrund, quasi als sprachlich-musikalisches Weltallrauschen, die Kompositionen Haydns, Mozarts, Schuberts, Lanners, Strauss' und Léhars dazudenkt, wird zu dem Schluß kommen, daß dieses Sprech- und Sprachuniversum einen musikalisch-phonetischen Reichtum aufweist, der kaum zu überbieten ist. Jeder Schauspieler und jede Schauspielerin, die sich einen Hauch davon bewahren konnten, erfreuen sich im deutsch-

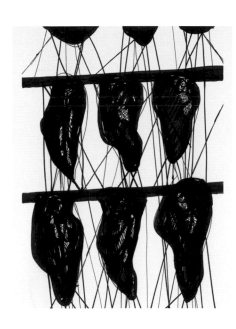

sprachigen Raum besonderer Beliebtheit (Hans Moser, Paula Wessely, Romy Schneider).

Allerdings muß ich zugeben, daß mir der Singsang an schlechten, unausgeschlafenen Tagen auch manchmal mit seinem Charme auf die Nerven geht. Dann vermute ich schleimige Falschheit und zuckersüße Lüge hinter den Sätzen, und der Dialekt erscheint mir als idealer Zaun, hinter dem man die Wahrheit verstecken kann. Erstaunlich, daß Adolf Hitler so wenig Dialekt sprach. Er bemühte sich immer um das Hochdeutsch, schließlich sollten ihn auch die großkotzig-preußischen Berliner verstehen!

Nach einigen Stunden Beleuchtung im Theater mache ich mich wieder auf den Weg durch Wien. Heute nehme ich mir das Schmetterlingshaus in der ehemaligen Orangerie des Burggartens vor. Diesen zauberhaften Ort habe ich vor einigen Jahren für mich entdeckt. Im Glashaus herrscht ein feuchtwarmes Klima. Die Vegetation ist tropisch. Man findet Palmen, Bananenstauden, Orchideen, Schlingpflanzen und großblättrigen Efeu. Ein Zauberreich, in dem ich mir gut Rousseaus und Gauguins paradiesisch nackte Menschen vorstellen könnte. Hier jedoch leben – neben einigen bunten, laut kreischenden Vögeln – nur Schmetterlinge. Zu Hunderten flattern sie von Blatt zu Blatt, von Futterstelle zu Futterstelle. Die kleinsten sehen aus wie zwei zusammengeklebte Fingernägel, die größten wie zwei aneinander gewachsene Handflächen. Bei der Farbgebung scheint die Natur alle Möglichkeiten erprobt zu haben. Es gibt zitronengelbe, signalrote, grasgrüne, erdbraune, nachtblaue, violette und schwarze Schmetterlinge. Manche sind gefleckt oder gestreift, andere tragen die Bilder von Augen oder Lippen auf den Flügeln. Gerne würde ich mich besser auskennen und zehn oder zwanzig der 100 000 Arten mit Namen nennen können. Manchmal füllen die Schmetterlinge die Luft wie Konfettiregen, dann wieder flattern einzelne wie dünne Blätter oder Papierfetzen um meinen Kopf. Auch bei längerer Betrachtung wird mir nicht ganz klar, ob sich die zarten Tiere nur von Auf- und Abwinden tragen lassen oder ob hier gezielte Flugmanöver – wie von Vögeln – durchgeführt werden. Landungen auf den Futterstellen mit aufgeschnittenen Orangen oder anderen süßen Früchten glücken meistens. Ich habe keinen Schmetterling beobachtet, der das Ziel verfehlt und neben der Futterschale abgestürzt wäre.

Vielleicht handelt es sich um eine Mischung beider Bewegungsarten. Mir fällt jedenfalls auf, daß zwei Schmetterlinge nie zusammenstoßen – es sei denn, sie wollen aus Fortpflanzungsgründen zusammentreffen –, auch kommt es nie zu Karambolagen mit Stämmen, Palmwedeln oder Blättern. Am meisten fasziniert mich ein separates, 2 Meter langes und 2 Meter hohes, etwa 1 Meter tiefes gläsernes Terrarium. Im Inneren sehe ich an langen Stangen aufgereihte Schmetterlingspuppen hängen, die Ähnlichkeit mit kleinen Mumien haben. Die Metamorphose vom Ei zur Raupe, dann zu Puppe und schließlich zum Schmetterling hat mich bereits als Schüler interessiert und mich zu langwierigen Beobachtungen im eigenen Terrarium angeregt. Schon damals wunderte ich mich nicht darüber, daß Menschen zu allen Zeiten eine gewisse ängstliche Ehrfurcht vor den verpuppten Insekten und den Schmetterlingen hatten, sie gar dem Hexenreich zuordneten. Besonders die gespenstisch lautlosen Nachtfalter, die plötzlich und vollkommen unerwartet am Fenster oder unter dem hellen Lampenschirm auftauchen, gerieten in den Verdacht, Todesboten oder Spione des Jenseits zu sein. Manche von ihnen trugen zu allem Überfluß auch noch eindeutige Zeichen auf ihren Flügeln – wie Totenköpfe, Augen mit starren Blicken oder gekreuzte Knochen –, so daß kein Zweifel mehr zu bestehen schien.

335

Auf den ersten Blick wirken alle Puppenmumien still, fast tot. Erst nach längerer Beobachtung entdecke ich an einigen wenigen ein leichtes Zucken und Pulsieren. Plötzlich jedoch werde ich Zeuge eines Aufplatzens. Atemlos starre ich auf den unteren Bereich der Puppe, sehe, wie sich die Oberfläche langsam heller färbt, weil der Druck von innen zunimmt. Dann entsteht ein Riß, wenig später platzt ein Teil der Hüllenhaut ab und fällt hinunter auf den mit Sand bedeckten Terrariumsboden. Jetzt sehe ich den Unterkörper des noch eng zusammengepreßten Schmetterlings. Pulsierend drücken die zusammengefalteten Flügel gegen die verbliebene Puppenhaut. Ein weiterer, sich an der Seite hochziehender Riß klafft auf, und Minuten später fällt der noch fluguntaugliche Falter auf den Sandboden hinunter. Die hohle Puppenhülle bleibt an der Stange hängen. Der etwa acht Zentimeter große Schmetterling windet sich am Boden, schüttelt die sich langsam auffaltenden blauen Flügel. Mir kommt der Vorgang fast wie ein Wunder vor. Die Einsamkeit seiner Geburt erschüttert mich. Da gibt es keine säugende Mutter und keinen überwachenden Vater. Der Schmetterling ist von Anfang an ganz auf sich selbst gestellt. Sobald nach etwa zehn Minuten die Flügel ganz offen und trocken sind, kann er sein selbständiges Leben beginnen.

Nach diesen spannenden und faszinierenden Beobachtungen setze ich mich auf die Caféterrasse vor dem Glashaus und trinke einen großen Braunen. Während ich ins Grüne blicke und meine Metamorphosegedanken aufzeichne, kommt eine Gruppe von Franzosen an mir vorbei. Sofort erkenne ich den jungen französischen Filmregisseur Leos Carax, dem im Augenblick eine eigene Retrospektive im Wiener Filmmuseum gewidmet ist. Heute morgen hatte ich in der Zeitung einen Artikel darüber gelesen. Nur weil ein großes Porträtphoto neben dem Text abgedruckt war, weiß ich, wie der Regisseur aussieht. Eigentlich habe ich nur *Die Liebenden von Pont-Neuf* aus dem Jahr 1991 von ihm gesehen. Ich weiß, daß damit seine Freundin Juliette Binoche zum französischen Superstar aufstieg. Ob er nach diesem sehr teuren Werk überhaupt noch einen Film realisieren konnte, entzieht sich meiner Kenntnis. Ich habe jedenfalls nichts darüber gelesen.

Zufällig läßt sich die Gruppe genau am Tisch neben mir nieder. Aus den Augenwinkeln beobachte ich sie, wie beiläufig. Leider ist Binoche nicht dabei. Um den Klatsch fortzusetzen, kann ich noch eine Geschichte erwähnen, die mit dem inzwischen verstorbenen und seither kultisch verehrten österreichischen Sänger Falco zu tun hat. An einem Sommerabend im Jahr 1986 saß ich mit Ruth Berghaus in einer Frankfurter Hotelhalle zusammen, wir besprachen damals unseren *Orpheus* in Wien. Plötzlich stand Ruth auf und begrüßte eine mir unbekannte Frau. Als sie zurückkam, teilte sie mir mit, daß es sich bei dieser Frau um die wichtigste Kulturbeamtin Wiens handelte, ich glaube sogar, sie sagte »Ministerin für Kultur«. Ich beobachtete die Frau aus der Ferne. Irgendwann trat ein junger Mann an ihren Tisch, begrüßte sie und ließ sich neben ihr nieder. Als wir aufstanden, winkte uns die wichtige Kulturfrau zu sich her und sagte: »Darf ich Ihnen den berühmten österreichischen Sänger Falco vorstellen?« Wir gaben uns die Hand, wechselten einige Sätze und gingen dann auseinander. Manche Begegnungen sind schon seltsam. Man fragt sich im nachhinein, warum es bei den unwichtigen, beiläufigen Small-talk-Sätzen blieb. Aber bekanntlich verläuft Zeit nur in einer Richtung, sie ist unerbittlich, läßt sich weder aufhalten noch zurückdrehen ...

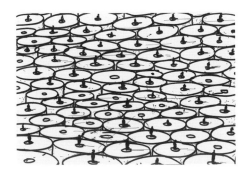

Anschließend verlasse ich den Burggarten und gehe über den Burgring hinüber zum Naturkundemuseum. Zuerst die lebendigen, frei im Schmetterlingshaus herumfliegenden Insekten, jetzt die toten, aufgespießten in endlosen Vitrinenfluchten. Unglaublich, welche Formenvielfalt die Evolution hervorgebracht hat – rätselhaft. Im dämmrigen Museumslicht wirken die Objekte – Insekten, Schmetterlinge, ausgestopfte Vögel, Tiere und Versteinerungen – wie Träume einer untergegangenen Zivilisation. Tatsächlich sind ja viele Arten bereits ausgestorben. Jedes Jahr kommen neue, niemals ersetzbare hinzu.

In meinem Wien-Führer habe ich gelesen, daß große Teile der Sammlung früher im Hofburg-Privatmuseum des Kaisers standen. Nach Fertigstellung des Naturkundemuseums stiftete Kaiser Franz Joseph seine Präparate der Allgemeinheit. Unter den Exponaten befand sich auch der ausgestopfte ehemalige Hofmohr Suliman. Er sollte ebenfalls ins Naturkundemuseum wandern. Nur der beherzten Gegenwehr seiner Frau ist es zu verdanken, daß er nicht in die skurrile Prozession eingereiht wurde, die im Morgengrauen eines schönen Sommertages von der Hofburg zum Museum wanderte. Bei einem späteren Brand in der Hofburg fanden die sterblichen Überreste Sulimans eher beiläufig ein Ende als Asche. So blieb ihm das Schicksal erspart, als Mumie zwischen Tierpräparaten öffentlich ausgestellt zu werden.

Vielleicht werden in 1000 Jahren Menschen durch Museumsräume gehen und die Relikte unserer Tage betrachten. Ausgestopft stehen wir im melancholischen Licht der Vitrinen, den neugierigen und ungläubigen Blicken zukünftiger Erdbewohner ausgeliefert. In Führungen werden Mutmaßungen darüber angestellt, wie wir wohl unsere Tage verbracht haben.

Auf dem Weg zurück in die Stadt besuche ich heute noch das Völkerkundemuseum am Heldenplatz. Museen dieser Art rufen bei mir immer zwiespältige Reaktionen hervor. Da die meisten von ihnen im 19. Jahrhundert, also zur Hochzeit des Kolonialismus, gegründet wurden, haftet ihnen etwas Arrogantes an. Wir, die zivilisierten Mitteleuropäer, stehen weit über diesen »primitiven Völkern«, das ist oft – ungewollt – die Botschaft. Ganz aus ihrem Zusammenhang und damit ihrer Lebendigkeit gerissen, schauen uns Masken, Ritualgegenstände und Gebrauchsgeräte aus hell beleuchteten Vitrinen an. Was wäre, wenn die »primitiven Völker« mit der gleichen Arroganz Ausstellungen über uns und unsere Zivilisation veranstalten würden? Komische Vorstellung!

Zufällig gerate ich noch in die Rüstkammer der Hofburg, die übergangslos dem Völkerkundemuseum angegliedert ist. Hunderte von Ritterrüstungen glänzen sauber poliert, auf Sockeln stehend, wie metallische, verlassene Kokons in endlosen Reihungen. Natürlich denke ich wieder an meine Schmetterlinge und ihre Verpuppungsvorgänge. Der Sinn war hier allerdings ein anderer: Da die erste Haut zu verletzbar ist, bildeten – nach Meinung ihrer ritterlichen Nutzer – die Metallhüllen eine zweite, stabilere Haut. Sie überstand den Schwertschlag des Gegners problemlos. Ich stelle mir die schwerfällig klirrenden Gänge dieser von realen Menschen besetzten Monstren vor. In meiner Phantasie scheppern nachts Ritterarmeen durch die engen Gassen Wiens. Wesen wie aus Science-fiction-Filmen. Daß Ritter immer nur Männer waren, versteht sich von selbst. Frauen blieben in diesen finsteren, mittelalterlichen Zeiten das erotisch Weiche, das es durch männliche Kämpfe zu erobern und zu schützen galt. Im übrigen waren die Damen in ihren Burgzimmern ganz gut aufgehoben, schließlich umgaben meterdicke Wände ihr Leben und ihre Körper.

Am späten Nachmittag gehe ich zum Theater an der Wien. Nach einigen Stunden Beleuchtung beginnt gegen Abend die zweite Hauptprobe unseres *Idomeneo*. Trotz ablenkender Schmetterlings-Ritter-Verpuppungs-Gedanken versuche ich, mich zu konzentrieren. Schon die erste Arie der gefangenen Ilia packt mich wieder. Kaum zu glauben, daß Musik nach so langer Zeit noch wirken kann. Wenn ich bedenke, daß die »Oper« als Kunstform eigentlich nur erfunden worden ist, um Adligen ihre Langeweile zu vertreiben, staune ich noch mehr. Heute in unserer weitgehend adelsfreien Jeder-ist-gleich-und-hat-die-gleichen-Rechte-Zeit, die als Folge der medialen Revolutionen in einer wahren Bildersinflut zu ertrinken droht, wirkt diese antiquierte Kunstform wie ein Irrläufer, ein völlig unzeitgemäßes, verrücktes Ausdrucksmedium. Singende Menschen, die permanent ihre Gefühlszustände aus sich herauspressen, sie öffentlich machen, kämen normalerweise sofort in eine Psychiatrie. Man stelle sich heute laut singende Opernstars in Bahnhöfen, auf öffentlichen Plätzen oder Verkehrsinseln vor (wie die »Heilsarmee«?). Sofort würde die Polizei auftauchen, sie verjagen oder verhaften – wegen Erregung öffentlichen Ärgernisses. Vielleicht sind Theater- und Opernhäuser in Wirklichkeit verkappte Irrenanstalten, wer weiß.

Wien, 2. August 2003

Tag der Generalprobe. Morgens wieder einige Stunden Beleuchtung. Alexander macht seine Sache wirklich gut. Auch mein Bühnenbild sieht nicht schlecht aus, obwohl es für dieses Theater etwas zu groß geraten ist. Manchmal liebe ich das Kratzen an den Proportionsgrenzen und -verhältnissen, da – im günstigen Fall – so etwas wie Sprengkraft daraus entstehen kann.

Am Nachmittag nutze ich die freie Zeit und besuche für einige Stunden die neu umgebaute Albertina. Früher mußte jeder Besucher den Haupteingang des Palais Albertina in der Augustinerstraße benutzen und die innen gelegene, fürstliche Treppe in den ersten Stock hochsteigen. Im Erdgeschoß des ehemaligen Wohnhauses eines Schwiegersohns Kaiserin Maria Theresias – des Herzogs von Sachsen-Teschen – war in früheren Jahren das österreichische Filmmuseum untergebracht. Sooft ich in Wien war, besuchte ich die abendlichen Vorstellungen und saß stundenlang auf den unbequemen Holzsitzen, die sich wie in einem Hörsaal in den Raum hochstuften.

Der in den letzten Jahren nach Entwürfen von Hans Hollein durchgeführte Neubau verlegte den Eingang der Albertina auf die im Süden dem Palais vorgelagerte, bastionsartige Terrasse. Eine moderne, silberchromglänzende Rolltreppe mit schwebendem, weit überkragendem Schutzdach erleichtert den Aufstieg. Über ein vornehmes Foyer mit polierten Steinplatten gelangt man als Besucher in das eigentliche Gebäude. Im Augenblick werden im Wechselausstellungsbereich Photos von Brassai gezeigt. Schöne, melancholische Schwarzweißbilder aus dem Paris der 1930er und 1940er Jahre.

In meinem Wien-Führer lese ich, daß die Sammlung der Albertina 60 000 Zeichnungen und Aquarelle umfaßt. Dazu kommen 1 500 000 Druckgraphiken. Ein kleiner Teil dieser unglaublichen Sammlung wird in den Ausstellungsräumen einen Stock höher gezeigt. Ergriffen stehe ich vor Zeichnungen von Michelangelo, Raffael, Leonardo da Vinci, Albrecht Dürer, Rembrandt, Caspar David Friedrich, Oskar Kokoschka, Egon Schiele und Gustav Klimt. Dieses Mal trennen mich dicke Glasscheiben von den Originalen. Trotzdem kann ich natürlich jeden Strich ganz genau sehen und bewundern.

Wieder im Tageslicht aufgetaucht, blicke ich von der Terrasse hinunter auf den dreiecksförmigen Albertinaplatz. Rechts, Richtung Süden, wölbt sich das Tonnendach der Staatsoper in den blauen Wiener Sommerhimmel, links davon streift mein Blick das Hotel Sacher. Danach wende ich mich nach Norden und betrachte Hrdlickas Mahnmal gegen Krieg und Faschismus.

Zusammen mit den nostalgisch anmutenden Fiakern, die mit ihren Kutschern davor parken und auf Kundschaft warten, wieder so eine Komposition, wie sie

eigentlich nur in Wien möglich ist: das hehre Vergnügen, das luxuriöse Wohnen und Speisen, der Kunstgenuß mit den schönsten Zeichnungen der Welt und dazwischen im Freiraum ein Denkmal, das mit voller Brutalität an die Schrecken des Zweiten Weltkriegs erinnert.

Später, nachdem ich zu der Anlage hinuntergestiegen bin, lese ich auf einer Tafel, daß unter der gepflegten Wiesenfläche, die sich hinter den Skulpturen ausbreitet, die zugeschütteten Kellerbunkerruinen eines ehemaligen Wohnhauses liegen, mit allen bei einem Bombenangriff umgekommen und verschütteten Toten. Voller Schauder blicke ich auf das harmlose Grün, die pickenden Spatzen und Tauben. Ein grünes Parkstück als Friedhof mitten in der lebendigen Stadt. Leben und Tod, Vergnügen und Schrecken, dicht beieinander!

Obwohl mir manchmal die rüpelhafte Brutalität von Hrdlickas Skulpturen und Zeichnungen etwas zu plakativ, manchmal auch zu obzön-schreihalsig vorkommt, empfinde ich sie hier als angemessen und großartig. Wie tödlich verletzte Riesen, die sich mit großer Anstrengung zum letzten Mal aufrichten, ragen die drei Hauptmarmorblöcke in die Höhe. Man glaubt, ihre Schmerzensschreie zu hören. Pathetische Grabmäler. Wütende Faustschläge.

Abends bei der Generalprobe. Mein Bühnenbild funktioniert problemlos, manchmal entstehen eindrucksvolle Bilder.

Wien, 3. August 2003

Gepackt und zum Flughafen Schwechat gefahren. Viele Orte hätte ich auch dieses Mal noch gern besucht, die Kaisergruft etwa, den Donnerbrunnen, die Donau, den Prater, den Belvedere-Garten und Schönbrunn, auch manche Gedenkräume. Als das Flugzeug startet und ich die Sonne wie eine perfekte, helle Kreisscheibe hinter einer dunklen Wolke entdecke, fällt mir schon wieder eine Geschichte ein, die ich in Wien erlebt habe. Vor einigen Jahren besuchte ich an einem Sonntagvormittag das Planetarium am Stubenring, in der Nähe des Donaukanals. Ein Astronom erklärte uns – wir waren eine Gruppe von sieben Interessierten – die Sonne. Da man mit dem Fernrohr nicht direkt in unser Energiespendezentrum blicken kann, ohne zu erblinden, projizierte er das augenblickliche Bild der Sonne in Echtzeit an eine Wand. Kaum hatte er die Projektion eingeschaltet, ereigneten sich gewaltige Eruptionen. Zum ersten Mal in meinem Leben wurde ich Zeuge von Vorgängen, die ich bisher nur von Photos kannte. Ganz deutlich steigen die feurigen Fontänen über den Kreisrand der Sonne, legen sich dann quer und schweben eine Zeitlang über dem glühenden Horizont, bevor sie sich langsam wieder absenken und in den Feuerball zurücktauchen.

Für mich bleibt die Beziehung zu Wien eine lebenslange Geschichte. Ich werde immer wieder in diese Stadt zurückkehren, ihr beim Leben und ihren zukünftigen Verwandlungen zuschauen.

Die Premiere von *Idomeneo* verlief erfolgreich. Die Kritiken waren gut, aber nicht überschwenglich. Verglichen mit unseren Triumphen in San Francisco ein eher durchwachsenes Ergebnis.

Paris

Paris, 27. Oktober 2003

Die Direktoren des Goethe-Instituts und des Modemuseums haben mich zu einem Wettbewerbskolloquium nach Paris eingeladen. Im Palais Galliera soll eine große »Marlene-Dietrich«-Ausstellung stattfinden. Für mich bedeutet das zwei Tage Arbeit und zwei Tage Paris zum Vergnügen.

Schon die Busfahrt vom Flughafen Charles de Gaulle zur Endstation am Arc de Triomphe löst bei mir ein Bilder- und Erinnerungsgewitter aus. Wie oft habe ich diese weltberühmte Stadt besucht, studiert und bewundert?! Während ich vor dem Fenster im grauen Oktobernebel trostlose Peripherieindustriebauten vorbeiziehen sehe und hoffe, daß wir nicht im dichten Verkehr steckenbleiben, versuche ich mich zu erinnern.

Als erstes taucht in mir ein Erlebnis auf, das 1960 stattgefunden haben muß. Damals betrachtete ich Paris als etwas Ungeheuerliches, als ein lebendiges Wesen mit frivolem Inhalt und weltstädtischem Flair, der mich berauschte, fast schwindlig machte. Alles schien es hier zu geben: lockeres und elegantes Leben, hohe, edle Kunst, bohèmige Avantgarde und erotische Abgründe. Wie benommen streifte ich, der Gymnasiast aus einer deutschen Kleinstadt, durch die engen Gassen und über die vornehmen Boulevards.

Ab und zu traf ich meine Schwester, die sich für längere Zeit als Au-pair-Mädchen in der Stadt aufhielt, um ihre Französischkenntnisse zu vertiefen. Im Gegensatz zu mir – dafür hätte ich auch länger in der Stadt leben müssen – lernte sie tatsächlich die Sprache und kann sich seither an jeder französischen Konversation beteiligen, ohne unangenehm aufzufallen. Das ist in Frankreich besonders wichtig, da die selbstbewußten, stolzen Franzosen ungern fremde Sprachen lernen – kaum einer kann Englisch – und davon ausgehen, daß sie von jedem Ausländer verstanden werden.

Ich wohnte in einer kleinen, schäbigen Pension unweit des Gare Saint Lazare. Neben dem üblichen Touristenprogramm hat sich mir ein Erlebnis besonders eingeprägt: Als ich an der Opéra Garnier vorbeikam, entdeckte ich auf einem Plakat, daß in den nächsten Tagen die berühmteste aller Sängerinnen – Maria Callas – als »Tosca« in einer Inszenierung von Franco Zeffirelli auftreten würde. Nachts sah ich Menschen in Schlafsäcken vor dem Opernhauseingang campieren. Sie wollten am anderen Morgen als erste an der Kasse sein. Ich fragte meine Schwester, ob sie mir helfen würde, eine Karte zu ergattern. Gemeinsam gingen wir am nächsten Nachmittag zum Opernhaus. Lange Warteschlangen zogen sich über die Haupttreppe hinunter bis zur Straße. Meine Schwester, die mit ihren langen, blonden Haaren sehr attraktiv aussah, durchdrang mutig die Menschenmenge. Überrascht wichen alle zurück. Als wir den Kartenschalter problemlos erreicht hatten, war ich selbst so verblüfft, daß ich mich über nichts mehr wunderte, nicht einmal über die Tatsache, plötzlich ein Ticket für den Abend in der Hand zu halten.

Später wurde ich tatsächlich eingelassen und stieg die pompösen Foyertreppen nach oben. Mein Platz befand sich im Olymp, dicht unter der Decke des gewölbten Saals. Edle Damen in weiten Roben, Nerzstolen um die nackten Schultern geworfen, erschienen schmuckglitzernd mit ihren eleganten, schwarzbefrackten Begleitern, schwebten die Treppen empor und verschwanden in den rotplüschigen Vestibülen. Im Zuschauersaal herrschte eine gespannte Atmosphäre, alle starrten auf den geschlossenen roten Vorhang, der sich bald öffnen und das Geheimnis der berühmtesten Gesangstimme der Welt offenbaren würde. Schließlich verdunkelte sich das Licht, die Menschen verstummten und begrüßten mit tosendem Applaus den Dirigenten, der aus versteckten Kellerverliesen in den dämmrigen Schummer des Orchestergrabens trat. Wenig später hob er seinen Taktstock, die Musik Puccinis erklang, und der Vorhang öffnete sich, erst schwerfällig langsam, dann zügig.

Als die Callas auftrat, sprang das Publikum von den Sitzen, jubelte und klatschte. Sie ließ sich jedoch nicht beirren und sang ihren Part in den Lärm hinein mit sehr lauter, fast peitschender Stimme. Alle anderen Sänger hatten Mühe mitzuhalten. Atemlos hörte ich zu. Unglaublich, wie eine Frau mit ihrer natürlichen Stimme – ohne jede Mikrophonverstärkung – einen so gewaltigen Saal, in dem über 2000 Besucher saßen, akustisch ausfüllen konnte! Selbst auf meinem entfernten Platz (kein Zuschauer/-hörer konnte weiter von der Bühne weg sein!), hatte ich den Eindruck, direkt neben der Callas zu stehen!

Während ihrer großen Arien herrschte im Zuschauerraum Totenstille, niemand räusperte sich, keiner hustete. Erst am Ende der Vorstellung, nachdem die Callas-Tosca von der Engelsburg gesprungen war, brach die Begeisterung des Publikums in einer Lautstärke hervor, die ich nur mit einem lärmend tobenden Vulkanausbruch vergleichen kann. Blumen über Blumen flogen auf die Bühne. Nie wieder habe ich so etwas erlebt. Die Callas war die Königin, die Göttin, der absolute Superstar, und ich war Zeuge einer ihrer großen Auftritte! So etwas gab es nur in Paris, der Weltstadt, dem unübertroffenen Mittelpunkt von Kultur und Kunst. Daß ich selbst einmal in diesem Kunsttempel ein Bühnenbild bauen würde, ahnte ich damals natürlich nicht.

Am Arc de Triomphe steige ich aus dem Bus, gehe mit meiner Tasche zur Metrostation und fahre von Etoile bis Boissière, in der Nähe des Place du Trocadéro. Schon am leicht feucht-modrigen Geruch der Metrostationen würde ich Paris erkennen. »Vonwostinktsdenndaso?« fragt die freche Göre Zazie ihren Begleiter bei der ersten Metrofahrt in Raymond Queneaus witzigem Roman *Zazie dans le métro*. In der Londoner Underground riecht es ganz anders, etwas miefig öliger vielleicht. Ob ich New York und Moskau durch ihre U-Bahn-Gerüche bestimmen könnte, weiß ich nicht. Als immer leicht verschnupfter Mensch bin ich allerdings selten in der Lage, Gerüche exakt zu definieren und zu beschreiben.

Daß die Pariser Metrostationen weit schöner sind als ihre Vergleichsbauten in London und New York, ist bekannt. Manche Eingänge kann man als richtige Kunstwerke bezeichnen, die jeden Eintretenden so freundlich in Empfang nehmen, als würde ihn gleich ein fröhliches, unterirdisches Fest erwarten. Statt dessen dringt er in gefliese, gedärmeartige Gänge ein und kann sich – wenn er will – wie ein hinuntergeschlucktes Stück Fleisch fühlen. Die Schönheit beschränkt sich nur auf das Tor und manche Bahnsteigbereiche. Verglichen mit den unterirdischen schloßähnlichen Bahnhöfen, die Zwangsarbeiter unter die Stadt Moskau eingraben mußten, verblaßt natürlich auch die Pariser Metro. Warum sich die kommunistischen Architekten der Moskauer U-Bahn-Stationen beim Entwerfen an westlich-aristokratischen Palastarchitekturen orientierten, bleibt allerdings rätselhaft und letztlich auch zynisch.

Mein Hotelzimmer im fünften Stock ist sehr klein. Durch eine bis zum Boden verglaste Balkontür wird der Fernblick auf Himmel und Altstadtdächer zur Raumerweiterung, die fast bis ins Unendliche reicht. Nach dem Auspacken fahre ich sofort wieder hinunter und gehe über die Rue Copernic zur Avenue Kléber. Nirgends, in keiner anderen Großstadt der Welt, erscheinen mir innerstädtische Straßen so einladend und architektonisch gelungen wie in Paris. Sie sind meist in mehrere parallele Zonen geteilt, in der Mitte die breiteste für den Verkehr, links und rechts davon jeweils eine Baumreihe   oft Platanen –, danach folgen auf beiden Seiten schmale Einbahnstraßen zum Parken. Vor den fünf- bis sechsgeschossigen Häusern verläuft ein breiter Bürgersteig. In reinen Wohngebieten bleibt das Erdgeschoß frei von anderen Funktionen, in den Mischgebieten der Innenstadt jedoch haben sich hier Läden eingenistet. Sind die Bürgersteige breit genug, ragen oft die Glasvorbauten von Cafés und Restaurants in den Fußgängerbereich hinein. Im Sommer stehen außerdem ganze Heerscharen von Korbstühlen mit Bistrotischen auf den Bürgersteigen und laden die Passanten zum Verweilen ein.

Beinahe wäre auch Paris ein Opfer des Hitlerschen Zerstörungswahns geworden. Schließlich gehörte Frankreich seit der Napoleonzeit zu den »Erbfeinden« Deutschlands. In der ersten Hälfte des 20.Jahrhunderts nahm der Haß deutschnationaler Kreise auf das Land – als Erste-Weltkrieg-Siegermacht – an Intensität und Aggressivität zu. Der Zweite Weltkrieg bot Gelegenheit zur Revanche. Hitler, der Paris nur aus Erzählungen und Photoberichten kannte, ließ sich in den frühen Morgenstunden eines Junitages 1940 für wenige Stunden – kurz nach dem deutschen Einmarsch – durch die prachtvollen Avenuen, vorbei am Arc de Triomphe und an den Trocadéro-Bauten fahren und war so beeindruckt, daß er beschloß, diese prachtvolle Metropole nicht zu zerstören und sie statt dessen in sein germanisches Wahnreich einzugliedern. Allerdings überfiel ihn gegen Ende des Zweiten Weltkriegs noch einmal die Paris-Zerstörungs-Wut, aber der deutsche Stadtkommandant von Choltitz verweigerte die Ausführung, und so konnte Charles de Gaulle am 26.August 1944 mit seinen Truppen in die unzerstörte französische Hauptstadt einmarschieren und sie zurückerobern.

Die kleine Straße, in der mein Hotel liegt, und die Avenue Kléber, durch die ich jetzt weiter Richtung Trocadéro gehe, gehören zu Passy, dem berühmt-vornehmen 16. Arrondissement von Paris. Wie in vielen anderen großen europäischen Städten siedelten sich die Reichen gern im Westen an. Ob es hier die bessere Luft und mehr Grün gab, oder ob es an der größeren Nähe zum Meer lag? Daß Norden und Osten negativer eingeschätzt wurden und werden, leuchtet rein psychologisch ein, schließlich wohnen dort, wenn man die Gedankenlinien verlängert, die Lappen, Isländer, Eskimos, Engländer, Deutschen und Russen.

Wie in den reichen, eleganten Gegenden aller Weltstädte hält sich das pralle französische Straßenleben in der Avenue Kléber vornehm zurück, nur einzelne, kleine marokkanische Läden, ab und zu ein Café, ansonsten Botschaften, Konsulate und glänzend polierte Messingschilder mit den Namen mir unbekannter Gesellschaften und Firmen. Sehr repräsentativ.

Am Place du Trocadéro et du 11.November muß ich mich entscheiden, entweder gehe ich gleich zu meiner Lieblingsstelle am Palais de Chaillot und genieße den Blick auf den Eiffelturm, oder ich betrete für einige Minuten den lauschigen, von einer mächtigen Mauer umgebenen Cimetière de Passy. Ich entscheide mich für den Friedhof. Zwischen den marmornen Grabsteinen hindurchwandernd erinnere ich mich an die anderen Pariser Friedhöfe, die ich in den letzten Jahren besucht habe: den Cimetière de Montmartre, den Cimetière de Montparnasse und den berühmtesten aller Pariser Friedhöfe, den Cimetière du Père Lachaise. Beim Spaziergang zwischen all den Gräbern, den merkwürdigen Tempelhäuschen, den Christus- und Marienfiguren, den Porträtskulpturen der Verblichenen, den hier so düster wirkenden Bäumen und Hecken, den ewigen Lichtern und verwelkten Blumensträußen wird mir bewußt, daß wohl in keiner Stadt der Welt so viele bedeutende Menschen gelebt haben (und noch leben) wie in Paris. Eine unvorstellbare Zusammenballung von Geist und Kreativität. Dichter, Schriftsteller, Philosophen, Architekten, Komponisten, Maler, Bildhauer und Filmemacher. Jeder Schritt ein Name.

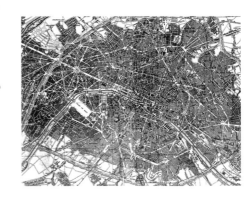

Es war Julien Green, der französische Dichter mit den amerikanischen Vorfahren, der diese Stadt mit einem Gehirn verglich: »Wie dem auch sei, der Plan von Paris half mir mehr als einmal über schwierige Stunden hinweg, und nachdem ich die besagte Ähnlichkeit mit dem menschlichen Gehirn festgestellt hatte, bemühte ich mich, all die einst beobachteten Gehirnbereiche in den Plan dieser Stadt einzusetzen. So gefiel ich mir bei dem Gedanken, im Bereich der Phantasie geboren und in dem der Erinnerung aufgewachsen zu sein; ich zögerte über die Lage des Willens, der Überlegung und des Geschmacks, verlegte sie ständig von einem Stadtviertel ins andere, und manchmal schien es mir natürlich, daß die Stadt sich mit Hilfe des Marais an ihre Geschichte erinnerte, ihre intellektuelle Tätigkeit mit Hilfe des 5. Arrondissements und ihre arithmetischen Berechnungen im Börsenviertel ausführte; aber die Seine, die alles durchfloß, war für mich das Instinktmäßige und Unausgedrückte, das wir in uns tragen, wie eine große Strömung ungewisser Inspirationen, die blindlings ein Meer sucht, in dem sie sich verlieren kann ...«

Alle Künstler, die in Paris lebten, haben den Geist und die Kraft der Stadt in sich eingesogen. Das große Gehirn nahm sie auf, umfaßte sie liebevoll, inspirierte ihre Kreativität, ließ sie aufeinandertreffen, sich austauschen, sich befreunden, sich verlieben und sich bekriegen. Beides gedieh hier, die Klarheit und das rauschhafte Chaos, die Diskussion und der Streit. Hier ist das Hochstilisierte entstanden – Notre-Dame, der Louvre, der Arc de Triomphe, die Opéra Garnier, die Gemälde und Zeichnungen von Dominique Ingres, der Eiffelturm, die Gedankengebäude von Jean-Paul Sartre und Albert Camus –, und hier ist das Abseitige niedergeschrieben und getan worden – von Charles Baudelaire, Paul Verlaine, Lautréamont, Jean Genet und Henri Michaux. Hier wurden Revolutionen angezettelt und durchgeführt. Hier starben Könige und Prinzessinnen öffentlich durch die Guillotine. Daneben gab und gibt es die Paris-Erotiker – bekanntlich gilt Paris als die Stadt der Liebe – wie Henri de Toulouse-Lautrec mit seinen Bordellgemälden, Henry Miller und seine *Stille Tage in Clichy*, Georges Bataille mit seinen

»obzönen Werken« und Hans Bellmer und seine feinnervigen Koitus-Zeichnungen. Dazwischen die romantischen Paris-Dokumentaristen wie Eugène Atget und die Paris-Nostalgiker wie Brassai, Jaques Prévert, Edith Piaf und die Filmregisseure René Clair, Jean Renoir oder Marcel Carné, die allerdings manchmal vor sentimentaler Verklärung der Stadt nicht haltmachten. In diese Tradition fügte sich auch der tragische Komiker Jacques Tati ein. Alle seine Filme verherrlichen das einfache, altmodische Leben in Paris und machen sich lustig über die absurden, technischen Entwicklungen der Moderne.

In den Filmen *Die Ferien des Monsier Hulot* und *Mon oncle* ist die Welt fast noch in Ordnung. Hier wird in aller Ruhe spazierengegangen, sonnengebadet, eingekauft, mit Nachbarn, dem Postboten und dem Straßenkehrer geschwatzt, mit Hunden und Kindern gespielt. Doch die drohende Gegenwelt ruht nicht. Sie hat eine supermoderne, kubistische Villa hervorgebracht, in der alles automatisch und auf Knopfdruck funktioniert. Die Bewohner werden zu albernen Angestellten ihrer teuren Maschinen.

In *Playtime* und *Traffic* gerät der tumbe Held Tati – er spielt in allen seinen Filmen auch die Hauptrolle – in die Mühlen des Verkehrs, die sich immer schneller und rücksichtsloser drehen. Der Umgang mit Parkplätzen, Türen, Fenstern und Möbeln artet zu wahnwitzigen akrobatischen Übungen, zu Körperdialogen und stummen Kämpfen aus. Daß Tati dabei fast nie einen verständlichen Satz formuliert, nur unklares Genuschel und Gebrumme von sich gibt, ist schon von süffisant tragischem, in wahrstem Sinne »sprachlosem« Humor.

Als ich endlich auf dem Platz zwischen den beiden Flügelbauten des Palais de Chaillot stehe und Richtung Südosten zum Eiffelturm schaue, geht mir das Herz auf. Genau in diesem Moment erhellt sich der wolkenverhangene Himmel, und die Sonne blitzt mit grellen Strahlen hinter einer dunkelgrauen, an den flauschigen Rändern weiß gefärbten Wolke hervor. Tief unter mir glitzert die Seine, und starker Verkehr fließt in beiden Richtungen am kanalisierten Wasser entlang auf der Avenue de New York und dem Branly Quai. Für die meisten Touristen gilt dieser Platz als ideale Photostelle. Ein Postkartenblick mit dem berühmtesten Bauwerk von Paris.

Städtebaulich überlagern sich hier verschiedene historische Zustände und Ereignisse: Das Gebiet, auf dem heute der Eiffelturm steht – das Champs de Mars –, wurde im 18.und 19.Jahrhundert von der südlich angrenzenden Ecole Militaire als Exerzier- und Truppenübungsplatz benutzt. In der Zeit davor breiteten sich hier private Gärten aus. Immer wieder fanden auf der großen Freifläche wichtige Ereignisse statt: Ballonaufstiege 1783 und 1784, die Feste der Französischen Revolution und die großen Aufmärsche zu Napoleons Zeiten.

Als im 19.Jahrhundert Weltausstellungen Mode wurden, wählte die Stadtverwaltung von Paris das Gelände des Champs de Mars als geeigneten Ort dafür aus. Von der ersten Ausstellung allerdings, die im Jahr 1867 zahlreiche Besucher in die Seine-Metropole lockte, hat sich kein Gebäude erhalten. Erst die dritte Weltausstellung 1889, die zur 100-Jahrfeier der Französischen Revolution veranstaltet wurde – die zweite fand 1878 statt –, brachte ein Gebäude hervor, das seitdem als Wahrzeichen für die ganze Stadt gilt: den Eiffelturm. Zunächst war unklar, wie lange er stehenbleiben sollte, aber sein enormer Erfolg und damit seine wachsende Berühmtheit sicherten ihm den gepflegten Fortbestand bis heute. Inzwischen gehört er mit seiner einprägsamen Form bestimmt zu den bekanntesten Bauwerken der Erde, nur vergleichbar mit den Pyramiden von Gizeh, dem Petersdom in Rom, dem Empire State Building in New York und der Golden Gate Bridge in San Francisco.

Über sechs Millionen Besucher kommen jedes Jahr. Mit seinen 300 Metern Höhe war der Eiffelturm 40 Jahre lang das höchste Gebäude der Welt. Dann schlug Amerika zu und überflügelte den französischen Rekordturm mit den beiden New Yorker Wolkenkratzern: dem Chrysler Building und dem Empire State Building.

Die Ausstellungshallen, die gleichzeitig mit dem Eiffelturm entstanden sind, existieren alle nicht mehr. In den Jahren 1900, 1925, 1931 und 1937 fanden in Paris weitere Weltausstellungen statt. Damit hält Paris mit sieben Weltausstellungen eindeutig den Rekord und hat die anfängliche Konkurrenzstadt London, die mit der Kristallpalast-Veranstaltung 1851 den Ausstellungsreigen begann, weit hinter sich gelassen.

Zur Weltausstellung 1937 wurde das alte Palais du Trocadéro abgerissen und durch die beiden mächtigen, stilistisch zwischen Neuer Sachlichkeit, Art déco und Frühfaschismus angesiedelten Flügelbauten des Palais de Chaillot ersetzt. An der Stelle der einstigen noch aus dem 19. Jahrhundert stammenden, halbrunden Palaishalle entstand jetzt der hochgelegene Aussichtsplatz, der mir und den anderen Touristen aus der ganzen Welt so gefällt. Er diente damals als Haupteingang. Die Besucher der Weltausstellung sahen von hier aus – neben dem berühmten, jetzt schon in die Jahre gekommenen Eiffelturm – auf zwei merkwürdige, sich torartig an der Seine gegenüberstehende Pavillons, die sich aggressiv einander zuwendeten: links der Deutsche Pavillon – geplant von Albert Speer – und rechts der Sowjetische. Beide Gebäude setzten sich in ihrer herrischen, an klassisch-antiker Architektur orientierten Formensprache von den übrigen, modern filigranen, im internationalen Funktionalismusstil errichteten Ausstellungshallen ab. Der Speer-Pavillon gab sich als himmelsstrebender, aus Steinpfeilern gebildeter Turm, auf dessen Spitze ein mächtiger Steinadler mit Hakenkreuz in den Krallen thronte. Der Sowjetische Pavillon dagegen wirkte etwas erdbezogen gedrungener, dafür entfaltete das monumentale Arbeiterpaar, das Hammer und Sichel in Siegerpose dem Deutschen Pavillon entgegenzuschleudern schien, ein gewaltiges, aggressives Pathos (vor kurzem habe ich gelesen, daß eine Frau – die sowjetische Bildhauerin Vera Muchina – die Schöpferin dieses heroischen Arbeiterpaares war!). Germanischer Faschismus gegen kommunistischen Stalinismus.

Leider wurden nach Ende der Ausstellung alle Pavillons – auch diese beiden – abgerissen. Heute würden sich Historiker und Touristen bestimmt über den antimodernen, lächerlichen Bau- und Kunstdialog schaudernd amüsieren, hätten sich die architektonischen Zeugen totalitärer Macht erhalten, die entgegen aller Versprechungen von Wohlstand und Glück für alle, nur Tod, Verderben und Zerstörung über die Welt brachten.

Bevor ich an die Steinbrüstung der Terrasse des Palais de Chaillot trete und meine Blicke schweifen lasse, schaue ich mir die Schaukästen des Musée de l'Homme an, die rechts neben dem Museumseingang hängen. Der größere Teil der Erdgeschoßzone ist im Augenblick leider von einem Bauzaun verdeckt, so daß ich die hier auf Sockeln stehenden, von mir so geschätzten goldenen Frauenskulpturen nicht sehen kann.

Bald wird das Musée de l'Homme in ein neues Gebäude umziehen, das Jean Nouvel auf der gegenüberliegenden Seite der Seine plant. Schade, denn hier, in diesem Museum, haben sich zu Beginn des 20. Jahrhunderts wichtige Dinge abgespielt, die großen Einfluß auf den Verlauf der Kunstgeschichte hatten.

Es war im Winter 1906, als Pablo Picasso, der sich seit 1904 endgültig in Paris niedergelassen hatte, auf Anregung von Henri Matisse, erst widerwillig, dann zunehmend begeistert, durch die Räume des Ethnologischen Museums streifte und für sich die archaische Ausdruckskraft afrikanischer Masken und Plastiken entdeckte. Später berichtete er André Malraux von diesen Erlebnissen: »Als ich in das Trocadéro gegangen bin, das war scheußlich. Der Flohmarkt. Der Geruch. Ich war ganz allein. Ich wollte davonlaufen. Ich ging nicht. Ich blieb. Ich habe begriffen, daß das sehr wichtig war: Mit mir geschah etwas, nicht wahr? Die Masken, sie waren keine Skulpturen wie andere. Keinesfalls. Sie waren magisch ... Gegen alles; gegen unbekannte, drohende Geister. Ich betrachtete immer die Fetische. Ich habe verstanden: ich bin auch gegen alles; ich denke auch, daß alles, was unbekannt ist, Feind ist ...«

Nach über 800 Entwürfen und Vorstudien malte Picasso im Verlauf des Jahres 1907 eines seiner bedeutendsten Bilder: *Les Demoiselles d'Avignon*, sein erstes »Geisterbeschwörungsbild«, wie er sagte.

Der Realismus des 19.Jahrhunderts hatte endgültig ausgedient. Viele der in Paris ansässigen Künstler suchten nach Wegen, die Realität der Welt und des Ich bildnerisch neu zu definieren. Die Erscheinungsformen der Körper lösten sich auf und wurden neu zusammengesetzt. Entscheidend war nicht mehr die für uns sichtbare Welt, sondern die unsichtbare: Energie, Masse, Aggregatszustände des Ich, das Unterbewußtsein, die Psychologie, Animismus und Magie.

Plötzlich erkannte Picasso, ähnlich wie vor ihm Matisse, im Primitivismus der afrikanischen Masken einen Weg, der einerseits archaische Wildheit versprach und andererseits die Komplexität moderner Wissenschaftstheorien (etwa Albert Einsteins) mit einschloß. Die Bildfläche wurde zu einem Geflecht aus Linien und Kuben, sie schien sich unentschlossen zwischen Kristallbildung und Menschwerdung hin- und herzubewegen. Gesichter waren nur eine Möglichkeit der Erscheinungsform, sie könnten im nächsten Moment auch zu Steinen oder zu abstrakten Flächen mutieren. Alles war im Fluß, zerfiel und setzte sich neu zusammen. Zerstörung und Neuaufbau. Explosion und Schöpfung in einem.

Die wilde Seite der *Demoiselles d'Avignon* betont die Tierhaftigkeit des Mannes – in Wirklichkeit befinden wir uns in einem Bordell und ein Mann wählt sein nächstes Sexualobjekt unter den Frauen aus. Für Picasso, der sich oft mit Stieren identifiziert hat (damit auch mit dem Minotauros), stehen künstlerische Kreativität und Sexualtrieb auf einer Ebene. Die intellektuelle Seite des Bildes, das heute im New Yorker Museum of Modern Art hängt, greift zwischen den Triebdämonen hindurch in die neuesten physikalisch-philosophischen Gedankengebilde hinein.

Die Realität ist komplex und multiperspektivisch, genau besehen, kennt die Natur überhaupt keine Perspektiven. Pulsierende Felder und Räume entsprechen der Wirklichkeit mehr.

Picasso spürte, daß der Kampf, den er begann, elementare Wucht hatte. Trotzdem forderte er heldenhaft die Dämonen heraus, damals 1906 und 1907 als er im später abgebrannten, legendärsten aller Pariser Atelierhäuser – dem »Bateau-Lavoir« – auf dem Montmartre an dem Bild arbeitete, Wand an Wand mit seinen Künstlerfreunden: Juan Gris, Max Jacob, Kees van Dongen und Herbin. Er wollte etwas Großes, Epochales schaffen. Aber außer Guillaume Apollinaire verstand keiner seiner Freunde das Bild, als er es 1907 fast widerwillig zeigte. Selbst Henri Matisse war entsetzt.

Ich wende mich um, trete endgültig an das Terrassengeländer und will mich jetzt auf den Eiffelturm konzentrieren. Picasso sah den Turm vom Museum aus. Vielleicht hat er ihn auch einmal besucht und ist mit dem Aufzug in die Höhe gefahren. Er hätte sich von ihm genauso beeinflussen lassen können wie von den primitiven afrikanischen Masken. Die klare Stahlkonstruktion zerfällt beim Vorbeifahren in ein wild zerklüftetes Liniengewirr, das wie Knochengewebe unter dem Mikroskop aussieht. Stadtlandschaft, Himmel, Wolken und die auf den Terrassen stehenden Menschen werden dabei genauso zerschnitten wie die fiktive Realität auf kubistischen Gemälden.

Wie oft habe ich ihn schon betrachtet, aus allen Himmelsrichtungen, aus der Nähe und der Ferne, von unten, von oben, bei jedem Wetter, bei Tag und bei Nacht. Natürlich bin ich auch schon öfter mit dem Aufzug durch das Stahlgeäst nach oben gefahren und habe den Flugzeugblick über die Stadt genossen. Der Turm ist ein ideales Studienobjekt.

Gustave Eiffel war bekanntlich Ingenieur und kein Architekt. Er hatte die konstruktiven Vorteile des gewalzten Stahls – gegenüber dem bisher verwendeten Gußeisen – für sich entdeckt und damit aufsehenerregende, weitgespannte Eisenbahnbrücken gebaut. In seiner erfolgreichen Pariser Firma beschäftigte er mehrere Hundert Angestellte. So ist es auch nicht verwunderlich, daß die Idee zu diesem Turm nicht von ihm kam, sondern von zweien seiner Mitarbeiter – Maurice Koechlin und Emile Nouguier. Allerdings sah der erste Entwurf noch sehr nüchtern ingenieurhaft aus. Erst ein weiterer Mitarbeiter aus Eiffels Firma – der Architekt Stephen Sauvestre – brachte die entscheidenden Gliederungen und vor allem die Bögen in der unteren Zone ein. In diesem Zustand bekam Gustave Eiffel das Produkt zu sehen. Danach legte man die Zeichnungen beiseite und wartete, bis der Wettbewerb im Rahmen der neuen Weltausstellung dafür ausgeschrieben wurde. Eiffel war in der Zwischenzeit nicht untätig gewesen und hatte in Vorgesprächen den Generalkommissar der Weltausstellung, Edouard Lockroy, für den Entwurf seiner Firma begeistert. Er formulierte die Ausschreibung so, daß nur Eiffels Turm gewinnen konnte. Damit war der erste Preis gesichert. Die Zeit drängte. Für die Errichtung des Turms waren zwei Jahre eingeplant. Jedes einzelne Stahlteil wurde konstruiert, gezeichnet, vorgefertigt und später an Ort und Stelle eingebaut. Insgesamt kamen 18 000 Montageteile und 2 500 000 Nieten zusammen. Der Turm diente als Gerüst und Kran zugleich. Nur 250 Arbeiter waren auf der Baustelle tätig. Der Bauablauf war so exakt vorbereitet, daß es zu keinerlei Komplikationen kam. Am Ende konnte der Fertigstellungstermin sogar um sechs Wochen unterschritten werden.

Eiffel, der ja auch Unternehmer war, beteiligte sich an den Baukosten und war bis 1909 sogar Besitzer des Turms. Wegen des enormen Publikumserfolgs hatten sich die Baukosten bereits nach einem Jahr amortisiert, und Eiffel verdiente danach Millionen. Heute gehört der Turm dem französischen Staat, der ihn auch alle sieben Jahre neu anstreichen lassen muß, andernfalls würden die Stahlteile bald vom Rost zerfressen. Natürlich stellten das Eigengewicht und die möglichen Windlasten statisch die größten Probleme dar. Noch nie in der Menschheitsgeschichte hatten sich Architekten in derartige Höhen vorgewagt. Eine Pioniertat, die durch das neue Baumaterial und die neue Technik möglich geworden war. Daß dieses monströse Bauwerk einmal zum Wahrzeichen der Stadt aufsteigen würde, ahnten die zeitgenössischen Kritiker nicht. Viele berühmte Künstler protestierten, einige von ihnen – Charles Garnier, Emile Zola, Charles Gounod, Guy de Maupassant und Alexandre Dumas d. J. – schrieben eine Petition, die sie in der Tageszeitung *Le Temps* am 14. Februar 1887 veröffentlichten: »Wir, Schriftsteller, Maler, Bildhauer, Architekten, leidenschaftliche Liebhaber der bis jetzt unversehrten Schönheit von Paris, wollen mit allen unseren Kräften, unserer ganzen gerechten Entrüstung im Namen des verkannten französischen Geschmacks, im Namen der bedrohten französischen Kunst und Geschichte gegen die Errichtung des unnützen und mißgestalteten Eiffelturms mitten im Herzen unserer Haupt-

stadt protestieren, den die so oft von gesundem Menschenverstand und Gerechtigkeitssinn geprägte Bosheit bereits ›Turm von Babel‹ getauft hat ...«

Das sahen viele moderne Künstler später ganz anders. Robert Delaunay setzte sich am ausführlichsten und bildreichsten mit dem neuen Wahrzeichen auseinander. Er ließ es tanzen, sich verkrümmen, wachsen und schrumpfen, er ließ es einstürzen, von Flugzeugen und Wolken durchdringen und verherrlichte den Turm damit fast ekstatisch wie einen neuen, hochwillkommenen Superstar. Auch heute noch dient der Turm zu Beleuchtungsexperimenten und Reklamezwecken. Er hat nichts von seiner einprägsamen Symbolkraft verloren.

Ich stehe auf meinem Platz und denke darüber nach, wie es dazu kommen konnte. Erst vehemente Ablehnung und heute diese Liebe, selbst aus den konservativsten Kreisen. Woran kann es liegen? Ich stelle mir vor, wie der Turm damals zu seiner Entstehungszeit, mitten in der protzig opulenten, ornamentverliebten Belle Epoque aus dem bisher fast gleichmäßig hohen Stadtbild herauswuchs. Es gab zwar die Türme von Notre-Dame, die Kuppeln von Sacre-Cœur, dem Invalidendom und dem Pantheon, bestimmt ragten auch einige Fabrikschornsteine an der Peripherie in den Himmel, aber eine derartige Stahlkonstruktion gab es bisher nicht. Und das Absurdeste an der Geschichte war: Man brauchte den Eiffelturm überhaupt nicht, er war im Grunde vollkommen sinnlos und ohne jede Funktion. Gewiß, die Besucher konnten ihn, nach der Fertigstellung, als Aussichtsturm benutzen, aber dafür diesen Aufwand?! Die Konkurrenten Gustave Eiffels gaben ihren Turmentwürfen meist eine Funktion mit auf den Weg, am häufigsten diente er als Leuchtturm. Das Thema »künstliches (elektrisches) Licht« befand sich noch im Entwicklungsstadium.

Die Idee zu einem derartigen Bauwerk lag in der Luft. Viele Ingenieure Europas tüftelten an dem Problem. Bisher gab es keine Gelegenheit zur Realisation. Aber jetzt griff Paris zu, die Stadt wollte die Führung übernehmen, und die neue Weltausstellung bot den richtigen Rahmen dafür. Man benötigte ein grandioses Fanal, ein gebautes Ausrufezeichen, eine Reklamezeichen, das alle bisher errichteten Architekturen der Welt in den Schatten stellen sollte.

Wie eine Rakete stieß der Turm in baulich bisher unerschlossene Wolken- und Himmelsbereiche vor. Selbst die Engländer und die zum Glamourösen neigenden Amerikaner mußten vor Neid erblassen! Paris war der eindeutige Sieger, der Eiffelturm stellte alle bisherigen Höhenrekorde in den Schatten! Und es blieb spannend bis zur Eröffnung. Würde die Idee funktionieren? Schon am ersten Tag war klar, daß man auch an der Publikumsfront gewonnen hatte. Fast jeder Besucher staunte bewundernd und wollte euphorisiert in die Höhe fahren. Der Andrang war überwältigend. Endlich hatte Paris seine langersehnte Sensation, Treppen und Aufzüge bis hinauf in die Wolken, einen künstlichen Baum, einen künstlichen Berg, schmal und dünn wie ein Giraffenhals, Terrassen, die über der Stadt schwebten wie von Jules Verne beschrieben. Die Zukunft hatte begonnen, sie ist in Paris aus dem Boden gewachsen und hat hier das Licht der Welt erblickt. Was vielen akademisch konservativen Künstlern als vermeintlichen Wahrern der Tradition ein Dorn im Auge war, eine Provokation und ein Skandal, nahmen die meisten zeitgenössischen Besucher überhaupt nicht wahr. Der Jahrhundertcoup hatte mit seinem Jahrmarktseffekt alle überwältigt. Statt Karussell, Schiffschaukel oder Riesenrad fuhr man jetzt mit dem Aufzug, erlebte den Kitzel, vielleicht auch den Rausch der Höhe und war überwältigt. Jeder Besucher ein Gipfelstürmer, ein mutiger Eroberer himmlischer Höhen!

Hier war man dem neuen, raumgreifend-luftigen Lebensgefühl ganz nahe. Ringsum Wolken und Vögel, keine Spur von Engeln oder sonstigen Geistern. Endlich konnten die gotischen Dome übertrumpft werden – wie viele Jahrhunderte hatte es gedauert! –, ohne einem Gott zu huldigen. Die neuen Heiligen hießen »Technik« und das einzelne, erlebnishungrige »Ich«.

Wie ein Demonstrationsobjekt zeigte der Eiffelturm der ganzen Stadt, ja der ganzen Welt, daß jedes Glied seiner Konstruktion nur aus statischen und nicht aus ornamentalen Gründen existierte. Funktion, Form und Konstruktion bildeten eine logische Einheit. Fast alles Überflüssige – vor allem der Bauschmuck und die Ornamentik – war verschwunden. Die wenigen Steinfiguren, die auf der ersten Plattform standen, gehörten zum Ausstellungsprogramm und sind später abgeräumt worden. Wie reaktionär und mittelalterlich müssen sich diese Bildhauer gefühlt haben!

Der Schönheitsbegriff wurde mit dem Bau massiv angegriffen und letztlich auch vollkommen neu definiert. Schön ist, was sich in den Naturkräfteverlauf – Gravitation, Wind und Wetter – harmonisch einfügt. Die Ikonographie ist selbstbezüglich, kennt außer diesem Kräfteverlauf kein Abbild. So gesehen, ist der Turm Ausdruck absoluter Wahrheit, er täuscht nichts anderes vor, will nur er selbst sein, nicht mehr und nicht weniger. Jahre zuvor hatte Gustave Eiffel die Innenkonstruktion für die New Yorker Freiheitsstatue, deren äußeres Erscheinungsbild vom elsässischen Bildhauer Auguste Bartholdi stammte, entwickelt. In gewisser Weise sieht sie dem Eiffelturm sehr ähnlich. Man könnte sagen, daß der Eiffelturm eine ins Monumentale vergrößerte Innenkonstruktion ohne skulpturale Außenhaut darstellt. Das Skelett eines gläsern durchsichtigen Riesen, ohne Adern, Fleisch und Gedärme, vor allem: ohne Haut!

Die Gliederung in drei Zonen gibt dem Turm einen menschlichen Aspekt. Unten die Beine (etwas kurz geraten vielleicht, außerdem so breit dastehend wie auf einem schwankenden Schiff), dann der eigentliche Rumpf (der mehr wie ein Giraffenhals aussieht) und ganz oben eine kopfartige, etwas zu kleine Verdickung (das Gehirn des Stahlwesens kann nicht sehr umfangreich und leistungsstark sein!). Irritierend bei diesem Gedanken ist die Tatsache, daß die Figur vier Beine hat, also im Sockelbereich zwei Menschen darstellt, sich oben zu einem Körper vereinigt und nur noch ein einziger Mensch sein kann. Handelt es sich also hier in Wirklichkeit um ein getarntes Liebespaar, besser: das Skelett eines Liebespaares?

Wie auch immer, dadurch, daß die Konstruktion transparent bleibt, ist sie anwesend und abwesend zugleich, läßt Raum für Luft und Wind, für Wolken, Nebel und Licht. Eine Zeichnung im Himmel, die ein Denkmal für das neue Strukturbewußtsein ist, das sich mit seiner Offenheit gegen alle geschlossenen Wände, Mauern und gebauten Grenzen wendet. In dieser filigranen Konstruktion gibt es keinen Ort mehr für plüschige Wohnhöhlen und muffig verstecktes Leben! Alles liegt offen wie in einer idealen Demokratie, jedes Leben entfaltet sich frei und luftig (architektonische FKK?).

Eisen und Stahl waren die technisch innovativen Materialien des 19.Jahrunderts. Der landschaftliche Raum wurde mit Eisenbahnschienen erschlossen. Mit bisher unvorstellbarer Geschwindigkeit ließen sich die Menschen von einem Ort zum anderen fahren. Dampflokomotiven machten die Bewegung möglich.

Vielleicht kann man in den dynamisch zum Himmel aufsteigenden Turmlinien auch vom Boden abhebende Eisenbahnschienen sehen?! Wie in einer Vision von Jules Verne katapultiert sich der menschliche Blick hinauf zu den Wolken. Bald, in nicht allzu ferner Zukunft werden wir den Himmel erobern, das sagt uns der Turm. Flugzeuge und Raketen gehören in wenigen Jahren zu alltäglichen Erscheinungen!

So gesehen, steht der Eiffelturm vor mir wie eine Vorahnung Cap Canaverals. Der Turm als Raketenabschußrampe oder als Rakete und Spaceshuttle selbst. Zum Zeitpunkt der Weltausstellung lautete die andere Botschaft: Die menschlichen Perspektiven haben sich geändert, brechen auseinander, werden dynamisiert, zersplittern, am Ende der Sichtachsen stehen nicht mehr das Schloß von Versailles, der Arc de Triomphe oder die Opéra Garnier, sondern der Mond und die kreisenden Satelliten.

Der Eiffelturm wurde als Funk- und Fernsehturm zu einer Zeit errichtet, da sich diese Techniken erst in der Entwicklung befanden! Neben all den utopischen Gefühlen und Ahnungen, die der stählerne Turm bei den Besuchern angesprochen haben mag und die ich mir jetzt vergegenwärtige, frage ich mich, was der Turm für mich heute bedeutet. Wie eine Flaschenpost, denke ich plötzlich, steht er jetzt vor mir (Odol, Coca-Cola?!) berichtet von Menschen, die noch keine Verkehrsflugzeuge und Autobahnen, keine Fernsehgeräte und Computer kannten. Mit einem Male erhält er einen rührend nostalgischen Aspekt, und sein ungebrochener Optimismus kommt mir fast naiv vor. Trotzdem glaube ich immer noch den selbstbewußten Mut zu spüren, von dem Bauherren, Ingenieure, Architekten und damalige Besucher beseelt waren.

Jeder kann die Stahlkonstruktion als Projektionsfläche für seine eigene Befindlichkeit benutzen, natürlich auch ich, jetzt, heute. Es gibt Menschen, die in ihm ein ideales Objekt sahen und sehen, ihr Leben durch einen Sprung in die Tiefe zu beenden. Bisher sind – trotz der Schutzzäune – 350 Suizidfälle bekannt geworden, weit weniger als beim berühmtesten Selbstmordort der Welt: der Golden Gate Bridge in San Francisco.

Jeder sieht in dem Turm, was er sehen will, die Assoziationskette ist unendlich lang: Phallus (seit seiner Errichtung ist Paris keine Frau mehr, sondern ein Mann!), Bohrturm, Abschußrampe, Skelett, menschliche Figur, Liebespaar, Spinnennetz (Spiderman!), Himmelsgitarre, Kran, Baustellengerüst, Glockenturm, Kirchturm, Uhrturm, Giraffe, Fernsehturm, Leuchtturm, Rakete, Flasche, Reklameturm, Knochenmann, Baum, Pflanze, Mensch ohne Arme, durchsichtiger Wolkenkratzer, Rohbau, Wächter, Polizist, Blitzableiter, Insekt, flügelloser Vogel,

Engel, Himmelssockel, Sendemast, Überwachungsantenne, Akrobatenkonstruktion, Zirkusobjekt, Fallschirmspringer-Übungsturm, Klettergerüst, Fahnenmast (zur Eröffnung flatterte auf der Spitze des Turm die höchste Trikolore aller Zeiten!).

Durch seine Funktionslosigkeit kann er fast jede Bedeutung annehmen. Als Zeichen bleibt er ein Synonym für »Paris«. Jeder weiß beim Anblick des Turms, was gemeint ist. Ich bin mir heute nicht sicher, ob ich ihn wirklich schön finde. Für mich verkörpert er ein Symbol des 19. Jahrhunderts. In den Stahlskeletten erkenne ich die euphorischen, landschafts- und menschenzerfressenden Industrieprodukte und -bauten, die unser Leben beschleunigten, uns von einem Ort zum anderen katapultierten, uns in ruhe- und wurzellose Wesen verwandelte. Vielleicht ist die Sinnlosigkeit des Eiffelturms wirklich die tiefste Botschaft seiner Existenz. Bevor ich meinen Platz verlasse und meine Wanderung durch Paris fortsetze, denke ich an all die verkleinerten Eiffeltürme, die heute als Erinnerungsstücke an glückliche Tage in Paris in vielen Wohnungen auf der ganzen Welt stehen, und ich denke an all die Eiffelturm-Postkarten, die jeden Tag rund um den Globus verschickt werden.

Jetzt, hier auf meinem Platz am Palais de Chaillot stehend, kommt mir der Turm unglaublich einsam vor, er wird von keiner Seite durch andere Bauten bedrängt. Wie ein verirrter Riese oder ein gewaltiger Dinosaurier steht er da. Die vier Beine geben ihm tatsächlich etwas Tierhaftes, fällt mir in diesem Moment auf, vielleicht sind es auch vier Triumphbögen, die sich über die Passanten wölben. Triumphbögen, die wie Eisenbahnbrücken aussehen. Jeder kann sie ebenerdig durchqueren und dabei etwas »Triumph« einatmen, er wird sich zwar ganz klein fühlen, aber gleichzeitig auch ganz groß, so groß wie der Turm ...

Am liebsten würde ich mich jetzt nur noch mit dem Eiffelturm beschäftigen. Ich könnte mir eine tolle Ausstellung darüber vorstellen! Vielleicht wäre der Turm auch ein guter Ort, um hier einen Roman oder einen Film anzusiedeln. Statt *Der Glöckner von Notre-Dame* würde er den Titel »Der Wächter vom Eiffelturm« tragen.

Er beobachtet täglich die Touristen aus aller Welt, die glücklichen, hoffnungsvollen Hochzeitspaare, die Erfolgreichen, die nüchternen Beamten, alleinerziehende Mütter mit ihren Kindern, streitende Paare, das geflohene Schülerpärchen, die verzweifelte Studentin, den erfolglosen Erfinder, den Eiffel-Verehrer, den Briefmarkensammler, die Ornithologin, den Professor für Orientwissenschaften, den Frauenfänger, die Umweltbewußte, den Wetterforscher, die Photographin, den Modeschöpfer, den Lebenslustigen, die Zynikerin, den liebenswerten Hallodri Léon in Lubitschs *Ninotschka*, der die Russin Greta Garbo anbaggert und ihr versichert, wie sehr er die »sowjetischen Fünfjahrespläne« liebt, nur um ihr zu gefallen, das Architektenpaar, den Abenteurer, die Fallschirmspringerin, die Verbitterten, die alten, schweigenden Ehepaare und den Selbstmörder, den er gerade noch vor dem Sprung zurückhalten kann.

Als ich meinen Platz verlasse, setzt die Dämmerung ein. Ich gehe die Avenue du Président Wilson hinunter, vorbei am prunkvollen Palais Galliera und am Musée d'Art Moderne, das im Palais Tokio untergebracht ist. Leider hat das Museum um diese Zeit bereits geschlossen. Mein Ziel ist die goldene Flamme der New Yorker Freiheitsstatue, die »Flamme de la Liberté«, die 1987 von der Zeitung *Herold Tribune* zu ihrem 100jährigen Bestehen in Frankreich der Stadt Paris gestiftet worden ist. Sie steht in Originalgröße über dem Tunnel, in dem vor sechs Jahren Lady Diana tödlich verunglückte. Seitdem haben viele Neugierige und jugendliche Touristen die Flamme zu einem »Lady-Di-Denkmal« umfunktioniert.

Überall an der goldglänzenden, gewölbten Oberfläche kleben kleine Zettelchen mit Wünschen und Gebeten. Im Sockelbereich breitet sich ein bunter Blumensee aus, der den verkehrsumtosten Ort in eine melodramatische Heiligenstätte verwandelt. Wieder einmal fällt mir auf, wie sehr Franzosen das emotionale Pathos lieben.

Nach den Betrachtungen dieser merkwürdigen Denkmalsumdeutung biege ich in die Avenue Montaigne ein und suche das Haus, in dem Marlene Dietrich 18 Jahre lang, bis zu ihrem Tod, gelebt hat. Eine vornehme Adresse. Keine Tafel weist am Eingang auf die einstige berühmte Bewohnerin hin. Das elegante Gebäude steht steinern und schweigend da, als sei hier nie etwas Besonderes geschehen.

Ich schaue an der Fassade hoch und stelle mir vor, wie die weltberühmte Schauspielerin – der einzig wirkliche Weltstar, den der deutsche Film hervorgebracht hat – sich hier versteckt hat, mitten im Geschehen der Großstadt und doch unsichtbar. »Ich bin zu Tode photographiert worden «, sagte sie, verschwand 1974 aus der Öffentlichkeit, lebte bis zu ihrem Tod 1992 in der selbstgewählten »Matratzengruft« wie Heinrich Heine und glaubte, ihren zerfallenden Körper, ihr langsam von Falten zerfurchtes Gesicht vor der Welt verstecken zu müssen. Nur noch per Telephon meldete sie sich auf Filmfestivals und bei Interviews. Niemand durfte sie mehr photographieren oder filmen. Aus und vorbei.

Auch Maximilian Schell, dem sie nach langem Bitten und gegen viel Geld (sie, die einst Millionen verdiente, war inzwischen finanziell total abgebrannt!), erlaubte, einen Film über ihr Leben zu drehen, verbot sie, ihr Gesicht, ihren Körper, selbst ihre Wohnung zu filmen. Der Regisseur ließ die Räume im Studio nachbauen. Ihm blieben nur Tonbandaufnahmen. Erschütternd, wie sie angetrunken und berlinernd den armen Filmemacher immer wieder beschimpfte. Im Grunde ist an dem Filmdokument nur ihre Stimme wirklich authentisch. Durch ihre Bildverweigerung erhalten die Sätze den Charakter von Nachrichten aus einer jenseitigen Gegenwelt, vielleicht aus der Hölle, die uns normalerweise verborgen bleibt. Auch ihre eigenhändige Grundrißzeichnung ihrer Wohnung, die ich bei der ersten von mir gestalteten Präsentation ihres Nachlasses im Berliner Martin-Gropius-Bau 1996 ausgestellt habe, spricht von Verzweiflung und zynischem Abschiedsschmerz. In unbeholfen-trunkener Handschrift hatte sie auf einen kleinen Zettel gekritzelt: »Hier mein Bett (sie stand fast überhaupt nicht mehr auf), dort meine Flaschen (sie trank sehr viel Hochprozentiges), dort meine Tabletten und mein Telephon«. Das war alles.

Ihre Telefonrechnungen müssen immens hoch gewesen sein. Ob sie manchmal aus dem Fenster hinunter auf die Avenue Montaigne schaute oder sich nur damit begnügte, den Stadtgeräuschen vom Bett aus zu lauschen, weiß ich nicht. Warum sie sich mitten in dieser Weltstadt versteckte und nicht irgendwo in einem abgelegenen Kaff, darüber gibt es nur Vermutungen. Eine lautet: Sie hoffte immer, daß der einzige Mann, den sie wirklich liebte (Hunderte anderer Liebhaber zählten am Ende nicht mehr) – Jean Gabin –, einmal zu ihr zurückkommen würde. Aber er ist ihr aus dem Weg gegangen und hat eine andere Frau geheiratet. Sie sind sich nach einer kurzen Affäre, mit der alles begann, nie wieder begegnet.

Auf dem Rückweg zu meinem Hotel stehe ich plötzlich vor einem verhüllten, kleinen Karussell, das in einem Park, den ich zufällig durchquere, vor sich hindöst. Inzwischen ist es dunkel geworden, und durch hell erleuchtete Fenster ringsum sehe ich in Läden und manchmal auch in Wohnungen hinein. Jetzt herrscht jene romantische Paris-Stimmung, der sich niemand entziehen kann. Plötzlich wirkt die Umgebung wie eine verträumte Kleinstadtsituation, ohne jede Hektik, in sich ruhend. Vor einem Café sehe ich zwei Männer in Korbstühlen sitzen und

Rotwein trinken. Tief in ihre Mäntel verkrochen, lassen sie sich durch die abend-
liche Kälte nicht stören. Ich setze mich auf eine Bank und atme die Atmosphäre
ein. Als mein kreisender Blick zurück auf das Karussell fällt, entdecke ich im
Sockelbereich einen sich bewegenden kleinen Körper. Zunächst vermute ich eine
Katze, vielleicht ist es auch ein kleiner Hund. Nachdem das Tier aus dem dämmrigen
Schatten getreten ist, erkenne ich eine dicke Ratte, die schnuppernd ihre Nase
in die Luft hält. Kurz stellt sie sich auf die Hinterbeine, drückt ihren langen, nackten Schwanz gegen den kiesigen Bodenbelag und wittert in alle Richtungen. Ich
verhalte mich ruhig, deswegen scheint sie mich weder zu sehen noch zu riechen.
Mit schnellen Schritten kommt sie mir entgegen. Da mir ihre Annäherung unangenehm ist, bewege ich einen Fuß, sie stockt, starrt mich an – ich kann in ihren
kleinen Augen die Spiegelungen der hellen Fenster und der Straßenlampen erkennen –, dann dreht sie ab und wuselt mit schnellen Schritten hinüber zu den Büschen, die links von mir ein dichtes Gestrüpp bilden. Bunte, feuchte Herbstblätter
verkleben die Äste. Sie stammen von den großen Kastanien, die ich jetzt erst hinter mir wahrnehme. In diesem Moment sehe ich weitere Tiere unter dem Karussell-
sockel auftauchen, erst erkenne ich zwei, dann werden es immer mehr. Nachdem
etwa zehn fette Ratten den Platz um mich bevölkern, bekomme ich langsam Angst.
Aber das ist noch nicht alles.

Kurz bevor ich mich erhebe, um dem Spuk ein Ende zu bereiten, zähle ich 20
Tiere. Wahrscheinlich befindet sich unter dem Karussell ein Zugang in das berühmte Pariser Kanalisationssystem, dem sagen- und mythenumwobenen Eldorado für Ratten. Vielleicht – denke ich – gibt es so etwas wie einen Rattentouris-
mus?! Einmal im Leben muß jede Ratte die Hauptstadt der Liebe und des Lasters
besucht haben! Leider kann ich kein Tier nach Einzelheiten fragen, da ich die Rat-
tensprache nicht beherrsche!

Wie auch immer. Im Moment meines Aufstehens huschen alle Tiere wie auf
ein Kommando zurück in ihr Versteck, und der Platz liegt so leer da wie zuvor.
Unschuldig blickt mich die blätterverklebte Wegfläche, an als sei nicht geschehen. Ratten? Hier? Nie und nimmer!

Vielleicht habe ich die Bilder auch nur geträumt! Als Dank für die Szene lasse
ich noch einen Teil meiner Wegzehrung – das harte Brötchen aus dem Flugzeug –
unauffällig hinter die Bank fallen. Bestimmt wird mir die Rattensippe dafür dankbar sein – schließlich ist das Pariser Essen weltberühmt –, und wenn ich irgendwann zurückkomme, wird ein Pfiff erklingen, alle Ratten tauchen auf, stehen vor
mir stramm und singen die französische Nationalhymne – *La Marseillaise* –, die
mich jedesmal, wenn ich sie höre (vor allem im Film *Casablanca*) zu Tränen
rührt: »Aux armes, citoyens! Formez vos bataillons! Marchons! Marchons!
Qu'un sang impur! Abreuve nos sillons! ...«

Paris, 28. Oktober 2003

Morgendlicher Blick aus dem Fenster. Trüber Dienstag, wolkenverhangen. Unten
auf der Straße rumpelt die Müllabfuhr. Im Mansardenfenster gegenüber sehe ich
einen Mann beim Rasieren, eine Gesichtshälfte ist mit weißem Schaum bedeckt.
Ich ahne die Zimmer im Hintergrund und stelle mir Handlungsfragmente wie in
einem Marcel-Carné- oder Renée-Claire-Film vor. Schwarzweiße Paris-Roman-
tik, melancholisch und doch lebensverliebt.

Das Goethe Institut liegt nicht weit entfernt von meinem Hotel. Ich gehe hinüber, treffe mich mit der Leiterin und spreche einige Details des geplanten Projekts

durch. Zeitgleich zur Ausstellung im Modemuseum sollen im Wechselausstellungsbereich des Goethe-Instituts die berühmtesten Marlene-Dietrich-Photos – meist schwarzweiße Film-Stills und Modemotive – gezeigt werden. Allerdings kann ich nicht viel zur Gestaltung beitragen, da die Hängewände vorhanden sind und alle Photos schön gerahmt aus der Berliner Kinemathek kommen.

Da ich wegen meiner schlechten Sprachkenntnisse um eine Dolmetscherin gebeten hatte, wird mir eine junge Studentin vorgestellt, die mich anschließend zum Kolloquium in das Palais de Galliera begleiten soll. Ich freue mich sehr über dieses Angebot und verstehe mich sofort gut mit der sympathisch aussehenden, jungen Frau. Gemeinsam schlendern wir zum Ort des Geschehens hinüber. Dort angekommen, begrüßt uns die Direktorin – eine schon etwas ältere, strenge Kostümdame – sehr förmlich und korrekt in der Eingangshalle. Sie führt uns in einen kleinen Sitzungssaal, in dem sich zehn französische Gestaltungskandidaten – ich bin der einzige Ausländer – bereits um einen langen, schmalen Tisch versammelt haben. Wir grüßen freundlich in die Runde, die Reaktionen bleiben allerdings sehr reserviert. Kühle Ablehnung schlägt uns entgegen.

Eigentlich sind Wettbewerbe die einzige Möglichkeit, Kollegen kennenzulernen. Leider bleiben die Begegnungen oft kurz und von Skepsis begleitet. Das ist in Deutschland auch nicht anders als in Frankreich. Wortreich beginnt die Direktorin mit ihrer Einführung in das Thema. Da ich mich nach meiner dreimaligen Beschäftigung mit Marlene Dietrich (zwei Ausstellungen in Berlin und eine in Rom) als Experte fühle, höre ich nur mit halbem Ohr zu. Für die Franzosen ist das Thema neu, daher lauschen sie angespannt und begierig. In Paris sollen 80 Kostüme aus dem Archivbestand der Deutschen Kinemathek Berlin gezeigt werden, dazu Entwürfe und Photos. Meine Studentin übersetzt manchmal einen Satz für mich, im Prinzip ist mir jedoch klar, was hier geredet wird. Nach einer Stunde schauen wir uns die Räume an. Ich kenne sie bereits von zwei interessant inszenierten Ausstellungen, die ich hier in den letzten Jahren besucht habe; eine befaßte sich mit »Christian Dior«, die andere mit »Yves St. Laurent«. Paris ist eben auch die Hauptstadt der Modewelt, wie jeder weiß.

Gern hätte ich erfahren, woran die französischen Ausstellungsgestalter arbeiten, was sie beschäftigt und wie die Auftragslage ist. Leider ergibt sich dazu keine Gelegenheit. Mit Plänen und Texten reichlich beschenkt, verlassen wir nach drei Stunden den vornehm mondänen Ort. In den nächsten vier Wochen muß jeder Kandidat ein Ideenkonzept für die geplante Ausstellung entwickeln, danach wieder nach Paris kommen und seine Überlegungen einer Fachjury vortragen. Die Gruppe zerstreut sich in alle Pariser Himmelsrichtungen.

Vom Hunger gequält, gehe ich mit meiner Dolmetscher-Studentin in ein nahe gelegenes Restaurant. Während des Essens übersetzt sie mir den französischen Auslobungstext, der ausführlich auf Leben, Werk und Mode Marlene Dietrichs eingeht. Ich beginne das Gespräch mit der Bemerkung: »Vielleicht war sie als modische Stilikone doch bedeutender als in ihren Filmen. Kennen Sie eigentlich ihre Filme?«

Sie: »Ich muß gestehen, daß ich bisher nur einmal den *Blauen Engel* in einem Filmkunstkino gesehen habe, sonst nichts!«

Ich: »Wahrscheinlich läßt die magische Berühmtheit des Stars langsam nach. Viele ihrer Filme wirken heute manieriert und veraltet, das gebe ich zu, aber der *Blaue Engel* ist immer noch großartig, finde ich, auch der *Shanghai-Express*. Das liegt vor allem an ihrem Entdecker und Regisseur Joseph von Sternberg. Marlene Dietrich hat sich zu einer Kunstfigur stilisiert wie heute Madonna. Das Androgyne war ihr Markenzeichen. Berühmte Modeschöpfer studieren heute noch ihre Ideen. Giorgio Armani etwa verehrt sie wie eine Göttin.«

Sie: »Das wußte ich nicht. Jetzt fällt mir ein, daß ich manche ihrer Modephotos natürlich schon aus Büchern kenne, vor allem den berühmten schwarzen Frack, der für soviel Wirbel sorgte.«

Ich: »Ja, sie wurde in den 1920er Jahren sogar einmal verhaftet, ich glaube es war in Paris, weil es Frauen damals verboten war, öffentlich in Männerkleidern herumzulaufen.«

Sie: »Kaum zu glauben.«

Ich: »Sie schreiben in Paris gerade an Ihrer Doktorarbeit. Was ist das Thema?«

Sie: »Der Titel lautet: *Die Bedeutung des Kusses im Werk von Marcel Proust.*«

Ich: »Aha, ein überraschendes Thema!«

Sie: »Ja, das fand mein Professor auch, aber er akzeptierte es schließlich. Jetzt bin ich schon fast fertig und suche in den französischen Archiven nur noch nach besonders aufschlußreichen Stellen.«

Ich sehe die Studentin durch die Straßen, Museen, Bibliotheken und Archive der Stadt Paris wandern, immer auf der Suche nach Marcel Prousts Küssen, und plötzlich steht mir das ganze Drama moderner, intellektueller Frauen vor Augen. Marcel Prousts Thema ist die Erinnerung, das exzessive Nachspüren vergangener Gerüche, vergangener Stimmungen, vergangener Küsse. Und jetzt begibt sich diese junge Frau auf die Suche nach den vergangenen Erinnerungen der vergangenen Küsse aus einer vergangenen Zeit ... Ich sehe Lippen über der Stadt schweben wie auf einem Bild von Man Ray.

Nach dem Essen verabschieden wir uns voneinander, und ich mache mich alleine auf den Weg durch die Stadt. Mein nächstes Ziel ist das Centre Pompidou. Früher Nachmittag. Ein etwas langweilig grauer Himmel überwölbt die Stadt und versucht, sie banal und nichtssagend aussehen zu lassen. Natürlich bleiben die Bemühungen erfolglos, zu kraftvoll sind die Straßenzüge, zu eigenwillig die Menschen und die Architekturen.

Während der Metrofahrt, die leider zur Folge hat, daß ich nichts von der Stadt sehe, überlege ich mir, wann wohl meine zweite Begegnung mit Paris stattfand. Ich glaube, es war eine Klassenfahrt 1961. Ich kann mich noch erinnern, daß der Bus, mit dem wir aus Ulm angereist waren, auf der Suche nach unserem Hotel die berüchtigte Rue Saint Denis durchquerte.

Es war das erste Mal in meinem Leben, daß ich eine Straße in Wirklichkeit sah, die ich bisher nur aus Filmen wie *Irma la Douce* kannte. Vor jedem Hauseingang standen sparsam bekleidete Damen, die auf Freier warteten. Es waren dicke darunter, dünne, große, kleine, Mulattinnen, Schwarze, Weiße, stark geschminkte und ganz bürgerlich Aussehende. Die meisten hatten tief ausgeschnittene Décolletés. Manche nahmen, als sie unsere gierig amüsierten Blicke sahen, ihre nackten Brüste aus der Bluse und zeigten sie uns, andere streckten die Zungen heraus und machten damit obszöne Schnalzbewegungen, wieder andere hoben ihre Röcke, und wir sahen, daß sie darunter nackt waren. Nach einer kurzen Schrecksekunde johlte der ganze Bus im Chor: »Anhalten, sofort anhalten!« Lachend und etwas peinlich berührt, kurvte der Fahrer weiter, ohne zu stoppen. Noch Wochen danach fieberten unsere Phantasien diesen Bildern nach. In Wirklichkeit fehlte uns der Mut, in die Rue Saint Denis zurückzukehren.

Das also war das andere Paris, das lockere, leichtlebige, das erotische, das Paris der mondänen und weniger mondänen Etablissements, die »Moulin Rouge«, »Folies-Bergères« oder »Maxims« hießen. Hier konnte man sie treffen, die leichten, hübschen Mädchen, die sich Joujou, Mimi, Tutu und Froufrou nannten, jedenfalls wird das in der Operette *Die lustige Witwe* behauptet.

Ich kann mich an unser touristisches Paris-Programm von damals nicht erinnern. Als Gymnasiasten aus einer deutschen Kleinstadt fühlten wir uns plötzlich hineingekippt in die lockere, freie Welt der Sinne und des Geistes. Paris war für mich die Stadt von Edith Piaf, Jean-Paul Sartre, Simone de Beauvoir und Albert Camus. Natürlich kannten wir die Personen nur aus dem Radio, aus Filmen, Büchern und von Aufführungen im Ulmer Stadttheater. Daß sie hier real lebten, kam mir damals ungeheuerlich vor. Einer der von mir verehrten Philosophen, Albert Camus, war zu diesem Zeitpunkt allerdings schon tot. Er starb im Jahr zuvor bei einem Autounfall.

Ich kann mich noch genau an den Tag erinnern, an dem ich von dem Ereignis erfuhr. Im Januar 1960 feierten wir eine Party in dem von mir existentialistisch ausgemalten Keller meines Elternhauses. Gegen Morgen saßen wir angetrunken, verkatert und übermüdet, in dicke Decken gehüllt auf der verschneiten Gartenterrasse und beobachteten das Heraufdämmern des Tages. Eine schöne, trostlose Stimmung, wie ich sie damals liebte. Es war kurz vor 7.00 Uhr. Jemand hatte das Radio eingeschaltet und plötzlich hörten wir den Nachrichtensprecher, nach irgendwelchen politischen Banalmeldungen, die wir manchmal, wenn wir den Verlauf der Worte zu kennen glaubten, im Chor nachsprachen, jenen Satz sagen, der uns alle vor Entsetzen lähmte: »Heute nacht ist der berühmte französische Schriftsteller, Philosoph und Nobelpreisträger Albert Camus bei einem Unfall auf der Autobahn zwischen Marseille und Paris tödlich verunglückt.« Natürlich dachten wir alle sofort an Selbstmord. »Er hat es getan«, murmelten wir, »er hat es getan.« In diese Gedanken, Vermutungen hinein mischten sich Bewunderung und Grauen. Ich sah den zerfetzten, blutüberströmten Körper vor mir, hörte den klirrenden Aufprall des Autos immer wieder und lauschte der furchtbaren Stille, die all diesen Katastrophen folgt.

Später dann war ich etwas enttäuscht, als ich in den Zeitungen las, daß Camus nur als Beifahrer im Auto saß und sein Pariser Verleger oder dessen Frau das Auto gesteuert hatte.

In den Wochen danach verbreitete sich jener Mythos, der auch den Tod Walter Benjamins begleitete: Im Gepäck des Philosophen und Schriftstellers soll sich das letzte, wichtigste Manuskript befunden haben. Ich stellte mir vor, wie die beschriebenen Blätter beim Aufprall des Wagens gegen den neben der Landstraße stehenden Baum durch die Luft wirbelten, von nachfolgenden Autos überfahren und dabei zerstört worden sind. Später las ich, daß der Text gerettet werden konnte. Erst Jahrzehnte nach Camus' Tod wurde er unter dem Titel *Der erste Mensch* veröffentlicht. Ein autobiographischer Roman, der die Jugendjahre des Autors in Algier zum Thema hatte und vor allem von seiner analphabetischen Mutter berichtet, an der er so stark hing, daß er mit ihr in Frankreich zusammenleben wollte. Ich habe das Buch vor kurzem zur Hälfte gelesen und war etwas enttäuscht. Vielleicht erginge es mir mit seinen philosophischen Schriften ähnlich. Ich will die Wahrheit im Augenblick nicht wissen und verschiebe die Überprüfung auf die nächsten Jahre. Sein Roman *Der Fremde* wird mich immer faszinieren, das weiß ich mit Sicherheit .

Jetzt, bei unserem Pariser Schulausflug, lebten Jean Paul Sartre und Simone de Beauvoir noch. Wir wußten, daß sie im Quartier Latin wohnten und täglich im Café de Flore verkehrten. Manchmal schlichen wir dort vorbei in der Hoffnung, einen Blick auf sie zu erhaschen. Aber wir sahen sie nie, das lebendige existentialistische Paris, in dem sich hohe Philosophie und ein charmant-fröhlicher Lebensstil miteinander verbanden, blieb uns verborgen. Trotzdem hatten wir das Gefühl, hier der vom Rauch der Gauloise geschwängerten Luft und von Rotwein verklärten Welt näher zu sein, die gleiche schlechte Luft zu atmen, die gleichen Gebäude und Parks, den gleichen lärmenden und stinkenden Verkehr, die gleichen Wolken zu sehen.

1966, während des ersten Semesters meines Architekturstudiums in Hannover, wurde wieder eine Parisfahrt beschlossen. Wir reisten mit dem Zug an und verbrachten zwei sehr anregende, lustige Wochen in der Stadt. Ich glaube, gewohnt haben wir in einer Jugendherberge nicht weit entfernt vom Gare du Nord. Da wir 30 Leute waren, teilten wir uns jeden Tag in kleinere Gruppen auf. Meine Gruppe umfaßte sechs Kommilitonen. Unsere Aufgabe bestand darin, ein Studentenwohnheim in der Nähe von Notre-Dame zu entwerfen. Dort gab es einen kleinen Park, den wir als Bauplatz wählten. Nach drei Tagen kannten wir alle Clochards der Gegend. Jeder von ihnen okkupierte nachts eine Parkbank, die er auch tagsüber als sein Eigentum verteidigte. Da wir die Bänke ebenfalls benutzen mußten, blieb uns nur Rotwein als Bestechungsmittel. Das funktionierte wunderbar. Eine Flasche entsprach dem Parkbankmietpreis für einen ganzen Tag. Nachts hielten wir uns ja in anderen Stadtbereichen auf.

Nach dem Abschluß der Entwurfswoche besichtigten und studierten wir alle zusammen in den verbleibenden Tagen die berühmtesten modernen Bauten der Stadt. Dabei standen die Werke Le Corbusiers im Vordergrund: der Schweizer Pavillon in der Cité Universitaire (1930–33), das Gebäude für die Heilsarmee, die Villa Savoye (1928–31) und die Villa Stein in Garches (1926–28). Für mich war jedes Gebäude eine Offenbarung. So wollte ich auch bauen. Das dachte bestimmt jeder von uns. Leider ist es später bei keinem von uns dazu gekommen. Le Corbusier war ein Jahr zuvor – 1965 – beim Baden im Mittelmeer gestorben. Sein Atelier existierte noch in Paris, aber wir haben es nicht besucht.

Den Architekten Robert Mallet-Stevens, der in den 1920er und 1930er Jahren auch Bühnenbilder und Szenographien für Filme entworfen hat, kannte ich damals noch nicht. Wir waren – neben den Gebäuden der klassischen Moderne von Eiffel, Perret, Chareau und Loos – sehr einseitig auf Le Corbusier fixiert. Er stand damals im Zenith seines Ruhms. Mallet-Stevens ist schon 1945 gestorben, obwohl er zum gleichen Jahrgang wie Le Corbusier gehörte. Sein Name und sein Werk gehörten nicht mehr zum allgemeinen Bewußtsein. Das hat sich inzwischen geändert. Ich schätze und bewundere ihn heute fast mehr als Le Corbusier, wahrscheinlich liegt es an seiner raffinierten Stilverbindung von Art déco und Neuem Bauen. Seine Pariser Bauten schaute ich mir erst viel später bei anderen Paris-Besuchen an.

Das eintönige Schaukeln der Pariser Metrowagen regt mich zum erinnernden Träumen an. Ringsum die übliche Menschenmischung, quer durch alle Schichten. Da die Stadt sich meinen Blicken entzieht, bin ich auf meinen eigenen, inneren Film angewiesen. In alter Gewohnheit studiere ich Beine und Schuhe der Mitreisenden. Auch heute wundere ich mich – wie Pippi Langstrumpf – über die Tatsache, daß jeder Passagier zwei gleiche Schuhe trägt. Manchmal sehe ich zwei verschiedene Strümpfe und Socken, nie jedoch zwei verschiedene Schuhe!

An der Metrostation Hotel de Ville steige ich aus, lasse mich durch das neonbeleuchtete Fußgängertunnelsystem treiben, betrachte im Vorbeigehen die an den gefliesten Wänden hängenden Plakate, höre kurz einem virtuosen, zigeunerhaft aussehenden Akkordeonspieler zu, dessen Klänge sich im Höhlenlabyrinth verteilen und es dadurch akustisch anwesend machen. Ins Tageslicht aufgetaucht, biege ich in das Gassengewirr des Stadtteils Marais ein.

Nach wenigen 100 Metern stehe ich vor dem Centre Pompidou. Seit der Eröffnung 1977 bin ich ein Bewunderer dieses Gebäudes und konnte zu keiner Zeit die meist negativ gefärbte Aufregung darüber verstehen. Meiner Ansicht nach wurde hier genau der richtige städtebauliche Weg beschritten, der in Paris Tradition hat. Ähnlich autoritär wie Baron Haussmann im 19.Jahrhundert, griff Präsident Pompidou persönlich sehr undemokratisch in den Findungsprozeß ein und entschied, daß der radikalste der 700 eingereichten Wettbewerbsvorschläge – von Renzo Piano und Richard Rogers – realisiert werden sollte. Dafür mußte ein großes Rechteck der Altstadt dem Erdboden gleichgemacht werden.

Ich stelle mich eine Weile an den großen, kopfsteingepflasterten, schrägen Platz, der dem Gebäude auf seiner Eingangsseite vorgelagert ist. Vor mir erhebt sich die rechteckige, 166 Meter lange und 42 Meter hohe Fassade, die im Grunde keine klassische Fassade ist. Mehrere Schichten aus filigranen, dahinter auch kräftigen geometrischen Strukturen verdecken die eigentliche Glashülle des Gebäudes. Markante Diagonalstreben geben der Konstruktion das Aussehen eines monumentalen Spinnennetzes. Ich denke an den Eiffelturm und sein durchbrochenes, wandloses Stahlgitterwerk. Obwohl zu keiner Weltausstellung entstanden, ist die Centre-Pompidou-Entwurfsidee ähnlich kompromiß- und schnörkellos. Allerdings mußten hier riesige Funktionsräume – Museen, Bibliotheken, Archive, Buchläden, Kinos, Cafés, Restaurants und Wechselausstellungsbereiche – integriert werden. Ausblicke auf die Altstadt waren nur Nebenprodukte. Die Grundidee der Architekten bestand darin, alle statisch tragenden Elemente nach außen, vor die eigentliche Schutzhülle der Glasfassade zu verlegen, so daß die Innenräume stützenlos sein konnten. Darüber hinaus verlagerten sie auch sämtliche Klima- und Installationsrohre, die normalerweise in dunklen Innenschächten versteckt werden, in die Außenzonen und gaben dem Gesamtgebäude dadurch die Anmutung eines unverhüllten, nur einer industriellen Funktion dienenden Raffineriekomplexes. In dieser Zurschaustellung normalerweise – bei Museen, Bibliotheken und Restaurants – verborgener architektonischer Notwendigkeiten liegt vielleicht das Provozierende und Avantgardistische der Centre-Pompidou-Architektur. Die popartige Aussage lautet: Auch Kanalisations- und Heizungsrohre, auch Zuluft- und Abluftkanäle können schön sein! Warum notwendige Dinge verstecken, wenn sie zum Thema »Fassade« und »äußeres Gebäude-Erscheinungsbild« Bereicherndes beitragen können. Vielleicht war und ist der Architektenkommentar auch ironisch zu lesen: Dort, wo an den alten, klassischen Museen noch nackte Steinmusen für die ewige Konstanz der Kunstwerte warben, schießen jetzt nackte, farbig angestrichene Rohre in den Himmel, die wie künstlich präpariertes und versteiftes Gedärm aussehen, vielleicht auch Männlichkeitsphantasien ausdrücken, wer weiß?!

Variiert der Eiffelturm gotische Himmelssturmgedanken und übertreibt sie ins bisher Unvorstellbare, hält sich das Centre Pompidou eher zurück, will nicht mehr sein als ein blinkender Werkstattblock, eine mehrgeschossige Fabrikhalle, die sich mit Kultur beschäftigt. *Das Kunstwerk im Zeitalter seiner technischen Reproduzierbarkeit,* wie der Titel von Walter Benjamins berühmtem Buch lautet. Alles Elitäre fehlt, jeder kann an der Kunstproduktion und an ihrem Genuß teilhaben. In diesem Zusammenhang erscheint es durchaus sinnvoll, daß auf der linken Seite des Eingangsplatzes das Atelier eines so eigensinnig archaisch-modernen Bildhauers wie Constantin Brancusi, der 1957 in Paris gestorben ist, rekonstruiert wurde. Wie ein auf der Lauer liegender Wachhund beobachtet der niedrige Bau das gläserne Ungeheuer.

Langsam gehe ich den schrägen Platz hinunter und betrete das Centre Pompidou durch ein relativ kleines, vordachloses Eingangstor. Nachdem ich mich in der bahnhofsgroßen Eingangshalle umgesehen habe, fahre ich die Glasröhren-Rolltreppen an der Fassade hoch, bewundere den Blick auf die renovierten Altstadt-häuser und tauche in die schneeweißen, hell leuchtenden Ausstellungsräume ein. An der Museumshauptstraße hängen wichtige Werke von Picasso, Léger, Chagall und vielen anderen Heroen der Moderne. Sie werden in den Seitenkabinetten mit Objekten aus der industriellen Produktion des 20.Jahrhunderts – etwa Propeller, Flugzeugmotoren oder Möbel – konfrontiert. Diese interdisziplinäre Ausstellungs-methode gefällt mir sehr, da sie die Hermetik reiner Kunstausstellungen durch-bricht und etwas über den jeweiligen kulturellen Zeitzustand aussagt. Oft ließen sich Künstler von industriellen Produkten inspirieren. Bei Léger etwa ist der Ein-fluß klar zu erkennen.

Eine ganz andere Sicht auf die Welt verbreiten die bunten, dekorativen Sche-renschnittcollagen von Henri Matisse. Kein Künstler des 20.Jahrhunderts ver-mochte die mögliche Leichtigkeit des Seins so direkt darzustellen wie er. Dabei arbeitete Matisse an diesen phänomenalen, lebensfrohen Bildern in einer Lebens-phase, die für ihn von Krankheit und Schmerzen überschattet war. Meistens riß und schnitt er die Farbpapierstreifen und -muster im Bett liegend und verschob die Teile mit langen Stangen auf einer Bildfläche, die am Kopfende seines Bettes befestigt war. Kein Wunder, daß Picasso nur ihn gelten ließ und nach dem Tod von Matisse sagte: »Eigentlich gibt es nur Matisse.«

Zum Abschluß der Museumsstraße öffnet sich ein riesiges Panoramafenster und bietet einen herrlichen Blick über die Stadt Richtung Norden. Inzwischen hat die Dämmerung eingesetzt und läßt den Stadtkörper noch homogener als um die Mittagszeit erscheinen. In der Ferne erhebt sich einer der wenigen Pariser Hügel, der Montmartre, und die bleiche Steinkuppel von Sacre-Cœur leuchtet im letzten Tageslicht wie ein kahler Schädel aus dem Häusermeer.

Dort oben auf dem Berg stand das legendäre Bateau-Lavoir, geht es mir durch den Kopf. Daneben malte Maurice Utrillo seine trist-romantischen Paris-Ansich-ten. Schon als Kind war dieser geniale Sohn von Suzanne Valadon dem Alkohol verfallen, ein Ausgestoßener, der später im Alter brav, bigott und künstlerisch impotent endete. Auch das ist Paris, ein Ort der extremen Lebensentwürfe und Lebensverläufe.

Während sich die Vergnügungssüchtigen der ganzen Welt in den Pariser Nachtlokalen und Varietés trafen und den wilden Tänzen einer Josephine Baker zujubelten, wanderten andere, vielleicht romantischere Künstler durch die nächtlichen Passagen und Gassen der Stadt auf der Suche nach bisher ungeahn-ten Ausdrucksmöglichkeiten in der Kunst. Der Schriftsteller und Kunstthe-oretiker André Breton brachte die Suchenden später unter der Bezeichnung »Sur-realisten« zusammen: Salvador Dalí, André Masson, Luis Buñuel, Hans Arp, Joan Miró, Yves Tanguy, Man Ray und Max Ernst. Buñuel inszenierte zusam-men mit Dalí jenen programmatischen Film, der alptraumartig ins Unterbe-wußtsein vorstieß und mit seinen Schockbildern viele Kunstgenießer aufschreck-te: *Le Chien andalou*. Das zentrale Bild des Films war wirklich ungeheuer-lich: Jemand – ist es der Künstler selbst? – zerschnitt in Großaufnahme mit dem Rasiermesser ein Auge. Schmerzhafter hatte bisher noch nie ein Künstler die bisherigen Sehgewohnheiten attackiert. Eine Auslöschung! Sollte ab jetzt die Blindheit gelten? War es eine Aufforderung, nur noch den inneren Bildern zu glauben?

Etwas erschöpft lasse ich mich auf einer Bank nieder und denke über meine persönlichen Erlebnisse mit dem Centre Pompidou nach. Zweimal war ich hier mit Zeichnungen und Collagen an großen Ausstellungen beteiligt: bei »Images et Imaginaires« (1984) und bei »La Ville« (1987). Merkwürdigerweise kann ich mich nicht daran erinnern, ob ich die Ausstellungen auch selbst gesehen und nicht nur die angeforderten Blätter hingeschickt habe.

Später fahre ich mit der Rolltreppe wieder hinunter auf Platzniveau. Die Totale des Panoramarundblicks schrumpft – wie beim Versinken in einem Trichter – zu einer Sequenz aus Häusernahaufnahmen. Fenster drängen ins Bild, aber auch die gewaltigen Rohrmuscheln, die von den Architekten des Centre Pompidou hier aufgestellt wurden, wahrscheinlich um Frischluft anzusaugen. Sie hätten als typische Ozeanlinermotive bestimmt auch den Surrealisten gefallen. Ich trete hinaus auf den Vorplatz. Über mir dunkler Nachthimmel.

Obwohl es recht kühl geworden ist, versuchen immer noch einige Gaukler, die Aufmerksamkeit der Touristen auf sich zu ziehen. Ein Feuerschlucker hat dabei am meisten Erfolg. Um ihn hat sich ein fast exakter Zuschauerkreis gebildet. Ich staune über die Schönheit der spontanen Geometrie. Noch einmal schwenkt mein Blick zu dem jetzt von innen leuchtenden Centre Pompidou hoch. Die Dunkelheit bekommt ihm gut, denke ich, das künstliche Licht betont den Science-fiction-Aspekt, das Utopisch-Raumschiffhafte, das in ihm steckt. Dennoch bleibt es eigenartig, daß sowohl Eiffelturm wie auch Centre Pompidou einsame Solitäre und damit architekturgeschichtliche Sackgassen geblieben sind. Sie öffneten keine neuen Türen und Möglichkeiten. Das formal-ästhetische und konstruktive Potential war mit ihren Realisationen erschöpft.

Etwas fröstelnd hülle ich mich in meinen warmen Mantel und gehe hinüber zum großen Wasserbecken, in dem sich die bunt-naiven Skulpturen, die Niki de Saint Phalle zusammen mit Jean Tinguely geformt hat, drehen und gegenseitig bespritzen. Obwohl ich die Anlage ganz witzig finde, muß ich sagen, daß ich Strawinskis *Sacre du Printemps* – nach dieser Komposition wurde der Brunnen benannt – ganz anders interpretieren würde, viel archaischer und wilder.

Hinter dem Wasserbecken ragen die Röhren des unterirdischen Musikzentrums »Ircam« – dem »Institut de Recherche et de Coordination Acoustique-Musique« – auf. Eine Zeitlang wirkte hier der berühmte moderne, französische Komponist Pierre Boulez als Direktor. Daß ich während meiner Schulzeit in Ulm mehrere Konzerte mit Boulez als Dirigent erleben konnte, stellt sich für mich, von heute aus gesehen, wie ein besonderes Geschenk des Zufalls dar. Er führte vor allem eigene, neu entstandene Kompositionen auf, eine für mich damals vollkommen neue, faszinierende Welt.

Seine Gebärdensprache als Dirigent – er arbeitete immer ohne Taktstock – war sehr ungewöhnlich: präzise, ernst, kühl und reduziert. Er kam mir dabei vor wie ein Tänzer, der seine eigentlichen Kräfte und die in ihm wirkenden Energien zugunsten der erklingenden Musik unterdrückt. Ein Gegentyp zu Leonard Bernstein.

Über den Boulevard Sébastopol gehe ich langsam zur Rue de Rivoli vor und wandere unter den Arkaden am Louvre vorbei bis zur Avenue de l'Opéra. Der Nachthimmel hat sich inzwischen bewölkt, und schwere Regenwolken reflektieren das schwefelgelbe Stadtlicht. Noch liegt die angestrahlte Fassade der Opéra Garnier, die Baron Haussmann bei seiner Neustrukturierung von Paris als kulturelles Herz der Stadt konzipiert hatte, in weiter Ferne. Ich bleibe stehen ... gehe einige Schritte ... bleibe wieder stehen ... gehe weiter ... Wie ein verwackelter Filmzoom schaukelt die Garnier-Fassade langsam auf mich zu. Als ich die Kreuzung Boulevard des Capucines und Boulevard de l'Opéra erreiche, bleibe ich erneut stehen, wende mich nach links und überquere den ampelgeregelten Zebrastreifen. In der Mitte der Straße, auf der großen, zentralen Verkehrsinsel, stoppe ich meine Schritte, trete an die Steinbrüstung, die den Metroabgang umfaßt, und konzentriere meinen Blick ganz auf die Fassade der Opéra Garnier. Hier, genau an diesem Ort, stand ich auch im Frühherbst 1986 vor der Premiere unseres *Wozzeck* und schaute mir die Besucher an, die sich vorfahren ließen, umständlich mit ihren langen Kleidern und engen Smokings ausstiegen, die Eingangstreppen hinaufgingen und von den leuchtenden Portalöffnungen verschluckt wurden.

Wieder waren es elegante Erscheinungen, nur dieses Mal besuchten sie keine *Tosca*-Aufführung mit Maria Callas, sondern Alban Bergs *Wozzeck*, zu dem ich das Bühnenbild entworfen hatte. Ruth Berghaus führte Regie, nach den *Trojanern* in Frankfurt und einem *Wozzeck* im damals noch existierenden Ostberlin unsere dritte gemeinsame Arbeit. Christoph von Dohnanyi dirigierte, seine damalige Frau Anja Silja sang die Marie.

Ich hatte ein riesiges, die gesamte Bühnenöffnung verschließendes Haus mit leeren, ruinenartigen Fensterlöchern, halboffenen Raumzellen und einem mehrgeschossigen, weitgehend einsehbaren Treppenhaus entworfen. Während der Aufführung spaltet sich das Haus in zwei Teile und fährt langsam auseinander. Wozzeck wird bei diesem Vorgang symbolisch zerrissen. Seine beginnende, von wilden Verfolgungswahn-Bildern begleitete Schizophrenie findet ihren bildhaften Ausdruck in der Architektur. In der freigelegten Öffnung zwischen den beiden Hausteilen wird eine expressionistisch einstürzende Stadt sichtbar. Ruinenteile liegen kreuz und quer. In den hohlen Fensterlöchern der schrägen Hausfassaden hängen graue – von Marie-Luise Strandt passend eingekleidete – Menschen und versuchen, ins Freie zu klettern, manche stürzen ab, andere bleiben an den Wänden hängen wie Käfer an einem klebrigen Fliegenfänger.

Bei der Arbeit konnte ich natürlich das ganze Garnier-Opernhaus auch von innen kennenlernen. Es gehört sicher zu den wahnwitzigsten Bau-Ungeheuern, die ich je gesehen habe. Daneben kommt mir das San-Francisco-Opernhaus wie eine gemütliche Gartenlaube vor.

Kein Wunder, daß hier »Phantome« in den Kellergewölben vermutet wurden, so labyrinthisch, verwirrend und beängstigend sind die Raumfluchten, Gänge, Probensäle, Büros, Treppenhäuser, Magazine und Künstlergarderoben. Mich würde es nicht wundern, wenn Putzfrauen jedes Jahr in abgelegenen Ecken Leichen armer Verirrter fänden. Neben dem Brüsseler Justizpalast gehört die Opéra Garnier zu den größten Gebäuden des 19. Jahrhunderts.

Architekten und Bauherren dieser Zeit wollten mit steinerner Monumentalität das Volk beeindrucken und beglücken. Gebaute Einschüchterungsversuche, Überwältigungsarchitekturen. Matterhorn-Schönheiten, olympisch, unüberbietbar. 1862 gewann der 37jährige, bis dahin nur mit wenigen, kleineren Bauaufgaben in Paris hervorgetretene Charles Garnier den Architektenwettbewerb und konnte danach – bis 1875 – in neobarockem Belle-Epoque-Stil das größte Opernhaus der Welt errichten. Ein Architektentraum ging in Erfüllung. Obwohl sich inzwischen die Katastrophe von Sedan ereignet hatte, Kaiser Napoleon III. und Baron Haussmann vertrieben worden waren, zeigten sich die Bauherren der 3. Republik und das neureiche Publikum nach der Einweihung gleichermaßen begeistert. Der Zeitgeschmack hatte sich noch nicht geändert, im Gegenteil, in vielen Details war die bevorzugte Ästhetik noch verschnörkelter und ornamentaler geworden. Für uns moderne Betrachter allerdings haben sich die Werte etwas verschoben. Vor allem die pompöse Fassade wirkt heute übertrieben, fast aggressiv. In Surrealistenmanier sehe ich darin ein riesiges Gebiß. Zu allem Überfluß trägt der Zähne fletschende, monumentale Opernwolf auch noch eine Krone, die mich leider etwas an eine Schlafmütze erinnert, wie sie Honoré Daumier gezeichnet hat.

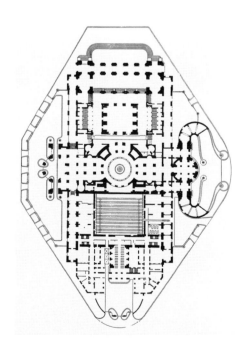

Kein Wunder, daß zur Zeit der Erbauung und Eröffnung des Opernhauses Daumier mit seinen Karikaturen und Jacques Offenbach mit seinen Operetten die größten Erfolge feierten, allerdings an anderen, weniger hehren Orten. Daumier veröffentlichte seine Zeichnungen in den immer beliebter werdenden Zeitungen, und Offenbach brachte seine Produktionen zunächst in einem eigenen kleinen Theater, dem »Bouffes-Parisien«, heraus. Nicht jeder Bürger und jede Bürgerin von Paris nahm die Kunst der Oper so ernst wie Charles Garnier und die Komponisten, die später in diesem schwülstigen Haus aufgeführt worden sind. Bei Offenbach tanzten die Musen Cancan, und Apollo wäre nur als schwerer Alkoholiker denkbar gewesen.

In Wirklichkeit thront dieser marmorne Apoll tatsächlich über dem Giebel der Eingangsfassade, allerdings stocknüchtern und so steif, wie nur ein Toter sein kann. Zu seinen Füßen lagern malerisch hingegossene Musen, willige Groupies voll lasziver, unfreiwilliger Komik.

Das Foyertreppenhaus verströmt dagegen heute noch eine elegante Wirkung. Ich bin während der *Wozzeck*-Produktionszeit immer wieder aus dem Zuschauerraum hinausgegangen und habe mir die Treppenfluchten vollkommen allein angeschaut (wer hat schon dieses Privileg?). Manchmal fühlte ich mich dabei so klein wie eine Maus, dann wieder übertrug sich der Gigantismus auf mich, und ich kam mir vor wie ein verzauberter Riese, der sich im eigenen Schloß seiner Träume verirrt hat. Die Marmorsäulen waren nur für mich da, gehorchten meinen Befehlen, traten auf meinen Wink hin zurück, öffneten ihre Zwischenräume wie Vorhänge und gaben bereitwillig den Blick frei auf die großen Fassadenfenster, vor deren Scheiben ich den Verkehr lautlos vorbeifließen sah.

Obwohl meine Affinität zu französischen Opern nicht sehr groß war und ist (mir kamen sie immer etwas überzuckert vor!), habe ich inzwischen zu fünf Werken das Bühnenbild entworfen: *Die Trojaner* von Hector Berlioz (1982 in Frankfurt am Main), *Ariane et Barbe-Bleu* von Paul Dukas (1991 in Paris), *Der Untergang des Hauses Usher* von Claude Debussy (1996 in Stuttgart), *Saint François d'Assise* von Olivier Messiaen (2002 in San Francisco) und *Pénélope* von Gabriel Fauré (2002 in Chemnitz).

Dunkle Autos mit grellen Scheinwerferpaaren umkreisen mich wie summende Leuchtkäfer. Der Lärm pulsiert, schwillt an, verlagert sich beim Anfahren nach rechts, braust dann links von mir auf und schwillt wieder ab. Ich stehe mitten in Paris, mein Körper ist hier, meine Gedanken flattern umher wie aufgescheuchte Vögel, meine Erinnerungen und Phantasien saugen sich durch das Opernhaus-Ungeheuer. Niemand beachtet mich, rempelt mich an oder sagt ein Wort. Ich lehne noch immer an der rauhen Steinbrüstung. Mein Blick fällt auf die von Regen, Schnee und häufigem Anfassen abgenutzte Steinoberfläche. Ich sehe meine nackte Hand darauf liegen wie ein fremdes Wesen. Stein und Fleisch, Stein und Haut. Aus der Metrostation steigt warme Luft auf. Die Anonymität der Großstadt ist schön, aber auch hart.

Plötzlich fällt mir auf, daß es hier keine Clochards mehr gibt. Früher lagen sie auf den Metro-Abluftgittern und benutzten, vor allem im Winter, die aufsteigende Wärme als Überlebenszone. Ich gebe mir einen Ruck, verlasse meine Beobachterstelle und umwandere das Opernhaus Richtung Künstlereingang am Place Diaghilew. Schräg gegenüber sehe ich die berühmten Galeries Lafayette am Boulevard Haussmann liegen. Wie immer strahlen die Schaufenster des Kaufhauses besonders hell. Bald werden hier die berühmt aufwendigen Weihnachtsdekorationen – bunte Kinder-Puppen-Welten in Schnee und Watte, mit drehenden Windrädern, kreisendem Verkehr, tanzenden Polizisten und fliegenden Engeln – einziehen. Ich stelle mir Ernst Lubitschs schöne Kommunistin Ninotschka vor, die hier vielleicht ihr merkwürdiges Hütchen gekauft hat und damit dem kapitalistischen Warenglitzern erlegen ist.

Im September 1986 stand ich eines Abends am Künstlereingang des Opernhauses plötzlich dem legendären Tänzer Rudolph Nurejew gegenüber. Er leitete damals das Ballettensemble im Garnier. Wir schauten uns kurz neugierig forschend an. Ich erkannte ihn sofort, er jedoch wußte nicht, wo er mich einordnen sollte. Um die Spannung zu lösen, trat ich auf ihn, den kleinen, drahtigen Mann in schwarzem Ledermantel und passender Russenledermütze, zu und stellte mich vor: »I am the set-designer of *Wozzeck*.«

Er fixierte mich mit stechendem Blick: »O, verrry good. I visit you tomorrrrow and have a look.« Sein Englisch war noch schlechter als meines, außerdem rollte er das rrrrrr wie fast alle Russen, wenn sie englisch sprechen. Kaum hatte er seinen Satz beendet, drehte er sich abrupt um und sprang die Treppen in großen Sätzen – immer drei bis vier Stufen gleichzeitig nehmend – hoch. Ob er sich unseren *Wozzeck* tatsächlich irgendwann angeschaut hat, weiß ich nicht. Ich bin ihm jedenfalls kein zweites Mal begegnet.

Wie ich später erfuhr, war er zum Zeitpunkt unserer Begegnung bereits an Aids erkrankt und hatte nicht mehr lange zu leben. Leider konnte ich ihn nie zu seinen Glanzzeiten als Tänzer auf der Bühne sehen. Aber natürlich kenne ich ihn und seine Kunst aus zahlreichen Filmen und Fernsehaufzeichnungen. Meine Assoziationsmaschine arbeitet, die Gehirnwindungen und Synapsen glühen, sie spülen mir Bilder ins Bewußtsein, an die ich schon lange nicht mehr gedacht habe. Die Erinnerung an Nurejew zieht Bilder einer Ballettaufführung hinter sich her, die ich – es mag im Jahr 1965 gewesen sein – in der Opéra Garnier gesehen und als die schönste Ballettaufführung, die ich je erlebt habe, in mein Langzeitgedächtnis einspeicherte. Die Aufführung stand im Zusammenhang mit der Einweihung des neuen Deckenbilds von Marc Chagall 1964. Im Rahmen dieser Arbeit wurde der Künstler eingeladen, das Ballett *Daphnis und Chloe* von Claude Debussy auszustatten. Er hatte dafür sechs Prospekte entworfen. Jeder einzelne davon war monochrom in einem Farbton gehalten: gelb, grün, blau, braun, rot und noch einmal gelb. Alle Tänzer trugen Trikots in passenden Farben, selbst die restlichen Hautflächen waren im jeweils stimmigen Farbton geschminkt. Weil auch Boden und Licht sich anpaßten, entstand eine Einheitlichkeit des Bildes, wie ich sie noch nie im Theater gesehen hatte. Die Tänzer und Tänzerinnen verloren alle normalerweise zur Schau gestellten Bewegungsmaniertheiten und sprangen wie getarnte Insekten durch Raum und Bild, als seien sie Bestandteile Chagallscher Gemälde. Während dieser Aufführung verlor ich meine Abneigung gegen Prospektbühnenbilder und habe seither auch mehr Verständnis für die berühmten, mir allerdings nur aus Photos bekannten Inszenierungen des »Ballet russe« mit ihren gemalten Bühnenbildern, vor allem von Pablo Picasso.

Bevor ich hinunter in die Metrostation steige, drehe ich mich noch ein paar Mal um die eigene Achse und lasse die Hausfassaden an mir vorbeiziehen wie auf einem futuristischen Bild von Umberto Boccioni. Fenster ... Fenster ... Fenster ... Fenster, dazwischen Autos, Scheinwerfer, Passanten und Schaufenster, herausgerissen aus ihrer architektonischen Statik, aus ihren klar umrissenen Begrenzungen, verwischt durch meine kreisende Augenkamera ...

Was hätte wohl Walter Benjamin gesagt, wenn er die Stadt Paris heute sehen würde? Vielleicht wäre er, der Erforscher und Verehrer des 19. Jahrhunderts, entsetzt über das Centre Pompidou, die Louvre-Glas-Pyramide und die Bebauung der Défense? Die Museen und Bahnhöfe haben – manchmal mit eingebauten

Glaspassagen – überraschende Revivals erlebt, obwohl sie typische Bauthemen des 19.Jahrhunderts waren. Darüber hätte sich Benjamin bestimmt gefreut.

Nach einer kurzen Metrofahrt stelle ich mich noch einmal unter den nächtlich beleuchteten Eiffelturm und photographiere eine ganze Serie Nachtbilder. Berauscht von den im künstlichen Licht glühenden Stahlstrukturen, entdecke ich immer neue Perspektiven und Durchblicke. Aus jeder Position sieht der Turm anders aus, jede Strebe ändert mit meinen Schritten ihre Koordinaten. Als ich auch noch die Mondsichel und einige Sterne – darunter natürlich die besonders helle Venus – am Nachthimmel entdecke, erscheint mir das Stahlnetzwerk wie eine Vermessungskarte des Sternhimmels. Allerdings bin ich mir sicher, daß die Vermessungsastronomen über ihrer Arbeit verrückt geworden sind, zu verworren und verklumpt sind ihre Linien und Knotenpunkte.

Im Schatten der großen Bögen sehe ich zahlreiche Liebespaare stehen. In ihren starren Umarmungen wirken sie alle wie versteinerte Skulpturen.

Allein betrete ich die Pont d'Iéna. Auf der Avenue de New York und dem Branley Quai braust wie immer starker Verkehr. Mitten auf der Brücke verweile ich einige Momente und schaue hinunter auf das träge fließende Wasser der Seine. Zwischen dem Glitzern einzelner Lichtpunkte glaube ich plötzlich, ein Gesicht zu erkennen. Was schwimmt dort? Ein Sack, ein Mantel oder ist es gar eine zweite »Unbekannte aus der Seine«? Ich weiß nicht, in welchem Jahr die Leiche dieses ominösen, schönen Mädchens, dessen Identität nie aufgeklärt werden konnte, aus dem Seine-Wasser gefischt wurde. Natürlich vermuteten die Zeitgenossen eine unglückliche Liebesgeschichte hinter ihrem tragischen Tod im schwarzen Wasser.

Ödön von Horvath hat über sie ein schönes Stück geschrieben. »... man hat sie aus dem Wasser herausgezogen und weiß nichts von ihr. Irgendeine junge Selbstmörderin, allerdings mit einem verblüffend mysteriösen Lächeln ... Meiner Meinung nach ist das ein Engel gewesen, der zur Strafe auf unser irdisches Jammertal hat hinabmüssen und dann durch den Tod erlöst worden ist.«

Paul Celan, der berühmte deutsch-jüdische Lyriker, hat sich auf die gleiche Weise Ende April 1970 das Leben genommen. Ich gehöre zu den wenigen Zeitgenossen, die diesen scheuen Dichter einmal bei einer Lesung erlebt haben. Es war im Herbst 1968. Damals, während der unruhigen Zeiten, hatte ihn Professor Hans Mayer nach Hannover eingeladen. Ich erinnere mich an die atemlose Stille, die im Audimax herrschte als er eintrat. Celan setzte sich schweigend an einen kleinen Tisch, Hans Mayer stellte ihn mit einer langen Lobrede vor. Dann begann der Dichter zu lesen, ganz leise, kaum hörbar. Hin und wieder hob er seinen Kopf und schaute uns mit seinen dunklen, mandelförmigen Augen an. Sein Blick schien von weither zu kommen. Nach einiger Zeit wurden die Pausen zwischen den Gedichten immer länger. Als er seine berühmtesten Zeilen vortrug, kämpften wir alle, die wir wußten, daß seine ganze Familie in den deutschen Konzentrationslagern umgekommen war, mit den Tränen: »Der Tod ist ein Meister aus Deutschland ... Der Tod ... ist ... ein ... Meister ... aus ... Deutsch ... land ...«

Wir wollten damit nichts mehr zu tun haben. Wir, die Nachgeborenen, die wir die finsteren Zeiten nur aus Erzählungen kannten. Vielleicht war das gemeinsame Verstummen, das kollektive Schweigen sein Ziel. Irgendwann sprach er nicht mehr, vergaß das Lesen, starrte ins Leere. Schon erstaunlich, wie ruhig und zwischenruflos die sonst so aufmüpfigen, ständig alles diskutierenden Studenten sein Verhalten tolerierten.

Während mir diese Gedanken und Erinnerungen durch den Kopf gehen, steige ich die Treppen zum Place du Trocadéro hoch. Auch hier stehen an den Wasserbecken Liebespaare, und plötzlich kommt es mir so vor, als sei es immer und überall das gleiche Paar, ein geklontes Liebespaar, das von der Stadt Paris in allen Parks, auf allen Plätzen, in allen Cafés verteilt wurde, um dem Image der »Stadt der Liebe« zu entsprechen ...

Auf meinem steinernen Aussichtsplatz angekommen, bin ich überrascht, daß selbst jetzt, zu dieser Nachtzeit, noch jugendliche Skateborder ihre Runden drehen. Ihre lauten, hallenden Aufknallgeräusche im Ohr kehre ich in mein Hotel zurück.

Paris, 29. Oktober 2003

Ich habe den ganzen Tag für mich, fühle mich fast wie ein Tourist. Der Himmel ist zwar bedeckt, aber das Licht genügt zum Photographieren. Heute sind die Fens-ter gegenüber mit dünnen, weißen Vorhängen verschlossen. Auch die meisten anderen Fenster in den Fassaden wirken leblos und schwarz, sofern sie nicht als Spiegel andere Hausfragmente in sich aufnehmen und mir zeigen.

Als erstes steht der Arc de Triomphe auf meinem Programm, danach die Avenue des Champs-Elysées.

Während ich die Avenue d'Iéna Richtung Norden hochgehe und den Arc de Triomphe nur sehr fragmentarisch, zwischen den Baumstämmen und Autos hindurch erkenne, versuche ich mir darüber Klarheit zu verschaffen, welche nationale Grundstimmung in Frankreich und vor allem in Paris herrscht. Die Liebe zu pompösen, repräsentativen Boulevards und Avenuen, das Gespür für großartige architektonische Gesten ist in Frankreich viel stärker ausgeprägt als etwa bei uns in Deutschland. Seit der Katastrophe des Zweiten Weltkriegs und den zynischen Hochmütigkeiten der Nationalsozialisten, die im Holocaust gipfelten, werden monumentale Gesten in Deutschland mit Skepsis betrachtet. Es spricht für das Feingefühl von Konrad Adenauer, daß er die Kleinstadt Bonn zum Nachkriegsregierungssitz wählte und nicht etwa Frankfurt am Main, wie von vielen Bundesbürgern damals gewünscht. Seit der Ernennung Berlins zur Hauptstadt des wiedervereinigten Deutschlands gibt es weltweit genügend ernstzunehmende Stimmen, die im Umzug der Regierungsbauten ein Anknüpfen an schlimme Traditionen, auch in architektonischer Hinsicht, sehen. Ganz anders Frankreich. Durch de Gaulle und die Zusammenarbeit mit den Alliierten fühlt sich das Land als Siegermacht des Zweiten Weltkriegs. Das nationale Selbstbewußtsein, das sich auf eine merkwürdige Tradition aus französischen Revolutionstaten wie die Erstürmung der Bastille, die öffentliche Ermordung eines Königs und auf die kriegerischen Heldentaten Napoleons beruft, dieses Nationalbewußtsein scheint in seinem Stolz ungebrochen zu sein.

Wie schwer dagegen taten sich die Westdeutschen damit in der Nachkriegszeit. Sie, die Bösewichte des 20. Jahrhunderts, die nur Tod und Verderben über die Welt gebracht haben, berufen sich trotzig auf die wenigen Gegner des Dritten Reiches und verehren öffentlich die unglücklichen Widerstandskämpfer – Graf von Stauffenberg und die Geschwister Scholl – als Gründungsheilige der neuen Republik. Dabei ist jedem geschichtsbewußten Deutschen diese geheuchelte Reinwaschung verdächtig. Seit der Maueröffnung haben sich die Identitätsprobleme noch verschärft. Ein Drittel der deutschen Bevölkerung lebt mit kommunistisch verseuchter Kindheit und Erziehung, Erinnerung und Traditionspflege. Wie kann hier ein gemeinsames nationales Selbstbewußtsein entstehen (außer vielleicht bei Sportereignissen wie Fußball-Europameisterschaften)?

In Frankreich herrschte in diesem Punkt immer Klarheit. Trotz Vichy-Regierung und sonstigen Unklarheiten in Weltkriegszeiten – es gab ja neben den Kollaborateuren auch den sehr aktiven Widerstand gegen die deutschen Besatzer! –, blieben Stolz und Glorie immer erhalten, und jeder erfolgreiche französische Staatsmann mußte und muß beide Gefühlszustände bei seinen Landsleuten herauskitzeln, betonen und pflegen. Außerdem bestand in einem anderen Punkt ungebrochener Konsens: Paris war, ist und bleibt das Zentrum der Nation, damit auch der Kultur und des allgemeinen nationalen Bewußtseins.

Etoile, Place Charles de Gaulle. Ja, kein Zweifel, dieses Bogengebäude ist monumental, grandios, größer als seine römischen Vorbilder. Alle Straßen der Stadt scheinen hier zu enden oder – in der Gegenrichtung – von hier auszustrahlen. In Wirklichkeit sind es nur zwölf! Dachte Baron Haussmann bei der Planung gar an die zwölf Jünger Jesu, oder sind nur die zwölf Monate des Jahres gemeint? Vielleicht ist die Zahl auch ohne tiefere Bedeutung! Die Namen der Straßen sind eher kriegerisch, bis auf wenige Ausnahmen: Avenue de la Grande Armée, Avenue Carnot, Avenue Mac-Mahon, Avenue de Wagram, Avenue Hoche, Avenue de Friedland, Avenue des Champs-Elysées, Avenue Marceau, Avenue d'Iéna, Avenue Kléber, Avenue Victor Hugo, Avenue Foch.

Der Verkehr umkreist den Bau unermüdlich. Kein Auto jedoch fährt unter seinem Hauptbogen hindurch. Nur die Blicke aus den kreisenden Autos heraus sind erlaubt. Auf den ersten Blick stellt der Bogen ein ärgerliches Hindernis, eine Barrikade gegen den schnellen, problemlosen Verkehrsfluß dar. Aus moderner Verkehrsplanersicht allerdings muß man den Bogen in Schutz nehmen, denn er beschert der Stadt einen Kreisverkehr, wie er heute bei allen europäischen Dorfeinfahrten Standard geworden ist. Man muß zugeben, daß ein Verkehrsknotenpunkt, an dem zwölf wichtige Straßen zusammentreffen, funktional überhaupt nicht anders zu lösen wäre. Inzwischen bin ich am Place de L'Etoile, der heute offiziell Place Charles de Gaulle heißt, angekommen, staune über den heftigen Verkehr und versuche als Fußgänger die zwölf Straßen des Sterns zu überqueren und den Arc de Triomphe langsam zu umkreisen. 50 Meter ist der Bogen hoch und 45 Meter breit. Der runde Platz insgesamt hat bis zu seinen Umrandungsbauten einen Durchmesser von etwa 250 Metern.

Als ich in der Hauptachse stehe und Richtung Champs-Elysées blicke, kommt mir der Bau plötzlich wie ein riesiger, mit Reliefs geschmückter Brückenpfeiler vor. Ich frage mich, wohin die vollendete Brücke wohl geführt hätte? Wahrscheinlich direkt in den Himmel und zum ewigen Ruhm. Die martialischen, monumentalen Reliefs, die mich von den Hauptpfeilern herunter anblicken, sprechen eine klare Sprache und teilen mir mit: Der Bau ist in Wirklichkeit ein Kriegerdenkmal!

Durch eine Unterführung erreiche ich sicher die Verkehrsinsel und tauche unter der gewaltigen Wölbung des Bogens wieder im Tageslicht auf. Seine vier steinernen Pfeiler stehen um mich herum wie energisch aufstampfende, keinen Widerspruch duldende Elefantenbeine. Auf den Innenseiten der Beinpfeiler entdecke ich 660 Namen von Generalen. Alle hatten nichts anderes im Kopf als die Tötung und damit Besiegung ihrer Feinde. Je mehr Erschlagene, um so größer der Ruhm! Auf den restlichen Flächen lese ich die Ortsnamen der berühmtesten Napoleonischen Schlachten. Im Grunde hätte das Denkmal aus Knochen und geronnenem Blut gebaut werden müssen!

Aber das gilt auch für die römischen Triumphbögen, die als Vorbild dienten. Napoleon selbst, der das Bauwerk 1806 zur eigenen Verherrlichung und zum Andenken an die gefallenen, aber auch an die glücklich heimgekehrten Soldaten

bei den Architekten Jean-Francois-Thérèse Chalgrin und Jean-Arnaud Raymond in Auftrag gab, hat die Fertigstellung 1836 nicht mehr erlebt.

Wenn man an Waterloo und das klägliche Ende Napoleons auf der Insel St. Helena denkt, steht der Arc de Triomphe für eine Zeit, die schon während der Fertigstellung längst untergegangen war. Der Bogen verherrlicht nicht nur den Krieg, den Tod, sondern vor allem den Sieg und den Siegerwillen. Verbissen und stolz behauptet er auch heute, mitten im Kreisverkehr stehend, eine nationale Macht und Größe, die nur noch bei der Truppenparade am Nationalfeiertag und bei der Einfahrt der Tour-de-France-Kämpfer auf die Champs-Elysées-Zielgerade zu existieren scheint. Endgültig vorbei sind die großen Weltmachtzeiten, als das Land noch Kolonien in der ganzen Welt besaß, vorbei auch der Wahn de Gaulles mit Hilfe der Atombomben – berüchtigt sind die unzähligen französischen Atombombenversuche der 1960er Jahre im Muroroa-Atoll – an die alten Zeiten anzuknüpfen.

Soll der Bogen auch heute, in trüben Europa-Zeiten, als Vorbild dienen? Jeder Franzose, jede Französin (trotz allem) ein Sieger, eine Siegerin?

Heute werden Sieger – vor allem des Sports –, wie allgemein bekannt ist, anders geehrt: Sie stehen auf treppenartig angeordnete Podesten, die mit den Zahlen eins, zwei und drei bemalt sind. Nur eine Person darf sich auf den ersten Platzstellen, das ist dann der Sieger!

Eigentlich wäre es jedem Menschen möglich – ob Franzose oder Deutscher –, seinen privaten Triumphbogen in den Garten zu bauen, wenn er Platz und Geld dafür hat. Um nicht lächerlich zu erscheinen, wäre es allerdings empfehlenswert, diesen privaten Triumphbogen, der wahrscheinlich mit bestandenen Zeugnissen und Diplomen beklebt sein müßte, im Bastelkeller und damit für die Allgemeinheit unsichtbar, zu errichten. Vielleicht wäre es auch besser und relativ unauffällig, wenn jeder Durchschnittbürger die Eingangstür zu seinem mit geliehenem Geld finanzierten Eigenheim zum privaten Erfolgstriumphbogen erklärt. Falls alles nichts hilft und sich die Gefühle der nationalen Glorie einfach nicht einstel-

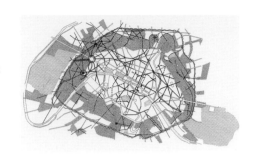

len wollen, bleibt jedem Franzosen und jeder Französin ein Besuch des Arc de Triomphe als letzte Möglichkeit. Unter dem Bogen stehend, wird er oder sie bestrahlt vom ewigen Glanz der großen Nation. Wie lange diese Behandlung nachwirkt und wie oft sie im Leben wiederholt werden muß, darüber streiten sich die Experten. Es gibt auch einzelne Wissenschaftler, die von einer gefährlichen, manchmal sogar tödlichen Überdosis sprechen, falls sich der Arc-de-Triomphe-Besucher jeden Tag besagten Strahlen aussetzt. Man müßte exakte Untersuchungsreihen starten, die dem Phänomen auf den unsichtbaren Leib rücken.

Erst 1840 ist der Sarkophag Napoleons auf dem Weg zum Invalidendom, seiner endgültig letzten Ruhestätte, durch den Arc de Triomphe gefahren worden. Die Zeitgenossen drückten damals beide Augen zu, vergaßen Waterloo und die erniedrigende Verbannung. Ab jetzt galten nur noch die unvergeßlichen Siege.

1885 wurden dem Arc de Triomphe mit der Aufbahrung des toten Victor Hugo die militärischen Stacheln etwas abgeschliffen. Das Gehirn Frankreichs brauchte schließlich auch kulturelle Werte! Allerdings fiel man nach dem Ersten Weltkrieg wieder in das alte Schema zurück, beerdigte unter dem Bogen einen unbekannten, gefallenen Soldaten und zündete neben seinem Grab 1921 eine ewig brennende Flamme an, wie wir sie aus Warschau, Moskau, Jerusalem, Washington und vielen anderen Städten der Welt kennen. Zwei junge Soldaten bewachen das Feuer rund um die Uhr. Darüber flattert die Trikolore.

Ähnlich wie der Eiffelturm dient auch der Arc de Triomphe heute als Aussichtsplattform. Ich fahre zusammen mit einer japanischen Touristengruppe im Aufzug nach oben. (Auch ein gutes Bild: der Aufzug im gebauten Gehirn der Nation!). Das kleine Museum unter der Terrasse besichtige ich nur kurz. Zum Thema »Napoleon« ist das Armeemuseum beim Invalidendom ergiebiger. Dort kann man sogar sein Lieblingspferd als liebevoll ausgestopftes Tierpräparat besichtigen, ein Schicksal, das Napoleon selbst erspart blieb!

Auf dem Terrassendach des Arc de Triomphe! Endlich wieder ein guter Photoplatz! Leider hat sich die Sonne jetzt ganz hinter dunklen Wolken versteckt. Ich hoffe, daß es in der nächsten Stunde nicht regnet.

Von hier oben hat man einen grandiosen Rundblick. Zunächst nehme ich die Avenue des Champs-Elysées ins Visier, dann in der Gegenrichtung die Avenue de la Grande Armée. Dort, im Westen der Stadt, hinter der Place de la Porte Maillot, schimmern ganz in der Ferne die blauen Hochhäuser der Défense. Bei einem meiner letzten Paris-Besuche bin ich in das neu entstandene Viertel hinausgefahren und habe mir die modernen Hochhäuser angeschaut, die aussehen wie überall auf der Welt. Im Gegensatz zur Innenstadt, die dominiert wird von verputzten Wänden mit eingeschnittenen Fenstern, gibt es hier nur schmale Stahlprofile und viel, sehr viel Glas. Obwohl eine Stadt aus Glas hell und transparent wirken müßte, strahlt dieses neue Büro-Manhattan eisige Kälte aus. Schuld daran sind auch die weitläufigen, platzartigen Fußgängerzonen, die letztlich nur eine abweisend zugige Atmosphäre verbreiten.

Weil die Franzosen ihre Triumphbögen so lieben, wurde in La Défense ein weiterer errichtet, der in seiner Sinnlosigkeit nicht mehr zu überbieten ist. Hier erscheint das zentral ausgesparte, quadratische Loch als monumentales, hohles Nihilismusbekenntnis. Unsere Vorfahren glaubten mit nationaler Begeisterung noch an die Ikonographie der Triumphbögen, unsere Zeit dagegen ist so leer, daß sie der Meinung ist, Denkmäler für ihre götterlose, leergefegte Hohlheit errichten zu müssen. Wer vor dem Baukubus steht und den Himmel durch das gewaltige Loch hindurchleuchten sieht, empfindet nur Mitleid und ärgert sich über die Verneinung aller Architektur. Von Triumph weit und breit keine Spur. Passanten meiden die Treppen, die uns zum architektonischen Nichts hochführen, und die wenigen, die dort zwischen windbremsenden Glasscheiben zu entdecken sind, sehen so klein und verloren aus wie Ameisen. Nur der Sturm hat seine Freude und genießt das Tor, als sei es für ihn allein gebaut worden.

Hier und jetzt beim Blick hinunter auf den grandiosen Etoile-Platz ist die Gelegenheit günstig, Baron George-Eugène Haussmanns zu gedenken. Ich habe mich immer wieder mit dem berühmtesten Stadtplaner des 19. Jahrhunderts beschäftigt. Er stellt in jeder Hinsicht ein gutes, dankbares, aber auch ärgerliches Thema dar. Ein herrischer, glatter, von vielen Zeitgenossen als unsympathisch geschilderter Beamter, der lange in Bordeaux als Präfekt tätig war und 1853 mit 44 Jahren von Kaiser Napoleon III. wegen seiner Erfolge und seines allgemein bekannt gewordenen Durchsetzungsvermögens zum Präfekten des Seine-Departements ernannt wurde.

Nach der Regierungszeit des »Bürgerkönigs« Louis Philippe, der zwischen 1830 und 1848 an der Macht war, den Revolutionsvorgängen 1848 und der kurzen II. Republik, putschte im Dezember 1851 der bisherige Präsident Louis Napoléon Bonaparte, ein Neffe des unvergessenen Korsen, und ließ sich ein Jahr später als Napoleon III. zum Kaiser ausrufen. Mit seiner Devise »Enrichissez-vous!« (Bereichert euch!) begeisterte er zunächst das neu erstarkte Bürgertum. Ab jetzt blühten Kapitalismus, Schieber- und Spekulantentum erst richtig auf. Die Kunst hatte es schwer, wurde durch Spitzel überwacht und von Zensoren gegängelt. Jacques Offenbach komponierte in dieser Zeit seine wichtigsten Werke und brachte sie in eigenen Theatern heraus, Honoré Daumier erfand die bösartige Figur des »Ratapoil« und veröffentlichte – von der Zensur immer argwöhnisch beobachtet – in Pariser Tageszeitungen Hunderte zeitkritischer Karikaturen.

Gustave Flaubert ließ 1857 seinen Roman *Madame Bovary* drucken, wurde wegen angeblicher Anstößigkeit des Textes angeklagt, von den Richtern jedoch freigesprochen. Ähnlich erging es Charles Baudelaire, dessen *Fleurs du mal* ebenfalls im Jahr 1857 zum ersten Mal in den Buchhandlungen auslagen. Am schlimmsten hatte Victor Hugo unter dem neuen Regime zu leiden, da er 1848 als Vertreter der Linken im Parlament saß und gegen den Aufstieg des neuen Kaisers kämpfte. Er mußte 1850 fliehen und verbrachte fast 20 Jahre seines Lebens in der Verbannung auf der Insel Guernsey. Dort verfaßte er bösartige Haßgedichte auf Kaiser Napoleon III. und schrieb sein berühmtestes Buch *Les Misérables*. Da paßte Jules Verne schon besser in die Zeit. Seine utopischen Romane entwickelten sich zu Bestsellern, die heute immer noch biblische Auflagen erreichen. Angeregt durch die spektakulären Weltausstellungen, träumte Jules Verne mit seinen Lesern von *Reisen um die Erde in 80 Tagen* (1873), von Ausflügen auf den Meeresgrund in *20 000 Meilen unter den Meer* (1869) und von Flügen zum Mond in *Von der Erde zum Mond* (1865). Fernweh hatte das große Publikum erfaßt. Die fiktiven Reiseberichte regten die bürgerlich-französischen Gehirne ähnlich stark an wie die erfundenen, aber als wahr ausgegebenen Reiseabenteuergeschichten Karl Mays die deutschen.

Erst die Schlacht von Sedan, die den Deutschen einen lang erhofften Sieg über die Franzosen bescherte und nebenbei auch noch die deutsche Nation einigte, beendete das Regime Napoléons III. und damit auch die Karriere Baron Haussmanns. 17 Jahre genügten ihm, gemeinsam mit seinem Kaiser, Paris in die »Hauptstadt des 19. Jahrhunderts«, wie Walter Benjamin schrieb, zu verwandeln. Obwohl jeder Präfekt vor ihm wußte, daß Paris eine kranke, ungesunde Stadt – eine Kloake – war, die im Dreck versank, bestialisch stank und nicht auf den kommenden Bevölkerungszuwachs vorbereitet war, hatte keiner von ihnen bisher den Mut und die Macht, energisch durchzugreifen und zu handeln. Selbst der große Napoleon, Onkel des damaligen Kaisers, scheiterte an der Aufgabe, zu sehr lenkten ihn seine europaweiten Kriegs- und Eroberungsaktivitäten von den anstehenden heimatlichen Problemen ab. Die wenigen von ihm in Auftrag gegebenen Bauwerke, wie etwa der Arc de Triomphe oder die Madeleine-Kirche, dienten vor allem als Denkmäler seiner Heldentaten und damit der Pflege seines eigenen Ruhms.

Jetzt also war die Gelegenheit günstig. Napoleon III. hatte während seines Exils in London John Nashs Bemühungen um die Regent Street gesehen, und Haussmann kannte aus langjähriger eigener Erfahrung die strengen und regelmäßigen Planungen in Bordeaux. Der Kampf dieser beiden entschlossenen Männer galt vor allem den engen, mittelalterlich geprägten Zonen der Stadt, die nur ein ungesundes Leben in feuchten, verdreckten und dunklen Gassen erlaubte. Immer wieder war es wegen der schlechten hygienischen Verhältnisse zu Epidemien gekommen, zuletzt brach 1831 die Cholera aus und forderte 20 000 Todesopfer.

Haussmanns Ideal einer gut durchlüfteten, eleganten Weltstadt hatte monarchische Tradition, denn bereits unter Ludwig XIV. waren – in der Zeit, als der Hof aus der Stadt nach Versailles umzog, 1682, fast 200 Jahre vor den Wiener Ringstraßenplanungen – die Befestigungsanlagen der Stadt geschleift und durch breite Boulevards ersetzt worden. Im Zuge der Umbauten verwandelte man damals einige Stadttore in Triumphbögen, also auch dieses Motiv hatte Tradition in der Stadt. Außerdem entstanden gleichzeitig so vorbildlich schöne innerstädtische Wohnplätze wie der auch heute noch berühmte Place Vendôme.

Haussmann, der nie eine Architektenausbildung genossen hatte und reiner Autodidakt auf diesem Gebiet war, dachte bei seinen Gestaltungen mehrschichtig, funktional und äußerst komplex. Zur Verkehrstechnik überlegte er sich, daß eine moderne Millionenstadt sich in engen Gassen nicht entfalten könne, sie brauche breite, möglichst geradlinige, asphaltierte Verkehrsadern, um leben zu können. Das Kleingewerbe und die neu aufkommende Industrie verlagerte er an den Stadtrand und bevorzugte entlang der neuen Avenuen vor allem Luxusläden in den Erdgeschossen, darüber sollten die wohlhabenden Bürger in vier bis fünf Geschossen angenehm wohnen. In den Avenuen ließ er Alleen pflanzen und auf Plätzen Grünflächen anlegen, zudem baute er – auf speziellen Wunsch des Kaisers – zwei große Stadtparks aus, den Bois de Boulogne und den Bois de Vincennes. Die gesamte Kanalisation, die Wasserversorgung und der Fäkalienabfluß wurden unter die Stadt verlegt, außerdem führte er in allen Straßen Beleuchtung ein. Auch die Dramaturgie der Stadt blieb nicht unberücksichtigt. An den wichtigsten Fluchtpunkten wurden theatralische Großbauten errichtet.

Mit unglaublicher Rücksichtslosigkeit und Arroganz ging Baron Haussmann ans Werk. Schon kurz nach seiner Ernennung ließ er die ganze Stadt neu vermessen und einen exakten, verbindlichen Stadtplan anfertigen, den er in allen Ämtern aushängte. Seine eigene Präfektur organisierte er nach militärischen Gesichtspunkten, streng, hierarchisch und schlagkräftig.

Gemeinsam mit dem Kaiser – die beiden waren ein ideales Team! – legte er die neuen Straßenverläufe fest. Viele Ideen existierten schon aus Revolutionszeiten, man mußte sie nur aufgreifen. Andere erforderten so viele Zerstörungen, daß frühere Generationen nicht gewagt hätten, sie zu realisieren. Haussmann besaß die nötige Brutalität und das mutige Durchsetzungsvermögen. Ein General, der nur den Sieg vor Augen hatte.

Da er – wie beschrieben – alle mittelalterlichen Strukturen haßte, propagierte er fast ausschließlich die gerade Linie, die klare Achse, wie sie städtebaulich aus

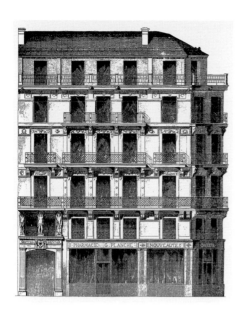

römischen Planungen und aus der Zeit des Absolutismus bekannt war. Durch die neuen Möglichkeiten der Eisenbahn, deren Schienenverlauf ebenfalls die gerade Linie bevorzugt, hatte die oft als zu nüchtern-unromantisch eingestufte Achse plötzlich einen modernen, fast avantgardistischen Aspekt bekommen. Sie wendet sich in ihrer eindeutigen Funktionalität gegen alles Verschnörkelt-Ornamentale und Umständlich-Komplizierte. Die direkte Verbindung zwischen zwei Punkten ist nun einmal die gerade Linie! Der neue, moderne Boulevardtyp brachte alle zeitgemäßen Bestrebungen auf einen Punkt: Er vernichtete mit eleganter Geste alles Eng-Muffige, garantierte den Fernblick, den Rausch der Weite mitten in der Stadt, barg die Möglichkeit zur Beschleunigung, und gleichzeitig gewährte er auch den Nahblick auf die ausgestellten Konsumobjekte in den Schaufenstern. Das bürgerliche Publikum strömte in Massen, die Aristokratie spielte nur noch eine untergeordnete Rolle. Bis zur Französischen Revolution war die Gesellschaft gespalten: Auf der einen Seite lebten die Adligen ein faules, vergnügungssüchtiges Leben, ihren Wohlstand hatten sie durch Geburt geerbt, auf der anderen Seite erwirtschafteten die bürgerlichen Schichten und die Bauern die lebensnotwendigen Dinge. Seit der Abschaffung der aristokratischen Privilegien und der Befreiung der Bürger in eine zunehmend kapitalistische Welt hinein war jeder Mensch dazu gezwungen, seinen Lebensunterhalt und damit auch seine gesellschaftliche Stellung selbst zu erarbeiten. Dieser Vorgang setzte enorme Kräfte frei und führte zu einer Explosion des Wissens, der Erfindungen und der technischen Neuerungen.

Auf den Boulevards, vor allem in Paris, demokratisierte sich das neu entfesselte bürgerliche Leben am schnellsten. Hier wurden keine Schlösser oder Palazzi mehr gebaut, sondern riesige Kaufhäuser, die mit allen Tricks theatralischer Verführungskunst glitzernde Waren anboten und das Publikum verzauberten. Die neuen Gesetze schrieb das Geld. Wer viel davon besaß – wie immer er es erworben hatte –, konnte sich ein Leben in luxuriösem Saus und Braus leisten, wer nichts besaß, mußte sich mit traurigen Blicken auf das Warenmeer begnügen. An die Stelle der Adeligen waren die Reichen getreten. Baron Haussmann war ein Verehrer des neuen Kapitalismus und damit auch des neureichen Bürgertums. Sein Stadtumbau kostete viel Geld, Geld, das ihm nur zu einem geringen Teil zur Verfügung stand. Den Rest beschaffte er sich über Bankkredite und Vorfinanzierungen durch reiche Spekulanten. Als er abtrat, war sein Schuldengebäude so immens gewachsen, daß es erst im Jahr 1929 ganz getilgt werden konnte.

Nach Haussmanns eigenen Angaben wurden in der Innenstadt von Paris 19 722 Gebäude dem Erdboden gleichgemacht. 43 777 sind danach neu errichtet worden. In den Außenbezirken und Vorstädten mußten 7 756 Häuser abgerissen werden, dafür sind 58 710 neu erbaut worden. Ich stelle mir die unzähligen Baustellen und den täglichen Lärm vor, der durch diese Aktivitäten hervorgerufen wurde. Es wundert mich daher nicht, daß die anfänglich euphorische Begeisterung für die Stadterneuerung mit den Jahren in aggressiven Haß umschlug. Karl Marx sprach von einem »Vandalismus des Triumphs«.

Als antidemokratischer, zynisch machtbewußter, kaisertreuer Beamter setzte Baron Haussmann für die Entwürfe der neuen Wohnhäuser entlang der Avenuen bewußt unbekannte, zweitklassige Architekten ein, die seinen Vorgaben ohne Widerspruch zu folgen hatten. Er legte die Grundrisse fest, die Geschoßhöhen, die Größe und Form der Fenster (alle mußten bis zum Boden reichen und mit Balkongittern versehen werden), die Dachformen (Mansart-Dächer) und die Funktionseinteilungen. Außerdem bestimmte er die allgemeine Farbgebung: Champagnerfarben lautete hier die Devise. Das klang festlich, freundlich und elegant.

Viele seiner Ideen beruhten auf Beobachtungen und Studien, die er in Bordeaux gemacht hatte. Das hatte den Vorteil, daß er keine Experimente durchführen mußte und genau vor Augen hatte, worauf seine Angaben hinausliefen. Der Arc de Triomphe existierte bereits, ein Geschenk Napoleons und damit der Stadtgeschichte. Als er mit den Planungen zum Place de L'Etoile begann, mündeten in den bisherigen Platz nur fünf Straßen, sieben erfand er neu. Um dem Kreis seine klare, markante Form zu geben, schlug er einen Kranz von zwölf Kopfbauten vor. Da diese Aufgabe besonders exponiert war, wählte er dafür den aus Köln stammenden und mit einigen Kirchenbauten in Paris berühmt gewordenen Architekten Jacob Ignaz Hittorf aus. Auf das fertige Ergebnis war Baron Haussmann besonders stolz. Er sah im Place de L'Etoile sein Hauptwerk.

Zum Stadttheatraliker schlechthin wurde Haussmann jedoch vor allem mit dem Neubau eines großen Opernhauses. Diese Idee war nicht neu, aber sie lag dem Präfekten besonders am Herzen, da er insgeheim ein großer Musikliebhaber war. In seinen Mußestunden spielte er Klavier. Als Student hatte er sogar einige Vorlesungen am Konservatorium besucht und kannte Hector Berlioz persönlich, allerdings verachtete er dessen Musik, weil sie ihm zu ungepflegt und wild erschien.

Für die größte Bauaufgabe innerhalb seiner Amtszeit mußte ein staatlicher, nicht ihm unterstellter Wettbewerb ausgeschrieben werden. Daß keiner der damaligen Architektenstars, sondern ein bisher nur mit kleineren Bauten in Paris hervorgetretener Architekt als Sieger hervorging, paßte ihm – wie auch Napoleon III. und vor allem dessen Frau – überhaupt nicht, aber am Ende bekamen alle, wovon sie träumten: einen prunkvollen städtebaulichen Höhepunkt, der auch heute noch seine pompöse Wirkung entfaltet. Hier konnte sich das selbstbewußte und neureiche Bürgertum selbst feiern in der Hoffnung, gepflegt unterhalten zu werden und sich dabei nicht zu langweilen.

Haussmann selbst, das elegante Ekel, verließ sein Büro, das eingerichtet war wie ein Antiquitätengeschäft, selten und besuchte die Baustellen ungern, meist nur bei offiziellen Anlässen. Für repräsentative Empfänge und Feste in seinen Räumen dagegen hatte er viel Sympathie. Bei ihm verkehrten Staatsmänner, Fürsten und Fürstinnen, Kaiser und Kaiserinnen aus ganz Europa. Sein Weinkeller war berühmt. Daß er auch bei diesen Gelegenheiten immer weit über seine Verhältnisse lebte, paßte gut in die zu Hochstapelei neigende Zeit.

Bei all seinen modernen, fast revolutionären städtebaulichen Ideen, die mit ihren Auswirkungen weit ins 20. und 21. Jahrhundert hineinreichen, blieb er in seinen ästhetischen Vorstellungen lebenslang antiquierten Idealen verhaftet. Manchmal verglichen sich Napoleon III. und er mit römischen Kaisern und Städtebauern. Hochmütiger Größenwahn und Angeberei gehörten zum Geschäft. Dadurch, daß er als Präfekt jede Liberalisierung und alle Diskussionen verhinderte, Streiks unter Strafe stellte und Gegner mit unerbittlicher Rachsucht verfolgte, wurde er im Lauf der Jahre natürlich immer verhaßter in der Verwaltung und bei der Pariser Bevölkerung. Er konnte sich nur mit Napoleonischer Rückendeckung so lange halten.

Obwohl die städtebaulichen Ergebnisse weltweit auf Bewunderung stießen, zum Vorbild vieler anderer Planungen wurden und erlebnishungrige Touristen in die Stadt lockten, vor allem auch angezogen durch die von ihm mitpropagierten beiden Weltausstellungen, überlebte er politisch das Niederlagenjahr 1870 nicht. Die nachfolgende III. Republik, die zwischen 1870 und 1914 bestand, hatte kein Verständnis mehr für Haussmanns reaktionär-autoritäres Verhalten, obwohl sie sich – die Belle Epoque – in seinen architektonischen Errungenschaften sonnte.

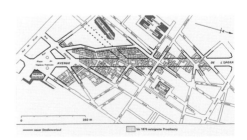

Als Haussmann 1891 starb und auf dem Friedhof Père Lachaise beerdigt wurde, kannten viele Bürger von Paris kaum noch seinen Namen.

Immer noch stehe ich auf der Terrasse des Arc de Triomphe. Unter mir der kreisende Verkehr, der mich mal wieder an Tatis Film *Traffic* denken läßt. Ja, Tati, das ist die andere, charmante Verliererseite der Franzosen, ich muß mich daran erinnern, damit mein Geist nicht ganz durch Glorie, Stolz und städtische Eleganz eingenebelt wird. Um mich herum photographierende Japaner. Ihre Blitzlichter flammen im Sekundentakt auf. Lächelnd stellen sie sich an die Brüstung und fixieren die Objektive. Ich habe inzwischen genug vom Pathos, fahre hinunter auf Straßenniveau und gehe durch eine Unterführung hinüber zur Avenue des Champs-Elysées. Diese Straße gab es schon vor Baron Haussmann und war bestimmt eine Achse ganz nach seinen Idealen. Ich stelle mir vor, wie er sich als Präfekt ab und zu hierher fahren ließ, große »Achsenluft« einatmete, um dann in sein Amtsatelier zurückzukehren und mit dickem Stift auf dem 3 x 5 Meter großen Stadtplan, der an der Wand hing, weitere Stadtviertel durchzustreichen.

Früher breiteten sich hier Sümpfe und Felder aus. In der Mitte des 17. Jahrhunderts wurden die Gärten des Louvre mit einer Allee und einem Reitweg bis zum heutigen Etoile-Platz, der leicht erhöht liegt, verlängert. Seit 1709 nannte man das Parkgelände sehr lyrisch »Elysische Felder«!

Erst mit der Errichtung des Arc de Triomphe wuchs die Bedeutung der Straße, und in den Jahrzehnten danach wurden auf beiden Seiten Gebäude errichtet. Seit Napoleons Zeiten wurde die Strecke zwischen Place de la Concorde und Place de L'Etoile auch für offizielle militärische und politische Demonstrationen. genutzt. Man könnte vom »Roten Platz« der französischen Nation sprechen. Andere, spontanere Demonstrationen – vor allem während der Unruhen 1968 – spielten sich eher auf Straßen im südlichen Stadtbereich, dem Rive gauche, ab. Der Boulevard Saint Michel und der Boulevard Saint Germain waren dafür sehr beliebt.

Eine Zeitlang galt die Avenue des Champs-Elysées als Vergnügungsstraße, hier reihten sich Uraufführungskinos, Theater und Restaurants aneinander, so daß Besucher das Gefühl hatten, sich auf einem französischen Broadway zu befinden. Diese Zeiten sind längst vorbei. Heute komme ich vor allem an riesigen Schaufensterfronten vorbei, hinter deren Scheiben Autofirmen ihre neuesten Kreationen präsentieren. Dazwischen laden amerikanische Fastfood-Restaurants zum schnellen Imbiß ein. Der Bürgersteig ist so breit, daß ich am liebsten Zickzack oder in Schlangenlinien gehen würde, um seine Großzügigkeit auszunützen.

In den letzten Jahren sind Wegbeläge, Möblierungen und Bäume erneuert worden. Alle Dinge sehen sehr schick und sauber aus. Das war wohl nicht immer so. Zu manchen Zeiten – vor allem im ausgehenden 19. Jahrhundert – bedrängten Taschendiebe, käufliche Damen und fragwürdige Gaukler das neugierig vergnügungssüchtige Publikum. Heute schreckt die saubere Kälte ab.

Beim Gehen fällt mir Jean-Luc Godards Schwarzweißfilm *Außer Atem* ein. Ich habe ihn mir vor kurzem wieder angeschaut und staunte darüber, wie frisch und frech er noch heute wirkt, obwohl er bereits 1959 entstanden ist. In Szenen, die sich immer wiederholen, verkauft Jean Seberg, eine etwas spröde amerikanische Studentin, auf den Champs-Elysées gutgelaunt die französische Ausgabe der *New York Herald Tribune*. Manchmal taucht ihr Gaunerverehrer Jean-Paul Belmondo – im Film »Michel« genannt – auf, der sie mit viel französischem Charme zu umgarnen versucht. Sie ziert und sträubt sich, wie es sich für eine Amerikanerin gehört. Belmondo läßt nicht locker und liegt schließlich mit der Hübschen im Bett ihrer Wohnung. Leider wird er am Schluß des Films erschossen. Eine lange, mit der Handkamera gedrehte, schön verwackelte Szene, die Godard an der Kreuzung Rue Campagne Première und Boulevard Raspail gedreht hat. Den ganzen Film über herrscht eine lockere Vor-68er-Stimmung, frech, verschmitzt und anarchisch. Trotz dieser revolutionären Tendenzen steckt der Film auch voll rückwärtsgewandter, fast reaktionärer Zitate aus amerikanischen Gangsterfilmen. Amerika und Frankreich, das ist ein Thema für sich. Godard bricht seine Botschaften allerdings so ironisch, daß man nie genau erkennt, wo er ideologisch steht. Ein Leben zwischen Spiel und Ernst. Jean-Pierre Belmondo wird zum generationsübergreifenden Bindeglied zwischen Humphrey Bogart und Daniel Cohn-Bendit.

Irgendwo hier um die Ecke muß François Truffaut sein Büro gehabt haben, das habe ich einmal in einem Buch oder einem Zeitungsartikel gelesen. Ich kann mich an die genaue Adresse nicht erinnern. Vor allem seine autobiographischen Filme *Sie küßten und sie schlugen ihn* und *Geraubte Küsse* liebe ich sehr. Und natürlich habe ich aus der Ferne seine gesamte Karriere als Filmregisseur verfolgt, genauso wie die von Louis Malle, Clouzot, Melville, Bresson, Chabrol und Leos Carax. Den Kultstatus von *Außer Atem* allerdings konnte kein anderer französischer Film erreichen.

Nur ein amerikanischer Film flackert am Horizont auf, der Godards Geniestreich überstrahlt: *Casablanca* mit Humphrey Bogart und Ingrid Bergman. Jeder kennt die melodramatische Liebesgeschichte, die – mit wenigen Rückblenden erzählt – in Paris ihren Anfang nahm. Dort hatte Rick während des Krieges eine kurze Affäre mit Ilsa. Am Ende, nach der Wiederbegegnung in Casablanca während des Zweiten Weltkriegs, verzichtet er endgültig auf die Erfüllung seiner Wünsche und überläßt die Geliebte ihrem Ehemann, der gemeinsam mit ihr ein Flugzeug besteigt, um nach Amerika zu fliehen. »Wir werden immer Paris haben ...«, und »Verhaften Sie die üblichen Verdächtigen!« sind die legendären, jedem Cineasten wohlige Schauer über den Rücken treibenden Sätze aus diesem unvergeßlichen Film, der Paris als Urzelle in sich trägt.

Ich gehe und gehe. Die Avenue des Champs-Elysées kann ganz schön lang sein. In Wirklichkeit sind es nur 2 Kilometer. So richtig gut fühle ich mich hier nicht, und irgendwann, auf der Höhe der Kreuzung Franklin Roosevelt und dem Rond Point, muß ich mir eingestehen, daß die Straße nicht zu meinen Lieblingsboulevards gehört, vielleicht ist sie wirklich zu breit, zu glatt und zu geschäftstüchtig.

Während ich weitergehe, mein Blick das Grand Palais und in der Ferne die funkelnde Kuppel des Invalidendoms streift, fallen mir jetzt Ödön von Horvath und sein merkwürdiger Tod auf den Champs-Elysées ein. Nach einer fluchtartigen Reise von Wien nach Brüssel und Amsterdam, traf Horvath am 28. Mai 1938 in Paris ein. Er wollte Besprechungen mit seinem Übersetzer Armand Perhal führen und den hier im Exil lebenden deutschen Filmregisseur Robert Siodmak wegen möglicher gemeinsamer Projekte treffen.

Siodmak berichtete später: »Ich wohnte damals 13, Square Henri Pathé in Passy, Paris, im 7. Stock, und eines Tages stand ein großer, schwerer, junger Mann keuchend vor meiner Tür, Ödön von Horvath ... in den folgenden fünf Tagen wurden er, meine Frau Babs und ich Freunde ...«

Am 1. Juni wollten sich beide abends um 20.00 Uhr in einem Café auf den Champs-Elysées treffen. Horvath besuchte am späten Nachmittag ein Kino, das ganz in der Nähe ihres Treffpunkts lag. Als er nach Ende der Vorstellung auf die Straße hinaustrat, wurde er von einem schweren Gewitter überrascht. Es mußte gegen 19.30 Uhr gewesen sein, als er unter einem Alleebaum Schutz vor dem heftigen Regen suchte. Kurz darauf stürzte ein schwerer Ast herab und erschlug ihn.

Am 7.Juni wurde der 37jährige auf dem Friedhof Saint-Ouen, im Norden von Paris, bestattet. Carl Zuckmayer hielt eine ergreifende Totenrede, die er mit den Worten begann: »Alles an dir war Anfang, Anstieg, versprechendes Beginnen ...«

Als ich an der Place de la Concorde ankomme, bin ich ganz froh. Concordia war der Name der römischen Göttin der Eintracht, die als Frau mit Füllhorn in der linken, Palmenzweig oder Schale in der rechten Hand dargestellt wurde. Der Eintracht ist dieser Platz also gewidmet! In Wirklichkeit blicke ich auf einen der blutigsten Orte der französischen Geschichte. Hier stand während der Revolution die Guillotine, jene todbringende Maschine, die der französische Arzt Dr. Guillotin erfunden hat, um den verurteilten Delinquenten einen schnellen, schmerzlosen Tod zu bereiten. Unter den Augen Tausender Schaulustiger starben hier Louis XVI., Königin Marie-Antoinette, Madame Dubarry, Charlotte Corday, André Chenier, Georges Danton und Maximilien de Robespierre. Nach offiziellen Zählungen sollen es 1350 Menschen gewesen sein, die an dieser Stelle hingerichtet worden sind.

Vor der Revolution war der Platz Louis XV. gewidmet. Eine große Reiterstatue mit seinem Konterfei schmückte die Mitte. Die Revolutionäre bereiteten den Hinrichtungsort radikal auf seine neue Funktion vor, indem sie die Skulptur zerstörten. Erst seit 1795 trägt der Ort den blumigen Namen Place de la Concorde.

Um von der Verirrung, dem Terror gegen die eigenen Landsleute und der nationalen Schande abzulenken, wurde die Blutstätte 1836 mit einem 3200 Jahre alten, echten ägyptischen Rosengranitobelisk überdeckt. Napoleon, dem Ägypten-Verehrer, der 1799 dem revolutionären Terror mit einem Staatsstreich ein Ende setzte und sich 1804 in der altehrwürdigen Kirche von Notre-Dame zum Kaiser krönen ließ, hätte dieses Stadtzeichen bestimmt gefallen.

Nur mit Mühe kann ich den dichten Verkehr durchdringen und auf die gegenüberliegende Seite gelangen. Eine Ampelanlage hat das Autoströmen unterbrochen und für uns Touristen das metallische Meer geteilt. Kurz bevor ich das rettende Ufer erreiche, fällt mir auch noch der tragische Flugzeugabsturz des legendären Concorde-Jets am Pariser Flughafen ein. Ein erneuter Schatten legt sich für mich über die Stein- und Asphaltflächen. Ich weiß, daß die Dinge nichts miteinander zu tun haben, trotzdem bleibt die Namensgleichheit.

Bisher war mir die Querachse der Straße, die Richtung Norden die antikisierende Madeleine-Kirche ins Visier nimmt, nie richtig aufgefallen. Wahrscheinlich war ich immer zu sehr mit dem Verkehr und meinem Überleben beschäftigt. In manchen Stadtführern wird die Place de la Concorde als der schönste Platz von ganz Paris bezeichnet. Diesem Urteil kann ich mich nicht anschließen.

Durch ein königliches Tor, das einladend offensteht, betrete ich jetzt den Jardin des Tuileries, lasse die Galerie Jeu-de-Paume und das Musée de L'Orangerie links und rechts liegen, stelle mir Monets Seerosenbilder vor, die an den mir abgewendeten Museumsinnenwänden hängen, und wandere weiter Richtung Louvre.

Mittagszeit, die Sonne blitzt manchmal hinter Wolken hervor und macht das Stadtbild für Momente kontrastreicher. Licht-und-Schatten-Wirkungen. Ich photographiere, was mir auffällt.

Das eigentliche Schloß, das Maria de Medici errichten ließ, steht nicht mehr – es wurde 1871, während der Tage der Kommune zerstört und nie wieder aufgebaut –, dafür hat sich die zauberhafte Gartenanlage erhalten, für die einst der berühmte André Le Nôtre die Pläne zeichnete, lange bevor er den Park von Versailles entwarf. Typisch für ihn sind die rechtwinklig angelegten Wege, Plätze, Wasserbassins und die seitlich erhöhten, über breite Treppen erreichbaren, mit Alleen bepflanzten Terrassen, die einen Blick auf die tiefer gelegenen Zonen erlauben.

Ringsum das übliche Parkleben. Mütter spielen mit ihren Kindern unter spätherbstlichen Bäumen. Kleine Buden im Blätterregen. Alte Männer lesen, auf Parkbänken sitzend, in dicke Mäntel gehüllt, Zeitung. Hunde springen herum, schnüffeln, kläffen und heben die Beine wie überall in der Welt. Auf einer Lichtung dreht sich ein kleines, buntes Karussell, daneben reiten zwei kichernde Mädchen auf echten Ponys. Es war eine gute Idee der städtischen Parkverantwortlichen, Teile der Gartenanlage für Klassiker der modernen Bildhauerei zu öffnen. Am meisten begeistern mich die drallen weiblichen Bronzefiguren von Aristide Maillol, der neben Wilhelm Lehmbruck und Georg Kolbe zu meinen Lieblingsbildhauern gehört. 18 davon sind im Park verteilt. Ein eigenes Maillol-Freilicht-Museum, ganz nebenbei. Was für ein Luxus!

Kurz bevor ich in den Bereich des Louvre hinüberwechsle, stoße ich schon wieder auf einen Triumphbogen – den Arc de Triomphe du Carrousel –, allerdings ist dieses Exemplar sehr viel kleiner als sein großer Bruder am Etoile. Wenige Schritte später stehe ich vor dem gewagtesten Pariser Neubau des 20. Jahrhunderts, der Glaspyramide des amerikanisch-chinesischen Architekten Ieoh Ming Pei. Alle Besucher des größten Museums der Welt müssen seit der Einweihung der Neugestaltung 1989 das Museum durch diese Glaspyramide betreten. Sie werden über eine runde, freischwingende Treppe oder einen Aufzug in das Untergeschoß geführt und danach in die einzelnen Sammlungsbereiche verteilt.

In den letzten Jahren bin ich schon oft vor der Glaspyramide gestanden und habe sie jedesmal aufs neue bewundert. Als strenge, geometrische Form mit reichen historischen Assoziationsmöglichkeiten bringt sie in genialer Weise konservative und moderne Gestaltungsideale auf einen Punkt. Es gelingt ihr fast spielerisch, einen bildhaften Bogen – der hier allerdings die Form eines Kristalls hat – zu spannen zwischen dem antiken Ägypten und der technikverliebten Gegenwart. Mit ihrer bescheidenen Höhe von 22 Metern wirkt sie zwar repräsentativ, hält sich gleichzeitig jedoch zurück und trumpft gegenüber dem ehrwürdigen Gebäude des ehemaligen Königsschlosses nicht allzu übertrieben auf. Verglichen mit den 300 Meter des Eiffelturms und den 50 Meter des Arc de Triomphe eine wahre Wohltat!

Von seiten des Architekten kam dazu: Pei liebt das Dreieck. Hier konnte er die Apotheose des Dreiecks bauen: Viermal die gleiche Form, und das strahlende

Kristall war vollendet. Besonders nachts, wenn die Umgebung visuell zurücktritt ,die Pyramide von innen hell leuchtet und sich in den dunklen, ebenfalls dreiecki-gen Wasserbecken spiegelt, entfaltet sich die einmalige Wirkung der Schöpfung von Pei auf poetische Weise.

Da ich das Musée National du Louvre schon oft besucht habe, begnüge ich mich heute mit einem Blick auf die Fassaden. Zu 17 Kilometer Museumsrund-gang habe ich im Augenblick keine Lust. In Gedanken stelle ich mir meine Lieb-lingsgemälde vor: die *Mona Lisa* von Leonardo da Vinci, *Die Spitzenklöpplerin* von Johannes Vermeer van Delft, *Das Floß der Méduse* von Théodore Géricault und das *Türkische Bad* von Jean-Auguste-Dominique Ingres.

Natürlich denke ich auch an Eugène Delacroix' romantisch-pathetisches Gemäl-de *Die Freiheit auf den Barrikaden* oder *Die Freiheit führt das Volk an* von 1830. Die »Freiheit« verkörpert für ihn, wie könnte es bei einem Franzosen auch anders sein, eine halbnackte Frau, die mit blankem, leuchtendem Busen und wehenden Haaren, darüber eine phrygische Mütze, in der linken Hand ein Gewehr mit Bajo-nett, in der rechten die flatternde Trikolore, über eine Barrikade aus Balken, Pflas-tersteinen, getöteten Soldaten und Bürgern stürmt und siegesgewiß auf ihre Mit-kämpfer blickt. Auch der Straßenjunge neben ihr ist mit Pistolen in beiden Hän-den im Kampf um eine bürgerliche Welt ohne aristokratische Vorrechte bereits zum Mörder geworden. Die Häuser der Stadt werden vom Pulverrauch verdeckt, nur wenige sind ganz klein im rechten Bildhintergrund zu entdecken, dazwischen auch die Turmstummel von Notre-Dame.

Für mich verkörpert diese Frau das Vorbild zur New Yorker Freiheitsstatue (Blick in die Zukunft!) und das Gegenbild zu Anselm Feuerbachs elegisch-sehnsuchtsvoll in die Ferne schauender »Iphigenie« (Blick in die griechisch-antike Vergangenheit!). Delacroix liebte dramatische Situationen, ähnlich dem englischen Dichter Lord Byron. An seinen Bruder schrieb der Maler in einem Brief: »...und wenn ich schon nicht für das Vaterland gesiegt habe, so werde ich zumindest für es malen.« Damals, 1830, dauerten die revolutionären Kämpfe, auf die das Bild anspielt, nur drei Tage. 6000 Barrikaden waren errichtet worden, 1800 Aufständische starben, 4500 wurden verwundet. Die Truppen des Königs erlitten weit weniger Verluste.

1968 kam das Bild kämpferischer Frauen neu in Mode, das mit Rosa Luxem-burg und Clara Zetkin endgültig untergegangen zu sein schien. Ich denke an

Gudrun Ensslin, Brigitte Mohnhaupt und wie sie alle hießen. Heute berufen sich vielleicht auch verirrte islamistische Selbstmordattentäterinnen auf ähnliche Vorbilder wie Delacroix' Freiheitsfrau, allerdings kämpfen sie weniger für die Freiheit als vielmehr für die radikale Einhaltung ihrer religiösen Gesetze.

Nachdenklich gestimmt, wende ich mich Richtung Norden, überquere die Rue de Rivoli und betrete den versteckten Innenhofgarten des Palais Royal, einen meiner Lieblingsorte in Paris. Wie eine große, rechteckige, vom Stadtverkehr ausgesparte Oase liegt die baumbestandene und mit Grünflächen verzierte Anlage vor mir. Im Grunde eine ideale innerstädtische Wohnform, wenn sie heute nicht zur völlig überteuerten Luxuskategorie gehören würde.

Ringsum Arkadengänge mit eleganten, leicht altertümlichen Läden von Briefmarkenhändlern und Antiquaren, dazwischen hin und wieder ein Café. Der Ort wurde in zahlreichen Romanen beschrieben, er kommt bei Honoré de Balzac, Marcel Proust und Rainer Maria Rilke vor. Hier trafen sich im 19. und beginnenden 20. Jahrhundert die großstädtischen, mondänen Müßiggänger. Colette wohnte lange am Kopfende der Anlage. Eine Bronzetafel erinnert an die Erfinderin »Cheris«.

Ob ich den vorgelagerten, von Daniel Buren neu gestalteten Hof gut oder schlecht finde, weiß ich nicht so recht. Nach genauerem In-mich-gehen tendiere ich eher zur Ablehnung als zur Begeisterung, zu fremd erscheinen mir die gestreiften Säulenstummel. Penetrantes, aufdringliches, modernistisches Design, das mich an einen zerschnittenen Pyjama oder an ein geometrisiertes, arg verstümmeltes Zebra denken läßt.

Anschließend wende ich mich Richtung Westen, dem Bereich der ehemaligen Markthallen zu, an die ich mich noch dunkel erinnern kann. Emile Zola beschrieb den Ort und das Markttreiben in seinem Roman *Le Ventre de Paris*, 1874, kraftvoll und lebendig. Mir ist der Geruch, um nicht zu sagen Gestank des Stadtviertels noch im Gedächtnis. Überall lagen Grünzeug, Fleischreste, Knochen, Fischköpfe und Müll herum, ständig spritzte jemand Boden oder Wände mit Wasser aus dicken Schläuchen ab oder kehrte den Abfall an den Straßenrand.

Schnauzbärtige Männer, die Gauloise im Mundwinkel, mit Schürzen, die um dicke Bäuche gebunden waren, schleppten halbe Kälber, Kühe, Schafe und Schweine aus Lieferwagen in die Metzgereien – oder war es der umgekehrte Weg? In den umliegenden Restaurants, die in keinem Paris-Film fehlen durften, löffelten verirrte Nachtschwärmer am frühen Morgen dampfende Suppen, schlürften eisgekühlte Austern und erzählten von ihren frivolen Erlebnissen. Kein Wunder, daß Patrick Süskind seinen *Parfüm*-Helden hier in der Nähe zur Welt kommen läßt.

Die Entscheidung der Stadtverwaltung, den Pariser Großmarkt an die verkehrstechnisch besser angeschlossene Peripherie zu verlegen, paßte vielen Parisern nicht. Trotzdem wurde der Plan Ende der 1960er Jahre durchgeführt und das gesamte freigeräumte, innerstädtische Areal als gewaltiger, großer Verkehrsknotenpunkt mit Hunderten von Geschäften neu gestaltet. Leider begeisterte das architektonische Ergebnis später niemanden wirklich.

Ganz in der Nähe, am Square des Innocents, wohnte ich im Herbst 1991 vier Wochen lang während der Produktionszeit von *Ariane et Barbe-bleu* am Châtelet-Theater. Ich hatte mich in einer kleinen Wohnung auf der Westseite des Platzes eingemietet und verbrachte jede freie Minute am geöffneten, balkonartigen Fenster, um das bunte Treiben unter mir zu beobachten.

In meinem Stadtführer las ich, daß sich genau hier, unter dieser Plattenfläche, 800 Jahre lang ein Friedhof – der Cimetière des Innocents – befand. Patrick

Süskind beschreibt den Ort auf den ersten Seiten seines Romans *Das Parfüm*:
»Achthundert Jahre lang hatte man hierher die Toten des Krankenhauses Hotel-Dieu und der umliegenden Pfarrgemeinden gebracht, achthundert Jahre lang Tag für Tag die Kadaver zu Dutzenden herbeigekarrt und in lange Gräben geschüttet, achthundert Jahre lang in den Grüften und Beinhäusern Knöchelchen auf Knöchelchen geschichtet ...«

Erst kurz vor der Französischen Revolution wurde der Friedhof wegen Überfüllung geschlossen. Über der jetzt freien Fläche richtete man jenen stinkenden Markt ein, auf dem Jean-Baptiste Grenouille geboren wird und den es heute nicht mehr gibt. Seit wann der Renaissancebrunnen, der jetzt die ansonsten leere Platzfläche schmückt, hier steht, weiß ich nicht.

Ich beobachtete Passanten, Hausfrauen, Geschäftsleute, Rentner, Schüler, Studenten, kichernde Mädchen, alltäglich gekleidete und elegante Frauen, gestylte Aufreißer, Arbeiter, Alkoholiker, Penner, Rauschgifttypen, Handtaschendiebe, Nutten und Dealer. Man traf sich hier, stand herum, fuhr Skateboard, schwatzte, knutschte, dealte, klaute und zeigte sich gegenseitig das neu Eingekaufte. Viele Mitspieler meines Realfilms waren mir mit der Zeit vom Sehen her bekannt. Natürlich hielt ich das Geschehen auf Photos fest. Manchmal versuchte ich, es auch zu zeichnen oder zu filmen.

An der Nordseite des Platzes lag und liegt das damals neu eröffnetes Café Costes, das der berühmte Designer Philippe Starck eingerichtet hat und dessen markantes Erkennungszeichen eine große Uhr über der Innentreppe ist.

Etwas erschöpft setze ich mich heute mitten unter die Passanten auf die Steinstufen des Brunnentempels und versuche, mich zu erinnern. Der Platz heute, der Platz vor zwei Jahren, vor fünf und vor zwölf Jahren. Mir fällt ein, daß es schon vor Beginn der Produktion, bei der Ruth Berghaus Regie führte, Probleme gab. Zur Vorstellung des Bühnenbilds bei der Intendanz bin ich im Herbst 1990 mit meiner Assistentin von Berlin nach Paris geflogen. Im Besprechungszimmer des Châtelet-Opernhauses bauten wir mein Modell auf. Ich hatte eine an Paris erinnernde, schornsteinübersäte Dachlandschaft entworfen, mit unzähligen Dachschrägen, Gauben und Mansartfenstern. Um den poetischen Surrealismus zu komplettieren, fuhr im zweiten Akt eine große, weiße Jacht auf die sich im Vordergrund ausbreitende, flache Dachterrasse. Diese Jacht wurde kurz darauf zum Stein des Anstoßes. Der Intendant saß uns mit vier seiner Mitarbeiter, arrogant, streng und ohne eine Miene zu verziehen, gegenüber. Ich begann auf deutsch meine Bildidee und den Ablauf der Szenen zu erläutern. Anne übersetzte.

Alles lief bis zu dem Moment gut, als die Jacht auftauchte. Plötzlich wurde der Intendant unruhig, das merkte ich. Seine Miene verfinsterte sich zunehmend, und nachdem ich mit meinen Ausführungen fertig war, stand er abrupt auf. Klar und deutlich sagte er jenes düstere Wort, das jede Arbeit mit einem Schlag vernichten und in ein schwarzes Loch stürzen kann: »Non«!

Ohne sich zu verabschieden, stand er auf und verschwand in den Gängen des Opernhauses. Ich hörte das Klacken seiner eisernen Schuhabsätze noch eine Weile, dann herrschte betretenes Schweigen. Vor den Fenstern brauste der Verkehr auf dem Quai de la Mégisserie vorbei, bisher war mir das Geräusch überhaupt nicht aufgefallen. Verdattert blieben wir anderen zurück. Auch seine Mitarbeiter schienen verwirrt. Die Sache war klar: Der Intendant hatte mein Bühnenbild abgelehnt.

Glücklicherweise kam Ruth Berghaus am Nachmittag in der Stadt an, und natürlich erzählten wir ihr sofort von dem Vorfall. Sie reagierte schnell und sagte:

»Was soll das? Ich werde für unser Konzept und deinen Bühnenbildentwurf kämpfen!«

Aufgebracht und kämpferisch wie Delacroix's »Freiheits«-Frau stürmte sie ins Intendantenzimmer. Nach einer halben Stunde kehrte sie zu uns zurück und erklärte: »Alles klar. Es wird so gebaut, wie von uns geplant.« Natürlich erzählte sie uns nie genau, womit sie argumentiert hatte. Entscheidend waren der Sieg und das endgültige Machtwort.

Während Garnier- und Bastille-Oper staatlich finanzierte Institutionen sind, steht das Châtelet unter städtischer Verwaltung. Das ist wahrscheinlich der Grund dafür, daß sich der Premierenglanz nicht ganz so edel-elegant entfaltete und mehr bürgerlich-normales Aussehen hatte. Allerdings muß ich zugeben, daß ich das Ergebnis unserer Arbeit wieder einmal nur bis zur Generalprobe verfolgt, danach die Stadt verlassen habe und nur auf Berichte angewiesen bin. Die Inszenierung war – wie immer bei Ruth Berghaus – intensiv, bilderreich und intellektuell ausgefeilt. Allerdings gefiel mir nicht, daß unser Dirigent – Eliahu Inbal – ein erklärter Gegner der Produktion war (wie der Intendant auch) und keine Gelegenheit ausließ, sich dagegen auszusprechen.

Auf meinem heutigen Spaziergang komme ich wieder am Châtelet vorbei, schaue mir die Photos der gegenwärtigen Produktionen an – alles Inszenierungen, die ich nicht kenne –, überquere die Seine über die Pont Neuf, denke kurz an die Ermordung König Henri IV., des Ehemanns Maria de Medicis, die sich mitten auf dieser Brücke ereignete, denke an Leos Carax' Film *Die Liebenden von Pont Neuf* und an Christos Verhüllung im Jahr 1985 mit champagnerfarbenem Stoff, blicke hinunter auf das Wasser der Seine, streife an den Bouquinisten vorbei und lasse meinen Blick als Rundumschwenk über die Kaimauern, die Gebäude entlang der Seine und die stumpfen Kirchtürme von Notre-Dame schwenken. Daß die Pont Neuf, entgegen ihrem Namen, die älteste Brücke der Stadt Paris ist, lese ich in meinem Reiseführer. Ich lese außerdem, daß die Seine im eigentlichen Stadtgebiet von 35 Brücken überspannt wird und daß viele von ihnen im 19. Jahrhundert gebaut oder umgebaut wurden. Früher, vor allem im Mittelalter, dienten die Brücken auch als Marktorte und waren mit Häusern bebaut.

Diese Stadt ist unerschöpflich, mit jedem Schritt spült sie mir neue Bilder und Gedanken ins Gehirn. Sie verkörpert eine ganze Welt! Jeden Tag könnte ich in die Metro hinuntersteigen und in einer anderen Stadtwelt, einem anderen, unverwechselbaren Stadt-Bühnenbild auftauchen, trotz der Zerstörungen Baron Haussmanns! Marais, St. Germain de Prés, Quartier Latin, Belleville, Grenelle, Montparnasse, Bercy, Chaillot, La Villette, Montmartre, Wagram, Neuilly-sur-Seine, La Défense. Da gibt es die ältere, römisch geprägte südliche Stadthälfte, die mittelalterliche nördliche Stadthälfte und hier auf der Ile de la Cité, deren Boden meine Schuhe im Augenblick berühren, die eigentliche Urzelle der Stadt.

Ich könnte jeden Abend eines der 150 Pariser Theater besuchen, wenn ich nur genug Zeit hätte und französisch verstehen würde. Ich könnte zu Ariane Mnouchkines Théâtre de Soleil in den Bois de Vincennes hinausfahren oder zu Patrice Chéreaus Théâtre des Amandiers in Nanterre. Ich könnte im Parc La Villette, dem ehemaligen Schlachthofgelände, spazierengehen oder auf dem Friedhof Père Lachaise (und das Grab von Baron Haussmann besuchen), ich könnte mir La Défense oder das Studentenviertel Quartier Latin anschauen. Ich könnte im Jardin du Luxembourg oder im bei den Surrealisten so beliebten Parc du Butte Chaumont lustwandeln. Ich könnte eines der 85 Museen der Stadt, eine der 119 katholischen oder eine der 72 protestantischen Kirchen besuchen. Ich könnte mich in den Vorlesungssaal der 13 Universitäten von Paris setzen und

mich unter die 380 000 Studenten der Stadt einreihen. Ich könnte den Hundefriedhof besichtigen oder eines der wenigen Zollhäuser, die nach den Plänen des sogenannten Revolutionsarchitekten Etienne-Louis Boullée erbaut worden sind. Leider blieben seine Entwürfe, die fast alle vor der Französischen Revolution entstanden sind, unrealisiert. Wie großartig wäre es, wenn etwa heute als Abschluß der Achse in La Défense sein »Grabmal für Newton« stehen würde! Eine grandiose Kugel, was gibt es Schöneres?!

Hier auf der Ile de la Cité tobte sich Baron Haussmann während seiner Wirkungszeit am radikalsten aus. Die Insel war ähnlich dicht bebaut wie heute noch ihre kleinere, flußaufwärts liegende Schwester, die Ile Saint Louis. 25 000 Menschen mußten für die Neuplanungen umgesiedelt werden. Haussmann schlug vier breite Straßenschneisen vor, die beide Stadtteile – den Norden und den Süden von Paris – miteinander verbinden, er legte den Platz vor Notre-Dame frei, indem er ihn vierzigmal größer machte als vorher, und er ließ einige repräsentative Verwaltungsbauten errichten: den Justizpalast, die Polizeipräfektur, das Handelsgericht und den Neubau des Hotel-Dieu. Die ehemalige Wohninsel mit dem etwas verruchten Image – hier brachten vor allem Weinhändler ihre berauschenden Getränke unter die Leute, außerdem gab es mehrere Bordelle –, diese Insel verwandelte sich dank Haussmanns Zerstörungs- und Neugestaltungswut in ein reines Verwaltungs- und Touristenzentrum. Überhaupt lagen dem Präfekten, neben den Reichen und aufstrebenden Spekulantenbürgern, die neu in Mode kommenden Reisenden sehr am Herzen. Die Bezeichnung »Tourist« hatten die Franzosen 1841 von den Engländern übernommen. Für sie alle sollte Paris eine elegante Attraktion werden, eine einzige, einmalige Stadtausstellung.

Auf der Ile de la Cité erinnert heute bis auf die Sainte Chapelle und Notre-Dame fast nichts mehr an historische Vor-Haussmannsche Zeiten weder an das Mittelalter noch an die Römer oder gar an den ursprünglich hier siedelnden Stamm der keltischen Parisii.

Natürlich werfe ich beim Vorbeigehen kurz einen Blick auf die Fassade von Notre-Dame. Im Gegensatz zu anderen gotischen Kathedralen, etwa Reims, Chartres oder Straßburg, wirkt die Pariser Kirche schmucklos und durch die beiden niedrigen stumpfen Türme eher gedrungen. Als Kreisverehrer gefällt mir die runde Rosette über dem Mittelportal am besten. Sie gibt dem Doppelturm, der mich heute an ein strenges Elternpaar erinnert, das seine auf dem Platz versammelte Kinderschar ermahnt, eine konzentrierte Mitte.

Amüsiert denke ich an die französischen Revolutionäre, die aus der Kathedrale einen Tempel der Vernunft machen wollten. Nach dem Hinüberwechseln auf die Südseite der Seine gehe ich am Quai Saint Bernard entlang und schaue zurück. Dieses (Postkarten)-Bild der aus den herbstlichen Bäumen auftauchenden Kathedrale mit ihren steinernen Chorverstrebungen und der filigranen Fensterrosette im südlichen Giebelfeld des Querschiffs gehört für mich zu den schönsten Ansichten von Paris überhaupt. Der Park hinter der Kirche wurde übrigens auch von Baron Haussmann geplant.

Zusammen mit den massiven Kaimauern der Seine-Insel sieht das Bauwerk wie eine Arche Noah aus, die unterwegs zum Meer war, hier ihre Reisepläne aufgab und sich auf dieser Insel niederließ. Die vegetativen Formen der Architektur bilden mit den realen Naturelementen der Büsche und Bäume eine romantische Symbiose, die daran erinnert, daß die Gotik – im Gegensatz zur düsteren, höhlenverliebten Romanik – ein wuchernder, naturverherrlichender Baustil war. Jeder meiner Schritte verschiebt die Zusammenhänge, läßt die herbstlichen Blätter an den Verstrebungen hochwachsen, die Fialen von Ästen verdecken, dann wieder auftauchen und sich zurückgliedern in die gotische Schiffsordnung. Steinerne Wasserspei-Dämonen drängen dazwischen wie kleine verirrte Traumfiguren. Wären da nicht ab und zu ganz alltägliche, vorbeiflatternde Tauben, würde sich mein Blick ganz verlieren im versteinerten Geflecht der mittelalterlichen Architektur.

Mein Ziel ist das neue Naturkundemuseum und der kleine Zoo im Jardin du Plantes, in dem einst Rainer Maria Rilke sein berühmtes Gedicht *Der Panther* geschrieben und Eugène Delacroix Tiger und Löwen für seine Gemälde studiert hat.

Die meisten Besucher der Menagerie sind an diesem Nachmittag junge Mütter mit ihren Kindern. Ich komme mir etwas deplaziert vor und betrete – fast als Fluchtbewegung, um mich aus dem allgemeinen Bereich hinauszustehlen – ein Haus mitten im Park. Zu meiner Überraschung werde ich sofort von einer strengen, mit einem dünnen, weißen Klinikmantel bekleideten Dame in Empfang genommen und an ein Mikroskop gesetzt. Sie gibt mir eine wortreiche Erklärung, von der ich allerdings nur wenig verstehe. Jetzt erst sehe ich, daß im Raum ungefähr 50 Mikroskope verteilt sind. Ich schaue durchs Okular und bin überrascht. Irgendwelche Läuse fressen Blätter, wühlen sich durch ein gewaltiges Unterholz, das mit bloßen Augen kaum zu erkennen ist. Durch die anderen Mikroskope sehe ich runde Tierchen, längliche, wurmähnliche, kugelförmige, alle bewegen sich behend durch ihre Miniaturwälder. Manche legen gerade Eier, andere sind dabei zu kopulieren.

Eine spannende, normalerweise unsichtbare Welt. Trotzdem möchte ich gerne wieder ins Freie. Aber die strenge Dame hat mich fest im Blick und will mir immer neue Ungewöhnlichkeiten vorstellen und erklären. Ich schiele zum Ausgang und warte einen günstigen Moment ab. Endlich erscheint eine Mutter mit Kind, meine Laborantin ist abgelenkt, und mir gelingt es zu entkommen.

Ich streife an Käfigen vorbei, beobachte Affen beim Liebesspiel und Geier beim Fressen. Rilkes Panther entdecke ich nirgends.

Das Musée National de L'Histoire Naturelle besuchte ich schon vor Jahren, kurz nach der Eröffnung der witzigen, originellen Neugestaltung. Vor allem die inszenierte Tierkarawane in der gewaltigen Innenhofhalle hatte es mir damals angetan. Heute besichtige ich nur kurz eine liebevoll gestaltete Ausstellung über Steine und Versteinerungen im Nachbargebäude. Mich beeindrucken besonders gewaltige Bergkristalle aus südamerikanischen Bergwerken. Der lange, altertümlich-holzvertäfelte Raum, in dem Tierskelette aus aller Welt ausgestellt sind, liegt, wie ich von anderen Besuchen ebenfalls weiß, über mir. Ich erinnere mich an ein wahnwitziges Dickicht aus Rippen, Ober- und Unterschenkelknochen, aus Armen, Füßen und Schädeln. Gespenstische Durchblicke. Beendetes, abgenagtes Leben, nur noch für uns Todes- und Wissenschaftsvoyeure in sichtbaren Zonen erhalten.

Langsam wird es dunkel. Bevor ich den Boulevard Saint Germain weiter bis zum Café Flore, meinem nächsten Ziel, hochgehe, biege ich in den Boulevard Saint Michel ein, gehe ihn ein Stück südwärts und betrete noch kurz den Jardin du Luxembourg. Wie oft war ich schon hier! Ich kenne ihn zu jeder Jahreszeit, bei Sonne, Nebel und Regen. Nachts ist er leider geschlossen, niemand – außer den Gärtnern – weiß, wie er im Mondlicht aussieht.

Schon aus alten Photos – vor allem von Eugène Atget – weiß ich, daß es hier immer einen Spielzeugsegelbootverleih gab. Besonders Kinder lieben es, die kleinen Boote über die Wasserfläche des zentralen Brunnenbeckens schaukeln zu lassen. Ich beobachtete einmal einen alten, würdigen Mann, der sein großes Segelbootmodell wie einen Kinderwagen vor sich herschob, später ins Wasser setzte, als handle es sich um eine besonders wertvolle Mittelmeerjacht, und dann die

Bewegungen des Bootes auf den Miniaturwellen verfolgte wie ein besorgter, alter Kapitän. Ich erinnere mich auch daran, daß niemand über ihn lachte, nicht einmal die Kinder.

Als Maria de Medici nach der Ermordung ihres Gatten das Palais und den Park 1612 erwarb, gab es nur eine streng geometrische Gartenanlage. Erst viel später wurden die Randbereiche im englisch-natürlichen Stil erweitert. Die neue Besitzerin der Anlage war es auch, die bei Peter Paul Rubens jene Riesengemälde in Auftrag gab, die heute als »Medici-Zyklus« im Louvre hängen. Sie berichten verklärend aus ihrem Leben vor und mit Henri IV.: eine Selbstapotheose, die mich, immer, wenn ich sie sehe, merkwürdig berührt. Wie kann sich ein Mensch selbst so überhöht und religiös verbrämt verherrlichen lassen?

Jetzt, beim Gehen über die knirschenden Kieswege und beim Blicken von den Terrassen auf die geometrisierte Natur hinunter, fällt mir natürlich schon wieder Baron Haussmann ein. Nachdem seine Planungen in den ersten Jahren auf zunehmende Begeisterung der gehobenen Pariser Gesellschaft gestoßen waren, begann sich mit den Zerstörungen der Ile de la Cité das Blatt zu wenden. Der Unmut wurde größer und größer. Als er dann im Zuge der neuen Straßenplanungen auf der Rive Gauche auch noch Teile des Jardin du Luxembourg zerstörte und ihn dabei erheblich verkleinerte, schlug die Begeisterung in blanke Wut um. Die Schlacht von Sedan erlebte Baron Haussmann als resignierter, enttäuschter Pensionist aus weiter Ferne – er hatte die Stadt verlassen müssen –, und als er hörte, daß deutsche Truppen auf Paris vorrückten, überfiel ihn bestimmt große Angst.

Tatsächlich begannen am 5. Januar 1871 deutsche Kanonen aus südlicher Richtung die Stadt zu beschießen. 23 Tage dauerte der einseitige Kampf. Auch im Jardin du Luxembourg schlugen Granaten ein und verwüsteten den Park. Am 28.1.1871 kapitulierten die Franzosen. Die Stadt schien noch einmal glimpflich davongekommen zu sein, und Baron Haussmann konnte aufatmen. Aber es sollte anders kommen. In den nördlichen Stadtbereichen versammelten sich in diesen Tagen alle linken Kämpfer der Kommune, erbeuteten bei Überfällen auf Kasernen Waffen, vor allem Kanonen, und begannen, die deutschen Eindringlinge zu bekämpfen. Auch reguläre französische Truppen rückten gegen die Aufständischen vor. Brutale Straßenkämpfe brachen aus, in deren Verlauf nicht nur über 25 000 Kommunarden den Tod fanden, sondern auch zahlreiche wertvolle Gebäude der Stadt zerstört wurden.

Am 18.3.1871 marschierten die deutschen Truppen auf Befehl von Reichskanzler Bismarck über die Avenue des Champs-Elysées und feierten mit dieser für die Franzosen erniedrigenden Parade ihren Sieg. Baron Haussmann hielt sich zur gleichen Zeit in Südfrankreich, später in Italien und in der Türkei auf. Er versuchte vergeblich, seine Stadtverschönerungsideen den Verantwortlichen in Rom und Konstantinopel schmackhaft zu machen. Als er viele Monate später nach Paris zurückkehrte, waren die meisten Kriegsspuren bereits getilgt, und er konnte beruhigt feststellen, daß sein Werk die Kriegswirren fast unversehrt überstanden hatte.

Auch aus dem zauberhaften, jetzt in der herbstlichen Dämmerung vor mir liegenden Park waren alle Einschußkrater und Trümmer entfernt worden. Heute erinnert nichts an die damaligen Vorgänge.

Bevor der Park für die Nacht geschlossen wird, gehe ich wieder hinaus auf dem Boulevard Saint Michel und wende mich Richtung Norden. Auf der Straße herrscht dichter Verkehr. In den Buchläden, in den Cafés und auf den Bürgersteigen sehe ich viele Studenten und Studentinnen. Plötzlich steigt die Erinnerung an einen Paris-Aufenthalt zwischen Weihnachten und Neujahr 1970/71 in mir auf. Ich war mit Freunden in der Stadt. Wir spazierten in heiterer Stimmung nach einem typisch französischen Essen am Silvesterabend den Boulevard Saint-Michel hinauf. An diesem Abend waren sehr viele Menschen unterwegs, vor allem Studenten und junge Paare. Es herrschte eine aufgekratzte Stimmung. Je näher Mitternacht rückte, um so ausgelassener wurde die Atmosphäre. Laute Musik drang aus den Cafés und Restaurants. Paare tanzten auf den Bürgerteigen, manche auch mitten auf den Straßen. Autofahrer hupten, nahmen das Treiben jedoch von der lustigen Seite und lachten mit. Manche Pärchen saßen auf Autokühlern, umarmten sich und knutschten herum. Irgendwann detonierten die ersten Kanonenschläge, und Leuchtraketen schossen in den Pariser Nachthimmel hoch. Mit zunehmendem Lärm wuchsen auch die Aggressionen. Junge, angetrunkene Männer stiegen auf Autodächer, trampelten grölend darauf herum, die Umstehenden feuerten sie mit Rufen und Klatschen an. Plötzlich stand ein Auto in Flammen. Manche Paare versuchten, die Randalierer zu bremsen. Aber es gab kein Zurück mehr. Der Alkoholpegel war schon zu hoch gestiegen. Aus Spaß wurde Ernst. Polizeiautos kreuzten mit Blaulicht auf. Die ersten Pflastersteine flogen. Nach Mitternacht tobte eine regelrechte Straßenschlacht. Fast alle beteiligten sich. Manche warfen nur mit Zeitschriften und Dosen, andere mit Flaschen. Glas splitterte. Scherben überall. Schaufensterscheiben krachten, Mobiliar der Cafés flog gegen Polizeiautos. Am Straßenrand brannten schon Dutzende von Autos. Feuerwehr traf ein. Die ersten Verletzten saßen mit blutenden Köpfen am Straßenrand. Es wurde zunehmend ernst und gefährlich. Wir drückten uns an den Wänden entlang und versuchten, das Kampfgebiet langsam zu verlassen. Aus sicherer Entfernung – vom anderen Seine-Ufer – schauten wir dem Toben und Treiben noch eine Weile zu.

So muß es 1968 gewesen sein, dachte ich. Tagelang, wochenlang. Ich war selbst in dieser Zeit nie in Paris und kenne die Vorgänge nur aus Fernsehberichten.

Heute, am Mittwoch, dem 29.10.2003, ist es ruhig in den Straßen von Paris. Es herrscht normaler, starker Abendverkehr. Die meisten Menschen sitzen in den Innenräumen der Cafés und Restaurants, weil es jetzt im Freien zu kühl geworden ist.

Dann stehe ich vor dem berühmten Café Flore. Auch dieser Ort birgt für mich nostalgische Erinnerungen. Dort fand vor 15 Jahren mein Treffen mit Hans Werner Henze statt. Wir bereiteten damals eine Inszenierung seines Balletts *Orpheus* an der Wiener Staatsoper vor. Wieder führte Ruth Berghaus Regie. Ich sollte das Bühnenbild entwerfen, Marie-Luise Strandt die Kostüme. Die Produktion war als Geschenk der Wiener zu Henzes sechzigstem Geburtstag gedacht. In der Woche vor unserem Treffen erhielt ich einen Anruf aus Rom. Der Sekretär des Komponisten bat mich, am nächsten Dienstag um 14.00 Uhr vor dem Pariser Café Flore auf Henze zu warten. Der Komponist wolle sich, sagte er, mit mir allein über die Produktion unterhalten, später würden noch Ruth Berghaus und der Ballettdirektor der Wiener Staatsoper, Dr. Brunner, dazukommen. Ich flog am verabredeten Tag von Stuttgart nach Paris, ließ mich mit dem Taxi direkt zum Café bringen und wartete auf den weltberühmten Künstler. Pünktlich fuhr auch er mit dem Taxi vor und begrüßte mich freundlich. Wir kannten uns bereits von zwei früheren Treffen in Wien. *Orpheus* war das erste Werk, das ich von ihm 1986 als Bühnenbildner ausstattete. Drei weitere folgten in den nächsten Jahren: *Prinz von Homburg* (1997 in Wiesbaden), *Boulevard Solitude* (1998 in Frankfurt) und *Das verratene Meer* (2002 ebenfalls in Frankfurt). Unser Café-Flore-Treffen hatte für ihn immerhin auch so viel Bedeutung, daß er es in seiner Autobiographie erwähnt.

Gemeinsam stiegen wir in den fast leeren ersten Stock des Cafés hoch und setzten uns in eine abgelegene Ecke. Er wählte den Platz auf einer durchlaufenden roten Kunstlederbank, ich setzte mich in einen Einzelsessel ihm gegenüber. Der Raum verdoppelte sich in einem großen Wandspiegel, der hinter ihm hing. Ich sah darin die hellen Fenster, die zum Boulevard Saint Germain hinausgingen. Nachdem wir unsere Kaffees bestellt hatten, begann Henze, der sehr gut aufgelegt war, zu erzählen. »Hier in dieser Ecke habe ich zwischen 1946 und 1950 jeden Tag mit René Leibowitz gesessen. Vorne am Fenster tranken Jean-Paul Sartre und Simone de Beauvoir ihre Kaffees und diskutierten heiß. Manchmal kamen auch Albert Camus und Boris Vian dazu.«

Er deutete in besagte Ecke, und mir lief es heiß und kalt den Rücken hinunter, so nah fühlte ich mir noch nie dem vergangenen kulturellen Weltgeschehen.

»Ich bin in einer deutschen Kleinstadt aufgewachsen, arbeitete dann kurz am Theater Wiesbaden und wollte hier in Paris meine kompositorischen Studien fortsetzen. Leibowitz war ein idealer Lehrer.«

Ich dachte an den einsetzenden Kampf zwischen den radikalen Zwölftönern, die in Donaueschingen und Darmstadt uraufgeführt wurden, und den Gemäßigten wie Henze, der es schwer hatte, von der damaligen Avantgarde anerkannt zu werden.

»Meine Zeit hier in Paris und im Café Flore war die wichtigste meines Lebens.«

Ich schaute ihn bewundernd an und beneidete ihn um diese Studienzeit, auch um seine spätere Entscheidung, das spießige Adenauer-Deutschland ganz zu verlassen und nach Italien zu ziehen. Da es bei *Orpheus* um Liebe, Tod und das zu betretende Jenseits ging, brannte ich natürlich vor Neugier und stellte ihm einige Fragen: »Wie stellen Sie sich das Jenseits vor?«

Henze antwortete ohne zu zögern. »Als Fußgängerzone in Deutschland.«

Diese Aussage begeisterte mich, und in Gedanken skizzierte ich meine Bühnenbildlösung.

Nach zwei Stunden traf Ruth Berghaus in Begleitung von Dr. Brunner ein. Ruth setzte sich neben Henze auf die Kunstlederbank. Ich war sofort von dem Bild begeistert, holte meinen Photoapparat aus der Tasche und verknipste einen ganzen Film. Wann hat man schon zwei so eigenwillige Künstler gemeinsam vor der Kamera!

Henze mit seinem markanten, kahlen Schädel und daneben die zähe, energiegeladene Regisseurin. Schönes Bild zweier kämpferischer Naturen, mitten in Paris. Heute ist das Café ziemlich voll. Viele Touristen, wahrscheinlich kaum Künstler. Ich schaue mich um und verlasse die legendären Räume schnell wieder, ohne etwas getrunken oder gegessen zu haben.

Paris, 30. Oktober 2003

Mein letzter Tag in Paris. Als ich meine Tasche packe, merke ich, daß ich Marlene Dietrich, die ja im Grunde der Anlaß meines aktuellen Paris-Besuches ist, schon fast ganz vergessen habe. Nicht einmal, zu keiner Sekunde dachte ich über das Ausstellungsprojekt nach. Die Stadt ist eben so übermächtig prall mit Bildern gefüllt, daß sie alle Aufmerksamkeit und alle Gedanken auf sich zieht. Da stampft der Arc de Triomphe vor meinen Augen herum, da bohrt sich der Eiffelturm ins Gehirn, da tanzt das Louvre-Glas-Kristall ganz dicht an mir vorbei, da biegen sich die Centre-Pompidou-Röhren um meinen Körper, da grinst mich die Fassade der Opéra Garnier an, da locken die drallen Maillol-Bronze-Frauen und ihre goldenen Schwestern am Palais Chaillot, da rollt die steinerne Kuppel-Kugel von

Sacre-Cœur über den Horizont, da dröhnt der Verkehr wie eine brodelnde, stinkende Blechmasse um mich herum, da strömen elegante und alltägliche Passanten an mir vorbei wie Tiere einer aufgescheuchten Herde, und das Echo der unglaublichen historischen Ereignisse dröhnt in mir wie wirres Marktgeschrei. Ich kann mir kaum vorstellen, daß hier, in dieser Millionenstadt, jemand wirklich in der Lage ist, still und konzentriert zu arbeiten. Bevor ich die Hotelzimmertür endgültig hinter mir schließe, lasse ich meinen Blick noch einmal über die Dächerlandschaft kreisen. Und schon wieder drängt sich ein Erinnerungsbild dazwischen: Als wir uns während der Schlußproben zu *Wozzeck* länger in der Opéra Garnier aufhielten, ging ich manchmal hinauf aufs Dach des gewaltigen Bauwerks.

Irgendwann hatte ich den Weg ausgekundschaftet und auch ein Fenster gefunden, das sich öffnen ließ und es mir ermöglichte, auf die zinkblechgedeckte Fläche hinauszutreten. Unvergeßlich wird mir der Aufenthalt hier oben bleiben. Meistens war ich ganz allein mit den Steinfiguren, die sich mit ihren Gesichtern den Straßen, dem Häusermeer und damit dem Horizont zuwandten. Da sie alle am äußersten Rand des Daches standen und mir ihre Rückseiten zuwandten, hatte ich oft das Gefühl, engelgleiche Vögel zu beobachten, die bereit zum Abflug waren. Manchmal dachte ich auch an Selbstmörder kurz vor dem Sprung.

Der gewaltige, zentral über der Fassade stehende Apoll erinnerte mich an einen gelandeten Astronauten – verwandt mit Super- oder Batman –, der sehnsüchtig auf sein Raumschiff wartet, das ihn aus seiner peinlichen Situation erlöst. Er hatte nämlich bei der Landung auf dem Dach seine Kleidung verloren und war jetzt gezwungen, wie ein Exhibitionist der gesamten Stadt seinen nackten Körper zu zeigen.

An manchen Tagen lagen auch echte, lebendige, kleine Balletttänzerinnen auf schmalen Handtüchern in der Sonne. Sie verbrachten hier die Pause. Ihr Probensaal war nicht weit entfernt, man hatte ihn im Dachgeschoß der Opéra Garnier eingerichtet.

Mit dem Aufzug fahre ich hinunter zur Hotelrezeption. Durch die gläserne Kabinentür sehe ich Flurfragmente und Türen mit goldenen Nummern an mir vorbeischweben. Wie bei einer fiktiven Fahrt durch die Vergangenheit ziehen alle Pariser Hotelzimmer, die ich bisher bewohnt habe, an mir vorbei. Ich glaube, in keiner Stadt der Welt gibt es lausigere Kammern für Fremde als in Paris. Wie oft habe ich hier schon unter Nachbarsgeräuschen der seltsamsten Art gelitten! Durch Pappwände hörte ich Schnarchen, Flüstern, normales Reden, Streiten und Schreien, manchmal vor Schmerz, dann wieder vor Lust. Den Luxus der großen, bestimmt auch lärmgedämpften Hotels konnte ich mir nie leisten.

Mir fallen die Romane von Boris Vian ein, die ich alle einmal verschlungen habe. Dort werden auch Wohnungen und Hotels beschrieben, mit Wänden aus Papier, die einmal da sind, dann wieder verschwinden. Surrealistische Momente in Badezimmern mit sprechenden Mäusen, die in Waschbecken und Kloschüsseln erscheinen, poetische Liebesgeschichten in Treppenhäusern, philosophische Gespräche auf Dächern, Verfolgungsjagden durch Jazzkeller und Kirchen, Wettschwimmen im Brunnenbecken des Jardin du Luxembourg. Dazu – so stelle ich mir das vor – Saxophonmusik von Sidney Bechet und Trompetensoli von Boris Vian selbst. Wenn ich Filmregisseur geworden wäre, hätte ich gern Filme gemacht, die etwas von der absurd-poetischen Atmosphäre seiner Romane gehabt hätten.

Nachdem ich ausgecheckt habe, deponiere ich meine Tasche an der Rezeption und mache mich noch einmal auf den Weg durch die Stadt. Mein Rückflug nach Berlin startet erst gegen Abend, also bleibt mir noch genügend Zeit, zwei Parks zu besuchen. Als erstes fahre ich mit der Metro hinaus zum Parc de la Villette. Eine lange Strecke. Den Wettbewerb zu diesem Parc, der 1982/83 weltweit ausgeschrieben wurde, verfolgte ich genau. Warum ich selbst daran nicht teilnahm, weiß ich nicht mehr. Nach meinem Wettbewerbserfolg bei der Bundesgartenschau 1978 in Berlin hätte ich es bestimmt wagen können.

Sobald die Entscheidung gefallen war, besorgte ich mir Veröffentlichungen, die alle Entwürfe ausführlich darstellten. Ich war begeistert. Plötzlich sah ich, daß andere Architekten und Landschaftsgestalter ähnlich dachten wie ich. Bisher fühlte ich mich auf diesem Gebiet als Einzelkämpfer. Allerdings glaube ich, daß Bernard Tschumi, der den Wettbewerb gewonnen hatte, in Deutschland mit seinem Konzept keine Chance gehabt hätte.

Während der Metro-Fahrt gehen mir die Erinnerungen an unsere vergeblichen Berliner Kämpfe durch den Kopf. Wahrscheinlich hatten wir zu keinem Zeitpunkt eine reale Chance, unsere Entwürfe in die Realität zu überführen. In Paris dagegen wurde nicht gezögert. Kaum war die Entscheidung gefallen, begannen die konkreten Planungen und Monate später die realen Bauarbeiten. Natürlich habe ich in den letzten Jahren das entstandene Ergebnis schon oft angeschaut.

Auch heute gefallen mit Tschumis witzigen Folies, die wie rote Feuerwehrhäuschen aussehen und durch ihre regelmäßige Verteilung den Park strukturieren, sehr gut. Ich gehe einmal quer über das Gelände und habe sogar das Glück, daß die Sonne scheint. Auf den Wiesen herrscht buntes Treiben. Jugendliche spielen Fußball, Mütter fahren ihre Kinder spazieren.

Ich habe hier schon Theater- und Zirkusveranstaltungen erlebt, mit Akrobaten, Jongleuren und Feuerschluckern. Einmal war ich auch bei einer öffentlichen Filmvorführung dabei. Das Hauptproblem des Parks ist seine Offenheit. Bewußt verzichtete Tschumi auf eine Umzäunung. Vor allem nachts wird er dadurch zu einem Sicherheitsrisiko. Es gibt Obdachlose, auch junge Touristen, die hier im Sommer unter freiem Himmel übernachten. Sie ziehen wiederum Dealer und Fixer an, die hier im Schutz der Dunkelheit ihr Unwesen treiben.

Anschließend fahre ich mit der Metro zum anderen modernen Stadtpark, der 1992 auf dem ehemaligen Gelände der Autofabrik Citroën neu eingerichtet worden ist: der Parc Citroën. Er ist ringsum eingezäunt und wird sogar von einer eigenen Parkpolizei beschützt, die vor allem verhindern soll, daß Fixer auf den Spielplätzen übernachten und Kinder am nächsten Tag in gebrauchte Spritzen greifen, wenn sie mit dem Sand spielen. Mir gefällt die Anlage fast noch besser als der Tschumi-Park. Sie ist ernster und strenger, weniger jahrmarktshaft und destruktivistisch.

Als Hauptattraktion stehen zwei hohe Gewächshäuser am Kopfende der langgestreckten Gesamtanlage. Den größten Teil des Parks nimmt eine riesige, rechteckige Spiel- und Liegewiese ein, die von einem schmalen Wasserlauf umgeben ist und von einem einzigen Diagonalweg durchkreuzt wird. An einer Längsseite des Parks ist neben den Kinderspielplätzen eine ganze Reihe von Themengärten eingerichtet worden, die ähnlich den botanischen Gärten auch didaktische Aufgaben erfüllen.

Beide Parks versuchen, das Thema Park in der Stadt für unsere Zeit neu zu definieren. Es ist klar, daß die absolutistischen Parkformen, wie sie etwa in Versailles zu besichtigen sind, heute keine Möglichkeiten der Gestaltung mehr darstellen, zu aufwendig, naturfeindlich und kunstvoll ist ihr ästhetischer Ansatz. Heute sind Parks keine elitären Angelegenheiten mehr, sie müssen vor allem vielen Menschen die Möglichkeit zur Erholung bieten. Große Wiesen mit integrierten Spiel- und Sportflächen werden erwartet. Parks verlieren dadurch zunehmend leider ihren möglichen Kunstaspekt. Vielleicht sind Museumsgärten die letzten Bereiche, die ästhetische und literarische Themen zulassen. Eine Mischung aus beiden Aspekten scheint mir inzwischen kaum möglich.

Offene Stadtparks sind schon immer Gefahrenzonen und Orte des Vandalismus gewesen. Ich glaube, daß ein Verschließen am Abend unumgänglich ist. In Paris lassen sich beide Möglichkeiten – nachts offen oder geschlossen – gut studieren.

Am späten Nachmittag fahre ich, angefüllt mit neuen Eindrücken, zurück zum Hotel. Unterwegs fällt mir ein, daß ich zu meiner *Wozzeck*-Zeit in der Metro einmal vollständig ausgeraubt worden bin. Plötzlich standen während der Rush-hour vier junge Männer ganz eng um mich herum, kurz bevor der Zug losfuhr, sprangen sie aus dem Waggon. Ich griff in meine Manteltaschen. Alle waren leer. Kein Geldbeutel mehr und keine Brieftasche. Alles war weg. Der Paß, die Kreditkarten, das Geld. Ein halbes Jahr später wurde mir mein wiedergefundener Paß von der Pariser Polizei mit der Post zugeschickt. Er hatte sich wohl in einem Mülleimer wiedergefunden. Der Rest blieb verschwunden.

Mit dem Bus fahre ich hinaus zum Flughafen Charles de Gaulle. Endlos scheint sich die Bebauung hinzuziehen. Der Verkehr ist heute das zentrale Problem des Städtebaus. Als Baron Haussmann seine Avenuen plante, gab es, neben den Fußgängern, nur Pferdekutschen und -droschken. Heute sind seine Avenuen mit Autos gefüllt, die in beiden Richtungen fahren und seitlich auch noch parken. Lärm und Gestank verpesten die einst so schönen Bummelstrecken.

Leider hat sich in der Zwischenzeit herausgestellt, daß die mittelalterlich engen Gassen und Straßen – etwa im Marais und bei den Hallen – einfacher in Fußgängerzonen zu verwandeln sind als Haussmanns Avenuen (dafür sind sie zu breit). Sie werden erst wieder ihre ganze Schönheit und Eleganz entfalten, wenn es Autos ohne giftige Abgase und Lärmentwicklung gibt.

Acht bis dreizehn Millionen Menschen leben heute in Paris. Die Angaben differieren, wahrscheinlich je nachdem, wieviel Umland dazu gezählt wird. Problemzonen sind die Wohnanlagen am Stadtrand mit den zahlreichen Zuwanderern aus Algerien und anderen ehemaligen französischen Kolonien. Die meisten Jugendlichen, die in diesen Stadtregionen aufwachsen, bleiben ohne Schulausbildung und später ohne Arbeit. Immer wieder kommt es hier zu Unruhen und Vandalismus. Wenn ich daran denke, steigt in mir das schlechte Gewissen hoch: Wie kann ich von der schönsten Stadt der Welt schwärmen und das Elend der Peripheriebewohner vergessen? Den gleichen Fehler machte schon Baron Haussmann. Aber im Gegensatz zu ihm bin ich kein Stadtplaner, niemand interessiert sich für meine Meinung, meine Überlegungen, meine Vorlieben und Abneigungen. Ich habe das Privileg, die Stadt manchmal besuchen zu können. Niemand zwingt mich, dort zu leben und mich permanent mit ihren Problemen auseinanderzusetzen.

Als Stadtbeobachter komme mir vor wie ein Hirnforscher, der erkennt, wo sich die elektrischen Ströme der Gedanken- und Lebensaktivitäten ereignen, welche Synapsen glühen und welche träge vor sich hindösen. Ich registriere die wichtigsten Aufbäumungen der Hauptkreuzungen und Sehenswürdigkeiten, kann viele Äußerlichkeiten beschreiben. Ich weiß Bescheid über die Entstehung des Gehirns, kenne seine Evolution in groben Zügen, sehe möglicherweise, wo sich Geschichte abgelagert hat und wo nicht.

Wir errichten die Städte, lassen sie wachsen, zerstören Teile davon, bauen gewisse Zonen neu auf und wissen im Grunde nie, was ihre Gesamtheit ausmacht. Vielleicht brauchen wir diese Erkenntnis auch nicht, möglicherweise ist sie eine überflüssige, dekadente Illusion.

Ich überlege, welche Orte und Stellen ich dieses Mal nicht besucht habe: das Picasso-Museum im Marais (eigentlich mein Lieblingsmuseum in Paris. Ich hatte den französischen Architekten, der das Museum entwarf, einmal in Berlin beim

Wettbewerb »Hamburger Bahnhof« kennengelernt und ihm meine Bewunderung für sein Werk ausgesprochen), das Armeemuseum beim Invalidendom, den Bois de Boulogne, die Grande Arche und La Défense, die Bibliothèque Nationale de France, die Kirchen, die Friedhöfe, die Passagen, viele Plätze und die Bastille-Oper. Außerdem würde ich gerne mal wieder nach Versailles, nach Giverny zu Monets Garten und nach Auvers-sur-Oise, dem Ort, an dem sich van Goghs Schlußpassion ereignet hat, hinausfahren. Ein Grund mehr, bald wiederzukommen!

So viele Dinge, Orte, Bücher und Filme wollte ich noch erwähnen. Paris ist ein unerschöpfliches Thema. *Die Kinder des Olymp* etwa oder *Den letzten Tango von Paris*. Edith Piafs *Je regrette rien* hallt durch mein Gehirn, und ich weiß im Augenblick nichts damit anzufangen.

Nachdenklich betrete ich die immer noch utopisch wirkende, ringförmige Abfertigungshalle des Flughafens. Die kreuz und quer angeordneten, mit Glasröhren überdachten, schrägen Rolltreppen und Fahrbänder im offenen Innenhof haben mich von Anfang an fasziniert. Ich habe sie schon oft photographiert.

Einmal, es muß 1990 oder 1991 während meiner *Ariane-et-Barbe-Bleu*-Zeit gewesen sein, betrat der berühmte Dichter Julien Green mit einem jungen Begleiter die Halle, als ich gerade auf einer Bank neben dem Eingang saß und meine Abflugzeiten studierte. Während sein Begleiter zum Eincheckschalter weiterging, schaute sich der Dichter um und setzte sich auf eine freie Bank in meiner Nähe. Ich kannte Green von zahlreichen Photos und war ein Bewunderer seiner Bücher. Jedes Jahr hoffte ich – wie er selbst bestimmt auch –, daß er den Nobelpreis bekommen würde. Er stand zwar immer auf der Liste, wurde jedoch nie ausgezeichnet.

Dafür gehörte er zu den »Unsterblichen«, war Mitglied der Academie Française, die nur aus 100 Mitgliedern besteht. Inzwischen ist er gestorben, und ein anderer hat seinen Platz eingenommen. Im schwarzen Anzug, mit weißem, makellosem Hemd, dezenter Krawatte sah der 90jährige Herr sehr vornehm aus. Herrisch und stolz stützte er sich mit beiden Händen auf den verzierten Silberknauf seines Stockes, den er zwischen den Beinen plaziert hatte. Unter all den internationalen Flughafenpassanten wirkte er auf mich wie ein Irrläufer aus dem 19.Jahrhundert, fremd und unglaublich weit weg.

Mich beeindruckte diese Begegnung tief. Zusammen mit der Science-fiction-haften Umgebung ein unvergeßliches Bild. Jahre zuvor sah ich übrigens Nina Hagen durch die gleiche Tür kommen, einen Kinderwagen vor sich herschiebend. Beim Betreten der Halle kickte sie den Wagen von sich, so daß er 10, 20 Meter weit allein durch die Menge schoß. Sie kicherte dabei still vor sich hin und sah aus wie bei einem Bühnenauftritt, punkig-aufgeputzt als wilde Pop-Dämonin. Auch ein schöner Kontrast zur Halle. Vielleicht sollte ich mich öfters hierher setzen und einfach nur Menschen beobachten.

Tallinn
Tartu

Tallinn, 20. Januar 2005

Am späten Nachmittag fahre ich mit der S-Bahn hinaus nach Berlin-Schönefeld. Der zweite Flug nach Tallinn steht mir bevor. Naßkaltes, ungemütliches Winterwetter. Da die Strecke von einer Billigfluglinie bedient wird und Estland im Augenblick viele Deutsche neugierig macht, ist die Maschine bis zum letzten Platz ausgebucht. Eingeklemmt sitze ich zwischen Schülern und Schülerinnen, Studenten und Studentinnen. Die wenigen älteren, teilweise grauhaarigen Touristenpaare lesen schweigend und bildungshungrig in ihren Reiseführern. Niemand schaut aus den Fenstern, außer verbeulten Wolkenflächen ist wahrscheinlich auch nichts zu sehen. Da ich mich mit einem Gangplatz abfinden muß, bleibt mir nichts anderes übrig, als die Hinterkopffragmente der Passagiere vor mir zu betrachten, Gesprächsfetzen zu lauschen, meinen Gedanken nachzuhängen oder ebenfalls im mitgeführten Reiseführer zu blättern. Morgen wird eine Art Bauprobe zu unserer *Zauberflöte* in Tartu stattfinden.

Im Gegensatz zu den meisten bisher beschriebenen Ländern und Städten – bis auf Singapur, Tel Aviv, San Francisco und Moskau – gehört Estland zu meinen »Neuzugängen«. Keine früheren Erinnerungen und Bilder überdecken die jetzigen Eindrücke. Allerdings gibt mir die seltsame Koppelung mit der *Zauberflöte* zu denken. Warum wurden wir gerade für dieses Stück in eine so abgelegene Stadt wie Tartu eingeladen? Ich versuche, mir die früheren, sowjetisch-kommunistisch geprägten Zeiten zu vergegenwärtigen, und frage mich, ob es damals auch schon *Zauberflöten*-Aufführungen gab. Bei nächster Gelegenheit werde ich mich erkundigen.

Für mich stellt das Stück eine abenteuerliche Mischung aus absurden Versatzstücken dar, die unlogisch versuchen, miteinander zu kommunizieren. Die gute Königin der Nacht verwandelt sich in eine kalte Mordhetzerin, und der salbungsvolle, pseudoväterliche Oberpriester Sarastro entpuppt sich als terroristischer Diktator, als Mozartscher Übervater, der Neuankömmlinge und Jugendliche zu Ritualen zwingt, die nur seiner Machterhaltung dienen und im Grunde purer Nonsense sind. Ähnlichkeiten mit heutigen Initiationsriten sind nicht zu übersehen: die Beschneidungen von Jungen und Mädchen in muslimischen und jüdischen (hier nur die jungen Männer) Ländern oder die Einberufungen zum Militärdienst. Ob die neuen, in die EU strebenden oder bereits eingetretenen Länder die Welt ähnlich erleben wie Papageno? Schließlich führen die Beamten in Brüssel Prüfungen durch, die denen Sarastros gleichen!

Ich denke an das ausgehende 18. Jahrhundert, an die Entstehungszeit der *Zauberflöte*, an Emanuel Schikaneder, den Textdichter, und an Wolfgang Amadeus Mozart. Die überaus erfolgreiche Uraufführung des Werkes fand zwei Monate vor Mozarts Tod, 1791, in Wien statt. Kurz darauf begann Schikaneders Niedergang, er starb, nachdem er 50 Schauspiele und 40 Libretti verfaßt hatte, 1812, 21 Jahre nach Mozart, in geistiger Umnachtung.

Von heute aus gesehen wirkt die *Zauberflöte* wie der merkwürdige Kommentar zweier leicht verwirrter Künstler auf die Ereignisse der Französischen Revolution. Sie öffnen gemeinsam die Bildschleusen und betrachten das Hervorpurzeln der bisher angestauten Träume von Liebe, besserem, freierem Leben, ohne sie auf logische Zusammenhänge hin zu untersuchen. Eine infantil-absurde, bilderproduzierende Spiel- und Zaubermaschine, deren Mechanik durch die Gravitationskraft der sinnlichen Liebe angetrieben wird. Die fröhliche, musicalhafte Komposition Mozarts wollte bewußt volkstümlich sein und damit möglichst viele Besucher ins Theater locken. Erfolg war auch damals mit Geld gleichzusetzen!

Als die Räder unserer Maschine ruppig die Betonlandepiste des Tallinner Flughafens berühren, schrecke ich aus meinen Tagträumen, die inzwischen zu Abendträumen geworden sind, auf. Leicht benommen, trotte ich mit den übrigen Passagieren durch den neonbeleuchteten, fensterlosen Gang, der an die geöffnete Flugzeugtür angedockt wurde, hinüber in den modernen Terminal. Durch die großen Fensterscheiben sehe ich beim Warten an der Paßkontrolle draußen, am Rand der Betonflächen, die aufgehäuften Schneeberge und darüber den abendlichen, schon fast nächtlich dunklen Winterhimmel. Da die Verbindung von Tallinn nach Tartu verkehrstechnisch sehr schlecht ist, werde ich auch dieses Mal von einem Fahrer des Theaters abgeholt. Der mir unbekannte Mann steht mit dem Schild »Vanemuine-Theater-Schaal« am Ausgangsgate. Nach kurzer, freundlicher Begrüßung gehen wir zum verschneiten, baumlosen Parkplatz hinaus.

Jetzt erst merke ich, wie kalt es hier ist, bestimmt minus 10 oder 15 Grad. Links und rechts vom frei geräumten Weg liegen hohe, glitzernde Schneehügel. Im Westen, über einem zugefrorenen See, geht in diesem Moment glutrot die Sonne unter. Im Osten hat sich der Nachthimmel endgültig verfinstert. Moderne Straßenlampen beleuchten mit ihrem giftig gelben Licht die geparkten, teilweise mit dicken Schneeschichten bedeckten Autos und verwandeln sie in gespenstische Eiskäfer, die in ihrer starren Ruhe bedrohlich auf mich wirken. Unsere Schritte knirschen auf dem festgepreßten Schnee so laut, daß ich darüber erschrecke. Als wir in den klapprigen Kleinbus des Theaters, den ich schon von meiner letzten Ankunft her kenne, einsteige, beginnt es auch noch zu schneien. Ungemütliches, gefährliches Fahrwetter denke ich, immerhin haben wir jetzt 200 Kilometer vor uns. Ich kenne die Straße, sie führt fast schnurgerade von Norden nach Süden, eine zweispurige Landstraße, die von den meisten Fahrern jedoch als Autobahn betrachtet und entsprechend schnell befahren wird.

Mir bleibt nichts anderes übrig, als todesmutig auf einer der hinteren Bänke Platz zu nehmen und mich meinem Schicksal zu überlassen. Leider kann ich mit dem Fahrer kein Wort wechseln, er spricht weder deutsch noch englisch, und meine eigenen estnischen Sprachkenntnisse sind vollkommen unentwickelt. Da ich inzwischen weiß, wie wortkarg und ins Schweigen verliebt die Esten sind, habe ich kein schlechtes Gewissen und verschließe mich genauso wie mein Fahrer. Schweigend beginnen wir also die Fahrt. Beim Zurückstoßen und Einbiegen auf die Hauptstraße sehe ich das Terminalgebäude aus verschiedenen, sich langsam verschiebenden Perspektiven wie ein hell erleuchtetes Raumschiff neben mir auftauchen, näher kommen und wieder hinter einem meterhohen Schneeberg versinken. Zuletzt leuchten nur noch die großen Buchstaben »TALLINN AIRPORT« über einem schmalen Fassadenfragment.

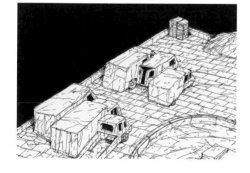

Dann biegen wir endgültig in unsere Straße ein. Hinter den krächzenden Scheibenwischern, die versuchen, auftreffende Schneeflocken abzuwischen, erkenne ich im Lichtkegel unserer Scheinwerfer, daß eine festgefahrene, vereiste Schneedecke das eigentliche Asphaltband bedeckt. Dieser Sachverhalt hindert meinen Fahrer jedoch nicht daran, den Gashebel durchzudrücken und, ohne zu bremsen, mit 120 Stundenkilometern über die Piste zu rasen, so als wolle er demnächst wie ein Flugzeug vom Boden abheben. Im Rückfenster beobachte ich fahle Lichtreflexe, die das Terminal-Aquarium auf tiefhängende Wolken wirft, dann löscht die Dunkelheit die letzten Spuren, die an Tallinn erinnern, das einst Reval hieß, endgültig aus.

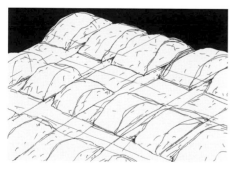

Wie eine Rakete bohrt sich unser Gefährt in die Nacht. Entgegenkommende Fahrzeuge blenden die Augen, aber mein Fahrer vertraut auf die ihm bekannte Geradlinigkeit der Strecke und läßt sich nicht irritieren. Wenn ich mich umdrehe,

sehe ich die roten Rücklichter der vorbeigefahrenen Autos wie Gespensteraugen-
paare kleiner und kleiner werden und schließlich im schwarzen Nachtblock ganz
verlöschen.

Bei jedem gewagten Überholmanöver erstarrt mein Herz. In der Vorstellung
werde ich durch zersplitterte Autofenster geschleudert und hauche kurz darauf
mein Leben im tiefen estnischen Schnee aus. Na ja, denke ich fatalistisch, dann
ist das also meine letzte Fahrt in diesem Leben. Warum nicht in Estland? Ein guter Ort zum Sterben. Dösend, hin- und hergerissen zwischen Neugier, Abenteuerlust und Todesphantasien spüre ich meinen Körper wie ein fremdes Wesen, das
von Mafia-Sarastro-Mächten eingeschlossen worden ist in eine alte Blechkonser-
vendose auf Rädern. Der klappernde Kubus um mich herum bleibt für immer verschlossen. Er besitzt keine eigene Zeit mehr. Sie ereignet sich nur noch draußen,
vor den schwarzen Fenstern. Die weißen, fast waagrecht vorbeiflitzenden Schnee-
flockenpunkte werden in meiner Vorstellung erst zu Molekülen, dann zu Sternen,
Sonnen und schließlich zu vorbeistürzenden Meteoren. Krieg der Materie in unaufhörlichen Bewegungen. Quadrate mischen sich dazwischen, Dreiecke, Tassen und
Teller, ab und zu ein Glas, ein Messer. Sich auflösende Realität. Realität ... Realität ... Real ... i ... tät ... Zeit- und Raumsprung. Berlinbilder flackern auf: die
S-Bahnfahrt nach Schönefeld, die Passantengesichter im Mittagslicht, die Abflughalle.

Ich schließe die Augen und sehe mich in einem brennenden Haus sitzen. Die
Flammen erfassen auch mich, aber mein Körper brennt nicht, ich spüre nicht einmal die Hitze des Feuers. Dafür erkenne ich – wie unter dem Mikroskop –, die
Einzelteile des Hauses, die langsam auseinanderfliegen und sich in Staub und
Rauch auflösen. Dächer verwandeln sich in flatternde Schmetterlinge, Schmetterlinge in Bücher, Bücher verwandeln sich in Blätter, Blätter in Worte, Worte verwandeln sich in Luft ... Schneeflocken verwirren das Bild erneut. Sie wirbeln
jetzt so dicht vor meinen Augen, als wollten sie die Realität der estnischen Nacht
vertuschen und verleugnen. Als unser Kleinbus über ein größeres Hindernis rumpelt, werde ich kurz an die Decke des metallischen Innenraums geschleudert und
wache für Momente aus meinen Zwischenreichphantasien auf. Mein Blick fällt
auf den Hinterkopf des Fahrers, der sich als Silhouette vor dem Lichtkegel unseres Autos deutlich abhebt. Immer, wenn ein Auto entgegenkommt, erkenne ich
jedes einzelne Haar. Ein dünnes Gestrüpp, ein Liniendickicht. Ich weiß nicht, ob
er diese Fahrten haßt oder liebt. Vielleicht erträgt er sie apathisch, ohne viel darüber nachzudenken. Aus der Geschwindigkeit schließe ich, daß er sie schnell hinter
sich bringen will, möglicherweise wartet eine Frau in einer warmen Wohnung auf
ihn. Seine Kinder, sofern er welche hat, schlafen bestimmt schon ...

Irgendwann beruhigen sich meine Phantasien, ich beachte die Fahrweise meines Chauffeurs nicht mehr und versuche zu schlafen, schließlich ist es schon
nach 22.00 Uhr. Manchmal öffne ich kurz die Augen und sehe im Seitenfenster
leere Schneefelder, die im grellen Scheinwerferlicht eines überholenden Autos
vorbeifliegen. Meistens streift das Licht jedoch über die Stämme endlos weiter
Wälder. Nur ab und zu tauchen halbzerfallene, ärmlich aussehende Bauernhöfe
auf. Schon bei meiner letzten Fahrt entdeckte ich in ihrer Nähe Storchennester auf
hohen Stangen, in jedem Gehöft mehrere. Beim nächsten Mal – im Sommer –
werde ich nach ihren Bewohnern, den Störchen, Ausschau halten. Plötzlich kreuzt
ein Fuchs die Straße.

Während des Fluges habe ich im Reiseführer gelesen, daß Estland das kleinste
der drei baltischen Länder – neben Lettland und Litauen – ist, wenig größer als
die Schweiz. Das Land hat nur etwas mehr als 1 000 000 Einwohner und ist topf-

eben. Die höchste Erhebung trägt den schönen Namen Suur Munamägi und mißt 310 Meter Höhe. Wälder bedecken die Hälfte der Landschaft. Ansonsten gibt es Küsten, Strände, Wiesen, Dörfer und wenige Städte. Außerdem wurden in Estland insgesamt 1400 Seen gezählt. Es wundert daher nicht, daß hier wegen der geringen Bevölkerungsdichte jede Menge Tiere und Vögel leben: Bären, Elche, Biber, Luchse, Wildkatzen, Ottern, Bisamratten, Wölfe, Schwarzstörche und dieser Fuchs.

Wie fremd uns Estland im Grunde ist, merke ich auch daran, daß ich von allen im Reiseführer erwähnten estnischen Künstlern – Schriftstellern, Musikern, Malern, Bildhauern – nur den Komponisten Arvo Pärt kenne, dessen geistliche Meditationen, die zwischen archaischer Gregorianik und science-fictionhaften Sphärenklängen schweben, ich schon lange bewundere. Allerdings lebt Pärt seit Jahrzehnten im Berliner Exil.

Kehra, Aegviidu, Aravete, Järva-Jaani, Paide, Türi, Poltsaama, Jogeva, Puhja – so heißen die Dörfer, die links und rechts von unserer Straße liegen, unsichtbar in der estnischen Nacht versteckt. Nur durch Straßenschilder, die an Abzweigungen und Kreuzungen stehen, machen sie auf sich aufmerksam. Die Namen erinnern mich an eine Reise durch Finnland, die ich vor Jahren einmal unternommen habe, um Gebäude von Alvar Aalto anzuschauen. Finnisch und Estnisch gehören der gleichen Sprachfamilie an wie Ungarisch. Sie sind nicht verwandt mit Lettisch, Russisch oder Polnisch.

Gegen 24.00 Uhr tauchen die ersten Häuser von Tartu auf. Nach der endlosen Leere der Landschaft hatte ich nicht mehr daran geglaubt, irgendwann in einer bewohnten Stadt anzukommen. Dankbar begrüßen meine schläfrigen Augen die verschneiten Holzhäuser, die draußen vorbeischaukeln. Aus den Schornsteinen steigt Rauch, die meisten Fenster allerdings sind unbeleuchtet und schwarz. Tartus Bewohner liegen um diese Zeit in ihren Betten, bestimmt ein gemütlicherer Ort als unsere rumpelnde, nur mäßig erwärmte Blechkiste. Erst jetzt fällt mir auf, daß es nicht mehr schneit. An den Straßenrändern türmen sich hohe Schneeberge auf. Ein Bild, das wir bei uns in Deutschland seit Jahren nicht mehr kennen.

Auch dieses Mal wohne ich in einer Art Theaterwohnheim in der Nähe des Bahnhofs. Das zweistöckige, gemauerte Gebäude, das von alten, teilweise leerstehenden Holzhäusern umgeben ist, wirkt jetzt mitten in der Nacht besonders düster, kein Mensch weit und breit, nirgendwo ein hell erleuchtetes Fenster. Der Fahrer schließt mir die Eingangstüre auf, stellt meine Tasche ab, verabschiedet sich und verschwindet in der Nacht. Obwohl wir nur wenige Worte miteinander gewechselt haben, ist mir seine stumme Anwesenheit, trotz der Gefahren, in die er mich durch die unangepaßt hohe Fahrgeschwindigkeit ständig gebracht hat, so angenehm gewesen, daß ich ihn jetzt vermisse und mich im kalten, halbdunklen Betontreppenhaus sehr verlassen fühle. Schließlich finde ich meine Zimmernummer und betrete etwas bedrückt eine ziemlich unterkühlte Kammer. Als erstes drehe ich alle Heizungen auf. Tatsächlich erfüllen sie nach kurzer Zeit knarrend und schnaubend ihren Dienst. Dann öffne ich das Fenster und blicke in einen Hinterhofgarten mit krummen, schneebedeckten Häusern und einer hohen, alten, jetzt winterlich kahlen Kastanie. Fahles Mondlicht erhellt das Bild, das mir so unwirklich vorkommt wie eine Fata Morgana. In Estland, denke ich, weit oben, am nordöstlichen Rand meiner bisherigen Welterfahrung, haben sich vielleicht jene Hinterhofstimmungen, erhalten wie ich sie als Kind in den verschneiten, kalten Ruinen meiner weitgehend zerstörten süddeutschen Heimatstadt Ulm erlebt habe. Aus einem Kamin gegenüber steigt beißender Rauch, der mich an den Geruch früherer DDR-Städte erinnert. Braunkohle, ungesund und ätzend. Ich schließe das Fenster schnell wieder und lege mich schlafen.

Arila, die im gleichen Haus untergebracht ist, klopft am nächsten Morgen verabredungsgemäß gegen 9.00 Uhr an meine Tür. Wir kochen uns Tee, essen mitge-
brachte Äpfel und sprechen über den anstehenden Tag. Vor dem Fenster steigt
immer noch der beißende Rauch auf. Ich denke an Chagalls Witebsk-Bilder. Arila
kennt Rußland gut und bestätigt mir: »Ja, so sieht es dort auch aus, genauso mittelalterlich, ärmlich. Auf dem Lande jedenfalls.«

Gemeinsam gehen wir Richtung Theater los. Es herrscht trübes Winterwetter.
Beim Verlassen des Hofes, auf dem einige verbeulte, stark eingeschneite Autos
stehen, blicke ich mich um und bin ganz verzaubert von den ein- und zweigeschossigen, waagrecht verbretterten Holzhäusern, die ringsum stehen. Dicke Eiszapfen hängen an den Dachrinnen, und über die Fensterscheiben wuchern märchenhafte Eisblumen. Wie einfach und bescheiden die Häuser gebaut sind, und
wie eigensinnig-stolz sie dennoch wirken! Oft ist die Farbe, mit der sie einst angestrichen wurden, verblichen und nur noch in Spuren erahnbar. Holzlattenzäune
umrahmen kleine Hausvorgärten, die jetzt unter einer dicken, leicht gewellten
Schneedecke versteckt liegen.

Als wir auf die kleine Straße hinaustreten, sehen wir stadtauswärts das alte
Bahnhofsgebäude wie ein schlafendes Riesentier unter den großen Bäumen ruhen.
Die schwarzen Fensteraugen blicken uns leer und tot an.

Im Theater wurde uns beim letzten Besuch erzählt, daß es tatsächlich eine tägliche Eisenbahnverbindung zwischen Tallinn und Tartu geben soll, aber jeder hat
uns gewarnt, in die Waggons einzusteigen, da man Gefahr läuft, von verarmten
russischen Soldaten überfallen zu werden. »In der Bahn herrschen Wildwest-Zu-
stände!« Dafür empfehlen die Einheimischen neu eingerichtete Busverbindungen.
Ich werde sie einmal benutzen, wenn ich zu vernünftigen Zeiten unterwegs bin.

Schweigend stapfen wir stadteinwärts, argwöhnisch von schwarzen Krähen
beobachtet, die auf den kahlen Straßenbäumen herumlungern und beängstigend
laut krächzen.

In einem offenen Hauseingang steht eine schwerbusige Frau mit umgebunde-
ner Schürze, schaut auf die Straße hinaus, wundert sich über uns, ruft nach ihrem
Kind oder ihrem Hund und verschwindet wieder in der Stube.

Einmal fällt mein Blick auf einen Mann, der Kohlen in Eimer schaufelt. Seine
Kleidung wirkt ärmlich und abgerissen, das durchlöcherte, karierte Hemd hängt
ihm aus der Hose, als wolle es davonfliegen. Hinter einem Fenster entdecke ich
eine dicke, schlafende Katze unter vertrockneten Sonnenblumen. In einem Hin-
terhofschuppen spaltet jemand Holz, ich höre die wütenden Schläge und sehe die
Scheite im Schnee landen. Gelbliches Sägemehl und Holzsplitter bedecken eine
zertretene Schneeschicht.

Ich komme mir vor wie in einer Zeitmaschine, 100 Jahre zurückgeworfen.
Traumhafte Szenen mit Menschen, die vielleicht längst gestorben sind.

Wir gehen die Kuperjanovi-Straße hinunter, immer leicht bergab, weiter
Richtung Innenstadt und Theater. Über die Pepteri-Straße biegen wir in die Riia
Maantee ein. Hier lese ich auf einem Verkehrsschild, das stadtauswärts zeigt:
»Nach Riga 310 Kilometer«. Unten im Tal sehen wir fahl-silbrig den Emajõgi-
Fluß glitzern.

Eigentlich existiert das Vanemuine-Theater schon seit 1879. Damals wurde es
von Laien mit dem Ziel gegründet, die estnische Sprache zu hegen und zu pflegen. »Vanemuine« ist der Name eines altestnischen Sängergottes. Diese Urwur-
zeln sieht man dem heutigen Theaterbau, der aus den 1960er Jahren stammt,

allerdings nicht mehr an. Er könnte genauso in Kassel, Ulm oder Magdeburg stehen. Die Baustile gleichen sich. Schon erstaunlich, wenn man bedenkt, wie gering der Kontakt zwischen den Ländern und Kulturen vor der Wende 1989 und der estnischen Revolution 1991 war.

Wir kennen Gebäude und Wege bereits von den anderen Besuchen, deswegen gehen wir zielstrebig zum Künstlereingang, der wie überall auf der Rückseite des Theaters liegt. Hier steht ein moderner, wahrscheinlich erst vor wenigen Jahren errichteter Verwaltungs- und Werkstattneubau, der sich ebenfalls in keiner Weise von unseren Neubauten aus den 1990er Jahren unterscheidet. In der kleinen Eingangshalle, deren Wände mit roten und gelben Streifen verziert sind, empfängt uns eine freundliche, elegante, englischsprechende junge Dame, die hinter einem knallblauen Tresen residiert.

Wahrscheinlich wendet sich die etwas übertriebene Farbgebung gegen die tragischen, möglicherweise als grau und düster empfundenen historischen Ereignisse, die das Land in den letzten Jahrzehnten gequält haben. Bis vor 14 Jahren herrschte in Estland sowjetisch-kommunistische Unterdrückung. Alle Esten, die mit uns in Kontakt treten, wurden von dieser Zeit geprägt. Nur die Älteren erinnern sich noch an die deutschen Besatzer im Zweiten Weltkrieg. Beim Angriff der Russen auf das Land zogen sie sich ab September 1944 zurück. Davor bombardierte die Rote Armee Tallinn und Tartu. Dabei wurden fast alle historisch bedeutenden Gebäude zerstört. 1940 annektierten die Russen Estland, 19000 Esten wurden bei »Säuberungsaktionen« hingerichtet. Insgesamt sind während des Zweiten Weltkrieges fast 300000 Esten ums Leben gekommen. Jeder Widerstand gegen die übermächtigen Besatzer scheiterte. Jetzt also kann man in die Farbtöpfe greifen und zum ersten Mal im Leben kapitalistisch-bunte Freiheiten genießen!

Mit diesen Freiheiten schleichen sich natürlich auch neue Ängste ein, vor allem vor tschetschenischen oder muslimischen Terroristen, vor normalen Einbrechern oder vor der russischen Mafia. Es ist deswegen durchaus verständlich, daß die angrenzenden Theaterflure streng videoüberwacht werden und die Eingangstüren nur mit speziellen Codes zugänglich sind.

Im ersten Stock suchen wir das Zimmer von Marika Petti, der Hausdramaturgin. Sie begrüßt uns überaus freundlich und führt uns zum Besprechungsraum. »Sie müssen jetzt Ihr Konzept der ›Valuflööt‹, so wird die *Zauberflöte* hier in Estland genannt, dem Intendanten und den Mitarbeitern des Theaters vorstellen«, teilt sie uns auf dem Weg mit.

Im Sitzungssaal haben sich bereits viele Menschen versammelt: der technische Leiter, der Verwaltungsdirektor, sämtliche Vorstände der Werkstätten und einige Damen der Verwaltung. Wir begrüßen uns gegenseitig, tauschen Freundlichkeiten aus – sofern das sprachlich möglich ist – und warten gemeinsam auf den Intendanten.

Arila flüstert mir zu: »Der Intendant wird dir gefallen. Ich kenne ihn schon. Eine imposante Figur. In seiner Jugend war er der bekannteste Rocksänger Estlands. Als der Erfolg nachließ, startete er eine Karriere als Musikproduzent in Tallinn, und seit letztem Jahr ist er Intendant in Tartu. Seine Liebe gilt vor allem dem Musical. Im Augenblick wird fast jeden Abend *Cats* mit großem Erfolg gegeben.«

Schließlich öffnet sich die Tür, und der Intendant tritt ein bzw. auf. Alle Anwesenden verstummen. Die Respektsperson sieht aus wie ein in die Jahre gekommener Leningrad-Cowboy, in schwarzem Anzug, weißen Turnschuhen und einer weit vorstehenden Elvis-Haartolle. Ich kann mir ein Schmunzeln nicht verkneifen und sehe vor meinen geistigen Augen den schrulligen Kaurismäki-Film ablaufen.

Ja, die Seelenverwandtschaft zwischen Esten und Finnen leuchtet mir ein. Vielleicht beneideten die Esten ihre finnischen Nachbarn auch darum, daß ihr Land nie vollständig von den Russen besetzt wurde und sie im zähen Kampf ihre demokratische Selbständigkeit bewahren konnten. Nach wenigen einführenden Worten bittet der rockige Intendant, leider ohne zu singen, in kernigem Englisch, Arila, mit ihren *Zauberflöten*-Ausführungen zu beginnen. Ich hätte gerne gefragt, ob dieses deutsche Singspiel schon einmal in Tartu aufgeführt worden ist, aber die Gelegenheit dafür ist noch nicht gekommen.

Arila: »Mich interessiert als Regisseurin vor allem der Generationenkonflikt, natürlich auch das Märchenhafte des Stoffes ...«

Auf dem großen, aus mehreren Einzelelementen zusammengesetzten Tisch steht mein Bühnenbildmodell. Leider wirkt es auf dieser Fläche etwas zu klein und sieht aus wie ein gestrandetes Zimmer in der arktischen Eiswüste. Außerdem fehlt eine spezielle Lampe, die es zum visuellen Leben erweckt.

Nachdem Arila mit ihren Ausführungen fertig ist, sage ich auch einige Sätze zum Bühnenbildkonzept und gehe dabei vor allem auf mein Hauptmotiv – ein 2 Meter großes, realistisch nachgebautes Vogelnest – ein. »Mich faszinieren an Mozarts Singspiel besonders die Übergänge zwischen Menschen- und Tierwelt. Schließlich ist Papageno ein Vogelfänger. Unser Plan besteht darin, Papageno und Papagena am Schluß in dem großen Vogelnest zusammenzuführen.«

Jetzt könnten wir den Anwesenden etwas vorsingen, aber keiner hat den Mut dazu, schließlich sind wir keine Sänger, und meine Stimme würde mit ihrem tiefen Krächzen bestimmt alle Zuhörer erschrecken: »Pa ... Pa ... Papa ... gena ... Papagena ... Pa ... Pa ... Papa ... geno ... Papageno ...«. Mit viel Lust und albern-mozartscher Lebensfreude wird nach dieser Schlußszene hinter dem geschlossenen Vorhang die nächste Generation gezeugt, die alles besser machen wird und vielleicht keine Prüfungen mehr bestehen muß ...

Danach erläutert Marie-Luise ihre Kostüme. Der Intendant scheint begeistert von unseren Ideen, lobt das Bühnenbild (hier »Kunstnik« genannt), die Kostüme, die Ideen Arilas und verläßt den Raum wieder mit energisch knallenden Schritten. Ich glaube, seine weißen Turnschuhe tragen an der Unterseite Stahlkappen, wie man sie für den Steptanz benötigt.

Nach Abschluß der Besprechung gehen wir zusammen mit dem technischen Direktor auf die Bühne und überprüfen unsere Planungen, die Lage der Wände, Treppen, Podeste und ihre genauen Größen. Diese »Bauprobe« beschränkt sich auf wenige Schritte, Latten und Maßbandverspannungen, viel mehr ist im Augenblick nicht möglich, da der dekorative Müllhaufen des *Cats*-Bühnenbilds den ganzen Raum einnimmt. Arila und ich sind etwas entsetzt über die Lausigkeit der Materialien und ihre dürftige Verarbeitungsweise, aber wir schweigen gegenüber den Bühnenarbeitern und dem technischen Direktor, der natürlich stolz darauf ist, mit dieser Inszenierung an den gegenwärtigen globalen Kulturzustand, wie er in Wien, London und New York herrscht, angeschlossen zu haben. Schließlich sind wir Gäste und wollen niemanden verletzen.

Der technische Direktor ist ein stattlicher, imposant aussehender Mann um die 60. Seine weißen Haare verleihen ihm eine gewisse Würde. Nach Abschluß unserer Überprüfungen stehen wir in der hohen, zur Stadt hin verglasten Foyerhalle und versuchen ein Gespräch mit ihm. Vor allem interessiert uns natürlich die Vergangenheit Estlands, über die wir so wenig wissen. Leider verhält er sich äußerst zurückhaltend und weicht jeder Frage aus. Wir können nicht einmal darüber Auskunft erhalten, warum er so gut deutsch spricht. Rätsel über Rätsel. Nach längerem, nachdenklichem Schweigen tropfen zähe, widerwillig vorgebrachte

Sätze aus ihm heraus: »... alle Esten sind ... durch die historischen Ereignisse ... vorsichtig und skeptisch geworden ..., vor allem Deutschen und Russen gegenüber ... Wir fühlen uns nur den Finnen brüderlich verbunden ... In allen Familien ... gibt es unselige Erinnerungen ... an den letzten Krieg ... auch in meiner ... Jeder hat Familienangehörige und Verwandte ..., die umkamen und ... in deutsche ... oder sowjetische Arbeitslager ... verschleppt worden sind. ... Jeder ... Ich will nicht weiter darüber sprechen ... Es ist einfach zu schlimm ... Sehr schlimm ... Unvorstellbar schlimm ... Mein ganzes Leben ... Nach fast 50 Jahren russischer Unterdrückung ... mit Kommunismus ... Bespitzelung und sonstigem Terror ... sind wir alle verstummt ... verstummt ... und müssen das Sprechen ... jetzt neu lernen ...«

Sein Gesicht dreht er dem Foyerfenster zu, um unseren Blicken auszuweichen, und schaut schweigend in die Ferne. Gespräche dieser Art führt er äußerst ungern, das spüren wir und schweigen ebenfalls. Wahrscheinlich soll die einsetzende Stille die Furchtbarkeit der Ereignisse betonen. Ich sehe die gleichen 50 im Westen verlebten Jahre vor mir, die er, eingesperrt in ein enges Land, unter Entbehrungen und Qualen leben mußte, ich denke an die Adenauerzeit, die 68er-Bewegung und meine Erlebnisse in der DDR. Ich habe die ganzen Jahre über nie an dieses Land hier gedacht, es existierte in meiner Vorstellung überhaupt nicht. Wie ein nachträglich entdecktes Geschwür, ein Alptraum aus der Vergangenheit, drängt es jetzt mit seiner unglücklichen Geschichte in mein Bewußtsein, und ich weiß nicht, ob ich mich schuldig fühlen oder ein schlechtes Gewissen haben soll.

Außerdem frage ich mich, ob er uns dafür haßt, daß wir einem Volk angehören, das im 20.Jahrhundert – wie die Russen – nur Unheil über die Welt gebracht hat? Wir, denke ich, die wir einer Generation angehören, die bisher nichts Schlimmes zu verantworten hat, können mit einer »Valuflööt« im Gepäck nach Estland fahren und damit demonstrieren, daß es heute ganz »normale« Deutsche gibt, die mit der Hoffnung leben, derartig perverse Zeiten in Zukunft verhindern zu können.

Plötzlich dreht sich der technische Direktor wieder zu uns um und sagt: »Morgen bin ich nicht im Haus. Ich nutze meinen freien Tag, um mit meiner Frau nach Helsinki zum Einkaufen zu fahren.«

Ich: »Mit dem Auto?«

Er: »Ja, wir besitzen einen kleinen Lieferwagen, damit können wir auf die Fähre und sind dann in Finnland frei in unseren Bewegungen. Meistens kaufen wir unseren ganzen Monatsbedarf bei diesen Fahrten ...«

Tartu, 22.Januar 2005

Heute Abend fliege ich schon wieder zurück nach Berlin. Um 17.00 Uhr, erwartet mich der Vanemuine-Fahrer, um mich nach Tallinn zu bringen. Der Vormittag gehört mir allein. Nachdem ich meine Tasche im Theater deponiert habe, breche ich zu einem Stadtspaziergang auf. Tartu ...Tartu hieß früher Dorpat, eine Stadt, in der heute 80000 Einwohner und 20000 Studenten leben. Ich gebe zu, daß ich vor unserem *Zauberflöten*-Auftrag noch nie von dieser Stadt gehört hatte. Natürlich gibt es unzählige Städte auf der Welt, die mir unbekannt sind. Plötzlich, aus den unterschiedlichsten, unerwartetsten Gründen steht man in Gassen, die es seit Jahrhunderten gibt, und blickt auf Häuser und Wände, die aussehen wie bei uns, ganz normal, mit Schrammen und Beulen. Andere sind neu verputzt und angestrichen, strahlen in frischem Glanz, wirken jugendlich-unerfahren. Fenster schauen mich an, und ich weiß wie immer nicht, ob sie mich einladend oder abweisend taxieren. Wahrscheinlich interessieren sie sich nicht für mich, glotzen einfach nur so vor sich hin, wie überall auf der Welt.

Nichts, kein Denkmal und keine Ruine, läßt auf furchtbare Zeiten schließen, die Hausfrauen, Mütter mit Kindern und Studenten gehen über den Marktplatz, als hätte hier immer kapitalistischer Friede geherrscht. Wie in Berlin frage ich mich auch in dieser Stadt: Warum wurden die Spuren so schnell ausgelöscht, warum gibt es keine Erinnerungszeichen an vergangene Grausamkeiten? Offensichtlich will niemand, kein heutiger Bewohner, an finstere Kriegs- und Besatzungszeiten denken. Vergessen, vergessen, vergessen ...

Jetzt, beim Blick vom ehemaligen Burgberg hinunter auf die liebevoll restaurierte Altstadt, kommt mir die fast märchenhafte Dachlandschaft wie eine Lüge vor, die mit aller Macht behauptet: Tartu ist eine wunderbare, harmlos-romantische Stadt, in der es sich gemütlich leben und studieren läßt. Ich jedoch bleibe skeptisch und bilde mir ein, die Schreie der Gequälten und die Gewehrsalven der Erschießungskommandos zu hören.

Man muß schon in Geschichtsbüchern nachlesen, um von den russischen, schwedischen, polnischen und deutschen Angriffen, den Zerstörungen und Grausamkeiten etwas zu erfahren. Natürlich gab es zwischen all dem Terror auch friedliche Zeiten. Sie allein stehen jetzt im Blickpunkt, nur an sie wollen die heutigen Mächtigen der Stadt anknüpfen und mit dem malerischen Stadtbild behaupten: Diese Stadt war immer in Ordnung, liebte immer das normale Leben und verehrte immer die Professoren der 1632 gegründeten Universität!

Im 19.Jahrhundert, als die Stadt noch Dorpat hieß und viele Deutsche hier wohnten, wurden über Jahrzehnte die Vorlesungen ausschließlich in deutscher Sprache gehalten. Heute sind die Esten stolz auf ihre eigene Sprache. Schließlich definiert sich jede Nation, jedes Land, natürlich auch jede Stadt vor allem über diese gemeinsame Sprache. Fremd ist und bleibt derjenige, der sie nicht beherrscht.

Sanfte Wiesen wellen sich um das Gebäude des klassizistischen Observatoriums, dessen Halbkugel wie eine verweltlichte Kirchenkuppel über der Stadt thront. Nachts, wenn das riesige Fernrohr aus einem geöffneten Kuppelspalt auftaucht, ahnt man etwas von der protestantisch wissenschaftlichen Neugier der Stadtbewohner, die immer das Wissen dem Glauben vorgezogen hat.

Ich stehe an einem Geländer, das malerisch aus groben Ästen zusammengezimmert wurde, und blicke weiter auf die Dächer hinab. Meine Blicke durchsuchen die fremde Stadt wie ein mir unbekanntes Alphabet. Ich will mir die Häuser einprägen, ihr Zusammenspiel verstehen. Im Hinterkopf taucht meine zweistündige, nächtliche Fahrt durch die unendlich weit erscheinende Landschaft wieder auf. In diese Weite eingebettet, erhält Tartu eine ganz andere Bedeutung als eine Stadt in dicht besiedelten Gebieten. Jetzt kommt sie mir vor wie eine wissensgefüllte, geistvolle Oase des Nordens. So sind Städte einst entstanden, denke ich, damals an Euphrat und Tigris. Die Menschen rückten zusammen, bildeten Gesellschaften. Man gab das Prinzip der Sippe, des Dorfes auf und versuchte es in größeren Einheiten. Die Verteidigung war somit einfacher geworden, und ein Teil der Bevölkerung konnte sich ab jetzt ganz der Religion und der Welterforschung widmen.

Langsam wandere ich über geschwungene Parkwege hinunter in die Stadt. Ab und zu sehe ich eine Gruppe von Studenten und Studentinnen auf schneegeräumten Bänken sitzen, in dicke Mäntel gehüllt und leise vor sich hinsingen. Im Vorbeigehen höre ich ihre traurigen Lieder, die mich an Fado und russische Einsamkeit denken lassen. Ob das wohl die estnische Nationalhymne ist, die jetzt in mei-

ne Ohren dringt (natürlich in estnischer Sprache)? »Mein Vaterland, mein Stolz, meine Freude ... Wie schön du bist und froh ... nirgends auf der weiten Welt ... find ich solchen Ort ... meine Wiege stand auf deiner Erde ...«

Kurz nachdem ich über die Lossi-Straße in die Gassen der Innenstadt eingetaucht bin, stehe ich bereits vor dem Rathaus, das im Augenblick, nach langwieriger Renovierung, von seinem Baugerüst befreit wird. Ich umrunde das Gebäude und betrete den langgezogenen, trapezförmigen, zum Emajõgi-Fluß hin leicht abfallenden Raekoja Plats, den Rathausplatz. Die klassizistischen, im 19.Jahrhundert gebauten, platzbegrenzenden Häuser sehen alle sehr ordentlich und gepflegt aus. Sonntagvormittäglich, krawattentragend, schmuck. Ernst, jedoch nicht zu ernst, eher gewissenhaft. Die große Uhr am Rathausturm paßt dazu gut. Jede Verabredung, selbst das fröhlichste Rendezvous, will zeitlich genau eingehalten werden.

Ich gehe über die schneefreie Platzfläche bis hinunter zum Fluß und blicke zurück. Ja, solche Plätze sind wichtig, sie glauben noch an ein städtisches Leben, bestimmt findet hier jede Woche ein Markt statt. Im Augenblick herrscht jedoch kein reges Treiben, nur einzelne Menschen überqueren die leere Fläche.

Vom Fluß, der hinter mir im trüben Winterlicht vorbeizieht, habe ich bisher auch noch nie gehört. Mit seinen 30 bis 40 Metern Breite sieht er aus, als könne man darauf mit Transport- und Passagierschiffen fahren. Aber jetzt im Winter kann ich nicht einmal ein kleines Ruderboot darauf erblicken. Eine Zeitlang stehe ich auf der Fußgängerbrücke, die den Fluß wie eine schmale Verlängerung des Raekoja Plats überspannt. Auf der gegenüberliegenden Uferseite breitet sich ein großer Park aus, dahinter ragen über die schwarzen Baumskelette Plattenbauwohnblöcke wie ich sie aus den DDR-Städten kenne. Unter mir träges, nicht sehr sauber aussehendes Flußwasser. Ab und zu schwimmt eine Eisscholle vorüber.

Als geübter Tagträumer stelle ich mir eine versunkene Stadt vor, eine überschwemmte, eine geflutete, eine ertrunkene. Ich sehe eine ganze Stadt im Boden verschwinden. Im Laufe der Jahre hatten die Einwohner Kohle und Erze darunter abgebaut, ein riesiges Höhlensystem war entstanden, das irgendwann dem Gewicht der Straßen und Häuser nicht mehr gewachsen war und einbrach. Ich sehe eine Stadt vor mir, die von einem herabstürzenden Meteor getroffen wird. Dann wieder höre ich Kriegslärm, einschlagende Granaten und Raketen, Explosionen lassen die Luft erzittern, Rauchwolken steigen auf, Feuer züngelt aus Dachstühlen. Leichen liegen in Gassen und auf den nassen Asphaltflächen der Straßen. Nachts kommen Wölfe und Füchse aus den umliegenden Wäldern und nagen die Toten an. Um Mitternacht höre ich ihr Heulkonzert.

Unter dem Krächzen einiger weniger Möwen und Krähen kehre ich zurück zum Ufer und gehe ein Stück die Vabaduse-Straße in Richtung Botanischen Garten hoch. Immer wenn ich an Tauben vorbeikomme, die auf dem Boden nach Essensresten picken, fliegen sie auf und beobachten mich aus sicherer Entfernung. Tauben sind halbzahm, Stadtbewohner wie wir. Wilde Tiere, vor allem größere, würden viel weiter vor mir fliehen oder mich angreifen, je nach dem Stand ihrer Hungergefühle. Vögel sind immer auf der Flucht, ihr Lebensgefühl muß die ständige Angst sein. Ich beobachte Spatzen, die nervös hin und her schauen und bei den geringsten Bewegungen, die sie in ihrer Umgebung wahrnehmen, davonfliegen. Ihre Gehirne sind nur auf die Wahrnehmung von Gefahren und auf die Suche nach Eßbarem eingestellt. Wahrscheinlich ist es bei Menschen auch nicht viel anders. Der gesunde Menschenverstand behält seinen Argwohn, seine Skepsis, vermutet überall Fallen und Gefahren. Nur der Ängstliche überlebt. Der naive Leichtgläubige wird früher oder später das Opfer eines bösartigen Killers, eines Wolfes, eines Bären ...

Da meine Zeit knapp wird, beschließe ich, den Botanischen Garten bei einem meiner nächsten Tartu-Aufenthalte zu besuchen. Ich biege links in die Munga-Gasse ein und komme jetzt an einigen Baustellen vorbei. Rechts eine Kirche, die von Baugeräten umstellt ist. Neugierig trete ich durch die offene Tür ein und sehe Handwerker den Holzfußboden herausreißen. Sie lassen sich durch meine Auftauchen nicht stören, auch als ich einige Photos mache, behalten sie die Ruhe und ignorieren mich. Unter dem Hauptaltar und den beiden Nebenaltären klaffen tiefe Löcher, die aussehen wie schmerzhafte Wunden. Eigentlich sollte man Altäre immer an solche Abgründe stellen, denke ich, das kommt ihrem Balancieren am Rand unserer Vorstellungswelt am nächsten. Letztlich verkörpern sie fiktive Übergangsobjekte zwischen Innen und Außen, zwischen Oben und Unten, zwischen Diesseits und Jenseits.

Auf dem Weg zurück zum Vanemuine-Theater komme ich an weiteren Baustellen vorbei, dann am tempelartigen Hauptgebäude der Universität. Schwer und ernst stehen die hohen, weißen Säulen unter dem gewaltigen Giebel und schüchtern den alltäglichen Besucher ein, der zwischen den runden Stämmen hindurch das Innere der erlauchten Wissensräume betreten will. Durch das frische Weiß des Anstrichs wirkt die ganze Architektur, als sei sie aus Schnee gebaut. Ich trete einige Schritte zurück und schaue durch den Sucher meiner Kamera. Der Universitätsbau ist so monumental, daß er die Proportionen der engen Gasse, in der er steht, fast sprengt. In anderen Städten – zum Beispiel in Wiesbaden oder Weimar – könnte das Gebäude ein Schloß sein, in dem der machthabende Fürst einst residierte. Dagegen fällt das Rathaus, das merkwürdigerweise Anklänge an ein niederländisches Stadthaus wachruft und von einem deutschen Architekten in der Zeit der Französischen Revolution erbaut wurde, etwas ab. Vielleicht ist der Gegensatz auch gewollt und absichtlich herbeigeführt worden. Dem Forschen und der Wissensvermittlung ein Tempel und der Stadtverwaltung ein schlichtes Bürgerhaus!

Mein Blick fällt auf einen kleinen Stadtpark, in dem hinter beschnittenen Hecken Jugendliche mit Bierflaschen herumhängen. Angetrunkene, tätowierte Punker und Punkerinnen pöbeln vorbeigehende Hausfrauen an. Auf Bänken in der Nähe dösen alte Frauen und Männer, umgeben mit gefüllten Plastiktüten. Für sie scheint die Zeit stillzustehen, niemand erwartet sie, niemand vermißt sie. Ihre abgewetzten, alten Mäntel und löchrigen Wollmützen erinnern mich daran, daß es in Estland – ähnlich wie in Amerika – kaum Sozialhilfe gibt. Vor allem Rentner leiden unter der Wende, weil sie viel zu wenig Geld vom Staat bekommen. Viele von ihnen wünschen sich das alte System zurück. Bevor ich mich wieder zurück zum Flughafen fahren lasse, treffe ich Arila, ihre Regieassistentin Suse und Marie-Luise im Theaterrestaurant. Etwas ausgekühlt von meiner langen Stadtwanderung, setze ich mich zu den Damen, die fröhlich und gutgelaunt dabei sind, ihr Mittagessen zu verzehren.

Vor dem Fenster die trübe winterliche Stadt. Am Rand des Theaterhügels, zu Füßen unserer Terrasse, stehen seit einigen Wochen hohe Kräne. Hier soll ein neues Einkaufszentrum in den Himmel wachsen und uns den Blick hinunter zum Emajõgi-Fluß verbauen. Die Städtebaufehler wiederholen sich. Wahrscheinlich gehören diese Planungen dazu.

Pünktlich treffe ich den Fahrer am Künstlereingang. Eigentlich würde ich gern hier bleiben, aber ich muß zurück. Da die Fahrt nach Tallinn heute bei Tageslicht stattfindet, erscheint sie mir nicht ganz so abenteuerlich und gefährlich wie während der Nacht vorgestern. Kein Schneetreiben, keine Dreieckskristalle, keine Füchse, keine Unfallträume. Selbst die Schneedecke auf der Straße ist nicht mehr vollkommen geschlossen, und der graue Asphaltbelag schimmert beruhigend hindurch.

Tartu, 3.März 2005

Seit gestern halte ich mich wieder in Tartu auf. Die Vorproben beginnen. Normalerweise findet die Einstudierung einer Oper in einem kompakten Zeitraum von sechs Wochen statt. Aus Gründen, die ich nicht genau kenne, wurde die Probenzeit hier in zwei Phasen aufgeteilt.

Dieses Mal wohne ich in einem neueren Hotel, dem Theater schräg gegenüber. Bis auf die Tatsache, daß es keine ebenerdige Eingangshalle besitzt – der Zugang erfolgt über einen unwirtlichen Aufzug mit enger, polierter Edelstahlkabine, die mich schon beim ersten Betreten beklommen macht – gefällt mir diese Unterkunft wesentlich besser als das Wohnheim meiner ersten beiden Tartu-Aufenthalte.

Ich weiß nicht, wann das Gebäude, in dem außer diesem Hotel auch noch Büros und Läden untergebracht sind, errichtet worden ist. Vielleicht vor zehn Jahren. Es könnte auch bei uns im Westen stehen. Allerdings gibt es Aspekte, wie die nicht zu öffnenden Fenster, die mangelhafte Klimaanlage (wenn überhaupt eine vorhanden ist), schlechte, abgestandene Luft im Zimmer und die Kunststoffausstattung des Badezimmers, die mich an die DDR denken lassen, also für ein früheres Entstehungsdatum sprechen.

Heute morgen stehe ich am großen, die gesamte Raumbreite umfassenden Fenster und blicke hinaus auf die Vanemuise-Straße, den weiten, nach Osten, zum Emajõgi-Fluß hin abfallenden Wiesenplatz mit der von Kränen bestandenen Baustelle des neuen Einkaufszentrums. Links von mir, oben auf dem Hügel, erhebt sich das zur Stadt hin üppig verglaste Vanemuine-Theater. Dahinter sieht man die grünen Wölbungen der alten Baumriesen auf dem Toomemägi – dem Burgberg – und rechts davon die Dachlandlandschaft der Innenstadt. Nur wenige Schornsteine und Antennen überragen die gefalteten, geometrisierten Wogen der Dachschrägen. Da sich der hohe Turm der Jaani Kirik hinter dem Burgberg versteckt, übernehmen die Kräne der Kaufhausbaustelle die Aufgabe, das waagrechte Dächermeer Richtung Himmel und Wolken zu durchbrechen und mir als fremdem Beobachter zu beweisen, daß die Stadt lebt und von großen Dingen träumt, die allerdings nichts mehr mit Religion und Kommunismus zu tun haben, sondern mit Konsum und Kommerz, mit zukünftigen Kaufräuschen und schmerzhaften, ernüchternden Kaufkater-Entzugstagen.

Leider werden die ersten Sonnenstrahlen genauso wie das gesamte Stadtbild vom starken Braun der abgetönten Sonnenschutzscheiben in ihrem natürlichen Erscheinungsbild getrübt. Direkt unter meinem Fenster beobachte ich eine Zeitlang die Wartenden an einer Bushaltestelle und photographiere sie durch die braunen Scheiben hindurch. Die erstarrten Menschen stehen am Straßenrand wie Skulpturen am Meeresstrand. Vor ihnen kreuzen Autos in beiden Richtungen und verschleiern das Bild mit einem bläulichen Dunst, giftige Romantik der absurden Art.

Einige Frauen sind westlich gekleidet und sehen aus wie bei uns auch, andere tragen regionale Trachten mit gemusterten Blusen, Schals oder Kopftüchern. Manche mischen die Stile. Junge Mädchen vermeiden alles Estnische, gleichen in Kleidung und Frisuren ihren westlichen Illustriertenvorbildern aufs Haar. Die Männer interessieren sich wie überall auf der Welt weniger für ihr Äußeres, tragen Jeans und Lederjacken, Pullover oder karierte Hemden. Viele von ihnen rauchen, fixieren mißmutig den verschrammten Asphalt, der sich unter ihren Schuhen ausbreitet, oder starren geistesabwesend in die Ferne. Nur wenige von ihnen wagen hin und wieder verstohlene Blicke auf die jungen Mädchen, die neben ihnen stehen. Direktes Anschauen – Auge in Auge – ist auch hier, wie in den meisten Gesellschaften, tabu und gilt als Belästigung.

Nach dem Frühstück gehe ich hinüber zum Theater. Inzwischen liegt kaum noch Schnee, nur in wenigen, abgelegenen Wiesenecken haben sich kleine Reste erhalten. Es ist kalt, um null Grad, nehme ich an. Die Sonne hat noch keine große Kraft.

Direkt vor der verglasten Eingangsfassade des Vanemuine-Theaters entdecke ich einen kleinen, neu gestalteten Platz, der in die abfallende Wiese, neben der Vorfahrt, eingelassen worden ist. Eine merkwürdige Szene bietet sich meinen Augen dar. Vor einer Ansammlung leerer, aus Autoreifen geformter Hocker steht am Platzrand ein überlebensgroßer Bronzedirigent, der beschwörend seine Arme hebt. In der rechten Hand hält er einen dünnen Dirigentenstab. Aber statt Musik höre ich nur die Verkehrsgeräusche der Stadt, das quietschende Drehen der Kranarme und das Zirpen der Spatzen. Vielleicht handelt es sich bei der Bronzefigur auch um den Sängergott Vanemuine, der aus Altersgründen das Singen aufgegeben hat und jetzt als Dirigent sein Publikum erfreuen will.

Im Probensaal sind alle Produktionsbeteiligten versammelt. Ich staune über das jugendliche Durchschnittsalter des Ensembles. Die wenigsten von ihnen kenne ich. Arila kommt mir durch das bunte, laute und lachende Durcheinander – im Augenblick ist Pause – entgegen und begrüßt mich. Da sie mich nicht allen vorstellen kann, begnügt sie sich mit einer Auswahl. Da ist vor allem Küllike, die sie mir so oft angekündigt hat. Eine wirklich bezaubernde junge Estin, die unsere deutsche Sprache mit jenem kleinen Akzent spricht, der für unsere Ohren so liebenswürdig klingt. Sie ist großgewachsen, hat lange, blonde Haare, und mit ihren Sommersprossen sieht sie aus wie eine Mischung aus Pippi Langstrumpf und Katharine Hepburn.

Den Dirigenten Hendrik, einen jungen, ebenfalls blondhaarigen Mann, der in Tartu geboren wurde und hier auch aufwuchs, kenne ich schon vom letztenmal. Ich glaube, ihm haben wir unsere estnische Einladung zu verdanken. Auch mit Wendy, unserer »Königin der Nacht«, bin ich bereits bekannt. Sie umarmt mich freudig, so, als wären wir gute, alte Bekannte. Freundschaften werden im Theater schnell geschlossen und ebenso schnell, nach Produktionsende, wieder vergessen.

Mein Bühnenbild steht in äußerst minimalistischer Andeutung vor mir, nur den Manegenkreis, der aus Originalteilen aufgebaut wurde, erkenne ich wieder. Die übrigen Stoffetzen und Latten, die im hellen Tageslicht besonders trostlos aussehen, haben mit meinen Entwürfen nicht viel zu tun. Wie immer muß ich gegen das Gefühl einer aufkommenden Enttäuschung ankämpfen. Aber da ich nichts dagegen unternehmen kann, füge ich mich in mein Schicksal und bin gespannt auf den jetzt folgenden Durchlauf der bisher erarbeiteten Szenen.

Mozart in Estland. Mozart in Tartu. »Valuflööt« auf estnisch! Ein wirklich sehr spezielles Erlebnis! Kaum beginnt die Pianistin zu spielen, werde ich hellwach. Mozarts Klänge dringen in mich ein und lösen sofort das mir bekannte Glücksgefühl aus. Wahrscheinlich funktioniert der Vorgang überall auf der Welt – egal ob ich im Urwald sitze, im fernen Sibirien oder mitten in der Wüste Sahara. Und dann die Sprache! Es kommt mir vor, als hätte Mozart sein Singspiel tatsächlich in Estnisch komponiert. Wie witzig die Sätze klingen, wie putzig, schrullig und verspielt! Fast wie eine Kindersprache!

Die meisten Darsteller singen leider nicht richtig aus, nur Wendy dreht voll auf, und nachdem sie ihre berühmt-berüchtigte Koloraturarie zu Ende gebracht hat, klatschen alle Mitwirkenden, klopfen mit ihren Schuhen auf den Holzfußboden und feiern den fremdartigen, farbigen Gast aus Amerika wie einen Star. Wendy bleibt ungerührt-stolz und verbeugt sich wie eine echte Königin.

Später, nach der Probe, fahre ich mit dem Aufzug hinunter zur Bühne, treffe den technischen Direktor, um gemeinsam mit ihm durch die Werkstatträume zu gehen und nach dem Stand der Dinge zu schauen. Vor allem das überdimensionale Nest und die Herstellung einer vergrößerten, auffliegenden Krähe bereiten den Kascheuren noch einige Sorgen. Wir begutachten die Konstruktionskörper und die dreidimensionalen Anfänge der Objekte. »Sieht doch alles sehr gut aus!« lobe ich, und der Direktor übersetzt meinen Kommentar ins Estnische. Die Theaterhandwerker lächeln glücklich und zufrieden. Ich verabschiede mich von meinem Begleiter, der nicht mit ins Theaterrestaurant kommen will, da er noch andere Termine hat, wie er sagt.

Arila erzählt von ihren Erlebnissen am Wochenende, und ich studiere nebenbei die Speisekarte. »Am Sonntag sind Küllike, ihr Verlobter, Suse und ich zum Peipussee gefahren und haben eine stundenlange Wanderung durch die Uferwälder unternommen. Es war traumhaft schön! Mitten in diesem riesigen See verläuft übrigens die Grenze zwischen Rußland und Estland. Mit Taschenlampen sind wir in tiefe, dunkle Höhlen hinuntergestiegen. Die Pilze, die wir unterwegs im Wald fanden und sammelten, haben wir abends gemeinsam gegessen!«

»Habt ihr Wölfe gesehen?« frage ich.

Arila antwortet: »Nein, wir haben auch kein Heulen gehört.«

Danach verstummen die Damen, als würden sie nachträglich noch Angst vor möglichen Begegnungen mit hungrigen Wolfsrudeln bekommen.

Wir sind uns alle einig, daß unser Tartu-Projekt ein Glücksfall ist. Wer hat schon einmal im Leben die Chance, Mozart in ein neu zum Leben erwachtes Estland zu bringen? Nach unserem gemeinsamen Gespräch bleibe ich eine Weile allein mit Suse sitzen. Sie sieht aus wie die ältere Schwester von Küllike, mit etwas herberen Gesichtszügen und wesentlich mehr Sommersprossen. Ihre üppige Haarpracht spielt ins Rötliche, dadurch wirkt sie wild-entschlossener als ihre noch recht kindlich-weiche estnische Schwester.

Suse erzählt: »Ich werde bald heiraten.«

Ich: »Wirklich? Und wer ist der Glückliche?«

»Ein ungarischer Sänger. Ich habe ihn am Theater in Chemnitz kennengelernt. Ich lade dich hiermit zu meiner Hochzeit ein. Es soll ein rauschendes Fest werden. In diesem Sommer. An einem See in der Uckermark.«

»Ach, weißt du, ich gehe nicht so gern zu großen Festen.«

»Du mußt nicht kommen, wenn du keine Lust hast. Ich habe gehört, daß du alles aufschreibst, was wir erleben und reden. Auch hier in Estland?«

»Ja, natürlich. Innerlich lasse ich bereits mein Tonband mitlaufen.«

»Ich schreibe seit kurzem auch alles auf, was ich erlebe und beobachte. Vor allem natürlich für meinen Verlobten, damit er weiß, wer ich bin und was ich so treibe. Es sind eigentlich Briefe, Liebesbriefe.«

»Aha, Liebesbriefe. Dann bekomme ich das Ergebnis wahrscheinlich nie zu sehen?«

»Warum nicht!? Es stehen keine Geheimnisse drin!«

»Seltsame Liebesbriefe, wenn keine Geheimnisse drinstehen.«

»Wir werden sehen. Ich muß jetzt wieder zur Probebühne hoch und den Abend vorbereiten!«

Nachdenklich gestimmt, mache ich mich allein auf den Weg durch die Stadt. Ich habe mir als Ziel das Universitätsmuseum vorgenommen. Da in Tartu heute niemand den gleichen Plan hat – jedenfalls zu dieser Nachmittagszeit –, bin ich mit der netten, alten Frau, die mir das Ticket verkauft und anschließend in ihren dicken Puschen hinter mir herschlürft, allein. Ich sehe nur bekannte antike

Gipsgesichter und -körper, schneeweiße Repliken vieler berühmter griechischer und römischer Plastiken. Der abendländische Kulturfundus, beruhigend, aber auch etwas langweilig. Für die einzige Aufregung in den Museumsräumen sorgen die starken Wandfarben. Das intensive Grün, Rot und Blau würde ich als irrige Übertreibung bezeichnen, hätte mich jemand danach gefragt. Auch der tiefbraun polierte Holzdielenboden läßt in Zusammenhang mit den farbigen Wänden und den weißen Stuckdecken keine einheitlichen Raumwirkungen zustande kommen. Mit Sehnsucht träume ich auch hier in Tartu mal wieder von meinen monochromen, in sich ruhenden Museumsräumen.

Nachdem ich mich freundlich von der Frau verabschiedet habe, steige ich durch ein altes Treppenhaus in den ersten Stock der Universität hoch, lese in den Fluren die estnischen Vorlesungsverzeichnisse und lande schließlich in der vom Reiseführer gerühmten Universitätsaula. Auch hier empfängt mich eine alte Dame, die mir sofort einen deutschsprachigen Prospekt in die Hand drückt, nachdem sie mich nach meinem Herkunftsland gefragt hat. Erstaunlicherweise entdecke ich außer mir noch zwei weitere Besucher, ein älteres, seriös aussehendes, grauhaariges Ehepaar, das gewissenhaft jede Vergangenheitsspur an den Wänden studiert. Ob sie auch aus Deutschland kommen?

Für den späten Nachmittag hat uns Marika Petti in die Jaani Kirik, die Johanneskirche, eingeladen. Hier arbeitet ihr Mann als Pfarrer. Als Arila und ich eintreten, begrüßt er uns überaus herzlich und beginnt sofort mit seiner Führung. »Bei russischen Bombenangriffen wurde die Kirche 1944 stark beschädigt, man könnte auch sagen: zerstört. Der gesamte Dachstuhl war ausgebrannt und herabgestürzt, nur noch wenige Wandreste des Mittelschiffes standen aufrecht. Wie durch ein Wunder hat der Turm am wenigsten unter dem Feuer gelitten. Erst in den letzten Jahren wurde das einmalige gotische Bauwerk mit EU-Geldern wieder aufgebaut und restauriert. 2005 fand die feierliche Einweihung statt.«

Herr Petti ist ein großer, hagerer Mann. Seine tiefe, sonore Stimme und seine ausladenden Gesten lassen erkennen, daß er das Predigen vor der versammelten Gemeinde liebt. Da er um die 50 Jahre alt ist, hätte er bestimmt viele Geschichten aus der kommunistischen Vergangenheit zu erzählen. Aber er erwähnt nichts davon, vielleicht reichen seine sparsamen Deutschkenntnisse auch nicht für längere Erzählungen aus.

Wir schauen uns um. Der schneeweiße, fast schmucklose Innenraum, mit seinen milchigen gotischen Fenstern, die das Tageslicht ungehindert einströmen lassen, erinnert mich an ähnliche Kirchen in Lübeck. Geschlämmte Backsteingotik. Herb, reduziert, trotzdem gefüllt mit einer geistigen Atmosphäre, die in ihrer Schmuckverweigerung anrührt. Die wenigen kirchenrituellen Einbauten – der Altarblock, ein Holzkreuz und Sitzbänke – sind erkennbar modern gestaltet. Offensichtlich hat kein gotischer Altar die russischen Attacken überstanden.

Gemeinsam steigen wir die engen Treppen hinauf in den Turm und schauen auf die malerische Dachlandschaft Tartus hinunter. Marika zeigt Richtung Norden: »Dort, weit draußen, wohnen wir. Ich sehe unser Haus, aber ich kann euch schwer erklären, welches genau es ist. Dort, unter der üppigen Baumgruppe.« Ihr Zeigefinger bohrt sich in den Horizont, und ich versuche, ihm mit den Augen zu folgen. »Wir haben zwei Söhne, 16 und 18 Jahre alt. Bis vor zwei Jahren habe ich mich ganz ihrer Erziehung gewidmet. Erst danach nahm ich den Dramaturgenjob im Theater an. Mit dem Doppelverdienst – Pfarrer und Dramaturgin – kommen wir ganz gut über die Runden. Einmal im Monat veranstalten wir ein Konzert in der Kirche hier. Morgen abend findet wieder eines statt. Unsere Freude wäre groß, wenn ihr alle kommen würdet.«

Arila antwortet: »Die Proben ...«

Marika: »Ja, ich weiß. Schade.«

»Eigentlich habe ich nur am Sonntag Zeit.«

»Das nächste Mal wählen wir einen Sonntag aus.«

Abends nach der Probe gehen wir – Arila, Marie-Luise, Küllike, Suse und ich – in ein Studentencafé, das den schönen Namen »Oscar Wilde« trägt. Mich überraschen die weitläufigen Räume und die große Anzahl der Gäste. Fast jeder Platz ist besetzt. Unter dichten Rauchwolken vernehmen wir heiße Diskussionen. Gern würde ich wissen, worüber hier gesprochen wird, aber ich verstehe kein Wort. Auch Küllike kann uns nicht weiterhelfen. Im auf und abschwellenden Wortgeschwirr glaube ich, mitten im hörbar gewordenen Bewußtsein der heutigen Esten gelandet zu sein. Ein nächtliches Tonstudio, in dem ein unsichtbarer Regisseur zur vorhandenen, zufällig eingefangenen Akustikspur jetzt noch die passenden Zukunftsbilder sucht. Gedanken- und Diskussionslabor. Wie durch ein Wunder finden wir einen freien Tisch und lassen uns mitten im studentischen Oscar-Wilde-Chaos nieder.

Küllike telefoniert mit ihrem Handy, und wenige Minuten später taucht ihr Verlobter im Nebel auf. Ein großer, starker junger Mann, der sich etwas verschüchtert neben seiner Freundin niederläßt.

Küllike teilt uns mit: »Das ist er also! Ist Aare nicht süß?! Außerdem verdient er sein Geld mit einer vernünftigen Tätigkeit: Er ist Automechaniker!«

Fast im Chor erwidern wir: »Endlich jemand mit einem anständigen Beruf!« Unsere Reaktionen sind dem jungen Mann höchst unangenehm. Er rutscht auf seinem Holzstuhl hin und her und wäre bestimmt am liebsten wieder draußen in der Nacht untergetaucht, aber da er seine Küllike liebt und bewundert, bleibt er sitzen, streichelt ab und zu ihren Arm und blickt ihr verliebt in die Augen.

Küllike berichtet: »In Estland gibt es lustige Namen. Hier heißen die Menschen Luule, Uku, Aiva, Kalle, Hendrik, Anu, Aare, Taisto, Mati, Merle, Käthlin, Oja, Märt, Taavi oder Erkki.«

Sofort glaube ich im akustischen Chaos um uns herum, diese Namen herauszuhören. Wie im Spiegelkabinett springen sie hin und her, Tischtennisballworte, vervielfältigen sich, wachsen zu Chorälen heran und zerfallen wieder in Einzelsilben ... Ukuu ... Ukuuu ... Ukuuu ... Aiii ... nuuuu ... Taistomerle ... Käääth ... Käääth ... Käääth ... Erkiii ... Maaa ... Anuuuu ... Anuuu ... Luuulee ... Luuuleee ... Kalleee ... Ukuuu ... Ukuuu ... Hendriik ... Aaareee ... Aaareee ... Aaanuu ... Merleeee ... Merleeeeee ...

Aus irgendeinem Grund kommen wir auf das Thema »Wölfe« zu sprechen, und Küllike erzählt: »Also, wir hören im Winter nachts häufig Wölfe heulen. Das liegt daran, daß wir etwas außerhalb von Tartu auf dem Bauernhof meiner Eltern leben.«

Ich: »Hast du keine Angst davor?«

Sie: »Nein, warum auch? Ich liege zu diesem Zeitpunkt ja still in meinem warmen Bett, und in die Häuser dringen Wölfe nicht ein. Nur manchmal, wenn die Winter extrem kalt sind, kommen sie näher und holen sich einen Hund.«

Ich: »Du meinst einen Hofhund?«

Sie: »Ja, das ist schon vorgekommen. Aber wir besitzen ja mehrere. Deswegen ist das kein Problem für uns.«

Tartu, 25. August 2005

Mein letzter Aufenthalt in Tartu. Schade, daß ich nicht im Juni zu der berühmten Sommersonnwende vom 23. auf den 24. Juni in Estland sein konnte. Die Nacht Jaanipäev gehört zu den Höhepunkten im Leben aller Balten, das hat auch Küllike erzählt. Der kurze Sommer ist zu Ende, und die langen, dunklen Wintertage stehen bevor. Im ganzen Land wird gefeiert und vor allem ausgiebig Alkohol getrunken. Vielleicht gehen die sonst so verschlossenen Menschen dann einmal aus sich heraus, wer weiß?

Dieses Mal wohne ich in einem neuen, innerstädtischen Hotel. Endlich ein Zimmer ganz nach meinem Geschmack, groß, mit üppigem Bett und Schreibplatte in der Nähe des Fensters. Der Blick hinaus auf die sommerlich warme Stadt ist ebenfalls erfreulich. Vor mir ein unbebauter Platz, dahinter malerische Stadthäuser. Durch eine Häuserlücke sehe ich in die Fußgängerzone Tartus hinunter. Ja, auch so etwas gibt es jetzt hier. Unvermeidlicher westlicher Einfluß! Genau in meinem Bildausschnitt hängt von Haus zu Haus ein Transparent mit der Aufschrift: »Valuflööt ... Mozart ... Vanemuine.«

Die Frühstückshalle des Hotels ist ungewöhnlich. Wahrscheinlich wurde sie in die vorhandenen Kellergewölbe des alten Hauses eingebaut. Ich sitze unter riesigen Bögen, die mit merkwürdigen nordischen Runen bemalt sind. Sie erinnern mich an die alten Germanen. Den Raum hätte Fritz Lang gut in seinem *Metropolis*-Film als Stadt-Unterwelt-Set einsetzen können.

Nachdem ich im Theater nach dem Stand der Bühnenbildarbeiten geschaut habe, nehme ich mir am Nachmittag den Domberg, den Toomemägi, genauer vor. Über eine Engels- (Inglisild) und eine Teufelsbrücke (Kuradisild) erreiche ich den ehemaligen gotischen Dom (Toomkirik), der im 13. Jahrhundert von den Deutschordensrittern erbaut wurde und heute das Historische Museum der Universität beherbergt. Natürlich kaufe ich mir sofort ein Ticket und steige neugierig die steilen Treppen im Turm hoch. Durch schmale Fensterschlitze blicke ich ab und zu hinaus auf die sonnenbeschienenen Baumriesen, die den Dom umstellen. Nach zahlreichen Treppen- und Podestwendungen erreiche ich schließlich die eigentliche Museumsebene, die in das Kirchenschiff eingebaut worden ist. Ich staune über die originellen Rekonstruktionen von historischen Vorlesungssälen und alten Bürgerwohnungen. Dazwischengestreute Vitrinen mit Bibeln, alchemistischen Geräten, Globen und Fernrohren lockern den musealen Ablauf auf.

Im Gegensatz zu manchen Museen bei uns kommt mir diese Einrichtung hier sehr sinnvoll und einleuchtend vor. Alle Dinge, die wir benutzen – im Beruf und im Alltag – werden früher oder später zu unbenutzbaren Relikten und damit zu Zeugnissen ehemaligen Lebens. Jedes Objekt umgibt – von heute aus gesehen – eine anrührende Aura des Unentwickeltseins und des Übergangs. Fast mitleidig betrachten wir die schlichten technischen Möglichkeiten unserer Vorfahren. Archäologie des Bewußtseins, Ge-schichte ... Ge-schichte ...

Plötzlich erhält auch unser eigenes Zeitfenster den Aspekt des Übergangs, des Noch-Nicht, des Unentwickelten. Wir sitzen mit unseren Körpern, Erlebnissen und Dingen fest im undurchbrechbaren Jetzt-Raum. Nur der menschliche Geist hat die Möglichkeit, sich in die Vergangenheit oder in die Zukunft hineinzuphantasieren. Die unwiederbringliche Vergangenheit hat allerdings Spuren, Nachrichten und Dinge hinterlassen, die wir als Flaschenpost betrachten können.

Nach einer Stunde steige ich wieder hinunter und umkreise den ehemaligen Dom, der, wie ich jetzt erst entdecke, zur Hälfte eine Ruine ist. Üppiger Efeu wuchert über steil aufragende Natursteinwände, die ohne Dach zwischen riesigen

Kastanien stehen und mich natürlich sofort an romantische Caspar-David-Friedrich-Gemälde denken lassen. Auf einer Lichtung im Park stoße ich auf verwunschene Denkmäler, die an Männer erinnern, deren Namen ich noch nie gehört habe. Ich weiß nicht einmal, ob es sich um Wissenschaftler, Kirchenmänner, Generäle, Entdecker oder Politiker handelt.

Auf dem Weg hinunter zur Stadt gehe ich noch einmal am Planetarium vorbei, aber leider habe ich auch heute Pech und treffe es verschlossen an. Auf schräg abfallenden Wiesen liegen wieder Studenten und Studentinnen, vereinzelt, zu zweit oder in größeren Gruppen. Manche lesen in Büchern, andere unterhalten sich angeregt. Als ich an einer singenden Gruppe vorbeikomme, habe ich den Eindruck, die Gesichter schon zu kennen.

Auf einer Tafel neben dem Eingang des Kunstmuseums am Marktplatz, einem bedenklich schiefen Haus, lese ich, daß hier früher ein schottischer General gewohnt habe, der in der russischen Armee gegen Napoleon gekämpft und es dabei zu hohen militärischen Ehren gebracht haben soll.

Die ausgestellten Maler kenne ich alle nicht. Es sind estnische Künstler des 20. Jahrhunderts. Bei jedem kann man erkennen, welcher berühmte moderne Maler ihm als Vorbild gedient hat: Monet, Picasso, Braque, Léger, Mondrian oder Rodtschenko. Es sind auch Bühnenbildentwürfe zu sehen, vor allem aus den 1920er Jahren. Konstruktivistische Gedanken überwiegen. Interessante Bilder und Biographien!

Alle diese Künstler verbrachten ihr Leben in provinzieller Enge, an der künstlerischen Entfaltung durch den Unverstand ihrer Zeitgenossen, durch Verfolgung, Bespitzelung und Krieg gehindert – das entnehme ich den zweisprachigen Texten (estnisch und englisch). Mir wird wieder einmal klar, wie wichtig es ist, als Künstler seine Stadt und sein Land rechtzeitig zu verlassen, wenn es keine Möglichkeit mehr gibt, ungehindert an seinen Träumen zu arbeiten. Widrigen politischen Umständen muß man aus dem Weg gehen, solange es noch geht! Wer einmal in der Falle sitzt, ist zur Passivität und zum Leiden verurteilt.

Ich bezweifle, daß je einer der avantgardistischen Bühnenbildner, deren Werke hier im Museum zu sehen sind (immerhin sind sie das!), am Theater in Tartu ein Werk von sich realisieren konnte! Das meiste blieb Zeichnung, Aquarell und Ölbild. Nur wenige Modelle haben sich erhalten. Avantgarde findet letztlich nur in den Metropolen der Welt ihre Realisierungschancen.

Abends nach der Probe wieder mit Arila und den anderen beim Essen. Ich erzähle von meinen Stadtbeobachtungen und -erkenntnissen. Schade, daß wir nicht mehr erfahren können über die Dramen und Tragödien der estnischen Vergangenheit. Ich hätte gute Lust, mich intensiver umzuhören und Biographien zu recherchieren.

Nachts schaue ich aus meinem Hotelzimmerfenster auf die immer noch lebendige Stadt. Die Studenten vergnügen sich und sind dabei, die schlimme Vergangenheit, die sie kaum noch selbst erlebt haben und nur aus den Erzählungen der Eltern kennen, endgültig zu vergessen. Sie wollen damit nichts zu tun haben. Ihre Zukunft spielt sich im Internet, in Europa und in der ganzen Welt ab. Estland ist ihre Ausgangsbasis, nicht mehr und nicht weniger.

Tartu, 26. August 2005

Morgens zur Probe im Theater. Das Bühnenbild ist jetzt fast vollständig aufgebaut. Im Augenblick wird die Beleuchtung eingerichtet. Über Mittag kann ich die

so fleißige, immer mit ihren Kostümen beschäftigte Marie-Luise zu einem Besuch des Botanischen Gartens überreden. Unterwegs zeige ich ihr die Renovierungsbaustelle der russisch-orthodoxen Kirche, die ich bei meinem letzten Besuch entdeckt hatte.

Der gesamte Garten wird von einer hohen Mauer umgeben und geschützt. Wir treten durch ein Tor ein und stehen nach wenigen Schritten vor einem mächtigen Gewächshaus, das zwar nicht die Schönheit meines Lieblingsgewächshauses in Kew Gardens bei London besitzt, aber durch seinen sparsamen Charme durchaus einladend wirkt. Dunstschleier auf den etwas vergilbten Gläsern kündigen uns die hohen Temperaturen im Inneren an. Ich hätte im Januar oder März hierher kommen sollen, dann wäre die Wärme etwas Besonderes gewesen. Jetzt im Sommer müßte sie nicht sein.

Wir stoßen die quietschende Tür auf, treten ein, und sofort umgibt uns die feuchtwarme Luft der tropischen Äquatorgebiete. Der Schritt aus nordischer Sommerluft in diese drückend schwüle Atmosphäre trifft uns mit voller Wucht. Mich überfallen beim Anblick der Palmen, Agaven und Bananenstauden sofort *Zauberflöten*-Gedanken, und ich sehe Papageno und Papagena zwischen den gewaltigen, fleischigen Blättern ihr Nest bauen. Auf einem schmalen Pfad dringen wir furchtlos in das Regenwalddickicht ein. Bunte Vögel fliegen kreischend um unsere Köpfe, am Boden, zwischen dem Blätterlabyrinth entdecke ich kleine Bäche und Tümpel mit Seerosen und Schilfwäldern. Unter der spiegelnden Wasseroberfläche ziehen Goldfische träge ihre Kreise. Weit und breit kein Löwe, kein Elefant, kein Leopard. Dem Urwald sind die Zähne gezogen worden, außerdem trägt er einen Maulkorb. Uns kann also nichts passieren. Verzaubert von soviel Tropischem, setzen wir uns auf eine Bank und lassen die Blicke schweifen.

Ich: »Das wäre ein schöner Ort für unsere *Zauberflöte* gewesen. Zurück ins Paradies. Manche Szenen bekämen die Bedeutung des ›Sündenfalls‹ und anderer biblischer Vorgänge.«

Marie-Luise: »Dann müßten unsere Figuren nackt sein.«

Ich: »Schlecht für dich und deine Kostüme.«

Marie-Luise: »Ganz nackt würde ich sie auch nicht lassen. Vielleicht trügen sie Lendenschürze.«

Ich: »Mozart hätten die Nackten bestimmt gefallen. Dann hätte er sie auch noch ›scheißen lassen viel Dreck‹, wie er in seinen Bäsle-Briefen schreibt. Schließlich mußte er seine ganzen Fäkal-Anal-Phantasien offiziell ständig unterdrücken! Vielleicht sollten wir sie mehr aus seiner *Zauberflöte* herauspräparieren! Ich könnte mir das Singspiel auch in einer Arche Noah vorstellen. Hier, dieses Gewächshaus wäre geeignet dafür. Allerdings hätten wir es mit einer sehr künstlichen Arche Noah zu tun. Sobald Strom oder Gas abgestellt werden, zerfällt der Schiffsüberlebenstraum und stirbt in wenigen Tagen ab.«

Ich schlage meinen Reiseführer auf und lese vor: »Der Botanische Garten von Tartu wurde 1803 angelegt. 6500 Pflanzenarten wachsen und gedeihen hier ...« Beglückt, belehrt und angefüllt mit tropischen Gedanken, treten wir naßgeschwitzt ins Freie und wandern hinaus in den eigentlichen Garten, der im englischen Stil, mit sanft schwingenden Wegen, Senken und weichen Hügeln, angelegt ist. Im Gegensatz zur realen estnischen Landschaft wachsen hier die seltensten Pflanzen, Blumen und Stauden. Ab und zu türmen sich Felsgärten in die Höhe, dann wieder breiten gewaltige Bäume – Rotbuchen, Eichen, Trauerweiden und Gingkos – ihre Blätterdächer über uns aus. Schließlich stoßen wir auf einen romantischen See. Wir setzen uns wieder auf eine Bank und saugen die Atmosphäre ein. Die friedliche wissenschaftliche Absicht des Gartens überträgt sich langsam auf uns. Ich denke an solchen Orten mit überbordender Naivität: Wie kann es nur Streit und Kriege auf der Welt geben? Die Menschen sollten häufiger Museen und botanische Gärten besuchen, das müßte genügen, um sie friedlich zu stimmen.

Diesen Gedanken nachhängend, machen wir uns auf den Weg zurück zum Theater. Das eingerichtete Licht ist gut. Ich denke, es kann eine schöne Produktion werden. Wir arbeiten bis spät in die Nacht hinein, was sehr anstrengend und ermüdend ist. Völlig erschöpft falle ich in mein Hotelbett.

Tallinn, 27. August 2007

Heute morgen will ich mit dem Bus bis Tallinn fahren. Mein Flug zurück nach Deutschland startet erst gegen Abend, so daß ich noch Zeit habe, mir Estlands Hauptstadt genauer anzuschauen.

Der Busbahnhof von Tartu liegt in der Nähe des Flusses, gegenüber einer alten Markthalle. Da ich noch zu früh dran bin, schaue ich mir die Halle von innen an. Meine Überraschung ist groß, als ich unter den weiten, weiß angestrichenen Betonbögen stehe. Wann könnte diese Halle entstanden sein, in den 1920er oder 1950er Jahren? Der expressive Duktus von Konstruktion und Fensterformen lenkt mich auf die frühere Entstehungszeit, aber vielleicht griffen auch spätere Planer auf das Formenvokabular jener Zeit zurück, wer weiß. Natürlich kann ich darüber nichts in meinem Reiseführer finden, und leider ist es mir auch nicht möglich, jemanden danach fragen, da rings um mich herum nur estnisch gesprochen wird.

Die Marktstände sehen aus wie bei uns auch, mit üppig bunten Obst-, Gemüse-, Fleisch- und Fischangeboten, nur die Verkäuferinnen wirken mit ihren verwitterten Bauerngesichtern, ihren bunten Schürzen und ihrer bescheidenen Umgangsart etwas urtümlich ländlicher. Die Frau, die mir Äpfel in eine Plastiktüte schüttet, hat große, feste, starke Bauernhände, von Kartoffeln und Rüben geformt, schwielig, knorpelig, mit viel Hornhaut. Am liebsten hätte ich sie photographiert, aber ich scheue mich davor.

Mit Reisetasche und obstgefüllter Plastiktüte überquere ich die Riia-Straße. Weil mir eine freundliche, dafür zuständige Verwaltungsdame im Theater bereits das Ticket bis Tallinn besorgt hat, muß ich mich nicht in die Warteschlange am Fahrkartenschalter des Busbahnhofs, des Autobussijam, einreihen.

Mein einziges Problem besteht jetzt darin, den richtigen Bahnsteig zu finden. Nach mehrmaligem Umkreisen des eingeschossigen Bahnhofsgebäudes bin ich mir schließlich sicher und steige in den Bus ein. Ringsum herrscht reger Verkehr. Busse scheinen wirklich das Hauptverkehrsmittel Estlands zu sein. Alle zwei Minuten biegt ein Bus auf den riesigen Parkplatz ein, entlädt seine mit reichlich Gepäck beladene Passagierfracht und nimmt wenig später neue Reisende auf. Ich setze mich in das obere Stockwerk des Doppeldeckerbusses, ganz nach hinten. Um mich herum fast nur Frauen, die jüngeren telephonieren ununterbrochen mit ihren Handys. Sie kichern und verabreden sich wahrscheinlich mit ihren Tallinner Freundinnen oder Freunden; sie wirken aufgekratzt und fröhlich. Die älteren Frauen sitzen in sich versunken auf ihren Bänken und starren vor sich hin.

Dann fahren wir los. Zum ersten Mal kommt mir die Strecke Tartu-Tallinn wirklich schön vor. Ich vertraue dem Busfahrer voll und ganz. Von meinem schaukelnden Hochsitz aus habe ich einen neuen, viel weiteren Blick auf die eigentlich langweilige Landschaft. Hier gibt es nichts Besonderes zu bewundern, keine endlos großen Birkenwälder wie in Rußland, keine romantischen, alten Urwälder, die Vegetation wirkt sparsam, schütter und nicht sehr üppig. Zwischen den unspektakulären Wäldern breiten sich baumlose Gebiete aus, die weder Felder noch Wiesen sind. Ganz klar wird mir ihre Nutzung nicht. Ich sehe kaum Kühe, Ziegen, Pferde oder Schafe. Auch größere Kornfelder kann ich nicht entdecken. Dafür begegne ich jetzt endlich jenen Störchen, deren Nester ich schon so oft wahrgenommen habe. Die schönen, schwarzweißen Vögel stehen auf ihren unglaublich dünnen Beinen – manchmal sogar nur auf einem –, klappern mit ihren langen Schnäbeln, lassen sich mit kurzen Flügelschlägen aus ihren hohen Stangennestern fallen und schweben über die mageren Wiesen auf der Suche nach Fröschen, Mäusen, Käfern und Heuschrecken. Alle Nester scheinen jetzt besetzt zu sein. Fast habe ich den Eindruck, Estland werde nur von Störchen bewohnt. Die Gehöfte zwischen den Stangen machen dagegen einen vollkommen unbelebten Eindruck, sehen ärmlich und heruntergekommen aus. Nirgendwo arbeitet ein Bauer oder eine Bäuerin im Freien.

Innerlich stelle ich mich auf Tallinn ein, bestimmt ein Kontrastprogramm zu Tartu. Schließlich ist die Hauptstadt wesentlich größer, 500 000 Einwohner, bald die Hälfte der Gesamtbevölkerung, wohnen dort. Leider muß ich bei dem Wort »Tallinn« immer an »Stalin« oder »Stallinn« denken, der Wortklang ist ähnlich und sehr ungerecht, wie ich weiß. In Wirklichkeit leitet sich »Tallinn« von »Taani Linn« ab, was soviel bedeutet wie »Dänenstadt« und darauf hinweist, daß Tallinn oft in seiner Geschichte von fremden Völkern in Besitz genommen worden ist. Dagegen erinnert mich die alte Stadtbezeichnung »Reval« an eine ehemalige deutsche Zigarettenmarke, zu deren Konsumenten ich in Studententagen auch gehörte. Es war eine harte, filterlose Zigarette, ähnlich der »Rothändle«. Beide Marken hatten natürlich die berühmt-berüchtigten, französischen »Gauloises« zum Vorbild.

Es fällt mir schwer, mich von diesen Assoziationen zu trennen. Eine positivere Erinnerung verbinde ich mit der alten baltischen Hansestadt durch den in deutscher Sprache schreibenden Dichter Werner Bergengruen, dessen Roman *Tod in Reval* ich in Schülertagen einst las und dem ich sogar einmal leibhaftig begegnet bin. Es muß bei einer öffentlichen Dichtertagung um 1960 in Ulm gewesen sein. Ich sehe den alten, nicht sehr großen Mann noch deutlich vor mir stehen, er hatte ein breites, freundliches Gesicht und einen langen Schmiß quer über seinem

Kinn. Zwischen all den aufstrebenden, salopp gekleideten Jungschriftstellern wie Günther Grass, Martin Walser und Heinrich Böll wirkte der alte, seriös-konservativ angezogene Herr sehr verloren und einsam. Als er aus seinem Roman vorlas, war sein baltischer Dialekt – er stammte allerdings nicht aus Reval, sondern aus Riga – unüberhörbar. Ich mochte die leichte Fremdartigkeit, die durch seine rollenden »Rrrs« und in die Länge gezogenen »Aaas« zustande kam, sehr. Sein Schreibstil war altertümlich und anheimelnd und bot dadurch jene heimatliche Wärme, die auch andere, mir wichtige Dichter und Schriftsteller vermittelten, denen ich allerdings nie persönlich begegnet bin: Ich denke an Hans Carossa, Edzard Schaper und Hans Erich Nossak.

Nach genau zwei Stunden erreichen wir Tallinn-Airport. Außer mir steigt nur ein Geschäftsmann mit silbernem Metallkoffer aus. Alle anderen Passagiere bleiben im Bus bis zur Endhaltestelle in der Mitte der Stadt, beim Marktplatz, sitzen. Nachdem ich meine Reisetasche in einem Schließfach deponiert habe, lasse ich mich von einem Taxi in die Innenstadt fahren. »Bitte zum Stadtmuseum, Vanetänav!«

»I know, where the Linnamuseum is!« gibt die ziemlich korpulente Fahrerin pampig zurück.

Bevor ich in das Museum eintauche, würde ich natürlich gern etwas von der Stadt sehen und frage:»What will a tour through the town cost?«

»One hour 250 Euro!« erwidert sie, wie aus der Pistole geschossen.

»This is very expensive!« sage ich und kann den unverschämten Preis kaum glauben.

»This is the prize. You can walk, if you want.«

Jetzt erst kapiere ich, daß die Frau mich als Touristen haßt und ausschließlich als Melkkuh goldener Euros betrachtet. Erschrocken schweige ich und betrachte ihre toupierten blonden Haare. Das also ist das heutige Estland, denke ich. All meine positiven Gedanken brechen mit einem Male in sich zusammen und werden in meiner Vorstellung zu einem kläglichen Aschehaufen.

Nach Jahrzehnten kommunistischer Unterdrückung verwandeln sich diese Leute jetzt in kapitalistische Raubtiere, fallen über die vermeintlich reichen Westler her und saugen sie wie wildgewordene, halb verhungerte Vampire aus! Traurig, traurig. Ich verzichte auf die Rundfahrt und lasse mich im mittelalterlich geprägten, ehemaligen Russenviertel vor dem Museum absetzen. Beim Eindringen in die engen Stadtgassen wird der Verkehr immer dichter. Links und rechts von uns stauen sich Autos und Menschen, darunter erkennbar auch viele Touristen mit Photoapparaten. Alle Häuser sehen frisch renoviert aus. Die Farben sind so intensiv, daß sie die Stadtrealität künstlich wirken lassen. Hier waren keine sensiblen polnischen Restaurateure am Werk, sondern rauhbeinige Modernisten und Geschäftemacher.

Über unbequemes Kopfsteinpflaster gehe ich auf den Eingang des schmalen Altstadthauses zu, in dem das Stadtmuseum untergebracht ist. Im ersten Stock empfängt mich eine unfreundliche Dame, die zunächst Geld für das Ticket verlangt und mich danach streng auffordert, meine Plastiktüte mit dem Photoapparat und zwei Äpfeln bei ihr zu deponieren. Die Schließfächer seien leider kaputt, sagt sie, und in die Museumsräume dürfe nichts mit hineingenommen werden, das müsse ich verstehen, auch als Tourist aus Deutschland …

Vorbei der romantische Tartu-Ton, vorbei die Kleinstadtwärme. Hier also herrschen härtere Sitten, man ist durch die Anwesenheit von 100 000 Russen auch in der Vergangenheit wohl nicht zimperlich miteinander umgegangen. Ich denke an Ostberlin, an die ungesund aussehenden, blassen, strengen Damen der Zollkontrolle, an die humorlosen Volkspolizistinnen und an die übrigen getarnten Stasi-Mitarbeiter, die einem den Aufenthalt in ihrer Stadt so unbequem und herzlos wie möglich gestalten wollten.

Ich besuche dieses Museum, um einen Überblick über die Stadtgeschichte zu bekommen. Nach kurzem Suchen finde ich das hier vermutete große Stadtmodell. Am verkleinerten Domberg kann ich mich gut orientieren. Ostsee, Finnischer Meerbusen, Tallinna Laht, Hafen, die ehemals berühmten Werften, die heutigen Fährdocks (hier sollte am Morgen des 28. September 1994 auch die »Estonia« aus Stockholm ankommen. Sie erreichte ihr Ziel jedoch nie, in der Nacht war sie beim schlimmsten Fährunglück in Europa zu Friedenszeiten mit 852 Passagieren an Bord in der Ostsee untergegangen). Der Straßenring um die Stadt – Liivalia Pronski, Toompuiestee und Rannamäetee – folgt wie in vielen anderen mittelalterlich geprägten Städten dem ehemaligen und später abgerissenen Festungsring um die Innenstadt. Die eigentliche Altstadt, der Stadtkern (klingt immer wie der Kern einer Frucht oder einer Zelle) liegt als ovale Form ungefähr in der Mitte des Rings. Der ehemalige Burgberg – Toompea – schließt sich im Westen an und grenzt mit seinen äußeren Hügeln direkt an den Ring. Östlich des Berges liegt der zentrale Marktplatz – Raekoja Plats – der Stadt.

Da es sich hier um ein älteres Stadtmodell handelt, fehlen die äußeren Stadtbezirke, die sich kaum von ehemaligen DDR-Städten unterscheiden. Hier ragen lieblose Plattenbauten in Reih und Glied auf. Ich habe sie schon bei der Stadteinfahrt aus dem Taxifenster zur Kenntnis genommen.

Die übrigen Museumsräume sind relativ langweilig. Bürgerwohnungen, Puppenstuben, irgendwelche Küchengeräte und Truhen wechseln einander ab. Auch die Gestaltung hält sich derartig zurück, daß man sie als langweilig bezeichnen muß.

Erst im Dachgeschoß stoße ich wieder auf interessantere Installationen. Hier werden die Vorgänge der baltischen Revolution zwischen 1989 und 1991 dokumentiert. Gebannt schaue ich mir die Filme an. Bis zu diesem Moment war mir nicht ganz klar, welche ungeheure Wirkung die Glasnost-Vorgänge, die Michail Gorbatschow in der Sowjetunion ausgelöst hatte, für die baltischen Länder bedeuteten.

Am meisten beeindruckt mich der Film über die größte Massendemonstration, die je in Tallinn stattgefunden hat. 300000 Esten versammelten sich 1989 zu einem Sängerfest, schwenkten Fahnen und sangen im Chor: »Baltic to the Baltics ... Baltic to the Baltics ...« Am 23. August 1989, dem 50. Jahrestag des Hitler-Stalin-Pakts, bildeten 2000000 Balten eine Menschenkette von Tallinn nach Vilnius und forderten den Austritt aus der Sowjetunion. Am 6. September 1991 erkannten der Westen und die Sowjetunion Estland, Lettland und Litauen als unabhängige Staaten an.

Erschüttert über meine bisherige Unkenntnis, trete ich auf die mittelalterlichen Gassen hinaus und sehe jetzt die Farben der Häuser anders, mit mehr Toleranz und Nachsicht. Sie sollen den Aufbruch und die Freude wie überbelichtet zum Ausdruck bringen. Ekstatisches Schreien, Singen und Fahneschwingen. Fröhlich lachende Häuser mit fröhlich lachenden Menschen!

Mir fällt Milan Kunderas Roman *Die unerträgliche Leichtigkeit des Seins* ein und der wunderbare, nach dieser Vorlage entstandene Hollywoodfilm von Philip Kaufmann aus dem Jahr 1988 mit der damals noch jungen französischen Schauspielerin Juliette Binoche. Hier wird ein leichtlebiger, charmanter tschechischer Don Juan geschildert – der Arzt Tomas –, der vor dem Hintergrund des russischen Einmarsches in die Tschechoslowakei seine erotischen Abenteuer erlebt. Ähnlich wie in Pasternaks *Doktor Schiwago* greifen plötzlich und unerwartet die großen politischen Ereignisse in harmlose, fast verspielte Privatleben ein. Von einem Tag zum anderen ist alles anders. Repressalien, Arbeitsverlust, Verletzungen und Tod von Freunden werden zu Alltagsvorgängen. Man kann sich mit den neuen Zuständen arrangieren oder fliehen. Niemand bleibt unberührt. Das politische Umfeld wird lebensbestimmend und lebensvernichtend. Ich denke daran, daß auch ich in einem besetzten Land aufgewachsen bin, zu keinem Moment jedoch die bei uns stationierten Amerikaner als unangenehme oder gar unterdrückende Aggressoren empfand. Im Gegenteil: Wir Kinder und Jugendliche bewunderten die Soldaten, schon deswegen, weil sie Botschafter einer Welt waren, die so großartige Hollywoodfilme wie *Denn sie wissen nicht, was sie tun*, *Giganten* oder *Casablanca* hervorgebracht hat.

Durch die neuen Erkenntnisse bereichert, wandere ich hinauf zum Domberg, schlängle mich durch keuchende Seniorentrupps und photographierende japanische Touristengruppen, stehe lange auf der Aussichtsterrasse über der Stadt und sehe in der Ferne die Ostsee glitzern. Davor zeichnen sich die schwarzen, filigranen Silhouetten der Kranarme im Hafen ab. In den riesigen Containergebirgen zu ihren Füßen glaube ich jetzt unausgepackte, geheimnisvolle, luxuriöse Geschenke zu erkennen, die in Zukunft das Leben der Esten verschönern werden. Ich hoffe nur, daß sich dahinter oder darin keine Büchsen der Pandora verbergen.

Mein Blick schwenkt weiter zu den Plattenbauten der Russen. In den Wäldern dahinter gibt es bestimmt auch noch manches Geheimnis zu lüften, russische

Bunker etwa oder vergessene, halbzerfallene Raketenstationen ... giftiger, unentsorgbarer Müll der ungeliebten Vergangenheit.

Bis zur Unabhängigkeit Estlands gehörten Land, Stadt und Fabriken kollektiv dem Volk, in den letzten Jahren mußte die gesamte Wirtschaft auf Privateigentum umgestellt werden. Ein mir vollkommen rätselhafter Vorgang, der bestimmt zu vielen Ungerechtigkeiten wie in der ehemaligen DDR geführt hat. Gerne würde ich Einzelheiten darüber erfahren, aber mir fehlt ein passender Informant oder eine Informantin. Eigentlich hätte sich die Ausstellung im Stadtmuseum auch damit beschäftigen müssen.

Bevor ich mich von einem Taxi zum Flughafen zurückbringen lasse, beobachte ich das turbulente Treiben der jugendlichen Touristen auf dem Marktplatz. Es sind so viele, daß mir das Rathaus wie eine Jugendherberge vorkommt. Heute abend werden sie sich in eine der zahlreichen Discos stürzen und bis zum Morgengrauen durchfeiern. Vielleicht verwandelt sich auch das Rathaus nachts in eine wilde Tanzbude, und der Bürgermeister entpuppt sich als Chef-Rocker.

Früher fielen die Finnen in ähnlichen Trupps nach Tallinn ein, füllten sich mit Alkohol ab, grölten und kotzten die Gassen der Stadt voll, heute sind es englische und deutsche Billigtouristen, Schüler und Studenten, die das Pflaster unsicher machen.

Im Flugzeug sitze ich am Fenster und sehe beim Steigen der Maschine die Altstadt Tallinns, den Domberg und die weite, glitzernde Fläche der Ostsee von oben immer kleiner und kleiner werden. Am Ende ist die Stadt so klein wie das Museumsstadtmodell. Ich denke, Tallinn ist nicht meine Stadt. Die Renovierungen sind zu grell, die Touristen zu laut und die Bewohner zu unfreundlich und geschäftstüchtig.

Abends fahre ich mit der S-Bahn von Schönefeld nach Berlin hinein, wieder ein herber Schnitt. Manchmal wundere ich mich darüber, was mein Gehirn so alles aushält!

New York

New York, 17. Februar 2005

Beim Umsteigen in Paris erlebe ich zum ersten Mal eine Koffersprengung. Auf dem Weg durch die endlosen, klimatisierten Glasgänge von einem Terminal zum anderen stoßen wir plötzlich auf ein rotweiß-gestreiftes Absperrband. Eine Polizistin verbietet das Weitergehen. Alle Transfer-Passagiere stoppen, sofort entsteht eine Menschenzusammenballung, ein Stau. Durch eine geöffnete Seitentür werden wir nach draußen auf einen großen, mit Autos dicht bepackten Parkplatz gelenkt. Bisher habe ich das naßkalte Pariser Wetter nicht wahrgenommen, es ging mich nichts an, und wahrscheinlich wäre ich ohne diese Unterbrechung überhaupt nicht mit ihm in Berührung gekommen. Fröstelnd bleibe ich zwischen den leeren Autos stehen und blicke aus sicherer Entfernung zurück auf die ausgestorbene, ihrer eigentlichen Funktion beraubten Halle. Die folgende Detonation macht mir mit einem Schlag bewußt, wie dünn das Eis ist, auf dem wir uns bewegen und bewegt werden. Jeder Koffer eine potentielle Bombe, jeder Passagier ein potentieller Attentäter? Aufgeschreckt aus meiner Passivität und meinem bisherigen Vertrauen in die übrigen Passagiere, beobachte ich den aufsteigenden Rauch und wenig später die Polizisten beim Entfernen der Absperrbänder. Der Passagierverkehr kann wieder normal fließen. Höchstens 15 Minuten hat die ganze Aktion gedauert.

Der Flug von Paris nach New York verläuft angenehm und problemlos. Da ich nicht am Fenster sitze, kann ich nur ab und zu beim Herumgehen im Servicebereich aus einem Bullauge schauen. Die meiste Zeit liegt eine Wolkendecke unter uns, so daß der Atlantik verborgen bleibt ... New York ... New York ... Kann es ein gewaltigeres Stadt-Bühnenbild geben? Wohl kaum.

Immer, wenn ich Filmsequenzen sehe, die senkrecht aus Hubschraubern in die Straßenschluchten hinab gefilmt wurden, bin ich völlig fasziniert und kann mir nichts Großartigeres, aber auch nichts Gewalttätigeres vorstellen. Ein Häusergebirge, das in mir Angst- und Taumelgefühle auslöst. Ich sehe meinen Körper zu den Wolken emporgerissen, im nächsten Moment hinabstürzen und auf dem Asphalt der Straßen zerplatzen. Mein Blut fällt kaum auf in diesem Schluchtensystem, ein kleiner, roter Fleck, der im nächsten Moment von der Straßenreinigung weggespritzt wird.

New York ist eine vollkommen übertriebene Herausforderung, ein steinernes Symbol für Erfolg und Reichtum. Wer es hier geschafft hat, braucht sich nur noch vor Entführern, Erpressern, Räubern und Mördern zu verstecken, nicht jedoch vor der übrigen Society. Ein monumentalerer Sieg ist auf dieser Welt, jedenfalls auf deren kapitalistischen Seite, nicht mehr denkbar.

Vielleicht ist die Stadt auch ein Irrenhaus und wurde von verrückten, größenwahnsinnigen Bauherren und Architekten geplant, von Männern, die nie genug bekommen konnten, die immer das Größte haben mußten, das größte Vermögen, das größte Haus und das größte männliche Geschlecht. Ja, New York, wird mir jetzt bei der luftigen Annäherung bewußt, ist eine durch und durch männliche Stadt, ein steinernes Gebilde männlichen Potenz- und Balzverhaltens, Frauen können hier nur die dekorative Nebenrolle einer Siegertrophäe spielen als Gattin, Geliebte oder Milliardenerbin ...

Den Einflugbogen über Long Island, vielleicht auch über Max Frischs *Montauk*, über New Haven und Bridgeport, kenne ich bereits von anderen Ankünften. Heute kann ich Landschaft und Orte nur unter meinen Füßen vermuten und nicht wirklich sehen. Während unsere Maschine weiter sinkt und ich gegen ein aufkommendes, unangenehmes Druckgefühl in meinen Ohrgängen kämpfen muß,

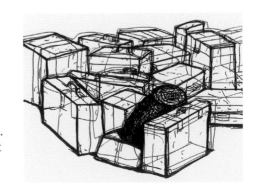

denke ich an Andy Warhols *Tagebücher*, die ich in den letzten Tagen vor meinem Abflug bei einer Autofahrt quer durch Deutschland gehört habe. Der lakonische Witz seiner Oberflächlichkeiten stimmte mich in idealer Weise auf den erneuten Amerika-Aufenthalt ein. Warhols Notizen, die er als Telephondiktate von einer Freundin niederschreiben ließ, erfassen eine Zeitspanne von 1978 bis kurz vor seinem Tod 1987. Da fallen Sätze wie: »Ich bin außerordentlich passiv. Ich nehme die Dinge, wie sie sind. Ich schaue bloß zu, ich beobachte die Welt.« Oder: »Das Schönste an Tokio ist MacDonald's. Das Schönste an Stockholm ist Mac-Donald's. Das Schönste an Florenz ist MacDonald's. Peking und Moskau haben noch nichts Schönes.«

Einmal berichtet Warhol von einem Besuch bei Fassbinder, während der Dreharbeiten zu *Querelle*, seinem letzten Film. Fassbinder habe ihn in einer Reithose aus Leopardenfell begrüßt, berichtet er und ergänzt: »So ein komischer Kerl!« Später besucht Fassbinder Warhols »Factory« in New York, und wieder äußert der Amerikaner sein Befremden über den Deutschen. Mit einem so verquer-verquasten, germanisch-faschistoiden Künstler konnte der Pop-art-Simplifizierer – trotz ähnlicher sexueller Neigung – nichts anfangen.

In vielen deutschen Museen hängen heute Bilder von Andy Warhol, von Edward Hopper dagegen, dem anderen typisch amerikanischen Künstler, findet sich kaum etwas. Dabei würde er sich gut neben einem Caspar David Friedrich, unserem deutschen romantischen Seelenmaler, machen. Hopper arbeitete über Jahrzehnte in seinem Atelier am New Yorker Washington Square. Alle Bühnenbildner lieben diesen Maler. Seine einsamen amerikanischen Räume mit den noch einsameren Menschen darin treffen genau unser Klischee vom verlorenen amerikanischen Großstadtmenschen, der entwurzelt und melancholisch als menschlicher Steppenwolf durch den kalten, abweisenden und gefährlichen Metropolen-Dschungel schleicht.

Mit dem Taxi fahren wir vom John F. Kennedy International Airport zu unserem vorbestellten Hotel in Midtown Manhattan, an der Kreuzung Lexington Avenue und 48th Street. Etwas benommen, wie immer nach einem langen Flug, lasse ich die Fahrt auf mich wirken wie einen Film. Wir durchqueren Queens und Brooklyn und tauchen über die Williamsburg Bridge nach Manhattan ein. Die Skyline im Nachmittagslicht muß Realität sein, kein Zweifel. Ich erkenne das Empire State Building und das Chrysler Building, die berühmtesten beiden Charakterköpfe unter den Wolkenkratzern. Die fehlenden Türme des World Trade Center vermisse ich nicht. Natürlich fällt mein Blick auch auf das Wasser des East River tief unter uns. Nur wenige kleinere Fähren tuckern durch die sanfte Dünung der Wellen.

Da die schmale Landzunge von Manhattan dreiseitig von Wasser umgeben ist, macht sie fast den Eindruck einer Insel. Vergleichsgedanken mit Venedig liegen nahe, aber im Gegensatz zur italienischen Lagunenstadt, die auf unsicherem Sand gegründet wurde, steht ihre amerikanische Schwester fest und sicher auf Granitfelsen. Deswegen war es hier kein Problem, die Gebäude statt viergeschossig zu über hundertgeschossigen Steinungeheuern anwachsen zu lassen. Bis vor wenigen Jahrzehnten wurden die stadtnahen Gewässer des Hudson und des East River als Hafen genutzt. Die verlassenen, inzwischen mit anderen Funktionen gefüllten einstigen Anlegepiers auf der Westseite Manhattans erinnern heute noch an die Zeiten, als riesige Passagierdampfer vor Anker lagen und ihre neugierigen Menschenfrachten in die Straßenschluchten der Neuen Welt entließen. Kurz fällt mein Blick auf die Brooklyn Bridge, deren filigrane Seilverspannungen auch heute noch so poetisch wirken wie eine Zeichnung von Klee.

Obwohl die Realität um mich herum nicht angezweifelt werden kann und tatsächlich Wirklichkeit sein muß, komme ich mir weiterhin vor wie in einem Filmtraum. Die Häuser schießen in die Höhe, als wollten sie sich der Sonne zuwenden wie lichthungrige Blumen. Allerdings hätten sie im Augenblick kein Glück, da dichte Wolken am Himmel hängen und eine graue, flauschige Zimmerdecke über der Stadt bilden. Da es sehr kalt ist, könnte sogar Schnee in ihnen verborgen sein. Vielleicht habe ich das Glück, New York im Schnee zu erleben, wie vor 25 Jahren. Eine merkwürdige, fremdartige Erinnerung.

Als Filmmusik höre ich ringsum das Brausen des Verkehrs und ab und zu das Heulen der Polizeisirenen, einmal nah, dann weiter entfernt, durchbrochen von den schnarrenden Ansagen im Taxisprechfunk. Langsamer Stadtrausch steigt in mir auf, eine Euphorie, die begleitet wird von dem einhämmernden Satz: Jetzt gibt es keine Steigerung mehr! Jetzt gibt es keine Steigerung mehr! New York ist die Spitze des Eisbergs! New York ist der Mount-Everest unter den Weltstädten, die Superlative schlechthin!

Wir erreichen das Hotel, ebenfalls ein Hochhaus. Jeder von uns fünfen bekommt ein Zimmer in einer anderen Region des Gebäudes zugewiesen. Ich habe Glück und kann einen kleinen Eckraum mit Panoramablick im 22. Stock beziehen. Meine Reisebegleiter müssen sich, wie ich später erfahre, teilweise mit Fenstern zu Innenhöfen begnügen, für mich eine deprimierende Vorstellung. Anlaß unserer Reise ist übrigens die Einrichtung einer Mediathek mit Fernsehmuseum im Berliner Sony-Gebäude. Ich bin für die Planung der Innenarchitektur und der Ausstellungsgestaltung zuständig, mein Berliner Kollege Jakob Lehrecke wird die Ausschreibung und die örtliche Bauleitung übernehmen, Peter-Paul Kubitz ist der Direktor, Gerlinde Waz die Kuratorin und Peter Schwirkmann der Koordinator des Unternehmens. Wir sind also nicht zum reinen Vergnügen hier, sondern befinden uns auf einer Studienreise und wollen vergleichbare Einrichtungen in New York anschauen.

Bevor ich die Tasche auspacke, stelle ich mich ans Fenster und schiebe die untere Scheibe nach oben. Frische, kalte Luft dringt ein, gemischt mit fernem Straßenlärm. Ich rücke einen Stuhl heran und setze mich. Unglaubliches Bild. Links von mir der gewaltige, allerdings nicht ganz so hohe, würdige Kasten des Hotels Waldorf Astoria, gegenüber ein anderes Hotel der Luxusklasse, in der Ferne mir fremde, in ihrer Funktion unbekannte Ungetüme von Häusern und surreale Türme. Aus Dachaufbauten strömt unaufhörlich Dampf und Rauch. Tief unter mir in expressionistischer Weise verzerrte Straßen. Fast habe ich das Gefühl, die Autos, vor allem gelbe Taxis, würden an steilen Wänden hinauf- und hinunterfahren, von umgeleiteten Gravitationskräften am Abstürzen gehindert.

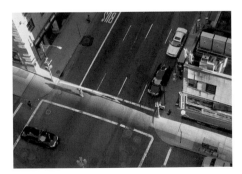

Hier, hinter all den Fenstern und Dachterrassen, wohnen also die berühmtesten und reichsten Menschen der Neuen Welt. Es gibt bekanntlich kaum einen Milliardär oder erfolgreichen Hollywoodstar, der nicht ein Apartment oder ein Pent-house in Manhattan besäße. Die Wohnungspreise sind für Normalsterbliche unerschwinglich. Wer nicht bei den wichtigen Modenschauen und Vernissagen erscheint, gehört nicht zur tonangebenden Führungsschicht. Die legendärste Stadt der Welt besteht unerbittlich auf Anwesenheitspflicht. Das hat bereits Andy Warhol vorexerziert, indem er jeden Abend zwischen fünf und zwölf Veranstaltungen hintereinander besuchte. Damals ging das Gerücht um, er hätte mehrere Doppelgänger geklont, um das gewaltige Pensum überhaupt zu schaffen.

Die Ellbogen auf eine echte New Yorker Fensterbrüstung gestützt, die Hände auf eine echte New Yorker Fensterlaibung gelegt, vergegenwärtige ich mir mein städtebauliches Wissen über New York. Hier wurde zum ersten Mal in der Mensch-

heitsgeschichte die vertikale Stadtidee verwirklicht! Viele moderne Stadtplaner und Politiker sahen und sehen im Aufstapeln der Wohnungen und Menschenmassen das einzige Heil der Zukunft. Nur so, predigte vor allem Le Corbusier, könne der exzessive Landschaftsverbrauch gestoppt werden. Ob New York wirklich die Zukunft verkörpert oder vielmehr als städtebauliche Fehlentwicklung eingestuft werden muß, darüber gehen auch heute die Meinungen auseinander.

Selbst die optimistischsten Befürworter verstummten, allerdings nur für kurze Zeit, nach den Anschlägen des 11. September und nach mehrmaligen stundenlangen Stromausfällen in den letzten Jahrzehnten. Diese Giganten sind empfindlich, ohne Strom und Aufzüge kaum benutzbar und als Ziel von Terroristen ideal. Leider waren es vor allem die Theoretiker der nationalsozialistischen Blut-und-Boden-Zeit, die das amerikanische Hochhaus-Stadtmodell als unmenschlich ablehnten und dafür das niedrige, erdbezogene Bauen propagierten. Allerdings betraten die wenigsten dieser Kritiker je amerikanischen Boden, auch Hitler nicht.

Daß es insgesamt nur 200 Wolkenkratzer sind, die Manhattan prägen, erstaunte mich, als ich während des Fluges darüber las. Ich hätte eine wesentlich höhere Anzahl vermutet. Also, schließe ich daraus, ist die Sache noch steigerungsfähig, 1000 Wolkenkratzer sollten es schon sein oder gar 10000, wenn nicht 100000, dann erst wäre New York nicht mehr zu überbieten und als Rekordhalter zu schlagen.

Jetzt fällt mir Woody Allen ein, vor allem seine beiden wunderbaren Filme *Der Stadtneurotiker* und *Manhattan*. Beim Blick auf die unzähligen kleinen Fensterrechtecke ringsum verstehe ich, daß hier jeder Bewohner zum Neurotiker werden muß. Die einen überfällt der Verfolgungswahn, die anderen der Größenwahn oder die pure Verzweiflung. Woody Allens Figuren allerdings leiden nicht unter der Stadt direkt, schließlich wohnen sie hier schon zu lange und fühlen sich als abgebrühte Stadt-Profis, sie leiden auch nicht unter Einsamkeit, vielmehr bereitet ihnen das Überangebot an Kontaktmöglichkeiten Probleme. Je dichter die Menschen beieinander wohnen, je höher die Einwohnerzahl, um so größer die Chance, einen neuen Partner oder eine neue Partnerin zu finden. Die Jagd nach dem privaten Glück findet kein Ende. Wie im tausendfenstrigen Spiegelkabinett tauchen immer neue erotische Verlockungen auf. Promiskuitive Ruhelosigkeit und damit übertriebene Bindungsscheu werden zum idealen Nährboden psychischer Störungen. Woody Allen, der mickrige, schüchtern-großmäulige, pseudointellektuelle Bruder Casanovas und Don Giovannis, nutzt fast jede sich ihm bietende Gelegenheit, eine neue Beziehung zu knüpfen. Wollen sich jedoch die weiblichen Er-oberungen in seiner Wohnung einnisten, wird er unruhig, zickig und abweisend. Zu einem wirklichen Zusammenleben ist er nicht fähig. Die Gründe seiner Probleme bleiben ihm selbst rätselhaft, deswegen sucht er regelmäßig seinen Psychiater auf. Die häufigen Sitzungen ziehen jedoch selten therapeutische Erfolge nach sich, und die Neurosen blühen weiter in allen Formen und Farben, wachsen zu grandiosen Komplexen heran, die in ihren Ausmaßen nur mit den Wolkenkratzern verglichen werden können. Für Kleinigkeiten interessiert sich ein echter New Yorker nicht!

Nach einer Stunde Ruhepause treffen wir uns in der Halle zu einem gemeinsamen Abendspaziergang durch die Stadt. Um uns zu orientieren, legen wir den Stadtplan auf einen niedrigen Tisch und beugen uns darüber wie Ärzte bei einer Operation. Jakob Lehrecke und ich deuten zielsicher mit den Zeigefingern auf die Kreuzung Lexington Avenue und 48th Street: »Hier steht unser Hotel«, verkünden wir im baßgetönten Duett. Die anderen nicken zustimmend, aber tonlos.

»Wenn wir zum Times Square wollen, müssen wir nur bis zum Grand Central Terminal hinuntergehen und dann nach rechts in die 42nd Street einbiegen.« Das sagt Jakob Lehrecke, der als einziger von uns mehrere Jahre in New York gelebt, als Architekt gearbeitet und hier sogar seine Frau kennengelernt hat. Obwohl diese Zeit schon länger zurückliegt, kann er sich in unserer Gruppe mit Fug und Recht als New-York-Profi ausgeben. Wir anderen vertrauen ihm ohne Vorbehalt.

Andererseits muß man feststellen, daß es wirklich sehr einfach ist, sich in Manhattan zu orientieren. Das ergibt sich vor allem aus dem simplen regelmäßigen Straßensystem. Kein mittelalterliches Gewürge, kein Labyrinth aus engen Gassen, sondern klare Verhältnisse wie in Barcelona, Washington und anderen auf Rastersystemen basierenden Städten. So sachlich-modern diese Struktur aussieht, im Grunde entspricht sie der uralten, klassischen griechisch-römischen Stadtplanungsidee. Auch damals galt das geometrische Muster als Ideal, allerdings befand sich im Kreuzungspunkt der beiden Hauptachsen der zentrale Marktplatz, der auch als Versammlungsort der Gemeinschaft diente. Beim Blick auf den Stadtplan von Manhattan können wir einen solchen Marktplatz nicht entdecken. Die größte aus dem System fallende Fläche bildet der Central Park, ein riesiges, grünes Rechteck mit einem organisch geformten Wegesystem, das an die Adern einer Lunge denken läßt. Hier stehen im Augenblick Christos 7500 Gates mit den orangefarbenen Stoffbahnen, die wir morgen besichtigen wollen. In Manhattan sind alle Ost-West-Querstraßen durchnumeriert, sie beginnen an der Südspitze mit 1, steigen dann Richtung Norden bis zur Nummer 220 an. Zahlen passen bestimmt gut zu dieser Stadt, sie verhalten sich neutral, es sei denn, man vermutet dahinter Börsenkurse, dann wären die höheren Zahlen natürlich wertvoller als die niedrigen. Die Wirklichkeit widerspricht dieser Deutung, denn im Bereich der höheren Zahlen liegt der Stadtteil Harlem, der noch bei meinem ersten New-York-Aufenthalt zu den gefährlichsten Zonen der Stadt gehörte. Im Gegensatz dazu versammelt sich im Niedrigzahlen-Bereich an der Südspitze Manhattans, im Financial District, ziemlich viel Geld, außerdem finden sich hier um den neu gestalteten Battery-Park die teuersten Wohnungen von ganz New York. Vielleicht ist auch das der Grund dafür, daß hier das Straßensystem etwas verwirrt, zusammengepreßt und erregt wirkt.

In nordsüdlicher Richtung gibt es zwölf Avenues, die teilweise ebenfalls durchnumeriert sind, manche von ihnen tragen jedoch Namen: Park Avenue, Amsterdam und Westend Avenue. Als einzige Störung legt sich der Broadway diagonal durch das gesamte Rastersystem. Wenn man sich vergegenwärtigt, daß diese Diagonale auf einen einstigen Indianer-Jagdpfad zurückgeht, berührt die heutige Funktion des Broadways als Vergnügungsmeile New Yorks um so mehr. Jagd, Jagd, Jagd ...

Schweigend verlassen wir die warme Hotelhalle und machen uns auf den Weg. Jeder schlägt den Mantelkragen hoch und holt seine bisher in der Tasche versteckte Wollmütze heraus. Verhüllt wie verirrte deutsche Weihnachtsmänner stapfen wir durch die windigen Straßenschluchten. Langsam wird es dunkel, und nur noch die Berggipfel hoch über uns leuchten im fahlen Abendlicht. Als Neuangekommener ist man verführt, ständig den Kopf in den Nacken zu werfen, nach oben zu starren und das Schwindelgefühl, das sich normalerweise nur bei einer Hochgebirgswanderung einstellt, zu genießen. Um nicht gegen andere Passanten, Ampelmasten und Papierkörbe zu stoßen oder unter die Räder zu kommen, muß man sich diese Nach-oben-Blicksucht schnell abgewöhnen und ihr ausschließlich in sicheren Bürgersteigzonen nachgeben. An einer Ampel bleiben wir stehen.

Ich wage den Blick nach oben. Wie Eisenbahnschienen, die in den Himmel entkommen wollen, schießen die vertikalen Linien der Fassadenstruktur in die Wolken. Dazwischen Fenster, Fenster, Fenster, Fenster, Fenster, Fenster, Fenster, Fenster, Fenster, Fenster ... Plötzlich fühle ich mich so klein wie eine kümmerliche Laus. Ein falscher Schritt, und dieser steinerne Riese wird mich in jenen Blutfleck verwandeln, der jetzt schon wieder durch mein Hirn geistert. Da ich dieses Stadterlebnis heil überstehen will, zeige ich keine Schwäche und starre dem vieläugigen Drachen so selbstbewußt wie möglich in die Augen. David gegen Goliath. Die Fenster zeigen keine Rührung, bleiben stumm und schwarz. Andere lösen sich auf in Lichtfelder, neonbeleuchtete Räume bilden dahinter geometrisierte Höhlen, starre Telephon-Menschen stehen vor flimmernden Bildschirmen, bewegen sich nur ab und zu wie Roboter.

Fenster, Fenster, Fenster, Fenster, Fenster ... Wie schlimm muß das Ankommen für die Millionen Emigranten gewesen sein, die einst arm, aber mutig aus den rückständigsten Landstrichen Europas aufgebrochen sind, um hier ein neues Leben zu beginnen. Ich sehe sie mit ihren Gepäcksäcken in Gedanken vor mir gehen und eine Unterkunft für die Nacht suchen.

Auf halbem Weg zum Times Square betreten wir den Grand Central Terminal und staunen über die gigantische Halle, die in ihrem Pathos an ein Kirchenschiff erinnert. Zum Aufwärmen setzen wir uns in ein Café, das auf einer höher gelegenen Terrasse einen spannenden Überblick verspricht. Jakob Lehrecke erzählt: »Eigentlich sollte der Bahnhof 1968 abgerissen werden und einem Wolkenkratzer Platz machen. Nur der Initiative Jacqueline Kennedys ist es zu verdanken, daß er erhalten blieb. Heute dient er als Hauptbahnhof für Nahverkehrszüge. Alle Pendler, die im Umland New Yorks wohnen, benutzen ihn.«

Schweigend und überwältigt schauen wir uns um. Die Kronleuchter unter der Decke erstaunen mich am meisten. Seltsamer Pomp inmitten dieser geschäftstüchtigen Stadt.

Während wir später die East 42nd Street hochgehen, flammen die ersten Leuchtreklamen auf. Die Kälte nimmt zu, und die Luft riecht immer eindeutiger nach Schnee. Es dauert nicht mehr lange, und der einst verruchteste Platz der ganzen Stadt taucht vor uns auf. Noch vor wenigen Jahren verkörperte er die städtische Hölle schlechthin, und das inmitten eines sonst so prüden Landes. Hier konnte man alles bekommen, wonach die menschlichen Sinne begehren: Alkohol und Drogen, weibliche und männliche Körper in allen Stufen der Vollkommenheit oder Verdorbenheit. Die Shows in den Theatern der Umgebung kannten wenige Tabus, allerdings überwog die alberne Naivität amerikanischer Musicals, die für uns Europäer so schwer verdaulich ist wie Sachertorte mit Senfsauce. Außerdem setzten und setzen viele Bühnen auf berühmte Namen, kaum ein Hollwoodstar, der nicht einmal am Broadway aufgetreten wäre. Inzwischen wurden auch diesem Distrikt die gefährlichen Zähne gezogen, heute sieht man hier sogar Eltern mit Kindern spazierengehen, kaum zu glauben.

Eine Zeitlang stehen wir auf einer sicheren Insel mitten auf dem verkehrsumströmten, dreiecksförmigen Platz und studieren die Aushänge eines Ticketshops. Manche Titel kenne ich schon von meinem ersten Besuch in New York. Die berühmten Renner Andrew Lloyd Webbers stehen immer noch auf dem Programm, daneben Dauerbrenner wie *Chicago*, *Miss Saigon* oder *The WiXXer*. Wir gehen demokratisch vor: Jeder von uns macht einen Titelvorschlag, die anderen stimmen darüber ab. Nach einer halben Stunde hat keiner der Vorschläge eine Mehrheit gefunden, und wir stellen wieder einmal fest, daß selbst bei einer so kleinen Gruppe kein Beschluß herbeigeführt werden kann. Fünf Menschen ergeben fünf Meinungen. So ist das, auch in der kalten, windigen Hitze des Vulkans, mitten auf dem brodelnden Times Square.

Vielleicht hat auch keiner von uns wirklich Lust, gleich am ersten Abend ein Musical zu besuchen. Alle fühlen wir uns, trotz der Großstadteuphorie, etwas schlapp und müde. Außerdem nagt der Hunger an uns. Jakob Lehrecke schlägt das Restaurant im gegenüberliegenden Riesenhotel von Portman vor. Keiner widerspricht. Erstaunlicherweise ist eine Entscheidung gefallen. Jetzt sind alle Wolkenkratzerfenster um uns herum erleuchtet. Ein künstlicher Urwald aus rechteckigen, elektrischen Blättern, späte Mondrians, tanzende Geometrie der Großstadt, Jackson Pollocks mit glühenden Farben gemalt, Metropolis. Davor die Lichter der gelben Taxis und der elfenbeinfarbenen, albern in die Länge gezogenen Stretch-Limousinen.

In Gedanken spüre ich den nur von wenig Erde bedeckten Granitboden unter mir, ich sehe die frühen Indianer an mir vorbeischleichen, höre ihre Pfeile durch die Luft schwirren, und plötzlich fällt mir King Kong ein, der von Liebe verblendet, den Broadway hinunterstapft, zum Empire State Building abbiegt, an dessen Fassade hochklettert und, auf der Wolkenkratzerspitze stehend, mit bloßen Fäusten die angreifenden Flugzeuge abwehrt. Ich drehe mich um die eigene Achse, filme ohne Kamera einen Rundumschwenk, nur mit meinen Augen und der inneren Camera obscura, dem Gedächtnis, ausgestattet. Hier sind Leuchtreklamen Pflicht, sie ersetzen in der Nacht die Fassaden, lösen die Architektur in reine Lichtereignisse auf. Die flimmernden Flächen, Linien, Buchstaben und Bilder schießen ihre gelben, roten und blauen Blitze in mich hinein. Neonpfeile. Ich bin das späte Opfer der Rothäute. Ihre Rache trifft mich aus fernen Zeiten.

Als die Ampel auf Grün schaltet, kehre ich mit meinen Gedanken zurück und sehe vor mir Rauch und Dampf aus einem Bodenloch steigen. Wir überqueren die Straße sicher und problemlos. Ich jedoch bin mir sicher, daß unter uns in einer riesigen Höhle die Hexen der Vergangenheit ihre glühenden Suppen kochen und daß es nur eine Frage der Zeit ist, bis sich der Boden öffnet und alles, den ganzen Broadway und den gesamten Times Square, mit Haut und Haaren verschlingt. Apokalyptisches Knistern und Raunen erfüllt die Luft, und ich wundere mich über die Ruhe der Passanten. Der Dampf aus dem städtischen Abflußrohr wächst in meiner Phantasie zu den gewaltigen Staubwolken des 11. September heran, hüllt für Momente meinen ganzen Körper ein und entläßt mich kurz darauf wieder heil und unverletzt. Beim Durchqueren der Hoteldrehtür bin ich mir sicher, mitten in die Dreharbeiten eines neuen Hollywood-Katastrophenfilms geraten zu sein.

Die Zeiten überlagern sich, und mein Gedächtnis spült mir ein Erinnerungsbild ins Bewußtsein, das mit dem Jahreswechsel 1983/84 zu tun haben muß. Diese Nacht verbrachte ich mit Verena und meinem alten Freund Rolf auf dem eisigen, verschneiten Times Square. Gemeinsam mit hunderttausenden, erlebnishungrigen New Yorkern und Touristen aus aller Welt warteten wir auf den berühmten Countdown, der das neue Jahr eröffnete. Ich erinnere mich an grölende Menschenmassen und an ein gewaltiges Polizeiaufgebot. Tausende von schwarz uniformierten Beamten ritten auf Pferden durch die Menge und versuchten, die brodelnde Situation, die allerdings nur kochte und nicht explodierte, in Schach zu halten.

Letzte Woche habe ich mir zur Vorbereitung auf meine New-York-Reise wieder einmal den Film *Taxi Driver* von Martin Scorsese aus dem Jahr 1976 angeschaut, eine gute Einstimmung auf New York. Der Regisseur kannte das Milieu genau. Er wuchs als Kind italienischer Einwanderer in New Yorks Little Italy auf. Später berichtete er über seine Jugend: »In dem Viertel, in dem ich aufwuchs, gab es zwei Mächte: die harten Jungs auf der Straße – und die Kirche. Als kleinwüchsiger Asthmatiker hatte ich wenig Chancen. Zunächst wollte ich Priester werden, dann entschloß ich mich dazu, an der New Yorker Universität Film zu studieren.«

Da Robert de Niro, der im Film Travis heißt und früher in Vietnam gekämpft hat, nachts nicht schlafen kann, fährt er mit seinem Taxi durch die New Yorker Straßen und steuert dabei auch die finstersten Ecken der Stadt an, die andere, ängstlichere Fahrer, ablehnen würden. In seiner freien Zeit hängt er in Pornokinos und miesen Kneipen herum. Nachdem ihn eine cleane Blondine abblitzen läßt, steigert sich seine zynische Wut auf die Stadt und ihre Bewohner ins Aggressiv-Bösartige. Er fühlt sich abgelehnt, ausgeschlossen, einsam und verloren. Von einem finster-fiesen Waffenhändler kauft er Pistolen und Gewehre und bereitet sich fast rituell genau auf einen brutalen Rache-Amoklauf vor, der das Böse aus der Welt schaffen soll.

Was den Film so großartig macht, sind die endlosen Autofahrten durch das nächtliche New York, vor allem durch die Straßen in der Umgebung des Times Square. Wir nehmen als Zuschauer Teil am Voyeurismus des Taxifahrers, sehen grell erleuchtete Schaufenster vorbeiziehen, erleben Handlungssplitter von Dramen, die sich uns nie ganz erschließen. Wir sehen Rauschgiftsüchtige, unzählige Prostituierte aller Altersgruppen, so daß uns die Stadt zunehmend wie ein gigantisches Sodom und Gomorrha erscheint. Ein einziger Sündenpfuhl. Alles ist käuflich, alles ist möglich. Es gibt für einen Bewohner nur zwei Möglichkeiten: entweder sich einzufügen in das verkommene Sündenbabel oder sich zu bewaffnen und die Missetäter zu erschießen. Die Wut braucht ein Ventil. Robert de Niro wird zum gewalttätigen, brutalen, vietnamerprobten Doppelgänger Franz Biberkopfs und Woyzecks.

Ermattet und von den neuen Großstadtbildern fast erschlagen, nehmen wir in den bequemen Sesseln der Hotellobby Platz. Über uns der Luftraum eines ausgehöhlten Wolkenkratzers. Fassungslos bestaunen wir die gläsernen Aufzugskabinen, die an baumartigen Betonpfeilern in der Mitte der Halle auf- und niederschweben. Fritz Lang und seine *Metropolis*-Ausstatter, Erich Kettelhut und Fritz Hunte, hätten ihre Freude daran gehabt. Aber auch ein James-Bond-Film würde sich hier nicht schlecht machen.

Mit dem Essen sieht es leider nicht so gut aus. Wir können nur Chips, Häppchen und Getränke bestellen. Da wir zu müde sind, uns zu erheben, wollen wir zufrieden sein und kauen etwas lieblos auf den künstlich schmeckenden Miniportionen herum. Nachdem wir uns am Aufzugsballett satt gesehen haben, blicken wir schweigend zum großen Panoramafenster hinüber. Der Times Square sieht jetzt wirklich aus wie eine Filmprojektion. Allerdings fehlt der Ton, und der Verkehr bewegt sich lautlos hinter den Scheiben wie in einem Stummfilm. Langsam kehrt das Leben und damit die Lust zur Unterhaltung in uns zurück.

Als mein Blick erneut zum Panoramafenster schwenkt, sehe ich Schneeflocken fallen. Ich bin der erste, der sie entdeckt: Die Straßen verfärben sich schnell zu weißen, später zu nassen, schwarzen Bändern, die von hier oben aussehen wie tiefe, gefährliche Risse.

Nachts sitze ich wieder an meinem Hotelzimmerfenster und blicke hinunter in die Straßenschlucht. Schneeflocken tanzen vor den Wolkenkratzerwänden wie Konfettiregen. Mich berauscht der steile Blick nach unten, und für einige Momente fühle ich mich wie ein Pilot, der seine Maschine durch einen gefährlich engen Canyon steuern muß.

Mir fällt mir das originelle Buch *Delirious New York* von Rem Koolhaas ein. Er meditiert darin über den Charakter der Wolkenkratzer, läßt sie zu Personen werden, die von durchaus menschlichen Sehnsüchten getrieben werden: Das Empire State Building tanzt mit dem Chrysler Building Foxtrott, später liegen die beiden Gebäude zusammen im Bett.

Was die Fortpflanzung von Wolkenkratzern betrifft, habe ich mich schon immer darüber gewundert, daß die schönsten Exemplare keine Nachkommen haben. Nur die langweiligsten Klötze – wie etwa das jetzt ausradierte World Trade Center – gab es gleich zweimal. Warum wurde das Chrysler Building nicht fünfmal gebaut? Wahrscheinlich war und ist es urheberrechtlich geschützt.

Jetzt, im leichten Schneefall, sieht die Kreuzung tief unter mir so unwirklich und fremdartig aus, daß ich mich wie ein Außerirdischer fühle, weit weggetragen in eine mir völlig unbekannte und bedrohliche Zivilisation. Vielleicht taucht demnächst ein schwebendes Taxi vor meinem Fenster auf und holt mich zu irgendeinem Verhör ab, vielleicht werde ich auch Zeuge einer ganz irdischen, filmreifen Mafia-Schießerei, von Fenster zu Fenster oder von Limousine zu Limousine, unten auf der Straße. Hinter jeder Jalousie lauert ein Verdächtiger, ich ahne die Schatten dunkler Terroristengestalten, oder sind es nur Liebespaare, die sich für eine Nacht getroffen haben? Läge mein Hotel näher an der Südspitze Manhattans, könnte ich jetzt vielleicht Broker und Börsenschieber beobachten, die an flimmernden Bildschirmwänden ihre fragwürdigen Transaktionen durchführen. Die Börsen in Tokio und Singapur haben jetzt geöffnet, während in Manhattan tiefe Nacht herrscht.

Plötzlich glaube ich, ein spielendes Kind unten auf der nächtlichen Straße zu entdecken, es wirft einen Ball gegen die Wolkenkratzerwand und freut sich über jeden Aufprall. Ich stelle mir vor, wie es sein müßte, als Kind in Manhattan aufzuwachsen. Da ich keine Familie mit Kindern in New York persönlich kenne, muß ich wieder auf mein Filmwissen zurückgreifen. Ich sehe Woody Allen als kleinen, rothaarigen Jungen, der mit seiner streitsüchtigen Familie unter einer Achterbahn in Long Island aufwächst und zu seinem Onkel Nickel »So ein Arschloch!«, sagt, und ich sehe den kleinen Sohn von Michelle Pfeiffer in Michael Hoffmanns *One fine day*. Die Anzahl der Karambolagen zwischen Privat- und Berufsleben, zwischen Kinder-Deponie-Center und Supermarkt scheint vertausendfacht gegenüber einem Leben mit Kindern in einer kleinen, geruhsamen Provinzstadt irgendwo auf der Welt.

New York, 18. Februar 2005

Nach dem Frühstück brechen wir gemeinsam Richtung Central Park auf. Bevor unser eigentliches Studienprogramm beginnt, wollen wir uns Christos *Gates* anschauen. Obwohl es kalt ist, hat der leichte, nächtliche Schneefall keine sichtbaren Spuren in den Straßen hinterlassen.

Zunächst schlendern wir die Park Avenue hoch bis zu Mies van der Rohes Seagram Building. Ich stand schon mehrfach vor diesem berühmten 38geschossigen, 1958 errichteten Wolkenkratzer und kann auch heute nicht ganz verstehen, was daran so elegant und schön sein soll. Mit seinen 160 Metern ist es genauso hoch wie das Ulmer Münster (genaugenommen 1,5 Meter niedriger!). Daß ein Whiskeykonzern eine derartig nüchterne Verwaltungszentrale errichten ließ, ist bemerkenswert. Damals waren krumme, gebogene und formal schwankende Gebäude noch nicht Mode. Heute würden sich Zaha Hadid, Frank Gehry, Santiago Calatrava oder Daniel Libeskind bestimmt mehr ins Zeug werfen, wenn ihnen eine derartige Aufgabe gestellt werden würde. Aber der International Style erforderte kühle Zurückhaltung und geometrische Klarheit. Daß es gerade die emigrierten deutschen Bauhausarchitekten waren, die den amerikanischen Funktionalismus radikalisierten und statt dessen nicht einen Hauch Gotik oder Barock mit in die neue Welt brachten, wundert mich auch heute.

Ich schließe mich Robert Venturis Variation des Satzes »Weniger ist mehr!« von Mies van der Rohe an: »Weniger ist langweilig (less is a bore)!« Auch Lewis Mumford lehnte das Gebäude ab und charakterisierte es als »elegantes Monument der Nichtigkeit«.

Mies van der Rohes Erfolg in New York hielt sich tatsächlich in engen Grenzen, und das Seagram-Gebäude blieb sein einziges Werk in dieser Stadt. Vielleicht träumten die superreichen Großstadt-Bauherren doch mehr von Art déco und anderen verspielten Architekturspektakeln, schließlich haben die wechselnden Architekturstile viel mit Mode, Repräsentation und Unterhaltung zu tun. Jedes Jahr würden die Stadtbewohner gern neue, glitzernde Fassadenkleider und skurrile Wolkenkratzer-Kopfbedeckungen sehen.

Jetzt stehen wir also vor dem Hochhaus, starren an seiner bronzefarbenen Fassade hoch und versuchen, uns weiterhin am Geist New Yorks zu berauschen.

Plötzlich habe ich das Gefühl, ganz Manhattan sei eine einzige Wolkenkratzer-Ausstellung, ein gebautes Museum optimistischer Aufschwünge. Die Anfänge des Höhenrauschs lagen zwar in Chicago, aber das ist lange her, und inzwischen glänzt Manhattan als unübertroffene Stadtkrone, als juwelenbesetzte Siegertrophäe im Konkurrenzkampf menschlicher Bau-Hybris. Die Steinzeit war endgültig überwunden, Stahlskelette und Glasvorhänge haben es möglich gemacht und natürlich die geniale Erfindung des New Yorker Ingenieurs Elisha Otis, der seine neue Aufzugstechnik in einem aufsehenerregenden, geglückten Selbstversuch während der Weltausstellung 1853 vorführte und damit ihre Funktionstüchtigkeit bewies.

In diesem Moment reißt die graue Wolkendecke über der Stadt auf. Warum mir jetzt erst wieder die Rauchwolken des 11. Septembers in den Sinn kommen, weiß ich nicht. Ich muß zugeben, daß die spektakulären Fernsehbilder der Katastrophe meine Urängste vor Wolkenkratzern nicht gerade aus der Welt geschafft haben. Alptraumhaft sehe ich immer wieder verzweifelte Menschen aus den Fenstern in die Tiefe springen. Wenn ich die Augen schließe, kann ich mich problemlos in eine Aufzugskabine hineinversetzen, die zwischen der 50. und 51. Etage festsitzt. Verzweifelt versuchen wir, mit Nagelscheren und Schlüsseln die Wände zu durchbrechen. Es gibt keine Chance, wir schaffen es nicht und werden in den nächsten Minuten mit dem Gesamtgebäude zusammenstürzen und uns in Staub auflösen.

Im Schatten der Katastrophenereignisse erhält Christos, zwischen Zynismus und optimistischer Aufmunterung hin- und herpendelnde Aktion eine ganz neue Bedeutung. Im Grunde hätte er, statt seiner orangefarbenen Tücher, amerikanische Flaggen unter die Tore hängen müssen. Aber Christo ist eben ein weltweit operierender Landart-Künstler und kein amerikanisch-nationalistischer Denkmalbauer.

Bevor wir die »Gates« jedoch mit eigenen Augen sehen, führt uns der Weg am Rockefeller Center, der Radio City Hall und am neu umgebauten Museum of Modern Art vorbei. Wir werfen nur kurze Blicke darauf und halten uns nicht länger vor den berühmten Bauten auf, allerdings kann ich es nicht verhindern, daß mir ein Konzert einfällt, das ich bei meinem ersten New-York-Besuch in der Radio City Hall erlebt habe. Vor einer begeisterten Menschenmenge trat die damals berühmte schwarze Gesangsgruppe »Manhattan Transfer« auf und bot ein Potpourri amerikanischer Hits dar. Unvergeßlich bleiben für mich das Art-déco-Ambiente, die eleganten Bögen über dem Zuschauerraum und die plüschigen Foyerzonen mit ihren weichen Teppichböden und vielen Spiegeln. Alle diese Gebäude stehen noch, ich habe sie gesehen, ich sehe sie jetzt wieder.

Erst in der Nähe des Central Park bleiben wir stehen und bewundern das imposante Plaza Hotel, eines der ältesten, im Stil eines französichen Châteaus errichteten Luxushotels der Stadt. Natürlich hat keiner von uns jemals darin gewohnt, dafür fehlt uns das nötige Kleingeld.

Jakob Lehrecke, unser Stadt-Profi, geht mutig auf den Eingang zu. Wir folgen ihm unauffällig. Mißtrauisch beobachtet von strengen Hoteldienern in schmucken Phantasie-Uniformen, betreten wir die Halle. In diesem Moment fühle ich mich, ehrlich gesagt, wie Julia Roberts in *Pretty Woman,* als sie zum ersten Mal das Wilshire Hotel in Los Angeles betritt. Ich glaube, meinen Begleitern geht es auch nicht viel besser. Ja, Luxus ist etwas Schönes, aber auch Gewöhnungsbedürftiges. Nach kurzem Rundblick verlassen wir die fremde Welt schnell wieder.

Schon aus der Ferne leuchten uns die grell orangefarbenen Tor-Tücher Christos entgegen. Mit ihrer an herbstliche Blätter erinnernden Buntheit stehen sie in starkem Kontrast zu den kahlen, schwarzen Baumskeletten und den grauen Granitfelsen, die sich wie versteinerte Rücken von Riesenwalen ab und zu aus den winterfahlen Parkwiesen wölben.

Ich kann mich nicht genau erinnern, wann ich zum ersten Mal in der Realität einem Werk Christos begegnet bin, wahrscheinlich war es in Kassel bei einer »Documenta«-Ausstellung. Ich erinnere mich an eine phallusartige, verschnürte Pneu-Riesenwurst, die sich auf der Karlswiese in den Himmel reckt. Ob die Rauminstallation einer vollkommen leeren Ladenpassage auf der gleichen »Documenta« zu sehen war oder auf einer anderen, weiß ich nicht mehr genau. Sie jedenfalls beeindruckte mich, ähnlich wie seine illusionistischen Zeichnungen, so stark, daß ich seither ein Verehrer von Christos Kunst bin.

Als Besucher der Documenta stand man am Ende einer schmalen, von leeren, Schaufenstern gesäumten Ladenpassage vor einer verschlossenen Glastür und blickte in einen großen, ebenfalls leeren, weißen Raum. Eigentlich gehörte diese Installation nicht unbedingt zu den typischen Werken Christos, denn sein zentrales Thema besteht in der Verhüllung, der Einpackung irgendwelcher Gegenstände. Mit ihrer zweiten Haut entziehen sich diese Objekte der direkten Sichtbarkeit und verwandeln sich in surreale Rätsel. Die Auslöschung der Sichtbarkeit gab und gibt den Dingen – auch den Architekturen – eine Magie, die sie vorher in ihrer Sichtbarkeit nicht besaßen. Alle Betrachter können sich so in die Situation kleiner Kinder hineinversetzen, die sich auf ihre Geburtstags- oder Weihnachtsgeschenke freuen und beim Anblick der verpackten Schachteln oder Dinge fragen: »Was ist wohl darin, was versteckt sich hinter dem Papier?« Wahrscheinlich funktionierte jener weiße, leere Raum auf der »Documenta« ähnlich. Schaufenster und Läden haben nach unserer Gewohnheit mit Waren gefüllt zu sein, bleiben sie leer, deuten wir diesen Zustand als Umnutzungszeit oder als puren Luxus.

Mir gefiel die Umkehrung: Nicht die Fülle der Warenwelt – wie etwa in der Pop-art – wurde thematisiert, sondern deren Gegenteil: die völlige Abwesenheit, die Auslöschung der Waren oder das provozierende Leerräumen der Regale. Da war es wieder: Malewitschs *Weißes Quadrat auf weißem Grund*, der Anfang, das leere Blatt, das Schweigen davor und danach, das Unsichtbare, das Noch-nicht oder Nicht-mehr. Daß in Christos Kunstideen auch ein kritischer, fast tödlich-vernichtender Gedanke steckte, wurde mir schon damals bewußt. Das Zudecken von Menschen mit weißen Tüchern geschieht meist, wenn sie gestorben sind, bei Unfällen etwa oder auch in Krankenhäusern. Ein Ritual des Auslöschens und des Übergangs. Vielleicht will man anderen Menschen den Anblick eines Toten ersparen. Der weiße Stoff steht symbolisch für die Erde, die ihn bald überdecken und in sich aufnehmen wird. Später sah ich Photos und Zeichnungen von Christos großen Landschaftsarbeiten. Die Verhüllung eines steilen Teils der australischen Felsenküste war bestimmt eine der eindrucksvollsten davon. Ob diese Aktionen ebenfalls einen kritischen Aspekt enthielten, weiß ich nicht. Bei aller Schönheit der Bilder hätte man auch in diesen Verhüllungen einen Hinweis auf die Verletzbarkeit der Natur sehen können. Oder waren es tatsächlich Leichentücher, die wir auf den Photos zu sehen bekamen?

In den Jahren danach wurden seine Aktionen – wahrscheinlich unter dem Einfluß seiner Frau Jeanne-Claude – immer mehr zu fröhlichen Volksfestattraktionen. Zur »Reichstagsverhüllung« in Berlin pilgerten Hunderttausende. In den Zeitungen lese ich, daß zu den »Gates« im Central Park 4 000 000 Besucher erwartet werden. Da er seine Aktionen mit eigenem Geld finanziert, muß Christo auf große Zuschauermengen setzen, denn durch den Verkauf von Photos, Postkarten und Büchern wird ein Teil der Unkosten eingespielt, den anderen Teil erwirtschaftet er durch den Verkauf seiner Zeichnungen und Collagen.

Wir reihen uns in die Besuchermenge ein. Es herrscht eine aufgekratzt-festliche Stimmung. Von schweren Eisengewichten am Umkippen gehindert, stehen die Tore in gleichmäßigem Abstand über den geschwungen verlaufenden, asphaltierten Parkwegen. In ihrer Aneinanderreihung erinnert die Torabfolge an eine Riesenraupe, die hügelauf und hügelab über den Parkboden kriecht. Beim Hindurchgehen entstehen laubengangähnliche, transparente Tunneldurchblicke, die Wiesen, Bäume, Hügel, Felsen und Büsche einbeziehen. Tore haben – wie Türen – immer etwas Magisches. Der unter ihnen Hindurchgehende wechselt von einer Zone zur anderen, von innen nach außen, von Straße zu Wohnung, von Bürgersteig zu Geschäft, von Flur zu Büro, von Treppenhaus zu Aufzug, von Wald zu Landschaft, von Stadt zu Land, von Freiheit zu Gefangenschaft, vom Leben zum Tod ... Eingangstüren, Torbogen, Gartentore, Kirchentore, Stadttore, Gefängnistore, U-Bahn-Tore, Kellertore, Brückentore, Denkmalstore, Triumphbögen ...

Christos Tor-Reihungen könnte man durch die hohe Anzahl – 7500 Exemplare im ganzen Central Park – als Tor-Apotheose bezeichnen. Ich weiß nicht, ob jemals so viele Tore in dieser Stadt hintereinander aufgestellt worden sind. Bestimmt ein neuer Weltrekord! Aber die Tore sind hier nicht in ihrer puren Nacktheit zu sehen, sie haben eine Funktion und werden als Fahnenträger benutzt. An jedem waagrechten Sturz-Querbalken hängt in voller Breite eine orangefarbene Stoffbahn über dem Weg und damit über dem Durchgehenden. Diese in ihrer Funktion unklaren Stoffbahnen bilden einen locker-luftigen Gegensatz zu den starren Torkonstruktionen. Der Wind erfaßt sie, wölbt sie auf, wirft sie zur Seite und spielt so darin, als habe Christo die Tücher ausschließlich für ihn, den Wind und dessen Vergnügen aufgehängt. Meine Phantasie wirbelt alles durcheinander: Einmal sehe ich ganz banal zum Trocknen aufgehängte Wäsche in ihnen, dann wieder Fahnen, die ein Fest ankündigen, das ich nicht kenne, aber auch Vögel, Drachen, Fledermäuse oder Engel kann ich in sie hineintagträumen.

Mich erinnert die Landart-Installation an einen Prozessionsweg. Da jedoch ein Ziel – Kirche, Altar, Denkmal oder heilige Stätte – fehlt entschlüsselt sich die Bedeutung des Weges nie ganz. Die Torbeflaggung bleibt selbstbezüglich, weist auf kein höheres Ziel hin und erhält damit eine völlig unkritische, festliche Schmuckfunktion, die einen ausschließlich irdisch-dekorativen Charakter hat. Hier wird nichts vorgetäuscht, nicht gelogen und nicht hochgestapelt. Die am Fest teilnehmenden Gäste genießen pure, ästhetisch-schöne Bilder, nicht mehr und nicht weniger. Kunst-Kunst-Kunst ...

Wenn man bedenkt, daß Christo auch das Empire State Building oder einen anderen Wolkenkratzer seiner Wahl hätte verhüllen können, nimmt sich seine Aktion im Central Park fast bescheiden-zurückhaltend aus. Bis auf die große, weltrekordverdächtige Anzahl der Tore und Tücher gibt es daran nichts Sensationell-Spektakuläres. Vielleicht hat er die Installation wirklich nur als Geschenk gedacht, als Geschenk an die Stadtbewohner und an die Touristen.

In jedem Fall ist es ihm gelungen, das Künstlertum mit neuem, möglicherweise auch altem, archaischem Inhalt zu füllen, nicht mehr nur Produzent von Gemälden, Plastiken und Environments zu sein, sondern so etwas wie ein animistischer Zauberer, ein Schamane und Medizinmann der Moderne (davon träumte auch der wortgewaltige, ständig dozierende Joseph Beuys, allerdings ohne je so einleuchtende Bilder gefunden zu haben und damit so populär zu werden).

Nach der Parkwanderung beginnen wir mit unserem eigentlichen Studienprogramm. Nachdem wir den Columbus Circle überquert haben, dringen wir in das erst 2004 fertiggestellte Time Warner Center ein. Schon das Durchdringen der riesigen Glasfront erscheint mir gewagt, wie der Wechsel von einem Aggregatzustand in den anderen, Glas, Glas, Glas. Außen die unwirtliche Kälte eines grauwindigen Februartages, innen die gepflegt-klimatisierte Atmosphäre eines von Maschinen und Menschen bewohnten Geschäftshauses. Polierter Granitplattenboden, edelstahlverkleidete Rolltreppen, Computerbildschirme, vorbeistöckelnde Kostümdamen, junge Männer in dunklen Anzügen und weißen Hemden. Spiegelnde, selbstgefällige Eleganz, clean wie ein Operationssaal. Plötzlich sehe ich ganz Manhattan nur noch aus Glas bestehen, die aseptischen Bewohner schweben darin wie Astronauten. Nur die Aufzugstürme sind in meiner Phantasie undurchsichtig geblieben und stehen als betonierte Sequoia-Stämme vor mir, um mich herum.

Wir fahren mit Rolltreppen in den zur Halle hin offenen ersten Stock hoch und lassen uns in bequeme, schwarze Ledersessel fallen. Das hier ist der Show-Room des Unternehmens. Unsere Studienobjekte sind die riesigen Flachbildschirme, die sich vor unseren Augen in U-Boot-Fenster verwandeln. Wir tauchen durch die Südsee und beobachten abenteuerlich-bunte Fische, die durch surreale Korallenriffe schwimmen, sich zu kleinen oder größeren Schwärmen zusammenballen, dann wieder einzeln durch das unsichtbare Wassermedium tauchen. Der Bildschirm ein Aquarium, wir kennen das, haben jedoch bisher noch nie diese Bild-

perfektion und Schärfe gesehen, ja, die Amerikaner, ja, die Japaner! Neidvoll bestaunen wir die für uns unerschwinglich teuren Geräte.

Diese Stadt scheint ausschließlich aus Kontrasten zu bestehen. Man kann einfach nicht genug bekommen, jeder Mensch eine Bildereinsaugmaschine, ein Bildstaubsauger, ein Bilder- und Erlebnisschwamm. Die Fernseher bleiben den ganzen Tag eingeschaltet, schließlich will man als New-York-Bewohner die Anwesenheit der ganzen Welt spüren und sehen. Alles, alles. Allesfresser, Allesseher, Allesfühler.

Die Anpreiser der neuen Geräte telefonieren im Hintergrund laut und für jeden gut hörbar. Aha, in diesem Restaurant hat der junge Mann gestern gegessen, und mit Jane hat es wieder nicht geklappt ... so ein Pech ... jetzt wissen wir Bescheid. Ich lasse meinen Blick schweifen, wie immer in solchen Momenten. Vor dem riesigen Glasfenster der Eingangshalle kreist der Verkehr auf dem Columbus Circle, dem einzigen Kreisverkehr Manhattans, wie ich im Reiseführer lese. Natürlich muß Columbus hier stehen, das ist klar, schließlich hat er dieses Land entdeckt und ohne ihn – kaum zu glauben – wären wir jetzt alle nicht hier ...? Hinter dem Columbus Circle ragt die Südspitze des Central Park ins Bild, und in der Ferne blitzen die Fahnen Christos durch das Geäst.

In diesem Moment fällt mir ein, daß genau auf diesem Platz vor uns eine wichtige Szene in Scorseses *Taxi Driver* spielt. Travis hat sich dazu entschlossen, jenen Politiker zu ermorden, den wir als Chef der coolen Blondine kennengelernt haben. Während der Politiker vor den versammelten Menschen eine Rede hält, plaudert Travis mit einem Security-Mann. Als dieser skeptisch wird und seine Kollegen alarmiert, flieht der verhinderte Attentäter und taucht in der Menge unter.

Mein Blick wandert weiter über die kahlen Bäume des Central Parks und streift die Hochhäuser, die dahinter, in der 5th Avenue, auftauchen. Hier stehen keine hohen Exemplare, dafür besonders elegante, mit übermäßig teuren Wohnungen. Südlich von uns, in Midtown, wachsen die höchsten und schönsten Wolkenkratzer in die Höhe, hier scheint der beste Nährboden für diese Spezies zu existieren. Obwohl ich denke, daß über Manhattan schon alles gesagt und geschrieben worden ist, was sich dazu und darüber formulieren läßt, bemühe ich trotzdem meine grauen Zellen.

Was treibt die Menschen an, so hohe Häuser zu bauen? Niemand zwingt sie dazu, es besteht kein wirklicher Grund, in Wolkenkratzern zu leben und zu arbeiten. Da die meisten Amerikaner auf dem flachen Land, in kleinen, trostlosen Siedlungen wohnen, kann man sie wahrscheinlich nur beeindrucken, indem man etwas Gewaltiges vor sie hinstellt. Und die Steigerung besteht offensichtlich in vielen übereinandergestapelten Häusern. Mit der Idee der Stadt wurde auch die Idee der Burg, des Palastes, des Tempels auf dem Berg (Akropolis) und auch des Turms (Kirch- und Rathaustürme) geboren. Wer Türme und Hochhäuser besitzt oder gar bewohnt, demonstriert Macht (die reale, eingebildete oder vorgetäuschte). Damit liegt der Konkurrenzgedanke nahe: Je höher der Turm und das Hochhaus, um so größer die Macht. Jeder Multimilliardär und jede einflußreiche Firma in Amerika war und ist im Grunde gezwungen, einen Wolkenkratzer in Manhattan zu bauen und auch zu benutzen. Diese Türme haben keinerlei religiösen Sinn, ihre Symbolik beschränkt sich ausschließlich auf den Ausdruck von Macht, Potenz und Geld. In Amerika zählt nur derjenige, der auch Geld besitzt. Die religiösen Gefühle und Gedanken gibt es zwar auch noch, sie beschränken sich jedoch auf privates Beten, gelegentliche Kirchenbesuche und öffentliche Moralbekundungen. Mit den Wolkenkratzern greifen die Bauherren und Architekten zu den Sternen. Genau hier liegt auch das Problem dieses Bautyps. Die vertikale Stadt zwingt die Menschen dazu, den Boden der Erde, vielleicht damit auch der Realität zu verlassen und in versiegelten, nur über Klimaanlagen belüfteten Räumen, fern ab von Landschaft und Natur, wie in einem Flugzeug zu arbeiten und zu leben. Im Empire State Building halten sich tagsüber 30000 Menschen auf. Die Katastrophe des 11. Septembers hätte noch weit mehr Opfer gefordert, wenn die Flugzeuge später am Tag in das World Trade Center eingeschlagen wären. Es ist unmöglich, Gebäude dieser Größenordnung in kurzer Zeit zu evakuieren. Im Katastrophenfall sind fast alle Insassen verloren, wie bei einem Flugzeugabsturz. Vielleicht ist das auch der Grund dafür, daß nach dem 11. September Abbildungen des World Trade Center aus allen Reiseführern, Touristen-Prospekten und Plakaten entfernt worden sind. Stillschweigend radierte die Tourismusindustrie das Bewußtsein an die beiden Türme aus. Manhattan soll nur positive und optimistische Gedanken und Gefühle auslösen. Großstadt-Alpträume gehören sich nicht – weg damit auf den Müll, in die Kanalisation!

Das nächste Objekt auf unserem Pflichtprogramm, das Museum of Television and Radio, steuern wir mit dem Taxi an. Im Reiseführer lese ich, daß Philip Johnson und John Burgee die Architekten des schon etwas betagteren Gebäudes sind. In der pompösen Eingangshalle begrüßt uns eine freundliche Dame hinter dem üblichen Marmortresen und verkauft uns Tickets, nachdem wir unsere Wünsche geäußert haben. Über einen verspiegelten Aufzug schweben wir in den dritten Stock hoch und verteilen uns dort an diversen Computerarbeitsplätzen. Erst nach mehreren Versuchen und unter Mithilfe einer Studentin, die für unkundige Gäste wie mich zur Verfügung steht, gelingt es mir, eine Auswahl von Filmen zusammenzustellen. Mich interessieren vor allem zwei Interviews mit dem Hausarchitekten Philip Johnson.

Nachdem ich meine Liste abgespeichert und in eine Zentrale abgeschickt habe, muß ich meinen Arbeitsplatz verlassen und über eine Wendeltreppe in den eigentlichen Vorführraum hinuntersteigen. Halbbogenförmige, niedrige Holzwände bilden muffige Kojen, in die sich der Besucher vor ein normales, ziemlich veraltetes Fernsehgerät setzen muß. Als mir die Nummer meiner Koje mitgeteilt wird, komme ich mir vor wie Tati, gehe leise an kichernden, mir den Rücken zuwendenden, ins Schauen vertieften Menschen vorbei und weiß nicht so richtig, wo und wie

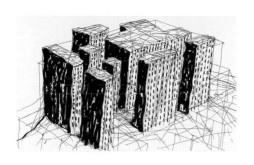

ich dieses Etablissement einordnen soll. Bei aller Harmlosigkeit wirkt es trotzdem irgendwie verrucht und latent obzön.

Da jeder von uns ein anderes Programm bestellt hat, sitzen wir weit verteilt in der merkwürdigen, halbdunklen Kojenlandschaft. Etwas angewidert, stülpe ich mir die abgenutzten Kopfhörer über die Ohren und versuche zu verstehen, was Philip Johnson, der in seinem Mies van der Rohe nachempfundenen, selbstentworfenen Wochenend-Glashaus sitzt, umgeben von grünen Wiesen und Bäumen, über die Architektur sagt. Vom ersten Moment an befremdet mich der arrogante, alte, glatzköpfige Mann, der eitel vorgibt, alles über den Verlauf der Baugeschichte zu wissen. Natürlich erreichen alle modernen Architekturströmungen bei ihm und seinen eigenen Bauten ihren unüberbietbaren Höhepunkt. In Wirklichkeit war und ist er ein hinter den Stilen herhechelnder Plagiator und Kitschonkel gewesen. Niemand kann ihn wirklich leiden, deswegen sagt er über sich selbst: »Ich glaube, alle haben schon einmal etwas Schlechtes über mich gesagt, und im allgemeinen haben sie damit recht.«

Nach einiger Zeit lasse ich das Video schneller laufen und amüsiere mich jetzt ebenfalls, allerdings nur darüber, daß Johnsons Stimme so verschliffen klingt wie ein vorbeifahrendes Formel-1-Auto. So ist es richtig, aus und vorbei. Da war mir sein Freund Andy Warhol schon lieber, er strahlte bei allem Drang zur Selbstdarstellung nebenbei auch noch die Bescheidenheit eines geduldigen indischen Gurus aus. Beim Hinausgehen entdecken wir mehrere Filmsäle, die dazu dienen, regelmäßig Programme in größerem Bildformat zu zeigen. Im Augenblick finden keine Vorstellungen statt.

Als nächstes wollen wir mit der U-Bahn zum Architekturbüro fahren, in dem Jakob Lehrecke zwei Jahre lang gearbeitet hat. Es liegt im Stadtteil Greenwich, in der Nähe des Washington Square Park. Freiwillig wäre ich nicht in die engen, versifften Tunnelgänge der U-Bahn hinuntergestiegen. Aber ich sehe ein, daß diese Erfahrung zu New York und Manhattan gehört. Die Ruppigkeit der Absperrgitter, die Heruntergekommenheit der Treppen und Bahnsteige, der Müll und die Graffiti, überhaupt die ganze Atmosphäre hier unter der Stadt erschreckt mich. Wie so oft in derartigen Umgebungen fühle ich mich beklommen und bedroht. Zur Entspannung denke ich an eine Strandwanderung und höre in Gedanken die Brandung mit ihrem beruhigenden Rhythmus an meine Gehör- und Vorstellungswände schlagen. In Wirklichkeit umgibt mich ein abenteuerliches Völkergemisch. Schwarze, Mexikaner, Japaner, Chinesen, amerikanische Geschäftsleute in Anzügen, mit weißen Hemden und Krawatten, daneben abgewrackte grauhaarige Penner, bierdosengefüllte Tüten in den Händen, Hausfrauen, überstark geschminkte Prostituierte mit tiefen Ausschnitten, Arbeiter in blauen Overalls, Studenten, die in ihren Büchern lesen, Schülerinnen, die kichernd an ihren Handys herumfingern. Alle werden gleichmäßig von den vibrierenden Fahrbewegungen der Waggons durchgeschüttelt. Vor den Fenstern donnern schwarze Tunnelwände und – vor allem in den Haltestationen – Reklametafeln vorbei. Die meisten Fahrgäste starren vor sich hin, verfallen diesem in sich gekehrten Blick, der davon erzählt, daß sie sich innerlich nicht in der New Yorker U-Bahn auf einer Fahrt von der Upper East Side nach Greenwich befinden, sondern irgendwo anders, in ihren Tagträumen, ihren Heimatländern vielleicht, bei ihren Frauen und Freundinnen, bei ihren Männern und Freunden. Wenige haben die Augenlider geschlossen. Andere lesen schweigend in Zeitungen, deren dünne Blätter im Fahrrhythmus zittern. Tosender Fahrlärm macht Unterhaltungen fast unmöglich. Nur wenige tuscheln, zischeln, ab und zu gibt es Ansätze von normalen Unterhaltungen. Ergebnisse von Baseballspielen, Börsenkurse. Ein Penner in meinem Blickfeld schimpft laut vor sich hin. Aus seinem wütenden Gemurmel kann ich die allgemein bekannten Worte: »... fuck ... fuck them all ... fuck ... fuck them all ...« heraushören.

Kurz denke ich: Das ist der Vorhof zur Hölle, ganz klar, genauso muß es dort aussehen, in wenigen Minuten werden wir gegen irgendeine verdammte Betonwand knallen und anschließend auf irgendeinen Scheißmüllhaufen geworfen, dort, wo unsere stinkenden Vorgänger zwischen Ratten, Essensresten, Plastiktüten, Knochen, Tellerscherben, Weinflaschen, Cornflakesschachteln, Babywindeln und modrigem Obst bereits verfaulen.

Im Architekturbüro werden wir von einer Empfangsdame begrüßt und anschließend durch lange, neonbeleuchtete Gänge geführt, an deren Seitenwänden große Farbphotos verwirklichter Büroprojekte hängen, und in einen kleinen, fensterlosen Raum gebracht. »Please wait here!«, befiehlt sie uns mit süßlich amerikanischer Schmeichelstimme. Etwas erschöpft von unseren bisherigen Erlebnissen, nehmen wir an einem quadratischen Sitzungstisch Platz, der fast den ganzen Raum ausfüllt. In der Mitte der weißen, abwaschbaren Kunststoff-Fläche steht ein Arrangement aus Mineralwasserflaschen, Gläsern und Keksen, das aussieht wie das Modell einer kleinen Südseeinsel, auf die man sich bei Schiffbruch rettet und verzweifelt-hoffnungsvoll in die Ferne schaut, bis ein vorbeiziehendes Kreuzfahrtschiff auftaucht und die unfreiwillige Robinsonade beendet. An den Wänden hängen auch hier große Farbphotos.

»Wahnsinn, was dieses Büro alles baut!« sage ich, und Jakob Lehrecke berichtet: »Es gehört zu den erfolgreichsten in ganz Amerika und hat Niederlassungen im ganzen Land.«

In diesem Moment wird die Tür geöffnet, und ein drahtiger, weißhemdiger, etwa 50jähriger Architekt betritt überfallartig den Raum. Als erstes stürzt er auf Jakob Lehrecke zu, den er von früher kennt. Dann begrüßt er jeden einzelnen und bekundet seine Freude darüber, uns zu sehen. »Well, I will show you now our current projects.« Jetzt erst entdecke ich den Beamer unter der Decke. Schon löscht der Architekt das Raumlicht und beginnt einen Vortrag, den er wahrscheinlich schon hundertmal gehalten hat. Bei aller wendigen Geschäftsmäßigkeit wirkt der Mann trotzdem sympathisch, zugreifend, erfolgreich und optimistisch. Bestimmt kennt er sich in New York und im Leben allgemein aus wie ein echter Profi. Man kann ihm nichts vormachen, da bin ich sicher.

Im Mittelpunkt der Präsentation steht eine riesige Mediathek, die unter seiner Leitung hier im Büro entworfen wurde und im Augenblick in Washington gebaut wird. Über die Größe können wir nur staunen. Der Gebäudekomplex, der Fernsehstudios, Büros, Restaurants, Cafés, einen Fernsehmuseum und eine Mediathek umfaßt, ist doppelt so groß wie das Centre Pompidou. Im Eingangsbereich soll ein Gedenkraum an die amerikanischen Journalisten und Journalistinnen erinnern, die während ihrer weltweiten Arbeitseinsätze ums Leben kamen! Ein Aufzug in der Größe eines Vortragssaals wird die Geschosse miteinander verbinden.

Geblendet von soviel Superlativen, kommt uns das eigene Berliner Projekt plötzlich ganz kümmerlich und provinziell vor. Die Architektur der neuen Washingtoner Mediathek, die zum Ziel hat, Medienproduzenten und Fernsehzuschauer einander näherzubringen, ist nicht schlecht, viel Glas und Stahl. Gediegene Moderne, die niemanden verletzt, aber auch niemanden so richtig zu begeistern vermag. Einen eigenen, unverwechselbaren Charakter besitzt sie nicht, dafür waren zu viele Menschen am Entwurfsprozeß beteiligt, nehme ich an. Jakob Lehrecke lobt seinen Kollegen, der sich natürlich darüber freut und das berühmte amerikanische Siegerlächeln – man könnte auch sagen: Grinsen – aufsetzt.

Anschließend dürfen wir die übrigen Räume der Architektur-Fabrik besichtigen. Es gibt einen eigenen Besucherweg, der an den langen Arbeitstischen vorbeiführt. Junge, blasse Männer und Frauen blicken konzentriert in flimmernde Bildschirme. Niemand schaut auf, während wir vorbeigehen. Irgendwann kommt uns ein älterer, vornehm gekleideter Herr entgegen, grüßt freundlich und verschwindet in einem seitlich gelegenen Büro. Unser Architekten-Führer erläutert: »This was the senior president of our office.«

»Aaaa. ... «, raunen wir im Chor und blicken auf die Tür, die er eben hinter sich geschlossen hat. So sieht also ein Senior President in einem Architekturbüro Amerikas aus!

Auf die Frage, wie viele Menschen hier arbeiten, bekommen wir zur Antwort: »In New York about 200, in Washington about 150 and in Chicago about 250.« Ich weiß, daß es in Amerika fast nur Architektur-Fabriken gibt. Kleinere Büros haben kaum eine Chance. So wird es bei uns auch bald sein, denke ich. Bevor wir wieder hinaus auf die Straße treten, stellt unser amerikanischer Architektenkollege eine erstaunliche Frage: »Our office is just working on a competion for a new Yewish Museum in Warszawa. What do you think about working together in this project?«

Ich bin verblüfft, schaue Jakob Lehrecke an, und gemeinsam antworten wir: »Yes, sure, we can do this!« Natürlich haben wir später nie wieder etwas davon gehört. Die versprochene E-Mail traf weder in Berlin, noch in Attenweiler ein.

Abends rufe ich meine alte Freundin Katrin an und verabrede mich für morgen mit ihr. Sie wohnt seit einem Jahr ganz in New York, und ich bin gespannt, was sie zu erzählen hat. Wir wollen am Vormittag gemeinsam ins MoMA gehen und am Nachmittag im Hotel auf Juri, den russischen Choreographen aus San Francisco, warten, mit dem ich mich vor Wochen zu einem Arbeitsgespräch über unsere Moskauer *Cinderella*-Neuproduktion hier in New York verabredet habe.

In der Nacht beginnt es wieder zu schneien. Ich setze mich an das Fenster meines Hotelzimmers und genieße die Stimmung. Im schwefelgelben Licht fallen dicke Schneeflocken vor meinen Scheiben hinunter in die Straßenschlucht. Manchmal sehen sie aus wie losgelöste, hellerleuchtete Fenster. Fensterschnee ... Schneefenster ... Fenster ... Fenster ...

Es gibt zwei Möglichkeiten des Schauens: Entweder verfolge ich einzelne Flocken auf ihrem taumelnden Weg hinunter, oder ich stelle meinen Sehstrahl waagrecht und starr ein. Im ersten Fall stürze ich mit den Flocken kopfüber in die Tiefe, ein magischer Sog erfaßt mich, bedrohlich und stark. Im zweiten Fall spüre ich, daß sich mein Zimmer wie eine Raumkapsel aus ihrem architektonischen Gefüge löst und mit mir als seltsamem Raumfahrer durch die Straßenschluchten davonschwebt. Mich erstaunt bei beiden Zuständen die völlige Lautlosigkeit. Erst als ich die untere Fensterhälfte nach oben schiebe und mit der Öffnung kalte Luft gegen mein Gesicht strömt, erreichen mich gedämpfte Stadt- und Straßengeräusche. Tief unter mir schleichen gelbe Taxis vorbei, so langsam und vorsichtig, als befänden sie sich auf dem Kriegspfad. Die schneebedeckten Straßen sind wohl glatt und rutschig geworden. Überall, wo ein Auto gefahren ist, bleiben schwarze Abdruckstreifen im Weiß zurück. Spuren der Bewegung und der verflossenen Zeit.

Während ich aus dem Fenster schaue und mal wieder das optimistische Selbstbewußtsein bewundere, das Architekten besitzen müssen, um derartige Gebäude-Kolosse in die Welt zu stellen, versuche ich, mir meine früheren Besuche in New York zu vergegenwärtigen. 1983 beeindruckten mich – neben den Silvestererlebnissen am Times Square – zwei Ausflüge am meisten: der Besuch auf der Aussichtsplattform des Empire State Buildings und ein Rundflug mit dem Hubschrauber über Manhattan bis zur Freiheitsstatue und zurück.

Für mich gehört das Empire State Building aus dem Jahr 1931 mit seinen 381 Metern Höhe immer noch zu den schönsten Wolkenkratzern der Stadt. Als ich zum ersten Mal im 86. Stockwerk auf der vergitterten Terrasse stand, den kühlen Höhenwind im Gesicht spürte und in die steinerne Hochhaus-Plantage unter mir hinabblickte, war ich so überwältigt, daß mir alle Städte, die ich bisher gesehen und erlebt hatte – einschließlich Rom, Florenz, Venedig, Paris und London – kümmerlich erschienen. Ich fühlte mich wie auf dem Mount Everest, in dünner Höhenluft, allerdings hatte ich keinen anstrengend-gefährlichen Auftieg durch Gletschereis und steile Schneeschluchten hinter mir, sondern eine angenehme Aufzugsfahrt. In der Abenddämmerung sah ich Autos wie winzige Käfer durch die Straßenschluchten fahren, sah Neonreklamen und die Lichter in den Fenstern aufleuchten und wurde von jener Höheneuphorie befallen, vor der jeder ernsthafte Bergsteiger warnt. Punkt ... Fenster ... Punkt ... Fenster ... Punkt ... Fenster ... Punkt ... Wiederholung des Immergleichen ... Monotonie ... Monotonie ... Minimalismus ... Minimal Music ... plötzlich fällt mir Steve Reich ein, und ich lausche in Gedanken den endlosen Wiederholungen seiner musikalischen Wendungen ... Ja, das ist auch New York ... Punkt ... Punkt ... Punkt ... Punkt ... Morsezeichen des Massenzeitalters ... jedes Fenster ein Mensch ... jedes Fenster ein Leben ... jedes Fenster die Erinnerung an ein Leben ...

Damals standen die Zwillingstürme des World Trade Center noch und überragten das Empire State Building um 36 Meter. Niemand ahnte etwas von der zukünftigen Katastrophe, die dazu führte, daß heute das Empire State Building wieder der höchste Wolkenkratzer der Stadt ist.

Während ich mich langsam vom Empire State Building entfernte und immer wieder an ihm hochschaute, dachte ich an Fritz Lang, der bei seiner ersten Ankunft in Manhattan zwar noch nicht das Empire State Building bewundern konnte, aber so von der damaligen Skyline beeindruckt war, daß er die Idee zu seinem *Metropolis*-Film entwickelte. Im Gegensatz zu den emigrierten Bauhausarchitekten gelang es ihm gemeinsam mit seinen Filmausstattern, die Klammer zwischen Gotik und Wolkenkratzerromantik zu formulieren. Seine Idee, die Stadt in ein Oben (Besitzer, Direktoren, mehrgeschossig verlaufende Straßen mit Verkehr auf Brücken, darüber schwebenden Flugzeuge) und ein Unten (Arbeiter, Maschinen, düstere Gassen, Katakomben) zu teilen, entspricht der uralten Einteilung in ein Kirchenschiff (mit Altar, in verschiedenen Höhen plazierten Heiligen) und Krypta (mit Gräbern von Märtyrern). Auch gotische Kirchtürme wollten nichts anderes, als die Erde mit dem Himmel verbinden. Im 20. Jahrhundert verkehrten zwischen den Wolken statt Engeln erst Zeppeline, dann Flugzeuge. Es war deswegen durchaus konsequent, daß ursprünglich Zeppeline an der Spitze des Empire State Buildings andocken sollten, allerdings kam die Idee über die Planungsphase nicht hinaus, da man nach dem Unglück von Lakehurst auf einen weiteren Ausbau verzichtete. Statt dessen klammerte sich 1933 im Film der Riesengorilla King Kong an dieser Antenne fest. Sein Absturz in die Tiefe der Straßenschluchten war vielleicht auch als Siegerbild gedacht: Noch einmal hat sich die wilde Natur aufgebäumt, jetzt ist sie endgültig besiegt! Das Gebäude, seine Erbauer und Bewohner bleiben die Könige der Städte und der Welt.

Wie fragwürdig dieser Gedanke ist, zeigen nicht nur die Vorgänge am 11. September, sondern auch diverse Hollywoodkatastrophenfilme: Bei Kevin Costner geht Manhattan infolge der Erderwärmung im Meer unter, nur noch die Spitzen der Wolkenkratzer überragen den Wasserspiegel (*Waterworld*), und bei Roland

Emmerich erfriert die Stadt in einem gewaltigen Eissturm, und alles Leben stirbt ab (*The Day After Tomorrow*).

Ich glaube, daß die Rundflüge mit dem Hubschrauber über Manhattan zur Freiheitsstatue nach dem 11. September eingestellt wurden. Schade, denn dieses Erlebnis war wirklich umwerfend, obwohl ich zugeben muß, daß mich das junge Pärchen aus Oregon, das uns während des 15minütigen Fluges gegenüber saß, doch ziemlich nervte, da es ständig danach fragte, aus welchem Land und aus welcher Stadt wir seien.

1987 kam ich mit Ruth Berghaus wieder nach New York. Wir flogen im Sommer von Frankfurt nach Cleveland, mußten in New York umsteigen und nutzten die Unterbrechung für einen Manhattan-Besuch. In Cleveland wollten wir uns mit Christoph von Dohnanyi und seiner damaligen Frau Anja Silja wegen einer *Moses-und-Aron*-Produktion treffen, die auf der Freilichtbühne von Blossom, in der Nähe von Cleveland, stattfinden sollte. Leider wurde aus der Sache letztlich nichts.

Während des Fluges erzählte mir Ruth von den ärmlichen Exiljahren, die ihr Mann, Paul Dessau, in New York verbringen mußte. Im Gegensatz zu Kurt Weill, der sich mit dem Kapitalismus arrangierte und mit Broadway-Aufträgen überleben konnte, hauste der überzeugte Kommunist Dessau für Monate in einem lausigen Verschlag unter einer Haustreppe wie ein Karnickel. Keiner kannte und half ihm, niemand führte seine Werke auf. Erst viele Monate später kam er nach Los Angeles und hatte das Glück, hin und wieder als Filmkomponist in Hollywood beschäftigt zu werden. Hier lernte er auch Bertolt Brecht kennen, für den er später, nachdem er in den sozialistischen Teil Deutschlands zurückgekehrt war, wichtige Bühnenmusiken komponierte und dessen Theaterstück *Die Verurteilung des Lukullus* als Oper vertonte.

Ruth war, glaube ich, sehr begeistert von New York, obwohl sie ja als Kommunistin dem Kapitalismus eher skeptisch gegenüber stehen mußte. Manchmal dachte ich, sie genieße die Früchte der fremden Welt wie süße Sünden, darin der widerstrebenden *Ninotschka* in Lubitschs gleichnamigem Film nicht unähnlich. Daß wir zu unserem inneramerikanischen Weiterflug in Eero Saarinens organisch-expressivem Terminalgebäude, das er zwischen 1959 und 1962 für die TWA ent-

worfen hatte, einchecken durften, freute mich sehr. Unglaublich, was man aus
Beton alles formen kann! Ich bestaunte die Kurven, Wölbungen, geschwungenen
Tresen und Möbel, berührte die Oberflächen und strich mit der Hand darüber. Vor
kurzem las ich in der Zeitung, daß dieses fulminante Bauwerk leer steht und nicht
mehr als Terminal genutzt wird.

1995 kam ich für vier Tage mit Christoph Stölzl und seiner Frau erneut nach
New York. Wir befanden uns – zusammen mit einer kleinen Delegation von Fach-
leuten – auf einer zweiwöchigen Museumsbesichtigungstour quer durch Amerika.
Christoph Stölzl hatte mich kurz zuvor zum Innenarchitekten des neu zu gestal-
tenden Deutschen Historischen Museums in Berlin ernannt. In Amerika und Ka-
nada wollten wir uns über den technisch-ästhetischen Stand aktueller Museen
informieren. Neben New York standen auch noch Washington, Houston, Boston
und Toronto auf unserem Programm.

Damals schauten wir uns alle wichtigen Museen der Stadt an: das American
Museum of Natural History, das Metropolitan Museum of Art, das Museum of
Modern Art, das Whitney Museum of American Art, das Guggenheim Museum
und das Ellis Island Museum. Am Ende der Reise hatten wir bestimmt 30 Museen
gesehen. Leider platzte für mich das Berlin-Projekt später, da Christoph Stölzl
völlig unerwartet und verfrüht als Direktor zurücktrat und sein Nachfolger ein
neues Gestalterverfahren in die Wege leitete.

Draußen fällt weiter Schnee. Ich sitze immer noch am halbgeöffneten Fenster,
spüre mein Blut kreisen und fühle mein Herz schlagen. Bei jedem Atemzug stoße
ich weißen Dunst aus. New Yorker Luft, ein und aus, ein und aus. Plötzlich komme ich mir vor wie im Weltall. Das Raumschiff Erde fliegt mit meinem Körper
durch die Nacht, lautlos und elegant, von unsichtbaren Kräften auf seiner Bahn
gehalten. Ringsum vorbeistürzende Meteore – Weltallrauschen.

New York, 19. Februar 2005

Nach dem Aufstehen schaue ich gleich wieder hinunter auf meine Kreuzung. Es
liegt immer noch Schnee. Ein scharfer Sonnenstrahl fällt durch die 48th Street
von Osten in die Schlucht ein und wandert an der Fassade des gegenüberliegenden Hotels Waldorf Astoria hoch. Ich photographiere die Lichtwanderung und bin
fasziniert von der Sonnenuhr-Wirkung der Architektur.

Plötzlich denke ich an Musik, an Jazz und Klassik, an Symphonien und Musicals. Gibt es eigentlich eine Oper, die in New York spielt? Mir fällt keine ein, nur
Musicals, natürlich, vor allem Leonard Bernsteins *West Side Story*, auch George
Gershwins *Rhapsody in Blue*, welche Woody Allen in seinem Film *Manhattan* eingesetzt hat und daraus eine Stadthymne formt, die fast von Walt Whitman stammen könnte: »1. Kapitel: Er betete New York an ... New York war seine Stadt
und würde es immer sein ... er war genauso hart und romantisch wie die Stadt ...«
Oper ist nicht die Ausdruckswelt dieser Stadt, obwohl hier gleich zwei Opernhäuser jeden Abend das klassische europäische Repertoire spielen. Dann fällt mir
der unglückliche Antonin Dvorák ein, der von 1892 bis 1895 als Direktor des
Nationalen Konservatoriums in New York unterrichtete und in dieser Zeit seine
berühmteste, in Heimweh schwelgende Symphonie *Aus der Neuen Welt* komponierte. Die New Yorker Werke Kurt Weills kenne ich eigentlich alle nicht. Warum
werden sie nicht mehr gespielt?

Später treffe ich Katrin in der Halle. »Und, wie ist das, ganz in New York zu
wohnen?« frage ich sie.

»Man wird süchtig, jeden Tag jogge ich durch den Central Park. Ich kenne inzwischen sehr viele interessante Leute. Täglich kommen neue hinzu. Ich gehe viel aus, zu Partys. Inzwischen habe ich auch einen neuen Freund.«

»Hört sich gut an.«

»Aber vor allem arbeite ich im Augenblick an dem Libretto zu einem Musical, das auf einer Schönheitsfarm spielt, wie bei unserer *Schönen Galathée*, die wir gemeinsam in St. Gallen herausgebracht haben. Eine befreundete Komponistin hat damit begonnen, die Handlung in Noten zu setzen. Es geht mir gut. Hin und wieder gelingt es mir, Jobs als Regisseurin an kleineren Off-Bühnen oder bei Mini-Festivals zu ergattern. Es nicht einfach, hier Arbeit zu finden, obwohl ich ja einen amerikanischen Paß besitze.«

»Hört sich spannend an.«

Wir brechen auf und machen uns auf den Weg zum MoMA. Angesteckt von soviel fröhlichem Optimismus, erscheinen mir jetzt die Wolkenkratzer links und rechts wie Ausrufezeichen, manchmal auch wie die aufschießenden Raketen eines Geburtstagsfeuerwerks.

Kurz unterbrechen wir unsere Stadtwanderung und wagen das Eindringen in die würdig-legendäre Eingangshalle des Hotels Waldorf Astoria. Der etwas düstere, plüschige Art-déco-Charme nimmt uns sofort auf, als wären wir alte Bekannte. Natürlich gibt es hier nicht nur eine Halle, sondern eine wahre Hallenflucht, mit breiten Fluren, Bars, Restaurants, Läden, Frisören, Cafés und Ballsälen. Über uns türmen sich 1380 Zimmer – wie ich im Reiseführer lese –, deren Anwesenheit wir nur ahnen. Ja, das Leben in einem Grandhotel, mit seinem flüsternden Publikumsverkehr, seiner Anonymität, seiner distanzierten Freundlichkeit und seinem Tag- und Nachtservice hat schon etwas Faszinierendes, solange man genügend Kleingeld besitzt.

Für wenige Minuten lassen wir uns in einem der weichen Sessel nieder und atmen schweigend die Atmosphäre ein. Plötzlich komme ich mir vor wie auf einem riesigen Ozeanliner. Hoffentlich ist er stabiler gebaut als die *Titanic*.

Wir beobachten die Menschen ringsum. Sie schleichen fast lautlos über die dicken Teppiche. Den meisten sieht man nicht an, daß sie Geld haben, und nur wenige von ihnen erinnern mich an die unvergeßlichen Charaktere aus Vicky Baums wunderbarem Roman *Menschen im Hotel* oder an den später nach dieser Vorlage gedrehten Hollywoodfilm mit Greta Garbo als alterndem Ballettstar. Nachdenklich und schweigend stapfen wir weiter durch den kalten New Yorker Wintertag. Eine weiße Sonne beleuchtet die Wolkenkratzerspitzen. Wenn ich nach oben schaue, sehe ich manchmal eine einzelne Möwe, die sich vom Hudson River hierher verirrt hat und von den Aufwinden emporgewirbelt wird.

Von außen gehört das Museum of Modern Art, das MoMA, nicht gerade zu den spektakulären Bauten New Yorks, man muß hier eher von architektonischem Understatement sprechen. Mit Schrecken sehe ich eine mehrere hundert Meter lange Schlange vor dem dezenten Eingang stehen. »Kein Problem«, sagt Katrin, die mein Entsetzen bemerkt hat, »ich bin Mitglied des MoMA-Fördervereins und besitze einen Ausweis. Wir können an der Schlange vorbei, direkt zum Ticket-Tresen gehen.« Ich gebe zu, daß mir solche kleinen Privilegien gefallen. Mit niedergeschlagenen Augen drücken wir uns an den Wartenden vorbei, bestimmt skeptisch und neidisch beobachtet.

Beim Eintritt in das schneeweiße Atrium verschlägt es mir fast den Atem. Ich bin überrascht und überwältigt zugleich. Erst letztes Jahr wurde der berühmteste aller modernen Kunsttempel nach mehrjähriger Umbauzeit wiedereröffnet. Der mir bisher völlig unbekannte japanische Architekt Yoshio Taniguchi hat eine

minimalistische, strenge, zwischen Bauhaus und modernem Meditationsort ange-
siedelte Architektur entworfen, die ganz auf konzentrierte Introvertiertheit setzt.
Die Gebäudewände schirmen den hektischen Lärm der Weltmetropole ab und
geben den Ausstellungsräumen den Charakter eines Kunst-Klosters.

Von lautlos-eleganten Rolltreppen lassen wir uns in die Höhe tragen und wandern vom obersten Geschoß langsam nach unten. Trotz aller Euphorie befremden
mich die Ganzglasgeländer des Atriums etwas, da sie psychologisch wenig Halt
bieten. Die meisten Besucher treten erschreckt einige Schritte zurück, sobald sie
einen Blick in die mehrgeschossige Tiefe geworfen haben.

Und dann tauchen vor mir die berühmtesten Bilder der Moderne auf. Von Paul
Cézanne, Vincent van Gogh, Henri Rousseau, Paul Signac, Henri Matisse, Pablo
Picasso, Jean Dubuffet, Alberto Giacometti, Max Ernst, Piet Mondrian, Jackson
Pollock, Francis Bacon, Andy Warhol, Bruce Nauman, Eva Hesse, Joseph Beuys,
Gerhard Richter, Jeff Wall und Gordon Matta-Clark. Hier hängen tatsächlich
Pablo Picassos *Desmoiselle d'Avignon* und *La Danse* von Henri Matisse. Sprach-
los stehe ich davor und bin begeistert!

Wenn ich an New York denke, kommt mir – neben Andy Warhol und Edward
Hopper – Jackson Pollock als der typischste Maler vor. Seine vibrierende, nervöse Action-Malerei gibt den Geist der überdrehten Metropole am besten wieder.
Liniengewirr, ziellos, hektisch, schlaflos, suchend, sinnlos – ich denke an einen
riesigen Stadtraum, in dem Millionen von Autos und Menschen wie Fliegen
gleichzeitig durcheinanderschwirren. Das Brausen, Zischen, Hupen, Schreien und
Summen erfüllt die Luft Tag und Nacht.

Pollocks Themen waren Ruhelosigkeit, Bewegung und Geschwindigkeit. So
gesehen, paßt sein Unfalltod genauso in die Zeit wie der von James Dean. Nach
endlosen, mit Alkohol stimulierten Malaktionen kracht der Nie-zur-Ruhe-Kom-
mende mit dem Auto am 11.8.1956, genau ein Jahr, nachdem James Dean bei
Salinas verunglückt war, in der Nähe von New York gegen eine Wand und ist
tot.

Piet Mondrian, der die letzten vier Jahre seines Lebens in New York verbrachte
und hier 1944 starb, malte von 1942 bis 1943 das Bild *Broadway Boogie Woogie*,
das jetzt im Museum of Modern Art hängt. Mondrian versuchte hier ebenfalls,
die Dynamik und Vielschichtigkeit der Stadt New York zu abstrahieren und bildhaft einzufangen. Als er kurz darauf vor einem Gemälde Jackson Pollocks stand,
wurde ihm bewußt, daß dieser junge, wilde, noch völlig unbekannte Mann das
Problem dynamischer und komplexer gelöst hatte. Seiner Kunsthändlerin Peggy
Guggenheim, die ablehnend und befremdet gegenüber Pollock reagierte, sagte
er: »Diese Bilder sind die aufregendste Entdeckung, die ich je gemacht habe.«

Erschöpft lassen wir uns einige Stunden später im Museumscafé nieder. Wir
sprechen über New York als Kunststadt. »Hier gibt es wenig oder keine Künst-
ler-Gedenk-Räume«, sage ich und rühre in meinem Cappuccino.

»New York ist eben mehr am Heute interessiert als an Geschichte. Vielleicht
haben in der Stadt, vor allem in Manhattan, überhaupt nicht so viele Künstler
wirklich gewohnt und gearbeitet. Die meisten verbrachten ihre Zeit doch eher auf
Long Island oder irgendwo außerhalb auf dem Land. Es fällt auch auf, daß die
Exilanten während des »Dritten Reichs« zwar oft in New York ankamen, die
Stadt jedoch so schnell wie möglich wieder verließen. Hier war das Leben besonders hart, und es gab wenig Arbeitsmöglichkeiten«, erwidert Katrin.

»Das stimmt. Die meisten fuhren weiter nach Los Angeles. Manche, die hier
blieben, wie etwa Oskar Maria Graf, der als verirrter Bayer mit kurzer Lederhose
durch Manhattan irrte, waren todunglücklich und litten unter Heimweh.«

Unsere Blicke wandern hinaus in den Skulpturengarten. Ich entdecke Auguste Rodins *Bürger von Calais*, Pablo Picassos herrlichen *Ziegenbock* und Plastiken der unvermeidlichen Kunstheroen Alexander Calder und Henry Moore. Plötzlich kramt Katrin ein Buch von Henry Miller aus ihrer Tasche und liest mir eine Stelle daraus vor: »Wenn ich an New York denke, sehe ich es vor mir als ungeheure Lüge, als Täuschung, Betrug – als einen Alpdruck; ich meine dabei vor allem Manhattan ... New York war seit jeher eine Stadt der Slums, der Ghettos, der Banden und der Gangster, dreckig, laut, voll von Verbrechen, Korruption, Gewalt, immer ungesund, häßlich, gewöhnlich; ungewöhnlich nur in seiner Größe und Energie. Eine Stadt ohne menschliche Wärme ...«

»Und heute?« frage ich.

»Ich denke New York ist sicher, vielleicht auch schöner und wärmer geworden. Man kann in der Stadt angenehm wohnen und leben.«

»Was denkst du über Woody Allens Sicht von New York?«

»Ich glaube, daß er die Stadt etwas verklärt. Sie ist schon auch ziemlich hart und rücksichtslos.«

»Also doch, Woody Allen sagt, sie sei genauso hart und romantisch wie er.«

»Ja, ich weiß, im Film *Manhattan*.«

»An Weihnachten 1983 fuhren wir, während eines New-York-Aufenthalts, mit dem Taxi durch Harlem«, berichte ich, »es kostete einige Mühe, den Fahrer zu diesem Trip zu überreden. Ich werde die Bilder von damals nie vergessen. Auf den Treppen der heruntergekommenen Eingänge lungerten jugendliche Schwarze herum, daneben schlugen Flammen aus verrosteten Blechtonnen. Müllberge türmten sich auf den Bürgersteigen. Eine aggressiv-gefährliche Atmosphäre, wie in manchen Gangster- und Mafiafilmen Hollywoods. Niemand hätte sich damals nachts allein zu Fuß in diese Gegenden gewagt, genauswenig wie in den Central Park.«

Katrin kann mit derartigen Horrorszenarien nichts anfangen, ihr New-York-Bild ist einfach zu positiv eingefärbt.

»Also mir ist jedenfalls noch nie etwas passiert. Vielleicht liegt es daran, daß ich keine Angst habe. Ich wurde bisher weder blöd angemacht noch bedroht oder gar überfallen. Das gilt auch für meine Freundinnen. Allerdings trage ich immer einen Gas-Spray bei mir. Man kann ja nie wissen!«

Am Rockefeller Center vorbei gehen wir zurück zu meinem Hotel. Um 14.00 Uhr wollen wir uns mit Juri treffen. Ich bin auf das Treffen mit ihm sehr gespannt. Während des Wartens im kleinen Zimmer breite ich meine bisher gezeichneten *Cinderella*-Entwürfe auf Boden und Bett aus. Katrin war bisher noch nie in Rußland und hört meinen Berichten über Moskau begierig zu.

Als echter Russe nimmt es Juri mit der Uhrzeit nicht so genau. Die Stunden verstreichen. Wir nutzen die Zeit und plaudern über mögliche gemeinsame Projekte. Ich erzähle Katrin von meinem zweiten Drehbuch, an dem ich bis vor kurzem gearbeitet habe. »Ihm liegt eine Kurzgeschichte von Carson McCullers zugrunde. *Nomaden* habe ich es genannt: Paris, Sommerabend. Ein ungefähr 50jähriger Mann – Diplomat im Dienst der EU – packt seine Koffer, macht am Telephon mit seiner französischen Freundin Schluß und fliegt abends nach New York. Am folgenden Tag trifft er auf der Straße in Manhattan zufällig seine amerikanische Exfrau, die inzwischen einen New Yorker geheiratet hat. Sie lädt ihn gutgelaunt für den nächsten Abend zum Essen ein. Er geht hin und erlebt furchtbare Stunden. Seine Exfrau hat inzwischen zwei kleine Kinder, einen sympathischen, gut verdienenden Mann und lebt in gepflegter Umgebung. Die Konversation tastet nur Oberflächen ab. Er merkt zunehmend, daß ihm die Rolle eines

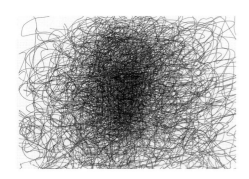

plötzlich zum Leben erweckten Requisits aus der Vergangenheit zugewiesen wird. Erinnerungen tauchen auf, bedrängen ihn wie dämonische Bilder. Wem gehört die Vergangenheit? Irgendwann flieht er, wandert einsam und traurig durch die Straßenschluchten Manhattans. Am nächsten Tag fliegt er weiter nach San Francisco. Hier trifft er sich mit seiner Tochter aus einer früheren Beziehung, die seit ein paar Jahren mit einem Mexikaner zusammenlebt und immer unter Geldnot leidet. Sie arbeitet als Bildhauerin, verkauft jedoch selten etwas. Der Mexikaner hat seit kurzem eine neue Geliebte. Vater und Tochter machen zusammen einen Ausflug in die Muir Woods. Dort geraten sie in Streit und kehren schweigend zum Auto zurück. Bei der Tochter, die schwanger ist, wiederholen sich die gleichen Vereinsamungsvorgänge wie beim Vater. Scheiternde Beziehungen, zu sehr wird die Lebensplanung über den Partner gesucht. Nach diesem mißglückten Wiedersehen fliegt der Diplomat zu Verhandlungen nach Rio de Janeiro, dort wird er abends von einer Straßengang überfallen, überlebt nur mit knapper Not, liegt im Krankenhaus und ruft aus Langeweile und Einsamkeit zunächst seine Exfrau in New York, dann seine Tochter in San Francisco an. Beide verweigern jede Hilfe und behaupten, keine Zeit zu haben. Am Ende kehrt er nach Paris zurück und ruft seine Exfreundin an. Im Hintergrund hört er Männerlachen. Sie hat sich längst getröstet und will ihn nicht treffen. Einsam und traurig geht er durch verregnete Pariser Straßen. Die Kamera zoomt zurück, der Bildausschnitt wird größer und größer. In der Ferne ragt der Eiffelturm auf und tut so, als sei die Welt in Ordnung.

Mich interessieren Biographien von Menschen, die beruflich ständig unterwegs sind, rund um die Welt. Politiker, Manager, Filmregisseure oder Architekten. Vielleicht sollten wir einen Film über einen Architekten machen, der durch das ständige Herumreisen und Häuserplanen auf der ganzen Welt langsam verrückt wird. Ihm ist die Welt eine einzige Baustelle. Ein Feldherr des Positiven, ein Erbauer, kein Zerstörer – oder doch? Ein möglicher Titel könnte ›Der Architekt von New York‹ sein. Die Hauptfigur stelle ich mir als eine Mischung aus Frank Lloyd Wright, Mies van der Rohe, Albert Speer, Helmut Jahn, Norman Foster, Rem Koolhaas und Daniel Libeskind vor. Wahrscheinlich verführt der Beruf eines erfolgreichen Welt-Architekten genauso zum einsamen Größenwahn wie der des erfolgreichen Politikers und Feldherrn. Daniel Libeskind formulierte es einmal etwas dunkel raunend so: ›Der Architekt ist zwei Mal Gott‹. Was hälst du davon?«

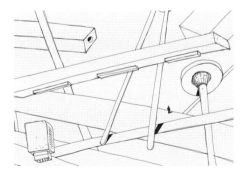

»Hört sich nicht schlecht an. Das Thema ›Architektur‹ kommt wirklich selten in Filmen vor. Die andere Geschichte, die mit dem Diplomaten, ist gut, wirkt jedoch so, als hätte ich sie bereits irgendwo gelesen oder gesehen.«

»Gilt das nicht für alle Geschichten?«

Gegen 17.00 Uhr taucht Juri endlich auf. Er ruft von der Rezeption aus an und klopft kurz darauf an unsere Zimmertür. Während es draußen langsam dunkel wird und Schneefall einsetzt, schaut sich Juri mit zunehmender Begeisterung meine *Cinderella*-Entwürfe an. Da er ein unruhig-nervöser Mensch ist, springt er immer wieder hoch, macht einige Tanzbewegungen und erklärt seine Choreographiepläne mit Händen und Füßen, dabei stößt er schnell an die Grenzen meines winzigen Hotelzimmers. Um seine beiden Arme auszustrecken, benötigt er das halbe Badezimmer, später auch Teile des Hotelflurs. Manchmal verschwindet er für Momente vollständig aus unserem Blickfeld und taucht dann wieder im Zimmer auf wie eine fremdartige Erscheinung aus einer anderen Welt.

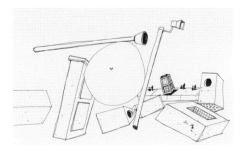

Eigentlich ist die »Cinderella-Aschenputtel«-Geschichte ideal in New York aufgehoben. Wie viele Dienstmädchen aus Mexiko, wie viele arme Näherinnen, wie viele Tellerwäscher und Taxifahrer träumen von der Begegnung mit einem unermeßlich reichen Prinzen oder einer im Gold schwimmenden Millionenerbin!

Donald Trump oder Paris Hilton zu erobern, wäre ihnen das oberste Ziel, der Lebenstraum. Hier in dieser Stadt gibt es die idealen Traumfiguren wirklich, man erkennt sie an ihren von Chauffeuren gesteuerten Bentleys oder Mercedes-Karossen. Nach zwei Stunden verabschiedet sich unser russischer Gast und sagt, er habe noch andere Termine in New York. Wir werden uns im Sommer wieder treffen, dann in Berlin.

Katrin und ich ziehen unsere Mäntel an, schlagen die Krägen hoch, hüllen Schals um Hals und Ohren. Nach dem stundenlangen Aufenthalt in dem Hotelzimmer treten wir fröstelnd hinaus auf die schneebedeckten und leicht vereisten Straßen. New York im Schnee, das ist städtische Romantik pur. Fußgänger und Autos haben ihre Tempi gedrosselt, tasten sich vorsichtig voran. In den Schaufenstern leuchten noch vereinzelt Weihnachtsbäume, obwohl sie jetzt im Februar eigentlich bald den Osterhasen Platz machen müßten.

Da ich wegen der Glätte meist auf den Boden schaue, vergesse ich die gewaltigen Fassaden, die neben mir in den Winterhimmel hinaufschießen, und komme mir wie in einer ganz normalen amerikanischen Stadt vor, mit ganz normalen, niedrigen Häusern links und rechts.

Irgendwann landen wir in einem holzvertäfelten Restaurant. In der hintersten, höhlenartigen Ecke lassen wir uns in gemütlich-weiche Sessel fallen, die vor einem offenen, immer wieder hoch auflodernden Kaminfeuer stehen. Ich fühle mich sofort wie in einer verschneiten Rocky-Mountains-Skihütte. Um uns herum sitzen nur wenige Pärchen, auch sie in ihren tiefen Sesseln versunken. Aus der Ferne wirken Sessel und Menschen wie klumpige Einheiten, für immer miteinander verschmolzen, untrennbare Symbiosen. Hin und wieder beleuchtet das Lagerfeuer unsere Gesichter und läßt uns zu einer verschworenen Gemeinschaft verschmelzen. Friedlich plaudernd, essen und trinken alle vor sich hin.

Kurz nach Mitternacht kommt leider Unruhe auf. Die Kellner beginnen, unsere Tische zu verschieben und vor dem Kamin eine Fläche freizulegen. Dann erscheinen ziemlich schrille Punkertypen und bauen mit großem Hallo Verstärkerboxen, Schaltpulte und Lautsprecher auf. Uns wird mitgeteilt, daß dieses Restaurant jede Nacht um 1.00 Uhr in eine Disco verwandelt wird. Tatsächlich setzt plötzlich laute, wummernde Musik ein. Tanzwütige Paare tauchen aus der winterlichen Stadtnacht im hell erleuchteten Windfang auf, treten in das warme Lokal ein, klopfen sich den Schnee von den Schultern und zerstören laut redend, lachend, beineschwingend und singend unsere verschwiegene, romantische Skihütten-Gemütlichkeit. Damit ist für uns der richtige Moment gekommen, das Lokal zu verlassen.

Morgen werde ich den ganzen Tag für mich allein haben. Meine Mitreisenden sehe ich erst übermorgen wieder, jeder hat sich für den Sonntag sein eigenes Programm vorgenommen. Am Montag vormittag will ich mich noch einmal mit Katrin treffen, danach fliegt unsere Gruppe nach Berlin zurück.

New York, 20. Februar 2005

Mein heutiges Ziel, die Südspitze Manhattans und damit die städtische Urzelle der Stadt, könnte ich natürlich mit der U-Bahn erreichen, aber eine so finstere Fahrt will ich mir an diesem klaren Wintermorgen nicht antun und bestelle an der Rezeption ein Taxi. Statt eines Telephonanrufs tritt ein Bediensteter des Hotels auf die Straße und winkt mir einen der gelben Wagen heran. Taxibestellungen per Telephon sind hier nicht üblich.

Ich lasse mich auf die Rückbank fallen und beobachte entspannt Häuser, Läden und Menschen, die vor dem Fenster vorbeiziehen wie die Bilder eines Films. Gott sei Dank kennt sich mein Fahrer besser in der Stadt aus als jener hilflos-überforderte Zeitgenosse, den der Schauspieler Armin Müller-Stahl in Jim Jarmuschs melancholischem Taxi-Film *Night on Earth* darstellt.

Wir schweben die 3rd Avenue hinunter, biegen in die Bowery ein, durchqueren East Village, Little Italy, die Lower East Side und den Financial District. Schattenzonen wechseln mit Lichtstreifen ab. Wieder bildet die Stadtstruktur ein ideales Spielfeld für eintreffende Sonnenstrahlen. Die Raumstation Manhattan blinkt, funkelt und läßt sich von der kalten Februarsonne bescheinen. Der Gedanke, daß die Wolkenkratzertürme nicht senkrecht nach oben wachsen, sondern nach unten in das Weltall hängen wie eine Tropfsteininformation, ist mir schon manchmal gekommen. Auch heute bedrängt mich das Bild. Natürlich hänge ich in diesem Fall, zusammen mit dem Taxi, in dem ich gerade sitze, ebenfalls kopfunter. Achterbahngefühle, ganz so, als hätte ich einen Ausflug nach Coney Island unternommen. Die Wunde der zerstörten World-Trade-Türme liegt nicht an unserem Weg, ich erahne sie hinter den Hauskolossen und will später auf dem Rückweg zum Hotel einen Blick hineinwerfen.

Vor der Börse zittert eine riesige amerikanische Flagge im Wind. Hier, in diesem pompösen Gebäude, laufen die Fäden des Weltkapitals zusammen, des wirklich vorhandenen und des virtuellen, hier ereignen sich die Auf- und Abschwünge, die Dax-Kapriolen und Wert-Salti, hier werden Reichtümer gewonnen wie beim Monopolispiel und verloren, als seien sie nie dagewesen. Hier fanden auch die Katastrophen des Börsencrashs 1929 statt, und hier brauen sich die zukünftigen Börsenturbulenzen und Wertminderungs-Tornados zusammen. Während die weltweiten Geldgeschäfte nur noch auf den Bildschirmen der Computer abgewickelt werden, bleiben die Wolkenkratzer als sichtbare Wertanlage für jedermann erkennbar. Reichtum, Prestige und Status gieren nach Sichtbarkeit, andernfalls geht ihre Wirkung in einer unendlich ausufernden Datensintflut unter.

Bis ins 20.Jahrhundert hinein versuchten Aktienhändler ihre Wertpapiere übrigens auf den Bürgersteigen der Stadt, an den Mann oder die Frau zu bringen, wie ich vor kurzem in einem Buch las. Erst 1908 wurde das Abieten von Waren auf den Straßen New Yorks gänzlich verboten.

An der Fire Boat Station steige ich aus, kalte Sonntagvormittagsstimmung. Einsame Joggerinnen, wenige Spaziergänger mit Hunden. In dieser Gegend wohnen nicht sehr viele Menschen. Ich trete an das Ufergeländer und lasse meinen Blick über den Hudson River, die Upper Bay bis hinüber nach Staten Island, Liberty Island und Ellis Island streifen. Lichtpunkte glitzern auf den kurzen Wellen, kleinere Boote und wenige Fährschiffe durchfurchen das Wasser. Die großen Ozeanliner gibt es nicht mehr. Ich stelle mir vor, was für ein imposantes Schauspiel es gewesen sein muß, wenn diese weißen, schwimmenden Hochhäuser vor der Skyline Manhattans auftauchten, um an einem der Piers anzulegen.Hier, an dieser Landspitze, begann also die Geschichte, zunächst als winziges Indianerdorf, dann als niederländische Pelzhändlerkolonie. Später übernahmen die Engländer die Siedlung, aber erst nach der Unabhängigkeitserklärung begann seit 1783 der eigentliche Aufstieg New Yorks zur größten Stadt Amerikas. Meinen Rundgang beginne ich an der Fire Boat Station und wandere von dort zum Castle Clinton National Monument. Auf der Wiese davor entdecke ich ein ungewöhnliches Vietnamdenkmal: Aus einem rechteckigen, flachen Steinblock wurde der

Umriß eines amerikanischen Soldaten herausgeschnitten, so, daß nur noch die Körper-Negativform zu erkennen ist. Der Soldat wirkt anwesend und abwesend zugleich. Durch das menschenförmige Loch sehe ich den Himmel und Fragmente dahinterstehender Bäume. Eine schöne Idee des Künstlers, auf diese Weise den Übergang vom Leben zum Tod darzustellen. Das Castle Clinton schaue ich nur von außen an. Hier kann man Tickets für die Fähre zur Statue of Liberty kaufen. Früher diente das Gebäude als Einwandererstation, danach als Konzertsaal und noch später als Aquarium. Heute fällt es schwer, sich die einstige militärische Nutzung der Südspitze Manhattans vorzustellen, zu schön und malerisch wirken Lage und Landschaft. Ein Aussichtspunkt, von Wasser umgeben. Weniger Hafen-, vielmehr Inselgefühle stellen sich ein. Hier in der Nähe lag das Geburtshaus von Hermann Melville, das heute leider verschwunden ist. Bestimmt stand er als Kind oft am Ufer des Hudson River und träumte von Abenteuerreisen und Walfangerlebnissen auf den Weltmeeren.

Ich stelle mir die frühere Einsamkeit der Insel vor, sehe die Indianer durch die sparsame Vegetation pirschen und höre den Pelzhändlern bei ihren Feilschgeschäften zu. Nein, für die Landwirtschaft war diese Granitfelsenzunge nicht geeignet, eher schon für die Errichtung einer Burg, einer Festung. Auch heute wirken jede Wiese und jeder Baum in Manhattan besonders wertvoll und einmalig. Vielleicht kann man (wenn man will) die Ansammlung von Wolkenkratzern tatsächlich mit einer mittelalterlichen Burgstadt vergleichen, dem italienischen San Gimignano etwa, dann erhalten die Türme die Anmutung von Fluchtburgen für die Bewohner und ihr Geld.

Der Uferweg des Battery Park führt mich weiter Richtung Südspitze. Bleibe ich stehen und beuge mich über das kräftige Geländer, sehe ich die Wellen des Hudson River gegen tiefer liegende Felsbrocken schlagen. Auf den landeinwärts künstlich angelegten Wiesenflächen tauchen jetzt ab und zu transparente Stahlgebilde mit Treppen- und Dachfragmenten auf, die ich bereits aus Veröffentlichungen kenne. Sie wurden in den letzten Jahren von der berühmten amerikanischen Landart-Künstlerin Mary Miss gestaltet. Auch andere moderne Künstler sind hier mit eindrucksvollen Arbeiten vertreten: Louise Bourgeois, Tony Cragg, Jim Dine und Richard Artschwanger.

An einer breiteren Wegausbuchtung bleibe ich stehen und schaue hinüber zur Freiheitsstatue und nach Ellis Island. Beide Inseln habe ich während meiner früheren New-York-Aufenthalte besucht. Wahrscheinlich gibt es kaum eine berühmtere Plastik auf der Welt als die Statue of Liberty. Schon der Aufstellungsort ist sensationell und genial. Ich kenne nichts Vergleichbares. Selbst die großen Christusfiguren auf Berggipfeln in Lissabon und Rio de Janeiro, der monumentale steinerne Herkules in Kassel, die Bavaria in München, die Bismarcktürme oder die diversen Denkmäler von Diktatoren, die es auf der ganzen Welt gibt, können da nicht mithalten. Die Einmaligkeit kommt vor allem dadurch zustande, daß die Statuenfrau auf einer eigenen kleinen Insel mitten im Hudson River schwimmt und so die Einsamkeit einer Ausgestoßenen verbreitet. Aber vielleicht hat sie sich aus der städtischen Versammlung auch nur deswegen gelöst, um der männlichen Welt der Wolkenkratzer zu entkommen und ihr ein weibliches Verführungsbild entgegenzustellen. Zweihundert aufgeregt röhrende und balzende Männer-Wolkenkratzer spielen sich auf, lassen Muskeln und sonstige Glieder tanzen, schauen begierig auf die Dame im Wasser. Wen wird sie wohl auswählen? Gedacht war sie als monumentale Empfangsdame im Hafen von New York. Jeden ankommenden Schiffspassagier grüßte sie mit erhobener rechter Hand. Daß sie in dieser Hand keinen Blumenstrauß, auch keinen amerikanischen Paß oder eine Greencard, sondern eine nachts von innen elektrisch beleuchtbare Flamme wie eine Fackel, ein ewiges Licht der Freiheit, ein olympisches Erfolgsfeuer hält, ist als optimistische Pathosgeste kaum zu überbieten. Bestimmt liefen jedem aus Europa eintreffenden Exilanten bei ihrem Anblick heilige Schauer über den gequälten Rücken.

Ihren Körper hat die gelassen und sehr entspannt dastehende Freiheitsdame mit einer klassischen antiken Toga bedeckt. Nur wenig läßt sich ahnen von ihren Beinen, ihrem Becken, ihrem Bauch und ihren Brüsten. Schließlich geht es hier um eine ernste Sache, und kein Ankömmling sollte von einer weiblichen Circe in seinen möglicherweise ausgehungerten Sinnen verwirrt werden. Zuerst kommt die Arbeit, dann das Vergnügen. Die Tatsache, daß vor allem der rechte Arm ohne Stoffbedeckung bleibt und im Grunde nacktes Fleisch zeigt, bemerkt der Reisende kaum, da sich Togastoff und menschliche Haut nicht voneinander unterscheiden, genau besehen sind beide Oberflächen aus dem gleichen metallischen Material – inzwischen grün oxydiertes Kupfer – gebildet. Um die Stirn trägt die Empfangsdame einen Kranz aus spitzen Zacken. Die sieben angedeuteten Strahlen sollen sieben Meere und Kontinente symbolisieren. Mich erinnern die geometrischen Lorbeerblätter eher an einen aggressiven Schlagring.

Ikonographisch spielt die Skulptur auf historische Frauendarstellungen aus der klassischen Antike und aus dem Christentum an. Im 19.Jahrhundert waren derartige Monumentalskulpturen in Mode. Der elsässische Bildhauer Frédéric-August Bartholdi, dem wir die Freiheitsstatue verdanken, hatte bereits Erfahrung mit derartigen Riesenwerken. Zur Eröffnung des Suezkanals schlug er ein ähnliches Monument vor, das allerdings nicht verwirklicht wurde. Jetzt, nach der Beauftragung durch den französischen Staat, überarbeitete er den früheren Entwurf, nahm sich ein amerikanisches Modell – die Ehefrau des Nähmaschinenherstellers Isaac Merritt Singer – zum Vorbild und paßte seinen Entwurf den neuen Gegebenheiten an. 21 Jahre nach der ersten Formulierung der Idee wurde die Statue – etwas verspätet – am 28.Oktober 1886 in New York eingeweiht. Eigentlich war sie als Geschenk der Franzosen an die Amerikaner zum 200jährigen Jubiläum der amerikanischen Unabhängigkeitserklärung, 1776, gedacht. Wer sich der kupfernen Dame heute unbefangen nähert und wenig über ihre Bedeutung und Geschichte weiß, wird in ihr vielleicht eher einen vermenschlichten Leuchtturm oder eine übermäßig vergrößerte Hafenpolizistin (ganz in früher Pop-art-Manier!) vermuten. Bei aller schwergewichtigen Symbolik läßt sich eine unfreiwillige Komik der Situation nicht leugnen. Deshalb ist die Figur – trotz aller Beliebtheit und Berühmtheit – bis heute umstritten und in ihrem Pathos oft Opfer bissiger Angriffe geworden.

Möglicherweise schwant dem Reisenden beim Anblick ihrer kräftigen Damenarme, daß dieses Land, das er jetzt betreten wird, dem Körperkult genauso anhängt wie dem Freiheits- und Geldkult. Die Riesin scheint ein langjähriges Fitneßprogramm und viele Steaks hinter sich zu haben. In jedem Fall ist Vorsicht geboten. Bestimmt wäre sie dazu in der Lage, ihre Fackel bei Tag und Nacht auf ungehorsame Schiffe zu werfen, sie in Brand zu stecken und damit zu vernichten. Sie ist so programmiert, eine Killerin, ein weiblicher Terminator, schließlich könnten sich auf dem eintreffenden Schiff Piraten oder Terroristen befinden, die unerkannt nach Manhattan eindringen, die Stadt angreifen, ausrauben oder in Schutt und Asche legen wollen.

Bis zum 11.September 2001 konnte man als Besucher sogar bis in das nicht vorhandene Gehirn der Dame hochsteigen und sich von ihrer Hohlheit überzeugen. Aber das ist lange her. Märchenhafte Vergangenheit, vor dem endgültigen, terroristischen Sündenfall. Über Ellis Island, die Einwandererinsel, kamen zwi-

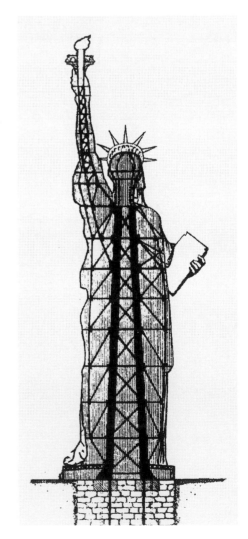

schen 1892 und 1954 mehr als 17 000 000 Menschen nach Amerika. Heute kann jeder Tourist mit einer Fähre hinüberfahren und das Immigrant Museum besuchen.

Auch ich war bei einem früheren New-York-Aufenthalt dort und habe mir die ehemaligen Befragungs-, Untersuchungs- und Internierungsräume angeschaut. Nach wochenlanger Schiffsfahrt über den Atlantik hattten die Ankommenden zum ersten Mal wieder festen Boden unter den Füßen. Durch die Fenster konnten sie Richtung Süden die Statue of Liberty und Richtung Nordosten die Skyline von Manhattan sehen. Mit sparsamen Inszenierungen versucht das Museum, die Ankunftsdramen darzustellen und dabei die Authenzität des Ortes zu wahren. Photos, Filme und Statistiken berichten von den modernen Völkerwanderungen. Bei den sehr kurzen und flüchtigen Untersuchungen der Neuankommenden wurden physisch und psychisch Kranke, allein reisende Frauen und politisch verdächtige Personen (vor allem Kommunisten) abgelehnt und nach Europa zurückgeschickt. Allerdings waren dies nur zwei Prozent aller Einreisewilligen.

Auf einer großen, kreisförmigen Wall of Honor im nördlichen Freibereich der Insel sind 500 000 Namen von Immigranten eingraviert. Auch meinen eigenen Familiennamen fand ich darauf mehrfach.

An die Fahrt mit der Staten Island Ferry von der Südspitze Manhattans zur Nordspitze Staten Islands erinnere ich mich gerne. Während man an der Reling steht, ahnt man etwas von den Gefühlen der Immigranten, die über den Ozean in die neue Welt kamen, und man versteht, wie ideal und eindrucksvoll die Dramaturgie der Stadtannäherung war, solange der Schiffsverkehr noch eine führende Rolle spielte. An den Fährstationen vorbei gehe ich weiter bis zum Battery Maritime Building und kehre dann um, nachdem ich noch kurz die Brooklyn Bridge aus der Ferne bewundert habe. Über die Whitehall Street kehre ich zurück zum Battery Place. Mein Ziel ist jetzt das neue Museum of Jewish Heritage.

Schweigend gehe ich durch die Ausstellung, in der Hoffnung, daß niemand in mir den Deutschen erkennt. Seit einigen Jahren bin ich eifriger Besucher dieser Einrichtungen auf der ganzen Welt, da ich als Architekt beruflich viel damit zu tun habe. Ich kenne inzwischen das Holocaust Museum in Washington, Yad Vashem in Jerusalem, die Jüdischen Museen in Berlin, Amsterdam und Frankfurt, aber auch kleinere Einrichtungen zu diesem Thema in Brüssel, Mechelen, Warschau und London.

Nachdem ich in dunklen, fensterlosen Räumen Photos und Filme aus Treblinka, Auschwitz und Bergen-Belsen betrachtet habe, steige ich eine Treppe in den ersten Stock hoch und stehe plötzlich vor einem breiten Panoramafenster mit Blick auf die Statue of Liberty, die in diesem neuen Zusammenhang auf mich wie eine gerade aus dem Meer aufgetauchte, von weißen Möwen umkreiste Göttin der Unschuld und des Neubeginns wirkt. Freiheit heißt hier, viel Raum und Luft um sich zu haben, ganz anders als in den Straßenschluchten Manhattans. Zwei Stunden später verlasse ich in trauriger Stimmung das Museum und wandere die Greenwich Street hinauf Richtung Norden. Nach wenigen hundert Metern stehe ich am Ground Zero, wie die Wunde, die der 11. September 2001 der Stadt geschlagen hat, genannt wird, besteige eine rohe, eigens für neugierige Touristen errichtete Holzplattform und schaue hinunter in das gewaltige Loch. Leider sind inzwischen alle Trümmerteile und Ascheberge entfernt worden, so daß das Riesengrab jetzt aussieht wie eine ganz banale Baustelle. Fels, Lehm, Sand, Holzbalken und einige rostige Stahlstummel, mehr nicht. Während ich in die Tiefe starre, stelle ich mir die beiden Türme des World Trade Center vor, die mit ihren 420 Metern über Jahrzehnte den Höhenrekord unter den New Yorker Wolkenkratzern hielten. In meiner Vorstellung blitzen die bekannten Bilder der Katastrophe auf. Ich höre die Schreie der Menschen und das Heulen der Feuerwehren, sehe gewaltige Staubwolken die Straßen Manhattans verdunkeln. Nachdem die beiden Flugzeuge in die Baukolosse eingeschlagen waren, hielt der eine Turm noch 56 Minuten stand, der andere 101 Minuten, danach erst brachen sie in sich zusammen.

Das riesige Loch schaut zurück, blickt mich an wie ein aufgerissener Mund, doch es dringt kein Laut aus der Tiefe, das sonntägliche Schweigen wirkt lähmend, sprachlos und beklemmend. Außer mir stehen zahlreiche andere Schauende auf der Plattform. Alle schweigen und photographieren. Der Ort des Grauens und des Untergangs hat sich in eine Touristenattraktion verwandelt, die kein New-York-Besucher ausläßt. Hier an dieser Stelle geschah es, von hier aus wurden die Fernsehbilder in die ganze Welt übertragen. Wahrscheinlich gibt es kaum einen Erdbewohner, der diesen Bildern nicht begegnet wäre. Die Bösewichte der Welt und ihre aufgewiegelten, radikalen Helfer ruhen nicht, sie werden wiederkommen, Häuser zerstören und unschuldige Menschen in den Tod reißen. Nur weil sie die Welt anders interpretieren, anderen Religionen und politischen Systemen angehören, führen sie einen terroristischen Feldzug gegen die westliche, ihrer Meinung nach kapitalistisch verseuchte und verkommene Welt.

Inzwischen hat ein großer Architekturwettbewerb stattgefunden, der darüber entschied, wie es mit dem Ground Zero weitergehen soll. Daniel Libeskind ging bekanntlich als Sieger daraus hervor. Über den Streit, der zwischen ihm und dem vom Bauherrn favorisierten Architekten David Child ausgebrochen ist, hat Libeskind ein Buch geschrieben, das 2004 unter dem Titel *Breaking Ground* erschien. Gleichzeitig enthält der Text eine Autobiographie Libeskinds, die seinen Lebensweg von Krakau über Jerusalem, Berlin bis nach New York beschreibt. Eine spannend-witzige, tragisch-jüdische Geschichte, die das Zeug zum Drehbuch hat, wie ich finde. In seinem architekturtheoretischen Teil propagiert Libeskind seine symbolistische Kristall-Architektur und führt heftige Attacken gegen die Raster-Fraktionen unter den zeitgenössischen Architekten. Was mit dem Jüdischen Museum in Berlin noch düster-todessüchtig begann, hat sich bei ihm inzwischen zu einer bildhaften Show-Architektur weiterentwickelt, die in Amerika große Tradition besitzt und im städtischen Kontext durchaus wichtig ist. Ich denke an die Art-déco-Wolkenkratzer in New York, außerdem an die Filmsets von Geddes und Gibbons, die Kinobauten von Charles Lee, die Las-Vegas-Bildarchitekturen und die neuesten Entwürfe von Frank O. Gehry.

Auf dem Broadway stoppe ich ein Taxi und lasse mich zu meinem nächsten Ziel, dem Museum of the City of New York fahren. Es ist in einem schönen, alten Gebäude am nördlichen Ende des Central Park an der 5th Avenue untergebracht. Endlich erfahre ich hier etwas über die Stadtentwicklung New Yorks. Mich interessiert vor allem die städtebauliche Phase zu Beginn des 19. Jahrhunderts, als New York dabei war, sich in eine moderne Metropole zu verwandeln. Der entscheidende Mann hieß damals De Witt Clinton und war zwischen 1803 und 1828 Bürgermeister von New York. Als er sein Amt antrat, wurde die Stadt noch von kleinbürgerlich-niedrigen Häusern geprägt. Da er den kommenden Aufschwung ahnte und herbeiplanen wollte, schlug er, der architektonische Autodidakt, einen revolutionär-radikalen Plan vor. Nachdem er das gesamte Gelände Manhattans vier Jahre hatte genau vermessen lassen, legte er 1811 dem Parlament in Albany »the grid« vor. »The grid« bestand aus einem Raster, das Manhattan in ein Meer völlig gleichmäßiger, quadratischer Parzellen einteilte, die Zwischenräume dienten als öffentliche Straßen. Die störungsfreie Geometrie erinnerte an das Produkt einer emotionslosen Zeichenmaschine, daneben wirken selbst Mondrianbilder

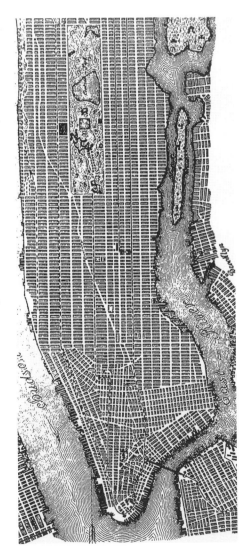

malerisch und verspielt. Der Vorschlag wurde fast ohne Widerspruch akzeptiert. Als einzige Änderung mußte DeWitt Clinton noch den Diagonalverlauf des Broadways in den Plan einarbeiten. Offensichtlich hingen manche Abgeordnete an dem einstigen Indianerpfad, oder sie besaßen dort wichtige Grundstücke, schließlich befinden wir uns im Land des puren Raubtierkapitalismus.

Die neue Stadtstruktur sah nur wenige Plätze und überhaupt keinen Park vor. DeWitt Clinton war der Meinung, daß die umgebende Uferzone genügend Platz für die Erholung der Stadtbewohner biete. Erst 1853, 35 Jahre nach Clintons Tod, beschloß der Stadrat den Bau des Central Park. Clintons Planungen wurden ohne jede Rücksicht auf bestehende Besitzverhältnisse durchgeführt, ähnlich radikal und schmerzhaft wie später Haussmanns Pläne in Paris. Von heute aus gesehen, eine wirklich zukunftsweisende Entscheidung.

Die Stadtgeschichte wird im New Yorker Stadtmuseum mit Photos, Plänen und wenigen Modellen dargestellt. Leider ist das Material nicht sehr umfangreich. In anderen Museumsräumen hängen lange Photosequenzen mit Alltagsbildern und Einwanderersituationen auf Ellis Island, Wohnen in den Slums und in Palästen der Reichen. Faszinierend sind Dokumentationen des alten Hafenlebens. Wie eine Igelstruktur umgaben die alten Piers die Halbinsel von Manhattan. In den Gassen herrschte unvorstellbare Enge, die mich an die tristen Großstadtbilder aus Berlins Gründerzeitphase denken läßt. Das Museum ist übrigens gut besucht. Viele junge Eltern zeigen ihren Kindern, wie die Stadt früher aussah.

Angefüllt mit neuen Erkenntnissen, trete ich Stunden später wieder hinaus auf die 5th Avenue und setze meine Stadtwanderung fort. Mein nächstes Ziel ist das Salomon Guggenheim Museum. Unterwegs studiere ich immer wieder die glänzenden Messingschilder an den vornehmen Hauseingängen. Es sind keine berühmten Namen darunter, wie ich feststelle. Vielleicht leben manche Menschen hier auch unter einem Pseudonym, der Sicherheit wegen.

Schon von weitem sehe ich die weißen Wölbungen des berühmten Guggenheim Museums, das Frank Lloyd Wright zwischen 1943 und 1959 errichtet hat, aus der Fassadenreihung hervorspringen. Es gibt kaum ein Museum auf der Welt, über das nicht kontroverser diskutiert wurde und wird. Ein Bau, der allen bisherigen Museumsgewohnheiten widerspricht, sie negiert, revolutioniert, allerdings in eine Richtung, die sich als Sackgasse herausstellte. Wright war ein Anhänger des organisch fließenden Raumes, er wollte bei seinem einzigen Gebäude in New York mit Muschel-, Schlangen- und Wasserstrudel-Motiven spielen und den zentralen Ausstellungsraum in einen einzigen, ununterbrochenen Ausstellungsweg verwandeln. Daß dieser Weg am Ende mehr an eine Parkhausrampe erinnert und nicht an ein Museum, war bestimmt nicht das Ziel des Architekten. Für ihn zog sich die Planungs- und Bauphase so in die Länge, daß er die Eröffnung nicht mehr erlebte. Frank Lloyd Whright starb ein halbes Jahr vor der Fertigstellung seines kuriosen Museums.

Auch ich bin heute, wie immer, wenn ich mich ihm annähere, gespalten: Einerseits finde ich die unverwechselbare Form grandios, andererseits halte ich den Bau als Museum für denkbar ungeeignet. Trotz allem bleibt der Baukörper, vor allem von außen, ein großartiger Charakterkopf, eine Skulptur, die man nie vergißt, die sich ins Gedächtnis eingräbt wie Maurice Ravels *Bolero*.

Bei der stilistischen Einordnung des Gebäudes kann man ebenfalls ins Grübeln geraten. Der Großstadthasser Frank Lloyd Wright läßt neben den Naturformen auch Art-déco-Motive anklingen, die sich mit bauhäuslerischen Gedanken mischen. Nachdem meine Augen die sinnlich-runden Außenformen des Gebäudes abgesucht und abgetastet haben, erwerbe ich ein Ticket und fahre mit dem Aufzug nach oben. Der Blick in die Rotunde ist für mich auch heute etwas enttäuschend. Die ausgestellten Bilder an den runden Wänden wirken unwürdig und beiläufig wie vergessene Briefmarken. Während ich langsam die Rampe hinuntergehe, immer wieder zwischen Bildern und Lichthof hin- und herschauend, nehme ich mir vor, das Guggenheim Museum trotz allem gegen jeden Kritikerangriff in Schutz zu nehmen.

Nach meinem Museumsbesuch mische ich mich unter die Sonntagnachmittagsspaziergänger im Central Park und versuche, mir meinen interessierten Kunstblick abzugewöhnen. Schließlich kann ich nicht jeden Baum und jede Wiese wie ein Museumsobjekt betrachten. Meine Neigung, vor allem auf Reisen, in jedem Gegenstand und jedem Gebäude Hieroglyphen zu vermuten, die es zu entschlüsseln gilt, geht mir manchmal selbst auf die Nerven. Aber als wacher Phänomenologe, der es sich angewöhnt hat, Oberflächen zu lesen wie Texte, kann ich mich nur mühsam auf das unbeschwerte, nichtinterpretierende Schauen zurückziehen. Selbst in den Gesichtern der Passanten erkenne ich Dramen und Indizien tragischer Ereignisse. Ich überlege mir, welchen Beruf diese Menschen wohl ausüben, ob sie allein oder in einer Beziehung leben – alles Dinge, die mich im Grunde überhaupt nichts angehen.

Christos fröhliche Tore flattern in meine Lesewut hinein wie lachende, ganz auf ihre Oberflächlichkeit bedachte Fahnen. Jetzt bin ich mir sicher: Diese »gates« wollen den Park nur schmücken und die abweisend-herzlose Großstadtwelt verschönernd erträglicher machen.

Der Park gehört nicht zu meinen Lieblingslandschaften, aber durch seine wirklich zentrale Lage, seine Größe – er ist 4 Kilometer lang und fast 1 Kilometer breit – und seine radikale Rechteckform hat er durchaus eine gewisse Überzeugungskraft und Ausstrahlung. Als ich jetzt, auf einer Bank sitzend, den Stadtgrundriß studiere, kommt mir die Parklandschaft eher wie eine Aussparung vor, ein Fenster mit Blick in den Naturzustand, lange bevor hier eine Stadt stand.

Kurz denke ich auch an einen – allerdings geometrisierten – Magen: Besitzt vielleicht das steinerne Manhattan ein grünes Verdauungsorgan? Allerdings wäre es einleuchtender, von einer Lunge, einer grünen Lunge, zu sprechen, in deren organischem Netzwerk die täglichen Smogausdünstungen gefiltert und sogar gereinigt werden. Ob allerdings der hier produzierte Sauerstoff für alle Bewohner ausreicht, bleibt fraglich. Wind und Wetter müssen den Rest besorgen.

Im Park findet sich alles, was ein moderner Stadtbewohner unter Landschaft versteht und was er in diesem Zusammenhang für sein Leben benötigt: Wiesen, Wälder, Hügel, Felsformationen, Bäche, Tümpel und Seen. Dazu kommen natürlich zahlreiche Spielfelder und Sportangebote: Rudern, Radfahren, Joggen, Rollerbladefahren, Ballspiele aller Art und im Winter Eislaufflächen auf den zugefrorenen Seen. Die einzelnen Bereiche tragen malerische Namen: The Sheep Meadow, Playground, Turtle Point und North Meadow. Warum allerdings der größte See Jacqueline Onassis Reservoir heißt, bleibt etwas unklar und entbehrt nicht einer gewissen Komik.

20 Jahre lang – von 1853 bis 1873 – plante und baute Frederick Law Olmsted am Central Park. Er entwarf ein verschlungen-organisches Wegenetz, das in starkem Gegensatz zum regelmäßigen Straßenraster Manhattans steht. Seine formale Idee bestand wahrscheinlich genau in diesem Gegensatz: Das tägliche Leben verläuft geradlinig, rechtwinklig und schnell, wer jedoch den Park aufsucht, hat kein direktes Ziel mehr (es sei denn, er benutzt ihn nur als Durchgangsweg) und kann demnach in Kurven und Schleifen gehen. So gesehen, herrscht im Park ein ande-

rer Zeitzustand als in der übrigen Stadt. Wer eindringt, wird verwandelt, seine innere Uhr läuft langsamer und gelassener. Die Besucher verlieren ihre unter Strom stehende Großstadtunruhe und können sich für Stunden in einen passiven, nervositätsfreien Naturzustand zurückversetzen.

Ein Hauptproblem, damals wie heute, stellt die Offenheit des Parks dar, er besitzt keine Umgrenzungsmauer, keinen Schutz-Zaun. Das führt dazu, daß hier vor allem bei Dunkelheit Outlaws und Wohnsitzlose Übernachtungsmöglichkeiten suchen. Für normale Passanten wird der Park um diese Zeit zu einer großen Gefahrenquelle. Jeder, der ihn nachts durchwandert, kann das nur in selbstmörderischer Absicht tun.

Auf meinem Weg durch die künstlich angelegte Landschaft sehe ich das legendäre Dakota-Haus über die kahlen Baumwipfel ragen. Beim ersten Besuch in New York schauten wir uns natürlich neugierig den Eingang dieses Hauses an, vor dem 1980 John Lennon erschossen worden war. Dieser Mord erschütterte uns damals alle und bestätigte das Vorurteil gegenüber Amerika, das in vielen Köpfen herumspukte. Bei aller Freiheit, die das Land bot, herrscht hier vielleicht immer noch der »Wilde Westen«. Jeder trägt eine Pistole am Gürtel, und derjenige überlebt, der die Waffe schneller zieht.

Seit Roman Polanski im gleichen Haus seinen berühmten Film *Rosemaries Baby* drehte, schien es mit unheimlichen Kräften in Kontakt zu stehen. Ein düsterer Gespensterpalast, ähnlich dem Lady Winchester Mystery House bei San Francisco. Schon erstaunlich, daß trotz dieses Omens hier auch Leonard Bernstein wohnte und Yoko Ono immer noch nicht auszog.

Auf der Höhe der East 75th Street verlasse ich den Central Park und gehe zum Whitney Museum hinüber, das ich bei keinem meiner New-York-Besuche bisher ausgelassen habe. Für mich stellte das eigensinnige Gebäude, das zwischen 1963 und 1966 errichtet worden ist, schon immer einen wirklichen Gegenpol zum Guggenheim Museum dar. Marcel Breuer entwarf das mit Natursteinplatten verkleidete, fast fensterlose Museum wie eine kubistisch strenge Skulptur. Zur Madison Avenue hin treppte er die Fassade von Geschoß zu Geschoß so ab, daß sie im

Untergeschoß ihren tiefsten Rücksprung erreicht. Alle Besucher betreten das Museum über eine Brücke wie eine mittelalterliche Burg.

Im Eingangsfoyer finde ich einen Erläuterungstext von Breuer, der mich sehr beeindruckt: »Wie sollte ein Museum – ein Museum in Manhattan – aussehen? Es ist leichter, zunächst zu sagen, wie es nicht aussehen sollte: Es sollte nicht wie ein Geschäfts- oder Bürohaus oder eine Vergnügungsstätte aussehen. In Form und Material sollte es seine eigene Identität und sein eigenes Gewicht haben, um sich in der Nachbarschaft 50geschossiger Wolkenkratzer zu behaupten ... Es sollte die Lebendigkeit der Straße in den Ernst und die Tiefe der Kunst übertragen.« So fiel es dem alten, aus Ungarn stammenden Bauhausmeister Marcel Breuer, dem Schöpfer der berühmten Freischwingerstühle, als einzigem Exilanten aus Nazi-Deutschland zu, einen Hauch deutscher Burgenromantik in das utopisch-gotische Manhattan zu bringen.

Zu Fuß gehe ich weiter Richtung Süden. Wieder führt mein Weg am MoMA und am Rockefeller Center vorbei. Eine Weile setze ich mich auf eine eisig kalte Steinbank an der abgesenkten Gartenanlage vor dem Hauptturm. Natürlich fließt jetzt im Februar kein Wasser in das Brunnenbecken, und die Art-déco-Nymphen recken ihre Arme und Beine ins Leere. Atmosphäre und Stil erinnern mich an das Trocadéro in Paris. Über mir hat sich der Himmel inzwischen dunkel gefärbt, schwarze Stadtnacht. Die künstlichen Beleuchtungen von Garten und Gebäude flammen auf.

Erschöpft erreiche ich später mein Hotelzimmer und setze mich wie gewohnt an das Fenster. Es beginnt erneut zu schneien, und Nebel verwandelt meine Straßenschlucht wieder in ein schweflig-apokalyptisches Bühnenbild. Stadt der Sieger, Krebsgeschwür der Menschheit, Angeber-Eldorado eines pervertierten Männerwahns oder Paradies der städtischen Zukunft? Hin- und hergerissen zwischen beiden Extremen versuche ich, meine eigene Position zu finden. Nein, ich bin weder ein Bezwinger des Mount Everest noch ein abenteuernder Durchquerer der Arktis, will es auch gar nicht sein. Aber andererseits schaue ich den Wahnbildern und Extremtaten, die andere, verrücktere Menschen hervorbringen und durchführen, gern ins »Antlitz«. Alles, was denkbar ist, wird von irgendwelchen Erdbewohnern realisiert, sofern sie Kraft, Mut, Erfindungsreichtum, Geld und Macht dazu haben und sofern die technischen Möglichkeiten dafür bereitstehen, alles, Negatives wie Positives, auch dieser Irrsinn hier. Ich spüre, wie mein erregtes Entsetzen, vielleicht auch meine Wut über Manhattan nachlassen und plötzlich einem Gefühl der Gelassenheit Platz machten. Das alles hier ist Vergangenheit, denke ich, städtebauliches Mittelalter! Ich blicke in ein Museum, das ausschließlich aus Wolkenkratzern besteht! Trotzdem bin ich froh, diese Stadt gesehen zu haben, werde sie jedoch morgen gern auch wieder verlassen.

New York, 21. Februar 2005

Mein letzter Tag in New York. Um 10.00 Uhr treffe ich Katrin in der Hotelhalle. Mit dem Taxi fahren wir zur Brooklyn Bridge. Als wir sie erreichen, verliert sich die gigantische Konstruktion noch im dichten Morgennebel. Wir sehen nur die untere Zone der filigranen Stahlseile. Am grauen Winterhimmel zeichnet sich die helle Scheibe der Sonne ab, vielleicht wird sie den Nebel in der nächsten Stunde auflösen und uns den Blick auf die ganze Brücke freigeben.

Wir betreten den Fußgängersteg der zweigeschossigen Konstruktion und wandern langsam auf den ersten der beiden mächtigen Steinpfeiler zu. Bestimmt gehört diese 1883 eingeweihte Brücke neben der Golden Gate Bridge in San Francisco zu den schönsten der Welt. Unter uns das trübe Wasser des East Rivers. Im Rückblick erscheint Manhattan heute wie aus Nebel gebaut, eine graublaue, einheitliche Baumasse. Nachdem wir den zweiten Brückenpfeiler durch ein spitzgiebliges, gotisches Tor durchschritten haben, reißt der Himmel tatsächlich auf, und die Stahlseile zeichnen sich wie ein gigantisches Spinnennetz im Gegenlicht ab. Die Brücke steht in voller Schönheit vor uns. Ich verstehe, daß die Menschen nach der Fertigstellung von einem »Weltwunder« sprachen. Eine Weile treiben wir uns auf der anderen Uferseite in Brooklyn herum, dann wandern wir langsam zurück nach Manhattan.

»Unglaublich!« sage ich und bestaune das vor mir stehende Bild.

»Ja«, erwidert Katrin, »und dort drüben, am oberen Ende des Central Park wohne ich.«

»Wohnen möchte ich hier nicht, nur zuweilen hierherkommen und das Bild dieser Stadt in mich aufnehmen.«

»Eigentlich ist es erstaunlich, daß es hier noch nie Aufstände oder Bürgerkriege gab.«

»Vielleicht werden einmal die Maschinenstürmer kommen wie in Fritz Langs *Metropolis* und alle Computer oder Wolkenkratzer zertrümmern.«

»New York ist wirklich – neben Venedig – die extremste Stadt, die ich kenne. Alles ist hier künstlich, selbst die Ekstase, die sie hervorruft!«

Nachdem wir in Chinatown eine Kleinigkeit gegessen haben, fahren wir mit dem Taxi zu meinem Hotel zurück. Meine Reisegenossen warten bereits in der Halle neben ihren Koffern auf mich. Ohne Katrin geht es hinaus zum Flughafen. Morgen früh werde ich in Berlin landen. Ganz schnell verbrennen die erlebten Bilder zu Erinnerungsasche. Während des Fluges flackern sie noch hell und bunt durch mein Gehirn, später werden sie in Konkurrenz treten zu den Photos, die ich in der Stadt gemacht habe, der Kampf zwischen den realen Erinnerungen und den künstlichen Bildern wird einsetzen. Erinnerungen leben, verändern sich, werden kleiner oder größer, je nach Emotion oder Gesprächssituation, Photos bleiben immer gleich, für jeden anschaubare Dokumente.

Moskau
Sankt Petersburg

Berlin, 1. September 2005

Als mich das Angebot erreichte, in Moskau am berühmten Bolschoi-Theater das Bühnenbild für eine neue *Cinderella*-Produktion zu entwerfen, habe ich mich natürlich sehr gefreut. Endlich ergab sich damit für mich eine Gelegenheit, nach Rußland zu reisen.

Mein Rußlandbild war geprägt durch die Literatur (Puschkin, Lermontow, Gogol, Dostojewski, Tolstoi, Ostrowski, Gontscharow, Babel, Tschechow, Mandelstam, Pasternak, Majakowski, Achmatowa, Jessenin, Belyi, Solschenizyn, Brodsky), die Musik (Mussorgski, Rimski-Korsakow, Tschaikowski, Prokofjew, Strawinski, Schostakowitsch), die moderne Malerei (Kandinsky, Chagall, Malewitsch, El Lissitzky, Jawlensky), die skulpturale Aufbrucharchitektur der 1920er Jahre (Melnikow, Rodtschenko, Tatlin, Wesnin) und die Filme (vor allem von Eisenstein und Tarkowski). Manchmal träumte ich mich beim Lesen, Schauen, Hören und Blättern hinein in die fernen Weiten der Tundra, des Urals, sah Moskau im Schneesturm und wanderte in Gedanken durch endlos weite Birkenwälder.

Ein Film aus dem Jahr 1965 drängte sich besonders in mein Bewußtsein: das monumentale Kinogemälde *Doktor Schiwago* von David Lean! Plötzlich hatte ich die ganze Tragödie der Oktoberrevolution und der nachfolgenden Kriege bildhaft vor Augen. Später las ich, daß die Dreharbeiten des gesamten Films in spanischen Filmstudios nahe Madrid stattgefunden haben, und kam schwer ins Grübeln. Natürlich hätte ich schon durch die Besetzung der Hauptfigur mit dem ägyptischen Schauspieler Omar Sharif skeptisch sein müssen. Früher, bevor ich von der Fälschung erfuhr, gehörten die Holzpaläste, Dörfer, Schneelandschaften und vor allem das total vereiste kleine Landgut, in das sich Schiwago mit seiner Familie während der Kriegswirren zurückzieht, zu meinen innersten Rußlandbildern!

Dazu kam noch die eindrucksvollste aller Filmmelodien, dieser traurige Ohrwurm, den man nie vergißt und für die Inkarnation der russischen Seele hält! Alles Erfindungen westlicher Filmschöpfer!?

Die frostige Zeit des »Eisernen Vorhangs« und des »kalten Krieges« begleiteten meine eigene Schul- und Studentenzeit und förderten nicht gerade die Sehnsucht, das Land wirklich kennenzulernen. Erst mit Gorbatschows Perestroika erwachte mein Interesse an der russischen Realität wieder. Jetzt also folgt die Stunde der Wahrheit. Ich bin neugierig und gespannt.

Wer kennt sie nicht, diese bunten Babuschkas, hölzerne Spielpuppen meist bemalt wie verrückt gewordene Ostereier. Ich weiß nichts über ihre Geschichte, über ihren Erfinder oder ihre Erfinderin, ich weiß nur, daß ich die Idee genial und tiefsinnig finde. Der äußere Puppenkörper läßt sich in der Mitte, im Hüftbereich aufschrauben und öffnen, zum Vorschein kommt eine zweite Puppe, etwas kleiner, aber der ersten vollkommen gleich. Auch die zweite Puppe läßt sich öffnen, eine dritte erscheint. Sie läßt sich ebenfalls öffnen, und eine vierte tritt ans Tageslicht. Ganz innen sitzt die kleinste von allen, bisher im dunkeln gefangen. In jedem Bild, hinter jedem Bild versteckt sich ein zweites, ein drittes, ein viertes, von außen unsichtbares Bild. Jedes Ich birgt in sich eine andere, für Außenstehende nie sichtbare Seite. Verpuppungen, Verschachtelungen, Kindheitserinnerungen, Unterbewußtseinszustände, embryonale, ungeborene Möglichkeiten des Ichs. Die sichtbare Oberfläche der Welt und der Menschen gibt nur eine Hautschicht der Realität wieder.

Jeder Gedanke trägt den nächsten Gedanken in sich. Assoziative, ineinander verschachtelte Phantasien, die nicht allein sein können und wollen. Ihre sexuell

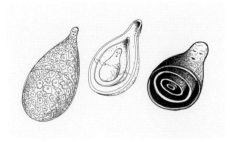

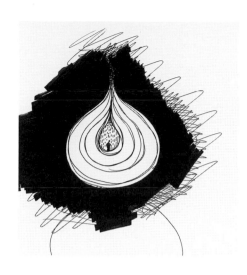

aufgeladene Sehnsucht treibt sie weiter zu anderen Gedanken, Worten und Sätzen. Sie berühren und streicheln einander, wollen Satzpaare, Wortfamilien, Gedankendörfer und Assoziationsstädte bilden. Wörter küssen Wörter, Wörter verstecken sich in anderen Wörtern, Wörter haben Verkehr mit bisher fremden Wörtern, Wörter werden befruchtet und vermehren sich. Wörterverwandtschaften entstehen, Wörter-Puppen und Puppen-Wörter wachsen nach. Bezogen auf Rußland, könnte man sagen: In Rußland steckt bestimmt ein zweites Rußland, vielleicht auch ein drittes und ein viertes ... in jedem Russen und in jeder Russin wiederholt sich der Vorgang. In der rohen äußeren Gestalt verbirgt sich möglicherweise eine verkitschte, sentimentale Seele, in der sentimentalen Seele schwimmt wahrscheinlich – so will es das Vorurteil – ein betrunkener, zu seinem Gott betender Russe ... Vermutungen über Vermutungen. Ich werde mich in jedem Fall auf die Suche nach dem Wahrheitsgehalt meiner Vorurteile machen. Mütterchen Rußland hält mir die Hand hin ...

Um den Komponisten Prokofjew hatte ich bisher einen Bogen gemacht. Immer wenn ich – widerwillig – eines seiner Werke hörte, beschlich mich Skepsis, zu raffiniert und glatt erschienen mir seine Tongebilde. Als mir Ruth Berghaus erzählte, daß ihr Mann, Paul Dessau, Prokofjew für einen westlich verseuchten, dekadenten Blender hielt, fühlte ich mich in meiner Einschätzung bestätigt. Das Märchenballett *Cinderella* kannte ich bisher überhaupt nicht. Wider alle Erwartungen begeisterte mich die Komposition bereits beim ersten intensiven Hören sosehr, daß ich meine bisherigen Vorurteile in den Papierkorb warf und innerhalb weniger Stunden zum Prokofjew-Verehrer mutierte. Ich las eine Biographie über ihn und hörte mir CDs mit den Aufnahmen seiner anderen Werke an. Da ich gleichzeitig am Bühnenbild für *Die Nase* von Schostakowitsch, die am Aalto-Theater in Essen herauskommen sollte, arbeitete, konnte ich parallel einen Blick auf die nächste Generation werfen. Der 1906 geborene Schostakowitsch verachtete den 1891 geborenen Prokofjew genauso wie den 1882 geborenen Strawinski und sah in beiden snobistische, stark verwestlichte, dekadente Künstler. Schostakowitsch, wollte einfach und verständlich komponieren und sich an der Volksmusik orientieren. Zunächst wunderte ich mich darüber, daß sich Prokofjew mitten im Krieg – zwischen 1940 und 1945 – mit einem Märchenballett wie *Cinderella* befaßte. Er war nach Jahrzehnten, die er in Frankreich und Amerika verbracht hatte, freiwillig in das stalinistische Rußland zurückgekehrt und litt jetzt wie alle Künstler unter Stalins diktatorischen Bestimmungen und Verfolgungen. Wollte sich der Komponist hinausträumen aus seiner Falle, in die ihn unstillbares Heimweh hineingetrieben hatte? Hielt er sich beim Arbeiten in der zweiten, dritten oder gar vierten russischen Puppe auf? Als er mit der Komposition begann, hatte er sich gerade von seiner spanischen Ehefrau getrennt und lebte mit der Dichterin Mira Mendelsohn zusammen, die er 1948 gegen alle Widerstände heiratete. Durch die rechtlich umstrittene Scheidung kam Prokofjews erste Frau in große Schwierigkeiten, wurde von der Geheimpolizei verhaftet, zu Unrecht als Spionin verdächtigt und nach Sibirien verbannt. Prokofjews Bemühungen um ihre Freilassung blieben ohne Erfolg. Erst Jahrzehnte später, lange nach Prokofjews Tod, wurde sie freigelassen und durfte mit ihren beiden Söhnen (deren Vater Prokofjew war) nach England ausreisen.

Es ist denkbar, daß der Komponist sein Rußland in einem »Cinderella«-Zustand sah, unterdrückt und voller Haß, geknechtet von der Stiefmutter, die in Wirklichkeit ein Mann war und Josef Stalin hieß. Im zukünftigen Happy-End würden alle Probleme gelöst, die seines Landes, die seiner Frau und seine eigenen. Als das Ballett nach Kriegsende, im November 1945, gleichzeitig am

Bolschoi-Theater in Moskau und am Kirow-Theater in Leningrad uraufgeführt wurde, waren die Zuschauer begeistert und träumten kollektiv den Kleinmädchentraum: Ein schöner, reicher Prinz wird kommen, sie befreien und glücklich machen. Der Prinz hieß jedoch immer noch Jossif Wissarionowitsch Stalin und wütete genauso brutal, rücksichtslos und unmenschlich wie während des Krieges. Der berüchtigte sowjetische GULAG, wie ihn der Dichter Solschenizyn beschrieb, umklammerte die Gesellschaft mit zynischer Gewalt. Prokofjews eigene Lebenstragödie gipfelte in dem Umstand, daß er am selben Tag und zur selben Stunde, am Abend des 5. März 1953, starb wie der Diktator. Die nachfolgenden kommunistischen Machthaber unterdrückten das russische Volk weiterhin mit diktatorischen Methoden bis in die 1990er Jahre hinein.

Themen und Ästhetik der Kunst wurden von der Politik vorgegeben. Wer sich nicht daran hielt, wurde zum Schweigen verurteilt, verbannt oder ins Gefängnis geworfen. Schostakowitsch, der sein ganzes Leben in der Sowjetunion verbrachte und sich ein Leben im Exil nie vorstellen konnte, litt bis zu seinem Tod darunter. Erst Gorbatschow befreite die Menschen aus der »Diktatur des Proletariats«.

Heute wirkt Prokofjews Musik immer noch so kraftvoll, optimistisch und frisch, als wäre sie gerade komponiert worden. Während seiner langen Europa- und Amerika-Aufenthalte in den 1920er und 1930er Jahren hatte der Komponist eine Art Musikweltsprache entwickelt, die Jazz-, Klassik- und russische Folkloreelemente collageartig miteinander verband und vielleicht gerade deshalb extrem aktuell wirkt. Seine Begabung, markante Melodien zu erfinden, rückt ihn manchmal auch in die Nähe moderner Musicalkomponisten. Für mich eine neue musikalische Welt und eine Entdeckung.

Vor jeder Reise nehme ich mir vor, weniger einzupacken. Es sind bei mir nicht Kleidungsstücke, sondern Bücher und Zeichenpapiere, die ins Gewicht fallen. Mit schwerer Tasche steige ich die Treppen zur S-Bahn-Station Bellevue in Berlin hoch.

Warme Septembersonne verwandelt den Bahnsteig in eine Sonnenterrasse. Einige Frauen mit Einkaufstüten stehen, die Augen geschlossen, im Licht und bieten ihre noch vom Sommer gebräunten Gesichter dem Himmel dar. Ein schönes Bild der Hingabe, Sekunden nur, dann löscht der einfahrende Zug die in sich ruhende Versenkung aus.

Über Lautsprecher höre ich die Durchsage, daß der Verkehr bis zum Flughafen Schönefeld unterbrochen sei. So entschließe ich mich, an der Station Friedrichstraße wieder auszusteigen und ein Taxi zu nehmen. Der Fahrer freut sich über mein »Fughafen Schönefeld, bitte!«, eine lange, für ihn ertragreiche Fahrt steht uns bevor. Draußen schaukelt die Stadt vorbei. Innerlich schließe ich mit Berlin ab, wenn auch nur für wenige Tage.

Die Wege im Terminalgebäude kenne ich bereits von anderen Abflügen. Obwohl ich hier erst einmal ein Ticket abgeholt habe, nickt mir die Dame am Aeroflot-Tresen so freundlich zu, als würde ich hier jeden Tag auftauchen. Bestimmt bin ich heute, zwei Stunden vor Abflug der Maschine nach Moskau, der erste Passagier, der wenig später am Eincheckschalter in der Haupthalle erscheint. Ich stelle meine Tasche auf das schwarz gummierte Fließband und erhalte problemlos meinen Lieblingsplatz, Fenster am Notausgang, wegen der langen Beine. Lautlos fährt die Tasche in eine dunkle Wandöffnung, neigt sich bedenklich, droht in ein schwarzes Loch zu stürzen und verschwindet dann aus meinem Blickfeld.

Anschließend begebe ich mich durch die Röntgen- und Abtastzone, an der Paßkontrolle vorbei, in den Abflugbereich. Nachdem ich mir Zeitungen gekauft habe und eine halbe Stunde in den unwirtlichen, neonbeleuchteten Fluren auf und ab gegangen bin, setze ich mich in eine der kalten Kunststoffschalen und döse vor mich hin. Langsam beschleicht mich jener Zustand des Transits, der mich und meinen Körper anwesend und abwesend zugleich macht. Ein Zwischenreich, nicht mehr hier und noch nicht dort, schwebend zwischen Abschied und Ankunft im Ungewissen, im Fremden, Unbekannten.

Warten ... warten ... warten ... passiv ergebe ich mich dem Schicksal ... vielleicht werde ich nie zurückkommen ... vielleicht sind diese Räume die letzten Bilder, die in mich eindringen ... das Niemandsland des Flugzeughimmels wird alles auslöschen ... Wände ... Neonröhren ... Decken ... Fußboden ... das Raster der Keramikplatten, unerbittlich stur und regelmäßig ... darüber schlürfen und klacken die Schuhe der anderen Abflugwilligen ...

Fast glaube ich aus dem normalen Zeitfluß ausgestiegen zu sein, aber unter der Decke hängen Bildschirme mit Abflugdaten und Ankunftszielen, daneben leuchtet die aktuelle Zeit auf ... es gibt sie tatsächlich noch ... die Zeit ... die Zeit ... Aus meinem halb abwesenden Zustand heraus beobachte ich träge und teilnahmslos die an mir vorbeischlendernden Menschen. Manche wirken ähnlich passiv wie ich, andere bewegen sich nervös und ungeduldig. Auch sie müssen warten ... warten, ... bis ihr Flug aufgerufen wird.

Da viele von ihnen, aus Platzgründen, immer den gleichen Weg auf und ab gehen müssen, erscheinen auch immer wieder die gleichen Gesichter vor mir. Ich lerne sie auswendig, bis sie mir so geläufig sind wie Familienmitglieder. Manchmal begegnen mir ihre Blicke, aber meist werden direkte Augenkontakte vermieden. Beim Notieren des Gesehenen, jetzt, in diesem Moment, wird mir einmal mehr klar, daß Schreiben im Grunde ein Übersetzungsvorgang ist, der sich aus Beobachtetem, Gedachtem, Vermutetem, Befürchtetem und Erhofftem zusammensetzt. Realität hat mit Worten nichts zu tun, eher mit Bildern und Oberflächen, der Rest spielt sich in meiner Phantasie ab.

Die Choreographie bleibt zufällig und dadurch abwechslungsreich: Schüler und Studenten mit Rucksäcken, ernste, in Reiseführern lesende Paare, elegante junge Frauen, die Parfumverpackungen in den Auslagen studieren, sportliche junge Männer, die sich mit Whisky- und Wodkaflaschen eindecken, verliebte Pärchen, herumalbernde Mädchengruppen, resignierte, verbitterte alte Ehepaare, bebrillte Töchter mit ihren dicken, gehbehinderten Müttern, gewagt kostümierte, abenteuerlustige Einzelgänger in allen Altersgruppen, aus deren Augen Eroberergeist flackert, aufgeregte Rentnerpaare und einige wenige alte Menschen im Greisenalter mit schneeweißen Haaren und verwirrten Blicken. Auf der Abflugtafel lese ich die möglichen Ziele: Palma de Mallorca, Rhodos, Ibiza, Tallinn, Glasgow und Moskau.

Dann kommen die ersten russisch sprechenden Reisenden an mir vorbei. Schade, daß ich die Sprache nicht verstehe. Mir gefällt ihr rätselhafter Klang. Ich versuche, in ihre Wortwolken einzutauchen und mich innerlich auf Rußland und Moskau einzustimmen. Irgendwann ist es soweit. Unser Flug wird aufgerufen. Ich stelle mich in die Reihe. Es folgt eine erneute Paß- und Ticketkontrolle, dann der lange, neonbeleuchtete Gang ins Flugzeuginnere.

Auch bei dieser Reise merke ich, welch magisches Objekt ein gültiger Paß ist. Ohne Paß konnte und kann man nicht reisen. Ich denke an die ehemaligen DDR-Bürger, die nie einen Paß besaßen und dadurch im eigenen Land gefangen waren, aber auch an die vertriebenen, zur Flucht gezwungenen Juden während der Zeit des Faschismus. Neben dem gültigen Paß war es vor allem das eingestempelte Visum, das die Passage in ein Exilland ermöglichte. Während der Zeit des »Dritten Reiches« gab es nur einen Ort auf der ganzen Welt, der für Exilanten ohne Visum betretbar war: Schanghai. Über 20000 Juden konnten hier überleben. Auch ich benötige für meine Rußlandreise ein Visum. Ich mußte es über ein Berliner Reisebüro, das auf den Ostblock spezialisiert ist, besorgen. Da ich vom Bolschoi-Theater eine Arbeitseinladung besitze, wurde mir das Visum sogar für ein ganzes Jahr ausgestellt.

Ich schaue aus dem ovalen Fenster neben mir über den linken Flügel hinaus in die flache, märkische Landschaft. Ruhig rollt das Flugzeug auf die Betonpiste und hebt wenig später kraftvoll vom Boden ab. Nachdem wir unsere Reiseflughöhe erreicht haben und sicher in der Luft schweben, hole ich den Moskauführer aus meiner Jackentasche und studiere ihn von vorn bis hinten durch. Ich liebe Reiseführer und Stadtpläne, weil sie es möglich machen, Straßen- und Stadtstrukturen in verkleinertem Maßstab zu überblicken und kennenzulernen. In Wirklichkeit werde ich das Stadtlabyrinth nie so sehen und erleben, aber für mich ist es eine leichte Übung, Plangraphik mit Realität in Einklang zu bringen. Ich suche das Bolschoi-Theater, mein Hotel, den Kreml, die Moskwa, den Ring, den Flughafen und versuche mir Lage und Himmelsrichtungen genau einzuprägen. Danach rechne ich die Entfernungen aus. Bei einer Gehgeschwindigkeit von 3 Kilometern pro Stunde könnte ich das Zentrum, das innerhalb des großen Straßenrings liegt, bequem in zwei Stunden durchqueren, denke ich. Vielleicht habe ich irgendwann die Zeit dazu. Um den Rest kennenzulernen, benötigte ich ein Auto. Die Stadt wuchert und wuchert, mit über 15 000 000 Einwohnern ist Moskau heute die bevölkerungsreichste und am schnellsten wachsende Stadt Europas!

Im Einführungstext lese ich, daß die meisten Moskauer alles Alte lieben und die Gegenwart hassen. Dieses Phänomen ist mir bei meinem ersten Besuch in der Stadt vor fünf Monaten auch aufgefallen. Am meisten habe ich mich damals über die große Anzahl russisch-orthodoxer Kirchen gewundert. Die meisten meiner Gesprächspartner und -partnerinnen bekannten sich zur russisch-orthodoxen Religion und unterhielten intensive Beziehungen zu ihrem Popen. Sie fürchteten sich wohl alle, nach dem Zusammenbruch des Sozialismus, vor dem Verlust ihrer Mitte. Die uralte Religion, die ein ganzes Jahrhundert lang nur im verdrängten Untergrund weitergelebt hatte, nahm sie auf wie verlorene Kinder und verspricht ihnen eine wohlige Heimat, angefüllt mit goldenen Ikonen und viel Weihrauch. Aus der explodierenden, sich ganz im Griff des neuen Raubtierkapitalismus befindenden Stadt, leuchten die berühmten alten Orte wie Signale der Sicherheit und des unverwüstlichen wahren Russentums hervor: der Rote Platz, der Kreml, die Christi-Erlöser-Kathedrale, der Nowodewitschi-Friedhof mit dem Neujungfrauenkloster und das Kaufhaus GUM. Bei meinem ersten Moskaubesuch habe ich all diese Orte kennengelernt, wie es sich für einen Touristen gehört.

Zwischen meinen Gedankengängen, Erinnerungsschleifen und Lektürebrocken, schaue ich ab und zu aus dem Flugzeugfenster und stelle fest, daß es draußen schnell dunkel wird. Wie im Zeitraffer verfärbt sich der Himmel rot, und die Landschaft tief unter mir versinkt in einem blaugrauen Dunst. Der Fleckenteppich aus Wiesen, Feldern und Wäldern ist bald nicht mehr zu erkennen. Als letztes verglimmen die silbernen Bänder der mäandernden Flußläufe.

Nach zweieinhalb Stunden erscheinen die ersten Lichter Moskaus. Glänzende Leuchtspuren im Schwarz. Helle Punkte aufgereiht wie Perlen an einer Kette. Von hier oben, aus der Flugzeugperspektive, unterscheiden sich die großen Städte der Welt kaum voneinander.

Die Landung erfolgt ruhig, ohne Schütteln, Rumpeln und hartes Aufprallen. Einige Passagiere klatschen, als der Pilot die Düsenturbinen im Bremsgang aufheulen läßt.

Draußen glänzt der Asphalt, Lichter spiegeln sich in der Nässe. Durch die Zeitverschiebung haben wir zwei Stunden übersprungen. Hier in Moskau ist es schon fast Mitternacht.

Müde trotten alle Passagiere, ich dazwischen, durch die nächtlich leeren neonbeleuchteten Gänge, die sich durch nichts von den Gängen in Schönefeld unterscheiden. Vor der Paßkontrolle staut sich die Menge. Wir werden geteilt, links Russen, rechts Ausländer. Ich schaue mich um. Da ich die russische Schrift nicht lesen kann, weder auf den Anweisungsschildern noch auf den unvermeidlichen Reklametafeln, beschleicht mich das übliche Fremdheitsgefühl.

Wenn ich nicht wüßte, daß draußen in der Halle meine Reisebegleiterin und Dolmetscherin Olga auf mich wartet, hätte ich jetzt vielleicht etwas Angst. Die Schlange der Russen ist wesentlich länger als meine. Niemand redet, im Raum ist nur das Schlürfen der Schuhe, das Klacken der Durchgangstüren und manchmal ein Gähnen oder Husten zu hören.

Die neonbeleuchteten Kontrollkabinen erinnern mich an die ehemaligen DDR-Grenzhäuschen. Auch die jungen, ernsten Soldaten und Soldatinnen im Inneren wirken ähnlich streng, kränklich-blaß und unerbittlich wie in den früheren Friedrichstraßen-Katakomben. Aber es geht zügig. Die Beamtin fixiert mich nur kurz, bevor sie energisch ihren Stempel in meinen Paß knallt. Gottseidank stellt sie keine Fragen, nach dem Hotel etwa oder meiner finanziellen Ausstattung, wie es an amerikanischen Grenzen üblich ist.

Auch das Gepäck erscheint erstaunlich schnell auf dem Förderband. Aber ich habe mich zu früh gefreut. Als ich durch die Zollkontrolle gehen will, werde ich als einziger herausgewinkt. Ein Soldat – oder ist es ein Polizist? – durchleuchtet meine Taschen, gibt sie mir danach jedoch sofort wieder zurück, etwas mürrisch, da er nichts gefunden hat. Wahrscheinlich hat ihn die lange Zeichenrolle, die ich, unter meinen Arm geklemmt, trage, mißtrauisch gemacht. Vielleicht vermutete er darin ein militärisches Gerät. Hätte er geahnt, daß sich darin Pläne für das berühmte Bolschoi-Theater befinden, wäre er bestimmt nachsichtiger gewesen. In der gähnend leeren Halle wartet tatsächlich Olga und nimmt mich freudig strahlend in Empfang. Ich kenne sie bereits vom ersten Besuch her und hatte mich damals schnell an ihre herbe, geradlinige Art gewöhnt. Bevor wir in die bereitstehende, schwarze Bolschoi-Limousine mit Fahrer steigen, überreiche ich ihr als Gastgeschenk mein Bühnenbildbuch. Sie freut sich sehr darüber und blättert sofort darin. »Ich werde es später in meiner Wohnung genauer anschauen«, sagt sie und sieht mich groß an.

Olga ist klein und hat kurze, rote Haare. Ihr Körper wirkt sportlich, fast drahtig. Meist trägt sie strenge Kleidung – mal schwarz, dann wieder rot – ohne modischen Fummel. Als Lieblingsschauspielerin nennt sie Giulietta Masina (mit der sie natürlich eine gewisse Ähnlichkeit hat).

Von ihren jüdischen Vorfahren hat sie bestimmt ihre quirlige Intelligenz geerbt. Ihre geistige Überlegenheit läßt sie allerdings manchmal zu bissigem Sarkasmus und ironischem Zynismus neigen. An manchen Tagen gibt sie sich scheu und gehetzt, an anderen wieder ruhig und gesprächig. Wahrscheinlich ist sie launisch und selten ausgeschlafen, da sie mehrere Berufe ausüben muß, um sich selbst, ihre zehnjährige Tochter Mascha und ihre kleine Eigentumswohnung zu versorgen.

Männer spielten früher eine große Rolle in ihrem Leben. Sie nennt sich selbst »sexuell versaut«. Jetzt – mit Ende 40 – strebt sie den »Zustand früher Weisheit« an, will »klaglos das Schicksal annehmen« und »skeptisch bleiben bis zum Umfallen«, vor allem natürlich Männern gegenüber.

Jetzt sitzen wir beide nebeneinander auf dem bequemen, weichen Lederrücksitz des Mercedes und lassen uns über nasse, die nächtlichen Lichter spiegelnde Schnellstraßen in die Stadt hineinkutschieren. Vom Fahrer sehe ich nur den Hinterkopf, er interessiert sich nicht für uns und unsere Unterhaltung. Wahrscheinlich versteht er kein Wort Deutsch. Olga ist heute sehr gesprächig und redet während der halbstündigen Fahrt ohne Unterbrechung. Sie erzählt davon, daß sie erst gestern aus dem Urlaub zurückgekehrt sei, zehn Tage lang habe sie zusammen mit ihrer Tochter Mascha ihre sieben Jahre ältere Schwester in Norwegen besucht.

Sie sei weit entfernt von Moskau aufgewachsen und habe nach der Schule in Moskau studiert, während es ihre Schwester beruflich nach Sibirien verschlagen habe. Sie, Olga, habe viele Männergeschichten gehabt, mit dem Vater von Mascha sei sie am längsten zusammen gewesen. Auch ihrer Schwester, die mit ihrem 20jährigen Sohn bisher in Nowosibirsk lebte, sei es nicht viel besser ergangen. Bis vor kurzem habe sie – ihre Schwester – ein zehn Jahre andauerndes, kompliziertes Verhältnis mit einem verheirateten Deutschen aus München gehabt.

»Das kommt bei uns in Rußland sehr häufig vor, auch ich selbst habe ähnliches erlebt, aber diese Geschichte erzähle ich dir ein anderes Mal«, fügt sie hinzu. »Vor einem Jahr hat meine Schwester mit dem Münchner Schluß gemacht. Auf dem Rückflug nach Sibirien saß ein Norweger neben ihr. Sie unterhielten sich und verliebten sich im Laufe des Gesprächs ineinander. Während der Landung fragte sie der 58jährige Mann, ob sie seine Frau werden wolle. Sie willigte ein und zog wenige Wochen später, zusammen mit ihrem Sohn, nach Oslo, nachdem sie Arbeitsstelle und Wohnung in Nowosibirsk gekündigt hatte.«

Ich blicke Olga von der Seite an. Ihr Gesicht hellt sich rhythmisch im Licht entgegenkommender Autos auf und versinkt danach wieder im Dunkel. Inzwischen regnet es stärker, und die Wassertropfen ziehen ihre schlierigen Bahnen über das Seitenfenster wie Tränen. Der Scheibenwischer schlägt in regelmäßigem Rhythmus seinen Bogen über das Glas wie ein kräftiger, ferngesteuerter Männerarm.

»Ja«, sagt Olga, »das ist eine schöne Geschichte, fast zu schön. Die letzten Wochen bin ich also mit Mascha in Norwegen gewesen und habe dort herrliche Tage im großen Holzhaus des Norwegers verbracht.

Der Norweger ist ein ruhiger, bisher allein lebender Mann, der in Oslo ein Musikzentrum leitet. Wir – die Russen – sind alle verrückt, wie du weißt, temperamentvoll und laut. Der Mann genießt das, glaube ich. Wir haben viel unternommen, sind durch die Wälder der Umgebung gewandert, haben Museen besucht und die Sprache gelernt. Der Norweger hat Mascha jede Pflanze und jedes Tier erklärt. Wir haben Igel, Füchse, Dachse, Rehe, Hirsche und viele seltene Vögel gesehen.«

Olga berichtet weiter, daß sie mit ihrer Tochter in den Sommerferien oft eine Datscha vor den Toren Moskaus gemietet habe, daß die beiden jedoch davor Angst gehabt hätten, allein durch den Wald zu wandern. Die Sicherheit in Norwegen sei beeindruckend. So etwas kenne man in Rußland nicht. Hier würden überall Gefahren – desertierte Soldaten und geflohene Sträflinge etwa – lauern, im Wald genauso wie in der Stadt.

Während Olga spricht und ich ihr schweigend, nur hin und wieder beifällig nickend, zuhöre, (Einwände, Fragen, Kommentare liebt sie nicht sonderlich!) fahren wir an hell erleuchteten Einkaufszentren vorbei, an strahlenden Hochhäusern und kleinen, menschenumlagerten Kiosken. Der Verkehr ist großstädtisch-chaotisch, selbst um diese Zeit. Viele Fahrer nutzen jede sich bietende Lücke, wechseln plötzlich von links nach rechts die Spur oder umgekehrt. Unser stiller Chauffeur reagiert darauf mit heftigem Bremsen oder beherztem Gasgeben.

Das große Hotel, in dem ich die nächsten Tage wohnen werde, kenne ich schon. Es liegt nur ein paar Häuserblocks vom Bolschoi-Theater entfernt. Olga hilft mir beim Anmelden und füllt für mich die notwendigen Formulare aus, worüber ich sehr froh bin. Dann verabschieden wir uns. Sie will mich morgen um 13.00 Uhr abholen. Um 15.00 Uhr sollen die technischen Besprechungen für unsere *Cinderella*-Produktion beginnen.

Mein Zimmer ist – wie letztes Mal auch – schön groß. Durch das Fenster sehe ich auf einen kleinen Platz hinunter, an dem die Dimitrowka-Straße vorbeiführt. Leider läßt sich der Fensterflügel nicht öffnen. Er scheint verschraubt zu sein. Dafür rauscht aus einem Wandschlitz dicht unter der Decke ständig kühle Luft. Ich werde mich daran gewöhnen müssen, da es mir auch nach mehreren Versuchen nicht gelingt, die Klimaanlage abzustellen. Meine Amerikaerfahrungen sollen helfen. Ich werde mir das Rauschen des Windes durch weite russische Birkenwälder vorstellen.

Moskau, 2. September 2005

Nach ruhiger Nacht gehe ich morgens in die mehrgeschossige, hohe Oberlichthalle des Hotels zum Frühstück hinunter. Ich habe mir vorgenommen, nichts zu essen, was mit Eiern zu tun hat, da in Rußland die Vogelgrippe grassiert – jedenfalls wurde darüber in den deutschen Medien berichtet.

Eine vornehme Kostümdame führt mich – ganz nach amerikanischer Manier – zu einem Einzeltisch. Da die meisten Plätze frei sind, könnte ich mich bestimmt auch an einen anderen Tisch setzen, aber ich bleibe folgsam und will die kleine Macht der Dame nicht unterlaufen. Jetzt erst nehme ich die dezenten Harfentöne wahr, die zart und lieblich die Halle durchwabern. Zunächst halte ich sie für eine Tonbandeinspielung. Beim Herumschauen entdecke ich jedoch eine reale, schöne, blonde Frau, die auf einem über dem Frühstücksbüfett schwebenden Balkon, versteckt wie Eva zwischen Palmen und Bananenstauden, in die Saiten greift.

Während ich mein Frühstück einnehme, blicke ich immer wieder zu ihr hoch und denke plötzlich an die anarchistischen Marx Brothers und ihre musikalischen Nonsenseszenen. Manchmal spielt dabei auch die Harfe eine Rolle. Aber die russische Künstlerin kennt da kein Erbarmen, sie bleibt ernst und elegisch, produziert mit ihren blassen, schlanken Fingern nur himmlische Engelstöne.

Unter den kauenden, sich unterhaltenden Gästen in meiner Umgebung entdecke ich neben den üblichen, weißhemdigen Geschäftsleuten aus Amerika, Frankreich, Spanien, Italien und Deutschland, einige mafios aussehende Gestalten, die wahrscheinlich aus fernen russischen Regionen stammen. Ihr angeberisches Verhalten bildet einen starken Kontrast zur vornehm zurückhaltenden, wenn auch manchmal leicht schmalzigen Harfenatmosphäre. Sie sprechen so laut, als müßten sie die halbe Mongolei unterhalten. Ihre schwarzen Haare glänzen ölig wie frisch gewichste Schuhe. Natürlich sitzen sie nicht allein an ihren Frühstückstischen, gut aussehende, langbeinige, junge Damen mit tiefen Dekolletés trinken neben ihnen schweigend ihren Kaffee und warten, bis diese schmierigen Machos ihre Handys weggelegt und irgendeine Bemerkung gemacht haben, dann nicken sie, freundlich lächelnd, wie japanische Geishas und mümmeln weiter an ihren Frühstücksbrötchen.

Später, nachdem ich an der Rezeption meinen gestern einbehaltenen Paß zurückbekommen habe, trete ich zu einem kurzen Spaziergang hinaus auf die Dimitrowka-Straße. Sonniges Septemberwetter mit blaugrauem Himmel und wenigen weißen Wolkenfetzen.

Ständen nicht russische Schriftzeichen über den Läden, würde sich das Straßenbild kaum von Berlin unterscheiden. Ähnlich herrschaftliche, fünfgeschossige Miethäuser, mit großen Schaufenstern in der Erdgeschoßzone. Mir fällt auf, daß alle Fassaden und Fensterrahmen neu angestrichen sind, selbst die Straßenbeläge erstrahlen in frischem Glanz. Eine Edelboutique reiht sich an die andere ... Vivien Westwood ... Armani ... Gucci ... Prada ... Dior ... Chanel ...Versace ... Boss ... Ganz normal scheint dieses Prunken mit Reichtum allerdings nicht zu sein, da ich fast vor jedem Schaufenster einen bewaffneten, schwarzgekleideten Privatpolizisten entdecke, der meist lässig und betont gelangweilt vor seinem Schatzhaus hin- und herschlendert.

Am Ende des Twerskoj Bulwar stoße ich dann auf die erste Baustelle. Danach sehe ich immer mehr Baukräne, Bauwagen, Abrißbirnen und Container mit Bauabfällen. Jetzt erst fällt mir auf: An jeder Ecke wird in Moskau gebaut. Überall stampfen Baumaschinen, rumpeln Bauaufzüge an Fassaden hoch und rufen sich Arbeiter ihre Signale und Befehle zu. Die Luft ist erfüllt mit Staub und Lärm. Auf dem Rückweg entdecke ich an manchen Hausfassaden Bronzegedenktafeln. Da die Inschriften kyrillisch formuliert sind, kann ich leider nicht viel entziffern. Nur die abgebildeten Porträtreliefs helfen mir weiter. Lenin und Gorki sind für mich klar identifizierbar.

Ins Hotelzimmer zurückgekehrt, setze ich mich an den Tisch und schreibe. Gegen Mittag packe ich meine Pläne und Theaterunterlagen zusammen. Genau um 1.00 Uhr betrete ich die Halle. Das ist deutsche Pünktlichkeit, von den Russen bewundert und gefürchtet.

Olga stürzt ungefähr ein halbe Stunde später atemlos und sich entschuldigend in die Hotelhalle. Sie habe noch das Abendessen für Mascha herrichten und in der Universität etwas abgeben müssen. Nachdem sich ihre Atem- und Herzschlagfrequenzen wieder auf ein Normalmaß beruhigt haben, gehen wir gemeinsam zum Bolschoi-Theater hinüber, um Xenia und Anna abzuholen. Xenia ist die Produzentin unserer *Cinderella*, Anna ihre Assistentin. Unterwegs erzählt mir Olga von ihrer Tochter. »Ich habe sie mit meiner Liebe und Aufmerksamkeit fast erdrückt. 24 Stunden am Tag, das hält niemand aus. Den gleichen Fehler habe ich mit meinen Männern gemacht, aber das ist jetzt vorbei. Jetzt genießt Mascha bestimmt meine Abwesenheit.«

Ich erzähle ihr, daß ich ein »Moskauer Tagebuch« führe und aufschreibe, was sie mir berichtet.

Olga schaut mich von der Seite groß an und sagt: »Das wundert mich sehr. Ich habe das Tagebuchschreiben mit 14 aufgehört, aber vielleicht sollte ich jetzt, im fortgeschrittenen Alter, wieder damit anfangen, nicht für mich, sondern für meine Tochter. Ich wäre heute froh, wenn sich von meiner Mutter oder meinem Vater ein Tagebuch erhalten hätte. Beide sind schon lange tot, und ich habe nie viel mit ihnen gesprochen. Heute würde ich sie beide gern manches fragen.«

Im Eingangsbereich des Bolschoi-Verwaltungsgebäudes werden wir mißtrauisch empfangen. Eine Beamtin kramt in meiner Tasche, eine andere überreicht mir einen bereitliegenden Ausweis, eine dritte beobachtet mich kritisch beim Durchschreiten des Metalldetektors. Drei wahrscheinlich bewaffnete Männer stehen einige Meter entfernt und lassen uns nicht aus den Augen. Ihre Mienen sind grimmig, vielleicht handelt es sich um ehemalige Kosaken oder Tartarenkämpfer, wer weiß, sie müssen alle beschäftigt werden, jetzt stehen sie hier mitten in Moskau, bewachen den berühmtesten Kunsttempel des Landes und sollen ihn vor

Angriffen tschetschenischer Terroristen schützen. Ich könnte ja ein als Deutscher getarnter tschetschenischer Kämpfer sein und Olga meine gefährliche Komplizin. Amüsiert, auch etwas geschmeichelt vom großen Aufwand, der mit uns harmlosen Menschen getrieben wird, steigen Olga und ich in einen abenteuerlich engen Aufzug, um damit in den dritten Stock hinaufzufahren.

Xenia und Anna erwarten uns bereits am Ende des hellen Flurs. Beide umarmen mich heftig und scheinen sich über mein Wiederkommen zu freuen. Olga tritt beleidigt zur Seite. Ob sie eifersüchtig ist? Dann erledigen wir meine Vertragsgeschichten. Auf Xenias Schreibtisch liegen bestimmt zehn Formulare, die ich zu unterschreiben habe. Olga kommentiert meine Unterschriften mit einem mephistophelischen Grinsen: »Jetzt hast du deine Zwangseinbürgerung unterschrieben, außerdem das Verbot, Rußland jemals wieder verlassen zu dürfen!«

Nach dieser bedeutenden Staatsaktion machen wir uns auf den Weg zu den Werkstätten, die etwa eine halbe Stunde vom Theater entfernt, in der Bolsaja-Dimitrovka-Straße liegen. Xenia und Anna gehen uns voraus. Beide sind sehr elegant, ganz in Schwarz gekleidet. Als ich frage, ob ihre extrem spitzen Schuhe potentielle Aggressionswaffen gegenüber frechen Männern darstellen, nicken beide zustimmend, als handele es sich bei meiner Bemerkung um eine Schmeichelei.

Xenia ist vielleicht 25 Jahre alt, Anna etwa 23. Für mich vertreten sie den modernen, postkommunistischen, schon ganz vom neuen Kapitalismus geprägten, russischen Frauentyp, berufstätig, selbstbewußt, sprachkundig, großstädtisch gewandt und weltoffen. Mit der Perestroika groß geworden, stellen die neuesten gesellschaftlichen Entwicklungen für sie kein Problem dar. Im Gegenteil: Mit dem Geld, das sie verdienen, kaufen sie sich modisch-elegante Kleidung, orientieren sich an westlichen Vorbildern und reisen genußvoll durch die ganze Welt.

Xenia: »Ich bin vor einer Woche von einem zweiwöchigen Urlaub aus Spanien zurückgekommen!«

Anna: »Ich war zwei Wochen lang auf Zypern. Schwimmen, Tennisspielen. Wunderbar!«

Natürlich würde ich gern fragen, ob sie die Reisen in einer Gruppe, allein, mit Freund, Freundin oder Ehemann unternommen haben, aber das Nachforschen kommt mir zu intim vor, und ich beschränke mich auf ein bewunderndes:

»Toll, schön!«

Unsere Unterhaltung wird durch zahlreiche Baustellen behindert, die sich uns immer wieder in den Weg stellen und die wir in Schlangenbewegungen umgehen müssen. Ich erkenne den Werkstättenbereich des Bolschoi-Theaters am Muzykalnyi-Theater wieder, das auf der gegenüberliegenden Straßenseite steht und bei meinem letzten Moskaubesuch gerade abgebrannt ist. Ich sah damals die Flammen aus dem Dachstuhl schlagen und die dunklen Rauchwolken zum Himmel steigen. Rings um das Theater standen Feuerwehrautos, und dicke Wasserstrahlen richteten sich gegen Fassade und Fensteröffnungen. Feuerwehrleute rannten hin und her, schrien sich ihre Befehle zu und sicherten den Ort vor Gaffern. Jetzt ist ein Gerüst rings um den Bau angebracht, und die Renovierungsarbeiten scheinen in vollem Gang zu sein. Zum zweiten Mal beginnt alles von vorne, denn der Brand brach aus, als die ersten Renovierungsarbeiten gerade abgeschlossen waren. Die Geschichte erinnert an die mafiosen Machenschaften am Teatro Fenice in Venedig.

Unsere Besprechung findet im kleinen Saal einer alten Villa statt, die dem völlig maroden und baufälligen Werkstattkomplex wie zur Tarnung vorgelagert ist. Leider weiß niemand genau, wer in diesem stattlichen, vor kurzem neu renovierten Haus einmal gelebt hat. Ich stelle mir einen Großgrundbesitzer vor, der vielleicht sein Leben einst auf dem Sofa liegend verbrachte wie Oblomow und jeden Monat nur auf die Zahlungen seiner diversen Gutsverwalter wartete. Aber vielleicht war es auch ein Kleinfürst, der hier im Winter zu vornehmen Bällen einlud und damit seine eigene Langeweile und die seiner Ehefrau bekämpfte, wie in den Romanen Tolstois.

Wir steigen in den ersten Stock hinauf und schauen uns den Raum an. Neben einer großen Anzahl Stühlen entdecke ich auf einem kleinen Tisch in der Ecke meine Pappschachtel mit dem Bühnenbild im Maßstab 1:25. Ich hatte das Paket mit der normalen Post aus Deutschland hierhergeschickt, und erstaunlicherweise ist es tatsächlich angekommen. Gemeinsam machen wir uns daran, die Schachtel zu öffnen und das Modell auf einem höheren Tisch aufzubauen. Olga gelingt es sogar, zwei Lampen aufzutreiben. Mir ist es immer wichtig, bei Präsentationen meine Entwürfe richtig und wirkungsvoll zu beleuchten.

Als wir fertig sind, erscheinen Juri 1 und Juri 2. Wir begrüßen uns herzlich. Juri 1 ist der Regisseur und Choreograph der *Cinderella* und Juri 2 der Dramaturg. Das letzte Mal haben wir uns vor einigen Wochen in Berlin getroffen, davor in New York und einmal auch in Attenweiler. Juri 2, der Dramaturg, war nur in Berlin und Attenweiler dabei.

Während Juri 1 ein drahtiger, sportlich durchtrainierter, kraftvoller Tänzer ist, der jetzt mit Anfang 40 ins Choreographenfach überwechseln will, verkörpert Juri 2 mehr den etwas verträumten, intellektuellen, unsportlichen Russen. Trinkfest sind sie beide. Juri 2 entstammt einer Künstlerfamilie – sein Vater war ein berühmter Schauspieler und Filmregisseur – und besitzt wohl genügend Geld, um keiner geregelten Arbeit nachgehen zu müssen. Der Vater ist schon vor Jahren gestorben, die noch lebende Mutter scheint ihn zu gängeln. Sie ruft ihn jede Stunde bestimmt zweimal an, er antwortet dann mit leiser Stimme, betreten und verlegen. Natürlich sind ihm diese Anrufe peinlich. Zusammen mit Juri 1 hat er für *Cinderella* einen ziemlich exzentrischen, stark vom Libretto abweichenden, Handlungsablauf erfunden. Olga hält ihn für einen Spinner. Ich bin mir noch nicht ganz sicher mit meinem Urteil. Da unsere Unterhaltungen bei früheren Treffen auf englisch geführt wurden, habe ich seine komplizierten Gedankengänge bestimmt nie ganz verstanden. Juri 1 jedenfalls hält große Stücke von seinem Freund und versucht, alle seine Ideen in das Choreographiekonzept zu übernehmen.

Seitdem Olga dabei ist, können wir in unseren Muttersprachen diskutieren, sie dolmetscht, verformt, ergänzt und kommentiert unsere Überlegungen.

Nach kurzer Begutachtung des Modells gehen wir gemeinsam – Juri 1 und 2, Olga, Xenia, Anna und ich – noch in ein Café auf der gegenüberliegenden Straßenseite. Für 16.00 Uhr ist ein Konzeptionsgespräch vor dem Modell geplant. Im Café erzählt Juri 1 von seinen Trinkgewohnheiten. »Ich trinke viel zu viel, aber die Finnen trinken noch mehr. Vor einigen Jahren im Winter, als ich vor meiner Datscha bei St. Petersburg Schnee geschippt habe, fand ich eines Tages einen betrunkenen Finnen im Garten. Er war wohl von der Straße abgekommen und hat sich auf seinem Weg zurück nach Finnland bis hierher verirrt. Ich habe ihn mit ins Zimmer genommen und aufgetaut, den betrunkenen Finnen. Gemeinsam leerten wir zwei Wodkaflaschen. Danach ging es uns beiden wieder gut.« Die Geschichte hört sich für mich wie ein Filmplot von Kaurismäki an.

Auch Juri 2 gibt zu: »Bei mir ist das auch nicht viel besser. Ich trinke jeden Tag, schon morgens, leider.«

Dann beichten sie mir: »Nach dem Besuch bei dir in Attenweiler sind wir mit dem Zug nach München gefahren. Im Speisewagen hat jeder von uns eine Flasche Wodka getrunken. Im Bahnhof von München tranken wir weiter. Nachts hat uns die Polizei aufgegriffen und mit auf die Wache genommen. Ja, wir mußten in München tatsächlich eine ganze Nacht bei der Polizei in der Ausnüchterungszelle verbringen.«

Ich: »Weil Ihr bei mir nichts Alkoholisches zu trinken bekommen habt?!«

Juri 1 und 2: »Vielleicht, aber das kann auch so passieren. Wir sind eben Russen.«

Gott sei Dank habe ich beide noch nie betrunken erlebt. Ich hasse betrunkene Menschen.

Frisch gestärkt vom Kaffee, kehren wir zurück in den Besprechungsraum, der sich inzwischen gefüllt hat. Etwa 30 Leute sitzen erwartungsvoll auf den harten Stühlen. Aus einer geplanten Konzeptionsbesprechung mit der Technik ist eine *Cinderella*-Einführungsveranstaltung geworden, zu der sogar der Intendant erwartet wird, wie mir Olga jetzt gesteht. Natürlich wird mir sofort etwas mulmig. Aber Olga beruhigt mich und bringt mich dazu, die Sache von der lustigen Seite zu nehmen. »Es wird bestimmt sehr unterhaltsam! Der Intendant, Herr Ixanow, ist ein imposanter, orientalisch wirkender Mensch, der jeden Besucher beeindruckt. Er wird dir gefallen, da bin ich sicher. Du brauchst doch Stoff zum Schreiben!«

»Das stimmt«, erwidere ich und schaue Juri 2 an. Er erklärt: »Ich beginne und erkläre den Ablauf der Handlung. Danach bist du dran und erläuterst das Bühnenbild.«

»Und Juri 1?«

»Man wird sehen, vielleicht dazwischen, möglicherweise auch am Schluß.« Da ein russischer Intendant natürlich nicht pünktlich sein kann, warten wir gemeinsam noch ungefähr eine halbe Stunde, dann fliegt polternd die Tür auf, und der Orientale rauscht mit seinem Troß in den Raum. Ja, Olga hat ihn gut beschrieben, diesen dunkelhäutigen, schwarzhaarigen, untersetzten und kleinen Mann, der zwischen 50 und 60 Jahre alt sein mag. Natürlich begrüßt er mich nur aus der Ferne, leicht nickend. Nachdem er würdevoll der Versammlung zugelächelt hat, läßt er sich auf dem zentralen Platz in der ersten Reihe nieder, wie es sich für einen Intendanten des Bolschoi-Theaters gehört, blickt erwartungsvoll auf das Modell, sagt ein paar Sätze auf russisch, die mir Olga nicht übersetzt, und erteilt Juri 2 das Wort.

Leider holt unser Dramaturg sehr weit aus, berichtet von Prokofjew, seinem Leben, seinem Werk und seiner spanischen Ehefrau. Dann erzählt er ausführlich von den astronomischen und religiösen Interessen des Komponisten. »Er hat sich einen eigenen, persönlichen Planeten im Weltall gesucht, ihn schließlich gefunden, in Gedanken besetzt und bewohnt. Jede Nacht schaute er mit einem großen, starken Fernrohr zu dem Planeten hoch. Davon geht unser Handlungsablauf aus. Der Blick ins Weltall steht am Beginn.«

Olga übersetzt mir jedes Wort. Vielleicht ist ihr Urteil über Juri 2 doch berechtigt, denke ich, eigentlich erzählt er mehr vom *Kleinen Prinzen* als von *Cinderella*. Die Kerngeschichte umgeht er weitschweifig und vermischt seine sehr persönliche Interpretation mit der tatsächlichen, im Libretto beschriebenen Geschichte, so daß sie nicht wiederzuerkennen ist.

Als ich an die Reihe komme, mein Modell zu erläutern, weiß ich nicht genau, was ich sagen soll. Irgendwie haben mich die konfusen Ausführungen von Juri 2 aus dem Konzept gebracht. Trotzdem versuche ich, die einzelnen Bilder zu erklären, zeige sie im Modell und halte meine Modellphotos in die Höhe. Olga übersetzt jeden meiner Sätze. Das ist sehr angenehm. Während sie spricht, kann ich mir meinen nächsten Gedanken überlegen. Schließlich gebe ich das Wort an Juri 1 weiter.

Leider hat dieser wohl gerade einen Schlechte-Laune-Anfall (vielleicht quält ihn der Kater?), er formuliert ein paar kurze Bemerkungen und setzt sich abrupt wieder auf seinen Stuhl. Olga schaut mich an. Es herrscht betretenes Schweigen im Raum. Irgend etwas ist schief gelaufen. Ich spüre, daß die Dramaturgie des Ablaufs nicht stimmt. Alle Augenpaare wandern zum Intendanten. Er jedoch schweigt bedenklich lange. Erst Minuten später steht er langsam auf und hält eine kurze Ansprache, die mich angenehm überrascht. Olga übersetzt mir leise ins Ohr:

»... mir gefällt das Bühnenbild, es gibt der *Cinderella*-Geschichte eine weltumspannende, kosmische Dimension, aber ich finde, daß das eigentliche Märchen zu kurz kommt, daß Stiefmutter und Schwester vergessen worden sind und daß es außerdem Probleme mit den Kindern Prokofjews geben wird, vor allem wegen der Figur des Komponisten, die Sie, Herr Dramaturg, eingeführt haben und wegen einiger Umstellungen, die Sie bei der Musik vorgenommen haben. Diese Erben sind schwierig, sehr schwierig, wie ich weiß.«

Juri 2 rechtfertigt sich: »Ich stehe in engem Kontakt mit dem einen Sohn des Komponisten, der in Paris lebt, und habe mit ihm über unser Konzept gesprochen. Er zeigte sich sehr beeindruckt, und ich hatte nicht das Gefühl, daß er sich querstellen wird.«

»So, das freut mich«, erwidert der Indentant und ergänzt: »Eine Sache ist mir noch ganz wichtig: Die Geschichte muß ein Happy-End haben, sonst werden sich keine Sponsoren an den Produktionskosten beteiligen. Unglücklich endende Geschichten haben keinen Werbewert, das merken Sie sich bitte!«

Ein interessanter, einleuchtender Gedanke, finde ich. Juri 1, der langsam merkt, daß unsere Situation besser sein könnte, ergreift erneut das Wort und beteuert, daß die Kerngeschichte natürlich ganz genau erzählt wird, mit böser Stiefmutter und Schwester, das sei klar, alle anderen Zutaten seien nur dazu gedacht, die mit über zwei Stunden sehr lange Komposition aufzulockern und ihren Unterhaltungswert zu steigern. Der Intendant lächelt zufrieden, steht auf, nickt uns zu und verschwindet mit seinem Troß. Danach setzt allgemeines Gemurmel und Stühlerücken im Raum ein. Die Spannung zerfällt, zerbröselt und zerplätschert in fröhlichem Geplauder und Gekicher. Niemand wendet sich mit Fragen an uns.

Nach meiner ersten Bühnenbildvorstellung vor einigen Monaten hatte das Publikum (ich weiß nicht, ob es die gleichen Leute waren) begeistert geklatscht. Noch vier Stunden lang, bis 21.00 Uhr, sitzen wir in kleinem Kreis – Juri 1 und 2, Xenia, Anna, Olga und ich – weiter vor dem Modell und diskutieren den genauen Szenenablauf. Morgen, am Samstag, wollen wir uns mit den Technikern treffen und alle anstehenden Konstruktionsprobleme durchsprechen.

Immer wieder geraten Juri 1 und Juri 2 in Streit über Einzelszenen. Der Dramaturg ist kein Theaterpraktiker, er fordert manchmal zu komplizierte Abläufe, die eine stark sentimentale Tendenz haben, wie ich finde.

Zum ersten Mal habe ich eine Bühne mit zahlreichen Prospekten und wenig Architektur entworfen. Schließlich brauchen die Tänzer und Tänzerinnen Platz für ihre Bewegungen. Wenn sich der Bühnenvorhang geöffnet hat, sehen die Besucher auf einen riesigen Sternenprospekt, davor liegt eine etwa 4 Meter große Planetenkugel, dreidimensional geformt, mit realistischen Kratereinschlägen wie beim Mond. Am Portalrahmen lehnend, studiert der Komponist durch ein Fernrohr diesen, seinen Planeten. Irgendwann verläßt er den irdischen Beobachtungspunkt und nähert sich, Raum und Zeit mühelos durchquerend, der kosmischen Kugel, besteigt sie über die Rückseite und nimmt auf der Kugelkuppe Platz. Später schwebt der Sternenprospekt hinter ihm nach oben und gibt den Blick auf eine weite Landschaft frei, in der als einsames Objekt ein großer, schwarzer Schrank

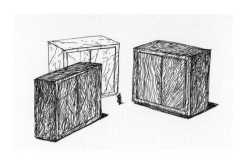

steht. Der Komponist steigt von seinem Planeten herab, geht auf den Schrank zu, hebt seinen Arm und berührt das geheimnisvolle Möbel wie ein Zauberer. Langsam öffnen sich die Schranktüren, und im Inneren kommt eine ärmliche Küche zum Vorschein. Cinderella sitzt träumend auf einem Holzstapel, nach einiger Zeit steht sie auf, fegt die Küche und macht Feuer. Die Schwestern erscheinen, später die böse Stiefmutter.

Inzwischen ist der Mondplanet verschwunden, und ein zweiter Schrank taucht auf. Sein Inneres zeigt einen verspiegelten Ballettübungsraum. Ein dritter Schrank, der in sich wie eine Zeitkonserve die vier Jahreszeiten birgt, ergänzt das Bild. Nachdem er aufgesprungen ist, sehen wir wie im Zeitraffer Bäume und Blumen blühen, Felder wachsen, Bätter sich verfärben und abfallen. Am Ende schwebt Schnee aus der Decke.

Die Einzelszenen des Märchenballetts sind wie Erinnerungsblasen oder alte Photos in den Schränken verborgen. Wer immer die Zaubertruhen öffnet, bekommt die Bilder zu sehen. Nachdem die Schränke ihre Erinnerungsfrachten abgeladen haben, verschließen sie sich lautlos wie Austern und zeigen uns nur noch ihre verkohlten Außenhäute.

Erst mit dem Eintritt in das Schloß, nach der Pause, wird das Gesamtbild prunkvoller, eine riesige Treppe nimmt fast die gesamte Bühnenbreite und -tiefe ein. Das Fest, auf dem Cinderella dem Prinzen begegnet, wird auf dieser Treppe gefeiert. Nachdem Cinderella unerkannt verschwunden ist, begibt sich der Prinz auf eine Weltreise, um sie wiederzufinden. In Bildfragmenten werden Städte und Länder angedeutet.

Das ganze Ballett über spielen Uhren eine große Rolle. Zuerst gibt es eine Wand mit zahlreichen durchscheinenden Uhren, dann ein Uhrpendel (Mond mit Uhr) und schließlich rollen viele menschengroße Uhren über die Bühne. Prokofjew hat in diesem Ballett dem Zeitverlauf und den Uhrschlägen seine eindrücklichsten, manchmal durch wilde Rhythmen skandierten, musikalischen Momente gewidmet.

Das Schlußbild ähnelt dem ersten, nur nimmt es jetzt die volle Bühnentiefe ein. Prinz und Cinderella begegnen und erkennen einander vor dem Mondplaneten wieder. Der Komponist schleicht durch die leere, weite Landschaft, als habe er das Paar zusammengebracht.

Auf diesen Ablauf mit insgesamt 20 Bildern haben wir uns jetzt geeinigt. Der Intendant kann damit zufrieden sein. Es gibt ein Happy-End, sogar ein romantisch verklärtes, was will er mehr. Die Sponsorengelder müßten fließen ...

Wenn alles gut geht, könnte eine interessante Weltcollage bei unserer Produktion herauskommen: deutsche, strenge Romantik (Bühnenbild von mir), amerikanischer Walt-Disney-Kitsch (Kostüme von Sandra Woodall aus San Francisco) und russische Seele mit großer Ballettkunst (Juri 1 – Prossokow, der Choreograph aus der alten Bolschoi-Schule, der selbst zehn Jahre lang als erster Solotänzer auf dieser Bühne gearbeitet hat, bevor er über Kopenhagen nach Amerika zum San Francisco-Ballett wechselte) und Juri 2 (der am Moskauer Konservatorium studiert hat und Musikwissenschaftler von Beruf ist).

Olga begleitet mich zurück ins Hotel. Unterwegs kaufe ich noch in einem kleinen Supermarkt, der um diese späte Zeit geöffnet hat, Lebensmittel ein. Olga hilft beim Aussuchen und an der Kasse. Niemand spricht hier Englisch. Vor und im Supermarkt steht jeweils ein schwerbewaffneter Polizist. Ich weiß bei ihrem Anblick nicht, ob ich jetzt eher Angst haben oder Sicherheit empfinden soll. Offensichtlich fühlen sich viele Läden durch skrupellose Gangster bedroht. Der Wilde Westen hat im Osten Einzug gehalten. Morde, Überfälle, Erpressungen und sonstige Betrügereien gehören in Moskau zur Tagesordnung. Berichte darüber stehen jeden Morgen in den Zeitungen.

Moskau, 3. September 2005

Nach dem Frühstück mache ich mich zu einer kleinen, einstündigen Stadtwanderung auf. Olga wird mich erst um 12.00 Uhr abholen. Es ist kälter und grauer geworden. Leichter Nieselregen fällt. Ich gehe die Karetnyj Rjad hoch, biege in die Petrovska ein, schaue mir den Teatralnyj-Prospekt an. Dichte Fußgängerströme in beiden Richtungen mit dem üblichen leicht rüpelhaften Gedränge. Zwischen stinkenden, älteren Autos kreuzen immer wieder schwarze Limousinen der Luxusklasse, mit livrierten Chauffeuren und vermutlich schußsicheren Fensterscheiben.

Manchmal drehe ich mich um und schaue, ob mir jemand folgt. Man kann ja nie wissen. Einmal biege ich in einen Hofeingang und beobachte, geschützt durch eine Mauernische, die nachdrängende Menge. Aber ich kann niemand Verdächtiges erkennen. Wahrscheinlich sehe ich jetzt für Außenstehende selbst am merkwürdigsten aus. Schließlich lande ich auf dem Manegenplatz, dem Maneznaja-Platz, und staune über ein riesiges Bauloch, das sich hinter haushohen Reklamewänden versteckt und nur über einzelne Fensterschlitze einzusehen ist. Wie bei uns auch drängeln sich alte Männer vor diesen Voyeurlöchern. Aus der Ferne sehen die grauen Menschentrauben wie Pilze aus. Im Reiseführer lese ich, daß hier einst das berühmte Hotel »Moskau« stand. Es wurde vor Jahren völlig grundlos abgerissen. Seitdem weiß niemand genau, was aus dieser Stadtwunde werden soll.

Auf einer der überdimensional großen Reklametafeln, die das Ruinenloch zum Manegenplatz hin verdeckt – sie mißt bestimmt 40 Meter in der Länge und 12 Meter in der Höhe –, ist eine blauweiße Eiswüste abgebildet. Inmitten der Eisschollen räkelt sich ein leichtbekleidetes, schickes Model. Ganz links auf dem Bild erkennt der Betrachter, wofür hier Reklame gemacht wird: für Rolex-Uhren. Sie halten wohl dem strengsten russischen Winter stand. Ob das auch für das halbnackte Model gilt?

Bei längerer Betrachtung der gewagten, irritierenden, ironisch-subversiven Collage kommen mir noch andere Assoziationen in den Sinn: Rußland gleicht – oder glich – einer Eiswüste, das hat sich kaum geändert, der Unterschied besteht jetzt darin, daß uns – dank Rolex-Uhren – die bissige Kälte nichts mehr ausmacht. Oder, wer sich den Luxus einer Rolex-Uhr leisten kann, wird über minus 50 Grad nur müde lächeln, vielleicht sitzt das Model in einem gläsernen, vollklimatisierten, für uns allerdings unsichtbaren Swimmingpoolraum. Oder die Hollywoodvariante: Die Arktis ist in Wirklichkeit ein Fake, gemalt oder perfekt projiziert, und die Dame räkelt sich irgendwo in einer Villa am Schwarzen Meer oder in Malibu, ringsum herrschen sommerliche Temperaturen, gleich wird jemand ins Bild treten, einen kleinen Imbiß mit Kaviar und Sekt reichen.

Den Roten Platz mit Kaufhaus GUM und Kreml spare ich mir für meinen nächsten Rundgang auf und schlendre wieder in Richtung Hotel zurück. Mein Weg führt mich am Bolschoi-Theater vorbei. Auf dem freien Platz davor, dem Teatral'naja-Platz, lungern ältere Frauen und Männer in dicke Mäntel gehüllt herum. Untätig vor sich hinstarrend, scheinen sie auf bessere Zeiten zu warten. Am zentralen runden, jetzt wasserlosen Brunnenbecken spielen Jugendliche, jagen, boxen oder umarmen einander.

Leider ist das Bolschoi-Theater seit einigen Wochen geschlossen und wird die nächsten Jahre von Grund auf saniert. Baugerüste umranken das berühmte Gebäude wie geometrisierter Efeu.

Vor kurzem ist nebenan ein Ersatz-Bolschoi eingeweiht worden, in dem auch unsere Produktion herauskommt. Zuschauerraum und Bühne sind nicht ganz so groß und prunkvoll wie das Original. An Stuck und Goldschmuck wurde gespart. Auch die Kronleuchter sind geschrumpft. »Bolschoi-Theater« heißt übrigens »Großes Theater«, nicht mehr und nicht weniger.

Zurück im Hotelzimmer, setze ich mich an den Arbeitstisch und schreibe. Ich will kurz zurückblicken, wie die Geschichte mit *Cinderella* und Moskau begann. Im November 2004 erhielt ich eine Mail aus Rußland von einem gewissen Dr. Zhuravlev, der bei mir anfragte, ob ich bereit sei, das Bühnenbild für eine Neuproduktion der *Cinderella* am Bolschoi-Theater zu übernehmen. Ich antwortete sofort, drückte meine große Freude aus und schrieb, daß mich die Sache interessiere. In der nächsten Mail erwähnte Dr. Zhuravlev den Choreographen Juri Prossokow aus San Francisco. Juri 1 rief mich in den Wochen danach irgendwann abends an, erzählte, daß er meine beiden Bühnenbilder am San-Francisco-Opera-House gesehen habe und ganz begeistert von meinen Künsten sei. Wir verabredeten ein Treffen in Deutschland.

Im Dezember 2004 kamen Juri 1 und Juri 2 am Bahnhof in Biberach an. Ich holte die beiden ab, und gemeinsam fuhren wir zu meinem Haus in Attenweiler. Das erste Zusammentreffen mit russischen Künstlern erfüllte mich mit einer erwartungsvollen Nervosität. Leider hatte ich keine Ahnung von ihren bisherigen Arbeiten. Das San-Francisco-Ballett galt und gilt nicht gerade als fortschrittlich-modern. Auf meine Nachfragen hin, erzählte Juri 1 mir von seiner Tätigkeit als Tänzer – in Moskau, Kopenhagen und San Francisco – und von seinen bisherigen Choreographien. Zuletzt hatte er in San Francisco ein Ballett mit Motiven aus des surrealistischen Malers René Magritte herausgebracht. Die Photos im Programmheft, das er mir zeigte, sahen interessant aus. Juri 2 erzählte von seinem Studium in Moskau und von den Büchern, die er bisher geschrieben hatte, über Beethovens Quartette, über Schostakowitschs Symphonien und über Prokofjews Ballette.

Juri 1 wohnt mit seiner Familie – russische Ehefrau und zwei Kinder, zehn- und zwölfjährig – ganz in San Francisco, obwohl er natürlich das halbe Jahr weltweit unterwegs ist. Juri 2 lebt allein (oder mit seiner Mutter) in Moskau und auf einer Datscha in der Nähe der Stadt. Er scheint eine Art Privatgelehrter zu sein. Die beiden wußten über meine Arbeit ziemlich genau Bescheid, zum einen durch meine Bücher, zum anderen hatten sie meine Webseite genau studiert.

Diese Webseiten spielen heute eine immer größere Rolle und verbinden uns mit der ganzen Welt. Dabei fällt mir ein, daß ich Anfang dieses Jahres Besuch von einem jungen Architekturprofessor aus Hongkong erhielt. Auch er kannte alle meine Aktivitäten und Arbeiten aus dem Internet und von meiner Webseite. Immer wieder kommen Anfragen per Internet: aus Kapstadt, Neapel, Rom und London. Schon erstaunlich.

Nachdem wir also die Privatbiographien andeutungsweise geklärt hatten, erzählten mir beide – immer auf englisch – wie sie sich ihre *Cinderella*-Interpretation vorstellen. Während sie sprachen – manchmal gleichzeitig, dann wieder einzeln, immer mit großer Begeisterung –, machte ich mir Notizen und zeichnete die ersten Skizzen auf. Als Mondverehrer und Nachtbegeisterter rannten sie bei mir offene Türen ein. Ich sah in Gedanken wieder einen großen Mond auf der Bühne, ähnlich meiner »Tristan«-Kugel 1988 in Hamburg.

Nach unserem Gespräch führte ich die beiden noch durch mein mit Modellen, Skizzen, Zeichnungen, Acrylbildern und Photos angefülltes Haus und brachte sie anschließend zurück zum Bahnhof. Danach ging ich an die Arbeit.

Im Februar 2005 traf ich mich mit Juri 1 wieder zu einem Gespräch in New York. Das dritte Arbeitstreffen fand im Juni 2005 in Berlin statt. Dieses Mal war auch Sandra Woodall aus San Francisco dabei. Wir saßen in meiner kleinen Wohnung in Berlin, ich führte den beiden Juris und Sandra meine Modelle im Maßstab 1:50 vor. Stundenlang spielten wir jede Szene durch. Nach zwei Tagen gemeinsamer Arbeit flogen wir von Schönefeld nach Moskau. Das war mein erster Besuch in Rußland. Als wir damals in der Nacht ankamen, holte uns Olya ab. Olga betreut die deutschsprachigen Besucher des Bolschoi-Theaters, Olya die englischsprachigen.

Olya ist der weiche, etwas größere Gegentyp zu Olga, einige Jahre jünger, mit runden, weiblichen Formen. In ihrem Wesen wirkt Olya naiver als Olga. Sie spricht mit einer einschmeichelnden, leicht kindlichen, manchmal katzenhaft schnurrenden Stimme. Ihr Gesicht strahlt etwas Bäuerlich-Schlichtes aus. Sie liebt die Natur, Holzhütten und offenes Feuer im Kamin, eine Romantikerin. Olga wird daneben zur großstädtischen, intellektuellen Quasselstrippe.

Am ersten Tag unseres Sommeraufenthalts in Moskau fuhren wir gemeinsam – Olya, Juri 1, Juri 2, Sandra und ich – hinaus zum Nowodewitschi-Friedhof und legten Blumen auf dem Grab von Prokofjew nieder.

Juri 2: »Das ist bei uns so üblich zu Produktionsbeginn.«

Ein schön sentimentaler Einstieg in die russische Seele, dachte ich. Nachdem wir auch an den Gräbern von Gogol, Tschechow, Bulgakow, Schostakowitsch und Majakowski vorbeigewandert waren, besuchten wir noch das nebenan liegende Neujungfrauenkloster mit der prachtvollen Smolensker Kathedrale und ließen uns von den goldenen Fresken verzaubern. Danach saßen wir eine Stunde lang hinter dem Kloster auf einer Wiese, im Schatten russischer Birken und beobachteten Menschen, die sich an der weiß gekalkten Klosteraußenwand aufstellten, als befänden sie sich an der Klagemauer in Jerusalem. Ihre Gesichter gegen die Mauer gerichtet, verharrten sie dort bewegungslos viele Minuten lang. Ob sie beteten, meditierten oder Fragen stellten, konnten wir von der Wiese aus weder sehen noch hören. In der hellen Junisonne glänzten über ihnen die goldenen Zwiebeltürme der Kathedrale, und plötzlich hatte ich das Gefühl, dem Rußland meiner Träume und Vorstellungen schon ganz nah zu sein. Olya erzählte – als Kontrastprogramm – von ihrer mißglückten Ehe mit einem Mann, der nebenher eine zweite Frau beglückte und sich nie entscheiden konnte. Ein typischer russischer Macho, der zuviel trank, sie ständig beschimpfte und schlug. Es kostete sie wertvolle Jahre ihres Lebens, wie sie sagte, sich ganz von ihm zu trennen. Inzwischen ist sie geschieden, und er hat eine neue Frau geheiratet. Nicht besagte Nebenbuhlerin, sondern eine dritte.

Der Sohn aus ihrer Ehe ist jetzt Mitte 20, lebt bei ihr, hat keinen Beruf und jobt manchmal als Popmusiker. Sie hat seit vielen Jahren ein loses Verhältnis mit dem ehemaligen Gitarrenlehrer ihres Sohnes und verdient das Geld für die Familie mit Dolmetschertätigkeiten, Betreuung der Gäste des Bolschoi-Theaters, manchmal auch Sekretärinnenarbeiten für Hotels oder Filmstudios. Auch ihre betagte Mutter wohnt mit in der kleinen Wohnung. Der Vater ist schon lange tot.

Später gingen wir gemeinsam zur Hauptstraße zurück und hielten ein Auto an. In Moskau kann sich jeder Mensch an den Straßenrand stellen und den Daumen hochhalten. Binnen weniger Sekunden hält irgendein Privatauto. Moskauer Autobesitzer sind sehr an solchen Mitfahrgästen interessiert, denn damit können sie ein paar Rubel dazuverdienen. Als Ausländer sollte man allerdings vorsichtig sein. Bekanntlich gibt es in Moskau eine hohe Kriminalitätsrate. Menschenleben zählen nicht allzu viel, größere und kleinere Gaunereien gehören zur Tagesordnung, und Ausländer gelten als leichte Opfer.

Abends besuchten wir gemeinsam eine historische Aufführung im alten Bolschoi-Theater, das in diesen Wochen noch in Betrieb war. Allerdings war ich selten so entsetzt über ein Theatererlebnis wie an diesem Abend. Wir sahen eine fürchterlich verstaubte Inszenierung von Rimski-Korsakows *Zarenbraut*. Die schlecht gemalten, verschimmelten Kulissenprospekte hatten bestimmt schon über 100 Jahre auf dem Buckel. Auch das so berühmte Ballett glänzte weder mit besonderem Erfindungsgeist noch mit übermäßig genauer Eleganz. Alle Bewegungen wirkten schlampig, lächerlich und unnötig. Meine angeborene Abneigung gegen klassisches Ballet mit Spitzentanz, Pirouetten, Pas-de-deux und unmotivierten, völlig manierierten Sprüngen fand hier reichlich Futter. Was für junge Männer über Jahrhunderte der militärische Drill war, scheint für junge Ballettdamen die Einstudierung dieser unmenschlichen, quälenden Bewegungsabläufe zu sein!

Auch musiziert wurde lausig, kein Einsatz stimmte, die Streicher schliefen fast ein, und der Dirigent gähnte ausdauernd. Alle Sänger schlurften lustlos durch die Gegend und schienen sich in Gedanken an ganz anderen Orten aufzuhalten. Da wir seitlich neben der Bühne in der Intendantenloge saßen, konnten wir unserem Entsetzen mit Albernheiten freien Lauf lassen. Olya und ich lachten die ganze Zeit, vor allem auch über die Zuschauer, die mit hochernsten Gesichtern das angeblich folkloristische Brimborium verfolgten.

Wieder heute, 3. September 2005. Olga holt mich kurz nach 12.00 Uhr in der Hotelhalle ab. Erstaunlicherweise ist sie pünktlich. Wir machen uns erneut auf den Weg zu den Werkstätten. Im Besprechungsraum, wo das große Modell von gestern noch steht, sitzen jetzt wieder 20 Leute. Schreiner, Maler, Kascheurinnen und Näherinnen. Ich bin genauso überrascht wie am Tag zuvor. Obwohl die beiden Juris auch anwesend sind, bleibt es ganz mir überlassen, die technischen Probleme meines Bühnenbilds zu erklären. Wie gewohnt, übersetzt Olga meine Sätze. Inzwischen sind wir ein gut eingespieltes Team geworden.

Mutig beginne ich, jedes Bild zu erkären, Szene für Szene. Dann erläutere ich die Bühnenbildteile, zeige Pläne, Skizzen und Photos. Erstaunlicherweise verhält sich die Versammlung heute sehr lebhaft. Manchmal reden alle durcheinander. Ich versuche, die Fragen und Äußerungen zu strukturieren. Aber die fast südländische Begeisterung für chaotisches Diskutieren überwiegt. Zu jedem Prospekt wird ein Kommentar abgegeben, Zustimmung oder Ablehnung geäußert. Eine Zeitlang bin ich genervt, dann gelingt es mir allmählich, diesen Zustand als witzig und lebendig zu empfinden. Olga hilft mir dabei. Die beiden Juris schweigen hartnäckig, vielleicht haben sie auch wieder einmal mit ihren Katern zu kämpfen.

Es wird nicht nur Technisches diskutiert, sondern auch Ästhetisches. Das meiste, was ich entworfen habe, findet – glaube ich herauszuhören – die Zustimmung der Versammlung. Prospekte, Wände, Möbel scheinen in der Herstellung kein Problem darzustellen. Selbst die riesige Treppe nicht. Einzig eine hohe, schwarze Wand, in der ich zwei riesige Türflügel zum Öffnen eingeplant habe, macht Schwierigkeiten. Darüber muß ich erneut nachdenken, und die vereinfachten Pläne nach Moskau mailen, sobald ich sie in Deutschland umgeplant und umgezeichnet habe. Wir verabreden für den 3. Oktober ein neues Treffen mit der Technik.

Gegen 18.00 Uhr verlassen wir das Gebäude, und ich gehe mit Olga allein in ein kleines Lokal. Die beiden Juris entschuldigen sich, Nummer 1 muß zu seinen Proben und Nummer 2 als Zuschauer zum Fußball.

Russen scheinen stark dekorierte Restaurants zu lieben, hier betreten wir eine mittelalterlich-russische Phantasieburg, vielleicht irgendwo auf der Krim gelegen. Die Kellner tragen Uniformen, die mich allerdings mehr an Kloster-Athos-Mönche denken lassen. Unter grob verputzten, weiß angestrichenen Bögen lassen wir uns auf dunkelbraunen, zusammengezimmerten Bänken nieder und studieren die Speisekarte. Ich überlasse Olga die Auswahl unseres Menüs. Obwohl es draußen noch hell ist, herrscht hier drinnen klösterliche Düsternis, und nur wenige Kerzen erhellen die romantische Szenerie. Immerhin scheinen mir die Kulissen etwas solider gebaut zu sein als die Attrappen im Bolschoi-Theater. Wahrscheinlich spielen die »Potemkinschen Dörfer« noch immer eine größere Rolle im russischen Leben, als ich bisher dachte. Wenigstens für eine Stunde, während des Essens, will sich der Besucher eines derartigen Restaurants fortträumen aus der harten russischen Wirklichkeit.

Olga ist heute wieder sehr gesprächig und beginnt aus ihrem Leben zu erzählen. Wie immer pendeln ihre Monologe zwischen Tratsch und philosophischen Reflexionen hin und her. Zunächst berichtet sie von ihrer Freundschaft mit Tankred Dorst, dessen Stücke sie ins Russische übersetzt hat. Sie bewundert das Ehepaar Dorst, und ich merke, daß ihr Lebenstraum eine ähnliche Künstlerarbeitsehe gewesen wäre.

Olga: »Ja, das hätte mir schon gefallen. Aber es sollte eben nicht sein. Einmal war ich nahe dran. Der Vater von Mascha ist ein berühmter Filmregisseur, der auch in Hollywood arbeitet. Als junge Frau war ich einige Jahre lang mit einem Schauspieler verheiratet – eine verlorene Zeit. Meine ganze Jugend, Schulzeit und Studentenzeit betrachte ich als verlorene Zeit. Du weißt, wir waren eingesperrt, konnten nirgendwohin reisen. Als Gefangene des Staates studierte ich Sprachen, ohne je in ihren Stammländern gewesen zu sein. Ich kann Englisch, Französisch, Italienisch und Spanisch. Deswegen war ich natürlich ein geeignetes Opfer für den Geheimdienst und mußte, nach meiner Anwerbung, jahrelang Berichte über die von mir betreuten Auslandsgäste schreiben. Allerdings habe ich die meisten Gespräche und Geschichten einfach frei erfunden, darin war ich wirklich gut. Ich gehe davon aus, daß nie jemand im KGB auch nur einen meiner Berichte gelesen hat. Bestimmt habe ich niemandem damit geschadet, sage ich mir heute zur Beruhigung der Nerven. Im übrigen hätten sie die Texte ruhig lesen können, sie waren wirklich gut und phantasievoll geschrieben. Ich wäre gern eine Weltbürgerin geworden. Reisen ist mein Ideallebenszustand, jeden Tag, das ganze Jahr über, von Hotel zu Hotel, von Stadt zu Stadt. Ich bin eine geborene Reisende. Aber wahrscheinlich werde ich diesen Zustand in Wirklichkeit nie erreichen. Jetzt sitze ich in der Armutsfalle fest und komme in meiner winzigen Zweizimmerwohnung mit Mascha gerade so über die Runden. Wenn Regisseure wie Peter Konwitschny, den ich vor kurzem betreut habe, mit Sympathie über den Kommunismus sprechen, erbost mich das sehr. Ich habe nach der durchlebten Hölle dafür kein Verständnis.«

Ich widerspreche ihr nicht. In schweigender Übereinstimmung verlassen wir das Lokal und verabschieden uns in der Nähe des Bolschoi-Theaters. Sie steigt in die Katakomben der U-Bahn hinab, und ich wandere allein gedankenversunken über den Manegenplatz, am Historischen Museum vorbei zum strahlend hell erleuchteten Roten Platz. Hier herrscht heute eine fröhliche Samstagabendstimmung, wie ich sie bereits von meinem ersten Besuch her kenne. Sehr viele junge

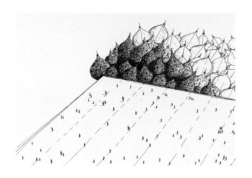

Paare lachen und albern herum, manche photographieren sich gegenseitig. Vor dem Leninmuseum entdecke ich einen jungen Mann mit einer kleinen Menagerie. Zwei ausgewachsene, lebendige Adler sitzen mit verbundenen Augen und festgeketteten Krallen auf einer waagrechten Stange über ihm, vor ihm winkt ein Schimpanse den lachenden Passanten zu, fletscht ab und zu mit den Zähnen, eine Mimik, die er wohl für freundliches Lächeln hält. Das Ziel des jungen Mannes besteht darin, Menschen einzuladen, sich mit den Tieren photographieren zu lassen. Solange ich zuschaue, überwiegt jedoch die vorsichtige Neugier, niemand wagt sich näher an die Menagerie heran, alle halten respektvollen Abstand. Allerdings bildet sich immer wieder ein Kreis Neugieriger, vielleicht in der Erwartung, daß die Tiere doch mehr zu bieten haben als nur stilles Dasitzen und grausiges Grinsen.

Natürlich hatte ich auch vom Roten Platz eine Vorstellung, bevor ich ihn zum ersten Mal mit eigenen Augen gesehen habe. In meiner Phantasie war er vor allem ein Aufmarschplatz des Militärs. Schuld daran trugen die Wochenschaubilder, die ich als Jugendlicher in den Kinos meiner Heimatstadt Ulm gesehen habe. Wie fremd, lächerlich und dennoch beängstigend kamen mir Chrustschow und Breschnew, auf ihrer Tribüne stehend, vor. Immer am 7. November, dem Tag der Oktoberrevolution, winkten sie von dort den vorbeiziehenden Soldaten zu! Zwischen den militärischen Formationen wurden riesige Raketen über den Platz geschoben, die aussahen wie gefällte Kirchtürme auf dem Weg zu ihrer Beerdigung. Dahinter, der Tribüne gegenüber, blickten gewaltig große, gemalte Porträts von Marx und Lenin auf das Geschehen. Man spielte mit alten Prozessionsritualen, aber hier tauchten keine goldenen Ikonenbilder und imposante, rauschebärtige Popen auf, sondern nur die Heiligen der Oktoberrevolution. Ähnliche Bilder erreichten uns auch aus Maos revolutionstrunkenem China.

Heute wirkt der Rote Platz wie ein berühmter touristischer Wallfahrtsort, täglich besucht und photographiert von Tausenden von Touristen. Für mich allerdings hat er nichts von seiner unheimlichen Vergangenheit verloren. Bei jedem Schritt über das speckige Pflaster habe ich das Gefühl, mich im Zentrum der russischen Geschichte zu bewegen. Hier also hat sich alles abgespielt, hier traten Zaren auf und ab, hier wurden Verordnungen verkündet, hier wurden Menschen verurteilt und hingerichtet, hier marschierten Soldaten, hier fuhren Raketen vorüber, hier wurden die legendären Wochenschaubilder gefilmt.

Im Stadtführer lese ich, daß der Platz 400 Meter lang und 150 Meter breit, demnach 60 000 Quadratmeter groß sei. Schon beim Betreten im Bereich des Historischen Museums fällt auf, daß der mit grobem Granitpflaster bedeckte Platz eine Wölbung hat – erst steigt er an und fällt dann Richtung Basilius-Kathedrale und Moskwa hin ab. Die Paßhöhe liegt ungefähr vor dem Leninmausoleum. Früher reichte die Stadtbebauung bis an die Kremlmauer heran, erst im 16. Jahrhundert wurden die Häuser abgetragen und der jetzige Platz angelegt. Wo heute das Leninmausoleum steht, gab es ein Tor in den Kreml-Bereich hinein. Zum Tor gelangte man über eine Zugbrücke, diese war notwendig, da sich ein breiter Graben vor der Mauer entlangzog. Erst zu Beginn des 19. Jahrhunderts wurde der Graben zugeschüttet.

Heute abend stehe ich selbst wieder auf dem Platz und habe meine Mühe mit ihm. Vor allem durch seine Größe läßt er die Menschen, die auf ihm stehen, zu kleinen Ameisen schrumpfen. Der Platz schließt sich nicht zu einem, menschlichen Dimensionen angemessenen, romantischen Ort. Durch seine Länge hat er die Tendenz zur Straße, zu einem zugigen Durchgangsort. Deswegen ist es kaum verwunderlich, daß der verwirrte deutsche Flieger Matthias Rust den Platz sogar als Landefläche für sein kleines Sportflugzeug nutzte und damit den russischen Sicherheitsdienst in schwere Probleme stürzte. Niemand hatte etwas von seiner Annäherung bemerkt. Olga erzählte mir vor kurzem, daß sich der damalige KGB-Chef einige Tage später erschossen habe, weil er die Blamage als zu groß empfunden habe.

Jeder Stadtplatz lebt vor allem von den Bauwerken, die ihn umgeben, die ihn im eigentlichen Sinne erst bilden. Da ist zum einen die Kremlmauer, die als alte Festungsmauer mit Zinnen und Wachtürmen etwas abweisend wirkt. Davor steht das berühmte, kubistische Leninmausoleum aus dunkelrotem Granit. Die merkwürdige Reihe Weißtannen, die unmittelbar vor der Kremlmauer, hinter den beiden, über flache Treppen erreichbaren Marmortribünen vor sich hinträumt und aussieht, als sei sie beim letzten Weihnachtsmarkt vergessen worden, verbirgt in Wirklichkeit die Gräber besonders herausragender Kommunisten wie Josef Stalin und Clara Zetkin. Im Laufe der Zeit ist aus der Festungsmauer eine Urnenwand geworden.

Auch das Leninmausoleum selbst hat sich inzwischen von einem zentralen Staatsdenkmal in ein eher störendes Objekt verwandelt. Der heutige Staat beruft sich nicht mehr auf den einstigen Weltrevolutionär. Inzwischen wird immer häufiger und lauter darüber nachgedacht, die mühsam, mit enormem technischem Aufwand konservierte Leiche Lenins neben seiner Mutter in Sankt Petersburg zu beerdigen, wie er selbst es sich gewünscht hatte. Was geschieht danach mit dem leeren Baukörper? Vielleicht zieht eines Tages hier ein Prada-Laden ein und verkauft schicke Pelzkleidung. Oder man richtet darin ein Museum für den untergegangenen Kommunismus ein. In diesem Fall könnte Lenins Leiche als Exponat des zukünftigen Wachsfigurenkabinetts integriert werden. Natürlich sollten auch die übrigen Führer der vergangenen Zeit darin würdig vertreten sein. Am besten wäre es, dem Disney-Konzern die Inszenierung zu übertragen: der Rote Platz als zukünftige Disney-World unter dem Titel: »Auf der Suche nach der russischen Seele«, untermalt von den Gesängen der Don Kosaken!?

Allerdings wäre dann auch eine ernste Gedenkstätte für die Opfer des GULAG notwendig. Am besten würde sich dafür das heutige Kaufhaus GUM eignen. Jeder Besucher wäre dem einstigen Geschehen ganz nahe. Der ehemals so grausame Kommunismus stößt hier noch seinen authentischen Atem aus, man riecht den Verwesungsgestank von Millionen Toten. Sie wurden unter dem fürchterlichsten aller russischen Zaren, Josef Stalin, verfolgt, gequält, verbannt und kamen jämmerlich zu Tode in den Folterkammern des KGB, in den Gefängnissen und bei der Zwangsarbeit in Sibirien.

Dieses Kaufhaus, das fast die gesamte Nordostseite des Platzes einnimmt, irritiert mich heute abend am meisten. Durch seine geringe Höhe besitzt es nicht die Kraft, der Kremlmauer ein ebenbürtiges Gegenüber zu sein. Mir ist nicht ganz klar, welchen Baustil das Gebäude, das 1894 eröffnet wurde, zitiert. Im Moskau-Führer lese ich etwas von russischem Märchenstil, mag sein, mich erinnert die Architektur eher an französische Bahnhöfe aus dieser Zeit. Architekt des Gebäudekomplexes war ein gewisser Pomeranzow, der zum Zeitpunkt des Wettbewerbs gerade als Professor an die Sankt Petersburger Kunstakademie berufen worden war und bis dahin fast nichts gebaut hatte. Er griff den in Paris, Brüssel und London beliebten Bautyp der Glaspassage auf und umgab ihn mit einer historisierenden Hülle. Während diese Hülle noch heute merkwürdig kostümiert wirkt, strahlen die strengen, lichtdurchfluteten Innenräume eine moderne, einladende Atmosphäre aus. Originell bleibt vor allem die Zweigeschossigkeit, die dazu führt, daß zahlreiche Brücken die langgestreckten Hallen durchspannen.

Dem romantischen, im altrussischen Stil errichteten Bau des Historischen Museums von 1883 an der Nordwestseite, steht die Basilius-Kathedrale im Südosten gegenüber. Als typisch russisch erscheinen mir die Zwiebeltürme, die jeden der zahlreichen Kirchtürme der Stadt bekrönen. Ein ganzer Zwiebelturmstrauß wächst aus der Basilius-Kathedrale. Manchen Moskaubesuchern gilt die unter Iwan dem Schrecklichen, im 16.Jahrhundert entstandene Kirche als die schönste. Natürlich war sie während der atheistischen Sowjetherrschaft geschlossen und stellte für die Paraden nur ein Hindernis dar. Ein Wunder, daß sie nicht weggesprengt worden ist. Das war übrigens ein Gedanke, den bereits der glücklose Napoleon hatte. Er ließ die Kathedrale als Pferdestall nutzen und ordnete nach seinem Rückzug die Sprengung an. Sabotage, die wir von heute aus als Heldentat bezeichnen würden, verhinderte die Umsetzung seines Befehls. Jetzt erstrahlt die Kathedrale wieder in in vollem Glanz und ist auch innen zu besichtigen. Mir kommt sie wie eine Übertreibung des religiösen Glaubens vor, eine fröhliche Geburtstagstorte gottgetränkter, menschlicher Kinderträume.

Da ist sie wieder, die russische Puppe. Vielleicht bergen die Zwiebeln weitere Zwiebeln in sich, darin stecken – wie in einem Überraschungsei – noch mehr Zwiebeln oder Heilige und Engel. In jedem Fall sind die Zwiebeln Samen oder Knospen. Die Blüten werden sich irgendwann öffnen, am Tag des »Jüngsten Gerichts«, vielleicht auch früher, wenn der Touristenverkehr noch mehr Sensationen fordert. Als allabendliches Feuerwerk stelle ich mir ein Blütenmeer vor, das für Minuten buntleuchtend über der Basilius-Kathedrale schwebt und dem namensspendenden Gottesnarr – wie auch den »Aaah« und »Oooh« rufenden, knipsenden Touristen – Freude macht.

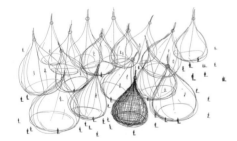

Basilius wanderte als armer Wanderprediger durch Moskau (wie später sein verwirrter Nachfolger Blasius, der zehn Jahre lang, nur mit einem weißen Nachthemd bekleidet, jeden Abend, sein Fahrrad an der Seite, vor der Wiener Staatsoper stand und die ankommenden Besucher segnete). Er, der russische Basilius, war wohl bei der Bevölkerung so beliebt, daß sie ihm an der Kathedrale nach seinem Tod eine Kapelle anbauen ließ, deren Name später auf die gesamte Kirche übertragen wurde.

Die farbenfrohe Buntheit der neu renovierten Kathedrale erinnert mich auch an ein orientalisches Märchenzauberschloß, das – gerahmt von Kremlmauer und Kaufhaus GUM – wie der Blick auf ein glücklicheres, wenn auch jenseitiges Leben wirkt. Walt Disney hätte sie bestimmt gefallen, aber sein extremer Antikommunismus hinderte ihn daran, den Blick auf Rußland zu richten.

Bei meinem zweiten Moskauaufenthalt im Sommer besichtigten wir – Juri 1 und 2, Sandra, Olya und ich – den Kreml auch von innen. Außer mir verwandelten sich alle anderen beim Betreten immer neuer Kirchen, die innerhalb der Kremlmauern stehen, zu sentimentalen, tränengerührten Kitschverehrern: Mariä-Entschlafungskathedrale (Uspenski Sobor), Erzengel-Kathedrale (Archangelski Sobor), Maria-Verkündigungs-Kathedrale (Blagoweschtschenski Sobor) und Gewandsniederlegungs-Kirche (Zerkow Rispoloschenija). Sandra, die Amerikanerin, bekreuzigte sich in jedem Kirchenraum und stieß laute, fast zu laute Begeisterungsschreie aus. Die beiden Juris wurden zu stummen, die Augen niederschlagenden, still betenden Sündern, die verzweifelt um ihr Seelenheil baten, und Olya kniete auf jedem Holzbrett nieder, das sich ihr in den Weg stellte.

Mich befremdeten die düsteren, bis zur Decke reichenden Ikonenwände. Als Theaterschaffender hätte ich etwas toleranter sein sollen. Aber diese übertrieben mystischen, goldgefaßten Jenseits-Schatullen kamen mir wie hohler Zauber vor. Als in der Erzengel-Kathedrale auch noch ein russischer Männerchor auftrat und

traurige Kirchengesänge intonierte, waren meine russischen Begleiter nicht mehr
zu halten. Am liebsten hätten sie sich auf den Boden geworfen und gerufen:
»Ja, ich bin ein armer alkoholisierter Sünder, lieber Gott, vergib mir ... vergib
mir ...« Beiden Juris liefen die Tränen über die Wangen, und nur mit Mühe hielten sie sich an einem Pfeiler fest. Sandra, die neben mir stand, murmelte in einem
fort: »My god ... my god ... my god ...« Der Zauber wirkte heftig. Olya hatte sich
in einer abgelegenen Ecke versteckt. Als ich sie entdeckte, trat ich vorsichtig
neben sie. »I pray for my mother. She is ill, very ill ...«, stammelte sie.

Ja, also das hier ist der Ort, an dem man solche Wünsche und Hoffnungen
äußern kann. Schade, daß ich nicht daran glauben kann.

Nachdem wir wieder im Freien standen und sich alle ihre Tränen abgewischt
hatten, gestanden mir die beiden Juris, daß sie jeden Sonntag Gottesdienste besuchten, und Olya erzählte von den Gesprächen, die sie jede Woche mit ihrem
Popen führte.

Als ich Olga später von diesen Vorgängen berichtete, reagierte sie mit kaltem
Zynismus: »Marx hatte eben doch recht: Die Religion ist Opium für das Volk! Da
bleibe ich lieber bei meinen nihilistischen Werten!«

Auf meine Frage, welche Werte dies ihrer Meinung nach seien, machte sie
nur eine verächtliche Handbewegung, als wolle sie meine Worte verscheuchen
wie lästige Fliegen. Dann schaute sie mich groß an und sagte: »Ich glaube an
Mascha, das ist alles.«

Vor der Rückkehr in mein Zimmer schaue ich noch beim Hotel »Metropol«
vorbei. Letztes Mal nahm mich Olga in den schön verschnörkelten Jugendstil-
speisesaal mit. Zwischen hohen Wandspiegeln, unter Palmen, neben einem
schwarzglänzenden Flügel stehend, beichtete sie mir, daß früher im vierten und
fünften Stock dieses Gebäudes die KGB-Zentrale untergebracht war und daß sie
hier täglich ein- und ausgegangen sei. Im obersten Stockwerk habe sie sogar ein
eigenes Büro benutzen können, dort habe sie sich jede Woche mit ihrem Füh-
rungsoffizier getroffen. Inzwischen ist es dunkel geworden, und langsam gehe ich
zurück in mein Hotel. Da noch sehr viele Menschen auf den Straßen unterwegs
sind, hält sich meine Angst in Grenzen.

Im Hotelzimmer angekommen, fällt mein Blick auf ein großes Photo, das ich
gestern aus der Zeitung gerissen habe. Zum ersten Mal jährt sich die Katastrophe
von Beslan.

Tschetschenische Terroristen hatten damals die Schule des Ortes besetzt und
alle anwesenden Kinder als Geiseln genommen. Bei der Befreiungsaktion durch
russische Armeeangehörige kamen Hunderte von Kindern ums Leben. Auf dem
Zeitungsphoto sind trauernde Mütter abgebildet, bäuerliche Frauen, die das einzige verloren haben, das ihnen im Leben wirklich wichtig war. Ich denke an Olga
und Mascha. Die archaische Kraft der klagenden Frauen berührt mich tief. Ohn-
macht des einzelnen im Getriebe der Weltgeschichte.

Moskau, 4. September 2005

Draußen vor meinem Fenster scheint heute morgen die Sonne. Nur am Horizont,
über den Dächern hängen einige Schlierenwolken. An meinem Schreibtisch sitzend, überdenke ich mal wieder meine Rußlandklischees. Wohin im Kopf mit
Puschkin, Dostojewski, Tschechow und Tschaikowski? Verstehe ich jetzt, mit
meinen kleinen Moskau-Rußland-Erfahrungen die Erzählungen, Handlungen und
Kompositionen anders oder gar besser?

In Gedanken sehe ich die unglaubliche Weite des Landes und muß mir eingestehen, daß ich bisher nicht allzu tief eingedrungen bin. Moskau gehört noch zum europäischen Teil Rußlands, dahinter, Richtung Osten, fängt es erst an, fremdartiger, tartarischer und mongolischer zu werden. Vor allem aus Fernsehdokumentationsfilmen weiß ich, wie es dort aussieht und in welch ärmlichen Verhältnissen die Menschen etwa in Sibirien leben müssen.

Ob es einmal Zeiten geben wird, in denen es möglich sein wird, sicher und bequem mit dem Auto durch das Land zu fahren wie durch Amerika? Es würde ein neues Straßennetz voraussetzen, Tankstellen und viele neue Hotels oder Motels. Das Land müßte sich dem Tourismus ganz anders öffnen als bisher. Davon sind wir heute noch weit entfernt. Jeder, der schon einmal dort war, berichtet, daß der Aufenthalt in russischen Dörfern lebensgefährlich sei.

Der Filmemacher Hans-Peter Böffgen erzählte mir einmal die folgende Geschichte: Er wollte vor Jahren einen Dokumentarfilm über ein total abgelegenes Dorf im fernen Sibirien drehen. Um dorthin zu kommen, engagierte er einen Piloten mit Hubschrauber und ließ sich – einschließlich Proviant für eine Woche – im ausgewählten Kaff absetzen. Den Piloten hatte er für den Hin- und Rückflug bezahlt und mit ihm verabredet, daß er in einer Woche wiederkommen und ihn abholen solle.

Der Aufenthalt wurde für ihn bald zum Fiasko. Zum einen wohnten nur noch drei Menschen hier, sie waren jedoch nie ansprechbar, da sie ständig im Wodkavollrausch vor sich hin vegetierten, zum anderen tauchte der Pilot nicht mehr auf. Wäre nicht nach 14 Tagen zufällig ein Lkw vorbeigekommen und hätte sich der Fahrer nicht bereit erklärt, ihn mitzunehmen, wäre er in dem Kaff verhungert oder von den Dörflern umgebracht worden.

Dann wieder denke ich an die gepflegte Melancholie der beiden Tschaikowski-Opern *Eugen Onegin* und *Pique Dame*, die ich schon zweimal als Bühnenbildner ausstatten konnte. Wie weit sind sie entfernt vom brutalen Horror der Stalin-Zeit, den Katastrophen des Zweiten Weltkriegs und dem endlosen Elend, das die Russen in der Zeit danach ertragen mußten! Auch mit dem Zustand des Landes, der heute herrscht, haben sie wenig zu tun. Fernes, sehr fernes Leid.

Dann schon eher *Mazeppa*, die frühe, wilde Oper von Tschaikowski, die viel von der Weite des Landes einfängt, auch von der Verschiedenheit der einzelnen Volksstämme und ihren Feindschaften untereinander.

Dostojewskis Welt hat mit uns vielleicht mehr zu tun, aber Tschechow und all die anderen? Von heute aus gesehen, denken wir: Probleme hatten diese Menschen! Vor allem Langeweile! Das alles ist Vergangenheit.

Welche Kriege und Dramen spielen sich heute ringsum ab? Ich sehe kaum etwas davon und würde gerne mehr hinter die Kulissen schauen. Mühsam – so habe ich den Eindruck – werden die Konflikte unter Verschluß gehalten. Erst wenn Attentate, Morde oder sonstige Verbrechen geschehen, berichtet die Presse darüber, und man schaut hin. Im Fernsehen kann jeder die blutigen Leichen und die weinenden Mütter zur Kenntnis nehmen.

Wir treffen uns um 12.00 Uhr zum dritten Mal in den Werkstätten, jetzt in einem Besprechungsraum unmittelbar bei den Produktionsräumen: Juri 2, der Beleuchtungschef Damir, Olga und ich. Zunächst ist auch noch Juri 1 dabei, aber er verläßt uns nach einer halben Stunde wieder, weil er zu seinen Proben muß und schon ganz unruhig ankam. Manchmal habe ich das Gefühl, daß er Angst vor dieser Arbeit hat, da er zum ersten Mal in seinem Leben am Bolschoi-Theater choreographiert und dabei über zwei Stunden Ballett erfinden muß. Bisher waren seine Arbeiten immer kürzer.

Ich bestehe darauf, daß uns Juri 2 die *Cinderella*-Geschichte noch einmal ganz genau erzählt, damit ich für mich eine exakte, ab jetzt gültige Bildabfolge aufzeichnen kann. Wie ich befürchtet habe, nimmt sie wieder einen anderen Verlauf als gestern oder vorgestern. Nur der Erzähler, der Komponist Prokofjew selbst (oder ist es Juri 2 persönlich?), bleibt konstant. Er leitet das Ballett, bringt die Menschen zusammen und stößt die Einzelszenen an. Eine wirklich gute Idee unseres Dramaturgen!

Heute sind wir wieder nicht allein. Um uns herum sitzen vier korpulente Damen der Technik. Obwohl ich Olga mehrfach frage, wird uns nicht ganz klar, welche Funktion sie genau haben. Entweder sind es Damen der Konstruktionsabteilung, Ressortleiterinnen oder nur interessierte Putzfrauen, man kann es nicht mit Sicherheit sagen. Jedenfalls mischen sie sich ständig ein, kritisieren den Handlungsablauf, sprechen diese oder jene Variante durch, werfen Erinnerungen aus ihrer eigenen Kindheit ein, stimmen zu oder lehnen ab. Manchmal lachen die vier über einen Witz (oder war es eine Zote?) lange und ausgiebig, dann wieder wollen sie etwas über Deutschland wissen. Da sie viel zuwenig Geld verdienen, wie sie immer wieder betonen, werden sie nie verreisen können. Olga übersetzt mir alles. Irgendwann wird der abenteuerlich alte Gaskocher angeworfen und eine der Damen kocht nebenher Tee. Eine andere packt ein größeres Eßpaket aus und baut vor uns ein leckeres kaltes Buffet auf. »Alles selbstgekocht und zubereitet«, sagt sie stolz. Wir versuchen belegte Brötchen, eingemachte Paprika, Gurken und Äpfel. Mir kommt es so vor, als habe die Dame ihren ganzen Wintervorrat geplündert.

Olga: »Das ist hier so üblich. Man freut sich über Gäste und bewirtet sie gerne.«

Ich ärgere mich, daß ich selbst nichts zu essen mitgebracht habe, wie ich es sonst bei Besprechungen gerne mache. Diese Russinnen überholen mich jetzt links mit ihrer Gastfreundschaft. Über dem Essen vergesse ich meine Probleme mit Juri 2 und seinen chaotischen Ausführungen. Selbst Olga wird ganz sanft und wirft keine spitzen Wortpfeile mehr gegen alles und jeden.

Damir, den ich eigentlich kaum kenne, saß bisher stets schweigend zwischen uns. Ein großer, stattlicher Mann von Anfang 30, mit schwarzen vollen Haaren und dem strengen Profil eines Azteken. Während des Essens taut er auf und erzählt von seiner tatarischen Herkunft. Manchmal blickt er so stolz und grimmig drein, als gäbe es ein ganzes Heer von Feinden zu besiegen, dann wieder gibt er sich freundlich-charmant. Dadurch, daß er nicht nur am Bolschoi-Theater Beleuchtungschef ist, sondern auch an den wichtigsten Theatern in Nowosibirsk und Sankt Petersburg, hat er sich eine sehr gewandte und weltmännische Umgangsart angewöhnt. Olga blickt mich böse an, als ich die Frage stelle: »Gibt es in Nowosibirsk überhaupt ein Theater?«

Dagegen wirken die Technikerdamen mit ihren bäuerlichen Gesichtern, ihren dicken Bäuchen und Brüsten wie gemütliche, sympathische Babuschkas. In den Gesprächspausen schaue ich mich im Raum um und bin hin- und hergerissen zwischen Mitleid und nostalgischen Gefühlen. Bestimmt wurde hier seit 50 oder 100 Jahren keine Wand mehr frisch angestrichen. Die Farben, meist ein versifftes, in Richtung Gelb tendierendes Beige, blättern von Wänden und Decken. Uralte Wasserhähne tropfen oder sind mit Stoffbändern umwickelt wie eingegipste Arme. Offen verlaufende Rohre und Kabel sehen so verkrümmt aus, als hätten sie schon den Zweiten Weltkrieg mit Mühe überstanden. Auf den uralten Arbeitstischen liegen verstaubte Geometriedreiecke und Bleistifte, nirgendwo kann ich einen Computer entdecken.

Statt dessen wuchern Zimmerpflanzen an krummen Raumteilern, Rohren oder Fensterbrüstungen hoch. Die Gläser der Fenster sind alle gesprungen und zeigen wilde Rißmuster. In manchen Scheiben klaffen größere Löcher, die entweder mit Paketklebestreifen oder Stoffresten zugestopft wurden. Mich erinnert das Ambiente stark an Zustand und Atmosphäre in den Ostberliner Werkstatträumen zu DDR-Zeiten.

Erst gegen 20.00 Uhr glauben wir, alles durchdiskutiert zu haben, brechen gemeinsam auf und besuchen noch ein marokkanisches Lokal in der Nähe des Bolschoi-Theaters, allerdings ohne die Technikerdamen.

Wieder empfängt uns ein Bühnenbildambiente, diesmal mit einem großen, über zwei Geschosse aufsteigenden afrikanischem Innenhof. Hier, wo in Afrika vielleicht der Brunnen plätschern würde, lädt ein üppiges Buffet unter künstlichen Palmen zur Selbstbedienung ein. Jetzt fehlen nur noch Kamele und verhüllte Frauen. Dafür servieren dunkelhäutige Diener Juri 2 und Damir endlich jenen Wodka, den sie schon so lange vermißt haben. Erst nachdem jeder vier oder fünf Gläser heruntergekippt hat, verlieren sie ihre nervöse Unruhe und lächeln wie zufriedene Kinder, die gerade gelobt wurden. Olga grinst mich verschmitzt an.

Nach einer guten Stunde treten wir satt und müde wieder hinaus auf die Straße. Zu meiner Überraschung herrscht hier reges, festliches Treiben.

Olga erläutert: »Heute wird das ›Fest der Stadt‹ gefeiert. Niemand weiß genau, was das ist, aber jeder feiert mit!«

Obwohl das Gedränge sehr groß ist, auf den Plätzen sogar Balalaika-Kapellen und Rockbands spielen, wirkt die Stimmung auf mich eher gedämpft. Kaum ein Paar tanzt, die meisten Menschen hängen melancholisch auf Parkbänken, Blumenkübeln und Straßenpollern herum. Olga hat natürlich auch dafür sofort eine Erklärung: »Weißt du, Russen können keine Feste feiern, sie werden sofort depressiv und betrinken sich!«

Dann erst fallen mir die Soldatengruppen auf, die in Uniform und schwerbewaffnet an den Straßenecken stehen. Der Innenstadtverkehr wurde vom Militär vollkommen abgeriegelt. Auf allen Kreuzungen stehen mächtige Militärlastwagen und bilden Straßensperren.

Olga kommentiert schnippisch: »Man muß das Volk vor seiner eigenen Freude schützen, es könnte ja sein, daß jemand vor Glück Steine wirft, gegen Denkmäler, Fassaden oder die Duma. Das kann natürlich niemand zulassen. Dir mag das bedrohlich erscheinen, für uns hier in Rußland ist das ganz normal. Wahrscheinlich fühlen wir uns erst dann sicher, wenn wir Soldaten sehen ...«

Zum Abschluß des Tages, gegen 22.00 Uhr, kommen wir auf die Idee, noch einmal die Bühne des Bolschoi-Theaters anzuschauen und unsere Überlegungen zu überprüfen. Gemeinsam gehen wir durch die Kontrolle am Künstlereingang. Seitdem ich im Besitz eines Bolschoi-Ausweises bin, dauert für mich die Überprüfung nur noch kurz. Die Tasche wird in jedem Fall untersucht, außerdem muß jeder Besucher – auch ich – den Metalldetektor passieren. Rings um die Kontrollstation stehen selbst um diese Zeit drei Beamtinnen und zwei schwarzhemdige Männer mit Pistolen.

Nachdem wir uns gegen 23.00 Uhr von den anderen verabschiedet haben, begleitet mich Olga noch bis zum Hotel. Auf dem Weg greift sie mich wegen einiger »dummer Fragen« an. Ich nenne sie dafür »Major« (sie bekleidet diesen Rang wirklich aus alten KGB-Zeiten, wie sie mir gestanden hat). Der Anlaß ihres Ärgernisses ist meine verwunderte Frage, die ich Damir in den Werkstätten gestellt habe: »Gibt es in Nowosibirsk wirklich ein Theater?«

»Wie kannst du nur von einer solchen Ignoranz sein? Natürlich hat dir darauf niemand geantwortet – ich habe deine Frage überhaupt nicht übersetzt. Ich sage dir jetzt, zu dieser fortgeschrittenen Nachtstunde: In Nowosibirsk gibt es sogar drei Theater und ein ganz bedeutendes Opernhaus, außerdem jede Menge Museen! Glaubst du eigentlich wirklich, daß es nur in Deutschland zivilisierte Menschen gibt, die Theater und Museen besuchen, glaubst du das wirklich?!«

Zurück im Hotelzimmer, schreibe und zeichne ich noch ein wenig, dann schalte ich den Fernseher ein. Passend zu meiner etwas melancholischen Gemütsstimmung verfolge ich noch eine Weile das Rededuell zwischen Frau Merkel und Herrn Schröder. Mit beiden habe ich meine Probleme: Bei Schröder stört mich die westliche aalglatte, selbstzufriedene Art des Redens, bei Frau Merkel das ostig Hausfrauenpausbäckige. Na ja, zivilisierte Menschen sind sie trotzdem ...

Moskau, 5. September 2005

Heute setzt sich beim Frühstück ein nicht mehr ganz junges österreichisches Pärchen an den Tisch neben mir. Eine Weile lausche ich ihrem Gespräch, ohne es eigentlich zu wollen. Sie haben nichts anderes zu tun, als sich über dieses Hotel, das ja zur Luxuskategorie gehört, aufzuregen.

Es stört sie der Baulärm vor dem Fenster, die Klimaanlage, das Bett, das Bad. An allem meckern sie herum. Heißt zivilisiert eigentlich, anderen gegenüber arrogant zu werden? Nachdenklich gehe ich zurück ins Zimmer. Heute ist mein vorerst letzter Tag in Moskau. Ich werde jetzt noch kurz zum Theater gehen, Termine und Abläufe klären, dann lasse ich mich zum Flughafen hinausfahren und fliege zurück nach Berlin.

Moskau, 7. Oktober 2005

Vier Wochen später, erneute Ankunft in Moskau. Olga ist in elegischer Stimmung, nicht so gesprächig wie bisher. Während der nächtlichen Fahrt in die Stadt hinein, fragt sie mich, was ich in den letzten Wochen erlebt habe. Bisher hat sie selten Fragen gestellt, meist nur ihre Monologe gehalten, aus diesem Grund bin ich überrascht.

Ich erzähle ihr von meinen zahlreichen Reisebewegungen nach Berlin, Graz, Genf und Wien, und schon kommt wieder Leben in sie. Während draußen, vor dem Autofenster hell erleuchtete Einkaufszentren auftauchen und vorbeihuschen wie verbrennende Erinnerungen, schwärmt Olga mit verklärten Augen: »Ach ... Wien! Ja ... Wien würde mir schon gefallen ... Eine wunderschöne Stadt, finde ich. Nächste Woche werde ich übrigens eine politische Delegation als Dolmetscherin nach Wien begleiten. Ich freue mich unheimlich darauf. Du weißt, ich bin eine Reisetante ... Soll ich dir von meiner ersten Auslandsreise vor 30 Jahren in die DDR erzählen?«

Jetzt ist es an mir, sie mit großen, erwartungsvollen Augen anzuschauen. »Bevor ich die Genehmigung dazu erhalten hatte«, sagt sie und gerät langsam in Schwung, »mußte ich zahlreiche Prüfungen vor KGB-Kommissionen ablegen. Dabei ging es um die politischen Verhältnisse in der Sowjetunion, um meine Gesetzes- und Parteitreue. Wegen meiner Berichte für den KGB war ich eingeweiht in die Vorgänge und kannte alle Antworten im Schlaf. Also war die Reisegenehmigung ein Kinderspiel für mich. Dem Flug in die ›Freiheit‹ der DDR fieberte ich

nächtelang entgegen. Ja, du hörst richtig: Die DDR verkörperte für uns die
›Freiheit‹! Der erste Schock folgte prompt: Nicht Berlin stand am Beginn meiner
vorgegebenen Reiseziele, sondern Frankfurt an der Oder. Warum, habe ich nicht
ganz verstanden. Na ja. Jetzt fand ich mich plötzlich in dieser grauen Provinzstadt
wieder, mußte mit Parteigenossen plaudern, die sich durch nichts von unseren
Genossen unterschieden und träumte weiter von der ›Freiheit‹! Sie mußte doch
jetzt ganz nah sein, um die Ecke, hinter diesen Häusern ... Erst in der zweiten
Stadt – in Jena – überkam mich das grenzenlose Freiheitsgefühl, nach dem ich so
lange gelechzt hatte. Die ›Freiheit‹ bestand aus einem fünfstündigen
Kaffeehausbesuch, ich trank eine Tasse nach der anderen, rauchte, saß allein da,
was streng verboten war, denn die Auflagen besagten, man dürfe nur zu dritt ausgehen. Von einer Freundin hatte ich einen italienischen Mantel für die Reise ausgeliehen, der hing die ganze Zeit an der Kaffeehausgarderobe. Ich behielt ihn
immer fest im Blick. Die Angst vor einem Diebstahl überschattete meinen unbän-
digen Freiheitsrausch, der im Grunde ein Kaffee-Rausch war!«

»Eine tolle Geschichte, die muß ich gleich aufschreiben, wenn ich in meinem
Hotelzimmer ankomme. Ich bin süchtig nach solchen Geschichten. Hast du nicht
noch mehr davon?«

»Bestimmt, aber wenn du mich so direkt fragst, fällt mir natürlich nichts ein.
Das ist immer so. Was war deine erste Reise?«

»Daran kann ich mich nicht erinnern, wirklich nicht.« Ich grüble und erschrecke darüber, wieviel Zeit ich bisher schon auf Reisen verbracht habe.

»Was gefällt dir an Wien?«, frage ich Olga.

»Das Alte, alles ist so schön nostalgisch und trotzdem modern!«

»Ich habe mich in Wien vor allem mit dem Architekten Adolf Loos beschäftigt.«

»Den kenne ich nicht. Mir sagt nur Malewitsch etwas.«

»Was weißt du über ihn?«

»Letztes Jahr führte ich eine Gruppe deutscher Architekten durch Moskau.
Plötzlich äußerte einer von ihnen den Wunsch, das Grab von Malewitsch zu besuchen. Gut, sagte ich und führte die Gruppe an die Stelle, wo sich das Grab hätte
befinden müssen. Ich wußte darüber aus der Literatur Bescheid, hatte es jedoch
bisher selbst nicht gesehen. Aber als wir ankamen, konnten wir keine Spur des
Grabes entdecken. Es war verschwunden, spurlos verschwunden. Es muß im
Laufe der Jahre zerfallen sein, weil sich niemand darum gekümmert hat.«

»Das ist wieder eine tolle Geschichte. Malewitsch ist endgültig in seinem
Weißen Quadrat auf weißer Fläche verschwunden.«

Moskau, 8. Oktober 2005

Gerade komme ich erbost aus einer *Zauberflöten*-Aufführung, die ich bis zur
Pause im Bolschoi-Theater besucht hatte. Ich war darüber so entsetzt, daß ich erst
einmal eine halbe Stunde den Teatralny-Prospekt hinaufrannte, um mich zu beruhigen. Leider begleitete mich niemand, so mußte ich meine Wut in mich hinein-
fressen. Erst nach meiner Umkehr am Lubjanskaja-Platz beruhigte ich mich wieder und begann den gewaltigen abendlichen Menschen- und Autobetrieb zu betrachten. Verglichen mit dieser jämmerlichen Aufführung erschien die nächtliche
Stadt plötzlich grandios, in hellem Glanz und voller Leben. Es ist Samstagabend.
Hier, in der Innenstadt, sind fast alle Gebäude festlich angestrahlt, mcist in wci-
ßem Neonlicht.

Mein Theaterbesuch galt heute in erster Linie dem Gebäude. Ich wollte den Bolschoi-Theater-Nachbau auch einmal aus der Besucherperspektive erleben. Leider begleitete mich niemand, nicht einmal Olga, ganz zu schweigen von den beiden Juris.

Um in das neureich wirkende Foyer zu gelangen, mußte ich wieder ein Metalldetektor passieren. Nach der Durchsuchung der Taschen bemerkte ich, daß ich argwöhnisch von schwarzgekleideten Hausdetektiven und harmlos kostümierten Programmheftverkäuferinnen beobachtet wurde. Als ich mich auf der Suche nach einer Toilette abseits der öffentlichen Flurbereiche bewegte, standen sofort zwei der dunklen Männer hinter mir, tippten mir auf die Schulter und deuteten hinter sich. Ganz klar, hier hatte ich nichts zu suchen.

Mein Platz im hinteren Saalbereich bot einen guten Überblick, da er erhöht gegenüber der normalen Saalbestuhlung lag. Während der Ouvertüre wunderte ich mich über die vielen leeren Stühle. Ich hatte gelesen und gehört, daß das Bolschoi-Theater jeden Abend ausverkauft sei, aber diese Zeiten sind wohl längst vorbei, vielleicht galten sie auch nur für das historische Gebäude. Dann hob sich der rote Plüschvorhang, schwer, fast asthmatisch langsam. Was ich jetzt zu sehen bekam, erinnerte mich an schlimmstes deutsches Regietheater, obwohl ich im Programmheft gelesen habe, daß hier ein englisches Team gewirkt hat.

Quer über die Vorderbühne, parallel zum Orchestergraben, zog sich die originalgroße Nachbildung der graffitiverschmierten Berliner Mauer hin. Tamino durchbrach gleich zu Beginn mit lautem Getöse die Wand, in dem entstandenen Loch erschienen die drei Damen als sowjetische Soldatinnen, die das Loch mit rotweißen Klebebändern wie einen Tatort sicherten. Ob sie die Schlange symbolisierten? Später entstieg die Königin der Nacht in weißem Pelzmantel und dunkler Sonnenbrille einer schwarzen Luxuslimousine, die im linken Bühnenbereich stand. Die drei Knaben waren als Marilyn-Monroe-Kopien verkleidet. Das Bild Taminas senkte sich wie ein Riesenreklameposter von oben herab. Die Botschaft des englischen Teams bestand offenbar darin, daß die Königin der Nacht das kapitalistische Westreich mit all seinen Verführungskünsten und Verlockungen regiere und daß die Priesterwelt dem durchritualisierten, diktatorischen Ostreich der ehemaligen Sowjetunion zuzuordnen sei.

Unklar blieb, ob beide Systeme gleich schlimm waren und sind, oder ob der Mauerdurchbruch doch einer Befreiung gleichkam. Vielleicht hätte die Interpretation funktioniert, wenn nicht die zarte, altertümliche Musik Mozarts dazu gespielt worden wäre. Das Bühnenbild verwies eher auf die *West Side Story*, weniger auf die *Zauberflöte*. Von Xenia höre ich später, daß die Aufführung von der Moskauer Presse gelobt worden sei. Ja, vielleicht paßt die Ästhetik in das herrschende, schrille Selbstbewußtsein einer gewissen Gesellschaftsschicht. An gepflegt Normalem, an harmlos Verordnetem hat man sich über die Jahre und Jahrzehnte satt gesehen, jetzt ist das Ausgefallene, das Exaltierte gefragt. Neureichenexotik, schräger Russenschick. Die neue Freiheit besteht vor allem darin, mit alten und neuen Symbolen kindlich-anarchistisch zu spielen. Nichts mehr – außer Geld und Klunker – wird wirklich ernst genommen.

Moskau, 9. Oktober 2005

Heute muß ich acht Stunden Werkstattbesprechung über mich ergehen lassen. Von 11.00 bis 19.00 Uhr. Sehr anstrengend und zermürbend. Im Kern wieder die gleiche Besetzung wie das letzte Mal: Juri 2, Damir, Olga und ich. Dazu die vier

Damen von der Technik (die Besetzung hat Ähnlichkeit mit der der *Zauberflöte*!) und Katja, sie ist neu in unserer Runde. Eigentlich hätte heute der technische Direktor dabei sein sollen. Ich sah den älteren, vornehmen Herrn nur einmal bei der ersten Bühnenbildvorstellung, dann nie wieder. Als Ersatz schickt er Katja, eine junge, blasse, leicht pickelige und schüchterne Frau, die wohl ab jetzt die Konstruktion und den Bau meiner Bühnenbildelemente überwachen soll.

Während ringsum die gleichen Rituale – Teekochen und kaltes Büfett – ablaufen und Juri 2 seine konfusen *Cinderella*-Erklärungen abgibt, notiert sich Katja alle für den technischen Ablauf wichtigen Fakten auf einem mitleiderregenden, winzigen Zettelchen. Ob sie ihre Schrift später entziffern kann?

Juri 2 liebt zwei Dinge besonders: Kürbisse und Uhren! Wenn die Sprache auf diese spielentscheidenden Requisiten kommt, kosten sie jedesmal mindestens eine Stunde. Wir versuchen, seine Gedanken zu verstehen, aber er gefällt sich als rätselhaftes Orakel von Moskau. Wenn er, der Wirrkopf, das Gefühl hat, falsch verstanden worden zu sein, steigert er die Lautstärke seiner Stimme, am Ende brüllt er in den Raum hinein; danach herrscht betretenes Schweigen. Olga schüttelt nur ihren Kopf und übersetzt kein Wort mehr. Ruhiger wird es immer, wenn Damir das Wort ergreift. Er hat einen genauen Ablaufplan aufgeschrieben und bleibt sachlich. Leider bringt er nicht viel Zeit mit, drängt und verläßt uns nach wenigen Stunden wegen eines anderen Termins.

Schließlich ist er ein vielbeschäftigter und gefragter Theatermann! Danach erklärt uns Katja mit leiser Stimme: »Alle harten Teile ... also die Bauteile werden in den Werkstätten der Sankt Petersburger Theater gebaut. Hier, in den Moskauer Werkstätten, gibt es weder eine Schreinerei noch eine Schlosserei, nur einen großen Malsaal. Ich werde die Pläne nach Sankt Petersburg schicken, und das nächste Mal müssen wir uns dort treffen.« Olga übersetzt mir die Sätze, wie gewohnt.

»Schön«, sage ich, »das ist ja wunderbar, auf diese Weise komme ich nach Sankt Petersburg. Ich war noch nie in dieser Stadt!«

Katja hört längst nicht mehr zu, sitzt mit gesenktem Kopf da und kritzelt auf ihren winzigen Papieren herum. Ich gebe zu, daß mir das letzte Vertrauen zu ihr fehlt, aber was soll ich machen. Olga, die meine Gedanken ahnt, beruhigt mich.

»Es wird schon gut gehen. Irgendwie bekommen die Russen alles hin ... irgendwie ... oder auch nicht ...«

Ihr diabolisches Grinsen, das natürlich ironisch gemeint ist, gibt mir den Fatalismus wieder, der von einer gewissen Unruhe verdrängt worden war. Manchmal habe ich das Gefühl, Olga sei mein Mephisto. Ein weiblicher Mephisto oder ein weiblicher Teufel. Ich denke an Bulgakow und seinen Roman *Der Meister und Margarita*.

Am späten Nachmittag unterbrechen wir unsere Unterredung und gehen in den Malsaal hinauf, um einige Muster der Mond- und Sternenprospekte zu begutachten. Auf dem Weg unter das Dach kommen wir durch weitere vergammelte, schlecht beleuchtete Flure und steigen über baufällige Treppen. Geländer sind oft nur mit dünnen Seilen an der Wand befestigt. Kabel und Rohre hängen aus der Wand, dicke Staubschichten breiten sich auf Schränken und leeren Regalen aus. Fenstergläser sind zerbrochen, Scherben liegen auf dem Boden. Eine mir inzwischen vertraute Umgebung.

In einer Raumecke entdecke ich Partiturblätter und Formulare. Der Wind hat sie dort hingeweht und niemand fand sich, der sie aufgehoben und abgeheftet hätte. Vielleicht sind Handschriften Tschaikowskis oder Rimski-Korsakows darunter, es würde mich nicht wundern.

Ich komme mir vor, wie in eine andere Zeit gebeamed, plötzlich erscheinen mir auch meine Mitreisenden als Zombies. Eine untergegangene Welt ... ich ... der Zeitreisende in einem alten Schneckenhaus, das Vergangenheiten bewahrt hat, die in der übrigen Stadt längst dem Regen, Schnee und der Müllabfuhr zum Opfer gefallen sind ...

Die im Malsaal arbeitenden Menschen stehen unter dem strengen Regiment einer dickbusigen, korpulenten, resoluten, bebrillten, 50jährigen Dame, die nur im harschen Befehlston reden kann und ihre giftigen Sätze wie Gebell in den Saal schleudert. Sie wirkt schon auf den ersten Blick wie die Karikatur einer SS-Aufseherin, trägt schwarze Lederhosen, darüber eine Art Uniformjacke und an den Füßen Uniformstiefel, alles wahrscheinlich aus altem russischem Armeebestand. Daß ihr Ausschnitt etwas zu tief geraten ist und jeder damit Einblick in ihre dralle Weiblichkeit erhält, verwirrt mich auf merkwürdige Weise. Natürlich hat die Dame meinen Blick bemerkt, fixiert mich kurz und wagt dabei sogar ein Lächeln, was Olga zur sarkastischen Bemerkung hinreißt: »Sie mag dich, Hans Dieter, gleich wird sie dich fressen!«

Ich stehe staunend da und blicke mich um. Eigentlich kenne ich derartige Unterdrückungsszenen nur aus dem Kino: die herrschende Amazone mitten in einem Heer von etwa 25 unterdrückten Sklaven beiderlei Geschlechts, die mit gesenkten Köpfen übereifrig pinseln, Linien ziehen oder Stoffe auf die Bodenbretter nageln.

»Jeder von ihnen«, flüstert mir Olga ins Ohr, »verdient höchstens 100 Euro im Monat, freie Wochenenden gibt es kaum.«

Wut und Mitleid steigen in mir auf. Ich denke an die DDR und meine Besuche in den dortigen Werkstätten während meiner Arbeit an *Wozzeck* (1985) und *Moses und Aron* (1987) in Ostberlin. Gern würde ich den armen Schluckern Geld zustecken, aber das geht nicht unter den Adleraugen der Aufseherin, außerdem würden sie diesen Vorgang vielleicht als beleidigend empfinden.

Wir steigen über eine steile, einer Gangway ähnelnden, Leiter in den Dachstuhl hinauf, um die gemalten Sternenprospektmuster von oben zu betrachten. Auf dem schmalen Umgang, den wir entlanggehen müssen, sehe ich einen etwa 70jährigen Mann sitzen, nur mit langer Hose bekleidet, ohne Hemd, den Oberkörper nackt. Er knüpft ein Netz aus schwarzem Garn.

Als wir auf seiner Höhe sind, versuche ich mit ihm zu reden. Schon durch meine Ansprache erschrickt er. Dann merke ich, daß er Englisch kann, aber bereits nach seiner ersten Antwort schleudert die Anführerin von unten ein russisches Donnerwort nach oben, und er beugt sich sofort wieder eingeschüchtert und gedemütigt über seine Arbeit. Hier hat sich nicht viel geändert, denke ich. Bestimmt waren die Verhältnisse vor 20 oder 70 Jahren genauso. Ich komme mir vor wie ein ausländischer Journalist, der ein Zwangsarbeiterlager in Sibirien besucht. Welche Berichte soll ich jetzt schreiben, was darüber sagen? Stumm vor Entsetzen und Wut schweige ich, nur um den armen Mann nicht in noch größere Schwierigkeiten zu bringen.

Natürlich lobe ich die gemalten Muster. Aus der Nähe fand ich die Sternenstrukturen noch etwas wild und tachistisch, von hier oben, aus der Ferne wirken sie durchaus romantisch, vielleicht sogar realistisch.

Als wir wieder auf dem Galeerendeck landen, drückt die Lederdame meine Hand zum Abschied so kraftvoll und zufrieden, daß mir fast schwindlig wird. Aus ihren dunkel geschminkten Augen zwinkert sie mir vertrauensvoll zu. Ich rätsle darüber, was in ihrem Kopf wohl vorgehen mag: Ob sie in mir den vermeintlichen Nachkommen eines kämpferischen Nazis sieht oder einen großgewachsenen Germanen, wer weiß, jedenfalls scheint sie in ihrem sadistisch angehauchten

Selbstbewußtsein keinen Platz für Deutschenhaß zu kennen, einen Haß, den manche ältere Russen verständlicherweise noch immer in sich tragen. Manchmal ist es auch eine Haßliebe, wie ich bei Olga vermute. Auf dem Weg zum Hotel erzählt mir Olga von ihrer Großmutter. »Im Zweiten Weltkrieg, bevor sie meinen Großvater geheiratet hat, wurde meine Großmutter als junge Frau nach Deutschland verschleppt und mußte in einem Außenlager des KZs Buchenwald Zwangsarbeit auf dem Feld verrichten. Nach einiger Zeit wurde sie bei Bauern untergebracht. Der Jungbauer verliebte sich in sie, und sie ging ein Verhältnis mit ihm ein.

Nach dem Krieg erzählte sie mit großer Sehnsucht von dieser Zeit. Für meine Großmutter war es, glaube ich, die glücklichste Zeit ihres Lebens. Natürlich war der Großvater, den es als Verlobten die ganze Zeit über schon gab, nicht sehr glücklich über die Geschichte und verfolgte meine Großmutter deswegen während ihrer ganzen Ehe mit Eifersuchtsszenen. Ich besuchte die beiden als Kind oft in Tartu, wo sie nach dem Krieg lebten und hörte mir die Geschichte jeden Sommer einmal an. Eigentlich liebte ich die Großmutter nicht, obwohl ich sie natürlich verstehen konnte. Sie berührte und liebkoste mich nie, ich glaube, sie hatte wegen drohender Krankheiten Angst vor jeder Art von Berührung, und Kinder kamen ihr besonders schmutzig vor. Mein Großvater litt Zeit seines Lebens unter großem Heimweh nach Moskau. Aber er mußte als Schleusenwärter in Tartu ausharren und ist dort auch gestorben. Fast alle meine übrigen jüdischen Verwandten überlebten den Zweiten Weltkrieg nicht. Sie kamen in Konzentrationslagern ums Leben. Deswegen besitze ich heute, außer meiner Schwester und meiner Tochter, eigentlich überhaupt keine Familie mehr.«

Nach dieser Erzählung kramt Olga ein ledernes Album aus ihrer Tasche und gibt es mir. Ich dachte, sie zeige mir Photos ihrer Großeltern, vielleicht auch ihrer Eltern, aber als ich es aufschlage, sehe ich auf der linken Seite ein großes Photo ihrer Tochter Mascha, auf der rechten in kleineren Bildern die übrigen Kinder ihrer Klasse. Ich zähle nach: acht Jungen und zehn Mädchen. Auch das Schulgebäude ist auf einem Photo abgebildet. Ein stattliches, fünf Stockwerke hohes Haus, frisch verputzt und weiß angestrichen, davor eine Wiese und hohe Bäume.

»Eine Art Privatschule«, kommentiert Olga stolz.

Mascha blickt mich mit großen, ernsten Augen an. Ein volles, ovales, hoffnungsvolles Kindergesicht, die langen braunen Haare streng nach hinten gekämmt und zu einem Pferdeschwanz gebunden. Ich bin sehr gerührt und denke wieder an die Kinder von Beslan.

Als wir uns am Bolschoi-Theater verabschieden, gesteht mir Olga: »Am liebsten würde ich nur leben!«

»Was verstehst du darunter?«

»Ganz einfach: lange schlafen, aufstehen, ausgiebig duschen, spazierengehen, mit Mascha spielen, kochen, essen, lesen, Theater besuchen, Filme anschauen, mich mit Freundinnen und Bekannten treffen und unterhalten, reisen. Auf jeden Fall nicht arbeiten! Arbeit ist völlig unnötig zur Selbstdefinition, als Lebensinhalt und Sinngeber. Ich würde heute sogar einen Mann heiraten, der eine Wohnung mit schönem Balkon besitzt und ein wenig Geld auf dem Konto hat, aber der Balkon wäre mir eigentlich am wichtigsten.«

Ob diese letzte Äußerung ironisch oder ernstgemeint ist, kann ich ihrem Tonfall nicht entnehmen.

Letzte Woche erzählte mir Professor Gall, der berühmte Historiker aus Wiesbaden, mit dem ich wegen eines Museumsprojekts in Deutschland zu tun hatte, von einer viertägigen Reise, die er vor kurzem nach Moskau unternehmen mußte.

Er war eingeladen, die Hauptrede zur Einweihung des neu gegründeten »Deutschen Instituts« in Moskau zu halten und beschrieb seine Stadteindrücke im negativsten Ton. Zusammenfassend sagte er: »Entsetzlich, furchtbar, indiskutabel. Die Stadt ist trostlos und unfrei, der Gegensatz zwischen arm und reich extrem!«

Dieses Urteil über Moskau habe ich in letzter Zeit oft gehört. Wieder wird mir bewußt, wie privilegiert meine Situation ist. Hoffentlich erhalte ich durch meine liebevoll sarkastische Betreuung nicht einen vollkommen falschen Eindruck des Landes und der Stadt! Mir fallen jedoch auch viele negative Aspekte auf: Es gibt tatsächlich nur die Neureichen und die Armen. Das normale Bürgertum fehlt, wie früher in der DDR. Familien lösen sich auf. Viele Menschen – wie Olga und Juri 2 – leben allein. Deshalb wirkt die Werbung in Moskau noch zynischer als in westlichen Weltstädten. Schreiend die Gesichter, obszön die Produktnamen. Falsche Versprechungen, deren Unterhaltungswert hier nicht so beiläufig ist wie bei uns.

Eines der Hauptklischees – das des saufenden Russen – dagegen stimmt immer noch. Der Alkohol bleibt ein zentrales gesellschaftliches Problem. Die meisten Männer sind Alkoholiker. Warum nur? Der Alkoholiker säuft sich aus der Realität heraus, er begibt sich auf Reisen, ohne Ort und Stelle zu verlassen. Selbstmitleid, Betäubung, Flucht. Kleine Selbstmorde, die jedoch stets eine Rückkehr zulassen. Zunächst beginnt es mit einem Schweben, der Raum wird weich, klare Definitionen von Oben und Unten lösen sich auf. Am Ende, vor der vollständigen Betäubung und dem Umfallen, steht das Kreisen. In der Mitte das Ich als Sonne, die Dinge der Welt als Planeten. Die Schwerkraft verliert ihre Bedeutung. Allmachtsanfälle. Lallend verabschiedet sich der Betrunkene aus dem Kosmos der harten, banalen Realität, um am nächsten Morgen mit einem bohrenden Kater wieder aufzuwachen. Die Dinge der Umgebung stürmen jetzt auf das Gehirn ein wie ein Hornissenschwarm. Übermäßiger Schmerz kann nur durch erneuten Alkoholgenuß betäubt werden.

Moskau, 11. Oktober 2005

Ich packe meine Taschen, treffe mich in der Halle mit Olga und dem Bolschoi-Fahrer. Bei schönstem Herbstwetter fahren wir am späten Vormittag gemeinsam hinaus, Richtung Nordwesten zum Flughafen Scheremetjewo. Je intensiver die Sonne scheint, um so stärker ist der blaugraue Smogdunst zu sehen, der in allen großen Verkehrsadern der Stadt liegt.

Während der Fahrt erzähle ich Olga wütend von der fragwürdigen *Zauberflöten*-Aufführung. Nach kurzer Zeit legt sie ihre Hand auf meinen Unterarm und unterbricht mich barsch: »Weißt du, das interessiert mich überhaupt nicht!« Ich bin sprachlos, schließlich ist das Bolschoi-Theater ihr Brötchengeber. Sie drückt meinen Arm, als wolle sie das, was sie mir jetzt zu sagen hat, mit Nachdruck unterstreichen.

»Ich wuchs mit Lügen und falschen Versprechungen auf. Heute glaube ich niemandem mehr. Schon gar nicht dem Theater und der Oper. Deswegen ist es mir vollkommen egal, wie diese *Zauberflöten*-Aufführung war, ich gehe überhaupt nicht mehr ins Theater, es sei denn, ich wäre gezwungen. Für mich zählt nur das Leben mit Mascha, mehr nicht. Sie ist die Wahrheit, verstehst du?!«

Nachdenklich schweige ich und schaue durch das Fenster. Die helle Herbstsonne verklärt die Stadt, trotz Smog oder vielleicht gerade durch ihn. Die Luft ist auf eine merkwürdige Weise sichtbar, ohne den Blick zu behindern. Smog, der

giftige Weichzeichner! Auch die monumentalen Stalin-Hochhäuser, die mich immer wieder an New York und das Ulmer Münster erinnern, sehen heute aus wie stolze, architektonische Schönheiten.

Nach einiger Zeit kramt Olga, die das eingetretene Schweigen wahrscheinlich unangenehm findet – sie sieht ihre Aufgabe auch darin, mich zu unterhalten und zu informieren –, aus ihrer Tasche einen Katalog und legt ihn in meine Hand. »Das sind Kinderarbeiten aus dem Unterricht bei einem Architekten, zu dem Mascha einmal in der Woche für ein paar Stunden geht. Das Thema hieß ›Doppelgänger‹.« Ich blättere die Seiten durch und staune über die originellen Resultate. Natürlich dürfen die »Doppelgänger« all das tun, was den Mädchen und Jungen im realen Leben verboten oder verschlossen ist. Eine schöne Idee.

Danach erzählt Olga von ihrer Übersetzungsarbeit. »Ich arbeite gerade an einem Buch über russische Heilige, 700 Seiten, vom Russischen ins Deutsche. Ganz schön viel, oder? Heute nacht war ein merkwürdiges Kapitel dran: Drei Nonnen um 300 nach Christi steigen auf einen Berg und bieten dem Himmel ihre Unschuld dar.«

Wir spekulieren darüber, wie diese Szene wohl ausgesehen haben mag. »Natürlich werden sie später, als sie zurück ins Tal kommen, von bösen Männern vergewaltigt, zerstückelt und ins Grab geworfen, Märtyrerinnen eben. Ein anderer Heiliger geht auf den Abtritt und scheißt seine Eingeweide in die Grube. Auch er überlebt den Vorgang nicht und wird zum Märtyrer-Heiligen. Die Kirchenliteraten haben schon ziemlich surreale Phantasien gehabt!«

Draußen nimmt der Verkehr weiter zu. Vierspurig stauen sich die Autos auf der Ausfallstraße. Kurz nachdem wir »Ikea-Moskau« passiert haben, pirscht unser Chauffeur plötzlich rechts auf den asphaltfreien, dreckigen Seitenstreifen hinaus und düst an allen vorbei, eine gewaltige Staubwolke aufwirbelnd, wie ich aus dem Rückfenster sehe. Ein ziemlich anarchisches Verhalten, das mich amüsiert. Im Grunde haben wir es überhaupt nicht eilig.

Viel zu früh komme ich am Flughafen an, wie immer. Auch der anschließende Flug nach Berlin-Schönefeld ist ruhig und pünktlich.

14. Dezember 2005

Heute steht nicht Moskau, sondern Sankt Petersburg auf meinem Programm. Dort soll ich morgen in den Werkstätten die gebauten, »harten« Teile für unsere *Cinderella*-Produktion anschauen.

Ksenia, die von Moskau aus meine Reiserouten organisiert, hat für mich einen Flug über Warschau gebucht. Bis Warschau komme ich problemlos, dann stockt der Ablauf, und ich sitze mit den anderen Passagieren im Wartebereich des Flughafens fest. Zunächst bleibt unklar, um welche Probleme es sich handelt. Nachdem ich eine Stunde gelangweilt auf die grauen, nassen Rollfelder hinausgeblickt habe, wird uns über Lautsprecher mitgeteilt, daß sich der Abflug nach Sankt Petersburg um eine weitere Stunde verzögern werde. Zwei Stunden später erfahren wir, daß unser Flugzeug einen nicht zu reparierenden Schaden hat und heute nicht mehr starten kann. Kurze Zeit danach säuselt die gleiche weibliche Lautsprecherstimme ganz ruhig, zunächst auf russisch, dann auf polnisch und schließlich in englischer Sprache: »Today there will be no flight to Sankt Petersburg anymore. The next possibility to this town will be tomorrow morning!«

Jetzt werde ich doch unruhig. Von einer gewissen Panik befallen, sehe ich mich bereits auf den harten Kunststoffbänken des Flughafens nächtigen. Ich wende mich an einen Informationsschalter und frage die Dame, ob es heute eine Möglichkeit gebe, nach Berlin zurückzufliegen. Es sieht schlecht damit aus. Plötzlich klingelt mein Mobiltelefon, und Ksenia ruft mich aus Moskau als rettender Engel an. Wie sie von meinen Problemen erfahren hat, bleibt mir unklar – vielleicht werde ich überwacht? Jedenfalls teilt sie mir mit, daß ich um 18.00 Uhr in eine Maschine nach Helsinki steigen soll, um 22.00 Uhr startet von dort mein Anschlußflug nach Sankt Petersburg. Sie habe bereits umgebucht und alles für mich geregelt, ich müsse mir nur noch die Platzkarten besorgen.

Nach stundenlanger Wartezeit auf dem trostlosen Flughafen von Warschau bin ich froh, endlich in der Maschine nach Finnland zu sitzen. Schon kurz vor dem Start, während wir auf dem Rollfeld stehen, setzt starker Schneefall ein. Als wir nach zwei Stunden in Helsinki landen, wundere ich mich nicht darüber, daß hier der Schnee mehr als 1 Meter hoch liegt und sich am Rande des Flugfelds zu noch höheren Bergen auftürmt.

Ich rutsche tiefer in meinen Wintermantel hinein, schlage den Kragen hoch und folge den übrigen Fluggästen über die vereiste Betonpiste zum nächsten Wartebereich. Um uns herum finstere Nacht und weiterhin Schneefall, hier gemischt mit kräftigem Wind, der in eisigen Böen über das Flugfeld pfeift und mir die Flocken ins Gesicht peitscht.

Eine Stunde später geht es weiter. Aus einem mir unbekannten Grund sitze ich jetzt in der ersten Klasse zwischen jungen, schicken Russinnen, die neben sich dicke Pelzmäntel und prall gefüllte Einkaufstüten aufgetürmt haben. Wieder lese ich die üblichen Markennamen: Prada, Versace, Armani, Chanel. Sie waren wohl zum Shoppen in Helsinki, und die Jagd nach schönen, luxuriösen Dingen ist erfolgreich verlaufen. Dieser letzte Flug dauert nur eine halbe Stunde. Kaum hat die Maschine abgehoben, beginnt sie schon wieder mit ihrem Sinkflug. Da ich am Fenster sitze, kann ich die Schneelandschaft mit hell erleuchteten Fabriken und Straßen unter mir beobachten. Dazwischen die schwarzen, manchmal auch spiegelnden Wasserflächen des Finskij Zaliv, des Finnischen Meerbusens.

Ich bin gespannt auf die nächtlichen Gestalten, die am Ausgangsgate auf ihre schicken Partnerinnen warten werden, und als ich sie dann im weißen Licht der Halle entdecke, entsprechen sie all den Russenklischees, die sich in meinem Kopf festgesetzt haben. Die Typen sind ebenfalls in dicke Pelzmäntel gehüllt, und alle tragen, trotz mitternächtlicher Stunde, dunkle Sonnenbrillen, die ihnen ein gefährlich-mafioses Aussehen verleihen. Als ich später hinter ihnen hergehe, habe ich das Gefühl, einer Bärenmeute zu folgen. Die Verwandlung von Menschen in wilde Tiere ist perfekt gelungen.

Ksenia hat meine Reise gut im Griff, selbst aus der Ferne zieht sie virtuos ihre Organisationsfäden. Obwohl es zu diesen stundenlangen Verzögerungen gekommen ist, steht meine kleine Empfangsdelegation, die hier in Sankt Petersburg aus einer neuen Olga und einem Fahrer besteht, am Ausgangsgate bereit. Erschöpft nehme ich auf dem bequemen Rücksitz der Limousine Platz, schaue die freundliche neue Olga von der Seite an und fühle ich mich schon wieder ganz zu Hause. Ich habe wirklich Glück: Einen märchenhafteren Einstieg in den Stadtmythos Sankt Petersburg kann es nicht geben ... schwarze Nacht ... eisige Kälte ... Schneeberge an den Straßenrändern ... von schwefeligen Lampen beleuchtete Haus- und Palastfragmente ... Autos, die aussehen wie verzauberte Geschenkpackungen ... dann wieder Menschentrauben vor Kiosken wie in Moskau ... und nach kurzer Zeit die ersten zugefrorenen Kanäle ... Ich denke an Tschaikowski und Schostakowitsch, an Puschkin, Gogol, Dostojewski und Andrei Bely, dessen verrückten Roman *Petersburg* aus dem Jahr 1916 ich vor kurzem gelesen habe. Natürlich brenne ich darauf, den Newski-Prospekt, die Peter-Paul-Festung und all die anderen legendären Bauten der Stadt zu sehen. Mein Hotel liegt zentral in der Nähe der Admiralität, wie die neue Olga mir mitteilt.

Und dann ist es tatsächlichlich soweit: Das Bild öffnet sich, und wir fahren an den weiten Eisflächen der zugefrorenen Neva entlang. In der Ferne leuchtet die Festung und sieht aus wie ein aus Schnee gebautes Traumschiff. Mauern und Türme spiegeln sich matt in der erstarrten, weiß überhauchten Wasserfläche. Ja, das ist alles zusammen: Venedig, Florenz, Amsterdam, Barcelona, Lissabon und Triest. Eine Zauberstadt, die allerdings in der Vergangenheit viele Tragödien und Katastrophen erleben mußte, wie jeder weiß.

Daß mein Zimmerfenster im kronleuchterbehangenen Firstclass-Hotel nur den Blick in vergammelte, müllbedeckte Innenhöfe (außerhalb des Hotelkomplexes) bereithält, enttäuscht mich nicht wirklich, zeigt er mir doch die Doppelgesichtigkeit der Stadt, wie ich sie aus Dostojewskis Romanen und Erzählungen kenne. Obwohl die Nacht schon langsam in die Morgendämmerung übergeht, setze ich mich noch eine Weile ans Fenster und versuche das gespenstische Bild zu zeichnen. Zum Photographieren reicht das Licht nicht aus. In den Fassaden der verwinkelten Innenhöfe leuchtet nur noch ein einziges, kleines Fenster, alle übrigen sehen aus wie schwarze Löcher, blind und unheimlich. Ob dahinter böse Hexen lauern oder harmlose Bürger schnarchen, kann ich von meinem Beobachtungsposten aus nicht erkennen.

Am nächsten Tag werde ich verabredungsgemäß um 10.00 Uhr von der neuen Olga abgeholt. Da wir noch eine Stunde bis zur Werkstattbesprechung Zeit haben, kutschiert uns der Chauffeur mit seiner schwarzen Limousine auf touristischen Umwegen durch die Stadt.

Das Wetter ist merkwürdig düster. Mir wird mitgeteilt, daß es in diesen Winterwochen überhaupt nicht richtig hell werde. Die berühmten sommerlichen »Weißen Nächte« von Sankt Petersburg haben offensichtlich eine winterliche Entsprechung, die »Graue Tage und Nächte« heißen müßten. Später, beim Essen mit den Werkstattleuten, wird der technische Direktor jenen Petersburger Witz zum besten geben, der wohl zum Standardrepertoire der Russen gehört: »In einem Kriminalfilm fragt der Kommissar den Verdächtigen: ›Wo waren Sie in der Nacht vom 1. Dezember 2004 auf den 1. März 2005‹?«

Draußen, vor dem Fenster, ziehen im fahlen, dunstigen Licht die berühmten, pompös-eleganten Häuser und Paläste vorbei. Alle sind gleich hoch, dadurch ergibt sich ein völlig harmonisches Stadtbild, wie aus einem Guß. Allerdings erinnert die Art der Architektur stark an italienische Städte. Das ist nicht verwunderlich, da die meisten hier wirkenden Baumeister tatsächlich aus Italien stammten. Typisch Russisches kann ich nur in den Zwiebeltürmen der zahlreichen Kirchen entdecken.

Die gesamte Innenstadt wurde auf Anweisung Putins zum 200jährigen Gründungsjubiläum 2003 restauriert und neu angestrichen. Heute sehen die Fassadenfarben so frisch aus, daß man bei ihrem Anblick an eine moderne, neu erbaute, wenn auch historisierende Stadt denkt. Keine Ruine, keine Putzwunde und kein kaputtes Fenster erinnern an die Katastrophen der Russischen Revolution oder des Zweiten Weltkriegs. Auch die gesamte Sowjetzeit scheint mit dieser übertriebenen Renovierung ein für alle Mal ausgelöscht und übermalt worden zu sein.

Die Lage von Sankt Petersburg ist schon einmalig, wenn auch städtebaulich ähnlich absurd wie die von Venedig. Es gibt keinen soliden Granitfelsengrund wie in Manhattan, nicht einmal normalen Boden oder Kies, sondern nur sumpfiges Deltagelände, das mühsam auf Befehl eines dikatatorischen Zaren – Peter des

Großen – trockengelegt wurde. Der Hafen, der über die Ostsee direkten Anschluß an die Weltmeere bot, war in der Vergangenheit strategisch entscheidend und für den Wohlstand der Stadt wichtig. Heute bleiben die großen Schiffe draußen, nur zu den berühmten »Weißen Nächten« werden die Neva-Brücken hochgezogen, dann dringen die Schiffe wieder in den Stadtkörper ein wie zu Tschaikowskis und Dostojewskis Zeiten. Wir überqueren auf einer Brücke das Eisfeld der Neva, umkreisen die Peter-Paul-Festung, blicken zurück auf die Admiralität und den legendären Winterpalast. Hier also begann Lenins Siegeszug, hier ereigneten sich die ersten Revolutionsvorgänge, die später zum Sturz des Zarenreichs führten.

Meine Moskauer Olga giftete bereits gegen Sankt Petersburg, als ich ihr von meinem bevorstehenden Besuch in der Stadt erzählte: »Die Sankt Petersburger nehmen in allen Dingen immer eine Vorrangstellung ein. Sie glauben, die Revolution erfunden zu haben, genauso wie die russische Literatur und Musik. Die Stadt ist zwar schön, aber ihre Bewohner sind zu eingebildet!«

Dann biegen wir in die berühmteste aller russischen Straßen ein: den Newski-Prospekt. Leider lerne ich diesen fast 5 Kilometer langen Prachtboulevard erst jetzt kennen. Aus zahlreichen Beschreibungen in der russischen Literatur weiß ich, wie viele Wandlungen und Häutungen diese Straße erlebt hat. Zu Beginn der Moderne siedelten sich hier die ersten Kaufhäuser und Kinos an. Schostakowitsch begleitete als junger Mann Stummfilme auf dem Klavier und erprobte dabei neue Kompositionsmethoden, die er in seine skurrile, auf einer Erzählung von Gogol beruhenden, Oper *Die Nase* einfließen ließ (und für die ich gerade ein Bühnenbild entwickle, das im Aalto-Theater Essen realisiert werden soll). Andrei Belys Roman beginnt mit einer merkwürdigen Beschreibung des Newski-Prospekts: »Der Newski-Prospekt hat eine verblüffende Eigenschaft: Er besteht aus Raum für das Zirkulieren des Publikums; numerierte Häuser begrenzen ihn ... Der Newski-Prospekt wird am Abend elektrisch beleuchtet ... der Newski-Prospekt ist geradlinig (unter uns gesagt), weil er ein europäischer Prospekt ist ... Die übrigen russischen Städte stellen einen Haufen Holzhütten dar ...«

Heute, an diesem trüben Tag, erkenne ich zwar die luxuriöse Breite der Straße, auch ihre Länge kann ich erahnen, aber ansonsten unterscheidet sie sich kaum von ähnlichen Boulevards in Berlin, Rom oder Paris. Wären da nicht die kyrillischen Buchstaben der Reklametafeln ...

Auch die Kathedrale von Kasan, die im oberen Drittel der verkehrsreichen, Tag und Nacht von Publikum bevölkerten Straße steht, kommt in Schostakowitschs Oper *Die Nase* vor. Wahrscheinlich war sie schon zur Kompositionszeit, in den 1920er Jahren, von den Kommunisten in ein Museum des Atheismus umgewandelt worden. Erst in der Glasnost-Zeit kehrten die alten Ikonen zurück, und heute stehen die Betenden vor den Heiligenbildern Schlange. Früher bildeten sich diese Schlangen nur vor den sparsam bestückten Läden, ganz wie in der DDR.

Jetzt also sind die grauen, von Mangel und Verzicht geprägten Jahre des Bolschewismus vorbei, und die üblichen Markenläden reihen sich wie Perlen einer luxuriösen Kette aneinander. Autofirmen besetzen die größten Schaufenster, ganz wie auf den Champs-Elysées. An Hotels, Banken, Kaufhäusern, Läden, Kinos, Cafés und Restaurants besteht heute kein Mangel mehr. Alle Waren scheint es im Überfluß zu geben. An einigen Fassaden sehe ich auch weihnachtlichen Schmuck, nicht ganz so üppig wie bei uns, aber trotzdem festlich und dekorativ. Allerdings sind meine Eindrücke nur impressionistisch kurz und oberflächlich. Gern würde ich irgendwann hierher zurückkehren und mich näher mit der berühmten Straße beschäftigen.

Am Sommergarten vorbei quälen wir uns durch immer dichter werdenden Verkehr und erreichen schließlich pünktlich das Werkstattgebäude. Als wir in den Hof einbiegen, bin ich entsetzt. Der Boden ist lehmig zerfurcht wie auf einem winterlichen Bauernhof, Schnee kommt nur noch als Dreck vor, Müllberge türmen sich auf, dazu vergammeltes Holz und Kohlehügel. Vorsichtig steigen wir aus und versuchen die gröbsten Pfützen und Drecklöcher zu umgehen. Jetzt wird mir klar, daß sich alle Renovierungen wahrscheinlich nur an den Vorderseiten der Gebäude abgespielt haben. Schönheitsoperationen der Gesichter mit anschließenden Schminkvorgängen der malerischen Art. Hinter und unter den Potemkinschen Masken verstecken sich die Ruinen der Vergangenheit.

Wir steigen vorsichtig eine schiefe, fast baufällige Wendeltreppe hinauf und betreten im zweiten Stock die Büroräume. Freundlicher Empfang, wie immer. Kaffee und Tee wird mir angeboten, dazu kleine belegte Brötchen. Die Gastfreundschaft wird auch hier groß geschrieben. Vorsichtig schaue ich mich um und vermeide dabei heftige Bewegungen. Eigentlich habe ich bei jedem Schritt Angst, daß die Dielen unter meinen Schuhen einbrechen. Würde ich bei einer ausladenden Geste die Wand mit meiner Hand treffen, entstünde bestimmt sofort ein dunkles Loch. Bei all den Kalendern, die vor den gelblich versifften Tapeten hängen, habe ich den Eindruck, daß sie die Aufgabe haben, derartige Löcher zu verdecken. Wir gehen los. Durch verwinkelte Flure erreichen wir düstere, heruntergekommene Arbeitssäle. Wie in Moskau auch bricht überall der Putz von den Wänden, und an den Decken klaffen bedenklich breite Fugen und Ritzen. Der Werkstattleiter führt mir trotz der desolaten Umgebung seine Produkte voller Stolz vor. Allerdings bleibt mir völlig rätselhaft, wie unter diesen Bedingungen vernünftige Theaterteile gebaut werden können. Ich sehe nicht eine moderne Säge, auch keine intakte Hobelbank oder Fräse. Uralte, dunkle Maschinenungeheuer, die bestimmt schon 100 Jahre alt sind, stehen in Raumecken, zugemüllt von Brettern und Säcken mit Abfällen.

Es gibt weder Aufzüge noch Fluchttreppenhäuser. Jedenfalls kann ich keine entdecken. Was geschieht, wenn hier ein Feuer ausbricht? Wie werden die Teile aus den verschiedenen Geschossen in die Lkws nach Moskau gebracht? Vielleicht läßt man sie an Seilen aus den Fenstern herab? Als erstes werden mir die drei *Cinderella*-Schränke vorgeführt. Sie sehen erstaunlich gut aus. Es fehlt nur noch der Anstrich. Selbst der unsichtbare Öffnungs- und Schließungsmechanismus scheint zu funktionieren. Ein Wunder. Auch Teile der großen Treppe und die rollbaren Uhren sind gut zu erkennen. Natürlich lobe ich alle Handwerker überschwenglich und hoffe dabei, daß sie mir mein anfängliches Entsetzen nicht anmerken.

Andere Bühnenbilder scheinen hier im Augenblick nicht in Arbeit zu sein. Als wir in die Büros zurückkommen und wieder den abgestandenen Mief einatmen, der mich an meine Aufenthalte in der ehemaligen DDR erinnert, bin ich dennoch froh, das eigentliche Werkstatterlebnis hinter mir zu haben. Auf dem Weg die Treppen hinunter zum verdreckten Innenhof beginnen die Neonröhren über uns zu flackern, zischend verlöscht erst die eine, dann die nächste. Ungerührt stapfen die Leute weiter, ich mittendrin.

Bevor wir zu einer Nebenwerkstatt in die Vorstadt hinausfahren, werde ich in ein Lokal, das am Hofausgang an der Hauptstraße liegt, zum Essen eingeladen. Außer mir und der neuen Olga sind noch der technische Direktor des Bolschoi-Theaters – er ist eigens von Moskau zu diesem Termin mit dem Auto herübergefahren – und der Werkstattdirektor des Sankt Petersburger Theaters dabei. Über meine neue Olga – sie übersetzt meine deutschen Sätze wie gewohnt ins Russische – bedanke ich mich mehrfach bei meinen Gastgebern für die Ehre, hier arbeiten zu dürfen. Natürlich spreche ich den maroden Bauzustand nicht an, schließlich kann ich daran ja nichts ändern. Trotzdem wage ich nach einer gewissen Zeit einige Fragen. »Was hat sich in den letzten 20 Jahren in Sankt Petersburg geändert? Ist Ihr Leben hier besser und einfacher geworden?«

Der Werkstattleiter antwortet: »Ja, es ist besser geworden. Früher gab es überhaupt kein Material, außerdem wurden wir so schlecht und unregelmäßig bezahlt, daß keiner wirklich davon leben konnte. Wir mußten mit unseren Familien in uralten, feuchten Wohnungen hausen, zusammengepfercht in winzigen Zimmern. Seit der Perestroika treffen die Gehälter rechtzeitig und regelmäßig ein. Die meisten von uns haben eine Wohnung, wenn auch oft weit draußen, in irgendwelchen Wohnblocks. Trotzdem herrscht immer noch Materialmangel, und der Zustand der Werkstätten ist miserabel. Das sehen Sie ja selbst. Aber wir sind zufrieden. Ja, eigentlich sind die meisten zufrieden, so wie es jetzt ist.«

Der technische Direktor aus Moskau nickt zustimmend.

Nebenbei wollen meine Gastgeber mit mir Wodka trinken, aber ich lehne höflich ab. Schließlich geben sie auf und kippen das Getränk allein in sich hinein. Nach einigen Gläsern beginnen sie zu lachen, werden fröhlicher und verlieren ihre bisherige Steifheit. Ich hätte gern gefragt, ob die Stadt tatsächlich so gefährlich ist, wie sie in den westlichen Medien dargestellt wird. Demnach rangiert Sankt Petersburg noch vor Moskau, was die täglichen Überfälle – vor allem auf Touristen – und Morde angeht. Aber ich unterdrücke meine Frage.

Während der Fahrt zur Nebenwerkstatt denke ich an die schlimme Zeit der deutschen Belagerung im Zweiten Weltkrieg. 900 Tage lang wurde die Stadt damals regelrecht ausgehungert. Hunderttausende verloren dabei ihr Leben. Hitler wollte Sankt Petersburg/Leningrad dem Erdboden gleichmachen. Warum nur? Die Stadt hätte ihm bestimmt gefallen, wenn er einmal an der Neva entlanggegangen oder den Newski-Prospekt hochgefahren wäre!

Obwohl es zu mehreren deutschen Artillerieangriffen kam und einzelne Bauwerke dabei getroffen wurden, blieb die Stadt weitgehend erhalten. Später, auf dem Rückflug, lese ich in einem Buch: »Am 6. September 1941 fielen in der Nähe des Alexander-Newski-Klosters die ersten Bomben auf den Prospekt – für die Leningrader noch eine große Sehenswürdigkeit, zu der sie hinpilgerten. Am 12. Januar 1942 wurde der Kaufmannshof bombardiert, der drei Tage lang brannte und die gegenüberliegende öffentliche Bibliothek in Gefahr brachte ...«

Vor vielen Jahren hörte ich einmal ein erschütterndes Tondokument: Es wurde während der Uraufführung von Schostakowitschs Leningrader (5.) Symphonie 1942 im Konzertsaal der eingeschlossenen Stadt aufgenommen. Während des Konzerts sind plötzlich Detonationen zu hören. Die Musiker spielen einfach weiter, obwohl die Einschläge der deutschen Geschosse bedenklich lauter werden und näher rücken. Tatsächlich konnte das Konzert zu Ende gebracht werden, ohne daß eine Katastrophe eingetreten wäre.

Die Werkstattdependance liegt direkt neben einem alten, stillgelegten Theater. Ringsum zugefrorene Kanäle mit schlittschuhlaufenden Kindern. Unser 4 Meter großer Mond nimmt ein Drittel der Halle ein. Der Bildhauer, der ihn aus Kunststoffteilen geformt hat, ein freundlicher Mongole mit dickem Bauch, steht stolz vor seinem Werk. Ich bin von der Qualität der Kugel und der Mondkrater sehr begeistert. Nachdem ich den Künstler ausführlich dafür gelobt habe, zieht er die Brieftasche heraus und zeigt mir Photos seiner übrigen Werke. Zunächst betrachte ich seine bronzenen Pferde mit Sympathie, auch seine dickbäuchigen Buddhas, aber nach dem zehnten Photo merke ich, daß er nur Vorgefundenes nachbildet, es zeichnet sich kein eigener Kunstwille ab. Offensichtlich

arbeitet er nur manchmal für das Theater, die restliche Zeit verbringt er als freier Künstler.

Ich versuche, mir die Stadt im 19.Jahrhundert vorzustellen, zu Beginn des 20.
Jahrhunderts und zur Stalinzeit. Wieder sehe ich Gogol, Tschaikowski, Dostojewski, Lenin, Schostakowitsch und Brodsky auf dem Newski-Prospekt flanieren.
Ich denke an Gogols Major Kowaljow, der in der Erzählung *Die Nase* hier jeden
Tag spazierengeht wie viele seiner betuchten Zeitgenossen. Auch Marc Chagall
lebte als armer Student in Sankt Petersburg, litt unter Heimweh nach seiner Heimatstadt Witebsk und träumte, auf dem Newski-Prospekt wandernd, vielleicht
von seiner Zukunftsstadt Paris!

Wir fahren wieder vorbei am Winterpalast, der Admiralität und der Universität.
Einige Male hält der Fahrer und läßt mich kurz aussteigen. Wieder bin ich ganz
verzaubert von der einmaligen Verbindung zwischen Wasser, Architektur und Himmel.

Unser Abschied am Flughafen ist herzlich. Wir wünschen uns gegenseitig
»schöne Weihnachten und ein gutes neues Jahr!« Der Rückflug nach Berlin verläuft ohne Zwischenfälle.

Moskau, 9.Januar 2006

Wieder in Moskau. Es ist kalt geworden, auch liegt etwas Schnee, aber eine echte
Doktor-Schiwago-Winterstimmung will sich noch nicht einstellen. Da ich heute
bereits am frühen Nachmittag angekommen bin, fahren wir, kurz nachdem ich im
Hotel eingecheckt habe, gleich weiter zu den Werkstätten, dieses Mal mit Fahrer
und Limousine.

Die Lederfrau hat mein Kommen gut vorbereitet. Auch Juri 1 und 2 sind schon
da. Die beiden Sternenprospekte liegen fertig gemalt auf dem verschrammten,
von unzähligen Farbspuren übersäten Dielenboden, und wir steigen unmittelbar
nach den Begrüßungsritualen hoch auf die Galerie. Heute sitzt der alte Mann
nicht mehr da. Ob sie ihn entlassen hat? Ich hoffe nicht. Die Maltradition am
Bolschoi-Theater ist weltberühmt, deshalb bin ich nicht überrascht, daß die
Prospekte sehr gut und eindrucksvoll aussehen. Die Ausmaße der Gemälde sind
so gewaltig, daß sie jedes Kunstmuseum sprengen würden, selbst die Eremitage
und den Louvre. 25 Meter Breite und 12 Meter Höhe. Die *Mona Lisa* sähe daneben aus wie eine Briefmarke! Aber unsere Gemälde müssen die gesamte Bühnenbreite und -höhe ausfüllen.

Im Dachstuhl, am Geländer stehend, träume ich kurz von einer riesigen Halle,
die nur mit schwarzblauer Nacht und Sternen bemalt ist, der Vollmond kreist als
Kugel um das Fragment einer Erdkugel, die auch als Aussichtsterrasse dient.
Pantheon und Newton-Denkmal in einem! Dann wende ich mich der Dame in
schwarzem Leder zu und stimme ein euphorisches Loblied – allerdings gesprochen und nicht gesungen – auf die Qualität der Malerei an. Nachdem Olga meine
Worte übersetzt hat, strahlt die Dame und lächelt mich dankbar, allerdings auch
leicht diabolisch an. Wahrscheinlich bezieht sie das Lob ausschließlich auf sich
selbst und ist nicht bereit, den Malerinnen und Malern, die unten im sklavischen
»Tiefland« bescheiden neben ihren Werken stehen, etwas davon abzugeben.
Olga blickt mich verschmitzt von der Seite an, wahrscheinlich stellt sie sich vor,
wie die Lederfrau mich vor dankbarer Freude gleich an ihren üppigen Busen
drücken wird. In diesem Moment taucht der technische Direktor auf und freut
sich mit uns.

Moskau, 10. Januar 2006

Morgens sitze ich im Hotelzimmer und schreibe. Eigentlich würde ich mir gern für das Schreiben noch viel mehr Zeit lassen. Ich habe Lust alles, was ich sehe, in Worte zu übersetzen. Genau und ausführlich. Mich fasziniert der Schreibvorgang auch deshalb zunehmend, weil er in krassem Gegensatz zum Photographieren steht. Das Photo fixiert die oberflächliche Realität im Bruchteil einer Sekunde. Schreiben und Lesen dagegen erfordern Zeit, viel Zeit.

Ein Text transportiert wesentlich mehr Aussage als ein Bild. Jeder Satz bezieht Stellung, interpretiert, malt aus. Ein Photo nimmt die Dinge der Welt neutral in sich auf, wie sie sind, ohne Übersetzungsvorgang. Bilder zu lesen, ist wesentlich schwerer als Sätze. Das Gesehene muß erst in Worte übersetzt werden, vorher gibt es kein Verstehen.

Um 12.00 Uhr treffe ich mich mit Sandra, unserer Kostümbildnerin, in der Hotelhalle. Erst für den späten Nachmittag ist wieder ein Theatertermin angesetzt, deswegen haben wir heute Zeit für einen gemeinsamen Besuch der Tretjakow-Galerie. Da wir in Moskau wegen unseres Analphabetismus in Sachen kyrillischer Schrift keine U-Bahn benutzen können und uns Olga vor der Bestellung eines normalen Taxis gewarnt hat – sie sagte: »Die meisten Fahrer werden euch betrügen« –, haben wir uns gestern Abend ein Hotelauto mit Chauffeur für die Fahrt zum Museum bestellt. Die Dame an der Rezeption versprach uns einen Fixpreis, der sich moderat anhörte.

Sandra hält sich seit sechs Wochen ununterbrochen in Moskau auf, da ihr das Pendeln zwischen den Kontinenten zu aufwendig, anstrengend und teuer erscheint. Inzwischen hat sie sich in unserem Hotel heimisch eingerichtet. Allerdings kann sie als Frau allein nur wenige Stadtausflüge unternehmen, aus diesem Grund sucht sie für ihre Freizeit immer nach ortskundigen Begleiterinnen und Begleitern. Letztes Wochenende ist sie mit Olya zu einer Datscha auf das Land hinausgefahren, wie sie mir erzählte. Natürlich wäre ich auch gern dabei gewesen. Nächste Woche trifft ihr Freund aus San Francisco ein, dann wird sich die Situation etwas entspannen, hofft sie.

Unser Verhältnis ist leider nicht sehr freundschaftlich, eher kühl. Als gebürtige San-Francisco-Dame hat sie einen ganz anderen Lebensstil als ich, ist sehr laut, unternehmungslustig und kontaktfreudig, sie trägt gern lange, bunte Hippiekleider, obwohl sie auch nicht mehr die Jüngste ist, außerdem redet sie – wenn sie nicht gestoppt wird – stundenlang, ohne Punkt und Komma. Eine kleine, zu Übergewicht neigende Frau, mit üppigem Busen und langen braunen Haaren. Bestimmt war sie in ihrer Jugend attraktiv, inzwischen haben sich die Mädchenzüge in ihrem Gesicht verhärtet, tiefe Falten durchfurchen Stirn und Wangen. Die Angst vor dem Altwerden sehe ich ihren Augen an. Wenn sie mir beim Frühstück gegenübersitzt, komme ich eine halbe Stunde lang nicht zu Wort. Ein amerikanisch-lauter Redeschwall ergießt sich über mich. Leider konnte ich keine der Produktionen sehen, für die sie am San-Francisco-Opera-House die Kostüme entworfen hat. Das liegt daran, daß sie vor allem für das Ballett arbeitet und während der Opernsaison – in der Zeit also, die ich in der Stadt verbrachte – keine Ballettaufführungen stattfanden.

Das, was sie erzählt, ist jedoch nicht uninteressant. »Ich lebe in Oakland, bewohne dort ein kleines Häuschen, das ich von meinen Eltern geerbt habe, eines dieser bunten Holzhäuschen, du kennst ja den Stil. Mein Freund ist fast das ganze Jahr über beruflich unterwegs, in allen möglichen Ländern der Welt. Mein Studio liegt in der Mission Street.«

Ich: »In Mission? Hast du dort nicht Angst?«

Sandra: »Wovor? Nein, ich habe keine Angst. Ich liebe das laute, bunte Völkergemisch, das dort herrscht. Es regt mich zu meinen Arbeiten an.«

Ich: »Entwirfst du auch für andere Opernhäuser?«

»Ja, natürlich, für Chicago, New York, Los Angeles und Houston – ich habe schon überall gearbeitet. Nach den acht Wochen Moskau bin ich vier Wochen lang in Stockholm und zeichne dort die Kostüme für ein Musical.«

Als wir vor der Tretjakow-Galerie eintreffen, verlangt unser Chauffeur unverschämterweise den doppelten Betrag. Von wegen Fixpreis! Widerwillig bezahlen wir und glauben ab jetzt endgültig, daß alle Moskauer Taxi- und Hotelfahrer Betrüger sind. Etwas verstimmt betrachten wir die Fassade des Museums. Sie schaut uns mit russischen Märchenaugen an, schrill und bunt. Ganz nach Sandras kalifornischem Geschmack! Das Eingangsfoyer empfängt uns mit marmornem Pomp. Nationalstolz quillt aus allen Ritzen und spiegelt sich zwischen prunkvollen Pfeilern und mächtigen Bögen. Am besten gefallen mir die Damen an der Garderobe, wieder füllige Babuschkas, die mit ihrem bäuerlich derben Charme dem Protz der Architektur auf sympathische Weise in den Rücken fallen.

Die Ausstellungssäle selbst sehen aus wie in unseren großen Museen auch, helle Oberlichtsäle hintereinandergereiht, die Wände dezent farbig bemalt. Raumfluchten. Der Kaufmann Pawel Tretjakow sammelte quer durch die Jahrhunderte, Ikonen und russische Kunst des 19.Jahrhunderts. Nach der Verstaatlichung des Museums zu Revolutionszeiten lieferten viele Sammler hier freiwillig und unfreiwillig ihre Kunstwerke ab. Heute besitzt das Museum über 100000 Gemälde und Skulpturen. Wir studieren besonders intensiv die mir bisher völlig unbekannten russischen Maler des ausgehenden 19.Jahrhunderts: Wassilij Perow, Iwan Kramskoj, Wassilij Surikow, Walentin Serow, Isaac Lewitan und Wiktor Wasnezow. Russische Seele, mit Nebel, weiten Schneelandschaften, Birkenwäldern und seltsamen mythischen Geschichten. Nicht ganz soviel Italienisches wie bei uns!

Neben den Bildern sind es die Aufpasserinnen, nicht mehr ganz junge, meist etwas korpulente Frauen, die mich beschäftigen. Sie sitzen in jedem Raum, oft in Ecken oder hinter Vitrinen versteckt, auf bescheidenen Holzstühlen und dösen vor sich hin. Manche sind im Schlaf nach vorne gesunken, das Kinn auf der

Brust. In ihrer große Ruhe verströmenden Starrheit wirken sie auf mich wie Exponate aus verflossenen Sowjetzeiten.

Durch verwinkelte Gassen und Straßen suchen wir nach unserem Museumsbesuch den Weg zurück über den Roten Platz zum Bolschoi-Theater. Wir lassen uns treiben. Da jedoch keine Sonne scheint, sind wir nach kurzer Zeit unsicher, ob wir nach Süden, Osten oder Norden gehen. Die kyrillische Schrift auf den Straßenschildern hilft uns nicht weiter. Irgendwann landen wir auf einer großen, sehr belebten Straße, die nach meinem Stadtplan entweder die Bol'saja Ordynka oder die Pjatnic kaja sein muß. Wieder wissen wir nicht, ob wir in der richtigen Himmelsrichtung – also nach Norden – gehen. Wir fragen mehrere Passanten. Aber niemand versteht unser Englisch. Die meisten Befragten lächeln zwar freundlich, können uns jedoch nicht weiterhelfen. Irgendwann treffen wir auf einen jungen Mann, der Englisch versteht und sogar spricht. Er bestätigt, daß wir uns Richtung Moskwa und Rotem Platz bewegen. Beruhigt spazieren wir weiter und betrachten jetzt gelassen nebenbei Schaufenster und Straßenpublikum. Da es sehr kalt und naß ist, hält sich unser Vergnügen allerdings in Grenzen.

Als wir dann endlich an der Moskwa ankommen und den Postkartenblick auf das Kremlareal bewundern, pfeift uns bissiger Nordwind um die Ohren. Während wir den legendären Fluß überqueren, lassen wir nebenher unsere Blicke über die restliche Stadt schweifen. Der vielfenstrige Kasten dort drüben ist das berühmte Hotel Baltschug Kempinski, in dem oft Staatsgäste untergebracht werden und das im Rahmen der Putinschen Renovierungen, die auch in Moskau stattfanden, weiß übertüncht worden ist, so daß es jetzt glänzt wie das Weiße Haus in Washington. Schon leicht ermattet, verlassen wir die verkehrsreiche Hauptstraße und nähern uns der Kremlmauer. Vor uns tauchen die Zwiebeltürme der Basilius-Kathedrale auf. Ab jetzt ist die Orientierung kein Problem mehr.

Ich: »Do you know, how great Moscow is?«

Sandra: »Some millions I think«.

»About 10 000 000, in some books they write about 15 000 000. And every day the town grows.«

Ich denke an die gegenwärtigen politischen Verhältnisse und nehme mir vor, Olga nach dem Stand der allgemeinen Privatisierungen zu fragen. Irgendwann hat sie mir schon erzählt, daß es heute in Moskau noch keinen Privatbesitz gebe, er solle erst ab 2010 in der Stadt eingeführt werden.

Auf dem Roten Platz stehend, blättere ich in meinem Reiseführer und lese: »Die Preise stiegen seit 1992 um das 26fache, die Löhne und Renten jedoch nur um das 14fache. Dadurch halbierte sich der Lebensstandard der meisten Bürger. Zwar gibt es heute die Möglichkeit, ins Ausland zu reisen, aber wer kein Geld hat, kann davon weiterhin nur träumen.«

Sandra: »There exists no private property? I thought, all things had changed in Russia!«

Ich: »I ask me: who owns all these buildings here, Putin or some rich persons? The state or the banks?«

Nachdenklich und befremdet durch unser Nichtwissen, wandern wir über den Roten Platz, am Leninmausoleum vorbei, auf das Historische Museum zu. Über den Manegenplatz mit der halbnackten Riesenreklamedame in der arktischen Wüste kehren wir zum Bolschoi-Theater zurück und treffen dort unsere beiden Juris zu weiteren *Cinderella*-Gesprächen. Olga hat heute einen freien Tag und kann mit Mascha zum Schlittschuhlaufen gehen.

Moskau, 11. Januar 2006

Am späten Vormittag gehe ich mit meinem Gepäck hinunter in die Halle und warte auf Olga, die mir beim Auschecken helfen will. Atemlos und eine halbe Stunde verspätet – wie so oft – stürzt sie durch die Eingangstür und stürmt auf mich zu. Ich begrüße sie mit unserer Betrugsgeschichte: »Der Hotelfahrer gestern hat einfach das Doppelte verlangt, als wir an der Tretjakow-Galerie ankamen!« Olga schaut mich groß an: »Das darf nicht wahr sein! Ich werde sofort etwas unternehmen. Man muß diesen Gaunern das Handwerk legen.«

Schon eilt sie hinüber zur Rezeption und redet wild mit den Armen fuchtelnd auf eine der Damen ein. Diese beauftragt ruhig einen uniformierten Hoteldiener, den Delinquenten, der offensichtlich mit dem Hotelauto vor der Tür steht, hereinzuholen. Tatsächlich tauchen die beiden unmittelbar danach in der Halle auf. Es folgt ein heftiger Wortwechsel. Offensichtlich streitet der Fahrer den Sachverhalt nicht ab und kehrt mit schuldbewußt gesenktem Kopf zurück zu seiner Warteposition. Natürlich tut er mir längst leid, und ich hätte Olga gern zurückgepfiffen, aber wenn sie einmal in Schwung ist, kann sie von niemandem gestoppt werden. Stolz und siegesbewußt kommt Olga auf mich zu: »Also, das Hotelmanagement entschuldigt sich. Ihr habt jetzt eine Stadtfahrt frei, wenn ihr Zeit und Lust dazu habt.« »Danke. Das ist ja schön.«

Dieses Mal begleitet mich Olga nicht zum Flughafen, sie muß in der Universität ihren Deutschkurs abhalten. Ich setze mich allein in die Bolschoi-Limousine, und der Chauffeur bringt mich über die gewohnten Ausfallstraßen hinaus zum Flughafen. Olga werde ich erst in einigen Tagen wiedersehen.

Moskau, 20. Januar 2006

Die Dame am Aeroflotschalter in Schönefeld kennt mich schon beim Namen: »Sie fliegen ja öfter nach Moskau, Herr Schaal«, sagt sie und händigt mir lächelnd das vorbereitete Ticket aus. In den Zeitungen und Nachrichten wird bei uns in Deutschland seit Tagen über eine extreme Kältewelle berichtet, die Rußland fest im Griff habe. Endlich ist es so weit, denke ich, endlich sehe ich die Stadt so, wie ich sie mir vorgestellt habe: überzogen mit Schnee und Eis, von heftigen Scheestürmen umtost!

Kurz vor dem nächtlichen Landeanflug in Moskau meldet sich der Kapitän: »In zehn Minuten werden wir auf dem Flughafen Scheremetjewo landen. Das Wetter ist ungemütlich, minus 25 Grad, dazu eisige Nordwinde ...!« Schade, ich hatte wenigstens 30 oder 40 Grad erwartet. Etwas enttäuscht schaue ich aus dem ovalen Fenster. Dann setzt die Maschine auf. Halb zufrieden erkenne ich riesige Schneeberge am Rand des Rollfelds im fahlen Licht der Scheinwerfer. Alle Arbeiter, die ich in der Nähe der Andockgates beobachte, sind dick eingepackt und sehen aus wie aufgeblasene Schneemänner.

Als ich mit Olga, die mich wie immer abholt, später aus dem Flughafengebäude ins Freie trete und der Schnee unter unseren Schuhen knirscht, schneidet mir der eisige Wind so messerscharf ins Gesicht, daß ich darüber froh bin, keine minus 30 oder gar 40 Grad kalte Luft einatmen zu müssen. Meine Lungen empfinden auch diese Kälte schon als ungewohnte Zumutung und keuchen auf. Schnell drücke ich mich ins wohltemperierte Wageninnere und schlage die Tür zu.

Spät nachts blicke ich aus meinem Hotelzimmerfenster im siebten Stock und werde von dem lange erwarteten, ja ersehnten Gefühl überfallen, endlich im Inneren der russischen Puppe angekommen zu sein. Vor einer Stunde habe ich an der Rezeption erfahren, daß die Temperatur inzwischen auf minus 35 Grad gesunken sei!

Im gelben Licht der Scheinwerfer, die unsere Hotelfassade beleuchten, sehe ich Schneekristallwolken durch die Luft wirbeln. Der Sturm hat sie aufgepeitscht. Der kleine Platz unter mir ist leer und ausgestorben. Auch auf dem Straßenfragment, das ich sehe, herrscht Totenstille, kein Auto, solange ich hinausschaue. Jetzt, um 2.00 Uhr nachts, fühle ich mich ganz allein mit der Stadt. Mir gegenüber, auf der anderen Seite des kleinen Platzes, steht ein fünfstöckiges Jugendstilhaus. Die unbeleuchteten Fenster starren mich gespenstisch schwarz an. Kein Wimpernschlag, kein Leben, keine Atemzug, nichts. Ich beuge mich etwas nach vorne und entdecke im Erdgeschoß vier hellbeleuchtete Schaufenster. Hinter den dicken Scheiben stehen schrill bekleidete, kopflose Modepuppen, Männer und Frauen, wie surreale menschliche Wesen, die sich hier vor der Kälte in Sicherheit gebracht haben. Jetzt erst, als mein Gesicht fast den Fensterrahmen berührt, spüre ich den eisigen Luftzug, der durch die Ritzen eindringt. Mit jeder Sturmböe berührt mich der tödliche Atem aufs neue. Ich hole aus dem Badezimmer einige Handtücher und lege sie vor die Ritzen. Mein Zimmer ist schön warm. Ich kann mich nicht beklagen.

Das ist für mich Rußland. Klischeebilder steigen in mir auf. Duelle im Tiefschnee (Puschkin und Onegin), die Brüder Karamasow, Oblomow auf seinem Sofa, Dr. Schiwago und seine beiden Frauen, Napoleon im ausgestorbenen, winterlichen Moskau, Stalingrad, all die Figuren Tschechows und Gorkis, Solschenizyn und der GULAG, Zwangsarbeiter in Sibirien ...

Wieder einmal wird mir schmerzlich bewußt, daß ich nie im Landesinneren, ganz zu schweigen in Sibirien, war. Die Juris, Olga und Olya sagen mir: »Moskau und Sankt Petersburg: Das ist nicht Rußland. Rußland das sind die armen Dörfer, dort saufen sich die Männer zu Tode, verprügeln ihre Frauen, dort herrscht dumpfe Gewalt, anarchisch-wilde Natur, hohe Kriminalität, kurz: Dort trifft man auf das Eigentliche!«

Moskau, 21. Januar 2006

Olga holt mich heute um halb zwölf ab. Wir gehen zusammen Richtung Bolschoi-Theater los. Draußen ist es sehr kalt. Olga sagt: »Minus 37 Grad«. Zunächst fühle ich mich noch relativ gut, aber als wir um eine Straßenecke biegen, bläst uns wieder dieser messerscharfe Wind ins Gesicht, den ich schon am Flughafen als äußerst schmerzhaft empfunden habe. Zum Schutz halte ich meinen Wollschal vor das Gesicht. Jetzt fehlen nur von Pferden gezogene Schlitten, dann könnten wir uns lautlos, in dicke Felle gehüllt, vorwärts bewegen und wie zu Tolstojs Zeiten unter dem Vordach des Theaters absteigen. Olga ist heute, trotz der Kälte, sehr gesprächig. »Meine Mutter ist ein Engel gewesen«, beginnt sie ihre Erzählung. »Sie hat alles, ihre Familie, ihren Mann, uns Kinder, das ganze Leben lautlos ertragen, nie geklagt, sie ist nie gegenüber irgend jemandem laut geworden. Auch ihr Tod vor zehn Jahren geschah ganz, ganz leise ... Mein Vater war Elektriker, er hatte zwei goldene Hände, konnte alles reparieren. Dadurch war er bei allen sehr beliebt, er konnte jedem helfen. Ein ernster und genauer Mann, dem die Familie alles bedeutet hat. Für seine beiden Kinder hat er jedes Opfer auf sich genommen. Wir haben Privatlehrer für fremde Sprachen gehabt, sind sonntags mit den Eltern in Museen gegangen und durften einmal im Jahr die Ferien bei den

väterlichen Großeltern in Tartu verbringen. Wie du weißt, ist meine Großmutter leider eine Hexe gewesen. Sie hat sich für etwas Besseres – eine große Dame – gehalten, die deutsche Kultur verehrt, alles Russische gehaßt und ihren Mann wahrscheinlich noch viel öfter betrogen als dieses eine Mal mit dem deutschen Bauern. Der Großvater leitete die Schiffsanlegestelle in Tartu und war ein schweigsamer, melancholischer Mann. Die Großmutter hat ihn immer wieder beleidigend bloßgestellt, und er hat sich nicht gewehrt. Meine Großmutter hat uns Kinder – vor allem mich – gehaßt!«

Ich: »Trotzdem bist du gern dorthin in die Sommerferien gefahren?«

Olga: »Ja, ich habe meinen Großvater geliebt. Die Großmutter war eigentlich nie da. Wir alle wußten nicht, wo sie steckt, wahrscheinlich bei irgendwelchen Liebhabern, denke ich heute.«

Im Theater angekommen, schauen wir uns die technischen Abläufe an. Eine sehr resolute, ehemalige Tänzerin leitet ab jetzt als Inspizientin unsere Produktion. Ich sehe sie heute zum ersten Mal. Sie sitzt an einem kleinen Tisch im Mittelgang zwischen den beiden Zuschauerblöcken und gibt – in der Partitur lesend – ihre kurzen Anweisungen. Diese Frau flößt mir Vertrauen ein. Vielleicht löst sich das von mir befürchtete, dramaturgische Chaos unter ihrem Einfluß in einem harmonischen Bilderfluß auf.

Da wir im Augenblick nicht viel zum Geschehen beitragen können, gehen wir – Olga, ich und Juri 2 – in die Theaterkantine, einen fensterlosen Raum, in dem den ganzen Tag ein Fernseher laut vor sich hinplärrt. Als wir an der Theke stehen, kommen einige ausgemergelte, junge Tänzerinnen herein und stellen sich neben und hinter uns. Ihre versteinert wirkenden, blassen Kindergesichter erschrecken mich. Sie wirken ernst und verbissen, vollkommen unsinnlich und fern aller Erotik. Ehrgeizig opfern sie ihre Kindheit und Jugend diesem seltsamen Ausdrucksbereich »Ballett«. Kaum erwachsen geworden, müssen sie aus Altersgründen ihre Karrieren mit verkrüppelten Füßen und kaputten Gelenken beenden. Da sie nur sparsame Trikots und weit abstehende, kurze Tütüs tragen, die ihre Taillen umkreisen wie weiße, pudrige Saturnringe, zittern sie alle vor Kälte. Eine Welle des Mitleids steigt in mir auf. Aber was kann ich tun? Eigentlich sollte ich sie bewundern, schließlich gehört das Bolschoi-Ballett zu den berühmtesten Kompanien der Welt. Aber ich hasse Ballett in dieser Drillform, es ist unmenschlich, zerstört Körper und Psyche, man sollte sofort alle Institutionen, die sich damit befassen, schließen. Natürlich behalte ich diese aufrührerischen Gedanken für mich und bestelle mit lauter Stimme eine Tasse Kaffee.

Am Tisch sitzend und unseren Kaffee schlürfend, setzt Olga ihren Monolog fort: »Ich habe unheimlich viele Freundinnen. Mit den meisten treffe ich mich oft, sofern sie noch in Moskau wohnen, manche leben jetzt allerdings nicht mehr hier. Meine beste Freundin hat vor zehn Jahren einen älteren Australier geheiratet und wohnt jetzt mit ihrem zwölfjährigen Sohn bei ihm in Sydney. Eine glückliche Ehe. Vielleicht nicht die große Liebe, aber eine entspannte Gemeinschaft ohne Streit und Mißgunst. Der Mann ist Anwalt gewesen, hat thailändische Vorfahren, jetzt lebt er von seiner Rente. Sie besitzen ein kleines Haus, gehen viel spazieren und reisen, so oft sie können. Ich vermisse diese Freundin sehr. Nur einmal im Jahr kommt sie nach Moskau, dann besuchen wir zusammen *Schwanensee*. Das ist ein Ritual.«

Ich höre diese Geschichten gern, heutige Märchen. Es sind zwar keine Prinzen, die im Leben der russischen Frauen auftauchen, sondern kleine Anwälte und Reisebüroleiter, die schon zwei Ehen hinter sich haben und frustriert sind vom Kampf mit den emanzipierten, nörgelnden, schlechtgelaunten, ständig auf ihre

Rechte pochenden Westfrauen. Ihre Ansprüche sind bescheidener. Die großen Träume enden in langen Spaziergängen an australischen Stränden oder vor dem Kaminfeuer in einem norwegischen Holzhaus. Vielleicht wohnt in jeder Moskauer Wohnung eine kleine Cinderella? Und die russischen Männer? Wahrscheinlich ähneln sie mehr den bösen Wölfen. Und wenn die Wölfe betrunken sind, dann wird es besonders gefährlich.

Ich lasse mir von Olga noch einmal kurz den Inhalt von *Schwanensee* erzählen, der mir im Augenblick nicht gegenwärtig ist. Dann fragt sie mich – zu meiner Überraschung – nach meinem Leben.

Olga: »Und du? Ich habe den Eindruck, daß du an dieser Art Leben nicht teilnimmst.«

Ich darauf: »Ja, vielleicht hast du Recht, ich bin mehr Beobachter, ein Voyeur und versuche als Künstler etwas Kreatives aus diesen Beobachtungen zu machen. Vor kurzem habe ich in einer psychologischen Fachzeitschrift gelesen, daß Männer dazu neigen, über alles ihre Theorien zu entwickeln. Damit nerven sie die Frauen und ihre gesamte Umgebung. Frauen leben im allgemeinen direkter. Deshalb wollen sie Kinder haben. Kinder verbinden sie mit der Welt und der Natur. Der Mann steht immer draußen, ist verurteilt zum Beobachterdasein, wenn man von seinem kurzen Eingreifen in gewissen Momenten absieht.«

»Ja«, sagt Olga, »das stimmt. Kennst du Tschechows Erzählung *Das Seelchen*?«

Ich: »Nein, kenne ich nicht.«

Olga: »Darin beschreibt der Autor eine Frau, die ihr Leben immer an das Leben der Männer anpaßt, in die sie verliebt ist. Und sie ist oft verliebt. Sie verwandelt sich mit jedem Mann, mit jeder Liebe in eine andere Frau. Am Ende übergibt ihr ein sterbender Liebhaber sein Kind, und sie zieht dieses Kind mit viel Selbstaufopferung groß. Jetzt ist sie ganz Mutter, nicht mehr fähig, Geliebte zu sein. Ihr Ich, das sind die anderen. Eine interessante Geschichte, finde ich.«

Nachdenklich gehe ich anschließend durch die klirrende Kälte zurück ins Hotel und schreibe das Gehörte auf. Um 5.00 Uhr treffen wir uns wieder im Theater. Dann will uns Damir die Lichteinstellungen, die er bisher erarbeitet hat, zeigen. Ich bin gespannt. Als wir ins Theater zurückkommen, erklärt uns Damir: »Leider kann ich euch nur den dritten Akt zeigen. Erster und zweiter Akt sind zwar auch bereits fertig und sehr schön geworden, aber wegen technischer Probleme bleibt es für jetzt beim dritten Akt. Morgen seht ihr dann das ganze Stück!«

Mir ist nicht ganz klar, warum mich Damir ganz von seiner Arbeit ausschließt. Er kann es nicht leiden, wenn jemand bei ihm sitzt oder gar Anmerkungen macht. Das hat zur Folge, daß inzwischen eine gewisse Spannung zwischen uns entstanden ist. Mir kommt Damir übertrieben selbstbewußt, arrogant, eingebildet und sehr ironisch vor. Wenn ich irgend etwas sage, kontert er sofort: »... ja, natürlich mache ich das für einen so bedeutenden deutschen Bühnenbildner wie dich ...!« Irgendwie nimmt er mich nicht ganz ernst.

»Ironie«, erklärt mir Olga, mit der ich über Damirs Verhalten spreche, »ist die Grundeinstellung der Russen zur Welt. Sie können fast nie einen normalen Satz sagen. Wer in einem wahnwitzigen Irrenhaus wie wir wohnt, dem bleibt nur der doppelte Boden, die Übertreibung, der Sarkasmus. Ihr Deutschen«, fügt sie hinzu, »seid immer so geradlinig, rechtschaffen und obrigkeitshörig und habt wenig Verständnis für die Doppeldeutigkeiten des Daseins.« Schon wieder denke ich an die verschachtelten Babuschkas ...

Was auch immer der Grund sein mag, ich bekomme keinen richtigen Zugang zu Damir. Insgesamt finde ich seine Lichteinrichtungen gut und magisch. Nur ab und zu, eher selten, mache ich Korrekturvorschläge. Am Schluß plädiere ich dafür, den Gesamtablauf dunkler zu stimmen und mehr Farbe einzusetzen (das sage ich, obwohl ich in meinen Bühnenbildern fast immer monochrom schwarz-weiß arbeite!). Schließlich gibt er nach: Das Schlußbild mit dem Mondprospekt im Hintergrund und der Mondkugel davor wird ganz in Blau getaucht und sieht danach zauberhaft aus!

Juri 1 sitzt manchmal neben uns, wirkt jedoch sehr angespannt und nervös. Er sucht kein Gespräch mit mir. Auch Juri 2 hält sich zurück. Wovor haben sie Angst? Am Montag werden wir den ganzen Ablauf unserer *Cinderella* mit Tänzerinnen und Tänzern – aber ohne Kostüme – sehen. Dann kann ich erst richtig beurteilen, ob das Licht gelungen ist.

Wenn das, was wir auf der Bühne sehen, mal wieder etwas langweilig wird, erzählt Olga, die neben mir sitzt, weiter von ihrem Elternhaus. »Unser Vater hat das verdiente Geld für jeden zugänglich in eine große Suppenschüssel, die auf der Küchenkommode stand, gelegt. Porzellanschüssel und Kommode sind Beutestücke aus Deutschland. Die Suppenschüssel besitze ich heute noch, sie ist stark gebaucht, hat oben und unten blaue Streifen und dort, wo sich der Bauch am stärksten auswölbt, leuchtet als Bauchnabel ein blaues Hakenkreuz! Bei kleinen Einladungen serviere ich heute noch Suppe in dieser Schüssel, ein Vorgang, der meine Freundinnen jedesmal köstlich amüsiert. Und wir singen dann alle im Chor: ›Hitler ist besiegt, guten Appetit!‹ Diesen Spruch hört man heute noch in vielen Moskauer Familien! Ich und meine Schwestern haben übrigens fast nie Geld aus der Schüssel genommen, ganz selten mal für einen Kinobesuch oder ein Eis im Sommer und dann nur, nachdem wir Mutter oder Vater gefragt haben. Auch meine Mutter bediente sich selten.«

In ihren Erzählungen verklärt Olga ihre Familie zu einem heiligen Glücksfall. »Die Atmosphäre ist immer warm und liebevoll gewesen. Mutter und Vater haben sich viel umarmt, geküßt und gestreichelt. Auch der Körperkontakt zu uns beiden Töchtern ist groß gewesen. Während draußen die sowjetische Welt brutaler, rücksichtsloser und unübersichtlicher wurde, blieb für uns die familiäre Zelle, das warme Nest, in das wir uns jederzeit zurückziehen konnten.«

Olga verbrachte ihre Kindheit und Jugend jedoch nicht in Moskau, sondern in irgendeiner mittelgroßen Stadt im Ural. Ich habe den Namen vergessen. Der Schock des bösen Erwachens trat ein, als sie mit 17 oder 18 Jahren nach Moskau zum Studieren kam. Sie dachte, jeder würde sie mögen und lieben. Natürlich nutzten die Männer ihre Naivität der Reihe nach aus. Dann kam der KGB, die Tätigkeit als Informantin und Spionin. »Das Studium war nur so zu finanzieren«, sagt sie.

Ich werfe einen Blick auf Damirs Aktivitäten. Wir sitzen jetzt schon Stunden im Zuschauerraum. Draußen herrschen noch immer minus 30 Grad. Hier drinnen läßt es sich aushalten. Niemand trägt einen Mantel, keiner hat einen dicken Schal um den Hals gewickelt. In der Pause gehen wir mit Damir, Juri 2 und der Inspizientin in die laute Theaterkantine. Aus irgendeinem Grund erzählt die Inspizientin davon, daß in Rußland Liebesaffären heftig, leidenschaftlich und kurz seien.

Olga übersetzt. »Jede Geschichte dauert maximal ein Jahr. Danach«, sagt sie »sind diese Männer meine besten Freunde!«

Ich frage nach: »Jeder wird danach zu deinem Freund?« »Ja«, antwortet die Inspizientin, »jeder.« Ich hätte gern gewußt, wieviel Freunde sie denn hat, aber diese Frage bringe ich nicht über die Lippen. Als ich ihr kurz in die schönen schwarzen Augen blicke, denke ich mir, es könnten schon gut einige Dutzend sein. Nachdem die Inspizientin zurück in den Saal gegangen ist, sitze ich mit Olga noch eine Weile allein an dem ungemütlichen Kantinentisch und frage sie: »Siehst du den Vater von Mascha noch manchmal?«

Olga: »Nächste Frage, bitte!«

Merkwürdig, denke ich, die sonst so gesprächige Olga will diese Tür nicht öffnen. Eine Verletzung, eine nicht verheilte Wunde, wer weiß? Natürlich bohre ich nicht weiter. Olga blickt mich direkt, fast streng an und verkündet mit aggressiver Stimme. »Meiner Meinung nach kann man als russische Frau weder in Deutschland, der Schweiz noch im übrigen Europa leben, die Männer sind dort viel zu wenig leidenschaftlich. Deswegen kommen heute viele Westler zu uns nach Rußland, hier gibt es noch Gefühle und Leben. In den westlichen Ländern werden alle Emotionen kulturell abgetötet.«

Vielleicht hat Olga recht. Andererseits leben in Moskau fast genauso viele alleinerziehende Mütter wie bei uns, in Berlin etwa. Wo sind ihre Emotionen, ihre Bindungen?

Olga weiter: »In unserem Haus, zwei Stockwerke unter mir, wohnt ein Ehepaar mit drei Kindern in einem einzigen Zimmer. Der Mann arbeitet als Arzt, die Frau ist leidenschaftlich gern Mutter und spricht jetzt schon von ihren Enkeln, obwohl die Kinder noch klein sind. Wenn sie mich besuchen, tauchen sie immer zu fünft auf. Eine glückliche, sehr nette Familie!«

Ich schaue sie skeptisch an, sage jedoch nichts. Immer die anderen, verkneife ich mir, zwei Stockwerke über oder unter mir, dort klappt es, dort herrscht das pure Glück.

Abends gegen halb elf beendet Damir die Probe. Ich lobe die blaue Schlußeinstellung, dann gehen wir auseinander. Olga verschwindet zusammen mit der dicken Englischdolmetscherin Tamara, die wegen Sandra – als Ersatz für die verhinderte Olya – seit einigen Tagen bei uns sitzt, im U-Bahneingang.

Im warmen Zimmer zeichne ich noch eine Stunde lang Raumüberlegungen für *Pique Dame*, die mir unterwegs eingefallen sind. Irgendwie kommt mir diese Oper schwer vor, überhaupt alle Tschaikowski-Opern! Sie sind so banal, ohne Unter- und Überbau, ohne Rätsel! Die etwas oberflächliche Melancholie der Musik hat manchmal Saloncharakter. Nachdenklich schaue ich aus dem Fenster und sehe, daß der Schneefall wieder eingesetzt hat. Langsam lasse ich mich in Gedanken einschneien. Eiszapfen wachsen in mich hinein. Ich bin mir nicht sicher, in welcher Babuschka-Verschachtelung ich mich im Augenblick aufhalte.

Moskau, 23. Januar 2006

Heute morgen schlage ich als erstes den Moskauer Stadtplan auf, lege ihn auf den Fußboden, um einen gewissen Fernblick zu haben und stelle fest, daß die Stadt in ihrer Grundstruktur Paris ähnlich sieht. Mitten durchs Zentrum fließt mäandernd die Moskwa und teilt die Stadt in zwei Hälften, der Seine nicht unähnlich. Sogar eine zentrale Insel gibt es im Fluß wie in Paris, nur steht hier keine Kathedrale. Die historische Urzelle der Stadt liegt auf der Nordseite des Flusses, dort, wo sich heute der Kreml ausbreitet. Die rote Kremlumfassungsmauer wurde zwischen 1462 und 1505 von italienischen Baumeistern geplant. Sie hat die stolze Länge von 2235 Metern, ist bis zu 9 Meter hoch und 6,5 Meter dick, wie ich im Reiseführer lese.

Diese Stadtburg diente im Laufe der Jahrhunderte nicht nur Regierungs- und Repräsentationszwecken, sondern der Bevölkerung Moskaus auch als Fluchtburg bei drohenden Angriffen, daher die enorme Größe. Russen (auch Engländer und Amerikaner) sagen nicht »Kreml«, sondern »Kremlin«. Am Anfang – als wir hier mit Olya, die ja nur Englisch spricht und kein Wort Deutsch kann – herumgingen, verstand ich nicht, wovon die Rede war, wenn sie von den »Kremlins« sprach. Ich dachte an irgendwelche Comicfiguren, wie Asterix und Obelix. Die rote Umfassungsmauer hat heute verschiedene Bedeutungsseiten, wie ich bei meinen Stadtwanderungen gelernt habe: Die der Moskwa zugewandte Seite zeigt sich als touristische Schönheit, ein Postkartenblick, die dem Aleksandrovskij-Park zugewandte Seite dient als Denkmal für den unbekannten Soldaten. Hier brennt – im Bereich des Zugangs zum Roten Platz – die ewige Flamme, und stramme Soldaten stehen Tag und Nacht Wache als Mahnung an ihre, vor allem im Zweiten Weltkrieg gefallenen Kameraden. Die Mauerseite, die sich dem Ro-ten Platz zuwendet, ist dem Andenken an die »glorreiche Russische Revolution« gewidmet, davor steht das Leninmausoleum. Das sind drei Seiten, die vierte, beim Boriwiskij-Torturm ist so schmal und kurz, daß sie nicht ins Gewicht fällt. Der Gesamtgrundriß der Kremlanlage tendiert daher zum Dreieck.

Die übrige Stadtstruktur Moskaus strahlt vom Kreml aus, nimmt ihn als Zentrum ernst. Jeder Bewohner der Stadt soll das Machtzentrum ständig im Blick haben, es auch jederzeit leicht erreichen können.

Neben den strahlenförmig verlaufenden Straßen gibt es auch Ringstraßen, die Kreml und Stadtkern umkreisen. Mehrere Ringe zeichnen sich deutlich ab. Am schönsten, weil als Boulevard ausgebaut, mit Grünstreifen in der Mitte, ist der Ring, der vom Arbatskaja-Platz ausgeht und zunächst Twerkoj-Bulwar heißt, danach jedoch mehrfach seinen Namen ändert (wie die Ringstraße in Wien!).

Daß die Stadt früher vor allem aus Holzbauten bestand, ist heute kaum noch vorstellbar. Der größte Teil der heutigen Stadtarchitektur stammt aus dem 19. und dem 20. Jahrhundert. Die früheren Holzhäuser sind alle abgebrannt (vor allem während des Versuchs Napoleons, Moskau zu unterwerfen) oder der Bauwut des 20. Jahrhunderts zum Opfer gefallen. Den Zweiten Weltkrieg überstand Moskau unzerstört, da die Aggression der deutschen Armee kurz vor den Toren Moskaus stockte und in sich zusammenbrach.

Am Boulevard-Ring stehen die berühmten sieben gotisierenden Hochhäuser im Stalinschen Zuckerbäckerstil, die zwischen 1947 und 1955 errichtet wurden. Viele Touristen und Architekturhistoriker betrachten diese Gebäude mit Skepsis. Ich mag sie, weil sie mich an das Ulmer Münster und an die Wolkenkratzer New Yorks erinnern. Seitdem ich 1998 ein ähnliches Gebäude in Warschau – den dortigen Kulturpalast – zum ersten Mal aus der Nähe gesehen habe, bin ich Anhänger dieser Architektur. Für mich sind sie die einzig gelungenen Gebäude Moskaus aus dem 20. Jahrhundert. Stadtzeichen, die optimistisch von Aufbruch träumen – wenn auch einem falschen – wie die Wolkenkratzer New Yorks auch. Die meisten übrigen Häuser der Stadt sehen genauso banal aus wie auf der ganzen Welt. Plattenbauten zunächst und später, zur Zeit von Glasnost, protzige Investorenbleichgesichter!

Leider wurden in der sowjetischen Revolutionsaufbruchszeit, in den 1920er Jahren, nur wenige der damaligen Architekturentwürfe realisiert, Melnikows Gebäude etwa verstecken sich so im Stadtbild, daß sie gesucht werden müssen wie die berühmten Nadeln im Strohhaufen. Ich habe bisher nichts davon entdeckt.

Inzwischen liege ich fast auf meinem Moskaustadtplan und fahre mit dem Zeigefinger die Straßen entlang, dringe in Gedanken in ihre Verläufe ein, sehe sie für Momente als Adern, das Strömen der Fußgänger und Autos als kreisendes Blut. 80 Museen und 30 Theater gibt es hier. Schade, daß ich kein Russisch kann. Allerdings müßte ich dann ohne Olga auskommen. Manchmal haben mangelnde Kenntnisse auch Vorteile!

507

Nachdem wir gestern Abend das Schlußbild unserer *Cinderella* fertig beleuchtet hatten, sagte eine der beiden Dramaturginnen, die plötzlich neben mir stand, das Bühnenbild erinnere sie an Tatlin. Ich freute mich sehr über ihre Bemerkung und war stolz darauf. »Ja«, erwiderte ich, »das ist eine Tradition, an die wir Künstler und Bühnenbildner anknüpfen können!«

Vielleicht steht mir eine solche Feststellung nicht zu, aber ich habe das Gefühl, daß die heutige sowjetische Kultur (und nicht nur sie) den Boden unter den Füßen verloren hat und jetzt nach neuen Fundamenten, Themen und Zielen sucht. In den letzten 50 Jahren ist das Koordinatennetz zerstört oder zubetoniert worden. Es gab nicht die Befreiung ins subjektiv Experimentelle wie bei uns. Wer sie wagte, wurde als Formalist, zu Hausarrest oder – noch schlimmer – zur Zwangsarbeit in Sibirien verurteilt. Der »Gulag« lähmte jede freie Kreativität.

Dabei fallen mir die Arbeiten Jlja Kabakows ein, die nach der Perestroika bei uns bekannt geworden sind und die etwas von dieser untergegangenen Tradition in sich tragen, und gleichzeitig die vergangenen Grausamkeiten, subjektiven Unterdrückungen und psychischen Zerstörungen in melancholisch-nostalgischen Räumen aufarbeiten. Kabakow lebt heute allerdings längst nicht mehr in Rußland, sondern in New York. Vielleicht konnte er mit diesen Themen auch nur im Ausland berühmt werden, in Rußland waren seine sowjetischen Versatzstücke zu bekannt, um eine erhellende, künstlerische Wirkung zu erzielen. Kabakow verwendet und zitiert Tatlins Konstruktionen erneut, allerdings ohne dessen utopischen Über- und Unterbau, nur noch als Totenmale der Vergangenheit.

Da wir heute wieder einige Stunden Zeit für uns haben, treffe ich mich am Vormittag zu einem neuen Museumsausflug mit Sandra in der Hotelhalle. Unser Ziel ist das Puschkin-Museum für Bildende Künste. Dieses Mal wird uns, wie versprochen, das Hotelauto kostenlos zur Verfügung gestellt. Der Fahrer bringt uns hin und holt uns tatsächlich verabredungsgemäß nach zwei Stunden wieder ab.

Das Museum trägt zwar den Namen des großen russischen Dichters, hat jedoch inhaltlich nichts mit ihm zu tun. Ein klassizistisches Gebäude, durch einen breiten Vorgarten von der Straße getrennt, mit dem üblichen tempelartigen Vorbau, wie er an allen wichtigen staatstragenden Gebäuden des 19.Jahrhunderts zu finden ist. In ähnlicher Form könnte es genauso in Kopenhagen, London, Madrid, Berlin, Paris oder Washington stehen. Die steinerne Wucht der Architektur wird allerdings gebrochen von meterhohen Schneebergen, die sich neben der Vorfahrt auftürmen. Im Sonnenlicht strahlt die weiße, monochrome Landschaft wie überbelichtet und verklärt von einer sonderbaren Reinheit. Für einen Moment stelle ich mir ganze Städte und Gartenanlagen aus Schnee gebaut vor. Selbst die Luft wirkt in dieser Kälte so frisch und klar – es herrschen wieder einmal minus 30 Grad – als wäre sie gerade neu erschaffen worden.

Erstaunlich viele Besucher streben, in dicke Pelzmäntel gehüllt ,der breiten Eingangstreppe zu. Wahrscheinlich liegt es daran, daß heute Sonntag ist. Kaum haben wir die pompöse Halle betreten, werden wir sofort wieder auf den Boden der Realität zurückgeholt. Wir können zwischen zwei Schlangen wählen, die sich vor den beiden armselige Kassenholzhütten gebildet haben. Vielleicht ist die stilistische Brechung inszeniert und verfolgt das Ziel, uns Besuchern klar zu machen, daß wir nicht mehr in aristokratisch-geprägten Zeiten leben.

Hinter kleinen, verglasten Gucklöchern sitzen im Inneren der Hütten wortkarge Kartenverkäuferinnen. Jetzt erst wird mir klar, welche Funktion diese Einbauten haben: Sie sollen die Insassen vor der Kälte schützen, die in der unbeheizten Eingangshalle herrscht. An den Fensterscheiben hinter den Marmorsäulen entdecke ich dicke Eisblumen, die in der Sonne glitzern wie gerahmte Naturkunstwerke.

Nach Metalldetektordurchgang und Taschenkontrolle durch Polizisten werden wir endlich in den Garderobenbereich eingelassen. Hier herrscht Hochbetrieb. Tropfende Überschuhe und Pelzmäntel wandern über hölzerne Tresen und werden von den üblichen, wie immer älteren, meist bäuerlich aussehenden und wohlbeleibten Mamutschkas zwischen Schränken und Garderobenkonstruktionen, die aussehen wie Wehranlagen an Staudämmen, deponiert.

Wir versuchen unser Glück, reihen uns in die Schlange ein, werden jedoch von einer Dame zur nächsten weitergewunken. Alle sprechen Russisch mit uns und wir tun so, als würden wir jedes Wort verstehen.

»Paschálsta!«

»Spassíba!«

»Njet ... njet ...!«

»Da ... da ... da ...!«

Schließlich nimmt uns eine mürrische, ältere Garderobiere, die ein gestricktes braunes Kopftuch um ihr breites Gesicht gewickelt hat und eine verschlissene, graue Schürze vor ihrem dünnen blauen Kleid trägt, unsere Mäntel ab. Wir geben ihr Geld, sie schiebt es mit einer nebensächlichen Bewegung, die aussieht als würde sie den Tresen abwischen, in ihre Schürzentasche. Im Weggehen versuche ich, ihr Gesicht zu erkennen, aber sie hat uns bereits den Rücken zugewandt und will nichts mehr mit uns zu tun haben.

Aber wir sind ja nicht wegen der Kartenverkäuferinnen und Garderobieren hier, sondern wegen der Kunst. Endlich ist es soweit, und gleich der erste Saal des Museums bietet grandiose Werke: ägyptische Mumien, Mumienporträts, Särge und Tierplastiken. Nicht übermäßig viel, aber von beeindruckender Qualität. Später wird mir Olga erzählen, daß ihre Mascha hier schon zwanzig- oder dreißigmal war und genau dieser Saal ihr liebster Raum in ganz Moskau sei. Was für ein Mädchen, mit zehn Jahren!

Es folgen Räume mit griechischer Kunst. Die italienische Renaissance ist eher langweilig, genauso wie die niederländische Malerei. Erst im Obergeschoß nimmt meine Begeisterung wieder zu: Hier hängen die berühmtesten Gemälde von Monet, Gauguin, Picasso, Matisse und Kandinsky. Deutsche Maler kommen kaum vor, weder Expressionisten noch Bauhauskünstler.

Sandra meint, es gäbe noch ein eigenes Museum für moderne Kunst in Moskau. Nebenbei beobachte ich die übrigen Museumsbesucher. Einzelgänger sind selten, die meisten scheinen zu zweit oder in kleinen Gruppen gekommen zu sein. Viele Eltern erklären ihren Kindern, warum sie diese oder jene Bilder besonders lieben. Hinter Vitrinen sehe ich manchmal junge Liebespaare, die sich verstohlen küssen. Eine ruhige, friedliche Stimmung. Ohne miteinander zu sprechen, bilden Museumsbesucher (wie Besucher von Konzerten mit klassischer Musik) auf der ganzen Welt eine gleichgesinnte Gemeinschaft. Ihre Religion ist die Kunst. Alle scheinen noch an die höheren Werte der Kultur – vielleicht das »Gute und Schöne« – zu glauben.

Beim Einbiegen in die einläufige, zentrale Marmortreppe, die wir hinunter zum Ausgang benutzen wollen, stoßen wir auf ein Hochzeitspaar, das sich hier photographieren lassen will. Repräsentative Architektur als theatralischer Hintergrund und Bühnenbild für diesen festlichen Augenblick ihres Lebens. Geliehener Pomp. Die Braut trägt ein ausladendes, schneeweißes Hochzeitskleid. Erstaunlich finde ich die Tatsache, daß der Bräutigam schulterlange Haare hat. Als wir vorbeigehen, klingelt das Handy der Braut, sie nimmt den Anruf entgegen und redet laut lachend in das kleine Gerät hinein. Am Fuß der Treppe angekommen, drehen wir uns um und schauen auf das schöne Paar zurück.

Ich sage zu Sandra: »This is a wonderful Happy-End«!

Sie darauf: »Yes, but we don't know anything about the story before«!

Ich: »I am interested in the story afterwords ... tomorrow, what will be ... in one year ... in ten years«?

Abends besuchen wir gemeinsam – Sandra und ich – eine Ballettaufführung im Bolschoi-Theater. Drei Stücke werden gezeigt. Die Kompositionen stammen von Igor Strawinski, Maurice Ravel und Leonard Bernstein. Leider wird die Musik nur über Lautsprecher eingespielt. Nach wenigen Momenten weiß ich, daß dieser Abend nicht nach meinem Geschmack ist. Schon die dürftige Ausstattung in modernistisch-abstraktem Farbflächenminimalismus ermüdet die Augen schnell, dazu kommen diese gedrillten, nichtssagenden Ballettbewegungen, die ich als unharmonisch und nervig empfinde. Nach fünf Minuten langweile ich mich. In der Pause begrüßt Sandra den vor uns sitzenden Choreographen des Abends, der zugleich auch Ballettdirektor des Bolschoi-Theaters ist. Ein sympathischer Mann im Alter der Juris, der mit einer ehemaligen Tänzerin verheiratet ist, die neben ihm sitzt. Sandra kennt beide aus San Francisco, wo sie mit ihm wohl schon öfter zusammengearbeitet hat. Da sie mich nicht vorstellt, versenke ich mich in das russische Programmheft, in dem ich kein Wort lesen kann. Am nächsten Tag werde ich den Ballettdirektor übrigens kennenlernen, er sitzt in unserer *Cinderella*-Probe und schaut zu. Er begrüßt mich und lobt mein Bühnenbild. Mehr sprechen wir nicht.

Beim Verlassen des Theaters sehen wir schwarze Limousinen mit Polizeieskorten vor- und abfahren. Wer war Wichtiges in der Aufführung? Wir können leider niemanden identifizieren, sehen nur dicke Pelze, blonde Haare und Herren in schwarzen Anzügen. Bodyguards mit Sonnenbrillen und Walkmans schirmen die Wagen ab. Als die Kolonne abfährt, schaltet das vorausfahrende Polizeiauto Blaulicht und Sirene ein!

Moskau, 24. Januar 2006

Heute lese ich beim Frühstück die amerikanische Moskau-Tageszeitung. Exemplare davon liegen jeden Morgen im Frühstückssaal aus. Auf den ersten Seiten werden, wie bei uns auch, politische Ereignisse behandelt, dann folgen Skandalnachrichten, die Börsendaten und auf den vier letzten Seiten sind – zwischen eindeutigen erotischen Annoncen – auch jede Menge Angebote für Wohnungen abgedruckt. Miet- und Kaufobjekte. Am begehrtesten scheint die Gegend um den neuen Arbat zu sein. Das ist eine der elegantesten Einkaufsstraßen Moskaus, die vom Kreml Richtung Westen stadtauswärts führt. Alle Preise sind in Dollar angegeben.

Monatsmieten zwischen 1000 und 20000 Dollar pro Wohnung scheinen an der Tagesordnung. Auch die Kaufpreise bewegen sich in schwindelerregenden Höhen, zwischen 500000 und 6000000 Dollar. Ich frage mich: Gibt es also doch bereits Privateigentum?

Um 11.30 Uhr treffe ich Olga in der Hotelhalle. Zusammen gehen wir durch die verschneiten Straßen zum Theater hinüber. Heute ist es nicht ganz so kalt, etwa minus 25 Grad, fast schon warm. Kurz vor dem Theater rutscht neben mir ein alter, bärtiger Mann auf dem vereisten Schnee des Bürgersteigs aus und fällt der Länge nach auf den Rücken. Alle Passanten gehen weiter, auch Olga. Ich bleibe neben ihm stehen, reiche ihm die Hand und ziehe ihn hoch. Jetzt erst sehe ich sein Gesicht. Ein Gorki-Typ, grauer Vollbart, wilde, fast weiße Haare, die wettergegerbte Haut zerknittert von tausend Falten. Seine zerschlissene Kleidung hat er bestimmt seit Tagen nicht mehr abgelegt. Vielleicht kommt er aus einem der Nachtasyle. Als ich ihn hochgezogen habe und er fast aufrecht neben mir steht, trifft mich seine Wodkafahne hart. Er klopft sich den Schnee von den Hosen, schaut mich mit glasigen, aber scharfen Augen an und bedankt sich zahnlos nuschelnd mehrmals: »Spassíba ... spassíba ...!«

»Komm jetzt!«, ruft mir Olga zu, schon weit entfernt.

Noch einmal schüttelt mir der alte Mann die Hand und geht dann weiter die Straße hoch, gebückt, trotzdem energisch, so, als sei er wütend auf seinen Körper und seinen besoffenen Zustand. Ich werde sein Gesicht nie vergessen.

Von 12.00 bis 15.00 Uhr findet auf der Bühne ein Durchlauf des ersten und dritten Aktes statt, und von 19.00 bis 22.30 Uhr ein Durchlauf des zweite, mit Licht, aber ohne Kostüme. Im Grunde sehe ich jetzt zum ersten Mal unsere *Cinderella* als Ganzes, allerdings ohne Orchester, nur mit Klavierbegleitung.

Am Anfang habe ich gewisse Probleme mit den Ballettbewegungen und dem Licht. Mein Bühnenbild funktioniert gut, auch der Rhythmus der Bildabfolge ist in Ordnung, denke ich. Unsere hübsche Inspizientin hat die Sache gut im Griff! Nach einer Stunde habe ich mich eingewöhnt. Juri 1 ist offensichtlich ein Anhänger des klassischen Balletts. Dabei werden die Körper der Tänzer und Tänzerinnen bestimmten, seit Jahrhunderten festgelegten Bewegungsgesetzen unterworfen, die mir ziemlich beschränkt, auch vergewaltigend und unharmonisch vorkommen: Arme hoch, Arme ausgebreitet, gestelztes Schreiten, Drehen. Besonders der Spitzentanz scheint mir an Terror zu grenzen. Er wendet sich massiv gegen die natürliche menschliche Anatomie. Nach längerer Beobachtungszeit gelingt es mir, manchmal Anmut und einen Anflug von Schönheit in den Tanzbewegungen zu entdecken. Allerdings stört mich die dürre Unweiblichkeit der Tänzerinnen. Olga nennt das »mädchenhaft« und schwärmt davon. Sie sagt: »Es ist so schade: Mädchen sind mit 14 Jahren schon fertige Frauen, jedenfalls im Normalfall, wenn sie keine Ballettausbildung machen, Jungen bleiben viel länger Jungen, oft bis ins reife Alter hinein.«

Ich weiß nicht, ob die Mitwirkenden des Balletts wissen, in welchem Raum sie sich bewegen. Mir ist nicht klar, ob bei meinen verschiedenen Bühnenbildvorstellungen ein Tänzer oder eine Tänzerin anwesend war. Wohl eher nicht. Juri 1 studierte das ganze Stück auf der leeren Ballettprobebühne ein. Er hatte dort weder eine große Treppe noch die drei Schränke. Deswegen wundert es mich nicht, daß die Bühnenvorgänge zunächst nicht allzuviel mit meinem Bildraum zu tun haben. Einsam und unbenutzt stehen die Schränke vor dem Sternenprospekt. Ich werde mit Juri 1 darüber sprechen müssen. Auch das Licht von Damir überzeugt mich an vielen Stellen nicht. Manchmal habe ich das Gefühl, daß er es nur an- und ausknipst wie eine Zimmerlampe. Wir müssen noch an den Atmosphären arbeiten.

Olga übersetzt meine Wünsche, woraufhin Damir beleidigt reagiert und abblockt. Die Spannungen zwischen uns nehmen im Laufe des Tages zu. Aber ich gebe nicht auf. Zwischen den Proben sind drei Stunden Korrekturzeit angesetzt. Mal sehen, ob er wieder Ausreden findet, oder ob er dieses Mal mitarbeitet. Die Produktion muß romantischer, poetischer und zauberhafter werden, finde ich, schließlich handelt es sich um ein Märchen. Bevor wir auseinandergehen, spreche ich mit Juri 1. Er scheint für meine Anregungen sehr dankbar zu sein und wird versuchen, sie noch einzuarbeiten.

Am Nachmittag bin ich in die Dramaturgie bestellt, die Damen dort wollen meinen genauen Lebenslauf für das Programmheft wissen. Olga übersetzt. Draußen, vor der Tür, wartet Sandra auf mich, warum auch immer. Olga mokiert sich eifersüchtig und ironisch über dieses Warten, stichelt und zischelt. Wie die kleinen Mädchen! Kaum zu glauben. Zwischendurch zeigt uns die Hausdramaturgin Photos ihres vierjährigen Sohnes im weißen Judoanzug. Wir bewundern sein »süßes« Aussehen, danach tippt sie, stolz vor sich hin lächelnd, weiter in den Computer.

Bevor wir zur Abendprobe gehen, sitzen Juri 2, Olga und ich noch eine Weile in der Theaterkantine. Olga, der wahrscheinlich inzwischen die häufigen Theateraufenthalte auf die Nerven gehen und die mich am liebsten hinaus in die Stadt unter Menschen bringen will, wird langsam aggressiv. Ich spüre ihre Unruhe und sehe den sarkastisch-diabolischen Ausdruck in ihren Augen. Sie holt tief Luft und greift mich mit den mir bereits bekannten Vorwürfen an: »Ich liebe alles an dir, aber du vergißt einfach das Leben, finde ich!«

Ich darauf: »Was kann ich dafür, daß du das Theater nicht magst? Ich bin deswegen in Moskau. Wie soll ich mich sonst verhalten?«, frage ich sie, und sie antwortet:

»Mit mir und meinen Freundinnen reden. Unter Menschen gehen, mit der Nachbarin über das Wetter, die Heizung und die Kinder sprechen, einkaufen, dich über die Preise ärgern und mit meiner Tochter spielen.«

Ich frage: »Und das Theater?«

Olga: »Alles Lüge, Lug und Trug, Illusion und Humbug.«

Ich: »Und die Kunst?«

Olga: »Na ja, auch, ist doch klar«, meint sie.

Das hatten wir jetzt schon oft. Sie wiederholt sich, denke ich. Immer wieder dieser Punkt. Ich glaube, Olga beneidet mich um mein reiselustiges Leben. Andererseits kommt sie ja auch viel herum in der Welt. Morgen Wien, dann vielleicht London, wer weiß. Gut, ich streite gern mit ihr, aber ihr Lebensideal muß nicht mit meinem identisch sein.

Ich: »Jeder scheitert auf seine Weise!«

Olga: »Was soll das jetzt? Wer spricht von scheitern?«

Ich: »Wer Ideale hat, wird auch scheitern. Ideale haben mit dem Leben nichts zu tun.«

Olga: »Diese Zeiten sind vorbei. Ich habe die Ideale auf ein Minimum reduziert und kann doch jetzt daran arbeiten, daß wenigstens die kleinen Dinge eintreten.«

Ich: »Bist du eine Spießerin?«

Olga: »Und wenn schon. Realismus, Idealismus, Kommunismus, Kapitalismus, Pragmatismus ... ich habe genug von all den ... ismusen.«

Juri 2 schaut uns zu, versteht jedoch nichts von unseren Sätzen, da wir auf deutsch diskutieren. Als Olga seinen leeren, leicht fragenden Blick bemerkt, gibt sie ihm auf russisch eine kurze Zusammenfassung. Es ist schön, ihrem Russisch zuzuhören.

Realismus, alles so nehmen wie es ist, ungefragt, Menschen, Landschaften, Häuser, Städte, oder Idealismus, in allem mehr sehen, über und hinter den Dingen, Menschen und Architekturen. Mich interessiert beides. Durch unser Gehirn, unseren Geist sind wir dazu verdammt, über die Realität hinauszugehen. Kultur und Wissenschaft sind so entstanden.

Es ist schon eigenartig mit den Olgas dieser Welt. Ich bin trotzdem ihr erklärter Anhänger! Durch die Enttäuschungen ihres Lebens neigt sie zum Zynismus, mit ihrer Ironie hält sie die Menschen auf Distanz, dennoch träumt sie vom Glück und der Wärme einer heilen Familie. Ich finde ihre KGB-Vergangenheit interes-

sant und glaube, daß sie niemanden ans Messer geliefert und verraten hat. Ich hätte nichts dagegen, wenn mich Olga ausspionieren würde. Jedenfalls gäbe es dann jemanden, der sich für mich und meine Arbeit interessiert!

Abends, nach der Probe, gehen die Juris und Sandra noch in ein Lokal zum Essen. Da es schon spät ist, komme ich nicht mit. Ich begleite Olga zu ihrem U-Bahn-Eingang und verabschiede mich von ihr. Danach spaziere ich noch eine Weile allein durch die nächtlichen, hell erleuchteten, verschneiten Straßen. Erstaunlicherweise habe ich keine Angst.

In einer Seitenstraße beobachte ich zwei gewaltige Schaufelbagger, die Schnee auf Lkws laden. Wahrscheinlich wird er an den Stadtrand gefahren und dort zu Gebirgen aufgeschüttet, die im Frühjahr, wenn die Sonne wieder wärmt, schmelzen und als Wasser im Boden versickern.

Moskau, 24. Januar 2006

Heute treffe ich Olga erst im Theater. Sie kommt etwas später, weil sie wieder in der Universität zu tun hatte, außerdem mußte sie in der Bibliothek einige Begriffe für ihre Übersetzung nachschlagen. Die Kirchensprache ist ihr nicht in allen Details geläufig. Zum ersten Mal höre ich jetzt die Musik unserer *Cinderella* vom Orchester gespielt. Ich bin begeistert. Wie farbig Prokofjew komponiert und instrumentiert hat! Ich habe das Gefühl, die Musik sei gerade neu geschrieben worden, so frisch und lebendig klingt sie! Es ist eine Freude, ihr zuzuhören. Auch das Bühnengeschehen geht langsam zusammen. Damir hat die für gestern nachmittag angesetzte Lichtkorrektur – wie von mir befürchtet – boykottiert und behauptet, es seien keine Techniker und Beleuchter dafür da. Ich regte mich nur in Maßen darüber auf, schließlich kenne ich inzwischen sein subversives Verhalten. Er versprach für heute noch eine halbe Stunde Korrekturzeit. Mal sehen, was er dann für eine Ausrede hat. Andererseits glaube ich inzwischen, daß er heimlich nachts für sich allein weiter an der Verfeinerung der Beleuchtung arbeitet, denn manches ist inzwischen schon viel besser geworden.

In der Pause gehen Ksenia, Olga und ich in die Theaterkantine. Sie wollen mich unbedingt einladen. Wehren ist zwecklos. Ich frage Olga, ob sie schon jeden Winkel der Sowjetunion gesehen habe. »Ja«, sagt sie, »jeden. Ich bin auch schon zehnmal mit der Transsibirischen Eisenbahn gefahren! Das ist jedesmal fürchterlich gewesen!«

»Warum? Waren die Abteile zu voll?«

Das hätte ich besser nicht sagen sollen. Olga überfällt mich daraufhin mit einem ironischen Wortschwall, der das Ziel hat, mich als Ignoranten bloßzustellen: »Ja, in dem Zug werden nur Schweine befördert, ich und Ksenia sind mit Bären verheiratet, die sich von Wodka aus dicken Samowaren ernähren!«

»Ein interessanter Gedanke«, erwidere ich und frage, ob die Bären auch rauchen würden.

»Natürlich, ständig, ununterbrochen!«

Alle Empfindlichkeiten Olgas resultieren aus dem Gefühl, ich und damit »alle Deutschen«, würden sie – »alle Russen« – als rückständig einstufen. Sie will mit jedem ironischen Hinweis, mit jedem bissigen Witz beweisen, daß Rußland ein ganz normales europäisches Land ist und daß hier ganz normale zivilisierte Menschen leben. Habe ich das jemals angezweifelt?

Als wir in den Zuschauerraum zurückkommen, ist Damir natürlich verschwunden und uns wird mitgeteilt, daß er erst abends zur normalen Orchesterprobe wieder anwesend sein werde. Na also, hatte ich es mir doch gedacht. Jetzt haben wir zwei freie Stunden. Olga nutzt die Zeit, ruft ihre zweitbeste Freundin an und verabredet sich mit ihr in einem Café ganz in der Nähe. Sie will mich ihr vorstellen, oder ist es umgekehrt, ich habe es vergessen. Auf dem Weg zum Treffpunkt erklärt mir Olga: »Meine Freundin heißt Tamara. Eine interessante Frau, die das in Rußland sehr berühmte Theaterfestival ›Die Goldene Maske‹ leitet. Sie wird uns darüber berichten. Übrigens spricht sie genausogut Deutsch wie ich.«

Kaum haben wir am Cafétisch Platz genommen, tritt Tamara auch schon ein. Offensichtlich hat sie sich ganz in der Nähe aufgehalten und auf Olgas Anruf gewartet. Eine sympathische Frau, vielleicht zehn Jahre älter als Olga, mit den gleichen, energisch wirkenden kurzen Haaren. Als sie mir die Hand zur Begrüßung reicht, schaut sie mich mit großen erwartungsvollen Augen an wie Olga bei unserem ersten Zusammentreffen am Flughafen. Nachdem wir unsere Getränke bestellt haben und einige Allgemeinheiten über das Bolschoi und das Wetter ausgetauscht haben, frage ich sie nach dem jetzigen Zustand des russischen Theaters.

»Es gibt heute in Rußland alles«, antwortet sie und fährt fort: »Absurdes Theater, surreales Theater, punkiges Theater, Medientheater, Sprachspiele, Brutales und Pornographisches, Poetisches und Nationalistisches. Man kann von keinem bestimmenden Trend sprechen, auch von keiner Mode. Das Hauptproblem sind die teuren Eintrittskarten. Dadurch gibt es wenig junges Publikum, was ich sehr bedaure.« Danach berichtet sie von einigen Produktionen, die im Rahmen ihres Festivals gezeigt worden sind. Mir sagen weder die Namen der Autoren, noch die der Regisseure etwas. Irgendwann, während einer kurzen Gesprächspause, schauen die beiden aus dem Fenster und erzählen davon, daß 1991 hier auf der Straße Panzer gestanden hätten. Ich kann mich nicht sofort daran erinnern, welches Ereignis sie meinen.

Tamara: »Es gab damals einen Militärputsch gegen Gorbatschow. Die nationalistisch-stalinistischen Putschisten haben den Präsidenten auf der Krim gefangengenommen und in Moskau das ›Weiße Haus‹ angezündet.«

Ich beginne, mich zu erinnern und sehe die damaligen Pressephotos vor meinem geistigen Auge.

Olga: »Wir, ich und Tamara, saßen an jenem Nachmittag in diesem Café hier und haben Angst gehabt. Später sind wir raus auf die Straße gegangen und haben wie andere Moskauer auch mit den Soldaten gesprochen. Die Soldaten haben sich absolut ruhig verhalten und keinen Schuß abgegeben, auch in den folgenden drei Tagen nicht.«

Tamara: »Ich habe tagsüber eine amerikanische Delegation betreut, die in deinem Hotel gewohnt hat. Die Amerikaner hatten sich an diesem Nachmittag über ungemachte Betten an der Rezeption beschwert. Als ihr Blick auf die Panzer vor der Eingangstür fiel, fragten sie, was in Moskau los sei. Eine vorbeigehende Putzfrau kommentierte, das sei in Moskau normal. Einmal am Tag fahren vor den Hotels Panzer vorbei.«

Olga: »Danach sind wir nach Hause gegangen und haben unsere Töchter in Sicherheit gebracht. Zurück auf der Straße, haben wir mit anderen zusammen Barrikaden zum Schutz von Gorbatschow errichtet. Im Fernsehen ist den ganzen Tag *Schwanensee* gezeigt worden. Immer und immer wieder.«

Tamara: »Das wird immer gezeigt, wenn jemand gestorben ist oder ein Umsturz passiert ist!«

»Was ist eigentlich aus den Putschisten geworden?« frage ich.

»Na ja«, antwortet Olga, »man hat sie verurteilt, aber nach wenigen Wochen waren sie wieder frei. Niemand weiß, wo sie heute stecken. Es hat sich nicht einmal gelohnt, ihre Namen im Gedächtnis zu behalten.«

Da unser Gespräch zeitgeschichtliche Dimensionen angenommen hat, insistiere ich weiter:

»Habt ihr auch die großen Paraden auf dem Roten Platz gesehen?«

»Ja natürlich! Es war toll!«, antworten die beiden im Chor.

Tamara: »Ich bin unter Chrustschow geboren worden und habe als Junge Pionierin mit meinen roten Fähnchen Breschnew zugewinkt. Er hat ganz klein, wie die anderen Sowjetoberen auch, auf dem Leninmausoleum gestanden und mir zurückgewinkt. Das war meine schöne Jugend!«

Später erzählt mir Olga, daß Tamara verheiratet ist, mit einem älteren Mann, Beamter oder so. Ein braver Mann, der sie von der Arbeit abholt und ihr das Essen kocht. »Schön«, sage ich, »mal ein Gegenbeispiel zu euch Alleinerziehenden.«

»Nein«, hält Olga dagegen. »Es ist furchtbar. Tamara leidet jeden Tag mehr unter seiner biederen Nettigkeit. Seit Jahren sucht sie den Absprung in die Freiheit und findet ihn nicht. Die 35jährige, behinderte Tochter ist ein Problemfall und kettet die beiden zusätzlich aneinander!«

Ich frage nicht weiter und erfahre deswegen nicht, was mit der Tochter los ist. Wahrscheinlich, schließe ich aus Andeutungen, hat sie psychische Probleme. Nach einer Stunde verlasse ich die beiden Freundinnen und kehre in mein Hotel zurück. Als ich nach einer weiteren Stunde wieder am Café vorbeikomme, um zur Abendprobe ins Theater zu gehen, sehe ich die beiden durchs große Caféhausfenster immer noch an unserem Tisch sitzen, die Köpfe ganz nah beieinander. Sie bemerken mich nicht, sosehr sind sie ins Gespräch vertieft.

Morgen werden wir alle Kostüme sehen. Ich habe etwas Angst vor Sandras Kitschfarben. Ein Kostüm, das uns probeweise vorgeführt wird, kritisieren wir – Juri 1 und ich – schon heute. Es ist ganz pinkig, fürchterlich. Ich soll daran morgen etwas korrigieren, meint Juri 1. Von Farben und Kostümen verstehe ich leider nicht allzu viel.

Am Abend, während der Probe, kommt eine mir unbekannte Pressedame an meinen Platz und fragt, ob ich morgen Interviews für mehrere Fernsehsender geben könne (russisches TV und Reuters). Mühsam versuche ich, ihr zu erklären, daß mein Englisch dafür nicht ausreiche und ich Kameras haßte (»I am so shy!«). Sie läßt nicht locker. Ich bleibe jedoch bei meiner Absage und wiederhole mehrfach: »Sorry«. Irgendwann gibt die Dame auf und zieht sich beleidigt zurück. So etwas hat sie möglicherweise noch nie erlebt. Mal sehen, was morgen passiert.

Moskau, 26. Januar 2006

Im Frühstücksraum setzt sich Sandra zu mir an den Tisch und klagt über das – ihrer Meinung nach – schlechte Licht von Damir. Nebenbei mümmelt sie ihr vegetarisches Frühstück hinunter. Zunächst stimme ich ihr zu, dann werde ich jedoch zurückhaltender. Sie hält mir einen Vortrag über Kostüme allgemein, dann über ihre Kostüme im besonderen. »My design time are the twenties«, sagt sie und ergänzt, »therefore my colours are very complicated with pink and violett, you understand?!«

Genau diese Farben hasse ich. Aber jetzt ist es zu spät. Sandra wird immer lauter und angriffslustiger, ihr San-Francisco-Charakter bricht hervor. Großstädte machen Menschen frech und brutal, finde ich. New Yorker, Pariser und Berliner sind dafür ein gutes Beispiel. Etwas mißgestimmt verlasse ich den Frühstücksraum.

Um 11.00 Uhr gehe ich wieder durch die verschneiten, kalten Straßen hinüber ins Theater. Natürlich erscheint Damir nicht zu dem verabredeten Beleuchtungstermin. Er taucht erst gegen 12.00 Uhr auf und behauptet, unser Treffen leider vergessen zu haben. Langsam amüsiert mich seine Technik der Verweigerung, die mir in dieser Form neu ist. Kurz darauf beginnt der zweite Durchlauf mit Orchester. Heute sind Kameras aufgestellt, und das Fernsehen filmt mit. In der Pause sehe ich Sandra im hinteren Zuschauerbereich vor einer Fernsehkamera stehen, starke Scheinwerfer beleuchten die Szene. Sie ist wohl für mich eingesprungen. Eigentlich bin ich ihr dankbar dafür. Seitdem ihre Kostüme auf der Bühne zu sehen sind, strahlt sie vor Selbstbewußtsein, obwohl sie eigentlich keinen Grund dazu hat, denn alle mäkeln an ihren Entwürfen, vor allem an den Farben, herum. Juri 1 läßt in der Pause hinderliche Teile abschneiden. Es trifft vor allem die langen Röcke und die Flügel der Vögel. Mich stört dieses reine Funktionsdenken, aber Sandra nimmt es professionell gelassen.

In der Pause, zwischen Mittags- und Abendprobe, treffe ich mich mit einer Malertruppe auf der Bühne, um Sandras Kostümattrappen weiter zu bearbeiten. Auch meine spezielle Freundin, die Malsaalchefin in schwarzem Leder, ist dabei. Heute trägt sie zu ihrer schwarzen Hose ein scharfes Netzhemd, das ihre üppigen Formen noch transparenter erkennen läßt. Bevor wir loslegen, verteile ich einige Tafeln Schokolade, eine Aktion, die von den beschenkten Malern und Malerinnen mit großer Freude und genußvollem Appetit aufgenommen wird. Frisch gestärkt gehen wir ans Werk.

Ich muß tatsächlich Farben einsetzen: Blau zuerst, danach Grün, später etwas Gelb. Die Lederdame feuert ihre unterwürfige, geknechtete Truppe wie gewohnt in hartem Befehlston an, wobei sie meine, von Olga übersetzten Angaben, wie über ein Mikrophon verstärkt weitergibt. Olga flüstert mir begeistert zu: »Hans Dieter, diese Dame liebt dich wirklich. Sie hat sich heute ganz besonders herausgeputzt.«

»Na ja, ich sehe es ...«, erwidere ich matt, nicht ganz in Form, um Olgas Sarkasmus standzuhalten. Die richtige Antwort fällt mir nicht ein. Ich sehe jetzt nur, daß mir die Lederdame tatsächlich immer wieder feurige Blicke zuwirft und dabei ihre Augen verdreht, als beobachte sie eine hin- und hersausende Schiffsschaukel. Vielleicht arbeitet auch nur der Geist des Wodka in ihr. »Sie trinkt gern«, flüstert mir Olga ins Ohr, als habe sie meine Gedanken erraten.

Nachdem wir fertig sind und ich mich ausführlich bei allen bedankt habe, gehe ich mit Olga ins Bolschoi-Verwaltungsgebäude hinüber, wo in der Halle eine Journalistin auf uns wartet, die ein Interview mit mir für eine Moskauer Zeitung machen will. Uns begrüßt eine sehr junge Frau. Da uns kein anderer Platz zur Verfügung steht, bleiben wir in der etwas ungemütlichen, von den Angestellten des Theaters als Durchgangsraum benutzten Halle und nehmen in einer Sesselgruppe Platz. Daß diese Sitzgruppe von einer 3 Meter hohen, unechten Palme überragt wird, wundert mich im Reich des Theaters nicht, das ja von Fiktionen und Lügen lebt, wie Olga zu Recht immer wieder betont.

Die Journalistin werkelt zunächst etwas nervös an ihrem Tonbandgerät herum. Offensichtlich ist sie in ihrem Beruf noch nicht sehr erfahren. Ihre markanten Wangenknochen und die mongolisch verengten Augenschlitze regen mich sofort zu Assoziationen über die Weite Rußlands an. Ich stelle mir eine Kindheit in der mongolischen Steppe vor, mit Nomadenzelten und Ziegen ...

Natürlich kann ich zum Einstand nicht gleich persönliche Fragen nach ihrer Herkunft stellen, warte also still ab, bis das Gerät funktioniert und sie sich mit ihren Fragen, die Olga übersetzt, an mich wendet.

Journalistin: »Sie arbeiten zum ersten Mal in Moskau. Wie sind Ihre Erfahrungen mit dem Bolschoi-Theater und dem Ballett hier?«

Ja, das sind also diese Fragen, die Anstoß sein könnten für zweistündige Antwortausflüge, für Meditationen über das Theater im allgemeinen, das Bolschoi-Theater im besonderen und natürlich über das Ballett. Ich drücke mich vorsichtig aus: »Für mich ist es eine wunderbare Erfahrung, am berühmten Bolschoi-Theater als Bühnenbildner arbeiten zu dürfen. Ich habe in meiner Zeit hier viel gelernt über die Stadt, die Arbeitsweisen am Theater und vor allem über die Menschen. Noch in keinem anderen Land der Welt wurde mir soviel Aufmerksamkeit, Interesse und Wärme entgegengebracht wie in Rußland. Das klassische Ballett, wie es am Bolschoi Tradition hat, lerne ich hier zum ersten Mal kennen. Ich gebe zu, daß ich gewisse Probleme damit habe. Die Bewegungen sind sehr artifiziell und der menschlichen Anatomie widersprechend. Vielleicht wollen Balletttänzer und -tänzerinnen genau diesen Bereich des Unmöglichen erforschen und erobern, ähnlich den Akrobaten. Schwerkraftüberwindungsphantasien. Außerdem scheint es den Ballettkünstlern völlig egal zu sein, in welchem Raum und vor welchem Hintergrund sie tanzen, sie schauen sich nur an, ob der Fußboden eben, glatt und sauber ist. Der Tanz neutralisiert den Raum, vielleicht findet er im Niemandsland statt. Aber manchmal paßt diese Einstellung ja auch zu unseren planetarischen Bildern.«

Journalistin: »Was denken Sie über Prokofjew?«

Ich staune wieder, eine Journalistin aus Moskau will wissen, was ich über Prokofjew denke; ob das wirklich jemanden interessiert?

»Früher kannte ich, außer *Die Liebe zu den drei Orangen*, nicht sehr viele Werke dieses Komponisten. Jetzt, nachdem ich *Cinderella* genauer studiert und gehört habe, auch mehr über sein Leben und sein Schicksal weiß, bin ich zu einem großen Verehrer seiner Musik geworden.«

Ich schwärme ihr so lange vor, bis mich Olga am Ärmel zupft und mir damit andeuten will: Es reicht!

Die Journalistin ist sehr wissensdurstig, auf eine fast kindliche Art neugierig, wie es eine gute Journalistin auch sein muß, und stellt Frage auf Frage: »Was denken Sie über Rußland? Wie ist Ihre Meinung über Moskau? Wie sind Ihre Erfahrungen mit den Werkstätten? Haben Sie andere Aufführungen hier gesehen?«

Erst nach zwei Stunden hat sie genug gehört. Erschöpft entspannen wir uns und nehmen die Umgebung wieder wahr. Die Halle ist immer noch da, auch die falsche Palme. Ab und zu stakst eine Dame auf hohen Absätzen klappernd über die Steinplatten und trägt ihre Akten aus einem Gebäudeteil in den anderen.

Nach dem Gespräch gehe ich mit Olga in ein altertümliches Lokal ganz in der Nähe der Oper, beim Maneschnaja-Platz. Wir geben unsere Mäntel in einer winzigen Garderobe ab, die wie eine Höhle in die Wand eingelassen ist, steigen in ein gemütliches, holzvertäfeltes Obergeschoß hinauf und nehmen an einem Ecktisch Platz.

Olga trinkt während des Essens zwei Gläser Weißwein und ist mal wieder sehr gesprächig. Manchmal denke ich: Warum erzählt sie mir das alles, wie habe ich dieses Vertrauen verdient? Ohne sie würde ich die russische Puppe nur von außen sehen und keine Möglichkeit haben, in das Innere, das Versteckte zu blicken. Dankbar hörc ich ihr zu und wundere mich einmal mehr über ihr perfektes Deutsch, das für sie ja eine erlernte Fremdsprache ist. Heute schwärmt mir Olga vom einfachen Leben vor. »Eigentlich bin ich ganz primitiv«, sagt sie über sich, schaut mich dabei fragend an: »Verstehst du das?« Nachdem ich schweige, möglicherweise meine Stirn zweifelnd in Falten lege, fährt sie fort: »Ein Zimmer, ein Tisch, zwei Stühle, ein Bett und ein Kind, mehr brauche ich nicht zum Leben. Keine komplizierten Geschichten, keine Kämpfe mit den Männern mehr! Vorbei. Ich habe alles erlebt, es ist genug!«

Jetzt erfahre ich, daß sie mit 18 Jahren einen »schönen Schauspieler« geheiratet hat. Diese Ehe ist später zerbrochen.

»Wir hatten uns nichts mehr zu sagen. Es gab jeden Tag Streit. Zehn Jahre lang war ich dann mit einem verheirateten Millionär aus Wien liiert. Mit ihm bin ich viel gereist. Er hat mir die Welt gezeigt. Aber irgendwann, nachdem klar war, daß er seine Frau nicht verlassen und mich nicht heiraten wird, habe ich die Geschichte abgebrochen. Danach ist der Filmregisseur aufgetaucht, der später der Vater von Mascha werden sollte. Heute habe ich keinen Kontakt mehr mit ihm. Er hat sich vor Maschas Geburt von mir getrennt und eine andere Frau geheiratet.

Der Millionär ruft mich jetzt noch einmal in der Woche aus Wien an und bedauert, daß er nicht der Vater von Mascha ist. Aber er ist jetzt ein alter, sentimentaler Mann geworden, und im Grunde habe ich kein Verständnis für seine Anrufe, ertrage sie jedoch.«

Dann erzählt sie von ihrer Schwangerschaft. »Das ist die beste Zeit meines Lebens gewesen. Ich habe gestrahlt, innerlich und äußerlich. Jeder hat sich um mich bemüht. Die Männer haben mich damals auch sehr attraktiv und schön gefunden. Mit der Geburt von Mascha ist in mir eine Art Befreiung eingetreten. Ich brauche seitdem keinen Sex und keine Männer mehr. Das Kind genügt mir.«

Olga lebt mit dem Kind wie mit einem Mann zusammen, denke ich, sie kann es umsorgen und lieben, sie kann es streicheln und küssen, und sie bekommt Liebe zurück. Nur, das Kind ist weit mehr abhängig von ihr, als es ein Mann wäre.

»Manchmal«, erzählt Olga weiter, »wenn ich von der Arbeit zurückkomme, sitzt Mascha am Küchentisch und spielt mit den Diamantringen, die mir einst der Wiener Millionär geschenkt hat. Dann stecken wir beide die Köpfe zusammen und kichern!«

Ich höre Olga interessiert zu. Einmal versuche ich, meine eigene Situation, meine eigenen Lebensumstände zu beschreiben. Aber nach zwei Sätzen unterbricht mich Olga und bremst mich schroff: »Mich interessiert dein Leben nicht!«

Gut, unsere Rollen sind klar verteilt, sie erzählt, und ich bin der Zuhörer. Sie ist Russin, ich bin Deutscher. Rußland und Deutschland. Hinter uns als Einzelpersonen stehen die historischen Ereignisse, die Katastrophen des 20.Jahrhunderts. Olga sieht sich als vermurkstes Denkmal einer furchtbaren Zeit, die nur noch in der kleinsten Einheit – Mutter und Kind – Chancen auf Glück und Sinn finden kann. Dem Rest der Welt begegnet sie mit ihrem zynisch-ironischen Sarkasmus. Nach dem Essen gehe ich allein zur Abendprobe zurück. Olga taucht wie immer im U-Bahn-Schacht unter, fährt zu ihrer Mascha, die ich immer noch nicht kennengelernt habe und zu ihrer Übersetzungsarbeit.

Das Orchester klingt opulent, farbig und schön. Der Dirigent ist sehr gut, und die Musik glüht. Juri 1 fragt mich am Ende der Aufführung, ob wir ein weiteres gemeinsames Projekt machen sollen. Ich freue mich über diesen Antrag und frage, wo das sein könnte: in Moskau oder in San Francisco? Er meint, wahrscheinlich eher in San Francisco. Der dortige Ballettdirektor, ein Däne, würde zur *Cinderella*–Premiere kommen. »Ja«, sage ich, »leider bin ich zu diesem Zeitpunkt nicht mehr in Moskau.«

Spät nachts gehe ich alleine zurück ins Hotel. Im Bereich zwischen Bürgersteig und Straße türmen sich immer noch die von schweflig gelbem Licht beleuchteten Schneeberge auf. Einige von ihnen kenne ich jetzt schon wie alte Bekannte und bin froh darüber, daß man sie bisher nicht weggeräumt hat. Plötzlich habe ich die Idee, einen dieser Scheeberge für *Pique Dame* zu verwenden. Im Hotelzimmer angekommen, zeichne ich meine Überlegungen auf: ein großer, runder Raum, in der Mitte ein hoher, schon etwas vereister Schneehaufen, über ihm in der Decke ein rundes Loch, durch das während des ganzen Theaterabends Schneeflocken fallen. Rings um den Schneehaufen sitzen in schwarzen Ledersesseln Menschen mit dicken Pelzmänteln. Nach einiger Zeit schmilzt der Schneeberg – oder zerfällt langsam – und ein Spieltisch wird sichtbar. Er bestimmt das Schlußbild. Leider muß ich jetzt wieder meine Tasche packen und für zwei Tage nach Berlin fliegen, am Sonntagabend kehre ich nach Moskau zurück und werde bei den Schlußproben dabei sein.

Moskau, 30. Januar 2006

Zurück aus Berlin, das Gespräch mit dem Schweizer Regisseur Dominik Neuner wegen der *Pique Dame* verlief sehr gut und anregend. Er beneidet mich um meine Rußlanderfahrungen, da er das Land selbst noch nie besucht hat. Meine Raumidee gefällt ihm. Die Frage stellt sich trotzdem: Wieviel Realität – alte und heutige – kann, muß, soll in unsere Inszenierung einfließen? Schließlich produzieren wir keinen Film, sondern eine auf Musik basierende Theaterfiktion.

Auch Arila habe ich in Berlin wegen eines Theaterprojekts getroffen. Wir unterhielten uns lange über Rußland. Als ehemalige DDR-Bürgerin hat sie natürlich eine ganz eigene, durch persönliche Erlebnisse geformte Sicht auf ihr »ehemaliges Bruderland«, dessen Sprache sie in der Schule lernen mußte.

Sie erzählte: »Während meines Tanzstudiums an der Palucca-Schule in Dresden habe ich zwei Jahre lang eine Russin – Nina Ulanowa – als Lehrerin gehabt. Sie beeinflußte mich stark und half mir, meinen eigenen Tanzstil zu finden. Nachdem sie aus Altersgründen nach Leningrad-Sankt Petersburg zurückgekehrt war, besuchte ich sie dort jedes Jahr und lud sie immer wieder zu mir in die DDR ein. Ich betrachtete die Ulanowa weiterhin als meine Meisterin. Wenn sie in Berlin war, arbeiteten wir jeden Tag stundenlang miteinander, machten unsere Übungen und trainierten für meine neuesten Produktionen.«

Ich kann mich daran erinnern, daß ich selbst diese Russin einmal bei Arila gesehen und kennengelernt habe. Damals saß sie alt und gebrechlich auf der Bettkante in Arilas Dreizimmer-Altbauwohnung hinter dem Metropoltheater in Berlin. Wortkarg begrüßte sie mich, ohne weiteres Interesse an meiner Person zu zeigen.

Arila erzählte weiter: »Aufgewachsen ist die Ulanowa in Leningrad-Sankt-Petersburg, hat dort bei der Vaganowa Tanz studiert und deren weichen Sankt Petersburger Ballettstil übernommen, der im starken Gegensatz zum härteren Drill des Moskauer Tanzstils stand. Eines Tages hat sie einen Physiker kennengelernt, der sie heiraten wollte. Sie willigte ein, ist jedoch am Morgen nach der Hochzeitsnacht aus der gemeinsamen Wohnung geflohen und hat den Ehemann danach nie wieder gesehen. Das sei nichts für sie, hat sie gesagt, ist jedoch schwanger von der einen Nacht geworden und hat neun Monate später eine Tochter geboren. Kurz nach diesen Ereignissen wurde sie zur Ballettchefin am Opernhaus in Nowosibirsk berufen. Die Tochter wuchs im Theater auf und war immer bei ihr.

Nach den Jahren in Sibirien wechselte die Ulanowa als Lehrerin an die Ballettschule in Sofia, später ging sie nach Tallinn. Ich glaube, ihre Mutter hatte estnische Vorfahren. Die Palucca-Schule in Dresden war ihre letzte Station. Die Tochter ist übrigens Mathematikerin geworden. Vor einigen Jahren ist die Ulanowa in Sankt Petersburg gestorben.«

Nach einer kurzen Pause erzählt Arila weiter: »Ich selbst habe in den 80er Jahren auch einmal in Moskau als Choreographin und Regisseurin gearbeitet. Damals studierte ich Picassos Theaterstück *Vier kleine Mädchen* als Opernballett ein. Der Komponist Denisow hatte den Text vertont. Eine spannende Erfahrung für mich, da ich dabei viel experimentierte. Jedes der Mädchen besetzte ich doppelt und spaltete damit ihre Identitäten auf.«

Ich bedauerte, daß ich bei dieser Arbeit nicht dabei war und freute mich andererseits, über Arila indirekt an der russischen Tanztradition teilzuhaben. Sie war im Ostteil Deutschlands die wichtigste Ballettinterpretin und hat als einzige Palucca-Schülerin den deutschen Ausdruckstanz mit russischen Einflüssen weiterentwickelt. Seit zehn Jahren arbeitet sie auch als Opernregisseurin (oft mit mir als Bühnenbildner). Natürlich fließen ihre Erfahrungen aus der Tanzzeit mit in ihre Inszenierungen ein.

Während des Fluges Berlin-Moskau lese ich Marc Chagalls Buch *Mein Leben*, das er 1921 mit Anfang 30 geschrieben hat. Die eingestreuten Radierungen beeindrucken mich immer wieder aufs neue. Den Text hatte ich früher – vor 20 Jahren – schon einmal gelesen, er ist nicht sehr informativ und plätschert leider mit teilweise etwas pseudopoetischen Formulierungen vor sich hin. Einige Beschreibungen aus seiner vom Judentum bestimmten Kindheit in Witebsk bleiben trotzdem haften: der nach Fisch riechende Vater, die arme Mutter, die geliebte Großmutter und der Besuch beim ersten Zeichenlehrer. Als Chagall beschloß, Künstler zu werden, stimmte der Vater nur widerwillig zu. Er warf dem 16jährigen Sohn 20 Rubel unter den Tisch, wo er das Geld zusammensuchen mußte. Chagall verließ seine Heimatstadt für immer und ging nach Sankt Petersburg, eine Stadt, in der damals ein starker Antisemitismus herrschte, worunter er zu leiden hatte.

Ich liebe die Gemälde und Graphiken des frühen Chagall. Hier herrscht die Schwerelosigkeit religiöser Barockdeckengemälde. Bilder- und Gedankenraumfahrten. Vergangene Ereignisse, Erinnerungen, Träume, Wünsche und Realitätsfragmente wirbeln durcheinander wie im schwerelosen Raum. Die Relativitätstheorie als naives Bilderrätsel. Daß seine Kunst später zu sehr ins Sentimentale abrutschte, ist bedauerlich, schmälert jedoch die Werke der frühen Zeit in keiner Weise.

Am Moskauer Flughafen erwartet mich Olga, wie gewohnt. Wir gehen hinaus in die Nacht zur schwarzen Limousine mit rauchendem Chauffeur. Er hat mich bei der letzten Fahrt darum gebeten, ein bestimmtes, sehr ausgefallenes Handy für ihn in Berlin zu kaufen. Jetzt ist er natürlich enttäuscht, daß ich ihm das gewünschte Sehnsuchtsobjekt nicht mitbringe. Ich hatte in einem Geschäft an der Friedrichstraße danach gefragt und erfahren, daß es sich dabei um ein absolutes Luxusteil handelt, das extra bestellt werden muß und etwa 500 Euro kostet. Nachdem ich ihm von diesem Erlebnis berichtet habe, füge ich dazu: »Bei uns kosten Handys normalerweise zwischen einem und 200 Euro, 500 Euro ist doch etwas zu teuer, oder?!«

Brummend nimmt er hinter dem Steuer Platz und rast los, über die immer noch verschneiten und rutschigen Straßen.

»15 Grad minus, sehr warm«, meint Olga.

Ich überreiche ihr zwei Bücher als Geschenk: eines über Hundertwasser, den sie so liebt und ein zweites über moderne Malerei.

»Beide Bücher sind eigentlich mehr für Mascha gedacht«, sage ich und äußere den Wunsch: »Hoffentlich bringst du sie bald einmal mit, damit ich sie endlich kennenlerne!«

Olga: »Ja, bald. Ich verspreche es dir. Sie ist auch schon ganz neugierig auf dich!« Es freut mich zu erfahren, daß die beiden in meiner Abwesenheit über mich sprechen.

Flug, Fughafen und Abholen sind bereits Routine für mich. Da ich alle Abläufe bestens kenne, registriere ich sie kaum noch. Moskau ist für mich fast Alltag geworden. Daß ich jetzt nur noch drei Tage hier sein werde, rührt mich trotzdem und macht mich traurig.

Ich erzähle Olga: »Während des Fluges saß eine hübsche, etwa 30jährige Russin neben mir, die in den zwei Stunden vier kleine Flaschen Rotwein getrunken hat.«

Olga darauf trocken: »Bestimmt eine mißglückte Liebesgeschichte in Berlin.«

»Vielleicht. Hätte ich sie fragen sollen?«

»Besser nicht, jeder muß damit allein fertig werden!«

Während wir plaudern und sich die Stadt vor den Fenstern langsam um uns schließt, stelle ich mir noch einmal die anderen Passagiere im Flugzeug vor: In der Reihe vor mir saßen zwei ziemlich schäbig gekleidete, ganovenhaft aussehende Typen, die ausdauernd in ihren Kunststofftaschen kramten, wahrscheinlich durchwühlten sie dabei eine Sammlung falscher Uhren, stelle ich mir vor. In der rechten Sitzreihe döste eine junge, blonde, stark geschminkte Frau mit schickem Pelzkragen vor sich hin, daneben blätterten derb aussehende, aufgequollene Anzugsgeschäftsleute in ihren Papieren. Davor die üblichen abrasierten Schädel, brutal aussehende Männer, denen ich nicht nachts in einer menschenleeren Moskauer Straße begegnen möchte.

Sobald das Flugzeug auf der Landepiste aufsetzte, schalteten fast alle Passagiere ihre Handys ein und telefonierten sofort wild durcheinander. Nach dem Ausrollen der Maschine sprangen sie alle gleichzeitig auf und drängelten, weiterhin laut telefonierend, in den schmalen Mittelgang. Russen scheinen von Natur aus zum Chaos zu neigen, und stehen außerdem ungern in der Schlange, habe ich den Eindruck. Sie benutzen jede Gelegenheit, sich vorzudrängeln. Vielleicht mußten sie früher zu viel und zu lange in Schlangen stehen.

Jetzt sitze ich wieder im gleichen Hotelzimmer wie letzte Woche. Draußen die eingeschneite Stadt. Unten auf dem kleinen nächtlichen Platz glänzt die goldene Zwiebelturmspitze des Kirchenfragments im fahlgelben Stadtlicht wie ein Versprechen. Dieses Gold hat in der grauen, jetzt zwar durch Schnee verklärten Stadt schon eine besondere Bedeutung. Ich denke wieder an die Kirchenhöhlen im Kremlbereich, die bis zur Decke mit Heiligenbildern angefüllt sind. Vielleicht sind diese Höhlen real gebaute Raumstationen des Geistes, vergoldete Ausstülpungen unserer kahlen Schädeldecken. Babuschkahöhlen. Hier kann niemand mehr daran zweifeln, daß es tatsächlich einen Gott gibt. Wenn er sich schon nicht am Nachthimmel zeigt, hier in diesen künstlich glänzenden Hallen wird er beschworen als zwingendes Produkt unserer unfertigen, menschlichen Phantasie, die nicht in der Lage ist, gott- und vaterlos dem Nichts gegenüberzustehen. Ich stelle mir Raumstationen mit goldenen Innenräumen vor. Ewige Lichter flackern auf den Weltallaltären, und die Astronauten beten millionenfach das Vaterunser, ununterbrochen bis an ihr Lebensende (natürlich nur in russischer Sprache).

Moskau, 31. Januar 2006

Heute lese ich beim Frühstück in der amerikanischen Mokau-Zeitung, daß ab jetzt bewaffnete Guards in Bussen und U-Bahnen patrouillieren. Die Überfälle auf Passagiere haben wohl in den letzten Monaten so zugenommen, daß die Stadt handeln mußte. Außerdem treiben – so steht es im gleichen Artikel – falsche Kontrolleure ihr Unwesen. Sie knüpfen jedem Passagier, der keinen gültigen Fahrausweis vorzuweisen hat, 100 Rubel ab (ungefähr 3 Euro). Eine ergiebige Einnahmequelle irgendwelcher findiger Kleinganoven. Wie in allen Großstädten der Welt nimmt auch der Vandalismus zu, Bänke werden aufgeschlitzt und angezündet, Fenster zerkratzt und zerschlagen, leere Flächen besprüht. Ich würde gern ein Buch über »Vandalismus« schreiben, über die Wut der Frustrierten, die sich nicht gegen Menschen, sondern gegen Dinge und Architekturen richtet!

Vor allem die trostlosen Vorstädte mit ihren Plattenbauwohnblöcken sind die Brutstätten von Wut und Gewalt. Arbeitslose Jugendliche dröhnen sich mit Alkohol und Drogen die Gehirne zu, die anderen streifen wie entsicherte Bomben durch die Straßen. Es genügen winzige Anlässe, und die angestauten Emotionen entladen sich explosionsartig. Ich selbst habe bisher keine Gewaltszene beobachtet, allerdings halte ich mich abends auch nie in den gefährlichen Stadtzonen der Vororte auf.

Die Hauptprobe heute abend findet mit Publikum statt. Als ich den Saal betrete, herrscht eine fröhliche Stimmung. Ich sehe vor allem junge Menschen, Schüler und Studenten. Nachdem sich der Vorhang geöffnet hat und mein Bühnenbild sichtbar wird, bricht spontan tosender Beifall aus. Juri 1 beugt sich zu mir vor und sagt: »That is for you, Hans, for the stage!«

Natürlich fließt in diesem Moment ein gewisses Glücksgefühl durch meine Seele. In den nachfolgenden Stunden bewundere ich Juri 1 wirklich: So ein Ballett ist wie eine riesige, vielgliedrige Maschine, die entworfen, konstruiert und gebaut werden muß. Jedes Rad hat darin problemlos zu laufen, jedes Gelenk mühelos zu funktionieren. Es darf keinen Stillstand geben und keine Kollision.

Wer als Tänzer oder Tänzerin die Bühne betritt, muß sich nach Juris Angaben bewegen und ist ganz dem Verlauf der Musik angepaßt. Improvisationen sind tabu. Ich stelle allerdings erneut fest, daß jede Art von Ballett zu einer gewissen Oberflächlichkeit verurteilt ist. Geistiger oder inhaltlicher Tiefgang ist nicht möglich, dazu fehlen Sprache und Gesang. Irgendwann komme ich mir als Zuschauer vor wie in einer Taubstummenschule. Die Erzählung muß mühsam entziffert werden. Alle Körper schweigen, man hört nur ab und zu das Klappern und Schleifen der Schuhe. Der übrige Raum, der Hörraum ist voller Musik; sie klingt, fiedelt, schlägt Bögen, rhythmisiert die Zeit und die Luft. Mit ihren Körpern versuchen die Tänzer und Tänzerinnen, die Musikstruktur in menschliche Bewegungen zu übersetzen. Sie reagieren, schwimmen auf den unsichtbaren Wellen der Komposition.

In der Pause steht mir plötzlich Olya gegenüber. »Mein Gott, Olya!« rufe ich fast zu laut aus und vergesse dabei, daß sie ja kein Deutsch versteht. Sie lächelt mich an. Oft habe ich an sie gedacht. Zweimal haben wir auch telefoniert und uns verabredet, aber irgend etwas kam immer dazwischen. Sie war in den letzten Wochen unterwegs, ich glaube in London, gleich werde ich sie danach fragen. Damals, auf dem Friedhof trug sie ein leichtes Sommerkleid, jetzt hat sie ein schwarzes, schweres, mit Rüschen besetztes Kostüm an, auch ihre Haare kommen mir länger und dunkler vor. Nach einer kurzen Schrecksekunde, versuchen wir unsere Ichs wieder gleichzustimmen, setzen uns in den Zuschauerraum und plaudern, sie in perfektem und ich in meinem holprigen, immer nach Worten suchenden Englisch.

Olya erzählt: »In the last days, I often thought at you, while I was on tour with Sandra and her husband, who has arrived from San Francisco three days ago. You know, we visited churches and museums. Americans love golden architectures!«
Ich: »Why don't you call me. Perhaps I would come with you?«

Olya: »You know, Tamara kicked me out of the *Cinderella*-production team and afterwords I was very sad about this.«

Ich: »I thought so often at you!«

Olya: »I am glad about this. But I was very busy, have been in London and Dublin during the last three weeks.«

Irgendwann betritt Sandra den Raum und steuert direkt auf uns zu. Hinter ihr geht ein kleiner Mann, den sie als ihren Ehemann Edmond vorstellt.

Sandra: »Hans, this is my husband!«

»Hy, I am Edmond!« Wir begrüßen uns kurz.

Ein typischer Amerikaner, drahtig, langlaufgestählt, gewandt, intelligent und eitel.

Edmond: »I am working for the worldbank in New York and I am the whole year on tour through all countries of the world ... Africa ... Kasachstan ... I am teaching the people the Internet!« Eigentlich habe ich ihn überhaupt nicht nach seiner Tätigkeit gefragt, andererseits bin ich ganz froh, darüber jetzt Bescheid zu wissen.

Unsere *Cinderella* kommt, trotz ihrer Überlänge, gut beim Publikum an. Zum Schluß gibt es kräftigen Applaus. Nach der Vorstellung gehen wir zusammen – Sandra, Edmond, Olya und ich – in ein kleines Lokal, das Olya kennt und vorgeschlagen hat. »In this restaurant real Russian live-music will be performed! You like it, I know!« sagt Olya. Allerdings müssen wir über eine halbe Stunde durch die kalte, verschneite Stadt wandern, bis wir dort gegen Mitternacht ankommen. Inzwischen ist das Thermometer bestimmt wieder auf minus 25 Grad oder 30 Grad gesunken. Leichter Schneefall setzt ein –, oder sind es nur vom Verkehr aufgewirbelte Flocken? Wir ziehen unsere Mützen noch tiefer über die Ohren und stapfen frierend, aber in prickelnder Vorfreude durch die Stadtnacht unserem Ziel entgegen. Als wir dann endlich vor dem Lokal stehen, sieht es so aus, als wäre es geschlossen. Die Tür läßt sich zwar öffnen, es brennt innen auch Licht, aber der vordere Kneipenraum ist vollkommen menschenleer. Erst, nachdem wir rufend den leeren Raum durchquert und eine zweite Tür aufgestoßen haben, entdecken wir in einem Hinterzimmer acht Tische und fünf Menschen, vier Männer und eine Frau. Sie sitzen dort im trüben Licht mehrerer Kerzen und einer nackten elektrischen Birne, die ewas armselig von der Decke hängt. Der Raum – eine Mischung aus Kaschemme und kleinem Ballsaal – hat bestimmt schon einmal bessere Zeiten erlebt.

Das leise Gespräch der Anwesenden verstummt, als wir in der Tür erscheinen, und alle blicken zu uns auf. Olya grüßt auf russisch, brummend bücken sich die anderen Anwesenden wieder über ihre Tische und starren vor sich hin. Von Live-Musik ist nicht viel zu sehen und zu hören. Nur einer der anwesenden Männer hält eine Gitarre auf dem Schoß wie ein schlafendes Kind und wiegt das Instrument, ab und zu an einer Saite zupfend, hin und her, als wolle er es einschläfern.

Olya, die unseren Schreck bemerkt hat, muntert uns fröhlich auf, Platz zu nehmen und wagt die Prognose: »Come, sit down. We are to early. The Russian live starts in the early morning. I am sure, some other visitors will arrive in the next hours.«

Nachdem wir uns niedergelassen und bei einem angetrunkenen, schwankenden, mit seinen pomadigen Haaren leicht schmierig aussehenden Kellner, bestellt haben, beginnt sich die Szene tatsächlich langsam zu beleben. Allerdings betrifft das nur die anwesenden Personen, fremde Gäste tauchen in der nächsten Stunde nicht auf. Ein offensichtlich ebenfalls betrunkener, dicker, schnauzbärtiger Mann setzt sich an ein Klavier, das ich jetzt erst in der Raumecke entdecke, und greift in die Tasten. Der Gitarrist fällt ein, begleitet ihn. Summend beginnen die übrigen Anwesenden zu singen, am lautesten die Frau am Tisch gegenüber. Offensichtlich handelt es sich um ein altes, trauriges russisches Lied. Olya scheint begeistert und beteiligt sich beim Refrain. Nach einiger Zeit steht der Gitarrespieler auf, wankt auf unseren Tisch zu und fordert Olya auf, allein ein Lied zu singen. Sie ziert sich zunächst, aber nachdem wir sie alle ermutigt haben, erhebt sie tatsächlich ihre Stimme. Ich wundere mich über ihren kindlichen, fast zerbrechlichen Tonfall. Eine zweite Lotte Lenya oder Edith Piaf ist sie zwar nicht, aber dennoch geht eine magische Wirkung von ihren selbstproduzierten Tönen aus. Obwohl ich kein Wort verstehe, packen mich die traurigen, herzzerreißenden Melodien so stark, daß ich immer wieder gegen Tränen ankämpfen muß.

Dieser trostlose Raum mitten im nächtlichen Moskau wirkt plötzlich verzaubert und kommt mir vor wie ein tief eingeschneiter Waggon der Transsibirischen Eisenbahn, der in der unendlichen Weite der winterlichen Tundra festsitzt. Ich blicke wie gebannt in Olyas Gesicht. Hätte Edmond nicht zu laut geklatscht und Sandra nicht zu laut gelacht, wie das in Amerika bei solchen Anlässen üblich ist – wahrscheinlich erinnert sie die Situation eher an ein Hillbilly-Fest – hätte ich mir gewünscht, für immer in diesem Raum zu bleiben und mit Olya im russischen Weltschmerz langsam unterzugehen. Ich denke an ihre Träume von russischen Holzhütten, sehe uns am offenem Kaminfeuer sitzen, höre ihr Lachen, sehe ihre Augen und glaube mal wieder, im Inneren der russischen Babuschka-Puppe angekommen zu sein. Als ich Olya in einer kleinen Pause frage, ob sie mir einen der Liedtexte übersetzen könne, schaut sie mich groß an und sagt: »No it's not possible. They are too sad, too sad ...!«

Für mich bleibt also das Rätsel erhalten. Ich vermute, daß die Texte – wie bei Blues Songs oder Fado-Gesängen auch – von verlassenen Frauen und Männern, von untreuen Liebhabern und Geliebten, von mißglückten Lieben, von Sehnsucht und Eifersucht handeln, wovon auch sonst?

Nach über zwei Stunden verlassen wir Olya, die sich inzwischen zu ihren Landsleuten an den Tisch gesetzt hat, raucht, Wodka trinkt und mit ihnen weitersingt. Jetzt, gegen 3.00 Uhr morgens, kommen uns einige russische Pärchen entgegen, die das Lokal betreten. Zu spät für uns, denke ich und trotte nüchtern und etwas melancholisch hinter Sandra und ihrem Mann her, die händchenhaltend und wodkabeschwingt durch die schwefelige Moskauer Nacht stapfen. Die Kälte beißt sich in meinem Gesicht fest, und die aufwirbelnden Schneeflocken stechen in die Haut wie kleine Rasierklingen. Olya, geht mir durch den Kopf, werde ich jetzt wahrscheinlich nie wieder sehen. Ich lasse sie in meiner Vorstellung ganz langsam und endgültig in der Moskauer Winternacht untergehen.

Moskau, 1. Februar 2006

Morgens schreibe ich im Zimmer. Gegen Mittag besuche ich die letzte Hauptprobe unserer *Cinderella*, von 12.00 bis 15.00 Uhr, ohne Publikum. Anschließend bringe ich meine üblichen Kritikpunkte gegenüber dem technischen Direktor vor, beanstande Beulen, Rumpeln, Licht und dergleichen. Natürlich alles schön in Lob verpackt, schließlich will ich nicht unhöflich sein. Im Grunde gibt hier jeder sein Bestes, das muß ich schon sagen.

Heute abend zur Generalprobe werde ich unsere Produktion zum letzten Mal sehen. Die freie Zwischenzeit nutze ich, um mit Olga eine merkwürdige Kunstausstellung zu besuchen, die in einem Gebäude ganz in der Nähe des Bolschoi-Theaters, gleich hinter der Duma, gezeigt wird. Natürlich erzähle ich ihr nichts von unserem nächtlichen Ausflug mit Olya. Vielleicht wäre sie nur eifersüchtig geworden, und das muß ja nicht sein. Olga bereitet mich auf das Kunsterlebnis vor und sagt: »Diese Kunstausstellung ist im Augenblick Tagesgespräch in Moskau. Der Künstler versucht, alles auf einen Nenner zu bringen: sozialistischen Realismus, Historienmalerei und Moderne. Da er von Putin unterstützt wird, bin ich jetzt schon gegen ihn!«

Als wir die Ausstellungshalle betreten, staune ich über die Menschenmenge, die sich hier versammelt hat. An der Kasse müssen wir eine halbe Stunde in einer Schlange warten. Mir fällt in diesem Moment ein, daß früher, noch zu Sowjetzeiten, Gedichtrezitationen, von Jewtuschenko etwa, ganze Stadien gefüllt haben. Lyrik – wie Kunst allgemein – bewegte und bewegt hier Massen. Ich habe als Student in Hannover, im Jahr 1967, selbst eine Rezitation des Lyrikers Wosnessenski erlebt, die mich stark beeindruckt hat. Er trug seine Werke auf russisch mit einem so gewaltigen Pathos vor, als befände er sich auf einer Opernbühne, allerdings hörten ihm damals nur etwa 100 Studenten zu, unter ihnen saß auch Peter Handke, der gerade zu Besuch in der Stadt war.

Wir betreten die vornehm-einschüchternden Oberlichtsäle. Andächtige Menschentrauben stehen vor jedem Gemälde. Auf einer Texttafel am Eingang lese ich, daß der Künstler 40 Jahre alt ist und zu den erfolgreichsten Malern seiner Generation gehört. Den Namen habe ich schon wieder vergessen. Ich hätte ihn mir aufschreiben sollen. Die Themen seiner Riesenölschinken sind pompös und gehen aufs Ganze: Militärisches (Schlachten mit Panzern und Flugzeugen), Religiöses (Christus am Kreuz, Christus in Sibirien, Maria in Moskau). Daneben gibt es Frauenbilder, die fatal an »Dritte-Reich«-Malerei erinnern. Sozialistischer Realismus (da hat Olga Recht, wie fast immer) zwischen Historismus, Militarismus, Akademismus, Sexismus, Kitsch und Kaufhauskunst. Technisch sind alle Bilder erstaunlich virtuos gemalt, ein Könner.

Ich bin fasziniert und verwirrt über dieses unverschämte Crossover, diese bodenlose Anbiederung an Massengeschmack und Massengeschmacklosigkeit. Vielleicht gibt dieser Maler wirklich eine Art Zeitstimmung wieder. Olga schimpft: »Ich finde diese Schinken sind eine Frechheit und Zumutung! Sie werden von den Neureichen gekauft! Der Maler schwimmt bestimmt im Geld! Fehlt nur noch ein Porträt von Putin!«

Am Abend gehe ich, melancholisch gestimmt, in die Generalprobe unserer *Cinderella*. Da die wesentlichen Rollen doppelt besetzt sind, ist es möglich an einem Tag zwei Vorstellungen durchzuführen. Die Aufführung ist öffentlich, mit Eintrittskarten, Garderobieren, Kartenabreißerinnen und Platzanweiserinnen. Schon beim Eintreten merke ich, daß der Andrang riesengroß ist, was mich natürlich freut. Juri 2 erklärt mir, daß viele Ballettexperten und wichtige Kritiker da seien. Ich habe eine Karte in der zweiten Reihe. Zunächst versuche ich, weiter hinten zu sitzen, aber da alle Plätze belegt sind, füge ich mich und bleibe vorn sitzen.

Plötzlich steht Olga mit Mascha vor mir. Wir begrüßen uns herzlich. Zu meiner Überraschung setzt sie Mascha neben mich und geht selbst zu einem Platz in der ersten Reihe, weit von uns entfernt. Ich freue mich natürlich sehr darüber, endlich Mascha zu sehen und kennenzulernen. In Wirklichkeit sieht sie noch viel netter und zauberhafter aus als auf dem Photo. Ihre langen Haare hat sie wieder zum Pferdeschwanz gebunden. Verschmitzt schaut sie mich mit ihren großen, intelligenten Augen an und setzt sich, die pinkfarbene Schultasche auf dem Schoß, neben mich. Zunächst weiß ich nicht, was ich sagen soll, außerdem bin ich der Meinung, Mascha spreche nur Russisch. Nach wenigen Minuten stelle ich fest, daß sie besser Englisch kann als ich und plaudere mit ihr. Ich frage sie, was sie in der Tasche habe, sie zeigt mir ihr Englisch-, dann ihr Erdkundebuch. Um den Hals trägt Mascha eine Kette mit einem kleinen gelben Schuh. In der Pause nimmt sie ein Blatt heraus, das sie ganz eng gefaltet in diesem Schuh versteckt hat, und zeigt es mir. Ich erkenne das gezeichnete Porträt eines bebrillten Mannes mit Bart und frage sie, ob sie das gezeichnet habe und ob das ihr Lehrer sei. Sie bejaht.

Jedes Mädchen hat ein Geheimnis. Ist das ihr Geheimnis? Ich kann kaum glauben, daß sie mir ihr Geheimnis bereits nach einer Stunde offenbart. Olga erklärt mir später, als ich ihr von diesem Vorgang berichte: »Was, sie auch? Alle Mädchen der Schule sind in ihn verliebt. Es ist der Geschichtslehrer. Er kann so schön Geschichten erzählen.« Sie wußte noch nicht, daß Mascha jetzt auch zu seinen Verehrerinnen gehört. Wir wundern uns beide über den Männergeschmack von Mascha, denn auf der Zeichnung ist ein häßlicher, eher unsympathischer Mann zu erkennen.

Trotz dieser Offenbarung mag ich Mascha sofort, ihre Ausstrahlung, ihre Bescheidenheit, ihre Neugier, auch die Art wie sie mich mit ihrem Ellbogen während der Aufführung immer wieder am Arm berührt. Ich frage sie, ob ich ihr die Handlung des Balletts erklären soll. »I know everything!« erwidert sie und beschämt mich fast. Wahrscheinlich kennt sie das Märchen besser als ich. Später gähnt sie ab und zu herzhaft, und ich denke: Wie ehrlich sie ist!

Nach der Aufführung stehen wir zu dritt im Foyer zusammen und Olga umarmt ihre Mascha immer wieder. Ich sehe sie danach gemeinsam die Treppe hinuntergehen, Hand in Hand, und verstehe Olga jetzt noch besser als vorher. Ein gewisses Neidgefühl steigt in mir auf.

Die Aufführung selbst läuft eigentlich sehr gut, ich leide keinen Moment. Das Publikum klatscht nach jeder Ballettnummer. Während des Schlußbilds, als meine leuchtenden Uhren vor dem Mond vorbeirollen, gibt es großen Szenenapplaus, mitten in die Musik hinein. Natürlich freue ich mich darüber. Drei fremde Leute kommen am Ende der Vorstellung zu mir, schütteln mir die Hand und gratulieren zu den tollen Bildern. Mir ist nicht ganz klar, woher sie wissen, wer ich bin. Später treffe ich die Juris. Wir verabreden uns im Restaurant »Puschkin«, es sei das beste in ganz Moskau, behauptet Juri 2.

Der Abend wird dann nicht ganz so schön wie der vorherige. Vor allem Juri 1 bringt einen Toast nach dem anderen auf mich aus, ein Vorgang, der mir zunehmend unangenehmer wird. Nach einer halben Stunde hat er bereits eine ganze Flasche Wodka geleert und den wilden Blick im Gesicht, der mir etwas Angst macht. Auch Sandra und Edmond trinken Wodka, obwohl sie es nicht gewohnt sind und nicht vertragen. Juri 2, der Dramaturg, wird nach einigen Gläsern eher ruhig und depressiv. Sandra und Edmond schreien und lachen kreischend, was mir als Nichttrinker ziemlich peinlich ist. Juri 1 spricht wieder und wieder von möglichen weiteren Projekten, nennt jedoch nichts Konkretes. Ich erwähne *Sacre* und *Feuervogel*. Juri 1 meint, das sei für ihn zu schwer. Er wolle jetzt noch ein Jahr selbst tanzen, danach ausschließlich als Choreograph arbeiten.

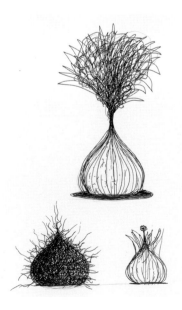

Es wird so spät wie am Abend zuvor. Als ich ins Hotelzimmer zurückkomme, ist ein Anruf von Olya auf meiner Hotelmailbox, in dem sie sich traurig von mir verabschiedet. Ich wäre noch gerne mit ihr ein paar Tage lang durch Moskau gezogen. Im Rückblick muß ich sagen, daß ich bisher in keinem Land der Welt so freundlich und herzlich aufgenommen wurde wie hier in Rußland. Die Russen sind warm, natürlich und voller Neugier auf andere Menschen. Der fremde Besucher wird besonders verehrt und nicht skeptisch beäugt wie bei uns oder in romanischen Ländern. Es gibt nicht diese kalten, pseudofreundlichen Fassaden wie in Amerika. Ich glaube, es wird auch nicht ganz soviel geheuchelt. Die Gefährdung der Menschen hier liegt in einer tief gespürten Unerfülltheit und in der daraus resultierenden Melancholie, die viele zum Alkohol greifen läßt. Wer nicht trinkt, betet und besucht die Kirchen, die Kapellen und die Popen.

Auf der letzten Fahrt zum Flughafen erzählt mir Olga von Maschas Schule. Eine Privatschule, die von einem ehemaligen Schauspieler gegründet worden ist. Nach den normalen Schulfächern am Vormittag, können die Kinder nachmittags im Einzelunterricht lernen, was sie wollen: Jazzdance, Flamenco, Pop, Musical, Gesang, Klavier, Gitarre, Theater, Malerei, Zeichnen, Schreinern, Töpfern, Gärtnern. Es hört sich für meine Ohren wie ein schulisches Paradies an. Olga und Mascha sind auch sehr glücklich darüber. Der einzige Wermutstropfen besteht darin, daß letztes Jahr der Sohn des Schulleiters in die Führungsriege eingetreten und nicht mehr ganz so musisch ausgerichtet ist wie sein Vater. Er will Geld verdienen und expandieren. Auf diese Weise kommen jetzt mehr und mehr die Kinder neureicher Mafiosi in die gemischten und bisher sehr kleinen Klassen, die aus maximal 15 Kinder bestehen. Vielleicht hat Mascha noch Glück, und die Entwicklung geht nicht allzu rasant in die falsche Richtung.

Beim Flug zurück nach Deutschland werde ich ganz traurig darüber, daß ich meine Zeit in Rußland nicht mehr ausgenutzt habe. Mein Visum hätte es mir auch erlaubt, auf das Land zu fahren und Dörfer zu besuchen. Jetzt kenne ich nur Sankt Petersburg flüchtig und Moskau ein wenig. Die meiste Zeit habe ich im Bolschoi-Theater und im Hotel verbracht. Während wir über einer dichten Wolkenlandschaft schweben, lese ich in einer Zeitschrift ein Interview mit dem Moskauer Bürgermeister, der von den Veränderungen der Stadt in den letzten zehn Jahren berichtet. Sein Hauptstolz besteht darin, daß es in Moskau keine Arbeitslosen gibt. Die Methode, das zu erreichen, ist mir klar: Vor jeder Hauseinfahrt steht ein Mann und bewacht sie, an jedem Eingang ins Bolschoi-Theater stehen vier Männer und zwei Frauen, um die Ankommenden zu überprüfen. Es wird nicht gespart an Kleinjobs. Jeder hat etwas zu tun. Und die Frau des Bürgermeisters – lese ich – gilt als reichste Frau Rußlands. »Sie ist eine gute Geschäftsfrau«, sagt ihr Mann.

Einige Tage nach meiner Rückkehr erreicht mich eine E-Mail von Ksenia, in der sie davon berichtet, daß unsere Aufführung ein Erfolg gewesen sei, daß die Kritiker jedoch an der Choreographie einiges auszusetzen hatten. Bühnenbild und Kostüme seien gelobt worden. Ich bekomme auch die Programmhefte zugeschickt. Mir fällt auf, daß darin die ganzseitigen Reklamephotos weit brillanter abgedruckt sind als die Modell- und Aufführungsphotos.

Barcelona

Eigentlich würde ich jetzt gern – am Samstagabend – durch die Straßen Barce-
lonas wandern, statt dessen hat es mich in die Stadt Zürich verschlagen. Nachdem
die Flugreise in Stuttgart problemlos begonnen hatte, stockte der Reisefluß beim
Umsteigen auf dem Airport Kloten wegen eines plötzlichen Wintereinbruchs. Die
Abflugzeiten wurden immer wieder verschoben. Später, als die Dämmerung ein-
setzte und der Schneefall dichter und dichter wurde, verkündete eine weibliche
Stimme über Lautsprecher: »Leider sind wir gezwungen, die sofortige
Schließung des Flughafens bekanntzugeben. Alle Flüge werden annuliert!«

Die Nachricht schlägt wie eine Bombe ein. Nach kurzen Schrecksekunden
bricht lautstarkes Chaos aus. Alle Passagiere rennen rufend, gestikulierend und
fragend durcheinander. Plötzlich entsteht jener Moment der Wahrheit, den ich in
allen Vorgängen verpuppt enthalten sehe: Der so harmlos aussehende, gut funktionierende, geregelte Ablauf der Ereignisse verliert von einem Moment zum
anderen seine selbstverständliche Ordnung, bricht in sich zusammen wie ein mit
schönen Gläsern gefülltes Regal und verwandelt sich splitternd in ein Chaos.

Ich versuche, meine Gedanken zu ordnen. Zunächst stellt sich die ganz banale
Frage: Wo ist mein Gepäck? Da es bis Barcelona eingecheckt war, das Flugzeug
jedoch nicht fliegt, muß es sich demnach noch hier auf dem Airport befinden.
In diesem Moment höre ich folgende Durchsage: »Alle Gepäckstücke werden
den Reisenden im ›baggage claim‹ ausgehändigt. Bitte begeben Sie sich in diesen
Bereich des Flughafens.«

Im Gegensatz zu den meisten anderen Reisenden, die, wie von Taranteln gesto-
chen, aufgeregt über Flure und Rolltreppen in das Untergeschoß hinabstürzen,
gehe ich langsam los. Das Bild, das mich jetzt erwartet, übersteigt alles, was ich
bisher an Gepäckansammlungen gesehen habe. Die Transportarbeiter haben sich
dazu entschlossen, alle Koffer und Taschen einfach in die Baggage-claim-Halle
zu werfen. Binnen weniger Minuten breitet sich hier eine geschlossene, sich
immer wieder zu Bergen auftürmende Gepäcklandschaft von ungefähr 400 Metern Länge und 50 Metern Breite aus. Verzweifelte Passagiere schaufeln sich mit
bloßen Händen, fluchend und jammernd, Wege durch das surreale Schlachtfeld
auf der Suche nach ihrem Koffer, ihrer Tasche. Da heute fast alle Gepäckstücke
ähnlich oder gar gleich aussehen, ein schwieriges Unternehmen. Mit Galgen-
humor, zwischen Ungläubigkeit und Hoffnung schwankend, reihe ich mich in das
Heer der Suchenden ein. Kaum zu glauben, aber nach ungefähr einer Stunde werde ich tatsächlich fündig. Wie ein folgsames, anhängliches Hündchen hat mein
Koffer in der hintersten Ecke der Halle auf mich gewartet.

Jetzt also Zürich. Ich steige in ein Taxi und sage zu dem Fahrer: »Sie wissen,
daß der Flughafen gesperrt worden ist?«

»Ja, ich weiß!«

»Ich habe keine Unterkunft in Zürich bestellt, bringen Sie mich bitte zu irgendeinem Hotel in der Nähe des Bahnhofs.«

Er fährt los und liefert mich eine halbe Stunde später vor einem leuchtenden
Eingang ab. Ich habe auf Anhieb Glück, das Hotel ist nicht ausgebucht. Nachdem
ich ein kleines, warmes Mansardenzimmer bezogen habe, breche ich erneut auf
und trete hinaus auf die tiefverschneite Straße. Das Gehen fällt schwer in der kalt-
nassen, an manchen Stellen matschigen, über 30 Zentimeter dicken Schneemasse.

Zürich ist für mich eine alte Bekannte, steht jedoch im Augenblick nicht auf
meiner Stadt-Wunschliste. Trotzdem bin ich gern hier, zum einen wegen der wunderschönen Lage der Stadt am Zürichsee, zum anderen wegen Georg Büchner,

Max Frisch und Thomas Mann, die in Zürich eine Zeitlang gelebt haben und hier gestorben sind.

Zunächst durchquere ich die Bahnhofshalle, danach biege ich in die Bahnhofstraße ein, die auf den See zuführt und direkt am Ufer endet. Diese Straße gehört zu den berühmten Boulevards der Welt, ähnlich den Ramblas, die ich mir in Barcelona vornehmen will. Im Flugzeug hatte ich ein Buch mit dem Titel *Boulevards. Die Bühnen der Welt* gelesen. Der Autor nennt die Züricher Bahnhofstraße darin etwas abfällig einen »Krypto-Boulevard«. Heute abend würde ich ihm recht geben. Außer mir ist niemand unterwegs. Es herrscht Totenstille. Das haben Geschäfts- und Bankenstraßen an späten Samstagabenden so an sich. Die Schaufenster glänzen mit ihren teuren Waren selbstverloren und narzißtisch vor sich hin, darüber stehen dunkle Fassaden mit schwarzen Fensteraugen. Nur hin und wieder fährt eine hell erleuchtete, gespenstisch-leere Straßenbahn an mir vorbei. Ich komme mir vor wie im Filmset für einen neuen Stephen-King-Horror-Film.

Meine Eltern, erinnere ich mich, schwärmten nach dem Krieg von dieser Straße. Hier hatten sie bei einem Besuch in der Schweiz zum ersten Mal wieder eine unzerstörte, reiche Einkaufsstraße gesehen, und sie kam ihnen nach all den Zerstörungen und Entbehrungen während des Zweiten Weltkriegs wie ein Wunder vor.

Dann fällt mir mein Abitursaufsatz ein. Das Gedicht *Reisen* von Gottfried Benn sollte mit romantischen Versen Josef von Eichendorffs über das »Wandern« verglichen werden. Benns Text beginnt mit den berühmten Worten »... Glauben Sie, Zürich zum Beispiel sei eine tiefere Stadt ...«, und später heißt es »... selbst in den 5th Avenuen fällt Sie die Leere an ...!« Beim Gehen durch den Matsch versuche ich, das Gedicht in meinem Gedächtnis zu rekonstruieren, beinahe mit Erfolg.

Erst als ich die Limmat und das Seeufer erreiche, hellt sich meine Stimmung auf, und ich denke: So schön kann eine Stadt sein! Hier wird sie zum Bild! Der See liegt zwar tiefschwarz vor mir, auch das Wasser des Flusses wirkt wie glänzender Teer, dennoch schließt sich das Bild, Häuser mit Giebeldächern, altertümlichen, vielsprossigen Fenstern und Erkern, die für mich immer etwas von Leuchttürmen (leuchten wofür? Das Bürgerliche? Das Sein im warmen Zimmer?) und von Beobachtungsstationen haben, man zeigt sich und behält den Überblick. Dazu die verklärende Schneeschicht über allem, die dem »Stadtbild« etwas verträumt Puppenstubenhaftes verleiht.

Wasser in verschiedenen Aggregatzuständen: als dunkles, geheimnisvoll-flüssiges, manchmal spiegelndes Element, als Eisfläche und als Schnee, gefroren zu weißfunkelnden Kristallen, die, zu einer Masse verklumpt, jene zweite Realität in die Städte zaubern, die uns so märchenhaft erscheint. Ich denke an Sankt Petersburg und an die zugefrorene Newa. In Barcelona bestimmt ein äußerst seltenes Phänomen. Es schneit weiter. Inzwischen liegen etwa 35 Zentimeter Neuschnee. Er sammelt sich sogar auf den Drahtverspannungen über der Straße.

Von der Limmat-Brücke aus sehe ich im Dunst das Opernhaus liegen, überlege noch kurz, ob ich hinübergehen soll, entscheide mich dann anders und biege in die Altstadt ein. In diesem Opernhaus habe ich 1978/79 das Bühnenbild zu *Elektra* von Richard Strauss entworfen. Regie führte Ruth Berghaus, die damals auf dem Höhepunkt ihres Ruhmes stand. Auch auf mich und die Kostümbildnerin Marie-Luise Strandt fiel davon ein gewisser Glanz ab. Übernächstes Jahr werde ich dort wieder ein Bühnenbild realisieren können: zu Bohuslav Martinus *The Greek Passion*. Dann tauche ich in die engen Gassen der Altstadt ein. Im Gegensatz zur Bahnhofstraße herrscht hier reges Leben und Treiben. Als ich die ersten Maskierten und Kostümierten sehe, fällt mir ein, daß im Augenblick Faschingszeit ist.

Plötzlich kommt mir, angeführt von einer schräg spielenden Blaskapelle, ein bunter Umzug entgegen. Trommler schlagen in wildem Rhythmus auf ihre Instrumente ein. In den engen Gassen hallt der musikalische Lärm besonders hart und beklemmend wider.

Zwischen den abenteuerlich-archaischen Masken mit ihren grotesk-schrillen Mündern, Nasen und Augen, ihren Strohhaaren, surrealen Geweihen und Hüten verstehe ich zum ersten Mal den heidnischen Kampf der Menschen gegen den Winter. Diesen Kampf, der wie fast alle Kämpfe sinnlos ist, weil sich die Dinge – in diesem Fall der Frühling – meist von allein einstellen, diesen Kampf kann niemand in Alltagskleidern führen; Naturmächte lassen sich nur mit der fremdartigen Wucht wilder Kostüme und Bräuche beeindrucken, das leuchtet mir ein.

In meinem »Boulevard«-Buch lese ich nachts noch folgende Zeilen: »Charles Baudelaire, der erste Dichter der Großstadt, nennt das Bild der Stadt, das sich auf dem Boulevard entrollt, la vie moderne. Er spricht von dem Wunder, das uns wie Atemluft einhüllt und das man darum vielleicht nicht wahrnehme. Das Straßenleben der Menge sei ein ungeheures Reservoir an Elektrizität.«

Zürich, 5. März 2006

Auf den Straßen liegen jetzt fast 40 Zentimeter Neuschnee. Mein Blick aus dem fünften Stock fällt auf eine große, durch ihre Hanglage schräg gekippte Kreuzung. Ich photographiere die dunklen, von den Autos in den weißen Schnee gezeichneten Bewegungslinien. Mich fasziniert diese Graphik, weil sie festschreibt, was eigentlich – ohne Schnee – unsichtbar geblieben wäre, eben die Bewegung. Durch Überlagerungen ergeben sich parallele Linien, Zeitlinien. Vergangenheiten. Gleichzeitigkeiten. Archäologie der Zeit.

Eigentlich wundern mich die Skiläufer nicht, die ich jetzt zwischen den Autos in den Randbereichen der Straße, dort, wo der Schnee am höchsten liegt, entdecke. Sie fahren den Berg herunter, als befänden sie sich in den Alpen. Die wenigen Autofahrer spielen mit und passieren die Kreuzung im Schneckentempo.

An meinem Hotelzimmertisch sitzend, das Fenster im Rücken, denke ich mir ein anderes, noch phantastischeres Kreuzungsbild aus: Nacht, Schneefall schraffiert das Bild diagonal mit weißen, gepunkteten Linien. Auf der Verkehrsinsel, die sich in der Mitte der Kreuzung als unbenutzbarer, toter Bereich herausgebildet hat, stehen 20 Aufzugstürme wie ein Denkmal für die einstige Eroberung höherer Wohnregionen. Leuchtende Glaskabinen hängen in verschiedenen Höhen an den Skeletten der vertikalen Konstruktionselemente. Manchmal bewegt sich eine der Kabinen langsam, sehr langsam in die Höhe oder nach unten – Aufzugskabinen-Ballett.

Nur wenige Kabinen sind leer, in die meisten sind unterschiedliche Dinge und Szenen eingebaut: Ein kleines Mädchen spielt ruhig mit seinen Puppen, ein Mann telephoniert, ein Paar streitet sich, der Mann schlägt die Frau immer wieder, bis sie schließlich gegen eine Scheibe knallt und blutverschmiert am Glas zu Boden rutscht. Ein dicker Mann frißt sich zu Tode, zwei Arbeiter in blauen Overalls sitzen auf Hockern und trinken Bier aus Dosen, der Boden ihrer Kabine ist bereits mit Dosen bedeckt.

Ein Liebespaar umkrampft sich verbissen, jeder starr vor Angst, den anderen zu verlieren, eine Hausfrau säubert die Glasscheiben ihrer Kabine, ein Jugendlicher lauscht seiner Lieblingsmusik und wiegt dabei den Körper im Rhythmus des Gehörten. Eine Kabine ist mit Wasser gefüllt, zwischen bunten Fischen schwimmt ein

Taucher kopfunter. Eine alte Frau krümmt sich vor Schmerzen, ein noch älterer Mann ist gerade gestorben und liegt am Boden, ein Einbrecher versucht, mit dem Glasschneider ein Loch in die Tür zu brechen, ein Politiker hält eine Rede, von der niemand etwas hört. In der höchsten Kabine steht eine junge Frau, preßt ihr Gesicht gegen die Scheiben und schaut sehnsüchtig in die Ferne wie *Iphigenie* von Anselm Feuerbach.

Auf den Kabinendecken haben sich Schneehauben gebildet und geben den Glaszellen ein bemütztes, lustiges Aussehen, das im Grunde dem Ernst der Gesamtszenerie widerspricht. Eiszapfen hängen an den Kabinenböden und zeigen als spitze Pfeile nach unten, Richtung Erdmittelpunkt. Aus dunkelgrauen, tiefhängenden Wolken schneit es weiter und weiter. Polizeiautos mit Blaulicht umkreisen den Turmwald von Zeit zu Zeit, ziellos, ohne einmal zu bremsen. Außerhalb der Kreuzung, auf dem Bürgersteig eines hohen Wohnblocks, schippt ein einsamer Mann Schnee. Das Schürfen seiner Schaufel auf den Steinplatten klingt wie das heisere Krächzen einer grippekranken Krähe.

Bevor ich den Laptop wieder zuklappe und zum wiedereröffneten Flughafen aufbreche (der Mann an der Hotelrezeption hat mir gesagt, daß seit 8.00 Uhr der Flugbetrieb wieder normal abgewickelt werde), fällt mir beim Einpacken meiner Sachen ein Zettel in die Hand, auf dem ich einige Gedanken zum Thema »Stadt« notiert habe: »Stadt ist die letztlich größte, eindrucksvollste kulturelle Hervorbringung der Menschen. Am Anfang standen Mauer und Dach. Haus um Haus wuchs die Urzelle. Man suchte Schutz vor Feinden und den Bedrohungen der Natur. Es entstanden Stadtburgen und Stadtfestungen. Wände umstellen die Einzelleben, umgreifen als tote, gebaute Hüllen die Bewegungen der Ichs. Später, nach dem Anwachsen der Städte zu Metropolen, bekommen die Wände auch Schutzfunktionen gegenüber anderen Menschen und gegenüber dem Lärm des Verkehrs, der Diskussionen, der Kämpfe, der Worte und Sätze. Plötzlich stehen die Wände da wie stumme Unterbrechungen, wie gebaute Wächter der Stille. Hier prallen die Blicke ab, vielleicht auch die Aggressionen, der Haß. Im Innersten der Gebäude ruhen die empfindlichen Nester des Anfangs. Hier haben Liebe und Traum ihren letzten Zufluchtsort.«

Mit dem Koffer in der Hand werfe ich noch einmal einen Blick aus dem Fenster. Jetzt springen mir die Werbeplakate und -schriften in die Augen, die über der Kreuzung schweben wie bunte Las-Vegas-Wolken. Niemand nimmt Anstoß an den riesigen, leuchtenden Buchstaben, sie gehören zur städtischen Unterhaltung, überdecken und bebildern die Leere. Während der einzelne in der Anonymität unterzugehen droht – sein Name wird nur winzig im Telefonbuch erwähnt oder steht wenig größer neben der Haustürklingel –, prägen sich die Firmennamen so unauslöschlich ins Gedächtnis ein, als seien sie die letzten, göttlichen Wahrheiten auf dieser Welt: »Coca-Cola, Marlborough, Sandoz, TUI, Heineken, Compaq.« Unter den Plakaten ziehen auf der Kreuzung fröhliche Skifahrer weiterhin ihre Bahnen.

Barcelona, 6. März 2006

Jetzt also bin ich in Barcelona. Mit 10 Grad ist es relativ kühl, außerdem fällt leichter Regen. Das gleiche Wetter empfing mich gestern nachmittag bei der Ankunft am Flughafen. Während der Taxifahrt zum Hotel in der Innenstadt überfielen mich trotzdem sofort angenehme Gefühle. Wahrscheinlich lag es an den Palmen, die am Straßenrand standen und unsere Stadteinfahrt so würdevoll begleiteten. Aber auch der Blick auf den weiten Horizont des Mittelmeers, der sich hinter den Containergebirgen am Hafen öffnet, aktivierte meine Sympathien für die leichtere, südliche Lebensart, die in einer Ecke meines Herzens immer schlummern, auch wenn die Temperaturen noch nicht die notwendigen Wärmegrade erreicht haben.

Mein Hotel liegt in der Via Laietana. Um ins Opernhaus Liceu an den Ramblas zu gelangen, wo im Augenblick unsere *Idomeneo*-Produktion als Übernahme aus Wien einstudiert wird, muß ich die gotische Altstadt, das Barri Gotic, durchqueren. Für mich genau der richtige Stadteinstieg an diesem Morgen. Ich lasse mich durch die abenteuerlich engen Gassen treiben und tauche sofort in eine Stadtatmosphäre ein, die mich zurückträgt in eine ferne Zeit. Mit halbgeschlossenen Augen kann ich mir gut den geschäftigen Lärm vorstellen, der hier vor 100, 400 oder 700 Jahren herrschte. Ob es wirklich so gestunken hat, wie immer behauptet wird, weiß ich natürlich nicht, aber ich nehme es an. In einem Spalt, der sich kurz öffnet wie ein Vorhang aus Stein, sehe ich die düstere Kathedrale auftauchen, dann gehe ich weiter an schicken, neonbeleuchteten Cafés und Läden vorbei, die sich heute in den einstigen, dunkel verschatteten Werkstätten und Kaschemmen eingenistet haben. Fast an allen Hauswänden in der Calle de Ferran entdecke ich Schrammen, Putzabplatzungen und feuchte Zonen, die mich an das fortgeschrittene Alter der Gebäude denken lassen. Fassaden wie Schildkrötenpanzer. Manchmal streife ich so nah an den Wänden vorbei, daß ich sie berühren, spüren und riechen kann. Wenn nicht zu viele Passanten unterwegs wären, würde ich mein Ohr an sie legen und an ihnen horchen. Das Hinaustreten auf die Ramblas erlebe ich heute wie eine Befreiung aus Enge und Mittelalter. Ich tauche in den Touristenstrom ein, der hier Tag und Nacht auf und ab flutet, betrachte die Auslagen der Andenkenverkäufer, die ihre Stände unter den noch winterlich kahlen Platanen ausgebreitet haben.

Die genaue Adresse des Teatro Liceu lautet: Rambla dels Caputxins, 65. Der Bau wurde zwischen 1844 und 1847 auf dem Gelände eines ehemaligen Kapuzinerklosters errichtet und mit der Oper *Anna Bolena* von Bellini eröffnet. Bekanntlich brannte das nach der Mailänder Scala zweitgrößte Opernhaus Europas im Januar 1994 vollständig aus. Wahrscheinlich war ein Kurzschluß der Auslöser. Es war nicht der erste Brand. Bereits 1861 zerstörte ein Großfeuer das Theatergebäude. Der zweite Brand wurde 1893 durch einen Anarchisten gelegt, der zwei Bomben in den vollbesetzten Zuschauerraum warf und dabei 22 Menschen tötete. Die Besucher von Opernhäusern sind zu allen Zeiten eine gefährdete Spezies gewesen. Schließlich bekennen sie sich öffentlich zu einem Luxusleben, das sich arme Arbeiter und herumziehende Anarchisten nicht leisten können. 1999 fand die festliche Wiedereröffnung des liebevoll rekonstruierten Opernhauses statt.

Obwohl ich im Laufe der letzten Jahrzehnte schon oft in Barcelona war, habe ich das Teatro Liceu im vergangenen Sommer zum ersten Mal betreten. Damals zeigte mir der technische Direktor die gewaltigen neuen Einbauten und Lagerräume in den Kellergeschossen. Weil in der Umgebung des Opernhauses kein Platz für Erweiterungen zur Verfügung stand, waren die Architekten und Ingenieure gezwungen, alle Magazine in die Tiefe zu verlegen. Dabei entstand die geniale Idee, die gesamte Bühnenfläche als Aufzug zu benutzen.

Natürlich ist das Gebäude heute der ganze Stolz Kataloniens und wird deswegen ähnlich scharf bewacht wie das Bolschoi-Theater in Moskau. Während sich die Russen durch tschetschenische Terroristen bedroht fühlen, geht in Katalonien die Angst vor der baskischen Untergrund-Organisation ETA um. Allerdings schlu-

gen diese Terroristen bisher mehr in der spanischen Hauptstadt Madrid zu, Barcelona gehört nicht zu ihren erklärten Zielen.

Heute treffe ich mich mit Nicolas, der eigens für diesen Termin aus Genf herübergeflogen kommt, mit Roy, der *Idomeneo* für Barcelona einstudiert, und mit Alexander, der im Augenblick das Licht einrichtet. Gemeinsam gehen wir über die Bühne und schauen uns die Problemzonen an. Vor allem der vordere Bereich in der Nähe des Orchestergrabens ist hier schwierig, da wir das Spielniveau gegenüber Wien insgesamt anheben mußten. Der Grund dafür ist eine aufgelegte Drehbühne. Zum Orchestergraben hin ergeben sich dadurch drei Stufen. Genau diese Stufen sind jetzt – wie sich zeigt – ein Gewinn. Der Regisseur kann sie gut nutzen. Bald ziehen sich die drei zurück und wollen inszenierungstechnische Abläufe und Dispositionsfragen besprechen, zu deren Lösungen ich nicht viel beitragen kann.

Während ich allein durch meine Aufbauten streife und die Mängel auf einem Zettel notiere, denke ich daran, was dieses Bühnenbild schon alles erlebt hat: zuerst der Bau in den Münchner Bavaria-Filmstudios, dann der Transport nach Wien, dort der Aufbau in den ehemaligen Schönbrunner Filmstudios und schließlich im Theater an der Wien, danach die Verladung auf vier große Lkws und die Fahrt quer durch Europa bis nach Barcelona. Der Transport nach Hamburg steht noch bevor.

Nachdenklich betrachte ich Schrammen und Beulen, übergroße Lücken und Flecken. Mit Farben läßt sich vieles korrigieren. Gott sei Dank bleibt das Bühnenbild bis zum Ende der Aufführungsserie stehen und wird nicht jeden Tag auf- und wieder abgebaut. Wie im Theater an der Wien praktiziert man in Barcelona das Stagione-Prinzip. Bevor ich das Opernhaus verlasse, rede ich mit dem Bühnenmeister und hoffe, daß er meine Korrekturanweisungen weitergibt. Man wird sehen.

Jetzt, am Sonntagabend, herrscht besonders starkes Treiben auf den Ramblas. Ich stelle mich unter den Eingangsbogen des Opernhauses und betrachte das Fußgängerströmen wie einen Film, der vor mir abläuft. Die eine Hälfte der Menschen bewegt sich von Süden nach Norden, die andere von Norden nach Süden. Gehen, gehen, schieben, stoßen, gehen, rufen, lachen, flirten, gehen, gehen. Getrappel, Getrappel, Getrappel.

Man zeigt sich, man schaut und wird gesehen: kichernde Jugendliche, ruppige 20jährige, junge Paare, Mütter, stolze Väter, würdige und strenge Alte, dazwischen Hallodris in allen Altersgruppen, Kleinkriminelle, Aufschneider, Hochstapler, Prostituierte. Neugierige Touristen photographieren die Szenen hemmungslos.

Die Ramblas, lese ich im Reiseführer, sind 1180 Meter lang und ziehen sich vom Kolumbusdenkmal am Hafen bis zur Plaça de Catalunya quer durch die Altstadt. »Rambla«, ein arabisches Wort, bedeutet »sandiges Flußbett« und weist darauf hin, daß sich in diesem Bereich, der während des Mittelalters vor den Stadtmauern lag, ein Flußlauf entlangzog. Erst Ende des 18.Jahrhunderts wurde das Flußbett aufgeschüttet und zu einer Straße umgebaut. Adelsfamilien und reich gewordene Bürger ließen sich – vor allem im 19.Jahrhundert – hier ihre Häuser und Paläste errichten. Heute sind in viele dieser Gebäude Hotels eingezogen.

Auf den Ramblas ereignete sich Geschichte: Hier schossen während des Bürgerkriegs faschistische Anhänger Francos auf linke Katalanen, die Hilfe von Gleichgesinnten auf der ganzen Welt hatten. Es wird berichtet, daß George Orwell auf dem Dach des Hotels Continental als Mitglied der Internationalen Brigaden in die Kämpfe eingriff und manchmal Schüsse auf Franco-Anhänger abgab, die sich in den Häusern gegenüber verschanzt hatten. Auch Ernest Hemingway hielt sich in Barcelona auf, vielleicht war es ein paar Jahre früher. Auf jeden Fall gehörte die Cocktailbar Boades an den Ramblas zu seinen Stammkneipen.

Die Ramblas gliedern sich in verschiedene Zonen: Rambla del Mar, Rambla de Santa Monica, Rambla dels Caputxins, Rambla dels Flors, Rambla dels Estudis, Rambla Canaletes und Rambla de Catalunya. Der größere, mittlere Teil der Straßenfläche, die zum Meer hin sanft abfällt, ist heute in ganzer Länge Fußgängerzone. Eine Allee aus Platanen verschattet im Sommer die Buden, Kioske und Cafés, die sich hier angesiedelt haben. Für den Autoverkehr wurden nur schmale, einbahnige Fahrstraßen am linken und rechten Rand übriggelassen. Da zahlreiche Ampeln den Verkehrsfluß oft unterbrechen, nähert sich die Geschwindigkeit der Autos dem Rhythmus der Fußgängerströme an. Im oberen, nördlichen Teil der Ramblas, dort, wo auch das Teatro Liceu steht, ist das Niveau der Hotels, Läden, Cafés und Restaurants höher als im unteren, südlichen. Noch weiter unten, in Hafennähe, drängten früher Matrosen in die billigen Kaschemmen, und Prostituierte boten ihre Dienste an. Heute beschränkt sich das Angebot auf Pornoläden und wenige käufliche Damen, die schrill gekleidet und geschminkt zwischen den parkenden Autos herumlungern.

Ich wende mich nach links und gehe langsam hinauf zur Plaça de Catalunya. Auf dem verkehrsumströmten, ausufernden Platz haben sich vor allem Jugendliche versammelt. Ich sehe auf Brunnen und Denkmalsockeln unzählige Liebespaare, aber auch vereinzelte Gruppen junger Männer und Frauen stehen. Dazwischen kichernde Mädchengruppen. Motorräder heulen auf, Autos hupen. Eine Atmosphäre, die ich aus Rom kenne.

Beim Anblick der vorüberfahrenden Autos, dem Entstehen und Zerschneiden der Bewegungslinien denke ich wieder einmal an Baudelaires »Straßen-Elektrizität« und spüre das Knistern der Energien. Leben ist Bewegung, Reibung, Spannungsaufbau und Entladung. Die Stadt ist das Gefäß dafür, vielleicht der brodelnde »Schmelztiegel«, das Kraftwerk, das Umspannwerk, der Energieblock, der fast explodierende »Vulkan«.

Auf der gegenüberliegenden Straßenseite der Ramblas lasse ich mich wieder nach unten, Richtung Hafen, treiben. Schwer zu sagen, wie viele Einheimische und wie viele Touristen sich hier aufhalten. An den Wochenenden, vermute ich, ist das Verhältnis ausgeglichen. Ich höre – neben italienisch, deutsch, englisch und schwedisch – viele Menschen spanisch und katalanisch reden. Schade, daß ich die Sprache weder verstehe noch spreche. Deswegen habe ich, wie so oft, das Gefühl, mich außerhalb, in einem Nebenraum zu bewegen. Daß ich trotzdem toleriert, von niemand angepöbelt oder angegriffen werde, beruhigt mich.

Barcelona ist für viele Besucher eine reine Vergnügungsstadt, voller Kneipen, Restaurants, Cafés, Imbißbuden, Schnellrestaurants, Varietés, Theater, Striptease-Lokale, Spielhöllen und Discos. Ein spanisch-katalanisches Las Vegas, mit Mittelalter und Meer.

Eine Weile halte ich mich am Wasser auf, an der Moll de Bosch i Alsina, und genieße den Blick auf Schiffe und Hafen. Leider bleibt das eigentliche Mittelmeer hinter den vorgelagerten Hafenmolen verborgen, aber im Gegensatz zu Lissabon liegt Barcelona tatsächlich am Meer und ist nicht durch einen Fluß von ihm getrennt. Später wandere ich, vorbei am Maritim-Museum, wieder die Ramblas hoch zum Theater. In der Eingangshalle warten bereits, verabredungsgemäß, Nicolas, Roy und Alexander auf mich. Gemeinsam gehen wir in ein Lokal um die Ecke zum Essen.

Erinnerung: Barcelona, Altstadt, Oktober 1983: El Raval. Schmale, in Stein geschnittene Gassen. Beidseitig hohe, ockergraue Wände mit dunklen Fenster-

löchern. Vor jedem Fenster hängt tropfende Wäsche. Unten, in den offenen, dunklen Hauseingängen lehnen Prostituierte. Sie sind alt, haben faltige Gesichter. Niemand beachtet sie heute morgen. Auf einem Autokühler liegt ein junges Mädchen und starrt zum Himmel, der sich hier nur als schmaler Spalt öffnet. Wahrscheinlich hat sie sich eine Spritze gesetzt und träumt von anderen Räumen und Zeiten. Als wir vorbeigehen, hebt sie einen Arm, bewegt ihn wie in Zeitlupe auf und ab, als wäre sie eine Möwe. Es ist sehr heiß, die Hitze liegt in der Gasse wie konserviert. Erst der Abendwind wird sie vertreiben.

Draußen auf den Ramblas kämpft sich der lärmende, stinkende Verkehr voran. Wir gehen weiter zur Plaça Reial, dem angeblich schönsten Platz der Stadt. Die Hitze ist immer noch unerträglich. Steinplatten glühen. Palmen rascheln und spenden etwas Schatten. Ringsum klassizistisch-gleichmäßige Bogenreihen, übereinandergeschichtet in zwei Etagen. Caféhaustische warten auf Kunden, Kellner vertreiben mit ihren weißen Handtüchern lästige Fliegen, träger Stillstand. Selbst die dunklen Gestalten in den Bogenschatten scheinen Teil der Architektur zu sein. Nur manchmal löst sich eine Person aus dem allgemeinen Stillstand, bewegt sich ganz langsam, zeitlupenhaft Richtung Bogenschatten, spricht mit dem angewurzelten Dealer und verschwindet nach kurzer Bezahlung, ein weißes Päckchen blitzschnell in der Hosentasche versteckend, wieder in der Dunkelheit.

Plätze wirken wie negative Inseln, eingestanzt in das dichte Hausgewebe. Sie ordnen für den Stadtwanderer das chaotische Labyrinth. Plätze neigen zum Stillstand, ruhen in sich, laden zum Stehen und Sitzen ein. In ihrem Mittelpunkt steht meist ein Brunnen oder ein Denkmal. Plätze sind wie Photos. Boulevards, Fußgängerzonen und langgestreckte Plätze fordern mehr zum Gehen und Wandern auf. Als Straßen sind sie für die Fortbewegung geschaffen. Filme.

Nach unserem gemeinsamen Essen lasse ich mich erneut über die Ramblas treiben, betrachte Beine, Körper und Gesichter der Passanten, werde selbst zum Körper innerhalb der flutenden Masse. Flüchtige, verstohlene Blicke. Auge in Auge ist selten, ein Tabu. Manchmal kommt mir jemand direkt entgegen, und es stellt sich für Sekunden die Frage, wer zuerst ausweichen wird. Ballett des Umgehens. Bewegung, Lärm, Stimmengewirr, manchmal ein Schreien, ein lautes

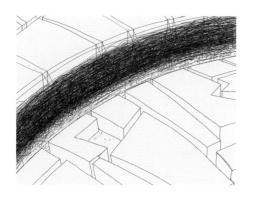

Lachen. Wer stehenbleibt, wird umspült wie ein Stein im Gebirgsbach. Ich staune darüber, wie selten Zusammenstöße und Anrempelungen geschehen.

Nachdem ich mich vollgesaugt habe mit prallem städtischem Körperleben, biege ich in die Gassen des Barri Gotic ein und durchquere sie auf einem neuen, mir bisher unbekannten, labyrinthischen Weg. Immer wieder verirre ich mich, weiß plötzlich nicht mehr, ob ich nach Norden, Süden, Osten oder Westen gehe. Die Orientierung fällt schwer wie mitten auf dem Meer oder in der Wüste.

Plötzlich stehe ich auf der Plaça Reial. Wahrscheinlich bin ich im Kreis gegangen. Gut, warum nicht, ich schaue mich um. Im Reiseführer habe ich während des Fluges gelesen, daß die Stadtverwaltung hier inzwischen für Sicherheit und Ordnung gesorgt hat. Tatsächlich stehen jetzt mehr weiß gedeckte Tische vor hellstrahlenden Restaurants als früher, auch die Platzfläche und die Brunnen wirken aufgeräumter und ordentlicher. Selbst die störrischen Palmen rascheln hier vornehmer, als es sonst ihre Art ist. Ruhige, in sich geschlossene innerstädtische Stimmung.

Mein Blick schwenkt über die Arkadenreihungen, deren Regelmäßigkeit mich zwar beeindruckt, gleichzeitig aber auch abstößt. Manchmal überfällt mich eine Abneigung gegen alles Regelmäßige und Geordnete. Plötzlich habe ich das Gefühl, Architektur will mich bevormunden und erziehen. Das Chaos ist zwar gebannt, besiegt und überdeckt, gleichzeitig höre ich den militärischen Marschschritt begleitet von Kanonendonner, und ich sehe das steinerne Gesetz wie ein Denkmal mit Sockel im Blumenbeet: »Du darfst ... du sollst ... hier ... und nicht anders ...!« Eine moralische Predigt spricht aus dem perfekten Maß und verhöhnt meine Sehnsucht nach freier Entfaltung und Chaos.

Andererseits, geordnet oder ungeordnet: Jede Stadt, ob schön oder häßlich, ist gebauter Terror! Die Richtung der Schritte, Wege und Fahrverläufe sind vorgegeben, festgelegt. Stadt bedeutet Matrix. Aufruhr dagegen ist sinnlos. Wer sich fügt, wer das gebaute Angebot akzeptiert, kann sich innerhalb des Systems bewegen wie in einer Sprache, einem Gehirn. Es bleibt allerdings die Frage: Verstehe ich die Worte und Sätze, oder handelt es sich um eine mir unbekannte Sprache. In wessen Gehirnwindungen bewege ich mich, in fremden oder eigenen?

Jetzt wähle ich Gassen, die mir bekannt sind, um mein Hotel schnell zu erreichen. Carrer de Petritxol, Carrer de la Porta Ferrissa, Carrer Boters, Carrer dels Capellans ... Auch hier herrscht dichtes Gedränge, die Menschenmassen schieben sich in beiden Richtungen voran. Das Durchdringen der beiden Fraktionen geschieht noch enger und dichter als auf den Ramblas. Körper drehen sich umeinander wie beim Flamenco. Manchmal lassen sich Berührungen nicht vermeiden. Ein guter Moment, mit einer Entschuldigung ins Gespräch zu kommen.

Eine Zeitlang gehe ich hinter einer Gruppe junger Männer her, die immer wieder laut aufschreien. Am Rhythmus merke ich, daß es sich um eingespielte Schreie handelt. Beim Näherkommen sehe ich große Nummern auf ihren T-Shirts. Wahrscheinlich handelt es sich um irgendeine Fußballtruppe, Spieler oder Fans ... Carrer de Ferran, Carrer de Jaume.

Im Hotelzimmer angekommen, blicke ich aus dem Fenster im achten Stock auf die im Mondlicht glänzende Fläche des Mittelmeers. Im Vordergrund die Dachlandschaft der Altstadt. Die schweflig beleuchteten Wolken hängen nur noch am östlichen Horizont über der Stadt. Leider kann ich die Fensterflügel nicht öffnen, sie sind am Rahmen festgeschraubt.

Spanien ... Spanien ... mir fallen Don Juan und Don Quijote ein. Während wir uns in Deutschland in der Figur des Doktor Faust wiedererkennen, sind in Spanien diese beiden konträren Charaktere entstanden, die wahrscheinlich genauso

tief in der nationalen Seele wurzeln wie unser »Erkenntnissucher« in der deutschen. Männer eben, der eine auf der Jagd nach Frauen, der andere nach unsinnigen Abenteuern. Überall sieht Don Quijote Feinde, in Windmühlen und unschuldigen Nonnen. Weil er aus Langeweile zu viele Ritterromane gelesen hat, seine Zeit als dekadent und würdelos empfindet, entschließt er sich, für uralte, längst untergegangene Werte einen persönlichen Kreuzzug zu führen. Jede seiner Attacken endet desaströs, und alle Zeitgenossen lachten über ihn. Er, der völlig humorlose Kämpfer, macht sich zum Narren. Ich denke an den melancholisch-ernsten Stolz der Menschen Spaniens (vor allem der Männer) und an den übertriebenen Katholizismus. Schwulst, ekstatisch-dekoratives Pathos sind die Folge. Nur so sind Künstler wie Zurbarán und El Greco, wie Antoni Gaudí, Salvador Dali und García Lorca erklärbar. In diese Reihe gehören auch die beiden Filmregisseure Louis Buñuel und Pedro Almodóvar. Während ich von Buñuels Filmen noch bis vor wenigen Jahren fasziniert war, stoßen mich die Werke Almodóvars ab. Er übertreibt seine Melodramen in einer Weise, die ich nur noch als lächerlich empfinden kann. Dennoch spiegeln sie – nach ihrem enormen Erfolg zu urteilen – die spanische Seele wider. Der Stierkampf ist zum Kampf zwischen Männern und Frauen mutiert, wobei hier, bei Almodóvar, meist die Frauen siegen. Daß sie dabei permanent »am Rande des Nervenzusammenbruchs« stehen, macht die Filme so übertrieben und anstrengend. Männern bleibt meist nur noch der Ausweg ins malerische Abseits der Homosexualität und des Transvestitentums.

Ein interessanter Fall in diesem Zusammenhang stellt der Architekt Santiago Calatrava aus Valencia dar. Nach anfänglichen schlicht-naturhaften Bauten hat er sich in den letzten Jahren zu einem typisch spanischen Übertreibungskünstler entwickelt, der sein Glück nur noch in abwegigen, verdrehten, stark manierierten Architekturen findet. Kein Dach kann ihm weit genug auskragen, keine Brücke leicht genug schweben. Gebaute Ballett-Apotheosen, Sprünge gegen die Schwerkraft. Weiße Architektur-Akrobatik. Der städtische Alltag erscheint dahinter noch banaler, als er schon ist. Allerdings lebten und arbeiteten in Spanien auch Künstler wie Velasquez, Goya und Picasso, die mit großer Ehrlichkeit und kritischer Phantasie ans Werk gingen.

Ein Maler und Objektebauer, der seit Jahrzehnten in der katalanischen Hauptstadt lebt, widerspricht meinen Behauptungen vollständig: Antoni Tàpies! Seine Materialbilder, die ich schon seit meiner Schulzeit bewundere, verherrlichen mit großer Selbstverständlichkeit die Oberfläche der Welt und der Städte. Er zeigt die genarbten, gezeichneten, graffiti-überzogenen Häute von Gebäuden und Straßen. Menschen spielen in seinem Haut-Universum kaum eine Rolle. Nur manchmal tauchen Spuren auf, die auf einstige, flüchtige Anwesenheit von Zivilisation hinweisen. Das Material, die grauen Farben, unbeachtete, nebensächliche, abseitige Dinge überwiegen.

Und noch einer widerspricht: Joan Miró! Seine aus dem Surrealismus entstandenen, archaisch-kindlichen, oft stark dekorativen Kritzeleien könnten überall in der Welt angesiedelt sein. Etwas typisch Spanisches erkenne ich in ihnen nicht.

Barcelona, 7. März 2006

Mein Zimmerfenster zeigt nach Südosten. Über den Dächern des Stadtteils Ribera und La Barceloneta sehe ich heute morgen die Sonne aufgehen. Vielleicht wird es wärmer als gestern. Mit Grundriß- und Schnittplänen bepackt, mache ich mich auf den Weg ins Theater.

Unangenehme Nähe von Mauern und Menschen. Kaum zu glauben, daß heutige Stadtbewohner bereit sind, in solchen, über 600 Jahre alten Gemäuern zu leben!

In Europa haben sich nur wenige gotische Altstädte mit dieser Ausdehnung erhalten: in Neapel, Venedig und hier, in Barcelona. Es ist schon lange her, daß ich durch die Gassen Neapels gegangen bin. Damals, 1986, herrschte große Angst vor einem Erdbeben. Warum die einstigen Stadterbauer die vier- bis fünfgeschossigen Häuser so eng nebeneinander errichteten, bleibt ein Rätsel. Neben der maximalen Raumausnutzung kann es nur daran gelegen haben, längere und damit starke Sonneneinstrahlung zu vermeiden. Die meisten, in den Erdgeschossen liegenden Wohnungen sehen die Sonne überhaupt nie. Seltsames Ideal der Schattenverehrung!

Im Theater gehe ich mit den Technikern meine Liste der Tätigkeiten durch, die erledigt werden müssen, und schaue dann eine Zeitlang den Proben zu, die Roy leitet. Nicolas ist in aller Frühe nach Genf zurückgeflogen. Alexander sitzt im Zuschauerraum vor seinem Computerschalttisch und wartet auf eine Möglichkeit, endlich an seinen Lichteinstellungen weiterarbeiten zu können. Da er – wie so oft – bereits einen Tag im Verzug ist, wirkt er etwas genervt. Ich nehme neben ihm Platz und versuche, ihn zu beruhigen. Allerdings hört er mir kaum zu, scheint innerlich abwesend zu sein. Plötzlich hat er eine Idee und schaut mich fragend an:
»Kennst du eigentlich die Kompositionen meiner Freundin?«

Ich: »Nein. Hast du was hier?«

Alexander: »Klar, auf meinem Computer natürlich!«

Nach einigen Tastendrückereien, die mich an das Spiel eines Pianisten erinnern, erklingt aus versteckten Laptop-Lautsprechern angenehme, tonale Musik.
Alexander: »Das ist ein Ballett. Wir haben es letztes Jahr zusammen in Sydney herausgebracht. Auf einer Freilichtbühne. Es war ein großer Erfolg.«

Ich: »Klingt interessant. Hast du auch eine CD?«

Alexander: »Bringe ich dir morgen mit.«

Ich: »Laß uns nach draußen gehen an die frische Luft. Du hast doch im Augenblick hier nichts zu tun!«

Alexander: »Gut, gehen wir eine rauchen.«

Alexander, der letzte Raucher, den ich kenne, ist ein großer, hagerer Mensch, Mitte 50 mit schulterlangen Haaren und Nickelbrille auf der Nase. Jeden Tag erscheint er in einem blauen Jeansanzug. Mir ist nicht klar, ob es immer der gleiche ist oder ob er zwei davon besitzt.

Nachdem wir uns draußen, vor dem Künstlereingang, mit Blick auf die Ramblas, plaziert haben und Alexander sich eine Zigarette angezündet hat, frage ich ihn:
»Ich kenne die Geschichte deiner Freundin nur flüchtig. Seit wann seid ihr zusammen?«

Alexander: »Ich habe sie vor vier Jahren in Wien bei meiner Arbeit mit Andrea Breth kennengelernt. Sie hat damals die Bühnenmusik komponiert. Im Jahr darauf bin ich zu ihr und ihren drei Kindern nach Australien gezogen, dort wohnt sie nach der Scheidung seit zehn Jahren.«

Ich: »Sie stammt aus Rußland, oder?«

Alexander: »Ja, genau. Sie wurde in einer abgelegenen sibirischen Stadt geboren. Ihre Eltern sind beide Juden. In der russischen Provinz gibt es heute noch einen starken Antisemitismus, darunter mußten sie und ihre Eltern leiden, und deswegen träumte die Familie immer vom Auswandern. Meine Freundin war ein musikalisches Wunderkind, bekam ein Stipendium nach dem anderen und durfte schließlich am Moskauer Konservatorium studieren. Noch vor der Perestroika konnte sie nach Deutschland ausreisen und erhielt einen Studienplatz bei Lachenmann, erst in Hannover, später in Stuttgart. Leider warf sie dieser extreme Lehrer total aus der Bahn. Am Ende ihres Studium war sie künstlerisch so blockiert, daß sie das Komponieren aufgab. Sie heiratete einen Exilrussen, bekam drei Kinder, und erst nachdem die Kinder größer waren, fand sie zurück zur Musik, und zwar über das Theater. Inzwischen hat sie mehrere große Ballette komponiert, die in New York und San Francisco uraufgeführt worden sind. Ein wirklich tolle Frau, finde ich!«

Ich: »Das klingt ja spannend. Schade, daß ihr so weit entfernt wohnt, sonst würde ich mal vorbeikommen.«

Alexander: »Wer weiß, vielleicht gibt es irgendwann für uns eine gemeinsame Arbeit in Australien!«

Ich: »Unsere *Elektra* aus Zürich sollte 1989 nach Sydney in dieses irrwitzig schöne und eindrucksvolle Opernhaus von Utzon ausgeliehen werden. Aber der Transfer kam leider nie zustande. Das war allerdings vor eurer australischen Zeit!«

Inzwischen hat Alexander seine Zigarette zu Ende geraucht und den verbliebenen Stummel auf dem Asphalt ausgetreten.

Alexander: »Ich gehe jetzt wieder rein. Vielleicht tut sich ja was, wer weiß! Übrigens haben wir uns vor kurzem eine Datscha in Tasmanien gekauft. Dort sind die Grundstücke und Häuser noch sehr billig!«

Bevor ich fragen kann, wo Tasmanien eigentlich liegt, ist Alexander durch die Glastür verschwunden, das Opernhaus hat ihn verschluckt.

Die Sonne scheint frühlingshaft grell und warm, die meisten Menschen tragen Sonnenbrillen und haben freundliche Gesichter aufgesetzt. Im Fußgängerbereich der Ramblas herrscht bereits das bekannte Schieben und Strömen, rauf und runter ... rauf und runter ...

Ich wende mich nach links, überquere die Carrer de l'Hospital und biege in den Mercat de la Boqueria ein. Nachdem ich einen Kaffee getrunken habe, merke ich, wie das südliche Lebensgefühl langsam von mir Besitz ergreift. Ich entdecke die ersten alten Männer mit Baskenmützen, die für mich mit ihrer Ruhe und Gelassenheit dieses Lebensgefühl am besten verkörpern. Schade, daß sie nicht im Theater arbeiten, bestimmt wäre der Umgangston dann etwas freundlicher und nicht gar so herb und abweisend, wie ich ihn erlebe.

Der Mercat de Sant Josep oder La Boqueria ist die berühmteste Markthalle der Stadt. Manche nennen sie nach Pariser Vorbild den »Bauch von Barcelona«. Als Marktverehrer bin ich sofort begeistert von den duftenden Obst- und Gemüse-Architekturen, von den appetitlichen Fleisch- und Fisch-Landschaften. Orangen, Äpfel, Birnen, Erdbeeren, Bananen, Bohnen, Zucchini, Pilze, Pepperoni, Nüsse, Salate in allen Grüntönen. Daneben die Metzger mit ihren Hühnchen, Hähnchen, abgezogenen Kaninchen, Schweineköpfen und -füßen, Herzen, Nieren und Magen-Innenhäuten, Fasanen und gerupften Tauben. Bei den Eiern finden sich nicht nur normale Hühnereier, sondern auch Straußen- und Wachteleier.

Vor den Fischhändlern liegen in Eisfeldern meterlange Thun- und Schwertfische, in Scheiben geschnittene Haie und Muschelberge. Besonders die Tintenfische mit ihren schleimigen Krakenarmen, an deren Unterseiten kleine Saugnäpfe wie Perlenschnüre aufgereiht sind, springen mich an. In Gedanken sehe ich sie nach mir greifen, meinen Körper umschlingen, meinen Atem abwürgen. Jetzt liegen sie hier – neben den gefährlichen Haien – schlaff, blut- und leblos, bis sie jemand kauft, in Plastiktüten verpackt nach Hause trägt, sie dort in heißes Wasser wirft oder in einer Pfanne brät, um sie anschließend genüßlich zu verspeisen.

Hier, auf dem Mercat dela Boqueria, wird nicht nur eingekauft, sondern auch gegessen. Ab und zu unterbrechen Feinschmeckertresen den Ablauf der Stände und Auslagen. Menschen stehen und sitzen davor, ganz in den Genuß versunken.

Beim Hochblicken zum Hallendach entdecke ich zu meiner Überraschung nur eine schäbige, schwarze, alte Wellblechhaut. Durch zahlreiche angerostete Löcher schimmert der blaue Himmel hindurch. Nur ungern trete ich wieder ins Freie. Hinter der Markthalle breitet sich ein großer, trostloser Parkplatz aus, an dessen linker, südlicher Seite eine Ruine steht, bunt besprayt mit rätselhaften Zeichen und Nachrichten. Davor knien in einer rechteckigen Vertiefung, die in den Asphalt eingeschnitten und etwa 1 Meter tief ausgehoben wurde, Archäologen und graben, beschützt von einem textilen Schattendach, im ockerfarbenen, sandig-lehmigen Boden. Ich schaue ihnen eine Weile zu. Manchmal wirft einer der Grabenden ein Fundstück – Ring oder bunte Glasscherbe – auf die dafür bereitliegende Plastikfolie. Ein kleiner, armseliger Hügel mit Trümmerfragmenten hat sich angesammelt. Spuren einstigen Lebens, römischen oder mittelalterlichen vielleicht.

Auf der anderen Seite des voll besetzten Parkplatzes dösen die Gäste der Cafés in Gartenstühlen vor sich hin. Ihr Blick auf die Rückseite der Markthalle, mit tuckernden und brummenden Kühlmaschinen, mit Müllcontainern und Plastiksäcken, auf die schäbigen Ruinen und die dichtstehenden Auto-Konserven ist nicht gerade berückend. Wahrscheinlich haben deswegen viele von ihnen dicke, schwarze Sonnenbrillen aufgesetzt oder die Augen geschlossen. Stille Sonnenanbetung auf einem ruppigen städtischen Hinterhof-Platz.

Im Vorbeigehen beobachte ich die üblichen graublauen Stadttauben, die Essensreste vom Boden picken, gurrend auf Mauervorsprüngen sitzen oder einander balzend umtanzen. Manchmal besteigt ein größeres Männchen eine geduckt dasitzende weibliche Taube, schüttelt sich kurz und springt dann zurück auf den Asphalt. Der Nachwuchs ist gesichert. Tauben und Spatzen finden sich in allen Städten. Wahrscheinlich gehören diese Vögel zu den erfolgreichsten Tierarten (neben den Menschen) auf der Erde. Schon erstaunlich, wie sie sich in Hausspalten und -ritzen, unter Dächern und Brücken, in Bahnhöfen und Gartenmauern einnisten. Ihnen genügen winzige Zwischenräume, sie kämen nie auf die Idee, pompöse Nester oder gar Nest-Hochhäuser zu bauen. Ihr Anpassungsvermögen ist enorm. Sie werden die menschliche Zivilisation unbeschadet überleben und in wenigen Jahrhunderten, wenn wir verschwunden sind, die Ruinen unserer Städte bevölkern.

Trotz allem sind diese Vögel in unseren Städten sehr unbeliebt, manche Zeitgenossen betrachten sie als Ungeziefer und Krankheitsüberträger. Vor allem das Image der Tauben hat heute seinen Tiefpunkt erreicht. Wenn man bedenkt, daß sie einst die Bedeutung von Friedensbringern hatten (selbst Picasso hat »Friedenstauben« gezeichnet) und als Übermittler von Briefen eingesetzt wurden, kann man ihr heutiges Schicksal als »Ratten der Lüfte« nur bedauern.

Über die Carrer del Carme und die Carrer dels Angels komme ich zur Plaça dels Angels. Hier erwartet mich das schneeweiße, supermoderne Museu d'Art Contemporani, ein Bau von Richard Meier. Beim Anblick der gläsernen Fassade, die aussieht wie ein riesiger Spiegel, bin ich heute genauso verblüfft und begeistert wie vor einem Jahr, als ich das Gebäude zum ersten Mal gesehen habe. Leider ist das Museum heute geschlossen. Um den Platz und die Architektur länger auf mich wirken zu lassen, setze ich mich in ein Café, das genau gegenüber in eine gotische Kirche eingebaut worden ist. Wirklich, ein größerer Gegensatz zwischen dem mittelalterlichen Gassen-Gewürge und der optimistisch gestimmten, sonnen-

und lichtverliebten Moderne läßt sich kaum denken. Dort das feucht-schattige, immer im Dämmerlicht kauernde Gassen-Labyrinth und hier der strahlende Ozeanliner, der stolz und selbstbewußt vor Anker liegt. Man sieht, daß dieses Luxusschiff enorm teuer war und eigentlich nur für Milliardäre gedacht ist. Die Provokation läßt sich kaum explosiver formulieren. Ganz so, als würde ein auf Hochglanz polierter Cadillac in eine Slum-Siedlung einfahren und dort mitten auf dem armseligen Zentralhof parken.

Mein Blick wandert über die sorgsam komponierte Fassade. Ich bewundere die Ausgewogenheit der Rhythmen. Geschlossene Wandbereiche schweben in geometrischen Fragmenten vor der üppigen Glasfront. Hinter waagrecht angeordneten Sonnenschutzlamellen die raumgreifenden Rampenanlagen, die der Architekt so liebt. Die Bauhausmeister hätten sich bestimmt über diesen Anblick gefreut. Auch ich genieße das Zusammenspiel der Formen im Licht. Allerdings stößt mich die übertriebene Kunstfertigkeit jetzt auch etwas ab, ich spüre das Manieriertheit daran, das Eitle und Selbstgefällige, vielleicht auch das Theatralisch-Staffagehafte.

Der Platz vor dem Gebäude ist so üppig groß wie die gesamte Museumsfassade. Ich beobachte das Leben auf der Fläche, sehe Menschen aus den Gassenschlitzen auftauchen und die Leere kreuzen. Plötzlich fehlt der seitliche Halt, trotzdem kommt niemand ins Straucheln. Die meisten Passanten gehen in einer Linie stur geradeaus. Niemand entscheidet sich für ein freies Ausschwingen, eine befreiende Kurven- oder Mäander-Bahn. Vielleicht ist dieses Verhalten ausschließlich Kindern und Betrunkenen vorbehalten.

Dazwischen jugendliche Skateboardfahrer. Sie bewegen sich vor allem im Bereich direkt vor der Museumsfassade. Dort hat Richard Meier einige Mauerstücke, Bänke und Höhenversprünge eingeplant, die sich gut zum Darüberspringen eignen. Das Aufknallen der Bretter auf dem Steinplattenbelag nach jedem Sprung klingt so laut, als sei jemand erschossen worden. Auf einer langen Steinbank sitzen diskutierende Schüler und Studenten. Daneben ein alter Mann, der seine Zeitung so genau liest, als würde er sie auswendig lernen. Auf einer abgelegenen Platzfläche sehe ich kleine Mädchen »Himmel und Hölle« spielen; mit

Kreide haben sie ihre Grundrißfelder auf die dunkelgrauen Granitplatten gezeichnet. Dazwischen photographierende Touristen.

Aus dem Caféhausfenster schaue ich über den Platz weiter auf das Museum hinüber. In seiner unangepaßten, schroffen Provokation erinnert es mich an das Pariser Centre Pompidou, ähnlich fremd, verirrt und eigensinnig steht es da wie eine Fata Morgana, ein außerirdisches Raumschiff.

Inzwischen habe ich schon fünfmal versucht, einen Kaffee zu bestellen. Aus irgendeinem, mir unverständlichen Grund ignoriert mich der vornehm gekleidete, sehr spanisch aussehende Kellner permanent. Er tritt kurz an meinen Tisch, kaum jedoch habe ich meinen Mund geöffnet, um die Bestellung auszusprechen, enteilt er wieder. Irgend etwas scheint ihn zu stören, vielleicht die Tatsache, daß ich Deutscher bin. Ein gewisser Haß auf die Deutschen ist in ganz Spanien zu spüren, schließlich haben unsere Vorfahren dereinst Guernica und – zusammen mit den Piloten Mussolinis – auch das von linken Anarchisten beherrschte Barcelona bombardiert, vielleicht paßt ihm auch nur der Tisch nicht, an dem ich sitze. Er steht etwas weiter vom Tresen, seinem Ausgangsort, entfernt als die übrigen Tische. Leider kann ich ihn nicht nach seinen Beweggründen fragen. Wahrscheinlich spricht er nur katalanisch.

Im Reiseführer lese ich ein Kapitel über die separatistischen Tendenzen Kataloniens und schüttle immer wieder den Kopf über soviel anachronistischen Eigensinn (und Unsinn).

Ich überlege mir, wie oft ich seit 1983 Barcelona schon besucht habe. Bestimmt sechs- oder siebenmal. Früher war Barcelona für mich ausschließlich die Stadt Antoni Gaudís, dessen Architekturschöpfungen ich allerdings immer als Übertreibungen empfand und sie aus diesem Grund nie ganz in mein eigenes Universum einbezog. Bei seinen bunten Patchwork-Keramikflächen auf den Terrassen und Dächern dachte ich an eine verrückt gewordene Hausfrau nach ihrem Nervenzusammenbruch, die im Eifersuchtswahn ihr ganzes Mitgiftporzellan zerschlagen hat und jetzt in der Phase der Beruhigung versucht, eine neue Welt zusammenzukleben. Nichts sollte mehr sein wie vorher. Eine Bilderstürmerin. Früher Destruktivismus. Collagenphantasien. Wie Blasen aus der Vergangenheit wachsen trotzdem altbekannte Formen und Dinge aus dem Trümmerfeld. Aber sie erinnern jetzt mehr an Kindermärchen, an maurische Ornamente und Geschichten aus *Tausendundeiner Nacht*. Der Historismus verkleidet sich bei Gaudí zu einem jugend-stilig-sinnlichen Faschingsfest, das vielleicht am Boden des Mittelmeers gefeiert wird. Naturformen blühen auf, Korallen, Pilze und Schnecken in allen Größen. Immer wieder finden sich Künstler und Architekten, die an Gaudís Phantasien anknüpfen, zuletzt Friedensreich Hundertwasser in Wien.

Die Übertreibung – ich sagte es schon – und das tödliche Zertrümmern gehören in Spanien zum Alltag der Kultur. Dabei fällt mir der archaische Kampf zwischen Mensch und Natur, zwischen Torero und Stier ein.

Bei unserem Barcelona-Aufenthalt 1983 besuchten wir zu viert – Verena, Margrit, Uli und ich – einen Stierkampf. Es blieb der einzige Stierkampf meines Lebens. Im Reiseführer lese ich, daß der Stadtrat 2004 mit 21:15 Stimmen, bei zwei Enthaltungen, für die Abschaffung des Stierkampfes stimmte. Wer die wilden, kampfbereiten Kolosse einmal in die Sandarena von La Monumental stürmen sah, wird sie nie vergessen. Zitternd und schnaubend, mit den Hufen der Vorderbeine im Sand scharrend, blieben sie meist in der Mitte der leeren, ovalen Sandfläche stehen und blickten kampfbereit um sich. Aber die möglichen Gegner hielten sich zunächst hinter Bretterwänden versteckt. Sobald der erste Reiter mit seinem Pferd, dessen Leib durch dicke Schaumstoffmatten geschützt wurde, auf-

tauchte, preschte der Stier los und griff den Feind an. Der Reiter rammte dem Stier aus sicherer Höhe Speere in den Leib, um ihn zu reizen, gleichzeitig auch zu schwächen. Nach langen, unfairen Minuten kam es zum eigentlichen Zweikampf. Der Matador trat auf, entfaltete sein rotes Tuch und provozierte damit den Stier. Aus irgendeinem Grund haßte der Stier dieses Tuch, rannte mit gesenktem Kopf voller Wucht immer wieder in die blutrote Fläche hinein. Der Matador wich tänzerisch zu Seite und spielte den elegant Überlegenen. Durch seine glänzende Uniform wirkte er wie ein arroganter Ritter, der das Töten nur als beiläufiges Ballett betrachtete. Zunehmend wurde der Kampf zwischen den beiden distanzloser, fast berührten sich die zwei Körper. Erotisches Umschlingen, Sodomie, Gewalt, Blut und Schweiß, wütendes Tierschnauben. Atemlose Stille in der vollbesetzten Arena. Am Ende des Kampfes, kurz vor dem finalen Stoß, schauten sich die beiden Kontrahenten in die Augen. Der Stier blutete aus Wunden am ganzen Körper. Sein Selbstbewußtsein brach langsam zusammen, der Blick wirkte verwirrt und ungläubig. Er, der König, der Unbesiegbare, wurde durch üble Tricks und Rituale in die Enge getrieben und stand jetzt geschwächt vor seinem Widersacher. Ein letztes Mal breitete der Matador sein rotes Tuch aus, dann stieß er zu und bohrte seinen Degen in den Nacken des Tieres. Gelähmt und starr blieb der Stier stehen, seine Vorderbeine knickten ein, und schließlich brach er, der schwarze Riese, in sich zusammen, fiel zur Seite. Die letzten Zuckungen des einst so stolzen Tieres beobachtete die Zuschauermenge weiterhin schweigend, erst als alles Leben aus dem mächtigen Tierleib entwichen war und sein Körper schlaff wie ein Haufen Fleisch im Sand lag, brauste Applaus auf, und der Matador hob die Arme zur Siegergeste.

Das Schlußbild – der Stier wird in großem Bogen von zwei Pferden durch den Sand zum Ausgang gezogen – hat mich damals am meisten beeindruckt. Die entstehende Blutspur wurde von Helfern mit Besen und Zweigen verwischt.

Nachdem wir acht Stiere haben sterben sehen, standen wir auf, umwanderten das Zuschaueroval von außen, dabei entdeckten wir einen weiß gekachelten Kühlraum, in dem die gehäuteten Stiere an Haken von der Decke hingen. Der Kampf diente zur öffentlichen Schlachtung, danach kamen die Metzger und verarbeiteten das Fleisch zu Steaks.

Weiterhin lehnt mich der katalanische Kellner ab, irgendwann stehe ich wütend auf und gehe wieder hinaus auf den Platz. Plötzlich fällt mir ein Ausstellungsplakat auf, das links vom Ausgang hängt. Daneben sehe ich eine Tür einladend offen stehen und trete ein. Zu meiner Überraschung finde ich mich in einem langen, steingewölbten Saal wieder – vielleicht ein ehemaliges Refektorium? –, der mit Architekturmodellen angefüllt ist. Von einem Moment zum anderen vergesse ich meinen Ärger über den arroganten Kellner, kaufe bei einer freundlich lächelnden jungen Dame ein Ticket und beginne meinen Rundgang.

Alle wichtigen Gebäude des 20. Jahrhunderts sind hier zu finden. Unglaublich! Als Modell-Anhänger gehe ich plötzlich durch ein Paradies. So schnell kann sich die Welt ändern! Gleich in der ersten Zone entdecke ich Mies van der Rohes Barcelona-Pavillon. Für mich das schönste Gebäude des Architekten, mit dem er bei der Weltausstellung 1929 berühmt wurde. Leider ist es später abgerissen worden. Zu seinem hundertsten Geburtstag 1986 hat die Stadt Barcelona eine originalgetreue Rekonstruktion in Auftrag gegeben. Bei meinem letzten Besuch habe ich mir das Ergebnis angeschaut. Eine stärkere architektonische Reduktion ist nicht mehr denkbar. Mönchischer Minimalismus. Sockel, wenige Wände, Flachdach. Die Glasflächen fallen kaum ins Gewicht, sie hauchen den Innenraum nur an. Daß trotz der Sparsamkeit eine fast luxuriöse Eleganz durch die Räume schwingt, liegt vor allem an den edlen Materialien, die Mies van der Rohe hier eingesetzt hat. Die polierten Marmorstrukturen der Wände erhalten die Qualität edler Juwelen, und die glänzenden Edelstahlstützen wirken kostbar, wie aus massivem Silber gebaut. Eine fließende Architektur, in der innen und außen kaum zu unterscheiden ist. Selbst ein angedeutetes Atrium mit stillem Wasserbecken fügt sich in die Gebäudestruktur problemlos ein und steigert die in ihm herrschende Ruhe ins Pompejianisch-Klassische. Es verwundert deswegen kaum, daß sich der avantgardistische Architekt dazu entschloß, eine konservativ geformte, kleine, nackte Bronze-Tänzerin des Berliner Traditionalisten-Bildhauers Georg Kolbe mitten ins Wasser zu stellen. Graziös hebt die Dame ihre Arme und spiegelt sich selbstversunken im Wasser. Diese Architektur schwebt zwischen allen Welten und Zeiten: Klassizismus, abstrakte Moderne, Bauhaus, Japanismus, de Stijl, Mondrian und Albert Speer. Vieles klingt an, nur eines nicht: katalanischer Jugendstil und spanisch-ekstatische Übertreibungskunst! So gesehen, bleibt der Barcelona-Pavillon ein schmerzender Stachel im Fleisch der Stadt.

Ich gehe weiter, studiere Modell um Modell. Am längsten verweile ich vor dem Palais Stoclet von Josef Hoffmann und dem Kaufmann House »Fallingwater« von Frank Lloyd Wright. Schade, daß sich diese großartigen Gebäude so gut in der Realität verstecken, daß man ihnen im Normalfall nie begegnen wird, außer in Büchern und Filmen oder hier, in Form von Holzmodellen, puppenstubengroß, puppenstubenklein. Ganz benommen trete ich zwei Stunden später wieder ins Freie.

Bis zur Abendprobe bleibt mir noch etwas Zeit. Ich nutze sie, um weiter durch die Stadt zu wandern, quer durch den Stadtteil El Raval bis zum Montjuïc. Während ich die Berg-Serpentinen hochsteige, fällt mir ein, daß ich hier oben am Castell 1983 zufällig Zeuge eines wichtigen Pop-Ereignisses wurde. Einige hundert Meter von mir entfernt trat damals gerade »Pink Floyd« auf. Ich setzte mich auf eine Mauer, blickte hinaus auf die graublaue Fläche des Mittelmeers und lauschte eine Stunde lang den wabernden Klängen der weltberühmten Band. Manchmal trug der Wind die Tonwolken direkt an meine Ohren, dann wieder wehte er sie in eine andere Himmelsrichtung. Hin und wieder brausten die Begeisterungsstürme der Zuschauermassen auf. Heute quäle ich mich nicht bis ganz oben zum Castell, sondern gebe mich mit der Hälfte der Strecke zufrieden. Der Blick über die Stadt und das Meer ist auch von hier aus wunderbar. Ich erkenne die regelmäßige Straßen- und Baustruktur jenseits der Altstadt, oberhalb der Plaça de Catalunya und der Gran Via de les Corts, im Stadtteil Esquerra de l'Eixample. In der Ferne stechen die beiden Doppeltürme der Sagrada Familia aus dem Smog-dunst, der sich über der Stadt ausbreitet wie ein verklärender Weichzeichner.

Auf dem Rückweg, an der Hafenmole entlang, begleitet mich starker, laut-stinkender Verkehr, der die Ronda del Litoral in beiden Richtungen entlangströmt. Zu meinem Erstaunen hat das Museu Maritim, das am Ende der Ramblas, bei der Moll de Barcelona liegt, geöffnet. Ich ergreife die Gelegenheit und gehe hinein. Die Größe der rohen, aus rotem Klinker gebauten Hallen überrascht mich. Sie sind so hoch wie Kirchenschiffe. Aus rotem Klinker gebaut. Insgesamt liegen zehn dieser ehemaligen Werfthallen aus der Zeit des Mittelalters parallel nebeneinander. Von den Exponaten beeindruckt mich die 60 Meter lange Galeere »Real«, die im Zentrum des Museums aufgebockt steht, am meisten. Sie wurde in Originalgröße, mit allen Innenräumen und den engen Plätzen für 236 Ruderer nachgebaut. Von unten sieht das goldverzierte Schiff aus wie ein fünfstöckiges Hochhaus. Ob sie je so malerisch-gepflegt ausgesehen hat? Im Inneren der Galeere stehend, stelle ich mir die Qual der armen Ruderer vor, die hier in der Sonnenglut schuften mußten.

Außer mir haben sich nur zwei weitere Besucher in das Museum verirrt. Das ist schade, denn auch die übrigen Ausstellungsinszenierungen sind sehr anschaulich und liebevoll in die bestehende Raumstruktur eingeflochten. Mit Wasser- und Windgeräuschen, mit Stimmengewirr und einer raffinierten Lichtregie werden wir in die Hafenkontore vor 200 und 100 Jahren zurückversetzt. An Hörstationen können wir uns die Lebensgeschichten von Seeleuten und Auswandererfamilien erzählen lassen. Durch die riesige Fläche, die hier zur Verfügung steht, gibt es kaum enge Raumsituationen, und zwischen den inszenierten Inseln bleibt genügend Platz für Vitrinen mit verschiedensten Schiffsmodellen und sonstigen maritimen Details. Eine wirklich gut gemachtes Museum, dem man mehr Besucher wünschen würde!

Danach kehre ich ins Theater zurück, verfolge Roys Probenarbeit und Alexanders Lichteinstellungen. Mit den Korrekturarbeiten auf der Bühne wurde noch immer nicht begonnen. Ich bin unschlüssig, ob ich mich beschweren oder warten soll.

Barcelona, 9. März 2006

Nach dem Frühstück steige ich in den neunten Stock meines Hotels hoch. Bisher war mir das Schild »Pool and Gym« nicht aufgefallen. Neben kleinen Räumen mit Sportgeräten entdecke ich eine üppige Dachterrasse, die einen herrlichen Panoramablick über die Stadt bietet. Ich gehe kurz zurück ins Zimmer, greife mir meine Kamera und stürze zurück auf die Terrasse. Begeistert photographiere ich das Häusermeer.

Eine Zeitlang kann ich mich, ganz allein hier oben stehend, kaum sattsehen und sattphotographieren an den unzähligen kleinen, unterschiedlich ausgebauten, giebellosen Dachterrassen, die jedes Altstadthaus wie einen flachen Hut mit technischem Federschmuck aus Klimageräten, Ventilatoren, runden Satellitenschüsseln über sich trägt: Manchmal hängt bunte Wäsche an dünnen Leinen zwischen zwei

Wandscheiben. Der vom Meer hereinwehende Wind bläht die Tücher, Hemden und Hosen zu gewölbten kleinen Segeln, deren bewegte Schattenbilder vom Sonnenlicht auf die gekachelten Bodenflächen projiziert werden. Hin und wieder betritt eine Frau die Terrassse, befühlt die Wäsche und verschwindet wieder.

Einige Terrassen sind eingerichtet wie kleine Paradiese, mit Gartenstühlen, Bänken und Tischen, Pergolen und Palmen in großen, roten Töpfen. Es gibt auch Terrassen voller Gerümpel, Baumüll, Brettern, Kisten und Scherben. Wenige sind ganz leer. Auf einer Dachfläche entdecke ich ein großes blau schimmerndes Schwimmbecken. Gerade, als mein Blick dorthin fällt, klettert eine ältere Frau in die Fluten und stößt sich, kräftig spritzend, vom Beckenrand ab. Nach einigen Bahnen steigt sie über eine steile Leiter wieder aus. Wahrscheinlich ist das Wasser jetzt Anfang März noch etwas kalt. Trotzdem beneide ich sie.

Mit den Augen suche ich weiter alle Häuser ab. Es ist nicht einfach, den summarischen Blick aufzugeben und wirklich Einzelheiten wahrzunehmen. Dabei helfen die großen, markanten Stadtzeichen. Ich entdecke die Sagrada Familia, dann den neuen Turm aus Glas und Stahl von Jean Nouvel, der aussieht wie ein Dildo. Mein Blick schwenkt weiter Richtung Süden, zum Meer hin, das in der Morgensonne glitzert und mit seiner weiten Leere die Häuser der Stadt zu einem kleinen, dichtbepackten Steinhaufen schrumpfen läßt. Kaum zu glauben, daß es hier Zwischenräume für Gassen und Straßen geben soll.

Ich wechsle meinen Platz und stelle mich an eine andere Terrassenecke. Kein Zweifel, es gibt Schneisen, direkt unter mir tobt der Verkehr durch die breite Straße, an der mein Hotel liegt. Sie führt in gerader Linie direkt auf den Jacht-Hafen zu.

Ich wende mich Richtung Westen. Aus dem engen Labyrinth der Häuser des Barri Gòtíc wachsen die Türme der mittelalterlichen Kathedrale wie borstige Kakteen hervor, dahinter die von hier aus unsichtbaren Ramblas und der Stadtteil El Raval, über den sich die Hügelkette des Montjuic wölbt. Am rechten Bergrücken entdecke ich den exaltierten, weißen Antennenturm von Calatrava, der sich gegen den Himmel wie ein übergroßer Schwan krümmt, in dessen Hals etwas zu Großes, völlig Unverdauliches steckengeblieben ist.

Im Norden folgt mein Blick den sinnlich-runden Bergformen des Tibidabo und des Montbau. Es ist bergiges Gelände, worauf Barcelona steht. Die gesamte Stadt fällt zum Meer hin ab. Von meinem Aussichtsplatz auf der Terrasse erkenne ich sehr deutlich, wo das wirre, enge Gassenchaos der mittelalterlichen Stadt endet und das geometrisch-strenge Schachbrett-Raster des 19.Jahrhunderts beginnt.

Bevor ich in mein Zimmer zurückkehre, stelle ich mich noch eine Weile auf die Südseite der Terrasse und lasse die blaugraue, jetzt in der Sonne immer stärker glitzernde Fläche des Mittelmeers auf mich wirken. Meine Augen tasten über die radikale Leere und saugen sich an der Horizontlinie fest, die mit ihrer unerbittlich harten Geometrie Himmel und Erde voneinander trennt.

Mittelmeerbilder ziehen vorbei: das Mittelmeer bei Ostia, das Mittelmeer bei Nizza, das Mittelmeer bei Neapel, das Mittelmeer bei Brindisi ... ich sehe Delphine aus dem Wasser springen, sie begleiten unser Schiff bei der Überfahrt nach Korfu und gleichen dabei Zeichnungen auf antiken griechischen Vasen ... das Mittelmeer bei Samos, das Mittelmeer bei Patmos, das Mittelmeer bei Tel Aviv ... meine Mittelmeerbilder, heute, vor Jahren ... Jahren ... dann tauchen die Mittelmeerbilder der Opern auf, die ich als Bühnenbildner zum Leben erwecken konnte: *Pénélope* von Gustave Fauré, Odysseus kehrt nach seiner Irrfahrt in die Heimat zurück, *Die Trojaner* von Hector Berlioz, Aeneas strandet bei Dido in

Karthago und fährt mit dem Schiff weiter nach Italien, um dort Rom zu gründen, *Dido und Aeneas* von Henry Purcell ...

Im Wasser bleiben keine Spuren zurück. Die Meeresoberfläche kennt keine Vergangenheit. Nur auf dem Meeresgrund liegen die Spuren einstiger Tragödien, Fische und Quallen umschwimmen die Trümmer, und heutige archäologische Schatzsucher spüren sie vielleicht auf.

Später, nachdem ich im Zimmer meine Eindrücke und Gedanken aufgeschrieben habe, breche ich zu einer dreistündigen Wanderung Richtung Osten, in den Stadtteil Sant Marti auf. Dort will ich mir den Parc della Ciutadella anschauen, in dem laut Stadtplan ein Zoologisches und ein Geologisches Museum, außerdem der Zoo zu finden sind. Kaum habe ich die Altstadt, den Ribero, durchquert, stoße ich auf den breiten Passeig de Picasso, den ich nach dem engen Gassengewirr als stadträumliche Wohltat empfinde. Ich gehe über den breiten, mit Platanen, teilweise auch Palmen bestandenen Boulevard und freue mich darüber, daß Picasso nicht mit einer engen Gasse (wie bei seinem Museum) abgespeist wurde.

Aus den Palmen, die vor den klassizistischen Museumsbauten stehen, höre ich das höllisch laute Kreischen eines Vogelschwarms. Merkwürdigerweise kann ich die Vögel nicht sehen, da sie wohl alle auf den Oberseiten der Palmwedel, die sich meinem Blick entziehen, sitzen. Durch ein offenstehendes Tor betrete ich den mit einem hohen Zaun eingefaßten Park. Sofort ändert sich der Wegbelag, draußen auf den Bürgersteigen der Straße ging ich noch auf Asphalt und Steinplatten, jetzt knirschen meine Schuhsohlen auf sandfarbenen, wassergebundenen Kieswegen, und die Atmosphäre schlägt um, von Stadt zu Park.

Als ich zum Geologischen Museum komme, sagt mir die Frau an der Kasse, daß die Räume in diesem Moment geschlossen würden. Es ist genau 15.00 Uhr, wie ich beim Blick auf meinen Wecker, den ich immer in meiner Hosentasche bei mir trage, sehe. Seltsame Schließzeit, denke ich und wende mich wieder dem Ausgang zu.

Auch das Zoologische Museum hat die gleichen Öffnungszeiten, also bleibt mir nur ein Glashaus, das zwischen beiden Museumsbauten steht. Als einziger Besucher schlendere ich durch eine üppige Farn- und Palmenvegetation und genieße diesen, mitten in der Großstadt gefangengehaltenen, tropischen Urwald in vollen Zügen. Das Haus hat die Form eines fünfgliedrigen Kirchenschiffs. Die gläsernen Dachwölbungen sind in der Längsrichtung mit schmalen Holzlatten überdeckt. Der Blick nach oben wirkt dadurch schraffiert, und das Sonnenlicht kann nur in schmalen Streifen einfallen. Bestimmt hat das Glashaus schon bessere Zeiten gesehen, von den dünnen Gußeisenstützen blättert die Farbe, einige Gläser sind zersprungen, und Scherben liegen am Boden.

Für einen Moment bleibe ich stehen und versuche, den Ort zu verinnerlichen. Hier und jetzt. Draußen die Stadt. Ich höre den Verkehrslärm gedämpft und wundere mich über das Schweigen der Pflanzen. Ihre geduldige Stille hat etwas Überlegenes. Vielleicht spielt in dieser Welt das Einzelblatt, das Individuum, keine Rolle. Es wächst, grünt und fällt ab. Das nächste folgt und ist dem ersten so ähnlich, daß wir kaum einen Unterschied feststellen können. Ob unsere Sucht nach Individualität der Grund für alles Unglück ist?

Ich wandere weiter Richtung Zoo. Auf den Parkbänken sitzen Mütter mit Kindern, zwischen den noch kahlen Bäumen tollen junge Mädchen mit fröhlich bellenden Hunden herum. In einigen Wegbereichen wird gebaut, Zäune versperren immer wieder den Durchgang. Der Park bereitet sich auf den Sommer vor.

Der Eingang des Zoos stellt sich mir als ein merkwürdiges Gebilde aus Triumphbogen und Stadiontor in den Weg. Moderne Architektur in Edelstahl und Glas.

Die Kassenhäuser sind so transparent und spiegelnd, daß ich kaum erkennen kann, welches Loch für mich zum Sprechen gilt. Ich bin überrascht, wie teuer die Eintrittskarte ist. Kaum habe ich die Anlage betreten, spüre ich sofort die Melancholie des Ortes. Sie erfaßt alles, die Bäume, die Gehege und Käfige, die Besucher und die Tiere. Traurig starren mich Dromedare und Nashörner an. Vor einer Betonwand schaukeln Elefanten autistisch hin und her, den Blick ins Leere gerichtet. Selbst die Bäume wirken trotzig schlechtgelaunt und haben ihre zeitlose Lässigkeit verloren.

Im Reiseführer lese ich, daß der berühmteste Zoobewohner ein Albino-Gorilla war, »Schneeflocke (Floquet De Neu)« genannt. Er mußte im November 2003 nach langer Krankheit im Alter von 40 Jahren eingeschläfert werden. Durch eine hölzerne Schwingtür dringe ich in das einstige Wohnhaus dieses Tieres ein und bin überrascht, hier eine große Ausstellung über »Schneeflocke« vorzufinden. Vor den leeren Käfigen stehen Holzboxen mit eingebauten Fernsehgeräten. Auf den Bildschirmen – es sind ungefähr 20 – sehe ich Filme mit und über »Schneeflocke«. Der weiße Gorilla beim Schlafen, Gehen, Stehen und Klettern; in Großaufnahme blicken mich seine treuherzigen, verschmitzten Augen an. Merkwürdige Art der Totenverehrung. Die Bildkonserven eines vergangenen Lebens machen mir wieder bewußt, daß der Film den Tod überlisten kann. Ich habe den Eindruck, »Schneeflocke« wäre noch immer anwesend. Vielleicht sehen wir auch auf den Bildschirmen Direktübertragungen aus dem Jenseits? Ich bin gerührt und vermisse »Schneeflocke« jetzt auch, obwohl ich ihm nie persönlich, real vor seinem Käfig stehend, begegnet bin.

Traurig gestimmt, verlasse ich nach einer knappen Stunde das Zoogelände und gehe langsam Richtung Liceu zurück in die Altstadt. Die Straßen zwischen Zoo und Ramblas gehörten früher zum berüchtigten Hafenviertel, in dem sich Matrosen, Abenteurer aus der ganzen Welt, Prostituierte und Stricher herumtrieben. Jean Genet gehörte zu ihnen und hat darüber geschrieben. Heute wirkt die Gegend sehr gepflegt, fast zu ordentlich. Designgefährdetes Gebiet!

Da mir noch etwas Zeit bis zur Nachmittagsprobe bleibt, gehe ich hinüber zur Barceloneta, dem kleinen Stadtteil, der sich auf einer keilartigen Mole hinaus ins Mittelmeer erstreckt. Im Hafenbecken schaukeln einige super-mondäne Jachten. Manche liegen leer und verlassen da wie versiegelte Totenschiffe. Die meisten Boote jedoch sind klein und bewegen sich, vom Wind sanft hin- und hergestoßen, bescheiden nebeneinander. Manche Schiffskörper berühren einander, suchen liebevolle Nähe, andere zurren ungeduldig an ihren Befestigungsseilen und versuchen immer wieder, ihrer Gefangenschaft zu entkommen. Das Klappern, Klirren und Klingeln der hin- und hergeworfenen Drähte und Seile an den Masten und Bootskörpern gehört für mich zur typischen Geräuschkulisse einer Marina. Sie erinnert mich daran, daß Schiffe schon immer zu dieser Stadt gehörten wie die Häuser, Gassen und Menschen auch. Jedes Leben wird hier von der Weite des Meer-Horizonts und dem Fernweh begleitet.

Um 16.00 Uhr beginnt eine Orchesterprobe unseres *Idomeneo*. Beim Inspektionsgang über die Bühne sehe ich die üblichen Macken und Flecken. Bisher wurde wenig repariert. Nachdem man mich wegen der Korrekturarbeiten auf einen späteren Zeitpunkt vertröstet hat, setze ich mich beruhigt-beunruhigt in den Zuschauerraum.

Als schließlich Mozarts Musik erklingt, bin ich zunächst vom Klang angenehm überrascht und bewegt. Wie zart, wie vorsichtig, aber auch wie traurig werden hier Emotionen in Töne übersetzt! Die relative Gleichförmigkeit der Mozartschen Komposition ermüdet mich jedoch bald. Aber ich stehe die ganze Probe durch.

Beim nächtlichen Rückweg zum Hotel denke ich darüber nach, wie fremd diese zarte Musik hier in der eigentlich sehr herben, windgegerbten Stadt klingt. Durch meine Vorstellung schnauben wilde Stiere, tanzt Carmen zu Kastagnettenklängen, zeichnet Gaudí seine Kamin-Ungeheuer, hallen die Schüsse der anarchistisch-linken Bürgerkriegskämpfer. Ich sehe Bomben aus hakenkreuzbemalten Flugzeugen der »Legion Condor« auf die Stadt fallen, ich höre die dumpfen Einschläge und Explosionen, ich sehe die Stadt brennen.

Bedeutet die Beschäftigung mit Mozart und seinem *Idomeneo* heute Weltflucht in ein Museum der einstigen Emotionen und musikalischen Bilder, oder sind uns die filigran-antiken Vorgänge doch näher, als es auf den ersten Blick aussieht? Fühlten sich Liebe, Haß, Eifersucht und Rachegedanken zu allen Zeiten ähnlich an? Änderten sich nur die Personen, die Umgebungen und die Bühnenbilder? Fragen, die ohne Antwort bleiben müssen. Neben mir die mittelalterlichen Wände, ringsum das allnächtliche Getrappel und Gerede der vergnügungssüchtigen Stadtbewohner und Touristen, in meinem Kopf der Nachhall Mozartscher Arien und Chöre ... Getrappel ... Getrappel ... Getrappel ...

Im Hotel angekommen, fahre ich mit dem Aufzug erneut zur Dachterrasse hoch. Ganz allein stehe ich jetzt hier oben und betrachte das nächtliche Panorama; über mir ein tiefblauer, sternenübersäter Himmel mit schmaler Mondsichel. Leider kenne ich mich nicht mit Sternbildern aus.

Die Altstadt wirkt jetzt wie ein dunkler, geschlossener Steinblock. Nur auf wenigen Hauptstraßen, die ich in Fragmenten zwischen den Haus- und Gassenschluchten wahrnehme, sehe ich den Verkehr wie glühende Lavaströme fließen. Ich hole den Photoapparat aus meiner Tasche, benutze die Steinbrüstung als Stativ und versuche, die städtische Realität (?) photographisch einzufangen. Wieder einmal geht mir durch den Kopf, wie wenig ein Stadtbild von oben (auch von unten aus der Fußgängerperspektive) eigentlich preisgibt: Ich sehe weder, wie viele Menschen in den Häusern wohnen, wie viele Familien mit Kindern, wie viele Einzelpersonen, wie viele Alte, noch sehe ich, wem die Häuser gehören. Ich kenne die Architekten und Handwerker nicht, die sie gebaut haben. Ich kann darüber nur Vermutungen anstellen, genauso wie über das mögliche Alter der Gebäude. Die Anonymität überwiegt. Es gibt kaum individuellen, privaten Ausdruck (ein Geranienstock oder aufgehängte Wäsche auf einer Dachterrasse, mehr nicht).

Obwohl ich mitten in der nächtlichen Stadt stehe, wirklich anwesend bin, meine Hände tatsächlich die Terrassenbrüstung berühren, mein Photoapparat die Beweise (mit Zeit- und Datumsmarkierung) in sich trägt, komme ich mir wie eine Fälschung vor. »Wo waren Sie heute nacht?«, höre ich den untersuchenden Kommissar fragen.

»Hier ... ich stand die halbe Nacht auf der Hotelterrasse und habe die Stadt betrachtet.«

»Können Sie das beweisen?«

»Die Aufnahmen in meinem Photoapparat ...!«

»Jeder hätte die Aufnahmen machen können.«

»Das stimmt. Vielleicht war ich nie hier.«

In diesem Moment verstehe ich Menschen, die ihren Namen in Bänke, Hauswände, Steinstufen, Terrassenbrüstungen und Bäume ritzen, mit der genauen Datumsangabe.

Zur Vorbereitung der *Idomeneo*-Übernahme aus Wien war ich genau vor einem Jahr schon einmal in Barcelona, stellte das Bühnenbild den Technikern des Teatro Liceu vor und besprach mit ihnen mögliche Anpassungsarbeiten. Damals hatte ich ein verlängertes Wochenende angehängt und mir einige Gaudí-Bauten und

einen Teil der neuen Plätze und Parks angeschaut, die in den 1980er Jahren weltweit für städtebauliches Aufsehen gesorgt hatten und die ich bei einem anderen,
früheren Besuch in der Stadt studiert habe. Ich erinnere mich an meine fast grenzenlose Begeisterung. Wie beneidete ich die spanisch-katalanischen Kollegen um
diese paradiesischen Zustände! Seit Jahren kämpfte ich in Deutschland bei Wett-
bewerben in einer ähnlichen Richtung, wurde jedoch immer übergangen und aus-
sortiert.

Hier, in Barcelona, entstanden in kurzer Zeit Hunderte origineller Plätze und
Gärten, fast wie am Fließband. Plötzlich schien alles möglich. Eine Platz-Explo-
sion der besonderen Art. Manchmal hatte ich das Gefühl, daß die Plätze völlig
entwickelt und fertig irgendwo in den Pyrenäen oder auf fernen Inseln bereitla-
gen, mit Hubschraubern nach telefonischer Bestellung abgeholt und von oben auf
die vorbereiteten innerstädtischen Flächen herabgelassen worden seien. In vergammelten Stadtregionen sahen sie tatsächlich aus wie frisch gelandete Ufos, verbreiteten eine fremdartige Aura, und viele Anwohner hatten ihre Mühe damit –
so, als hätte man ihnen fremde Herzen implantiert, fremde Hände und Füße an-
genäht.

An anderen Stellen kamen die neuen Plätze den Vorstellungen der Anwohner
näher, vor allem dann, wenn sie mit altehrwürdigen Motiven – Pergolen, Lauben,
Brunnen und Denkmälern – spielten. Am unverfänglichsten waren Wasserflächen
und Palmenhaine. Stadtbaudirektoren aus ganz Europa flogen in die katalanische
Hauptstadt, waren ebenfalls begeistert, aber für ihre eigenen Kommunen hatte es
wenig Folgen. In abgelegenen Kleinstädten entstanden seltsam-verkürzte katalanische Zitate, die heute eher wie Karikaturen von Plätzen anmuten.

Beim Wiedersehen vor einem Jahr waren mir die Plätze in Barcelona vertraut
wie alte Bekannte: el Passeig de Colom, el Moll de Bosch, Alsina, la Plaça
d'Angel Pestana, el Passeig de Picasso, el Parc del Clot, el Parc de l'Escorxador
und la Plaça dels Països Catalans. Mit ihren hohen, fast schwebenden Schatten-
dächern, den Säulen, Pergolen, Natursteinmauern, den Brunnen und Seen, den
kunstvollen Platzbelägen und Bänken entfalten sie immer noch ihre ungewöhnlichen, zwischen Surrealismus und mediterranem Lebensgefühl angesiedelten
Stimmungen. Durch ihre bauhäuslerische Modernität allerdings bleibt ihnen nach
wie vor eine gewisse Fremdheit erhalten. In die katalanische Architektursprache
haben sich Wörter und Ausdrücke eingeschlichen, die den Einheimischen bis heute nicht ganz vertraut sind.

Damals, vor 25 Jahren, ist vielleicht ein neuer katalanischer Architekturstil entstanden. Viele Motive waren innovativ und vorher nirgendwo auf der Welt zu finden. Schade, daß César Manrique, der auf seiner Heimatinsel Lanzarote Spanisch-
Afrikanisch-Maurisches mit der Moderne zu verschmelzen suchte, nicht nach
Barcelona eingeladen wurde. Manrique hatte bereits in den 1970er Jahren völlig
eigenwillige Lösungen gefunden. Seine Landschaftsarchitekturen, Gärten und
Plätze wirken, von heute aus gesehen, fast noch visionärer – grüner, umweltbe-
wußter – als die späteren Motive seiner Barcelona-Kollegen, da er die Natur
wirklich ernst nahm. Sein Grundsatz lautete (ähnlich dem von Antoní Gaudí):
»Ich will mit der Natur bauen, nicht gegen sie!«

Bei meinem Besuch in Barcelona vor einem Jahr schaute ich mir auch wieder
einige Bauten von Gaudí an. Einen ganzen Nachmittag verbrachte ich im Parc
Güell. Früher mochte ich diesen Park gern, aber jetzt hatte ich das Pech, daß es
den ganzen Tag regnete und viele Wege im Sumpf versanken. Die berühmte
Terrasse mit der geschwungenen Keramikbank kam mir albern und kitschig vor.
Trotz aller Einwände finde ich es natürlich schade, daß Antoní Gaudí die gesamte

552

Anlage nicht vollenden konnte. Señor Güell hatte, nach englischem Vorbild, eine ganze Gartenstadt in Auftrag gegeben. Wahrscheinlich überstieg das Vorhaben am Ende seine finanziellen Mittel, schließlich gehörten die Gebäude und Parkeinbauten Gaudís zu den teuersten Architekturen, die damals in Barcelona errichtet wurden. Gaudí, der kaum reiste und außer Spanien und Nordafrika nichts von der Welt kannte, lebte und arbeitete in einer merkwürdigen Umbruchzeit. Mitte des 19. Jahrhunderts geboren, begann er als romantischer Historist, der vor allem mittelalterliche Formen und Ideale ins Bewußtsein der Katalanen zurückholen wollte. Später war er von maurischer Kunst und Architektur stark beeinflußt. Er haßte leere Flächen und liebte orientalische Ornamentik. Damit kam er der Forderung seines englischen Vorbilds, John Ruskin, sehr nahe: »Das Ornament ist der Ursprung der Architektur!«

Daß Gaudís Hauptförderer, der zum Grafen ernannte reiche Textilindustrielle, Eusebi Güell i Bacigalupi, ein begeisterter Anhänger Richard Wagners war, steigerte das Pathos und den Kunstwillen der beiden ins Mythische. Kein Wunder, daß Antoni Gaudí im Alter sein Heil in der katholischen Kirche suchte und fand. Der einstige Dandy endete als bigotter Beter, der sogar das Glück hatte, seine eigene Kathedrale, die Sagrada Familia, zu bauen. Von heute aus gesehen, wirkt sein Tod wie ein von fremden Mächten inszeniertes, tragisches Symbolbild: Auf dem Weg zum Gebet wird er von einer elektrischen Straßenbahn erfaßt und schwerverletzt in ein Armenhospital gebracht. Niemand hatte den ärmlich gekleideten, in der ganzen Stadt berühmten Künstler erkannt, Taxifahrer verweigerten den Transport des vermeintlichen Bettlers in ein Krankenhaus. Die Bevölkerung Barcelonas reagierte entsetzt, als sie von diesem Unglück erfuhr. Der Trauerzug, der sich am 12. Juni 1926 durch die Stadt bewegte, war über 1 Kilometer lang. Kein Architekt vor ihm wurde in der Krypta seiner eigenen Kathedrale beigesetzt.

Als ich vor einem Jahr bei meinem Rückweg vom Parc Güell in die Altstadt an der Casa Milà im Passeig de Gràcia vorbeikam, erinnerte ich mich an einen Vortrag von Jacob Berend Bakema, den ich 1964 in der Salzburger Sommerakademie erlebte. Er projizierte einen selbstgedrehten Film an die Wand, der ungefähr zehn Minuten lang die Fassade der Casa Milà zeigte. In seinem charmantgebrochenen Deutsch schwärmte Bakema von Gaudí und diesem Wohnhaus. Immer, wenn das fast schwarze Eingangsloch des Gebäudes einen Menschen verschluckte oder ausspuckte, brach er in einen lauten Begeisterungsschrei aus. Für ihn, den einst berühmten niederländischen Städtebauer, verkörperte dieses Tor das Ideal eines Hauszugangs – warum auch immer. Ich konnte und kann seine Begeisterung für das Gebäude nicht nachvollziehen, für mich sieht es aus wie ein düsteres Felsgebirge, das nur mühsam zum Wohnen ausgehöhlt worden ist. Seine nervösen Wellen erinnern mich mehr an ein Erdbeben als an ruhiges, elegant-angenehmes innerstädtisches Wohnen. Dennoch bleibt mir der dilettantisch-verwackelte Film Bakemas für immer im Gedächtnis, weil ich damals die Eingangsproblematik eines Hauses als etwas Elementares verstanden habe.

Barcelona, 10. März 2006

Zufällig treffe ich beim Frühstück Alexander. Bisher war mir nicht klar, daß wir im gleichen Hotel wohnen. Wir plaudern über das Theater und Australien.

Alexander: »Weißt du, seitdem ich meinen Lebensmittelpunkt nach Australien verlegt habe, interessiert mich Europa und speziell Deutschland überhaupt nicht mehr. Es ist so klein und unwichtig ... im Weltmaßtab.«

Ich: »Klar, ich kenne das. Aus der Ferne schrumpft Deutschland zu einem winzigen Stecknadelkopf auf dem Globus. Wenn ich mal vier Wochen nicht da war und wieder deutsche Nachrichten im Fernsehen anschaue, denke ich jedesmal: Kaum zu glauben, immer noch das gleiche, die Gewerkschaft fordert mehr Geld, die Gesundheitsreform stockt, Krise hier und da, Geld fehlt überall ...«

Alexander: »Genau, man sollte sich das nicht mehr antun. Deswegen bin ich froh, soweit weg zu wohnen. Mir ist es so egal, ob in Deutschland die Sonne scheint, ob es dort regnet oder schneit!«

Ich: »Wenn wir schon darüber reden: Du hast bei unserem letzten Gespräch von Tasmanien erzählt. Wo liegt eigentlich Tasmanien?«

Alexander: »Zwei Flugstunden südlich von Sydney. Eine Insel, die einst mit Australien verbunden war. Dort herrscht europäisches Klima. Im Winter kann es in den Bergen sogar schneien.«

Ich: »Und dort habt ihr ein Haus gekauft?«

Alexander: »Eigentlich mehr eine Hütte, eine Datscha eben, in einer Siedlung. Im Haus neben uns wohnt ein buddhistisches Pärchen. Sie meditieren beide den ganzen Tag ... Ich lebe unheimlich gern in Tasmanien. Eine wunderbare Landschaft. Kaum bin ich dort, kann ich völlig abschalten.«

Während er spricht, stelle ich mir Tasmanien vor und beneide Alexander um sein Leben dort. Manchmal geht mir meine deutsch-europäische Geschäftigkeit – immer muß ich irgend etwas machen – selbst auf die Nerven. Seine Ausführungen regen mich zum Träumen an ... immer die anderen ... immer in fremden Ländern ...

Anschließend gehen wir gemeinsam ins Theater hinüber. Heute will ich den ganzen Tag dort verbringen und alle notwendigen Arbeiten erzwingen. Mal sehen, ob ich Glück habe.

Nach anfänglicher Mühe erreiche ich tatsächlich mein Ziel, und am Abend sieht das Bühnenbild ganz ordentlich aus. Mit einem Anflug von Zufriedenheit durchquere ich nachts das Barri Gótic, und plötzlich kommt mir die mittelalterliche Bebauung ganz bescheiden und zurückhaltend vor. Außer der Kathedrale spielt sich kein Haus in den Vordergrund. Gebaute, versteinerte Gesellschaft, eng, dicht, nah beieinander. In der Herde fühlte man sich sicher ... Gefahren konnten so besser abgewehrt werden ... Gemeinschaft ist eben immer eine Notgemeinschaft ...

Der Blick aus dem nächtlichen Hotelfenster. Meine Gedanken schweben im Gehirn, im Raum, über den Dächern, über dem Meer. Ich lasse sie treiben, ich, das Erlebniszentrum, ich, die Sendestation, ich, die Empfangsstation. Es ist viel leichter, Ereignisse aus der Vergangenheit zu beschreiben, als gerade erlebte. Gegenwart will nicht sofort übersetzt werden. Der Abstand fehlt. Die Bilder sind noch Bilder, sie werden erst später zu Worten gerinnen, wenn überhaupt. Verknüpfungen wollen sich nicht einstellen. Erfahren ... erleben ... erforschen ... untersuchen ... fragen ... verstehen ... fragen ... Die Bilder der Stadt, ihre äußeren Erscheinungsformen als Antworten sehen und lesen oder als Fragen ... Ich blättere in meinen Zetteln und lese: »Ruhige, in sich ruhende Räume, still und schweigend ... bewegte Räume, fließende Räume, Raumrhythmen wie Schlagzeugsoli, Raumfolgen wie Filme, wie Symphonien, Raum-Melodien ... Runde Räume, eckige Räume, polygonale Räume, Raumfragmente, verschachtelte Räume, mehrschichtige Räume, weiße Räume, bunte Räume, Lichträume, Schatten-Räume, Muschel-Räume, dunkle Räume, helle Räume, beschriebene Räume, betrunkene Räume, Adern-Räume, Musik-Räume, Herz-Räume, Opern-Räume, torkelnde Räume, schiefe Räume, krumme Räume, türkische Räume, alte Räume, Erinnerungsräume, Verdi-Räume, Carmen-Räume, Gaudí-Räume, Körper-Räume, erotische Räume, organische Räume, geometrische Räume, Natur-Räume, Busen-Räume, Traum-Räume, Unterwasser-Räume, getürkte Räume, Weltall-Räume, Zwiebelturm-Räume, Netz-Räume, Fallen-Räume, Hochhaus-Räume, Gedanken-Räume, brutale Räume, Stadt-Räume, Bergwerks-Räume, Lyrik-Räume, Wurzel-Räume, Hexen-Räume, Roman-Räume, Film-Räume, verseuchte Räume, gesunde Räume, Männer-Räume, Frauen-Räume, Bordell-Räume, traurige Räume, glückliche Räume, erkältete Räume, kranke Räume, verliebte Räume, verletzte Räume, lachende Räume, Kneipen-Räume, harmlose Räume, Werkstatt-Räume, Gold-Räume, bürgerliche Räume, Blatt-Räume, Feder-Räume, Projektions-Räume, Universitäts-Räume, Krebs-Räume, KZ-Räume, virtuelle Räume, Schuppen-Räume, Großstadt-Räume, Finanz-Räume, Zeitungs-Räume, Industrie-Räume, Computer-Räume, dörfliche Räume, Krisen-Räume, Glücks-Räume, Museums-Räume, Krankenhaus-Räume, Kleinstadt-Räume, Toten-Räume, Wohn-Räume, Straßen-Räume, Platz-Räume, Holz-Räume, Leidens-Räume, Eis-Räume, Bauhaus-Räume, wilde Räume, elegante Räume, Schloss-Räume, zynische Räume, Spiegel-Räume, Bunker-Räume, Beton-Räume, Kinder-Räume, ironische Räume, Stahl-Räume, Theater-Räume, Photo-Räume, Flugzeug-Räume, mittelalterliche Räume, Science-Fiction-Räume, Raum-Stationen, explodierende Räume, zerstörte Räume, Raum-Ruinen, Flamenco-Räume, U-Boot-Räume, Bibliotheks-Räume, Zoo-Räume, Folter-Räume, beschriebene Räume, sibirische Räume, Indianer-Zelt-Räume, Markt-Räume, abstrakte Räume, Altstadt-Räume, Höhlen-Räume, Fado-Räume, Wüsten-Räume, Vorhang-Räume, Schaufenster-Räume, Park-Räume, Gebirgs-Räume, Wald-Räume, Meer-Räume, Feld-Räume, Büro-Räume, Jacht-Räume, Treppen-Räume, Aufzugs-Räume, Buchstaben-Räume, Meditations-Räume, römische Räume, maurische Räume, Terrassen-Räume, Zahlen-Räume, Jugendstil-Räume, Experimental-Räume, Glashaus-Räume, Dach-Räume, Expres-sions-Räume, Verwesungs-Räume, Katakomben-Räume, Asphalt-Räume, Bahnhofs-Räume, Versteck-Räume, Kamin-Räume, Flughafen-Räume, russische Räume, faltige Räume, Erd-Räume, Stern-Räume, Wolken-Räume, Polster-Räume, Fernseh-Räume, Hör-Räume, Scherben-Räume, Atom-Räume, Sternwarten-Räume, physikalische Räume, elektrische Räume, Gravitations-Räume, gekrümmte Räume, organische Räume, Knochen-Räume, Kristall-Räume, Bernstein-Räume, Naturstein-Räume, Mamutschka-Räume, Kugel-Räume, Triumphbogen-Räume, Fils-Räume, Schwimmbad-Räume, Hotel-Räume, Amerika-Räume, Las-Vegas-Räume, neue Räume, blühende Räume, verwelkte Räume, Baumhaus-Räume, Ballon-Räume, Vogelnest-Räume, Autobahn-Räume, Räume in Barcelona ...«

Barcelona, 11. März 2006

Barcelona hat sich in den letzten Jahrzehnten ähnlich stark verändert wie Berlin. Mit jeder architektonischen Neuigkeit bohrte sich die Stadt tiefer ins Bewußtsein heutiger Bewohner und Touristen. Die alte Bausubstanz jedoch überwiegt und bildet die Grundmelodie, die Grundatmosphäre. Vielleicht besteht der besondere Reiz der Stadt im starken Kontrast zwischen dem Extrem-Alten und dem Super-Modernen. In jedem Fall nehmen die Bauten Gaudís, die wie in einem Spiegelraum beide Aspekte miteinander verbinden, einen besonderen Platz ein. Keine der neuen Architekturen hat eine ähnliche Berühmtheit erlangt.

Die Sagrada Familia wurde zum Markenzeichen der Stadt, und kein Tourist versäumt es, die berühmte Baustelle zu besuchen. Ein markanteres Symbol für die Sehnsucht nach Schönheit und städtebaulicher Überhöhung – man könnte von einer Stadtkrone sprechen –, gleichzeitig für den Kampf eines Künstler-Architekten um eine bessere, mit der Natur im Einklang lebende, allerdings stark religiös eingefärbte, architektonische Welt, ganz in der Manier Don Quijotes, läßt sich kaum denken. Jede andere Stadt der Welt kann vor Neid nur erblassen. Daß außerdem das Jahrhundertgenie Picasso hier seine Jugend- und erste blau getönte Schaffensphase verbracht hat, ist ein weiteres Geschenk der Geschichte an die Hauptstadt der Katalanen.

Da kann Berlin nicht mithalten. Von einer Altstadt ist hier weit und breit nichts mehr zu sehen, berühmte Bauten, weder aus der Vergangenheit noch aus der Gegenwart sind selten, und Museen für bedeutende Menschen bleiben die Ausnahme. Zu würdigende Künstler gäbe es genügend – Schlüter, Schinkel, Humboldt, Fontane, Menzel, Döblin, Tucholsky, Piscator, Reinhardt, Fallada, Sauerbruch, Lasker-Schüler, Gropius, Mies van der Rohe, Scharoun, Taut, Zille, Benn, Knef, Wolf und Grass –, aber es fehlten der politische Wille und das Geld. Auch an die legendären Theaterzeiten der 1920er und 1980er Jahre wird nirgendwo gedacht. Außer einem Kolbe-, Kollwitz- und Liebermann-Museum findet sich im Westteil der Stadt kaum etwas, im ehemaligen Ostteil können interessierte Touristen heute noch das ehemalige Wohnhaus von Brecht besuchen, außerdem hat sich die Wohnung von Anna Seghers erhalten, das ist alles. Die wenigen Orte, die noch aus faschistischer Zeit zu sehen sind, werden verschämt versteckt, und selbst die einst so berühmt-berüchtigte Mauer ist weitgehend verschwunden. Tourismustechnische Sünden allererster Klasse!

In Ermangelung interessanterer Bauten und Orte steigen heute frustrierte Berlintouristen in Fosters gläserne Reichtagskuppel hoch, besuchen das Jüdische Museum von Daniel Libeskind oder den Dorotheenstädtischen Friedhof. Alles andere bleibt Durchschnitt.

Demokratie – jedenfalls in Deutschland – tut sich schwer mit Außerordentlichem und tendiert zum kompromißlerischen Pluralismus. Städtebaulich-kraftvolle Eindeutigkeit liegt ihr nicht, da sie im Verdacht steht, undemokratisch, diktatorisch oder gar faschistisch zu sein.

Am Nachmittag gehe ich zum Theater hinüber. Herr Garuz, der technische Direktor, ein kleiner, dickbäuchiger Katalane mit schnarrender Stimme und schlechtem Englisch, teilt mir auf der Bühne mit, daß die städtische Bauaufsicht an meiner zentralen, als Spielort stark genutzten Haustreppe ein Geländer wünscht. Ich lasse mich nicht provozieren und erwidere cool: »No, this is not possible.«

Er darauf: »Yess! Schurrr! It is posssssibbble!« Mal sehen, wie die Geschichte ausgeht. Ich werde hart, um nicht zu sagen »deutsch-stur« bleiben. Um uns herum stehen etwa 40 schwarzgekleidete Bühnenarbeiter, erstarrt in völliger Untätigkeit. Manchmal zeigt einer von ihnen auf eine Stelle, zehn andere folgen seinem Finger und blicken gemeinsam auf einen gewissen Punkt. Es folgen zehn Minuten Diskussion, in deren Verlauf alle gleichzeitig reden. Südliche Mentalität eben, mediterranes Leben, wunderbar gelassen, griechisch-römisch-spanische Männerfiguren, mit Bäuchen oder bauchlos, uniformiert durch Gewerkschaft und Bauaufsicht ... Ich schaue mir die Gruppierungen und Menschen-Kompositionen vom Zuschauerraum aus an und denke: So gut kann kein Regisseur inszenieren, die Realität ist manchmal unüberbietbar!

Alexander arbeitet weiter an seinen Lichteinstellungen. Nebenher unterhalte ich mich mit Roy, der etwas verzweifelt am Regietisch steht.

Ich: »Geduld braucht man hier.«

Roy: »Ja, ziemlich.«

Ich: »Sollten wir nicht energischer werden?«

Roy: »Ich kann schon, vielleicht muß ich auch, wenn das so weitergeht.«

Ich: »Beim Film soll es noch schlimmer sein. Stunden steht man herum und merkt überhaupt nicht, wann gefilmt wird.«

Roy: »Das stimmt. Ich war in San Francisco mal dabei.«

Ich: »Hast du in Europa einen neuen Job als Regisseur?«

Roy: »Bis jetzt nicht. Es ist nicht einfach.«

Ich: »Du mußt dich wichtigmachen, originell sein wie Konwitschny und die anderen. *Aida* im Wohnzimmer spielen oder *Cosi fan tutte* auf dem Empire State Building!«

Roy: »Du hast recht. Ich habe einige Inszenierungen von Konwitschny gesehen, sie jedoch nicht verstanden.«

Ich: »Er soll tolle Proben machen.«

Roy: »Das hat mir eine Sängerin, die in Stuttgart bei *Götterdämmerung* dabei war, auch erzählt. Aber man sieht eben nachher nicht viel davon ...
Ich bin jetzt 40. Wie soll das weitergehen?«

Wir schauen wieder auf die Bühne. Ich bin froh, mein Bühnenbild nicht mehr im Probenlicht sehen zu müssen. Jetzt wechseln die Farben, mal flammt Blau auf, dann wieder Gelb. Theater ist wirklich ein schönes Spielzeug. Morgen kommt Nicolas aus Genf herüber, Endphase.

Barcelona, 12. März 2006

Nach dem Frühstück steige ich wieder auf die Dachterrasse hoch. Heute scheint die Sonne scharf und grell. Sie produziert im Kubengewirr der Altstadt scharfe Licht- und Schattenzonen. Ich lasse meinen Blickstrahl über die Dächer wandern. Stünden hier nicht Antennen und andere technische Geräte, würde sich das mir darbietende Bild wahrscheinlich kaum unterscheiden vom Blick auf die Stadt vor 100, 200 oder 400 Jahren.

Zurück im Zimmer lege ich, nach alter Gewohnheit, meinen Stadtplan auf den Boden und betrachte ihn zunächst aus der Ferne, dann nähere ich mein Gesicht der bedruckten Fläche wie ein langsam sinkender Ballonfahrer. Das untere Drittel des Plans wird von der blauen Fläche des Mittelmeers bedeckt. Mar Mediterráneo. Der Rest besteht aus grellgelbem und blaßgelbem Straßen- und Gassengewirr. Die Bebauungsblöcke sind grau wiedergegeben. Einzelne wichtige Gebäude leuchten in roter Farbe. Mir fällt auf, daß Grünflächen äußerst selten vorkommen, nur der Montjuich, der Parc de la Ciudadela und der Parc Güell bilden im inneren Stadtbereich größere Ausnahmen. Rings um die Ramblas die engen, wirren Gassen der Altstadt, die auf dem Plan aussehen wie filigrane Spinnennetze. Darüber, Richtung Norden, das sture Quadratraster der Planung aus dem 19. Jahrhundert. Barcelonas Baron Haussmann hieß Ildefons Cerdà und war von Beruf Bauingenieur. Ab 1859 wurde begonnen, seine Planungen in die Realität umzusetzen. Von den großen Querachsen, die sein Plan vorsah, erblickte nur die berühmte »Diagonal« das Licht der Stadtwelt. Sie schneidet wie eine Flugzeuglandebahn von Nordwesten Richtung Südosten ins steinerne Stadtfleisch hinein. Weiter nördlich, hinter dem Parc Güell, verliert die heutige Stadtstruktur ihre strenge Geometrie, Unregelmäßigkeiten, sogar Kurven kommen ins Spiel, bergiges Gelände.

Auf der rechten Seite meines großen Stadtplans sind die meisten Straßennamen Barcelonas schwarz auf weiß abgedruckt. Die Buchstabenkolonnen beginnen mit »Abad Odón« und enden mit »Zumalacárregui«. Merkwürdige Zone der Abstraktion, zwischen Lexikon, Geburts- und Sterberegister, zwischen Telephonbuch und Börsendaten angesiedelt. Wenn ich die Augen zukneife, kann ich in den Zeilen auch die Wellen des Meeres erkennen, Brandung, Dünung, regelmäßig und und gleichförmig, dennoch mit leichten Verschiebungen in Länge und Rhythmus.

Am Nachmittag gehe ich wieder quer durch die Altstadt. Mein Ziel ist heute das Picasso-Museum in der Carrer Montcada. Vor einem Jahr war ich zum letzten Mal hier. Der Touristenansturm ist wie immer groß. Ich lasse mich trotzdem nicht abschrecken und stelle mich geduldig in die Reihe der Wartenden vor der Kasse. Eigentlich passen die mittelalterlichen Gemäuer des Museums gut zu Picassos kraftvollen Bildern und Graphiken. Allerdings zeigt sich von dieser Wildheit in seiner Frühzeit noch nicht allzu viel. Am Anfang ging er eher vorsichtig, manchmal sogar sentimental ans Werk.

Picasso zog mit seinen Eltern im Alter von 14 Jahren von Malaga nach Barcelona und arbeitete bereits mit 15 Jahren in seinem eigenen Atelier. Obwohl er verschiedene spanische Kunstschulen besuchte, war sein Vater, der Zeichnen an Schulen unterrichtete, sein wichtigster Lehrer und Anreger. Es wird berichtet, daß der Vater, als er die außerordentliche Begabung seines Sohnes erkannte, beschloß, Pinsel und Palette nie wieder in die Hand zu nehmen und das Malen ganz seinem Sohn zu überlassen. Was für ein Vater! Ähnliches erlebte übrigens auch Antoní Gaudí, dessen Vater Kesselschmied in Reus bei Tarragona war. Dieser Mann gab seinen Beruf auf, verkaufte alles, was er hatte, um seinem Sohn ein Architekturstudium in Barcelona zu ermöglichen. Mich erinnern die Geschichten an das Leben Mozarts, der bekanntlich von seinem Vater als Wunderkind stark gefördert wurde, allerdings früh das Leben einer herumreisenden Zirkusattraktion führen mußte. Trotzdem war es ihm dadurch möglich, bereits im jugendlichen Alter gültige Kompositionen zu schaffen und seine künstlerische Kreativität über die Pubertät in das Erwachsenenalter hinüberzuretten und weiterzuentwickeln. Als Picassos Vater 1913 in Barcelona starb, war sein Sohn bereits ein berühmter Maler, der seit einigen Jahren in Paris und nicht mehr in Barcelona lebte. Seine Mutter konnte die Karriere ihres Sohnes noch länger verfolgen, sie starb erst 1939.

Das Museum in Barcelona zeigt vor allem Picassos Frühwerk, das er 1970 der Stadt geschenkt hat. Aber es gibt auch spätere Werkgruppen und viel Graphik. Heute schaue ich mir vor allem den Saal an, in dem Picassos Paraphrasen über *Las Meninas* oder *Die Familie Philipps IV.* von Diego Velásquez ausgestellt sind. Das rätselhaft-faszinierende Originalgemälde von Velásquez habe ich mir bei einem früheren Aufenthalt in Madrid angeschaut. Was hat ihn an diesem Bild fasziniert? Die Ateliersituation, das Bühnenbildhafte, das Inszenierte? Ist es der Raum, mit seiner Tiefenstaffelung, oder ist es das kleine Mädchen, die engelhafte Infantin, die im Mittelpunkt der Komposition steht? Dadurch, daß der Maler sich selbst ins Bild rückt und hinter einer großen Leinwand am linken Rand hervorblickt, erhält das Gemälde die Aura eines authentischen Bekenntnisses. Velásquez schaut uns durch die Jahrhunderte hindurch an, selbstbewußt, ernst und mit einer gewissen Eitelkeit. Ich habe diese Welt hier gesehen, scheint er uns sagen zu wollen, sie hat sich mir dargeboten, und ich habe sie gemalt. Dieses Bild legt Zeugnis davon ab.

Wir, die heutigen Betrachter, kommen ins Grübeln. Velásquez muß, um sich selbst so zu sehen, in einen großen Spiegel geblickt haben. Auch alle Figuren, die er malte, nahm er über diesen Spiegel wahr. Die Merkwürdigkeit der Situation besteht darin, daß wir heutigen Betrachter den Platz des Spiegels eingenommen haben und so unsererseits in irreale, nur im Spiegel existierende Wesen verwan-

delt werden. Wer schaut hier wen an? Eigenartiger Moment der Begegnung, quer durch die Zeiten, über die Jahrhunderte hinweg. Alle dargestellten Personen sind längst gestorben und verwest, wir, die Schauenden, die Wahrnehmenden leben noch, sind in diesem Moment da, atmend und bewundernd.

Picasso kopierte das Bild, übernahm die Komposition, doch seine Figuren gehören keiner uns bekannten Realität an. Er selbst, Picasso, der Maler, der Künstler, der Verzauberer, der Entsteller, gleicht einem Gespenst aus Knochenlinien, Blumen, Blüten und Ornamenten. Dort, wo sich sein Kopf befinden müßte, entdecken wir ein sich küssendes Paar, zwei Profile ineinander verbissen. Die Infantin und ihre Begleiterinnen kommen direkt aus Picassos Kindergnom-Universum, lustige Fratzen, kubistisch verfremdet. Der Hund im Vordergrund könnte aus einem Comic entsprungen sein. Er ist nur angedeutet und nicht zu Ende gezeichnet. Die markante Männersilhouette im Hintergrund, die durch die offene, lichtdurchflutete Tür ein- oder austritt, sieht bei Picasso aus wie Batman, ein düster-schwarzes Fledermauswesen. Alles Repräsentative des Velásquez-Gemäldes ist verschwunden. Das 20.Jahrhundert hat aus den Menschen verstümmelte, unzivilisiert-lächerliche Wesen der grausamen Sinnlosigkeit gemacht. Hingekritzelte Amöben, ohne klare Konturen, verschwimmend in ihrer Ichsuche, ständig auf der Jagd nach Zerstreuung und geliehenen Abenteuern.

Der einstige Schloßraum ist nur noch ein Schattenreich: Hotel oder Gaskammer, Kinderspielzimmer oder Folterkeller, Karnevalsraum oder Totengruft? Dasein heißt langsames Verschwinden, dem Schattenreich zu, unerbittlich droht die Ausgangstür, Tantalos wartet. Ein Totentanz als verspielt-satirische Auflösung des einstigen Pomps. Kleider waren alles, Seide verhüllte die dünnen, zum Tode verurteilten Körper. Die Zeit fraß ihre Kinder. Und sie frißt weiter ... weiter ... weiter ...

Im Schlußraum des Museums hängen einige Gemälde seines Spätwerks, wilde, hingehauene Bilder, kampflustige Attacken gegen das gemütliche, wohlige Sehen. Stierkämpfe des Sehens und Weltempfindens. Ihre heidnische Brutalität hat etwas Daseinsbejahendes. Am Ende seines Lebens reduzierte Picasso seine Bilderthemen fast ganz auf die Sexualität. Silenen, Stiermenschen und bärtige

Künstler bedrängen lüstern-willige Frauen. Grobe Pinselstriche und hastig hinge-
malte Farbflächen – oft nur in Grautönen, wahrscheinlich wirkt Farbe zu schön! –
genügen. Hier herrscht keine intellektuelle Melancholie, kein depressiver Weltschmerz, sondern wütender Wille zum Leben.

Picasso über die Schönheit: »Ich habe eine Abscheu vor Leuten, die über das
›Schöne‹ sprechen. Was ist das Schöne? In der Malerei muß man über Probleme
sprechen! Gemälde sind nichts anderes als Forschung und Experiment. Ich male
nie ein Bild als Kunstwerk. Alle sind sie Forschungen. Ich forsche unaufhörlich,
und in all diesem Weitersuchen liegt eine logische Entfaltung.«

Bis zur Klavierhauptprobe um 16.00 Uhr bleibt mir genügend Zeit für einen
zweiten Museumsbesuch. Heute habe ich mehr Glück, die Türen des Museu d'Art
Contemporani von Richard Meier sind geöffnet. In der Eingangshalle lese ich, daß
im Augenblick eine belgische Privatsammlung – die Herbert Collection –, von der
ich noch nie gehört habe, ausgestellt wird. Ich kaufe mir an der schicken Kasse ein
Ticket und betrete anschließend die dreigeschossige, zur Altstadt hin verglaste Er-
schließungshalle. Langsam schlendere ich auf der eleganten Rampe in die Höhe.
Draußen im Freien liegen Platz und Altstadt. Ja, wir haben uns ganz schön weiterentwickelt, lebenstechnisch, ästhetisch, philosophisch und architektonisch! Früher
wohnten unsere Vorfahren in diesen engen, muffigen Häusern dort drüben, und heute bauen wir luxuriöse, voll klimatisierte Paläste für die Kunst, schweben auf sanft
ansteigenden Wegen in lichtdurchflutete Höhen.

Noch ist von der Kunst rings um mich nichts zu sehen. Sie versteckt sich in
unsichtbaren Museumsräumen, aber das leere Pathos der gewaltigen Halle haucht
mich auch ohne Kunst mit fast religiösem Atem an. Der Weg ist das Ziel! Jeder
Besucher wird einsehen: Hier kann es keinen Platz für Altäre, Heiligenfiguren,
moderne Skulpturen oder Gemälde geben! Wir lieben das Nichts und verehren die
schneeweißen Wandflächen als Spiegelbilder unserer fortschrittlichen Ichs. Da ist
er wieder, der Fluch Malewitschs! Seine Auslöschungen und sein bildnerisches
Schweigen sind in diese heiligen Hallen mit eingebaut. Niemand und nichts soll
uns stören beim stillen Gebet vor Richard Meiers architektonischen Raumkompo-
sitionen!

Und dann die Kunst selbst. Nachdem ich schmale Türöffnungen durchquert
und die Halle hinter mir gelassen habe, begegne ich vielen alten Bekannten: Objekten, Zeichnungen, Bildern, Photos und Videos von Nauman, Kosuth, Weiner,
Dibbets, Judd, LeWitt, West, Graham, Karawa, Roth, Richter und Kippenberger.
Sie wurden in weltweit verstreuten Ateliers geschaffen, ausgestellt und von Gale-
risten verkauft, um am Ende ein verborgenes Leben in einer belgischen Privat-
villa zu fristen. Jetzt werden sie eine Zeitlang auf Reisen geschickt und haben
Station in Barcelona gemacht!

Nach dem Verlassen des Museums schaue ich mich neugierig in einer Kunst-
buchhandlung um, die in einem Ausleger des Gebäudes untergebracht ist. Über
die große Anzahl der Photo- und Kunstbände gerate ich ins Grübeln. Nicht ein
Künstler ist mir bekannt. Die meisten Namen klingen spanisch. In der Architek-
turabteilung schreckt mich die Fülle genauso ab. Es gibt einfach alles, unglaublich! Fast jeder Gedanke, der auch mir schon einmal durch den Kopf ging, wird
irgendwo auf der Welt von einem Künstler oder Architekten realisiert. Wahrscheinlich gab es noch nie so viele kreative Menschen wie heute, und noch nie war es so
einfach, seine Gedanken zu veröffentlichen und damit unter die Menschen zu
bringen. Persönliche Einmaligkeit bleibt eine Illusion.

Ich nehme viele Bücher in die Hand, blättere darin und beschließe, keines zu
kaufen. Beim Hinaustreten auf den Museumsvorplatz empfängt mich die ent-

spannte Nachmittagsatmosphäre der Stadt mit ihrer passiven, vorurteilslosen Offenheit wie eine angenehme Wohltat. Da sind sie wieder, die schwatzenden Frauen, die spielenden Kinder, die jugendlichen Skateboardfahrer und die dösenden alten Männer. Sie werden dieses Museum, genausowenig wie das Opernhaus, wahrscheinlich nie im Leben besuchen, wozu auch.

Nicolas trifft pünktlich zur Klavierhauptprobe ein. Obwohl mir die Oper auch heute wieder viel zu lang vorkommt, gibt es Szenen, die mich packen. Mit unglaublicher Sensibilität läßt Mozart in seiner Musik Gefühle aufblühen, verwelken und absterben. Niemand konnte so naturhaft-harmonisch komponieren wie er. In der Pause lerne ich den technischen Direktor aus Hamburg kennen. Dort, in der Staatsoper, soll der *Idomeneo* anschließend gezeigt werden. Ich wundere mich darüber, daß er sich nie bei mir gemeldet hat, und sage: »Sie haben ja gerade unseren uralten *Tristan* wiederaufgenommen.«

Verwirrt schaut er mich an und kann wohl beide Produktionen im Kopf nicht zusammenbringen. Das ist Deutschland! Ich denke an Moskau und an das ehrliche Interesse, das mich dort umgab.

Kurz bevor ich das Theater verlasse, taucht Nuria auf, die Dame, die meine Reisen organisiert hat. Die Ksenia von Barcelona. Ich sehe sie hier zum ersten Mal. »Ich bin Nuria und will nur fragen, ob alles in Ordnung ist, mit den Reisen, dem Hotel ...?«

»Ja, danke, alles in Ordnung!«

Das ist unser ganzes Gespräch. Lächelnd wendet sie sich Alexander zu. Mit der stolzen, desinteressierten spanischen Art habe ich, obwohl Nuria eigentlich sehr nett und freundlich ist, Probleme.

Erschöpft verlasse ich gegen 22.30 Uhr das Opernhaus und reihe mich wieder für einige Zeit in den Menschenfluß auf den Ramblas ein. Inzwischen gelingt mir das fast mühelos. obwohl ich mir als Einzelfigur nach wie vor komisch vorkomme inmitten dahintrudelnder, aufgekratzt kichernder und laut redender Menschengruppen. Beim Gehen klingt Mozarts Musik in mir nach.

Später im Hotel schaue ich aus dem Fenster und denke an den unglücklichen Walter Benjamin, dem es bei seiner Flucht aus dem besetzten Frankreich nicht gelungen ist, bis hierher zu kommen. Den Ort seines Selbstmords, die französisch-spanische Grenzstation Portbou, habe ich noch nie mit eigenen Augen gesehen, auch nicht das radikal-schmerzhafte Denkmal von Dani Karavan. Wie Barcelona wohl unter Franco ausgesehen hat?

Barcelona, 13. März 2006

Mein letzter Tag in dieser Stadt, das Flugzeug startet erst am Nachmittag, deswegen habe ich genügend Zeit, mir heute noch einmal die Uferpromenade genauer anzuschauen. Ich setze meine Sonnenbrille auf, schlendere die Via Laietana hinunter zur Plaça d'Antonio López und überquere den Passeig Isabella II, der parallel zur Hafenmole verläuft. Auf einem alten Stadtplan, den ich bei mir trage, erkennt man noch deutlich die breite Verkehrsstraße, die ursprünglich am Hafen entlangführte. In den 1980er Jahren wurde damit begonnen, Teile dieser Straße in einen Tunnel zu verlegen. Heute zieht sich entlang des Wassers eine großzügig breite, verkehrsfreie Uferpromenade, die ausschließlich von Fußgängern benutzt werden kann. Hohe Palmen stehen in langen Reihen hintereinander und verbreiten ein mediterranes Flair. Zwei monumentale Kunstwerke markieren Anfang und Ende der ungefähr 500 Meter langen Promenade. An der Plaça del Portal ragt eine 50-Meter-Säule auf, die als Sockel für eine 8 Meter große, steinerne Kolumbusstatue dient, und an der Plaça d'Antonio López steht eine 20 Meter hohe, popig-bunte Skulptur von Roy Lichtenstein, Vergangenheit und Gegenwart, gleichzeitig ein Dialog zwischen Europa und Amerika.

Christoph Kolumbus, der in Spanien Cristóbal Colón genannt wird, wurde in Genua geboren. Weder italienische noch portugiesische Könige wollten seine forschenden Eroberungsfahrten finanzieren. Erst Königin Isabella von Kastilien unterschrieb am 3. August 1492 einen Vertrag, der es ihm ermöglichte, mit drei Karavellen einen Seeweg Richtung Westen nach Indien zu finden. Die Entdeckung Amerikas beruht bekanntlich auf einem Irrtum. Zeugnis davon legt heute noch die Bezeichnung »Indianer« für die Ureinwohner des neuen Kontinents ab. Kolumbus starb mit dem Bewußtsein, seine Mission erfüllt und einen neuen Seeweg nach Indien gefunden zu haben.

Barcelona und New York, Kolumbusdenkmal und Freiheitsstatue! Beide Monumente wurden gleichzeitig, zwischen 1886 und 1888, errichtet. Nachdem ich die Mole jetzt schon zweimal auf und ab gegangen bin, den Spannungsraum zwischen Alter und Neuer Welt in mich aufgenommen habe, stelle ich mich an die Kaimauer und betrachte die schaukelnden Segelboote. Schade, daß ich keine Möglichkeit habe, eines dieser Boote zu benutzen und damit hinaus auf das Mittelmeer zu fahren, um die Stadt aus der Seefahrerperspektive zu erleben.

Inzwischen steht die Sonne im Zenith, und es ist so warm geworden, daß sich viele Menschen nicht mehr im Licht, sondern in den Schattenzonen der Palmen aufhalten. Ich fühle mich hier viel wohler als auf den Ramblas. Es gibt keine Läden und keine Cafés, nur kleinere Popcornstände, die auch kalte Getränke und Eis im Angebot haben. Hier herrscht eine ruhige Parkatmosphäre. Alle Bänke sind besetzt von alten Frauen und Männern, von Müttern mit Kindern. Manchmal hetzt ein Jogger durchs Bild. Hunde genießen ihren Auslauf und springen von einer Palme zur nächsten. Ein kleiner Pinscher beißt sich mit großem Vergnügen an einem Palmwedel fest, der auf dem Boden liegt. Er spielt mit den raschelnden Blättern, als seien sie lebendige Wesen.

Diese Uferpromenade kenne ich bereits von meinen anderen Besuchen in Barcelona. Heute staune ich darüber, wie gut erhalten und unverletzt die Bänke, Pergolen, Steinbeläge und Bäume aussehen, sie zeigen noch keinerlei Gebrauchsspuren, obwohl sie schon seit über zehn Jahren von Sonne, Wind und Wetter gegerbt werden und von Tausenden von Besuchern benutzt worden sind. Nirgendwo sehe ich Besprayungen oder Einritzungen. Vielleicht wird die Anlage auch gut observiert und gepflegt. Während meiner Anwesenheit beobachte ich zwei Gärtnertrupps bei Schneide- und Kehrarbeiten.

Langsam wandere ich zurück zum Hotel. Das bestellte Taxi kommt erstaunlich schnell. Während der Fahrt zum Flughafen fällt mir ein, daß ich noch nie ein Bühnenbild zu *Carmen* entworfen habe. Schon merkwürdig, daß diese spanischste aller Opern von einem Franzosen, Georges Bizet, komponiert worden ist. Gibt es überhaupt eine originäre spanische Oper?

Aus irgendeinem Grund schweifen meine Gedanken zu einer Spanienreise vor 20 Jahren ab. Damals besuchten wir auch den Gebirgsort Ronda. Wir wohnten in jenem Hotel, in dem Jahrzehnte früher auch Rainer Maria Rilke abgestiegen ist. Obwohl wir nicht danach gefragt haben, gab uns der Herr an der Rezeption das Zimmer direkt neben Rilkes einstigem Raum. War ihm bewußt, daß viele deutsche Touristen nur deshalb hierherkommen? Auf der gleichen Reise besuchten wir Sevilla, Córdoba, Granada und Cádiz, meine bisher südlichste Stadt in Europa. Ich erinnere mich an den weiten Bogen der Uferpromenade. Dort drüben, hinter dem Horizont liegt also Afrika mit den Städten Tanger und Casablanca.

Während des Fluges lese ich in der Zeitung einen Artikel über den italienischen Künstler Amadeo Modigliani. Zu Beginn des Textes wird der Maler mit einer Bemerkung über Rom zitiert: »Rom ist nicht außerhalb von mir. Die Stadt ist in mich eingedrungen. Sie hat sich in mich eingelassen wie dieses herrliche Juwel in die Fassung seiner sieben Hügel.« Die Stadt ist in mich eingedrungen. Ich habe eine Beziehung zu ihr aufgebaut, meine Blicke sind an Mauern entlanggewandert, ich habe das Klappern der Schuhe auf den Steinbelägen gehört, ich habe dem Verkehr und dem Wasser zugesehen, und ich habe die Palmen bewundert, deren Blätter im Wind rascheln.

Als ich abends in Stuttgart lande, schneit es. Ich gehe zu meinem Auto, das ich im Parkhaus abgestellt hatte. Während der Fahrt nach Attenweiler nimmt der Schneefall zu. Draußen die schwarze, von Schneeflocken gepunktete und schraffierte Nacht, im Kopf die letzten, nachflackernden Sonnenbilder des heutigen Tages.

Genf

Genf, 24. März 2006

Der Titel des Theaterprojekts, das mich nach Genf führt, klingt schauerlich: *Die tote Stadt*! Möglicherweise ist damit nicht nur die Oper von Erich Wolfgang Korngold, sondern auch der Inszenierungsort gemeint.

Kaum ein anderes Land und kaum eine andere Stadt der Welt verkörpern in den Augen vieler Zeitgenossen so sehr gebaute und gelebte Langeweile wie die Schweiz und ihre Städte. Bestimmt rangiert die Kantonshauptstadt Genf in der Rangordnung ganz oben. Wer fährt schon freiwillig hierher? Gezwungenermaßen sind es vor allem Konferenzteilnehmer, Uhrenhändler und Juweliere oder Milliardäre, die sich in einer dezenten Villa am Seeufer mit Alpenblick verstecken müssen. Oder es handelt sich um Physiker aus Indien, Japan, China, Rußland, Amerika und Mexiko, die in jenem Tunnelring unter der Stadt nach dem Urknall und den schwarzen Löchern suchen, Phänomenen, die angeblich am Anfang unserer kosmischen Existenz stehen. In Wirklichkeit hat diese dubiose, nie richtig funktionierende Einrichtung während der 50 Jahre ihrer Existenz noch nicht eine neue Erkenntnis ans Tageslicht gefördert. CERN (Conseil Européen pour la Recherche Nucléaire) heißt das im Boden versenkte moderne Stonehenge, das zukünftigen Archäologen viel Kopfzerbrechen bereiten wird.

Während ich im Flugzeug sitze und über das Land schwebe, ziehen in meiner Vorstellung alle Klischees und Vorurteile über die Schweiz vorüber, die ich immer wieder zu hören bekomme: ... reich ... zu reich ... uninteressant ... ein neutrales Nichts ... In seinem *Stiller* schreibt Max Frisch: »Alles in diesem Land hat eine beklemmende Hinlänglichkeit.«

Dem ist zu entgegnen: Dieses Land, das in der Mitte Europas liegt, hat die Katastrophen des 20. Jahrhunderts ohne Schaden überstanden, ohne Faschismus und ohne Diktatoren. Eine ruhige Insel in der Mitte des Tornados. Keine Schweizer Stadt ist angegriffen oder gar zerstört worden. Die Neutralität hat sich bewährt. Es entspricht nicht dem Schweizer Charakter, extremen Ideologien anzuhängen. Man bleibt – zu Recht – mißtrauisch. Zudem ist die Schweiz ein gelungenes Beispiel für das problemlose Zusammenleben mehrerer Bevölkerungsgruppen. Alle vier Landessprachen – Deutsch, Französisch, Italienisch und Rätoromanisch – sind in gleicher Weise anerkannt.

Ein Vorwurf, der häufig gegen die Schweiz vorgebracht wird, lautet: Den Verfolgten während des »Dritten Reiches« wurden zu wenig Flucht- und Exilmöglichkeiten angeboten. Auch der Komponist unserer Oper war als Jude dem aggressiven, faschistischen Antisemitismus in Wien ausgeliefert und mußte in den 1930er Jahren Österreich verlassen. Er hatte das Glück, mit Amerika ein Exilland zu finden, das ihm sogar eine Karriere als Filmkomponist ermöglichte. Nach dem Zweiten Weltkrieg kehrten viele Exilkünstler nach Europa zurück, manche von ihnen lebten dann in der unbelasteten, unzerstörten Schweiz: Bertolt Brecht, Thomas Mann und Carl Zuckmayer.

Um mich für meine Besprechungen vorzubereiten, nehme ich meine Unterlagen aus der Tasche, schaue noch einmal Pläne, Skizzen und Texte durch und vergegenwärtige mir die Handlung des Theaterstücks: Ein reicher Mann namens Paul, alle Figuren tragen nur Vornamen, keine Nachnamen, hat seine über alles geliebte Frau Marie verloren. Sie ist plötzlich gestorben, obwohl sie noch jung und scheinbar gesund war. Jetzt vergräbt er sich trauernd in seiner Villa. Bei einem der wenigen Spaziergänge, die er durch das nächtliche Brügge (dort spielt die Handlung) unternimmt, trifft er eine Frau (Marietta), die seiner Frau vollkom-

men ähnlich sieht. Er lädt sie ein und beginnt ein Verhältnis mit ihr. Sie ist jedoch nur äußerlich der Verstorbenen ähnlich, charakterlich verkörpert sie das Gegenteil, ist leichtlebig, eine unmoralisch-anarchische Theaterdirne, die ihn so lange quält und reizt, bis er sie empört-verzweifelt erwürgt. Allerdings erscheint sie am Ende der Oper wieder lebendig in der Eingangstür, und wir Zuschauer wissen nicht, ob alles nur Traum und Einbildung war.

In Rodenbachs Geschichte *Bruges-la-morte*, die dem Libretto zugrunde liegt, leidet der Held unter einem »Ähnlichkeitswahn«. Er muß alle Dinge, die er sieht, und alles, was er erlebt, mit Dingen und Vorgängen vergleichen, die er bereits kennt und erlebt hat. Rodenbach schreibt: »Die Ähnlichkeit ist die Horizontlinie, wo Gewohnheit und Sucht nach Neuem zusammenstoßen.«

Ein durchaus aktuelles Thema. Wer kann heute noch einer Frau begegnen, ohne an die Gesichter von Schauspielerinnen, Illustriertenschönheiten oder Werbe-Pinups zu denken? Die von Hollywood und der Werbung geschaffene Bilderwelt drängt sich in und vor die Realität der eigenen Erfahrungswelt.

Das Libretto verfaßte übrigens der Vater des Komponisten, Julius Korngold, ein gefürchteter, konservativer Wiener Musikkritiker. Vater und Sohn wollten ein traditionsbewußtes Gegenstück zu den neu aufkommenden avantgardistisch-atonalen Bestrebungen Arnold Schönbergs schaffen. Der Komponist war erst 20 Jahre alt, als er sich ans Werk machte, und 23, als die Uraufführung der Oper am 4. Dezember 1920 gleichzeitig in Hamburg und Köln stattfand. Ein geniales Frühwerk also, das voller Zitate steckt, vor allem aus Werken von Richard Wagner und Richard Strauss.

Diese Oper blieb der einzige große Welterfolg Erich Wolfgang Korngolds. Seine Rückkehr nach Europa in den 1950er Jahren mißlang künstlerisch genauso wie die vieler anderer Remigranten, denkt man beispielsweise an Fritz Lang oder Ernst Krenek. Niemand interessierte sich mehr für ihre Werke. Erst im ausgehenden 20. Jahrhundert, mit dem Nachlassen der Wirkung atonaler Schulen, wurden die Künstler wiederentdeckt.

Wir – Nicolas und ich – suchten monatelang nach einem Interpretationsansatz, welcher uns aus dem Klischeehaften der Handlung befreite und nicht durch einen zu großen Symbolismus belastet war. Schließlich hatte Nicolas die Idee, aus der Hauptfigur einen reichen, opernbesessenen Millionär zu machen, der sich in seiner übergroßen, modernen Villa einmauert. Als Relikt der Opernkarriere seiner Frau läßt er mitten in der Wohnhalle ein gewaltig-großes Fragment des San-Francisco-Opernhaus-Portals rekonstruieren. Abend für Abend, Tag für Tag sitzt er nun hier, um alte Kostüme, Perücken, Filme und Photos der einst so berühmten Auftritte seiner verstorbenen Diva-Frau anzusehen. Die Bühne in Genf ist geteilt: links die moderne Wohnhalle, rechts eine Bühne auf der Bühne mit der ockerfarbenen Portalruine und einem viollettrotem Plüschvorhang, der sich immer wieder öffnet und schließt, ganz im Traum-Rhythmus des einzigen Zuschauers. Erinnerungsstücke bedecken nicht nur die Bühne, sondern auch Möbel, Fußboden, Wände und verwandeln das gesamte Haus in eine »Erinnerungskirche«.

Nun also Genf. Die Stadt wirkt tatsächlich nüchtern und temperamentlos. Alle Gebäude der Innenstadt sind selten höher als sechs Geschosse, manche geben sich französisch, mit hohen Balkonfenstern, andere bleiben undefinierbar, neutral. Obwohl es hier nie zu Zerstörungen kam, erscheint die Stadtatmosphäre alterslos, gehört weder der Vergangenheit noch der Moderne an.

Ich wohne in einem Hotel unweit des Grand Théatre. Ein banaler 1960er-Jahre-Bau. Auch der Blick aus dem Fenster im fünften Stock auf die Dächer gegenüber bleibt diffus, verströmt nichts wirklich Eigenes, Charakteristisches. Um 14.00

Uhr ist ein Treffen in der Technikabteilung des Theaters geplant. Ich gehe los, mache einen kleinen Umweg, streife auf gepflegten Wegen am Seeufer entlang, schaue mir die Schaufenster von Juwelieren und Uhrenverkäufern an. Mir fallen die stattlichen, dennoch zurückhaltenden Bankgebäude auf. Jeder verbirgt seinen Wohlstand, so gut es geht, er wird jedoch vorausgesetzt.

Vielleicht ist die Stadt ein idealer Ort für verschwiegene Treffen, für politische Geheimverhandlungen, für Gespräche mit Vermögensverwaltern und Kunsthändlern. Was soll man hier tun ohne Geld? Schwer vorstellbar, als armer Mensch in Genf zu leben. Wahrscheinlich gibt es nicht einen einzigen Bettler in der Stadt ... Ich denke an den Schweizer Komiker Emil und seine redliche, nie um eine Ausrede verlegene Einfalt. Seine verhaspelte Doppelbödigkeit wirkt zufällig, ohne Absicht. In erster Linie will er alles richtig machen. Man ist Schweizer aus Überzeugung, die meisten, so auch er, scheinen stolz darauf zu sein.

Rütlischwur ... Wilhelm Tell ... durch diese hohle Gasse ... der Apfel ... Calvin ... Zwingli ... Gottfried Keller ... Arnold Böcklin ... Jacob Burckhardt ... Ferdinand Hodler ... Henri Dunant ... Friedrich Dürrenmatt ... Le Corbusier ... Paul Klee ... Max Bill ... Jean Piaget ... Max Frisch ... Nestlé ... Migros ... Das Schweizer Pantheon ist reich an großen Künstlern, Denkern, Architekten, Professoren, Industriellen und Geschäftsleuten ...

Meine Assistentin Katrin hat unser nicht sehr konspiratives Treffen gut vorbereitet, das Modell steht beleuchtet, für jeden sichtbar auf dem Besprechungstisch, und pünktlich trudeln alle Theatermitarbeiter ein, die an unserer Produktion beteiligt sind. Man begegnet mir streng und förmlich. Wäre Katrin nicht mit ihrer fröhlich-lockeren Art dabei, hätte ich wahrscheinlich meine Mühe mit der französischherben Umgangsart. Da ihr Vater Franzose ist, spricht sie – neben deutsch und englisch – fließend französisch. Die folgenden Diskussionen und Dialoge dolmetscht sie mühelos-charmant und eloquent.

Nach zwei Stunden fahren wir gemeinsam hinaus zu den Werkstätten und begutachten das bisher Gebaute. Vor allem die Malereien begeistern mich. Nach der Arbeit setzen wir uns zu zweit in ein Café.

Katrin: »Ich fühle mich in Genf sehr wohl. Das ist die dritte Produktion, die ich hier betreue. Ich mag die Menschen und habe mich mit vielen schon angefreundet. Die Stadt ist mir zur zweiten Heimat geworden.«

Ich: »Mir kommt die Stadt etwas zwiespältig vor, schön gelegen und doch irgendwie undefinierbar. Wer weiß, was sich hinter den harmlosen Fassaden in Wirklichkeit abspielt.«

»Du spinnst. Eine ganz normale Stadt, die ihre Identität zwischen Frankreich und der Schweiz sucht. Für die meisten Menschen, die hier leben und arbeiten, ist die Schweiz ein Paradies. Man verdient, selbst als Berufsanfänger, sehr viel mehr als in Deutschland, und man muß weit weniger Steuern bezahlen, kaum 20 Prozent. Bei uns kann es doppelt soviel sein, wie du weißt. Immer mehr Deutsche wollen in die Schweiz, aber es ist schwer, hier als Ausländer Arbeit zu finden.«

»Man muß das Geld mitbringen, jeder Reiche ist willkommen.«

»Das stimmt. Trotzdem: Ich liebe das Land und die Stadt Genf.«

»Ich denke, das ist eine tote Stadt.«

»Nur weil unsere Oper so heißt?«

»Eine ideale Schmugglerstadt. Bestimmt gibt es hier jede Menge konspirative Nachtclubs.«

»Das gibt es in Hamburg auch. Nur, dort spricht niemand darüber.«

»Dies ist ja der Widerspruch: nach außen diese calvinistische Harmlosigkeit und nach innen der gepolsterte Reichtum mit all den dazugehörenden Abgründen.«

»Jetzt kennst du die Stadt kaum, und schon hast du Theorien darüber.«
»Das sind keine Theorien. Ich spüre es eben.«

Während des Gesprächs schaut sie mich immer wieder mit ihren lebendigen Augen an. Ihr Temperament steht im starken Gegensatz zu dieser Stadt, finde ich. Zwar wird hier ausschließlich französisch gesprochen, das könnte ja charmant sein, aber wir befinden uns in der Provinz, fern von Paris, in einer Stadt mit 180 000 Einwohnern.

Genf, 25. März 2006

Ich nutze den arbeitsfreien Vormittag zu einer größeren Stadtwanderung. Mein Weg beginnt in der Rue de Carouge, in der mein Hotel steht. Zunächst gehe ich an kahlen, schmucklosen Häusern vorbei die Avenue de Champel hoch. Links und rechts der luxuriösen Eingänge lese ich auf blank geputzten, kupfernen Schildern die Namen von Advokaten, Ärzten und Psychiatern. Die nachfolgenden Straßen sind wohl benannt nach verdienstvollen Genfer Bürgern: Jaques Dalcroze, Michel du Crest, Sautter, Malagnou, Pictet de Rochemont, Ferdinand Hodler. Eine Art Straßen-Pantheon. Außer Ferdinand Hodler sagt mir allerdings kein Name etwas. Erst jetzt wird mir bewußt, daß er der künstlerische Held dieser Gegend ist. Obwohl im Kanton Bern geboren, wird Genf seine eigentliche Heimat, hier studierte, lebte und arbeitete er. 1918 starb er in dieser Stadt. Seine kühl-stilisierten Landschaftsbilder scheinen den Charakter der Gegend auf perfekte Weise wiederzugeben. Weiße Wolken spiegeln sich einsam im blauen Genfer See. In der Ferne leuchten die schneebedeckten Gipfel des Montblanc. Leergefegte, stille Sonntagnachmittagsstimmungen ohne Menschen und Vögel.

Mehr als seine Landschaften haben mich immer die Porträts beeindruckt, vor allem die Serie seiner sterbenden Geliebten Augustine Dupin, die auch Mutter seiner beiden Kinder war. Nie zuvor hat ein Künstler den langsamen Zerfall eines Menschen so erschütternd genau dokumentiert. Aber auch seine Zeichnungen habe ich immer bewundert. Ferdinand Hodler glaubte noch – im Gegensatz etwa zu Alberto Giacometti – an die klaren Umrißformen von Körpern und Gesichtern. Seine Porträtköpfe schauen uns fest und erdverbunden an. In ihrer vollkommenen Symmetrie verherrlichen sie eine wohlgelungene Schöpfung. Dagegen wirken Giacomettis 50 Jahre später geschaffenen Zeichnungen wie suchende Entwürfe nach undefinierbaren oder zerfallenden Identitäten. Die geschundene Umgebung überwiegt und scheint davor sitzende, menschliche Gesichter aufzufressen wie unaufhaltsam wuchernde Krebsgeschwüre. Es gibt keine Gewißheit mehr, und jede Kontur bleibt ein verzweifelter Versuch, die tödliche Verwesung aufzuhalten.

Beim Betreten der Altstadtgassen wird mir bewußt, daß es sie hier also doch gibt, die mittelalterlichen Häuser, die auch nicht anders aussehen als in Bern oder Zürich. Sogar eine Kathedrale erscheint, ganz unerwartet, steinern, gotisch und so erhaben, wie nur eine Kathedrale sein kann.

In Gedanken kehre ich noch einmal zu Ferdinand Hodler zurück, der hier als junger, armer, völlig unbekannter Künstler in einer feuchten Kammer wohnen und sein Leben zwischen Bettlern und Trinkern fristen mußte. Er war früh zum Vollwaisen geworden, und niemand wollte ihm eine Ausbildung finanzieren. Auch das ist die Schweiz. Aber solche Geschichten spielten sich nur in der Vergangenheit ab. Außerdem wurde Hodler später entschädigt und stieg als 50jähriger zum anerkannten Staatskünstler auf.

An der Rückseite der Kathedrale, beim Chor, entdecke ich einige kiesbedeckte Terrassen, die auf verschiedenen Niveaus hinunter zum See hin abtreppen. Steinstufen verbinden sie untereinander. Ich verweile auf den einzelnen, teilweise mit Platanen bestandenen Ebenen kurz, betrachte die Dachlandschaften, photographiere und skizziere Merkwürdigkeiten. Als sehr markant empfinde ich die 140 Meter hohe Fontäne, die im Genfer See, nahe der Uferpromenade aufsteigt und sich, von hier aus gesehen, mit ihrer Spitze immer wieder über die Dächer erhebt, als sei sie ein gotischer Kirchturm. Diese Fontäne ist das Wahrzeichen der Stadt, jeder Autofahrer und jeder Schiffspassagier sieht sie bereits aus großer Entfernung. Ein nasses, lebendiges, pulsierendes Stadterkennungszeichen.

Nachdem ich zwei breite, verkehrsreiche Straßen überquert habe, erreiche ich den Jardin Anglais, der direkt an die Uferpromenade grenzt. Hier bin ich der Fontäne ganz nahe. Auf der gegenüberliegenden Uferseite liegen breit und behäbig die großen Hotels der Stadt, allen voran das berühmte »Beau Rivage Palace«. Bei meinem ersten Besuch in Genf vor einigen Monaten schlenderte ich mit Nicolas und Katrin davor entlang. Dabei machten wir an der Stelle halt, an der Kaiserin Elisabeth-Sissi von einem Anarchisten mit einer rostigen Feile niedergestochen wurde. Eine kleine Metalltafel erinnert an das grausige Ereignis:»Ici fut assassinée le 10 septembre 1898 S.M. ELISABETH Impératrice d'Autriche.« Merkwürdiges Zusammentreffen von malerischem Bilderbuchfernblick und sinnlosem politischem Mord.

Natürlich denke ich auch an den obskuren, nie ganz aufgeklärten Tod des deutschen Politikers Jürgen Barschel in der Hotelbadewanne des Beau Rivage Palace, 1987, Zimmer 317. Inzwischen wurde sogar ein Fernsehfilm darüber produziert und ausgestrahlt. Drei Todestheorien stehen zur Debatte: 1. Mord: Er kam an diesem Abend aus dem Urlaub auf Gran Canaria eigens nach Genf geflogen, um hier jemanden zu treffen. Am Abend des Todes bestellte er beim Zimmerkellner eine Flasche Wein und zwei Gläser; 2. Selbstmord und 3. Selbstmord, der einen Mord vortäuscht. Diese letzte Variante wird von den Filmemachern bevorzugt, da sie Barschel in jenen Tagen am Ende seines von dunklen Machenschaften verpfuschten Lebens sehen und es für ihn im Grunde keinen Weg mehr zurück in einen normalen Politikeralltag gab.

Während meine Seele bei diesen Gedanken erschaudert, wird mir klar, daß sich seit Shakespeares Tagen in der politischen Machtsphäre nicht viel geändert hat. Nebenbei beobachte ich weiße Schwäne, die über die glitzernden Wellen des Genfer Sees schaukeln, edel und vornehm wie überall auf der Welt. In der Ferne kleine Fährschiffe, die sich den Anlegerstegen nähern. Ihre Schaumkronen am Bug erinnern mich an frische Schlagsahne. Kreisende Möwen am Himmel kommen mir vor wie Briefbotschafter. Bestimmt tragen sie geheime Nachrichten von einem Ufer zum anderen, moderne Spione trauen dem Internet und den Telephonverbindungen nicht mehr über den Weg.

Plötzlich sehe ich einen Zettel auf dem Boden liegen, hebe ihn auf und entdecke darauf seltsamen Zahlenkolonnen. Kurz studiere ich die Kritzeleien, dann werfe ich das Schriftstück in den nächsten Papierkorb. Zinsberechnungen oder Einkaufszettel, verschlüsselte Nachrichten oder Aktienkurse, das ist hier die Frage ...

Morgen verlasse ich die Stadt schon wieder und komme in zwei Wochen zurück.

Genf, 5. April 2006

Gestern, spät abends, wieder in Genf gelandet. Beim Abflug in Stuttgart hat es geschneit, die Landschaft um Zürich – dort mußte ich umsteigen – war schneebedeckt. Im Flugzeug las ich Kurt Tucholskys *Schnipsel*-Buch, eine Art Lexikon mit witzig-sarkastischen Sentenzen des Autors in alphabetischer Reihenfolge:

»Das Leben ist eine Wartehalle.«

»Das deutsche Leben gehört dem Aktenverkehr.«

»Es gibt zwei Sorten von Berlinern: die ›Ham-Se-kein-Jrößern?‹-Berliner und die ›Na-faabelhaft‹-Berliner. Die zweite Garnitur ist unangenehmer.«

Beim Umsteigen in Zürich saß ich zum wiederholten Mal in der trostlosen Wartehalle fest. Das Flugzeug nach Genf hatte über drei Stunden Verspätung, Zeit, um, neben der Tucholsky-Lektüre, meine Mitmenschen zu beobachten. Ich bestaunte die zufällige Zusammenwürfelung, die Welt-Menschen-Collage und das Hin- und- Herströmen der Wartenden. Leger gekleidete, mitteleuropäische Touristen, Anzug- und Kostümgeschäftsmenschen beiderlei Geschlechts, turbanbekrönte Inder, Kuweitis in Nachthemden, russische Sippen in Leder- und Pelzmänteln, Israelis mit Käppis und Schläfenlocken, Kopftuchfrauen aus islamischen Ländern – Muslimas – und Kinder aller Hautfarben. Zwischen den Wartebänken hatte sich eine (»Ameisen«-)Straße gebildet. Von Unruhe getrieben, wanderten viele der Zusammengewürfelten auf und ab. Unter ihnen, im polierten Natursteinplattenbelag, beobachtete ich ihre Körperspiegelungen. Sie gingen mit ihren Spiegelbildern Fuß an Fuß, erschienen so zu Riesen verlängert, in doppelter Größe. Über ihnen trostlose Rasterdecken mit regelmäßig eingestreuten Neonröhren. Ihre Köpfe leuchteten am hellsten, da sie dem Licht am nächsten waren. Nach unten verlor sich die Helligkeit, die Schuhe bewegten sich im verschatteten Dunkel, hin und her, hin und her.

In den Seitenbereichen der Halle saßen andere Wartende auf schwarzen Kunstledersitzen, starrten vor sich hin, lasen in Zeitungen, Büchern, Magazinen oder tippten in Laptops, die sie auf ihren Knien balancierten. Transitbevölkerung, bald, wenige Stunden später über Ozeanen schwebend, in anderen Sphären, anderen Realitäten.

Auf Anzeigetafeln las ich ihre Ziele: New York, Boston, Rio de Janeiro, Kapstadt, Kuweit, Bombay, Singapur, Schanghai, Tokio, Moskau, Stockholm, Helsinki, Sankt Petersburg, Tel Aviv, Luxemburg, Brüssel, Venedig, Birmingham, Amsterdam, Malmö und Budapest.

Erst gegen 22.00 Uhr startete mein Flugzeug; eine halbe Stunde später landete es in Genf. Beim Ausrollen der Maschine auf der nassen Betonpiste sah ich im schwefliggelben Gegenlicht angekettete kleine Flugzeuge, die wie schwarze Insekten vor einem Hangar standen.

Nächtliche Taxifahrt zu meiner Unterkunft. Ich wohne jetzt nicht mehr im Hotel, sondern in einem Apartmenthaus an der Route de Acacias.

Der Genfer Taxifahrer versuchte gestern nacht eine Unterhaltung mit mir. Als er merkte, daß sich meine Französischkenntnisse auf wenige Worte beschränken, gab er sich weiter keine Mühe und fuhr schweigend mit mir durch die nächtliche »tote Stadt«. Irgendwann schaltete er gelangweilt das Radio ein. Daß in diesem Moment ausgerechnet Mick Jagger mit seinem »I can't get no satisfaction« erklang, kam mir fast zu symbolisch vor. Draußen die ausgestorbenen, nassen Straßen, darüber die katakombengleichen Häuser mit ihren schwarzerloschenen Fenstern und hier innen wir beide, uns vollkommen fremde, vom puren Zufall in diese Kabine gezwängten Menschen.

Die Situation ergäbe eine gute Filmeinstellung: Nächtliches Taxi, ein Mann steigt ein und fährt durch eine trostlose Stadt wie Genf, dazu erklingt dieser Rolling-Stones-Titel. Die Realitäten beißen einander, steigern sich zu einem surrealen Bild der Melancholie. Derartige Filmsequenzen habe ich schon oft gesehen, bei Jim Jarmusch, Wim Wenders, Martin Scorsese oder in manchen düsteren Krimis der schwarzen Serie beispielsweise. Dennoch würde ich gern selbst auch einmal einen ganzen Film mit dieser Stimmung machen, einen Film, der sich am Rande unseres Daseins bewegt, dort, wo alles möglich ist, die Lust, das Abenteuer, das Gute und das Böse, die Liebe und der Haß, die Verzweiflung und das Ende.

Als ich dann allein vor dem Apartmenthaus stand, traf mich die Realität ernüchternd. Die Eingangstür stand zwar offen, aber die Rezeption war verschlossen, und auf einem mit einem Klebestreifen an der Wand befestigten Zettel las ich meinen Namen: »Schaal, 9, 91«. Ich ging zum Aufzug, fuhr in den neunten Stock hinauf, suchte die Tür zum Apartment 91, drückte die Türklinke nieder und trat ein. Mein Film lief weiter. Ich war der Detektiv, und im nächsten Moment würde ich auf eine blutüberströmte Leiche stoßen. Der Schlüssel steckte von innen. Ich schloß ab und schaute mich um. Ein Schrank, ein Sessel, ein Tisch, ein Stuhl. Mehr konnte ich nicht entdecken. Ich ging zur Schrankwand und öffnete die Türen. Hinter der dritten Tür wurde ich fündig und klappte ein Bett herunter. Typisch, dachte ich, typisch für diese Stadt, selbst die Betten müssen hier versteckt werden, man kann ja nie wissen ...

Heute morgen stehe ich am großen Fenster und betrachte die verdächtig malerische Dachlandschaft. Am Horinzont sehe ich blaue Berge, die im Gipfelbereich schneebedeckt sind. Ich versuche, mich zu orientieren, kann jedoch weder die große Fontäne noch den Kathedralenturm entdecken. Mein Fenster zeigt, so vermute ich, Richtung Nordosten, stadtauswärts also. Das Zentrum muß hinter mir liegen, jedenfalls außerhalb meines Blickfeldes.

Später studiere ich im Eingangsbereich des Hauses den dort aushängenden großen Stadtplan und suche nach meiner Straße. Aber ich weiß nicht, wo genau ich suchen soll: im Norden, im Süden, im Westen oder im Osten? Eine Straßenliste gibt es nicht, und die Rezeption ist immer noch verwaist.

Nach kurzer Zeit taucht ein etwa 30jähriger Farbiger auf. Ich frage ihn auf englisch, ob er wisse, wo auf dem Plan wir uns befinden. »No, I don't know«, brummt er mißmutig und verläßt das Haus, die Glastür hinter sich zuknallend.

Dann tritt ein anderer, wesentlich älterer, ebenfalls braunhäutiger Mann neben mich. Wieder stelle ich ihm meine Frage. Aber auch er kann mir die Route de Acacias nicht auf dem Stadtplan zeigen. Anders als sein Vorgänger jedoch bleibt er neben mir stehen und beteiligt sich an der Suche. Die Straße kann ja nicht verlorengegangen sein. In gebrochenem Deutsch erkundigt er sich:

»Wo müssen ... hin?«

»Zum Opernhaus, dem Grand Théatre!« antworte ich.

»Dann kommen ... mit ... ich zeigen ...«

Pläne, denke ich, sind eben so eine Sache. Mein Begleiter sieht in seinem dunklen Anzug, dem weißen Hemd und seiner bunten Krawatte sehr vornehm und geschäftstüchtig aus. Während wir die Straße entlanggehen, fragt er mich:

»Woher ... kommen ...?«

Ich antworte: »Aus Berlin, Deutschland.«

»Ich ... aus Ägypten ... Kairo«, sagt er und fährt fort: »Letzte Woche ... meine Tochter in New York ... besuchen ... jetzt ... hier auf ... Durchreise nach Ägypten.«

Staunend erwidere ich: »Kairo! Ich war noch nie dort, diese Stadt würde mich brennend interessieren!« Bewundernd schaue ich ihn von der Seite an und stelle mir vor, wie er in einem Café vor seiner Wasserpfeife sitzt und mit Geschäftsfreunden plaudert. Ich denke an eines meiner Lieblingsbücher, *Die Midaq-Gasse* des großen ägyptischen Dichters und Literaturnobelpreisträgers Nagib Machfus. Gern würde ich ihn fragen, was er in Genf zu tun hat, aber ich unterdrückte meine Neugier, um ihn nicht in Verlegenheit zu bringen.

In der Zwischenzeit sind wir bereits auf dem Boulevard Henri Dunant angekommen. Er bleibt plötzlich stehen und sagt: »Sie geradeaus gehen ... dann rechts ... und schon Theater ... ich ... Markt.« Jetzt erst entdecke ich die Marktstände auf der gegenüberliegenden Straßenseite.

Nach diesem erfreulichen Erlebnis bin ich etwas versöhnt mit meiner neuen Unterkunft und gehe weiter Richtung Opernhaus. Auch die Stadt erscheint mir jetzt nicht mehr so fremd wie zuvor. Kleine Erlebnisse wie diese versöhnen auch mit der kühlsten Umgebung.

Nach einer halben Stunde stehe ich vor dem Grand Théâtre, das am Rand der Altstadt an einem kleinen Kreisverkehr steht und mit seinem klassizistischen Säulenvorbau aussieht wie ein ehemaliges Schloß, das zum Rathaus umgebaut worden ist.

Der winzige Künstlereingang liegt wie bei allen Theatern an der Rückseite des Baus und ist so gut versteckt, daß man ihn fast übersehen könnte. Nur dem großen Publikum ist die Schauseite gewidmet, es soll immer den Eindruck erhalten, hier in etwas ganz Besonderes, außergewöhnlich Kunstvolles einzutreten. Säulen, Marmor und Treppenfluchten täuschen Wahrhaftigkeit vor, an einem Ort, der von Spiel, Vortäuschung und Lüge lebt. Illusionsschatulle, klingende Traumblase, Behauptungsgefäß falschen Lebens ...

Mein Bühnenbild trägt einen großen Teil zum Täuschungsmanöver bei. Potemkinsche Dörfer. Tarnungen, Wände, die nur mit ihrer Vorderseite genießbar sind, Durchblicke auf Fenster, die über hinterleuchtete Folien Raumtiefe suggerieren. Ringsum schwarz angestrichene Betonwände, übersät mit technischen Geräten, Kabeln, Seilen, Kästen, Simsen und Umgängen. Bildschirme flackern bläulich. Mikrophone wie metallische Tulpen. Gedämpftes Flüstern.

Das Echte und das Falsche. Ich schaue mir die Bühnenarchitekturen an und komme mir vor wie Felix Krull, der Hochstapler, der so tut als ob und dafür in einer Gefängniszelle landet, oder wie Stiller, der vorgibt, nicht Stiller zu sein. Ein Identitätsspieler, ein architektonischer Laborant im Simulationsraum des Theaters. Aber auch Lügen können faszinieren. »Tote Stadt« in einer toten Stadt.

Nicolas probt im realen Bühnenbild, im Originalraum. Er haucht den Figuren Leben ein, damit sie am Ende sterben können.

Abends sammle ich die Splitter meines Ichs zusammen und versuche, mich auf meine eigentliche Identität zu konzentrieren. Mit Nicolas und Katrin gehe ich zum Essen ins Theaterrestaurant gegenüber. Der Raum erinnert an klassische französische Restaurants, mit schwarzen Thonetstühlen, weißen Tischdecken, verspiegelten Wänden und einer schnörkelreichen Stuckdecke. Auch die Ober wirken, als seien sie direkt aus Paris importiert worden.

Nicolas: »Mir gefällt es in Genf eigentlich ganz gut. Das ist bereits meine dritte Inszenierung, die ich hier auf die Bühne bringe.« Er sitzt da, studiert die Speisekarte. Ringsum andere Gäste. Vornehme, gedämpfte Atmosphäre. Realität.

»Die Leute mögen dich und deine Arbeit«, erwidere ich.

»Vielleicht«, sagt Nicolas und gibt seine Bestellung auf.

»Ich denke, unser Konzept ist nicht schlecht. Die Bühne ist groß, dein Raum auch. Aber er funktioniert ganz gut.«

Für seine Verhältnisse entspricht dieser Satz einem Lob. Zu größeren Zeichen der Anerkennung ist er als echter Berliner nicht bereit.

Ich frage ihn: »Gefällt es dir eigentlich in der Schweiz besser als in Amerika?«

»Bleib mir weg mit Amerika ... die Schweiz ... keine Ahnung ... na ja, die Landschaft ist schön.«

»Hier wurde der Tourismus erfunden. In Luzern. Mitte des 19. Jahrhunderts kamen die ersten Engländer.«

»Ich weiß.«

»Kennt ihr eigentlich die Geschichte Edward Whympers?«

Katrin schaut zu mir her und feuert mich an: »Nein, erzähle!«

Ob Nicolas die Story interessiert, vermag ich nicht zu erkennen. »Edward Whymper war der Erstbesteiger des Matterhorns. Die Geschichte ereignete sich im Sommer 1865. Whymper, ein damals 25jähriger Kunstmaler aus London, hatte es sich in den Kopf gesetzt, den 4477 Meter hohen Nationalberg der Schweiz, der zum Teil nach Italien hinüberreicht, als erster zu besteigen. Natürlich war er nicht allein unterwegs. Er hatte sich eine Gruppe von sieben Leuten zusammengestellt. Bergführer und Touristen. Von italienischer Seite kämpfte gleichzeitig eine andere Gruppe, aber Whymper errang den Sieg, allerdings mit tragischen Folgen. Am 14. Juli 1865 standen er, zwei Bergführer aus Zermatt, zwei weitere aus Chamonix und die drei englischen Touristen Hudson, Hadow und Lord Douglas auf dem Gipfel des Berges. Man muß sich vorstellen: Sie waren wirklich die ersten Menschen überhaupt, die dieses markante Bergungeheuer bezwangen. Leute, die dort lebten und wohnten, hatten bisher nur Angst vor dem Felsmassiv und vermuteten überall böse Geister. Als Zeichen ihres siegreichen Besuches legten die Bergsteiger eine Flasche auf dem Gipfel nieder, in die sie Zettel mit ihren Unterschriften gesteckt hatten, danach begann der fatale Abstieg.

Sie sicherten sich gegenseitig mit einem einzigen langen Seil ab. Alle waren gute Bergsteiger, bis auf einen, Hadow. Er jedoch machte schon beim Aufstieg Schwierigkeiten, rutschte immer wieder aus. Ihm fehlte einfach die Bergerfahrung. Jetzt beim Abstieg wirkte er noch unbeholfener und unsicherer. Ein Bergführer mußte ihm bei jedem Schritt helfen. Wenige hundert Meter unterhalb des Gipfels, auf einem schmalen, abschüssigen Felsgrat, geschah dann das Unglück. Hadow rutschte aus und stürzte als erster in die Tiefe, dabei riß er einen nach dem anderen seiner angeseilten Kameraden mit sich. Nur Whymper und zwei seiner Begleiter, die am Schluß der Gruppe gingen, konnten den Rest des Seils um einen Felsbrocken werfen. Es riß, und die drei waren gerettet. Starr vor Entsetzen sahen sie, wie die Körper ihrer Kameraden auf dem 1000 Meter tieferliegenden Gletscher zerschmetterten.

Mit Mühe und viel Glück erreichten sie am Abend Zermatt und mußten das Unglück bei der Polizei melden. Tags darauf barg man die Toten. Lord Douglas allerdings blieb verschwunden, von ihm konnten nur die Handschuhe gefunden werden. Wahrscheinlich war er in eine tiefe Felsspalte gefallen. Tage später fand ein Prozeß statt. Die Polizei wollte ermitteln, ob Whymper das Seil absichtlich durchschnitten hat, um sich und die zwei überlebenden Kameraden zu retten. Natürlich konnte die Sache nie ganz geklärt werden.«

Katrin: »Das ist ja eine spannende Geschichte. Könnte man direkt verfilmen.«

»Ja, das stimmt. Vor 25 Jahren habe ich einmal Zermatt besucht, aber natürlich bin ich als unsportlicher Mensch nicht auf das Matterhorn hochgestiegen, obwohl man sagen muß, daß der Berg inzwischen seine tödliche Macht verloren hat.

Jedes Jahr wird er von Tausenden von Touristen bezwungen, darunter Kinder und Greise. Nur ganz unvorsichtige Kletterer geraten manchmal in Bergnot. Damals beschäftigte ich mich mit dem Thema ›Tourismus‹ und malte das Matterhorn in vielen Variationen. Ich liebe seine markante Form. Eine richtige Naturpyramide. Nicht ganz so streng geometrisch, etwas verwitterter, dafür erheblich höher und vielleicht noch schöner als seine ägyptischen Brüder und Schwestern.«

»Dich scheinen solche zeichenhafte Bauten, Bilder und Naturphänomene zu faszinieren«, sagt Katrin.

»Ja, ich liebe auch Arnold Böcklins *Toteninsel*. Das Bild ist zwar in Italien entstanden, aber Böcklin wurde bekanntlich in Basel geboren. Vielleicht ist es eines der berühmtesten Gemälde des 19. Jahrhunderts, neben Caspar David Friedrichs *Gescheiterte Hoffnung*. Archetypen der menschlichen Phantasie. Man sollte eine Ausstellung darüber machen. Vielleicht nähern wir uns dabei den Archetypen C. G. Jungs, eines anderen großen Schweizers.«

Nicolas, der bisher geschwiegen hat, mischt sich wieder ein: »Mich würde das CERN viel mehr interessieren. Vielleicht sollten wir mal versuchen, dort hineinzukommen.«

Katrin, begeistert: »Ja, das wäre toll. Ich kann im Betriebsbüro danach fragen.«

»Allerdings wird uns die Zeit dazu fehlen. Ich habe noch so viele Probleme zu lösen. Manche Szenen gefallen mir bisher überhaupt nicht.«

Ich: »Wahrscheinlich liegt der Tunnelkreis direkt unter uns, 60 bis 100 Meter unter unseren Füßen.«

Genf, 6. April 2006

Jetzt erst, nachdem ich die Umgebung besser kennengelernt habe, nehme ich wahr, daß unser Haus der einzige hohe Betonklotz in der Gegend ist. Ein Störfaktor, peinlich und unangenehm.

Wieder gehe ich die Rue Henri Dunant hoch, biege in die Rue du Conseil Général ein, komme an der Universität und am Marktplatz vorbei. Heute betrete ich auf meinem Weg zum Theater den Parc des Bastions, der am Place Neuve endet, dort, wo nicht nur das Grand Théatre, sondern auch das Conservatoire de Musique und das Musée Rath stehen. Der Park ist ein Lichtblick in der Stadt, obwohl er sich mit seiner Pracht jetzt im April noch etwas zurückhält. Dicht neben dem gußeisernen Eingangstor entdecke ich ein Denkmal für Henri Dunant, der 1864 das »Rote Kreuz« in Genf gegründet hat, wie ich auf der Sockelinschrift lese. Es gibt in der Stadt sogar ein Musée international de la Croix-Rouge.

Auf kiesbedeckten Wegen wandere ich an Wiesen, Rabatten und beschnittenen Hecken entlang, durchquere Alleen und Haine, stoße dann auf eine lange, hohe Kalksteinmauer, die den Park nach Norden hin begrenzt. Strenge, übergroße Männerfiguren stehen dort auf Sockeln, aus Stein gehauen, mit dem Rücken an die Wand gepreßt, aufrecht und steif wie Kriegshelden. Ich steige die Stufen zum Denkmal hinab und lese die Inschriften. Diese Helden sind die Reformatoren der Schweiz: Calvin, Zwingli ... Ja, denke ich, das ist typisch für diese Stadt. Hier herrscht immer noch jener herbe, überstrenge Geist der Reformation. Selbst Luther war nachsichtiger als seine Schweizer Nachahmer. Wieder einmal befällt mich die Wut: Ohne Reformation, ohne Luther und alle seine Gefolgsleute wäre es zu keiner Kirchenspaltung gekommen, und die Jahrhunderte danach hätten weit friedlicher verlaufen können. Zwar blieb die Schweiz vom 30jährigen Krieg verschont, dennoch kam es auch hier zu bürgerkriegsähnlichen Auseinandersetzungen zwischen katholischen und reformierten Städten. Unzählige Menschen mußten für diese Geistesverirrung sterben. Bis heute hat sich daran weltweit nicht viel geändert: Religionen sind und bleiben die Ursachen für die meisten Kriege. Andererseits hätte es ohne Reformation wahrscheinlich später keine Aufklärung, keine Französische Revolution und keine Demokratisierung Europas gegeben. Interessant wäre es, dieser Wand ein Denkmal Jean-Jacques Rousseaus gegenüberzustellen. Im Gegensatz zu Calvin und Zwingli wurde Rousseau in Genf geboren. Sein Vater war ein zugewanderter hugenottischer Uhrmacher, die Mutter eine Genfer Calvinistin. Weil seine Kindheit in Genf so furchtbar war, floh Rousseau mit 16 Jahren nach Annecy, in das südlich von Genf gelegene Frankreich, zu Frau von Waren und konvertierte unter ihrem Einfluß zum katholischen Glauben. Später, nachdem er schon einige seiner wichtigen Werke in Paris geschrieben und veröffentlicht hatte, kehrte er zum Calvinismus zurück und bezeichnete sich selbst wieder als »Bürger von Genf«, obwohl er nie mehr dort wohnte.

Rousseau ist die Schlüsselfigur des 18.Jahrhunderts und damit der entstehenden Moderne. Von heute aus gesehen, hat er eine weit größere Aktualität als Calvin und Zwingli. Mich selbst haben vor allem seine posthum erschienenen *Bekenntnisse* stark beeindruckt. Ich lese immer wieder darin.

Die Realität in Genf heute: Die versteinerten Blicke der Kirchenmänner treffen auf anarchisch-verspielte Jugendliche, die sich wahrscheinlich wenig um Religion und Philosophie kümmern, dafür mit ihren Skateboards über den Platz kurven und dabei einen höllischen Lärm produzieren.

Ich kehre zurück zum zentralen Hauptweg des Parks und mische mich unter Mütter mit Kindern in allen Altersgruppen, in Kinderwagen, auf Rollern oder vorsichtig stolpernd, mit einer Hand an der Mutter festgeklammert, mit der anderen in der Luft herumfuchtelnd, um den drohenden Sturz abzufangen.

Am Ausgang des Parks schaue ich einer Gruppe alter Männer beim Schachspielen zu. Da es noch recht kühl ist, stehen sie alle, in dicke Wintermäntel gehüllt, um die 4 x 4 Meter große Spielfläche herum. Niemand spricht. Die stumme, fast reglose Gruppe unter den kahlen Bäumen wirkt auf mich wie eine Kunstinstallation.

Als ich auf den Place Neuve hinaustrete, fällt mein Blick auf ein großes Plakat an der Fassade des Musée Rath, das auf eine Le-Corbusier-Ausstellung hinweist. Da mir noch Zeit bis zur Probe bleibt, steige ich die Treppen zum altertümlichen Gebäude hoch und kaufe mir ein Ticket.

Im Einführungstext, der im Foyer mehrsprachig aufgehängt ist, lese ich, daß Le Corbusier 1887 im schweizerischen La Chaux-de-Fonds geboren wurde und 1965 in Cap-Martin (Südfrankreich) gestorben ist. Insgesamt, so steht es hier, habe er 400 Bilder gemalt, 8000 Graphiken gezeichnet, 44 Skulpturen geformt, 75 Häuser gebaut, 42 städtebauliche Konzepte entworfen und 34 Bücher veröffentlicht. Die geringe Zahl seiner Bauten verblüfft mich. Ich hätte eine höhere Anzahl vermutet, andererseits: Zeichnungen sind schnell angefertigt, man benötigt nur ein Blatt Papier und einen Stift, Bauten erfordern einen enormen Aufwand, sie setzen Bauherren und Geld voraus, und die Zeit ihrer Verwirklichung beträgt zwei, vielleicht drei Jahre oder auch mehr. Zunächst bin ich von den farbenfrohen Gemälden Corbusiers begeistert. Sie beginnen kubistisch-verschachtelt und werden im Laufe seiner 50 kreativen Jahre immer flächiger und dekorativer. Zum Schluß überwiegen leichte, fast lustige Farbfelder, die zwar noch mit Form- und Linienüberlagerungen gemalt sind, aber doch weit weniger Inhalt zu transportieren scheinen als die anfänglichen Werke. Die meisten Kompositionen schweben zwischen Abstraktion und Realität. Manchmal tauchen Körperformen, Köpfe, Gesichter, Busen, Arme, Beine, Hände, Muscheln, Tische, Sessel oder Vasen und Teller auf, doch niemals wird Realität unverändert ins Bild übernommen. Selbst während der finster-bedrohlichen Zeiten des Zweiten Weltkriegs läßt sich Corbusier nicht aus der Ruhe bringen und malt weiter an seiner fröhlich-mediterranen Bilderwelt. Bekanntlich blieb er während dieser Zeit im Land und ist nicht ins Exil gegangen. Südamerika, wo er von seinen Kollegen Oscar Niemeyer und Lúcio Costa sehr verehrt wurde, hätte ihn bestimmt mit offenen Armen aufgenommen. Viele Kritiker charakterisieren ihn, von heute aus gesehen, als politischen Oportunisten, der sich auch der Vichy-Regierung andiente.

Mir ist nicht ganz klar, ob sich Le Corbusier beim Malen und Zeichnen vom Architektur-Entwerfen erholt oder darin einen ähnlichen Vorgang gesehen hat. Auf gewissen Bildern sind Gebäudegrundrisse, Park- oder Stadtformationen zu erkennen. Geometrisches begegnet Organischem, Sinnliches durchdringt Maschinelles. Ganz in alter kubistischer Manier unterscheidet Le Corbusier nicht zwischen Ansicht und Aufsicht, zwischen Grundriß und Untersicht. Die Perspektiven vermischen sich. Auf jeden Fall wird deutlich, daß der Künstler-Architekt in seinen Gemälden und Skulpturen weit weniger theoretisiert hat als in seinen schriftlichen Äußerungen. Sie sind rein kulinarisch, es geht keine belehrende Wirkung von ihnen aus. Auch fehlt jeder expressiv-pathetische Aspekt, der seine späten, in Indien realisierten Bauten etwas aufdringlich erscheinen läßt. In seiner Frühzeit verherrlichte Le Corbusier industrielle Produkte, Maschinen, Autos, Flugzeuge und vor allem Schiffe. Schiffsaufbauten waren seine Hauptinspirationsquelle. Daß er dabei die Natur nicht aus dem Blick verlor, macht ihn mir auch heute noch sympathisch. Beim Entwurf der Kirche von Ronchamp hat er beide Aspekte miteinander verschmolzen. Für mich gehört sie deswegen – neben dem Opernhaus in Sydney von Jørn Utzon – zu den bedeutendsten Bauten des 20.Jahrhunderts. In einem Film sieht man Le Corbusier beim Malen und Collagieren in seinem Pariser Atelier. Leider kam der Regisseur auf die fatale Idee, Le Cobusiers unrealisierte städtebauliche Konzepte virtuell zu vollenden. Die Ergebnisse sind so erschreckend, daß bestimmt kein Besucher vom Wunsch befallen wird, diese Ideen und Planungen in der Realität vorzufinden. Vor allem als Städtebauer und Theoretiker genießt Le Corbusier heute kein großes Ansehen mehr und wird eher als abschreckendes Beispiel angeführt. Um so mehr rückt jetzt der Künstler-Architekt in den Mittelpunkt des Interesses.

Ausstellungen dieser Art lösen bei mir meist fieberhafte Kreativtätschübe aus. Beim Verlassen des Gebäudes sehe ich plötzlich ein utopisches Genf vor meinen Augen entstehen, mit neuen Uferwegen, Parks und Straßenzügen. Wolkenkratzerhohe Dome wachsen aus dem See, filigrane Stahlglasgebilde, über die im Sommer Wasser rieselt und die im Winter zu Eispalästen erstarren. Felsgärten und Höhlenkaufhäuser bedrängen mich, Kristallpaläste funkeln auf Schneebergen, nachts von innen leuchtend wie durchsichtige Schlösser.

Mir fällt der berühmte Völkerbundpalast-Wettbewerb ein, an dem Le Corbusier 1927 teilgenommen hat. Sein Entwurf wurde ausgeschieden, und ein konventionell-traditionalistischer Gebäudekomplex gewann, der heute noch vor den Toren Genfs steht. Ähnlich erging es ihm 1931 beim Wettbewerb für den Palast der Sowjets in Moskau.

Abendprobe: Heute versucht Nicolas, Tänzer und Statisten zwischen zwei Glasscheiben hochklettern zu lassen. Ich habe eigens dafür ein großes, vielsprossiges Fenster im linken Bereich meines Bühnenbilds eingebaut. Im Grunde sind es zwei Fensterwände, die mit einem Zwischenraum von 80 Zentimetern über 5 Meter hoch aufragen. Da die Darsteller sich barfuß und mit bloßen Händen zwischen den glatten Glasscheiben bewegen müssen, rutschen sie immer wieder ab. Das ist ein Problem, ein echtes, reales, kein vorgetäuschtes.

Nächtlicher Weg zu meinem Apartmenthaus. Ausgestorbene Straßen, in den Ladeneingängen keine Obdachlosen, keine Dealer und Fixer. Nur einmal sehe ich beim Überqueren eines großen, baumbestandenen Platzes eine benutzte Spritze am Boden liegen.

Genf, 7. April 2006

Ich sitze am kleinen Tisch meines Zimmers. Auf dem Bett habe ich Blätter mit Skizzen und Notizen ausgebreitet. Mich interessieren im Augenblick die Aspekte der »Ausstellung« und des »Bühnenbilds« in einer Stadt am meisten. Was geschieht, wenn ich die Stadt als »Ausstellung« betrachte?

Jedes Haus, jede Fassade, jedes Schaufenster, jeder Laden, jede Kirche, jedes Museum, jede Brücke, jeder Baum, jedes Auto und jeder Mensch wird dann zum »Exponat«. Ich hänge in Gedanken Erläuterungstexte an jedes Haus und an jeden Menschen. Auf einmal wird die Stadt erklärt wie ein normaler historischer Text ... Was geschieht, wenn ich die ganze Stadt als »Bühnenbild« betrachte? Plötzlich verlieren alle Aktivitäten ihre Zufälligkeit, jede Bewegung wird zur Inszenierung, jede Ampel zum überwachenden Impulsgeber fremden Willens. Der Bürgermeister ein Oberregisseur, Polizisten seine Handlanger?

Das Schweigen bricht auf, Szene reiht sich an Szene. Wir beobachten und werden beobachtet. Ein Mensch steigt gesellschaftlich auf, ein anderer stürzt gesellschaftlich ab. Jemand singt seine Freude laut heraus, ein anderer bricht in lautes Schluchzen aus. Spaziergänger, Mütter mit Kindern, Geschäftsleute, Studenten, Schüler und Schülerinnen, Prostituierte, Stricher. Verbrecher sind klar an ihren Äußerungen, Monologen und Dialogen zu erkennen. Liebespaare küssen sich in Baumgabeln wie Tauben. Sie haben ein Gespür für romantische Orte.

Der Alltag berücksichtigt die seelischen Zustände eines Individuums nicht. Manche Menschen pendeln hin und her zwischen miefigen Wohnzimmern und

trostlosen Fließbandarbeitsplätzen, andere zwischen Wohnungen in Betonblocks und Sachbearbeiteraktenplätzen. Wieder andere wohnen in lichtdurchfluteten Villen, inmitten üppiger Parks mit Tennisplatz und Pool, von dort aus fahren sie zu ihren eleganten Büros im 50. Stock teurer Hochhäuser. Am Schreibtisch sitzend, blicken sie auf die Stadt hinunter wie Feldherren oder barocke Herrscher. Sich in Städten mit der gesellschaftlichen Führungsschicht beschäftigen, dem Gemeinderat, dem Golfclub, den Reichen. Jede Stadt besitzt ihre Architekten. Sie bauen die aktuellen Bühnenbilder des privaten wie des öffentlichen Lebens. Einkreisungen, Definitionen, Stadterzählungen, Spiegelungen im Fernsehen und in Filmen. Wer bestimmt hier die Bühnenbilder? Warum sehen sie so aus und nicht anders?

Schwarze Stadt, weiße Stadt, farbige Stadt, utopische Stadt, schöne Stadt, häßliche Stadt, steinerne Stadt, Filmstadt, hölzerne Stadt, Fernsehstadt, beschriebene Stadt, malerische Stadt, Goldgräberstadt, gezeichnete Stadt, Literaturstadt, verhüllte Stadt, geheime Stadt, dunkle Stadt, berühmte Stadt, Textstadt, romantische Stadt, nüchterne Stadt, Reklamestadt, brodelnde Stadt, langweilige Stadt, Touristenstadt, lärmende Stadt, Kinderstadt, stille Stadt, wachsende Stadt, Geldstadt, schrumpfende Stadt, jugendliche Stadt, alte Stadt, kranke Stadt, Bordellstadt, erzählende Stadt, schlafende Stadt, vergreiste Stadt, Stadt aus Musik, Stadt der Jugendlichen, erwachende Stadt, Finanzstadt, tote Stadt, Sportstadt, liebende Stadt, hassende Stadt, verkommene Stadt, Stadt aus Silber, gefährliche Stadt, gefilmte Stadt, Unterwasserstadt, verführerische Stadt, Bankenstadt, erotische Stadt, frigide Stadt, Bühnenbildstadt, senile Stadt, Stadt aus Licht, stinkende Stadt, Wolkenkratzerstadt, dörfliche Stadt, stählerne Stadt, Musicalstadt, pubertäre Stadt, grüne Stadt, Hotelstadt, geile Stadt, gesetzlose Stadt, gefesselte Stadt, Wüstenstadt, befreite Stadt, ruinöse Stadt, Bücherstadt, antike Stadt, moderne Stadt, Theaterstadt, Stadt aus Glas, Juwelierstadt, verbrannte Stadt, verwesende Stadt, Opernstadt, unter Sand begrabene Stadt, Spielerstadt, Ganovenstadt, tropische Stadt, Bergwerkstadt, Stadt aus Eis, Felsenstadt, Stadt aus Gold, Gebirgsstadt, Hafenstadt, geplante Stadt, untergegangene Stadt, Stadt, die es nie geben wird ...

Gegen 12.00 Uhr mache ich mich auf den Weg Richtung Theater. Ich habe mich mit Katrin in einem Café verabredet. Als ich ankomme, sehe ich sie an einem kleinen Tisch im Glasvorbau mit Alexander sitzen. Beide blinzeln mir, von der Sonne geblendet, freundlich entgegen. Nachdem wir uns begrüßt haben, berichten mir beide von den morgendlichen Beleuchtungskorrekturen und den ruppigen Unfreundlichkeiten unseres etwas ungeduldigen, immer nervösen Regisseurs. Am Nachmittag sollen die letzten technischen Probleme auf der Bühne beseitigt werden, abends ist für 19.30 Uhr die Vor-Generalprobe angesetzt. Wir plaudern eine Weile über Genf, die Schweiz, das Leben hier und unsere Produktion. Wir sind uns einig, daß *Die tote Stadt* eine gute Arbeit werden kann. Bisher habe ich die Inszenierung nur bei der Klavierhauptprobe gesehen, ohne Orchester. Jetzt bin ich sehr gespannt auf den Abend.

Nach einer halben Stunde verabschiedet sich Alexander von uns. Katrin berichtet, daß ihre Eltern am Samstag in Genf eintreffen werden und die Generalprobe besuchen wollen. Ihr Vater arbeitet als Architekt in Frankreich, die Mutter wohnt in Bremen, war früher Lehrerin und langweilt sich jetzt, nachdem alle drei Töchter aus dem Haus sind und bisher keine von ihnen eigene Kinder hat.

Katrin: »Meine Mutter geht mir wirklich auf die Nerven. Letztes Jahr war sie zwei Monate in Indien zur Selbstfindung. Ich kann das nicht mehr hören. Selbstfindung! Was soll das? Sie ist immer so nervös und perfektionistisch!«

Ich: »Du bist manchmal auch nervös.«

Katrin: »Eben, man erbt nur die unangenehmen Eigenschaften.«

Wir bezahlen und gehen zum Theater hinüber. Auf der Bühne werkeln etwa 20 Männer. Überall klopft, kratzt und schabt es. Die wichtigen Dinge sind nach wie vor unerledigt: das Ergänzen der Restflächen am San-Francisco-Portal, Schließungen auf der rechten und linken Bühnenseite. Nicolas ändert ständig Kleinigkeiten, die Arbeitszeit kosten. Deswegen bleibt wenig Luft für das Wesentliche. Viele Menschen, stelle ich immer wieder fest, haben kein Gefühl für die Hierarchien der zu erledigenden Dinge.

Nach zwei Stunden sehen wir Licht am Ende des Tunnels, die meisten Arbeiten sind angekurbelt und geklärt. Wir beschließen, die Bühnenarbeiter allein weiterwerkeln zu lassen, und verlassen das Theater. Unsere Anwesenheit würde sie vielleicht nur nervös machen.

Als Ziel nehmen wir uns die Uferpromenade auf der Hotelseite vor. Leider ist das Wetter sehr kühl, deswegen haben die meisten Cafés ihre Außenbestuhlung noch nicht aufgebaut. An einem Zeitungskiosk lesen wir, daß Johnny Depp und seine Frau Vanessa Paradis heute in Genf angekommen seien. »Die wohnen bestimmt im Beaux Rivage«, sagt Katrin. »Schauen wir mal vorbei. Vielleicht sehen wir sie.«

Am Hotel Beau Rivage Palace angekommen, suchen wir mit den Blicken die Fassade ab, können jedoch keine Berühmtheiten hinter den Fenstern entdecken und spazieren weiter. An der Stelle, an der Sissi ermordet wurde, mache ich einige Photos. Fröstelnd gehen wir am Quai de Mont Blanc entlang. Die Wasserfläche öffnet sich rechts von uns, wird weiter und breiter, verliert sich im blauen Dunst der Ferne. Am Horizont schwimmen die Schneeberge wie riesige Eisschollen, Sog der Ferne, Naturmagie. Links von uns normaler städtischer Verkehrslärm. Vorbeifahrende Autos kümmert der Fernblick wenig. Mich zwingt Schönheit, auch Naturschönheit immer dazu, leiser zu sprechen oder gar zu schweigen.

Schließlich lassen wir uns hinter den Bains des Pâquis, am Übergang zum Quai Wilson in einer lausigen Kiosk-Eisbar nieder. Mutig bestellen wir Eis und setzen uns in eine durch Folienwände windgeschützte Ecke. Katrin erzählt von ihrer ersten eigenen Theaterproduktion in Hamburg, die letztes Wochenende Premiere hatte. Ich stelle fest, daß sie noch keine Kritiken gelesen hat, und gebe ihr mein Handy. Sie ruft ihre Freundin an. »Was heißt das?« fragt sie immer wieder. »Das ist ja nur eine Beschreibung. Na ja, besser als ein Verriß.«

Etwas enttäuscht gibt sie mir das Telefon zurück und blickt gedankenverloren hinaus auf den blauen See. Das Gespräch mit der Freundin hat sie aus Genf herausgerissen. Ich folge schweigend ihrem Blick. Nachdem sie von ihrem Gedankenflug zurückgekehrt und wieder am Kiosktisch gelandet ist, schaut sie mich groß an und beginnt, ohne daß ich sie danach gefragt hätte, aus ihrem Leben zu erzählen. »Meine erste Beziehung mit einem 23jährigen Schauspieler hielt genau fünf Jahre. Ich war 18, als es anfing, und 23, als ich Schluß machte. Wir haben zusammen gewohnt und waren verlobt, glaube ich.«

»Warum hast du Schluß gemacht?«

»Ach, er hat mich immer nur zugemüllt mit seinen Problemen. Nach außen den Netten gespielt und nach innen nur rumgemacht. Ich bin doch kein Mülleimer.«

»Siehst du ihn noch?«

»Klar, oft. Ich mag ihn immer noch gern, aber es läuft eben nichts mehr zwischen uns.«

»Hat er inzwischen eine neue Freundin?«

»Nein, so schnell findet der keine.«

»Ist immerhin schon drei Jahre her.«

»Eben.«

»Und jetzt?«

»Ich kann mich nicht entscheiden. Es gibt zwei. Der eine ist supernett, der andere eher schwierig, aber toll intelligent. Mir ist wichtig, daß man über alles reden kann. Was die anderen sagen, ist mir egal. Ich höre oft: Was, mit dem Arsch hast du was am Laufen? Na und, sage ich, geht es dich was an?«

Während sie redet, geht eine Gruppe älterer, geistig Behinderter mit ihren Betreuern an uns vorbei. Alle machen einen fröhlichen Eindruck und scheinen sich über den Spaziergang zu freuen. Plötzlich platzt ein Polizeiauto mit Blaulicht in die friedliche Szene hinein. Quietschend hält das Auto hinter dem Kiosk, zwei Polizisten springen heraus und tun so als wollten sie den Kioskbesitzer verhaften. Wir beobachten den Vorgang entsetzt. Aber es war nur ein Scherz unter Freunden. Lachend stellt der Kioskbesitzer den Polizisten Kaffee auf den Tresen, die Polizisten klopfen ihm kameradschaftlich auf die Schultern. Katrin und ich schauen uns verblüfft an. Die Realität kann manchmal ganz schön überraschend verlaufen.

Wir schweigen eine Weile und blicken hinaus auf den See, über dem der bläuliche Dunstschleier immer dichter wird. Fährboote tauchen auf und sehen aus wie Spielzeug. Kaum vorstellbar, daß sich darin reale Menschen befinden. Ich frage Katrin: »Kennst du eigentlich Jean Piaget?«

»Nee, nie gehört. Warum fragst du?«

»Er hat hier in Genf gelebt und gearbeitet. Als ich meine ersten Bücher zeichnete und schrieb, das ist jetzt immerhin schon 30 Jahre her, vor allem *Wege und Wegräume*, habe ich mich mit ihm und seinen Schriften auseinandergesetzt. Neben Gaston Bachelard hat er mich am meisten beeinflußt.«

»Was hat er gearbeitet?«

»Er war Biologe, Philosoph und Psychologe. In seinen Hauptwerken beschäftigte er sich vor allem mit der Entwicklung von Kindern. Ihn interessierte unter anderem das Problem, wieviel Raumbewußtsein uns angeboren ist und wieviel wir durch Erfahrung lernen.«

»Interessant. Und was hat er herausgebracht?«

»Die Veranlagung ist natürlich da, aber es ist auch wichtig, daß Kinder den Raum erkrabbeln, erfühlen, dabei kennenlernen und ›erfahren‹.«

»Hätte ich mir fast gedacht.«

»Piaget war einmal sehr berühmt, vor allem in Amerika. 1980 ist er gestorben. Danach erschienen noch zahlreiche Bücher von ihm aus dem Nachlaß. In den 90er Jahren verblaßte dann sein Ruhm. Man machte ihm nachträglich Vorwürfe, daß er die meisten seiner Erkenntnisse an seinen eigenen Kindern studiert und keine objektiven wissenschaftlichen Versuchsreihen durchgeführt hat.«

»Das ist ja lächerlich.«

»Ja, so ist das eben mit der Wissenschaft. Trotzdem schaue ich immer wieder in seine Texte hinein. Hier sind wir am rechten Ort, seiner zu gedenken. Er hat mit dem von ihm gegründeten Centre International d'Epistémologie génétique viel zum Ruhm der Stadt Genf beigetragen. So gesehen gehört er zum Mythos des Stadt, zur Stadterzählung.«

»Du mit deinen Stadterzählungen!«

Es wird Zeit, ins Theater aufzubrechen. Auf der Bühne unterhalte ich mich kurz mit dem Sänger Johannes-Martin Kränzle, der den Freund – Frank – des Helden spielt. Es ist schon unsere vierte gemeinsame Produktion. Im Zuschauerraum treffe ich Barbara, die Frau von Nicolas. Sie erzählt mir, daß sie im Augenblick in einem englischen Stück, einer Uraufführung, in Zürich auftritt. Ich frage nach dem Autor. Sie nennt einen mir unbekannten Namen. »Er ist berühmt geworden mit dem Stück *Port*. Das spielt in einem winzigen Hafenort an der englischen Westküste. Dort wohnt der Autor auch.«

Dann beginnt unsere Aufführung. Das Orchester klingt etwas verhalten. Erst als ich mich nach der Pause zum Photographieren in den ersten Rang setze, entfaltet sich für meine Ohren der musikalische Raum voll und ganz. Das Parkett wirkt akustisch oft verschattet. Die Inszenierung packt mich. Immer wieder tritt die Theatertänzerin Marietta in den Lichtstrahl der Filmprojektion, wirft ihren eigenen Schatten auf das Filmbild der Verstorbenen, verschmilzt mit ihr und löscht sie gleichzeitig aus.

Genf, 8. April 2006

Heute verbringe ich viele Stunden in meinem Zimmer, schreibe, zeichne und telephoniere.

Ich erlebe mein Zimmer und den Blick aus dem Fenster zum ersten Mal über einen längeren Zeitraum. Morgens ist das Bergmassiv, das sich hinter der Dachlandschaft erhebt, in blauen Dunst gehüllt, fast nur erahnbar. Gegen Mittag schälen sich die Details aus dem milchigen Ungefähr. Ich entdecke die große Wunde eines Steinbruchs. Wie offenes, gelbeitriges Fleisch strahlt der Jurafels im Mittagslicht. Weiter rechts davon schlängelt sich eine Serpentinenstraße zwischen Bäumen, Wiesen und Felszonen dem Gipfel zu. Ganz oben, dort, wo noch Schnee liegt, entdecke ich einen Sendemasten mit runden Antennenmuscheln, die ihn aussehen lassen wie einen riesigen, mehrstöckigen Pilz, einen Pilzbaum. Während meiner Beobachtungen bemerke ich keinerlei Bewegung, weder im Steinbruchbereich, noch auf der Straße oder auf dem Gipfelgrat. Vielleicht ist die Entfernung auch zu groß, um Autos oder Menschen auszumachen. Neben dem großen Fenster steht in meinem Zimmer ein Fernsehgerät, das ich bisher nicht eingeschaltet habe. Wie ein dunkles Auge schaut mich der stark gewölbte Bildschirm an. Im spiegelnden Glas entdecke ich mich selbst, allerdings zu einem unförmigen Klumpen verzerrt.

An der einzigen großen, weißen Wand des Zimmers hängt – meinem Klappbett gegenüber – das schwarz gerahmte Faksimile eines Kandinsky-Aquarells. Ich schaue es immer wieder an. Ein stilisierter Reiter ist zu erkennen, der sich von rechts nach links bewegt. Linien oben und unten deuten Landschaft an. Ein Bild zwischen Abstraktion und stilisierter Gegenständlichkeit, wahrscheinlich aus der Zeit des Blauen Reiters. Allerdings ist hier nicht viel Blau zu erkennen. Mich fasziniert Kandinskys Malerei vor allem in dieser Phase; ähnlich wie bei Jawlensky läßt sich dabei beobachten, wie russische Ikonenmalerei in deutschen Expressionismus übergeht. Gegensätzlicheres läßt sich nicht denken, da Ikonen als stilisierte Heiligenbilder immer nur gleiche Motive variierten, ohne subjektiven, künstlerischen Ausdruck anzustreben. Der Expressionismus hatte sich das Gegenteil vorgenommen, er vertrat den subjektiven Ausdruck, die reine Expression des einzelnen Ichs wie keine Kunstrichtung davor! Interessant wäre einmal eine Untersuchung über Hotelzimmerkunst. Mal abgesehen von allen Kitschbildern: Welcher Künstler würde dabei quantitativ gewinnen? Aus eigener Beobachtung tippe ich auf Monet, Renoir, Hundertwasser oder van Gogh. Einem Kandinsky begegne ich hier zum ersten Mal!

Ich wende mich wieder meinem Stadtthema zu. Im Grunde, geht mir durch den Kopf, ist jede Stadt in ihrer Erscheinungsform ein Ausdrucksgebilde von Siegern. Nur wer Erfolg und damit Geld hat, konnte und kann sich hier architektonisch verewigen. Das gilt im großen wie im kleinen Stil. Arme bauen nur illegale Slums. Es bleibt auch selten, daß Kollektive als Auftraggeber in Erscheinung treten. Und selbst wenn sie es tun, wie Vereine oder Bauämter, haben sich deren Direktoren längst zu Siegern hochgearbeitet oder vertreten die Siegerkaste der Stadt und stehen in der gesellschaftlichen Hierarchie ganz oben. Wer bauen will, braucht Geld, eigenes, geliehenes, ergaunertes, erpreßtes oder gestohlenes. Die Übergänge sind fließend, heute genauso wie früher.

Wir als Architekten, Landschaftsgestalter und Bühnenbildner müssen immer für die Sieger arbeiten. Sie bestimmen, getarnt durch Markt- und Wettbewerbsvorgänge, wer seine Entwürfe realisieren darf. Zeitmoden kanalisieren das Geschehen zusätzlich. Der Kampf zwischen konservativen Traditionalisten und Avantgardisten technischer oder ästhetischer Art begleitet den Entscheidungskarneval. Es fällt auf, daß westliche Gesellschaften meist zur Hälfte aus Konservativen und zur anderen aus Fortschrittsgläubigen bestehen. Natürlich gibt es auch die Gruppe der Mitte, die mit einem Fuß hier, mit dem anderen dort steht und damit nie klar faßbar ist. Zu ihnen gehören oft die Architekten, schließlich wollen sie für die ganze Gesellschaft bauen und sozial ausgeglichen sein. Reine Künstler dagegen neigen zu extremen Haltungen.

Schaudernd nimmt der normale Bürger die gewagten, grenzüberschreitenden, manchmal den guten Geschmack weit hinter sich lassenden Aktionen zur Kenntnis. Im Architekturbereich kommen derartige Akrobaten-Bauten eher selten vor. Eine Stadt ist etwas Solides, eine Geldanlage, eine Sache für die Ewigkeit. Zuweilen allerdings braucht man das Außerordentliche für Reklamezwecke, erst wenn ein Bau wirklich zum nie gesehenen Zeichen aufsteigt, schauen die meisten Menschen bewundernd hin wie bei einem Feuerwerk, in das sich eine bisher nie gesehene Raketenexplosion gemischt hat. Die Pyramiden, das Pantheon, das Ulmer Münster, der Eiffelturm, die Sagrada Familia, das Empire State Building, das Sydney Opera House, das Centre Pompidou, das Jüdische Museum in Berlin, Bilbao ... Nun gut, trotzdem sollen das Ausnahmen bleiben. Wir hassen das Verrückte und lieben dennoch den Spiegelsaal von Versailles, das Bernsteinzimmer und die wahnwitzige, märchenhafte Romantik von Schloß Neuschwanstein, wir wollen den normalen Alltag und reisen als Touristen am liebsten in die außergewöhnlichsten Landschaften und Städte, in die Tropenwälder, Südseemeere, Wüsten, Gebirge, in die arktischen Eiswildheiten, nach New York, Venedig, Rom, Bombay, Schanghai, Lanzarote oder Las Vegas ... Widerspruch über Widerspruch.

Vielleicht hat sich die Sache mit den Siegern heute umgekehrt. Was macht ein Sieger, wenn ihn niemand beachtet? Was macht ein Siegerbau, wenn keiner ihn besucht und photographiert. Erst das große Publikum erklärt den Sieger zum Sieger, erst die Touristenmassen verleihen dem Eiffelturm oder dem Museum in Bilbao seine Bedeutung.

Wir, die wir das gesellschaftliche Mittelmaß verkörpern, sind vielleicht in Wirklichkeit die Sieger, allerdings nur, wenn wir in Massen auftreten. Auch hier gilt die Demokratie der Kasse, wie bei den Hollywoodfilmproduktionen. In die Geschichte steigt auf, wer die größten Publikumsmassen anzieht ... *Titanic* ... *Jurassic Park* ...

Heute findet keine Probe statt, ich habe viel Zeit. Erst am späten Nachmittag verlasse ich mein Zimmer. Für 18.00 Uhr bin ich mit Katrin am Cirque du Soleil verabredet, der im Augenblick seine Zelte auf dem Plaine de Plainspalais, in der Innenstadt, aufgeschlagen hat. Da ich, wie meist, viel zu früh am Verabredungsort eintreffe, schlendere ich, wartend, am Zirkuszaun entlang und beobachte durch die Gitter gelangweilt vor sich hin kauende Kamele und albern herumtollende Affen. Die improvisierte Anordnung der Wohnwagen und Tierkäfige, der Geruch von Stroh, Futter und Tierexkrementen läßt mich in meine Träume abgleiten. Theatermenschen und Zirkusvolk sind einander verwandt, ich verspüre jene Sehnsucht, die ich bereits als Kind kannte ... alles aufgeben, in einem buntangestrichenen Wohnwagen durch die Lande ziehen, Pferde striegeln, Löwen dressieren, mit dem Clown lachen oder weinen und die Seiltänzerin zur Freundin haben.

Plötzlich steht Katrin neben mir, etwas verspätet, das Fahrrad schiebend wie einen abgemagerten, stählernen Hund, oder ist es ein verzauberter Zirkusbär?

Katrin: »Ist das Wetter nicht zu schön für einen Zirkusbesuch? Wir könnten wieder ans Wasser hinunter!?«

Ich erwidere etwas enttäuscht: »Da waren wir doch gestern erst.«

Katrin: »Na gut, von mir aus. Ich suche noch nach einem Stellplatz für mein Fahrrad.«

Ich: »Du findest mich an der Kasse.«

Die Vorstellung beginnt erst um 20.30 Uhr, so daß uns noch Zeit zum Essen bleibt. Katrin wählt eine Crêperie in der Nähe aus. Leider ist das Lokal sehr gut besucht. Eigentlich hasse ich volle Räume und bekomme sofort Platzangst. Kaum sind wir eingetreten, empfängt uns eine freundliche Wirtin so familiär-mütterlich, als kämen wir jeden Tag in ihr Restaurant. Sie führt uns an den einzigen noch freien, winzigen Tisch. Mir gefällt es, wie sich die Frau geschäftig zwischen den Tischen hindurchschlängelt, Bestellungen entgegennimmt und dabei immer freundlich und charmant bleibt. Früher war sie bestimmt einmal schön, heute trägt sie eine Brille, hat etwas zu blonde Haare mit Dauerwellen und einen kleinen Bauch, der unter ihrem grünen, vielleicht doch etwas zu engen Kostüm hervorquillt.

Als wir wieder beim Zirkuszelt ankommen, ist es schon fast dunkel. Leider sind die Zuschauerränge nur sehr schütter gefüllt. Wahrscheinlich liegt es an den zu teuren Eintrittspreisen. Im Manegenrund liegt kein Sägemehl, sondern harter, dunkelbrauner Parkettboden. Kaum hat die übliche Zirkusmusik, die allerdings

584

nicht live gespielt wird, mit viel Blechbläsern und Pauken, eingesetzt, treten in rascher Folge ausschließlich asiatische Akrobaten auf, die sich entweder pervers stark verbiegen oder irgendwelche Dinge – Fahnen, Stangen, Häuser – balancieren. Da es nicht einmal einen Programmansager gibt, wirkt der Ablauf unpersönlich, wie vom Fließband. Auch die Clownsnummern sind ohne Witz und kommen beim Publikum nicht richtig an. Schade, hier fehlt das Rohe und Improvisierte. Außerdem treten zu wenig Tiere auf. Als Höhepunkt empfinde ich eine Trampolinnetznummer. Akrobaten und Akrobatinnen lassen sich von einer hohen Wand, die rings um das Auftrittsportal steht, in große Trampolinnetze fallen und laufen anschließend – den Schwung ausnutzend – die Wand wie normale Fußgänger wieder hoch: gutes Bild aufgehobener Schwerkraft!

Etwas enttäuscht entschließen wir uns nach der Pause, nicht mehr zurückzugehen, und wandern noch eine Zeitlang durch die nächtliche Stadt.

Ich: »Was meinst du: Ist Genf unsere ›Tote Stadt‹?«

Katrin: »Du spinnst. Das ist doch keine tote Stadt!«

»Ich finde schon.«

Ich würde gerne hier wohnen. Dazu der See, die Rhone, Frankreich gleich vor der Haustür. Was willst du mehr?«

Zwei Stunden später landen wir in einem engen Studentenlokal. Wieder sind fast alle Plätze belegt. Gut, ich gebe es zu, eine tote Stadt ist das nicht. Nachdem wir etwas zu trinken bestellt haben, erzählt Katrin von ihren Schwestern.

»Ich war die älteste. Meine beiden Schwestern sind in jeweils zweijährigem Abstand zu mir auf die Welt gekommen. Als Kind stritten sich beide darum, wer bei mir im Bett schlafen darf. Das ging so lange, bis ich 15 war. Dann wollte ich für mich allein sein, und meine Schwestern gingen mir auf die Nerven. In meinem Bett hatte ich eine Ritze, in der ich Taschenlampe, Schokolade und ein Buch versteckt hatte. Nachts las ich, bis mir die Augen zufielen.«

»Was hast du so gelesen?«

»Ach, keine Liebesromane, eher Abenteuergeschichten, von Schmugglern und Detektiven. Kästner und früh Edgar Allen Poe.«

Wir scheinen an der Kneipenhauptstraße zu sitzen. Ununterbrochen strömen junge Menschen an uns vorbei. Viele tragen struppige Rastafrisuren. Die Mädchen sind alle hübsch, charmant und fröhlich. Leider beginnen später einige Jungen am Nebentisch zu grölen. Wahrscheinlich haben sie zuviel getrunken.

Katrin verträumt: »Während der Schulzeit hatte ich einen Freund, mit dem ich oft tanzen gegangen bin, in ganz vornehme Schuppen. Das war in Hamburg. Ich habe lange Kleider angezogen, meine Füße in Stöckelschuhe gezwängt und mich stark geschminkt. Er trug einen Anzug, ein schwarzes Hemd und eine Krawatte. Bevor wir das ›Atlantic‹ oder so ähnliche Etablissements betraten, habe ich ihn auch geschminkt, dunkle Farbe unter die Augen, weißt du, etwas verrucht irgendwie. Es ging vor allem darum, älter auszusehen. Wir waren damals sechzehn. Er war ein schöner Mann, aber wir hatten nichts miteinander. Alle unsere Freunde dachten das zwar, aber es war nichts. Ich habe übrigens schon mit fünf Jahren auf der Bühne gestanden, damals im Ballettkleid. Ich habe getanzt und Geschichten erzählt. Das war noch in Frankreich. Du weißt, mein Vater ist ja Franzose, und wir lebten, bis ich zehn Jahre alt war, in der Bretagne. Also, mein erster Mann, meine erste wirkliche Liebe, war der Beleuchter in einer Produktion von *Undine*. Eine halbe Kinderveranstaltung, mit der wir auch in Rußland gastiert haben, in Kasachstan, glaube ich. Ich war damals 17. Er hat mich immer von oben aus der Beleuchterbrücke liebevoll angeschaut und bewundert, bis ich ihn auch entdeckt habe. Ich sang damals wirklich die Hauptrolle! Später hat er auf Akrobat umgeschult.«

»Siehst du ihn noch?«

»Ja, mindestens einmal im Jahr. Er lebt heute viel in Australien, aber auch hier in der Nähe irgendwo. In einer Akrobatenschule. Der zweite Mann war dann der Schauspieler, von dem ich dir erzählt habe. Danach kam ein Photograph, dann ein Kameramann und jetzt ist es ein Künstler, oder eigentlich sind es ja zwei.«

»Hast immer du Schluß gemacht?«

»Ja, meist. Die hingen nur rum. Der Photograph kam nie in die Gänge, auch der Kameramann nicht. Es war furchtbar. Ich hatte immer drei, vier Projekte am Laufen, war ständig auf Achse, überaktiv.«

»Siehst du alle noch?«

»Ja, alle sind meine besten Freunde. Ich trete ihnen heute noch in den Hintern, wenn ich sie beim Rumhängen erwische!«

Ich freue mich über ihre Offenheit, schaue sie an und denke: Vielleicht wäre sie eine gute Schauspielerin geworden? Sie hat sich nett herausgeputzt, trägt eine schwarzweiß gestreifte Bluse, die etwas zu tief ausgeschnitten ist. Ihre goldenen Schuhe finde ich allerdings übertrieben.

»Was würdest du über die Männer allgemein sagen, als erfahrene Frau?«

»Ach, das kann ich eigentlich nicht. Meine Freundinnen sagen immer ›Scheißmänner, sind alle blöd und schwanzgesteuert‹. Am meisten stört es mich, wenn sie herumjammern. Ja, dieses Herumjammern ist das Schlimmste, das nervt mich, zum Kotzen!«

Diese Kneipe wird offensichtlich von drei Frauen betrieben. Sie sind alle drei sehr fleißig und rennen mit vollen und leeren Gläsern hin und her wie die Ameisen. Als wir kurz nach Mitternacht das Lokal verlassen, sitzt eine der Kneipenfrauen ohne Mantel auf einem Stuhl vor der Tür auf dem Bürgersteig und telephoniert mit ihrem Handy. Wir hören beim Vorbeigehen eine Männerstimme ziemlich laut aus dem Telephon krächzen. Sie fällt ihm empört ins Wort und zittert dabei vor Kälte und Wut. Da der Streit in französischer Sprache geführt wird, kann ich den Inhalt eher vermuten als verstehen. Ich sage zu Katrin, während wir uns langsam entfernen: »Wahrscheinlich hat er wieder eine Ausrede, warum er nicht kommen kann.«

Katrin entgegnet voller Mitgefühl: »Ja, hört sich nicht gut an. Tut mir echt leid, diese Frau ... alles Arschlöcher.«

Ich: »Meinst du die Männer?«

Katrin zischt mich von der Seite an, als hätte sich die Elektrizität des fernen Streitgewitters auf sie übertragen:

»Vergiß es ...«

Die traurig-empörte Stimme der Frau hinter uns wird immer leiser und verstummt schließlich ganz, als wir um eine Hausecke biegen. Katrins Fahrrad ist noch da. Sie hatte es an eine Baumeinfassung gekettet. Wir verabschieden uns. Morgen um 15.00 Uhr wollen wir uns wieder auf der Bühne treffen. Für 19.30 Uhr ist die öffentliche Generalprobe angesetzt. Übermorgen, am Sonntag, fliege ich zurück nach Stuttgart. Dann hat die *Tote Stadt* ein Ende, und ich lasse sie endgültig im Genfer See versinken.

Nächtlicher Blick aus dem Apartmentfenster: Die dunkle Silhouette des Berges liegt über den Dächern wie eine Riesenschildkröte. An der Spitze der Gipfelantenne blinkt ein Licht, in regelmäßigen Abständen leuchtet es auf und verglimmt wieder. Funknachrichten an fremde Wesen, an weit entfernte Galaxien oder nur Warnfeuer für vorbeifliegende Flugzeuge?

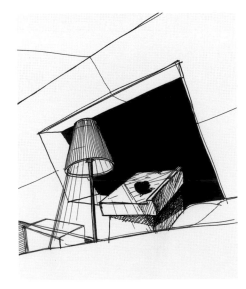

Genf, 9. April 2006

Ein letztes Mal sitze ich arbeitend an meinem kleinen Tisch im Apartment. Die Fremdheit bleibt, obwohl ich mich inzwischen an die Stadt, das Opernhaus und meinen Fensterblick gewöhnt habe. Genf ist trotzdem eine Stadt, die mich nichts angeht. Ich hätte sie auslassen können. Eigentlich betrete ich jede Stadt voller Erwartung und Hoffnungen. Vielleicht entdecke ich hier etwas, was ich bisher noch nie gesehen habe. Vielleicht begegne ich Menschen, die zu Gespächen bereit sind und meine Skepsis gegenüber der Welt für Momente vertreiben.

Mein vorletzter Besuch in Genf fällt mir ein. Damals schaute ich mir das Theater genauer an. Ich stand während einer Aufführung des *Tannhäuser* auf der Seitenbühne und beobachtete die Abläufe. Während ich der romantischen Musik von Richard Wagner lauschte, stand plötzlich ein völlig nackter Tänzer neben mir und machte sich an seinem Geschlecht zu schaffen. Irritiert dachte ich an einen verirrten Exhibitionisten. Aber keiner der anwesenden Bühnenarbeiter beachtete ihn. Selbst die Inspizientin schaute nicht zu ihm hin. Als sein Penis schließlich steil aufragte, sprang er hinaus auf die Bühne und machte sich über eine Tänzerin her, die für ihn auf dem »Venusberg« bereitlag. Was wohl Wagner zu dem realen Koitus gesagt hätte, der nun folgte. Vielleicht wäre er genauso verblüfft gewesen wie ich. »Ja«, erklärte mir einer der Bühnenarbeiter, der etwas Deutsch sprach und den ich jetzt fragte: »Es gibt im *Tannhäuser* drei kopulierende Paare auf der Bühne. Sie tun es real. Das war die Idee des englischen Regisseurs.«

Ich: »Und die Zuschauer?«

»Niemand hat sich bisher beschwert. Die Kritiken waren gut.«

»Was sind das für Darsteller?«

»Sie kommen alle sechs aus einem Nachtclub. Dort treten sie jeden Abend mit dieser Nummer auf.«

Aha, denke ich, so ist das hier. Kaum zu glauben, was in der Stadt Calvins und Rousscaus heute alles möglich ist!

Um 15.00 Uhr treffe ich Katrin auf der Bühne. Zum letzten Mal kontrollieren wir das Bühnenbild und geben unsere Anweisungen, danach verlassen wir das Theater und wandern Richtung Museum los, das hinter dem Plaine de Plainpalais liegt. Plötzlich klingelt das Handy von Katrin. Sie spricht französisch mit ihrem Vater. »Tut mir leid«, sagt sie zu mir, nachdem sie das Telephon wieder in die Tasche geschoben hat. »Ich muß umkehren. Meine Eltern erwarten mich.«

Allein gehe ich weiter. Die karge Ästhetik der Museumsräume würde ich als typisch für den heutigen, modernen Architekturstil in der Schweiz bezeichnen. Ruppig-fleckige Estrichböden, weiß getünchte Betonwände und roh belassene Decken mit offener Technik, Klimarohren und nackten Neonröhren. Leider wird auf allen drei Ebenen des Gebäudes gerade eine Ausstellung über einen Künstler gezeigt, dessen Namen ich noch nie gehört habe. Er klingt italienisch, den sparsamen schriftlichen Angaben zufolge hat er jedoch in New York gelebt und ist vor ein paar Wochen, noch keine 50 Jahre alt, gestorben. Seine Arbeiten bewegen sich zwischen Punk und Minimalismus. Offensichtlich war er auch Musiker und gehörte zum Umkreis von Lou Reed.

Auf einigen lausigen Videoprojektionen sehen wir ihn eine E-Gitarre malträtieren. Diesen Künstler scheinen vor allem Lärm, Gewalt, Zerstörung und Erotik interessiert zu haben. In vielen Räumen liegen zerstörte, zu Scheiterhaufen aufgeschichtete, schwarze Bilder auf dem Boden. Die Bildflächen wurden mit Messern zerfetzt, auf manche ist geschossen worden, offensichtlich ein anarchistischer Destruktivist, der die Malerei gehaßt hat. Manche seiner Zeichnungen, die sorgfältig gerahmt an den Wänden hängen, sind dagegen erstaunlich zart und erotisch aufgeladen. Merkwürdiger Gegensatz. Trotzdem würde ich sagen, daß dieses Werk nicht wichtig ist, deswegen werde ich mir seinen Namen nicht merken. Im Obergeschoß entdecke ich noch einige Räume mit Objekten und Bildern von anderen Künstlern, Minimalisten und sonstige Extremisten.

Etwas enttäuscht wandere ich anschließend zum Parc des Bastions hinüber. Mein Weg führt mich über einen Jahrmarkt, der sich dem Zirkus gegenüber ausbreitet. Heitere Stimmung, Eltern mit Kindern, Jugendliche. Mädchen und Gruppen von Jungen, kicherndes Anschubsen und Hinterherrufen, kreischende Kinder auf Schiffschaukeln und anderen waghalsigen Karussels.

Im Getümmel entdecke ich einige große Hunde, die vermutlich den Budenbesitzern gehören. Sie liegen dösend mitten auf den Wegen, als wären sie in der Sommerfrische. Ein Hund ruht auf einem Schießbudentresen, die Beine über einem Luftgewehr verschränkt. Als ich vorbeigehe, öffnet er kurz seine Augen und blinzelt mich an, danach senkt er die Lider wieder und stöhnt leise vor sich hin.

Auf den Wiesen des Bastionparks liegen viele Menschen, meist paarweise oder in kreisförmigen Gruppen. Heute ist der erste warme Sonnentag dieses Jahres. Niemand beachtet die steinernen Denkmalfiguren, die wie fremdartige Besucher aus einer anderen Zeit in das heutige Geschehen eingestreut sind.

Später gehe ich zum Theater hinüber und schaue ein letztes Mal nach meinem Bühnenbild. Eine halbe Stunde lang schlendere ich durch die von mir entworfenen Räume – Treppen rauf, Treppen runter. Von oben beobachte ich Jana, die Kostümassistentin, die zum hundertsten Mal an den auf langen Stangen hängenden Kostümen herumzupft, und ich begrüße die Requisiteurin, die liebevoll alle Zeitschriften und Photos – wie es sich gehört – auf der Bühne herrichtet. Plötzlich steht Nicolas vor mir. Er wirkt ganz entspannt und sagt zu mir: »Endlich erlöst!«

Alle Spannung scheint von ihm abgefallen zu sein. Sein Werk ist vollbracht. Ich hatte ihn in den letzten Wochen kaum gesprochen. In den Produktionswochen is er immer sehr verschlossen. Ich erwähne *Otello*, unser nächstes gemeinsames Theaterprojekt in Hannover. Er hat immer noch keine Zeit gefunden, mit mir offene Fragen zu klären. Ab Dienstag nächster Woche wird er in Hamburg sein und unseren *Idomeneo* einstudieren, der jetzt aus Barcelona dort angekommen ist. Katrin taucht auf, neben ihr Alexandra, die Beleuchtungsinspizientin. Wir sprechen eine Weile zu dritt. Alexandra arbeitet nebenbei als bildende Künstlerin. Wir – Katrin und ich – hatten vorgestern zufällig in einer Galerie ihre Bilder gesehen und erzählen ihr davon. Sie freut sich darüber.

Der Zuschauerraum ist bis in den zweiten Rang hinauf mit Menschen gefüllt. Die Generalprobe beginnt. Ich bin wieder sehr beeindruckt. Nur der Dirigent gefällt mir nicht sehr. Es spielt das früher so berühmte Orchestre de la Suisse Romande, das ja unter Ansermet weltberühmt war. Von unserem schon etwas betagten Dirigenten Armin Jordan hatte ich vorher nie gehört. Hier wird sein Name respektvoll genannt. Mir fehlen Sensibilität und Feuer in seiner Interpretation. Zum wiederholten Mal staune ich darüber, daß ein 20jähriger eine so vollkommene Musik komponieren konnte. Aber wir kennen das ja von Mozart.

Nach der Vorstellung stellt mich Katrin kurz ihren Eltern und ihrer Schwester vor. Alle drei sehen imposant aus. Sie könnten aus einem französischen Film von Chabrol stammen. Der Vater hat schneeweiße Haare, obwohl erst Mitte 50, die Mutter ist eine herbe Schönheit. Gehobenes, gebildetes Bürgertum, wie man es nur in Frankreich kennt. Die Schwester ist genauso hübsch wie Katrin. Während die Eltern etwas verlegen sind und nicht so recht wissen, was sie mit mir anfangen sollen, schaut mich die Schwester neugierig-schnippisch an und macht einige witzige Bemerkungen. Ich beende die peinliche Situation und verdrücke mich, um das Familienidyll nicht weiter zu stören.

Vor dem Theater stehen Menschentrauben. Ich beobachte das Herausströmen des Publikums aus dem Hauptportal. Der Platz vor dem Theater kommt mir heute noch kleiner vor als sonst. Ferne französische Provinz. Zum ersten Mal ist der Springbrunnen auf der großen Verkehrsinsel in Betrieb. Irgendwie anrührend – wie in dem Film von Tati – denke ich und wandere langsam durch die Nacht zu meiner Unterkunft zurück.

Im Zimmer angekommen, schalte ich zum ersten Mal den Fernseher ein. Nach einigem Herumzappen stoße ich auf *Casablanca*, meinen alten Lieblingsfilm. Leider läuft er nicht im Original, sondern in französischer Synchronfassung. Das ist gewöhnungsbedürftig. Trotzdem packt mich der Film wie immer. Ich beobachte das Gesicht von Ingrid Bergman, mal leuchten ihre Augen liebevoll auf, mal blicken sie verzweifelt, mal ist sie gurrende Circe, mal kalte Schönheit. Ich beneide den Film um seine Nahaufnahmen. Unser Theater kennt nur die Totale, wie schwierig ist es hier, seelische Vorgänge zu zeigen!

Genf, 10. April 2006

Packen, Taxifahrt durch die verregnete Stadt zum Flughafen. Rückflug über Zürich nach Stuttgart. Genf, Genève, Gineva ... Genf, Genève, Gineva ... wahrscheinlich werde ich die Stadt nie mehr besuchen ...

Übrigens haben wir während der letzten Wochen weder das CERN besucht noch den Völkerbundpalast, weder des Rote-Kreuz-Museum noch das Rousseau-Institut, weder die Universität noch das Centre International d'Epistémologie génétique, sofern es diese Einrichtung überhaupt noch gibt.

Brüssel

Brüssel, 7. Februar 2007

Während des Fluges von Berlin nach Brüssel überlege ich, wann ich zum letzten Mal in Belgien war. Sind es 15 oder gar 20 Jahre her? Ich kann mich an das Jahr nicht erinnern, nur an meine damalige Begeisterung für Brüssel und die ernsthaften Überlegungen, mich in dieser Stadt niederzulassen. Beim Durchstreifen der Gassen und Straßen, in den inneren wie in den äußeren Stadtbezirken, entdeckte ich immer wieder leerstehende Häuser, die zum Kauf angeboten wurden. Auf kleinen Schildern im Eingangsbereich las ich Preise, die mir, verglichen mit deutschen Verhältnissen, lächerlich niedrig erschienen. Aber da ich weder französisch noch flämisch spreche und mir darüber im klaren war, daß ich damit für immer ein Außenseiter bleiben würde, gab ich die konkreten Umzugspläne auf und verlegte mich auf tagträumerische Planspiele, richtete in Gedanken Wohnungen ein, blickte aus fiktiven Fenstern auf Kanäle und Parks mit surrealen Magritte-Szenen. Vor meinem Haus regnete es Männer in schwarzen Mänteln, die sanft und schwerelos durch die Stadträume schwebten, als hätten sie kein Körpergewicht. Teilnahmslos wendeten sie mir ihre Rücken zu, erstarrten irgendwann um die Mittagszeit zu einem Raumbild, in dem es keine Uhren mehr gab und die Zeit aufgehört hatte zu strömen.

Ich bewundere René Magritte, der in dieser Stadt fast sein ganzes Leben verbracht hat, seit meinen Schülertagen. Seine zurückhaltend-witzige, nie virtuos auftrumpfende Malerei, sein philosophisch-surrealer Humor kommen meinem eigenen Lebensgefühl sehr nahe. Oft, so auch jetzt, während des Landeanflugs auf die Stadt, denke ich an seine berühmte Pfeife, die er mit der merkwürdigen Unterschrift: »Ceci n'est pas une pipe!« versehen hat. Eine schöne Irritation, die unsere Kultur mit ihren Selbstverständlichkeiten herrlich in Frage stellt. Was tun, wenn jemand sagt, ab heute sei ein »Baum« kein »Baum«, ein »Haus« kein »Haus« mehr? Was dann, ja, was dann?

Eine Lüge, eine falsche Behauptung, ein Fehler, ein Irrtum oder eine absurd-revolutionäre Denkbombe? Wir verstehen beim Anblick des Bildes mit einem Mal, daß Logik ein System aus Übereinkünften ist. Innerhalb dieses Systems hat eine »Pfeife« eine »Pfeife« zu sein und ein »Haus« ein »Haus«. Wer das Gegenteil behauptet, sprengt die Fundamente des Systems, bringt die allgemeine Lehrmeinung der Erwachsenen und damit die verbindliche Logikkonstruktion zum Einstürzen. Ein vernünftiges Gespräch ist nicht mehr möglich. Wir blicken zurück zu den Anfängen, vielleicht in die Phase, als wir sprechen lernten, Kindertage, Kinderfragen.

Jetzt also wieder Brüssel. Ich reise mit Rikola Lüttgenau, dem Leiter der KZ-Gedenkstätte Buchenwald. Unsere gemeinsam konzipierte und gestaltete Ausstellung »Topf und Söhne«, die letztes Jahr im Berliner Jüdischen Museum gezeigt worden war, soll nach Mechelen wandern und dort in einem ehemaligen Kloster eingerichtet werden. Wir wollen jetzt die Räume ansehen und Daten fixieren.

Die Erfurter Firma »Topf und Söhne« war in der ersten Hälfte des 20. Jahrhunderts weltweit tätig. Sie konstruierte und baute vor allem Brauereianlagen, später auch Krematoriumsöfen. Während des »Dritten Reiches« fand sie sich bereit, die Leichenverbrennungsöfen für Treblinka, Theresienstadt und Auschwitz zu entwickeln. Ein deutscher Ingenieur namens Prüfer tat sich dabei mit makaber-effektiven Erfindungen besonders hervor. Er starb nach Ende des Krieges und blieb unbehelligt. Die beiden Firmeninhaber – zwei Brüder namens Topf –

überlebten, einer nahm sich im Garten seiner Erfurter Villa das Leben, der andere floh nach Wiesbaden und gründete dort ein Nachfolgeunternehmen.

Während der Ausstellungsvorbereitung wanderten wir an einem kalten Wintertag durch das inzwischen fast völlig zerfallene ehemalige Firmengelände, direkt hinter dem Erfurter Bahnhof. Ein unvergeßliches Erlebnis der besonderen Art. Als wir, Lüttgenau und ich, durch eine versteckte Pforte eintraten, setzte Schneefall ein. In den ersten Gebäuden hauste eine alternative Kommune. Wir sahen nur marode Möbel auf dem Hof stehen und jede Menge Graffiti an den Wänden. Kein Bewohner zeigte sich.

Beim Weitergehen kamen wir an schwarzverbrannten Hausfassaden vorbei, davor standen Büsche und verkrümmte Bäume, an deren Zweigen noch herbstliche Blätter hingen. Die Schneeflocken wurden vom Wind durch zersprungene Fensterscheiben ins Innere der Ruinen getrieben. Nach mehreren Wegbiegungen erreichten wir die Hauptfabrikationshalle. Hier also wurden – neben den besagten Brauereianlagen – die berüchtigten Öfen gefertigt. Leise Schauer liefen mir über den Rücken, als wir den gewaltigen Raum betraten. An mehreren Stellen war das Dach eingebrochen, große Wand-Scherben hingen gefährlich schräg in die Leere hinein. Vor den kaputten Fenstern schwebten weiterhin Schneeflocken herab und zauberten eine romantische Stimmung, die dem Ort überhaupt nicht zustand. Das einzige Geräusch, das laut schnalzend immer wieder zu hören war, kam durch dicke Tropfen zustande, die in spiegelnde Pfützen auf den Betonboden fielen. Mich erinnerte das Bild an Tarkowskis *Stalker*.

Am Ende unseres Rundgangs standen wir im ehemaligen, inzwischen ebenfalls zur Ruine verfallenen Konstruktions- und Bürogebäude der Firma. Leere, Stille und Kälte.

Unser erster Reiseversuch nach Brüssel vor einer Woche war gescheitert, weil eine heftige Sturmfront über Deutschland hereingebrochen war. Am Nachmittag des Vortags wurde zum ersten Mal in der Nachkriegsgeschichte der gesamte deutsche Bahnverkehr eingestellt. Wir hatten bereits eingecheckt und warteten im Zubringerbus am Flugzeug. Plötzlich sahen wir den Piloten die Gangway herunterkommen und in unseren Bus steigen. Mit leiser Stimme erklärte er: »Ich bin gerade mit meiner Maschine aus Brüssel angekommen. Beim Start hat uns eine Sturmböe so stark erfaßt, daß der Steuerknüppel angebrochen ist. Während der Landung in Berlin reagierte das System bereits problematisch. Ich muß Ihnen deswegen leider mitteilen, daß ich einen Rückflug nicht verantworten kann und der Flug nach Brüssel ausfällt.«

Als wir in die Halle zurückkamen, stellten wir fest, daß fast alle anderen Flüge – inländische wie ausländische – ebenfalls gecancelt worden waren. Der Sturm hatte in Deutschland und Europa die Macht übernommen. Mit seiner wütenden Kraft wollte sich kein Pilot anlegen.

Inzwischen haben sich die Winde beruhigt, und der heutige Flug nach Brüssel verläuft problemlos. Ein leitender Mitarbeiter der Brüsseler Kulturbehörde – oder ist er freier Kulturmanager, ich weiß es nicht genau – holt uns ab. Gemeinsam fahren wir in seinem Auto nach Mechelen. Rick, so heißt der etwa 60jährige Mann, mit dem typisch sympathisch-zerknautschten Gesicht eines Belgiers, unterhält uns in einem Kauderwelsch aus Englisch, Flämisch und Deutsch. Ich sehe ihn zum ersten Mal, mein Reisebegleiter kennt ihn schon lange. Da mir die meisten Menschen, über die sie reden, unbekannt sind, höre ich nur mit halbem Ohr zu und empfinde ihren Dialog als eine Art Soundtrack zu unserer Reise.

Nach einer halbstündigen Autobahnfahrt durch eine schneelose, naßkalte Landschaft mit trostlosen Vorort- und Industriezonen treffen wir in Mechelen ein. Jetzt erst erfahre ich, daß es hier ein Jüdisches Museum gibt und daß dieses der eigentliche Veranstalter unserer Ausstellung ist. Wir parken direkt vor dem alten Museumsklinkerbau und gehen hinein. Der überaus freundliche Direktor empfängt uns wieder mit dieser abenteuerlichen Sprachmischung. Stolz zeigt er seine Computerarbeitsplätze in einem ausgebauten Dachraum. Hier sitzen vier bis sechs – es sind wohl nicht alle anwesend – jüngere Mitarbeiter aus Israel, Amerika, Holland und Belgien, meist Studenten und Studentinnen mit Stipendien, die über die Greueltaten deutscher Soldaten an belgischen Juden forschen und schreiben. Ein unendliches Thema.

Wieder einmal ist es mir peinlich, ein Nachkomme der schlimmsten Mörder und Verbrecher des 20. Jahrhunderts zu sein.

Anschließend besichtigen wir gemeinsam das ehemalige Nonnenkloster nebenan, in dessen renovierten Räumen unsere Ausstellung eingebaut werden soll. Ich denke, daß sich vor allem der zum Innenhof hin verglaste Kreuzgang gut für das heikle Thema eignet. Insgesamt sind acht Leuchtstelen mit Photos und Texten und zehn große Pultvitrinen mit Dokumenten zu verteilen. Das Hauptobjekt, ein 10 Meter langes und 3 Meter breites, rechteckiges Urnenfeld, soll in der Klosterkirche aufgebaut werden. Die beiden Originalzeichentische aus der Konstruktionsabteilung der Erfurter Firma werden wir in den Refektoriumsraum stellen.

Am Nachmittag gehe ich allein durch die Stadt. Für den Abend haben wir uns mit dem Museumsdirektor zum Essen in einem Lokal am Marktplatz verabredet. Während die oft puppenstubenhaft kleinen Giebel an mir vorbeischaukeln und ich mir manchmal wie Gulliver im Zwergenland vorkomme, fällt mir ein, daß die Familie Ludwig van Beethovens aus Mechelen stammt und im 18. Jahrhundert eines dieser Häuser verlassen hat, um nach Bonn auszuwandern. Immer wieder staune ich über kinderkleine Hauseingänge und Fenster im Liliputformat. Mir ist nicht klar, wie Menschen in solch schmalen, niedrigen Häusern leben konnten und können, 70000 sollen es heute sein.

Am Abend entpuppt sich der Museumsdirektor während des Essens als charmanter Geschichtenerzähler. Leider wird der Inhalt seiner Erzählungen mit der Zeit immer düsterer und beängstigender. Zunächst berichtet er von den Fremdenfeindlichkeiten der heutigen Belgier. In Mechelen ist jedes zweite Kind, das in der Stadt geboren wird, ein Ausländerkind. Die Neonaziparteien haben starken Zulauf, bis zu 30 Prozent. Das Image der Stadt erstrahlt nicht im besten Licht. Allerdings wird es langsam besser, seitdem ein neuer Bürgermeister an der Macht ist. Noch sind die Häuser hier billig zu kaufen, aber das kann sich bald ändern, wenn kulturell mehr geboten und damit die provinzielle Dumpfheit vertrieben wird. Der Museumsdirektor erzählt weiter: »Vor kurzem habe ich ein Buch über eine belgische Widerstandsgruppe veröffentlicht. Sie ist mir inzwischen besonders ans Herz gewachsen. Es waren ganz junge Männer, zwischen 18 und 22 Jahre alt. Sie trafen sich jeden Abend in einem Keller hier in Mechelen. Dort stand eine Druckerpresse. Ihre Spezialität bestand darin, deutsche Zeitungen zu kopieren, sie jedoch mit antifaschistischen Texten zu durchsetzen. Nachts steckten sie ihre Produkte in die Briefkästen von Mechelen und Brüssel. Einmal beschafften sie sich Waffen und stoppten zu viert einen Zug, der Juden aus Mechelen und Antwerpen – dort gab und gibt es bekanntlich eine sehr große jüdische Gemeinde – nach Auschwitz deportieren sollte. Nachdem der Zug angehalten hatte und es zu Schießereien mit dem Wachpersonal gekommen war, rissen die Widerstandskämpfer die Waggontüren auf. Verängstigt stiegen nur wenige Juden aus und flohen in die umliegenden Wälder. Die meisten blieben im Inneren sitzen, da sie an eine Falle glaubten. Bei wilden Schießereien kamen fast alle Geflohenen um. Nur wenige überlebten. Darunter die Partisanen selbst. Trotzdem bezahlten sie ihre Heldentat wenig später mit dem Tod. Ihre Druckerei wurde von der SS aufgespürt und alle Beteiligten hingerichtet. Wir wollen demnächst ein Museum für diese Helden einrichten. Ich zeige Ihnen morgen den Ort der Erschießungen.«

Anschließend fühle ich mich noch elender als am Vormittag.

Brüssel, 8. Februar 2007

Hotelübernachtung in Mechelen. Als ich morgens aus dem Fenster schaue, sehe ich schwere Schneeflocken fallen. Straßen und Häuser sind bereits mit einer dicken Schneeschicht bedeckt. Nach dem Frühstück wandern Rikola Lüttgenau und ich zur Kathedrale hinüber. Auf dem Weg kommen wir an einem supermodernen gläsernen Wartehäuschen vorbei. Hinter den Scheiben stehen fröstelnde Menschen. Fast lautlos schleicht eine gelbe Straßenbahn an uns vorüber, hält, verschluckt die Wartenden und entschwebt. Der Schnee dämpft alle Stadtgeräusche so stark, daß ich mir vorkomme wie in einer Schallschluckkammer bei dem akustischen Versuch, die leise Stadt zu erfinden.

Das Innere der St. Romboutskathedraal ist überwältigend, groß und mächtig. Draußen die eingeschneite, geschäftige Stadt und hier diese weite und trockene Halle, dieser mit steinernen Heiligen und funkelnden Altären religiös verzauberte Ort. Im Gegensatz zur Außenwelt herrschen ganz andere normale akustische Verhältnisse, ich höre das Schürfen der Schritte, das Murmeln der vereinzelt Betenden und das laute Ticken einer Kirchenuhr.

Der Turm der Kathedrale – lese ich im Reiseführer – war um 1400 mit einer Höhe von 167 Metern geplant, 6 Meter höher als das Ulmer Münster. Irgendwann änderte man den Plan und stellte schließlich die Bauarbeiten ganz ein. Damit blieb der Kirchturm in Ulm mit 161 Metern – allerdings wurde er erst im 19. Jahrhundert auf diese Höhe gebracht – der höchste der Welt.

Nach unserem Kirchenbesuch stehen wir eine Weile auf dem fußballfeldgroßen, eingeschneiten Marktplatz von Mechelen, beobachten die kreuz und quer über den Platz gehenden, dabei schwarze Spuren im weißen Schnee hinterlassenden Passanten, staunen über eine riesige Turmuhr, die sich hierher auf die Fläche verirrt hat – warum hängt sie nicht oben am Turm? Welche Geschichte verbirgt sich dahinter? –, und machen uns am gotisch verschnörkelten Rathaus vorbei auf den Weg zum Bahnhof, um mit dem Zug nach Brüssel zu fahren.

Die Bahnhöfe in Belgien unterscheiden sich ziemlich stark von den deutschen. Meist sind sie viel älter und verbrauchter. Der Bahnhof von Mechelen ist dafür typisch. Vergammelte Unterführungen, düstere Toilettenanlagen, Kioskhöhlen wie Museumsinstallationen, auf den Bahnsteigen uralte Dächer aus angestrichenem Beton. Auch die langen Wartebänke scheinen schon Jahrzehnte auf dem Buckel zu haben. Fahrplanausdrucke wirken wie Nachrichten aus dem Mittelalter. Die meisten Beschriftungen verstehen wir nicht, da sie in flämischer Sprache verfaßt sind. Um so erstaunter sind wir, als der Zug, wie ausgedruckt und angekündigt, auf die Sekunde genau einfährt.

Während der Bahnfahrt bricht die Bebauung links und rechts des Bahndamms bis nach Brüssel nie ab, Industriezonen und endlos lange Wohnhausreihen wechseln einander ab. Nach 20 Minuten fahren wir in dichtere, städtische Gebiete ein: Vilvoorde, Schaarbeek. Kurz bevor wir in Brüssel-Nord – Gare du Nord, Noordstation – ankommen, sehe ich zufällig in eine Straße hinein, die mich an die Hamburger Reeperbahn erinnert. In zahlreichen, hintereinander aufgereihten

Schaufenstern sitzen spärlich bekleidete, junge Frauen und bieten ihre erotischen Dienste an. Farbiges Licht läßt sie aussehen wie Kunstwerke von Edward Kienholz. Wenige Männer streichen davor herum. Wird eine Frau vom Männerblick getroffen, setzt sie ihren Körper lasziv-langsam in Bewegung, drückt ihr Becken zur Seite oder neigt sich so nach vorne, daß der mögliche Kunde ihren Busen besser sehen kann.

Obwohl eigentlich der Gare Centrale unser Ziel ist, steigen wir kurz aus und sehen uns den Bahnhof an. Da im Augenblick wieder einmal ein unwirtlicher Sturm durch die Straßenschluchten pfeift und an den Fassaden rüttelt, bleiben wir an der Ausgangsglaswand stehen und schauen von innen hinaus auf den belebten Bolivaarlaan mit seinen mehrspurigen Straßen, den Verkehrsinseln, Unterführungen und Ausfahrten, Parkfragmenten und seitlich aufragenden Hochhäusern.

Danach besteigen wir den nächsten Zug, der uns zum Gare Centrale bringt. Daß dieser Hauptbahnhof Brüssels als Höhlensystem in einen Berg eingegraben wurde, weiß ich noch von meinen letzten Aufenthalten in der Stadt. Damals kam mir die Idee eines unterirdischen Bahnhofs großartig vor. Heute empfinde ich die Ankunft als etwas düster Unfreundliches. Der niedrige, gelblich gefliese Bahnsteigbereich sieht abgenutzt, verwahrlost und heruntergekommen aus. Im Stadtführer lese ich, daß er 1953 erbaut wurde.

Überhaupt waren die 1950er Jahre offenbar eine wichtige Zeit für die Stadt. Alle Museen und Gebäude, die auf dem Berg über dem Gare Centrale stehen, wurden zwischen 1956 und 1958 errichtet. Die Weltausstellung 1958 mit dem berühmten »Atomium« im Heyselpark gilt als Höhepunkt dieser Phase. 42 Millionen Besucher kamen damals nach Brüssel, zwei davon waren auch meine Eltern, die später immer wieder begeistert von ihrem belgischen Erlebnis berichteten.

Wir beziehen unsere Hotelzimmer in der Nähe des Bahnhofs und machen uns auf den Weg durch die naßgraue und windige Innenstadt. Der morgendliche Schnee liegt nur noch als Matsch in einigen verkehrsarmen Bereichen. Beim Umschauen erkenne ich die meisten Gebäude wieder, nur wenig hat sich in den letzten Jahren verändert. Als erstes stehen wir vor der machtvollen Nationalbank und rätseln, ob das Gebäude wirklich in der Art-déco-Zeit errichtet worden ist – der Bau sieht danach aus – oder erst später. Ich schlage meinen Stadtführer auf und lese, daß es mehrere Bauphasen gab: 1859 bis 1864, 1905, 1948 und 1952. Brüssel ist berühmt für seine Bauten aus der Jugendstil- und Art-déco-Zeit. Beide Baustile scheinen in der Stadt bis heute lebendig zu sein, selbst neueste Bauten spielen mit den Form- und Schmuckmotiven aus dieser Zeit. Eine Tatsache, die mir Brüssel noch sympathischer macht, da beide Stile auch zu meinen persönlichen Lieblingsphasen in der Architektur gehören. Jugendstil und Art-déco waren weltweit – neben dem Expressionismus – die letzten starken Baustile! Danach kann man eigentlich nur noch von Moden sprechen.

In Brüssel begann Henry van de Velde seine Karriere, und hier entwickelte sich Victor Horta zu einem der wichtigsten Vertreter des europäischen Jugendstils. Das eindrucksvollste Gebäude dieser Stilrichtung in Brüssel – das zwischen 1905 und 1911 errichtete Palais Stoclet – stammt jedoch nicht von Horta, sondern von dem Wiener Josef Hoffmann. Adolphe Stoclet war Erbe eines belgischen Finanzimperiums, hatte in Wien den Secessionsarchitekten Hoffmann kennengelernt und plante den Bau seiner Villa zunächst in Wien, aber der Tod seines Vaters zwang den Millionenerben zur Rückkehr nach Brüssel. Das vornehm-elegante Gebäude steht noch heute in der Tervuuren-Laan wie die moderne Version einer Palladio-Villa. Ein Gesamtkunstwerk der besonderen Art. Alle Außenwände sind mit

weißem, norwegischem Turili-Marmor verkleidet, die Ecken und Kanten werden von einem umlaufenden Kupferprofil betont. Auf diese Weise entsteht eine Raumzeichnung, die dem Gebäude eine strenge, graphische Komponente beimischt.

Bei einem meiner früheren Besuche in Brüssel bin ich hinausgefahren und habe die ungewöhnliche Villa mit eigenen Augen betrachtet, leider nur von außen.

In einem Buch las ich vor kurzem, daß ihr Erhalt wegen eines Erbschaftsstreits gefährdet gewesen, jetzt aber gesichert sei. Demnächst soll sie sogar in die Liste des Kulturerbes der UNESCO aufgenommen und zum Museum umgestaltet werden.

Wir betreten eine der frühen Glaspassagen Europas, die 1846–47 von Jean-Pierre Cluysenaer errichteten Galeries St. Hubert, durch die ich bei meinen früheren Aufenthalten in Brüssel jeden Tag mehrfach gegangen bin. Ich liebe den abgewetzten, leicht speckigen, grauen Boden aus Natursteinplatten, die Läden mit ihren altmodischen Schaufenstern, die Cafés, Restaurants und Theater. Auf einer Tafel lese ich, daß hier im Haus Nummer 7 am 1. März 1896 die erste Filmvorführung in Belgien stattgefunden hat.

Alles wirkt vollkommen unverändert. Noch immer fällt das milchig gefilterte Tageslicht durch die Glasdächer der Passagen, und noch immer sehen die Passanten hier schöner und verzauberter aus als in den offenen Gassen und Straßen. Ich denke zum hundertsten Mal an den einstigen Spießer Paul Verlaine, der hier aus Eifersucht auf seinen unbürgerlich, außerhalb der Gesellschaft lebenden Geliebten Arthur Rimbaud geschossen hat und dafür zu einem Jahr Gefängnis verurteilt worden ist. Danach blieb auch er außerhalb der Gesellschaft, verdammt zum Leben am äußersten Rand, im sozialen Abseits.

Wir gehen weiter zur Grand'Place, dem städtischen Mittelpunkt und touristischen Höhepunkt eines jeden Besuchs in Brüssel. Laut Reiseführer handelt es sich um einen der schönsten Plätze der Welt. Derartige Superlative sind verdächtig, für mich ein Grund mehr, genauer hinzuschauen. Schon unzählige Male war ich hier, nachts habe ich den Platz menschenleer erlebt, jetzt sehe ich ihn voller Touristen, die sich staunend um die eigene Achse drehen und nach allen Seiten photographieren. Oft drücken sie auf den Auslöser, bevor sie schauen. Manche der Motivsucher gehen an den Rand des Platzes, steigen Treppen zu einem Hauseingang hoch, um die Situation besser zu überblicken, und photographieren von dort aus. Der gesamte Hohlkörper des Platzes läßt sich aus der Fußgängerperspektive nie ganz erfassen, im Grunde müßte man in einem Ballon darüber schweben, in geringer Höhe, so daß noch alle Details zu erkennen sind. Der Platz hat eine rechteckige Grundrißform von 70 x 110 Metern und wird umstellt von insgesamt 39 drei- bis viergeschossigen Zunfthäusern. Obwohl alle Fassaden dicht aneinandergebaut sind und fast zu einer einzigen Fläche verschmelzen, unterscheiden sie sich doch minimal voneinander. Dabei spielen die unterschiedlichen, geburtstagstortenüppigen Fassadenverzierungen und Giebelformationen eine wichtige Rolle. Mir fällt auf, daß die meisten Fenster für die Entstehungszeit, um 1700, erstaunlich groß sind. Nur zwei Gebäude tanzen aus der Reihe: das noch aus gotischer Zeit stammende Rathaus mit seinem 96 Meter hohen Turm und das ihm gegenüberliegende Maison du Roi, der ehemaliger Gerichtshof, in dem heute das Brüsseler Stadtmuseum untergebracht ist. Von den einstigen Stadtzerstörungen und Stadtbränden ist nichts mehr zu sehen. Keine Schramme, keine verkohlte Stelle, keine Ruine. Diese Zeiten liegen auch schon lange zurück, vor 1700. Im Zweiten Weltkrieg blieb der Platz verschont, weil der damalige König frühzeitig kapituliert hatte und mit seinem Kabinett nach England geflohen war. Die deutschen Besatzungstruppen bevorzugten eine intakte Stadt.

Wir gehen über das dunkelgraue Kopfsteinpflaster. Ich fühle mich wie an einem rauhen Kieselstrand. Die Füße werden bei jedem Schritt leicht zur Seite gebogen. Eigentlich ist die Fläche ziemlich unbequem. Ich beobachte die anderen Passanten. Auch sie schaukeln hin und her, als würden sie sich auf dem Rücken einer ruppigen Riesenechse bewegen. Wie viele Steinquader es wohl sein mögen, die den trockengelegten Sumpf bedecken? Ich bleibe stehen und drehe mich um die eigene Achse. Nur sieben aus allen Himmelsrichtungen ankommende, enge Gassen münden in die Freifläche des Platzes. Es gibt kein Tor, keinen Haupteingang. Mein Blick fällt zum Himmel. Das Wolken-Rechteck ist an den Rändern durch die Giebel wie von Zähnen gezackt. Ein Stadtgebiß. Der Platz als lauernder Wolkenfänger!? In Wirklichkeit hat die Grand'Place natürlich, neben all der theatralischen Inszenierung, auch noch rein funktionale Aufgaben. Hier wurden Märkte abgehalten und Feste gefeiert. Hier fanden Turniere und Hinrichtungen statt. Hier traf man sich zu Empfängen und politischen Veranstaltungen. Hier präsentierte sich die Stadtverwaltung und der König dem Volke.

Ich liebe den Grote Markt vor allem bei Dunkelheit. Am schönsten ist er um Mitternacht. Dann verschwinden die übertriebenen, manchmal fast krankhaft wirkenden Detailwucherungen, und die Baumasse verschmilzt zu einem einzigen, wunderbar riechenden Kuchen, von Scheinwerfern gelblich angestrahlt wie von einer Million brennender Geburtstagskerzen. In diesen Momenten steigt das Gefühl des glücklichen Beschütztseins in mir hoch: Ich befinde mich in einem riesigen, sicheren Saal, dessen Decke vom sternenübersäten Nachthimmel gebildet wird. Eine friedliche Gesellschaft ist möglich, denke ich, allerdings bleibt sie ständig bedroht und muß immer wieder von Stadtplätzen wie diesem neu behauptet werden. Im Gegensatz dazu vermitteln die chaotisch-offenen Stadtstrukturen der Peripherien das Gefühl, daß Gesellschaft im Grunde nur als chaotisches Provisorium funktioniert, immer bedroht von Gewalt und Bürgerkrieg, daß es sich nicht lohnt, feste, gar geschmückte Gebäude und Plätze zu errichten, da sie im nächsten Moment in Flammen aufgehen und alle friedlichen Stadtillusionen zerstören könnten.

Meine Phantasie arbeitet weiter, gibt sich mit der Platzleere nicht zufrieden. In Gedanken würde ich jetzt gern eine große, lange Tafel in der Mitte der Platzfläche aufbauen, ein weißes Tischtuch darüberwerfen und in die Hände klatschen. Dann sehe ich eine livrierte Dienerschar aus dem Rathaus treten und das Essen anrichten: dampfende Suppenschüsseln, hellbraun gebratene, duftende Ferkel, Fasane, Rebhühner, Kohlköpfe, Obstberge, dazu Weinflaschen, gefüllte Gläser und schäumende Bierkrüge. Eine fröhliche Gesellschaft tritt aus dem Rathaus, läßt sich an der Tafel nieder, beginnt zu essen und zu trinken. Meine Kamera fährt an einem breughel-rubenshaften Gelage entlang; es wird viel gelacht, man schmatzt und rülpst. Dann zoome ich irgendwann zurück und betrachte mein Vorstellungsbild von oben aus der Vogelperspektive.

Später lese ich in einem Reiseführer, daß Karl Marx von 1845 bis 1848 im Maison du Cygne an der Grand'Place gewohnt und hier sogar das *Manifest der Kommunistischen Partei* verfaßt hat. Diese Tatsache ging den Stadtbehörden, die ihn Tag für Tag bespitzelten, zu weit, und er mußte das Land verlassen. Über Köln und Paris kam er schließlich nach London.

Nachdem wir die Grand'Place ausgiebig bewundert haben, wandern wir hinauf zum Mont des Arts. Der Aufstieg über Gartenterrassen, die Place de L'Albertine, vorbei an Denkmälern, Brunnen, dem Kongreßpalast und der Bibliothèque Royale de Belgique ist wegen seiner städtebaulichen Dramaturgie interessant. Keine alberne Fußgängerzone, auch kein behübschter, schräger Stadtplatz, sondern kraftvoll gestaltete Anlagen aus Grün- und Platzflächen begleiten den Weg. Langsam ändert sich die Blickperspektive auf die Unterstadt: Schritt für Schritt versinkt sie unter unseren Füßen, und der Überblick nimmt zu. Seltsamerweise wird genau diese Anlage in meinem Baedeker-Reiseführer heftig kritisiert: »Die Anlage mit ihren Freitreppen, Terrassen und Gärten ruft jedoch eher den Eindruck einer unharmonisch in die Stadtlandschaft geschlagenen Schneise hervor, besonders durch die monumentalen, die Umgebung beinahe einschüchternden Quader der Bibliothèque Albert I. und des Palais de la Dynastie und den breiten Boulevard. Immerhin Skateboarder und Inlineskater haben hier ihre helle Freude.«

Es ist nicht das erste Mal, daß ich städtebauliche Situationen vollkommen anders empfinde und beurteile als die Autoren von Reiseführern, die meist auf Malerisches und touristisch Bewährtes stehen.

Der Eingang in die beiden Kunstmuseen – die Musées Royaux des Beaux-Arts de Belgique – liegt etwas versteckt und abgewendet in der Rue de la Régence, die wir über die Place Royale, an der auch das Palais du Roi liegt, erreichen. Im Gegensatz zu Deutschland gibt es in Belgien noch eine königliche Familie, einen König, ein Schloß und alles, was zu einer Monarchie gehört – wie in Holland, Dänemark, Schweden, Spanien und England auch. Ich überlege, ob ich den fast musealen Erhalt alter Systeme innerhalb moderner Demokratien gut oder schlecht finde ...

Wenn ich mir vorstelle, wie klein das Land Belgien im Grunde ist, kann ich über die Monumentalität der Museumseingangshalle nur staunen. Hier wird dem kulturellen Überbau großer Wert beigemessen! Unglaublich, wie viele große Künstler, vor allem Maler, diesem kleinen Land zu Ruhm verholfen haben: Rogier van der Weyden, Pieter Breughel d.Ä. und d.J., Anthonis van Dyck, Peter Paul Rubens, Antoine Wiertz, Fernand Khnopff, James Ensor, Frans Masereel, Paul Delvaux und René Magritte. Dazu kommen noch die zahlreichen bedeutenden Schriftsteller, allen voran Maurice Maeterlinck und Georges Rodenbach, die mit ihren symbolistischen Erzählungen und Theaterstücken vor allem eine ganze Generation von Komponisten beeinflußt haben. Ich denke an Claude Debussy mit seiner Oper *Pelléas et Mélisande* und an Erich Wolfgang Korngold mit seiner *Toten Stadt*.

Wichtige Architekten, allen voran Victor Horta und Henry van de Velde, ergänzen das belgische Pantheon. Wir durchqueren den herrischen, doppelgeschossigen und säulenumstanden Eingangsoberlichtsaal und lassen uns nicht wirklich von ihm einschüchtern. Ich weiß von meinen früheren Museumsbesuchen her, daß man sich in diesem Museumslabyrinth leicht verirren kann, deswegen nehmen wir uns nur gezielt einzelne Künstler vor.

Als erstes steht der Breughel-Saal auf unserem Programm. Wie immer bin ich begeistert von den deftig-vitalen Gemälden der beiden Breughels, dem älteren und dem jüngeren. Vor allem die Schneelandschaften finde ich umwerfend. Van Dyck und Rubens sparen wir uns für das nächste Mal auf.

Im Reiseführer lese ich, daß Albrecht Dürer 1520 Brüssel besucht, dort Erasmus von Rotterdam getroffen und gemalt hat. Es war Dürers letzte große Reise, die er in einem ausführlichen Tagebuch beschrieben hat. Bevor er zurück nach Deutschland fuhr, trieb ihn die Neugier noch ans Meer, um dort einen gestrandeten Wal zu besichtigen. Dabei zog er sich eine Krankheit zu, von der er sich nie mehr erholte. Vielleicht war es die Malaria, die ihm eine Mücke aus dem Körper des Wals mit einem Stich übertragen hat – eine Vermutung, man weiß es nicht genau.

Über lange Rolltreppen gelangen wir in den modernen Teil des Museums. Nur Magritte und sein erotischer Gegenspieler – Paul Delvaux – gefallen mir. Delvauxs nackte Mädchen, die einsam, in scheuer Erwartung auf Bahnsteigen und Plätzen stehen, erinnern mich an die manchmal kitschigen Sehnsüchte der Pubertätszeit. Der Traum enthält verpuppt noch alle Lebensmöglichkeiten. Ungeborene Zeit, Abfahrt in die Zukunft. Sanfte Melancholie schwingt mit: Was, wenn sich die Erwartungen nicht erfüllen, die Herzensprinzessin eine Hochstaplerin oder Gaunerin ist, der zukünftige Ehemann ein Schläger und Alkoholiker?

Als ich mich 1988 längere Zeit in Brüssel aufhielt, war ich oft hier, saß vor den Magritte-Bildern und phantasierte mich hinein in seine surrealen Räume, seine

Absurditäten und Spiegelfechtereien. Unmögliche Welten ähnlich seinem akribisch-verbohrten Gesinnungsgenossen M.C.Escher. Heute ist der eigentliche Magritte-Saal geschlossen, ein großes Schild verkündet in mehreren Sprachen, daß er wegen Umbaus erst nächstes Jahr wieder eröffnet wird. Inzwischen gibt es auch ein eigenes Magritte-Museum in Brüssel, das in seinem ehemaligen Wohnhaus, im Stadtteil Jette, Rue Esseghem 135, wo er 24 Jahre lang bis zu seinem Tod 1967 wohnte, eingerichtet worden ist. 500 seiner 1000 Bilder malte er in diesem Haus. Ich würde gerne dorthin fahren, aber im Augenblick fehlt mir die Zeit dazu. Jetzt erst fällt mir auf, daß die Bilder von Magrittes Vorgänger – James Ensor – ganz fehlen. Nicht eines der bedeutenden Gemälde findet sich hier.

Später lese ich darüber nach und stoße auf eine interessante Geschichte. Ensor wurde 1860 in Ostende geboren, seine Eltern betrieben dort einen Andenkenladen. Früh wurde seine künstlerische Begabung entdeckt, er zog nach Brüssel und schrieb sich dort an der Kunstakademie ein. Zunächst befolgte er alle Anweisungen seiner Professoren, erhielt sogar einen zweiten Preis für die Zeichnung nach einer antiken Büste. Gleichzeitig aber suchte er einen Weg aus der akademischen Verengung. Bereits kurz nach seinem Studium, im Zustand extremer Nervosität und Übersensibilität, fand er ihn: Er verzerrte die ihm fremd und unverständlich gewordene Realität ringsum zu einem bizarren Totentanz, malte Umzüge mit Masken, Skelette, Totenköpfe, tote Tierleichen und Puppen. Seine Lehrer mit ihren hohlen Phrasen und ihren veralteten, längst verwesten Idealen geisterten durch die Bilder wie lächerliche Schloßgespenster. Offensichtlich hatte er den Wahrheitsnerv getroffen, denn alle seine Bilder wurden von den Professoren-Jurys empört abgelehnt. Tief enttäuscht zog sich James Ensor nach Ostende zurück und verließ diese Stadt bis zu seinem Lebensende 1949 nie mehr. Immer wieder stellte er sich selbst als Christus dar, identifizierte sich mit dem Mann aus Golgatha wie der Gottsucher Vincent van Gogh, wie Nietzsche, Tolstoi und Dostojewski. In einem Buch über Ensor stoße ich auf einen Brief, den er am 31.7.1895 an Pol de Mont geschrieben hat: »Die Ostender, ein Austernpublikum, rühren sich nicht, sie wollen die Bilder nicht sehen. Feindseliges Publikum, auf dem sandigen

Strand kriechend. Der Ostender verabscheut die Kunst. Klebriger Kot, der sich in einer Muschel windet, Fresser ekelhafter Dinge, gestaltlose, brabbelnde Meerestiere ...«

Vielleicht ist diese feindliche Gegenwelt identisch mit dem selbstgefälligen Spießertum, das Charles Baudelaire 1864 bei einem Aufenthalt in Brüssel beschrieben hat: »In Belgien keine Kunst; die Kunst hat sich aus dem Land zurückgezogen ... Nur malen, was man sieht. Spezialistentum – Ein Maler für die Sonne, einer für den Mond, einer für die Möbel, einer für die Stoffe, einer für die Blumen ... Chronisten der flämischen Mentalität – Pomp schließt dabei Dummheit nicht aus – eine Erklärung für den berühmten Rubens, diesen Flegel in Samt und Seide ...«

Bis zum Ersten Weltkrieg herrschte im Kunst- und gesamten Kulturbereich noch reiner Akademismus. Die Professoren-Jurys entschieden über die Karrieren ihrer Schüler. Wer einmal abgelehnt wurde, hatte es schwer oder war für sein ganzes Leben erledigt. Heute haben sich die Kritiker der Tageszeitungen einen ähnlichen Machtanspruch zugelegt. Sie, die in der Gesellschaft meist viel bekannter und angesehener sind als viele Künstler, entscheiden über Erfolg oder Mißerfolg einer Ausstellung oder eines neuen Romans und damit oft genug über Leben und Tod eines Künstlers. Der Akademismus dagegen spielt keine Rolle mehr, an seine Stelle ist die absolute Macht der Medien getreten. Der Kampf heutiger Künstler müßte sich gegen sie richten ...

Meine Reflexionen im Brüsseler Museum umkreisen eine leere Stelle: Hier hängt tatsächlich kein einziges Bild von James Ensor. Viele seiner Gemälde finden sich in Antwerpen, Gent und Ostende. Der Rest seines Werkes ist über die ganze Welt zerstreut.

Während ich auf einer Lederbank vor den einzigen drei Bildern von Magritte sitze, die im Augenblick ausgestellt sind, schweifen meine Phantasien ab, und ich denke an das Jahr 1988, in dem Ruth Berghaus *Lulu* von Alban Berg am Brüsseler La Monnaie inszeniert hat. Mein Bühnenbild dazu hatte nichts mit Brüssel, auch nichts mit den Surrealismen von Ensor, Magritte oder Delvaux zu tun, obwohl es alles andere als realistisch war.

Während der Produktionszeit hielt ich mich damals wochenlang in der Stadt auf, wohnte meist in der Nähe der Grand'Place und nahm bei weit ausgreifenden Spaziergängen die Stadt ganz in mich auf. Mit dem Photoapparat fixierte ich alle wichtigen Stadtsituationen. Auf Parkbänken sitzend, versuchte ich mich in schriftlichen Fassaden- und Menschenbeschreibungen.

Wie immer erlebte ich meine Rundgänge wie Filme und hätte mir am liebsten einen Magritte-Hut mit eingebauter Kamera auf den Kopf gesetzt. Offenes Filmen oder Photographieren ist mir zuwider. Auch ohne Filmkamera kam ich mir manchmal wie ein Spion oder Detektiv vor. In Kinoeingängen stehend, blickte ich nach draußen, betrachtete die Passanten und machte mir Notizen. Nachts streifte ich weiter durch die Stadt. Manchmal landete ich um Mitternacht in einem der zahlreichen Comicläden, die, wie mir schien, immer geöffnet hatten, 24 Stunden lang. Dort stand ich neben schweigsamen, alten Männern, die mit Kennerblick die Hefte durchblätterten, suchte die Buch- und Heftrücken ab, entdeckte in dieser Zeit für mich so bedeutende Künstler wie Hergé (*Tim und Struppi*), Edgar Pierre Jacobs (*Das gelbe M*), Francois Schuiten und Benoit Peeters mit ihren phänomenalen Stadtvisionen: *Geheimnisvolle Städte*, *Die Mauern von Samaris*, *Das Fieber des Stadtplaners*, *Der Turm*, *Der Archivar*, *Handbuch der gegenwärtigen und zukünftigen Verkehrsmittel* und *Das Geheimnis von Urbicante*.

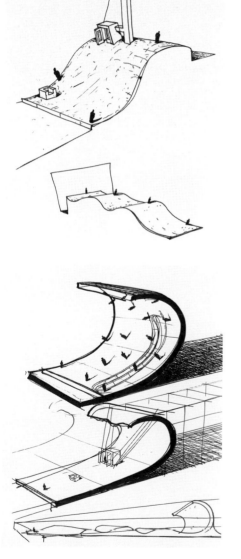

Ich bewunderte Belgien dafür, daß diese Comic-Künstler in ihrer Bedeutung und Größe anerkannt sind und entsprechend verehrt werden. Bei uns in Deutschland werden Comics der unwichtigen Subkultur zugeordnet. Kaum ein ernsthaftes Museum würde Originale von Comic-Künstlern ausstellen. Vielleicht hätte ich mich zum Comic-Zeichner entwickelt, wenn ich in Brüssel aufgewachsen wäre. Wer weiß, wieviel Einfluß die Heimatstadt auf einen künstlerisch begabten und seinen Ausdruck suchenden Schüler hat. In Paris wäre ich bestimmt Schriftsteller geworden und in Rom Filmemacher, in Venedig Maler, in Moskau Theaterregisseur, in New York Architekt und in San Francisco Jazzmusiker ...

Die berühmte Sängerin Theresa Stratas spielte damals unsere Lulu. Ich kannte sie vor allem aus dem *Tosca*-Film Zeffirellis. Leider hatte sie irgendwelche Probleme, mit sich, der Rolle, der Regisseurin und mit mir. Die Folge war, daß sie mich als Bühnenbildner, wann immer ich zur Probebühne kam, mit Forderungen und Beschimpfungen nervte: Die Schräge war ihr zu steil, sie wünschte hier eine Latte, dort eine Stufe, hier einen Haltegriff und dort eine Rundung. Die Betonsessel waren ihr zu kantig und zu hart, die Schwingtür zu schwer. Nichts paßte ihr. Für Alban Bergs Oper hatte ich eine monumentale Marmorwelle entworfen, aus der Fragmente einer modernen Großstadt wie Ausgrabungsstücke ragten: eine Rolltreppe, ein Hauseingang mit Windfang und Pendeltüren. Während der Probenarbeit mußte ich den Schwung der Marmorwelle abschwächen, dazu mehrere, die sinnliche Form der Welle störende Unebenheiten einbauen, damit unsere Starsängerin ruhig und bequem gehen und stehen konnte. Leider half Ruth Berghaus immer ihr und verteidigte mich und damit das bestehende Bühenbild nicht ein einziges Mal. Zum Schluß stellte sich heraus, daß ich mir alle Umarbeitungen hätte sparen können, da die Stratas in ihrer Hysterie zur Premiere überhaupt nicht aufgetreten ist. Während sie die Generalprobe noch stumm mimte, tauchte sie am Tag der Premiere unter und schloß sich mit ihrem Begleiter – einem amerikanischen Bühnenbildner – im Hotelzimmer ein. Nichts, auch nicht der Intendant Gerard Mortier, konnte sie dazu bewegen, herauszukommen. Das führte dazu, daß Ruth Berghaus bei der Premiere die Lulu selbst spielte und eine Sängerin, die als zweite Besetzung eingeplant war, aus dem Orchestergraben die Rolle sang. Entgegen meinen sonstigen Gewohnheiten hielt ich mich zu diesem Zeitpunkt noch immer in Brüssel auf und verfolgte die Ereignisse am Fernsehgerät in der Pförtnerloge. Ich fand die Aktion der Berghaus zwar sehr mutig, aber auch etwas befremdlich. Schließlich ging es im Stück um eine junge Frau, die Männer reihenweise verführt. Ruth war damals um die 60. Dann geschah auch noch ein Unglück: Beim Hantieren mit der Pistole verletzte sie sich im Gesicht so schwer, daß Blut aus vielen kleinen Wunden strömte. Heldenmütig spielte sie ihre Rolle bis zum Ende, flog am nächsten Tag, betreut von ihrem Sohn Maxim, der auch die Filme zu unserer Produktion gedreht hatte, nach Berlin und wurde dort in einem Krankenhaus operiert. Man entfernte ihr zahlreiche kleine Splitter aus Wangen, Kinn und Stirn. Wie durch ein Wunder blieben ihre Augen unversehrt.

Wieder heute nach zwei Stunden haben wir, Rikola Lüttgenau und ich, genug von der Kunst und machen uns auf die Suche nach dem Ausgang.

Wir überqueren die Place Royale und gehen hinüber zu einem neu eingerichteten Stadtmuseum, einem modernem Gegenspieler zum anderen, älteren Stadtmuseum an der Grand'Place. Da der Nachmittag schon fortgeschritten ist, bleibt uns nicht mehr viel Zeit bis zur Schließung. Eine moderne Glashalle, die in den Innenhof eingebaut worden ist, nimmt uns mit überraschend filigraner Leichtigkeit auf. Bequeme Sessel laden zum Verweilen, Lesen und Plaudern ein. Aber wir kommen ja nicht zum Ausruhen hierher, sondern zum Schauen, also steigen wir, wie vom Rundgangsfaltblatt empfohlen, als erstes in die Kellergewölbe hinab. Plötzlich umfangen uns düstere Mauern, die von geheimnisvollem Kunstlicht aus der Dunkelheit herausmodelliert werden. Ich komme mir vor wie in den Katakomben Roms, in den steinernen Windungen des Unterbewußtseins und der Geschichte, allerdings stoßen wir hier weder auf frühchristliche Knochen noch auf verborgene Heiligtümer, auch nicht auf verwesende Schloßgespenster und stinkende Abwasserkanäle, sondern nur auf ganz banale Kellerverliese, ehemalige Weindepots vielleicht oder andere kühle Lagerräume. Der Weg endet abrupt vor einer Mauer. Sackgasse.

Wir kehren um und steigen jetzt nach oben in den ersten Stock. Dort befinden sich die eigentlichen Museumsräume. Offensichtlich wurden sie erst vor kurzem neu gestaltet. Man erkennt es am zeitgemäßen Ausstellungsdesign. Computer und Bildschirme überwiegen. In allen Ecken flackert das zittrige Licht der dort gezeigten Filme. Wir versuchen, uns zu konzentrieren. Aber die notwendige Ruhe will sich nicht einstellen. Über uns hängen Fahnen, Großphotos verstellen den Weg, und aus eng zusammengedrängten Vitrinen blicken uns langweilige faksimilierte Briefe, Karten und Dokumente an. Eine moderne Rumpelkammer. Unerfreulich und wenig anziehend.

Ich sage zu Lüttgenau: »Auch schlechte Museen haben ihr Gutes: Man sieht, was alles schiefgehen kann.«

Lüttgenau: »Ja, wichtig ist eine klare Gliederung und der Mut zur Kürzung. Eine zu große Fülle kann tödlich sein.«

»Das Ergebnis hier ist wirklich bedauerlich ... nichts, außer dem Ort, stimmt. Weder die Dramaturgie noch die Objektauswahl. In einem Stadtmuseum könnte sich die Stadt selbst erklären, ihre eigentliche Erzählung präsentieren und vollenden. Draußen, in den Straßen und auf den Plätzen, erklärt sich nichts von allein. Hier müßte der Schlüssel oder der Ariadnefaden zu finden sein.«

»Tja, davon sind wir hier weit entfernt!«

Brüssel, 9. Februar 2007

Morgens nach dem Aufwachen starre ich gegen die Zimmerdecke und lausche den Stadtgeräuschen. Brüssel, geht mir durch den Kopf, ist keine Stadt zum Verlieben wie Venedig, Paris oder New York, Brüssel ist auch keine malerische Stadt wie Brügge, Gent, Ostende oder Antwerpen, sondern eher eine Stadt des undefinierbaren Chaos, des architektonischen Durcheinanders und der stilistischen Unklarheit. Das Image der Stadt, erinnere ich mich, rangierte lange Jahre am unteren Ende der Werteskala. Brüssel galt als brutal, häßlich, schmutzig und heruntergekommen. Lieblose Hochhäuser zerstörten die letzten Reste ehemaliger Romantik. Niemand wollte freiwillig hierher reisen. Erst mit dem Einzug der EU- und NATO-Hauptverwaltungen ging es mit der Stadt wieder bergauf oder bergab, je nach Sichtweise. Ich weiß, es ist ungerecht und unfair, in einem Brüssler Hotelzimmerbett zu liegen und plötzlich an eine andere Stadt zu denken. Warum mir jetzt Venedig einfällt und ich in Gedanken ein Vaporetto am Hauptbahnhof besteige, den Canale Grande hinunterfahre und erst am Dogenpalast wieder aussteige, weiß ich selbst nicht genau, Tagträume, zwischen hier und dort, zwischen Realität und Traum schwebend.

Während vor dem Brüssler Fenster ein Müllwagen mit stotterndem Rumpeln Abfall aus Tonnen in sich hineinschüttet, lasse ich mich von einem winterlich nebligen Venedigbild verzaubern. Ich komme mir gemein und untreu vor, aber was soll ich tun? Den Tagtraum ausschalten wie eine Lampe oder meinem inneren Bildprogramm genießerisch zuschauen? Als ich den Kopf leicht wende, wird mir meine Abschweifung klar: Ich hatte gestern nacht vor dem Einschlafen noch einige Seiten in Joseph Brodskys Buch über Venedig *Ufer der Verlorenen* gelesen! Jahrelang reiste der in New York lebende russische, aus Sankt Petersburg stammende Lyriker jeden Winter für mehrere Wochen in seine Lieblingsstadt.

»Während du dich durch diese Labyrinthe bewegst, weißt du also niemals, ob du ein Ziel verfolgst oder vor dir selbst davonläufst, ob du Jäger bist oder Beute ... Doch einmal ist genug, insbesondere im Winter, wenn der örtliche Nebel, der berühmte ›nebbia‹, diese Stadt noch außerzeitlicher macht als jeden Palastes Allerheiligstes, indem er nicht nur die Spiegelungen auslöscht, sondern alles, was Gestalt hat: Gebäude, Menschen, Kolonnaden, Brücken, Statuen ... Wenn es dir schon versagt geblieben ist, hier geboren zu werden, kannst du wenigstens einigen Stolz darin finden, ihre Unsichtbarkeit zu teilen ...«

Ich stehe auf und schaue aus dem Fenster. Es herrscht immer noch trübes, regnerisches Wetter. Winterliche Stimmung, die eigentlich gut zu Brüssel paßt. Das moderne Bürohaus gegenüber gibt sich sachlich und nüchtern. Durch die großen Fenster sehe ich in neonbeleuchtete Räume hinein. Die ersten Angestellten sitzen vor ihren Computern und starren auf die bläulich schimmernden Bildschirme. Den ganzen restlichen Tag werden sie nichts anderes mehr tun, nehme ich an.

Wieder fällt mir *Lulu* ein. Die Stadt und die Oper bilden für mich eine Einheit. Wenn ich jetzt vor dem Opernhaus La Monnaie stehen würde, wäre sie sofort wieder da, die Stratas, die keine Lulu mehr sein wollte, klein, zierlich, nervig, zickig und zerbrechlich, ohne viel irdisch-erotische Ausstrahlung. Und die Berghaus mit ihrer energisch-widerborstigen Bestimmtheit, die sich in jeder Stadt, auf jeder Probebühne schnell den Respekt aller Mitwirkenden verschaffte, weil sie zielstrebig und ohne sich beirren zu lassen an ihrer Werkinterpretation arbeitete. Ihre Ernsthaftigkeit und ihr intellektuell fundierter Spieltrieb riß alle mit. Unerbittlich formte und feilte sie an ihrer Vision und schonte dabei weder sich noch ihre Darsteller.

Ein halbes Jahr nach unserer *Lulu*-Premiere rief mich der junge, aufstrebende belgische Regisseur Guy Joosten an und fragte mich in gebrochenem Deutsch, ob ich Lust hätte, das Bühnenbild zu *Eintagswesen* von Lars Norén in einem Genter Theater zu entwerfen. Er hatte unsere *Lulu*-Produktion gesehen und war vor allem von dem Bühnenbild so begeistert, daß er unbedingt mit mir arbeiten wollte. Natürlich freute ich mich über diesen Kontakt und traf mich mit Guy in Antwerpen, wo er damals wohnte und ein eigenes Theater betrieb. Auf diese Weise kam ich in den nächsten Jahren oft nach Belgien. Meist flog ich nach Brüssel und fuhr von dort mit dem Zug weiter. So blieb die Stadt weiterhin in meinem Aktionskreis und damit in meinem Bewußtsein.

Die Arbeit am im Genter Toneel-Theater im Herbst 1989 gehört zu meinen intensivsten Theatererlebnissen. Bisher hatte ich als Bühnenbildner kaum mit Schauspiel zu tun. Eine ganz neue Erlebniswelt öffnete sich. Merkwürdigerweise störte es mich in keinem Moment, daß alle Mitwirkenden nur flämisch-niederländisch sprachen. Ich wurde sofort wie ein alter Bekannter in ihren Kreis aufgenommen, es herrschte nicht die anonyme Arbeitsteilung und Fremdheit untereinander wie an den großen Opernhäusern der Welt.

Zum ersten Mal war ich voll und ganz, ohne all die üblichen Abstriche, mit meinem Bühnenbild zufrieden. Es gab keine unnötigen Beeinflussungen durch den Regisseur, die Schauspieler und Schauspielerinnen. Niemand wünschte sich zusätzliche Stufen, Latten oder sonstige abstützende Hilfskonstruktionen. Man akzeptierte meine moderne, weiße Villa, die fast schwebend über eine weitläufig verästelte, schwarzverbrannte Ruinenlandschaft gebaut war, ohne Wenn und Aber. Auch das Hundeskelett, das auf einem in den Zuschauerraum hineinragenden Ruinenteil lag, beeindruckte alle. Direkt hinter dem Knochenhund stand ein Bildschirm, auf dem die Theaterbesucher den noch lebendigen Hund immer wieder bellend gegen die Gitterwand eines Hundezwingers springen sahen.

Im Verlauf der Handlung treffen sich drei Ehepaare übers Wochenende in einer abgelegenen, modernen Datscha am Meer. Es wird ununterbrochen geredet, erzählt und diskutiert. Die äußerlich so Erfolgreichen mutieren langsam zu Gescheiterten, gestehen sich gegenseitig ihr Elend und ihre Verzweiflung ein. Man bekommt als Zuschauer langsam das Gefühl, daß sie in einem banalen Wortsumpf versinken, von anwachsenden Wortlawinen verschüttet werden. Sie hören einander nicht mehr zu, verfallen in einsames, autistisches Monologisieren. Plötzlich, mitten im Satz, kippt die erste Person, eine Frau, aus dem rückwärtigen Fenster und ist tot. Niemand kümmert sich um sie, alle reden weiter, als sei nichts geschehen. Nach und nach stirbt einer nach dem anderen, verkriecht sich unter dem Haus oder legt sich neben das Hundeskelett. Zuletzt bleibt nur noch eine junge Frau übrig, die sich im Badezimmer betrinkt, in die Badewanne kotzt und schließlich über die gefliste Kante der Duschkabine gebeugt, ebenfalls verendet wie ein angeschossenes Reh. Unglaublich, wie anrührend und intensiv die Darsteller spielten. Sie gehörten zu Guys permanenter Theatertruppe.

Unvergeßlich sind mir auch die Spaziergänge durch Gent. Einmal stieß ich, nachdem ich stundenlang durch die malerischen Gassen gewandert war, auf einen Trödelmarkt. Etwas ermüdet, streifte ich an den Ständen entlang, deren Tische mit zerlesenen Büchern und Heften bedeckt waren, mit Nippes und Kerzenständern in allen Größen, verschrammten Rahmen, alten Bildern und Kruzifixen. Plötzlich blieb mein Blick an einem kleinen Schwarzweißbild hängen, das gerahmt und verglast an einer Holzkiste lehnte. Ich schaute es eine Weile an, nahm es hoch, entdeckte die Signatur und war mir sicher: Das ist der Originalabzug eines Holzschnitts von Frans Masereel. Für eine unglaublich geringe Summe im Gegenwert von etwa 10 DM erstand ich das Kunstwerk, das seither einen Ehrenplatz in meinem Arbeitszimmer einnimmt. Als alter Verehrer dieses Künstlers bin ich stolz darauf, im Besitz dieses Druckes zu sein. Guy lud mich nach der Genter Produktion noch zu zwei weiteren gemeinsamen Arbeiten in Amsterdam und Brüssel ein. Danach schlief der Kontakt leider ein.

Nach dem Frühstück steigen Rikola Lüttgenau und ich Richtung Osten einen Berg hoch, der eigentlich nur ein Hügel von 65 Meter Höhe ist, und besuchen die Cathédrale St. Michel. Auf dem schrägen, ziemlich kahlen Platz vor der Kathedrale, dem Place Sainte-Gudule (wer ist diese heilige Gudula? Der Reiseführer sagt: die Schutzheilige Brüssels!), steht ein Denkmal für den verstorbenen König Baudouin. Sein markantes Profil ist mir noch gut aus Wochenschauen und Zeitungsphotos in Erinnerung.

Im Eingangsbereich der Kathedrale hängen große Farbphotos des heutigen belgischen Königspaars. Außerdem Hochzeitsphotos von Prinz Philippe und Prinzessin Mathilde aus dem Jahr 1999. Über das belgische Königshaus weiß ich recht wenig Bescheid, wie ich jetzt feststelle.

Während wir im Seitenschiff von Kapelle zu Kapelle wandern, hält ein Priester vor dem Hauptaltar stehend eine Mischung aus Messe, Andacht, Gebet und Er-

mahnungsansprache. Seine über ein Mikrophon verstärkte Stimme klingt in jeder Region der Kirche gleich laut. Seltsam-unangenehmes Gefühl der akustischen Omnipräsenz. Es gibt kein Entrinnen: Gott sieht dich, Gott sitzt dir im Nacken und in der Seele, egal, ob du dich hinter Pfeilern oder Altären versteckst, egal ob du durch die Stadt fliehst ... Zum Schluß seiner mehrsprachigen Predigt ermahnt uns der Gottesmann auf deutsch zu anständigem Handeln und wünscht uns ganz charmant-fremdenverkehrsfreundlich einen schönen Tag in Brüssel!

Dankend nicken wir in Richtung Hauptaltar, verabschieden uns aus den heiligen Hallen und steigen den Berg wieder hinab in die Unterstadt. Die teilweise moderne Bebauung ringsum unterscheidet sich kaum von der Bebauung in unseren Städten, banale Alltäglichkeiten am Rande der ästhetischen Schmerzgrenze. Warum ist es so schwer, anständig dastehende Büro- und Bankgebäude zu entwerfen und zu bauen? Es liegt wohl daran, daß niemand weiß, woran man sich halten soll. Alle Gebäude müssen wirtschaftlich günstig sein, Rendite bringen und gut verkaufbar sein. Theoretisch ist alles möglich, aber Extreme drücken den Marktwert. Allerdings bleibt es schon erstaunlich, daß sich in den modernen Großstädten der Welt kein allgemeinverständlicher Kanon normaler architektonischer Eleganz entwickelt hat wie in der Kleidermode etwa auch: Fast jedermann findet einen Anzug oder ein Kleid von Giorgio Armani gut geschnitten und elegant. Aber in der Architektur? Jeder Architekt probiert herum, versucht etwas Neues und scheitert fast immer. Niemand verfeinert einmal erreichte Standards zu immer besseren Lösungen. Die Stärke klassischer Architektur besteht genau in diesem Beharren und Verfeinern des Immergleichen!

Wieder atme ich befreit und beglückt beim Durchquren der Galeries St. Hubert auf. Unser Ziel ist das alte Stadtmuseum an der Grand'Place. Schon am Eingangsbereich des Gebäudes wird deutlich, daß wir hier historische Gemäuer und Räume betreten. Alter, speckiger Steinplattenboden und ringsum dunkle Holzvertäfelungen. Wir steigen die knarzende Treppe in das erste Stockwerk hinauf. Daß der erste Ausstellungsraum uns mit Hunderten von Manneken-Pis-Kostümen empfängt, ist überraschend. Nicht die heilige Gudula hat es ins kollektive Unter-

bewußtsein der Touristenwelt geschafft, sondern dieser kleine, 60 Zentimeter hohe, nackte Lausbub, der zum Vergnügen vor allem weiblicher Besucher seit Jahrhunderten öffentlich – an der Ecke Rue d'Etuve und Rue de Chène – seine nie leere Blase entleert. Wahrscheinlich liegt es an der offenherzigen Frechheit, mit der hier charmant ein Tabu unter Erwachsenen gebrochen wird. Mit seiner öffentlich zur Schau gestellten Nacktheit ignoriert das Manneken Pis die guten Sitten, schließlich gelten für ihn noch die Ausnahmegenehmigungen des Kindseins. Und natürlich steht sein Verhalten für eine gewisse Unangepaßtheit, eine Anarchie, die – trotz aller bürgerlicher Verklemmtheit – in jedem Erwachsenen steckt. Der Legende nach hat der Junge mit seinem Pinkeln sogar eine brennende Lunte gelöscht, an deren Ende ein Pulverfaß stand, das mit seiner Explosion beinahe das Rathaus in die Luft gejagt hätte. Kein Wunder, daß der Knabe während der 1960er-Jahre-Studentenunruhen geklaut und zum Revolutionstalismann umfunktioniert worden ist.

Es ist seit Jahrhunderten Sitte, daß offizielle Besucher Brüssels ein Kostüm für den nackten Knaben mitbringen. Einem Teil dieser witzigen Kleidersammlung stehen wir jetzt gegenüber. Man sieht ihn, verkleidet als Napoleon, als orientalischer Prinz, als Indianer, Mexikaner, Japaner, Eskimo und Inder, man sieht ihn in bayerischer Tracht, im Pilotendreß, im Elviskostüm und als Oberst Gaddafi. James Ensor hätte seine Freude daran gehabt, bestimmt auch Paul Delvaux und René Magritte!

Danach betreten wir den doppelgeschossigen Hauptsaal des barocken Gebäudes. Der Blick durch die Fenster hinunter auf die Grand'Place erfreut mein Architektenherz. Endlich öffnet sich die geschlossene Gefäßform des Platzes in fast perfekter, isometrischer Perspektive. Überblick, Aufsicht. So läßt er sich weit besser erfassen, als von unten aus der Fußgängerperspektive. Dafür fällt mir seine Attrappenhaftigkeit heute besonders stark auf. Die Fassaden wirken wie vorgeklebt. Kulissenzauber oder Echtheit? Da ist sie wieder, die Frage nach der Wahrhaftigkeit von Architektur.

Ich wende mich um und vertiefe mich in ein großes, hölzernes Stadtmodell, das Brüssel im 13. Jahrhundert zeigt. Innerhalb der Stadtmauer gab es damals viel unverbaute Wiesen- und Gartenflächen, auch der die Stadt durchquerende Fluß – die Senne – war noch offen sichtbar. Erst im 19.und 20.Jahrhundert wurde er zugedeckt und überbaut. Bestimmt eine der größten Städtebausünden dieser Zeit. Schließlich sind die Flüsse der Hauptgrund früherer Ansiedlung an diesen Stellen gewesen. Was wäre Paris ohne die Seine, was London ohne die Themse, was Moskau ohne die Moskwa, was Sankt Petersburg ohne die Newa? Nur in Wien wurde ähnlich unsensibel mit der Donau umgegangen. Von der einst »schönen, blauen Donau« ist nur noch ein tiefliegender Kanal geblieben, der dem Stadtbild nicht allzuviel Freude bringt.

Wer in Brüssel zwischen Mitternacht und frühem Morgen genau hinhört, wenn der Verkehr fast ganz zum Erliegen gekommen ist, wird vielleicht die Wasser der Senne unter dem Boulevard Anspach auch heute noch fließen hören.

Rings um das Stadtmodell hängen an den Museumswänden große Ölgemälde mit Darstellungen der alles verschlingenden Stadtbrände im 17.Jahrhundert. Sie beenden in Europa das städtebauliche Mittelalter, und die Neuzeit setzt mit ihren großzügigeren Planungen ein. Fast alle europäischen Metropolen bestanden zu dieser Zeit vor allem aus Holzgebäuden. Stein blieb den wichtigen, repräsentativen Bauten vorbehalten. Die großen Stadtbrände in London, Moskau, Sankt Petersburg, Lissabon, Paris, Venedig und hier in Brüssel hatten also genügend Futter.

Lange schaue ich mir die apokalyptischen Feuerbilder an und versuche, mich in die Tage der ungeheuren Stadtbrände zu versetzen. Erst jetzt, mit ihrer Zerstörung, wurde den Bewohnern vielleicht bewußt, was sie wirklich besaßen und wie ungeheuer eng sie nebeneinander und übereinander wohnten. Es gab kaum Luft, und der Gestank war unerträglich. Wahrscheinlich waren die Katastrophen unvermeidlich. Am Ende blieb nur noch eine schwarz verbrannte Ruinenlandschaft übrig, und alle so vertrauten, stickigen Stadtsituationen, alle vermüllten und lauten Gassen, Straßen und Plätze waren mit einem Male nur noch Bilder der Erinnerung. Stadtzerstörung trifft das kollektive (Selbst)Bewußtsein zentral.

Die Bewohner entflohen der Katastrophe, so gut es ging, und waren am Ende froh, das Unglück überlebt zu haben. Beim Neuaufbau blieb man an Ort und Stelle, rekonstruierte das Alte, so gut es ging. Die meisten Neubauten allerdings orientierten sich am aktuell herrschenden Architekturstil.

Ich denke an die Stadtzerstörungen des Zweiten Weltkriegs, an den Untergang alter deutscher Städte: Nürnberg, München, Ulm, Frankfurt, Hannover, Köln, Essen, Kassel, Dresden, Leipzig, Hamburg, Berlin ...

Mit dem Taxi lassen wir uns anschließend zum etwas außerhalb der Innenstadt, in der Nähe des EU-Viertels gelegenen Musée Royale d'Histoire Naturelle fahren. Unterwegs erzähle ich Rikola Lüttgenau von einer merkwürdigen Taxifahrt, die ich während meiner Brüsseler Theaterzeit erlebt hatte. Ich stieg damals in der Nähe des Bahnhofs ein, mein Ziel war die *Lulu*-Probebühne. Als der ältere Fahrer bemerkte, daß ich Deutscher bin, überschüttete er mich mit einem Wortschwall: »Schön, daß Sie aus Deutschland kommen. Ich liebe Deutschland und die Deutschen.«

Erstaunt erwiderte ich: »So, das wundert mich, nach all den schlimmen Dingen, die meine Vorfahren Ihrem Land und Ihrer Stadt zugefügt haben.«

Er darauf: »Das liegt daran, daß ich Druide bin.«

Ich bekam einen Schreck und dachte, an einen Neonazi geraten zu sein. Mein fragender Blick schien seine Beredsamkeit eher zu beflügeln.

»Sie wissen nicht, was ein Druide ist?«

»Nein.«

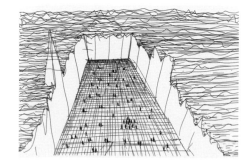

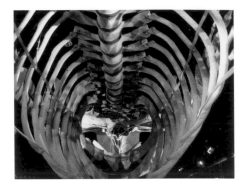

»Keine Sorge, wir sind ganz harmlos und treffen uns einmal im Jahr zur Sonnwendfeier an geheimen Orten in Deutschland oder England. Alle Druiden Europas und der ganzen Welt glauben an die okkulten Kräfte bestimmter Orte.«

Mir schwebten jetzt Bilder von nackten oder nur mit dünnen, weißen Nachthemden bekleideten Menschen vor Augen, die im Steinkreis von Stonehenge, nachts bei Vollmond ihre esoterischen Spielchen treiben. Ich schaute den Fahrer jetzt genauer an: ein schnauzbärtiger, gemütlich aussehender, französisch wirkender, kräftiger Mann, mit grauen Schläfen und traurigen Triefaugen, die mich hin und wieder durch den Rückspiegel genauer, fast neugierig fixierten. Eigentlich sah er ganz normal und unauffällig aus, nichts an seinem Äußeren hätte mich auf die Idee gebracht, in ihm einen nordischen Esoteriker zu vermuten. Ich überlegte, ihn zu bitten, mich umgehend aussteigen zu lassen, verkniff mir diesen Wunsch jedoch und entschloß mich, die seltsame Begegnung interessant zu finden. Allerdings blieb mir nicht mehr viel Zeit, da wir bald darauf mein Ziel erreichten.

Als unser heutiges Taxi in die Rue Vautier einbiegt, fällt mein Blick auf Baugerüste, die über die Fassade des Museums wuchern. Ich erinnere mich, daß ich früher schon einmal hier war und daß sich mir damals eine wunderschöne, junge Steinzeitfrau, die, in einen dicken Pelz gehüllt, in einer Bodenvitrine »beerdigt« war, unvergeßlich eingeprägt hat. Immer wieder stellte ich mich auf die dicke Panzerglasplatte und schaute die Frau an, die natürlich in Wirklichkeit ein Kunststoffprodukt war und mehr mit Madame Tussauds Kunst zu tun hatte als mit dem realen Steinzeitleben. Ja, dachte ich damals, man kann sich auch in Schaufensterpuppen oder Museumsmumien verlieben, warum nicht – eine gute Geschichte, vielleicht sollte ich daraus eine Erzählung oder einen Film machen. Nachdem wir das Museum betreten haben, stoßen wir auch in der Eingangshalle auf Gerüste. Kein Zweifel, das Museum wird im Augenblick renoviert und umgebaut, nur wenige Räume sind für Besucher geöffnet.

Trotzdem lassen wir uns nicht entmutigen und steigen als erstes ins geöffnete Untergeschoß hinunter. Dort ist im Augenblick eine ungewöhnliche Ausstellung zu sehen. Erzählt wird eine fiktive Geschichte: Der Museumsdirektor ist ermordet worden. Mit allen modernen kriminalistischen Methoden – Fingerabdrücken, Haar- und DNA-Analysen, Spuren unter den Fingernägeln des Toten, Mordwaffen, Tatorterfassungen, psychologisch-fiktiven Täterbildern – wird der Besucher auf Spurensuche gelockt. Es gibt sieben Verdächtige, die wir mit ihren Biographien kennenlernen. Jeder von ihnen – gespielt von Schauspielern und Schauspielerinnen – erklärt uns auf Bildschirmen, wo er oder sie sich zur Tatzeit aufgehalten hat. Die Besucher sollen ermitteln, ob die Alibis stimmen oder frei erfunden sind. Da sich die Ausstellung vor allem an Kinder mit ihrem Hang zum Spiel wendet, bleibt natürlich auch die Aufklärung spielerisch offen. Jeder Besucher kann eine Kugel in den Behälter unter dem potentiellen Täterbild werfen. Wer von den Verdächtigen am Ende der Ausstellung die meisten Stimmkugeln erhalten hat, wird zum Täter ernannt. Demokratische Tätersuche! Die Wahrheit als reine Abstimmungssache, ganz witzig, letztlich jedoch ein Spiel der Beliebigkeit. Wie in jedem Krimi ist es mir im Grunde egal, wer der Täter ist. Die meisten Filme dieses Genres leben davon, daß es viele Verdächtige gibt und jede beteiligte Person der Täter sein kann, jeder. Es sei denn, die Geschichte wird aus der Täterperspektive erzählt, wie in *M* von Fritz Lang etwa.

Nachdem wir noch Blicke in die wenigen offenen Museumsräume – ein blauer Saal unter dem Dach mit einem raumfüllenden Walskelett und einer kurze Geschichte des Menschen, vom Affen über den Neandertaler zum Homo Sapiens – geworfen haben, verlassen wir etwas enttäuscht das Museum wieder und schauen noch kurz hinüber zum seltsamen Musée Antoine Wiertz, in dem ich früher schon einmal war. Ich gebe zu, daß ich derartig skurrile Museen besonders schätze. Kaum zu glauben, was dieser romantische Maler, der zwischen 1806 und 1865 in Brüssel gelebt hat, alles auf die Leinwand gebracht hat. Grausamkeiten im Monumentalformat: *Hunger, Wahnsinn und Verbrechen* oder *Gedanken und Visionen des Kopfes eines Hingerichteten* sind typische Titel seiner Gemälde. Bekanntlich liebten vor allem die Symbolisten und Surrealisten diesen Ort, auch James Ensor kam oft hierher und sah in Wiertz ein Vorbild.

Auf dem Weg durch den winterlichen Leopoldspark sehen wir einige der monströsen EU-Gebäude über die kahlen Baumwipfel ragen. Als wir auf die breite, verkehrsreiche Rue Belliard stoßen, biegen wir nach rechts ab, unser Ziel ist der Parc du Cinquantenaire, der Jubelpark, wie ihn manche Zeitgenossen nennen. Unterwegs staunen wir über einen merkwürdigen, wahrscheinlich typisch belgischen Laden, der nur Puzzles zum Kauf anbietet. Unglaublich, was es da alles gibt! Kaum ein bekanntes Bild der Kunstgeschichte ist vor dem Zerhacker der Puzzlemaschinen sicher: Mona Lisa, Michelangelos Sixtinischer Adam, Marylin Monroe, Madonna, der Eiffelturm, die Insel Capri, das Empire State Building, das Atomium. Hier lerne ich: Das größte Puzzle der Welt ist 20 x 20 Meter groß. Wer beschäftigt sich mit solchen Puzzle-Problemen, wer hat die Zeit dazu und soviel Langeweile? Mir bleibt der Vorgang unbegreiflich!

Über die Avenue des Nerviens dringen wir in das Parkgelände ein. Im Reiseführer lese ich, daß auf diesem Areal früher Manöver abgehalten wurden. Deshalb ist es auch nicht verwunderlich, daß am östlichen Parkende das Musée Royale de l'Armée et d'Histoire Militaire in einem steinbewaffneten, repräsentativen Gebäudekomplex untergebracht ist. Während meiner *Lulu*-Zeit habe ich dieses Museum mehrmals besucht und den dort ausgestellten, martialischen Waffenzoo bestaunt. Kaum zu glauben, was der menschliche Erfindungsgeist auf dem Gebiet der Zerstörung und Vernichtung alles hervorgebracht hat! Während wir jetzt über die Parkwege gehen, glaube ich fernen Kanonendonner und Detonationen aus allen Richtungen zu hören, unter uns – stelle ich mir vor –, tief in der Erde, stecken bestimmt heute noch Tausende von Metallsplittern, verrostet, aber nicht verwest.

Wir kommen zur Zentralachse des Parks – der Avenue J.F.Kennedy – und steuern direkt auf den monumentalen Triumphbogen zu, der wie ein Import aus Paris wirkt. Im Gegensatz zum Arc de Triomphe jedoch steht dieses Exemplar nicht allein da, sondern bildet eine Art Verbindungsbrücke zwischen dem militärgeschichtlichen Museum und dem gegenüberliegenden Musée Royaux d'Art et d'Histoire. Das gesamte, mehrgliedrige Bauungeheuer wurde in der Zeit zwischen 1880 und 1905, zum 75jährigen Geburtstag Belgiens, errichtet. Bei zwei Weltausstellungen – 1897 und 1958 – dienten Gelände und Gebäude als Ausstellungsflächen.

Wir nehmen uns heute nur den rechten Bau, das Musée Royaux d'Art et d'Histoire, vor. Bei uns in Deutschland würden wir von einem Kunstgewerbemuseum sprechen. In endlosen Raumfolgen sind hier mittelalterliche Tische und Stühle, Renaissanceschränke und Barocktruhen, Kronleuchter in allen Formen und Größen, Gläser und Geschirr quer durch die Jahrhunderte, aber auch afrikanische Masken und ausgestopfte Urwaldtiere zu sehen. Eine Ausstellung von Nützlichem und Unnützlichem, von Bequemem und Unbequemem. Wer zuviel Geld hatte, ließ seine Alltagsgegenstände mit Schnitzereien, Ornamenten, Marmorintarsien und Lackoberflächen schmücken. Auch hier, im einstigen Flandern und in Brabant gab es Tischler, Juweliere und Spitzenklöpplerinnen, die Kunstvolles zur

Freude ihrer Käufer und Besitzer produzierten. Brabanter Tuch, Brüssler Spitzen waren berühmt.

Auf einer Galerie entdecken wir eine Ausstellung mit dem Titel: »Zwei deutsche Architekturen 1949–1989«. Verblüfft über das Thema an diesem Ort, gehen wir hinein. Die These der Kuratoren lautet: Es gibt keinen Unterschied zwischen den beiden Nachkriegsarchitekturen in Ost- und Westdeutschland. Häßlichkeiten sehen überall ähnlich aus: im Märkischen Viertel und bei den Plattenbauten in Marzahn, am Kurfürstendamm und in der Stalinallee. Herausragendes wurde in dieser Zeit weder im Westen noch im Osten gebaut. Die Architekturgenies des 20. Jahrhunderts waren von den Nazis vertrieben worden und bauten auf der ganzen Welt, nur nicht in Deutschland. Die Avantgarde kämpfte in anderen Ländern. Weltberühmte Architekten hat das Nachkriegsdeutschland nicht hervorgebracht.

Nach zwei Stunden entläßt uns das Museum wieder ins Freie. Etwas ermüdet stehen wir eine Weile unter dem Triumphbogen, studieren die heroischen Reliefs und den kriegerisch-nationalen Bauschmuck. Nachdem unsere Blicke die Oberflächen abgesucht haben, bemerkt Rikola Lüttgenau, der Geschichte studiert hat, trocken: »Irgendwie ist hier in Belgien alles eine Nummer zu groß geraten. Ein so winziges Land baut derartig gewaltige Triumphbögen, kaum zu glauben!«

Ja, denke ich, bestimmt hat er Recht, aber stolzen Nationalismus und pompöse Denkmäler gibt es überall, in kleinen wie in großen Ländern. Mit der U-Bahn fahren wir zurück in die Innenstadt. »Vielleicht findet heute abend ein Konzert im Palais des Beaux-Arts statt?«, sage ich.

»Ein guter Vorschlag. Wir können mal schauen.«

In der Innenstadt angekommen, gehen wir zum Kartenverkaufsschalter, der direkt über dem unterirdischen Gare Centrale liegt, und fragen nach. Tatsächlich haben wir Glück und erhalten problemlos zwei Karten für die Abendveranstaltung. Gespielt wird nur ein einziges Werk: die *Turangalîla-Symphonie* von Olivier Messiaen. Da wir viel zu früh sind, bleibt uns genügend Zeit, das spannende Palais des Beaux-Arts von Victor Horta genauer anzuschauen. Dieser Architekt gehört zu den prägenden Gestalten des modernen Brüssels. Er wurde 1861 geboren und starb 1947. Sein Jugendstilhauptwerk, das *Maison du Peuple*, ist leider abgerissen worden. Eine Katastrophe. In seinem ehemaligen Wohn- und Bürohaus ist inzwischen ein Museum eingerichtet worden. Da es jeder persönlichen Atmosphäre beraubt wurde und nichts Authentisches mehr vermittelt, war ich bei einem Besuch während meiner *Lulu*-Zeit davon nicht sehr begeistert. Hingegen lohnt es sich, wie ich von früheren Be-suchen weiß, das Palais des Beaux-Arts genauer anzuschauen. Zwischen 1916 und 1919 hielt sich Horta in Amerika auf. Zurückgekehrt nach Brüssel entwarf er nicht mehr in reinem Jugendstil, sondern ließ klassizistische Art-déco-Elemente in seine Architektur einfließen. Das Palais des Beaux-Arts entstand zwischen 1923 und 1929, gehört demnach seiner Post-Jugendstilphase an. Ein merkwürdiger Zwitter, suchend, tastend, formal zwischen den Zeiten schwebend. Schon der Bauplatz ist merkwürdig. Wie der Gare Centrale steckt auch dieser Bau weitgehend im Berg, nur ein geringer Teil seiner Baumasse ist von außen sichtbar. Nach Jahrzehnten des Verfalls erstrahlt er seit seiner Renovierung im Jahr 2002 heute wieder im ursprünglichen Glanz.

Neben dem Konzertsaal sind im Palais noch andere Institutionen untergebracht, vor allem das berühmte Musée du Cinema. Hier verbrachte ich bei einem anderen Aufenthalt in Brüssel viele eindrucksvolle Filmabende. Damals wurde eine Reihe mit dänischen Stummfilmen gezeigt, die sich mir in ihrer archaischen Schwarzweiß-Wucht tief einprägten. Meereszenen, Sandstrände, große, düstere Findlinge und Fischerhütten, kleine Häfen, gefährlich-verführerische Meerjungfrauen und schweigsam-gewalttätige Seefahrer mit wilden Bärten ... Außerdem erinnere ich mich gut an einen phänomenalen Klavierspieler, der die Szenen virtuos und stimmungsvoll untermalte. Als begeisterter Schwarzweißfilmanhänger fühlte ich mich hier wie im Paradies (das Paradies: ein Filmarchiv mit permanten Aufführungen?).

Wir beobachten das einströmende Publikum. Für ein Konzert mit Musik des 20. Jahrhunderts kommen erstaunlich viele Besucher. Am Ende sind alle 2 200 Plätze besetzt. Ich liebe das bürgerlich-ernste Konzertpublikum überall auf der Welt. Wer in solche Konzerte geht, ist in Ordnung und hat seine diabolische Seite im Griff, denke ich. Dies schreibe ich, obwohl ich weiß, daß gerade auch die Schlächter des Zweiten Weltkrieges klassische Musik gehört haben. Hitler liebte nicht nur Beethoven und Wagner, er hörte in der Wolfsschanze unzählige Male Franz Léhars *Lustige Witwe*, außerdem war er in D'Alberts Oper *Tiefland* ganz vernarrt. Welche Musik hören die anderen Diktatoren und Verbrecher dieser Welt? Das wäre ein gutes Ausstellungs- oder Buchthema!

In diesem, damals noch unrenovierten Saal erlebte ich während meiner *Lulu*-Zeit eine grandiose Aufführung von Strawinskis *Sacre du Printemps*. Die berühmten, komponierten Schläge im Orchester, die bei der Pariser Uraufführung zu einem skandalösen Tumult geführt hatten – ein Teil des Publikums verließ empört den Saal –, erfreuten das Publikum hier. Es bedankte sich am Schluß bei dem Dirigenten und den Musikern der Brüsseler Philharmonie mit nicht endenwollenden Ovationen.

Dieses Erlebnis wiederholt sich heute nicht. Dafür ist die Komposition von Messiaen zu kalt, distanziert und emotionslos. Er lehnte bekanntlich alles Subjektiv-Autobiographische in seinen Kompositionen ab (im Gegensatz zu Prokofjew oder Schostakowitsch etwa). Erstaunlicherweise kommt mir die Musik heute sogar trivial, fast schlager- und musicalhaft vor, allerdings ohne die dafür erforderlichen Melodie-Erfindungen. Durch mein *Saint-François*-Erlebnis in San Francisco bin ich ja durchaus vertraut mit Messiaens Kompositionsweise. Ich staune immer wieder über die Behauptung, daß sich dieser Komponist zu einem unangefochtenen, beim großen Publikum beliebten Klassiker des 20. Jahrhunderts hochentwickelt haben soll.

Durch die häufigen Wiederholungen von Motiven wirkt das Werk auf mich eintönig und einschläfernd. Eigentlich sind Wiederholungen ein wichtiges Motiv in der Musik. Bei der zweiten, dritten oder zehnten Wiederkehr erscheint uns die Tonfolge so bekannt, daß sie zu einem Teil unseres eigenen Ichs zu werden verspricht. Ich denke an Ravels *Bolero*, Johann Sebastian Bach, Anton Bruckner, und die amerikanischen Minimalkomponisten.

Als ich 1975 das erste Konzert von und mit Steve Reich im Kuppelgebäude des Stuttgarter Kunstvereins besuchte, war ich tief beeindruckt. Das Ensemble spielte unter seiner Leitung das inzwischen legendäre Stück *Für 14 Musiker*. Es bestand aus einem einzigen kompositorischen Motiv, das unendlich oft wiederholt wurde. Nur ganz allmählich verschoben sich die Tonlagen, das Grundmuster blieb eine Stunde lang gleich. Nach einer halben Stunde glaubte ich, in dieser musikalischen Frequenz zu atmen. Etwas später schlug auch mein Herz im gleichen Rhythmus. Ein körperliches Gefühl des Gleichklangs und des Glücks war die Folge.

Brüssel, 10. Februar 2007

Nach dem Aufwachen lasse ich meinen Gedanken wieder freien Lauf. Die berühmteste Filmregisseurin Belgiens ist Chantal Ackermann. Leider kenne ich die meisten ihrer oft experimentellen Werke nur aus Beschreibungen. Ihren einzigen kommerziellen Film *Eine Couch in New York* habe ich im Kino gesehen, und ich verbinde damit sogar eine ganz persönliche Erinnerung. Es war 1995, damals arbeitete ich an der großen Filmausstellung »Kino-Movie-Cinema«, die im Berliner Martin-Gropius-Bau zum 100jährigen Geburtstag des Mediums Film gezeigt werden sollte. Die Produktion der Ausstellungsarchitektur hatten damals, nach einer öffentlichen Ausschreibung, die Babelsberger Filmstudios gewonnen. Während der Bauzeit bin ich oft nach Babelsberg hinausgefahren, um den Fortgang der Arbeiten in den Werkstätten zu verfolgen. Mit dem Produktionchef, Herrn Schaper, verstand ich mich so gut, daß er mich immer wieder zu aktuellen Dreharbeiten, die auf dem Studiogelände stattfanden, einlud. Eines Tages sagte er zu mir: »Wollen Sie nicht morgen vorbeikommen? Chantal Ackermann dreht in der Marlene-Dietrich-Halle gerade ihren neuen Film mit Juliette Binoche und William Hurt. Kameramann ist der alte Fassbinder-Mitkämpfer Dietrich Lohmann?«

Ich war von seinem Vorschlag natürlich begeistert und fuhr am darauffolgenden Tag erneut nach Babelsberg hinaus. Nachdem Herr Schaper die Hallentür geöffnet hatte, stand ich sprachlos vor den Set-Aufbauten. Die riesige, oft leerstehende, banale Industriehalle war fast vollständig gefüllt mit Architekturen, Malereien, Schienen, Scheinwerfertürmen und Kameras. In der linken Hälfte erkannte ich einen malerischen Pariser Hinterhof, mit vergammelten Treppenhäusern, Balkonen und einer Dachlandschaft, wie ich sie aus Marcel-Carné-Filmen kannte. Die gesamten Aufbauten wurden von einem riesigen, gemalten Kulissenhimmel umspannt. Strahlendes Blau mit wenigen weißen Wattewolken. Die rechte Hallenhälfte war New York gewidmet. Ich sah den vornehmen Eingang zu einem Apartmenthochhaus, Bodenmuster, Möbel, Lampen und Aufzugsdetails im Art-déco-Protz-Stil. Das eigentliche Haus existierte nicht. Nur das oberste Apartment konnte ich identifizieren. Luxus, mit Marmorböden und riesigen Möbeln. Ein Panoramafenster öffnete sich auf die gesamte Raumbreite, davor lag eine Balkonterrasse, die einen Blick über den Central Park und die gegenüberliegende Skyline bot.

Stolz zeigte mir Herr Schaper jedes Detail und schien glücklich über meine bewundernden Ausrufe und Bemerkungen. Leider war der französische Setdesigner nicht anwesend, so konnte ich ihm meine Begeisterung über sein Werk nicht zum Ausdruck bringen.

Die Handlung des Films wurde schon oft variiert und ist eine alte Geschichte: ein Wohnungstausch mit späteren erotischen Verwicklungen. Juliette Binoche, eine Bohème-Frau, tauscht ihre Wohnung mit einem superreichen Psychiater aus New York. Jeder lernt den anderen über dessen Wohnung kennen. Eine nicht nur architektonisch bemerkenswerte Idee. Nach vielen Turbulenzen, Mißverständnissen und telephonischen Aggressionen kommen die beiden zum Schluß als Liebespaar zusammen, frei nach dem Motto: »Gegensätze ziehen sich an!«

Als wir beim zweiten Rundgang wieder in die New Yorker Eingangshalle eintraten, entdeckte ich die Regisseurin. Sie saß auf dem Boden und war vollkommen in die Lektüre ihres eigenen Drehbuchs versunken. Nicht ein einziges Mal schaute sie auf. Dafür stießen wir im angrenzenden Raum – es war das Behandlungszimmer des New Yorker Psychiaters – auf Dietrich Lohmann. Er hatte seine

Kameraposition für die nächste Szene, die in diesem engen Raum spielte, bereits eingerichtet und freute sich über einen ablenkenden Besuch. Wir unterhielten uns eine halbe Stunde lang über den Film, Kameraprobleme, Deutschland und Amerika, zuletzt auch über Fassbinder.

Nach diesem Film lebte Lohmann noch einige Jahre in Hollywood und konnte dort vor allem Actionfilme realisieren. Leider blieb ihm nicht mehr viel Zeit. Er wurde schwer krank und starb in der Stadt seiner Träume, ohne je wieder in Deutschland gearbeitet zu haben.

Erst als die beiden Stars der *Couch in New York* auftauchten und Chantal Ackermann aus ihrer Konzentration erwachte, wurden wir von der Filmcrew aus dem Set vertrieben. Beim eigentlichen Dreh durfte kein Unbeteiligter dabeisein. 1996 kam der Film in die Kinos und war, glaube ich, Ackermanns bisher größter (kommerzieller) Erfolg.

Am Vormittag gehe ich noch einmal allein durch die Stadt, streife am Opernhaus La Monnaie vorbei und schaue mir in den Schaukästen Photos der gegenwärtigen Inszenierungen an. Inzwischen ist die Ära Gerard Mortier längst beendet und ein anderer, mir nicht namentlich bekannter Intendant regiert hier. Mortier war ein großer Verehrer von Ruth Berghaus. Immer wieder versuchte er, mit ihr zusammenzuarbeiten. Außer *Lulu* sollte unser Wiener *Fierrabras* in Brüssel gezeigt werden, aber leider zerschlug sich das Projekt, vor allem auch deswegen, weil die Bühne im La Monnaie viel zu klein ist und kaum technische Möglichkeiten bietet, das Bühnenbild zu variieren. Weder Dreh- noch Seitenbühnen sind vorhanden. Dieser Umstand hatte zur Folge, daß in Brüssel nach dem Stagione-Prinzip verfahren wird, jede Inszenierung wird sieben- bis zehnmal in Folge gezeigt und verschwindet danach aus dem Spielplan.

Durch die gläsernen Eingangstüren blicke ich ins Foyer hinein und erkenne die geometrischen Muster des Marmorfußbodens, den der berühmte amerikanische Minimalkünstler Donald Judd entworfen hat.

Etwas elegisch gestimmt, steige ich die Stufen des Theaters wieder hinab und wende mich dem Boulevard Anspach zu. Da der Verkehrslärm zu laut ist, kann ich das Fließen des Wassers darunter nicht hören. Ich beobachte Passanten, während ich an der Ampel stehe und auf das grüne Zeichen warte. Dann fällt mein Blick auf eine pompöse Kinoreklame an der Hausfassade gegenüber. In diesem Kino war ich damals auch einmal, an den Film kann ich mich nicht erinnern, nur noch daran, daß ich mir schwor, nie mehr einen französischen Film in Originalsprache anzuschauen. Ich verstand kein Wort und saß wie ein Analphabet vor einem rätselhaften Bildersalat. Wütend und frustriert trat ich nachts aus dem Kino und streifte durch die Stadt. Vielleicht, dachte ich, ist diese ganze Stadt in einer anderen, dir fremden Sprache formuliert, du wirst sie nie verstehen ...

Mir fielen die Anfangssätze aus Knut Hamsuns Novelle *Hunger* ein: »Es war zu jener Zeit, als ich in Kristiania umherging und hungerte, in dieser seltsamen Stadt, die keiner verläßt, ehe er von ihr gezeichnet worden ist ...«

Meine Kreise werden größer und größer. Ich lasse mich durch die Gassen und Straßen treiben. Irgendwann stehe ich vor dem Schaufenster eines Tierpräparators und erinnere mich, daß ich diese Ladenwerkstatt früher schon einmal betreten habe. Damals staunte ich darüber, was man hier alles kaufen konnte: Ausgestopfte Affen, Zebras, Adler, Habichte, Krähen und Uhus. Farbige Schmetterlinge faszinierten mich so sehr, daß ich lange darübergebeugt stand und immer wieder nach den Preisen fragte. Ich entschied mich schließlich für einen riesigen, fast 15 Zentimeter langen Skorpion, der heute noch schön gerahmt in meiner Wohnung hängt.

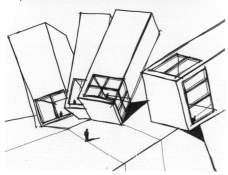

Vor dem Schaufenster des Präparators stehend, denke ich jetzt auch an die diversen Kindermörder Belgiens. Über Jahre erschütterten uns die Berichte darüber in Zeitungen und Fernsehnachrichten. Eine Zeitlang hatte man den Eindruck, Belgien werde nur von Kindermördern, Päderasten, Präparatoren und faschistoiden Politikern bewohnt. Inzwischen ist es an dieser Front ruhiger geworden.

An der Place Rogier stehend, fällt mir eine Hotelübernachtung ganz in der Nähe ein. Es muß im November 1988 gewesen sein, ich stand damals nachts am Fenster im 20. Stockwerk und beobachtete die Kreuzung unter mir. Zu diesem Zeitpunkt fegte ein orkanartiger Sturm durch die Stadt. Ich nahm die wütende Kraft des Windes an vorbeifliegenden Plastikmülleimern und Pappkartons wahr, die quer über die Straßenflächen flogen, als wären sie ferngesteuerte Wesen, die es so eilig hatten, als befänden sie sich auf der Flucht.

Meist blieben die Teile zerknautscht oder halb zerfetzt an Ampelstangen oder Fassadensockeln hängen, zuckten dort noch eine Weile und verendeten dann, unentschlossen leidend, in gläsernen Windfängen oder Toreinfahrten wie angeschossene Rehe. Manchmal tauchte ein verspäteter Mensch auf, hangelte sich, schräg gegen den Wind gestemmt, von Ampelstange zu Ampelstange, von Schaufensterrahmen zu Schaufensterrahmen. Das Überqueren der Straße wurde für ihn zum echten Problem. Der freien Asphaltfläche ausgesetzt, sah er aus wie ein hilflos im Sturm gekentertes Segelboot, bog sich zur Seite, bewegte sich in Zickzacklinien, wurde zurückgedrückt, bückte sich ganz tief und versuchte, verkrümmt zu einem Gnom, die Passage aufs neue.

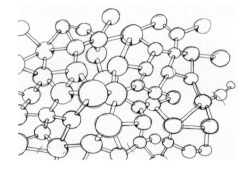

Autos kamen langsam dahergeschlichen, als hätten sie ein schlechtes Gewissen. Trümmerstücken wichen sie vorsichtig aus.

Auch der Gare du Nord gehört inzwischen zu meinen Erinnerungsorten. Heute betrete ich noch einmal die Innenräume, die mit ihren Rolltreppenlabyrinthen, Fließbändern, spiegelnden Glasflächen, Klimarohrverschlingungen und Wäldern aus Stahlträgern aussehen, als hätte sie Piranesi entworfen.

Vollgesaugt mit alten und neuen Bildern, wandere ich weiter den Boulevard Baudouin hinaus bis zum Canal de Charles-Roi. Die Stadtlandschaft wird hier härter, von industriellen Bauten – Lagerhallen und Fabrikanlagen – geprägt. Mein Blick fällt in offene, ölverschmierte Autowerkstätten hinein. Handwerker in schmutzig-blauen Overalls kriechen unter den Blechkäfern herum wie brutale Chirurgen. Bei manchen Autos stehen die Motorhauben so weit offen, als würden die armen, künstlichen Wesen vor Schmerz schreien wollen. Aber es kommt kein Laut aus den metallischen Innereien. Ich höre nur das Schnurren der Bohrer und das ab und zu aufheulende Schnauben der Schleifgeräte. Dazwischen erklingt emsiges Klopfen, hell und schnell oder langsam, schwer und dumpf. Die französischen Rufe der Handwerker täuschen charmante Harmlosigkeit vor.

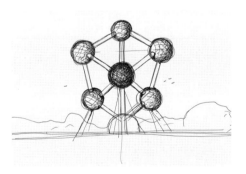

Jetzt denke ich an die stimmungsvollen Kriminalgeschichten George Simenons, die oft in diesen Gegenden angesiedelt sind. Maigret biegt um die Ecke. Ob er mit Magrittes komisch-seriösen Bürgern zu tun hat? Hinter jeder Fassade lauert das Unheil, und Moral bleibt ein dünnes Eisgebilde, besser gesagt: eine dünne Fensterglas-Konstruktion.

Auf dem Rückweg zum Hotel betrete ich noch einmal den Jardin Botanique, in dem ich früher manchen Sonntagnachmittag verbracht habe. Als Bewunderer aller Glashäuser des 19.Jahrhunderts gehört natürlich auch dieses hier stehende Exemplar aus dem Jahr 1826 – errichtet von T.F.Suys – zu meinen Lieblingen. Allerdings hat es einen schweren Stand gegenüber meinem Favoriten in Kew Gardens bei London.

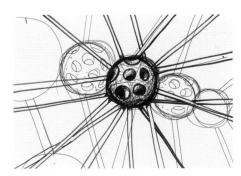

Während ich über die Parkwege schlendere entdecke ich am Horizont die gläsernen Hochhäuser des EU-Stadtviertels. Die Symbole des neuen Europa sehe ich mit gemischten Gefühlen. Dort werden wir verwaltet. Ich denke an Bismarck und seine heroisch-listige Tat: die Schaffung des Nationalstaats Deutschland. Jetzt also soll es keine Nationalstaaten mehr geben, die politische Großstruktur heißt seit einigen Jahren Europa.

Das neue »Versailles« sieht aus wie eine Versammlung aller nationalen Finanzämter. Sind die gläsernen Beamtenburgen typisch für diese Stadt? Oder bleiben Grand'Place und Manneken Pis die wahren Symbole? Es gibt noch eine interessante Variante: Viele Einwohner und Touristen sehen im Atomium, das zur Expo 1958 errichtet wurde, das eigentliche Wahrzeichen der Stadt. Der Architekt André Waterkeyn hatte die geniale Idee, eine Elementarzelle der Eisenkristallstruktur 165-milliardenfach zu vergrößern und als zeichenhaftes Bauwerk ins Zentrum der Ausstellungsanlage zu stellen. Dabei kam ein 102 Meter hohes, aus neun Kugeln mit jeweils 18 Meter Durchmesser und diagonalen Rohrverbindungen bestehendes Gebilde heraus, das Skulptur, Architektur und naturwissenschaftliches Demonstrationsobjekt in einem ist. Unverständlicherweise sollte das Atomium nach dem Ende der Ausstellung wieder abgerissen werden. Aber die markante Form hatte sich so tief ins kollektive Bewußtsein der Einwohner Brüssels und der Stadttouristen eingenistet, daß sein Existenzrecht Jahr für Jahr verlängert wurde. Mit der Zeit wurde die Aluminiumoberfläche der Außenhäute porös, nur eine Generalsanierung konnte das Architekturkunstwerk retten. Zwischen 2004 und 2006 war es dann soweit, man hatte die erforderlichen 21 Millionen zusammen, und die Renovierung wurde gründlich durchgeführt. Edelstahlplatten ersetzen seither die Aluminiumaußenhaut. Und jetzt glänzt das Objekt so strahlend in der Sonne, daß man glaubt, es sei gerade neu errichtet worden.

Der einzige Nachteil des Stadtzeichens ist sein ungünstiger Standort. Eigentlich sollte der Bau, wie der Eiffelturm, direkt aus dem Zentrum aufragen. Vielleicht hätte man ihn bei der Renovierung an einen neuen Standort umsetzen sollen. Direkt in der Altstadt etwa, über ihr thronend, provozierend nah an der historischen Bausubstanz wie das Centre Pompidou in Paris. Aber leider scheint in Brüssel der Wille zu derartigen Entscheidungen zu fehlen.

Am Nachmittag fahren wir gemeinsam mit dem Zug hinaus zum Flughafen und fliegen zurück nach Berlin. Während der Bahnfahrt tauchen sie wieder in mir auf, jene Stadtgedanken, die mich manchmal wie Mücken umschwirren, und ich notiere sie gleich auf einem Zettel, den ich für solche Momente immer in meiner Jackentasche bereithalte: Die Stadt als Erweiterung des Ichs sehen oder als dessen Zerstörung ... Kraft aus einer Stadt schöpfen ... oder von einer Stadt so ausgebeutet und zerstreut werden, daß sich Seele und Geist auflösen, vielfenstrig und verkehrszerflossen ... Die Stadt als Spiegel benutzen ...

London

London, 2.Juli 2007

Heute morgen von Frankfurt nach London geflogen. Obwohl in England dieser Tage eine gewisse Hysterie wegen aktueller Bombendrohungen herrscht, war ich mutig genug, die Kurzreise nicht abzusagen.

Bereits das Einchecken in Frankfurt kostete viel Zeit und Nerven. Die anschließende, erzwungene, endlos lange Wanderung mit dem schweren Handgepäck durch verwinkelte Glasgänge, an verspiegelten Innenhöfen vorbei, überwacht von an den Decken hängenden Videokameras zum Ausgangsgate, schien mir Teil einer raffinierten Zermürbungsstrategie zu sein. Wer das Flugzeuginnere schließlich erreicht hat, müßte von seinem terroristischen Vorhaben abgebracht worden sein. Aber unsere quälenden Überprüfungen waren noch längst nicht zu Ende. Zweieinhalb Stunden saßen wir unschuldigen Passagiere im parkenden Flugzeug und wurden immer wieder aufs neue durchgezählt. Jeder mußte seine Bordkarten mehrfach vorzeigen. Über Lautsprecher verkündete der Kapitän: »Es befindet sich ein Passagier mehr an Bord, als auf meiner Liste ausgedruckt. Auch ein Gepäckstück kann nicht ganz klar identifiziert werden!« Möglicherweise hatten wir also tatsächlich einen Terroristen an Bord. Ich schaute mich unauffällig um; wer könnte es sein? Natürlich gab es Inder, Schwarze und Pakistanis an Bord der vollbesetzten Maschine, aber es könnte genausogut ein harmlos dreinblickender Europäer sein. Vielleicht der dort hinten mit den kurzen, roten Haaren? Oder handelt es sich um eine Frau? Zwei Stunden lang wartete ich auf die Erstürmung und Evakuierung unseres Flugzeugs. Oder gab es keine Chance mehr, und die Explosion stand kurz bevor? Durch das Fenster beobachtete ich das Flugfeld, registrierte jede auffällige Bewegung und staunte über meine ohnmächtige Passivität. Da mein Sitz und mein Bewegungsraum extrem eng waren, konnte ich bereits nach einer Stunde kaum noch Arme und Beine rühren. Die Muskelverspannungen wurden zunehmend schmerzhaft. In Gedanken sah ich mich an einem weiten Sandstrand, ging die Brandung entlang mit großen Schritten, frei atmend, und genoß den leeren Raum um mich herum. Freiheit, dachte ich mal wieder, hat auch mit Bewegungsfreiheit zu tun. Ich verdammte die Entwerfer dieser engen Flugzeugmöblierung und formulierte einen Brief an British Airways, in dem ich mich beschwerte und auf die konsequente Benachteiligung, ja Diskriminierung von Menschen hinwies, die 2 Meter groß sind oder mehr. Designer gehen wohl immer noch von einem mittelalterlichen Menschen-Durchschnittsmaß von 1,60 Meter aus!

Draußen auf dem Rollfeld fielen mir weiterhin die betont harmlosen Aktivitäten auf: Männer in gelben Arbeitsanzügen schoben Keile unter Flugzeugräder, hoben Koffer auf Gepäckwagen oder steckten Kraftstoffhähne in Flugzeugöffnungen an den Unterseiten der glänzenden Metall-Leiber. Es herrschte normaler Flughafenalltag, daran konnte kein Zweifel bestehen. Langsam beruhigten sich meine Phantasien, und die schwarzen Angstkrähen verwandelten sich endgültig in duftige Sommerwolken. Schließlich starteten wir tatsächlich und landeten nach ruhigem Flug auf dem City-Airport im Osten Londons.

Mit Alex, der Graphikerin aus Wiesbaden, die mich begleitet, steige ich in einen bereitstehenden, automatisch gesteuerten Zug. Ein heftiger, mit Gewitter und Blitz vermischter Regenschauer geht über der Stadt nieder. Jetzt erst bemerke ich die schwüle Luft, die sich schlagartig abkühlt. Der futuristisch aussehende Zug bringt uns zur nächsten U-Bahn-Station. Draußen zieht, schraffiert von schrägen Regenlinien, die Bebauung der alten Docklands vorbei. Kunterbunt gemischte Architektur, industriell streng, dann wieder modisch gekurvt.

Einmal taucht die flache Wölbung des Millenniumdoms von Richard Rogers auf. Aus dem riesigen Folienzeltdach stoßen 100 Meter hohe Stahlfachwerkstützen schräg in den wolkenverhangenen Himmel – es sind die Zeltstangen, an denen die ganze Konstruktion hängt. Die architektonische Form des Gebäudes erinnert mich an einen ins Monumentale vergrößerten Seeigel. Mir fällt eine Szene aus einem der letzten James-Bond-Filme ein. Bond springt ohne Fallschirm aus einem Flugzeug und landet unverletzt wie immer auf dem weichen Dach des Millenniumzelts. Elegant rutscht er von der schrägen, leicht eingebeulten Fläche und entkommt seinen Verfolgern, wie wir es von ihm erwarten.

Während unser Zug weiterrumpelt und der Himmel sich so verfinstert, als würde der Weltuntergang bevorstehen, lese ich im Reiseführer, daß die Stadt London große Probleme mit der Nachnutzung des 50 Meter hohen und im Durchmesser 320 Meter breiten Zeltbaus hat. Die meiste Zeit über steht er unbenutzt da. Kaum zu glauben! In einer Millionenstadt wie London müssen sich doch Funktionen für ein derartiges Bauwerk finden lassen. Ich könnte mir eine Alpennachbildung zum Herumklettern und Skifahren darin vorstellen.

Wie im Flugzeug sitzen wir eng eingekeilt zwischen Koffern, Taschen, Tüten und Menschen aus der ganzen Welt: Afrikanern, Chinesen, Japanern, Indern, Russen, Amerikanern, Mexikanern, Italienern und Polen. Ob wir die einzigen Deutschen sind? Im Reiseführer lese ich weiter, daß die Millionenstadt London aus allen Nähten platzt und die Docklands zu einem willkommenen Ausdehnungsgebiet für Büro- und Wohnhäuser wurden, nachdem der Hafenbetrieb nach Tilbury verlegt worden war. Trotz der schönen Wasserflächen möchte ich hier nicht unbedingt wohnen, zu unwirtlich und unromantisch erscheinen mir die neu errichteten Häuser. Ich denke an die herzlose Kälte von La Défense in Paris.

Zwischen den Architekturklötzen entdecke ich ab und zu leere, unbebaute Flächen. Dort wuchern verwilderte Wiesen. Kaum zu glauben im Heimatland des gepflegten englischen Rasens!

Morgen sollen wir unseren Wettbewerbsbeitrag zur Gestaltung einer neuen Ausstellung im »Wellcome Trust« über das Thema »War and Medicine« vorstellen. Da ich noch nie in London gearbeitet habe, würde ich mich über dieses Projekt freuen. England gehört zwar nicht zu meinen Lieblingsländern, dennoch wäre es bestimmt gut für mich, etwas mehr über das Land mit der ältesten demokratischen Tradition – auch der ältesten noch lebendigen Monarchie – zu erfahren. Bisher kam mir das Land etwas verstaubt und übertrieben konservativ vor. Aber andererseits hat die zurückhaltende immer leicht ironische Bescheidenheit der Engländer, auch ihr starkes Traditionsbewußtsein, in meinen Augen etwas Sympathisches.

Kurz bevor wir in die Underground-Station hinuntersteigen, klärt sich der Himmel auf, und die Sonne bricht hinter schweren, grauen Regenwolken hervor. Die schwüle Luft drückt nicht bis in die U-Bahnschächte hinunter. Nach einer Fahrt von über einer Stunde, die dem Aufenthalt in einer Kanalröhre gleicht, erreichen wir unser Hotel in South Kensington. Schon als wir aus dem kleinen Bahnhof Earl's Court in eine gemütlich-kleinstädtische Wohn- und Geschäftsstraße hinaustreten, legt sich meine Aggression gegen das Fahren in der U-Bahn wieder, und ich bin vorübergehend versöhnt mit London.

Unser Hotel ist in einem jener wunderschönen weißen Gebäude untergebracht, die vor allem durch ihre gleichförmigen Säulenvorbauten eine sehr vornehme Atmosphäre ausstrahlen. Daß die drei- bis viergeschossigen Häuser im Grunde Reihenhäuser ohne eigene Seitenansichten sind, stört mich kaum. Leider gleichen unsere Hotelzimmer winzigen Schiffskajüten, aber für eine Nacht genügt der mangelnde Komfort, außerdem werde ich durch einen romantischen Blick auf das Glasdach des Bahnhofs Earl's Court entschädigt. Nachdem wir unser Gepäck in den Zimmern verstaut haben, steigen wir sofort wieder in die Underground hinunter und fahren zur »Tate Modern«, die leider nur bis 18.00 Uhr geöffnet hat, ein Tatbestand, den ich als nicht sehr großstädtisch ansehe. Jetzt sind wir erst kurze Zeit in London und sitzen schon die zweite Stunde in der U-Bahn. Dieses Verkehrsmittel mag für die Schnelligkeit von Vorteil sein, auf mich wirkt jede Fahrt dennoch deprimierend. Ich fühle mich zur Rohrpost degradiert, stehe oder sitze mit anderen Passagieren in engen Räumen, ohne jeden Ausblick auf die Stadt. Als ängstlich-phantasievoller Mensch stelle ich mir vom Stromausfall bis zum Terroranschlag alle Katastrophenvariationen vor und wundere mich über die Coolness der Passagiere.

Schon der Gang hinunter in die gefliesten Katakomben ist wenig attraktiv und kommt mir vor wie der Abstieg in Piranesis Carceri oder Dantes Inferno. Voller Sehnsucht denke ich an die unterirdischen Paläste der Moskauer Metrostationen. Endlos lange Rolltreppen, oft noch mit Holzstufen, fahren hier in London Menschenmassen hinauf und hinunter. Von den Decken hängen zuckende Neonröhren, der Putz bröckelt, und durch große Löcher sehe ich auf nackte Kabel und Rohre. Verwesende Architekturen, die mich an ein Darmsystem denken lassen, das längst von Krebs zerfressen ist. Ich entdecke Blinddarmentzündungen und Darmdurchbrüche, sehe durch blutverschmierte Muttermund- und Afteröffnungen auf unterirdische, bestialisch stinkende Seen aus Blut und Exkrementen.

Mir fallen die abwesenden Gesichtsausdrücke der Passagiere auf, die Menschen wirken auf mich wie längst gestorbene Jenseitsbewohner. Jetzt erst verstehe ich, daß die U-Bahn-Stationen in Wirklichkeit Eingänge in die Unterwelt sind und nur derjenige, der sich bewegt, eine Chance hat, irgendwo wieder ausgespuckt zu werden. Wer sitzen bleibt, im unrichtigen Moment aufsteht, eine falsche Tür öffnet oder gar über die Bahnsteigkante hinaustritt, wird sofort vom Unterwelt-Ungeheuer verschlungen. Sein Tod ist dann nicht mehr vorläufig, sondern endgültig, für immer und ewig!

Von den Wänden, die links und rechts die Rolltreppen begleiten, glotzen uns Hunderte, wenn nicht Tausende gerahmter Plakate an: Gesichter, Augen, Menschengruppen, Models, Autos. Reklame für irgendwelche Produkte oder Ereignisse. In London lebt die weltweit längst untergegangene Popkultur in der Reklame, der Kunst und im täglichen Leben immer noch. Carnaby Street, die Beatles und die Rolling Stones. Und London ist die Stadt der Musicals. Auf den Plakaten sehe ich, daß *Les Misérables* und *Chicago* immer noch laufen: »Chicago – sexy, sassy, seductive!« Die bunten Poster überbieten einander in ihrer Ankündigungseuphorie: »*We will rock you* – the Queen musical, guaranteed to blow your mind!« »*Fame* – the musical in the Aldwich Theatre!« »*Our House* – the madness musical!« »*Romeo and Juliet* – the musical in the Piccadilly Theatre!« »*125th Street* – a new musical from the creators of Buddy!« »*Stomp* – not to be missed in the Vaudeville Theatre, the Strand, London WC 2!« »*My Fair Lady!*« »*The Lion King!*« »*Mamma Mia!*« »*Grease!*«

Mir fällt auf, daß fast alle Erfolgsmusicals von Sir Lloyd Webber, dem erfolgreichsten aller britischen Musicalkomponisten, inzwischen aus den Spielplänen verschwunden sind. Nur *The Phantom of the Opera* kann ich noch entdecken. Einige davon habe ich selbst hier in London gesehen, vor allem natürlich *Cats* und *Jesus Christ Superstar*. Den Rekord an langer Laufzeit hält bestimmt ein Theaterstück: »Agatha Christie's *The Mousetrap*, thrilling audiences for 50 years! The cleverest murder mystery of the British theatre! Saint Martin's Theatre!«

Ein besonders großes, auffallendes Plakat wendet sich an junge Männer (vielleicht auch Frauen), die sich als Privat-Kiez-Polizisten bewerben sollen. Auf dem inszenierten Photo sieht man einen Humphrey-Bogart-Typen im Trenchcoat telephonierend hinter einer Hausecke stehen und eine Gruppe junger Männern beobachten, die gerade dabei sind, eine attraktive Frau auszurauben und zu vergewaltigen. Er greift offensichtlich nicht ein, sondern telephoniert nur Hilfe herbei. Unter der Abbildung steht: »We are searching extraordinary people as special constables!« Mich erinnert die Szene an den vielleicht brutalsten aller englischen Filme: *A Clockwork Orange* von Stanley Kubrick aus dem Jahre 1971. Ich habe ihn mir vor kurzem wieder einmal angeschaut und war genauso entsetzt wie damals in den 1970ern, als ich dem gewalttätigen Alex mit seiner Gang zum ersten Mal begegnet bin. Das Zynische an dem Film besteht vor allem darin, daß sich alle Schlägereien, Vergewaltigungen, Tötungsversuche und Morde dieser Bösewichte zu Wiener-Walzer- oder Beethoven-Klängen ereignen. Eine der brutalsten Szenen spielt übrigens in einem frühen Gebäude von Sir Norman Foster, dem Skybreak House. Hier führen ein Schriftsteller und seine Frau ein zurückgezogenes Leben. Musikalisch begleitet von dem Song *Singin' in the Rain* bricht die Gang in das mondäne Anwesen ein und fällt über die beiden Hausbewohner her. Der Schriftsteller wird bei dem Überfall so schwer verletzt, daß er danach gelähmt im Rollstuhl sitzt, die Hausherrin stirbt an den Folgen der Vergewaltigung, wie wir später erfahren.

Der Film hat nicht gerade zum positiven Image der Stadt London und der Londoner beigetragen! Andererseits führt er eine Tradition fort, die sich – aus welchen Gründen auch immer – in London festgesetzt hat: Jeder kennt den ominösen Massenmörder Jack the Ripper, jeder kennt Sir Arthur Conan Doyle und sein Geschöpf Sherlock Holmes, jeder kennt Edgar Wallace und Agatha Christie. Bestimmt ist es auch kein Zufall, daß der größte aller Kriminalfilmregisseure – Alfred Hitchcock – im Londoner East End geboren wurde. Dort betrieben seine Eltern einen Gemüseladen. Die meisten seiner frühen Schwarzweißfilme wurden in London produziert. Erst 1939, mit 40 Jahren, zieht Hitchcock nach Hollywood und dreht dort seine berühmtesten Erfolgsfilme. Den trockenen englischen Humor vergaß er sein Leben lang nicht, auch nicht die Liebe zu neblig-verregneten Londoner Stimmungen. Mit einem seiner letzten Filme – *Frenzy* – kehrte er 1971 noch einmal in seine Heimatstadt zurück.

Ich sitze noch immer in der Underground und lasse mich durchschütteln. Das System der Londoner U-Bahn ist total veraltet. Seit der Eröffnung vor über 100 Jahren scheint nicht viel erneuert worden zu sein. Die Bahnhöfe und Bahnsteige sehen so versifft, kaputt und verdreckt aus, als würden sie im nächsten Moment den Geist aufgeben. In manchen Stationen werden Decken und Wände von Gerüsten gestützt. Darunter ducken sich uralte Ticketschalter und Zeitungskioske wie von Spinnen eingewobene Mumiensärge. Krankhaft blasse Verkäuferinnen haben bestimmt seit Jahren kein Tageslicht mehr gesehen.

Im Reiseführer lese ich, daß die erste Linie der Londoner Underground 1863 zwischen Paddington und Farringdon eröffnet worden ist. Entgegen aller Unkenrufe kam das neue Verkehrssystem so gut beim Publikum an, daß in den Jahren danach immer mehr Strecken gegraben, gebohrt und ausgebaut wurden. Damit war London technisch führend auf diesem Gebiet und galt als die modernste Stadt der Welt. Dabei fällt mir ein, daß ich eigentlich ein Spezialist für dieses Thema bin. Ich habe nämlich 1970 an der Universität Stuttgart eine Diplomarbeit im Fachbereich Städtebau geschrieben, die sich mit neuen U-Bahn-Linien in Zürich, Stockholm und Amsterdam befaßte. Mein besonderes Interesse galt den städtebaulichen Auswirkungen neuer Stationen auf die umliegende Bebauung. Aber das ist lange her und fast vergessen.

Inzwischen haben wir sogar einen Sitzplatz ergattert. Während ich unauffällig an den Passagieren entlangschaue, fallen mir Henry Moores eindrucksvolle Zeichnungen aus der Kriegszeit ein: In den leeren Röhren der Underground sieht man Tausende von Londonern auf Bahnsteigen und Gleisen liegen, in Decken oder Schlafsäcke gehüllt. Sie hatten hier Schutz vor deutschen Luftangriffen gesucht.

Zwischen 1940 und 1945 kamen über 40 000 Menschen im Bombenhagel ums Leben, und die Stadt wurde stark zerstört. Millionen überlebten im Schutz der U-Bahn-Röhren. Heute sieht man in der Stadt von den Kriegsereignissen keine Spuren mehr. Nur im Imperial War Museum wird darüber berichtet, und Churchills ehemalige Bunkerräume im Regierungsviertel sind auch für Touristen zugänglich. Beängstigende, fensterlose Räume mit zahlreichen Telephonen und Schreibtischen, mit spartanischen Stühlen und Liegen. Mir fällt auf, daß in den aktuellen deutschen Reiseführern nur wenig über die Untaten der Nationalsozialisten berichtet wird. Wahrscheinlich will man die alten Wunden nicht aufreißen. Bei allen Gesprächen mit Engländern glaube ich aber, immer noch einen gewissen Deutschenhaß gespürt zu haben.

Endlich erreichen wir unser Ziel, die Station Waterloo, und gehen von dort an der Themse entlang Richtung »Tate Modern«. Seit 1981 stand das ehemalige Elektrizitätswerk, ein zwischen 1947 und 1963 vom englischen Architekten Sir Giles Gilbert Scott entworfenes Gebäude, leer und unbenutzt am Südufer der Themse. 1995 gewannen die Schweizer Architekten Herzog & de Meuron den international ausgeschriebenen Wettbewerb. Fast 200 Millionen Euro investierte die Stadt London in das Prestigeobjekt. Nach seiner Eröffnung am 12. Mai 2000 wurde die Tate Modern von allen Kunst- und Architekturkritikern begeistert gefeiert. Allein die Größe des Museums ist überwältigend. Der alte Konkurrenzkampf zwischen den beiden Kunstmetropolen Paris und London flammte wieder auf. Bis zum Jahre 2000 stand Paris als glänzender Sieger da, nicht nur die Grand Opéra und der Eiffelturm, sondern auch das Centre Pompidou und der Umbau des Louvre schienen unübertrefflich in Größe, Qualität und der Gunst des Publikums. Aber jetzt schlug die britische Hauptstadt zurück. Mit einem einzigen Coup kehrte London, die einst so glanzvolle Stadt, in die Kunstwelt zurück. Seit Joseph Paxtons längst zerstörtem, inzwischen legendärem Kristallpalast hatte kein Bau in diesem Ausmaß die kunstinteressierten Gemüter bewegt. Mit einem Male galt die Stadt nicht mehr als konservative Traditionalisten-Hochburg, und alle Welt staunte über die mutige Realisierung. Während wir uns jetzt also der monumentalen Kunstburg annähern, plaudern wir über London und englische Kunst.

Ich: »Für mich gehörte London nie zu den schönen, attraktiven Städten. Warum, kann ich selbst nicht genau sagen, wahrscheinlich liegt es an der flächigen, vollkommen hügelfreien Topographie der Stadt. Sicher gibt es die Parks, aber der englische Parkstil gehört ebenfalls nicht zu meinen Lieblingsstilen. Ich finde ihn banal und dramaturgisch langweilig. Mit dieser Mode, die sich ja über ganz Europa ausbreitete, wurden im 19. Jahrhundert viele bisher geometrisch angelegte Parks zerstört.«

Alex: »Das ist ein hartes Urteil. Hier an der Themse sieht die Stadt doch sehr malerisch aus.«

Ich: »Unter malerisch verstehe ich etwas anderes. Für mich ist die Themse ein braungrauer Dreckfluß, der nicht einmal zu einer richtigen Spiegelung der Gebäude in der Lage ist. Die einzigen wirklich eindrucksvollen Gebäude in London sind die Houses of Parliament, die wir leider von hier aus nicht sehen.«

In diesem Augenblick gehen wir den neu ausgebauten südlichen Uferweg des Southwalk entlang, auf der gegenüberliegenden Seite liegt das Bankenviertel, darüber wölbt sich die mächtige Kuppel von Saint Paul's Cathedral.

Ich: »Nein, eine wirklich tolle Skyline ist das nicht. Es ist schon komisch, daß die Engländer so grausame Künstler wie Francis Bacon und Damien Hirst hervorbringen. Von heute aus gesehen, wirkt Henry Moore dagegen wie ein in die sinnlich-schöne Natur verliebter Menschenfreund!«

Alex: »Ich weiß nicht, ob Bacon und Hirst wirklich so typisch für hier sind. Außerdem hat Henry Moore fast nur Knochen und Steine vergrößert, vielleicht ist seine Kunst in Wirklichkeit nicht so positiv gewesen, wie du sie jetzt darstellst?«

Ich: »Es gibt ja noch mehr Häßlichkeitsfanatiker in England: zum Beispiel Lucian Freud.«

Alex: »Mir ist es jedenfalls lieber, die Menschen leben ihre grausamen Phantasien in der Kunst, der Literatur und im Film aus als in Wirklichkeit. Hätten sich die Nazis auf diese Gebiete beschränkt, wäre der Menschheit manches Leid erspart geblieben, und viele Juden hätten überlebt. Ich finde die Objekte von Damien Hirst übrigens nicht so schlimm.«

Ich: »Mich ekelt seine plakative Direktheit ziemlich an. Jetzt fehlt nur noch der nächste Schritt: Dann stellt er auch Embryos, Ermordete und an Krebs Gestorbene genauso aus. Am Ende mutiert er zu Jack the Ripper und inszeniert aus den massakrierten Opfern eine spektakuläre Ausstellung in Tate Modern!«

Alex: »Jetzt übertreibst du aber!«

Inzwischen sind wir vor der modernen Kunstburg angekommen. Die Eingangshalle spart nicht mit Raumvolumen. Hier gibt es verschwenderisch viel Platz. Eine Industrie-Kunst-Kathedrale, die uns mit einem Bedeutungspathos anhaucht, das der zum Experiment neigenden modernen Kunst heftig widerspricht. Raum ... Raum ... Raum. Bei genauem Hinsehen erkennen wir die ursprünglich industriellen Funktionsdetails an den Wänden und an der Decke. Sie brechen das Pathos auf ein erträgliches Maß herunter. Dazu kommen die neuen Einbauten auf der gegenüberliegenden Seite, die großen Fenster- und Balkonöffnungen mit dahinterliegenden Shops, Wartezonen und Rolltreppen, die auch in einem Kaufhaus nicht viel anders aussehen würden.

Daß der Besuch dieses Museums kostenlos ist wie in allen übrigen Londoner Museen auch, gehört zu den positiven Errungenschaften der Tony-Blair-Zeit. Nur für die beiden Sonderausstellungen »Global Cities« und »Dali & Film« müssen Tickets gekauft werden.

Die eigentlichen Ausstellungsräume des Museums sind architektonisch sehr angenehm und zurückhaltend gestaltet: hellbraunes, einfaches Parkett, weiße Wände und dezente künstliche Beleuchtung. Nach wenigen Schritten stehen wir vor den bedeutendsten Gemälden und Skulpturen von Pierre Bonnard, Auguste Rodin, Umberto Boccioni, Pablo Picasso, Salvador Dalí, Marcel Duchamp, Alberto Giacometti, Mark Rothko, Lucian Freud, Max Ernst, Jackson Pollock, Barbara Hepworth, Claes Oldenburg, Richard Long, Jonas Mekas, Steve McQueen, Gilbert & George. Auch Dieter Roth, Joseph Beuys, Anselm Kiefer und Gerhard Richter sind vertreten. Am meisten beeindruckt mich (wie in Paris) ein riesiger, knallbunter Scherenschnitt von Henri Matisse. Unglaublich, welche Lebensfreude von diesem Werk ausgeht, daneben wirken die verstümmelt-dekorativen Porträts von Picasso geradezu depressiv.

Das Publikum ist ungewöhnlich. Auf Bänken dösen Männer und Frauen, dick gefüllte Plastiktaschen neben sich. Mütter albern mit ihren Kindern vor echten Chagalls und Rodtschenkos herum. Ich freue mich über die fröhlich-alltägliche

Lockerheit. Als Deutscher neige ich natürlich zum ernsten, gewissenhaften Blick und benutze jeden Gang durch ein Museum als intellektuell-kulinarische Suche nach Erkenntnis.

Eine Zeitlang stehen Alex und ich auf einer Balkon-Terrasse im obersten Stockwerk des Museums und betrachten die Skyline Londons in Richtung Norden. Aus der erhöhten Perspektive wird das Bild schon interessanter, trotzdem bleibt London eine Ansammlung langweiliger Gebäude. Es fehlen die wirklich spannenden Überhöhungen. Selbst die Kuppel von Saint Paul's Cathedral sieht aus wie ein deplaziertes römisches Zitat, obwohl natürlich Sir Christopher Wren, der nach dem großen Stadtbrand zwischen 1670 und 1720 in London über 50 Kirchen entwerfen und bauen konnte, mit diesem Bau ein perfektes Meisterwerk schuf. Alex: »Erinnerst du dich? In dieser Kirche dort drüben fand die inzwischen legendäre Hochzeit von Prinz Charles und Lady Diana statt.«

Wir fahren mit den Rolltreppen wieder hinunter und schauen noch eine Zeitlang in den Bookshop hinein. Wie überall auf der Welt stehen auch hier kilometerlange Regale, angefüllt mit Kunst- und Architekturbüchern. Inflationär! Deprimierend! Irgendwann fällt mir ein Heft in die Hand, in dem die aktuellen Architekturprojekte Londons vorgestellt werden. Zu meiner Überraschung soll genau diese Skyline, die wir gerade von der Balkon-Terrasse gesehen haben, im Laufe der nächsten Jahre durch den Bau zahlreicher Hochhäuser verändert werden. Der gegenwärtige Bürgermeister Londons ist wohl auch der Ansicht, daß etwas Moderne vor allem dem Bankenviertel guttäte. Außerdem lese ich, daß 2012 in London die Olympischen Sommerspiele stattfinden werden und dafür im Osten der Stadt einige neue Stadien geplant sind. Selbst die in London ansässige und bisher architektonisch in der Stadt nicht vertretene Zaha Hadid wird dort das spektakuläre Aquatic Centre, eine langgezogene Halle mit Wellendach, realisieren.

Zum Schluß betreten wir eine vielgliedrige Ausstellungsstruktur, die im Augenblick einen Teil der Eingangshalle besetzt. Auf einer Tafel lesen wir, daß Rem Koolhaas für diese Architektur verantwortlich ist und daß sich die Ausstellung mit dem Thema »Global Cities« auseinandersetzt: »Global Cities looks at the changing faces of ten dynamic international cities.« An Gerüststangen hängen Großphotos mit Ansichten moderner Mega-Metropolen, meist aus der Flugzeugperspektive: Kairo, Istanbul, Johannesburg, London, Los Angeles, Mexico City, Mumbai, São Paulo, Schanghai und Tokio. Vereinzelt zwischen die Stangen eingebaute Kuben, deren Außenflächen mit Detailmotiven aus diesen Städten tapeziert sind, laden zum Betreten ein. In den abgedunkelten Innenräumen werden Filme von Künstlern gezeigt, die sich mit besonderen Aspekten der Stadtgiganten befassen: Alltag, Hunger, Einsamkeit, Anonymität, Armut und Reichtum.

Etwa 75 Prozent der Menschheit leben heute in urbanen Umgebungen. Bis in wenigen Jahrzehnten werden, nach Aussage der Ausstellungsmacher, fast alle Menschen der Erde in Städten wohnen. Es liegt auf der Hand, daß die zu lösenden Architektur-, Struktur- und Funktionsprobleme damit immer größer werden. An erster Stelle steht der Komplex »Verkehr«, an zweiter die »Wohnungsnot« (wie schafft man billigen Wohnraum für alle?), an dritter die »Versorgung« (mit sauberem Wasser, Energie und Lebensmitteln) und an vierter die »Entsorgung« der Abfälle.

Wie so oft bei derartigen Ausstellungen und Fragen bin ich mir nicht sicher, ob wirklich Architekten dafür Lösungen vorschlagen sollen. Da sie mit einem Bein in formal-ästhetischen Bereichen stehen, geht von ihnen oft auch eine Gefahr aus, wie wir bei Le Corbusier gesehen haben. Man muß die Probleme, glaube ich,

jedoch auf nüchtern-funktionale Weise angehen. Außerdem bin ich der Meinung, daß wir gewisse Entwicklungen weder initiieren noch steuern können. Sie ereignen sich auch ohne unser Zutun. Plötzlich auftretende Erfindungen veränderten und verändern die Entwicklungsrichtungen, zum Beispiel die verkehrstechnischen: Schiffe, Eisenbahn, Autos, U-Bahn, Flugzeuge oder die Medien: Film, Fernsehen, Computer. Epochale Neuerungen verschieben das gesamte Koordinatensystem.

Heute gäbe es etwa mit der (vereinfachten) Entsalzung der Meere Trinkwasser für alle Menschen. Mit der (vereinfachten) Umwandlung von Sonnenstrahlung wäre saubere und gesunde Energie für die gesamte Menschheit vorhanden, auch für die Autos und Flugzeuge. Mit der Erfindung eines Behandlungsmittels gegen Krebs oder Aids, vielleicht sogar gegen alle Krankheiten, könnte jeder Mensch, der geboren wird, überleben. Mit der Erfindung optimierter Herstellungsmethoden von Lebensmitteln könnten alle Menschen versorgt werden. Vielleicht erträgt die Erde, nach der Entwicklung vieler dieser Möglichkeiten, nicht nur 8 Milliarden Bewohner, sondern 100 oder 1000 Milliarden. Platz wäre vorhanden. Allerdings würde die friedliche Koexistenz so vieler Menschen ein großes Maß an Toleranz voraussetzen. Zu diesem Zweck wäre das Verbot jeder Form von Extremismus Voraussetzung. Religionen könnten nur noch im privaten Rahmen ausgeübt werden. Öffentlich über Kleidung oder Frisuren gezeigte Zugehörigkeiten gehören der Vergangenheit an.

In China wird an einem Hochhaus geplant, das 1000 Meter hoch ist und eine Million Menschen aufnehmen kann. Ich stelle mir vor: Rings um London werden derartige Hochhäuser errichtet! Statt 20 000 000 wohnen dann 200 000 000 im Einzugsgebiet der Stadt. Die eigentliche City wird nur noch als historisch-nostalgischer Ausflugsort am Abend und am Wochenende benutzt. In den Zwischenräumen sorgen üppige Parks für frische Luft und Erholungsmöglichkeiten.

In einer großen, panoramaförmigen Vitrine entdecke ich am Ende unseres Rundgangs einen humorvollen Künstlerbeitrag von Nigel Coates, der spielerisch-satirisch mit dem Thema »Urbanisierung« umgeht. Er hat eine Modellgroßstadt aus Bleistiften, Garnspindeln, Badeschwämmen, Sprays, Seifendosen, Lippenstiften und Handys gebaut. Englischer Humor, sarkastisch, bösartig, aber irgendwie auch charmant. Marty Feldman, Mister Bean oder Monty Python als Architekten?

Punkt 18.00 Uhr werden wir mit allen anderen Besuchern gebeten, das Museum zu verlassen. Eine Weile stehen wir noch am Themseufer und schauen den Touristenbooten zu, die ab und zu vorbeifahren. Am Fuß von Norman Fosters Millenniumsbrücke fällt mein Blick auf einen kleinen Sandstrand mit Brandung, Muscheln und Möwen.

Wir wollen den Tag mit einer Wanderung am Themseufer ausklingen lassen. Da es jedoch nach kurzer Zeit heftig zu regnen beginnt, winken wir ein Taxi herbei und lassen uns zum berühmten Riesenrad, dem »London Eye«, fahren, das genau gegenüber von den Houses of Parliament steht.

Ich gebe zu, daß mir diese Fortbewegungsart weit besser gefällt als die Rohrpostmethode in der Underground. Da sie wesentlich teurer ist, kann sie leider nicht ständig angewendet werden. Die Fahrgastkabine bietet genügend Platz, um meine langen Beine auszustrecken. Der Fahrer ist mit einer dicken Glaswand diskret abgeschirmt, dadurch hat man nicht diesen persönlichen Kontakt zu ihm wie in Deutschland und vielen anderen Ländern der Welt. Der Linksverkehr allerdings macht mir, selbst als Passagier, doch einige Probleme. Jedesmal, wenn der Fahrer abbiegt oder überholt, zucke ich irritiert zusammen und erwarte den harten Aufschlag eines Crashs, aber das Auto kurvt durch den für mich ungewohnten Großstadt-Hindernis-Parcours ohne einen Hauch von Blechberührung. In London möchte ich nicht unbedingt als Taxifahrer arbeiten!

Dann ein Bild, wie ich es liebe! Schöner Gegensatz zwischen fast science-fictionhafter Moderne und nachempfundenem Mittelalter: Im untergehenden Sonnenlicht funkeln die tropfenförmigen Glaskabinen des Riesenrads, und dahinter versuchen sich die Architekturschraffuren der Houses of Parliament in der Themse zu spiegeln. Für mich gehörten der neugotische Palast mit dem berühmten Big-Ben-Turm und die davor liegende, wohlgeformte Westminster Bridge schon vor dem Bau des »London Eye« zu den schönsten und markantesten Architekturensembles des alten London. Eine Zeitlang schauen wir am Riesenrad hoch und bewundern die filigrane Bespannung im Innern des Kreises, die mich an ein vergrößertes Fahrrad erinnert. Schon erstaunlich, daß die wenigen Drähte ein so gewaltiges Rad stabil halten können! Endlich ist der Stadt London mit diesem Stadtzeichen ein Symbol gelungen, das auch den Touristen einleuchtet. Mit seinen 135 Metern Höhe hat es die richtigen Ausmaße, nicht zu klein und nicht zu groß! Jeder Bewohner und Besucher hat die Möglichkeit, sich einen Stadt-Überblick zu verschaffen. Und plötzlich erscheint sie nicht mehr so flach und banal wie vorher. Im Gegensatz zu Brüssel mit seinem zu weit vom Zentrum entfernten Atomium ist die Lage des Riesenrads optimal. Besser hätte es nicht plaziert werden können!

Im Hotel treffen wir Colleen, die aus Dresden hergeflogen ist, um am morgigen Wettbewerbstreffen als Beobachterin des Deutschen Hygiene-Museums, wo sie seit acht Jahren als Kuratorin arbeitet, teilzunehmen. Die geplante Ausstellung ist eine Koproduktion von London und Dresden. Zuerst soll sie im »Wellcome Trust« gezeigt werden, 2009 in Dresden. Abends reden wir beim gemeinsamen Essen in einem indischen Restaurant über Gott und die Welt, über London und die Engländer.

Colleen: »Die Amerikaner, vor allem die amerikanischen Hollywoodschauspieler, bewundern alles Britische, warum auch immer.«

Alex: »Bestimmt liegt es an der sauberen, klaren Aussprache – das Amerikanische wirkt daneben derb und ungehobelt.«

Colleen: »Dafür erscheinen die Engländer versnobt und arrogant. Eigenschaften, die man den Amerikanern mit ihrer lauten Undistanziertheit wahrhaftig nicht zuschreiben kann.«

Ich: »Mir fällt da wieder ein Film zum Thema ein. Kennt ihr *Gosford Park* von Robert Altman?«

Colleen: »Nie davon gehört. Klar kenne ich viele Filme von Altman, aber diesen nicht.«

Ich: »Er ist irgendwie untergegangen. Kam im Jahre 2000 heraus, ist also noch gar nicht so alt. Jedenfalls setzt sich der Ober-Amerikaner Altman, der ja in Kansas City geboren wurde, in diesem Film mit den englischen Verhaltensmustern auseinander. Geschildert wird das Zusammentreffen mehrerer adeliger Ehepaare in einem alten Herrensitz irgendwo auf dem Lande in den 1930er Jahren. Regnerisches Novemberwochenende. Am nächsten Tag soll eine große Jagd abgehalten werden. Der Besitzer des Schlosses ist ein älterer, unsympathischer Lord, der alle Gäste ziemlich unfreundlich und herablassend behandelt. Der adeligen Gesellschaft steht als Spiegelbild die Welt der Diener und Dienerinnen gegenüber. Dazwischen geistert auch noch ein Hollywoodproduzent durch die Salons und Flure, der mit seinem Begleiter Studien für einen neuen Film über ebendiese englische Gesellschaft betreiben will. Die erste Hälfte des Films plätschert mit versnobten Kurzdialogen vor sich hin. Jeder mißtraut jedem. Dünkel und Mißgunst bestimmen die Atmosphäre. Am wichtigsten sind die Fassaden. Edle Kleider, edle Mienen und die Eleganz der Oberfläche. Die Dienerschaft ahmt die Welt der Oberschicht bis ins Detail nach.

Gegen Abend und vor allem in der Nacht erhalten die Fassaden erste Risse. Man sieht den Herrenhausbesitzer – seine Lordschaft – zwecks erotischer Intimitäten zur Küchenmamsell in die Besenkammer-Verliese steigen, seine Frau lädt dafür den jungen, gut gewachsenen, angeblichen Diener des Hollywoodproduzenten in ihr Bett ein. Während der Jagdgesellschaft am folgenden Tag gelten wieder die Fassaden-Gesetze.

Zurückgekehrt ins Herrenhaus, geschieht am Abend ein Mord, der Besitzer ist erstochen worden. Sherlock Holmes und Mister Watson tauchen auf. Plötzlich wird ein gepflegter Krimi aus der harmlos-bösartigen Gesellschaftsschilderung. Ich finde, Altman trifft den versnobten Ton der Engländer haargenau. Dabei schwankt er immer zwischen Verehrung und Verachtung hin und her.«

Alex: »Hört sich gut an. Obwohl dieser Snobismus ja ein gängiges Klischee über die Engländer ist.«

Colleen: »Genau das finde ich auch. Engländer gelten als arrogant und skurril, lautet das Vorurteil.«

Alex: »Ich hasse eigentlich dieses Klischeedenken. Es gibt hier so viele andere Aspekte: Vivien Westwood etwa, David Hockney, die Beatles, Jimy Hendrix.«

Colleen: »Außerdem kann man in London super einkaufen. London ist die Shoppingstadt schlechthin für mich!«

Auf dem Rückweg zum Hotel denke ich erneut, wie kleinstädtisch South Kensington im Grunde ist. Eine Stadt in der Stadt, ein Dorf mitten in der Millionenmetropole.

Im Zimmer angekommen, lege ich, trotz später Nachtstunde, den Stadtplan auf den Tisch und studiere die Straßenstruktur. Fast alle Straßen laufen kreuz und quer durch die Gegend, nur eine sanfte Kreisandeutung, die das einstige Zentrum einmal umfaßte, kann ich erkennen: Euston Road, Pentonville Road, City Road, Great Eastern Commercial Street, Tower Bridge Road, New Kent Road. Als größere markante Grundrißformen zeichnen sich neben der Themse die großen Parks ab: Battersea Park, Hyde Park, Green Park, Saint James's Park, Regent's Park und Victoria Park.

Bis zu Beginn des 19. Jahrhunderts gab es fast überhaupt keine übergeordnete Stadtplanung, lese ich im Reiseführer, die Verwaltung ließ geschehen, was geschah, griff nur wenig ein. In London wirkte kein Baron Haussmann, der rigoros und brutal das Chaos geordnet hätte. An der Geschichte John Nashs, die ich von früher kenne, kann man studieren, wie umfangreichere Stadtplanungen in diesem Land des ausgeprägten Individualismus scheitern mußten. Er schlug zu Beginn des 19. Jahrhunderts vor, die Regent Street zum Prachtboulevard umzubauen, sie sollte vom Piccadilly Circus in gerader Linie Richtung Norden bis zum ebenfalls von ihm geplanten Regent's Park verlaufen. Für die Realisierung hätten insgesamt 741 Häuser abgerissen werden müssen. Natürlich wehrten sich Besitzer und Bewohner. Nach hoffnungsvollem Beginn mußte die Achse abgeknickt werden und führte über den Portland Place schließlich krumm und ungenau zu ihrem Ziel, den Park Crescent an der Marylebone Road. In dieser Gegend stehen heute noch einige Stadtvillen, die von Nashs klassizistisch-malerischen Architekturträumen erzählen. Am Ende seiner Londoner Karriere, die auch so erfolgreiche Bauten wie den Marble Arch, das Haymarket Theatre, den Trafalgar Square und den Umbau der Buckingham Houses zum Buckingham Palace umfaßte, standen Mißgunst und Intrigen. Genervt, menschlich gebrochen und ohne den erhofften Adelstitel mußte er aufgeben. Am 13. Mai 1835 starb Nash mit 81 Jahren in East Coast Castle auf der Isle of Wight.

Von den übrigen, außerhalb Londons stehenden Gebäuden John Nashs liebe ich vor allem seinen Brighton Pavilion, den er zwischen 1815 und 1822 als Sommersitz des Königs George IV. im indisch-gotisch-chinesisch-islamischen Stil errichtete. Manche der traumverloren-schönen Innenräume nehmen schon das spätromantische Schloß Neuschwanstein vorweg.

Beim Einschlafen höre ich den Regen auf das Blechdach über mir trommeln. Ein kühler Juli.

London, 3.Juli 2007

Morgens wecken mich die Bahngeräusche. Sie kommen mir vor wie die wahren Gesänge der Großstadt. Ich sehe in Gedanken die glänzenden Stahlschienen, spüre die Stahlräder, die über sie hinwegrollen. Es gibt nur diese beiden Bewegungsrichtungen: hin und her, vor und zurück. Kein Ausbrechen in andere Richtungen ist möglich. Blick aus dem Fenster: Klinkerwohnhäuser hinter dem Bahnhof, viele, bis zum Horizont.

Nach dem Frühstück besuchen wir zu dritt ein Universitätsmuseum, das sich mit Medizingeschichte befaßt. Wieder fahren wir mit der unangenehmen Underground und kommen in einer vornehmen Gegend ans Tageslicht. Ringsum stehen alte College- und Universitätsgebäude mit stolzen Toreinfahrten, die in ernste Innenhöfe münden. In der Eingangshalle unseres Gebäudes werden wir von zwei kühl-zurückhaltenden, kostümbekleideten Engländerinnen empfangen. Sie geben uns Besucherausweise und bitten uns, in den ersten Stock hinaufzusteigen. Im eleganten Erdgeschoß findet gerade ein Kardiologenkongreß statt. Wir sehen die teilnehmenden Herren zwischen den Marmorsäulen herumwandeln.

Im ersten Stock betreten wir zunächst eine ehrwürdige Bibliothek. Bücherrücken an Bücherrücken, zweigeschossig bis unter die Decke. Davor lederbezogene Lesetische mit warm glitzernden Messinglampen. Die Dame am Eingang nickt nur kurz, nachdem sie unsere Ausweise gesehen hat, und widmet sich wieder dem Buch, das vor ihr geöffnet im Lichtkegel der Leselampe liegt. Der restliche Raum ist leer und still, blickt uns erwartungsvoll einladend an. Durch hohe, blinde Fenster fällt wenig Tageslicht, eine Atmosphäre gediegener, fast weltfremder Geistigkeit, die uns dazu zwingt, nur noch flüsternd miteinander zu reden.

Am liebsten würde ich mich in einen der Ledersessel vor der Kamin-Attrappe im hinteren Raumbereich fallen lassen, die Augen schließen und mit dem romantischen Wissensraumschiff davonschweben. In Gedanken höre ich gelehrtes Gemurmel. Mir fallen Ludwig Wittgensteins und Bertrand Russells Seminare in Cambridge ein. An medizinischen Diskussionen würde ich weniger gern teilnehmen.

Anschließend gehen wir durch eine Seitentür in das eigentliche Museum hinüber. Raumhohe Ganzglasvitrinen sind gefüllt mit unzähligen Präparaten abnormer Köpfe, Gesichter, Nasen, Lippen, Hände, Finger, Mägen, Gallenblasen und Blinddärme. Eine surreale anatomische Bibliothek, ein vielschichtiges, medizinisches Labyrinth aus menschlichen Mißbildungen. Plötzlich starren mich orangengroße Augen an, daneben hängen einzelne Riesenohren wie ausgestopfte Fledermäuse. Die Skelette von siamesischen Zwillingen scheinen hinter den Gläsern Tango zu tanzen. Es folgt eine Schädelarmee, gebildet aus allen nur denkbaren Deformationen. Zum Abschluß der Schädel eines Wasserkopf-Menschen in der Größe einer Riesenschildkröte.

Mir fällt ein, daß Doktor Frankenstein von einer englischen Dichterin – Mary Shelley – erfunden wurde, natürlich denke ich auch wieder an Francis Bacon und Damien Hirst. Schweigend gehe ich weiter und weiter. Meine Schritte werden allerdings immer schneller. Ein Alptraum.

Erst, als ich in einem kleinen Nebenraum auf die Bilddokumentation über ein kleines Mädchen stoße, das aussieht wie ein Leopard, hellt sich meine Stimmung wieder auf. Ein Künstler hat sie sogar in Öl gemalt: Statt normaler menschlicher Haut ist ihr Körper mit gefleckten Fell bedeckt, auch das Gesicht. Eigenartige Schönheit, eine wahre Tiermenschin.

Nach dem Museumsbesuch trennen wir uns. Colleen fährt zum »Wellcome Trust«, Alex und ich haben noch genügend Zeit für das Imperial War Museum, da wir unseren Wettbewerbsbeitrag erst am Nachmittag vorstellen müssen.

Wieder steigen und fahren wir in die Katakomben hinunter und müssen die Underground-Fahrt eine halbe Stunde lang ertragen. Ich stelle mir die Häuser und den Verkehr über uns aus der Perspektive eines Erd- und Stadttauchers vor.

Das Imperial War Museum liegt südlich der Themse, in der Nähe von Waterloo Station. Schon die Eingangsfront mit den hohen, weißen Säulen und dem darüber schwebenden Tympanon ist imposant. Davor, in einem runden Rasenfeld, zielen zwei gewaltige Kanonenrohre knapp über die Köpfe der ankommenden Besucher. Ist das auch englischer Humor?

Daß in dem 1920 gegründeten »Kriegsmuseum« früher ein Krankenhaus – das Bethlam Royal Hospital – untergebracht war, kann man sich kaum vorstellen. Heute jedenfalls sehen Krankenhäuser nicht mehr so tempelhaft aus. Bevor wir die pompöse, durch eine Oberlichtverglasung erhellte Haupthalle betreten dürfen, müssen wir uns von einer freundlichen schwarzen Beamtin durchsuchen lassen. Genaugenommen interessiert sie sich nur für den Inhalt unserer Taschen, Mäntel und Jacken kontrolliert sie nicht. Da wir unbewaffnet sind, läßt uns die Beamtin problemlos passieren.

Diese Dinge hier sind also der Stolz des Imperiums: Panzer, Kanonen, Raketen, Kriegsschiff-Fragmente, Flugzeuge und Jeeps! Mit diesen Geräten wurden unter Mithilfe von Soldaten, Offizieren und Generälen die Bösewichte der Welt besiegt!

Wir schauen uns um. Verglichen mit der kühlen Kunstpräsentation in Tate Modern staunen wir über das fröhliche Pathos, das hier herrscht. Wie bei meinem ersten Besuch vor Jahren fallen mir auch heute wieder die begeisterten Großväter mit ihren Enkeln auf, die ihre Köpfe in Panzeröffnungen stecken, sich am liebsten unter die Kanonen und Jeeps legen würden, um aus diesen gewagten Positionen heraus von ihren heroischen Tagen zu berichten. Wir beobachten auch junge Mütter, die ihren kleinen Söhnen Tarnanzüge kaufen, damit sie für das Museum angemessen gekleidet sind. Das Imperial War Museum befaßt sich nur mit den kriegerischen Konflikten des 20. Jahrhunderts, die Zeit davor wird im Army Museum abgehandelt, das in einem anderen Londoner Stadtteil liegt.

Die unbefangene Präsentation macht sofort deutlich: England ist eine Siegermacht! Hier existieren weder Minderwertigkeitskomplexe noch Selbstbeschuldigungen. Das Land hat an fast allen kriegerischen Auseinandersetzungen der Welt im 20. Jahrhundert immer auf der Seite der »Guten«, der »moralisch Besseren« teilgenommen.

Im Sonderausstellungsbereich wird gerade das Thema »Camouflage« behandelt. Am Eingang lesen wir: »The first major exhibition to explore the impact of Camouflage on modern warfare and its absorption into popular culture ... The exhibition will show how leading artists and naturalists played a key role in the development of camouflage over the last century, not only concealing soldiers, aircrafts, tanks, ships and buildings, but also by creating elaborate visual deceptions ... Camouflage patterns also inspired artists like Andy Warhol, Alain Jacquet and Alighiero Boetti. They have infiltrated the fashion world from the couture of John Galliano and Jean Paul Gaultier to street style by Maharishi, Strüssy and O'Neill ...«

Wir gehen hinein und staunen erneut. Kaum zu glauben, wie phantasievoll im Ersten Weltkrieg vor allem Schiffe zu Tarnzwecken angestrichen und verhüllt worden sind. Daß sie ihr Ziel – die völlige Unsichtbarkeit – damit wirklich erreichten, kann ich mir kaum vorstellen, denn die meisten hatten sich nach der Camouflage-Bearbeitung in kubistische Kunstwerke verwandelt.

Als nächstes bekommen wir Tarnuniformen zu sehen. Sie passen sich naturgemäß ihrer Umgebung vollständig an und sind oft von Bäumen, Hecken, Laubhaufen oder Tieren kaum zu unterscheiden. Es gibt Sommertarnungen in Grün und Wintertarnungen in Schneeweiß. Merkwürdigerweise erinnern mich die Gestalten an Figurinen aus dem ethnologischen Museum aus Sumatra, Borneo oder dem Amazonasgebiet.

Ein Bildschirm zeigt Soldaten beim Bau von Panzerattrappen aus Holzlatten. Bevor Tarnstoffe über die Lattenskelette geworfen werden, sehen die Konstruktionen wie harmlose Gartenlauben aus, danach wirken sie täuschend echt und gefährlich.

Auf ausliegenden Prospekten werden »guided tours« für Kinder angeboten: »hide and seek« lautet der Slogan. Krieg als Spiel. Da sind die Engländer wirklich hart. Am meisten wundert mich das völlige Fehlen eines kritischen Untertons. Die Macher der Ausstellung denken in ganz einfachen James-Bond-Kategorien: Das Böse existiert, wird immer existieren, und wir, die Soldaten und die gesamte britische Armee, sind dazu da, die Bösewichte der Welt zu erkennen, zu bekämpfen und auszuschalten.

Verwirrt, aber auch bereichert durch ungewöhnliche Bilder und Gedanken, steigen wir in den dritten Stock hinauf und schauen uns die neu gestaltete Ausstellung über den Holocaust an. Dunkel und etwas bedrohlich blickt uns der Eingang an. Wir zögern kurz, dann gehen wir entschlossen hinein. Alle Besucher werden durch einen gewundenen, mehrfach geknickten Höhlenweg geführt. Es gibt kein Entrinnen. Photos, Dokumente und Texte leuchten erbarmungslos aus der Dämmerung. Jeder muß einen Blick auf die Hetzreden von Joseph Goebbels und auf die Berliner Bücherverbrennung werfen. Der Antisemitismus schlägt in Völkermord um. Deportation und Vernichtung der Juden in den Konzentrationslagern. Wieder begegne ich dem eindrucksvollen Auschwitz-Modell aus schneeweißem Gips, das ich bereits aus Berlin und Washington kenne. Schweigend und deprimiert gehen wir an den Ausstellungswänden entlang in der Hoffnung, daß niemand bemerkt, aus welchem Land wir kommen.

England kannte keinen Antisemitismus, deshalb gab es hier keinen Holocaust und keine Konzentrationslager. Im Gegenteil, das Land versuchte, durch humanitäres Eingreifen die Greueltaten der Nazis zu mildern und möglichst vielen Exilanten zu helfen. Die Rettungsaktion von über 10 000 jüdischen Kindern aus Wien ist besonders ergreifend und eindrucksvoll. Sie wurden offiziell nach England eingeladen und dort von Gastfamilien aufgenommen. Viele von ihnen sahen ihre Eltern nie wieder. Fast alle Kinder überlebten den Krieg. Nur einige wenige fanden während der deutschen Luftangriffe den Tod.

Als nächstes nehmen wir uns eine Museumsabteilung über den »D-Day« vor. Die Landung der alliierten Truppen in der Normandie – 1 000 000 Soldaten nahmen daran teil – wird hier als die größte Invasion der Weltgeschichte bezeichnet. Sie leitete den endgültigen Untergang des Hitler-Regimes ein. Mir war bisher nicht klar, welchen monumentalen Kraftakt es erforderte, die Nazis zu besiegen. Erschüttert betrachten wir die Filmdokumente. Viele von ihnen kenne ich. Aber so geballt war ich ihnen noch nie ausgesetzt. 10 000 englische, amerikanische und kanadische Soldaten verloren in den ersten Tagen ihr Leben. Die Nazi-Soldaten verteidigten ihre »Festung« erbittert.

General Montgomery und General Eisenhower, die beiden Anführer des Unternehmens, werden hier als wahre Helden verehrt. Auf zahlreichen Photos kann man ihre Lebensläufe vom Kleinkindalter bis zu ihrem Tod verfolgen und nachlesen.

Da wir bald im »Wellcome Trust« erwartet werden, gehen wir nur noch kurz durch die Bereiche des Ersten und des Zweiten Weltkriegs im Untergeschoß. Labyrinthische Horrorkabinette, die ich bereits in früheren Jahren genau studiert habe. Vor allem die lebensecht nachgebildeten Schützengräben mit originalen Toneinspielungen gehen mir nahe. Inszenierungen, wie sie bei uns nicht möglich wären. In einem geschlossenen Raum wird ein Luftangriff der Deutschen auf London simuliert. Man hört die Raketeneinschläge und spürt die Vibrationen der anschließenden Detonationen. In militärgeschichtlichen Museen lernt man eine Nation kennen: ihren Charakter, ihre Ideale, ihren Stolz und ihre Tabus.

Als wir gegen 14.00 Uhr das Museum verlassen, regnet es schon wieder. Mit der Underground fahren wir ins nördliche London. Nach einigem Suchen finden wir schließlich das Gebäude des »Wellcome Trust« in der Euston Street. Es besteht aus zwei Komplexen, einem klassischen – dem Gibbs Building – und einem angebauten fünfgeschossigen, modernen Stahl-Glas-Koloß. Ich hatte mir das Anwesen etwas bescheidener vorgestellt, mehr von englischem Understatement geprägt.

Bevor wir zu unserer Präsentation hineingehen, besuchen wir im Gibbs Building kurz das neu eingerichtete medizingeschichtliche Museum und eine Wechselausstellung über das Thema »Herz« im Erdgeschoß. In diesen Räumen wird auch unser Projekt über »War and Medicine« gezeigt werden. Alles macht einen guten, aber etwas unterkühlten Eindruck. Meine Emotionen werden hier nicht geweckt.

Anschließend melden wir uns am Empfangstresen. Getue wie in einem Tati-Film. Kostümdamen stöckeln von links nach rechts und wieder zurück. Wir müssen unterschreiben und erhalten einen Ausweis. Wieder Stöckeln und Klappern. Blasiertes Schauen, hin und her, von oben nach unten. Ob wir diesen Ansprüchen genügen können? Da ist sie wieder, diese englische Arroganz, auch in der Architektur.

Nach zähen Warteminuten werden wir von einer snobistisch blickenden Stöckeldame abgeholt und über einen gläsernen Aufzug in einen ach so vornehmen Sitzungssaal geführt. Dort erwarten uns zwölf Zuhörer – acht Frauen und vier Männer –, die sich etwas einseitig an einem riesigen Tischquadrat versammelt haben. Durch ihre unglückliche Plazierung befürchte ich sofort, daß diese vornehme Glas-Titanic schnell Schlagseite bekommen könnte. Alle erheben sich und begrüßen uns freundlich-distanziert im Chor, danach setzen sie sich wieder zurück auf ihre Stühle. Mit steif durchgekrümmten Rücken erwarten sie unseren Beitrag.

Alex stellt meinen Laptop ein, und tatsächlich erscheint unser Beamer-Bild auf der großen Leinwand. Das Raumlicht wird gelöscht, wie von mir gewünscht, und ich beginne, etwas beklommen von soviel britischer Zurückhaltung, mit meinen Ausführungen. Bisher habe ich noch nie einen Vortrag auf englisch gehalten. In allen anderen Ländern der Welt stand mir bisher eine Dolmetscherin zur Verfügung. Zunächst geht alles ganz gut, manchmal fehlt mir das passende Wort, und Alex, die in Amerika studiert hat, springt ein, ersetzt das Wort, fügt noch ein, zwei Sätze in perfektem Englisch hinzu. Im Mittelpunkt stehen natürlich die projizierten Bilder – Modellphotos, Pläne und Skizzen von mir, die wir in Deutschland eingescannt hatten – und nicht meine holperigen Erläuterungen. Unser Konzept ist, wie ich finde, einfach und gut. An den Anfang habe ich ein klares, allgemeines Statement gegen den Krieg gestellt, zeige einige Antikriegsbilder von Otto Dix und Pablo Picasso, dann erst gehe ich auf die medizingeschichtliche

Entwicklung der Verletztenversorgung ein. Natürlich steht hier die Engländerin Florence Nightingale im Mittelpunkt. Der Hauptsaal wird besetzt von einem übergroßen Operationstisch, auf dem die im Krieg verletzten Körper wieder zusammengeflickt werden.

Zum Schluß sagt Alex noch etwas zu ihrem graphischen Konzept, dann bedanken wir uns artig und blicken erwartungsvoll in die Runde. 20 Minuten hat unsere Vorstellung gedauert. Britisch verhalten und freundlich tröpfeln die Fragen. Schwer zu sagen, ob unsere Vorschläge der Runde gefallen haben oder nicht. Nach einer Stunde stehen wir wieder auf der Straße und suchen eine U-Bahn-Station. Heftiger Verkehr, einsetzende Rush-hour.

Auf Zeitungen, die Passagiere in meiner Umgebung vor sich halten, lese ich, daß die Londoner Polizei jene Attentäter, die der Grund für die verschärften Sicherheitsmaßnahmen an den Flughäfen waren, bereits gefaßt hat. Der schnelle Fahndungserfolg ist bestimmt der totalen Videoüberwachung in der Stadt zu verdanken. Kaum eine Stadt der Welt ist so umfassend mit Kameras bestückt wie London. Trotzdem erstaunt mich die Gelassenheit all der Zeitung lesenden Menschen ringsum. Jedem ist sicher noch der U-Bahn-Anschlag vom 7. Juli 2005 in Erinnerung, bei dem 56 Menschen ums Leben kamen.

Mir fällt wieder einmal George Orwells utopischer Roman *1984* ein. Jetzt schreiben wir das Jahr 2007, sind also längst über das Orwellsche Jahr hinaus. Wie werden die nächsten Entwicklungsstufen und Zustände der Stadt aussehen?

Wir gehen zum Hotel und holen unser Gepäck. Kaum haben wir die kleine Halle betreten, bricht ein Hagelsturm mit heftigem Gewitter los. Als ich in die Tasche greife und meine Kamera heraushole, kracht ein greller Blitz mit gewaltigem Donnerschlag genau in unsere Straße hinein. Ich stelle mir sofort ganz London in Flammen vor, aber als ich mich aufrichte und nach draußen schaue, sehe ich die Häuser so ruhig dastehen, als wäre nichts geschehen. Nur auf dem Bürgersteig, der Straße und den hier geparkten meist schwarzen Nobelautos liegt jetzt eine 2 Zentimeter dicke Eisschicht, die ich sofort photographiere.

Während der quälend langen und engen U-Bahn-Fahrt nach Heathrow unterhalten wir uns über die Filme von Peter Greenaway.

Ich: »Am Anfang haben mich die Bilder – vor allem in *Der Bauch des Architekten* – wirklich fasziniert.«

Alex: »Ich erinnere mich. Aber irgendwie wirkte alles doch sehr konstruiert und an den Haaren herbeigezogen.«

Ich: »Das ist ein gutes Bild: an den Haaren herbeigezogen.«

Alex: »Außerdem hatte Greenaway einen Zahlentick. Alles mußte auf Zahlen reduzierbar sein: die Handlung, die Anzahl der Personen, die Reihung der Szenen ... Kabbala-Wahn-Konstruktionen wie bei Madonna.«

Ich: »Genau. Greenaway müßte uns beruflich interessieren, weil er nach seiner Filmzeit, seit den 1990er Jahren, auch Ausstellungen inszeniert hat. Hast du irgend etwas davon gesehen?«

Alex: »Nur in Zeitungsabbildungen, manchmal auch im Fernsehen, nie in Wirklichkeit.«

Ich: »Inzwischen ist es sehr ruhig um ihn geworden. Das ist bei vielen Autorenfilmern so, nach drei bis vier Projekten ist alles gesagt. Die Dinge wiederholen sich.«

In der Vergangenheit war ich bestimmt schon zehnmal in London, habe fast alle großen und kleinen Museen besucht, alle wichtigen Plätze, Straßen und Gebäude gesehen, Soho, den Zoo und das berühmte Hampstead mit dem Sigmund-Freud-Museum, ich war in Greenwich und im Hyde Park, am Piccadilly Circus und am Trafalgar Square, ich ging die Themse in beiden Richtungen entlang, die Regent und die Bond Street hinauf. In Gedanken sehe ich die Affenskelette im Natural History Museum über die Vitrinen turnen, Bienenschwärme um Dinosaurier-Rekonstruktionen kreisen, ausgestopfte Orang-Utans gegen Scheiben klopfen und verschlafene Wärter von ihren Stühlen rutschen. Die Evolution steckt in einer hell erleuchteten Glasröhre fest, U-Bahnen donnern fälschlicherweise durchs Bild, und Schlangen tanzen eine Fragezeichen-Revue. Warum jetzt auch noch Stewardessen Orangensaft verteilen, bleibt mir genauso rätselhaft wie die Tatsache, daß über meine Füße Igel steigen ...

Im dämmrigen Schlummer bemerke ich weder den Start noch den Flug, erst bei der Landung in Frankfurt komme ich wieder zu mir. Gegen 2.00 Uhr nachts erreiche ich mein Hotel in der Innenstadt. Der Taxifahrer erzählt, daß in Deutschland die Eisenbahner streiken. Ich bin gespannt, wie ich morgen aus der Stadt wegkomme.

London, 1. November 2007

Nach dem ersten Wettbewerb konnte sich die »Wellcome«-Jury nicht entscheiden. Ein englisches Büro und wir mußten ein zweites Mal antreten. Die erneute Präsentation fand vor einigen Wochen in Berlin statt, und wider Erwarten haben wir gewonnen. Eine vollkommen übertriebene Prozedur für diese relativ kleine Ausstellung!

Morgen wollen uns die Kuratorinnen in London ihre Überlegungen vorstellen und die bisher ausgewählten Objekte erläutern. Am Vormittag fliege ich allein von Berlin nach London-Heathrow. Alex kommt direkt aus Frankfurt. Dieses Mal gibt es keine Probleme, keine Bombendrohungen, keine Verspätungen. Leider ist das Flugzeug so voll, daß ich zwei Stunden lang auf einem engen Mittelplatz eingequetscht sitze. Dadurch bin ich die ganze Zeit zum Lesen verurteilt und kann nicht aus dem Fenster schauen. Rechts neben mir breitet sich ein junger Typ in Jeans aus, der mit Knopf im Ohr permanent laute Musik hört, dabei die Armlehne auf meiner Seite voll beansprucht und mit seinen Jeansknien auch noch in mein Sitzrevier herüberlehnt. Links neben mir befindet sich eine dicke Frau kurz vor ihrer Explosion. Die Fettballons ihrer nackten Arme wölben sich bedrohlich in mein Sichtfeld hinein. Mir bleibt also nur die Möglichkeit, auf die beiden Armlehnen zu verzichten und mit verschränkten Armen dazusitzen. So beginnen Kriege, denke ich und versuche, meine Aggressionen in Schach zu halten.

In der U-Bahn ergeht es mir nicht besser als im Flugzeug. 75 Minuten verbringe ich eingezwängt zwischen aufgekratzten Touristen und Koffertürmen. Wieder überfallen mich klaustrophobische Gefühle, und ich komme mir vor wie eine Ölsardine in der Dose. Neben mir steht bis Leicester Square ein blonder, amerikanischer Transvestit, der die ganze Stunde, die er in der U-Bahn verbringt, mit seiner viel zu lauten Stimme auf einen stillen Kumpel einredet. Aus den Augenwinkeln beobachte ich die beiden. Eigentlich ist mir bisher in keiner Stadt ein Transvestit in der U-Bahn aufgefallen. Seiner Rede entnehme ich, daß er aus Kalifornien stammt und ungefähr 35 Jahre alt ist. Wasserstoffsuperoxidblond, mit geschminkten, aufgespritzten Lippen, braungebrannt. Ein sportlicher Sunnyboy. Enge Hose, darüber eine gesteppte Windjacke. Seine Augen verbirgt er hinter einer riesigen Sonnenbrille, auf deren Bügel übergroß der Markenname »Dior« zu lesen ist. Über die Finger beider Hände, die er während seines Redeflusses immer wieder durch die Luft sausen läßt, als wären sie Vögel, die nur mühsam am Fortfliegen gehin-

dert werden können, hat er riesige Goldringe mit blauen, kunstvoll gefaßten Steinen gestülpt. Auffallend sind seine gewaltigen Brüste, die im krassen Gegen-satz zu seiner kratzig-tiefen Stimme stehen. Er scheint sehr stolz auf seine weiblichen Attribute zu sein, dreht sich während des Redens hin und her, so daß jeder Fahrgast einen Blick darauf werfen kann. Gute Einstimmung auf die verrückten Aspekte Londons. Endlich erreiche ich meine Station King's Cross und halte Ausschau nach einem Taxi.

In London scheint erstaunlicherweise die Sonne, und es ist viel wärmer, als ich befürchtet habe. Vorsichtig wie ich bin, hatte ich mir einen Schirm eingepackt. Dieses Mal bin ich in einem Hotel beim Regent's Park untergebracht, ganz in der Nähe des »Wellcome Trust's«. Städtebaulich interessiert mich diese Stadtregion wegen der Planungen von John Nash besonders.

Da ich das Zimmer noch nicht beziehen kann, stelle ich mein Gepäck an der Rezeption ab und wandere sofort los. Nach wenigen Schritten erreiche ich die berühmte Park Crescent, die sich mit einem eleganten Halbkreisbogen zum Regent's Park hin öffnet. Ja, das könnte auch heute noch die vornehme Form des Stadtwohnens sein. Leider sind in London, besonders in dieser Gegend, die Mietpreise so hoch, daß sich hier nur sehr wohlhabende Firmen mit ihren Büros einrichten können. Ich kneife die Augen zusammen und stelle mir die Zeit der Pferdekutschen und Reiter vor. Diener öffnen die Verschläge, und edel gekleidete Damen treten unter die Kolonnaden. Geräuschlos verschwinden sie im Innern der Palais, die hier so eng aneinandergebaut sind, daß sie zu einer Einheit verschmelzen. Die ockerfarbene Bemalung der Säulen und Fassaden erinnert mich an Sankt Petersburg.

Ich werfe einen Blick auf den langgezogenen Portland Place, der das obere Ende von Nashs Regent-Street-Achse bilden sollte. Dort unten, hinter dem BBC-Gebäude, versteckt sich die einzige Kirche, die All Souls Church, die der Architekt in London realisieren konnte. Ich überquere die Marylebone Road und gehe zum Regent's Park hinüber. Schade, denke ich, daß sich der vollständige Kreis, den die Park Crescent andeutet, nicht richtig im Stadtbild abzeichnet. Die verkehrsreiche Marylebone Road und der mächtige, schwarz angestrichene Gußeisenzaun des Regent's Parks zerschneiden den Kreis in der Mitte schmerzhaft. Ich biege in die York Terrace ein. Auch hier sollen noch einzelne Gebäude von John Nash existieren. Am Ostrand des Parks, in der Chester Terrace, steht – laut Reiseführer – die längste ununterbrochene Säulenfassade Londons. Sie geht ebenfalls auf die Planungen John Nashs zurück. Er wollte ja in dieser Gegend seinen Traum vom städtischen Wohnen im Grünen verwirklichen.

Nachdem ich an der Royal Academy of Music vorbeigekommen bin, sehe ich, daß ich nicht weit vom Museum der Madame Tussaud entfernt bin, und entschließe mich zu einem Besuch. Bei allen meinen bisherigen London-Aufenthalten hatte ich diese berühmte Touristenattraktion ausgespart. Obwohl die Erfinderin dieses Museums eine Französin war und ihre ersten Wachsfiguren sich ausschließlich mit berühmten Personen der Französischen Revolution beschäftigten, kann man inzwischen von einer typisch Londoner Institution sprechen. Hier kommen viele britische Aspekte zusammen: Jahrmarkt und Glamourwelt, Gespensterbahn und Illustrierten-Karussell, die Lust am Grausamen und Populären und an der herablassenden immer auch ironisch-gebrochenen Destruktion. In Wirklichkeit tritt jeder Besucher in eine fiktive Gesellschaft ein, die nur aus den berühmtesten Menschen der Welt besteht. Weil diese Berühmtheiten alle nicht lebendig, sondern nur als ausgestopfte Puppen mit realistischem Aussehen anwesend sind, wird der Besuch im Wachsfigurenkabinett zum Gang durch ein makabres Totenreich. Scheintotentanz mit Photoshooting in einer poppigen Ruhmeshalle, einer Illustrierten-Walhalla mitten im heutigen London.

Merkwürdige Art der demokratischen Huldigung: Die Berühmtheiten stehen auf der gleichen Stufe wie du und ich, sie sind deinen und meinen Blicken erbarmungslos ausgeliefert und können sich nicht wehren.

Schon der erste Saal überrascht mich, bestätigt jedoch auch meine Vorstellungen. Da er mit Menschen gefüllt ist, kann ich zunächst Besucher und Exponate nicht voneinander unterscheiden. Erst nach längerer Beobachtung schälen sich die Wachsfiguren, die heute eher Kunststoff-Figuren sind, aus der Menge heraus. Wie alltägliche Personen, die sich unter die Besucher gemischt haben, stehen Berühmtheiten im Raum verteilt, ganz frei, ohne Sockel, nur von Spots aus dem allgemeinen Dämmerlicht herausgeleuchtet: Mick Jagger, Madonna, Marilyn Monroe, Humphrey Bogart, Elvis Presley, Michael Jackson, Tom Cruise und viele andere. Es gibt keine Beschriftungen, als Normalmensch weiß man, wer hier aus- und dargestellt ist.

Ich staune über den Realismus der Nachbildungen. Selbst Haare, Haut und Augen wirken lebensecht. Erst nach längerem Hinschauen merkt man, daß sie nie die Augenlider schließen oder öffnen. Natürlich bleibt ihre übrige Starrheit im allgemeinen Gewühle mit der Zeit auch nicht verborgen. Aber die Scheintod-Erstarrung könnte auch gespielt sein.

Völlig ungeniert und fröhlich stellen sich die Besucherinnen und Besucher neben ihre Stars, umarmen sie, kneifen sie in die Wange oder zupfen an ihrem Anzug, ihrem Kleid. Für Momente erstarren auch sie, lassen sich hineinfallen in die andere, für sie unerreichbare Welt des Ruhmes und werden photographiert von ihren Freunden, Freundinnen, Geschwistern, Kumpels oder Eltern. Ich staune darüber, wie schön manche Menschen in diesem Moment des Photographiert-werdens aussehen. Die fremde Aura hat auch sie verzaubert. Besonders anrührend werden die Szenen, wenn Kinder ins Spiel kommen. Zauberhaft sind die kleinen Mädchen, die sich verstohlen an die künstlichen Körper der Angebeteten drücken. Nach den Sälen mit den Film- und Showstars folgen die Sportgrößen und danach die Royals. Fast jeder Besucher will sich mit der Queen oder mit Prinz Charles und Camilla photographieren lassen. Einsam in einer abgelegenen Ecke steht Prinzessin Di, die »Königin der Herzen«. Auch Dodi ist da, allerdings in einem anderen Raum. Schon witzig, diese Engländer!

Die abschließenden, wahrscheinlich älteren Räume des Museums fallen dagegen ab. Hier wird unter dem Titel »Spirit of London« 400 Jahre Stadtgeschichte als Geisterbahnfahrt inszeniert, mit Armeleutevierteln, Marktplatzszenen, Staatsaktionen, Gerichtsverhandlungen und Hinrichtungen. Ich muß mich dafür schon wieder in einen engen Wagen zwängen, der auf Schienen an den Bühnenbildern mit Geräuschwolken vorbeifährt. Son et lumière in Englisch. Als ich wieder ins Freie trete, hat schon die Dämmerung eingesetzt. Die Häuser ringsum sehen noch schöner aus als im Sonnenschein. Hinter dem York Gate öffnet sich der Regent's Park. Mitten in der Stadt wirkt Landschaft noch wertvoller als in der freien Natur. Ich schlendere an einem langgestreckten See entlang, riesige Trauerweiden lassen ihre dünnen, an lange, grüne Haare erinnernden Äste ins Wasser hängen. Bunte Herbstblätter schwimmen auf der spiegelnden Wasseroberfläche wie übermalte Liebesbriefe. Parks sind eben Bereiche, die zu poetischen Vergleichen anregen! Allerdings bringen mich die Jogger und Spaziergänger mit ihren Hunden schnell wieder zurück in den normalen Alltag. Kinder freuen sich über Enten, Gänse, Schwäne und Graureiher. Ihre Mütter haben große Mühe, sie davon abzuhalten, die Vögel zu umarmen und zu streicheln.

Auf einer Parkbank entdecke ich eine vollkommen verhüllte Frau, die sich mit einem Mann unterhält. Merkwürdig rätselhaftes Bild. Später sehe ich eine goldene Moschee im Westen über die Bäume glänzen. Mein Weg führt mich bis zu dem am Nordrand des Parks gelegenen Zoo. Er wirkt jetzt ausgestorben und leer. Manchmal höre ich das Brüllen eines exotischen Tieres; war es ein Löwe, ein Elefant oder ein Nashorn? Bei einem früheren Aufenthalt habe ich den Londoner Zoo einmal besucht und vor allem das berühmte avantgardistische Pinguinhaus mit den zwei gegenläufig geschwungenen Rampen angeschaut. Auch an die lustigen Otter erinnere ich mich, die, auf dem Rücken im Wasser liegend, Muscheln mit Steinen aufschlagen. In den Zeitungen las ich in den letzten Jahren immer wieder Meldungen, die von einer drohenden Schließung des Zoos (wegen Geldmangels) berichteten.

Über weite, gemähte Wiesen hinweg beobachte ich den glutroten Sonnenuntergang. Davor kleine Gruppen mit Fußballspielern, manchmal eine Schattenkämpferin oder ein junger Mann mit Hund.

Mein Rückweg führt mich – auf der Höhe der Chester Terrace – durch streng angelegte Gartenbereiche mit sprudelnden Brunnen und beschnittenen Hecken. Erinnerung an italienische Gärten? Dahinter wölben sich bunte Herbstbäume. Die gewaltige Platane am Parkausgang trägt noch fast alle Blätter, wenn auch in Gelb, Rot und Orange gefärbt. Offensichtlich gab es hier noch keine wirklichen Nachtfröste und keinen stärkeren Herbststurm, der die Blätter von den Zweigen gefegt hätte. Als ich zum Hotel zurückkomme, ist es schon vollkommen dunkel. Über die Euston und Great Portland Road wälzt sich dichter Verkehr. Ab und zu kurvt ein roter Doppeldeckerbus vorbei.

London, 2. November 2007

Unser Hotel scheint von Spaniern betrieben zu werden. Im Frühstücksraum herrscht der typische Lärm südlicher Restaurants. Da Wände, Fußboden und Decke mit Steinplatten bedeckt sind, trommeln die Geräusche hart und erbarmungslos an meine Ohren. Alex und ich unterhalten uns fast schreiend. Nachdem wir ausgecheckt und ein Taxi für den späten Nachmittag zum Flughafen bestellt haben, machen wir uns auf den Weg, die Euston Road hinauf Richtung Nordosten. Im Gegensatz zum Bereich um den Regent's Park ist diese Straße modern und sehr laut und geschäftig. Glas-Stahl-Gebäude überwiegen. Auf einem neu angelegten, ausschließlich Fußgängern vorbehaltenen Platz zwischen zwei Hochhäusern stoßen wir auf eine merkwürdige Komposition: Entlang der Straße wellt sich eine grüne, saftige, von einem Marmorrahmen eingefaßte Wiese, und in der Mitte der Platzfläche steht ein mit Erde gefüllter Kubus auf Edelstahlstützen. In ungefähr 8 Metern Höhe wachsen vier echte Kastanienbäume aus dem Kubus. Weil sie keine Verbindung zum eigentlichen Boden des Untergrunds haben, wirken sie dort oben wie fremdartige Wesen aus dem Weltall, die mit metallischen Spinnenbeinen vorsichtig ihre neue Umgebung abtasten.

Warum mühen sich Architekten und Bauherren auch in England mit »Kunst am Bau« ab? Ich habe dafür wenig Verständnis. Besser und ehrlicher wäre es gewesen, den Platz einfach leer zu lassen. Kunst-Möblierung und gesuchte Verschönerungen gehen meistens schief, es sei denn, der Gesamtentwurf stammt von überzeugenden Künstler-Architekten (wie in Barcelona).

Gerädert vom Lärm der Euston Road kommen wir am »Wellcome«-Gebäude an. James, der Projektleiter, begrüßt uns freundlich. Als einziger Mann – außer

mir – innerhalb unserer Arbeitsgruppe fällt ihm eine besondere Rolle zu. Da er sogar etwas deutsch spricht, wirkt er auf mich nicht ganz so fremd-schnöselig wie die Projektdamen. Bevor wir in das Besprechungszimmer hinauffahren, setzen wir uns zu dritt in die Cafeteria und sprechen über Zeitabläufe, Geld und Vertrag. Ich frage James nach der Struktur und den Hintergründen des »Wellcome Trust«. Er antwortet: »Mister und Missis Wellcome sind vor 15 Jahren kinderlos gestorben. Sie besaßen ein riesiges Pharma-Unternehmen, das einige der wichtigsten Medikamente der Welt entwickelt hat. Zuletzt die einzig wirksamen Mittel gegen Aids. Kurz vor ihrem Tod haben sie das Unternehmen verkauft und mit dem Geld eine Stiftung gegründet. Nach dem ›Bill Gates Trust‹ gehört der ›Wellcome Trust‹ zu den reichsten Stiftungen der Welt. Pro Jahr werden über 500 000 000 Britische Pfund für die Entwicklung neuer Medikamente ausgegeben. Forschungen, die sich mit Krankheiten in Afrika befassen, haben dabei Priorität.« Kate und Jane, die beiden Kuratorinnen unserer Ausstellung, tauchen auf. Gemeinsam schauen wir uns erneut den Wechselausstellungsbereich an, in dem im Augenblick das Projekt »Schlaf und Traum« als Übernahme aus dem Dresdener Hygiene-Museum gezeigt wird.

Ich mache Photos und studiere die technischen Rahmenbedingungen, Notausgänge, Stromanschlüsse und Beleuchtungsmöglichkeiten. Anschließend fahren wir hinauf in ein Besprechungszimmer und lauschen den Ausführungen von Kate und Jane. Leider sind ihre Formulierungen oft so kompliziert, daß ich sie kaum verstehen kann. Manchmal übersetzt mir Alex ein Wort oder einen Satz, aber meist bin ich auf meine doch etwas lückenhaften Englischkenntnisse angewiesen. Mit Sehnsucht denke ich an die einfachen Ausdrucksweisen der Amerikaner. In einer Pause, nach etwa drei Stunden, frage ich die beiden Engländerinnen: »What is your background, art?« Beide antworten gleichzeitig: »Yes, art-history!«

Unser Thema lautet »War and Medicine« und hat – meiner Meinung nach – wenig mit Kunst zu tun. Daraus ergeben sich gewisse Probleme. Die englische Vorliebe für Disziplinmischung, Krieg-muß-sein-Einstellung, grausame Details und schwarzen Humor berührt mich immer wieder seltsam.

Vor kurzem hat der Trust einen zeitgenössischen englischen Künstler – David Cotterrell – für vier Wochen mitten ins Kriegsgebiet von Afghanistan geschickt. Er soll mit dem dort entstehenden Photo- und Filmmaterial eine Installation für den Prolog-Raum unserer Ausstellung entwickeln. Ich bin skeptisch, aber auch gespannt.

Ermattet kehren wir am späten Nachmittag zum Hotel zurück und lassen uns müde in das bereitstehende Taxi fallen. Während draußen, hinter den Fenstern des Autos der Verkehr tobt, wütet und stinkt, versuchen wir, gelassen zu plaudern.

Ich: »Also meine Vorurteile gegenüber den Engländern haben sich völlig bestätigt.«

Alex: »Ja, es war nicht einfach, das gebe ich zu. Diese ruhig-snobistische Ausführlichkeit und diese merkwürdige Kriegsbegeisterung berühren mich auch seltsam.«

Ich: »Sie scheinen wirklich stolz auf ihre Afghanistan-Beteiligung zu sein. Tony Blair war ja auch ein enger Freund von George Bush und im Irak als erster dabei.«

Alex: »Vielleicht steckt in vielen Engländern eine James-Bond-Seele. Ohne seine gefährlich-mutigen Einsätze hätte sich das Böse längst über die ganze Welt verbreitet, wer weiß.«

Ich: »Genau. Die Engländer trugen wesentlich zum Untergang des Nazi-Reiches bei, allerdings tauchte vorher kein James Bond in Deutschland auf, um

Hitler zu töten. Warum eigentlich nicht? Schon komisch, aber die wirklichen Bösewichte der Welt kommen selten bei Attentaten ums Leben, wahrscheinlich haben sie zu gute Leibwächter.«

Alex: »Das stimmt. Weder Stalin noch Hitler, Mussolini, Franco, Tito oder Salazar wurden von einem James Bond getötet. Mehr oder weniger alle starben eines natürlichen Todes. Kaum zu glauben.«

Ich: »Dabei wußte Ian Fleming, der Autor von James Bond, genau, worüber er schrieb, schließlich hat er selbst zunächst als Geheimagent Seiner Majestät gearbeitet.«

Alex: »Gelesen habe ich nie ein Buch von ihm.«

Ich: »Ich auch nicht. Aber die Filme habe ich alle gesehen. Jetzt werden sie ja ständig im Fernsehen wiederholt. Langsam kann ich sie nicht mehr voneinander unterscheiden. Mir gefiel an den Filmen vor allem die Ausstattung von Ken Adam. Ich bin ein regelrechter Fan seiner Architekturen. Ist dir eigentlich aufgefallen, daß meist die Bösewichte besonders schön wohnten und die spektakulärsten Villen besaßen? Schade, daß sich die sensationellen Set-Aufbauten von *Goldfinger*, *Thunderball* oder *Moonraker* nicht erhalten haben und daß für Ken Adam, natürlich auch für James Bond, in London nicht längst ein Museum eingerichtet wurde.«

Seit einer halben Stunde sitzen wir in einem gewaltigen Stau fest, Autos ringsum. Ganz London scheint nur noch aus Autos zu bestehen. Bis Heathrow sind es immerhin 26 Kilometer, und die müssen jetzt mitten in der Rush-hour bewältigt werden! Nachdem wir uns etwas nervös beim Fahrer erkundigt haben, beruhigt er uns mit der Voraussage, daß sich der Verkehr bald aus dem Zustand der Verstopfung in den Zustand der Verflüssigung umwandeln werde. Und tatsächlich tritt kurz darauf das Unvorstellbare ein: Wie von Geisterhand gesteuert, lösen sich die Autoschlangen auf, und der normale Verkehrsfluß setzt wieder ein. Nach einein-halb Stunden kommen wir pünktlich am Flughafen an. Mein Bild von London bleibt allerdings zwiespältig, brüchig, verwackelt und nur sehr bedingt positiv: Durch ihre Größe ist die Stadt mühsam, nervig, kaum zu bewältigen und schwer zu verdauen. Kein Zweifel, es gibt hier wunderschöne, romantisch-altmodische Gassen, Straßen, Plätze und Gebäude, aber das Ungeheuer besitzt auch finstere, abgewrackte, dreckige Zonen mit gefährlichen Bewohnern. Nur mühsam kann das Überkochen des Molochs vermieden werden.

Engländer, Chinesen, Inder, Afrikaner, Malaien, Russen, Türken, Ägypter, Muslime und Juden ... Das ehemalige Commonwealth, das United Kingdom, das Ex-Weltreich hat sich auf eine kleine Insel und in eine einzige Stadt zurückgezogen. Manchmal erscheinen mir die dörflich-malerischen Unterzentren wie Kostümierungen der eigentlichen, unter der sichtbaren Oberfläche lauernden Gefahren. Da es in London keine Meldepflicht gibt, stelle ich mir die Einschleusung subversiver Gruppen aus der ganzen Welt relativ einfach vor. Hier, in diesem gebauten Riesenlabyrinth, kann man sich gut verstecken. Wer kennt die dunklen Hinterzimmer der Bombenbastler? Irgendwann werden sie wieder zuschlagen, getarnt als harmlose Rucksacktouristen ...

Ob Städte in Wirklichkeit übergeordnete Gehirne verkörpern, die alle menschlichen Denkmöglichkeiten sammeln und zur Entfaltung bringen, oder ob sie eher das Gegenteil sind, nämlich Orte, die alles menschliche Denken vernichten, bleibt für mich eine unbeantwortete Frage. Ich neige zu der Annahme, daß Städte wie London vor allem dazu existieren, uns zu verwirren, uns den letzten Nerv zu rauben und jede Konzentration zu zerstören. Das Ich zersplittert sich in Abermillionen von Fensterspiegeln, wird täglich tausendfach von Autos durchkreuzt, von

Motorenlärm und Stimmengewirr aufgespießt. Es verliert den Glanz des Besonderen, verkommt zu einem winzigen, entindividualisierten Ameisenkörper, der
zwischen Wänden und Schaufenstern verlorengeht, von Autos überrollt wird.
Mir fällt der Londoner Unfalltod des deutschen Lyrikers Rolf Dieter Brinkmann
ein. Wahrscheinlich hatte er das »look right« oder »look left«, das an jedem
Fußgängerübergang in großen, weißen Lettern auf den Asphalt gepinselt ist, übersehen.

London, 14. Dezember 2007

Mein dritter London-Besuch in Sachen »War and Medicine«, wieder von Berlin
aus. Graues, kaltes Winterwetter. Inzwischen sind alle Blätter von den Bäumen
verschwunden, und die kahlen Astknäuel spielen ihre Rolle als im Wind zitternde
Skelett-Gespenster sehr überzeugend und einer Stadt wie London durchaus angemessen. Die Gespräche im »Wellcome Trust« verlaufen etwas langweilig, da sich
die Vorgänge bereits wiederholen. Uns werden die gleichen Bilder wie letztes
Mal gezeigt, warum nur?
    Leider ist der Künstler, der nach Afghanistan geschickt worden ist, nicht anwe-
send, statt dessen bekommen wir einige seiner Photos zu sehen. Kate projiziert
sie mit einem Beamer an die Wand. Plötzlich wache ich wieder auf. Schlagartig
wird mir die brutale Kriegssituation bewußt. Mitten in der afghanischen Wüste
haben die Engländer einen Flugplatz mit Camp und Zeltkrankenhaus aufgebaut.
Übrigens handelt es sich bei den Soldaten ausschließlich um Berufsmilitärs, in
England existiert keine allgemeine Militärpflicht.
    Jeden Tag, bekomme ich berichtet, werden Verletzte – Briten, aber auch Afgha-
nen – in das Camp transportiert und verarztet. Sind die Verletzungen schwerer,
fliegt man die Engländer nach Birmingham – dort unterhält das Militär ein riesiges Kriegslazarett –, die afghanischen Verletzten werden, nachdem sie behandelt
und gepflegt worden sind, in irgendwelche umliegenden Dörfer gefahren und dort
ausgesetzt. Niemand verfolgt, was mit ihnen später passiert.
    Die Photos: das Camp von außen, davor eine Reihe geparkter Bahren für Kran-
kentransporte; ein nächtlicher Operationssaal mit dem üblichen weißgekleideten
Medizinerteam, das sich über einen hell beleuchteten, schwer verletzten Patienten
beugt, der weitgehend mit Tüchern abgedeckt ist; zwei Transport-Jumbos auf
dem Rollfeld, ebenfalls nachts, beide Ladeluken stehen weit offen und sehen aus
wie zwei feuerspeiende Drachenschlünde, Sanitäter fahren einen Verletzten auf
das leuchtende Flugzeugtor zu; Blick in den unglaublich weiten Hohlraum eines
Jumbos, der mit seinen unverkleideten Konstruktionsrippen, Rohren und Kabeln
aussieht wie eine Fabrikhalle. Kaum zu glauben, daß eine so gewaltige Halle zum
Fliegen gebracht werden kann.
    Nackte Neonröhren beleuchten zwischen Gestängen hängende, mit Seilen und
Riemen vertäute Verletzte, deren Körper in Decken gehüllt sind, so daß wir nur
ihre leidenden, jungen Gesichter erkennen. Mein Blick schweift ab. Während auf
der Projektionsfläche noch das letzte Photo leuchtet, sehe ich durch die Fenster
des Besprechungsraums hinaus auf die gegenüberliegenden Bürohäuser und erkenne zwischen Glasspiegelungen und Jalousie-Lamellen arbeitende Menschen,
die vor flimmernden Computerbildschirmen sitzen. In ihrer Starrheit wirken sie
wie ferngesteuerte Roboter.
    Die Büros im »Wellcome Trust« selbst sehen genauso gläsern, clean und ano-
nym-funktionalistisch aus wie im Raumschiff gegenüber. Es fehlen Zwischen-

wände, die Arbeitstische sind nur durch halbhohe Regalelemente voneinander getrennt. Jeder Besucher, der über die Flure geht, kann die Arbeitsplätze einsehen. In diesen unwürdigen Käfigzonen verbringen manche Menschen ihr Leben. Geflügelhaltung der höheren Art! Ich bin froh, das Gebäude nach einigen Stunden wieder verlassen zu dürfen.

Den ganzen Abend bleibe ich in meinem Hotelzimmer. Vor dem Fenster, draußen ringsum: die Stadt London. Einen größeren Luxus kann ich mir nicht vorstellen. Mitten in dieser vergnügungssüchtigen Stadt sitzen und sich all den Zerstreuungen verweigern! Statt dessen überlege ich mir, welche Bedeutung London bisher in meinem Leben gehabt hat. Mich interessiert jetzt der rein autobiographische Blick.

Bevor ich das Land und die Stadt zum ersten Mal gesehen habe, standen die Englischstunden in der Schule. Ich erinnere mich an das Unterrichtsbuch und wundere mich auch heute noch darüber, daß in der ersten Lektion ein so kompliziertes Wort wie »combine harvester = Mähdrescher« vorkam. Ich konnte damals selbst mit dem deutschen Begriff nur wenig anfangen. Danach lernten wir etwas über den »Tower of London« und natürlich über »Big Ben«. Im Englischbuch war auch ein Photo der britischen Queen Elisabeth mit ihrem Prinzgemahl abgebildet. Der Turm, die Uhr von »Big Ben« und die Queen gehören demnach, zusammen mit dem »combine harvester«, zu meinen englischen Urerlebnissen.

Heute ist die gleiche Queen immer noch Königin von England. Sie begleitet mich jetzt schon mein Leben lang. Dann, Jahre danach, wurden wir im Gymnasium mit Stücken von Shakespeare gequält. Man las vor allem *Macbeth*. Ich gebe zu, daß mir William Shakespeare seither wie ein Stein im Magen und im Bewußtsein liegt.

Natürlich las ich zur Ablenkung von der hohen literarischen Welt auch ab und zu einen Kriminalroman von Agatha Christie oder Edgar Wallace (in deutscher Übersetzung!), allerdings mit einer gewissen Verachtung – ich betrachtete die Bücher als Schund. Ob vor meinem ersten Londonbesuch im Alter von 16 Jahren noch der eine oder andere Edgar-Wallace-Film mit Joachim Fuchsberger und Klaus Kinski stand, weiß ich nicht mehr. Damit hat sich in die total antiquierte Stadt meiner Vorstellung auch noch der Nebel geschoben und das Bild weiter getrübt. Der Zug fuhr damals – im Jahre 1959 – übrigens noch über Ostende, die Waggons wurden auf die Fähre geladen, und in Dover stieg man wieder in sein Abteil ein. Es war auch meine erste Begegnung mit dem Meer. Nordsee, für Stunden ohne Landsicht, nur Wasser, bis zum Horizont!

Als ich an der Reling stand, dachte ich an Glenn Miller, der mit seiner Bigband wenige Jahre zuvor bei einem Flug von London nach Paris hier irgendwo ins Meer stürzte. Es war in einer nebligen Winternacht. Die Absturzstelle konnte nie genau gefunden werden. Ich kannte die erschütternde Szene aus einem Film, den ich kurz zuvor im Kino gesehen hatte: die *Glenn-Miller-Story*.

London selbst beeindruckte mich wenig. Eine Geld- und Bankenstadt mit großer Geschäftigkeit. Ich erinnere mich an die hektische Victoria Station, die heute an Bedeutung verloren hat und fast ganz aus meinem Bewußtsein verschwunden ist. Erst Jahre später, als ich auch die Musicaltheater aufsuchte, ging es mit meinem England-London-Bild aufwärts. Die Begeisterung meiner Studienkollegen und Freunde für die Beatles teilte ich allerdings nie. Ich konnte mit dieser Musik genauso wenig anfangen wie mit dem Unsinn der Monty Pythons. Als alter Schlagzeuger mochte ich mehr die Rolling Stones mit ihren harten, stampfenden Rhythmen. Der Queen bin ich übrigens nie persönlich begegnet. Nicht einmal kam ich in Versuchung, mir die Umzüge beim Buckingham Palace anzuschauen. Bleiben also die Erlebnisse im Wachsfigurenkabinett und die Filmberichte im Fernsehen.

London, 15. Dezember 2007

Der ganze Tag gehört uns. Wir haben keine Besprechungstermine mehr und brechen gemeinsam – Colleen, Alex und ich – zu einem Shoppingbummel auf. Die Damen wollen Weihnachtseinkäufe erledigen, ich spiele den Begleiter. Naßkaltes, graues Winterwetter. Endlich kann ich mir die Regent Street in voller Länge anschauen, wir gehen sie hinunter bis zu unserem Ziel, der Oxford Street. Je tiefer wir in die Innenstadt eindringen, um so beängstigendere Ausmaße nimmt das Gedränge an. Als wir die Oxford Street erreichen, reißt uns der Fußgängerstrudel mit sich wie hilfloses Treibholz, eine Gegenwehr erscheint sinnlos. Auf den Bürgersteigen sind kaum noch Körperzwischenräume zu erkennen, die Menschen strömen dicht an dicht, ohne sich allerdings wirklich zu berühren. Da die Bewegungen in beide Richtungen fließen, vor und zurück, hin und her, ist jeder Passant gezwungen, Entgegenkommenden auszuweichen, entweder mit winzigen Seitwärtsschritten oder durch eine schnelle Körperdrehung. Von oben sieht das Wahnsinnsballett bestimmt kurios und amüsant aus. Von hier unten, aus der Perspektive der Mitgerissenen, hält sich das Vergnügen jedoch in Grenzen. Ehrlich gesagt, würde ich am liebsten sofort fliehen, dem Trubel durch einen beherzten Sprung in eine Seitengasse entkommen, aber da ich im Augenblick der Begleiter zweier Damen bin, will ich höflich sein und nebenher meine ethnologischen Studien über das Verhalten menschlicher Weihnachtsbesessener weiter betreiben.

Der Fluß reißt uns immer wieder auseinander, Gesichter tauchen unter, erscheinen kurz darauf erneut zwischen merkwürdigen Hüten und Mützen, verzerrten Gesichtern und Haarpolstern in meinem Blickfeld, schnappen nach Luft und halten Ausschau nach käuflichen Dingen, die sie als Geschenke unter den Weihnachtsbaum legen wollen.

Käme ich auf die Idee, für einen Moment stehenzubleiben, wäre ich sofort ein störender Prellbock, der von den Massen niedergetrampelt und zu blutigem Fleischmatsch zerstampft würde. Ein Bild wie von James Ensor und Francis Bacon in Gemeinschaftsarbeit gemalt. Vielleicht hat Damien Hirst doch die Wahrheit erkannt, wer weiß. Mir fallen die starren Blicke der Gehetzten auf, sie wirken besessen, vom berüchtigten Konsumrausch entstellt. Fast alle Passanten tragen prall gefüllte Tüten in beiden Händen, manche haben auch noch Schachteln unter die Arme geklemmt.

Plötzlich sehe ich Alex und Colleen aus dem Strudel nach rechts ausbrechen, ein gewagtes Unternehmen. Ich versuche, ihnen zu folgen. Erst nach drei vergeblichen Anläufen gelingt es mir. Wir dringen in das Kaufhaus »Selfridges« ein. Alex sucht ein ganz bestimmtes Parfüm, wie sie mir aus der Ferne zuruft.

Das hier ist kein normaler Stadtalltag mehr, das ist die Steigerung aller Markt- und Verkaufszustände, kochend und sprudelnd, lärmig und zitternd, nahe dem absoluten Höhepunkt. Mitten im Chaos gelingt es uns, zwei Stufen auf der Rolltreppe zu erobern, Stillstand für Sekunden. Dann tauchen die verspiegelten Brüstungen des nächsten Geschosses auf. Blitz und Donner. Funkeln und Glitzern. Jetzt tanzen sie um mich, die entfesselten Hexen der letzten Walpurgisnacht, dazu strömen aus allen Richtungen knapp kostümierte Tänzerinnen eines brasilianischen Faschingsumzugs, Trommeln und Trompeten, die Queen taucht mit ihrem

Gefolge auf, auch Prinz Charles kann mit seiner beschwichtigenden Geste das Jüngste Gericht und den Weltuntergang nicht mehr verhindern. Winterlich verpackte Menschen fahren hinunter zur Hölle, wir jedoch steigen auf, steigen immer höher, werden getragen von stählernen Stufen und warten nur noch auf die finale Detonation oder das Öffnen der Himmelstüren hinter dem tausendkerzigen, künstlich beleuchteten Weihnachtsbaum, der jetzt in meinem Blickfeld auftaucht. Apokalyptische Lautsprecherstimmen verkünden die letzen Daten, oder sind es nur die Namen der verlorengegangenen Kinder? Engel verwandeln sich zurück in mürrische, englisch-steife Verkäuferinnen, die froh sind, wenn der faule Zauber vorbei ist, morgen vielleicht, morgen vielleicht ... Schließich stehen wir in der Parfümabteilung zwischen zwei Regalen. Hier herrscht erstaunlicherweise große Ruhe. Ich komme mir vor wie ein Titanic-Passagier, der sich auf eine Eisscholle retten konnte. Was würde Karl Marx sagen, wenn er heute ein solches Kaufhaus sähe, was sein Freund Friedrich Engels?

Irgendwann, nach Stunden, haben meine beiden Damen genug von ihrem Shoppingbummel, der zu einem stressigen Einkaufskampf geworden ist, und wir beschließen, die Innenstadt Richtung Army Museum zu verlassen. Auch dieses Museum besuchen wir nicht zum reinen Vergnügen. Es sollen dort einige Exponate zu sehen sein, die auch in unserer Ausstellung gezeigt werden. Erneut staunen wir über die seltsame Kriegsbegeisterung der Engländer. In endlosen Vitrinenreihen und liebevoll gestalteten Dioramen können wir Soldaten bei ihrem Handwerk – dem Töten anderer Menschen – zuschauen. Dazu erklingen aus Raumecken, Decken und Wänden Maschinengewehrfeuer und Kanoneneinschläge, als handele es sich um romantische Filmmusik.

In England gibt es eine Tradition der Kriegsmalerei, der ich bei uns in Deutschland noch nie begegnet bin. (Wahrscheinlich ist sie auch hier vorhanden, wird jedoch in den Museumsmagazinen versteckt.) Schlachtengemälde, Riesenporträts von erfolgreichen Feldherren und Generälen. Da ist sie wieder, jene Erkenntnis, die wir längst ad acta gelegt hatten, Heraklits »Der Krieg ist der Vater aller Dinge!« Clausewitz hatte den Satz aufs neue aktiviert, allerdings mit der Empfehlung, Kriege so kurz wie möglich zu gestalten (wenn sie sein mußten). Dauern die Schlachten länger als einen Tag, betonte er immer wieder, sind sie (für den Angreifer) meist verloren. Ein gutes Beispiel dafür ist bis heute die berühmte Schlacht von Waterloo, die das endgültige Ende Napoleons bedeutete. Sie dauerte tatsächlich nur einen einzigen Tag, am Abend waren die Franzosen mit ihrem glorreichen Anführer endgültig geschlagen und vernichtet.

Es ist unbestritten, daß die Aggression dem Menschen, vor allem den (jungen) Männern, angeboren ist. Über Jahrtausende mußten sie die eigene Sippe, das Dorf, die Stadt und den Staat verteidigen. Frieden gab es nur vorübergehend, von den Frauen herbeigesehnt, von den Männern vielfach verwünscht und gefürchtet. Goldene Zeitalter ohne Kriege waren eher von kurzer Dauer, dann blühte die Kultur auf, das Glück schien nah, aber schon wieder drohte das nächste Unheil, und die Männer mußten zurück an die Front. Der »Frieden« als oberstes kulturelles Ziel ist eine neue, junge Errungenschaft, »Friedens- und Konfliktforschung« als wissenschaftliche Disziplin wurde erst nach dem Zweiten Weltkrieg an den Universitäten eingeführt.

In einigen Räumen des Army Museums wird im Augenblick eine Ausstellung über einen Arzt – Harold Gillies – gezeigt, dem es während des Ersten Weltkriegs gelungen ist, Operationen zu entwickeln, die Schwerverletzten ihre verstümmelten Gesichter zurückgaben. Er benutzte dabei die eigene Haut der Entstellten und transplantierte sie aus anderen Körperbereichen in die Gesichter. Gezeigt wird

eine große Anzahl grausiger Gesichtsphotos. Mir wird ganz schlecht beim Anblick der armen Kreaturen.

Francis Bacon muß diese Photos und Moulagen gekannt haben (so nennt man
die dreidimensionalen Körpermodelle der Operationsvorgänge, wie ich hier
gelernt habe). Seine Gemälde – vor allem die entstellten Gesichter darauf – gleichen den Gillies-Objekten und -Photos aufs Haar. Wer erträgt solche Bilder? Wer
schaut sie sich freiwillig an? Wir müssen es, sind dazu gezwungen. Im Krieg wird
Realität zertrümmert, verstümmelt und zerstört. Die Auslöschung des Feindes ist
das erklärte Ziel aller Kriegsführenden. Der Tod des anderen ist das höchste Gebot. Verletzungen lassen sich dabei nicht vermeiden. Im Grunde kommen sie nur
durch mißglückte Tötungen zustande. Bei heutigen kriegerischen Auseinandersetzungen – im Irak, in Afghanistan und im Gazastreifen – werden mehr Zivilisten als Soldaten verletzt. Auch die Todeszahlen sind unter Zivilisten weit höher
als unter Militärs. Kriegerische Auseinandersetzungen wird es immer geben.
Trotzdem wundere ich mich darüber, daß die Kriegsführung immer noch mit stein-
zeitlicher Zerstörungs- und Vernichtungsgewalt betrieben wird. Sind nicht längst
subtilere Ausschaltmethoden denkbar? Ich stelle mir Schlafzustände vor, in die
ganze feindliche Armeen versetzt werden, oder Bestechungsstrategien. Geld hilft
fast immer. Allerdings bleiben Fanatiker, Terroristen und Guerrillakämpfer, die
sich als normale Bürger tarnen, ein unlösbares Problem.

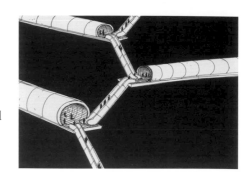

Abends setzen wir uns zu dritt wieder in ein indisches Restaurant, das wir nach
langer Suche schließlich finden.

Das Essen kommt und wird liebevoll in kleinen Schalen auf unserem Tisch
verteilt. Sofort verfliegen die letzten Andeutungen von Aggression, und genüßlich
verspeisen wir unsere indischen Köstlichkeiten.

Ich: »Kennt ihr eigentlich den Film *Der Mann, der zuviel wußte* von Alfred
Hitchcock aus dem Jahre 1956?«

Alex: »Nein, du willst uns bestimmt darüber berichten?«

Colleen: »Hat er etwas mit London zu tun?«

Ich: »Ja, tatsächlich, der Schluß des Films mit dem geplanten Mord am englischen Premierminister spielt in der Londoner Royal Albert Hall.«

Colleen: »Ach, die Szene mit den Trommeln und dem Blech?«

Ich: »Genau.«

Colleen: »Ich habe den Film einmal gesehen, wahrscheinlich im Fernsehen,
kann mich jedoch nur dunkel daran erinnern.«

Ich: »Als alter Hitchcock-Verehrer liebe ich diesen Film besonders, weil darin
auch mit Länderklischees auf witzige Weise gespielt wird.«

Alex: »Wie meinst du das?«

Ich: »Weil Hitchcock einerseits seine britische Vorliebe für menschliche Skurri-
litäten und Abgründe beibehält und sie andererseits perfekt in amerikanische
Hüllen verpackt. In Hollywood darf niemand offensichtliche ›Kunst‹ machen, das
ist verpönt. An erster Stelle steht das Geschäft. Hollywood will, daß möglichst
viele Menschen den Film sehen. Oft ähneln sich die Geschichten. Meistens beginnen sie mit der Schilderung eines harmlosen Menschen, eines normalen, unbe-
scholtenen Ehepaars oder einer bürgerlich-biederen Familie, die es sich in der
Welt gemütlich eingerichtet hat. Doch plötzlich geschehen seltsame Dinge, Menschen werden verwechselt, für andere gehalten oder in rätselhafte Vorgänge hinein-
gezogen. Nach wenigen Szenen sind sie in ein Gespinst aus Befürchtungen, Äng-
sten und echten Gefahren verwickelt. Fallen werden gestellt, Intrigen eingefädelt.
Der Alltag bekommt Risse, wird überschattet, kippt aus seiner Normalität. Zuge-
geben, das sind Vorgänge, die in England genauso vorkommen wie in Amerika.«

Colleen: »Man merkt, daß Hitchcock zu deinen Lieblingsregisseuren zählt.«

Ich: »Ich habe viel aus seinen Filmen gelernt. Zum Beispiel, daß jeder Körper, jeder Mensch, aber auch jedes Haus und jede Stadt ein System des Verhüllens darstellt. Die Hüllen sind unterschiedlich dick und abwehrend. Hinter und unter diesen Hüllen lauern die Dämonen, die Ängste, die Abgründe und die Sehnsüchte des einzelnen.«

Alex: »Was ist jetzt eigentlich mit dem Film *Der Mann, der zuviel wußte*?«

Ich: »Ach ja. Er beginnt in Afrika, ein braves amerikanisches Arztehepaar fährt in einem Bus von Tanger nach Marrakesch. Er – James Stewart – hat einen Vortrag bei einem Ärztekongreß in Paris gehalten. Die Reise ist ein touristisches Geschenk an seine Familie. Die Ehefrau wird übrigens von Doris Day gespielt. Im Einzelnen ist die Geschichte zu kompliziert. Jedenfalls wird ihr kleiner Sohn in Marrakesch entführt, und ein Mann, den sie kurz zuvor kennengelernt haben, wird ermordet. Verzweifelt beginnen sie die Suche nach dem Sohn. Die Spur führt nach London. Dort, in einer Vorortkirche, spüren sie ihn nach vielen vergeblichen Versuchen auf, können ihn jedoch nicht befreien. Am Ende steht das Konzert in der Royal Albert Hall. Als der Schuß auf den Premierminister fallen soll, schreit Doris Day laut auf, der Premierminister weicht vor Schreck aus und wird dadurch gerettet. Schließlich finden sie ihren Sohn bei einem Empfang in der Botschaft – ist es die amerikanische, ich weiß es nicht genau? – und locken ihn durch ein Lied, das Doris Day singt, aus seinem Gefängnis.«

Colleen: »Und was sagt uns die Geschichte über England und Amerika?«

Ich: »Amerikaner sind naiv, zu vertrauensselig, wenn Gefahr droht, jedoch sehr mutig und pragmatisch zupackend. Die Engländer halten nur an ihren Gesetzen fest, verhalten sich mißtrauisch-störrisch und neigen zu intriganten Böswilligkeiten. Witzig sind die Statements über die Kunst: Tausende von Zuhörern lauschen dem Konzert in der Royal Albert Hall, aber nur ein Schrei – der Schrei Tarzans, der Urschrei der Indianer? – rettet das Leben des Premierministers. Die notenlesende Helferin des verhinderten Killers musiziert vorher mit religiöser Inbrunst auf der Kirchenorgel ihrer Gemeinde. Ich glaube, Hitchcock spielt hier nicht nur mit dem Klischee des naiven amerikanischen Ehepaars, sondern auch mit der vermeintlichen Fortschrittlichkeit des gebildeten englischen Bürgertums. Was nützen gutes Benehmen und steife, ordentliche Kleidung, wenn es wirklich ernst wird, wenn es um Leben und Tod geht? Jeder bekommt im Laufe der vertrackten Handlung sein Fett weg. Nur Hitchcock hat als Filmemacher und Regisseur den Überblick, legt ironisch-sarkastisch seinen dicken, fetten Finger in die Wunde.«

Wir sind bei der Nachspeise angekommen und sprechen über Kriminalromane allgemein und aktuelle Krimis (deutsche Tatorte). Schließlich enden wir – wie könnte es anders sein – bei unserem Ausstellungsprojekt »War and Medicine«.

Berlin, 16. Dezember 2008

Ich hatte wieder einmal Pech mit meinem Rückflug nach Berlin, mußte drei Stunden in Heathrows Wartehallen verbringen, dazu noch eine Stunde im stehenden Flugzeug. Erst gegen 2.00 Uhr morgens landete die Maschine in Schönefeld. Tegel wird um 24.00 Uhr geschlossen. Der Pilot teilte uns gegen Ende des Fluges mit: »Sorry, but Tegel Airport is closed now!« Kaum zu glauben. Bisher kannte ich dieses Nachtlandeverbot nicht.

Photonachweis

Leonardo Benevolo, *Die Geschichte der Stadt*, Frankfurt
    am Main, 1990 42 unten, 45 unten, 344 unten, 353 oben,
    370 oben, 373 oben, 374 unten, 450 unten
Editions Chantal 344 unten
Imperial War Museum, London, Ausstellungsprospekt 632 unten
Krajowa Agencja Wydawnicza 68 oben
r. Mockba 476 unten

Alle anderen Abbildungen stammen vom Autor.